Michael Fritzsche, Rüdiger Bonnmann, Peter Vocke (Hrsg.)

Praxishandbuch Gewerberaummiete

De Gruyter Praxishandbuch

Praxishandbuch Gewerberaummiete

Tipps und Tools für Vermieter und Rechtsanwälte

Herausgegeben von
Dr. iur. Michael Fritzsche, Rechtsanwalt, Partner, Hoffmann Liebs Fritsch & Partner Rechtsanwälte mbB, Düsseldorf
Rüdiger Bonnmann, Rechtsanwalt, Fachanwalt für Miet- und Wohnungseigentumsrecht, Fachanwalt für Verwaltungsrecht, Partner, Osborne Clarke, Köln
Dr. iur. Peter Vocke, Rechtsanwalt, Partner, Heuking Kühn Lüer Wojtek, Düsseldorf

Bearbeitet von
Dr. iur. Michael Alberts, Rechtsanwalt, Partner, Heuking Kühn Lüer Wojtek, Düsseldorf; **Rüdiger Bonnmann,** Rechtsanwalt, Fachanwalt für Miet- und Wohnungseigentumsrecht, Fachanwalt für Verwaltungsrecht, Partner, Osborne Clarke, Köln; **Axel Deitermann,** Geschäftsführender Gesellschafter, Hotel Affairs Consulting GmbH, Düsseldorf; **Dr. rer. pol. Maike Dziomba,** redos institutional GmbH, Hamburg; **Jürgen Ehrlichmann,** Rechtsanwalt, Partner, Osborne Clarke, Köln; **Ingo Erberich,** Rechtsanwalt, Partner, Luther Rechtsanwaltsgesellschaft mbH, Köln; **Dr. iur. Michael Fritzsche,** Rechtsanwalt, Partner, Hoffmann Liebs Fritsch & Partner Rechtsanwälte mbB, Düsseldorf; **Tina Froböse,** MBA, FCSI, Managing Partner, BBG-Consulting, Düsseldorf; **Anne Gebel,** Rechtsanwältin, Osborne Clarke, Köln; **Dr. iur. Tanja Guddat,** Rechtsanwältin, Fokus Development AG, Duisburg; **Stefan Hitter,** Rechtsanwalt, Partner, Hoffmann Liebs Fritsch & Partner Rechtsanwälte mbB, Düsseldorf; **Susanne Hünermann,** Rechtsanwältin und Syndikusanwältin, Zurich Gruppe Deutschland, Bonn; **Jan-Mark Majewski,** Rechtsanwalt, Tectareal Property Management GmbH, Essen; **Thomas Michaelis,** Rechtsanwalt, Partner, Hoffmann Liebs Fritsch & Partner Rechtsanwälte mbB, Düsseldorf; **Marc Oehler,** LL.M. (Auckland), LL.M. EUR, Syndikusanwalt, SEB Asset Management, Frankfurt am Main; **Markus van Rickelen,** CBRE GmbH, Düsseldorf; **Thomas Schnabel,** Rechtsanwalt, Partner, Osborne Clarke, Köln; **Jürgen Storjohann,** Syndikusanwalt, BNP Paribas, Frankfurt am Main; **Dr. iur. Peter Vocke,** Rechtsanwalt, Partner, Heuking Kühn Lüer Wojtek, Düsseldorf; **Torsten Weirich,** Rechtsanwalt, Unibail-Rodamco Germany GmbH, Düsseldorf/Grevenbroich; **Dr. iur. Ulrike Wesche,** Rechtsanwältin, Partnerin, Hoffmann Liebs Fritsch & Partner Rechtsanwälte mbB, Düsseldorf; **Ansgar Wiesemann,** Dipl.-Ing., Geschäftsführender Gesellschafter, TEAM Baumanagement GmbH, Köln/Dortmund; **Dr. iur. Peter Zimmermann,** Rechtsanwalt, Partner, Heuking Kühn Lüer Wojtek, Düsseldorf

DE GRUYTER

Zitiervorschlag: Fritzsche/Bonnmann/Vocke/*Bearbeiter*, Kap. 1 Rn 25

Hinweis:
Alle Angaben in diesem Werk sind nach bestem Wissen unter Anwendung aller gebotenen Sorgfalt erstellt worden. Trotzdem kann von dem Verlag und den Autoren keine Haftung für etwaige Fehler übernommen werden.

ISBN 978-3-11-026040-3
eISBN (PDF) 978-3-11-026041-0
eISBN (EPUB) 978-3-11-038525-0

Bibliografische Information der Deutschen Nationalbibliothek
Die Deutsche Nationalbibliothek verzeichnet diese Publikation in der Deutschen Nationalbibliografie; detaillierte bibliografische Daten sind im Internet über http://dnb.d-nb.de abrufbar.

Einbandabbildung: xiaofei yu/iStock/thinkstock
Datenkonvertierung/Satz: jürgen ullrich typosatz, Nördlingen
Druck: Hubert & Co. GmbH & Co. KG, Göttingen
♾ Gedruckt auf säurefreiem Papier
Printed in Germany

www.degruyter.com

Vorwort

Es gibt bereits umfangreiche Mietrechtsliteratur! Warum nun noch ein Werk – und auch noch speziell für Gewerberaummiete? Die Antwort auf diese verständliche Frage folgt aus der in kaum anderen Bereichen des Schuldrechts so raschen und auch dramatischen Rechtsentwicklung im Mietrecht. Dabei haben der Gesetzgeber und die obergerichtliche Rechtsprechung vor allem das Wohnraummietrecht im Fokus; die Gleichbehandlung des hier behandelten Gewerberaummietrechts und des Wohnraummietrechts – insbesondere im Hinblick auf das AGB-Recht – ist aber kaum mehr aufzuhalten. Insofern sei nur auf die stetige und offensichtlich nicht zu stoppende Veränderung der Renovierungsverpflichtungen („Schönheitsreparaturen“) und Betriebskostenabrechnungen zulasten der Vermieter hingewiesen. Aber auch die – im Wesentlichen nur für die Gewerberaummiete relevanten – Anforderungen der Rechtsprechung an die „gesetzliche Schriftform“ (§ 550 BGB) unterliegen laufenden Änderungen. Als Gewerberaummiete werden in diesem Handbuch pauschal alle Mietverträge betrachtet, die keinen Wohnraum betreffen, unabhängig vom geschäftlichen oder privaten Status der Mietvertragsparteien.

Der Bedarf an ständiger Aktualisierung, der auch mit diesem Handbuch leider nicht zu einer Atempause kommen wird, hat den Verlag, die Herausgeber und alle Autoren dazu veranlasst, das Mietrecht aus der Sicht der gewerblichen Mietparteien einmal ganz neu darzustellen, und zwar nicht getreu dem – nach einer Vielzahl von Änderungen ohnehin kaum mehr verständlichen – Gesetzesaufbau im BGB, sondern aus pragmatischer Sicht entsprechend dem Regelungsbedarf der Praxis. Der Nutzer möge sich ohne lange Suche anhand seines gewünschten Themas orientieren, das von ihm benötigte Detailwissen umgehend auffinden und den zahlreichen Praxistipps hoffentlich wertvolle Anregungen entnehmen können.

Wie nur wenige andere Rechtsbereiche ist gerade das Mietrecht dem laufenden, sehr änderungsfreudigen Richterrecht unterworfen, wie die genannten Beispiele Renovierungspflicht (AGB!), Betriebskostenabrechnung und gesetzliche Schriftform bestens belegen. Dementsprechend legt dieses Handbuch seinen Schwerpunkt auf die Darstellung der obergerichtlichen Rechtsprechung, die nach Aktenzeichen und Entscheidungsdatum zitiert wird (und damit im Internetzeitalter allseits jederzeit aufgefunden werden kann). Diese ist nach Möglichkeit bis zum Juli 2015 berücksichtigt.

Obwohl es für die Praxis nur wenig Sinn macht, von der Rechtsprechung des Bundesgerichtshofes und/oder der Oberlandesgerichte abzuweichen, haben sich die Autoren – allesamt Praktiker aus erfahrenen Mietrechtskanzleien oder einschlägig tätigen Beratungs- und Vermietungsunternehmen – gleichwohl darum bemüht, kritische Punkte der Rechtsprechung hervorzuheben und auch abweichende Meinungen zu begründen.

Zwar als „Vermieter-Handbuch“ ausgelegt, richtet sich das vorliegende Werk selbstverständlich an alle Gewerbetreibenden, Unternehmen und fachlich Zuständigen, die mit mietrechtlichen Fragen befasst sind. Und wer wäre das nicht? Denn auch ohne statistische Grundlage lässt sich feststellen, dass praktisch jegliche Geschäftstätigkeit von Miet-, Pacht- oder Leasingfragen berührt wird. Auch die traditionellen Eigentümer unter den Unternehmern haben zwischenzeitlich zumeist das formale Eigentum aufgegeben (nicht nur aus Finanzierungs- bzw. Liquiditätsgründen, sondern auch zugunsten der größeren Effizienz der „Facility Manager") und sich „nur" noch das wirtschaftliche Eigentum für die laufende Nutzung – formalrechtlich als Mieter, Pächter oder Leasingnehmer – zurückbehalten.

Wir hoffen, dass wir den sehr geschätzten Nutzern mit diesem Handbuch die gewünschten Informationen rasch, zuverlässig und zutreffend verschaffen können. Trotz des eindrucksvollen Umfangs werden wir sicherlich nicht jede Detailfrage beantwortet haben – und stehen dafür zusammen mit unseren Autoren jederzeit gerne ergänzend für Rückfragen zur Verfügung. Aber wir gehen davon aus, dass der wesentliche praktische Bedarf abgedeckt, also die allfälligen täglichen Fragen beantwortet werden können. Auch operativ-strategische Ausrichtungen können der Kommentierung entnommen werden.

Jegliche Anmerkungen, vor allem auch kritischer Natur, nehmen wir gerne auf und freuen uns über Ihre Kontaktaufnahme. Die jeweiligen E-Mail-Adressen der Autoren (und damit auch der Herausgeber) sind im Bearbeiterverzeichnis wiedergegeben.

Düsseldorf und Köln, im Juli 2015

Die Herausgeber
Dr. Michael Fritzsche
Rüdiger Bonnmann
Dr. Peter Vocke

Inhaltsübersicht

Kapitel 4
AGB

Kapitel 5
Miete und Mietanpassung

Kapitel 6
Nebenkosten

Kapitel 7
Sicherheiten der Mietparteien

Kapitel 8
Instandhaltung, Instandsetzung, Kleinreparaturen, Ersatzbeschaffung und Schönheitsreparaturen

Kapitel 9
Betriebspflicht, Konkurrenzschutz

Kapitel 10
Haftung und Gewährleistung, Versicherung

Kapitel 11
Bauliche Maßnahmen im Rahmen bestehender Mietverhältnisse

Kapitel 12
Untermiete

Kapitel 13
Beendigung des Mietverhältnisses

Kapitel 14
Mietvertrag in der Krise

Kapitel 15
Spezialimmobilien

Inhaltsverzeichnis

Kapitel 3
Vermietung vom Reißbrett

Kapitel 4
AGB

Kapitel 5
Miete und Mietanpassung

Kapitel 6
Nebenkosten

Kapitel 7
Sicherheiten der Mietparteien

Kapitel 9
Betriebspflicht, Konkurrenzschutz

Kapitel 10
Haftung und Gewährleistung, Versicherung

Kapitel 12
Untermiete

Kapitel 14
Mietvertrag in der Krise

Kapitel 15
Spezialimmobilien

Abkürzungsverzeichnis

%	Prozent
€	Euro
§	Paragraph
°C	Grad Celsius
a.A.	anderer Ansicht
a.E.	am Ende
a.F.	alte Fassung
a.M.	anderer Meinung
ABl.	Amtsblatt
Abs.	Absatz
AG	Aktiengesellschaft; Amtsgericht
AGB	Allgemeine Geschäftsbedingungen
AGBG	Gesetz zur Regelung des Rechts der Allgemeinen Geschäftsbedingungen
AGG	Allgemeines Gleichbehandlungsgesetz
AHO	Ausschuss der Verbände und Kammern der Ingenieure und Architekten für die Honorarordnung
AktG	Aktiengesetz
Alt.	Alternative
Anm.	Anmerkung
AO	Abgabenordnung
ApoG	Apothekengesetz
ArbStättV	Arbeitsstättenverordnung
Art.	Artikel
Aufl.	Auflage
B.V.	Besloten vennootschap met beperkte aansprakelijkheid
BAG	Bundesarbeitsgericht
BauGB	Baugesetzbuch
BauNVO	Baunutzungsverordnung
BayObLG	Bayerisches Oberlandesgericht
BB	Betriebs-Berater (Zeitschrift)
Bd.	Band
BeckRS	Beck-Rechtsprechung, online
Beschl. v.	Beschluss vom
BetrKV	Betriebskostenverordnung
BeurkG	Beurkundungsgesetz
BFH	Bundesfinanzhof
BFHE	Entscheidungen des Bundesfinanzhofs
BGB	Bürgerliches Gesetzbuch
BGBl.	Bundesgesetzblatt
BGF	Brutto-Grundfläche
BGH	Bundesgerichtshof
BGHZ	Sammlung von Entscheidungen des Bundesgerichtshofs in Zivilsachen
BKR	Zeitschrift für Bank- und Kapitalmarktrecht
BR-Drucks.	Bundesratsdrucksache

BStBl.	Bundessteuerblatt
BT-Drucks.	Bundestagsdrucksache
BV	Berechnungsverordnung
BVerfG	Bundesverfassungsgericht
BWA	Betriebswirtschaftliche Auswertung
bzw.	beziehungsweise
ca.	circa
CBD	Central Business District
d.h.	das heißt
dB	Dezibel
DB	Der Betrieb (Zeitschrift)
DDR	Deutsche Demokratische Republik
DIN	Deutsches Institut für Normung
DM	Deutsche Mark
DNotZ	Deutsche Notar-Zeitschrift
DStR	Deutsches Steuerrecht (Zeitschrift)
DWW	Deutsche Wohnungswirtschaft (Zeitschrift)
e.G.	eingetragene Genossenschaft
e.V.	eingetragener Verein
EDV	Elektronische Datenverarbeitung
EGBGB	Einführungsgesetz zum Bürgerlichen Gesetzbuche
Einf.	Einführung
EL	Ergänzungslieferung
EnEV	Energieeinsparverordnung
EOP	Ertragskraftorientierte Pachtwertfindung
ErbbauRG	Erbbaurechtsgesetz
ErbbRVO	Erbbaurechte-Rangverordnung
etc.	et cetera
EWIV	Europäische wirtschaftliche Interessenvereinigung
EWIVAG	Europäische wirtschaftliche Interessenvereinigung Ausführungsgesetz
EWIV-VO	Europäische wirtschaftliche Interessenvereinigung-Verordnung
f., ff.	(fort)folgend(e)
FamRZ	Zeitschrift für das gesamte Familienrecht
FAZ	Frankfurter Allgemeine Zeitung
FD-MietR	Fachdienst Miet- und Wohnungseigentumsrecht
FF&E	Furnitures, Fixtures & Equipment
FKZ	Flächenkennziffer
FM	Facility Management
GbR	Gesellschaft bürgerlichen Rechts
GE	Grundeigentum (Zeitschrift)
gem.	gemäß
GenG	Genossenschaftsgesetz
GewO	Gewerbeordnung
GG	Grundgesetz

GGB	Gerichtsgesetzbuch Belgien
ggf.	gegebenenfalls
gif	Gesellschaft für immobilienwirtschaftliche Forschung
GKG	Gerichtskostengesetz
GmbH	Gesellschaft mit beschränkter Haftung
GmbH i.Gr.	GmbH in Gründung
GmbHG	Gesetz betreffend die Gesellschaften mit beschränkter Haftung
GmbHR	GmbH-Rundschau (Zeitschrift)
GrStG	Grundsteuergesetz
GRUR-RR	Gewerblicher Rechtsschutz und Urheberrecht Rechtsprechungs-Report (Zeitschrift)
GuG	Grundstücksmarkt und Grundstückswert (Zeitschrift)
GuT	Gewerbemiete und Teileigentum (Zeitschrift)
GwG	Geldwäschegesetz
GWR	Gesellschafts- und Wirtschaftsrecht
h.M.	herrschende Meinung
HambGE	Hamburger Grundeigentum (Zeitschrift)
HeizkostenV	Heizkostenverordnung
HGB	Handelsgesetzbuch
HNO	Hals-Nasen-Ohren-Heilkunde
HOAI	Honorarordnung für Architekten und Ingenieure
HoT	Heads of Terms
Hs.	Halbsatz
i.V.m.	in Verbindung mit
IHK	Industrie- und Handelskammer
IMR	Immobilien- und Mietrecht (Zeitschrift)
InsO	Insolvenzordnung
IPRax	Praxis des Internationalen Privat- und Verfahrensrechts
IT	Informationstechnik
IZ	Immobilien Zeitung
jurisPR-MietR	juris Rechtsportal Mietrecht
JZ	JuristenZeitung
Kap.	Kapitel
Kfz.	Kraftfahrzeug
KG	Kammergericht; Kommanditgesellschaft
KGaA	Kommanditgesellschaft auf Aktien
KGF	Konstruktions-Grundfläche
KGR	Kammergericht-Report
km	Kilometer
km/h	Kilometer pro Stunde
LG	Landgericht
LLP	Limited Liability Partnership
LOI	Letter of Intent
Ltd.	Limited

m	Meter
m.w.N.	mit weiteren Nachweisen
m²	Quadratmeter
MA	Mitarbeiter
MDR	Monatsschrift für Deutsches Recht (Zeitschrift)
MG	Managementgeber
MietRB	Miet-Rechts-Berater (Zeitschrift)
Mio.	Million/en
MIttBayNot	Mitteilungen des Bayerischen Notarvereins, der Notarkasse und der Landesnotarkammer Bayern
MM	Mietermagazin
MN	Managementnehmer
MoU	Memorandum of Understanding
Mrd.	Milliarde
n. rkr.	nicht rechtskräftig
n.F.	neue Fassung
NGF	Netto-Grundfläche
NJ	Neue Justiz (Zeitschrift)
NJOZ	Neue Juristische Online Zeitschrift
NJW	Neue Juristische Woche (Zeitschrift)
NJWE	NJW-Entscheidungsdienst
NJWE-MietR	NJW-Entscheidungsdienst Mietrecht
NJW-RR	Neue Juristische Wochenschrift-Rechtsprechungs-Report (Zeitschrift)
NotBZ	Notarielle Beratungs- und Beurkundungspraxis (Zeitschrift)
Nr.	Nummer
NVwZ	Neue Zeitschrift für Verwaltungsrecht
NZA	Neue Zeitschrift für Arbeitsrecht
NZA-Beil.	Neue Zeitschrift für Arbeitsrecht Beilage
NZBau	Neue Zeitschrift für Baurecht und Vergaberecht
NZG	Neue Zeitschrift für Gesellschaftsrecht
NZI	Neue Zeitschrift für Insolvenz- und Sanierungsrecht
NZM	Neue Zeitschrift für Miet- und Wohnungsrecht
o.Ä.	oder Ähnlichem
o.g.	oben genannt
OHG	Offene Handelsgesellschaft
OLG	Oberlandesgericht
OLGR	Oberlandesgericht-Report
OLGZ	Entscheidungssammlung der Oberlandesgerichte in Zivilsachen
p.a.	pro Jahr
PartG	Parteiengesetz
PartGG	Partnerschaftsgesellschaftsgesetz
PartGmbB	Partnerschaftsgesellschaft mit beschränkter Berufshaftung
PCP	Pentachlorphenol
PG	Partnerschaftsgesellschaft
PiG	Partner im Gespräch (Schriftenreihe)

Pkw	Personenkraftwagen
PrKG	Preisklauselgesetz
PVC	Polyvinylchlorid
RE-Miet	Rechtsentscheid in Mietsachen
RG	Reichsgericht
RGZ	Entscheidungen des Reichsgerichts in Zivilsachen
RL	Richtlinie
Rn	Randnummer
Rz	Randziffer
S.	Seite; Satz
s.o.	siehe oben
s.u.	siehe unten
SE	Societas Europaea
SEAG	Societas Europaea Ausführungsgesetz
SE-VO	Societas Europaea-Verordnung
SGB V	Sozialgesetzbuch Teil V
SMS	Short Message Service
sog.	sogenannte
st. Rspr.	ständige Rechtsprechung
StGB	Strafgesetzbuch
T€	Tausend Euro
u.a.	unter anderem
u.U.	unter Umständen
UG	Unternehmensgesellschaft
UKlaG	Unterlassungsklagengesetz
UmwG	Umwandlungsgesetz
Urt.	Urteil
USt	Umsatzsteuer
UStAE	Umsatzsteuer-Anwendungserlass
UStDV	Umsatzsteuer-Durchführungsverordnung
UStG	Umsatzsteuergesetz
usw.	und so weiter
v.	vom
VAG	Versicherungsaufsichtsgesetz
VDI	Verein deutscher Ingenieure
VdP	Verband deutscher Pfandbriefbanken
VersR	Zeitschrift für Versicherungsrecht (Zeitschrift)
VG	Verwaltungsgericht
vgl.	vergleiche
VPI	Verbraucherpreisindex
Vorb.	Vorbemerkung
VVaG	Versicherungsverein auf Gegenseitigkeit
VVG	Versicherungsvertragsgesetz
VW	Versicherungswirtschaft (Zeitschrift)

WEG	Wohnungseigentumsgesetz
WiStG	Wirtschaftsstrafgesetz
WM	Wertpapier-Mitteilungen (Zeitschrift)
WPM	Wertpapiermitteilungen (Zeitschrift)
WuM	Wohnungswirtschaft- und Mietrecht
z.B.	zum Beispiel
ZEV	Zeitschrift für Erbrecht und Vermögensnachfolge
ZfIR	Zeitschrift für Immobilienrecht
ZGB	Zivilgesetzbuch der DDR
ZGR	Zeitschrift für Unternehmens- und Gesellschaftsrecht
Ziff.	Ziffer
ZInsO	Zeitschrift für das gesamte Insolvenzrecht
ZIÖ	Zeitschrift für Immobilienökonomie
ZIP	Zeitschrift für Wirtschaftsrecht
zit.	zitiert
ZKF	Zeitschrift für Kommunalfinanzen
ZMR	Zeitschrift für Miet- und Raumrecht
ZPO	Zivilprozessordnung
ZVG	Gesetz über die Zwangsversteigerung und die Zwangsverwaltung
ZWE	Zeitschrift für Wohnungseigentumsrecht
ZwVwV	Zwangsverwalterverordnung

Literaturverzeichnis

Bärmann, Johann/Seuß, Hanns, Praxis des Wohnungseigentums, 6. Aufl., München 2013 (zit.: Bärmann/Seuß/*Bearbeiter*)

Bärmann, Johannes/Pick, Eckhart, WEG, 19. Aufl., München 2010 (zit.: *Bärmann/Pick*)

Baumbach, Adolf/Hopt, Klaus, Handelsgesetzbuch, 36. Aufl., München 2014 (zit.: Baumbach/Hopt/*Bearbeiter*)

Baumbach, Adolf/Hueck, Alfred, GmbHG, 20. Aufl., München 2013 (zit.: Baumbach/Hueck/*Bearbeiter*)

Beck'scher Onlinekommentar BGB, Edition 34, München 2015 (zit.: BeckOK-BGB/*Bearbeiter*)

Beck'scher Onlinekommentar VOB/B, Edition 16, München 2014 (zit.: BeckOK-VOB/B/*Bearbeiter*)

Beck'scher Onlinekommentar WEG, Edition 16, München 2013 (zit.: BeckOK-WEG/*Bearbeiter*)

Beck'scher Onlinekommentar ZPO, Edition 16, München 2015 (zit.: BeckOK-ZPO/*Bearbeiter*)

Beck'sches Handbuch der AG, 2. Aufl., München 2009 (zit.: Beck'sches Handbuch der AG/*Bearbeiter*)

BeckOnline Großkommentar zum Zivilrecht, München 2014 (zit.: BeckOGK/*Bearbeiter*)

Bengel, Manfred/Reimann, Wolfgang, Handbuch der Testamentsvollstreckung, 5. Aufl., München 2013 (zit.: Bengel/Reimann/*Bearbeiter*)

Bieber, Hans-Jürgen/Ingendoh, Andreas, Geschäftsraummiete, Bonn 2007 (zit.: Bieber/Ingendoh/*Bearbeiter*)

Blank, Hubert/Börstinghaus, Ulf, Miete, 4. Aufl., München 2014 (zit.: *Blank/Börstinghaus*)

Börstinghaus, Cathrin, Mietminderungstabelle, 3. Aufl., München 2013 (zit.: *Börstinghaus*)

Börstinghaus, Peter/Eisenschmid, Norbert, Theorie und Praxis des Miet- und Wohneigentumsrechts, Festschrift für Hubert Blank zum 65. Geburtstag, München 2006 (zit.: *Bearbeiter* in: FS Blank)

Böttcher, Roland, ZVG, 5. Aufl., München 2010 (zit.: Böttcher/*Bearbeiter*)

Brambring, Günter/Mutter, Christoph, Beck'sches Formularbuch Erbrecht, 3. Aufl., München 2014 (zit.: Brambring/Mutter/*Bearbeiter*)

Bub, Wolf-Rüdiger/Treier, Gerhard, Handbuch der Geschäfts- und Wohnraummiete, 4. Aufl., München 2014 (zit.: Bub/Treier/*Bearbeiter*)

Bunjes, Johann, Umsatzsteuergesetz, 13. Aufl., München 2014 (zit.: Bunjes/*Bearbeiter*)

Dauner-Lieb, Barbara/Langen, Werner, BGB Schuldrecht, 2. Aufl., Baden-Baden 2012 (zit.: Dauner-Lieb/Langen/*Bearbeiter*)

Dziomba, Maike/Muncke, Günter/Walther, Monika, Standort- und Marktanalyse: Fachbeiträge aus der Immobilien-Zeitung 2007, Wiesbaden 2007 (zit.: *Dziomba/Muncke/Walther*)

Ebenroth, Thomas/Boujong, Karlheinz/Joost, Detlev/Strohn, Lutz, Handelsgesetzbuch, Band 2, 2. Aufl., München 2009 (zit.: Ebenroth/Boujong/Joost/Strohn/*Bearbeiter*)

Emmerich, Volker, BGB – Schuldrecht Besonderer Teil, 14. Aufl., Heidelberg 2015 (zit.: Emmerich/*Bearbeiter*)

Emmerich, Volker/Sonnenschein, Jürgen, Miete, 11. Aufl., Berlin 2014 (zit.: Emmerich/Sonnenschein/*Bearbeiter*)

Erman, Walter, BGB, 14. Aufl., Köln 2014 (zit.: Erman/*Bearbeiter*)

Falk, Bernd, Fachlexikon Immobilienwirtschaft, 3. Aufl., Köln 2004 (zit.: *Falk*)

Fritz, Jürgen, Gewerberaummietrecht, 4. Aufl., München 2005 (zit.: *Fritz*)

Gerber, Wolfgang/Eckert, Hans-Georg, Gewerbliches Miet- und Pachtrecht, 7. Aufl., Köln 2010 (zit.: *Gerber/Eckert*)

Gerber, Wolfgang/Eckert, Hans-Georg/Günter, Peter, Gewerbliches Miet- und Pachtrecht, 8. Aufl., Köln 2012 (zit.: *Gerber/Eckert/Günter*)

Ghassemi-Tabar, Nima/Leo, Ulrich, AGB im Gewerberaummietrecht, 2. Aufl., München 2014 (zit.: *Ghassemi-Tabar/Leo*)

Gies, Richard/Nies, Günter, Beck'sches Formularbuch Mietrecht, 4. Aufl., München 2013 (zit.: Gies/Nies/*Bearbeiter*)

gif Gesellschaft für immobilienwirtschaftliche Forschung e.V., Definitionen zur Einzelhandelsanalyse. Arbeitspapier, Wiesbaden 2014 (zit.: gif 2014)

Graf von Westphalen, Friedrich/Thüsing, Gregor, Vertragsrecht und AGB-Klauselwerke, Stand: 36. EL, München 2015 (zit.: Graf von Westphalen/Thüsing/*Bearbeiter*)

Grooterhorst, Johannes/Becker, Udo/Dreyer, Rolf-Ulrich/Törnig, Tobias, Rechtshandbuch Immobilien-Asset-Management: Potenziale und Strategien für Investoren und Eigentümer, Köln 2009 (zit.: Grooterhorst u.a./*Bearbeiter*)

Grüter, Stephan/Wisselmann, Dorothee/Zwißler, Finn, Miete Grundstück Wohnungseigentum, Formularbibliothek, 2. Aufl., Baden-Baden 2012 (zit.: Grüter/Wisselmann/Zwißler/*Bearbeiter*)

Handkommentar BGB, 8. Aufl., Baden-Baden 2014 (zit.: HK-BGB/*Bearbeiter*)

Hartung, Frank, Der Büroflächenmarkt der Landeshauptstadt Düsseldorf unter besonderer Berücksichtigung der Leerstandsproblematik, Dortmund 1998 (zit.: *Hartung*)

Henssler, Martin/Strohn, Lutz, Gesellschaftsrecht, 2. Aufl., München 2014 (zit.: Henssler/Strohn/*Bearbeiter*)

Jahn, Manuel, Hybride Malls – White Paper, GfK GeoMarketing, Hamburg 2011 (zit.: *Jahn*)

Jauernig, Othmar, BGB, 15. Aufl., München 2014 (zit.: Jauernig/*Bearbeiter*)

juris PraxisKommentar BGB, 7. Aufl., Saarbrücken 2014 (zit.: jurisPK-BGB/*Bearbeiter*)

Kilian, Matthias, Partnerschaftsgesellschaftsgesetz, Baden-Baden 2012 (zit.: Kilian/*Bearbeiter*)

Kindl, Johann/Meller-Hannich, Caroline/Wolf, Hans-Joachim, Gesamtes Recht der Zwangsvollstreckung, 2. Aufl., Baden-Baden 2013 (zit.: Kindl/Meller-Hannich/Wolf/*Bearbeiter*)

Krafka, Alexander/Kühn, Ulrich, Registerrecht, 9. Aufl., München 2013 (zit.: *Krafka/Kühn*)

Kulke, Elmar/Rauh, Jürgen, Das Shopping Center Phänomen, Mannheim 2014 (zit.: Kulke/Rauh/*Bearbeiter*)

Lammel, Siegbert, Heizkostenverordnung, 4. Aufl., München 2015 (zit.: *Lammel*)

Langenberg, Hans, Schönheitsreparaturen, Instandsetzung und Rückbau, 4. Aufl., München 2011 (zit.: *Langenberg*)

Lindner-Figura, Jan/Oprée, Frank/Stellmann, Frank, Geschäftsraummiete, 3. Aufl., München 2012 (zit.: Lindner-Figura/Oprée/Stellmann/*Bearbeiter*)

Michalski, Lutz, GmbHG, 2. Aufl., München 2010 (zit.: Michalski/*Bearbeiter*)

Mugdan, Benno, Die gesammten Materialien zum Bürgerlichen Gesetzbuch für das Deutsche Reich, Berlin 1899 (zit.: *Mugdan*)

Münchener Anwaltshandbuch Insolvenz und Sanierung, 2. Aufl., München 2012 (zit.: MAH Insolvenz und Sanierung/*Bearbeiter*)

Münchener Anwaltshandbuch Mietrecht, 4. Aufl., München 2014 (zit.: MAH Mietrecht/*Bearbeiter*)

Münchener Handbuch des Gesellschaftsrechts, Band 1: BGB-Gesellschaft, Offene Handelsgesellschaft, Partnerschaftsgesellschaft, Partenreederei, EWIV, 4. Auf., München 2014 (zit.: MünchHdb. GesR I/*Bearbeiter*)

Münchener Kommentar zum Aktiengesetz, 3. Aufl., München 2010 (zit.: MüKo-AktG/*Bearbeiter*)

Münchener Kommentar zum Bürgerlichen Gesetzbuch, 6. Aufl., München 2012 (zit.: MüKo-BGB/*Bearbeiter*)

Münchener Kommentar zum GmbHG, 2. Aufl., München 2015 (zit.: MüKo-GmbHG/*Bearbeiter*)

Münchener Kommentar zum Handelsgesetzbuch, 3. Aufl., München 2013 (zit.: MüKo-HGB/*Bearbeiter*)

Münchener Kommentar zur Insolvenzordnung, 3. Aufl., München 2013 (zit.: MüKo-InsO/*Bearbeiter*)

Münchener Kommentar zur Zivilprozessordnung, 4. Aufl., München 2012 (zit.: MüKo-ZPO/*Bearbeiter*)

Musielak, Hans-Joachim/Voit, Wolfgang, ZPO, 12. Aufl., München 2015 (zit.: Musielak/Voit/*Bearbeiter*)

Neufert, Ernst, Bauentwurfslehre, 39. Aufl., Wiesbaden 2009 (zit.: Neufert/*Bearbeiter*)

Neuhaus, Kai-Jochen, Handbuch der Geschäftsraummiete, 5. Aufl., Köln 2014 (zit.: *Neuhaus*)

Palandt, Otto, Bürgerliches Gesetzbuch, 74. Aufl., München 2015 (zit.: Palandt/*Bearbeiter*)

Schäfer, Jürgen/Conzen, Georg, Praxishandbuch Immobilien-Projektentwicklung, 3. Aufl., München 2013 (zit.: Schäfer/Conzen/*Bearbeiter*)

Schmidt, Andreas, Hamburger Kommentar zum Insolvenzrecht, 5. Aufl., Köln 2014 (zit.: Schmidt/*Bearbeiter*)

Schmidt-Futterer, Wolfgang, Mietrecht, 11. Aufl., München 2013 (zit.: Schmidt-Futterer/*Bearbeiter*)

Schmitt, Christoph/Ulmer, Detlef, Allgemeine Geschäftsbedingungen und Verträge für Unternehmen, Berlin 2009 (zit.: *Schmitt/Ullmer*)

Schneider, Rüdiger/Gentz, Michael, Intelligent Office, Köln 1997 (zit.: Schneider/Gentz/*Bearbeiter*)

Scholz, Franz, GmbHG, 11. Aufl., Köln 2012 (zit.: Scholz/*Bearbeiter*)

Schulte, Karl-Werner, Immobilienökonomie, Band I Betriebswirtschaftliche Grundlagen, 4. Aufl., München 2008 (Schulte/*Bearbeiter*, Band I)

Schulte, Karl-Werner, Immobilienökonomie, Band IV Volkswirtschaftliche Grundlagen, München 2008 (Schulte/*Bearbeiter*, Band IV)

Soergel, Theodor, Bürgerliches Gesetzbuch mit Einführungsgesetz und Nebengesetzen. 13. Aufl., Stuttgart 2007 (zit.: Soergel/*Bearbeiter*)

Staudinger, Julius von, BGB, Berlin 2006 (zit.: Staudinger/*Bearbeiter*)

Stein, Friedrich/Jonas, Martin, ZPO, 22. Aufl., Tübingen 2013 (zit.: Stein/Jonas/*Bearbeiter*)

Sternel, Friedemann, Mietrecht aktuell, 4. Aufl., Köln 2009 (zit.: *Sternel*)

Stöber, Kurt, ZVG, 20. Aufl., München 2012 (zit.: Stöber/*Bearbeiter*)

Stürner, Rolf, Die Aufklärungspflicht der Parteien des Zivilprozesses, Tübingen 1976 (zit.: *Stürner*)

Sudhoff, Heinrich, Unternehmensnachfolge, 5. Aufl., München 2005 (zit.: Sudhoff/*Bearbeiter*)

Süß, Rembert/Wachter, Thomas, Handbuch des internationalen GmbH-Rechts, 2. Aufl., Bonn 2011 (zit.: Süß/Wächter/*Bearbeiter*)

Uhlenbruck, Wilhelm, Insolvenzordnung, 14. Aufl., München 2015 (zit.: Uhlenbruck/*Bearbeiter*)

Ulmer, Peter/Brandner, Erich/Hensen, Diether, AGB-Recht, 11. Aufl., Köln 2011 (zit.: Ulmer/Brandner/Hensen/*Bearbeiter*)

Ulmer, Peter/Habersack, Mathias/Winter, Martin, GmbHG, Großkommentar, 2. Aufl., Tübingen 2014 (zit.: Ulmer/Habersack/Winter/*Bearbeiter*)

v. Oefele, Helmut Freiherr/Winkler, Karl, Handbuch des Erbbaurechts, 5. Aufl., München 2012 (zit.: *v. Oefele/Winkler*)

Wegener, Ulrich/Sailer, Erwin/Raab, Stephan, Der Makler und sein Auftraggeber, 5. Aufl., Stuttgart 1997 (zit.: *Wegener/Sailer/Raab*)

Wetekamp, Axel, Mietsachen, 4. Aufl., München 2007 (zit.: *Wetekamp*)

Wolf, Eckhard/Eckert, Hans-Georg/Ball, Wolfgang, Handbuch des gewerblichen Miet-, Pacht- und Leasingrechts, 10. Aufl. 2009 (zit.: *Wolf/Eckert/Ball*)

Wolf, Manfred/Lindacher, Walter/Pfeiffer, Thomas, AGB-Recht, 6. Aufl., München 2013 (zit.: Wolf/Lindacher/Pfeiffer/*Bearbeiter*)

Zöller, Richard, ZPO, 30. Aufl., Köln 2014 (zit.: Zöller/*Bearbeiter*)

Bearbeiterverzeichnis

Michael Alberts, Dr. iur., Jg. 1958; Rechtsanwalt und Partner der Sozietät Heuking Kühn Lüer Wojtek. Er verfügt über langjährige Erfahrung als rechtlicher Berater in allen Arten von Immobilienprojekten, insbesondere bei großen Transaktionen und Entwicklungen für internationale Auftraggeber. Dr. Alberts ist auch im Bereich Immobilienfinanzierung tätig und ist Dozent für die Universität Münster über internationale Real Estate Darlehensverträge. Nach einer Auswahl des Handelsblatts zählt er zu Deutschlands besten Anwälten 2015 für den Bereich Immobilienwirtschaftsrecht.
Erreichbarkeit: m.alberts@heuking.de

Rüdiger Bonnmann, Jg. 1961; Rechtsanwalt und Fachanwalt für Miet- und Wohnungseigentumsrecht sowie für Verwaltungsrecht, Partner bei Osborne Clarke in Köln. Zugelassen als Rechtsanwalt seit 1992. Seine Tätigkeitsschwerpunkte sind Transaktionen im Bereich der Immobilienwirtschaft, die baubegleitende Rechtsberatung im öffentlichen und privaten Baurecht, das gewerbliche Mietrecht und die Prozessführung.
Erreichbarkeit: rüdiger.bonnmann@osborneclarke.com

Axel Deitermann, Jg. 1957; Geschäftsführender Gesellschafter der Hotel Affairs Consulting GmbH in Düsseldorf und Geschäftsführer der Wellnesshotel Hafendorf Rheinsberg GmbH. Seine Tätigkeit umfasst alle wesentlichen Fragestellungen der Hotelimmobilie. Er berät Investoren und Finanzdienstleister bei neuen und bestehenden Hotelprojekten. Dies umfasst Fragestellungen des operativen Geschäfts ebenso wie die Erstellung von Hotelkonzepten, Marktanalysen und Wirtschaftlichkeitsstudien. Einen Aufgabenschwerpunkt bildet die Betreibersuche für Investoren an neuen Hotelstandorten. Er lehrt an der Fresenius Hochschule in Köln und Düsseldorf Internationales Hotelmanagement und Tourismusmanagement.
Erreichbarkeit: a.deitermann@hotel-affairs.com

Maike Dziomba, Dr. rer. pol., Jg. 1973; Studium der Angewandten Geographie/VWL in Trier, Promotion an der TU Hamburg-Harburg (TUHH); Fonds-/Investmentmanagerin bei der redos institutional GmbH in Hamburg. Zu ihren Tätigkeiten zählen u.a. die Standort- und Wettbewerbsanalysen für Einzelhandelsimmobilien. Im Rahmen ihrer wissenschaftlichen Tätigkeit befasst sich Dr. Dziomba aus immobilienökonomischer und stadtplanerischer Sicht mit städtebaulichen Großprojekten und Einzelhandelsstandorten sowie der Methodik der Standort- und Marktanalyse. In diesem Zusammenhang übernimmt sie Lehraufträge u.a. an der Universität Münster, der Freien Universität Berlin und der HCU Hamburg. Sie engagiert sich darüber hinaus im Vorstand des Deutschen Verbandes für Angewandte Geographie (DVAG e.G.) und leitet seit 2003 dessen Arbeitskreis Immobilien.
Erreichbarkeit: maike.dziomba@me.com

Jürgen Ehrlichmann, Jg. 1965; Rechtsanwalt und Leiter des Bereichs Real Estate & Infrastructure bei Osborne Clarke in Deutschland. Seine Tätigkeit umfasst die Beratung von Immobilien- und Handelsunternehmen sowie Banken bei der Entwicklung langfristiger Strategien. Er ist spezialisiert auf das Gewerbemietrecht und die strategische Optimierung von Betriebs- und Energiekosten.
Erreichbarkeit: juergen.ehrlichmann@osborneclarke.com

Ingo Erberich, Jg. 1966; Rechtsanwalt und Partner bei der Luther Rechtsanwaltsgesellschaft mbH in Köln im Bereich Real Estate. Seine Tätigkeit umfasst neben der umfassenden Beratung im gewerblichen Mietrecht auch Immobilientransaktionen einschließlich der immobilienrechtlichen Due Diligence. Zu seinen Mandanten gehören u.a. in- und ausländische Investoren im Immobilienbereich,

Projektentwickler, Bauträger, Sportstättenbetreiber, Versicherungsgesellschaften, Einzelhandelsunternehmen sowie Industrieunternehmen.
Erreichbarkeit: ingo.erberich@luther-lawfirm.com

Michael Fritzsche, Dr. iur., Jg. 1950; Rechtsanwalt und Partner bei Hoffmann Liebs Fritsch & Partner Rechtsanwälte mbB (seit 2012), zuvor Partner von Luther Rechtsanwaltsgesellschaft mbH, Düsseldorf (2001–2012), frühere langjährige Industrie- und Handelserfahrung (zuletzt als Vorstandsmitglied). Er hat als Leiter „Real Estate“ zahlreiche Immobilientransaktionen begleitet (Due Diligence, Kaufverträge), aber vor allem auch Infrastrukturvorhaben der öffentlichen Hand (u.a. PPP) mit vergabe-, bau- und nutzungsrechtlichen Fragen. Seine Mandanten sind im Wesentlichen Immobilieninvestoren (u.a. Fonds), Bestandshalter und gewerbliche Mieter.
Erreichbarkeit: michael.fritzsche@hlfp.de

Tina Froböse, Jg. 1978; Unternehmensberaterin für die Hotellerie & Gastronomie und Managing Partner der BBG-Consulting in Düsseldorf. Frau Froböse entstammt einer Hoteliersfamilie und begann ihre berufliche Laufbahn im operativen Bereich der internationalen Spitzenhotellerie (u.a. The Savoy London). Ihr Fachstudium erfolgte an der Hotelfachschule in Dortmund und an der Johnson & Wales University, Providence, RI, wo sie ihren MBA in Financial Management erwarb. In weiteren Positionen trug sie Verantwortung rund um die Assetklasse Hotellerie, u.a. internationale Hotel-Projektfinanzierungen der WestLB AG, New York. Bevor sie 2011 zum Managing Partner der BBG-Consulting berufen wurde, war sie für das Unternehmen bereits mehrere Jahre als Beraterin und Projektleiterin tätig.
Erreichbarkeit: froboese@bbg-consulting.com

Anne Gebel, Jg. 1981; Studium in Passau und Perth/Australien; Rechtsanwältin, seit Anfang 2010 bei Osborne Clarke in Köln mit dem Schwerpunkt Insolvenzrecht sowie Prozessführung mit Bezug zum Insolvenz- und Handelsrecht. Sie berät nationale und internationale Mandanten bei der Durchsetzung ihrer Ansprüche im In- und Ausland, der Realisierung und Verwertung von Sicherheiten sowie der Abwehr von Ansprüchen. Anne Gebel ist Mitglied im Arbeitskreis für Insolvenzwesen Köln e.V.
Erreichbarkeit: anne.gebel@osborneclarke.com

Tanja Guddat, Dr. iur., Jg. 1967; Rechtsanwältin, seit Gründung der Gesellschaft 2013 Leitung der Abteilung Recht & Verträge der Fokus Development AG in Duisburg. Fokus Development ist auf die Entwicklung und Realisierung von innerstädtischen Handelsimmobilien spezialisiert. Von 2006 bis 2013 arbeitete Frau Dr. Guddat in der Rechtsabteilung der Multi Development Germany GmbH, ein in Deutschland auf innerstätische Shopping-Center spezialisiertes Unternehmen mit Hauptsitz in den Niederlanden. Ihre ersten Karriereschritte machte Frau Dr. Guddat in der Auslandsrechtsabteilung der Hochtief Aktiengesellschaft, Essen.
Erreichbarkeit: t.guddat@fokus-development.de

Stefan Hitter, Jg. 1972; Rechtsanwalt/Partner im Immobilienrecht bei Hoffmann Liebs Fritsch & Partner mbB in Düsseldorf. Er berät seit mehr als zehn Jahren die öffentliche Hand und Unternehmen bei größeren Bau- und Erschließungsvorhaben sowie komplexen Projektenwicklungen. Seine Beratungsschwerpunkte liegen im privaten Bau- und Architektenrecht, Vergaberecht und im Rahmen von Immobilientransaktionen.
Erreichbarkeit: stefan.hitter@hlfp.de

Susanne Hünermann, Jg. 1971, Rechtsanwältin und Syndikusanwältin in der Konzernrechtsabteilung der Zurich Gruppe Deutschland in Bonn. Seit 2006 berät sie die Zurich Gruppe im Immobilienrecht,

nachdem sie zuvor vier Jahre als Rechtsanwältin für Heuking Kühn Lüer Wojtek in Köln tätig war. Im Jahr 2005 absolvierte Frau Hünermann den Fachanwaltslehrgang Miet- und Wohnungseigentumsrecht.
Erreichbarkeit: susanne.huenermann@yahoo.de

Jan-Mark Majewski, Jg. 1970; Studium der Rechtswissenschaften an der Ludwig-Maximilians-Universität München und Referendariat in München. Zugelassener Rechtsanwalt bei der Rechtsanwaltskammer Hamm. Berufseinstieg als Rechtsanwalt im Bereich Miet- und Wohnungseigentumsrecht bei der Kanzlei Wagensonner in München und begleitende Beratungstätigkeit bei der Immobilienverwaltung Nymphenburger Grund in München. Anschließend Tätigkeit als Syndikusanwalt im Bereich der Projektentwicklung bei DPI Domberger und Partner in München. Danach mehrjährige Tätigkeit als selbstständiger Rechtsanwalt in Starnberg mit Schwerpunkt Miet- und Wohnungseigentumsrecht und Absolvierung des Fachanwaltslehrgangs Miet- und Wohnungseigentumsrecht. Seit 2007 Tätigkeit als Rechtsanwalt und Syndikusanwalt bei der früheren HOCHTIEF Property Management GmbH und jetzigen Tectareal Property Management GmbH als Spezialist im Wohnraum- und Geschäftsraummietrecht mit der Aufgabe der fachlichen Unterstützung der Mitarbeiter in allen juristischen Fragen der Haus- und Grundstücksverwaltung. Daneben zuständig als Firmenanwalt für alle sonstigen rechtlichen Themen bei Tectareal.
Erreichbarkeit: jan-mark.majewski@tectareal.de

Thomas Michaelis, Jg. 1978; Studium der Rechtswissenschaften in Düsseldorf und Referendariat in Düsseldorf, Wuppertal und Paris. Er ist zugelassener Rechtsanwalt bei der Rechtsanwaltskammer von Düsseldorf und Luxemburg (Liste IV). Sein Schwerpunkt bei Hoffmann Liebs Fritsch & Partner Rechtsanwälte mbB liegt im Immobilien- und Vergaberecht.
Erreichbarkeit: thomas.michaelis@hlfp.de

Marc Oehler, Jg. 1974; Studium der Rechtswissenschaften in Frankfurt am Main, Referendariat in Hanau, Frankfurt und New York. LL.M. in Auckland und Frankfurt am Main. Er arbeitete zunächst als Rechtsanwalt in München und wechselte 2007 zur internationalen Rechtsanwaltskanzlei Norton Rose LLP in Frankfurt am Main. Seit 2010 ist Herr Oehler als Syndikusanwalt mit Schwerpunkt im Immobilien-, Investment- und Bankenaufsichtsrecht bei der SEB Asset Management tätig.
Erreichbarkeit: marc.oehler@sebam.de

Markus van Rickelen, Jg. 1970; Studium der Rechtswissenschaften in Bochum; Bachelor of Real Estate Management and Operations; Kaufmann in der Grundstücks- und Wohnungswirtschaft; beratend in der Immobilienwirtschaft seit 1996 und seit 2002 in der internationalen gewerblichen Immobilienberatung tätig; Schwerpunkte seiner Tätigkeit sind die konzeptionelle Marktpositionierung von gewerblich genutzten Immobilien sowie die Beratung nationaler und internationaler Unternehmen und Behörden hinsichtlich Standortstrategie und -optimierung; Mitglied im Prüfungsausschuss der IHK Düsseldorf für Immobilienkaufleute sowie der Gesellschaft für Immobilienwirtschaftliche Forschung (gif) e.V./Associate Member ERES European Real Estate Society.
Erreichbarkeit: markus.vanrickelen@cbre.com

Thomas Schnabel, Jg. 1966; Rechtsanwalt und Partner bei Osborne Clarke in Köln. Herr Schnabel vertritt nationale und internationale Unternehmen in vielfältigen Fragestellungen des Immobilienrechts. Einer seiner Schwerpunkte bildet dabei das Gewerbemietrecht im Bereich der Einzelhandels- und der Bürovermietung. Ein weiterer Schwerpunkt seiner Tätigkeit sind Immobilientransaktionen.
Erreichbarkeit: thomas.schnabel@osborneclarke.com

Jürgen Storjohann, Jg. 1966; Studium der Rechtswissenschaften in Hamburg (reformierte Juristenausbildung), Referendariat in Dresden. Hier arbeitete er zunächst bei der Rechtsanwaltskanzlei Schilling, Zutt und Anschütz bis er 1999 bei Morgan Lewis LLP in Frankfurt am Main seine Tätigkeit als Rechtsanwalt fortsetzte. Seit 2005 ist Herr Storjohann als Syndikusanwalt mit Schwerpunkt im Immobilien-, Investment- und Bankenaufsichtsrecht tätig.
Erreichbarkeit: juergen.storjohann@bnpparibas.com

Peter Vocke, Dr. iur. Jg. 1973; Rechtsanwalt im Immobilienwirtschaftsrecht und Partner im Düsseldorfer Büro der Wirtschaftskanzlei Heuking Kühn Lüer Wojtek. Er berät seit mehr als 15 Jahren nationale und internationale Unternehmen und Investoren im Bereich des Immobilienwirtschaftsrechts, insbesondere in den Bereichen Transaktionen, Projektentwicklungen, Finanzierungen und Asset-Management. Zum Mandantenkreis von Dr. Vocke gehören sowohl börsennotierte Immobilienunternehmen als auch Privatinvestoren und Fonds. Dr. Vocke zählt nach Aussage diverser Wirtschaftsverlage zu den angesehensten Rechtsanwälten im Bereich Immobilienwirtschaftsrecht in Deutschland.
Erreichbarkeit: p.vocke@heuking.de

Torsten Weirich, Jg. 1975; Rechtsanwalt in Grevenbroich und Head of Legal Real Estate bei Unibail-Rodamco Germany GmbH in Düsseldorf. Seine Tätigkeit umfasst neben dem gewerblichen Mietrecht insbesondere die Betreuung des Projektentwicklers in rechtlichen Fragen der Projektentwicklung, des öffentlichen und privaten Bau- und Architektenrechts, des Erwerbs und der Veräußerung von großflächigen Einzelhandelsimmobilien sowie der Bereiche Asset-, Center- und Propertymanagement.
Erreichbarkeit: t.weirich@mfi.eu

Ulrike Wesche, Dr. iur., Jg. 1977; Rechtsanwältin/Partnerin im Immobilienrecht bei Hoffmann Liebs Fritsch & Partner Rechtsanwälte mbB in Düsseldorf. Sie berät seit mehr als zehn Jahren in- und ausländische Investoren und Unternehmen in den Bereichen Grundstückstransaktionen, gewerbliches Mietrecht und im privaten Bau- und Architektenrecht (u.a. im Bereich des Anlagenbaus). Sie vertritt Mandanten zudem als Prozessanwalt bei gerichtlichen Auseinandersetzungen.
Erreichbarkeit: ulrike.wesche@hlfp.de

Ansgar Wiesemann, Jg. 1959; Geschäftsführender Gesellschafter der TEAM Baumanagement GmbH in Köln/Dortmund. Herr Wiesemann hat an der Universität Dortmund Bauingenieurwesen studiert. Er bietet langjährige Erfahrung zur Realisierung von schlüsselfertigen Hochbau-Projekten. Seine Kernkompetenzen liegen in den Bereichen Projektsteuerung und Projektmanagement.
Erreichbarkeit: info@teambaumanagement.de

Peter Zimmermann, Dr. iur., Jg. 1960; Rechtsanwalt und Partner im Düsseldorfer Büro von Heuking Kühn Lüer Wojtek. Er ist Mitglied der Immobilienrechtsgruppe mit mehr als 20 Jahren Erfahrung in diesem Bereich. Der Schwerpunkt der Tätigkeit von Dr. Zimmermann liegt in der Strukturierung und Durchführung von An- und Verkaufstransaktionen sowohl von Einzelimmobilien wie auch von Immobilienportfolios. Insbesondere berät er verschiedene Fondsgesellschaften der AXA-Gruppe sowie andere in- und ausländische Investoren. Daneben berät Dr. Zimmermann Projektentwickler insbesondere im Bereich Einkaufszentren in Bezug auf alle Phasen der Projektentwicklung.
Erreichbarkeit: p.zimmermann@heuking.de

Kapitel 1 Vertragsanbahnung

A. Mietersuche

I. Der gute Mieter oder: Wie fängt man das scheue Reh?

Mieter stellen neben dem reinen Boden- bzw. Gebäudewert immer mehr den **tatsächlichen Wert einer Gewerbeimmobilie** dar. Ein guter Mieter, der seinen vertraglichen Verpflichtungen stets nachkommt, trägt zum Erhalt des Gebäudes und zur ordentlichen Bewirtschaftung der Liegenschaft erheblich bei. Das Prestige der Liegenschaft und die Kreditwürdigkeit des Vermieters steigen umso mehr, wenn es sich bei dem Vertragspartner um eine renommierte Branchengröße handelt. 1

Aber wie bekommt man diesen guten Mieter? Wann sollte mit der Suche angefangen werden und welches Produkt zu welcher Marktlage ist das Richtige? Können heute Mieteinheiten wieder vergeben werden? Muss man sie nicht vielmehr – erneut oder immer noch – vermarkten? Die letzte Frage ist eindeutig mit einem „Ja!“ zu beantworten, Mieteinheiten müssen unbedingt vermarktet werden. 2

Das Gewinnen eines guten Mieters ist kein Zufallsergebnis, sondern das Resultat professioneller und zielgerichteter Arbeit. Um also an das scheue Reh – den kapitalstarken Mieter – heranzukommen, sind zuvor einige Hausaufgaben zu erledigen: Nicht allein die Lage der Liegenschaft, sondern der Nutzen eines Gebäudes im Zusammenhang mit seinen **Standortmerkmalen** ist für das mietende Unternehmen entscheidend. 3

Mietinteressenten erleben den Anmietungsprozess in einzelnen Stationen einer „Qualitätskette“. Wie intensiv welche dieser Stationen von dem zukünftigen Mieter nachgefragt werden, hängt u.a. von seiner Interessenslage, der Vorbereitung auf den Anmietungsprozess, seinem Budget, der gegebenen Vermietungskonkurrenz, dem Objekt- und Standortimage, dem Marketing sowie der Führung durch den Immobilienberater als Meinungsbildner und Vertrauensperson aus der Immobilienwirtschaft ab. Denn die beauftragten **Immobilienberatungsunternehmen** *„leisten durch ihre Erfahrung, ihr aktuelles Marktwissen und ihre Kontakte einen wesentlichen Beitrag zum Vermietungserfolg“*.[1] 4

Praxistipp !

Sowohl auf der fachlichen als auch auf der „psychologischen“ Ebene wird der Annäherungsprozess zwischen Vermieter und Mieter – teilweise fast schon mit „minimal-invasiver“ Eingriffsmethodik – befördert. Nur mit professionellen Standards und einem Vertrauensverhältnis zwischen allen Betei-

1 Vgl. *Range*, Immobilienmanager 5/2011, 72f.

ligten sind Mietverträge heute zu gewinnen. Nutzen Sie daher alle Möglichkeiten der Vermarktung und bleiben Sie dabei glaubwürdig.

5 Die Immobilienwirtschaft hat innerhalb der letzten Jahrzehnte einen erheblichen Wandel erfahren. Den professionellen Standards anderer Wirtschaftsbranchen – und gerade auch den hohen Maßstäben weiterer Asset-Klassen im Anlagebereich – galt es sich unbedingt anzunähern. Spätestens mit der Globalisierung der Anlagestrategien großer internationaler Investoren, die den deutschen Markt für sich entdeckten, wurde zunehmend entscheidend, die Anforderungen der Kapitalmärkte zu kennen und eine entsprechend professionelle Dienstleistung anzubieten.[2] Noch vor einigen Jahren war der deutsche Immobilienmarkt stark durch lokale Investoren geprägt, doch dann erfuhr er eine signifikante **Internationalisierung**, *„auch wenn diese, durch die Lehmann-Krise ausgelöst, kurzfristig stillstand."*[3] Diese Internationalisierung leitete eine „Zeitenwende" ein. Die Immobilieninvestments erfuhren ungeahnte Höhen und auf Professionalität gemäß international vergleichbaren Standards wurde bei den Deals entscheidend Wert gelegt.

6 **Deutschland** als größte Volkswirtschaft in Europa ist in Hinsicht auf den **Gewerbeimmobilienmarkt führend**. So wird der deutsche Immobilienmarkt auch von ausländischen Investoren weiterhin als zentraler Marktplatz gesehen. Das Trendbarometer einer marktführenden Wirtschafts- und Steuerberatungsgesellschaft zeigt, dass während der Euro-Krise die Beliebtheit von Deutschlands Immobilien weiter gestiegen ist. Auch für die Zukunft gaben die befragten Investoren beinahe einstimmig an, dass Deutschland als Standort für Immobilieninvestments im europäischen Vergleich „attraktiv" bzw. „sehr attraktiv" sei.[4] Hierbei stellen Büroimmobilien auch weiterhin die stärkste Assetklasse am deutschen Gewerbeimmobilienmarkt dar.[5]

7 Schon zu den Zeiten weit vor der Finanz- bzw. Wirtschaftskrise fielen Unternehmen ohne **methodisches Know-how** auf internationalem Niveau beim anspruchsvollen Auftraggeber durch: EDV-gestützte Beratung mit net-present-value-Berechnungen zur Entscheidungsgrundlage, Nutzwertanalysen, Entscheidungsbäume, Szenario-Analysen, Visualisierungen und „virtuelle Gebäudebesichtigungen" sind auch heutzutage noch nicht überall Standard. Auch die Nutzung eines eigens eingerichteten Extra- respektive Intranets im Sinne eines speziell auf das Mandat zugeschnittenen Datenraums bietet sich aus Zweckgründen an. Hier können sowohl

2 Vgl. z.B.: *Unterreiner* in: FAZ, Immobilienmarkt-Verlagsbeilage: Industrie- und Gewerbeimmobilien v. 10.3.2006.

3 *Schreppel*, REurope Nr. 74, 4/2011, 17.

4 Vgl. z.B. Vorausschau auf das zunächst „schwierig" erscheinende Wirtschaftsjahr 2012, Thomas Daily Morning News v. 11.1.2012.

5 Vgl. *Klein*, Büroinvestmentmarkt Deutschland mit solidem Auftakt, abrufbar unter http://news.cbre.de/buroinvestmentmarkt-deutschland-mit-solidem-auftakt.

Markt- als auch Objektinformationen wie z.B. „critical dates" bereitgestellt und ausgetauscht werden.

Die Herausforderung ist *„das Wirken in den regionalen Märkten innerhalb der globalisierten Welt"*.[6] Gerade für ausländische Investoren ist der deutsche Immobilienmarkt mit seiner **starken Fragmentierung** aufgrund der gegenwärtig hohen Wettbewerbssituation herausfordernd; die Beratung durch ein qualifiziertes und international agierendes Immobilienberatungsunternehmen schafft hier die entscheidenden Vorteile.[7] 8

Der Blick zurück zeigt, dass alle Herausforderungen – und somit auch die zukünftigen – eine entsprechende Antwort erfordern. So wird offenbar, wie wichtig eine qualitativ hochwertige Aus- und Weiterbildung für die Immobilienwirtschaft ist. Das **interdisziplinäre Zusammenwirken** von rechtlichem, technischem und ökonomischem Know-how mit dem professionellen Gespür für das Timing und für die standortbedingten Merkmale dieser „immobilen Assets" erfordert gegenwärtig und insbesondere auch für zukünftige Aufgabenstellungen den Einsatz eines professionellen, gleichermaßen lokal verankerten wie international vernetzten Beratungsteams. 9

II. Marktkenntnis als wichtige Voraussetzung für die erfolgreiche Mietersuche

Die sich intensiv mit der Immobilie und ihrem Standort, der aktuellen Marktsituation sowie den rechtlichen Rahmenbedingungen beschäftigende Analyse kann schon vor dem Bau eines Projekts oder dem Ankauf eines Bestandsgebäudes über die **Risiken einer Investition** konkreten Aufschluss geben. Die böse Überraschung – der ausbleibende Mieter – kann so vermieden werden. Die **Standort- und Marktanalyse** ist die originäre Arbeit zur Vermeidung von Fehlinvestitionen, also die Basis für den Abschluss der für den Vermieter wichtigen Mietverträge, welche faktisch den Wert der Immobilie bestimmen. Die Wertsteigerung der Immobilie ist das Ergebnis einer auf Basis dieser Analyse erfolgreich angelegten Strategie. 10

Praxistipp !

Eine gewissenhafte Auseinandersetzung mit dem Investment ist ein Muss. Die bereits vorhandenen und immer ausgereifter werdenden Analysemethoden der Due-Diligence-Prüfung haben zwingend die Aspekte der Standort- und Marktanalyse zu berücksichtigen. Der Mieter, das kostbare Gut, lässt sich nur finden und binden, wenn man passgenau das richtige Produkt am richtigen Standort zur richtigen Zeit anbietet.

6 Vgl. *Caroli*, Immobilienmanager 5/2011, 23.

7 *Schreppel*, REurope Nr. 74, 4/2011, 20.

11 Als übergeordnetes **Ziel** gilt es
- **einen Mietvertrag**
- **zwischen dem Vermieter** (mit der Absicht: Wertsteigerung des Objekts und langfristig guter Cash-Flow bei bestmöglicher Mieterbonität)
- **und dem Mieter** (mit dem Vorsatz: Miete und Nebenkosten optimieren, das individuell geeignete Flächenkonzept umsetzen und ein gleichermaßen prestigeträchtiges wie flächeneffizientes Gebäude beziehen)

abzuschließen.

12 Zur Zielerreichung bedarf es einer intensiven und differenzierten Marktbeobachtung einschließlich der Sammlung von gesamtwirtschaftlichen und demographischen Rahmendaten. Auf dieser Basis lassen sich die entscheidenden Einflüsse auf die jeweiligen Segmente des Immobilienmarktes wie z.B. Büroflächenmarkt, Logistik- und Einzelhandelsflächenmarkt erfassen und analysieren. Hier ist der von einer eigenen professionell aufgestellten **Research-Abteilung** unterstützte Makler bzw. Immobilienberater klar im Vorteil und seine Dienstleistungen von erheblicher Bedeutung.

1. Marktbeobachtung

13 Angesichts der Verantwortung für die in der Immobilienwirtschaft üblichen großen Investitionssummen ist die eigene Marktbeobachtung – und die Interpretation der von Dritten gesammelten Daten – unabdingbar. Zur Beobachtung des Marktes gehört die **Verfolgung von Veränderungen** innerhalb eines bestimmten Wirtschaftssegments an einem abgegrenzten Wirtschaftsstandort.

14 Abbildung 1 zeigt, dass der Düsseldorfer Büroflächenmarkt im Vergleich zu anderen großen deutschen Bürostandorten nur wenig volatil ist. Der Umsatzeinbruch 2008/2009 ist Resultat der Subprime-Krise.[8] Deutlich zu erkennen ist der Anstieg der Spitzenmiete.

15 Betrachtet wird also die Marktentwicklung bzw. die zeitpunktbedingte Stellung einzelner Immobilienmarktsubjekte auf den Beschaffungs- und Absatzmärkten einschließlich der Abschätzung ihrer konjunkturellen Entwicklungsmöglichkeiten.

16 Abbildung 2 zeigt den Büroflächenumsatz in der Zeitreihe von 2005 bis zum ersten Quartal 2015. Deutlich zu erkennen ist ein etwa gleichhoher Umsatz um die 2,5 Millionen Marke (Ausnahme: Subprime-Krise, wie zuvor erwähnt).[9]

17 Es gibt verschiedene Parameter zu erkunden; so werden u.a. **Bestandserhöhungen** der Mietobjekte z.B. durch **Fertigstellungen** von neuen Gebäuden, entsprechende **Abgänge** von Objekten, durch etwa **Umnutzung** und **Umwidmung**

---

8 Quelle: CBRE Research.

9 Quelle: CBRE Research.

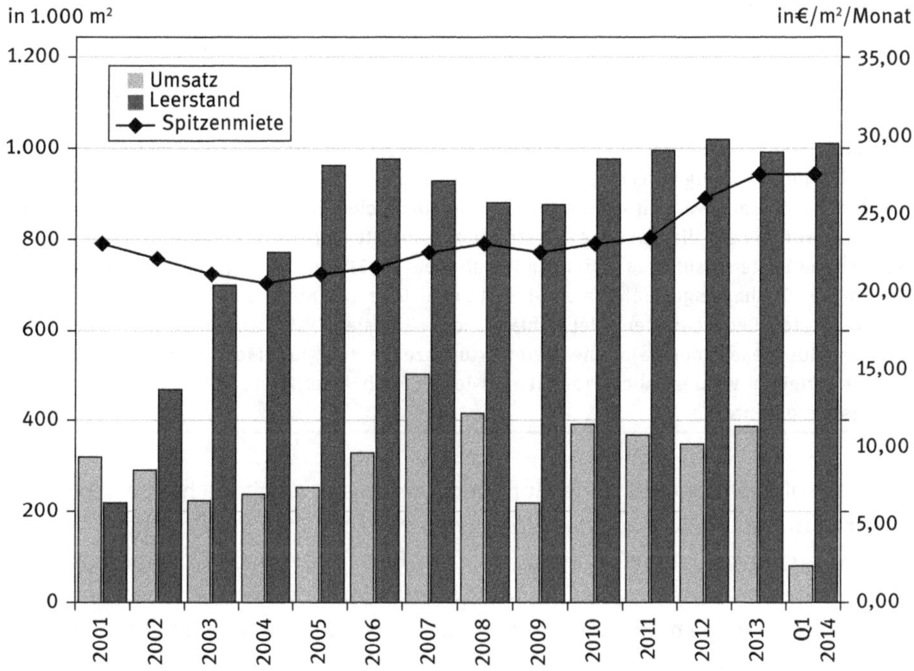

Abbildung 1: Büroflächenmarkt in Düsseldorf, Leerstand und Spitzenmiete von 2001 bis Quartal 1 2014

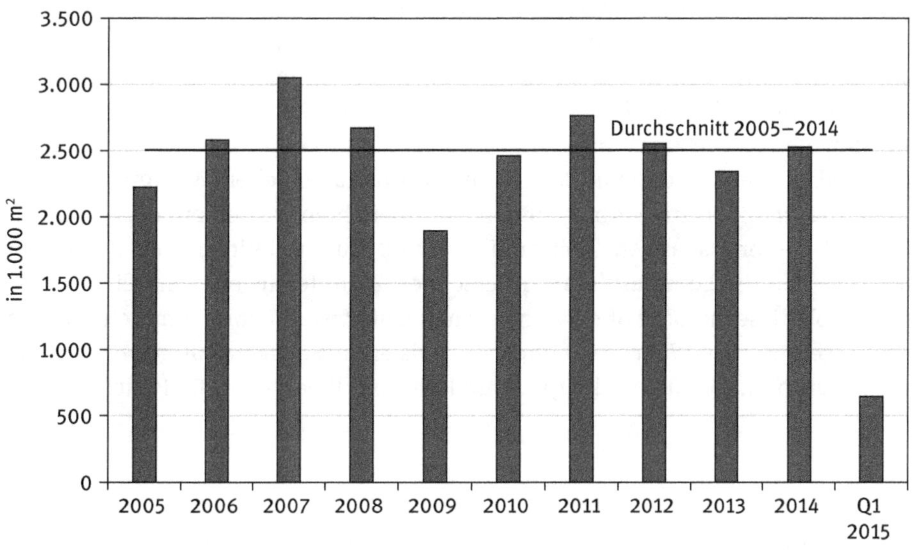

Abbildung 2: Büroflächenumsatz Top 5 Gesamt

(z.B. aus nicht mehr marktgerechten Bürogebäuden werden Wohnhäuser) festgestellt.

Beispiel

„The Henry's" im Düsseldorfer Stadtteil Oberkassel ist eine ehemalige Büroimmobilie aus dem Baujahr 1973 mit jahrelangem Leerstand, die in eine exklusive Wohnimmobilie mit über 7.000 m² neuer Wohnfläche umgewandelt wurde. Die Bestandsimmobilie mit zehn Etagen (inklusive Kellergeschoss) wurde bis auf die tragende Konstruktion komplett entkernt und saniert. „The Henry's" bietet auf neun Etagen luxuriöses Wohnen mit Einheiten von 70 bis 250 m² Wohnfläche ausschließlich zur Miete. Die hauseigene Tiefgarage bietet sogar über 100 Stellplätze. Das Gebäude erhielt zudem als erstes Redevelopment Deutschlands das Gütesiegel „Effizienzhaus" der Deutschen Energie Agentur (dena). Innerhalb einer Vermarktungszeit von ca. fünf Monaten konnten 80% der Mietfläche vermietet werden. Auch Prominente wie der Fußballstar Raúl zählten zu dem Kreis der Wohnungsinteressenten.[10]

---

18 Die Marktbeobachtung erklärt die Marktveränderungen, somit auch eine Erhöhung der **Leerstände**, die z.B. durch das Einbrechen von Branchen und somit den Verlust von teilweise ganzen Nutzergruppen (Dot.com-Blase) oder nach Abwanderung der Nutzer aus dem marktrelevanten Standort entstanden sein könnte. Eine Verminderung der Leerstände kann demgegenüber z.B. auf konjunkturell bedingt vermehrten Anmietungen beruhen.

19 Für diese Untersuchungen ist die Ermittlung der **Nettoabsorption**,[11] also der Differenz zwischen der aktuell belegten Bürofläche im Vergleich zum Vorjahresstand, nötig. Ermittelt wird die belegte Fläche als Unterschied aus **Flächenbestand** und Leerstand. Hierfür werden also nicht nur die **Mietvertragsabschlüsse** in dem jeweiligen Zeitraum aufgenommen, sondern auch die freigezogenen Flächen und die Fertigstellungen registriert: Während der sog. **Quartals- bzw. Jahresumsatz** Auskunft über die Vermietungsleistung gibt, zeigt sich erst nach Betrachtung der Nettoabsorption, ob tatsächlich mehr Fläche belegt oder ob verstärkt in kleinere Einheiten umgezogen wurde.

20 Überdies werden die im Betrachtungszeitraum erzielten **Mieten** registriert und den Teilmärkten zugeordnet. In den Marktberichten werden auf dieser Basis in der Regel Mietpreisspannen, Spitzenmieten und Durchschnittsmieten dargestellt. Ferner werden die **Leerstandsraten** berechnet. Zu differenzieren ist bei den Leerständen, ob diese mit oder ohne vorhandenen **Untermietflächen** ermittelt und dargestellt werden. Des Weiteren werden die avisierten **Fertigstellungen** von neuen Mietflächen bzw. Gebäuden überprüft und als sog. Pipeline in die Berichte aufge-

---

10 Thomas Daily v. 30.3.2010; *Littek* in: WZ Westdeutsche Zeitung v. 28.8.2010.

11 Siehe dazu unter http://www.riwis.de/online_test/info.php3?cityid=&info_topic=bu_netto absorption.

nommen. Bei den Fertigstellungen wird u.a. zwischen **spekulativ errichteten Flächen,** Errichtung mit **Vorvermietung** und Flächen für **Eigennutzer** unterschieden.

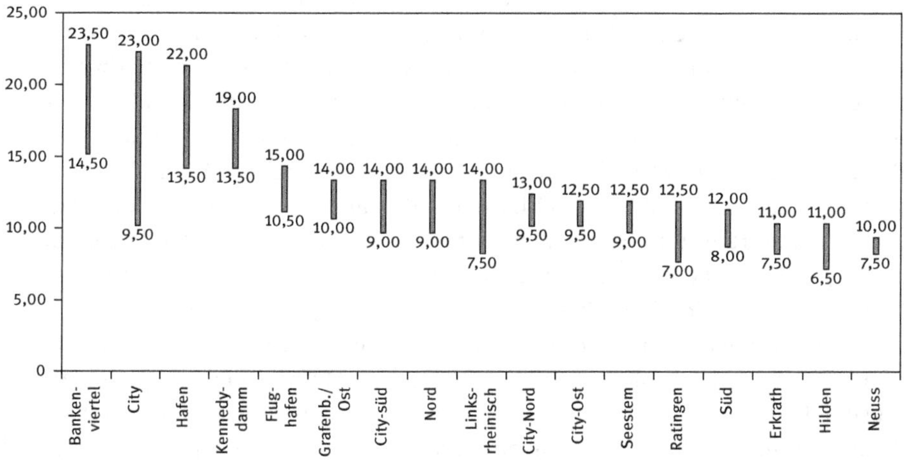

Abbildung 3a: Büroflächenmarkt Düsseldorf 2011: Mietpreisspannen der Teilmärkte (€/m²/Monat)

Abbildung 3a zeigt die Bandbreite des räumlichen Mietpreisgefüges anhand der Mietpreisspannen. Die Größe der Spanne in der „City" zeigt z.B., dass es hier auch C-Flächen mit niedrigen Mieten gibt, während die Spanne in einem kleineren, eher homogenen Teilmarkt wie Neuss vergleichsweise klein ist.[12] 21

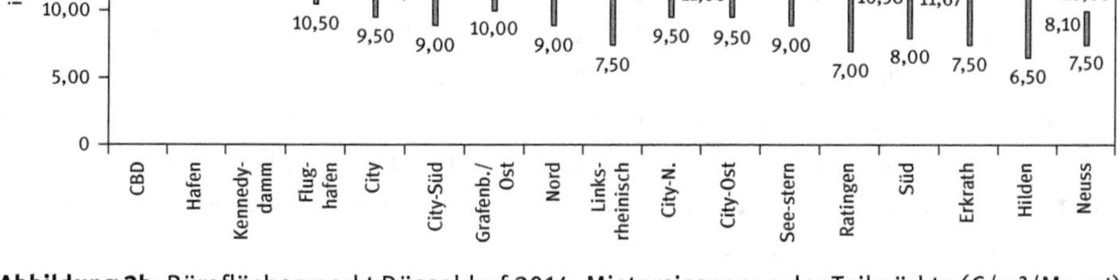

Abbildung 3b: Büroflächenmarkt Düsseldorf 2014: Mietpreisspanne der Teilmärkte (€/m²/Monat)

12 Quelle: CBRE Research.

22 Nach Einführung des Teilmarktes Central Business District, „CBD", der u.a. als Hauptwirtschafts- und Geschäftsbereich Teile des ehemaligen „Submarket" Düsseldorf-City mitumfasst (siehe hierzu Rn 100 ff.), zeigt Abbildung 3b eine präzisierte Fortschreibung der Preisspannen in diesen Bereichen. Dass trotz Einführung des CBDs eine vergleichsweise hohe Preisspanne gegeben ist (14,00 bis 27,50 €/m²), ist Resultat der im oberen Qualitätsbereich gegebenen Zuwächse an vermietbaren Büroflächen. Die Spitzenmiete ist von 23,50 €/m² im Jahr 2011 auf 27,50 €/m² – ausweislich der Darstellung für 2014 – gestiegen, wobei die tatsächliche Realisierung (Vertragsunterzeichnungen) der Spitzenmiete schon im Jahr 2013 erfolgte. Neben der Preisspanne ist auch der „mittlere Wert" dargestellt, die sog. **gewichtete Durchschnittsmiete**, welche die Mietpreise der Vermietungen in den letzten zwölf Monaten „mittelt". Die gewichtete Durchschnittsmiete repräsentiert den Quotienten aus der Summe der Nominalmieten aller in einer abgegrenzten Region vermieteten Büroflächen und der Summe dieser Büroflächen. Grundlage sind alle innerhalb der letzten 12 Monate abgeschlossenen Mietverträge. Zur Ermittlung einer gewichteten Durchschnittsmiete sollten grundsätzlich mindestens zehn Mietverträge im bezogenen Markt- und Berichtszeitraum abgeschlossen worden sein um somit als Basis herangezogen werden können. Bei der Anmietung von vorsteuerabzugsfähigen Unternehmen verstehen sich Mietpreise zzgl. gesetzlicher Mehrwertsteuer. Bei Anmietungen von mehrwertsteuerbefreiten Unternehmen beinhaltet der Mietpreis eventuell eine Ausgleichszahlung in variabler Höhe für die nicht mögliche Gegenrechnung der vom Vermieter geleisteten Vorsteuer für Dienstleistungen zur Errichtung bzw. Herrichtung der Mietsache.[13] Aus dieser Formel heraus ergibt sich die für den Teilmarkt City-Süd das etwas „speziellere Ergebnis". Aufgrund einer besonderen Vermietung in diesem Teilmarkt gibt es eine höhere gewichtete Durchschnittsmiete als die für diesen Teilmarkt ermittelte Spitzenmiete.

23 Die am jeweiligen **Makrostandort** gegebenen **Teilmärkte**, also die homogenen Marktgebiete bzw. Bürostandorte mit jeweils ähnlichen Rahmenbedingungen, werden von der Marktbeobachtung differenziert erfasst. Auch diese Informationen werden von den Beratungshäusern in ihren Marktberichten veröffentlicht.

24 Abbildung 4 zeigt, dass die **Projektentwicklungsaktivitäten** und mithin folgend **Baufertigstellungen** nach der Finanzkrise nachließen (Grauabstufungen im jeweiligen Teilmarkt). Beispielgebend wurde in 2011 insgesamt nur rund 94.300 m² Bürofläche neu errichtet bzw. saniert. Ein räumlicher Schwerpunkt der Projektentwicklungsaktivität aktuell und in den vergangenen Jahren liegt sichtbar in den Teilmärkten Nord, Flughafen sowie Kennedydamm. Aber auch der „Seestern" zeigt mit den Baufertigstellungen für Großnutzer aus der Telekommunikationswirtschaft eine Platzierung im vorderen Bereich.[14]

13 Quelle: CBRE Research.

14 Quelle: CBRE Research.

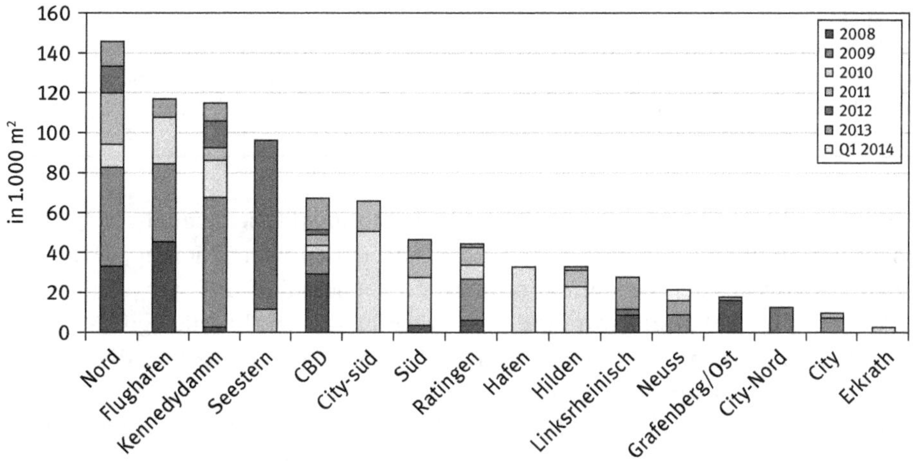

Abbildung 4: Büroflächenmarkt Düsseldorf: Fertigstellungen nach Teilmärkten in den Jahren 2008 bis Quartal 1 2014

Die von dem jeweiligen Beratungshaus erhobenen „Rohdaten“ – insbesondere die Angaben über einzelne Vermietungen, Projektentwicklungen und Verkaufstransaktionen – werden auf ihre Vollständigkeit und Belastbarkeit hin geprüft. Dies geschieht u.a. in Abstimmungsgesprächen mit den Marktteilnehmern, häufig unter Moderation der gif (**Gesellschaft für immobilienwirtschaftliche Forschung e.V.**). Auch die Städte und Gemeinden, hier zumeist die Wirtschaftsförderungen, stehen im direkten Austausch mit den Marktteilnehmern. Ebenso zu nennen sind die Industrie- und Handelskammern mit ihren Referaten und Arbeitskreisen.[15] 25

Hinsichtlich ihrer Aussagekraft sind die erhobenen Ergebnisse von besonderer 26
Bedeutung, gerade vor dem Hintergrund weitgehender **Untätigkeit der amtlichen Statistik**. Die von der **Privatwirtschaft erstellten Marktberichte**[16] werden in der kostenfreien Version quartalsweise veröffentlicht. Sie fassen die durch die Immobilienexperten festgestellten Marktveränderungen und die darauf aufbauenden Analysen zusammen. Mit großer Sorgfalt, großem Personaleinsatz und dem Bestreben, wissenschaftlich nicht angreifbar zu sein, werden sie erarbeitet und interessierten Marktteilnehmern z.B. per E-Mail-Versand zur Verfügung gestellt.

15 Teilweise werden von diesen Institutionen sehr gut ausgearbeitete Gewerbemietspiegel und weitere Informationen kostenfrei zur Verfügung gestellt, siehe z.B. IHK Düsseldorf unter http://www.duesseldorf.ihk.de (Dokumentennummer 8401).

16 Vgl. z.B. die von CBRE regelmäßig herausgegebenen Berichte.

Praxistipp

Die führenden Beratungshäuser stellen qualitativ hochwertige Marktberichte für Interessierte kostenfrei zur Verfügung. Der Interessent kann sich für den Versand der Erhebungen listen lassen oder diese z.B. von den Homepages der Anbieter abrufen. Auch die „gif" stellt ihre jährlichen Erhebungen kostenfrei zur Verfügung.[17]

27 Gab es früher Grund zu der Annahme, dass die Büromarktübersichten von „euphemistischen Stimmungsbildern" nicht immer entbunden sein[18] könnten, geben die Berichte spätestens seit der Jahrtausendwende hochqualifizierte Spiegelbilder des Marktes. Um die **Erhebungsmethodik** zu vereinheitlichen, hat die „gif" 2004 mit ihrer „Definitionssammlung zum Büromarkt"[19] Standards geschaffen, die sich innerhalb der Branche breiter Akzeptanz erfreuen.

28 Die Immobilienberater und Makler engagieren sich für diese kostenintensive Berichterstattung nicht ohne Grund. Sie positionieren sich im Markt auch mit ihrem wissenschaftlichen Know-how und der Marktdurchdringung des hauseigenen **Research-Teams**. Innerhalb der „Researcher-Szene" hat sich in den letzten Jahren – zunächst unentdeckt von der „allgemeinen" Immobilienbranche – ein Wettbewerb hinsichtlich der Weiterführung und Verbesserung der jeweiligen Erhebungen entwickelt, beispielgebend bei den Büromietindizes.[20]

29 Die Arbeit der Datenerhebung ist nicht nur durch fachlich-methodische Versiertheit und Sorgfalt gekennzeichnet, sondern sie zeichnet sich auch durch **Fingerspitzengefühl** aus. So müssen z.B. Informationen über gerade abgeschlossene Miet- und Kaufverträge ermittelt werden: Wie hoch sind Angebots- und wie hoch sind Effektivmieten? Welche Zugaben, Vermietungsanreize bzw. sog. Incentives musste der Vermieter gewähren, um Mieter für seine Büroflächen zu finden? Gerade solche Auskünfte sind **hochgradig sensibel** und nicht durch eine bloße Telefonanfrage z.B. beim Nutzer zu generieren. Im Gegenteil, derartig ursprüngliche Informationen sind allein in einem tragfähigen Netzwerk gut informierter Marktteilnehmer verlässlich und vertrauensvoll zu erhalten, weshalb gerade hier die Berater eng mit den Research-Teams zusammenarbeiten. Für die von Entwicklern und Eigentümern sowie Vermietern vorzunehmende Standort- und Marktanalyse sind diese Quellen unverzichtbar. Sie geben häufig den entscheidenden Impuls zu einer wirtschaftlich erfolgreichen Aktivität.

17 Vgl. http://www.gif-ev.de.

18 *Schelte*, Immobilienmanager 5/1994, 38 ff.; *Hartung*.

19 gif, Definitionssammlung zum Büromarkt v. 2004.

20 Vgl. hierzu z.B. *Kempf/Thomas*, ZIÖ 1/2011, 61 ff.

Praxistipp
Stellen Sie zur Erhöhung der Markttransparenz den relevanten Beratungshäusern Ihrerseits die Informationen über erfolgte Vermietungen, Bauvorhaben, Fertigstellungen, Leerstände etc. zur Verfügung – und zwar auch über die öffentlichkeitswirksamen Großvermietungen hinaus, denn es zählen nicht nur die Highlights: Auch die mittleren und besonders die kleineren Flächen summieren sich zu teilweise beträchtlichen Volumina. Werden Sie selbst zum Marktbeobachter: Helfen Sie mit, die erhobenen Daten des jeweiligen Marktes noch zu verfeinern. Entlohnt werden Sie dafür mit sorgfältig aufbereiteten Marktberichten, in denen nicht nur die Marktbeobachtung, sondern auch entsprechende Analysen und Prognosen auf Basis der Spezialkenntnisse der Berater enthalten sind.

Die Marktberichte tragen zwar wesentlich zur **Markttransparenz** bei, doch angesichts der starken **Fragmentierung des deutschen Immobilienmarktes** ist verständlich, dass die privatwirtschaftlich erhobenen Informationen nicht flächendeckend vorliegen. In diesem Zusammenhang wird auch von den **„1.000 Märkten"** gesprochen, was die spezielle Zergliederung des Immobilienmarktes innerhalb Deutschlands bestens beschreibt: Im polyzentrischen Deutschland gibt es kein zentrales mächtiges, singuläres Wirtschaftszentrum, im Gegensatz z.B. zu Frankreich mit dem Vermietungsmarkt Paris oder dem Vereinigten Königreich mit London. 30

Aufgrund seiner Geschichte verfügt Deutschland über – je nach Sichtweise – fünf bzw. sieben **große Bürostandorte:** Frankfurt am Main, München, Hamburg, Berlin und Düsseldorf, ergänzt um die Großstädte Köln und Stuttgart. Die führenden Beratungshäuser konzentrieren sich zumeist bei den kostenfrei zur Verfügung gestellten Berichten aufgrund der Marktgegebenheit (und aus Kostengründen) überwiegend auf diese **„Big Five"** respektive **„Big Seven"**. Darüber hinaus werden von einigen Beratungshäusern in unregelmäßigen Abständen Berichte über Wirtschaftsräume wie z.B. „das Ruhrgebiet" angefertigt. Die Analyse auf detailgetreuer Mikroebene, also von besonderen Bereichen innerhalb eines Teilmarktes respektive von allgemein nicht besonders angefragten Einzelstandorten, wird als aufwendige Standort- und Marktanalyse bis auf Weiteres wohl noch Gegenstand einer Beauftragung oder eines Beratungsmandats bleiben. 31

2. Der gezielte Einsatz der Marktkenntnis: Mit der Standort- und Marktanalyse zum Vermietungserfolg

Die **Standort- und Marktbeobachtung** ist Ausgangspunkt für die weiteren Stationen der eingangs erwähnten Qualitätskette, mit deren Hilfe man das scheue Reh, den Mieter, findet und bindet. Die Auswertung der erhobenen Marktdaten erfolgt zielgerichtet vor dem Hintergrund der intensiven Marktdurchdringung des Beraters und seiner Erfahrung. Es gilt letztlich, für das zu vermarktende Objekt die relevanten Zielgruppen, die marktgerechten Mietpreise und die aktuell gängigen Incentives – also die Anmietungsanreize, wie beispielgebend mietfreie Zeiten – zu ermitteln. Den Ablauf dieses Beratungsprozesses mit seinen Bezügen zur Marktbeobachtung und 32 der Einbindung der Analyseergebnisse in die **Vermarktungsstrategie** zeigt Abbildung 5.

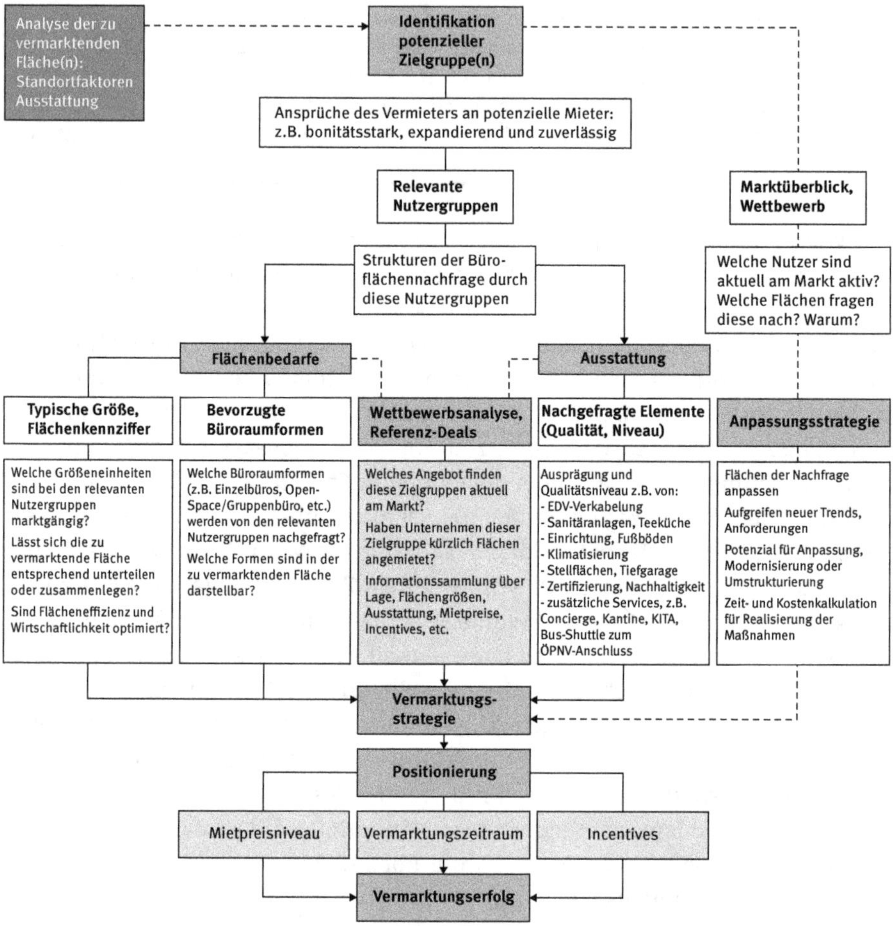

Abbildung 5: Mietersuche für eine Bürofläche: Stationen der Beratungsdienstleistung

33 Der Vermarktungserfolg setzt die Eignungsanalyse der Flächen voraus. In Rückkopplung mit dem Vermieter und vor dem Hintergrund des lokalen Immobilienmarktes wird eine adäquate Vermarktungsstrategie erarbeitet.[21]

34 Ausgehend von der in diesem Beitrag thematisierten **Mietersuche für eine Bürofläche** steht bei der Standort- und Marktanalyse[22] die Mikroebene klar im Vor-

21 Vgl. *Dziomba/Muncke/Walther*, S. 16.

dergrund: Zunächst einmal sind andere Makrostandorte uninteressant, weil die zu vermarktende fiktive Fläche zu einem immobilen Objekt mit gegebenem Mikrostandort gehört. Diesen Standort und seinen Teilmarkt gilt es eingehend zu analysieren, sowohl hinsichtlich seiner Standortfaktoren und der Angebots- und Nachfragestrukturen auf dem Immobilienmarkt als auch – und vor allem – hinsichtlich des relevanten Nutzermarktes, der ökonomischen Grundlage des Bürobedarfs.[23]

Zunächst muss die Standort- und Objektanalyse die besonderen Eigenschaften 35
der Immobilie und ihres Standorts erfassen, denn die **Wettbewerbsfähigkeit** des einzelnen Büroobjekts wird von der Ausprägung der **Standortfaktoren** und **Ausstattungsmerkmale** bestimmt: Auch ein auf der Makroebene lebhafter Büroimmobilienmarkt weist Leerstände auf, denn immer wieder stoßen einzelne Bürohäuser auf Nachfrageprobleme, weil ihre Ausstattung oder ihre Standortfaktoren nicht adäquat sind.[24]

Auf der Basis der Standort- und Objektanalyse, die klärt, in welcher „Liga" die 36
Büroflächen „spielen", ergeben die Schritte der Marktanalyse, an welche Zielgruppe sich das Marketing wenden sollte und welche Marktstrukturen hierbei vorherrschen bzw. welcher Wettbewerb besteht. Hier sind folgende Fragen zentral:

1. Für welche **Zielgruppe** kommen die Flächen infrage?
2. Welche **Nutzergruppen**, Branchen bzw. Wirtschaftszweige stellen – aktuell und zukünftig – bonitätsstarke, expandierende Mieter dar?
3. Welche **Nachfragestrukturen** herrschen im relevanten Marktsegment? Welche Nachfrage entsteht durch die relevanten Zielgruppen?
4. Welches **Angebot** finden diese Zielgruppen aktuell und in absehbarer Zukunft in den relevanten Teilmärkten vor?
5. Welche **Preisstrukturen** ergeben sich aus Angebot und Nachfrage? Wie positioniert man vor diesem Hintergrund die zu vermarktende Fläche?

Zunächst zur **ersten Frage**: Unterschiedliche Gruppen von Büronutzern fragen un- 37
terschiedliche Objekteigenschaften nach. So suchen z.B. Behörden oder auch personalintensive Versicherungsgesellschaften Objekte mit zum Teil erheblichen „Open Space-Anteilen" (z.B. Gruppenbüros)[25] an eher kostengünstigen Standorten. Unterdessen bevorzugen z.B. internationale Rechtsanwaltskanzleien grundsätzlich reprä-

22 Fachbegriff: STOMA (STandOrt und MarktAnalyse) oder MSA (Markt- und Standortanalyse) – Eine ausführliche Erläuterung zu Methode und Ablauf der Marktanalyse geben *Dziomba/Muncke/Walther*.

23 Die tatsächlichen Auswirkungen der Beschäftigungszunahme in einzelnen Branchen und Berufsgruppen auf den Büroflächenverbrauch hat Monika Dobberstein untersucht: *Dobberstein*, GuG 6/1997, 321ff.

24 Zur Leerstandsproblematik generell auf Büromärkten siehe *Hartung*.

25 Vgl. Rn 53ff.

sentative Lagen im zentralen Geschäftsbereich (**Central Business District, CBD**) und benötigen einen erheblichen Anteil an Einzelbüros, wofür sie natürlich auch eine höhere Mietzahlung billigen. Letztlich setzt also jeder Büronachfrager eigene Auswahlkriterien hinsichtlich der Ausstattungsmerkmale, Büroraumkonzepte und Standortfaktoren, sodass sich im Ergebnis das **Gut Bürofläche als heterogenes Gut** herauskristallisiert.

Tabelle 1: Die Bürofläche als heterogenes Gut: Standortfaktoren in ihrer unterschiedlichen Wertschätzung durch den potenziellen Nutzer

	++ = unbedingt erwünscht + = "nice to have" 0 = egal, wird ggf. ignoriert – = wird abgelehnt	Internationale Rechtsanwälte, Berater	Schönheits-Chirurg, Augen-Laser-Zentrum	Handelskonzern	"Back Office", Verwaltung	Telekommunikation	Call-Center	Mode-Showroom	"Kreativ-"Industrie (Werbung, Internet,...)
Lage	1A-Lage	++	++	0	–	–	0	++	0
	Nebenlage	–	–	0	+	0	+	–	0
	Peripherie	–	–	–	++	0	+	–	+
Verkehr	ÖPNV	+	0	++	++	++	++	+	+
	Anbindung an Autobahn	0	+	++	+	++	++	+	0
	Flughafen (am Makrostandort)	+	++	++	0	++	0	++	+
Umfeld	Gastronomie, Einzelhandel	+	++	0	+	0	+	++	++
	Branchenkontakte	++	0	+	0	0	0	++	++
	Urbanität, Nutzungsmischung	+	+	+	0	0	0	+	++
Image	"gute Adresse"	++	+	0	0	0	–	++	0
	ausgefallener Standort	0	0	0	–	0	–	+	++

38 Die Bürofläche muss für ihren Nutzer „funktionieren", d.h. sie muss seine Arbeitsabläufe optimal ermöglichen. So verschafft das „perfekte" Büro klare Vorteile, sei es durch seine Lagegunst, seine Außenwirkung oder seine Ausstattung. Die Prioritäten und Bedürfnisse sind individuell sehr unterschiedlich zwischen den einzelnen Nutzern. Tabelle 1 zeigt hierfür einige Beispiele.[26]

39 **Frage 2** befasst sich mit der Analyse der wirtschaftlichen Basis am Makro- und Mikrostandort: Welche der infrage kommenden Nutzergruppen bzw. Branchen sind aktuell vielversprechend als Mieter? Welche Nutzer haben gute Zukunftsperspektiven? Die Untersuchung zielt also auf die **Entwicklung der gesamtwirtschaftli-**

26 Ergänzung in Anlehnung an *Dziomba/Muncke/Walther*, S. 33.

chen Einflussfaktoren, z.B. die Entwicklung des Arbeitsmarktes heruntergebrochen auf die Nutzergruppen, die genau hiervon profitieren werden, im Ergebnis also einen steigenden Flächenbedarf aufweisen. Es muss somit die wirtschaftliche Situation jeder einzelnen potenziellen Zielgruppe behandelt werden.

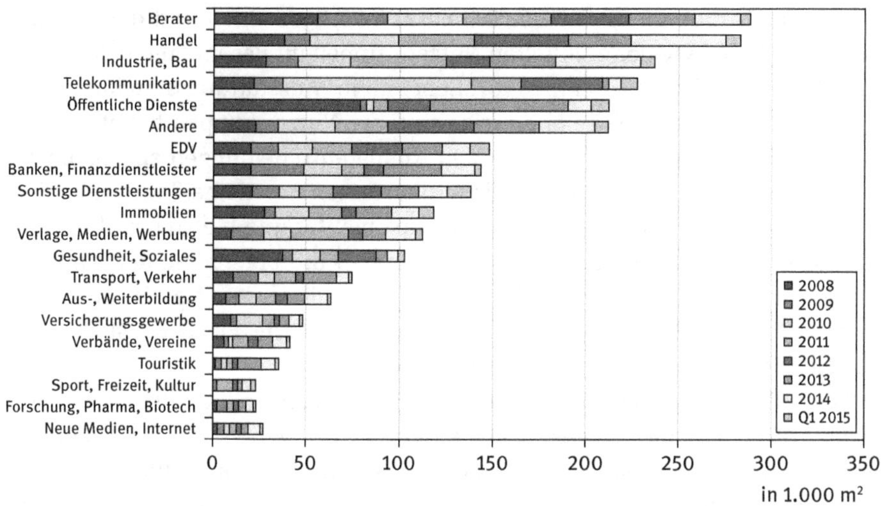

Abbildung 6: Büroflächenumsatz differenziert nach Branchen (Düsseldorf 2008 – Quartal 1 2015)

Die Abbildung 6 zeigt, welche Branchen in den Jahren 2008 bis zum 1. Quartal 2015 auf dem Düsseldorfer Büroflächenmarkt besonders aktiv waren. Der hohe Anteil „Anderer" ist ein Beleg für die breite wirtschaftliche Basis der Stadt. Die u.a. für den Wirtschaftsstandort Düsseldorf wichtigen Mode-Labels werden unter die Kategorie Handel subsumiert. **40**

Als Hauptnutzer von Büroimmobilien sind z.B. unternehmensbezogene Dienstleister und Beratungsgesellschaften, Banken und Finanzdienstleister, Telekommunikationsunternehmen, Handelsunternehmen, Werbeagenturen, die öffentliche Hand mit ihren Verwaltungen aber auch Aus- und Weiterbildungseinrichtungen zu nennen. Der erfasste Büroflächenumsatz lässt sich den **Nutzungskategorien** zuordnen, sodass sich ein Bild der nachfrageaktivsten Branchen abzeichnet (vgl. Abbildung 6). Als alltägliche Nachfrager von Büroflächen lassen sich dabei weniger die international agierenden Unternehmen registrieren als eher die lokalen und zumeist „kleineren Gesuche" (so z.B. unter 500 m² Büro) wie z.B. Anwaltskanzleien, kleinere Handelsunternehmen oder Agenturen.[27] **41**

27 DEGI, Neue Perspektiven, Marktreport 2006, S. 13f.

42 Die **Marktbeobachtung** der großen Maklerhäuser bietet – als nicht in den kostenfreien Marktberichten enthaltener, auftragsgebundener Extra-Service – die differenzierte Analyse des Vermietungsumsatzes nach Nutzungskategorien auch **auf der Teilmarkt- und Straßenzugebene**, was eine genauere standortbezogene Auswertung ermöglicht.

43 Dies legt die Basis für die Beantwortung der **dritten Frage**, welche die **aktuelle Büroflächennachfrage** im relevanten Teilmarkt im Allgemeinen und die **speziellen Flächenbedürfnisse** der ermittelten Nutzergruppen im Besonderen beleuchtet: Wird der Flächenbedarf hinsichtlich Größeneinheit, Ausstattungsstandards und Standortfaktoren erfüllt? Welche Mietpreise sind die Nutzergruppen bereit zu zahlen? Welche „Kompromisse" werden bei den Anmietentscheidungen eingegangen? Welche anderen Nutzergruppen treten als Konkurrenten um die heißbegehrten Flächen auf, oder welche Branchen gelten als komplementär und bieten der „Wunsch-Nutzergruppe" Fühlungsvorteile? Auch hier kommen die Ergebnisse der Marktbeobachtung zum Tragen, und wieder zeigt sich der Vorteil der ans Maklerhaus angeschlossenen Research-Abteilung, da hier täglich detaillierte Flächengesuche und Umsatzmeldungen erfasst und ausgewertet werden.

44 Sind erst die vielversprechenden Nutzer- bzw. Zielgruppen identifiziert worden, müssen sie „nur noch" davon überzeugt werden, dem zu vermarktenden Objekt im Wettbewerb mit anderen den Vorzug zu geben. Hierfür muss das aktuelle Angebot tiefgehend analysiert werden. Mit dieser Angebotsanalyse beschäftigt sich **Frage vier**. Die **Angebotsanalyse** untersucht den **aktuellen Bestand** an Büroflächen inklusive der Vakanzen, die sich durch Untermietangebote ergeben, und inklusive der Flächen, die sich aktuell im Bau und in der Planung befinden, der **„Pipeline"**.[28] Die Marktbeobachtung der großen Maklerhäuser erhebt diese Informationen differenziert nach der Lage-, Gebäude- und Ausstattungsqualität,[29] teilweise auch unter Berücksichtigung der Nachhaltigkeit. Sie lassen sich beispielsweise auch für jeden Teilmarkt separat anzeigen und auswerten.[30] Auf diese Informationen lässt sich bei der Angebots- und insbesondere Wettbewerbsanalyse zurückgreifen, sodass ein differenziertes Bild über das vorhandene und zu erwartende Angebot im relevanten Marktsegment entsteht.

45 Abbildung 7 zeigt, dass sich das am Markt verfügbare Angebot aus dem aktuellen Leerstand, den vermieteten, aber zur Untermiete angebotenen Flächen sowie den noch nicht vermarkteten projektierten Flächen zusammensetzt.[31]

46 In Abbildung 8 wird sichtbar, dass die leerstehenden Flächen zu rund einem Drittel geprägt sind von der Kategorie A. Der überwiegende Anteil weist immerhin

28 Vgl. Abbildung 6.
29 Vgl. Abbildung 7.
30 Vgl. Abbildung 8 und 9.
31 Darstellung in Anlehnung an *Dziomba/Muncke/Walther*, S. 38; Daten: CBRE Research.

durchschnittliche Qualität auf, während ca. 5% des Leerstandes als veraltet und somit als nicht mehr vermittelbar gelten.[32]

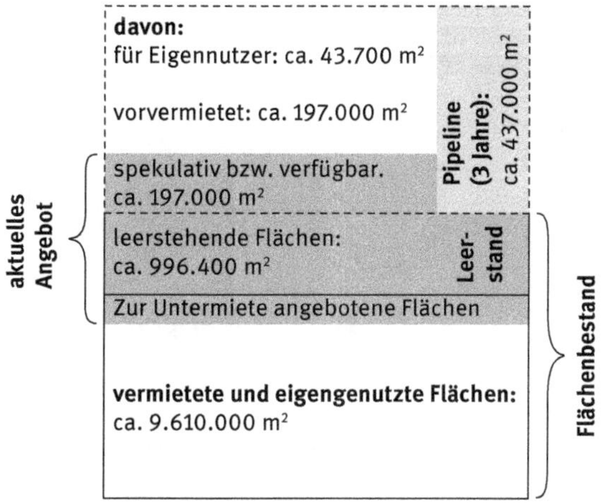

Abbildung 7: Der Flächenbestand des Düsseldorfer Büroimmobilienmarktes inklusive der Flächen in Bau und Planung, Stand Ende 2011

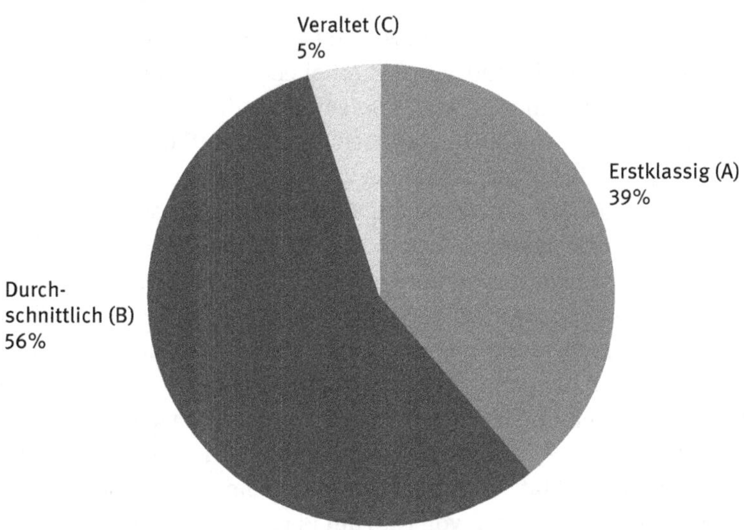

Abbildung 8: Flächenqualität des Düsseldorfer Leerstandes, Stand Quartal 1 2014

32 Quelle: CBRE Research.

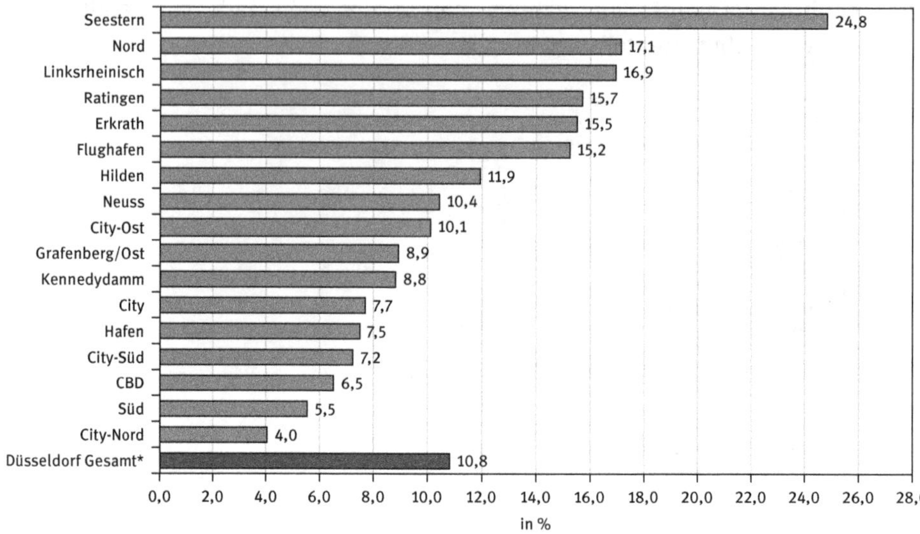

Abbildung 9: Leerstandsraten der Düsseldorfer Teilmärkte Quartal 1 2014 (%)

47 Abbildung 9 zeigt die nicht vermieteten Büroflächen in prozentualer Wertung. Die Düsseldorfer Teilmärkte sind in sehr unterschiedlichem Ausmaß von Leerständen betroffen; für Düsseldorf insgesamt muss eine Leerstandrate von derzeit 10,8% festgestellt werden.[33] Zurückblickend auf die erhobenen Datenreihen ist dieser Leerstand – mit jeweiligen Veränderungen – gleichbleibend.

48 Die Abbildungen 10a und b zeigen noch einmal deutlich, wie unterschiedlich sich Teilmärkte in relativ kurzen Zeitreihen verändert darstellen. Die Pipeline in **Abbildung 10a** zeigte eine Konzentration auf die Teilmärkte Seestern, Düsseldorf-Nord und -City. Während die Flächen in den beiden erstgenannten Teilmärkten zum überwiegenden Teil bereits vorvermietet wurden, wurde in der City zu 98% spekulativ entwickelt. Der hohe Anteil der vorvermieteten Flächen im Teilmarkt Seestern ging auf die Entwicklung des neuen Vodafone-Headquarters zurück. **Abbildung 10b** zeigt, dass z.B. nach erfolgter Fertigstellung der zuvor erwähnten Aktivitäten sich andere Teilmärkte in den Fokus bringen. So wird sichtbar, dass der Hafen in Abbildung 9a nur eine hintere Platzierung erfuhr, hingegen er in der Abbildung 9b einen vorderen Platz einnimmt und der Teilmarkt Flughafen im Vergleich dieser beiden Momentaufnahmen von Null auf Platz zwei schnellt.[34]

33 Quelle: CBRE Research.

34 Quelle: CBRE Research.

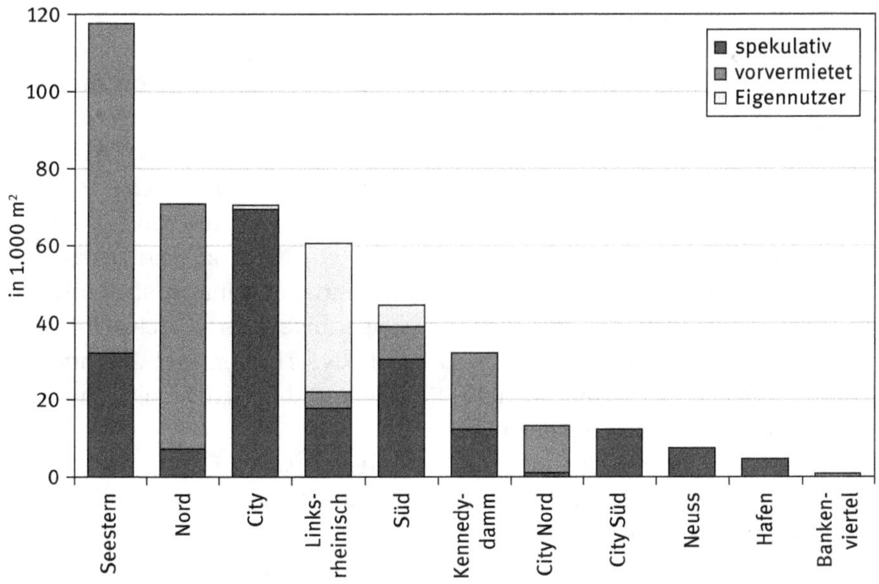

Abbildung 10a: Pipeline differenziert nach Teilmärkten, Düsseldorf Ende 2011

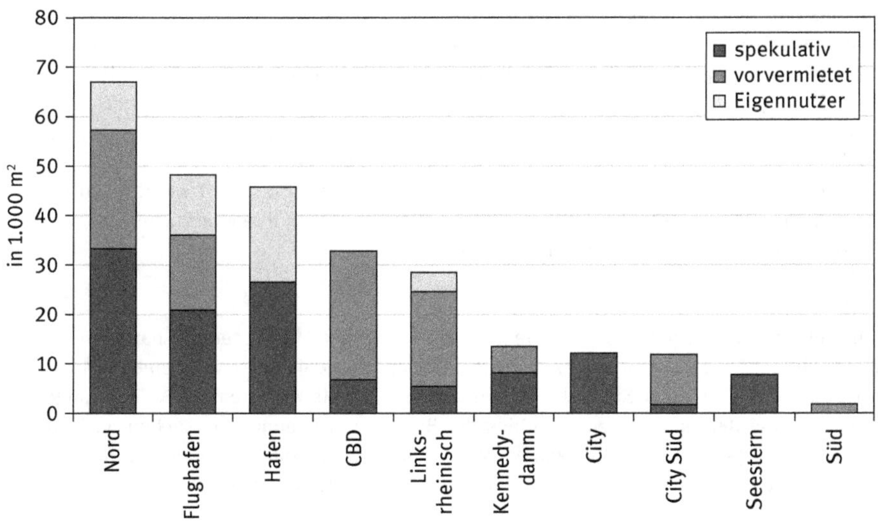

Abbildung 10b: Pipeline differenziert nach Teilmärkten, Düsseldorf Quartal 1 2014, spekulativ bis einschließlich 2016

49 Vor dem Hintergrund der Erkenntnisse über das konkurrierende Angebot sowie die identifizierte Zielgruppe und ihren Flächenbedarf lassen sich als Synthese von Angebots- und Nachfrageanalyse – wie in **Frage 5** skizziert – **Strategien für die Positionierung und Vermarktung** der besagten Bürofläche ableiten: Die Preisanalyse beleuchtet im Sinne einer Positionsbestimmung des zu vermarktenden Objekts im lokalen Wettbewerb die relevanten Bestands-, Spitzen- und Durchschnittsmieten ebenso wie die vom Markt gewährten Mietzinsnachlässe und Incentives, wie z.B. mietfreie Zeiten, Umzugsbeihilfen oder Umbaukosten. Nicht zu vernachlässigen sind dabei auch die Nebenkosten, die bei dieser Beurteilung immer stärker eingehen, insbesondere wegen der enormen Preissteigerungen der einzelnen Kostenarten. Zudem sind Informationen über eher qualitative Themen und Geschmacksfragen wie Architektur, Gestaltung und Erscheinungsbild einzuholen, um die Preisbildung vollständig zu „verstehen“.

50 Lässt sich aber gar kein klarer – und vor allem ausreichend großer – potenzieller Nutzerkreis ausfindig machen, kommt der **„Umkehrschluss“** zum Tragen: Welche Nutzergruppen sind aktuell vielversprechend und welche Flächen bevorzugen sie? Wie kann die zu vermarktende Fläche auf diese Nutzergruppen ausgerichtet werden? Kurz gesagt: Was nicht passt, kann vielleicht passend gemacht werden!

Beispiel 1

In der Modestadt Düsseldorf fand eine seit längerer Zeit freistehende Mieteinheit im Medienhafen mit Open-Space-Struktur das Gefallen eines bekannten Mailänder Mode-Labels. Da dieses Mode-Label aber neben dem grundsätzlichen Gefallen am Gebäude und seiner Lage für die Nutzung der Fläche als Showroom einen besonderen „eigenen Charakter“ suchte, wurde zur Koordination der „notwendigen“ – und umfangreichen – Umbaumaßnahmen ein vom Mietinteressenten bevorzugter „Star-Architekt“ für zum Teil auch einfache Baubesprechungen eigens aus Italien eingeflogen. So konnte nach Ansicht des Modenutzers das Besondere eigens für ihn kreiert werden. Ein solches Vorgehen ist für große Unternehmen, die ihren speziellen „Spirit“ in ihre Mietflächen, weltweit auf gleiche Weise, einfließen lassen wollen, nicht ungewöhnlich.

Beispiel 2

Nach Auszug einer Bank, die das Gebäude vorher als einziger Mieter genutzt hatte, wurde das ehemalige Bürogebäude Königsallee 17 in Düsseldorf mithilfe eines fast vollständigen Innenumbaus zu Deutschlands erstem Store des amerikanischen Labels Abercrombie & Fitch umgewandelt. Besucher, die den ehemaligen Grundriss der Büronutzung kennen, versuchen nach Umbau und Umnutzung vergebens, die altbekannten Wege innerhalb des Hauses zu gehen: Der komplette Grundriss wurde geändert, um ihn für die speziellen Vorstellungen des neuen Nutzers passend zu machen.

---

51 Um potenzielle Mieter adäquat beraten – und so auch für das eigene, auf den ersten Blick vielleicht nicht optimal passend erscheinende Objekt sensibilisieren – zu können, müssen grundlegende Kenntnisse über die übergeordneten Entwicklungen erarbeitet werden, so z.B. über die **Raumkonzepte** der Büros von Heute und Mor-

gen.[35] Dem zu beratenden Unternehmen müssen die **Alternativen für die räumliche Organisation** innerhalb einer Büroeinheit aufgezeigt werden: Im Idealfall wirkt die neue Infrastruktur – quasi als Abbild der Firmenorganisation auf einer Bürofläche[36] – prozessoptimierend für die alltäglichen Abläufe und senkt gleichzeitig den Flächenverbrauch pro Mitarbeiter, also die Flächenkennziffer.[37]

Praxistipp **!**
Der potenzielle Mieter soll seine neue Bürofläche so nutzen können, dass sie nicht nur ihrem Zweck dient, sondern seinen Arbeitsalltag tatsächlich erleichtert. Hierzu sollten die Flächen- und Ausstattungsbedürfnisse sowie die internen Abläufe im Gespräch möglichst konkret erfragt werden. Diese Ergebnisse können dann – ggf. anhand von Grundrisszeichnungen, 3-D-Animationen und Filmen – als mögliche Organisations- und Einrichtungsvarianten visualisiert werden.

Die Analyseergebnisse für die Mikroebene werden ins Verhältnis zum Gesamtmarkt 52
gesetzt. So kann eine Beurteilung von **Wechselwirkungen** der standort- und marktseitigen Ist-Situation mit besonderen Einflüssen eher grundsätzlicher Natur erfolgen, z.B. eines konjunkturbedingten Aufschwungs. Auch konkrete Handlungsempfehlungen an den Eigentümer der zu vermarktenden Fläche können abgeleitet werden mit dem Ziel der perfekten Anpassung des Produkts an die Marktgegebenheiten. Letztlich dient die Analyse dem Herausarbeiten der **Alleinstellungsmerkmale** des Produkts und der Vorzüge, die dem Mieter dadurch entstehen – Grundvoraussetzung für den Vermietungserfolg.

III. Beratungsrelevante Details

Bei der Charakterisierung von Büroflächen und der Identifikation potenzieller Ziel- 53
gruppen verdienen nicht nur die bereits vorgestellten Standortfaktoren[38] Beachtung, sondern die **Flächennutzung „an sich“** muss vertieft betrachtet werden. Hier kommen einerseits die Büroraumformen und ihre Auswirkungen auf die Flächenkennziffer zum Tragen, andererseits müssen auch die Themen Vorschriften und Rahmenbedingungen, Flächeneffizienz bzw. -wirtschaftlichkeit sowie Flächenqualität und -ausstattung betrachtet werden. Danach werden auch die „Standorte und ihre Dynamik“ betrachtet – interessant insbesondere vor dem Hintergrund sich entwickelnder Lagen und dem Einfluss von Trends.

35 Vgl. Rn 53ff.
36 Vgl. *Gnesda*, Editorial in „Mensch und Fläche“, Handout von pro m², S. 1.
37 Vgl. Rn 53ff.
38 Vgl. Tabelle 2 unten.

1. Relevante Kennziffern

54 Die Vermarktung von Büroflächen lässt eine **Vielzahl von Herangehensweisen** zu. Diese werden beispielsweise dadurch bestimmt, ob die in Rede stehende Liegenschaft ein bereits bestehendes Gebäude oder ein Projekt betrifft, denn die Perspektive des Projektentwicklers kann mitunter durchaus anders sein, als die des „bloßen" Investors. Für eine umfassende Beratungsdienstleistung ist es zudem wichtig, auch die Perspektiven des Mieters oder des Nutzers zu kennen, um diese einbeziehen zu können.

55 Es zeigt sich rasch, dass – neben den zentralen, für alle Beteiligten wichtigen Kennziffern wie Miete, Flächeneffizienz und Nachhaltigkeit – auch einige Aspekte zu beachten sind, die für die Beteiligten eine jeweils unterschiedlich hohe Relevanz aufweisen (vgl. Tabelle 2).

Tabelle 2: Wichtige Kenngrößen aus der Sicht der Marktteilnehmer

Aus der Sicht des	wichtige Kenngröße	Argument
Mieters	Mietpreis Flächenwirtschaftlichkeit Ausstattungsqualität Nachhaltigkeit (Zertifizierung)	Die Ausgaben für Miete und Nebenkosten in Relation zur Flächenkennziffer stellen die monatliche Belastung dar und schmälern die Liquidität. Die Nachhaltigkeit ist zunehmend Nutzungsrechtfertigung in Richtung auf Philosophie/Werteprofil des Unternehmens, zudem kann sie durch einen niedrigeren Primärenergieverbrauch des Gebäudes die Nebenkosten senken.
Eigennutzers	Erwerbs- bzw. Herstellungskosten einschließlich Finanzierungskosten Nebenkosten Flächeneffizienz Nachhaltigkeit (Zertifizierung)	Erwerbs- bzw. Herstellungskosten, Nebenkosten sowie die Flächeneffizienz entscheiden über die Wirtschaftlichkeit des Gebäudes. Nachhaltigkeit: s.o.
Projektentwicklers	Erwerbs- ggf. Herstellungs- und Abrisskosten einschließlich Finanzierungskosten erzielbare Miete Flächeneffizienz Flächenwirtschaftlichkeit Nachhaltigkeit (Zertifizierung)	Grunderwerbs-, Herstellungs- und ggf. Abrisskosten sowie die erzielbare Miete sind zentrale Größen einer Developer-Rechnung. Die Flächenwirtschaftlichkeit ist neben der Nachhaltigkeitsthematik ein Schlüssel für die Steigerung des zukünftigen Verkaufserlöses.
Investors	Rendite (Wertsteigerung während der Haltephase, u.a. durch Ver-	Die Rendite ist das grundlegende Investitionsmotiv; ein hohes Wert-

Aus der Sicht des	wichtige Kenngröße	Argument
	mietung an einen bonitätsstarken Mieter) Erwerbs- und Finanzierungskosten Flächeneffizienz Nachhaltigkeit (Zertifizierung)	steigerungspotenzial ergibt sich durch die Mieterauswahl, denn eine gute Mieterbonität senkt grundsätzlich das Mietausfallrisiko. Flächenwirtschaftlichkeit, Flächeneffizienz, Nachhaltigkeit: s.o.

Bei der Analyse im Rahmen der Mietersuche finden vor allem die Kenngrößen Miete, Nebenkosten sowie Flächenwirtschaftlichkeit Beachtung;[39] zunehmend ins Zentrum des Interesses rückt aber auch die Nachhaltigkeit eines Gebäudes. 56

Das Thema **Nachhaltigkeit** bzw. Zertifizierung von Gebäuden wurde in den letzten Jahren sowohl für den Mieter als auch für den Vermieter immer wichtiger – nicht nur als Maßnahme zur Senkung der Nebenkosten, sondern auch und nicht zu unterschätzen als Alleinstellungsmerkmal für das Marketing. Vor dem Hintergrund, dass viele Unternehmen in ihre Werteprofile die Dimension der **„Zukunftsfähigkeit"** aufgenommen haben, ist eine zertifizierte Bürofläche schon lange kein „grüner Luxus" mehr, den man sich als florierendes Unternehmen leistet, um sich nach außen gleichzeitig politisch schick und sozial bzw. ökologisch verantwortungsbewusst positionieren zu können. 57

Die dem **Mieter** für die Nutzung der Flächen entstehenden Aufwendungen ergeben sich aus der Summe von **Miete** und **Nebenkosten**. Die erstgenannte Größe ist auch für den **Vermieter** zentral, denn die Mieteinnahmen sichern seine **Rendite**, sie refinanzieren seine laufenden Kosten für die Liegenschaft und ihren Erwerb. Schwierige Marktphasen können es erforderlich machen, Flächen unterhalb der Kosten anzubieten, die dem Eigentümer für die Finanzierung, die Verwaltung, die laufende Instandhaltung und die Vermarktung entstehen. Dies wird als Notlösung im Sinne der Schadenminimierung von privaten Vermietern das ein oder andere Mal akzeptiert, um den Leerstand abzuwenden, wenigstens einen Teil der laufenden Kosten abzudecken und dem gemäß nicht auf den Nebenkosten „sitzenbleiben zu müssen". Unberücksichtigt soll bei dieser Betrachtung zunächst die „Einwertung" des Gebäudes im Rahmen einer nachhaltig zu erzielenden Miete sein. Gerade institutionelle Eigentümer fürchten in diesem Zusammenhang – quasi wie der Teufel das Weihwasser – die nicht abwendbare Absenkung des „Gebäudewertes". 58

Aus Sicht des **Eigentümers** ist darüber hinaus vor allem die **Mieterbonität** wichtig, denn sie senkt das Mietausfallrisiko. Ein bonitätsstarker, verlässlicher und womöglich sogar namhafter Mieter steigert den Wert der Liegenschaft, denn beim Verkauf spielt die Prüfung des Mieters respektive der **Wert des Mietvertrages** eine 59

39 Grundsätzlich bereits: Schulte/*Dobberstein*/*Dziomba*, Band IV, S. 401.

erhebliche Rolle. Vermieter sollten diesen Mehrwert beachten und grundsätzlich vor Vertragsschluss den Mieter auf sein Ausfallrisiko hin überprüft haben.[40]

60 Die **Anmietentscheidung** eines Unternehmens wird u.a. wesentlich von der **Flächenwirtschaftlichkeit** der zu mietenden Büroflächen beeinflusst, d.h. der Flächenzuschnitt soll die Unterbringung möglichst vieler Arbeitsplätze in der für den Mieter optimalen Nutzungsform ermöglichen. So sind stark verwinkelte Gebäude mit „Übertiefen"-Büros und breiten Fluren oder auch schlecht belichtete Büroflächen in der Regel unwirtschaftlich. Wichtig ist darüber hinaus auch eine hohe **Flächeneffizienz**, d.h. ein günstiges Verhältnis der Nutzfläche zur Gesamtfläche eines Gebäudes. Eine hohe Flächeneffizienz bedeutet, dass das erworbene Gebäude gut ausgenutzt werden kann. Stimmt das Produkt allerdings insgesamt, kann auch ein Gebäude mit geringer Flächeneffizienz interessant sein, wenn diese z.B. durch eine repräsentative Eingangssituation, ein z.B. großes Foyer und ggf. großzügige innere Zuwegung oder Grünflächen am Gebäude (z.B. begrünte Innenhöfe sowie Terrassen), der eigenen Firmendarstellung besonders entspricht.

61 Kann ein Mieter wegen der höheren Wirtschaftlichkeit seiner neuen Bürofläche mehr Angestellte auf gleicher Quadratmeterfläche unterbringen, sinkt die **Flächenkennziffer (FKZ)**, also die angemietete Bürofläche pro Mitarbeiter (Formel: Bürofläche durch Mitarbeiter gleich Flächenkennziffer oder anders: „m^2 durch MA = FKZ"). Es gilt festzustellen, dass grundsätzlich der Flächenverbrauch pro Mitarbeiter sinkt; Grund hierfür ist u.a. eben auch um den „Kostenblock Miete" zu reduzieren.[41] Eine Flächenreduzierung des Arbeitsplatzes und mithin ein angestrebter Flächenverbrauch von 12–18 m^2 pro Arbeitsplatz wird derzeit nicht nur von ausländischen Großunternehmen forciert. Ausschlaggebend für den Platzbedarf sind u.a. die gewählten Büroformen, denn als Binsenwahrheit – ohne auf die Thematik der Flächenberechnung z.B. BGF oder gif eingehen zu wollen – steht fest, dass Einzelarbeitsplätze in Zellenbüros grundsätzlich mehr Mietfläche benötigen als z.B. eine Großraumbürolösung.

2. Büroraumformen und ihre Auswirkungen auf den Flächenverbrauch

62 **Optimale Büronutzung** kann viele Ausprägungen haben: ein langer Flur mit Bürotüren rechts und links, eine schicke, loungeartige Bürolandschaft mit Gruppentischen und Raumteiler-Regalen oder Großraumbüros mit kleinen „Arbeitsnischen" und grauen Trennwänden. Aber auch die letztgenannte Variante des Großraumes ist im stetigen Wandel befindlich und birgt immer mehr funktionale und im behaglichen Design erstellte Arbeitsplätze.

---

40 Vgl. Rn 104 ff.

41 Vgl. *von Erdély*, Handout „Workplace Strategien", CBRE 2014.

a) Die „klassischen“ Büroraumformen

Die „typische Bürofläche“ gibt es heute „so“ dem Grunde nach nicht mehr: Ein Büro muss in erster Linie für den Nutzer passend sein, d.h. seine Effizienz steigern, seine Arbeitsabläufe optimieren, den Kommunikations- und Informationsstrukturen entsprechen und auf möglichst wirtschaftliche Weise den Beschäftigten ihren notwendigen Arbeitsbereich bereitstellen. Da sich durch das Auflösen von Fluren erhebliche Flächen einsparen lassen, werden heute vielfach – insbesondere bei den kreativen Branchen – offene Bürostrukturen bevorzugt, doch auch Konzepte mit einzelnen Räumen sind immer noch beliebt. 63

In Deutschland haben sich während der vergangenen Jahrzehnte im Grunde **folgende Büroraumkonzepte** durchgesetzt: Die **„flexible Einzelbürostruktur“**, die **„offene Büroraumstruktur“** und die **„non-territoriale Struktur“** mit Workstations und Kommunikationsinseln.[42] 64

– Variante A: Die „flexible Einzelbürostruktur“

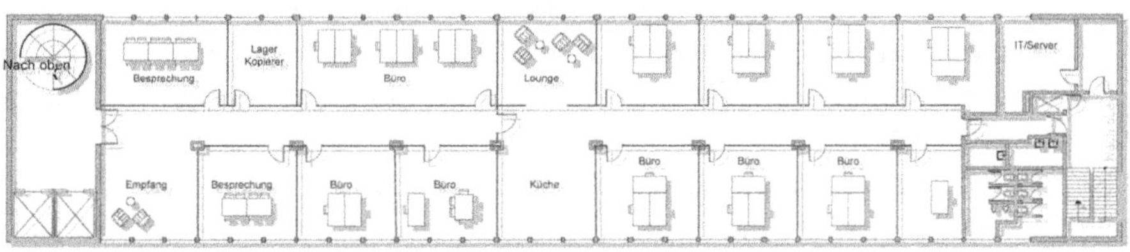

– Variante B: Die „offene Büroraumstruktur“

42 Vgl. Abbildung 11.

– Variante C: Die „non-territoriale Struktur mit Workstations“

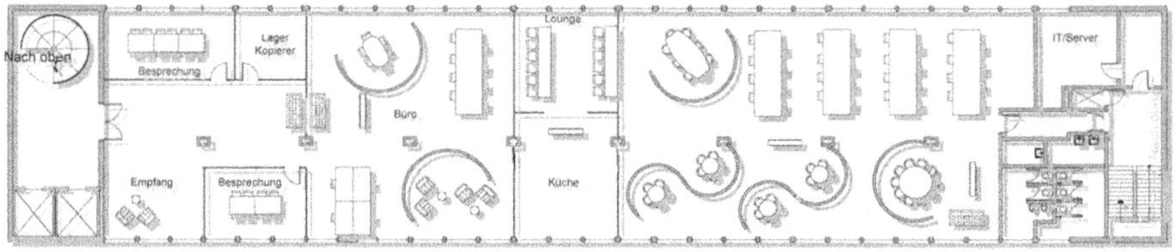

Abbildung 11: Beispielhafte Grundrisse „typischer Büroraumkonzepte“

65 Abbildung 11 zeigt drei mögliche Büroraumkonzepte für dieselbe ca. 760 m² große Mietfläche.[43] Ihre Auswirkungen auf die Flächenkennziffer sind offensichtlich (Formel m² durch MA = FKZ): Die flexible Einzelbürostruktur (**Variante A**) ermöglicht Arbeitsplätze für 28 Mitarbeiter (**FKZ**: ca. 27), die offene Büroraumstruktur (**Variante B**) vergrößert die Anzahl auf 36 Plätze (**FKZ**: ca. 21) und in der non-territorialen Struktur mit Workstations und Kommunikationsinseln (**Variante C**) können 44 Mitarbeiter untergebracht werden (**FKZ**: ca. 17). Während die benötigte Fläche pro Arbeitsplatz deutlich sinkt, steigt gleichzeitig der Anteil der Kommunikations- und Gemeinschaftsflächen.

66 Diese Bürokonzepte unterscheiden sich nicht nur hinsichtlich ihrer Erscheinungsweise – mit Flur und Türen oder als offene bzw. teilweise offene Struktur – und ihrer Flächenkennziffer, sondern vor allem hinsichtlich des Ausmaßes der „Privatsphäre“ der einzelnen Arbeitsplätze: Im Einzelbüro arbeitet es sich selbstverständlich deutlich „abgeschirmter“ als im klassischen Großraumbüro, wo die Tische mitunter eng beieinanderstehen, möglicherweise jeder jedem auf den Bildschirm blicken kann und die Telefonate und die Gespräche der Kollegen untereinander für einen mehr oder weniger hohen Geräuschpegel sorgen können und trifft daher bei den Mitarbeitern zumeist auf Vorbehalte.[44]

67 Einen Kompromiss bietet die **„offene Büroraumstruktur“** (**Variante B**): Während sie eine recht niedrige Flächenkennziffer und damit hohe Flächenausnutzung gewährleistet, schaffen die – häufig transparenten – Trennwände immerhin eine gewisse Abtrennung der einzelnen Arbeits- bzw. Teambereiche und es geht nur wenig Platz für Flure verloren. So kann der Büroraum effizient genutzt werden: Es können deutlich mehr Mitarbeiter untergebracht werden, ohne dass eine bedrängte Büroatmosphäre mit dunklen Fluren oder der typische, zumeist als unpersönlich empfundene, weitläufige Großraum-Eindruck entsteht.

---

43 Grafik vgl. *von Erdély*, Handout „Workplace Strategien“, CBRE 2014.

44 Vgl. *Johann*, Immobilien Investment Heft 3/2013, 38 f.

Gleichwohl gibt es auch weiterhin Nutzer, deren Arbeitsinhalte und -weisen die sog. Einzelverzimmerung erfordern: so z.B. in der Variante einer **„flexiblen Einzelbürostruktur"** mit z.B. ein bis drei Arbeitsplätzen pro Zimmer (siehe **Variante A** in Abbildung 11). Diese Büroaufteilung ist in Deutschland nach wie vor als Klassiker zu bezeichnen und besitzt immer noch die größte Verbreitung. Als geschichtlicher Ursprung dieser Büroform gelten die im 16. Jahrhundert entstandenen Uffizien,[45] ein für Ministerien und Ämter erbauter Gebäudekomplex in Florenz. 68

Diese auch als **„Zellenbüro"** bekannte Büronutzungsform ist z.B. als **Ein-Personen-Büro** häufig noch für Rechtsanwaltskanzleien typisch: Denn findet persönliche Beratung in vertraulichen Telefonaten in hohem Umfang und konzentrierte Arbeit statt, gibt es quasi keine Alternative zum Einzelbüro. Der Mitarbeiter findet hier eine hohe Abschirmung von Büroalltagssituationen, was ihm eine ungestörte und konzentrierte Einzelarbeitsleistung ermöglicht. Der individuelle Empfang von Besuchern wird ebenso ermöglicht wie kurzfristig einberufene vertrauliche Besprechungen. Diese Arbeitsform ist generell für eine „hochwertige Verwaltungstätigkeit" sehr beliebt, denn sie bietet neben der hohen Privatsphäre auch viel individuellen Stauraum am Arbeitsplatz. Der Raum selbst kann nach eigenem Geschmack gestaltet werden und so findet aus unterschiedlichsten Gründen so manche Zimmerpflanze von Zuhause in solchen Büroformen für die folgenden Jahre ihren neuen Standort. 69

Der größte Nachteil dieser althergebrachten Art der Büroaufteilung ist die **Erschwerung der Kommunikation** unter den Mitarbeitern, also eine gewisse Intransparenz innerhalb des Unternehmens respektive der gleichen Abteilung entsteht. Der allgemeine Vorwurf: „Die linke Hand weiß nicht was die Rechte tut" kann durchaus innerhalb einer Abteilung entstehen und allein auf die Bürostruktur zurückgehen. Wer kann schon – ohne den aktiven Austausch mit dem Kollegen gesucht zu haben – sagen, ob der Kollege im siebten Büro links des Büroflures zu dem aktuellen Thema bereits eine Lösung in der Schublade hat. Wird das Zellenbüro mit zwei oder drei Personen besetzt, ist zudem das akustische Störpotenzial durch Telefonate und Gespräche größer. Zudem dürfte für dieses Konzept bekanntermaßen der größte Flächenverbrauch gegeben sein. 70

Diese Nachteile sollen durch offene Bürostrukturen behoben werden. Neben der schon vorgestellten „offenen Büroraumstruktur" ist – als Weiterentwicklung und Veredelung des Großraumbürogedankens der 1960er Jahre – das **„non-territoriale Konzept"** mit Workstations und Kommunikationsinseln zu nennen (**Variante C**). Die Vorteile dieses Konzepts bestehen nicht nur in der höheren Arbeitsplatzanzahl, sondern vor allem in der Schaffung von **flexibel nutzbaren Strukturen**: Den eigenen festen Arbeitsplatz gibt es nicht mehr, jede **Workstation** kann praktisch von jedem Unternehmensangehörigen genutzt werden. Dieser Grundgedanke kommt 71

45 Das Zellenbüro in „Mensch und Fläche", Handout von pro m², S. 9.

vielen potenziellen Mietern entgegen, die über mehrere Niederlassungen verfügen und deren Mitarbeiter diese in unregelmäßigen Abständen aufsuchen und nur dann einen Arbeitsplatz in Anspruch nehmen. Auch im Fall von Unternehmen, deren Mitarbeiter überwiegend auf Dienstreisen oder im Außendienst tätig sind, kann ein solches Konzept sinnvoller sein, als jedem Angestellten einen – meistens ungenutzten – „eigenen" Schreibtisch zur Verfügung zu stellen; Gleiches gilt für die zunehmende Anzahl von Unternehmen, die Mitarbeiter in „Home-Office"-Strukturen beschäftigen.

72 Dem Kommunikationsbedürfnis der Mitarbeiter untereinander wird in diesem Konzept durch abgeschirmte Gruppentische entsprochen. Hier können sich Teams, welche temporär ein Projekt bearbeiten, zusammensetzen und in enger Abstimmung untereinander ihrer Arbeit nachgehen, ohne dass sie andere Kollegen durch ihre Gespräche stören. Die **Kommunikationsinseln** können zudem vorübergehende **Kapazitätsspitzen abfedern**, wenn alle anderen Arbeitsplätze belegt sind.

73 Bei diesem Konzept wird Bürofläche durch das Auflösen der Flure, unter weitgehendem Verzicht auf Wände und durch die weitgehende Aufhebung des persönlichen Stauraums am Arbeitsplatz eingespart: Während die Mitarbeiter im Zellenbüro eigene Schränke, Regale und teilweise auch Garderoben haben, wird dies im non-territorialen Konzept auf ein Minimum reduziert. Optisch und räumlich entsteht eine **aufgelockerte Raumstruktur**, die eine große Mitarbeiteranzahl ermöglicht, ohne unpersönlich, eng oder überfüllt zu wirken. Die projektbezogen laufend neu gebildeten Teams und die wechselnden Arbeitsplätze können auf die Mitarbeiter inspirierend wirken.

b) Die Entstehung der unterschiedlichen Büronutzungsformen

74 Vor dem Hintergrund, dass der Struktur einer Bürofläche eine wesentlich unterstützende Funktion[46] zuzuschreiben ist, mussten sich die Raumkonzepte notwendigerweise immer der jeweils herrschenden Unternehmensstruktur anpassen. So entwickelten sich die unterschiedlichen Büroformen seit den 1950er Jahren durch den Einfluss der sich verändernden Arbeitsmethoden und -philosophien (vgl. Tabelle 3), obgleich sich Büroräume dem Grunde nach lediglich in ihrer Größe und Belegung in nur zwei Typen aufteilen lassen: in Zellen- und Großraumbüros. So sind alle weiteren Arten nur Variationen und unterschiedliche Anordnungen dieser Grundtypen.[47]

46 Vgl. Schneider/Gentz/*Bullinger*, S. 5f.

47 Vgl. Neufert/*Kister*, 39. Aufl., S. 251.

Tabelle 3: Vom „Old Work" zum „New Work": Entstehung unterschiedlicher Bürokonzepte

	Arbeitsform	Zeitbezug	Büroform
Old Work	Repräsentative Ordnung	Anfang der 1950er Jahre	Zellenbüro
Old Work	Organisatorische Flexibilität	Mitte der 1960er Jahre	Großraumbüro
Old Work	Ergonomische Arbeitsumwelt	Mitte der 1970er Jahre	Gruppenbüro (Unterteilung des Großraumbüros)
Old Work	Kommunikative Flächenstruktur	Mitte der 1980er Jahre	Kombibüro (Einzelbüros mit offenen Gemeinschaftsflächen)
New Work	Kommunikative Struktur: EDV-Netzwerke erlauben Desk-Sharing und die kurzfristige Zusammenstellung neuer Teams	Mitte der 1990er Jahre	Non-Territoriales Büro

Bis Mitte der 1990er Jahre wurde zumeist jedem Mitarbeiter ein eigener, fest zugeordneter Arbeits- bzw. Schreibtischplatz zugewiesen („Old Work"). Heute sind diese nicht unbedingt räumlich fix, sondern werden angesichts der neuen Arbeitsweise mit Notebooks, Smartphones, „Clouds" etc. und „digitaler Ablage" zunehmend mobil („New Work"). Auch die kommunikative Struktur des New Work erfordert das **„non-territoriale Konzept"**, denn es handelt sich um eine von organisatorischen Ansätzen geprägte Arbeitsform. Einen während der 1980er Jahre zwischenzeitlich favorisierten Kompromiss zwischen Einzelbüros und einer offenen Büroraumstruktur stellt das **„Kombibüro"** dar. Hier werden Einzelzimmer und gemeinschaftlich nutzbare Bereiche gezielt kombiniert, sodass bei kleineren Einzelbüros – in einer beispielgebenden Variante – entlang der Fensterfront im innenliegenden Gebäudeteil Multifunktionszonen mit Fax, Kopierer, Archiv und Materiallager sowie den Besprechungsräumen und Teeküchen geschaffen wurden. Dessen Vorläufer war das **„Gruppenbüro"** der 1970er Jahre, mit dem versucht wurde, jeweils die Vorteile von Zellen- und Großraumbüros zu vereinen, indem 10 bis 15 Personen gemeinsam untergebracht wurden.[48] 75

Bemerkenswert ist hierbei, dass keine dieser Entwicklungen die vorhergehende gänzlich abgelöst hat. In der Praxis ist auch eine **Kombination der Varianten** festzustellen, z.B. bei Großnutzern mit unterschiedlichen Bedürfnissen der einzelnen Abteilungen: Auch wenn z.B. der Sales-Bereich ein non-territoriales Konzept mit Lounge bevorzugt, mag es für die Geschäftsführung weiterhin eigene Zellenbüros 76

48 Fortgeschriebene Darstellung in Anlehnung an *Kern/Bauer/Kelter*, Nutzungskonzepte und architektonische Ausgestaltung v. Juli 2006 in *Schäfer/Conzen*.

geben und die Buchhaltung könnte teilweise wiederrum im Gruppenbüro tätig sein. Fakt ist, dass auch heute alle seit den 1950er Jahren entstandenen Raumkonzepte noch „gelebt" werden und je nach Arbeitsmethode des Unternehmens respektive der einzelnen Departments (z.B. Trader-Raum eines Finanzinstituts) durchaus ihre Berechtigung besitzen.

! **Praxistipp**
Vermieter sollten ihren Mietern anbieten, die Bürofläche auch während der Nutzungsphase so umzugestalten, dass unterschiedliche Büroraumformen und Mischkonzepte entsprechend der jeweils aktuellen Bedürfnisse des Unternehmens geschaffen werden können. Die Umbaukosten rentieren sich dann, wenn der Mieter auf diese Weise auch längerfristig gehalten werden kann, weil sich seine Fläche parallel zu seiner Unternehmensentwicklung angepasst hat.[49]

77 Vor dem Hintergrund **notwendiger Flexibilität** verdienen auch die baulichen Voraussetzungen der Bürokonzepte Aufmerksamkeit. Die offenen Büroraumstrukturen erfordern große Fenster für einen guten Tageslichteinfall, ein ausgereiftes und leistungsfähiges Lüftungs-, Kühlungs- bzw. Klimatisierungskonzept und vor allem die Installation von Maßnahmen zur Vermeidung von akustischen Störungen. Trennwände aus Glas können die Transparenz und das Tageslicht erhalten, während sie gleichzeitig die Fläche in einzelne Bereiche untergliedern und z.B. neben „akustischen Abgrenzungen" ebenso ganz praktisch und profan Zugluft vermeiden.

78 **Moderne Bürohäuser in Stahl-Beton-Skelettbauweise** ermöglichen eine maximale Flächenausnutzung pro Geschoss, weil für die statischen Elemente heute weniger Fläche verbraucht wird. Sie ermöglichen eine maximale Flexibilität in der Flächengestaltung, weil konstruktiv nur noch wenige Wände nötig sind, da die vertikale Hauptlast über innenliegende Stützen getragen wird. Die Abstände zwischen den Stützen folgen dem zugrunde gelegten Rastermaß, welches sich an den Anforderungen der Nutzung bemisst. Die gewünschte Innenaufteilung pro Geschoss kann nun auf Basis dieses Rasters mithilfe flexibler Wandsysteme realisiert werden – wobei ein Umbau, z.B. nach Einzug eines neuen Nutzers, relativ schnell und sauber durchgeführt werden kann, weil z.B. die Gipskarton- oder Glaswände innerhalb weniger Tage entfernt und neu aufgestellt werden können.

79 Diese typischen Konzeptionen können allerdings in **Altbauten**, deren tragende Wände die modernen Konzepte oft nur eingeschränkt zulassen, lediglich bedingt umgesetzt werden. In historisch gewachsenen Innenstädten, wo die Grundflächen der Gebäude ohnehin häufig so klein und verwinkelt sind, dass dunkle Bereiche mit nur wenig Tageslicht entstehen, werden die Büroflächen unwirtschaftlich. Darüber hinaus steht auch der **Denkmalschutz** einer Modernisierung manchmal im Wege,

49 Vgl. Rn 104 ff.

z.B. wenn die historische Fassade mit größeren Fensterflächen ausgestattet werden soll, um bessere Lichtverhältnisse in der Bürofläche zu erzielen.

c) Zum Flächenverbrauch und seinen „Stellschrauben"

Die **Wirtschaftlichkeit einer Bürofläche** drückt sich in ihrem Flächenverbrauch pro Arbeitsplatz aus. Dieser hängt stark vom gewählten Nutzungskonzept ab, ist aber auch baulich von der Gebäudetiefe und insbesondere vom Raster- bzw. Achsmaß geprägt: Die Beispielfläche in Abbildung 10 weist etwa alle 6 m eine Stütze auf. Die Fassade ist zusätzlich zwischen diesen Stützen durch ein Raster gegliedert, an dessen Innenseite für die Abtrennung einzelner Büroräume flexible Wände eingebaut werden können. Im vorliegenden Beispiel der Abbildung 10 beträgt das Fassadenraster ca. 2,00 m. Offenkundig tritt hier zutage, dass der vorliegende Grundriss ein Gebäude älteren Datums beschreibt. 80

Da es heute aufgrund von Flachbildschirmen und Notebooks etc. möglich ist, kleinere Schreibtische zu benutzen, nimmt der benötigte Platz pro Schreibtisch ab. Dies macht sich vor allem bei Einzelbüros bemerkbar, deren Räume nun deutlich kleiner sein können. Aus diesem Grund ist gegenwärtig häufig ein **„Raster" von nur noch 1,25 m respektive 1,35 m** ausreichend. So haben sich als sinnvolle Rastergrößen in den letzten Jahren die Achsabstände von 1,35 m für Büros nach dem Kombibüroprinzip und ein Abstand von 1,50 m für Zellenbüros bewährt.[50] 81

Auch die **ideale Gebäudetiefe** wird im Wandel der Zeit unterschiedlich beziffert: Lange Zeit galten in Deutschland 12 bis 13 m durchaus als wirtschaftlich, insbesondere weil die Einzelbürostruktur mit Mittelflur als präferiertes Büronutzungsmodell vorausgesetzt wurde. Diese Tiefe ist für Kombibüronutzungen eher unglücklich und nur bedingt geeignet. Größere Gebäudetiefen erweitern die Gestaltungsspielräume bei den Nutzungskonzepten und können mieterspezifisch die Flächeneffizienz des Gebäudes steigern, weil pro Erschließungskern bei maximaler Fluchtweglänge mehr Bürofläche realisiert werden kann. Sicherlich gibt es keine unumstößlichen festen Werte. Gerade die Erfahrungen mit den überdimensionierten, tageslichtarmen Großraumbüros der 1960er Jahre zeigen, dass extreme Gebäudetiefen eine Nachnutzung zum Teil unmöglich machen und zum Abriss führen.[51] 82

Neben einer guten Flächenwirtschaftlichkeit und einem flexiblen Grundriss ist für die sinnvolle, d.h. **bestmögliche Flächennutzung** auch die **Lage und Anordnung** der Konferenzräume, Kommunikationszonen, Teeküchen, EDV-Räume, Lager und Archive sowie Sanitärbereiche innerhalb der Fläche entscheidend. Je nach Ge- 83

---

50 Vgl. Neufert/*Kister*, 39. Aufl., S. 252.

51 So wurde z.B. für ein bekanntes Bürogebäude in der Hamburger City-Nord wegen seiner nicht mehr gegebenen Marktgängigkeit der Abriss beantragt (*Rebaschus* in: Hamburger Abendblatt v. 4.3.2003); vgl. auch Rn 93 ff.

bäudetiefe können sie z.B. in der ohnehin häufig für feste Arbeitsplätze zu schlecht mit Tageslicht versorgten Mittelzone untergebracht werden; dies kann mitunter innenarchitektonisch sehr ansprechend gestaltet sein und modernem Chic entsprechen.

d) Der Gestaltungsspielraum: Vorschriften und Rahmenbedingungen

84 Die Büroimmobilie ist in ihrer Gestaltung als Teil der Gewerbeimmobilien besonderen **rechtlichen Vorschriften** unterworfen.[52] Sie erfährt zudem hinsichtlich der Nutzungsmöglichkeiten des Raums immer mehr **europarechtliche Einflüsse**. Neben den grundsätzlich gegebenen überstaatlichen rechtlichen Rahmenbedingungen gibt es nun auch hinsichtlich der im gewerblichen Bereich freiwählbaren Flächenberechnungen Annäherungen respektive vergleichende Methoden. So können nun z.B. **Internationale Standards zur Flächenermittlung** für mehr Transparenz sorgen. Erstmals wurde mit **IPMS** (International Property Measurement Standards: Office Buildings) zum Ende des Jahres 2014 ein Maßstab eingeführt, der als vermittelndes und übersetzendes Werkzeug die großen Unterschiede bei den verschiedenen nationalen Möglichkeiten der Flächenermittlung überwindet und damit für mehr Vergleichbarkeit steht. Derzeit werden die Auswirkungen auf den deutschen Immobilienmarkt diskutiert; auf Veranstaltungen mit Beteiligung von Flächenberechnern, Gutachtern und Bewertern sowie institutionellen Immobilienanlegern werden die Unterschiede zur DIN 277 und zur MF/G dargestellt und die Chancen des neuen Standards beleuchtet.[53]

85 Aus der wirtschaftlichen Perspektive werden die baulichen Notwendigkeiten vor allem unter dem Aspekt der **effizienten Ausnutzung der möglichen Bebaubarkeit** gesehen. Mit anderen Worten: Jeder Quadratmeter der Liegenschaft wird genutzt, denn jeder Quadratmeter kostet Geld. Geld, das den Nutzern – auch aufgrund der Internationalisierung der Märkte und dem Druck, der von diesen auf die Unternehmen ausgeht – nur begrenzt zur Verfügung steht. Gerade im tertiären Arbeitssektor muss dieses Geld erst einmal auf der in Rede stehenden Bürofläche erwirtschaftet werden. Das **Büro als Wertschöpfungsort** steht von seinen Kosten her in der direkten Relation zu dem Nutzen, den es darstellt.

86 Gerade die Flächenwirtschaftlichkeit, die bereits zuvor in der tabellarischen Darstellung der immobilienspezifischen Kenngrößen ihre Erwähnung fand,[54] erfährt wegen des enormen Kostendrucks der Nutzer zunehmend weiter an Bedeutung. Sie fließt grundlegend in die **Zweckarchitektur** von Bürogebäuden ein und scheint

52 Vgl. Schulte/*Walzel*, Band I, S. 119 f.

53 So z.B. gif, Gesellschaft für Immobilienforschung, „IPMS – Fluch oder Segen?“, Veranstaltung in Kooperation mit RICS, ZIA, CoreNet und HypZert v. 9.6.2015.

54 Vgl. Tabelle 2 unter Rn 55.

dem Wert des „Wohlfühlcharakters" einer Immobilie teilweise übergeordnet zu werden.

Praxistipp

!

Ein Vermieter ist gut beraten, wenn er der Notwendigkeit der Flächenwirtschaftlichkeit mit einer besonderen Büroausgestaltung den entscheidenden Kontrapunkt setzt, um – bei allem Kostendruck – den Wohlfühlaspekt als erlebbaren und oft entscheidenden Unterschied zwischen Immobilienangeboten nicht aus dem Auge zu verlieren. Nur so kann er trotz aller Kosteneinsparungspolitik mehr als nur eine reine „Arbeitsfläche" anbieten: nämlich das individuell zum Mieter passende, „eigene" Büro.

Die besondere Bedeutung des Wohlfühlcharakters eines Büros wird aus einer Nutzerbefragung – nach der Zufriedenheit mit ihrer aktuellen Arbeitssituation – deutlich: Die Angestellten mit Einzelbüros waren zu 56% mit der Situation zufrieden, während dies in Zweierbüros nur noch 43% waren. Die Angestellten mit Dreier- bis Viererbüros waren gerade noch zu 36% und die Angestellten in Großraumbüros nur noch zu 28% mit ihrer Arbeitssituation zufrieden.[55] Regelungen zu **flexiblen Raumkonzepten,** die den **Wohlfühlcharakter** zum **Ziel** haben, sind durchaus auch Bestand von „grünen Mietverträgen". Die **Green Leases** erfreuen sich grundsätzlich zunehmender Anerkennung sowohl auf Mieter als auch Vermieterseite. Diese um Nachhaltigkeitseigenschaften ergänzten Mietverträge enthalten eben auch ganz praktische Regelungen: So sollen z.B. Wände ohne großen Aufwand versetzbar sein müssen. Die persönliche Zufriedenheit respektive die verwandte Büroform kann dann kurzerhand beispielsweise dem **„Wohlfühlkonzept"** angepasst werden. Damit diese Wandversetzungen ohne großen Aufwand möglich sind, sind die Regelungen im Vertrag nebst Anhängen, so z.B. in der Ausbaubeschreibung festzusetzen. Entsprechend ist dann gesichert, dass die Energie- und Kommunikationsleitungen so verlaufen, dass eine Änderung der Bürostruktur kurzfristig möglich ist.[56] 87

3. Standorte und ihre Dynamik

Lage, Lage, Lage – das klassische „Immobilien-Credo" gilt nach wie vor. Immobilienberater werden gerade auch wegen ihrer Einschätzung der lokalen Standortqualitäten und -perspektiven eingeschaltet. Denn ob ein Standort das Potenzial für eine **Top-Lage** hat, entscheidet nicht zuletzt der Nutzer: Seine Präferenzen drücken sich in den lokalen Nachfrage- und Preisunterschieden aus. Dass die Nutzerpräferenzen veränderlich sind, dass sie sowohl Moden unterworfen sind, als auch vom technischen Fortschritt beeinflusst werden und dass die Bewegungen gleichermaßen auf 88

---

55 *Diehl*, Immobilienmanager 2011, 69.

56 *Loibel/Conrads*, Immobilienmanager Special Nachhaltigkeit 2012, 11.

der Mikro- bzw. Teilmarktebene wie auf der Makroebene stattfinden können, zeigen die folgenden Beispiele:

a) Makrostandorte im Wettbewerb

89 Der Süden Deutschlands – insbesondere die bayerische Landeshauptstadt **München** – steht als Standort für Technik und Fortschritt so u.a. im Telekommunikationsbereich durchaus im Fokus der Büroflächennutzer. Parallel hierzu scheinen sich derzeit IT-Unternehmen, allen voran die in dieser Branche entstehenden Start-ups, mehr und mehr für den Standort **Berlin** zu interessieren. Auch eine Reihe von durchaus großvolumigen Anmietungen durch Internet- und Telekommunikationsfirmen zeigt, dass Berlin immer interessanter für diese Nutzergruppe zu sein scheint. Gleichwohl wird Berlin mittelfristig nicht zum direkten Antagonisten Münchens aufsteigen. Generell ist aber festzuhalten, dass in einer globalisierten Welt die Länder, Städte und deren Teilmärkte im direkten Wettbewerb zueinanderstehen. Die „neuen Lieblingsstädte" der Unternehmen profitieren mehrfach, ziehen doch größere Unternehmensumzüge und erfolgreiche Neugründungen immer auch im Rahmen der entstehenden **Branchen-Cluster** eine ganze Reihe weiterer Unternehmen nach. Auf dem Immobilienmarkt macht sich dies auf mehreren Ebenen bemerkbar. Die gestiegene Büroflächennachfrage weckt gleichermaßen das Interesse der Projektentwickler wie der Investoren, insbesondere wenn „wohlklingende" Namen unter den neuen Nutzern sind.[57]

90 So zeigte sich denn auch die Branche „Neue Medien, Internet" im 1. Quartal 2012 auf dem Büroflächenmarkt der Hauptstadt als drittstärkste Nutzergruppe bezogen auf den Flächenumsatz. Der Trend setzt sich fort: Auch in den ersten drei Monaten 2015 dominiert der TMT-Sektor (Technologie, Medien und Telekommunikation) mit einem relativen Anteil von 22%; in Berlin sorgten Unternehmen aus den Kreativbranchen und dem Internet-/Telekommunikationssektor für ein reges Anmietungsgeschehen und 39% des Vermietungsumsatzes (inkl. Eigennutzungen). So hinterlässt der Konjunkturaufschwung der deutschen Wirtschaft zunehmend posi-

57 So kann Berlin beim „name-dropping" zwischenzeitlich z.B. mit Amazon, Google oder Rocket aufwarten. Die Rocket Internet GmbH wurde 2007 gegründet und nutzt derzeit ein annähernd 9.000 m² großes Büro in Berlin-Mitte. Sie begleitet eine Vielzahl erfolgreicher Internetprojekte im In- und Ausland, unter ihnen „eDarling", „Groupon" und „Zalando". Auch Google, die amerikanische Suchmaschine mit dem Headquarter im kalifornischen Mountain View, hat in der deutschen Hauptstadt ihre Repräsentanz noch einmal neu erfunden und zelebrierte den Bezug der neuen Flächen in der unerwartet konservativ anmutenden Adresslage „Unter den Linden" mit „Pre-Views", als handelte es sich um einen neu in den Markt zu bringenden Kinofilm. Die Internet-Community folgte, die Bilder aus den neuen bunten Büros wurden kontrovers diskutiert und bereits mehrere Monate vor der für September 2012 geplanten offiziellen Eröffnung gesellte sich das eine oder andere private Bild in den einschlägigen Blogs hinzu.

tive Spuren und löst grundsätzlich auch den Knoten im Entscheidungsprozess hinsichtlich Expansion und Standortwechsel.[58] Gerade die „Junggründer" in diesem Nutzersegment siedeln sich bevorzugt in Berlin an. Dies spiegelt den Stellenwert wider, den diese jungen Firmen auch der **Lebensqualität** einräumen, die diese sich ebenfalls stetig neu erfindende Metropole bietet: ihre Dynamik, ihre Internationalität, ihr breites Kulturangebot und nicht zuletzt ihre Attraktivität als Wohnstandort – lebt man in Berlin doch noch deutlich günstiger als z.B. in London, Paris oder manch anderer „hippen Metropole".

Die Sicht des Makrostandortes sieht die Stadt bzw. Gemeinde eingebunden in 91
die Region. Ein funktionierender Makrostandort ist von fundamentaler Bedeutung für das einzelne Bürogebäude als auch seiner weiteren Gebäudenachbarn. Mehrere Büroimmobilien in einer definierten Umgebung bilden eine Lage und somit einen ganz bestimmten Mikrostandort. Die Mikrostandorte können als Organe in einem sog. Flächenorganismus gesehen werden und bilden so den Makrostandort als solchen.[59] Verständlich ist aber auch, dass sich sowohl Makro- als auch jeder einzelne Mikrostandort gegenseitig bedingen. So ist es dann auch Tatsache, dass die Entwicklung des Makrostandortes abhängig ist von der Summe der wirtschaftlichen und sozialen Gesundheit der einzelnen Mikrostandorte und deren Vorzüge. In der Gesamtschau sind darüber hinaus noch weitere Aspekte zu berücksichtigen, die sodann den Erfolg der Vermietung generieren.

Hierbei lassen sich die Erfolgsfaktoren auf dem Büroimmobilienmarkt teilweise 92
handfest greifen, diese sog. harten, weil konkret messbaren Faktoren sind von den weichen Standortfaktoren zu trennen:

Tabelle 4: Standortfaktoren – zeigt die harten und weichen Standortfaktoren, die zur Auswahl einer „Lage" direkt oder indirekt Berücksichtigung finden[60]

Standortfaktoren	
Harte Faktoren **weitläufiges Umfeld** **(Staat, Stadt, Region)**	**Weiche Faktoren** **weitläufiges Umfeld** **(Staat, Stadt, Region)**
Infrastruktur, Verkehr, Anbindung an überregionales Straßennetz (Autobahn), Großräumige öffentliche Verkehrsanbindung (Fernbahnhof, Flughafen)	Verfügbarkeit qualifizierter Arbeitskräfte; Image der Stadt allgemein, Karrieremöglichkeiten, Einkommen, Lohnniveau

58 *Linsin*, Büroflächenumsatz in den Top 5-Märkten, abrufbar unter http://www.cbre.de/de_de/news_events/news_detail?p_id=18160.

59 *Kurzrock*, Immobilienmanager 10/2011, 42.

60 Tabelle 4 „Standortfaktoren", eigene Darstellung in Fortschreibung von *Dziomba/Muncke/Walther*, S. 32.

Standortfaktoren	
Harte Faktoren **weitläufiges Umfeld** **(Staat, Stadt, Region)**	**Weiche Faktoren** **weitläufiges Umfeld** **(Staat, Stadt, Region)**
Entfernung zu Metropolen, Lage der Stadt	Bevölkerungsstruktur und -entwicklung, Sozialstruktur
Nähe zu Absatz- und Beschaffungsmärkten, Zentralörtlichkeit	Wohnqualität, Freizeitwert
Einkommen	Kultur- und Bildungsangebot
Politische Lage	Attraktivität der Stadt
Wirtschaft, lokale Abgaben, Fördermittel	Lebensqualität
Nähe zu Kunden	Alter, Wissen, Mentalität der Menschen
rechtliche Lage	Umweltqualität
angrenzendes Umfeld (Teilmarkt)	angrenzendes Umfeld (Teilmarkt)
Lage im Stadtgebiet, Zentrengefüge, Nähe zur 1A-Lage	Image des Standorts („Adresse"), Image des Quartiers
ÖPNV-Anbindung (U-/S-Bahn, Tram)	Architektur
Zu-/Abfahrt zum Grundstück, Zuwegung für Fußgänger	Sichtanbindung, Ausblick (Wasser-, Platz- oder Parklage)
private/öffentliche Stellplatzsituation	Erscheinungsbild, Sicherheit & Sauberkeit
Stausituation im Umfeld	Grünanteil, Naherholungswert
Nutzungsstruktur Umfeld, integrierte/monofunktionale Lage	Urbanität (Nutzungsvielfalt im Umfeld, „gewachsene" Strukturen)
Versorgungsangebot (Gastronomie, Einzelhandel)	Sozialstruktur des Umfelds

b) Veränderliche Qualitäten auf Mikrostandortebene

93 Eine positive Dynamik auf Makrostandortebene, selbst wenn sie nur einzelne Branchen betrifft, differenziert sich – mit mehr oder weniger zeitlicher Verzögerung – in der betreffenden Stadt lokal oft sehr unterschiedlich aus. Dies betrifft die nachgefragten Lagen, die Relevanz einzelner Standortfaktoren und vor allem auch die Ausstattungsqualität: Was heute noch „hip und modern" erscheint, kann morgen respektive übermorgen schon wieder „out" sein. Das Nutzerverhalten ist nicht immer rational, Trends sind nicht immer vorhersehbar. Dennoch erkennt der Immobilienberater aufgrund seiner engen Kontakte zum Markt Entwicklungen schon frühzeitig

und kann den Eigentümer fundiert hinsichtlich der aufkommenden Moden, Trends und neuen Nutzerbedürfnisse beraten. Gerade auf der Ebene des Mikrostandortes können die Veränderungen durch das spezielle Marktwissen der Beratungsunternehmen aufgezeigt werden. So zeigt sich unlängst im Nutzerverhalten eine Entwicklung, die bei allen finanziellen und wirtschaftlichen Rahmenbedingungen – mit Vorgabe, zu sparen – nicht immer das Günstigere als das Maß aller Dinge ansieht, denn in den deutschen Großstädten ist zu beobachten, dass der Trend der Büronutzer wieder **„zurück in das Zentrum"** lautet. Hat es die Unternehmen noch bis vor einiger Zeit z.B. wegen niedriger Steuern in Randgemeinden oder wegen geringer Mietpreise in Randlagen gezogen, so hat sich das umgekehrt. Gezielt gesucht wird wieder die Mitte. Einerseits sind es die Mitarbeiter, die zentrumnahe Standorte bevorzugen. Wenn also Unternehmen gute Mitarbeiter finden oder an sich binden wollen, muss diesen Ansprüchen nachgekommen werden. Zum anderen legen auch Firmen selber wiederum mehr Wert auf repräsentative Gebäude und die komfortable Innenstadtlage. Im Zweifel – das hat auch die Marktsituation während der Krise gezeigt – ist der Mietpreis nicht der allein entscheidende Faktor.[61]

Dass die Mietersuche heute in aller Regel schwierig ist und an Professionals 94
vergeben wird, hat einen weiteren simplen Grund: Es herrscht seit Längerem ein **Überangebot auf dem Büromarkt**. Leerstände entstehen nicht nur durch konjunkturelle Flauten, sondern im dynamischen Markt auch dann, wenn neue Büros fertiggestellt werden, die für den Nutzer attraktiver sind als die alten. Durch die neuen Gebäude verändert sich das Stadtbild ebenso wie die lokale Standortqualität; durch die umziehenden Nutzer verändert sich das Lagegefüge. Einerseits entstehen neue Top-Standorte, aber auf der anderen Seite trennt das Überangebot auch „die Spreu vom Weizen": Ist ein Standort vom Wegzug gleich mehrerer Großnutzer betroffen, kann dies eine Abwärtsspirale dieses Teilmarktes in Gang setzen.

Großflächiger Leerstand ist ein bundesweites Thema. Leidet gleich ein ganzer 95
Teilmarkt an Mietermangel, liegt der Schluss nahe, dass nicht nur standortbezogene, strukturelle Probleme, sondern auch eine geänderte Außenwahrnehmung des Standorts eine Ursache für den Nachfragemangel ist. Empfehlenswert für solche Fälle ist die Gründung einer **Standortinitiative** unter Beteiligung einer möglichst großen Zahl von Eigentümern und Nutzern, die sich für ihren Standort verantwortlich fühlen und die Beseitigung von vielfältigsten Problemen ebenso pragmatisch wie verlässlich angehen.[62]

Problemlagen dieser Art waren während des letzten Jahrzehnts besonders an 96
den **monofunktionalen, wenig flexiblen Bürostandorten** der 1960er Jahre bemerkbar. Sie wurden als Entlastungsstandorte für die Innenstädte konzipiert und wurden dann in der heutigen Zeit wegen ihrer Monofunktionalität, ihrer mittlerwei-

61 *Ape* in: Capital v. 18.8.2011.
62 Vgl. *Breuer* in IZ v. 3.6.2010.

le als „unfreundlich empfundenen Architektur“ und ihrer mangelnden Belebtheit kritisiert. Trotz allem sind ihnen aber ihre guten Standortfaktoren nicht abzusprechen wie beispielgebend eine gute ÖPNV-Anbindung, kurze Wege sowohl zur Innenstadt als z.B. auch zum Flughafen, eine exzellente innere Pkw-Erschließung, teilweise mehr als ausreichende Stellplätze auf der Liegenschaft, vorhandene Kantinen in den Bürogebäuden, grüne Naherholungsflächen usw.

Beispiel

Zu Zeiten, als Düsseldorf noch als die „Schreibmaschine des Ruhrgebiets“ galt, begann 1961 mit dem Einzug von 1.200 Horten-Mitarbeitern in ihre neue Zentrale die Geschichte des Standorts Seestern. Zehn Jahre später folgten weitere Großkonzernansiedlungen und auch für Hotels wurde der Standort sehr interessant. Bis in die 1980er-Jahre wuchs der Teilmarkt Seestern stetig und entwickelte sich zu einem Business-Quartier, das überwiegend durch die Hauptverwaltungen von Konzernen geprägt wurde. Zum Ende dieser Dekade 1989 hielt eine neue Branche Einzug: die Informations- und Telekommunikation. Zu gegebener Zeit ward mit der Großanmietung durch Mannesmann Mobilfunk – heute Vodafone – die Sogwirkung auf andere Unternehmen der Branche perfekt: Der Teilmarkt schien ein sicheres „Standing“ zu besitzen und sich für die Zukunft bestens ausgerichtet zu haben.

Doch das Blatt wendete sich. Die Beliebtheit des Seesterns nahm ab. Es wurde offenbar, dass die Gebäude nicht mehr die Jüngsten und Schicksten waren – und dass die technischen Ausstattungsmerkmale in den Gebäuden zu ertüchtigen waren. Spätestens als bekannt wurde, dass mit Vodafone der Ankermieter des Teilmarktes im Wegzug begriffen sein sollte, galt es die veränderten Nutzeranforderungen zu erkennen und ihnen zu entsprechen. Steigender Handlungsdruck lastete auf den einzelnen Eigentümern, die zur Bündelung der Marketingaktivitäten und einer optimierten Außendarstellung eine Standortinitiative gründeten: Auf die bisherige Erfolgsgeschichte des Teilmarktes wurde aufmerksam gemacht und weiterhin gegebene besondere Standortvorzüge des Seesterns in die öffentliche Wahrnehmung gebracht.

Als Symbol für die Wandlungsfähigkeit des Seesterns und seine erfolgreiche Neuausrichtung stand das bereits 2005 vollzogene Refurbishment des Bürogebäudes „Am Seestern 24“, welches bereits kurz nach Fertigstellung wieder fast komplett vermietet war. Weitere Sanierungen und Modernisierungen folgten und sind angekündigt. Der eindeutigste Beleg für die Trendwende im Teilmarkt Seestern war sodann die Nachricht, dass Vodafone nicht wegzieht, sondern sich in nur ca. 500 m Entfernung vom aktuellen Sitz ein neues Gebäude bauen lässt. So wurde der um das „Heerdter Dreieck“ erweiterte Teilmarkt nun nicht nur mit einem der spektakulärsten Neubauprojekte in Nordrhein-Westphalen „gekrönt“, sondern auch durch den Verbleib der Firma Vodafone wieder als Düsseldorfs IT-Standort gestärkt und für Zulieferer, Dienstleister, Schulungsunternehmen usw. attraktiver. Neben Vodafone sind im Seesterngebiet und seiner direkten Nachbarschaft heute zahlreiche Firmen aus der Kommunikationstechnologie vertreten.

Die Standortinitiative Seestern hat es geschafft, durch weitreichende Öffentlichkeitsarbeit und Standortmarketingmaßnahmen – auch im Dialog mit Politik und Wirtschaft – ihre gemeinsamen Interessen zum Vorteil des gesamten Standorts zu bündeln. Die wesentliche Leistung besteht aber wohl darin, eine Identität nach innen geweckt zu haben, um so die Identifikation der ansässigen Unternehmen und ihrer Mitarbeiter mit dem Standort neu zu entdecken oder gar erstmals erzielt zu haben.

Zur Belohnung genießen die Nutzer im Seestern nun den von der Initiative installierten „Seestern Concierge-Service“, der ein Dienstleistungsspektrum bietet, welches vom Autopflegeservice über den Opernbesuch bis hin zur Organisation der Kinder- und sogar Tierbetreuung reicht. Eine Idee, die den Slogan „Seestern Düsseldorf – more than business“ eindrucksvoll mit Leben füllt, ergänzt um die weiterhin unbestritten hervorragende Rhein- und damit Erholungslage dieses Standorts.

Durch die **Aktivitäten von Standortinitiativen** kann durchaus eine **neue Dynamik** in zunächst schwierigen Lagen erzielt werden. Dabei zählt es zu ihren Aufgaben, nicht nur das **Standortimage** zu verbessern, sondern auch den **inneren Zusammenhalt** unter den Nutzern und den Eigentümern zu fördern. Mitunter muss erst einmal herausgefunden werden, wer überhaupt Eigentümer der Nachbarliegenschaften ist, um im nächsten Schritt zu klären, wer diesen vor Ort vertritt – und mit Blick auf die Folgen der Internationalisierung der Immobilienwirtschaft wird deutlich, welche Überzeugungs- und Fleißarbeit bei Eigentümervorständen, die beispielsweise am anderen Ende der Welt ihren Geschäftssitz haben, zu leisten ist, um alle „ins Boot zu holen“. 97

Nach Festlegung des Interessentenkreises und Festlegung eines gemeinsamen Vertreters ist die aktuelle Problemlage zu analysieren, um gemeinsam eine – realistische – Zukunftsvision für den Teilmarkt zu finden und zielgerichtete Maßnahmen zu entwickeln. Wie soll reagiert werden, wenn große Unternehmen ihre Immobilien verlassen und sich an einem anderen Standort niederlassen? Was soll mit Bürogebäuden geschehen, wenn plötzlich Tausende Quadratmeter leer stehen? Wie kann man auf Eigentümerfonds zugehen, wenn diese ihre Immobilienportfolien veräußern wollen? Mit diesen Fragen und Gegebenheiten kann eine **Standortinitiative** erfolgreich umgehen, wenn sie nicht nur aufgrund ihrer Orts- und Sachkenntnis eine umfassende Problemsicht und eine tiefe Analyse leisten kann, sondern auch durch die entstehende persönliche Nähe unter den Beteiligten eine höhere Verbindlichkeit und gegenseitiges Verständnis, ggf. Unterstützung entstehen lässt. 98

Angesichts des marktgegebenen Leerstandes steigt der Druck auf so manches Bestandsgebäude auf wachsende Service- und Wohlfühlfaktoren, Energiestandards und Flexibilität. So ist zu verzeichnen, dass die überwiegende Zahl der Großvermietungen in den letzten Jahren von Neubauten absorbiert wurde. Standorte mit älterer Bausubstanz müssen sich mit Neubauten „auffrischen“, wofür im Zweifel manche alte, nicht mehr marktgängige Gebäude, welche sich nicht mehr sanieren oder modernisieren lassen, bestenfalls entfernt werden, um nicht die gesamte Lage in Mitleidenschaft zu ziehen. Mietpreisreduzierungen reichen nicht, um Mieter zu halten, denn vielfach erfolgt ein Flächentausch **„Alt gegen Neu“**. Für die Neubaufläche wird durchaus ein höherer Mietpreis gezahlt, weil sich ein Umzug z.B. bereits über verbesserte Flächeneffizienz und wirtschaftlichere Betriebskosten rechnet.[63] 99

c) Verbesserte Ausweisung der Top-Lage: Darstellung des CBD

Ein allseits bekannter und als Top-Lage unbestritten anerkannter Standort, der ein gleichbleibend hohes Interesse sowohl bei Nutzern als auch bei Investoren erfährt, 100

63 Vgl. *Breuer* in: IZ v. 3.6.2010.

ist in großen Städten typischerweise der **CBD**, der **Central Business District** als **Haupt-Wirtschafts- und Geschäftsbereich einer Stadt**. Aus angelsächsischer Betrachtung der Immobilienstandorte und Teilmärkte ist der CBD eine feststehende Größe und bezeichnet das geschäftliche, zum Teil politische, jedenfalls aber das wirtschaftliche Zentrum einer Großstadt. Internationale Nutzer, die entsprechenden Wert auf die Adressbildung legen, verlangen in der Regel nach einer Büroadresse in einem modernen Bürogebäude innerhalb des CBD.

101 Deutsche Städte sind im internationalen Vergleich vielfältig durchmischt, weil sie über Jahrhunderte gewachsen sind. Ein **klar abgegrenztes Geschäftszentrum** gibt es nicht immer, sondern das kulturelle, das administrative und das geschäftliche Zentrum der Stadt überschneiden sich durchaus. Die belebtesten Einkaufsstraßen müssen sich nicht notwendigerweise in direkter Nachbarschaft zu den Top-Bürolagen befinden, aufgrund der historischen Stadtgrundrisse finden gerade ausländische Investoren und Nutzer deutsche Städte dahingehend manchmal nicht eindeutig. Die klare **Top-Lage** ist für Außenstehende also oft nicht „auf den ersten Blick" zu identifizieren.

102 Aber gerade der **professionelle Vergleich** z.B. hinsichtlich der Mietpreise in den zentralen Wirtschaftslagen der wichtigeren Büroimmobilienstädte europa- und weltweit ist unabdingbar. Großnutzer fragen bekanntermaßen im Rahmen ihrer „Desktop-Analysen" für mögliche Standortverlagerungen und diesbezüglichen „Planspielen" zunächst genau diese Informationen ab.

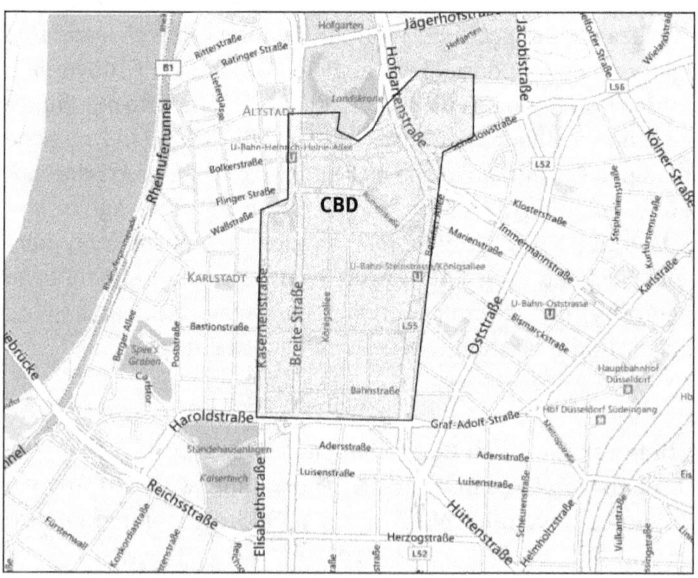

Abbildung 12: CBD in Düsseldorf

Der CBD kann – einheitlich abgegrenzt – in die Marktberichte zum Büroimmobilienmarkt aufgenommen werden und damit **internationalen Nutzern oder Investoren** die **Orientierung erleichtern**. In diesem Teilbereich der Innenstadt werden typischerweise häufig die höchsten Mieten erzielt, hier sind zumeist Nutzer wegen der besonderen Adressbildung zu Hause und die Hochwertigkeit verschiedener Immobilien ist erkennbar. Kritiker dieser Teilmarkt Einführung hatten geäußert, dass damit andere hochwertige Quartiere in der Stadt ausgegrenzt würden.[64] Dies ist nicht der Fall. Allerdings handelt es sich hierbei aber um eine Definition eines Standortes: wie etwa auch bei der Deklarierung eines anderen Teilmarktes: z.B. „Flughafen". So kann in Fachgesprächen über ein „Produkt" (Standort: CBD) gesprochen werden von dem die Marktteilnehmer eine bestimmte Vorstellung haben.[65] 103

IV. Tenant-Risk-Management

1. Backsteine oder Cash-flow?

Der **Gebäudewert** (Wert der Backsteine) ist heute auf dem Gewerbeimmobilienmarkt nicht mehr allein entscheidend: Stattdessen steht der **Wert der Mietverträge** im besonderen Fokus. In den vergangenen Jahren hat sich zunehmend folgender Mechanismus gezeigt: Mietverträge (Cash-Flow-Werte) werden produziert und mit dem Anlagevehikel „Gebäude" verkauft – um dann einige Zeit später erneut einem neuen Eigentümer zugeführt werden zu können. 104

Mietverträge mit guten Cash-Flow-Werten sind entscheidend für den wirtschaftlichen Erfolg. In Zeiten, da Konkurrenz- und Kostendruck immer größer werden, mehren sich aber auch die **Risiken für Zahlungsausfälle** im Bereich der Gewerberaummiete. Wer sich nicht im Vorfeld schon um dieses Thema kümmert, läuft Gefahr, letztlich „draufzahlen" zu müssen. Der zukünftige Mieter wird daher vor dem Mietvertragsschluss eingehend auf seine Bonität hin zu überprüfen (zu „scannen") sein. 105

Wer sich als Vermieter so wirksam wie möglich vor Mietverlusten schützen möchte, muss finanzielle Risiken **frühzeitig erkennen und minimieren**. Dabei ist Augenmaß gefragt, gilt es doch gleichzeitig, die sich bietende Vermietungschance konsequent zu nutzen und Leerstände zu vermeiden. Ein genau auf die jeweiligen Anforderungen des gewerblichen Vermieters abgestimmtes **Risikomanagement** wird hier wertvolle Hilfe leisten. 106

Unter Risikomanagement ist die systematische Analyse und Bewertung möglicher Risiken und die rechtzeitige Entwicklung von **effektiven Gegenmaßnahmen** zu verstehen. In Wirtschaftszweigen, in denen der Umgang mit Gefahren zum Alltag 107

---

64 Darstellend: *Lange*, „Wo die Geschäfte gemacht werden", Rheinische Post v. 14.11.2014.

65 So *Breuer* in: *Lange*, „Wo die Geschäfte gemacht werden", Rheinische Post v. 14.11.2014.

gehört, ist Risikomanagement fest in den Wertschöpfungskreislauf integriert. So verfügen etwa beispielgebend Versicherungsgesellschaften und mithin Finanzunternehmen typischerweise über Risikomanagementabteilungen, in denen sich abzuzeichnende Gefahrenszenarien vorweggenommen, Gegenstrategien konzipiert und damit bereits im Vorfeld eine Schadensprophylaxe oder Schadenseindämmung vorgenommen werden kann. Gleiches gilt für nahezu alle namhaften Industrie-, Handels- und Dienstleistungsunternehmen sowie die generelle Finanzdienstleistungswirtschaft und weitere Wirtschaftsbranchen. Darüber hinaus betreiben auch unzählige kleine und mittlere Unternehmen ein auf ihre spezifischen Risiken abgestimmtes Risikomanagement. Hier geht es vor allem darum, Lieferungen und Leistungen abzusichern sowie die Bonitätsentwicklung wichtiger Geschäftspartner zu beobachten. Dabei kommen Wirtschaftsinformationen über die Zahlungsfähigkeit privater oder gewerblicher Kunden zum Einsatz.

108 In der Gewerbevermietung besteht die besondere Aufgabe des Vermieters u.a. darin, sich nicht nur gegen den **Leistungsausfall** – also fehlende Mietzahlungen – zu schützen, sondern auch die belegte Mietfläche nach Feststellen des endgültigen Ausbleibens der Mietzahlungen kurzfristig ordnungsgemäß **zurückzuerhalten.**

109 Bevor also ein Mietvertragsschluss erfolgt, ist der entsprechende Mieter zu prüfen. Dieser existentiell wichtige Arbeitsschritt hat zu einem bestimmten Zeitpunkt der Annäherung zwischen Vermieter und Mieter zu erfolgen. Damit die Bewertung, ob es sinnvoll ist, mit dem Mietinteressenten weitere Gespräche zu führen, frühzeitig erfolgen kann, ist es zweckmäßig, zumindest **erste grundlegende Informationen direkt nach z.B. einer erfolgten Gebäudebesichtigung** einzuholen bzw. einholen zu lassen. Denn ist z.B. in der Besichtigung erkennbar geworden, dass die Bedingung für den Bezug der Fläche durch den Interessenten erhebliche Umbauarbeiten voraussetzt, stellt sich dringend die Frage, ob sich für den Vermieter diese Investition bei diesem Nutzer rechnen wird. Steht fest, dass der Nutzer gewisse Risiken mit sich führt, gilt es diese genauestens zu ermitteln und zu bestimmen, wie diese abgesichert werden können: z.B. nicht nur durch das **Tragen der Umbaukosten** durch den Mieter selbst, sondern durch die zusätzliche Stellung einer **erhöhten Kaution,** mit der ggf. auch die für einen Rückbau der vom Mieter gewünschten Um- bzw. Einbauten anfallenden Kosten aufgefangen werden könnten – jedenfalls dann, wenn keine erhöhte **Drittverwendungsfähigkeit** gegeben ist.

110 Bis zur Entscheidung, ob der Mietvertrag mit dem Mietinteressenten abgeschlossen wird, ist dieser gründlich zu überprüfen (zu „screenen“). Dies erfolgt durch Selbstauskünfte und oder Informationen von Dritten.[66]

66 In Anlehnung an: Marsh Consumer, Präsentation: Produkte und Dienstleistungen v. 15.10.2011.

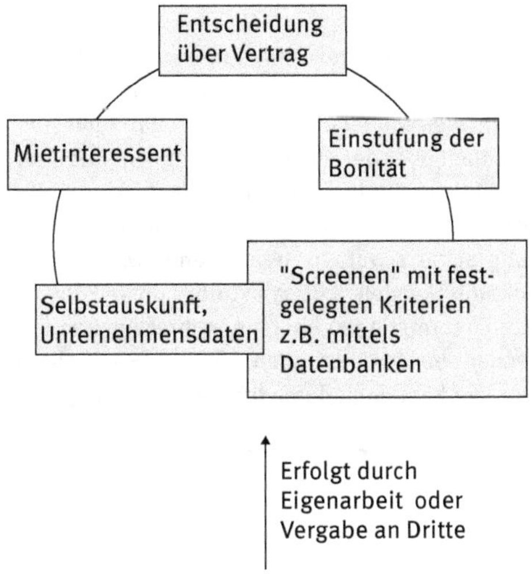

Abbildung 13: Risikomanagement Mieter-Screening

2. Erste Informationen, Internet

Erste grundlegende Informationen lassen sich über einen Mietinteressenten schon direkt nach erfolgter Besichtigung durch Suchmaschinen im Internet erhalten. Dies kann insbesondere bei kleineren Bürogesuchen mit einer Größe von bis zu 500 m² sinnvoll sein. Gesucht werden kann nach der Firmenhomepage, nach Daten aus Registerauszügen oder auch schon gezielt nach Informationen über die im Registerauszug stehenden Privatpersonen oder die Personen, die im Impressum der Firmenhomepage zu finden sind. Eine solche einfache, zunächst banal erscheinende **Internetrecherche** kann häufig schon grundlegende Aufklärungsarbeit leisten: So lässt sich z.B. bei der personenbezogenen Suche mittels der Suchmaschinen und dem Zusatz „Presse" häufig schon erkennen, ob gegen eine Privatperson, die als haftender Gesellschafter agiert, negative Dinge berichtet werden. Auch geben die Homepages in der Regel erste Indizien für ein solides und mithin akzeptables Geschäftsgebaren, bevor weitere Nachforschungen angestellt werden müssen. 111

Schon jetzt können und sollten alle Möglichkeiten des Internets genutzt werden: So sollten bereits in diesem frühen Stadium des Annäherungsprozesses zwischen Mieter und Vermieter die zumeist **kostenfreien Alerts** eingerichtet werden, also automatisierte Hinweise durch die Suchmaschinen, wenn Nachrichten bzw. Meldungen über die besagte Firma verfügbar sind. Gerade in dem Bereich der kleineren Gesuche ist es nicht unüblich, dass die Mietinteressenten aus unterschiedlichsten Gründen kurzfristige Bezugstermine anstreben. Sollten über den Mietinteressenten also aktuell noch keine negativen Informationen im Internet kursieren, aber während des Vertragsprozesses entsprechende Hinweise auftauchen, können sie umgehend reagieren. 112

Praxistipp

Die Einrichtung von sog. Alerts in Suchmaschinen sollte nicht nur den Anmietungsprozess begleiten – auch während der laufenden Mietzeit möchten Sie über Ihren Mieter informiert sein. Die Alerts machen Sie zudem zum geschätzten Gesprächspartner Ihres Mieters, denn mit diesem Service ist es für Sie einfach, sich mit Ihren Mietern quasi tagesaktuell über deren Geschäftsthemen auszutauschen und so auch die nicht zu unterschätzende persönliche Bindung weiter zu verstärken. Sollte dann wirklich einmal etwas Kritisches über den Geschäftsverlauf zu lesen sein, genießen Sie den Vorteil, hierzu unmittelbar informiert zu sein – häufig sogar schon vor den eigenen Mitarbeitern dieses Unternehmens oder Ihrer finanzierenden Bank, die Sie vielleicht selbst über diese Entwicklungen ins Bild setzen möchten, um z.B. bei relevanten Informationen über einen Ihrer Ankermieter unverzüglich ein gemeinsames Vorgehen zu besprechen. So demonstrieren Sie Ihrer Bank das in Ihrem Haus perfekt funktionierende Risk-Management und können dadurch Ihr eigenes Rating positiv auffrischen.

3. Bankauskunft, Schufa, Handelsregisterauszug

113 Im Rahmen seiner eigenen Angaben zur Bonität kann der Mieter seinem zukünftigen Vermieter häufig mittels Bankauskunft darlegen, dass er eine langjährige Bankverbindung unterhält und sich **in der Vergangenheit als kreditwürdig erwiesen** hat. Bei persönlich handelnden und haftenden Personen etwa im Falle einer GmbH in Gründung ist es nützlich, eine Überprüfung bei der Schufa vorzunehmen; hier sind mitunter objektivierte Informationen hinterlegt und einsehbar. Bei bestehenden Geschäftsbetrieben von bestimmten Kaufleuten und Gesellschaften sind Auszüge aus dem Handelsregister schnell über das Internet greifbar.[67]

4. Wirtschaftsauskunfteien

114 Das bislang gewonnene Bild über den zukünftigen Mieter lässt sich durchaus abrunden, indem man auf die Informationslage bei den Wirtschaftsauskunfteien zurückgreift. Die für ein erfolgreiches Risikomanagement relevanten Wirtschaftsinformationen werden bei Wirtschaftsauskunfteien, z.B. bei der Creditreform, in verschiedenen Auskunftsprodukten gebündelt. Seit Anfang des Jahres 2010 wurde dort in mehreren Schritten eine neue Auskunftsgeneration in den Auskunftsmarkt eingeführt. Mit den Produkten dieser Auskunftsgeneration stehen gewerblichen Vermietern Lösungen für eine effiziente und möglichst sichere Vermietungsentscheidung zur Verfügung. So enthält das Portfolio neben Lösungen für Kreditent-

67 Der Bundesanzeiger Verlag bietet die Website http://www.unternehmensregister.de an, über die kostenlos und ohne Registrierung nach allen wichtigen veröffentlichungspflichtigen Daten über Unternehmen gesucht werden kann. Die Seite bietet Zugriff auf das elektronische Handels-, Genossenschafts- und Partnerschaftsregister.

scheidungen im mittleren und hohen Risikobereich auch Auskunftsformate für die **schnelle Bonitätsprüfung** bei geringen Risiken.

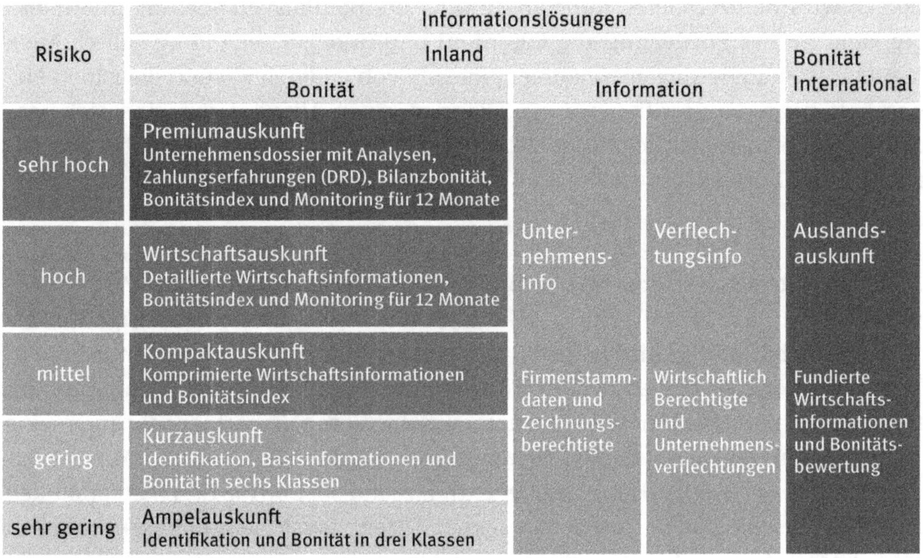

Abbildung 14: Risikogerechter Einsatz bedarfsorientierter Informationslösungen

Je nach Bedarfstiefe der Informationen stellen die Auskunfteien die Wirtschaftser- 115
kundigungen von z.B. „sehr geringes Risiko“ bis „sehr hohes Risiko“ anwenderfreundlich zusammen.[68]

Als Anschlussprodukt zur Premium- und zur Wirtschaftsauskunft wurde das 116
dortige **Monitoring**[69] optimiert, das über die übliche Standardnachtragsfrist von zwölf Monaten hinaus über **bonitätsrelevante Veränderungen** beim betroffenen Unternehmen informiert. Dies ist deshalb bedeutsam, weil bei rund 40% der aktiven Unternehmen im Durchschnitt jährlich eine signifikante Änderung der Bonität zu verzeichnen war. Das sind Veränderungen, über die der Vermieter dieser Unternehmen im Bilde sein sollte. Gerade bei intensiven Beziehungen wie dem langjährigen Dauerschuldverhältnis der Miete reicht die typischerweise zwölf Monate umfassende Standardnachtragsfrist oft nicht aus, um permanent über die finanzielle Situation eines Unternehmens genauere Kenntnis zu besitzen.

Mit der Bonitätsbewertung von potenziellen Mietern sind die Einsatzmöglich- 117
keiten von Wirtschaftsinformationen noch nicht erschöpft. Vielmehr können sie

68 Quelle: Creditreform.

69 Creditreform Monitoring, abrufbar unter http://www.creditreform.de/leistungen/wirtschaftsinformationen/monitoring-b2b.html.

auch in späteren Phasen einer Vermieter-Mieter-Beziehung eingesetzt werden. Bei laufenden Mietverhältnissen erfüllen Wirtschaftsauskünfte eine **Frühwarnfunktion durch Monitoring**. Verändert sich die Bonitätsbewertung eines gewerblichen Mieters, wird der Vermieter automatisch über die Bonitätsveränderung informiert. Dies kann für das **Forderungsmanagement** und **Inkasso** Bedeutung haben. Auch singuläre Mietminderungsmaßnahmen, die z.B. von anderen Mietern derselben Liegenschaft nicht aufgegriffen werden, können einen Hinweis auf eine sich verschlechternde wirtschaftliche Lage geben und können **rechtliche Schritte schneller ergreifen** lassen als sonst.

5. Geschäftliche und politische Überprüfung des Mieters („World-Check")

118 Für eine dauerhafte, gute Vermieter-Mieter-Beziehung ist die **beiderseitige Kenntnis der Geschäftstätigkeit** maßgeblich. Deshalb muss der Vermieter schon vor der Vermietung genauer wissen, welche Tätigkeit der Mieter ausübt, welches seine Unternehmensziele, seine Handelsbeziehungen, seine Geschäftspartner oder auch seine Praktiken eventuell im Zusammenhang mit „problematischen Kreisen", z.B. hinsichtlich politischer oder religiös-fanatischer Extreme sind oder ob die Geschäftspraktiken respektive Geschäftsfelder gegen die „guten Sitten" verstoßen. Einem kirchlichen Eigentümer wird es nicht gleichgültig sein können, wenn sein potenzieller Mieter in einer besonderen Nähe zum Waffenhandel steht. Im Falle bestimmter ausländischer Mietinteressen kann herausgefunden werden, ob es tatsächliche wirtschaftliche Unternehmungen sind oder ob etwa staatliche Organisationen als Mietinteressenten auftreten, die noch dazu auf schwarzen Listen aufgeführt sind.[70]

119 Wie ein Eigentümer mit diesen Informationen, die es zunächst zu beschaffen gilt, bei seiner Vermietungsentscheidung letztendlich umgeht, soll an dieser Stelle nicht erörtert sein. Er sollte und muss diese Kenntnisse aber besitzen.

120 Derartige Informationen können etwa über „World-Check" abgerufen werden.[71] Mehr als 3.000 Institutionen, darunter 47 der 50 weltgrößten Finanzinstitutionen und Hunderte von Regierungsbehörden greifen für das Screening ihrer Kunden, Partner, Transaktionen und Mitarbeiter auf die **World-Check-Datenbank** zurück.[72] Mithilfe dieser Megadatenbank, die weltweit laufend aktualisiert wird, sind die Profile von **Personen und Firmen mit erhöhtem Risiko** einzusehen.

121 Das mehr als 350 Personen umfassende internationale Research Team von World-Check aktualisiert täglich die Daten und wertet Hunderttausende öffentlicher Quel-

---

70 Vgl. etwa die offizielle Liste der US-Regierung von Staaten, die den Terrorismus unterstützen (State Sponsors of Terrorism).

71 Siehe http://www.world-check.com.

72 *Schulte*, Datenschutz-Praxis 2/2009, abrufbar unter https://www.datenschutz-praxis.de/fachartikel/world-check-die-ganze-welt-auf-einen-klick/.

len aus. World-Check prüft bezüglich **politisch exponierter Personen** strafrechtliche Verstöße wie **Geldwäsche**, Betrug, Terrorismus und anderer Kategorien sowie hiermit im Zusammenhang stehender Organisationen. Das sog. **Know-your-Customer**-Scannen, das Hintergrund-Screening und entsprechende Maßnahmen zur Risikoreduzierung sind nur einige Möglichkeiten, die dieser Service bietet. Das World-Check-Datensystem wird nicht nur in der Finanzwirtschaft und von Wirtschafts- und Rechtsberatungsunternehmen genutzt; es offeriert gerade im Immobilienwirtschaftsbereich die Gelegenheit, die zu Profilen zusammengesetzten Informationen mit aufschlussreichen Beziehungsverflechtungen sichtbar zu machen.

Zu den Quellen von World-Check gehören Internetseiten von Regierungen, Jus- 122
tiz und Polizei sowie die nationalen und internationalen Medien. Das Unternehmen setzt zudem sein eigenes Benutzernetzwerk wirksam ein, indem Benutzer anonym Namen und Details über von ihnen identifizierte verdächtige Vereinigungen einreichen können. Diese Daten werden dann vom World-Check-Research-Team geprüft und ggf. in die Stammdatenbank übernommen.[73] Um dieses „bessere Wissen“ für sich nutzen zu können, stehen beispielsweise zwei Informationszugriffsmodelle mit entsprechenden Verträgen zur Verfügung.

In Deutschland wird nach Bewertung der internationalen Organisation **Finan-** 123
cial Action Taskforce on Money Laundering (FATF) jährlich Geld in Höhe von bis zu 60 Mrd. € gewaschen. Das deutsche Geldwäschebekämpfungsrecht ist erneut überarbeitet worden: Ende 2011 hat der Bundestag das **Gesetz zur Optimierung der Geldwäscheprävention** beschlossen. Durch die Vorschriften werden neben Banken, Treuhänder, Anwalts- und Steuerberatungsunternehmen **auch Immobilienberatungsunternehmen** entsprechend verpflichtet. Diese waren zwar schon bisher gem. § 2 Abs. 1 Nr. 10 GwG sog. Verpflichtete. Die Ansprüche an interne Sicherungsmaßnahmen in § 9 Abs. 2 GwG sind allerdings erheblich konkretisiert worden. *„Die Makler haben angemessene geschäfts- und kundenbezogene Sicherungssysteme und Kontrollen zu entwickeln, zu dokumentieren und fortlaufend zu aktualisieren, die der Verhinderung der Geldwäsche und der Terrorismusfinanzierung dienen.“*[74] Über diese **verbindlichen Sicherheitsstufen** verfügen die Branchenprimi bereits seit langer Zeit.

Praxistipp !
Immobilienberatungsunternehmen, die international tätig sind, nutzen diese Art der Informationserhebung seit Langem. Gerade die Integration der Überprüfung von Namen in einem einzigen Prozess bietet den Beratungshäusern eine adäquate Lösung zur Einhaltung ihrer internationalen Due-Diligence-Verpflichtungen.

73 *Schulte*, Datenschutz-Praxis 2/2009, abrufbar unter https://www.datenschutz-praxis.de/fachartikel/world-check-die-ganze-welt-auf-einen-klick/.

74 *Pinkernell*, zit. von *Wiederhold* in IZ v. 19.1.2012.

6. Rating-Agenturen, Bilanzen und BWAs

124 Rating-Agenturen bewerten nicht nur Finanzprodukte und Länder, sondern selbstverständlich auch Unternehmen. Zumeist geben große Unternehmen diese Ratings in Auftrag. Die Agenturen erzielen mitunter beachtliche Vergütungen für ihre Bewertungen. Kleinere oder mittelständige Unternehmen hingegen haben in der Regel von diesen Agenturen kein Rating über sich erstellen lassen. Es ist daher – mit Ausnahme der bereits vorliegenden und mithin einfach abzurufenden Ratings über Großnutzer – derzeit nicht gängig, Informationen von größeren Agenturen einzuholen.

125 Ratings sind teuer und müssen vom Auftraggeber bezahlt werden. Ein Vermieter wird im Normalfall wegen der enormen Kosten kein Rating in Auftrag geben. Gleichwohl kann eine „Zusammenarbeit" sinnvoll sein: Agenturen bieten Tools an interessierte Kreise an, die es ermöglichen, hauseigene Ratings zu erstellen. Die Kriterien der großen Agenturen liegen damit für eigene, „inhouse" zu erstellende Bewertungen vor. Diese sodann Software-gestützten Ergebnisse werden mittels entsprechender finanzmathematisch optimierter Verknüpfungen erzielt. Vermieter können sodann – ähnlich der Finanzinstitute – ihre gewerblichen Kunden mit Rückgriff auf solche Software bewerten und mithin **inhouse ein eigenes Scoring** erstellen.

126 Der Vermieter kann sich so kurzerhand auf Basis von Informationen, die entweder öffentlich („auffindbar") oder vom zukünftigen Nutzer selbst bekanntgegebenen worden sind, das große Bewertungsbild selbst erstellen; sich also aus verschiedenen Mosaiksteinen ein Gesamtbild verschaffen. Als informative Eingabe in solche Systeme können u.a. **Bilanzen** und **Betriebswirtschaftliche Auswertungen (BWAs)** herangezogen werden, um die Kredit- und somit Mieterwürdigkeit zu bestimmen. Die enthaltenen Kennzahlen, wie z.B. Eigenkapitalquote oder Liquiditätsgrade, geben ein deutliches Bild über die vergangene, gegenwärtige und zum Teil auch zukünftige Situation des Unternehmens wieder.

7. Trotz allem nicht zu unterschätzen: das „Bauchgefühl"

127 Trotz all dieser vorgenannten Möglichkeiten, den Mieter vor dem Abschluss eines Vertrages zu durchleuchten, ist auch in solchen Fällen eine Entscheidung zu treffen, wenn keine hinreichenden Informationen verfügbar sind. Beispielsweise bei neugegründeten Unternehmen können kaum eigenständig Informationen beschafft werden, allenfalls über die Gründer bzw. Gesellschafter. Bei den Gesprächen mit einem solchen – quasi **nicht screenbaren – Interessenten** gilt es letztendlich doch, sich auf sein Bauchgefühl zu verlassen und jedenfalls eines z.B. inhouse gegebenen erfahrenen Beraters zu bedienen, der aus vielen Verhandlungen eine gesicherte persönliche Einschätzung entwickelt hat. So lässt sich nach den offiziellen Mietergesprächen gemeinsam mit ihm die Glaubwürdigkeit und damit auch die gebotene Einschätzung hinsichtlich der Kredit- bzw. Mieterwürdigkeit – insbesondere auf das abzugebende Mietangebot – besprechen.

8. Praktische Lösungen

Will man einen Mietinteressenten, z.B. ein neugegründetes Unternehmen, trotz finanzanalytisch recht bescheidener Lage als Mieter gewinnen, z.B. wegen einer überzeugend vorgetragenen Geschäftsidee oder angesichts seiner zwar aktuell schwierigen, aber mutmaßlich nicht dauerhaften schlechten Unternehmenssituation, so kann **im Mietvertrag** eine **Ausfallabsicherung** erforderlich sein. Das kann beispielsweise durch die Abforderung einer höheren Sicherheitsleistung, einer **Bürgschafts- oder Patronatserklärung** von Gesellschaftern oder einer (klassischen) Bankgarantie erfolgen; denkbar ist die Belastung des Mieters mit etwaigen Ausbaukosten für die Mietfläche, sodass der Eigentümer nicht allein in Vorleistung gehen muss. Auch kann eine **Absicherung des Ausfallrisikos vom Risikoberater und Industrieversicherer** abgedeckt werden.[75] So hat der Versicherungsmarkt eine Absicherungslösung entwickelt, die den Ausgleich des Mietpreises und der Nebenkosten übernimmt. Besonderer Clou ist z.B. das für den signifikanten Zeitraum von bis zu 9 Monaten das Nutzungsentgelt für einen Zeitraum, in dem der Mieter nach einer Beendigung des Mietvertrages die Mieteinheit weiter nutzt, versicherbar ist. Entgangene Mietzinseinnahmen für die Zeitspanne einer erforderlichen Schönheitsreparatur bzw. Sanierung sind gleichfalls für bis zu 3 Monate versichert. Eintritt der Zahlung durch den Versicherer erfolgt bereits, wenn zwei aufeinanderfolgende zur Zahlung fällige Monatsmieten ausstehen; und dies tritt bereits bei Nichtzahlung und nicht nur bei Zahlungsunfähigkeit ein.[76] 128

9. Bewahrung der Bestandsmieter

Einfacher und viel kostengünstiger als die Suche nach neuen Mietern kann die Bewahrung der Bestandsmieter sein. Insofern empfiehlt sich **der stetige Kontakt** zum (vorhandenen) Mieter, nicht erst bei auftretenden Problemen oder dem heranrückenden Mietvertragsende. Es geht also nicht nur um das dauerhafte Bestreben, die Nebenkosten auf ein angemessenes Maß anzuheben oder zu reduzieren oder Mieterhöhungspotenziale auszuschöpfen. Vielmehr sollte der Vermieter den immer wiederkehrenden, regelmäßigen Kontakt zu seinen Mietern suchen, nach seinen Eindrücken bzw. Problemen fragen und konstruktiv auf seine Wünsche eingehen. 129

Ein Asset-Manager, der seine Mieter – bzw. häufig eher die Office-Manager oder Finanzverantwortlichen des mietenden Konzerns – persönlich kennt, erfährt die 130

75 Siehe hierzu *Köcher/Krause*, Gewerbliche Mieteinnahmen gegen Ausfall schützen, abrufbar unter http://deutschland.marsh.com/ProdukteDienstleistungen/MarshL%C3%B6sungen/ID/33945/Gewerbliche-Mieteinnahmen-gegen-Ausfall-schutzen.aspx.

76 Vgl. *Köcher/Krause*, Gewerbliche Mieteinnahmen gegen Ausfall schützen, abrufbar unter http://deutschland.marsh.com/ProdukteDienstleistungen/MarshL%C3%B6sungen/ID/33945/Gewerbliche-Mieteinnahmen-gegen-Ausfall-schutzen.aspx.

Pläne und Ideen seines Nutzers frühzeitig. Das ist eine wesentliche Voraussetzung für das **langfristige Halten des Bestandsmieters**, da er nun zeitgerecht auf **dessen Bedürfnisse** reagieren kann. Es liegt auf der Hand, dass der Aufwand für eine Anschlussvermietung weitaus größer ist als das Eingehen auf Wünsche des Bestandsmieters im Hinblick auf die Fortsetzung des bestehenden Mietverhältnisses.

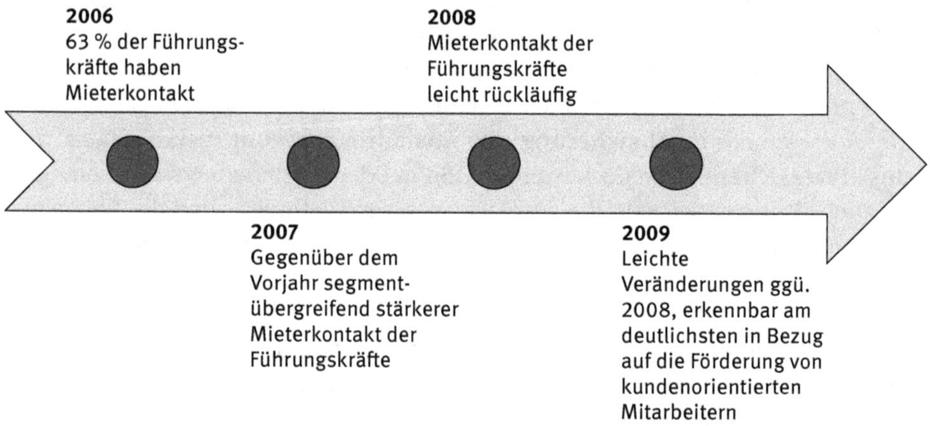

Abbildung 15: Bleibt die Kundenorientierung mit Mieterkontakt ein bloßes Lippenbekenntnis?

131 Trotz der Erkenntnis, dass **Kundenorientierung und Kontaktpflege mit dem Mieter** erstrebenswert sind, ändert sich in der Praxis nur wenig: Der gemessene Umfang des Mieterkontakts verharrte bislang mehr oder weniger auf gleichbleibendem Niveau.[77]

132 **Wirtschaftlich** kann das Halten des Mieters oft **günstiger** für den Eigentümer sein als eine Neuvermietung, wie die folgende fiktive Beispielsrechnung aufzeigt. Es wird eine Bürofläche von ca. 1.000 m² mit der Annahme zugrunde gelegt, dass der Bestandsmieter anzeigt, das Gebäude verlassen zu wollen, wenn der Vermieter nicht gewisse wirtschaftliche Zugeständnisse machen würde. Die überschlägige Berechnung ist bewusst einfach und teilweise unvollständig gehalten, um sie übersichtlich zu gestalten und sie für weitere – speziell den Einzelfall betreffende – Kostenpositionen zu öffnen.

77 Forschungscenter Betriebliche Immobilienwirtschaft (TU Darmstadt), Frontiers Management Consulting Unternehmensberatungsgesellschaft mbH (2010): CRM Real Estate 2009. Status quo der Kundenorientierung in der Immobilienwirtschaft, Folie 13. Eine Studie in Kooperation mit dem Immobilien Manager, Frankfurt/Darmstadt 2010.

Tabelle 4: Kosten für Bestandsverlängerung vs. Neuvermietung (fiktive Beispielrechnung als Gedankenanstoß)

	Halten	**Neuvermieten**
Miete (alt) Nebenkosten	15,50 3,50	(15,50) (3,50)
Miete *(neu)*	14,00	15,00
Differenz	**–1,50**	**–0,50**
Vermarktungszeit/Leerstand	keine	6–9 Monate
Mietausfall	0,00	93,00 bis 139,50
Nebenkostenausfall	0,00	21,00
Vermarktungskosten z.B. Provision	entfällt häufig	in der Regel drei Monatsmieten
Marktübliche Incentives: Mieterausbau Umzugszuschuss Mietfreie Zeit	 z.B. Renovierung entfällt Bei 5 Jahren in der Regel 3 Monate	 Ja (in der Regel Teppich, Tapeten, Elektrik, Wandstellung) häufig Bei 5 Jahren oft 6 Monate
Kosten für: Architekt, Techniker, Planer, weitere Kosten		 ... ...

Berechnung pro m² Mietfläche, Beträge in €/m²
Annahme: Mietfläche 1.000 m² Büro wird komplett nachvermietet

In diesem **stark vereinfachten Beispiel** machen die Einnahmeausfälle durch die reduzierte Miete des Bestandsmieters bezogen auf die Gesamtfläche eine monatliche Differenz zur erzielten Miete bei Neuvermietung bis zu 1.000 € aus. Doch allein die bei der Neuvermietung anfallenden Vermarktungszeiten und -kosten entsprechen Mietausfällen in Höhe von bis zu einer Jahresmiete, im Beispiel 186.000 €. 133

Bei einer Laufzeit von fünf Jahren mit sechs mietfreien Monaten generiert dies Mieteinnahmen in Höhe von 810.000 € – verglichen mit Mieteinnahmen vom Bestandsmieter in Höhe von 798.000 € zuzüglich der eingesparten Aufwendungen für die Neuvermietung, also insgesamt 984.000 €. Hinzuweisen ist außerdem auf die ggf. zu positive Grundannahme, dass die komplette Fläche neu vermietet werden kann. Zudem fallen bei der Neuvermietung in der Regel Aufwendungen für externe Berater und – teilweise erhebliche – **Kosten für den neuen Mieterausbau** an. 134

Es verwundert immer wieder, dass einige Vermieter eine Anfrage ihres Mieters wegen einer **Mietpreisreduzierung** eher als Kampfansage empfinden denn als Chance. Denn schon eine überschlägige Kalkulation wie in Tabelle 4 verdeutlicht, 135 dass die Neuvermietung deutlich teurer sein kann als das abgefragte wirtschaftliche Entgegenkommen.

! **Praxistipp**
Einen Bestandsmieter zu halten ist oft günstiger, als einen neuen Mieter zu gewinnen. Dabei kann das „Mieterhalten" einfach sein: echtes Interesse für den Bestandsmieter – auch – zeigen, im Gespräch bleiben, sich Zeit nehmen und auf Anliegen konstruktiv eingehen. Auch hier kann der spezialisierte Immobilienberater dem Eigentümer bzw. Verwalter ein verlässlicher Ansprechpartner sein.

B. Einschaltung von Maklern

136 Geht es um die Vermietung einer Bürofläche, bleibt dem Eigentümer zumeist die Entscheidung zwischen zwei grundsätzlichen Wegen: **Eigenansprache** der potenziellen Mieter oder **Einschaltung von Maklern.** Sofern die Nachfrage am Markt gut ist, die Flächen „unkompliziert" sind und die Sachbearbeiter des Vermieters freie Kapazitäten zur Beantwortung von Anfragen, zur Vereinbarung von Besichtigungsterminen sowie für die Erstellung von Mietangeboten und für die Vertragsverhandlung haben, ist der erste Weg zweckmäßig. Da die Sachlage meistens aber komplexerer Natur ist, stellt sich bei der überwiegenden Mehrheit der Fälle die Frage, welches Beratungshaus für eine bestimmte Vermietungsaufgabe das richtige ist und wie dieses Maklerhaus am besten beauftragt bzw. welche weiteren Beratungshäuser mit eingebunden werden sollten.

I. Dienstleistungen des Gewerbeimmobilienmaklers, heute

137 Es gilt die Binsenweisheit: Die Professionalität des Maklers bestimmt die Attraktivität des Mieters. Oder anders formuliert: Möchte man einen namhaften Mieter für Büroflächen gewinnen, sollte man einen professionellen, in diesem Marktsegment erfahrenen Berater einschalten. Gerade in Zeiten eines breiten (Über-)Angebots wird die **professionelle Platzierung** von Gewerbeimmobilien am Markt immer wichtiger.

138 Was leistet der Makler heutzutage? Warum sollten Berater eines der führenden Immobilienberatungsunternehmen beauftragt werden? Das zentrale Argument für ein etabliertes Beratungshaus ist sicherlich die tiefe Marktkenntnis seiner Consultants, die Bekanntheit im Markt verbunden mit positivem Renommee und die routinierte prozessgesteuerte, aber eben passgenau auf den einzelnen Vermietungsfall zugeschnittene Herangehensweise. Zunächst erstellen sie gemeinsam mit dem Vermieter ein strukturiertes und zielgerichtetes **Vermarktungskonzept**, individuell abgestimmt auf die Immobilie, auf ihre Lage sowie auf die Bedürfnisse und Möglichkeiten des Auftraggebers. Hierbei ist es unbedingt notwendig, auch die Anforderungen des potenziellen Nutzers nicht aus den Augen zu lassen, denn er soll letzt-

lich der Immobilie den erwarteten Erfolg geben. Ein guter Berater wird daher im Dialog auch immer die Mieterperspektive einnehmen und somit die Erwartungen eines Mieters in das Vermarktungskonzept miteinfließen lassen. Dies ist ein nicht zu vernachlässigender Gesichtspunkt, denn gerade hierin liegen mögliche Kontroversen, die – aus verschiedensten Gründen – nur erfahrene Berater aufzeigen.

Gemeinsam wird ein **Marketing-Businessplan** erstellt, der die sichere Grund- 139
lage der erfolgreichen Vermietung darstellt. Es werden die einzelnen Schritte und ihre Inhalte festgelegt, ein Zeithorizont abgesteckt und die zu erwartenden Kosten kalkuliert.

International aufgestellte Immobiliendienstleister können Eigentümer, Investo- 140
ren und Nutzer mit einer großen Dienstleistungstiefe und umfassenden **Dienstleistungsschwerpunkten** beraten, die sie aus ihren langjährigen internationalen Erfahrungen gewonnen haben. Diese gliedern sich üblicherweise in die Bereiche Capital Markets (Investment), Office Agency (Bürovermietung, besonders in der Aufteilung Brokerage, Tenand- und Landlordrepresentation), Valuation (Bewertung), Corporate Services (Beratung von Großnutzern aus dem Non-Property-Sektor), Research, Investment Management (Vermögensverwaltung), Asset- respektive Property-Management (Eigentümervertretung bis hin zur Hausverwaltung) sowie Building Consultancy (Projektsteuerung, so z.B. die Veranlassung und Begleitung des Mietflächenausbaus bis hin zum „Workplace"-Consulting). Sodann gibt es noch sektorale Untergliederungen, denn typischerweise werden die Dienstleistungen in spezialisierten Teams u.a. auch für Einzelhandelsflächen (Retail), Logistik bzw. Industrieflächen (Industrial) und Hotels angeboten.

Die Dienstleistungen der einzelnen Abteilungen bzw. Teams sind im Regelfall 141
hochspezialisiert; das jeweilige Marktsegment wird von diesen Teams gut beherrscht. Es bestehen zahlreiche Kontakte in die Branche – bis hin zu globalen Exklusivvereinbarungen über die Zusammenarbeit mit internationalen Nutzern. Der Auftraggeber profitiert zudem von dem globalen Netzwerk aus internen und externen Fachleuten, welche die lokalen Teams jederzeit unterstützen können. So erstellen z.B. die international vernetzten Research-Teams tiefgreifende Marktanalysen – auf lokaler wie auch globaler Ebene – oder spezialisierte Verkaufsteams betrachten die Standorte („Lage, Lage, Lage") aus dem internationalen Investment-Blick.

II. „Pitch" oder der „Beauty-Contest"

Wie wird der richtige Immobilienberater ausgewählt? Das Ziel ist klar: Die Immobi- 142
lienvermarktung soll zum Mietvertrag mit einem renommierten Mieter zu einem nachhaltig bestmöglichen Mietpreis führen. Dieses Ziel ist durch die **optimale Positionierung** der Immobilie **beim Nutzer** zu erreichen. Doch entscheidend sind hier nicht allein die richtige Analyse der wirtschaftlichen Faktoren, die Kenntnisse des lokalen Marktes und der aktuell marktgängigen Konzepte; hervorzuheben und be-

sonders zu bewerten sind das professionelle Vorgehen, die enorme Verhandlungserfahrung und das Netzwerk des Maklers, gerade auch auf persönlicher Ebene.

! **Praxistipp**
Welches Beratungshaus Sie im Vermarktungsprozess begleitet, hängt von Ihrer Prioritätenbildung ab: Laden Sie Dienstleister – lokale und internationale – ein und lassen Sie sich darstellen, wie die jeweiligen Häuser die Themen begreifen. Lassen Sie sich an Beispielen zeigen, wie die Dienstleister in der Vergangenheit vorgegangen sind und wie sie ganz konkret für die von Ihnen zu vergebene Aufgabe tätig werden wollen. Der Makler bzw. Berater nennt diesen Termin Pitch: Er bekommt die Chance, im Wettbewerb, Ihren Auftrag zu gewinnen!

---

143 Üblicherweise stellen die Berater in einem solchen Pitch ihre bereits erzielten Erfolge und wichtige Mandate in sog. Track-Records vor, aus denen hervorgeht, mit welchen namhaften Firmen bereits Umsätze getätigt wurden. Doch es darf nicht nur dargestellt werden, wieviel Quadratmeter in der Vergangenheit vermietet worden sind. Wichtiger ist zu erfahren, welche Aufgabenstellungen der Tätigkeit zugrunde lagen, wie diese Aufgaben in der Vergangenheit gelöst worden sind, welcher Mehrwert erzielt werden konnte und vor allem welche Lösungsansätze für die gegenwärtige Situation vorgetragen werden. Der Berater sollte **Ihr Thema verstanden** haben und **Ihnen helfen können.**

144 Nicht zuletzt ist auch die Frage zu stellen, welches Marktumfeld bei den aufgeführten Vermarktungserfolgen zugrunde lag: Denn zu wirtschaftlichen Boom-Zeiten ist es nicht unbedingt eine große Kunst, sich von dem gewaltigen Auftragskuchen etwas abzuschneiden. Es ist also zu hinterfragen, ob das vorgetragene Erfolgskonzept auch zukünftig Bestand haben kann.

145 Im nächsten Schritt ist zu prüfen, wie das Ihnen präsentierende Team fachlich und persönlich zusammengestellt ist – und ob dies zu Ihrem Auftrag passt: Sind es nur **auf den äußeren Auftritt bedachte**, Ihnen vielleicht **sogar opportun nach dem Mund redende** und dabei nur wenig eigenes fachliches Profil zeigende Berater? **Oder** stehen Ihnen **erfahrene, geradlinige Professionals** gegenüber, die genügend Know-how und Standing mitbringen, die Ihnen ihre fundierte realistische Einschätzung auch dann nicht vorenthalten, wenn sie eine unbequeme Wahrheit darstellt?

146 Die Wahl des Beraterteams ist eine Ihrer wichtigsten Entscheidungen im anstehenden Prozess. Setzen Sie dabei auch auf **Vertrauen**: Vertrauen in die Integrität der Personen, Vertrauen darauf, dass **die handelnden Berater zu Ihnen passen** und sich Ihren Firmenwerten und Wertmaßstäben verpflichtet fühlen, sodass in der folgenden – mitunter sehr engen – Zusammenarbeit keine Überraschungen und Misstöne auftreten. Ihre Entscheidung wird im Regelfall auf einer Mischung von **Bauchgefühl** oder **Nasenfaktor**, vorgestelltem **Leistungsspektrum**, nachgewiesener fachlicher **Qualifikation und Erfahrungen** sowie belegter **Marktposition** beruhen. Achten Sie vor allem auch auf die dargestellten „Best Practices", denn hier

werden die Konzepte und Erfolgsquoten der Berater an konkreten Beispielen sichtbar. Unterscheiden Sie zwischen Marktführerschaft, Marktdurchdringung und Meinungsführerschaft, denn die Fachkompetenz hat nicht zwangsläufig viel mit der Außenwirkung zu tun. Es geht nicht darum, „am lautesten im Markt unterwegs zu sein", sondern tatsächliche langfristige Verträge mit großen – auch internationalen – Nutzern abzuschließen. Prozesssteuerungserfahrung, lokale – oder auch sektorale – Marktbeherrschung sowie belastbare Netzwerke sollten für Sie gewinnbringend eingesetzt werden.

Praxistipp **!**
Die Wahl des Beraterhauses sollten Sie anhand einiger vorab formulierter objektiver Kriterien treffen. Ist die Wahl gefallen, empfiehlt es sich, vertraglich auch zu vereinbaren, welche Personen bzw. welches Team genau für Ihren Auftrag tätig sein wird. So stellen Sie sicher, dass die eingekaufte Leistung auch tatsächlich von dem sich Ihnen vorgestellten Team erbracht wird.

III. Der Maklervertrag

Der Begriff des Maklers – früher: Mäkler, niederdeutsch: maken, heute: machen; ma- 147
keln in der ursprünglichen Geltung: Geschäfte machen[78] – bezeichnet in Deutschland den Vermittler einer Gelegenheit zum Abschluss von Verträgen. Die Regelungen im BGB zum Maklerrecht sind spärlich, es gibt gerade einmal vier Normierungen; §§ 652–656 BGB. Die Vorschriften befassen sich hauptsächlich mit dem Provisionsanspruch, dem Mäklerlohn, § 652 BGB, für den Nachweis des Maklers oder das Verschaffen einer Gelegenheit zum Abschluss eines Vertrages bzw. die Vermittlung eines Vertrages.

Es ist grundsätzlich darauf zu achten, dass der Makler auf eindeutiger rechtli- 148
cher Grundlage beauftragt wird. Anderenfalls ist die Vermarktung in der gewerblichen Immobilienvermietung aufgrund der immer komplexer werdenden Marktgegebenheiten schwierig.

Praxistipp **!**
Zwingend für die Entstehung eines Provisionsanspruches des Maklers sind folgende Voraussetzungen:
- Ein Maklervertrag zwischen dem Makler und seinem Auftraggeber,
- die erbrachte Maklerleistung,
- das Zustandekommen eines wirksamen Hauptvertrags sowie
- ein Kausalzusammenhang zwischen der Maklerleistung und dem Zustandekommen des wirksamen Hauptvertrags.

78 Vgl. *Kluge* unter http://de.wikipedia.org/wiki/Makler.

149 Zentral ist daher die Entscheidung, wie und in welchen **Leistungsstufen** der Makler in der Mietersuche vertraglich am besten einbezogen werden kann. Dies hängt maßgeblich davon ab, in welcher Qualität und Quantität auf seine Marktkenntnisse zurückgegriffen werden soll. Gerade in der Bürovermietung stellt sich die Frage, ob es sich bei dem zu vermarktenden Objekt um ein Bestandsgebäude oder ein Projekt handelt und inwieweit hauseigenes Know-how wie z.B. in wirtschaftlich-technischer Hinsicht tatsächlich abgerufen werden kann. Gleiches gilt für die kaufmännischen Aufgaben zur Sicherstellung einer erfolgreichen Vermietung. In beiden Fällen ist z.B. auch der **zeitliche Aspekt** zu berücksichtigen, denn durch andere parallel laufende Projekte könnte das eigene Team schon ausreichend ausgelastet sein.

150 Hinzu kommt, dass sich die Mietfläche in einer gewissen Qualitätsstufe befindet und je nach Art und Weise einen unterschiedlichen Aufwand der **Vermarktungsaktivität** benötigt. Durchaus kann schon hiermit begründet sein, welches Beauftragungsverhältnis mit welchen Dienstleistungen zu wählen ist. Ein Gebäude, das sich noch in der Planung befindet und **vom Reißbrett** vermietet werden soll, bedarf sicherlich einer größeren und intensiveren Vermarktung als die als bestes Büro am Platze **bekannte Landmarke**, die nur noch eine kleine Flächenvakanz aufweist.

! **Praxistipp**
Agieren! Der Auftraggeber kann sich in verschiedener Art und Weise mit dem Makler vereinbaren. Es gibt Maklerverträge mit unterschiedlicher Ausprägung und inhaltlicher Leistungstiefe; ohne individuelle Vereinbarung wird das Leistungsspektrum des Immobiliendienstleisters kaum ausgeschöpft; die Kosten seiner Vermittlungsdienstleistung werden zumeist erfolgsorientiert oder z.B. pro rata temporis entlohnt. Ergo: Der Erfolg wird von allen Vertragsparteien gesucht.

1. Vertragsform und Inhalte

151 In der Praxis wird häufig vom Maklerauftrag gesprochen, gemeint ist der Maklervertrag. Klassischerweise sind folgende Maklervertragsarten allgemein bekannt: der **einfache Maklerauftrag**, der **Makler-Alleinauftrag** und der **qualifizierte Makler-Alleinauftrag**. Der Maklervertrag ist formfrei und kann daher auch konkludent, also durch schlüssiges Verhalten,[79] zustande kommen.

! **Praxistipp**
Zu Beweiszwecken, insbesondere zur Vermeidung von Streitigkeiten über den Vertragsinhalt, also die vom Makler geschuldete Leistung, Höhe und Fälligkeit seiner Provision, sollten sowohl der Makler als auch der Auftraggeber auf eine schriftliche Fixierung des Vertrages – respektive Textform – hinwirken.

79 *Fritz*, Rn 520.

a) Einfacher Maklerauftrag

Der **einfache oder allgemeine Maklerauftrag** ist sicherlich die gängigste Regelung zwischen Vermietern und Maklern in der gewerblichen Bürovermietung. Der Vermieter hat bei dieser Vertragsgestaltung grundsätzlich das Recht, weitere Makler zu beauftragen und/oder selbst tätig zu sein. Diese Form des Maklervertrages verpflichtet also im Regelfall nicht zum aktiven Bewerben der Liegenschaft. Der Provisionsanspruch entsteht typischerweise im Erfolgsfall: also dann, wenn der Vermieter von Nachweis oder Vermittlung tatsächlich Gebrauch gemacht hat und der Hauptvertrag zustande gekommen ist. 152

b) Makler-Alleinauftrag

Mithilfe des **Makler-Alleinauftrages** soll gewährleistet werden, dass sich der Makler in besonderem Maße um die Belange des Vermieters kümmert und unter Einsatz von Kosten und Zeit entsprechende Aktivitäten entfaltet. Die Voraussetzungen des Provisionsanspruches sind die gleichen wie beim einfachen Maklerauftrag.[80] Der Vermieter erklärt zwar verbindlich, während der Laufzeit des Alleinauftrages keinen weiteren Makler einzuschalten, kann aber gleichwohl auch selbst tätig werden. Gelingt dem Auftraggeber selbst der Abschluss des Vertrages, wird im Regelfall eines solchen einfachen Alleinauftrages der Makler keinen Provisionsanspruch erhalten (anderenfalls liegt der qualifizierte Makler-Alleinauftrag vor). 153

c) Qualifizierter Makler-Alleinauftrag

Beim **qualifizierten Makler-Alleinauftrag** verpflichtet sich der Auftraggeber, jegliche Interessenten an den allein beauftragten Makler zu verweisen und ihm dementsprechend bei Abschluss eines Mietvertrages in jedem Fall die vereinbarte Provision zu zahlen, auch wenn Aushandeln und Abschluss des Mietvertrages teilweise oder vollständig ohne Hinzuziehung des Maklers an einen selbst gefundenen Mietinteressenten erfolgen. 154

d) Aufwendungsersatz

Hinsichtlich der zuvor genannten Maklerverträge kann neben der im Erfolgsfall fälligen Provision zusätzlich gem. § 652 Abs. 2 BGB ein **Aufwendungsersatz** vereinbart werden. Das Gleiche gilt hinsichtlich einer Vereinbarung des Maklers für die durch eine etwaige Absage des Auftraggebers, den Mietvertrag mit dem gefundenen Nutzer abzuschließen, ergebnislos gebliebenen Anstrengungen des Maklers.[81] 155

---

80 *Wegener/Sailer/Raab*, Rn 219.
81 *Wegener/Sailer/Raab*, Rn 212.

2. Die Synthese der Makler-Aufträge: Der Lead-Makler-Auftrag

156 Eine zeitgemäße, bislang aber weder in der Ausbildung noch in der Literatur ausreichend gewürdigte Alternative zu den vorgenannten Auftragsformen stellt der sog. **Lead-Makler-Auftrag** dar. Das Hauptmerkmal dieser besonderen Vereinbarung ist, dass der Vermieter mit dem Lead-Makler zwar einen spezialisierten Berater mit der Vermarktung seiner Immobilie beauftragt hat, aber dennoch selber aktiv sein kann und vor allem auch weitere Makler neben dem Lead-Makler – von diesem koordiniert – tätig werden können. So kann der Vermieter sichergehen, dass **der gesamte Markt der Flächengesuche gescannt** wird, obwohl er die Beauftragung nur einem zentralen Ansprechpartner übergeben hat. Aufgrund dieser Vorteile ist dieser **Vertragstyp als besonders zukunftsfähig** zu bewerten und stellt derzeit ein sehr attraktives Vertragsverhältnis aus Sicht des Vermieters dar.

a) Grundsätze

157 So wie der qualifizierte Alleinauftrag enthält auch der Lead-Makler-Auftrag die typischen Dienstleistungen einer Beauftragung[82] wie z.B. die gezielte Interessentenansprache, Top-Listing-Darstellungen der Flächenvakanz in den einschlägigen Internetportalen, Objektbesichtigungen mit den Mietinteressenten, persönliche Präsentationen, eine zu vereinbarende Berichterstattung über die erfolgten Aktivitäten etc. Allerdings – und das ist anders – beinhaltet der Lead-Makler-Vertrag auch die **Koordination der** am Markt relevanten **weiteren Maklerhäuser (Drittmakler).** Obgleich der Auftraggeber mehrere Makler beauftragen kann, hat er mit dem Lead-Makler einen alleinigen zentralen Ansprechpartner, der sich um alle Handlungen der Vermarktung sorgt und ihm gegenüber auch die Verantwortung hierfür trägt.

158 Auch die **Vergütung** beim Lead-Makler-Vertrag erfolgt nach dem **Erfolgsprinzip.** Im Erfolgsfall verdient derjenige Makler, der den Mietinteressenten bringt, die Hauptprovision. Der Lead-Makler – sollte er selbst nicht derjenige sein – erhält für seine Tätigkeit neben dem Ersatz von Aufwendungen entsprechend der Vereinbarung (nur) eine sog. **Handling-Fee.**

159 Die zur Aushändigung vorgesehenen Objektinformationen werden vom Lead-Makler zuvor sorgfältig abgestimmt und in ihrer Informationstiefe festgelegt – denn nichts wäre für das Mietobjekt schädlicher, als dass es im Markt in unterschiedlicher Form angeboten würde.

160 Die **hohen Anforderungen** an die Tätigkeitspflicht des Lead-Maklers gleichen denen eines qualifizierten Alleinmaklerauftrags. Der Lead-Makler führt entsprechend des vereinbarten Vermarktungsplans alle Besichtigungen selbst durch und gewährleistet so deren zuvor vereinbarte – **gleichbleibend hohe – Qualität.** Er do-

82 Siehe Tabelle 5 unter Rn 160.

kumentiert seine Aktivitäten und übernimmt die tatsächliche Führung der Vermarktung. Er steht im direkten, laufenden Austausch mit dem Vermieter und zeigt ihm frühzeitig an, wenn Änderungen oder Ergänzungen des gemeinsam festgelegten Konzeptes erforderlich werden sollten, um das Vermarktungsziel umzusetzen.

Tabelle 5: Die Dienstleistungen des Lead-Makler-Vertrags

Die Vermarktung: **Strategisches Anbieten der Flächenvakanz**	**Die Berichterstattung:** **Laufende Information an den Vermieter**
Erstellung des Exposés inklusive Darstellung der Flächenangaben, Ausstattungsdetails, Mietpreisangabe, Bezugstermin, Provisionsregelungen etc. Vorhaltung von weitergehendem Bildmaterial, Grundrissen	Vertragliche Vereinbarungen über: Art (per E-Mail, Telefon, Fax...), Umfang und Form der Berichterstattung Zeitliche Regelmäßigkeit des Informationsaustausches
Vermarktungsplan: Marketing-Auftakt und Ablaufplan Regelungen zur Informationsgabe (Detailtiefe über Grundrissqualitäten, pdf- vs. dwg-Dateien etc.) Regelungen zu Vertragsbesprechungen (Inhalte, Beteiligte, Ort)	Inhalte der Berichterstattung: Aktive Vermarktungsansätze Kontakte zu Interessenten, herausgegebene Unterlagen Termine von Besichtigungen, Präsentationen
Einbindung von Drittmaklern: Ansprache und vertragliche Einbindung durch den Lead-Makler	Einbindung in konkrete Verhandlung: Vorbereitung von Entscheidungsvorlagen durch den Lead-Makler und aktives Führen der Verhandlung

Fazit: Der Lead-Makler übernimmt regelungsgemäß alle erforderlichen Leistungen 161 für den Vermieter. Als alleiniger Ansprechpartner vertritt er ihn bezüglich der Flächenvakanz nach außen, nach innen ist er der vollumfänglich informierte Berater, sodass der Vermieter selbst erst bei konkreten Vertragsverhandlungen in die Gespräche eintreten muss. Der Lead-Makler sorgt für stets gleichhohe Qualität der Vermarktung, aber auch für die notwendige Individualität und Flexibilität im besonderen Fall. Er ist in der gewerbemietrechtlichen Praxis insbesondere dann zu empfehlen, wenn der Auftraggeber seine Immobilie nicht einfach in den Markt geben möchte, sondern eine **gezielte und aktive Vermarktung** der Flächenvakanz wünscht. Dies gilt sowohl für Liegenschaften in der Projektierung als auch für Bestandsobjekte etwa in einem speziellen Stadium ihres Lebenszyklus, z.B. eine Phase mit auslaufenden Mietverträgen oder vor größeren Instandhaltungen/Sanierungen.

b) Zum Umgang mit Drittmaklern

162 Drittmakler werden über die Flächenvakanz und die Honorierung durch ein vom Lead-Makler entworfenes und vom Auftraggeber eventuell im Einzelfall gesondert genehmigtes Schreiben informiert. Da die **Koordination der Vermarktung** dem Lead-Makler obliegt, steuert dieser auch die Besichtigungen und die Folgebesprechungen mit Mietinteressenten von Drittmaklern. Nur durch diese Vorgehensweise können z.B. **Doppelhonorierungsansprüche zuungunsten des Vermieters** vermieden werden.

! **Praxistipp**

Vereinbaren Sie so häufig wie möglich den sog. **Lead-Makler-Vertrag**. So stellen Sie sicher, dass der gesamte Markt gescannt wird, damit Sie als Auftraggeber in kurzer Zeit das beste Ergebnis erhalten: den guten Mieter. Diese Art der Maklerbeauftragung hat sich in der Praxis als **das eigentümerfreundlichste Auftragsverhältnis** bewährt, weil die Vermarktung einer Liegenschaft nicht nur in die Hand einer Immobilienberatung gegeben, sondern vielmehr die Möglichkeit offengehalten wird, mehrere Makler gleichzeitig für sich tätig sein zu lassen – aber mit dem besonderen Vorteil, dabei einen zentralen Ansprechpartner zu haben. Der Lead-Makler bündelt für den Auftraggeber sämtliche Vertriebszweige und ist für den Vermieter in allen Belangen greifbar und steht ihm unterstützend zur Seite.

---

c) Exkurs: Tischregel á la Berlin, Düsseldorf oder Buxtehude?

163 Damit dem Vorkenntniseinwand grundsätzlich wirksam entgegengetreten werden kann, ohne einen Alleinauftrag vergeben zu müssen, soll sich in Berlin die **sog. Berliner Tischregel** herausgebildet haben.[83] Sie hat folgenden Inhalt: Im Vorfeld einer Besichtigung sendet der Makler dem Eigentümer bzw. Vermieter den Namen eines potenziellen Mietinteressenten zu und ersucht ihn um **Kundenschutz**. Hierdurch wird ggf. bestätigt, dass der entsprechende Interessent noch nicht als Bewerber mit übereinstimmendem Anmietungsinteresse bekannt ist und auch noch nicht durch einen anderen Makler vorgestellt wurde – also **keine Vorkenntnis** besteht. Wird also der Kundenschutz erteilt, bemüht der Makler sich, den Interessenten mit dem Auftraggeber an den Tisch zu bringen. Wird hingegen der Kundenschutz nicht erteilt, ist dem Makler damit bekanntgegeben worden, dass er sich um den betreffenden Mietinteressenten für dieses Gebäude nicht mehr bemühen muss.

164 Ob diese Regelung nun in Berlin oder andernorts entstand, mag dahin stehen. Im **Rahmen des Lead-Makler-Auftrages ist diese Ausprägung der Tischregel nicht sinnvoll** und ihre generelle Nutzung verbietet sich bereits aus folgender Logik: Die Gewährung von vorab – also **vor erfolgter Objektbesichtigung** – erklärtem Kundenschutz birgt die Gefahr, dass der den Interessentennamen nennende Makler gar

---

83 *Dittert*, GM 3/2011, Beilage RDM-Kompakt.

nicht „am Nutzer dran ist" und ihn somit nicht zur Besichtigung führen kann – mit der ungünstigen Folge für den Eigentümer/Vermieter, dass durch den erteilten Kundenschutz derjenige Makler, der diesen Mietinteressenten z.B. aufgrund einer weltweit bestehenden Kooperation tatsächlich zur Besichtigung bringen könnte, nicht zum Zuge kommen kann, da der Vermieter ihn **durch den bereits erklärten Kundenschutz gesperrt hat.** Eine solche Situation sollte vermieden werden.

Geeigneter erscheint eine andere Verhaltensregel, nachfolgend der Einfachheit 165
halber als sog. **Düsseldorfer Tischregel** bezeichnet. Die Düsseldorfer Tischregel geht davon aus, dass für einen Vertragsabschluss zuvor ein Besichtigungs-, Besprechungs- oder Präsentationstermin notwendig ist, wofür der Makler den Eigentümer/Vermieter bzw. den Lead-Makler kontaktiert. Hierbei ist er frei, den Namen des Interessenten zu nennen oder ihn – so ist es zumeist üblich – zunächst nur näher zu beschreiben. Der Lead-Makler wird dem anfragenden Makler den angefragten Termin grundsätzlich ermöglichen, sofern er nicht schon aus diesen Angaben heraus einen Nutzer erkennt, dem das Mietobjekt bereits vorgestellt worden ist. Spätestens **vor Ort wird vor Einlass in das Gebäude festgestellt**, um welchen Mietinteressenten es sich namentlich handelt – **Kundenschutz** bereits zum Zeitpunkt der bloßen Terminvereinbarung wird bei dieser Tischregel daher nicht erteilt, sondern **erst bei bzw. nach der tatsächlichen Besichtigung.**

Praxistipp !
Eigentümer bzw. Vermieter sollten ihre Vermietungsmanager für die unterschiedlichen Inhalte von „Tischregelungen" sensibilisieren. An solchen Vorgehensweisen, wie dem vorgenannten „Versperren" von Nutzern durch falsch ausgeübte Tischregeln, sollte eine Besichtigung – die zumeist erste und besonders entscheidende Chance zu einem Mietvertrag – jedenfalls nicht scheitern!

d) Pflichten der Vertragsparteien

Der **Auftraggeber** des Lead-Maklers ist grundsätzlich verpflichtet, den Auftrag mit 166
der **Sorgfalt eines ordentlichen Kaufmanns** zu begleiten und ihn fachgerecht, nachhaltig und unter Ausnutzung aller sich bietenden Abschlussgelegenheiten zu unterstützen. Dies bedeutet insbesondere auch, dass er dem Lead-Makler für Interessenten während der Vermarktungszeit dauerhaft Möglichkeiten zur Besichtigung der Flächenvakanz eröffnet. Dies spielt in der Praxis dann eine bedeutende Rolle, wenn der **Zugang in die Büroimmobilie** für den Lead-Makler tatsächlich nur über einen Hausmeister oder Wachdienst möglich ist, dieser aber die avisierte Besichtigung – z.B. aus Zeitmangel – nicht gewährleistet und der Mietinteressent daraufhin Abstand von der Besichtigung dieser Liegenschaft nimmt. Des Weiteren bedeutet dies auch, dass der Auftraggeber **alle notwendigen Sachinformationen** z.B. über das Gebäude verfügbar macht und je nach Vereinbarung z.B. Grundrissplanungen vornimmt, **vor allem aber zeitnah aussagekräftige Mietangebote** erstellt und dem Lead-Makler zur Verfügung stellt.

Praxistipp
Eine Vermarktung kann nur dann erfolgreich sein, wenn sowohl der Auftraggeber als auch der Auftragnehmer in einem professionellen Zusammenspiel den Mietinteressenten mit allen notwendigen Informationen und Services versorgt. Häufig entscheidet die Schnelligkeit: Es wird zumeist nur derjenige zum Vermieter, der unverzüglich wichtige Unterlagen wie z.B. Grundrissplanungen zur Verfügung stellen und konkrete Angebote rasch unterbreiten kann.

167 Auch der **Lead-Makler** verpflichtet sich, die Beauftragung mit der **Sorgfalt eines ordentlichen Kaufmanns** wahrzunehmen und sie fachgerecht, nachhaltig und unter Ausnutzung aller sich bietenden Abschlussgelegenheiten auszuführen. Er ist grundsätzlich verpflichtet, sich intensiv und unter Einsatz von Marketing- und Werbeaktivitäten um die Vermietung der Flächenvakanz zu bemühen und in diesem Rahmen seine Leistungen zu erbringen.

168 Er ist im Regelfall nicht autorisiert, Mietverträge im Namen des Auftraggebers abzuschließen. Insoweit kann sich der Auftraggeber sogar das Recht vorbehalten, vom Auftragnehmer vorbereitete Vermietungsvorschläge jederzeit und gleich aus welchem Grund abzulehnen. Somit gilt auch im Rahmen des Lead-Makler-Auftrages das **typische Erfolgsprinzip der Maklertätigkeit.** Aufgefangen wird eine mögliche – durch den Auftraggeber erteilte – Versagung des Vertragsabschlusses durch zuvor vertraglich festgelegte Aufwendungshonorare, die vorstehend bereits erwähnte sog. **Handling-Fee** oder hier die sog. **Abortive-Fee.**

3. Laufzeit des Maklervertrags

169 Die Laufzeit eines Maklervertrages ist **gesetzlich nicht geregelt.** Der einfache Maklervertrag wird daher zumeist unbefristet abgeschlossen. Ein Alleinauftrag ist hingegen wegen der zuvor dargestellten Bindung – also der Hinzuziehungs- oder Verweisungsklauseln – befristet. Auch der Lead-Makler-Vertrag sollte in zeitlicher Hinsicht befristet sein und endet daher durch Zeitablauf oder, im Erfolgsfall, bereits vorher durch den Abschluss des Mietvertrages.

C. „Letter of Intent“

I. Bedeutung für die Praxis

170 Der „Letter of Intent“ (oder auch „Heads of Terms“, „Heads of Agreement“, „Memorandum of Understanding“, „Instructions to Proceed“, „Gentleman's Agreement“) ist ein aus dem anglo-amerikanischen Rechtsraum stammendes **Rechtsinstitut eigener Art** und dient dazu, Vertragsverhandlungen zu strukturieren und die bereits getroffenen wesentlichen Verhandlungsergebnisse als Grundlage für den beabsichtigen Vertragsschluss festzuhalten. Häufig verlangt eine Partei den Abschluss eines

„Letter of Intent“ als Zeichen der **Ernsthaftigkeit** des Interesses des Verhandlungspartners, bevor viel Zeit, Kosten und Mühen in die Vertragsverhandlungen investiert werden. Im „Letter of Intent“ halten die Parteien ihr gemeinsames Grundverständnis von aus ihrer Sicht wesentlichen Eckpunkten des späteren Vertrages fest, die die **Grundlage der Vertragsverhandlungen** darstellen sollen. Da der „Letter of Intent“ im deutschen Recht nicht ausdrücklich vorgesehen ist, wird an diesen nicht per se eine bestimmte Rechtsfolge geknüpft. Vielmehr ist jeweils durch Auslegung im Einzelfall zu bestimmen, welche rechtliche Bedeutung, insbesondere ob und, wenn ja, welche Bindungswirkung die Parteien dem „Letter of Intent“ beimessen wollen. In jedem Fall kommt dem schriftlich fixierten „Letter of Intent“ erhebliche **Beweisfunktion** für die spätere Auslegung des Mietvertrages zu. Die Formulierungen sollten daher sorgfältig gewählt werden.

II. Abschluss

1. Form

Der Abschluss eines „Letter of Intent“ erfordert **keine bestimmte Form**. Wenn je- 171
doch bereits getroffene wesentliche Verhandlungsergebnisse als Grundlage für weitere Verhandlungen festgehalten werden sollen, bietet es sich – insbesondere zu Beweiszwecken – an, diese schriftlich zu fixieren und von beiden Verhandlungspartnern unterzeichnen zu lassen.

2. Inhalt

Es steht den **Verhandlungspartnern** frei, was sie in dem „Letter of Intent“ festhal- 172
ten wollen. In der Regel werden Vereinbarungen zu wesentlichen Grundlagen für die Vertragsverhandlungen, insbesondere zu den wirtschaftlich wesentlichen **Rahmenbedingungen** des späteren Mietverhältnisses getroffen. Es können aber auch konkrete Regelungen des künftigen Mietvertrages festgehalten werden, auf die sich die Verhandlungspartner bereits geeinigt haben (z.B. beabsichtigter Quadratmeterpreis der Miete, Vertragslaufzeit, Kündigungsrechte etc.). Zudem sind die Verhandlungspartner häufig rechtlich nicht identisch mit den **Vertragsparteien** des künftigen Mietvertrages. So ist es nicht unüblich, dass auf Mieterseite eine eigens hierzu gegründete **Objektgesellschaft** den Mietvertrag abschließen soll. Für den Vermieter ist in diesem Fall von besonderem Interesse, wie er seine mietvertraglichen Ansprüche in wirtschaftlicher Hinsicht absichern kann (z.B. durch eine harte **Patronatserklärung**[84] der Muttergesellschaft des späteren Mieters). Auch hierzu können bereits

84 Die harte Patronatserklärung gewährt dem Adressaten grundsätzlich einen rechtsgeschäftlichen Anspruch gegen den Erklärenden, den eine entsprechende rechtsgeschäftliche Einstandspflicht

im „Letter of Intent“ Regelungen getroffen werden. Des Weiteren wird im Rahmen eines „Letter of Intent“ üblicherweise für einen bestimmten Zeitraum **Exklusivität** vereinbart, in dem sich der Vermieter verpflichtet, ausschließlich mit dem Verhandlungspartner über den Abschluss des Mietvertrages zu verhandeln und nicht parallel Angebote von Dritten einzuholen. Abschließend wird häufig vereinbart, welche Regelungen des „Letter of Intent“ bereits für die Parteien verbindlich sein sollen und bei welchen Regelungen es sich um bloße, noch unverbindliche Hinweise oder Ankündigungen der Parteien handelt. Die **Verbindlichkeit** bestimmter Regelungen kann zudem mit einer **Vertragsstrafe** als pauschalierter Schadensersatz unterstrichen werden, etwa für den Fall, dass ein Verhandlungspartner verbindliche Regelungen nicht beachtet oder die Verhandlungen abbricht, ohne dass der andere Vertragspartner dazu Anlass gegeben hat.[85]

173 Üblicherweise ist ein „Letter of Intent“ daher wie folgt strukturiert:
- Verhandlungspartner und Parteien des künftigen Mietvertrages,
- Mietobjekt und Höhe der Miete,
- Exklusivitätsvereinbarung (Festlegung des Zeitraums, für den sich der Vermieter verpflichtet, nicht mit Dritten zu verhandeln),
- Vertraulichkeitsvereinbarung,
- ggf. Vertragsstrafe als pauschalierter Schadensersatz,
- ggf. Vereinbarung, welche Regelungen für die Parteien bereits verbindlich sein sollen.

3. Rechtsfolgen

174 Anders als der Miet-Vorvertrag,[86] der einen Anspruch auf Abschluss des Mietvertrages gewährt, begründet der „Letter of Intent“ grundsätzlich keine eigenen Anspruchsgrundlagen, es sei denn, dies wird – ggf. auch nur hinsichtlich einzelner Regelungen – von den Parteien ausdrücklich vereinbart. Fehlt eine solche ausdrückliche Vereinbarung, bedarf es einer **Auslegung im Einzelfall**, ob und inwieweit die Parteien der jeweiligen Regelung **Rechtsverbindlichkeit** beimessen wollten. Gegen einen **Rechtsbindungswillen** sprechen Formulierungen, die über eine bloße **Absichtserklärung**[87] nicht hinausgehen. Für einen Rechtsbindungswillen spricht die Regelung konkreter **Verpflichtungen** wie z.B. die Vereinbarung der Vertraulichkeit, die Vereinbarung einer Exklusivitätsfrist, sowie die Verpflichtung zur Zahlung einer Vertragsstrafe im Falle des **Abbruchs der Vertragsverhandlungen**

---

gegenüber dem Adressaten trifft. Demgegenüber stellt eine weiche Patronatserklärung grundsätzlich nur eine unverbindliche Erklärung guten Willens dar.

85 Siehe zur Verbindlichkeit eines „Letter of Intent“ auch unter Rn 174 ff.

86 Siehe Rn 176 ff.

87 Lindner-Figura/Oprée/Stellmann/*Stellmann*, Kap. 3 Rn 38.

ohne ausreichenden Grund oder des Verstoßes gegen bestimmte, bereits für verbindlich erklärte Regelungen des „Letter of Intent". Da im „Letter of Intent" auch schon Bestimmungen des künftigen Mietvertrages verbindlich festgelegt werden können, wie z.B. die vertragliche Mindestfestlaufzeit und die zu zahlende Miete, ist der Übergang vom bloßen „Letter of Intent" zum verbindlichen Miet-Vorvertrag fließend.

In jedem Fall ergibt sich aus einem „Letter of Intent" die **Pflicht zu fairen Vertragsverhandlungen**. Eine Verletzung dieser Pflicht kann zu einem Schadensersatzanspruch aus Verschulden bei Vertragsverhandlungen führen (§§ 311 Abs. 2, 241 Abs. 2 BGB; **culpa in contrahendo**),[88] der zur Erstattung des dem anderen Verhandlungspartner entstandenen **Vertrauensschadens** verpflichtet. Dazu gehören etwa die Rechtsberatungskosten, Verwaltungsaufwand, Reisekosten etc. 175

Praxistipp !

Um sich nicht dem Risiko einer nicht gewollten Auslegung (letztendlich durch das mit dem Fall befasste Gericht) auszusetzen, sollten die Verhandlungspartner die Formulierungen des „Letter of Intent" sorgfältig wählen und ausdrücklich festlegen, welche Bestimmungen verbindlich sind und an welche Bestimmungen demgegenüber keine Rechtsfolgen geknüpft werden sollen.

Formulierungsmuster

„Mit Ausnahme der Regelungen in Ziffer XX–XX, deren Verletzung Schadensersatzpflichten auslöst, sind die Regelungen dieses Letter of Intent nicht verbindlich und enthalten insbesondere kein bindendes Mietangebot oder ein bindendes Vermietungsangebot."

D. Vorvertrag

I. Bedeutung für die Praxis

Der Abschluss eines Miet-Vorvertrages ist dann sinnvoll, wenn dem Abschluss des eigentlichen Mietvertrages noch rechtliche oder tatsächliche **Hindernisse** entgegenstehen, der Vermieter jedoch bereits jetzt **Rechtssicherheit** dahingehend benötigt, dass der Mietvertrag über ein bestimmtes Mietobjekt mit einem bestimmten Mieter auch tatsächlich zustande kommt oder er anderenfalls einen **einklagbaren Anspruch** auf **Vertragserfüllung**, d.h. auf Abschluss des Mietvertrages erwirbt. In erster Linie bietet sich der Miet-Vorvertrag daher an, wenn der Vermieter vor Abschluss des Mietvertrages bereits umfassende **Investitionen** tätigen muss (z.B. Neubau, Sanierung oder mieterspezifischer Umbau des Objekts) oder er sich bereits 176

88 *Lindner-Figura*, NZM 2000, 1193, 1195.

zu einem Zeitpunkt für einen von mehreren Mietinteressenten entscheiden muss, zu dem der Mietvertrag noch nicht unterschriftsreif ausverhandelt ist, obwohl z.B. Mietfläche, Mietdauer und Miethöhe bereits feststehen, weil etwa noch keine Einigung über die Regelungen zur Instandhaltung- und -setzung oder zu Mietereinbauten erzielt werden konnte.

II. Abschluss

1. Form

177 Der Vorvertrag ist nicht gesetzlich geregelt. Der Abschluss des Miet-Vorvertrages ist daher grundsätzlich **formfrei** möglich, und zwar auch dann, wenn sich die Parteien zum Abschluss eines Mietvertrages mit einer Laufzeit von mehr als einem Jahr verpflichten. Die für den Mietvertrag dann geltenden **Formvorschriften** des § 550 BGB finden nach ständiger Rechtsprechung auf den Miet-Vorvertrag keine Anwendung.[89] Dies ist zutreffend, denn Rechtsfolge eines Verstoßes gegen die Schriftform des § 550 BGB ist nicht die Unwirksamkeit des Mietvertrages. Vielmehr entfällt nur die **Bindungswirkung** und der Mietvertrag kann trotz vereinbarter Festlaufzeit vorzeitig mit gesetzlicher Frist gekündigt werden. Für ein solches **Kündigungsrecht** besteht beim Miet-Vorvertrag jedoch keine Notwendigkeit. Insbesondere bedarf es nicht des Schutzes des (von den Mietparteien unabhängigen) **Grundstückserwerbers**, da der Miet-Vorvertrag – anders als der Mietvertrag – nicht automatisch auf einen Erwerber nach § 566 BGB übergeht.[90]

178 Wird allerdings der Miet-Vorvertrag zusammen mit einem **Grundstückskaufvertrag** geschlossen und ist er maßgeblich für die **Kaufentscheidung** gewesen, ist das **Gesamtgeschäft** zu beurkunden (also Grundstückskaufvertrag und Miet-Vorvertrag). Ein ohne Beachtung der **Beurkundungsform** abgeschlossener Miet-Vorvertrag hätte die Ungültigkeit des gesamten Rechtsgeschäfts zur Folge, auch wenn der Grundstückskaufvertrag selbst wirksam beurkundet worden wäre (§ 311b Abs. 1 S. 1 BGB). Das gesamte Vertragswerk würde dann erst mit Eintragung des **Eigentumsübergangs** an dem Grundstück in das Grundbuch wirksam werden (§ 311b Abs. 1 S. 2 BGB).

179 Der Abschluss des Miet-Vorvertrages ist grundsätzlich auch durch **schlüssiges Verhalten** oder etwa als schriftliche Nebenabrede (z.B. als Zweizeiler per E-Mail) möglich. Maßgeblich für das Zustandekommen des Miet-Vorvertrages ist allein, dass

89 BGH, Urt. v. 7.3.2007 – XII ZR 40/05 –.

90 Zum Schriftformerfordernis des § 550 BGB siehe Kap. 2 Rn 378 ff. sowie Kap. 3 Rn 24 ff.; zum Übergang des Mietvertrages auf einen Erwerber siehe Kap. 2 Rn 144 ff.

sich beide Parteien verpflichten möchten, künftig einen Mietvertrag abzuschließen (**Rechtsbindungswille**).[91]

Von dem Abschluss eines bloß mündlichen oder nur unvollständig schriftlich fixierten Miet-Vorvertrages ist insbesondere aus Sicht des Vermieters, der einen einklagbaren Anspruch auf Abschluss des Mietvertrages erhalten möchte, dringend abzuraten, da es im Regelfall an einer überzeugenden **Beweisführung** fehlen wird. Zur hinreichenden Begründung der Klage des Vermieters gegen den (ehemaligen) Mietinteressenten auf Abschluss des Mietvertrages verlangt die höchstrichterliche Rechtsprechung die substanziierte Darlegung des Sachverhalts, anhand dessen sich der **Rechtsbindungswille** des Mieters ermitteln lässt.[92] Allgemeine Ausführungen zu den **Vertragsverhandlungen** reichen nicht aus, wenn der Mieter seinen Rechtsbindungswillen bestreitet. Hierbei kann sich der Mieter auf die für ihn günstige **Gesetzeslage** stützen. Denn nach § 154 BGB ist im Zweifel ein Vertrag nicht geschlossen, solange sich die Parteien nicht über die für sie wesentlichen Punkte geeinigt haben.[93] Der Miet-Vorvertrag ist daher vom gesetzlichen Verständnis her eine Ausnahme, die der Vermieter bei Fehlen aussagekräftiger Dokumente nur schwer wird nachweisen können. 180

Praxistipp !

Der Miet-Vorvertrag sollte in einem schriftlichen Dokument, welches von beiden Parteien unterzeichnet wird, festgehalten und – z.B. in Abgrenzung zum „Letter of Intent" – ausdrücklich als Miet-Vorvertrag bezeichnet werden, um den Rechtsbindungswillen der Parteien zum Ausdruck zu bringen.

2. Inhalt

Der Miet-Vorvertrag regelt die **Verpflichtung,** künftig einen Mietvertrag abzuschließen.[94] In Abgrenzung zum eigentlichen Mietvertrag muss der Miet-Vorvertrag nicht schon sämtliche Regelungen des Mietvertrages wiedergeben. Im Hinblick darauf, dass grundsätzlich beide Parteien durch den Miet-Vorvertrag einen gerichtlich durchsetzbaren Anspruch auf Abschluss des Mietvertrages zu den im Miet-Vorvertrag vereinbarten Konditionen haben wollen oder sollen, müssen jedoch mindestens die wesentlichen mietvertraglichen Bestimmungen (**essentialia negotii**) so festgelegt werden, dass der Inhalt des künftig abzuschließenden Mietvertrages bestimm- 181

91 So der BGH mit Urt. v. 17.12.1987 – VII ZR 307/86 – zu Vorverträgen im Allgemeinen. In dem diesbezüglichen Rechtsstreit hatte der BGH über die Bindungswirkung eines Architekten-Vorvertrages zu entscheiden.

92 BGH, Urt. v. 26.3.1980 – VIII ZR 150/79 –.

93 Palandt/*Ellenberger*, § 154 Rn 1.

94 Zur Klage auf Annahme eines Angebots aufgrund eines Vorvertrages siehe BGH, Urt. v. 18.4.1986 – V ZR 32/85 –.

bar ist.[95] Die gewünschten mietvertraglichen Bestimmungen müssen dabei nicht im Detail ausformuliert sein, so wie sie später im Mietvertrag aufgenommen werden sollen. Vielmehr reicht eine hinreichende **Bestimmbarkeit** aus. Das heißt, dass im Streitfall – notfalls im Wege der ergänzenden Vertragsauslegung – der Inhalt der gewollten Regelung **ermittelbar** sein muss. Fehlt diese Bestimmbarkeit der wesentlichen Bestimmungen, liegt kein verbindlicher Miet-Vorvertrag vor, eine unverbindliche oder nur zum Teil verbindliche Vereinbarung oder Festlegung, die rechtlich etwa als „Letter of Intent"[96] einzuordnen sein könnte.[97]

182 Essentialia negotii, die als **Mindestvoraussetzung** für die Annahme eines Miet-Vorvertrages bestimmbar sein müssen, sind die Folgenden:

a) Vertragspartner

183 Es muss, wie bei jedem anderen Vertrag auch, klar sein, wer **Vertragspartei** des Miet-Vorvertrages ist und gegen wen sich der Anspruch auf Abschluss eines Mietvertrages richtet. Vertragspartei des Miet-Vorvertrages ist daher regelmäßig auch Vertragspartei des noch abzuschließenden Mietvertrages. Fallen die aus dem Miet-Vorvertrag verpflichtete Partei und diejenige des abzuschließenden Mietvertrages auseinander – etwa die mietinteressierte **Konzernmutter** verpflichtet sich, gegenüber dem Vermieter durch eine noch zu gründende **Objektgesellschaft** zu bestimmten Konditionen einen Mietvertrag über ein bestimmtes Objekt abzuschließen –, handelt es sich im Hinblick auf die künftige Mietvertragspartei um einen unwirksamen **Vertrag zulasten Dritter**. Gegen die noch zu gründende Objektgesellschaft hat der Vermieter nach ihrer Gründung daher keinen durchsetzbaren Anspruch auf Abschluss des Mietvertrages, es sei denn, diese genehmigt den Miet-Vorvertrag nach ihrer Gründung und erkennt damit dessen Rechtsverbindlichkeit auch gegen sich selbst an. Der ggf. als Miet-Vorvertrag bezeichnete Vertrag dürfte in diesem Fall rechtlich daher eher als **Rahmenvertrag** einzuordnen sein, der die Konzernmutter zur Beschaffung eines Mieters verpflichtet und sie im Falle des Nichtabschluss des Mietvertrages zum Schadensersatz verpflichten kann.

b) Mietobjekt

184 Bei Bestandsobjekten ist die bestimmbare Festlegung des Mietobjekts unproblematisch. Dies kann neben textlichen Beschreibungen etwa durch Bezugnahme auf einen (farbig markierten) Grundriss in der Anlage zum Miet-Vorvertrag präzisiert werden. Ausreichend ist aber z.B. auch die Regelung, dass die „gesamte Fläche im

95 BGH, Urt. v. 21.10.1992 – XII ZR 173/90 –.
96 Zu der Rechtsbindungswirkung eines „Letter of Intent" siehe Rn 174 f.
97 Siehe hierzu Rn 170 ff.

Erdgeschoss des Objekts sowie anteilige Stellplätze" vermietet werden sollen. Bei noch zu errichtenden oder umfangreich zu sanierenden und/oder umzubauenden Objekten kann die **Bestimmung des Mietobjekts** Schwierigkeiten bereiten.

Insofern kann z.B. auf die Planungszeichnungen und/oder Baubeschreibung des Architekten Bezug genommen werden oder die konkrete Bestimmung des Mietobjekts einer Partei überlassen werden (z.B. unter Angabe der vereinbarten Circa-Quadratmeter-Mietfläche). Ist die künftige Mietfläche nicht bestimmbar, fehlt es an einem verbindlichen Miet-Vorvertrag. 185

c) Vertragslaufzeit

Die Vertragslaufzeit ist im Gewerberaummietrecht von herausragender Bedeutung, denn anders als im Wohnraummietrecht kann der Vermieter von Gewerberaum im Falle eines unbefristeten Mietverhältnisses jederzeit ohne Angabe von Gründen mit gesetzlicher Frist (etwa sechs Monate, vgl. § 580a Abs. 2 BGB)[98] kündigen. Für den Mieter ist es daher in der Regel von erheblichem Interesse, den Vermieter für eine bestimmte Zeit fest zu binden. Im Gegenzug ist auch der Vermieter daran interessiert, den Mieter für eine bestimmte **Festmietlaufzeit** an sich zu binden, da sich für den Vermieter z.B. etwaige mieterspezifische Investitionen nur über den vereinbarten Zeitraum vereinnahmte Miete amortisieren lassen. Auch kann die Indexierung der Miete (z.B. durch Anbindung an den Verbraucherpreisindex für Deutschland) grundsätzlich nur wirksam bei Langzeitmietverträgen (ab zehn Jahren) vereinbart werden.[99] Die Vereinbarung einer bestimmten Festmietlaufzeit stellt im Gewerberaummietrecht daher den **Regelfall** dar. Fehlt hierzu eine konkrete Regelung, bleibt kein Raum für eine Bestimmung der gewünschten Vertragslaufzeit durch vertragliche Auslegung. Vielmehr gewährt der Miet-Vorvertrag in diesem Fall (nur) einen Anspruch auf einen **unbefristeten Mietvertrag** oder – wenn erkennbar ist, dass die Parteien nur einen Mietvertrag mit Festmietlaufzeit abschließen wollen – es fehlt mangels entsprechender Vereinbarung an einem verbindlichen Miet-Vorvertrag. 186

d) Miete

Nach der Rechtsprechung des **BGH** ist es ausreichend, wenn der Miet-Vorvertrag eindeutig erkennen lässt, dass eine **entgeltliche Gebrauchsüberlassung** gewollt ist. Eine Festlegung der Miethöhe ist darüber hinaus nicht erforderlich. Vielmehr soll bei Fehlen einer diesbezüglichen Regelung eine Miete als vereinbart gelten, die 187

98 Gemäß § 580a Abs. 2 BGB ist bei Mietverträgen über Geschäftsräume die ordentliche Kündigung spätestens am dritten Werktag eines Kalendervierteljahres zum Ablauf des nächsten Kalendervierteljahres zulässig.

99 Zur Indexierung der Miete siehe Kap. 5 Rn 28 ff.

üblich oder **angemessen** ist.[100] Auch wenn diese Vorgehensweise zu Recht in der **Literatur** abgelehnt wird, da es nicht Aufgabe der Gerichte sei, anstelle der Parteien Preise festzulegen und gerade im gewerblichen Bereich häufig anzutreffenden großflächigen Mietobjekten bereits geringe Abweichungen im Quadratmeterpreis erhebliche Auswirkungen für eine Vertragspartei haben können,[101] so ist die vorgenannte Rechtsprechung des BGH in diesem Punkt doch eindeutig.

! **Praxistipp**
Um nicht das Risiko einer ungewollt zu niedrigen Miete einzugehen, sollte in jedem Fall die konkrete Miethöhe festgelegt werden. Ist dies noch nicht möglich, sollte man sich auf eine Kalkulationsgrundlage verständigen, etwa den Quadratmeterpreis oder die auf die Mietlaufzeit umzulegenden und noch zu bestimmenden Investitionskosten des Vermieters. Alternativ könnte die Festlegung der Miethöhe in Anlehnung an die ortsübliche Miete durch einen Dritten, etwa die örtlich zuständige IHK, vereinbart werden. Ist auch dies nicht möglich, sollte ausdrücklich geregelt werden, dass die konkrete Miethöhe noch unter dem Vorbehalt der Einigung steht und welche Folgen eintreten, wenn sich die Parteien bis zu einem bestimmten Zeitpunkt nicht über die Miethöhe geeinigt haben.

---

e) Einzelfallspezifische Besonderheiten

188 Darüber hinaus hat häufig der Vermieter ein besonders Interesse daran, einzelfallspezifische Besonderheiten bereits im Miet-Vorvertrag so detailliert wie möglich zu regeln. Denn soweit nicht anders vorvertraglich vereinbart, besteht nur ein Anspruch auf Abschluss eines Mietvertrages zu den **gesetzlichen Bestimmungen** der §§ 535ff. BGB, die eher **mieterfreundlich** ausgestaltet sind. Dies betrifft beispielsweise folgende Bestimmungen:

- der Vermieter trägt die gesamte **Instandhaltungs- und Instandsetzungslast** der Mietsache (§ 535 Abs. 1 S. 2 BGB);
- der Vermieter hat alle auf dem Mietobjekt ruhenden Lasten zu tragen (§ 535 Abs. 1 S. 3 BGB), d.h., dass der Mieter grundsätzlich keine Nebenkosten zu tragen hat; gesetzliches Leitbild ist die **Inklusiv-Miete**, die dem Vermieter das Risiko der wirtschaftlich tragbaren Kalkulation auferlegt;
- der Vermieter hat bei der Geschäftsraummiete ohne ausdrückliche Vereinbarung keinen Anspruch auf eine **Mietsicherheit**, da diese nur für die Wohnraummiete in § 551 BGB gesetzlich vorgesehen ist, der auf die Geschäftsraummiete keine Anwendung findet (vgl. § 578 Abs. 2 BGB).

---

100 BGH, Urt. v. 2.10.1991 – XII ZR 88/90 –.

101 Lindner-Figura/Oprée/Stellmann/*Stellmann*, Kap. 3 Rn 15; *Derleder/Pellegrino*, NZM 1998, 550, 552.

Praxistipp

Der Vermieter sollte darauf achten, dass bereits im Miet-Vorvertrag die wesentlichen mietvertraglichen Bestimmungen, die in Abweichung von den gesetzlichen Bestimmungen der §§ 535 ff. BGB gelten sollen, so detailliert wie möglich geregelt werden. Denn soweit nicht anders vorvertraglich vereinbart, besteht aus dem Miet-Vorvertrag nur ein Anspruch auf Abschluss eines Mietvertrages zu den gesetzlichen Bestimmungen.

3. Rechtsfolgen

Mit Abschluss des Miet-Vorvertrages sind beide Parteien oder – je nach vertraglicher Ausgestaltung auch nur eine Partei – zum **Abschluss** eines Mietvertrages nach den im Vorvertrag festgelegten Konditionen verpflichtet, d.h., sie müssen sich dann ernsthaft um den Abschluss des Mietvertrages bemühen und in **Verhandlungen** eintreten. Dementsprechend sind sie verpflichtet, ein **verbindliches Angebot** auf Abschluss des Mietvertrages abzugeben oder ein den Bestimmungen des Miet-Vorvertrages entsprechendes Angebot anzunehmen oder einen geeigneten und **verbindlichen Gegenvorschlag** zu unterbreiten. Daneben bestehen vertragliche **Nebenpflichten**, insbesondere dahingehend, alles zu unterlassen, was dem Abschluss des Hauptvertrags entgegenstehen könnte. Werden diese Verpflichtungen verletzt, so kann der jeweils andere Vertragsteil **Schadensersatz** verlangen. 189

Angebot und/oder **Gegen-Angebot** müssen nicht notwendig in allen Einzelheiten den Bestimmungen des Miet-Vorvertrages entsprechen. Der Miet-Vorvertrag steht vielmehr unter dem stillschweigenden **Vorbehalt** der gleichbleibenden tatsächlichen Verhältnisse. Etwaige seit dem Abschluss des Miet-Vorvertrages eingetretene Veränderungen sind daher im Wege der **Auslegung** beim Abschluss des Mietvertrages so zu berücksichtigen, wie die Parteien diese berücksichtigt hätten, wenn sie bereits bei Abschluss des Miet-Vorvertrages hiervon Kenntnis gehabt hätten.[102] 190

Die Vereinbarung im Miet-Vorvertrag, dass ein **langfristiges Mietverhältnis** begründet werden soll, unterliegt nicht dem Schriftformerfordernis des § 550 BGB.[103] Eine solche Vereinbarung verpflichtet aber die Parteien zur Mitwirkung am Zustandekommen des dem gesetzlichen **Schriftformerfordernis** genügenden Mietvertrages. Die unberechtigte Kündigung des Vorvertrags bzw. die Weigerung, einen formgerechten Hauptvertrag abzuschließen, wären nach der höchstrichterlichen **Rechtsprechung** zum **Schadensersatz** verpflichtende Verletzungen des Vorvertrags.[104] Ein dennoch unter Verletzung des Schriftformerfordernisses zustande gekommener Mietvertrag berechtigt daher – jedenfalls im Verhältnis der Parteien des Miet-Vorvertrages zueinander – nicht zur ordentlichen Kündigung. Im Falle einer 191

102 BGH, Urt. v. 8.6.1962 – I ZR 6/61 –.

103 Siehe hierzu oben in Rn 177 ff.

104 BGH, Urt. v. 7.3.2007 – XII ZR 40/05 –.

dennoch erfolgten Kündigung stünde der anderen Partei der **Einwand der unzulässigen Rechtsausübung** (§ 242 BGB) zu.

192 Für den Fall, dass sich eine Partei vertragsbrüchig verhält, kann die jeweils andere Partei aus dem Miet-Vorvertrag auf **Abschluss** des Mietvertrages klagen. Im Detail ist die Klage auf die **Ersetzung** der Willenserklärung (**Annahmeerklärung**) des anderen Vertragspartners durch **Urteil** (§ 894 ZPO) gerichtet. Das heißt, der Vermieter muss seinen **Klageantrag** so formulieren, dass dieser das ausformulierte Angebot auf Abschluss eines bestimmten Mietvertrages enthält, welches durch ein bloßes „Ja" des Mieters angenommen werden kann. Der Mieter kann dann als Beklagter nur im Rahmen des vom Miet-Vorvertrag belassenen Spielraums Alternativvorschläge unterbreiten. Die **Vertragsverhandlungen** werden in den **Gerichtssaal** verlegt. Da auf die entsprechende **Leistungsklage** die üblichen prozessrechtlichen Vorschriften der ZPO Anwendung finden, insbesondere das Gericht nicht etwas anderes oder ein Mehr zusprechen kann, als mit der Klage beantragt worden ist, sollten wesentliche Einwendungen des Mieters ggf. in einem **Hilfsantrag** aufgegriffen werden. Denn wenn dieser etwa behauptet, nur zum Abschluss eines Mietvertrages mit kürzerer Mietlaufzeit oder geringerer Miete verpflichtet zu sein und das Gericht ihm recht gibt, wäre die Klage des Vermieters insgesamt abzuweisen, wenn dieser nicht einen geeigneten Hilfsantrag gestellt hat.[105]

193 Bei Vorliegen der übrigen Voraussetzungen kann der Vermieter auch auf **Schadensersatz statt der Leistung** klagen. Auch im laufenden Gerichtsverfahren kann die Klage auf Abschluss des Mietvertrages noch auf Schadensersatz statt der Leistung umgestellt werden.[106]

194 Umgekehrt kann der Vermieter wegen Fehlens eines Mietvertrages nicht die **Räumung** des Mietobjekts verlangen, wenn er aufgrund eines mit dem Besitzer des Mietobjekts abgeschlossenen Vorvertrages zum Abschluss eines zur Besitzüberlassung verpflichtenden Hauptvertrages (Mietvertrages) verpflichtet ist. Gegen das Räumungsverlangen steht dem Besitzer der **Einwand der unzulässigen Rechtsausübung** (§ 242 BGB) entgegen. Auch in diesem Fall kann der Vermieter aber dann die Räumung des Mietobjekts verlangen, wenn der Besitzer einen Grund dafür gesetzt hat, dass ein bereits abgeschlossener Mietvertrag gekündigt werden könnte (etwa im Falle eines Zahlungsverzugs mit der Miete in nicht unerheblicher Höhe, § 543 Abs. 2 Nr. 3 BGB).[107]

---

105 OLG Köln, Urt. v. 8.4.1992 – 2 U 90/91 –.
106 BGH, Urt. v. 21.10.1992 – XII ZR 173/90 (Hamm) –.
107 OLG Köln, Urt. v. 8.4.1992 – 2 U 90/91 –.

4. Beendigung

Die Verpflichtungen aus dem Miet-Vorvertrag enden erst dann, wenn die **Verhandlungen** zum Abschluss des Mietvertrages **abgeschlossen** oder **endgültig gescheitert** sind. Wann dies der Fall ist, wird im Einzelfall schwer zu bestimmen sein. Jedenfalls liegt ein endgültiges Scheitern nicht bei Ablehnung des ersten (Gegen-) Angebots der anderen Partei vor. Vielmehr sind die Parteien aus dem Miet-Vorvertrag verpflichtet, nachzuverhandeln. Haben sich die Parteien über die wesentlichen Bestimmungen (essentialia negotii) geeinigt und verlaufen die Verhandlungen wegen einzelner sonstiger Bestimmungen ergebnislos, kann dies sogar dazu führen, dass der übrige Inhalt des Mietvertrages (durch das mit dem Fall befasste Gericht) nach den gesetzlichen Bestimmungen der §§ 535 ff. BGB zu bestimmen ist. 195

Praxistipp !
Da die ergänzende Vertragsauslegung für den Vermieter aufgrund des mieterfreundlichen gesetzlichen Leitbildes nachteilig sein kann, hat der Miet-Vorvertrag gerade für den Vermieter in der Praxis häufig zur Folge, dass er zu langwierigen Vertragsverhandlungen gezwungen ist. Während dieser Verhandlungen kann er – ohne sich gegenüber der Partei aus dem Miet-Vorvertrag schadensersatzpflichtig zu machen – mit keinem Dritten einen Mietvertrag über das Mietobjekt abschließen. Grundsätzlich sollte der Vermieter sich daher erst im Rahmen des finalen Mietvertrages rechtlich binden. Ist ihm dies wegen definierbarer tatsächlicher oder rechtlicher Umstände nicht möglich (z.B. Fehlen einer Bau- oder Nutzungsgenehmigung), sollte er dem Abschluss eines aufschiebend bedingten Mietvertrages (§ 185 Abs. 1 BGB) den Vorrang vor dem Abschluss eines Miet-Vorvertrages geben.

Die durch den Miet-Vorvertrag begründete Verhandlungspflicht endet grundsätzlich nicht durch Zeitablauf. Der Miet-Vorvertrag kann auch nicht gekündigt werden. § 314 BGB, der die Kündigung von Dauerschuldverhältnissen aus wichtigem Grund regelt, findet keine Anwendung, da der Miet-Vorvertrag kein Dauerschuldverhältnis darstellt. Die Parteien können sich daher von den Bindungen des Miet-Vorvertrages nur im Wege des **Rücktritts** lösen, wenn ein **wichtiger Grund** vorliegt, etwa die andere Vertragspartei nicht innerhalb eines angemessenen Zeitraums ihr Recht auf Abschluss des Mietvertrages wahrnimmt.[108] Ferner können sich die Parteien von dem Miet-Vorvertrag bei Vorliegen der entsprechenden Voraussetzungen durch **Anfechtung**, als Folge von **Leistungsstörungen** oder wegen **Wegfalls der Geschäftsgrundlage** lösen. Darüber hinaus kommt – ohne eine anderweitige vertragliche Regelung – nur noch eine Beendigung durch **einvernehmliche Aufhebung** der Parteien in Betracht. 196

---

108 So der BGH mit Urt. v. 20.6.1958 – I ZR 132/57 (KG) – zu einem Vorvertrag, der ein Recht auf Abschluss eines Subverlagsvertrages vorsah.

Praxistipp
Bei Abschluss eines Miet-Vorvertrages sollten die Beendigungsmöglichkeiten ausdrücklich festgelegt und eine Befristung der Bindungswirkung vorgesehen werden.

E. Anmietrecht (Anbietungsverpflichtung, Vorhand)

I. Bedeutung für die Praxis

197 Mit dem Anmietrecht (auch als „Vorhand", „Begründungsoption" oder „Abschlussoption" bezeichnet) wird das Recht eingeräumt, ein bestimmtes Mietobjekt unter bestimmten Voraussetzungen und zu bestimmten Konditionen anzumieten. Das Anmietrecht ist ein einseitiges Recht zugunsten des (potenziellen) Mieters und regelt sein Interesse daran, künftig eine Mietfläche oder weitere Mietflächen anzumieten bzw. hinzu zu mieten. Mit dem **Anmietrecht** des (potenziellen) Mieters korrespondiert daher die **Anbietungsverpflichtung** des Vermieters, ist aber nicht mit dieser identisch. Denn während die Anbietungsverpflichtung den Vermieter dazu verpflichtet, im Falle der (Wieder-)Vermietung eines Objekts dieses zunächst dem Berechtigten zur Anmietung anzubieten, kann das Anmietrecht – je nach seiner inhaltlichen Ausgestaltung – auch dann zur Anmietung berechtigen, wenn der Vermieter (noch) nicht die (Wieder-) Vermietung des betreffenden Objekts beabsichtigt.

198 So kann dem Mieter im Rahmen eines bestehenden Mietvertrages z.B. das Recht eingeräumt werden, dass er für den Fall, dass er expandieren möchte, **weitere** freie oder künftig erst freiwerdende **Flächen** in demselben Objekt anmieten kann (etwa zu den Bedingungen des bereits bestehenden Mietvertrages). Dem Mieter kann auch bei Beendigung eines bestehenden Mietverhältnisses durch Zeitablauf das Recht eingeräumt werden, **dieselbe Mietfläche** wieder neu anzumieten. Da das Anmietrecht gesetzlich nicht geregelt ist, steht es den Parteien grundsätzlich frei, den Inhalt und die Reichweite des Anmietrechts im Wege der **Privatautonomie** nach eigenem Belieben vertraglich auszugestalten.

II. Inhalt und Form

199 Die Einräumung eines Anmietrechts ist in **verschiedenen Rechtsformen** möglich.[109] Insbesondere kommen folgende Konstellationen in Betracht:

109 Vgl. zu den unterschiedlichen Rechtsformen bei Einräumung eines Ankaufsrechts, bei dem die Interessenlage ähnlich derjenigen beim Anmietrecht gelagert ist: BGH, Urt. v. 21.4.1967 – V ZR 75/64 –.

- bloße Verpflichtung des Vermieters, den Berechtigten über seine Vermietungsabsicht in Kenntnis zu setzen und – sofern dieser es wünscht – mit ihm Vertragsverhandlungen aufzunehmen;
- verbindliches Angebot des Vermieters auf Abschluss eines Mietvertrages, welches der Mieter unter bestimmten Voraussetzungen annehmen kann (z.B. zu einem bestimmten Zeitpunkt, bei Freiwerden des Objekts etc.);
- Abschluss eines Miet-Vorvertrages;[110]
- Abschluss eines (schon jetzt final formulierten) aufschiebend bedingten Mietvertrages.

Die Vereinbarung des Anmietrechts selbst ist grundsätzlich **formlos** möglich, insbesondere bedarf sie nicht der Schriftform des § 550 BGB. Je nachdem, in welcher Rechtsform das Anmietrecht ausgestaltet wird, sind jedoch die dann einschlägigen Besonderheiten zu beachten (so z.B. das Schriftformerfordernis bei Abschluss eines langfristigen Mietvertrages, der unter eine aufschiebende Bedingung gestellt wird). 200

Praxistipp !
Aus Beweisgründen sollten das Anmietrecht und der konkrete Inhalt aber schriftlich fixiert werden. Es sollte ferner darauf geachtet werden, dass das von beiden Parteien Gewollte hinreichend bestimmt formuliert wird, um keinen Freiraum für eine abweichende vertragliche Auslegung durch das später unter Umständen mit der Sache befasste Gericht zuzulassen.

Regelungsdefizite und **Auslegungsmöglichkeiten** werden durch den nachfolgend dargestellten Fall veranschaulicht, über den das **Hanseatische OLG Hamburg** im Jahre 2001 zu entscheiden hatte.[111] Gegenstand des Rechtsstreits war folgende vertragliche Formulierung: 201

„Der Vermieter gewährt dem Mieter ein Optionsrecht auf die Anmietung der Lackiererei (ca. 195 qm Nutzfläche, Lageplan Mietobjekt Nr. 2), sobald diese neu vermietet werden soll. Der Vermieter verpflichtet sich, den Mieter auf seine Option hinzuweisen."

Mit dieser Regelung sollte dem Umstand Rechnung getragen werden, dass der Vermieter ursprünglich auch die Lackiererei mitvermieten wollte (man hatte sich insbesondere bereits über die betreffenden Mietflächen, die Miete und die Mietzeit verständigt). Die Mit-Vermietung der Lackiererei scheiterte aber daran, dass die betreffenden Räumlichkeiten nicht rechtzeitig von dem Vormieter geräumt wurden. Bei Freiwerden der Räumlichkeiten setzte der Vermieter den Mieter über die beab- 202

110 Siehe hierzu oben Rn 176 ff.
111 Hanseatisches OLG Hamburg, Urt. v. 6.6.2001 – 4 U 163/98 –.

sichtigte Neu-Vermietung in Kenntnis und bot ihm an, unter bestimmten Bedingungen in den Mietvertrag des Vormieters der Lackiererei einzutreten. Der Mieter bestand jedoch auf Abschluss eines Mietvertrages zu den bereits abgestimmten Konditionen. Der Vermieter vermietete die Lackiererei daher an einen anderen Interessenten. Der Mieter verklagte ihn auf Grundlage der vorstehenden Regelung auf Abschluss eines Mietvertrages zu den bereits abgestimmten Konditionen.[112]

203 Das Hanseatische OLG Hamburg hatte im Wege der **vertraglichen Auslegung** darüber zu entscheiden, ob der Vermieter durch die vorgenannte Regelung verpflichtet war, dem Mieter das Mietobjekt im Falle der Weitervermietung nur anzubieten, bevor er es an einen anderen vermietete, oder ob die Regelung bereits einen verbindlichen **Miet-Vorvertrag** darstellte, welcher den Anspruch auf Abschluss eines bestimmten Mietvertrages gewährte. Das OLG entschied sich für den verbindlichen Miet-Vorvertrag. Die vorstehende Regelung sei so auszulegen, dass die Parteien einen nur für den Vermieter bindenden, aufschiebend bedingten Vorvertrag abschließen wollten, wobei die **aufschiebende Bedingung** der Wille des Vermieters sein sollte, neu zu vermieten. Mit Bedingungseintritt und Ausübung seines **Gestaltungsrechts** (Option auf Anmietung) durch den Mieter entstand nach Ansicht des OLG für ihn ein Anspruch auf Abschluss eines Mietvertrages zu den bereits festgelegten Konditionen.

204 Diese Entscheidung mag überraschend erscheinen. Für die Annahme eines Mietvorvertrags spricht jedoch, dass sich die Parteien vor Vereinbarung der vorgenannten Regelung bereits über die betreffenden Mietflächen (Lackiererei), die Miete und die Mietzeit verständigt hatten. Inhaltlich reicht für einen Vorvertrag über ein gewerbliches Mietverhältnis die Einigung über diese Punkte aus.[113] Die Entscheidung zeigt daher, wie wichtig eine **exakte Formulierung** ist.

205 Für eine bloße **Anbietungsverpflichtung** des Vermieters, ohne an bestimmte Bedingungen gebunden zu sein, würde sich demgegenüber folgende klarstellende Formulierung anbieten:

Formulierungsmuster

„Der Vermieter verpflichtet sich hiermit für den Fall, dass er sich dazu entschließen sollte, die derzeit anderweitig vermietete Mieteinheit ____ neu zu vermieten, diese dem Mieter zur Anmietung anzubieten. Diese Anbietungsverpflichtung besteht zeitlich befristet für die Dauer von ____ ab Unterzeichnung dieses Mietvertrages und besteht nur für die erstmalige Weitervermietung der vorgenannten Mieteinheit.

Der Vermieter ist verpflichtet, dem Mieter seine Absicht zur Neuvermietung rechtzeitig schriftlich anzuzeigen. Zeigt der Mieter nicht innerhalb einer Frist von ____ nach Erhalt der Anzeige des Vermieters schriftlich gegenüber dem Vermieter an, dass er an der Anmietung interessiert ist, kann der

---

112 Hanseatisches OLG Hamburg, Urt. v. 6.6.2001 – 4 U 163/98 –.

113 Siehe hierzu oben Rn 181 ff.

Vermieter ungehindert an einen Dritten vermieten. Anderenfalls treten die Parteien in ernsthafte Verhandlungen über den Abschluss eines Mietvertrages.
Der Vermieter ist bei der Gestaltung der mietvertraglichen Bestimmungen nicht gebunden. Er wird sich dabei jedoch an den marktüblichen Regelungen orientieren."

III. Rechtsfolgen

Das Anmietrecht begründet üblicherweise das **einseitige Recht** zugunsten des Mieters, weitere zusätzliche Mietflächen hinzu zu mieten oder dieselbe Mietfläche bei Mietende nochmals neu anzumieten. Ob bei Ausübung des Anmietrechts nur ein Anspruch auf die Aufnahme von Vertragsverhandlungen entsteht (so der Regelfall) oder der betreffende Mietvertrag bereits durch einseitige Erklärung des Mieters zustande kommt (so eher im Falle der Mietoption)[114] hängt von der **Ausgestaltung** des Anmietrechts im Einzelfall ab. Wird das Anmietrecht mit der erforderlichen Sorgfalt formuliert,[115] bleibt der Vermieter völlig frei in seiner Entscheidung, ob er überhaupt neu vermietet und wenn ja, wann und zu welchen Bedingungen er dann mit dem Berechtigten des Anmietrechts in Vertragsverhandlungen eintritt.[116] 206

Entscheidet sich der Vermieter zur **Neuvermietung,** ist er aus dem Anmietrecht üblicherweise verpflichtet, mit dem Berechtigten in Vertragsverhandlungen zu treten. Unterlässt er dies und teilt dem Anmietberechtigten nicht mit, dass er neu vermietet, sondern vermietet er die Sache stattdessen an einen Dritten, so macht er sich gegenüber dem Anmietberechtigten schadensersatzpflichtig. Der **Schadensersatz** ist auf das **negative Interesse** beschränkt, d.h. auf das, was der Anmietberechtigte im Vertrauen auf das Zustandekommen von Vertragsverhandlungen aufgewendet hat.[117] 207

Wird das Anmietrecht als Regelung im Rahmen eines bestehenden Mietvertrages vereinbart, geht die korrespondierende Anbietungsverpflichtung des Vermieters mit diesem Mietvertrag auf den **Erwerber** des Mietobjekts über (§ 566 BGB), wenn sich auch die Mietflächen, auf die sich das Anmietrecht bezieht, in diesem bzw. in einem ebenfalls an den Erwerber veräußerten Objekt befinden. 208

Probleme können dann auftreten, wenn das Anmietrecht Mietflächen in einem **anderen Objekt** betrifft, welches nicht an den Erwerber mitveräußert wird. Ist das Anmietrecht als **wesentlicher Bestandteil** des Mietvertrages zu werten, etwa weil der Mieter sich gerade wegen dieser weiteren Anmietungsmöglichkeit für den Abschluss des bisherigen Mietvertrages entschieden hat, kann der **Übergang** der kor- 209

114 Siehe hierzu nachfolgend Rn 239 ff.
115 Siehe hierzu oben in Rn 205.
116 Palandt/*Weidenkaff*, Einf. v. § 535 Rn 10.
117 *Derleder/Pellegrino*, NZM 1998, 550, 555; MAH Mietrecht/*Gößl*, § 45 Rn 9.

respondierenden Anbietungsverpflichtung auf den Erwerber nicht mit der Begründung abgelehnt werden, das Anmietrecht stelle aus Sicht des Erwerbers einen mietvertraglichen **Fremdkörper** dar. Der Erwerber ist daher gegenüber dem Anmietberechtigten zum **Schadensersatz** des **negativen Interesses** verpflichtet, wenn das Anmietrecht zum Tragen kommt, weil die betreffende Mietfläche neu vermietet wird, der Erwerber dem Anmietberechtigten aber keine Verhandlungen anbieten kann, da er über die vom Anmietrecht betroffene Mietfläche nicht verfügen kann. Es sind dabei folgende Risikofallgruppen zu bedenken:

- Das Anmietrecht ist als **wesentlicher Bestandteil** des Hauptmietvertrages zu werten, etwa weil der Mieter sich gerade wegen dieser weiteren Anmietungsmöglichkeit für den Abschluss des bisherigen Mietvertrages entschieden hat. Die hieraus resultierende Anbietungsverpflichtung geht daher zusammen mit dem Hauptmietvertrag auf den Erwerber des Mietobjekts über (§ 566 BGB): Der Erwerber des Mietobjekts steht vor dem Problem, dass er seine Verpflichtungen aus dem mietvertraglichen Anmietrecht nicht erfüllen kann, wenn dieses Mietflächen betrifft, die er nicht mit erworben hat. Er ist daher bei Vorliegen der weiteren gesetzlichen Voraussetzungen dem Mieter zum Schadensersatz verpflichtet (§ 280 BGB).
- Das Anmietrecht ist **nicht als wesentlicher Bestandteil** des Hauptmietvertrages zu werten.[118] Die hieraus resultierende Anbietungsverpflichtung verbleibt daher beim Veräußerer und bisherigen Vermieter: Obwohl der Berechtigte des Anmietrechts nicht mehr sein Mieter ist, muss der Veräußerer und ehemalige Vermieter ihm gegenüber seine hieraus resultierende Anbietungsverpflichtung erfüllen. Anderenfalls kann er dem Mieter zum Schadensersatz verpflichtet sein (§ 280 BGB). Sollte er das von dem Anmietrecht betroffene Mietobjekt veräußern, geht die hieraus resultierende Anbietungsverpflichtung mangels eines Mietvertrages nicht automatisch auf den Erwerber über (§ 566 BGB findet auf das Anmietrecht selbst keine Anwendung). Vielmehr bedarf es einer ausdrücklichen Übertragung auf den Erwerber im Wege einer schuldrechtlichen Vereinbarung. Ein solcher schuldrechtlicher Übertragungsvertrag bedarf jedoch zu seiner Wirksamkeit gegenüber dem aus dem Anmietrecht Berechtigten dessen Zustimmung (§ 415 Abs. 1 BGB). Verweigert der Berechtigte seine Zustimmung und kann der Veräußerer und bisherige Vermieter daher infolge der Veräußerung des von dem Anmietrecht betroffenen Objekts seine Anbietungsverpflichtung nicht mehr erfüllen, kann er gegenüber dem Berechtigten aus dem Anmietrecht zum Schadensersatz verpflichtet sein (§ 280 BGB).

118 Vgl. hierzu Lindner-Figura/Oprée/Stellmann/*Stellmann*, Kap. 3 Rn 79.

Praxistipp
Der Vermieter, der in Bezug auf Mietflächen in einem anderen (ihm gehörenden) Objekt ein Anmietrecht einräumt (z.B. Erweiterungsflächen im Nachbargebäude), sollte rein vorsorglich bereits im Rahmen der Anmietrechtsvereinbarung die Zustimmung des Mieters zur Übertragung der Verpflichtungen aus der Anmietrechtsvereinbarung auf einen künftigen Erwerber des von dem Anmietrecht betroffenen Objekts oder alternativ das Erlöschen des Anmietrechts im Falle der Veräußerung des betreffenden Objekts vorsehen.

IV. Beendigung

Sofern nichts anderes vereinbart ist, kann der Vermieter von der Anmietvereinbarung zurücktreten, wenn Umstände eintreten, die zu einer fristlosen Kündigung berechtigen würden[119] (§ 314 BGB analog). Darüber hinaus kann das Anmietrecht mit Zustimmung des Berechtigten jederzeit einvernehmlich aufgehoben werden. **210**

Praxistipp
Im Interesse der Rechtsklarheit sollte der Vermieter auch bei Einräumung eines Anmietrechts die Beendigungsmöglichkeiten vertraglich festlegen und/oder eine Befristung oder anderweitigen Ablauf der Bindungswirkung vorsehen.

F. Vormietrecht

I. Bedeutung für die Praxis

Durch das Vormietrecht soll dem Berechtigten die Möglichkeit des Zugriffs auf ein Mietobjekt gewährt werden, wenn und sobald dieses an einen Dritten vermietet wird. Es räumt dem Berechtigten (auch „Vormieter" oder „vorrangiger Mieter") das Recht ein, durch Abgabe einer einseitigen empfangsbedürften Willenserklärung gegenüber dem Vermieter einen Mietvertrag zu den Bedingungen abzuschließen, die der Vermieter bereits mit einem Dritten verbindlich vereinbart hat.[120] Im Falle der anstehenden Vermietung des betreffenden Mietobjekts an einen Dritten kann der Berechtigte das Mietobjekt noch an sich ziehen. Im anglo-amerikanischen Raum spricht man daher auch zutreffend von einem **„Right of First Refusal"** oder einem **„Pre-emption Right"**. Das Vormietrecht selbst schafft weder für den Vermieter noch für den Berechtigten eine Rechtssicherheit dahingehend, dass der Mietvertrag zwischen dem Vermieter und dem Berechtigten auch tatsächlich zustande kommt. Der Berechtigte kann vielmehr frei darüber entscheiden, ob er sein Vormietrecht **211**

119 Schmidt-Futterer/*Blank*, Vorb. zu § 535 Rn 126.
120 BGH, Urt. v. 3.7.2002 – XII ZR 39/00 –.

ausüben will. Der Vermieter ist grundsätzlich in der Ausgestaltung des Mietvertrages mit dem Dritten frei und muss dabei die Interessen des Berechtigten aus dem Vormietrecht nicht berücksichtigen. Insbesondere kann der Mietvertrag mit dem Dritten neben den vom Vormietrecht erfassten Mietflächen auch weitere Flächen erfassen. Allerdings kann der Berechtigte schon bei Vereinbarung des Vormietrechts mit dem Vermieter bestimmte mietvertragliche **Bedingungen festlegen**, die bei Ausübung des Vormietrechts gelten sollen (z.B. die **Miethöhe**).

II. Analoge Anwendung der Bestimmungen zum Vorkaufsrecht (§§ 463ff. BGB)

212 Das Vormietrecht ist gesetzlich nicht geregelt. Wenn weder die Vormietabrede noch die Begleitumstände Rückschlüsse auf einen abweichenden Willen der Vertragspartner ermöglichen, ist allgemein anerkannt, dass die gesetzlichen Regelungen zum Vorkaufsrecht analog Anwendung finden, da die Interessenslage des Vormietrechts derjenigen des gesetzlich geregelten Vorkaufsrechts entspricht (§§ 463ff. BGB analog).[121] Bei Ausübung des Vormietrechts kommt dementsprechend zwischen dem Vermieter und dem Berechtigten ein Mietvertrag zustande, der inhaltsidentisch ist mit dem vom Vermieter mit dem Dritten abgeschlossenen Mietvertrag.

1. Vormietfall

213 Der Vormietfall wird dadurch ausgelöst, dass der Vermieter mit einem Dritten über das mit dem Vormietrecht belastete Mietobjekt einen **Mietvertrag** abschließt (§ 463 BGB analog). Die rechtliche Qualifizierung als Mietvertrag kann im Einzelfall Schwierigkeiten bereiten. Auf die Bezeichnung als Mietvertrag, Nutzungsvertrag, Pachtvertrag oder Ähnliches kommt es nicht an (**„falsa demonstratio non nocet“**). Maßgeblich ist allein der Inhalt des jeweiligen Vertrages. Wesentliches Merkmal des Mietvertrages ist die **entgeltliche Gebrauchsüberlassung** an einen Dritten. So löst etwa die Leihe als unentgeltliche Gebrauchsüberlassung nicht den Vormietfall aus. Die entgeltliche Gebrauchsüberlassung allein ermöglicht jedoch noch nicht in jedem Einzelfall rechtliche Einordnung als Mietvertrag. So ist z.B. auch der Pachtvertrag durch eine entgeltliche Gebrauchsüberlassung gekennzeichnet und bei der Überlassung von Gewerbeflächen nicht selten. In Abgrenzung zum Mietvertrag ist der **Pachtvertrag** aber zusätzlich dadurch gekennzeichnet, dass dem Berechtigten neben den Räumlichkeiten auch eine zur Bewirtschaftung (Fruchtziehung) geeignete Ausstattung überlassen wird. Dabei müssen die mitverpachteten (Einrichtungs-) Gegenstände bei vernünftiger wirtschaftlicher Wertung von **wesentlicher Bedeu-**

121 BGH, Urt. v. 3.7.2002 – XII ZR 39/00 –; BGH, Urt. v. 2.12.1970 – VIII ZR 77/69 –.

tung sein. So dürfte es sich beispielsweise bei der **entgeltlichen Betriebsüberlassung** eines komplett ausgestatteten Restaurants um einen Pachtvertrag handeln, der – anders als die entgeltliche Gebrauchsüberlassung von bloßen Räumlichkeiten – nicht den Vormietfall auslöst. Es sei denn, dies ist durch die Beteiligten ausdrücklich so definiert worden.

Möchte der Vermieter den Vormietfall durch eine abweichende vertragliche 214
Konstruktion mit dem Dritten verhindern, kann dies als **Umgehungsgeschäft** trotzdem den Vormietfall auslösen (§ 465 BGB in **doppelter Analogie**).[122] Möchte der aus dem Vormietrecht Berechtigte sich im Falle eines Rechtsstreits auf ein solches Umgehungsgeschäft berufen, muss er die betreffenden Umstände jedoch beweisen (**Beweislast**). Solange der Vermieter daher nachvollziehbare und nachweisbare Gründe für die Wahl einer anderen Vertragsform anstelle des Mietvertrages darlegen kann, dürfte der Nachweis eines Umgehungsgeschäfts kaum möglich sein.

Der Vormietfall wird ferner erst dann ausgelöst, wenn der **Mietvertrag** zwi- 215
schen dem Vermieter und dem Dritten **wirksam** geworden ist. Hängt die Wirksamkeit des Mietvertrages noch von der Zustimmung eines Dritten ab (z.B. Gremienvorbehalt) oder steht dieser unter einer aufschiebenden Bedingung, liegt der Vormietfall daher erst mit Zustimmung des Dritten oder mit Eintritt der aufschiebenden Bedingung vor.

Da Vereinbarungen zwischen dem Vermieter und dem Dritten unwirksam sind, 216
die dazu dienen, das Vormietrecht zu **vereiteln** oder zu **verhindern** (§ 465 BGB analog),[123] haben z.B. die folgenden Wirksamkeitsvoraussetzungen des Mietvertrages keinen Einfluss auf den Eintritt des Vormietfalls, sondern dieser wird sogleich mit Abschluss des Mietvertrages ausgelöst:

- Nichtausübung des Vormietrechts als **aufschiebende Bedingung** für die Wirksamkeit des Mietvertrages;
- Ausübung des Vormietrechts als **auflösende Bedingung** des Mietvertrages;
- **Rücktritts-** oder **Kündigungsrechte** einer Partei des Mietvertrages bei Ausübung des Vormietrechts;
- **einvernehmliche Aufhebung** des Mietvertrages bei Ausübung des Vormietrechts.

Ob der Berechtigte das Vormietrecht nur einmal, z.B. beim ersten Vormietfall, aus- 217
üben kann oder unbegrenzt bei jeder Vermietung an einen Dritten oder nur bei Vorliegen bestimmter Voraussetzungen, ist eine Frage der vertraglichen **Ausgestaltung** im Einzelfall, der grundsätzlich **keine Grenzen** gesetzt sind. Da derartige Vereinba-

122 So der BGH mit Urt. v. 25.1.1961 – V ZR 80/59 – zum gesetzlichen Vorkaufsrecht der Gemeinde bei Veräußerung eines Grundstücks.
123 BGH, Urt. v. 25.1.1961 – V ZR 80/59 –.

rungen der vertraglichen Auslegung zugänglich sind, sollten diese eindeutig formuliert werden.

Formulierungsmuster
„Das Vormietrecht wird nur für den ersten Vormietfall eingeräumt, also für die erste Vermietung des Mietobjekts, bei der das Vormietrecht ausgeübt werden kann."

---

218 Schließlich liegt auch dann ein Vormietfall vor, wenn sich der Mietvertrag mit dem Dritten nicht nur auf das mit dem Vormietrecht belastete Mietobjekt bezieht, sondern an den Dritten darüber hinaus weitere Mietflächen vermietet werden oder auch, wenn der Mietvertrag mit dem Dritten nur einen Teil der vom Vormietrecht betroffenen Mietflächen erfasst. Auch in diesen Fällen kann der Berechtigte sein Vormietrecht ausüben.

219 Für den Fall, dass auch **weitere Mietflächen** an den Dritten vermietet werden, bezieht sich das Vormietrecht aber grundsätzlich nur auf die vom Vormietrecht erfassten **Teilflächen** (§ 467 S. 1 BGB analog). Der Vermieter kann ausnahmsweise verlangen, dass das Vormietrecht das gesamte, an den Dritten vermietete Mietobjekt erfasst, wenn das Mietobjekt nicht ohne Nachteil für ihn getrennt werden kann (§ 467 S. 2 BGB). Diese Einrede greift jedoch dann nicht, wenn die wirtschaftliche Einheit der betreffenden Mietflächen schon bei Vereinbarung des Vormietrechts bestand.[124] Da zudem der Vermieter für diesen ihn günstigen Umstand im Streitfalle die Beweislast trägt, dürfte es im Einzelfall schwerfallen, eine Erstreckung des Vormietrechts auf die gesamte an den Dritten vermietete Mietfläche zu verlangen.

220 Schwierigkeiten kann auch die Bestimmung der seitens des Berechtigten für die vom Vormietrecht erfassten Teilflächen zu entrichtende **Miete** bereiten. Denn diese beläuft sich nicht notwendig auf den entsprechenden Quadratmeterpreis, sondern der Berechtigte hat als Miete einen verhältnismäßigen Anteil der mit dem Dritten vereinbarten Gesamtmiete zu zahlen (§ 467 S. 1 BGB analog). Es ist im Wege der **ergänzenden Vertragsauslegung** zu ermitteln, welche Miete der Vermieter mit dem Dritten vereinbart hätte, wäre der Mietvertrag nur über die vom Vormietrecht erfasste Teilfläche bzw. über die gesamte vom Vormietrecht erfasste Fläche abgeschlossen worden.

! **Praxistipp**
Im Einzelfall macht es Sinn, wenn Vermieter und Vormietberechtigter sich bereits im Vorfeld über eine bestimmte Miethöhe einigen und dies bei Einräumung des Vormietrechts schriftlich festhalten.

---

124 Palandt/*Weidenkaff*, § 467 Rn 4.

2. Pflicht zur Mitteilung

Um entscheiden zu können, ob die Ausübung eines Vormietrechts erklärt werden 221
soll, muss der Berechtigte den Inhalt des Mietvertrags kennen. § 469 BGB, der dem Vorkaufsberechtigten gegenüber dem Verpflichteten ein Auskunftsrecht einräumt, ist insoweit auf das Vormietrecht analog anzuwenden und gewährt dem Berechtigten aus dem Vormietrecht einen **einklagbaren Auskunftsanspruch.**[125] Der Vermieter hat dem Berechtigten dementsprechend den Mietvertragsschluss mit dem Dritten unverzüglich mitzuteilen und ihn dabei vollständig über den Inhalt des Mietvertrags zu informieren, z.B. durch Vorlage einer Kopie des unterzeichneten Mietvertrages nebst allen Anlagen. Diese Mitteilungspflicht des Vermieters wird durch die entsprechende Mitteilung seitens des Dritten ersetzt (§ 469 Abs. 1 S. 2 BGB analog).

Verstößt der Vermieter gegen diese Pflicht zur Mitteilung, macht er sich gegen- 222
über dem Berechtigten schadensersatzpflichtig (§ 280 BGB). Da das Vormietrecht häufig im Rahmen eines mit dem Berechtigten über andere Flächen bereits abgeschlossenen Mietvertrages vereinbart wird, dürfte es sich in der Regel um die Verletzung einer vertraglichen Nebenpflicht handeln, die rechtlich zum **Schadensersatz** wegen positiver Vertragsverletzung verpflichtet. In der Regel berechtigt die Vereitelung des Vormietrechts den Berechtigten jedoch nicht zur außerordentlichen Kündigung des zwischen ihm und dem Vermieter bereits über andere Mieträumlichkeiten bestehenden Mietvertrages; dies selbst dann nicht, wenn der Berechtigte zwar das Vormietrecht ausübt, der Vermieter sodann jedoch die Realisierung vereitelt, indem er dem Berechtigten das Mietobjekt nicht übergibt. Auch in diesem Fall ist der Berechtigte auf bloße Schadensersatzansprüche in Geld (Schadensersatz statt der Leistung) gegen den Vermieter verwiesen. **Ausnahmsweise** ist der Berechtigte aus dem Vormietrecht dann nach § 543 Abs. 2 Nr. 1 BGB wegen nicht vertragsgemäßer Gebrauchsgewährung zur **außerordentlichen Kündigung** des zwischen ihm und dem Vermieter bereits bestehenden Mietvertrages berechtigt, wenn ihm das Vormietrecht mit dem Ziel eingeräumt wurde, ihm den Gebrauch zusätzlicher Räume nach deren Freiwerden zu ermöglichen.[126]

3. Ausübung und Verzicht

Das Vormietrecht wird durch **formfreie einseitige empfangsbedürftige Willens-** 223
erklärung des Berechtigten ausgeübt (§ 464 Abs. 1 S. 2 BGB analog). Hiervon abweichend kann aber verbindlich vereinbart werden, dass die Ausübung des Vormietrechts schriftlich zu erfolgen hat. Es kann nur innerhalb einer **Frist von zwei Monaten** nach Erhalt der ordnungsgemäßen Mitteilung des Vermieters über den Abschluss des Mietvertrages ausgeübt werden (§ 469 Abs. 2 BGB analog). Diese

125 BGH, Urt. v. 2.12.1970 – VIII ZR 77/69 –.
126 BGH, Urt. v. 6.2.1974 – VIII ZR 239/72 –.

Ausübungsfrist kann vertraglich, auch formularvertraglich in den zulässigen Grenzen des Rechts der Allgemeinen Geschäftsbedingungen (AGB), verlängert oder verkürzt werden. Da es sich um eine empfangsbedürfte Willenserklärung handelt, muss die Ausübungserklärung dem Vermieter innerhalb der Ausübungsfrist zugegangen sein. Die Ausübungserklärung in Form eines Briefes, der am letzten Tag der Ausübungsfrist zur Post gegeben wird, reicht nicht. Ausreichend wäre hingegen etwa eine **telefonische Benachrichtigung** des Vermieters am letzten Tag der Ausübungsfrist, da die Ausübungserklärung auch mündlich erfolgen kann. Ebenfalls ausreichend ist dementsprechend die Benachrichtigung des Vermieters per E-Mail oder Fax.

224 Verändern der Vermieter und der Dritte den Mietvertrag vor Ausübung des Vormietrechts, muss auch diese **Änderung** dem Berechtigten vollständig und unverzüglich mitgeteilt werden. Danach läuft erneut die **Ausübungsfrist** von zwei Monaten. Änderungen, die der Vermieter und der Dritte nach Ausübung des Vormietrechts vereinbaren, sind gegenüber dem Berechtigten unwirksam.

225 Übt der Berechtigte das Vormietrecht nicht innerhalb der Ausübungsfrist aus, **erlischt** dieses (bei einem unbegrenzten Vormietrecht nur für diesen Vormietfall, bei einem einmaligen Vormietrecht endgültig). Darüber hinaus kann der Berechtigte auch ausdrücklich auf sein Vormietrecht **verzichten.**

226 Die Ausübung des Vormietrechts ist unwirksam, wenn der Berechtigte es ausdrücklich ablehnt, die mit seiner Erklärung ausgelösten Pflichten zu tragen.[127]

4. Rechtsfolgen

227 Mit Ausübung des Vormietrechts kommt ein **neuer Mietvertrag** zwischen dem Berechtigten und dem Vermieter zu den Bedingungen zustande, die der Vermieter in dem Mietvertrag mit dem Dritten vereinbart hat (§ 464 Abs. 2 BGB analog). Fallen die Mietfläche und die vom Vormietrecht erfasste Fläche teilweise auseinander, erfasst der neue Mietvertrag mit dem Vormietberechtigten aber nur die Flächen, bei denen Vermietung und Vormietrecht zusammentreffen. Die Miete ist dann im Wege der **ergänzenden Vertragsauslegung** anzupassen, es sei denn, die Miethöhe wurde vom Vormietberechtigten und dem Vermieter bereits im Vorfeld für den Vormietfall verbindlich festgelegt.

228 Der Berechtigte tritt daher nicht anstelle des Dritten in den mit diesem bestehenden Mietvertrag ein, sondern es bestehen zwei Mietverträge über (teilweise) dieselbe Mietfläche. Für den Vermieter hat dies zur Folge, dass er sich einer **Doppelvermietung** gegenübersieht. Er ist daher – bei Fehlen einer abweichenden ausdrücklichen Regelung – gegenüber der Partei, der er das Mietobjekt nicht mehr übergeben kann

127 BGH, Urt. v. 20.6.1962 – V ZR 157/60 –.

(sei es gegenüber dem Berechtigten oder dem Dritten), grundsätzlich zum **Schadensersatz statt der Leistung** verpflichtet (§§ 536 Abs. 3, 536a BGB; die Doppelvermietung stellt für den Vertrag, der nicht erfüllt wird, einen **Rechtsmangel** gem. § 536 Abs. 3 BGB dar).[128] Herausgabe des Mietobjekts kann die enttäuschte Partei hingegen wegen **subjektiven Unvermögens** des Vermieters nicht verlangen.[129]

Praxistipp
Um eine Doppelvermietung zu vermeiden, sollte der Vermieter im Mietvertrag mit dem Dritten ein Rücktrittsrecht oder eine auflösende Bedingung für den Fall vorsehen, dass der Berechtigte das Vormietrecht ausübt. Ferner sollte der Vermieter etwaige damit verbundene Schadensersatzansprüche des Dritten explizit ausschließen. Dies kann im Einzelfall die Verhandlungsposition des Vermieters gegenüber dem Dritten deutlich schwächen, da er den Dritten über dessen unsichere Rechtsposition aufklären muss. Dieser geht das Risiko ein, trotz der in die Verhandlungen investierten Kosten und Mühen keinen Mietvertrag zu erhalten, sondern die mietergünstigen Regelungen letztlich zugunsten des Berechtigten des Vormietrechts verhandelt zu haben.

229 Zwar ist die Ausübung des Vormietrechts **formlos**, also z.B. **auch mündlich**, möglich (§ 464 Abs. 1 S. 2 BGB analog), wenn die Parteien nichts Abweichendes vereinbart haben.[130] Von dem wirksamen Zustandekommen des Mietvertrages ist jedoch die Frage gesondert zu betrachten, ob der zustande gekommene Mietvertrag trotz vereinbarter Festmietlaufzeit von mehr als einem Jahr vorzeitig kündbar ist, weil eine der gesetzlichen Schriftform entsprechende Urkunde nicht vorliegt (§ 550 S. 1 BGB).[131] Es stellt sich daher die Frage, ob Vermieter und Berechtigter bei Ausübung des Vormietrechts zusätzlich eine den **Schriftformerfordernissen entsprechende Vertragsurkunde** erstellen müssen, damit sie ohne das **Risiko einer Kündigung** auf die vereinbarte Festmietlaufzeit vertrauen dürfen. Diese Frage ist zu bejahen, denn die gesetzlich vorgeschriebene Schriftform dient dem Zweck, dem Erwerber des Mietobjekts die Unterrichtung über den Inhalt des Mietvertrages zu erleichtern. Durch die analoge Anwendung der Regelungen zum Vorkaufsrecht soll dieser Schutzzweck nicht abbedungen werden. Insbesondere lässt sich der analogen Anwendung des § 464 Abs. 1 S. 2 BGB, der die Möglichkeit der formlosen Ausübung des Vormietrechts zur Folge hat, nicht entnehmen, dass es darüber hinaus, wenn der Mietvertrag einmal zustande gekommen ist, der Erfüllung der Schriftform nicht mehr bedarf, um die vorzeitige Kündbarkeit nach § 550 S. 2 BGB auszuschließen.[132]

128 BGH, Urt. v. 10.5.2006 – XII ZR 124/02 –.
129 OLG Düsseldorf, Urt. v. 18.9.1997 – 10 U 93–96 –, zum ähnlich gelagerten Fall, dass der Vermieter an der Übergabe des Mietobjekts gehindert ist, da der vorherige Mieter nicht (rechtzeitig) räumt.
130 Siehe hierzu oben Rn 223.
131 Zu § 550 BGB siehe im Detail Kap. 2 Rn 378 ff. sowie Kap. 3 Rn 24 ff.
132 BGH, Urt. v. 2.12.1970 – VIII ZR 77/69 –.

Praxistipp
Bei Ausübung eines Vormietrechts bezüglich eines Mietvertrages, der eine Festmietlaufzeit von mehr als einem Jahr vorsieht, muss der Vermieter, der an der Festmietlaufzeit festhalten möchte, darauf hinwirken, dass der Mietvertrag auch nochmals mit dem Berechtigten in einem dem gesetzlichen Schriftformerfordernis (§ 550 BGB) entsprechenden Dokument schriftlich fixiert wird. Anderenfalls geht er das Risiko ein, dass der mit Ausübung des Vormietrechts zwischen ihm und dem Berechtigten zustande gekommene Mietvertrag trotz der an sich vorgesehenen Festmietlaufzeit wegen Verletzung der gesetzlichen Schriftform jederzeit mit gesetzlicher Frist kündbar ist.

230 Hat der Vermieter beim Abschluss des Mietvertrages mit dem Dritten die gesetzliche Schriftform beachtet oder sieht der Mietvertrag mit dem Dritten einen Anspruch vor, die Schriftform im Falle ihrer Verletzung noch nachträglich nachzuholen, dürfte er gegen den Berechtigten, der das Vormietrecht ausgeübt hat, einen durchsetzbaren Anspruch darauf haben, dass auch der mit diesem zustande gekommene Mietvertrag entsprechend dem gesetzlichen Schriftformerfordernis dokumentiert wird. Dies ergibt sich aus der Regelung, dass mit der Ausübung des Vormietrechts der Mietvertrag zwischen dem Vermieter und dem Berechtigten unter den Bestimmungen zustande kommt, welche der Vermieter mit dem Dritten bereits vereinbart hat (§ 464 Abs. 2 BGB). Umgekehrt hat auch der Berechtigte gegen den Verpflichteten einen **Anspruch** auf Herstellung der **gesetzlichen Schriftform**, da das Vormietrecht dazu dient, dem Berechtigten die Rechtsposition, die der Verpflichtete dem Dritten eingeräumt hat, vollständig, insbesondere also auch hinsichtlich der Dauer des Vertrages und dessen Unkündbarkeit, zugutekommen zu lassen. Grundsätzlich steht daher in diesen Fällen beiden Vertragspartnern der **Einwand der unzulässigen Rechtsausübung** zu, der den jeweils anderen daran hindert, den Mietvertrag durch Kündigung vor dem Zeitpunkt zu beenden, in welchem der Vertrag mit dem Dritten hätte aufgelöst werden können (§ 242 BGB).[133]

231 Den Berechtigten verpflichten allerdings solche Bestimmungen des Mietvertrages zwischen dem Vermieter und dem Dritten nicht, die wesensgemäß nicht zum Mietvertrag gehören und sich darin als **Fremdkörper** darstellen. Nach der höchstrichterlichen Rechtsprechung[134] werden hiervon Bestimmungen erfasst, die völlig außerhalb der für den Mietvertrag **typischen Vertragspflichten** stehen (z.B. betriebliche Leistungen, Darlehensgewährungen, Liefer- und Bezugspflichten). Es ist hierbei unter Berücksichtigung aller Umstände zu prüfen, warum und zu wessen

133 Vgl. insofern die BGH-Urteile v. 15.4.1955 – V ZR 118/53 – und v. 2.12.1970 – VIII ZR 77/69 –.
134 So der BGH zum Vorkaufsrecht, Urt. v. 13.6.1980 – V ZR 11/79 –: *„Den Vorkaufsberechtigten verpflichten solche Bestimmungen des Erstvertrages nicht, die wesensgemäß nicht zum Kaufvertrag gehören und sich darin als Fremdkörper darstellen. Das ist in der Regel der Fall bei einer Vertragsgestaltung, die völlig außerhalb des Abhängigkeitsverhältnisses zwischen Leistung und Gegenleistung des Kaufs liegt, so nur für den Vorkaufsfall getroffen wurde und den Parteien des Erstvertrages bei dessen Durchführung keine irgendwie gearteten Vorteile bringt.“*

Vorteil eine bestimmte Klausel für die Durchführung des Erstvertrages getroffen worden ist. Wird eine Vertragsgestaltung nur wegen der drohenden Ausübung des Vormietrechts gewählt – etwa eine zu Anfang überhöhte Miete –, ohne dass sie im Rahmen des Erstvertrages irgendwie geartete Vorteile für den Erstmieter oder den Vermieter bringt, so kann das regelmäßig dafür sprechen, dass sie mit dem eigentlichen Mietvertrag nichts mehr zu tun hat.

Beispiel
Eine für die ersten Monate vereinbarte völlig überhöhte Miete, die den vorrangigen Zweck hatte, den Berechtigten von der Ausübung des Vormietrechts abzuhalten, verpflichtet den Berechtigten nicht. Vielmehr ist in diesem Fall die Miete im Wege der ergänzenden Vertragslauslegung zu ermitteln, die die Parteien ohne einen solchen Vereitelungswillen vereinbart hätten.

Des Weiteren muss der Berechtigte solche **individuellen Nebenleistungen** nicht erbringen, zu denen sich der Dritte im Mietvertrag gegenüber dem Vermieter verpflichtet hat, zu deren Erbringung sich der Berechtigte aber außerstande sieht (§ 275 BGB, § 466 BGB analog), wie z.B. die Altenpflege durch nahe Verwandte.[135] Lässt sich die Nebenleistung **in Geld schätzen**, ist der Berechtigte des Vormietrechts zur Entrichtung des Werts der Leistung verpflichtet (§ 466 S. 1 BGB analog). 232

Lässt sich die Nebenleistung jedoch **nicht in Geld schätzen** und wurde die individuelle Nebenleistung mit dem Dritten ernsthaft, also ohne Vereitelungsabsicht des Vormietrechts vereinbart, und wäre der Mietvertrag mit dem Dritten ohne diese Nebenleistung nicht abgeschlossen worden, entfällt das Vormietrecht (§ 466 S. 2 BGB analog). Die praktischen Anwendungsfälle dürften im Gewerberaummietrecht jedoch eher selten sein. 233

Demgegenüber ist es für den Vermieter in der Praxis von viel größerer Bedeutung, dass er im Falle der Ausübung des Vormietrechts auch gegenüber dem Berechtigten verpflichtet ist, solche im Mietvertrag vorgesehenen **Begünstigungen** zu erfüllen, die er gerade nur im Hinblick auf die Person des Dritten (etwa wegen langjähriger geschäftlicher Beziehungen oder auch einer marktbeherrschenden Rolle eines Ankermieters) gewährt hat, wie etwa einen **Ausbaukostenzuschuss**, eine **mietfreie Zeit** oder **Sonderkündigungsrechte**. Denn bei solchen Regelungen handelt es sich um mietvertragstypische Regelungen, die auch dann auf den Berechtigten des Vormietrechts übergehen, wenn der Vermieter ihm gegenüber diese Zusagen nicht gemacht hätte (§ 464 Abs. 2 BGB analog). 234

135 Palandt/*Weidenkaff*, § 466 Rn 2.

5. Unübertragbarkeit

235 Das Vormietrecht ist grundsätzlich **nicht übertragbar**, wenn Vermieter und Berechtigter nicht ausdrücklich etwas anderes bestimmen (§ 473 S. 1 BGB analog). Allerdings gilt dies nicht für den durch Ausübung des Vormietrechts entstehenden Mietvertrag. Daher kann der Berechtigte sich grundsätzlich wirksam gegenüber einem beliebigen Dritten verpflichten, das Vormietrecht auszuüben und die hieraus entstandenen **Rechte an den Dritten abzutreten**. Dies bedeutet jedoch nicht, dass damit dieser Dritte ohne Weiteres, also ohne Zustimmung des Vermieters, Vertragspartner des Mietvertrages mit dem Vermieter wird. Vielmehr kommt der Mietvertrag durch Ausübung des Vormietrechts zwischen dem Berechtigten und dem Vermieter zustande. Soweit der Mietvertrag hier Regelung vorsieht und die gesetzlichen Beschränkungen nicht greifen (wie z.B. die eingeschränkte Möglichkeit zur Gebrauchsüberlassung an Dritte gem. § 553 BGB), hat der Berechtigte dann bereits im Voraus seine Rechte aus dem Mietvertrag an diesen Dritten abgetreten.

236 Das Vormietrecht ist grundsätzlich **nicht vererbbar**, wenn Vermieter und Berechtigter nicht ausdrücklich etwas anderes bestimmen (§ 473 S. 1 BGB analog). Ist das Vormietrecht in seiner Wirksamkeit zeitlich befristet worden, so ordnet das Gesetz an, dass dieses im Zweifel vererblich sein soll (§ 473 S. 2 BGB analog).

! **Praxistipp**
Wenn der Vermieter das Vormietrecht z.B. nicht nur auf den ersten Vormietfall, sondern auch in zeitlicher Hinsicht beschränken möchte, und handelt es sich bei dem Berechtigten um eine natürliche Person, sollte zusätzlich ausdrücklich ausgeschlossen werden, dass das Vormietrecht auf die Erben des Berechtigten übergeht, wenn dies nicht gewünscht ist.

III. Form der Vormietrechtsvereinbarung

237 Die Vormietrechtsvereinbarung ist grundsätzlich **formfrei** möglich. Insbesondere findet auf diese nicht die Formvorschrift des § 550 BGB Anwendung, da die Vormietrechtsvereinbarung selbst, wenn sie separat von einem Mietvertrag vereinbart wird, nicht auf einen Erwerber des Mietobjekts nach § 566 BGB übergeht, sodass der Zweck der gesetzlichen Schriftform, den Erwerber über den Inhalt eines Mietvertrages zu informieren, hier nicht greift.

238 Allerdings wird das Vormietrecht regelmäßig **im Rahmen eines bestehenden Mietvertrages** vereinbart. Da es sich in diesem Fall um eine wesentliche Bestimmung des Mietvertrages handelt, unterliegt diese dann der **für den Mietvertrag geltenden Form**. Findet auf den Mietvertrag die Regelung des **§ 550 BGB** Anwendung, so kann das Vormietrecht dementsprechend nicht (nachträglich) formfrei vereinbart werden. Dies würde zu einer Schriftformverletzung des Hauptmietvertrages mit der Rechtsfolge der ordentlichen Kündigungsmöglichkeit führen. Wird das Vormietrecht im Rahmen eines bestehenden Mietvertrages vereinbart, geht die Ver-

pflichtung aus dem Vormietrecht mit dem Mietvertrag auf den Erwerber des Mietobjekts über,[136] sodass der Zweck der gesetzlichen Schriftform, den Erwerber über den Inhalt eines Mietvertrages zu informieren, in diesem Fall greift.

Praxistipp
Wenn nach Abschluss des Mietvertrages noch ein Vormietrecht zugunsten des Mieters begründet werden soll, muss dies im Rahmen eines der Schriftform des § 550 BGB entsprechenden Nachtrages zum Mietvertrag erfolgen, wenn eine feste Mietlaufzeit von über einem Jahr vereinbart worden ist. Anderenfalls riskiert der Vermieter, dass der Mieter das Mietverhältnis trotz der vereinbarten Festmietlaufzeit jederzeit und ohne Angabe von Gründen mit der gesetzlichen Frist kündigen kann.

G. Mietoption

I. Bedeutung für die Praxis

Die Mietoption beschreibt das Recht des Berechtigten, durch einseitige empfangs- 239
bedürfte Willenserklärung (§ 130 BGB) einen bereits bestehenden Mietvertrag für eine bestimmte Laufzeit zu verlängern (**Verlängerungsoption**)[137] oder einen Mietvertrag erstmalig zu begründen (**Begründungsoption**). Nachfolgend wird die Begründungsoption dargestellt. Sie kann sowohl den Mieter als auch den Vermieter berechtigen. Der Abschluss einer Begründungsoption ist z.B. dann sinnvoll, wenn die Begründung des Mietverhältnisses zwar feststeht, einer Partei jedoch durch Einräumung der Option das Recht vorbehalten werden soll, selbst zu bestimmen, wann der Mietvertrag beginnt.

Im Gegensatz zum Anmietrecht kommt der **Vertrag unmittelbar** durch einseiti- 240
ge Willenserklärung des Berechtigten (Ausübung der Begründungsoption) **zustande**, während das (hier so definierte) **Anmietrecht** in der Regel nur zur Aufnahme von Vertragsverhandlungen berechtigt und der Vertrag erst und nur nach erfolgreichem Abschluss der Vertragsverhandlungen der Beteiligten zustande kommt.[138] Ebenso verschafft auch der **Miet-Vorvertrag** nur einen Anspruch auf Abschluss eines Hauptmietvertrages entsprechend der Bestimmungen des Miet-Vorvertrages. Auch insoweit ist noch die Mitwirkung der anderen Partei erforderlich, da der Haupt-Mietvertrag erst durch gesonderten Abschluss zustande kommt.[139] Demgegenüber steht bei der Begründungsoption der Inhalt des durch die Ausübung der Option zustande kommenden Mietvertrages bereits final fest, während beim Anmietrecht noch unklar

136 BGH, Urt. v. 2.12.1970 – VIII ZR 77/69 –.
137 Siehe hierzu Kap. 2 Rn 369 ff.
138 Siehe hierzu oben Rn 206 ff.
139 Siehe hierzu oben Rn 139 ff.

ist, ob überhaupt und zu welchen Bedingungen eine Neuvermietung stattfindet, und beim Miet-Vorvertrag in der Regel nur die wesentlichen Bedingungen festgehalten werden, der eigentliche Haupt-Mietvertrag aber noch nicht final ausverhandelt ist.

II. Form der Optionsvereinbarung und Form und Frist der Optionserklärung

241 Die Optionsvereinbarung kann **grundsätzlich formlos** und daher auch mündlich abgeschlossen werden. Insbesondere der Vermieter sollte indessen – nicht nur zu Beweiszwecken – darauf drängen, dass der Mietvertrag im Detail schriftlich ausformuliert wird. Denn mangels abweichender vertraglicher Vereinbarungen käme mit Zugang der Optionserklärung beim Anbietenden ein Mietvertrag zu den gesetzlichen Bestimmungen der §§ 535 ff. BGB zustande, die eher mieterfreundlich ausgestaltet sind. Da die Begründungsoption unmittelbar auf das Zustandekommen des Mietvertrages abzielt, müssen sich die Vertragsparteien grundsätzlich über alle **wesentlichen Vertragspunkte** einigen.

242 Ob darüber hinaus jedoch die **Formvorschriften** des § 550 BGB anwendbar sind, wenn die Optionsvereinbarung einen Mietvertrag mit einer Laufzeit von mehr als einem Jahr betrifft, hängt davon ab, in welcher Rechtsform die Optionsvereinbarung im Einzelfall vertraglich ausgestaltet wird. Es kommen hierfür insbesondere folgende Möglichkeiten in Betracht:

- **Aufschiebend bedingter** Abschluss eines Mietvertrages, wobei die **aufschiebende Bedingung** die Optionserklärung der entsprechend berechtigten Partei darstellt
  Wird der so aufschiebend bedingte Mietvertrag mit einer Mietlaufzeit von mehr als einem Jahr abgeschlossen, finden die Formvorschriften gem. § 550 BGB Anwendung.[140] In diesem Fall ist die **Optionserklärung** formfrei möglich und dennoch die ggf. gem. § 550 BGB erforderliche Schriftform gewahrt, wenn diese durch den aufschiebend bedingten Mietvertrag gewahrt wurde. Der Mietvertrag wird dann grundsätzlich mit Abgabe der Optionserklärung (= Eintritt der aufschiebenden Bedingung) wirksam.
- **Rechtlich verbindliches Angebot** des Anbietenden auf Abschluss eines Mietvertrages
  Ein solches Angebot ist grundsätzlich formfrei möglich, und zwar auch dann, wenn es den Abschluss eines Mietvertrages mit einer Festlaufzeit von mehr als einem Jahr zum Gegenstand hat. § 550 BGB findet in diesem Fall keine Anwendung, da noch kein Mietvertrag vorliegt, sondern lediglich das **Angebot** auf Abschluss eines solchen. Insbesondere bedarf es in diesem Fall auch nicht des

140 Schmidt-Futterer/*Blank*, Vorb. zu § 535 Rn 123.

durch diese Formvorschrift verfolgten Schutzes des **Grundstückserwerbers,**[141] da das bloße Angebot auf Abschluss eines Mietvertrages – anders als der Mietvertrag – nicht automatisch auf einen Erwerber nach § 566 BGB übergeht. Der Mietvertrag kommt in diesem Fall erst mit **Zugang der Optionserklärung** beim Anbietenden zustande (§ 147 BGB).[142] Soll der Mietvertrag für eine Laufzeit von mehr als einem Jahr abgeschlossen werden und erfüllen weder das Angebot noch die Optionserklärung (Annahme) die Formerfordernisse des § 550 BGB, muss der **Mietvertrag** nochmals formwirksam abgeschlossen werden, um die Rechtsfolge der vorzeitigen Kündigungsmöglichkeit zu vermeiden.[143]

Praxistipp **!**
Wie die Parteien letztendlich die Optionsvereinbarung ausgestalten, bleibt den Parteien überlassen. Soweit die Optionsvereinbarung aber bereits Verpflichtungen des Berechtigten regelt (etwa die Übernahme von Vertragskosten oder bestimmte Fristen, innerhalb derer die Optionserklärung abzugeben ist), ist diese auch von dem Berechtigten verbindlich zu vereinbaren (z.B. zu unterzeichnen), da die betreffenden Regelungen ansonsten einseitig bleiben und den Berechtigten nicht binden (Vertrag zulasten Dritter). In diesem Fall dürfte die Optionsvereinbarung regelmäßig rechtlich als aufschiebend bedingter Mietvertrag zu qualifizieren sein.

Um Rechtssicherheit zu schaffen, bietet es sich an, die Möglichkeit der Optionsausübung zeitlich zu befristen. Fehlt eine solche ausdrückliche **Befristung**, ist umstritten, wie lange die Option tatsächlich ausgeübt werden kann. Im Falle des Abschlusses eines aufschiebend bedingten Mietvertrages dürfte jedenfalls in analoger Anwendung des § 544 BGB der Berechtigte nach Ablauf von **30 Jahren** mit der Ausübung des Optionsrechts ausgeschlossen sein.[144] Im Falle eines verbindlichen Angebots auf Abschluss eines Mietvertrages kann die Optionserklärung und damit die Annahme des Angebots nur bis zu dem Zeitpunkt abgegeben werden, bis zu dem der Anbietende noch **mit dem Eingang der Optionserklärung rechnen** durfte (§ 147 Abs. 2 BGB).[145] 243

Praxistipp **!**
Um derartige Unsicherheiten zu vermeiden, sollte das Optionsrecht ausdrücklich zeitlich befristet werden.

141 Siehe Kap. 2 Rn 70 und Rn 146.
142 Palandt/*Ellenberger*, § 147 Rn 1.
143 Siehe hierzu Kap. 2 Rn 385 f.
144 So z.B. MAH Mietrecht/*Gößl*, § 45 Rn 97.
145 So z.B. MüKo-BGB/*Häublein*, § 535 Rn 27.

III. Rechtsfolgen

244 Mit Abgabe und Zugang der Optionserklärung beim Vermieter kommt der **Mietvertrag** unmittelbar und direkt zustande.

IV. Beendigung

245 Sofern nichts anderes vorgesehen ist, ist die Mietoption seitens des Verpflichteten grundsätzlich weder durch **Widerruf** noch durch **Rücktritt** oder **Kündigung** zu beenden. Dies begründet sich damit, dass die Mietoption entweder rechtlich als verbindliches Vertragsangebot zu qualifizieren ist und mithin der Verpflichtete an dieses Angebot mangels abweichender Regelung gem. § 145 BGB gebunden ist oder die Mietoption als aufschiebend bedingter Mietvertrag zu qualifizieren ist.

246 In analoger Anwendung des § 314 BGB muss dann etwas anderes gelten, wenn sich die zur Zeit der Abgabe des Vertragsangebots bzw. zum Zeitpunkt des Abschlusses des aufschiebend bedingten Vertrages vorliegenden bzw. voraussehbaren Umstände wesentlich verändern. In diesem Fall muss ein **Widerruf** des Vertragsangebots dann zulässig sein, wenn aus Sicht des Berechtigten erkennbar ist, dass der Verpflichtete, wenn er diese Umstände vorhergesehen hätte, sein Vertragsangebot, so wie geschehen, nicht abgegeben hätte. Der aufschiebend bedingte Vertrag ist in diesem Fall **außerordentlich kündbar**.

247 Der Berechtigte kann hingegen grundsätzlich auf die Mietoption einseitig **verzichten**.

! **Praxistipp**
Es sollte bereits ausdrücklich festgehalten werden, wann das Vertragsangebot widerrufen werden kann bzw. wann der aufschiebend bedingte Vertrag gekündigt oder durch Rücktritt beendet werden kann.

H. Das Allgemeine Gleichbehandlungsgesetz (AGG)

I. Bedeutung für die Praxis

248 Das Allgemeine Gleichbehandlungsgesetz (AGG) ist am 18.8.2006 in Kraft getreten und dient der Umsetzung von vier EU-Gleichbehandlungsrichtlinien[146] in deutsches

146 (1) RL 2000/43/EG des Rates v. 29.6.2000 zur Anwendung des Gleichbehandlungsgrundsatzes ohne Unterschied der Rasse oder der ethnischen Herkunft (ABl. EG Nr. L 180 S. 22), (2) RL 2000/78/EG des Rates v. 27.11.2000 zur Festlegung eines allgemeinen Rahmens für die Verwirklichung der

nationales Recht. Der Schwerpunkt des AGG liegt auf dem **Schutz vor Diskriminierung** in Beschäftigung und Beruf. Neben den arbeitsrechtlich relevanten Bestimmungen sieht das AGG aber auch Vorschriften zum **Schutz vor Benachteiligung im Zivilrechtsverkehr** vor. Ziel des Allgemeinen Gleichbehandlungsgesetzes (AGG) ist es, Benachteiligungen aus Gründen der Rasse oder wegen der ethnischen Herkunft, des Geschlechts, der Religion oder Weltanschauung, einer Behinderung, des Alters oder der sexuellen Identität zu verhindern oder zu beseitigen.

Schon bisher galt zwar der in Art. 3 Grundgesetz (GG) normierte Grundsatz der 249 Gleichbehandlung, dies allerdings nur für das Handeln des Staates. Im Verhältnis der Bürger untereinander ist Art. 3 GG, wie alle Normen des öffentlichen Rechts, grundsätzlich nicht anwendbar. Die Besonderheit des Allgemeinen Gleichbehandlungsgesetzes liegt darin, dass es als **Schutzgesetz** in den Privatrechtsverkehr eingreift und damit die **Privatautonomie einschränkt**. Das Gesetz findet grundsätzlich auch Anwendung bei der Begründung, Durchführung und der Beendigung von gewerblichen Mietverträgen und schränkt den Vermieter – aber auch den entsprechend marktstarken Mieter, der sich seine Vermieter aussuchen kann – bei der Wahl seines Mietvertragspartners ein bzw. erlegt ihm ein Benachteiligungsverbot auf.

II. Zivilrechtliches Benachteiligungsverbot

Das AGG sieht vor, dass eine **Benachteiligung** aus Gründen der Rasse oder wegen 250 der ethnischen Herkunft, wegen des Geschlechts, der Religion, einer Behinderung, des Alters oder der sexuellen Identität bei der **Begründung**, **Durchführung** und **Beendigung zivilrechtlicher Schuldverhältnisse** unzulässig ist (§ 19 Abs. 1 Nr. 1 AGG), die

- typischerweise ohne Ansehen der Person zu vergleichbaren Bedingungen in einer Vielzahl von Fällen zustande kommen (**Massengeschäfte**) oder
- die zu vergleichbaren Bedingungen in einer Vielzahl von Fällen zustande kommen kann und bei denen das Ansehen der **Person** nach der Art des Schuldverhältnisses eine **nachrangige Bedeutung** hat.

Gleichbehandlung in Beschäftigung und Beruf (ABl. EG Nr. L 303 S. 16), (3) RL 2002/73/EG des Europäischen Parlaments und des Rates v. 23.9.2002 zur Änderung der Richtlinie 76/207/EWG des Rates zur Verwirklichung des Grundsatzes der Gleichbehandlung von Männern und Frauen hinsichtlich des Zugangs zur Beschäftigung, zur Berufsbildung und zum beruflichen Aufstieg sowie in Bezug auf die Arbeitsbedingungen (ABl. EG Nr. L 269 S. 15) und (4) RL 2004/113/EG des Rates v. 13.12.2004 zur Verwirklichung des Grundsatzes der Gleichbehandlung von Männern und Frauen beim Zugang zu und bei der Versorgung mit Gütern und Dienstleistungen (ABl. EU Nr. L 373 S. 37).

251 Typischerweise ist jedoch im Gewerberaummietrecht gerade die Person des Vertragspartners bei der Entscheidung für einen bestimmten Mieter maßgeblich, sodass in der Regel kein Massengeschäft nach der vorstehenden Definition vorliegen dürfte. Im Einzelfall kann allenfalls die zweite Fallvariante einschlägig sein. So dürfte z.B. bei Mietverträgen über **kleinere Ladeneinheiten** in **Einkaufscentern**, die eine **hohe Mieterfluktuation** aufweisen, mitunter *„das Ansehen der Person eine nachrangige Bedeutung"* haben und diese Mietverträge *„zu vergleichbaren Bedingungen in einer Vielzahl von Fällen zustande kommen."*

252 Liegen in diesem Sinne weder die Voraussetzungen eines Massengeschäfts vor und ist auch die Person des Mieters nicht von nachrangiger Bedeutung, ist der Vermieter gleichwohl verpflichtet, bei der Auswahl seines Mieters nicht wegen der Rasse oder der ethnischen Herkunft zu diskriminieren, wenn der Abschluss des Mietvertrages ***„der Öffentlichkeit zur Verfügung steht"*** (§ 19 Abs. 2 i.V.m. § 2 Abs. 1 Nr. 8 AGG), d.h., wenn der Abschluss des Mietvertrages z.B. in Annoncen und Inseraten öffentlich ausgeschrieben wird.

253 Liegt objektiv eine Benachteiligung im Sinne des AGG vor, kann diese im Einzelfall **gerechtfertigt** sein und damit **sanktionslos** bleiben. Gerechtfertigt ist eine **Ungleichbehandlung** dann, wenn für eine unterschiedliche Behandlung wegen der Religion, einer Behinderung, des Alters, der sexuellen Identität oder des Geschlechts ein **sachlicher Grund** vorliegt. Als sachliche Gründe werden im AGG folgende, nicht abschließende Beispiele aufgeführt (§ 20 Abs. 1 AGG):

254 Die Ungleichbehandlung
- dient der Vermeidung von Gefahren, der Verhütung von Schäden oder anderen Zwecken vergleichbarer Art,
- trägt dem Bedürfnis nach Schutz der Intimsphäre oder der persönlichen Sicherheit Rechnung,
- gewährt besondere Vorteile und ein Interesse an der Durchsetzung der Gleichbehandlung fehlt oder
- knüpft an die Religion eines Menschen an und ist im Hinblick auf die Ausübung der Religionsfreiheit oder auf das Selbstbestimmungsrecht der Religionsgemeinschaften, der ihnen zugeordneten Einrichtungen ohne Rücksicht auf ihre Rechtsform sowie der Vereinigungen, die sich die gemeinschaftliche Pflege einer Religion zur Aufgabe machen, unter Beachtung des jeweiligen Selbstverständnisses gerechtfertigt.

255 Der Mieter, der einen **Verstoß** gegen das Benachteiligungsverbot behauptet, muss (nur) die **Indizien** darlegen und beweisen, die eine Verletzung dieses Verbots vermuten lassen. Es obliegt sodann dem Vermieter zu beweisen, dass kein Verstoß gegen die Bestimmungen zum Schutz vor Benachteiligung vorgelegen hat (§ 22 AGG). Diese **Beweislastumkehr** trägt dem Umstand Rechnung, dass der abgelehnte Mietinteressent, der die Verletzung geltend macht, anderenfalls Tatsachen darlegen und beweisen müsste, die sich üblicherweise seinem Wahrnehmungsbereich entziehen

(z.B. dass für den Vermieter die Person des Mieters von untergeordneter Bedeutung ist und er den Mietvertrag zu vergleichbaren Bedingungen in einer Vielzahl von Fällen abschließt).

III. Rechtsfolgen

Bei einer nicht gerechtfertigten Ungleichbehandlung hat der Benachteiligte Beseitigungs-, Unterlassungs- und materielle/immaterielle Schadensersatzansprüche, die jeweils innerhalb einer Frist von zwei Monaten geltend gemacht werden müssen (§ 21): 256

- **Anspruch auf Beseitigung** der Benachteiligung (§ 21 Abs. 1 S. 1 AGG);
- **Anspruch auf Unterlassung** künftiger Benachteiligungen (§ 21 Abs. 1 S. 2 AGG);
- **Schadensersatzanspruch** gerichtet auf Ersatz des materiellen Schadens (§ 21 Abs. 2 S. 1 AGG) oder Ersatz des immateriellen Schadens (§ 21 Abs. 2 S. 3 AGG);
- **Ansprüche aus unerlaubter Handlung**, die in erster Linie ebenfalls auf Schadensersatz gerichtet sind (§ 21 Abs. 3 AGG, §§ 823ff. BGB).

Bei dem Anspruch auf Beseitigung der Benachteiligung (§ 21 Abs. 1 S. 1 AGG), der ein 257 Verschulden des Vermieters nicht voraussetzt, ist fraglich, ob der Mieter als Beseitigung den Abschluss des gewünschten Mietvertrages verlangen kann (**Kontrahierungsanspruch**). Dies stellt einen sehr weitgehenden Eingriff in die **Privatautonomie** des Vermieters dar, der insbesondere bei einem langfristigen Mietvertrag nicht mehr gerechtfertigt erscheint. In der Literatur wird dieser Kontrahierungsanspruch aber überwiegend befürwortet.[147] Da diese Frage noch nicht höchstrichterlich entschieden ist, besteht daher das ernstzunehmende Risiko, dass der enttäuschte Mieter erfolgreich seinen Kontrahierungsanspruch gerichtlich durchsetzt. Prozessual hat er hierzu ein eigenes Mietvertragsangebot zu unterbreiten und den Klageantrag auf die Annahme durch den Vermieter zu richten. Mit Rechtskraft des stattgebenden Urteils käme dann der Mietvertrag zustande, ohne dass ein weiteres Zutun des Vermieters erforderlich ist. Die Annahmeerklärung des Vermieters würde durch das Urteil ersetzt werden (§ 894 ZPO).

Der Kontrahierungsanspruch ist dann nicht erfolgreich durchsetzbar, wenn die 258 Beseitigung nicht mehr möglich ist, weil der Vermieter z.B. bereits mit einem anderen Mietinteressenten einen wirksamen Mietvertrag abgeschlossen hat (§ 275 BGB). Der enttäuschte Mietinteressent ist dann auf **Schadensersatz** in Geld verwiesen.

---

147 Vgl. Lindner-Figura/Oprée/Stellmann/*Stellmann*, Kap. 3 Rn 90 m.w.N.

Praxistipp
Wenn der Vermieter sich aus Gründen für einen anderen Mieter entscheidet, die ggf. eine Verletzung des Benachteiligungsverbots gemäß AGG darstellen können, aber in jedem Fall den Vertragsschluss mit dem unerwünschten Mieter verhindern möchte, sollten umgehend Fakten geschaffen und der Mietvertrag mit dem Wunschmieter abgeschlossen werden. Bei den wirtschaftlichen Erwägungen sollte dann aber in jedem Fall einkalkuliert werden, dass der enttäuschte Mietinteressent unter Umständen erfolgreich Schadensersatz in Geld geltend machen kann.

259 Der Schadensersatzanspruch gem. § 21 Abs. 2 S. 1 AGG (Ersatz des materiellen Schadens) und gem. § 21 Abs. 2 S. 3 AGG (Ersatz des immateriellen Schadens) setzt ein Verschulden des Vermieters voraus. Dieses wird allerdings **vermutet**; es obliegt dann dem Vermieter zu beweisen, dass er nicht schuldhaft die Bestimmungen des AGG verletzt hat (§ 21 Abs. 2 S. 2 AGG). Dies wird in der Praxis nur sehr schwer möglich sein.

260 Die **Abwehransprüche** nach § 21 Abs. 1 AGG (**Beseitigung** und **Unterlassung**) und die **Schadensersatzansprüche** nach § 21 Abs. 2 AGG sind binnen **zwei Monaten** seit ihrer gesetzlichen Entstehung geltend zu machen, unabhängig davon, ob der Mietinteressent hiervon überhaupt Kenntnis haben konnte (§ 21 Abs. 5 AGG). Die Frist beginnt dementsprechend bereits in dem Moment zu laufen, in dem die Diskriminierung vollendet wurde. Allerdings hält das Gesetz für den Mietinteressenten noch eine Rettungsmöglichkeit bereit. Denn der Ablauf der Ausschlussfrist führt dann nicht zum Anspruchsuntergang, wenn der Mietinteressent ohne Verschulden an der Einhaltung der Frist verhindert war (§ 21 Abs. 5 S. 2 AGG). Dies wird dazu führen, dass in der Praxis regelmäßig dargelegt werden wird, dass man etwa wegen Krankheit, Abwesenheit oder dergleichen **unverschuldet keine Kenntnis** nehmen konnte und daher die Frist noch nicht verstrichen ist.

261 Bei Ausschluss der Abwehr- und Schadensersatzansprüche wegen Ablaufs der Zwei-Monats-Frist bleiben dem Mietinteressenten darüber hinaus noch die **gewöhnlichen Schadensersatzansprüche** nach den Vorschriften des Bürgerlichen Gesetzbuches zum Deliktsrecht (§ 21 Abs. 3 AGG, §§ 823 ff. BGB). Hier greift zwar grundsätzlich keine Beweislastumkehr zugunsten des Mietinteressenten ein. Er muss also das Verschulden des Vermieters darlegen und beweisen. Auf diese Ansprüche findet aber die Ausschlussfrist von zwei Monaten keine Anwendung.

Praxistipp
Zwar können im Einzelfall gute Gründe vorliegen, die Anwendung des Benachteiligungsverbots gemäß AGG abzulehnen. Insbesondere Vermieter, die laufend viele gleichartige Mietverträge abschließen, bei denen die Person des jeweiligen Mieters in den Hintergrund tritt (z.B. betreffend kleinere Ladeneinheiten mit häufig wechselnden Mietern), sollten sich jedoch vor den Rechtsfolgen des AGG schützen und

- etwa eine Bewertungsmatrix aufstellen, die sachliche Kriterien für die Mieterauswahl zur Grundlage hat und/oder
- Ablehnungsschreiben verwenden, die im Hinblick auf das gesetzliche Benachteiligungsverbot gemäß AGG keine Angriffsfläche bieten.

Kapitel 2
Vertragsparteien/Vertragsgegenstand/Vertragsschluss/Mietdauer/Schriftform

A. Vertragsparteien

I. Allgemeines

Klarheit über die Vertragsparteien zu haben, ist in vielerlei Hinsicht entscheidend. 1
Bereits für das Zustandekommen des Mietvertrages ist die **Einigung über die Mietvertragsparteien** essentiell.[1] Ferner werden Vermieter und Mieter durch das Mietverhältnis eng miteinander verbunden, in rechtlicher Hinsicht durch den Mietvertrag und in faktischer Hinsicht durch die Mietsache.[2] Grundsätzlich richten sich Ansprüche und Rechte aus dem Mietvertrag nur gegen die die jeweilige Vertragspartei selbst. Insoweit ist ein Interesse der Parteien an der Identität des jeweils anderen Vertragspartners nicht nur evident, sondern für die Durchsetzung von Ansprüchen und Rechten aus dem Mietvertrag entscheidend. Nicht zuletzt für die im Rahmen einer gerichtlichen Durchsetzung erforderliche Aktiv- oder Passivlegitimation, also Anspruchsinhaber oder Anspruchsgegner zu sein, ist dies von Bedeutung.

Entsprechendes gilt auch für die **Wirksamkeit von Willenserklärungen**, de- 2
ren Zugang für die Wirksamkeit grundsätzlich gegenüber dem jeweiligen Vertragspartner zu erfolgen hat.[3] Will beispielsweise der Vermieter Zahlungsansprüche gegen den säumigen Mieter geltend machen, muss er wissen, gegen wen er vorgehen muss. Diese Informationen über die Vertragsparteien, den Mieter und Vermieter, sind (idealerweise) im Rubrum eines Mietvertrages enthalten.

Vertragsparteien können sowohl **natürliche** als auch **juristische Personen** 3
oder **Personenmehrheiten** sein. Unter den natürlichen Personen nehmen Parteien kraft Amtes, die aufgrund eines ihnen übertragenen Amtes tätig werden, eine Sonderstellung ein.[4] In der Praxis dürfte dies regelmäßig der Insolvenzverwalter sein, der kraft Amtes sowohl für den insolventen Vermieter als auch den insolventen Mieter rechtsgeschäftliche Erklärungen abgibt und entgegennimmt und damit Partei kraft Amtes ist.[5]

---

1 BGH, Urt. v. 7.3.2007 – XII ZR 40/05 – NJW 2007, 1817; BGH, Urt. v. 11.9.2002 – XII ZR 187/00 – NJW 2002, 3389; BGH, Urt. v. 17.7.2002 – XII ZR 86/01 – NJW 2002, 3322; BGH, Urt. v. 5.11.1997 – VIII ZR 55/97 – NJW 1998, 595.
2 Dauner-Lieb/Langen/*Klein-Blenkers*, vor §§ 535–580a Rn 3.
3 *Horst*, DWW 2009, 53.
4 *Schulz*, PiG Bd. 70 (2005), 1, 5.
5 BeckOK-ZPO/*Reichling*, § 116 Rn 2.

4 Zu beachten ist dabei allerdings, dass der Vermieter einer Immobilie nicht notwendigerweise gleichzeitig ihr **Eigentümer** sein muss,[6] denn eine Berechtigung zu Vermietung an einen anderen kann sich auch aus einem dinglichen oder vertraglichen Recht ergeben.[7] So kann es vorkommen, dass im Falle eines Nießbrauchs oder Erbbaurechts der Eigentümer als Mieter einen Mietvertrag mit einem Vermieter abschließt, der dazu aufgrund eines Nießbrauchs- oder Erbbaurechts in der Lage ist.[8]

5 Dem **Rubrum eines Mietvertrages** sind die Vertragsparteien zu entnehmen. Ihm kommt daher eine zentrale Bedeutung bei der Bestimmung der Vertragsparteien zu. Idealerweise enthält dieser nicht nur die Namen aller Vertragsparteien mit ihrer möglichst genauen Bezeichnung, sondern auch etwaige in der jeweiligen Rechtsform der Vertragspartei begründete Besonderheiten. Daneben sollten auch die jeweiligen Vertretungsregelungen von juristischen Personen und alle zu einer Personenmehrheit gehörenden Personen im Vertragsrubrum aufgeführt werden.[9] Empfehlenswert ist weiterhin, dass die Vertragsparteien unter der Bezeichnung des vollen Namens, der aktuellen Adresse und juristische Personen unter Nennung der jeweiligen Handelsregisternummer nebst Registergericht aufgeführt werden.

6 In der Praxis kommt es jedoch häufig vor, dass die Angaben im Vertragsrubrum nicht nur ungenau oder falsch sind, sondern von den Angaben in den Unterschriftsfeldern abweichen.[10] Auch derartige **Unklarheiten** können auf die Wirksamkeit des Mietvertrages durchschlagen. Jedenfalls aber werden die Durchsetzung von mietvertraglichen Ansprüchen und Rechten sowie die Frage nach der haftenden Partei durch derartige Ungenauigkeiten erschwert.

7 In der Praxis sind Unklarheiten über die Vertragsparteien zunächst im Wege der **Auslegung des Mietvertrages** gem. §§ 133, 157 BGB zu klären.[11] Allerdings, aus diesem Grunde ist besondere Sorgfalt geboten, sind die **Angaben im Vertragsrubrum vorrangig.**[12] Von derartigen Ungenauigkeiten sind jedoch die zwingenden Voraussetzungen für das Zustandekommen eines wirksamen Mietvertrages und die Erfordernisse an die Einhaltung der gesetzlichen Schriftform nach § 550 BGB zu unterscheiden.

8 Für das Zustandekommen des Mietvertrages ist es grundsätzlich ausreichend, wenn die Parteien eines Mietvertrages zumindest identifizierbar bzw. bestimmbar sind.[13] Etwaige Unklarheiten sind im Zweifel durch Auslegung zu ermitteln. Sollten

6 Schmidt-Futterer/*Blank*, vor § 535 Rn 1.
7 *Neuhaus*, Kap. 6 Rn 6.
8 *Schulz*, PiG Bd. 70 (2005), 1, 5.
9 Grüter/Wisselmann/Zwißler/*Grüter*, § 2 Rn 78.
10 *Neuhaus*, Kap. 6 Rn 3.
11 Lindner-Figura/Oprée/Stellmann/*Tischler*, Kap. 2 Rn 120.
12 KG Berlin, Urt. v. 20.12.2012 – 12 U 139/11 – MietRB 2013, 144.
13 BGH, Urt. v. 11.9.2002 – XII ZR 187/00 – NJW 2002, 3389.

auch nach einer Auslegung die Parteien des Mietvertrages nicht oder nicht hinreichend bestimmbar sein, so kann dies je nach Sachlage verschiedene **Rechtsfolgen** haben:

- Bereits der wirksame Abschluss eines Mietvertrages kann angezweifelt werden, da wesentliche Vertragsbestandteile – neben den Hauptleistungspflichten sind das auch die Parteien des Mietvertrages – nicht vereinbart sind.[14]
- Die Parteien kann im Falle einer Rechtsnachfolge ggf. eine Auskunftspflicht nach § 280 BGB treffen, wenn aufgrund der Rechtsnachfolge nicht eindeutig bestimmbar ist, wer Vertragspartei ist.[15]

Weitere Beispiele zu den möglichen Rechtsfolgen, insbesondere hinsichtlich der Schriftform, sind der höchstrichterlichen Rechtsprechung zu entnehmen.[16]

Praxistipp !

Informationen über die Vertragsparteien sind nach dem Gesagten von essentieller Bedeutung. Dies gilt sowohl im Rahmen des Abschlusses von Mietverträgen als auch im Rahmen der Ankaufs- oder Verkaufsprüfung einer Immobilie (**Due Diligence**). Deshalb sollten aussagekräftige Auskünfte über die jeweiligen Parteien bereits in der jeweiligen Planungs- oder Anbahnungsphase eingeholt werden. Gerade vor der dem Hintergrund eines möglichen Finanzierungserfordernisses bei dem Erwerb oder der Veräußerung einer Immobilie und möglicher Auswirkungen auf die Schriftform ist die Durchsicht und Prüfung folgender Dokumente anzuempfehlen:

- Grundbuchauszug;
- Handelsregisterauszug;
- Wirtschaftsauskunft;
- Gesellschaftsverträge;
- bei natürlichen Personen der Personalausweis;
- Vollmachten.[17]

Dadurch und durch eine entsprechende Darstellung im Vertragsrubrum können Fehler bei der Vertretungsbefugnis, die sich auf die Wirksamkeit des Mietvertrages durchschlagen können, verhindert werden. Gegebenenfalls ist es auch empfehlenswert, etwaige Empfangsbevollmächtigte bereits mietvertraglich, sei es im Vertragsrubrum oder im Mietvertragstext selbst, zu fixieren. Gerade bei Parteien, die keinen Geschäftssitz im Inland haben oder bei denen eine Willenserklärung im Ausland zugestellt werden muss, ist dies zu empfehlen. Dadurch können in Streitfällen auch Beweisprobleme bezüglich des Zugangs vermieden werden.

---

14 BGH, Urt. v. 15.6.2005 – XII ZR 82/02 – NZM 2005, 704; BGH, Urt. v. 11.9.2002 – XII ZR 187/00 – NJW 2002, 3389.

15 *Neuhaus*, Kap. 6 Rn 7.

16 *Neuhaus*, Kap. 6 Rn 7; LG Kiel, Urt. v. 8.3.2010 – 18 O 233/09 – ZMR 2010, 532.

17 BGH, Urt. v. 7.5.2008 – XII ZR 69/06 – NJW 2008, 2178.

II. Natürliche Personen als Vertragspartei

9 Bei natürlichen Personen als Parteien eines Mietvertrags ist die Rechts- und Geschäftsfähigkeit des jeweiligen Rechtssubjektes stets Voraussetzung.

1. Allgemeines

a) Bezeichnungen im Rubrum

10 Bei natürlichen Personen sollte im Vertragsrubrum exakt bezeichnet werden, wer Vertragspartei wird durch Nennung des vollen Vor- und Nachnamens, ggf. Namenszusätze und Geburtsname sowie die vollständige Adresse. Es empfiehlt sich zudem die Angabe des Geburtsdatums, um beispielsweise bei Namensgleichheit eines Elternteils mit Kindern die richtige Zuordnung treffen zu können. Hilfreich ist auch die Vorlage eines gültigen Personalausweises, um Fehlern bei der Schreibweise des Namens vorzubeugen und letztlich eine gewisse Sicherheit über die Identität des Vertragspartners zu bekommen.

b) Geschäftsfähigkeit

11 Bei natürlichen Personen – auch wenn diese als Organ für eine Gesellschaft handeln – muss neben der Rechtsfähigkeit auch die Geschäftsfähigkeit gegeben sein. Anderenfalls muss die Willenserklärung nach § 104 BGB vom gesetzlichen Vertreter abgegeben werden.[18] Geschäftsunfähig ist nach § 104 BGB jede natürliche Person, die das siebente Lebensjahr nicht vollendet hat oder sich in einem, die freie Willensbestimmung ausschließenden Zustand krankhafter Störung der Geistestätigkeit befindet, sofern nicht der Zustand seiner Natur nach ein vorübergehender ist.

12 Ein mit dem Geschäftsunfähigen selbst abgeschlossener Mietvertrag kann jedoch von diesem selbst nach Wegfall der Geschäftsunfähigkeit gem. § 141 Abs. 1 BGB bestätigt werden. Die **Bestätigung** ist dabei als erneute Vornahme des nichtigen Rechtsgeschäfts zu beurteilen und unterscheidet sich von einem völlig neuen Rechtsgeschäft durch mehrfache Erleichterungen: Es soll genügen, dass sich die bisherigen Beteiligten in Kenntnis ihrer seinerzeitigen Erklärungen oder Vereinbarungen auf deren Boden stellen, sodass eine erneute rechtsgeschäftliche Erklärung nicht in allen Einzelheiten erforderlich ist.[19] Die Regelung des § 141 BGB stellt auf den Willen der Parteien ab, die ein Interesse am Vollzug eines Rechtsgeschäfts haben, wenn die Gründe, die zur Unwirksamkeit geführt haben, weggefallen sind.[20]

---

18 Schmidt-Futterer/*Blank*, vor § 535 Rn 236; MAH Mietrecht/*Schneider*, § 49 Rn 6.
19 MüKo-BGB/*Busche*, § 141 BGB Rn 1.
20 BGH, Urt. v. 1.10.1999 – V ZR 168-98 – NJW 1999, 3704.

Handelt es sich um eine **beschränkt geschäftsfähige** natürliche Person i.S.v. § 106 BGB (Minderjährige ab 7 Jahren), so kann der Mietvertrag auch durch Einwilligung oder Genehmigung der gesetzlichen Vertreter wirksam geschlossen werden (vgl. §§ 107, 108 BGB). 13

Soll ein Mietvertrag länger als ein Jahr nach dem Eintritt der Volljährigkeit eines Minderjährigen fortdauern, so muss das **Vormundschaftsgericht** den Mietvertrag nach §§ 1643 Abs. 1, 1822 Nr. 5 BGB genehmigen, und zwar unabhängig davon, ob der Vertrag durch den Minderjährigen (§§ 106, 112 BGB), den Vormund oder die Eltern geschlossen wird.[21] Es besteht auch die Möglichkeit, dass ein Minderjähriger gem. § 112 BGB mit Ermächtigung der gesetzlichen Vertreter und Genehmigung des Vormundschaftsgerichts ein Erwerbsgeschäft selbstständig betreibt. Will der Minderjährige in einem solchen Fall einen Mietvertrag als Vertragspartei abschließen, so sollten sowohl die Ermächtigung als auch die Genehmigung vorgelegt und idealerweise mit dem Mietvertrag fest verbunden werden.[22] Darüber hinaus verbleibt es bei der Notwendigkeit einer eigenen Genehmigung des Vormundschaftsgerichts auch beim selbstständigen Erwerbsgeschäft gem. § 112 Abs. 1 S. 2 BGB, wenn der Mietvertrag länger als ein Jahr nach dem Eintritt der Volljährigkeit fortdauern soll. 14

c) Gesetzliche und rechtsgeschäftliche Stellvertretung

Abgesehen von den gesetzlich vorgesehenen Fällen einer Vertretungsmacht (§ 1629 Abs. 1 BGB, § 78 AktG, § 35 GmbHG) werden natürliche Personen in den meisten Fällen durch rechtsgeschäftlich erteilte Vollmachten vertreten (§§ 164 ff. BGB). Charakteristisch für das stellvertretende Handeln ist, dass der Vertreter die Willenserklärung im Namen des Vertretenen bei bestehender Vertretungsmacht abgibt.[23] Dabei beinhaltet **Vertretungsmacht** die Rechtsmacht, mit Wirkung für einen Anderen Willenserklärungen abgeben oder entgegennehmen zu können.[24] Das Gesetz verwendet für diese Vertretungsmacht den Begriff der Vollmacht (§ 166 Abs. 2 S. 1 BGB). 15

Werden eine oder gar beide Parteien eines Mietvertrags durch einen anderen Rechtsträger vertreten, so muss hierfür vom Vertretenen gegenüber dem zu Bevollmächtigenden oder dem Dritten eine Vollmacht erteilt werden. Dies kann grundsätzlich **formlos**,[25] und damit schriftlich, mündlich oder auch konkludent, erfolgen.[26] 16

21 Schmidt-Futterer/*Blank*, vor § 535 Rn 236.
22 Lindner-Figura/Oprée/Stellmann/*Tischler*, Kap. 2 Rn 21 f.
23 Staudinger/*Schilken*, vor § 164 BGB Rn 16; Lindner-Figura/Oprée/Stellmann/*Tischler*, Kap. 2 Rn 23.
24 Staudinger/*Schilken*, vor § 164 BGB Rn 16.
25 MüKo-BGB/*Schramm*, § 167 Rn 15.
26 Lindner-Figura/Oprée/Stellmann/*Tischler*, Kap. 2 Rn 24.

Praxistipp
Sofern eine Vollmacht den Vertrags- bzw. Vertragsanbahnungsunterlagen nicht bereits beigefügt ist, ist es ratsam, sich die **Vollmachtsurkunde im Original vorlegen** zu lassen, da weder eine beglaubigte Abschrift[27] noch eine Ablichtung oder ein Telefax[28] ausreichend sind. Die Vollmacht sollte vorsorglich als Anlage zum Mietvertrag aufgenommen werden, wenngleich dies für die Wirksamkeit des Mietvertrages unerheblich ist.

17 Das stellvertretende Handeln muss, insbesondere um der **Schriftform** des § 550 BGB zu genügen, beim Unterzeichnen der Vertragspartner in der Mietvertragsurkunde durch einen entsprechenden Vertretungszusatz kenntlich gemacht werden.[29] Sollte ein Vertretungszusatz fehlen, so muss dies allerdings nicht zwangsläufig einen Verstoß gegen das Schriftformgebot begründen. Ergibt sich unter Berücksichtigung des Mietvertragsrubrums aus den Umständen, dass der Unterzeichnende nicht selbst Partei des Vertrages werden, sondern als Vertreter handeln will, wird dies von der Rechtsprechung als schriftformwahrend angesehen.[30]

aa) Betreuung

18 Der Fall einer Betreuung natürlicher Personen im Bereich der gewerblichen Miete ist in der Praxis eher selten anzutreffen. Dennoch kann es vorkommen, dass ein Betreuer für eine der Vertragsparteien bestellt ist. Allerdings berührt die Bestellung eines Betreuers die Geschäftsfähigkeit einer körperlich oder geistig behinderten Person grundsätzlich nicht.[31] Es kommt im Einzelfall darauf an, ob beim Betreuten Geschäftsunfähigkeit nach § 104 Abs. 2 BGB vorliegt oder volle Geschäftsfähigkeit gegeben sein kann. Wird ein Betreuer im Aufgabenbereich der Vermögensfürsorge für einen Mieter oder Vermieter als gesetzlicher Vertreter bestellt (§§ 1896ff. BGB), so ist er auch für den Bereich der Wohnungsangelegenheiten zuständig.[32]

19 Die vom Betreuer geschlossenen Verträge berechtigen und verpflichten den Betreuten. Allerdings kann auch den Betreuer eine Haftung für die vertraglichen Verbindlichkeiten treffen, wenn der Betreuer eine besondere persönliche Gewähr für

27 BGH, Urt. v. 4.2.1981 – VII ZR 313/79 – NJW 1981, 1210.

28 LG Berlin, Urt. v. 22.12.1995 – 65 S 259/95 – NJWE-MietR 1996, 220.

29 BGH, Urt. v. 22.2.1994 – LwZR 4/93 – NJW 1994, 1649; Lindner-Figura/Oprée/Stellmann/*Tischler*, Kap. 2 Rn 25.

30 BGH, Urt. v. 6.4.2005 – XII ZR 132/03 – NJW 2005, 2225; BGH, Urt. v. 7.5.2008 – XII ZR 69/06 – NJW 2008, 2178; BGH, Urt. v. 19.9.2007 – XII ZR 121/05 – NJW 2007, 3346.

31 Schmidt-Futterer/*Blank*, vor § 535 Rn 283; BayObLG, Beschl. v. 22.6.1989 – BReg. 3 Z 66/89 – NJW 1990, 775.

32 OLG Schleswig, Beschl. v. 23.5.2001 – 2 W 8/2001, 2 W 8/01 – NZM 2001, 868; LG Berlin, Urt. v. 13.10.2000 – 65 S 563/99 – NZM 2001, 807; *Blank/Börstinghaus*, § 535 Rn 181ff. und 262ff.

die ordnungsgemäße Erfüllung des Vertrages gegenüber dem Vertragspartner abgegeben hat.[33]

20 Es besteht die Möglichkeit, dass das Gericht einen **Einwilligungsvorbehalt** nach § 1903 BGB mit der Folge anordnet, dass die §§ 108 bis 113, 131 Abs. 2 BGB und § 210 BGB gem. § 1903 Abs. 1 S. 2 BGB entsprechend gelten. In diesem Fall bedarf der Betreute dann einer Einwilligung zu seiner Willenserklärung, wenn diese für ihn nicht lediglich rechtlich vorteilhaft ist oder wenn sie nicht nur eine geringfügige Angelegenheit des täglichen Lebens betrifft (§ 1903 Abs. 3 BGB).

21 Zu beachten ist, dass Miet- und Pachtverträge über Geschäftsräume oder bewegliche Sachen mit einer Laufzeit von über vier Jahren nach § 1907 Abs. 3 BGB immer der **Genehmigung des Vormundschaftsgerichts** bedürfen. Gleiches gilt, wenn der Betreuer Wohnraum vermieten will. Auch die Kündigung eines Mietverhältnisses über eine dem Betreuten gehörende vermietete Wohnung bedarf der Genehmigung des Vormundschaftsgerichts. Kündigungserklärungen sind daher grundsätzlich vom Betreuer auszusprechen bzw. an ihn zu richten, um Rechtswirksamkeit zu beanspruchen. Gemäß § 1831 BGB ist eine ohne vorherige Genehmigung des Vormundschaftsgerichts ausgesprochene Kündigung unwirksam und kann durch eine nachträgliche Genehmigungserteilung nicht geheilt werden.[34]

bb) Anscheins- und Duldungsvollmacht

22 Liegt den Mietvertragsunterlagen eine Vollmachtsurkunde nicht bei oder hat der Erklärungsempfänger keine positive Kenntnis von einer Bevollmächtigung, kann dennoch der im Namen eines anderen Auftretende zur Vertretung durch eine Anscheins- oder Duldungsvollmacht berechtigt sein.[35] Diese Rechtsscheinvollmachten beruhen auf dem Gedanken des Vertrauensschutzes, dass es dem Rechtsverkehr grundsätzlich nicht zuzumuten ist, die Bevollmächtigung nachzuprüfen, wenn das Verhalten des Vertretenen auf das Bestehen einer Vollmacht schließen lässt.[36] In ihrer Bindungswirkung stehen sowohl die Anscheins- als auch die Duldungsvollmacht einer rechtsgeschäftlich erteilten Vollmacht gleich.[37]

23 Bei der **Duldungsvollmacht** lässt es der Vertretene wissentlich geschehen, dass ein Anderer für ihn wie ein Vertreter auftritt und der Geschäftspartner dieses Dulden dahin versteht sowie nach Treu und Glauben und unter Berücksichtigung der Verkehrssitte dahin werten darf, dass der als Vertreter Handelnde bevollmächtigt

---

33 BGH, Urt. v. 8.12.1994 – III ZR 175/93 – NJW 1995, 1213.

34 Staudinger/*Rolfs*, § 542 Rn 67; Schmidt-Futterer/*Blank*, vor § 535 Rn 285; BeckOK-BGB/*Ehlert*, § 535 Rn 148.

35 BeckOK-BGB/*Ehlert*, § 535 Rn 147a.

36 Palandt/*Ellenberger*, § 172 Rn 6.

37 BGH, Urt. v. 20.1.1983 – VII ZR 32/82 – NJW 1983, 1308.

ist.[38] Zu **unterscheiden** ist die Duldungsvollmacht **von einer stillschweigend erteilten Vollmacht.** Bei der stillschweigend erteilten Vollmacht ist dem Vertretenen das Auftreten des nicht ausdrücklich Bevollmächtigten zur Kenntnis gekommen und er billigt dieses Auftreten **mit rechtsgeschäftlichem Willen.**[39] Im Falle der Duldungsvollmacht fehlt jedoch dieser Wille zur Bevollmächtigung.[40] Erlangt beispielsweise ein Vermieter Kenntnis davon, dass sein Hausverwalter regelmäßig gegenüber den Mietern Erklärungen für den Vermieter abgibt, und lässt er dieses ohne Widerspruch geschehen, wird er nach den Grundsätzen der Duldungsvollmacht durch den Hausverwalter gegenüber den Mietern wirksam vertreten.[41]

24 Eine **Anscheinsvollmacht** liegt vor, wenn der Vertretene das Handeln des (Schein-)Vertreters nicht kennt, dieses bei pflichtgemäßer Sorgfalt aber hätte erkennen und verhindern können, und wenn der Geschäftspartner annehmen durfte, der Vertretene kenne und billige das Handeln des Vertreters.[42] Die Rechtsgrundsätze der Anscheinsvollmacht gelten nach der Rechtsprechung des BGH allerdings erst dann, wenn das Verhalten des einen Teils, aus dem der Geschäftsgegner auf die Bevollmächtigung des Dritten glaubt schließen zu können, von einer gewissen Dauer und Häufigkeit ist.[43]

25 Liegen weder eine rechtsgeschäftlich erteilte Vollmacht noch die Voraussetzungen für eine Rechtsscheinhaftung vor, so gelten beim Abschluss eines Mietvertrages durch einen **Vertreter ohne Vertretungsmacht** die allgemeinen Bestimmungen (§§ 177 Abs. 2 S. 2, 179 Abs. 1, Abs. 3 S. 1, 182 Abs. 2 BGB). Im Ergebnis hängt die Wirksamkeit des Vertrages von einer Genehmigung, also nachträglichen Zustimmung,[44] des Vertretenen ab.

! **Praxistipp**
Hervorzuheben als Fall der **nachträglichen Genehmigung** ist die in der Praxis regelmäßig vorkommende kommentar- bzw. widerspruchslose Vereinnahmung des Mietzinses durch den Vermieter. Man kann zumindest grundsätzlich davon ausgehen, dass darin eine konkludente Genehmigung des Vermieters zu sehen ist. Dementsprechend sollte in jedem Einzelfall geprüft werden, wie die jeweilige Handlung nach objektiven Kriterien gewertet werden könnte, um ggf. negative Auswirkungen auf die eigene Rechtsposition zu vermeiden.

---

38 BGH, Urt. v. 14.5.2002 – XI ZR 155/01 – NJW 2002, 2325; BGH, Urt. v. 10.3.2004 – IV ZR 143/03 – NJW-RR 2004, 1275; BGH, Urt. v. 11.5.2011 – VIII ZR 289/09 – NJW 2011, 2421; Palandt/*Ellenberger*, § 172 Rn 8.

39 Staudinger/*Schilken*, § 167 Rn 29.

40 Palandt/*Ellenberger*, § 172 Rn 8.

41 Lindner-Figura/Oprée/Stellmann/*Tischler*, Kap. 2 Rn 29.

42 Staudinger/*Schilken*, § 167 BGB Rn 31.

43 BGH, Urt. v. 5.3.1998 – III ZR 183/96 – NJW 1998, 1854; BGH, Urt. v. 10.1.2007 – VIII ZR 380/04 – NJW 2007, 987; BGH, Urt. v. 16.3.2006 – III ZR 152/05 – NJW 2006, 1971.

44 Palandt/*Ellenberger*, vor § 182 Rn 1.

Es kommt auch unter Umständen eine Haftung aus **culpa in contrahendo** („cic“ = vorvertragliche Vertragsverletzung – §§ 311 Abs. 3, Abs. 2, 241 Abs. 2, 280 Abs. 1 BGB) für denjenigen in Betracht, der ausdrücklich ohne Vertretungsmacht auftritt, aber die Genehmigung des Vertretenen zu Unrecht als sicher darstellt. Grundsätzlich verdrängt zwar § 179 BGB eine Haftung aus cic, soweit es um den Ersatz des Schadens geht, der infolge des Vertretungsmangels beim Vertragsgegner eingetreten ist. Dies verhält sich jedoch anders, wenn die für die cic (§ 311 Abs. 3 BGB) erforderliche vorvertragliche Pflichtverletzung nicht in der (konkludenten) wahrheitswidrigen Behauptung der Vertretungsmacht liegt, sondern darin, dass der offen ohne Vertretungsmacht auftretende Vertreter beim Vertragsgegner schuldhaft den falschen Eindruck erweckt, der Vertretene werde mit Sicherheit die Genehmigung erteilen und dadurch den anderen Teil zu nutzlosen Vermögensaufwendungen veranlasst.[45] 26

Falls besondere Umstände des Einzelfalls Zweifel an der Vertretungsmacht begründen, trifft den Vertragspartner unter Umständen eine **Nachprüfungs- oder Erkundigungspflicht.**[46] 27

Will der Vermieter Ersatzansprüche wegen Veränderungen oder Verschlechterungen der Mietsache gegen den vollmachtlosen Vertreter des Mieters geltend machen, so muss er die **sechsmonatige Verjährungsfrist** des § 548 BGB beachten.[47] 28

cc) Vollmachtklauseln

In Mietverträgen sind häufig formularmäßige Vereinbarungen anzutreffen, in denen sich mehrere Mieter oder auch Vermieter gegenseitig zur Abgabe und Annahme von Willenserklärungen bevollmächtigen. Von der Rechtsprechung werden **formularvertragliche Vollmachtklauseln**, die auf den Empfang von Willenserklärungen gerichtet sind, als grundsätzlich wirksam angesehen. Diese können sogar den Kernbereich des Mietvertrages, wie die Entgegennahme von Kündigungen, betreffen. Der Wirksamkeit einer solchen Klausel steht auch nicht entgegen, dass sie keine Widerrufsregelung enthält.[48] 29

Allerdings sind Generalklauseln, die nicht nur eine teilbare formularmäßige Empfangsvollmacht beinhalten, sondern auch zur Abgabe von Willenserklärungen ermächtigen, auch im Bereich des gewerblichen Mietrechts wegen unangemessener 30

45 OLG Celle, Urt. v. 12.9.2003 – Not 24/03 – DNotZ 2004, 716; OLG Celle, Urt. v. 4.4.2005 – 8 U 171/04 – NotBZ 2005, 294.

46 BGH, Urt. v. 2.2.2000 – VIII ZR 12/99 – NJW 2000, 1407; BGH, Urt. v. 10.5.2001 – III ZR 111/99 – NJW 2001, 2626.

47 BGH, Urt. v. 19.11.2003 – XII ZR 68/00 – NJW 2004, 774.

48 BGH, RE-Miet v. 10.9.1997 – VIII ARZ 1/97 – NJW 1997, 3437 (entschieden für einen Vertrag über Wohnraum).

Benachteiligung gem. § 307 Abs. 1 BGB unwirksam. Anderenfalls würde jedem Vermieter die Möglichkeit eröffnet, ohne Rücksicht auf die Belange des Mieters den Mietvertag in seinem Bestand selbst oder in elementaren Bestandteilen zu verändern.[49] Bei Vollmachtklauseln, welche die gegenseitige Bevollmächtigung zur Abgabe von Willenserklärungen zum Inhalt haben, ist zu überprüfen, ob sie einschränkend dahin ausgelegt werden können, dass die auf eine Beendigung des Mietverhältnisses gerichteten Erklärungen von der Vollmacht nicht umfasst sind. Betrifft die Regelung sowohl die Abgabe als auch die Annahme von Willenserklärungen, sollte geprüft werden, ob die Klausel teilbar ist. Denn trotz des Verbots der geltungserhaltenden Reduktion Allgemeiner Geschäftsbedingungen kann ein sinnvoll isolierbarer Teil, wie beispielsweise der Empfangsteil der Bevollmächtigung, Bestand haben.[50] Hilfreich zur Überprüfung der Möglichkeit einer Teilbarkeit ist der sog. **Blue-Pencil-Test,**[51] denn nach der Rechtsprechung der Bundesgerichte (BAG und grundsätzlich BGH) kann neben einem unwirksamen ein unbedenklicher, sprachlich und inhaltlich abtrennbarer Teil einer Klausel wirksam bleiben. Dafür ist Voraussetzung, dass nach der *„Streichung des unwirksamen Teils mittels eines ‚blauen Stifts' ein aus sich heraus verständlicher Klauselrest verbleibt"*.[52]

d) Hausverwalter

31 Viele in der gewerblichen Vermietung operierende Unternehmen oder unternehmerisch agierende Privatpersonen beauftragen Verwalter als kaufmännisch-operative Verwalter für ihre Immobilien.[53] Im Innenverhältnis besteht regelmäßig ein Dienstvertrag (§§ 611 ff. BGB), Geschäftsbesorgungsvertrag (§ 675 BGB) oder ein Vertrag eigener Art (sui generis).[54] Im Außenverhältnis wird der Hausverwalter regelmäßig auf Grundlage einer ihm eingeräumten **Vollmacht** als Stellvertreter für den Auftraggeber tätig.[55]

32 Mit der Verwaltervollmacht wird dieser autorisiert, im Außenverhältnis rechtsgestaltende Willenserklärungen wie etwa Kündigungen oder Mieterhöhungen für den Eigentümer/Vermieter in dessen Namen abzugeben und entgegenzunehmen.

---

49 KG Berlin, Urt. v. 5.1.2004 – 12 U 122/02 – GE 2004, 753; OLG Düsseldorf, Urt. v. 17.10.2006 – I-24 U 7/06, 24 U 7/06 – ZMR 2008, 44 (im entschiedenen Fall ging es um den Abschluss eines Untermietvertrages.); OLG Frankfurt, Urt. v. 19.12.1991 – NJW-RR 1992.

50 BGH, Urt. v. 31.10.1984 – VIII ZR 226/83 – WM 1985, 24; BGH, RE-Miet v. 10.09.1997 – VIII ARZ 1/97 – NJW 1997, 3437; BGH, Urt. v. 6.4.1989 – III ZR 281/87 – WM 1989, 740.

51 Vertiefend zu Auslegung von AGB und geltungserhaltender Reduktion beim BAG und BGH: *Schlewing*, NZA-Beil. 2012, 33; *Salamon*, NZA 2009, 1076.

52 BAG, Urt. v. 12.3.2008 – 10 AZR 152/07 – NZA 2008, 699; BAG, Urt. v. 24.2.2011 – 6 AZR 719/09 –.

53 *Neuhaus*, GuT 2008, 244.

54 OLG Karlsruhe, Urt. v. 24.7.1981 – 3 RE-Miet 4/81 – NJW 1982, 1290.

55 Schmidt-Futterer/*Blank*, vor § 535 BGB Rn 288 f.

Da die Vollmacht grundsätzlich formfrei erteilt werden kann (§ 167 BGB), aber rechtsgestaltende einseitige Willenserklärungen des Bevollmächtigten ohne Vorlage der Vollmachtsurkunde zurückgewiesen werden können (§ 174 BGB),[56] ist es **ratsam**, dem **Hausverwalter mindestens eine Original-Vollmachturkunde** zu erteilen.[57] In der Praxis ist jedoch Wert darauf zu legen, dass der Verwalter die **Fremdbezogenheit** seiner Willenserklärungen **offenlegt.** Anderenfalls läuft die Verwaltung Gefahr, selbst Vertragspartner zu werden. Denn nach der Rechtsprechung kann aus der Tatsache, dass im Vertrag lediglich die Bezeichnung „Hausverwalter" oder „Hausverwaltung" verwendet wird, nicht zwangsläufig geschlossen werden, dass der Eigentümer und nicht der Verwalter Vertragspartner werden soll.[58]

Praxistipp
Bei der vertraglichen Gestaltung eines Gewerberaummietvertrages ist es durchaus sinnvoll im Rubrum klarzustellen, dass die Verwaltung namens und in Vollmacht des Eigentümers handelt. Dadurch können in der Praxis das Erfordernis des Vollmachtnachweises und damit einhergehende rechtliche und tatsächliche Probleme vermieden werden.

2. Einzelkaufmann

Ist ein Einzelkaufmann ein Kaufmann im Sinne des HGB, so muss er einen Namen 33
gem. § 17 HGB angeben, unter dem er sein Geschäft betreibt. Einen Mietvertrag kann der Einzelkaufmann sowohl unter der Bezeichnung der Firma als auch seines eigenen Namens abschließen; **der Vertragsschluss erfolgt mit der natürlichen Person.** Im Rubrum des Mietvertrages sollte daher immer neben der Firma auch der Name des Inhabers aufgenommen werden. Denn anders als bei Kapitalgesellschaften und ihren Gesellschaftern findet keine Trennung in Betriebs- und Privatvermögen statt. Daher haftet der Einzelkaufmann vollumfänglich mit dem Betriebs- und Privatvermögen für alle Ansprüche aus dem Mietvertrag.[59]

Schließt ein Kaufmann unter der Firmenbezeichnung einen Mietvertrag, so 34
muss dies dennoch nicht zwingend ein Handelsgeschäft sein. Ergibt sich aus den Umständen eindeutig der Privatcharakter eines Geschäfts, kann die Vermutung der Betriebszugehörigkeit nach § 344 Abs. 1 HGB widerlegt werden. Daher ist bei der Abgrenzung, ob bei der Anmietung einer Wohnung durch den Kaufmann Wohn-

---

56 OLG München, Urt. v. 4.8.1995 – 21 U 5934/94 – NJW-RR 1997, 904.
57 *Neuhaus*, GuT 2008, 244.
58 Schmidt-Futterer/*Blank*, vor § 535 Rn 293; LG Berlin, Urt. v. 3.11.1986 – 61 S 35/86 – ZMR 1987, 96; AG Wedding GE 1991, 885; OLG Düsseldorf, Beschl. v. 7.1.2003 – 24 U 75/02, I-24 U 25/02 – ZMR 2003, 351.
59 Bub/Treier/*Emmerich*, II Rn 638; *Neuhaus*, Kap. 6 Rn 9; Lindner-Figura/Oprée/Stellmann/*Tischler*, Kap. 2 Rn 41.

raummiete oder Geschäftsraummiete vorliegt, auf den Zweck abzustellen, z.B. den sich aus den Umständen ergebenden reinen Wohnzweck.[60]

35 Werden Ansprüche aus dem Mietvertrag gegen den eingetragenen Kaufmann geltend gemacht, kann nach § 17 Abs. 2 HGB der Kaufmann unter seiner Firma verklagt werden. Allerdings ist zu beachten, dass diese Vorschrift die Klagemöglichkeit lediglich erweitert, der Beklagte und damit Prozesspartei ist immer der Kaufmann selbst.[61] Wichtig ist zudem der Zeitpunkt der Rechtshängigkeit, denn Beklagter ist, wer bei Klageerhebung oder Zustellung des Mahnbescheides Inhaber der Firma ist.[62]

3. Parteien kraft Amtes

36 Parteien kraft Amtes nehmen im Rahmen von Mietverträgen eine Sonderstellung ein. Dabei kann es sich handeln um:
- Testamentsvollstrecker (§§ 2197ff. BGB),
- Nachlass- und Nachlassinsolvenzverwalter (§§ 1975ff. BGB, § 78 InsO),
- Insolvenzverwalter (§§ 56ff. InsO) sowie
- vorläufig bestellte Insolvenzverwalter (§ 21 Abs. 2 S. 1 InsO),
- Zwangsverwalter (§§ 150ff. ZVG),[63]
- mit Einschränkungen auch Nießbrauchsverwalter (§ 1052 BGB) und
- Insolvenztreuhänder (§ 292 InsO), die Mietverträge abschließen oder in solche eintreten können.

37 Charakteristisch bei Parteien kraft Amtes ist, dass sie Willenserklärungen im eigenen Namen abgeben und Vertragspartei werden. Jedoch handeln sie weder auf eigene Rechnung noch als Vertreter einer Person, da sie lediglich fremdes Vermögen verwalten.[64] Weiterhin ist den Verwaltern gemeinsam, gegenüber dem Vermögensinhaber unabhängig und an dessen Weisungen nicht gebunden zu sein.[65]

a) Zwangsverwalter

38 Im Rahmen der Zwangsvollstreckung in Grundstücke kann neben der Zwangsvollstreckung als „milderes"[66] Mittel die Zwangsverwaltung angeordnet werden. In dem

60 Bub/Treier/*Emmerich*, II Rn 639.

61 Baumbach/Hopt/*Hopt*, § 17 Rn 45; MüKo-HGB/*Heidinger*, § 17 Rn 72; OLG Frankfurt, Urt. v. 15.1.1985 – 5 U 75/84 – BB 1985, 1219.

62 OLG Frankfurt, Urt. v. 15.1.1985 – 5 U 75/84 – BB 1985, 1219; OLG Köln, Beschl. v. 15.3.1977 – 2 W 25/77 – BB 1977, 510; OLG München, Urt. v. 10.3.1971 – 12 U 3190/70 – NJW 1971, 1615.

63 *Reismann*, MM 1998, 159 m.w.N.; Schmidt-Futterer/*Blank*, vor § 535 Rn 307ff.

64 Lindner-Figura/Oprée/Stellmann/*Tischler*, Kap. 2 Rn 40.

65 Bub/Treier/*Emmerich*, II Rn 709.

66 Böttcher/*Keller*, § 146 Rn 3.

Fall wird vom Vollstreckungsgericht gem. § 150 Abs. 1 ZVG ein Zwangsverwalter bestellt.

Der Zwangsverwalter ersetzt nicht den Vermieter als Vertragspartei, allerdings tritt er gem. § 152 Abs. 2 ZVG als **Partei kraft Amtes in die Rechte und Pflichten des Vermieters bei bereits bestehenden Mietverträgen** ein.[67] Er wird damit nicht der Vertreter des Vermieters, sondern handelt als amtliches Organ im eigenen Namen und aus eigenem Recht.[68] Im Rahmen der Zwangsverwaltung hat der Zwangsverwalter nach § 152 Abs. 1 ZVG das Recht und die Pflicht, alle Handlungen vorzunehmen, die erforderlich sind, um das Grundstück in seinem wirtschaftlichen Bestand zu erhalten und ordnungsgemäß zu benutzen.[69] Zwar ist in den entsprechenden Regelungen der §§ 146 ff. ZVG keine klare Eingrenzung der Rechts- und Verfügungsmacht des Zwangsverwalters enthalten, dennoch lässt sich die Begrenzung der Verfügungsmacht nach außen, also auch gegenüber dem Mieter, dem Zweck und Umfang der Beschlagnahme entnehmen. Da der Zwangsverwalter die dem Schuldner entzogene rechtliche Verfügungsbefugnis ausübt, kann er Mietverträge abschließen, Mieterhöhungsverlangen sowie Kündigungen aussprechen und alle im Zusammenhang mit der Mietsache stehenden Vereinbarungen treffen.[70] 39

Allerdings ist der Zwangsverwalter an die **Weisungen des aufsichtführenden Gerichts** gebunden (vgl. § 153 ZVG).[71] Nähere Regelungen über die Tätigkeit von Zwangsverwaltern sind in der Zwangsverwalterverordnung (ZwVwV) geregelt. Diese bestimmt u.a. in § 6 Abs. 2 ZwVwV, dass der Zwangsverwalter alle neuen Miet- und Pachtverträge mit Klauseln zum Haftungsausschluss versehen soll. Dies dient zum einen dem Interesse der Rechtssicherheit und zur Vermeidung von Konfliktsituationen in einer parallel laufenden Zwangsversteigerung.[72] 40

Bei Ansprüchen aus dem Mietvertag ist der Zwangsverwalter **aktiv- und passivlegitimiert**, jedoch nur bis zur Beendigung der Zwangsverwaltung.[73] In dieser Zeit ist er Ansprechpartner für die Mieter, beispielsweise für die Abrechnung von Vorauszahlungen und Betriebskosten[74] oder bei der Beauftragung notwendiger Instandsetzungen.[75] 41

67 BGH, Urt. v. 9.3.2005 – VIII ZR 330/03 – NZM 2005, 596.

68 LG Berlin, Urt. v. 25.4.1996 – 62 S 242/95 – NJWE-MietR 1996, 221; Schmidt-Futterer/*Blank*, vor § 535 Rn 307.

69 Böttcher/*Keller*, § 146 Rn 4.

70 LG Berlin, Urt. v. 25.4.1996 – 62 S 242/95 – NJWE-MietR 1996, 221.

71 Stöber/*Zeller*, § 152 Rn 3, 3.1.

72 Kindl/Meller-Hannich/Wolf/*Sievers*, § 152 ZVG Rn 8.

73 BGH, Urt. v. 9.6.2010 – VIII ZR 189/09 – NJW-RR 2010, 1237; BGH, Urt. v. 25.5.2005 – VIII ZR 301/03 – WuM 2005, 463.

74 BGH, Urt. v. 3.5.2006 – VIII ZR 168/05 – NJW 2006, 2626.

75 Kindl/Meller-Hannich/Wolf/*Sievers*, § 152 ZVG Rn 2.

42 Nach dem Ende der Zwangsverwaltung bleibt der Schuldner an die vom Zwangsverwalter geschlossenen Verträge und Erklärungen gebunden.[76]

b) Insolvenzverwalter

43 Parallel zu einer kritischen (Welt-)Wirtschaftslage nehmen Insolvenzen zu, daher spielen sie bei gewerblichen Vermietungen eine erhebliche praktische Rolle. Insoweit treten **Insolvenzverwalter als Parteien kraft Amtes** im Bereich der Gewerberaummiete regelmäßig auf.

44 Zum Insolvenzverwalter können nur natürliche und keine juristischen Personen bestellt werden. Es muss sich dabei nach § 56 InsO um eine für den jeweiligen Einzelfall geeignete, insbesondere geschäftskundige und von den Gläubigern und dem Schuldner unabhängige Person handeln. Aufgabe des Insolvenzverwalters ist es, nach Eröffnung des Insolvenzverfahrens das gesamte zur Insolvenz gehörende Vermögen sofort in Besitz und Verwaltung zu nehmen (vgl. § 148 Abs. 1 InsO). Er ist zudem nach § 159 InsO zuständig für die Verwertung der Insolvenzmasse und nach § 187 Abs. 3 S. 1 InsO für die Befriedigung der Insolvenzgläubiger. Die Haftung des Insolvenzverwalters für Pflichtverletzungen bestimmt sich nach § 60 InsO.

45 Wird gem. § 13 InsO ein Antrag auf Eröffnung eines Insolvenzverfahrens gestellt und durch das Gericht ein (vorläufiger) Insolvenzverwalter bestellt, so ist zu unterscheiden, ob es sich um einen sog. „schwachen" oder „starken" Insolvenzverwalter handelt. Im Weiteren muss gesondert betrachtet werden, ob der Insolvenzverwalter im Rahmen einer Insolvenz auf Vermieter- oder Mieterseite tätig wird.

46 Der **schwache vorläufige Insolvenzverwalter** beaufsichtigt die Handlungen des Schuldners und hat kein Verfügungsrecht über die Mietsache. Denn die Verwaltungs-, Verfügungs- und Prozessführungsbefugnis verbleiben beim Schuldner. Jedoch obliegt die Zustimmung zu den Verfügungen des Schuldners dem vorläufigen schwachen Insolvenzverwalter.[77] Dennoch kann der schwache vorläufige Insolvenzverwalter keine Masseverbindlichkeiten nach § 55 Abs. 2 S. 1 InsO begründen und auch ohne ausdrückliche Anordnung des Insolvenzgerichts keine eigenen Entscheidungen über die Ausübung des Besitzrechts an gemieteten Räumen treffen.[78]

47 Dem **starken vorläufigen Insolvenzverwalter** wird das gesamte Verwaltungs- und Verfügungsrecht über die Insolvenzmasse übertragen.

48 Befindet sich der Vermieter in der Insolvenz, so bleibt der Bestand des vollzogenen Mietvertrages gem. § 108 Abs. 1 InsO unberührt. Nach Eröffnung des Insolvenzverfahrens sind Mietzahlungen weiter und befreiend allein an den Insolvenzverwalter zu leisten. Hat der Mieter vor Insolvenzeröffnung an den Vermieter eine

---

76 LG Berlin, Urt. v. 25.4.1996 – 62 S 242/95 – NJWE-MietR 1996, 221.

77 Schmidt-Futterer/*Blank*, vor § 535 BGB Rn 316; Bub/Treier/*Belz*/*Lüke*, VIII C Rn 376.

78 OLG Celle, Beschl. v. 11.12.2002 – 2 W 91/02 – NZM 2003, 554.

Mietvorauszahlung geleistet, so ist diese Verfügung im Hinblick auf die Insolvenzmasse nur insoweit wirksam, als sie sich auf die Miete für den zum Zeitpunkt der Eröffnung des Verfahrens laufenden Kalendermonat bezieht (vgl. § 110 Abs. 1 InsO).[79]

Ist die Insolvenz über das Vermögen des Mieters eröffnet worden, so geht die **Verfügungsbefugnis des Schuldners** über sein Vermögen auf den Insolvenzverwalter gem. § 80 Abs. 1 InsO über. Will der Vermieter rückständige Miete aus der Zeit vor Verfahrenseröffnung geltend machen, so kann er dies gem. § 108 Abs. 3 InsO nur als Insolvenzgläubiger tun. Falls nach Eröffnung des Verfahrens vertragliche Pflichten des Mieters anfallen, beispielsweise die Vornahme von Schönheitsreparaturen, so haftet hierfür die Insolvenzmasse als „sonstige Masseverbindlichkeit" gem. § 55 Abs. 1 Nr. 2 InsO.[80] Zu beachten ist, dass § 109 Abs. 1 S. 1 InsO ein Sonderkündigungsrecht bei der Mieterinsolvenz vorsieht. Ist ein Gewerberaummietvertrag wirksam abgeschlossen worden und sind die Räume dem Mieter überlassen worden, so kann der Insolvenzverwalter mit einer dreimonatigen Frist zum Monatsende kündigen, sofern nicht eine kürzere Frist vereinbart wurde. Das Sonderkündigungsrecht besteht auch bei fristgebundenen gewerblichen Mietverträgen.[81] 49

Praxistipp !
Im Falle der Involvierung eines Insolvenzverwalters sollte grundsätzlich der Eröffnungsbeschluss des Insolvenzgerichtes eingesehen werden, um die Stellung des vorläufig bestellten Insolvenzverwalters rechtssicher feststellen zu können.

c) Testamentsvollstrecker

Bestimmt ein Erblasser einen oder mehrere **Testamentsvollstrecker** (§ 2197 Abs. 1 BGB), so beginnt der Testamentsvollstrecker sein Amt mit dem Zeitpunkt der Annahme des Amtes (§ 2202 BGB). Der Annahme bedarf es, da niemandem das Amt des Testamentsvollstreckers „aufgezwungen" werden kann.[82] Im Rahmen der Testamentsvollstreckung ist der Testamentsvollstrecker berechtigt, Verbindlichkeiten für den Nachlass einzugehen, wenn dies zur ordnungsgemäßen Verwaltung des Nachlasses erforderlich ist (§ 2206 Abs. 1 S. 1 BGB). Er handelt als Treuhänder im eigenen Namen für den oder die Erben und kann ebenso im eigenen Namen Mietverträge abschließen. Will der Testamentsvollstrecker nicht in die Gefahr persönlicher Haf- 50

79 OLG Celle, Urt. v. 27.11.1996 – 2 U 238/95 – ZMR 1999, 382.
80 BGH, Beschl. v. 16.10.2008 – IX ZR 207/06 – GE 2009, 322; BGH, Urt. v. 21.12.2006 – IX ZR 66/05 – NJW 2007, 1591.
81 Bub/Treier/*Belz*/*Lüke*, VIII C Rn 416.
82 Palandt/*Weidlich*, § 2202 Rn 2; Brambring/Mutter/*Eckelskemper*, C VII Nr. 1 ff.

tung geraten, so muss er nach außen sein Handeln im Amt als solches durch eine entsprechende Formulierung kenntlich machen.[83]

51 Sofern die Verwaltung testamentarisch nicht ausgeschlossen wurde, kann der Mieter nach § 2213 Abs. 1 BGB sowohl gegen den Testamentsvollstrecker als auch gegen den oder die Erben klagen und seine Ansprüche gerichtlich geltend machen. Ansprüche aus dem Mietvertrag wiederum kann nur der Testamentsvollstrecker nach § 2212 BGB gerichtlich geltend machen.[84]

d) Nachlassverwalter

52 Es kommt nicht selten vor, dass der Nachlass zum Zeitpunkt des Erbfalls überschuldet ist. Die Haftung des Erben für die Schulden des Erblassers ist nach §§ 1922 Abs. 1, 1967 Abs. 1 BGB grundsätzlich unbeschränkt, aber auf den Nachlass beschränkbar, beispielsweise durch Nachlassverwaltung oder Nachlassinsolvenz nach § 1975 BGB. So wird vom Nachlassgericht auf Antrag des Erben die Nachlassverwaltung gem. §§ 1981ff. BGB angeordnet. Dadurch wird der **Nachlassverwalter** zu einem amtlich bestellten Organ zur Verwaltung einer fremden Vermögensmasse mit eigener Parteistellung.[85] Ziel ist dabei nicht die Sicherung des Nachlasses, sondern die Befriedigung der Gläubiger. Für die Dauer der Nachlassverwaltung ist lediglich der Nachlassverwalter zum Abschluss von Mietverträgen berechtigt. Ist ein Testamentsvollstrecker eingesetzt, so ruht dessen Verwaltungsrecht. Die vom Nachlassverwalter eingegangenen Verträge wirken für und gegen den Erben.[86]

III. Personenmehrheiten als Vertragspartei

53 Bei Mietverträgen kommt es häufig vor, dass auf einer oder gar beiden Vertragsseiten mehrere Personen auftreten. Meist sind dies **familienrechtliche** oder **gesellschaftsrechtliche Gestaltungen** wie beispielsweise Erbengemeinschaften oder Gesellschaften bürgerlichen Rechts.[87] Diese Konstellationen sind im Hinblick auf das Außen- sowie das Innenverhältnis zu unterscheiden. Soweit keine andere Regelung

---

83 Schmidt-Futterer/*Blank*, vor § 535 BGB Rn 225; Bub/Treier/*Emmerich*, II Rn 711; Bengel/Reimann/*Schaub*, Kap. 4 Rn 77.

84 Schmidt-Futterer/*Blank*, vor § 535 Rn 335.

85 KG Berlin, Beschl. v. 29.11.2005 – 1 W 180/03 – FamRZ 2006, 559; OLG Hamm, Beschl. v. 25.5.2010 – I-15 W 28/10, 15 W 28/10 – NJW-RR 2010, 1595.

86 Schmidt-Futterer/*Blank*, vor § 535 Rn 334.

87 Staudinger/*Emmerich*, vor § 535 Rn 77.

vereinbart wird, sind Personenmehrheiten aufgrund der Einheitlichkeit des Mietverhältnisses im Außenverhältnis Gesamtschuldner und Mitgläubiger.[88]

Die **Mitgläubigerschaft** als Gläubigermehrheit bedeutet, dass die Forderung mehreren in der Weise gemeinschaftlich zusteht, dass die Gläubiger nur Leistung an alle fordern können und der Schuldner befreiend nur an alle leisten kann (§ 432 Abs. 1 S. 1 BGB).[89] Gleichzeitig sind beispielsweise mehrere Vermieter Gesamtschuldner nach § 421 BGB, da der Mieter als Gläubiger der Leistung von jedem Schuldner (= Vermieter) die Gebrauchsüberlassung vollständig, aber insgesamt nur einmal verlangen kann. 54

Bei Personenmehrheiten kommt es häufig vor, dass beispielsweise bei der Mietvertragsunterzeichnung nicht alle anwesend sind, die Vertragspartei werden sollen. Wenn in diesen Fällen eine **Stellvertretung** durch die handelnde und anwesende Person gewollt ist, muss dies für die andere Vertragspartei deutlich zum Ausdruck kommen. Ist die Vertretung der Vertragspartei durch die den Vertrag unterzeichnende Person allerdings auf andere Weise hinreichend bestimmbar, z.B. wenn nur eine natürliche Person als Mieter oder Vermieter auftritt und eine andere Person den Vertrag unterschreibt, ist ein zusätzlicher Vertretungszusatz nicht erforderlich.[90] Dies hat der BGH für den Fall festgestellt, bei dem nur eine natürliche Person einer Personenmehrheit als Mieter oder Vermieter auftritt und eine andere Person den Vertrag unterschreibt: *„Dann kann dessen Unterschrift auf der im Mietvertrag mit ‚Mieter' oder ‚Vermieter' gekennzeichneten Unterschriftszeile nur bedeuten, dass er mit seiner Unterschrift die Vertragspartei vertreten will."* Das Vertretungsverhältnis wird in solchen Fällen deswegen auch ohne ausdrücklichen Vertretungszusatz hinreichend deutlich und die Schriftform ist dann auch ohne ausdrücklichen Vertretervermerk gewahrt.[91] 55

Praxistipp !

Falls ein Vertreter für eine Personenmehrheit tätig wird und nicht alle Mitglieder der Personenmehrheit anwesend sind, sollte eine wiederum von allen bzw. von allen nicht anwesenden Mitgliedern der Personenmehrheit unterzeichnete Vollmacht dem Mietvertrag beigefügt werden.[92] Ohne eine dergestalt vorgelegte Bevollmächtigung wird derjenige, der zwar im Rubrum des Mietvertrags als Mieter aufgeführt wird, jedoch nicht unterschrieben hat, unter Umständen auch nicht Mitmieter.[93]

---

88 Lindner/Figura/Oprée/Stellmann/*Tischler*, Kap. 2 Rn 47; Bub/Treier/*Emmerich*, II Rn 526.

89 Palandt/*Grüneberg*, vor § 420 Rn 3; OLG München, Urt. v. 15.1.1998 – 19 U 5142/97 – NZM 1998, 474.

90 BGH, Urt. v. 7.5.2008 – XII ZR 69/06 – NJW 2008, 2178.

91 BGH, Urt. v. 6.4.2005 – XII ZR 132/03 – NJW 2005, 2225; BGH, Urt. v. 7.5.2008 – XII ZR 69/06 – NJW 2008, 2178; BGH, Urt. v. 19.9.2007 – XII ZR 121/05 – NJW 2007, 3346.

92 Grüter/Wisselmann/Zwißler/*Grüter*, § 2 Rn 78.

93 BGH, Urt. v. 22.2.1994 – LwZR 4/93 –; LG Mannheim, Urt. v. 24.2.1993 – 4 S 112/92 – NJW-RR 1994, 274; LG Osnabrück, Urt. v. 6.6.2001 – 1 S 1099/00, 1 S 14/01 (11), 1 S 14/01 – NZM 2002, 943.

56 Aus der Einheitlichkeit des Mietverhältnisses folgt überdies, dass z.B. gegenüber dem Mieter abzugebende Erklärungen an alle Mitmieter zu richten sind, sofern eine Vertretungsregelung nicht gesondert getroffen wird.[94] Zu beachten ist dies insbesondere bei rechtsgestaltenden Willenserklärungen wie Kündigungen.

1. Gemeinschaften zur gesamten Hand

57 Gemeinschaften zur gesamten Hand sind von juristischen Personen zu unterscheiden. Träger von Rechten und Pflichten sind nach der traditionellen Gesamthandstheorie nicht eine von ihnen begrifflich unterschiedliche Person, sondern die Gesamthänder.[95] Eine Gesamthandsgemeinschaft hat sog. Gesamthandsvermögen, was den Gesamthändern in gesamthänderischer Verbundenheit zusteht.[96]

a) BGB-Gesellschaft

58 Die BGB-Gesellschaft (= Gesellschaft bürgerlichen Rechts – „GbR") ist gem. § 705 BGB der Zusammenschluss mehrerer Personen zur Förderung und Erreichung eines vereinbarten gemeinsamen Zwecks. Der Bestand der GbR ist von den nicht beliebig auswechselbaren Gesellschaftern abhängig, die in der Regel alle gesamthänderisch am Vermögen der GbR beteiligt sind,[97] wobei das Vorhandensein von Vermögen nicht notwendig für die Entstehung der GbR ist.[98] Der für die Entstehung der GbR erforderliche Abschluss des Gesellschaftsvertrages kann grundsätzlich formlos erfolgen, soweit keine Formerfordernisse wie z.B. § 311b Abs. 1 BGB und § 518 BGB eingreifen.[99] Die GbR ist die Grundform der Personengesellschaften.[100]

59 Seit der BGH-Entscheidung vom 29.1.2001 ist unstreitig, dass die Gesellschaft bürgerlichen Rechts im Außenverhältnis **rechts- und parteifähig** sowie **grundbuchfähig** ist.[101] Entscheidend ist, dass die GbR im Außenverhältnis in Erscheinung tritt, d.h. durch Teilnahme am Rechtsverkehr eigene Rechte und Pflichten begründet.[102]

60 Tritt eine GbR als Vermieterin auf, so ist erforderlich, dass diese auch im **Vertragsrubrum** aufgeführt ist.[103] Es reicht nicht aus, wenn allein die Gesellschafter

94 BGH, Urt. v. 10.9.1997 – VIII ARZ 1/97 – NJW 1997, 3437.
95 Palandt/*Ellenberger*, vor § 21 Rn 2.
96 Lindner/Figura/Oprée/Stellmann/*Tischler*, Kap. 2 Rn 58.
97 MüKo-BGB/*Ulmer/Schäfer*, vor § 705 Rn 1f.
98 Palandt/*Sprau*, § 705 Rn 1.
99 BeckOK-BGB/*Schöne*, § 705 Rn 45.
100 Palandt/*Sprau*, § 705 Rn 1.
101 BGH, Urt. v. 20.1.2001 – II ZR 331/00 – NJW 2001, 1056.
102 BGH, Urt. v. 29.1.2001 – II ZR 331/00 – NJW 2001, 1056; BGH, Beschl. v. 4.12.2008 – V ZB 74/08 – NJW 2009, 594.
103 Lindner-Figura/Oprée/Stellmann/*Tischler*, Kap. 2 Rn 65.

mit dem Zusatz „in Gesellschaft bürgerlichen Rechts" im Grundbuch eingetragen sind.[104] Ist eine GbR als Vertragspartei beteiligt, ist nicht der jeweilige Gesellschafter, sondern nur die GbR selbst aus dem Vertrag berechtigt und verpflichtet.[105]

Die Gesellschafter vertreten die GbR gem. §§ 714, 709 BGB gemeinschaftlich, soweit nichts anderes im Gesellschaftsvertrag vereinbart ist. Handelt beim Abschluss eines langfristigen Mietvertrages ein Vertreter, so muss die Vertretungsmacht des Vertreters durch einen Zusatz in der Vertragsurkunde ersichtlich sein, um die Schriftform des § 550 BGB zu wahren.[106] 61

Praxistipp !
In Mietverträgen mit BGB-Gesellschaften ist darauf zu achten, dass im Vertragsrubrum nicht nur die GbR mit vollständigem Namen aufgeführt wird, sondern alle Mitglieder der GbR namentlich genannt werden. Ebenso mit aufzunehmen sind die Regelungen der ordnungsgemäßen Vertretung. Die Unterschriften sollten mit den Namen im Rubrum übereinstimmen; bei Stellvertretung sollte die Vertretung kenntlich gemacht werden.

Die Gesellschafter haften persönlich für die Verbindlichkeiten der GbR als Gesamtschuldner.[107] § 128 HGB findet dabei auf das Verhältnis zwischen der Verbindlichkeit der GbR und der Haftung der Gesellschafter entsprechende Anwendung.[108] Eine Haftungsbeschränkung wirkt gegenüber Dritten nur bei einer entsprechenden Individualvereinbarung.[109] Eine Haftungsbeschränkung allein im Gesellschaftsvertrag hat gegenüber Dritten keine Wirkung.[110] 62

b) OHG

Die OHG ist gem. § 105 Abs. 1 HGB eine Personengesellschaft, deren Zweck auf den Betrieb eines Handelsgewerbes gerichtet und bei der die Haftung gegenüber den Gesellschaftsgläubigern bei keinem der Gesellschafter beschränkt ist. Gemäß § 124 Abs. 1 HGB kann die OHG Rechte erwerben und Verbindlichkeiten eingehen sowie vor Gericht klagen und verklagt werden. 63

104 LG Berlin, Urt. v. 10.9.2002 – 64 S 106/02 – ZMR 2003, 264.
105 BGH Beschl. v. 14.9.2004 – VI ZB 61/03 – NJW 2005, 156; Lindner-Figura/Oprée/Stellmann/*Tischler*, Kap. 2 Rn 66.
106 BGH, Urt. v. 16.7.2003 – XII ZR 65/02 – NJW 2003, 3053; OLG Düsseldorf, Beschl. v. 2.12.2005 – I-24 U 46/05, 24 U 46/05 – MDR 2006, 627.
107 BGH, Urt. v. 24.2.2003 – II ZR 385/99 – NJW 2003,1445.
108 BGH, Urt. v. 29.1.2001 – II ZR 331/00 – NJW 2001, 1056.
109 BGH, Urt. v. 27.9.1999 – II ZR 371/98 – NJW 1999, 3483; BGH, Urt. v. 24.11.2004 – XII ZR 113/01 – NZM 2005, 218.
110 *Sternel*, Kap. I Rn 103.

64 Die Vertretung der OHG bestimmt sich nach den §§ 125, 126 HGB. Es gilt der Grundsatz der Selbstorganschaft.[111]

65 Für die Verbindlichkeiten der OHG haften neben der OHG selbst (§ 124 HGB) auch die Gesellschafter persönlich als Gesamtschuldner gem. § 128 HGB.

66 Zur Vertretung der OHG ist gem. § 125 Abs. 1 HGB grundsätzlich jeder Gesellschafter alleine ermächtigt. Es kann allerdings gem. § 125 Abs. 2 HGB Gesamtvertretung vereinbart werden, sodass ein Mietvertrag nur wirksam geschlossen werden kann, wenn die genannten oder auch ggf. alle Gesellschafter den Vertrag unterzeichnen.

c) KG

67 Die KG ist eine Gesellschaft, auf die die Vorschriften der OHG weitestgehend Anwendung finden (§ 161 Abs. 2 HGB). Entscheidender Unterschied zur OHG ist, dass bei der KG mindestens einer der Gesellschafter (Kommanditist) nur beschränkt haftet, während mindestens ein anderer Gesellschafter (Komplementär) unbeschränkt haftet. Die Haftung des Kommanditisten ist auf die Einlage beschränkt (§ 171 HGB). Der Kommanditist kann gem. § 170 HGB die KG nicht vertreten.

d) Erbengemeinschaft

68 Eine **Erbengemeinschaft** i.S.v. § 2032 BGB **entsteht**, wenn es mehrere Erben gibt, unabhängig davon, ob ihre Berufung aufgrund eines Gesetzes (§§ 1924 ff. BGB) erfolgt oder auf einer Verfügung von Todes wegen beruht (§§ 1937, 1941 BGB) oder bei begrenzter Verfügung beide Berufungsgründe vorliegen, vgl. § 2088 BGB.[112] Im Gegensatz zu anderen Gesamthandsgemeinschaften des BGB kann die Erbengemeinschaft nicht durch einen Vertrag der Beteiligten geschaffen werden, sondern entsteht unabhängig vom Willen der Miterben kraft Gesetzes mit dem Erbfall in gesetzlicher oder gewillkürter Erbfolge.[113] Im Gegensatz zur GbR besitzt die Erbengemeinschaft keine eigene Rechtspersönlichkeit und ist auch sonst nicht rechtsfähig. Dies wird damit begründet, dass es sich bei der Erbengemeinschaft nicht um ein eigenständiges Rechtssubjekt handelt, sondern um eine gesamthänderisch verbundene Personenmehrheit, der mit dem Nachlass ein Sondervermögen zugeordnet ist.[114] Nach der Rechtsprechung des BGH hat die Anerkennung der Rechtsfähigkeit der BGB-Gesell-

---

111 Baumbach/Hopt/*Roth*, § 125 Rn 5.

112 MüKo-BGB/*Gergen*, § 2032 Rn 1.

113 MüKo-BGB/*Gergen*, § 2032 Rn 4.

114 BGH, Urt. v. 21.12.1988 – VIII ZR 277/87 – NJW 1989, 2133; BGH, Urt. v. 11.9.2002 – XII ZR 187/00 – NZM 2002, 950.

schaft[115] keine andere Rechtsstellung der Erbengemeinschaft begründet, da die Erbengemeinschaft mit der BGB-Gesellschaft nicht vergleichbar sei. Denn die Erbengemeinschaft würde nicht rechtsgeschäftlich, sondern gesetzlich begründet und sei nicht auf Dauer angelegt, sondern auf Auseinandersetzung gerichtet.[116] Somit wird der Mietvertag mit den Miterben geschlossen, nicht mit der Erbengemeinschaft. Da jeder Erbe der Gemeinschaft Vertragspartei wird, sollte entsprechend jeder einzelne Erbe in den Mietvertag aufgenommen werden.

Für ein **wirksames Zustandekommen des Mietvertrages mit einer Erbengemeinschaft** ist es nach der Rechtsprechung des BGH ausreichend, wenn die Mitglieder der Erbengemeinschaft direkt aus der Urkunde **bestimmbar** sind. Weiterhin hat der BGH in ständiger Rechtsprechung entschieden, dass sich nicht alle relevanten Angaben aus dem Mietvertrag selbst ergeben müssen, sondern auch andere Urkunden ergänzend herangezogen werden können. So hat es der Senat für die Bestimmbarkeit der Mitglieder der Erbengemeinschaft als Vertragsparteien als ausreichend angesehen, wenn diese durch Ermittlungen – etwa durch Anfragen bei dem Nachlassgericht – ausfindig gemacht werden können.[117] 69

Anders verhält es sich beim gesetzlichen **Schriftformerfordernis**: Damit dieses als eingehalten gilt, müssen sämtliche Mitglieder der Erbengemeinschaft namentlich benannt werden und unterschreiben. Der BGH verlangt, dass die genaue Bezeichnung des Vermieters aus der Vertragsurkunde ersichtlich sein muss, um der im Schriftformgebot inne liegenden Beweisfunktion zu genügen.[118] Denn für einen Grundstückserwerber, dessen Informationsbedürfnis die Schriftform des § 550 BGB („Kauf bricht nicht Miete“) dient, ist es von wesentlicher Bedeutung, wer als Vermieter den Mietvertrag abgeschlossen hat, da er nur dann nach § 566 BGB in das Mietverhältnis eintritt, wenn der Vermieter und der Grundstückseigentümer identisch sind. 70

Im **Falle der Vertretung eines der Erben aus der Gemeinschaft** muss das Vertretungsverhältnis in der Urkunde durch einen das Vertretungsverhältnis anzeigenden Zusatz hinreichend deutlich zum Ausdruck kommen.[119] 71

In einer Erbengemeinschaft können die Erben ein Mietverhältnis über eine zum Nachlass gehörende Sache gem. § 2038 Abs. 1 S. 2 BGB wirksam mit Stimmenmehrheit kündigen, wenn sich die Kündigung als Maßnahme der ordnungsgemäßen Verwaltung darstellt.[120] 72

115 BGH, Urt. v. 29.11.2001 – II ZR 331/00 – NJW 2001, 1056.
116 BGH, Urt. v. 11.9.2002 – XII ZR 187/00 – NZM 2002, 950.
117 BGH, Urt. v. 11.9.2002 – XII ZR 187/00 – NZM 2002, 950.
118 BGH, Urt. v. 11.9.2002 – XII ZR 187/00 – NZM 2002, 950.
119 BGH, Urt. v. 22.2.1994 – LwZR 4/93 – NJW 1994, 1649.
120 Staudinger/*Rolfs*, § 542 Rn 11; BGH, Urt. v. 11.11.2009 – XII ZR 210/05 – BGHZ 183, 131.

e) Eheliche Gütergemeinschaft

73 Die eheliche Gütergemeinschaft ist eine Gesamthandsgemeinschaft ohne eigene Rechtspersönlichkeit.[121] Sie entsteht gem. § 1415 BGB durch Ehevertrag (§ 1408 BGB). Das Vermögen des Mannes und das Vermögen der Frau werden gemeinschaftliches Vermögen (Gesamtgut) beider Ehegatten (§ 1416 BGB). Eine allgemeine Vertretungseigenschaft des einen für den anderen Ehegatten ergibt sich aus der Gütergemeinschaft nicht.[122] Allerding können sich die Ehegatten gegenseitig bevollmächtigen.[123] Mangels eigener Rechtspersönlichkeit kommt ein Mietvertrag nicht mit der Gütergemeinschaft selbst, sondern nur mit den jeweiligen Ehegatten zustande.[124] Beide Ehegatten müssen daher im Mietvertrag namentlich aufgeführt sein und die Vertragsurkunde unterschreiben, insbesondere um dem Schriftformerfordernis nach § 550 BGB zu entsprechen.[125]

2. Ehegatten und Lebensgemeinschaften

74 Im Bereich der Gewerberaummiete sind Ehegatten als Vertragsparteien in mittelständischen bzw. familiengeführten Unternehmen zu finden. In Abgrenzung zum Wohnraummietrecht wird bei gewerblichen Immobilien angenommen, dass die Ehegatten im Innenverhältnis eine BGB-Gesellschaft bilden.[126] Im Außenverhältnis fungieren sie als Gesamtschuldner (§ 421 BGB) sowie Mitgläubiger (§ 432 BGB). Wollen Ehegatten zur **Vermietung** einer gemeinsamen Immobilie auch im Außenverhältnis eine GbR bilden, so müssen sie dies im Zweifel durch einen entsprechenden Namenszusatz deutlich machen.[127] Dies gilt auch für Paare, die vor der Eheschließung einen Gewerberaum vermieten: In diesem Fall können sie ebenfalls eine GbR mit dem gemeinsamen Zweck der Vermietung bilden. Um dem Schriftformgebot des § 550 BGB zu genügen, müssen beide als Vertragspartei unterschreiben. Der anderen Vertragspartei muss eine Ausfertigung der von beiden Personen unterschriebenen Vertragsurkunde zugehen.[128] Davon zu trennen ist die Frage einer wirksamen Stellvertretung für das Zustandekommen des Vertrages. Hier geht ein Teil der Rechtsprechung davon aus, dass, wenn im Vertragsrubrum beide Ehegatten als Vermieter aufgeführt sind, eine wirksame Stellvertretung trotz fehlender Unterschrift i.S.v. § 164 Abs. 1 S. 2 BGB vorliegen kann. Dabei mache es keinen Unterschied, ob der

121 Palandt/*Brudermüller*, § 1416 Rn 1.
122 RG, Urt. v. 1.2.1917 – VI 366/16 – RGZ 89, 360.
123 MüKo-BGB/*Kanzleiter*, § 1421 Rn 3.
124 Vgl. BGH, Urt. v. 11.9.2002 – XII ZR 187/00 – ZMR 2002, 907.
125 Schmidt-Futterer/*Blank*, vor § 535 Rn 265.
126 Lindner/Figura/Oprée/Stellmann/*Tischler*, Kap. II Rn 54; Staudinger/*Emmerich*, vor § 535 Rn 77; für Wohnraummietrecht: OLG Hamm, Urt. v. 25.4.1983 – 8 U 368/82 – MDR 1983, 1025.
127 Bub/Treier/*Emmerich*, II Rn 554.
128 OLG Rostock, Urt. v. 25.9.2000 – 3 U 75/99 – NJW-RR 2001, 514.

Vertreter ausdrücklich im Namen des Vertretenen handelt oder ob der Vertretungswille aus den Umständen entnommen werden kann.[129] Teilweise wird allerdings angenommen, dass eine gegenseitige Vertretung bei der Vermietung eines gewerblichen Objekts nicht angenommen werden kann, wenn nur einer der Ehegatten unterschrieben hat. Begründet wird dies damit, dass das Eingehen eines entgeltlichen Dauerschuldverhältnisses nicht mehr unter die Schlüsselgewalt (Geschäfte zur Deckung des Lebensbedarfs) des § 1357 BGB fällt.[130]

Treten Eheleute als **Mieter** einer Gewerberaumimmobilie auf und unterschreibt 75
nur einer der Ehegatten den Mietvertag, obwohl beide im Rubrum genannt sind, so reicht die Verbindung als Ehepaar allein nicht aus, um auf den Vertretungswillen des Unterzeichnenden für den anderen auszugehen.[131] Allerdings kann der nicht unterschreibende Ehegatte konkludent in den Mietvertrag eintreten, wenn sich dies durch entsprechend auslegbares Auftreten bzw. im eigenen Namen geführten Schriftverkehr mit dem Vermieter (bzw. im entschiedenen Fall der Hausverwaltung) ergibt.[132] Jedenfalls wird auch bei der Anmietung von Gewerbeimmobilien angenommen, dass dies grundsätzlich nicht unter die Schlüsselgewalt des § 1357 BGG fällt. Damit ein Vermieter von der gegenseitigen Vertretung der Ehegatten ausgehen kann, müssen weitere Anhaltspunkte für einen Vertretungswillen vorliegen wie z.B. die ausdrückliche Erklärung, dass der andere Ehepartner durch einen Auslandsaufenthalt verhindert ist.

Praxistipp !
Um Auslegungsproblemen vorzubeugen, inwieweit beide Ehegatten Vertragspartner geworden sind, und um keine Schriftformprobleme zu generieren, empfiehlt es sich, dass beide Ehegatten im Rubrum mitsamt einer GbR-Bezeichnung aufgeführt werden und beide Partner unterschreiben. Sollte bei der Vertragsunterzeichnung einer der Ehepartner verhindert sein, erleichtert eine beigefügte und unterschriebene Vollmacht spätere Streitigkeiten über die Vertretung.

3. PG/Sozietät

a) Partnerschaftsgesellschaften und Sozietäten

Nach dem Partnerschaftsgesellschaftsgesetz (PartGG), das seit dem 1.7.1995 in Kraft 76
ist, können sich Angehörige freier Berufe wie z.B. Rechtsanwälte, Steuerberater, Ärzte und Architekten zu einer Partnerschaft zur Ausübung ihrer Berufe zusammenschließen. Der Partnerschaft als Gesellschaft können gem. § 1 Abs. 1 S. 3 PartGG nur

129 OLG Düsseldorf, Urt. v. 24.8.1999 – 24 U 93/98 – ZMR 2000, 210; LG Gießen, Beschl. v. 25.7.2007 – 1 S 130/07 – WuM 2008, 591.
130 OLG Düsseldorf, Urt. v. 28.9.2006 – 10 U 61/06 – NZM 2007, 923.
131 *Streyl*, NZM 2011, 377; LG Berlin, Urt. v. 3.9.2007 – 67 S 391/06 – MM 2007, 371.
132 BGH, Urt. v. 13.7.2005 – VIII ZR 255/04 – NJW 2005, 2620.

natürliche Personen angehören. In § 1 Abs. 4 PartGG wird bestimmt, dass, soweit nach dem PartGG nichts anderes bestimmt ist, die Vorschriften des Bürgerlichen Gesetzbuchs über die Gesellschaft Anwendung finden sollen. Obwohl es § 1 Abs. 4 PartGG anders vermuten lässt, verweist das PartGG aber größtenteils auf Regelungen zur OHG.[133]

77 Vertreten wird die Partnerschaft organschaftlich, im Zweifel gem. § 7 Abs. 3 PartGG i.V.m. § 125 Abs. 1 und 2 HGB von jedem Partner in Einzelvertretungsmacht. Soll ein Partner von der Vertretung ausgeschlossen werden oder eine Gesamtvertretung angeordnet werden, so bedarf dies wie jede Änderung der Vertretungsmacht der registerrechtlichen Anmeldung und Eintragung nach § 7 Abs. 3 PartGG i.V.m. § 125 Abs. 4 HGB.[134]

78 Durch die Verweise in den §§ 6, 7 und 9 PartGG auf das HGB, insbesondere den Verweis in § 7 PartGG auf § 124 HGB, § 125 Abs. 1 und 2 HGB sowie §§ 126, 127 HGB wird deutlich, dass die Partnerschaftsgesellschaft entsprechend einer OHG Mietverträge abschließen kann.[135] Mit einer Eintragung in das Partnerschaftsregister gem. § 7 Abs. 1 und 2 PartGG i.V.m. § 124 HGB wird sie partei- und prozessfähig. Nach § 8 Abs. 1 PartGG i.V.m. § 128 HGB haften für Verbindlichkeiten der Partnerschaft neben dem Vermögen der Partnerschaft auch die Partner gegenüber den Gläubigern als Gesamtschuldner. Dies bedeutet im Ergebnis eine akzessorische, persönliche, unbeschränkte, unmittelbare, primäre Haftung der Partner als Gesamtschuldner auch mit ihrem Privatvermögen.[136] Folglich haften die Partner auch für Verbindlichkeiten aus einem gewerblichen Mietvertrag.

79 Die in § 8 Abs. 2 PartGG vorgesehene Haftungsbeschränkung der persönlichen Haftung von handelnden Personen betrifft ausschließlich Berufsausübungsfehler und ist folglich auf mietvertragsrechtliche Ansprüche nicht anwendbar.[137]

Praxistipp

Um die persönliche Haftung der Partner für mietvertragliche Verbindlichkeiten auszuschließen, empfiehlt es sich, im Idealfall individualvertraglich ausgehandelte Klauseln zu vereinbaren, wonach die persönliche Haftung der Partner für Ansprüche aus dem Mietvertrag ausgeschlossen ist. Ein derartiger Haftungsausschluss ist individualvertraglich unbedenklich, im Rahmen von Allgemeinen Geschäftsbedingungen jedoch bedenklich und im Zweifel unwirksam.

133 *Schmidt*, NJW 1995, 1; MAH Mietrecht/*Hannemann*, § 48 Rn 27.

134 *Schmidt*, NJW 1995, 1, 5; Lindner-Figura/Oprée/Stellmann/*Tischler*, Kap. 2 Rn 98.

135 MAH Mietrecht/*Hannemann*, § 48 Rn 27; Lindner-Figura/Oprée/Stellmann/*Tischler*, Kap. 2 Rn 100.

136 Henssler/Strohn/*Hirtz*, § 8 PartGG Rn 6; Kilian/*Seibert*/*Kilian*, § 8 Rn 4.

137 Lindner-Figura/Oprée/Stellmann/*Tischler*, Kap. 2 Rn 100; Henssler/Strohn/*Hirtz*, § 8 PartGG Rn 6.

b) PartGmbB

Änderungen des PartGG, die am 19.7.2013 in Kraft getreten sind, haben die Partnerschaftsgesellschaft mit beschränkter Berufshaftung (PartGmbB) eingeführt und weitere Neuerungen des Berufsrechts der Rechtsanwälte, Patentanwälte, Steuerberater und Wirtschaftsprüfer gebracht. 80

Mit der Einführung der PartGmbB[138] ist keine neue Rechtsform geschaffen worden. Sie baut auf den Regelungen der Partnerschaftsgesellschaft auf und sieht ein besonderes Haftungsregime vergleichbar mit der UG (haftungsbeschränkt) als Variante der GmbH vor.[139] 81

Als Alternative zur Limited Liability Partnership (LLP) im deutschen Recht, um generelle Beschränkung der Berufshaftung mit dem Privatvermögen zu ermöglichen, regelt neuerdings § 8 Abs. 4 PartGG, dass für Verbindlichkeiten der Partnerschaft aus Schäden wegen fehlerhafter Berufsausübung den Gläubigern nur das Gesellschaftsvermögen haftet. Voraussetzung hierfür ist, dass die Partnerschaftsgesellschaft eine Berufshaftpflichtversicherung mit der in den jeweils anwendbaren Berufsordnungen festgelegten Mindesthaftungssumme unterhält, wozu Abschluss der Versicherung und Aufrechterhaltung gehören.[140] 82

Sofern das Gesetz keine Sonderregelungen zur PartGmbB enthält, sind die Regelungen über die Partnerschaftsgesellschaft (PG) anzuwenden. Damit verbleibt es bei einer persönlichen Haftung der Gesellschafter bei Erfüllungs- oder anderen Ansprüchen aus einem Gewerberaummietverhältnis. Denn die partielle Haftungsbeschränkung gilt lediglich für Verbindlichkeiten der Gesellschaft wegen „fehlerhafter Berufsausübung“. Insoweit kann auf die obigen Ausführungen zur PG verwiesen werden. 83

IV. Juristische Personen als Vertragspartei

Nach herrschender Auffassung wird die juristische Person definiert als zweckgebundene Organisation (von Personen oder Sachen), denen die Rechtsordnung die Rechtsfähigkeit verliehen hat.[141] Als Träger von Rechten und Pflichten können juristische Personen damit Vertragsparteien bei Mietverträgen sein. Sie sind zudem aufgrund ihrer Rechtsfähigkeit gem. § 50 ZPO auch parteifähig. Damit können juristi- 84

138 Zur Vertiefung über die PartGmbB: *Posegga*, DStR 2012, 611; *Römermann/Praß*, NZG 2012, 601; *Leitzen*, DNotZ 2013, 596; *Grundewald*, GWR 2013, 393; MünchHdb. GesR I/*Salger*, § 45a Rn 1 ff.

139 *Posegga*, DStR 2012, 611; *Leitzen*, DNotZ 2013, 596.

140 MünchHdb. GesR I/*Salger*, § 45a Rn 14.

141 MüKo-BGB/*Reuter*, vor § 21 Rn 2; Palandt/*Ellenberger*, vor § 21 Rn 1; BGH, Urt. v. 11.7.1957 – II ZR 318/55 – NJW 1957, 1433.

sche Personen als Kläger und Beklagte im Zivilprozess auftreten.[142] Ist bei einer juristischen Person die Parteibezeichnung mehrdeutig oder gar unrichtig, so ist grundsätzlich die Person als Partei angesprochen, die erkennbar durch die Parteibezeichnung betroffen werden soll.[143]

85 Bei juristischen Personen müssen alle rechtsgeschäftlichen Erklärungen von und gegenüber den vertretungsberechtigten Organen der Gesellschaft abgegeben werden.[144] In diesem Zusammenhang ist auch immer eine wirksame Vertretungsberechtigung von Bedeutung.

! **Praxistipp**
Aufgrund des Vorgenannten ist bei der Parteibezeichnung höchste Sorgfalt geboten. Unrichtige oder unvollständige Parteibezeichnungen erschweren die Durchsetzung von Rechten und Ansprüchen und erhöhen damit das Prozessrisiko.

---

1. Juristische Personen öffentlichen Rechts

86 Zu juristischen Personen des öffentlichen Rechts gehören neben der Bundesrepublik Deutschland und ihren Ländern auch Gemeinden und andere Gebietskörperschaften, Träger von Sozialversicherungen, verschiedene Kammern, öffentliche Rundfunkanstalten sowie Universitäten. Die Bandbreite der Stiftungen, Anstalten und Körperschaften des öffentlichen Rechts ist groß. Auch die juristischen Personen des öffentlichen Rechts brauchen für ihre Arbeit Räumlichkeiten, die sie in der Regel anmieten. Im Bereich des gewerblichen Mietrechts handeln juristische Personen des öffentlichen Rechts als zivilrechtliche Parteien.[145]

87 Werden die Räumlichkeiten zu Wohnzwecken weitervermietet, so ist in diesem Verhältnis Wohnraummietrecht anzuwenden, während zwischen dem Hauptvermieter und der Partei, die zum Zwecke der Weitervermietung angemietet hat, Regelungen des gewerblichen Mietrechts gelten.[146]

88 Für juristische Personen des öffentlichen Rechts verweist § 89 BGB auf § 31 BGB. Die Haftung der privatrechtlich handelnden juristischen Person des öffentlichen Rechts entspricht daher der des Vereins für seine Organe.[147]

---

142 Bub/Treier/*Emmerich*, II Rn 667.
143 BGH, Urt. v. 28.3.1995 – X ARZ 255/95 – NJW-RR 1995, 764.
144 Schmidt-Futterer/*Blank*, vor § 535 Rn 239.
145 MAH Mietrecht/*Schneider*, § 49 Rn 42.
146 *Blank/Börstinghaus*, § 549 Rn 16.
147 Palandt/*Ellenberger*, § 89 Rn 1.

2. Juristische Personen des Privatrechts

Im Bereich der gewerblichen Miete sind juristische Personen des Privatrechts wesentlich häufiger anzutreffen als juristische Personen des öffentlichen Rechts. Dabei muss besonderes Augenmerk bei Mietverträgen mit juristischen Personen auf die Vertretungsregelung und Haftung gelegt werden. Den juristischen Personen gemein ist, dass grundsätzlich sie selbst und nicht ihre Mitglieder haften. Ausnahmsweise wird bei Vorliegen besonderer Gründe jedoch eine Durchgriffshaftung angenommen, insbesondere bei rechtsmissbräuchlichen Verstößen gegen Treu und Glauben oder der Vermischung des Gesellschafts- mit dem Privatvermögen.[148] Die meisten gesellschaftsinternen Vorgänge beeinflussen einen geschlossenen Gewerberaummietvertrag nicht, sofern die Identität der Gesellschaft gewahrt bleibt. Dies gilt für den Ein- und/oder Austritt von Gesellschaftern sowie für alle Formen der Umwandlung und Verschmelzung. In all diesen Fällen bleibt die Gesellschaft identisch oder es ist zumindest Gesamtrechtsnachfolge angeordnet. Insoweit bedarf es keiner Zustimmung des Vermieters zu einem Gesellschafterwechsel, da die juristische Person als Vertragspartei gleich bleibt.[149] 89

Praxistipp

Aus diesem Grunde empfiehlt es sich, in Mietverträge Regelungen dazu aufzunehmen, dass auch ein Gesellschafterwechsel aufseiten des Mieters ein die Zustimmung des Vermieters erfordernder Vorgang ist, der im Falle eines Verstoßes entsprechende Rechtsfolgen (beispielsweise fristloses Kündigungsrecht) nach sich zieht. Da derartige Regelungen in Standardmietverträgen unter AGB-rechtlichen Gesichtspunkten nicht unproblematisch sind, sollten entsprechende Beteiligungsschwellen vorgesehen werden (beispielsweise bei Gesellschafterwechseln, die eine Änderung von mindestens 50% der Gesellschaftsanteile zur Folge haben). Entsprechendes gilt bei umwandlungsrechtlichen Vorgängen. !

Häufig bedienen sich juristische Personen Bevollmächtigter, die statt der gesetzlichen Vertreter bzw. der Organe handeln. Insoweit sollte bei allen juristischen Personen beim Vertragsabschluss die Vertretungsmacht abgefragt werden. Denn fehlende Angaben zur Vertretung einer Gesellschaft können zu Problemen im Hinblick auf das Schriftformerfordernis gem. § 550 BGB führen. Das Fehlen oder Überschreiten der Vertretungskompetenz führt zu einer schwebenden Unwirksamkeit des Mietvertrages, sofern der Vertragspartner hiervon Kenntnis hatte bzw. nicht hatte bzw. nicht auf das Vorliegen einer wirksamen Bevollmächtigung vertrauen durfte. Erst durch die Genehmigung des Vertretenen wird die schwebende Unwirksamkeit beseitigt und der Mietvertrag wird wirksam. 90

148 Zum letzteren Fall: BGH, Urt. v. 13.4.1994 – II ZR 16/93 – NJW 1994, 1801; Lindner-Figura/Opprée/Stellmann/*Tischler*, Kap. 2 Rn 111.

149 Staudinger/*Emmerich*, § 540 Rn 51; Bub/Treier/*Emmerich*, II Rn 670.

91 Entstehen juristische Personen kraft Eintragung in einem gestreckten Verfahren, so spricht man von der Errichtung bis zur Registereintragung von der Vorgesellschaft oder auch Gründungsgesellschaft.[150]

! **Praxistipp**
Die rechtswirksame Gründung einer inländischen juristischen Person ist bei nationalen Vertragspartnern regelmäßig unproblematisch. Bei ausländischen Gesellschaften (beispielsweise einer niederländischen B.V., einer englischen Limited oder einer luxemburgischen S.á r.l.) empfiehlt es sich jedoch, die Gründungsdokumente kritisch zu prüfen, zu hinterfragen und ggf. eine rechtliche Stellungnahme dazu einzuholen.

---

a) GmbH

92 Die wichtigsten Regelungen zur **GmbH** lassen sich dem GmbHG entnehmen. Nach § 13 Abs. 1 GmbHG ist die GmbH **rechtsfähig** und kann vor Gericht klagen und verklagt werden. Die GmbH besitzt also eigene Rechtspersönlichkeit und ist grundsätzlich uneingeschränkt fähig, am Rechtsverkehr wie eine natürliche Person teilzunehmen und Verträge im eigenen Namen zu schließen, aus welchen sie unmittelbar berechtigt und verpflichtet wird.[151]

93 Die in § 13 Abs. 1 GmbHG vorgesehene **Haftungsbeschränkung** ist namensprägendes Strukturmerkmal der GmbH.[152] Damit ist die Haftung für Ansprüche aus einem gewerblichen Mietvertrag grundsätzlich auf das Gesellschaftsvermögen beschränkt.

94 **Organe der GmbH** sind der oder die Geschäftsführer und die Gesamtheit der Gesellschafter als oberstes Organ. Die Gesellschafterversammlung nach § 48 GmbHG bestimmt die Art und Weise der Willensbildung der Gesellschafter.[153] Weiterhin können fakultativ durch Satzung der GmbH weitere Organe wie ein Aufsichts- oder Beirat gegründet werden. **Vertreten** wird die GmbH gem. § 35 Abs. 1 S. 1 GmbHG gerichtlich und außergerichtlich durch den oder die Geschäftsführer. Dabei kann die Gesellschaft selbst durch ihre Gesellschafter festlegen, ob sie einen Fremdgeschäftsführer oder einen oder mehrere Gesellschafter als Geschäftsführer bestellt, sog. geschäftsführende Gesellschafter. § 35 Abs. 2 GmbHG legt fest, dass bei mehreren bestellten Geschäftsführern diese nur gemeinschaftlich zur Vertretung der Ge-

---

150 MüKo-ZPO/*Lindacher*, § 50 Rn 11.

151 MüKo-HGB/*Merkt*, § 13 GmbHG Rn 14 f.

152 MüKo-HGB/*Fleischer*, Einleitung Rn 18.

153 Strittig ist, ob die Gesellschafterversammlung ein Organ der GmbH ist (Ulmer/Habersack/Winter/*Hüffer*, § 48 Rn 3; Baumbach/Hueck/*Zöllner*, § 45 Rn 4; MüKo-GmbHG/*Liebscher*, § 48 Rn 6) oder nur ein Forum der Willensbildung (so Sudhoff/*Froning*, § 45 Rn 59, 83; Scholz/*Seibt*, § 48 Rn 1).

sellschaft befugt sind, falls der Gesellschaftsvertrag keine anderweitigen Regelungen vorsieht.

Praxistipp
Die Vertretungsregelung bei juristischen Personen sollte durch einen Handelsregisterauszug verifiziert werden. Idealerweise sollten Kopien davon dem Mietvertrag beigefügt werden, um zu einem späteren Zeitpunkt die Prüfung der Wirksamkeit der Stellvertretung des bzw. der unterzeichnenden Geschäftsführer zu erleichtern. Aus Schriftformgesichtspunkten reicht es hierbei aus, dass die Vertretung offensichtlich war.

Falls ein Mietvertrag aufseiten der GmbH als Mieterin oder Vermieterin ohne nähere Kennzeichnung des Vertretungsverhältnisses mit dem Zusatz „i.V." unterzeichnet wird, ist es nach herrschender Rechtsprechung für das Zustandekommen des Mietvertrages gleichgültig, ob der Unterzeichnende Geschäftsführer und damit gesetzlicher Vertreter, in anderer Weise Bevollmächtigter oder lediglich vollmachtloser Vertreter war. Wird der Mietvertrag seitens der GmbH vollzogen, beispielsweise als Mieterin durch Übernahme des Mietobjektes und Leistung der Mietzahlungen, so gilt dieser als nachträglich stillschweigend genehmigt.[154] Aus Schriftformgesichtspunkten reicht es hierbei aus, dass die Vertretung offensichtlich war. 95

Da die GmbH erst mit der **Eintragung in das Handelsregister** entsteht, kann vom Zeitpunkt des Beschlusses, die Gesellschaft zu gründen bis zur Eintragung einige Zeit vergehen. Die Entwicklung einer GmbH kann sich dabei in drei Phasen vollziehen: von der Vorgründungsgesellschaft über die Vorgesellschaft bis hin zur Eintragung.[155] 96

Bereits eine **Vorgründungsgesellschaft** kann einen Gewerberaummietvertrag abschließen. Im Außenverhältnis gelten dann §§ 709, 714 BGB bzw. § 125 HGB. Für den Fall, dass in dieser Phase gegenüber Dritten der Gründungstatbestand offengelegt und das Auftreten als „GmbH i.Gr." oder bereits im Namen der GmbH erfolgt, so wird nach den Grundsätzen des unternehmensbezogenen Geschäfts der wahre Rechtsträger aus dem (betriebsbezogenen) Rechtsgeschäft berechtigt und verpflichtet. Ansonsten haften die Beteiligten (ob als GbR oder OHG) persönlich.[156] 97

Die durch die Vorgründungsgesellschaft eingegangenen Verbindlichkeiten sollten durch eine rechtsgeschäftliche Vereinbarung übertragen werden. Denn die Vorgründungsgesellschaft ist ein rechtlich wie tatsächlich von allen weiteren Stadien 98

154 BGH, Urt. v. 19.9.2007 – XII ZR 121/05 – NZM 2007, 837.
155 *Ghassemi-Tabar/Eckner*, NJW 2012, 806.
156 BGH, Urt. v. 7.5.1984 – II ZR 276/83 – NJW 1984, 2164; BGH, Urt. v. 9.3.1998 – II ZR 366/96 – NJW 1998, 1645.

der Gründung unabhängige Gesellschaft.[157] Die **Vorgründungsgesellschaft** in Form der BGB-Gesellschaft wird mit Errichtung der GmbH nach § 726 BGB aufgelöst, da der Zweck (Gründung der GmbH) erreicht wurde und eine Vorgesellschaft entsteht. Wurde die Vorgründungsgesellschaft als OHG betrieben, so wird sie gem. § 131 Abs. 1 Nr. 1 HGB aufgelöst. Zwischen den Gesellschaften herrscht nach der Rechtsprechung des BGH keine Kontinuität. Rechte und Verbindlichkeiten der Vorgründungsgesellschaft müssen folglich durch Rechtsgeschäft auf die GmbH übertragen werden.

! **Praxistipp**
Es empfiehlt sich, in einen durch eine Vorgründungsgesellschaft als Vertragspartei geschlossenen Gewerberaummietvertrag vorsorglich die Zustimmung des Vertragspartners zur Übertragung auf die neue Gesellschaft in den Mietvertrag aufzunehmen. So braucht der Vermieter nicht erneut einer Übertragung schriftlich zuzustimmen.

99 Die **Vorgesellschaft** entsteht als zwangsläufige Vorstufe der GmbH mit Abschluss eines notariellen Gesellschaftsvertrages als Gesamthandgemeinschaft sui generis und endet mit der Eintragung der GmbH ins Handelsregister.[158] **Vertreten wird die Vorgesellschaft durch ihren Geschäftsführer** (vgl. § 7 Abs. 2 S. 1, Abs. 3, § 8 Abs. 2 GmbHG). Ob die Gesellschaft vor ihrer Eintragung wirksam verpflichtet werden kann, hängt ausschließlich davon ab, ob die Vertretungsmacht der Geschäftsführer die Aufnahme des Geschäftsbetriebes und die Vornahme der damit verbundenen Rechtshandlungen umfasst. Der Umfang der Vertretungsmacht ist allerdings umstritten.[159] Nach herrschender Auffassung und Rechtsprechung des BGH orientiert sich die Geschäftsführungsbefugnis mittelbar am Gesellschaftszweck und ist damit im Außenverhältnis beschränkbar, da § 37 Abs. 2 GmbHG nicht gilt.[160] Insoweit ist beim Vertragsschluss auf eine klare Regelung zu achten. Soll der Geschäftsführer nicht persönlich vertraglich gebunden werden, so muss die Vertretung der Vor-GmbH im Rubrum sowie im Unterschriftsfeld, aber auch im Text des Gewerberaummietvertrages kenntlich gemacht werden. Ansonsten haftet er nach § 179 BGB im Rahmen der Rechtsscheinhaftung.[161]

100 Wird durch einen Geschäftsführer innerhalb seiner Vertretungsmacht im Rahmen des Gründungsvorgangs ein Gewerberaummietvertrag geschlossen, so **haftet** für die daraus entstehenden Verbindlichkeiten zunächst die Vorgesellschaft mit ih-

157 BGH, Urt. v. 20.6.1983 – II ZR 200/82 – NJW 1983, 2822; BGH, Urt. v. 7.5.1984 – II ZR 267/83 – BGHZ 91, 148; BGH, Urt. v. 9.3.1998 – II ZR 366/96 – NJW 1998, 1645.

158 MüKo-HGB/*Merkt*, § 11 Rn 4; *Ghassemi-Tabar/Eckner*, NJW 2012, 806.

159 Vgl. hierzu den ausführlichen Meinungsstand: MüKo-HGB/*Merkt*, § 11 Rn 59.

160 BGH, Urt. v. 9.3.1981 – II ZR 54/80 – NJW 1981, 1373.

161 *Ghassemi-Tabar/Eckner*, NJW 2012, 806.

rem Vermögen.[162] Des Weiteren haften die Gründungsgesellschafter für alle mit ihrer Zustimmung eingegangenen Verbindlichkeiten. Die Haftung ist als eine im Innenverhältnis gegenüber der Gesellschaft anteilige Verlustdeckungshaftung ausgestaltet.[163] Schließlich kommt eine Haftung der Handelnden nach § 11 Abs. 2 GmbH in Betracht, wobei Handelnder der Geschäftsführer oder jeder, der wie ein solcher für die künftige GmbH nach außen auftritt, sein kann.[164] Die Haftung nach § 11 Abs. 2 GmbHG erlischt grundsätzlich mit der Eintragung der Gesellschaft, kann jedoch ausnahmsweise bestehen bleiben, wenn der Geschäftsführer seine Vertretungsmacht überschritten hat.[165] Falls die Eintragung der Gesellschaft endgültig ausbleibt oder scheitert, verbleibt es bei den personengesellschaftlichen Haftungsgrundlagen.[166]

Die Haftung der Gründer kann auf die Zeit vor der Eintragung beschränkt wer- 101
den. Dies sollte neben einer entsprechenden Eintragung im Handelsregister auch vertraglich festgehalten werden, denn im Streitfall muss der Gesellschaftsgründer beweisen, dass die Haftung auf die Dauer bis zur Eintragung beschränkt war.[167]

Praxistipp !
Beim Vertragsschluss ist genau darauf zu achten, ob die Vor-GmbH bzw. GmbH i.Gr. als solche im Rubrum aufgeführt ist und wer den Vertrag für die zu gründende Gesellschaft schließt. Von einem Abschluss des Mietvertrages mit allen Gründungsgesellschaftern als Privatpersonen mit dem Recht, an die später gegründete GmbH unterzuvermieten, ist abzuraten. In diesem Fall müsste bei jedem Gesellschafterwechsel eine vertragliche Anpassung erfolgen.[168]

Mit der Eintragung der Gesellschaft gehen im Wege der Rechtsnachfolge sowohl das 102
Vermögen als auch Rechte und Verpflichtungen der Vor-GmbH auf die nunmehr bestehende GmbH über.[169]

Gemäß § 1 GmbHG kann eine GmbH durch eine einzige Person gegründet wer- 103
den. Bei solch einer **Einmann-GmbH** (Einpersonen-GmbH) handelt es sich um eine GmbH, in der alle Geschäftsanteile in der Hand eines Gesellschafters oder daneben in der Hand der Gesellschaft liegen.[170] In der Praxis ist die Einmann-GmbH durch

---

162 Baumbach/Hueck/*Fastrich*, § 11 Rn 22; Bub/Treier/*Emmerich*, II Rn 682; *Ghassemi-Tabar/Eckner*, NJW 2012, 806.

163 BGH, Urt. v. 10.12.2001 – II ZR 89/01 – NJW 2002, 824; BGH, Urt. v. 19.3.2001 – II ZR 249/99 – NJW 2001, 2092; ausführlich BGH, Urt. v. 27.1.1997 – II ZR 123/94 – NJW 1997, 1507.

164 *Ghassemi-Tabar/Eckner*, NJW 2012, 806.

165 Baumbach/Hueck/*Fastrich*, § 11 Rn 53.

166 BGH, Urt. v. 4.11.2002 – II ZR 204/00 – NJW 2003, 429; BGH, Urt. v. 27.1.1997 – II ZR 123/94 – BGHZ 134, 333.

167 Schmidt-Futterer/*Blank*, vor § 535 Rn 394.

168 Vgl. Lindner-Figura/Oprée/Stellmann/*Tischler*, Kap. 2 Rn 273.

169 Palandt/*Sprau*, § 705 Rn 5; Bub/Treier/*Emmerich*, II Rn 682.

170 Baumbach/Hueck/*Fastrich*, § 1 Rn 49.

ihren hohen Verbreitungsgrad von Bedeutung.[171] Verfasst und organisiert ist die Einmann-GmbH in gleicher Weise wie die GmbH.

104 Fallen Alleingesellschafter und Geschäftsführer in einer Person zusammen, so ist nach § 35 Abs. 3 S. 1 GmbHG das Verbot des Insichgeschäfts (§ 181 BGB, „Selbstkontrahieren") zu beachten. Durch Satzung kann das Verbot des Selbstkontrahierens aufgehoben werden.[172]

105 Ebenso wie bei der Mehrpersonen-GmbH gilt auch bei der Einmann-GmbH das Trennungsprinzip, sodass das Vermögen der Gesellschaft von dem privaten Vermögen des Gesellschafters getrennt den verschiedenen Rechtssubjekten zugeordnet wird. Grundsätzlich haftet Gläubigern gegenüber die GmbH mit ihrem Vermögen.[173] Allerdings wird gerade bei der Einpersonen-GmbH vielfach eine **Durchbrechung** des Trennungsprinzips diskutiert (sog. Durchgriffshaftung). An eine derartige Durchgriffshaftung knüpft der BGH jedoch besondere Voraussetzungen, da über die Rechtsform der GmbH grundsätzlich nicht hinweggegangen werden kann.[174]

b) AG

106 Die Aktiengesellschaft (AG) ist eine handelsrechtliche Kapitalgesellschaft mit eigener Rechtspersönlichkeit, für deren Verbindlichkeiten gegenüber den Gläubigern nur das Gesellschaftsvermögen haftet, vgl. § 1 Abs. 1 S. 1 und 2 AktG. Organe der Gesellschaft sind der Vorstand, der Aufsichtsrat und die Hauptversammlung. Die Geschäfte der AG führt gem. § 76 Abs. 1 AktG der Vorstand, der die AG auch nach § 78 Abs. 1 S. 1 AktG gerichtlich und außergerichtlich vertritt. Besteht der Vorstand aus mehreren Personen, so sind gem. § 78 Abs. 2 S. 1 AktG sämtliche Vorstandsmitglieder nur gemeinschaftlich zur Vertretung der Gesellschaft befugt, sofern die Satzung nichts anderes bestimmt.

107 Zu beachten ist, dass nach der Rechtsprechung des BGH bei Abschluss eines Mietvertrages mit einer AG die **Schriftform** des § 550 BGB nur dann als gewahrt gilt, wenn entweder alle Vorstandsmitglieder unterschreiben oder die Unterzeichner deutlich darauf hinweisen, gleichzeitig abwesende Vorstandsmitglieder vertreten zu wollen.[175] Beim vom BGH entschiedenen Fall wurde eine Nachtragsvereinbarung zu einem Mietvertrag von nur einem Vorstandsmitglied unterschrieben. Nach dem BGH

---

171 *Bayer/Hoffmann*, GmbHR 2009, 1048.

172 MüKo-GmbHG/*Fleischer*, § 1 Rn 71.

173 Baumbach/Hueck/*Fastrich*, § 1 Rn 56.

174 BGH, Urt. v. 30.1.1956 – II ZR 168/54 – BGHZ 20, 5; BGH, Urt. v. 13.11.1973 – VI ZR 53/72 – BGHZ 61, 380; BGH, Urt. v. 22.10.1987 – VII ZR 12/87 – NJW 1988, 255; eine Zusammenfassung der Hauptbereiche für den Durchgriff (Haftungsdurchgriff und Zurechnungsdurchgriff) ist zu finden bei: MüKo-GmbHG/*Merkt*, § 13 Rn 338 ff.

175 BGH, Urt. v. 4.11.2009 – XII ZR 86/07 – NJW 2010, 1453.

ist die Schriftform dann nicht gewahrt, wenn *„eine Mietvertragspartei zwar nicht aus einer Personenmehrheit, sondern einer Kapitalgesellschaft besteht und diese nicht von einer Einzelperson, sondern einer Personenmehrheit vertreten wird, aber nur ein Mitglied der vertretenden Personenmehrheit unterzeichnet hat.“* Da aber das Gesetz die Mitwirkung aller Vorstandsmitglieder verlange und sich im vorliegenden Fall aus der Urkunde kein Vertretungszusatz entnehmen ließ, habe ein Rechtsnachfolger, dessen Schutz die Schriftform in erster Linie dient, nicht erkennen können, ob der Unterzeichnende auch für weitere Vorstandsmitglieder unterzeichnet hat.[176]

Praxistipp !

Nach der Entscheidung des BGH kann nicht mehr davon ausgegangen werden, dass ein Vertretungszusatz bei registerpflichtigen Gesellschaften grundsätzlich nicht notwendig ist. Werden durch die Satzung der AG keine Regelungen i.S.v. § 78 Abs. 2 S. 1 AktG getroffen, sollte bei der Unterzeichnung eines Mietvertrages durch den Vorstand einer Aktiengesellschaft vorsorglich immer sowohl im Rubrum als auch im Unterschriftenfeld das Vertretungsverhältnis eines Vorstandmitglieds für andere dargestellt werden.

c) KGaA

Die Kommanditgesellschaft auf Aktien (KGaA) ist eine Kapitalgesellschaft, auf die gem. § 278 Abs. 3 AktG große Teile des Aktiengesetzes Anwendung finden. Nach § 278 Abs. 1 AktG hat sie kraft Gesetzes eine eigene Rechtspersönlichkeit. 108

Aufgrund der besonderen Verbindung zwischen KG und AG haftet mindestens ein Gesellschafter, der Komplementär, für Verbindlichkeiten gegenüber Gläubigern unbeschränkt (§ 278 Abs. 1 Hs. 1 AktG). Die übrigen, an dem in Aktien zerlegten Grundkapital Beteiligten, die Kommanditaktionäre, haften nicht persönlich. Die Geschäftsführung und Vertretung der KGaA richtet sich gem. § 278 Abs. 2 AktG nach den entsprechenden Regelungen des HGB (§ 161 Abs. 2, §§ 114 ff., §§ 125–127 HGB). Die Geschäftsführung und Vertretung erfolgt durch den Komplementär der Gesellschaft, wobei zur Vertretung der Gesellschaft auch Dritte bevollmächtigt werden können, die nicht Geschäftsführer sind. 109

d) Vereine

Der **Verein** ist nach den Regelungen des BGB ein auf Dauer angelegter Zusammenschluss von Personen zur Verwirklichung eines gemeinsamen Zwecks mit körperschaftlicher Verfassung.[177] Zu unterscheiden ist der **eingetragene** vom nicht rechtsfähigen Verein. 110

176 Kritisch zum Urteil des BGH: *Wiek*, GuT 2009, 365.

177 Palandt/*Ellenberger*, vor § 21 Rn 14.

111 Durch Eintragung in das Vereinsregister des zuständigen Amtsgerichts (vgl. § 55 BGB) erlangt der Verein gem. § 21 BGB Rechtsfähigkeit. Vertreten wird der Verein gem. § 26 Abs. 1 S. 2 BGB gerichtlich und außergerichtlich durch seinen Vorstand.

Praxistipp
Vor Abschluss eines Gewerberaummietvertrages mit einem Verein als Vertragspartei sollte ein Auszug aus dem Vereinsregister eingeholt werden. Allerdings kommt die negative Publizität des Vereinsregisters einer Partei nicht zugute, wenn deren Kenntnis von einer anderen Vertretungsregelung wie dem Ausscheiden eines Vorstandsmitglieds, nachgewiesen werden kann, obwohl im Vereinsregister noch eine andere Vertretungsregelung eingetragen war.[178]

112 Gemäß § 31 BGB haftet der Verein für bestimmte Organpersonen: für den Vorstand, ein Mitglied des Vorstands oder einen anderen verfassungsmäßig berufenen Vertreter.

113 Bereits vor Eintragung kann ein sog. **Vorverein** als körperschaftlich organisierter Personenverband durch Beschlussfassung über die Satzung und Wahl des ersten Vorstands gegründet werden. In der Zeit bis zur Feststellung der Satzung kann bei einem entsprechend vorhandenen Bindungswillen zwischen den Gründungsmitgliedern als Vorstufe des Vorvereins eine GbR bestehen.[179] Zu beachten ist, dass zwar die Rechte und Pflichten des Vorvereins nach herrschender Meinung ipso iure auf den e.V. übergehen, jedoch nicht die Schulden einer VorgründungsGbR.[180]

114 In der Gewerberaummiete treten unter Umständen Gewerkschaften, Sportvereine oder politische Parteien (hier sind teilweise abweichende Regelungen im Hinblick auf die Aktivlegitimation, § 3 PartG, und die Handelndenhaftung, § 37 PartG zu finden) als Vertragspartei auf, die als **nicht rechtsfähige Vereine** i.S.v. § 54 BGB organisiert sind. Der nichtrechtsfähige Verein ist in Abgrenzung zum eingetragenen Verein keine juristische Person, sondern eine Rechtsfigur eigener Art.[181] Der nichtrechtsfähige Verein ist eine Personenvereinigung, die zur Erreichung eines gemeinsamen Zwecks gegründet wurde, nach ihrer Satzung körperschaftlich organisiert ist (= Vereinssatzung), einen eigenen Namen haben muss und auf einen wechselnden Mitgliederbestand ausgerichtet ist.[182]

115 Zwar bestimmt § 54 BGB, dass auf den nichtrechtsfähigen Verein die Vorschriften über die BGB-Gesellschaft Anwendung finden (§§ 705ff. BGB). Entgegen dem

178 OLG Köln, Urt. v. 18.2.2003 – 22 U 138/02 – ZMR 2004, 31.
179 Palandt/*Ellenberger*, § 21 Rn 12.
180 BGH, Urt. v. 7.5.1984 – II ZR 276/83 – NJW 1984, 2164; vgl. Rn 58ff.
181 Bub/Treier/*Emmerich*, II Rn 698.
182 BGH, Urt. v. 27.2.1954 – II ZR 17/53 – BGHZ 13, 5; BGH, Urt. v. 10.10.1957 – II ZR 101/56 – NJW 1957, 1800; Lindner-Figura/Oprée/Stellmann/*Tischler*, Kap. 2 Rn 84.

Wortlaut des Gesetzes soll jedoch nach der herrschenden Meinung in der Literatur und der Rechtsprechung das Vereinsrecht mit Ausnahme der Vorschriften über die Rechtsfähigkeit angewandt werden.[183]

Die Organisation des nichtrechtsfähigen Vereins wird durch Satzung festgelegt. 116
Insoweit sollte diese vor Abschluss eines gewerblichen Mietvertrages immer herangezogen werden, um über die Regelung der Vertretungsverhältnisse Klarheit und damit Rechtssicherheit zu haben. Träger des Vermögens ist trotz Nichteintragung im Vereinsregister die teilrechtsfähige Personengruppe. Im Zuge der geänderten BGH-Rechtsprechung zur Anerkennung der Rechtsfähigkeit der GbR[184] wird auch der nichteingetragene Verein als teilrechtsfähig anerkannt, insbesondere ist er im Prozess aktiv und passiv parteifähig.[185] Wird im Namen des nichtrechtsfähigen Vereins ein Mietvertrag abgeschlossen, so wird der Verein verpflichtet und nicht seine Mitglieder.[186]

Im Hinblick auf die Haftung des nichtrechtsfähigen Vereins muss zwischen dem 117
Idealverein (§ 21 BGB) und dem wirtschaftlichen Verein (§ 22 BGB) unterschieden werden. Nach der Rechtsprechung und herrschenden Meinung haften die Mitglieder eines nicht rechtsfähigen Idealvereins nicht persönlich für die Verbindlichkeiten des Vereins.[187] Die Haftung ist beschränkt auf das Vereinsvermögen. Die Mitglieder eines nichtrechtsfähigen Vereins mit wirtschaftlicher Zweckausrichtung haften hingegen gem. §§ 54 S. 1, 714, 427 BGB persönlich und akzessorisch zur Haftung des Vereins.[188] Allerdings besteht die Möglichkeit, dass die Vereinssatzung Regelungen zur Haftungsbeschränkung dergestalt beinhaltet, dass die Befugnisse des Vorstands zur persönlichen Verpflichtung seiner Mitglieder beschränkt werden. Dann muss eine solche Beschränkung im Namen des Vereins auch nach außen erkennbar gemacht werden.[189]

Ist allerdings ein Vermieter „Dritter" i.S.v. § 54 S. 2 BGB, so haftet der im Außen- 118
verhältnis für den Verein Handelnde sowohl beim Idealverein als auch beim wirtschaftlichen Verein.[190] Zu beachten ist jedoch, dass mit Eintragung ins Vereinsregister und der Erlangung der vollen Rechtsfähigkeit die persönliche Haftung des Handelnden erlischt. Dies gilt auch für Mietverträge, die noch während der Zeit des nichtrechtsfähigen Vereins begründet wurden.[191]

---

183 BGH, Urt. v. 11.7.1968 – VII ZR 63/66 – NJW 1968, 1830.
184 Vgl. Rn 58 ff.
185 BGH, Urt. v. 2.7.2007 – II ZR 111/05 – NJW 2008, 69.
186 Bub/Treier/*Emmerich*, II Rn 701.
187 BGH, Urt. v. 11.7.1968 – VII ZR 63/66 – BGHZ 50, 325; BGH, Urt. v. 30.6.2003 – II ZR 153/02 – NJW-RR 2003, 1265.
188 BGH, Urt. v. 18.12.2000 – II ZR 385/98 – NJW 2001, 748.
189 BGH, Urt. v. 2.4.1979 – II ZR 141/78 – NJW 1979, 2304.
190 Bub/Treier/*Emmerich*, II Rn 705.
191 Vgl. BGH, Urt. v. 16.3.1981 – II ZR 59/80 – NJW 1981, 1452; OLG Celle, Urt. v. 7.11.1975 – 2 U 45/75 – NJW 1976, 806.

e) Genossenschaften

119 Die Genossenschaft ist nach dem Genossenschaftsgesetz ein Zusammenschluss von Mitgliedern, die natürliche oder juristische Personen sein können. Hauptmerkmal der Genossenschaft ist der bestimmte **Förderzweck.**[192] Die Haftung der Genossenschaft wird durch § 2 GenG auf das Vermögen der Genossenschaft beschränkt. Gerichtlich und außergerichtlich vertreten wird die Genossenschaft nach § 24 Abs. 1 GenG durch den Vorstand. Durch die vom Vorstand im Namen der Genossenschaft geschlossenen Rechtsgeschäfte wird diese gem. § 26 Abs. 1 GenG berechtigt und verpflichtet. Die Vertretungsmacht ist dabei gem. § 27 Abs. 2 GenG nach außen weder beschränkt noch beschränkbar.[193]

120 In der Praxis sind Genossenschaften in den Bereichen des Handels, der Banken (Volksbanken und Raiffeisenbanken), Landwirtschaft (insbesondere Winzergenossenschaften), aber auch im Wohnungsbau sowie im Gesundheitswesen anzutreffen.

! **Praxistipp**
Die Einholung eines Auszuges aus dem Genossenschaftsregister sollte bei Abschluss eines Mietvertrages mit einer e.G. grundsätzlich erfolgen.

f) VVaG

121 Nach § 15 Versicherungsaufsichtsgesetz (VAG) erlangt der Versicherungsverein auf Gegenseitigkeit (VVaG) seine Rechtsfähigkeit durch Erteilung einer entsprechenden Erlaubnis der Aufsichtsbehörde. Nach § 1 Abs. 1 Nr. 1 VAG ist der VVaG ein privates Unternehmen in der Form eines rechtsfähigen Vereins mit dem Hauptzweck der Versicherung seiner Mitglieder. Das wirtschaftliche Risiko des gesamten Betriebs wird von den Mitgliedern als Versicherte getragen, vgl. §§ 15, 38, 48 Abs. 2, 50 Abs. 1 VAG.[194]

122 Im Haftungsfall bestimmt § 19 VAG, dass für alle Verbindlichkeiten den Vereinsgläubigern nur das Vereinsvermögen haftet und nicht die Mitglieder.

123 Nach § 30 VAG müssen sämtliche Vorstands- und Aufsichtsratsmitglieder den Verein im Handelsregister anmelden, wobei darin anzugeben ist, welche Vertretungsbefugnis die Vorstandsmitglieder haben. Die Vertretung des VVaG wird geregelt in § 34 Abs. 1 S. 2 VAG i.V.m. § 78 AktG; danach wird der VVaG vertreten von den Vorstandsmitgliedern in vertretungsberechtigter Anzahl. Durch den Verweis auf das AktG sind die oben genannten Ausführungen zum BGH-Urteil in Bezug auf

192 Hennsler/Strohn/*Geibel*, § 1 GenG Rn 1.
193 Hennsler/Strohn/*Geibel*, § 26 GenG Rn 3.
194 *Krafka*/*Kühn*, Rn 1794.

die Unterschriften der Aufsichtsratsmitglieder zu verweisen, die für den VVaG entsprechend gelten.[195]

g) Unternehmergesellschaft (UG)

Die Unternehmergesellschaft (UG) ist eine gesetzlich vorgesehene GmbH-Variante 124 mit reduziertem Stammkapital, die als Antwort auf die sich immer weiter ausbreitende britische Private Company Limited by Shares (Limited) eingerichtet wurde.[196] Aufgrund des geringen gesetzlichen Mindeststammkapitals von 1 € pro Geschäftsanteil besteht für Gläubiger von Forderungen ein erhöhtes Risiko wegen einer entsprechend höheren Gefahr der Überschuldung der UG im Vergleich zur GmbH.

Praxistipp !
Das eben genannte höhere (Insolvenz-)Risiko sollte durch eine Bürgschaft oder ein sonstiges durchsetzbares und valides Sicherungsmittel abgesichert werden.

Als Rechtsformvariante der GmbH sind weitestgehend die Vorschriften des GmbHG 125 auf die UG anwendbar, soweit in § 5a GmbHG andere Regelungen nicht vorgesehen sind.[197]

h) Europäische Gesellschaftsformen

Im Zuge von Harmonisierungsbemühungen auf Europaebene ist die **Societas Euro-** 126 **paea (SE)**, die Europäische Aktiengesellschaft, eingeführt worden.[198] Damit sollte es europäischen Unternehmen erleichtert werden, Gesellschaften zu einer Gesellschaft zusammenzuschließen, anstatt in komplexen Strukturen von Holding- und Tochtergesellschaften der verschiedenen Mitgliedstaaten operieren zu müssen.[199] Seit 2004 ist die Verordnung über das Statut der Europäischen Gesellschaft (SE-VO) in Kraft.[200] Für die Beteiligung von Arbeitnehmern wird in Art. 1 Abs. 4 SE-VO auf die Richtlinie 2001/86/EG vom 8.10.2001 zur Ergänzung des Statuts der EG hinsichtlich der Beteiligung der Arbeitnehmer[201] verwiesen. In Deutschland wird die SE durch das Gesetz zur Ausführung der Verordnung (EG) Nr. 2157/2001 des Rates vom 8.10.2001 über

---

195 Vgl. Rn 106 ff.; BGH, Urt. v. 4.11.2009 – XII ZR 86/07 – NJW 2010, 1453.
196 Baumbach/Hueck/*Fastrich*, § 5a Rn 1.
197 Michalski/*Miras*, § 5a Rn 4.
198 Ausführlich u.a.: *Thoma/Leuering*, NJW 2002, 1449; Beck'sches Handbuch der AG/*Giedinghagen*, § 19; MüKo-AktG, Bd. 7, Kap A.
199 MüKo-AktG/*Oechsler*, vor Art. 1 SE-VO Rn 7; *Leuering*, NJW 2002, 1449.
200 VO (EG) Nr. 2157/2001 des Rates v. 8.10.2001 über das Statut der Europäischen Gesellschaft (SE), ABl. EG Nr. L 294 v. 10.11.2001.
201 RL 2001/86/EG v. 8.10.2001, ABl. EG Nr. L 294 S. 22.

das Statut der Europäischen Gesellschaft (SE) (SE-Ausführungsgesetz – SEAG) geregelt.

127 Die Voraussetzungen und das Verfahren zur Gründung einer SE mit Sitz in Deutschland richten sich vorwiegend nach den Art. 2, 3, 15ff. SE-VO und §§ 5 SEAG. Ergänzend finden die entsprechenden nationalen Vorschriften über die Gründung einer Aktiengesellschaft Anwendung, insbesondere also die des AktG und UmwG.[202] Parallel zu einer deutschen Aktiengesellschaft ist die SE eine Gesellschaft mit eigener Rechtspersönlichkeit. Weiterhin bestimmt § 3 SEAG, dass die SE gemäß den für Aktiengesellschaften geltenden Vorschriften ins Handelsregister eingetragen wird. Bei der Ausgestaltung der Verwaltungsebene haben die Gesellschafter ein Wahlrecht zwischen einem dualistischen System oder monistischen System. Das dualistische System besteht aus einem Leitungs- und Aufsichtsorgan und ist damit vergleichbar mit der deutschen Organisation der AG bestehend aus Vorstand und Aufsichtsrat. Im monistischen System hat die SE nur ein Verwaltungsorgan.[203] Für die Verbindlichkeiten haftet die SE mit ihrem Gesellschaftsvermögen, wobei nach Art. 4 Abs. 2 SE-VO das gezeichnete Kapital mindestens 120.000 € betragen muss.

128 Trotz anfänglicher Startschwierigkeiten nehmen immer mehr Konzerne und Gesellschaften die Möglichkeit der Umwandlung in eine SE wahr.[204] Es ist daher zu erwarten, dass sie zukünftig häufiger als Vertragspartei gewerblicher Mietverträge zu finden sein wird.

129 Bereits länger als die SE kann die **Europäische Wirtschaftliche Interessenvereinigung (EWIV)** als eigenständige europäische Gesellschaftsform gegründet werden. Regelungen zur EWIV finden sich in der EWIV-Verordnung (VO (EWG) Nr. 2137/85) sowie im deutschen EWIV-Ausführungsgesetz (EWIVAG).

130 Nach Art. 1 Abs. 2 EWIV-VO hat die Gesellschaft von der Registereintragung an die Fähigkeit, im eigenen Namen Träger von Rechten und Pflichten jeder Art zu sein. Nach deutschem Recht ist die Vereinigung nach § 2 Abs. 1 EWIVAG im Handelsregister einzutragen. Allerdings bestimmt nach Art. 1 Abs. 3 EWIV-VO jeder Mitgliedstaat selbst, ob die in den nationalen Registern eingetragenen Vereinigungen Rechtspersönlichkeit haben. In Deutschland wurde in § 1 EWIVAG die Bestimmung getroffen, dass auf die EWIV, sofern das EWIVAG nicht selbst Regelungen trifft, die Vorschriften der OHG anzuwenden sind und die Vereinigung als Handelsgesellschaft im Sinne des HGB anzusetzen ist. Damit entspricht die Rechtsstellung der EWIV der einer OHG (§ 124 Abs. 1 HGB).

---

202 Beck'sches Handbuch der AG/*Giedinghagen*, § 19 Rn 25.

203 Beck'sches Handbuch der AG/*Giedinghagen*, § 19 Rn 74ff.

204 Einen aufsehenerregenden Anfang hat 2006 die Allianz gemacht, mittlerweile haben viele namhafte Unternehmen wie E.ON, der Springer Verlag, BASF, Fresenius – um nur einige zu nennen – die Umwandlung zur SE vollzogen.

Bei der EWIV haften die Gesellschafter gem. Art. 24 Abs. 1 S. 1 EWIV-VO unbeschränkt und gesamtschuldnerisch, allerdings subsidiär zur Gesellschaft gem. Art. 24 Abs. 2 EWIV-VO. Der Geschäftsführer der EWIV (vgl. Art. 16 Abs. 1 EWIV-VO) haftet hingegen als Vertreter nicht selbst.[205] 131

i) Andere Gesellschaften der EU-Mitgliedstaaten mit Rechtsfähigkeit

Von zunehmender Bedeutung bei der Gewerberaummiete sind die juristischen Per- 132
sonen des Privatrechts mit Rechtsfähigkeit aus den EU-Mitgliedstaaten.[206] Insbesondere Gesellschaften aus an Deutschland grenzenden Nachbarstaaten sind häufig als Vertragspartner anzutreffen. Hier sind insbesondere zu nennen die belgischen Gesellschaften SPRL und BVBA, die niederländische B.V. sowie die luxemburgische S.à r.l., aber auch die britische Limited.

aa) Niederlande

Aus den **Niederlanden** stammend können die dortige Aktiengesellschaft, die naam- 133
lose vennotschap – N.V., sowie die Gesellschaft mit beschränkter Haftung, die **besloten vennootschap met beperkte aansprakelijkheid – B.V.**, angetroffen werden. Da sie im niederländischen Handelsverkehr am weitesten verbreitet ist,[207] beschränkt sich der folgende Überblick auf die B.V.

Geregelt ist die B.V. grundsätzlich im Zweiten Buch des niederländischen Bür- 134
gerlichen Gesetzbuchs. Bestehen muss die B.V. aus mindestens einem Gesellschafter und muss in ein Handelsregister eingetragen werden, was jedoch im Gegensatz zur vergleichbaren deutschen Handelsregistereintragung keine Rechtsfähigkeit begründet. Die Rechtsfähigkeit erhält die B.V. direkt nach der Beurkundung der Gründungsurkunde.[208] Vertreten wird die B.V. nach Art. 2:240 Abs. 1 Niederländisches BGB durch die Geschäftsführung. Grundsätzlich kann jeder Geschäftsführer die B.V. vertreten, jedoch kann vergleichbar zum deutschen GmbH-Recht der Gesellschaftsvertrag etwas anderes bestimmen, insbesondere die Vertretungsbefugnis einem – in dem Fall einzelvertretungsberechtigten – Geschäftsführer zuweisen.

Praxistipp !
Da das niederländische Handelsregister andere Informationen als das deutsche beinhaltet, ist es ratsam, sich die Vertretungsbefugnis eines Geschäftsführers oder Gesellschafters nachweisen zu lassen.

---

205 Baumbach/Hopt/*Roth*, Anhang nach § 160 Rn 1, 30.
206 Eine gute Übersicht der europäischen Gesellschaften mit beschränkter Haftung findet sich unter: http://www.europaeische-rechtsformen.de/europaeische_rechtsformen/startseite.html.
207 Süß/Wachter/*Rademakers/de Vries*, S. 1195 Rn 5.
208 Süß/Wachter/*Rademakers/de Vries*, S. 1195 Rn 35.

135 Bislang betrug das einzubringende Mindestkapital der B.V. 18.000 €. Mitte Juni 2012 wurde das Gesetz zur Flexibilisierung und Vereinfachung des Rechts der niederländischen Gesellschaften mit beschränkter Haftung verabschiedet und die „Flex-B.V." eingeführt.[209] Diese kann ein genehmigtes Kapital von 0,01 € haben. Damit können die Gesellschaften faktisch ohne Kapitaleinlage gegründet werden.

! **Praxistipp**
Um Risiken aufgrund der Höhe der Kapitalanlage bei der Flex-B.V. abzufangen, sollten in einem Mietvertrag zusätzliche Sicherheiten vereinbart werden; insofern gilt das zur deutschen KG Gesagte entsprechend.

bb) Belgien

136 Die **belgische Gesellschaft mit beschränkter Haftung**, die société privée à responsibilité limitée/besloten vennotschap met beperkte aansprakelijkheid – SPRL/BVBA – ist kodifiziert im belgischen Buch des Gesellschaftsgesetzes und in Belgien die am häufigsten gewählte Gesellschaftsform.[210] Die belgische GmbH kann sowohl aus einem wie mehreren Gesellschaftern bestehen. Auch juristische Personen können (Mit-)Gründer sein. Das einzubringende Kapital der Gesellschaft muss nach Art. 214 § 1 GGB mindestens 18.550 € betragen. Zur Gründung ist es ausreichend, dass ein Betrag von 6.200 € bei einer Bank in Belgien eingezahlt wird.

cc) Luxemburg

137 In **Luxemburg** entspricht die **Société à responsabilité limitée** (S.à r.l. = SARL) der Gesellschaft mit beschränkter Haftung in Deutschland. Rechtsgrundlagen sind der Code Civil (Bürgerliches Gesetzbuch) sowie das Gesetz vom 10.8.1915 über die Handelsgesellschaften (LSC).[211] Zur Gründung der Gesellschaft ist der Abschluss des Gesellschaftsvertrages in notarieller Urkunde erforderlich.[212] Das Mindestkapital beträgt 12.394,68 €.[213] Die Gesellschaft ist in das zentrale Handels- und Gesellschaftsregister einzutragen, wobei die Eintragung nur deklaratorische Bedeutung hat.[214] Geschäftsführung und Vertretung obliegen den Geschäftsführern.[215]

---

209 Eine kurze Zusammenfassung ist zu finden unter: http://www.dnhk.org/publikationen2/dnhk-fact/fact-nachrichten-97/.

210 Süß/Wachter/*Rademakers/de Vries*, Belgien Rn 2.

211 Süß/Wachter/*Schwachtgen*, Luxemburg Rn 4 f.

212 Süß/Wachter/*Schwachtgen*, Luxemburg Rn 25.

213 Süß/Wachter/*Schwachtgen*, Luxemburg Rn 32.

214 Süß/Wachter/*Schwachtgen*, Luxemburg Rn 48.

215 Süß/Wachter/*Schwachtgen*, Luxemburg Rn 82 ff.

dd) England

Die englische **private company limited by shares,**[216] im Folgenden nur kurz „**Limited**" genannt, ist die in England am weitesten verbreitete Gesellschaftsform und mit der deutschen GmbH vergleichbar. Wichtigste Rechtsgrundlage ist der Companies Act 2006 (CA 2006); daneben kommen weitere gesetzliche Rechtsnormen sowie das **Common Law** zur Anwendung.[217] 138

In Deutschland erfreut sich die Limited einer gewissen Beliebtheit, da sie als Alternative zur deutschen GmbH wahrgenommen wird.[218] So muss die Limited kein gesetzliches Mindestkapital aufweisen.[219] Zudem kann die Gründung kostengünstig und verhältnismäßig schnell erfolgen, soweit die Gründer alle erforderlichen Unterlagen vorliegen haben. Allerdings ist zu berücksichtigen, dass die Gründer ohne entsprechende Rechtskenntnisse auf die Hilfe von Gründungsagenturen angewiesen sind, die sich ihre Tätigkeiten entsprechend vergüten lassen. Im Übrigen ist der Vertretungsnachweis deutlich schwieriger zu führen als bei einer deutschen GmbH.[220] Die Limited tritt auch als Mischform wie z.B. als „Ltd. & Co. KG", d.h. als Komplementärin einer KG in Erscheinung.[221] 139

Die Gründung der Limited erfolgt durch Einreichung der nötigen Unterlagen, Ausstellung des **certificate of incorporation** und Eintragung der Gesellschaft in das **Companies Registry.**[222] Das englische **Companies House** ist die für diese Eintragungen zuständige Stelle.[223] 140

Geschäftsführung und Vertretung der Limited obliegt grundsätzlich deren Geschäftsführern (**directors**).[224] 141

Grundsätzlich haftet die Limited selbst als selbstständige Rechtspersönlichkeit nur mit dem Gesellschaftsvermögen.[225] Eine Haftung der Gesellschafter[226] oder Geschäftsführer[227] kommt nur in Ausnahmefällen in Betracht. 142

---

216 Instruktiv: *Kadel*, MittBayNot 2006, 102.
217 Süß/Wachter/*Ebert*/*Levedag*, England Rn 29 ff.
218 *Eidenmüller*, ZGR 2007, 168; Henssler/Strohn/*Servatius*, Internationales Gesellschaftsrecht Rn 43.
219 Süß/Wachter/*Ebert*/*Levedag*, England Rn 177.
220 *Kadel*, MittBayNot 2006, 102.
221 Süß/Wachter/*Ebert*/*Levedag*, England Rn 74 ff.; Henssler/Strohn/*Servatius*, Internationales Gesellschaftsrecht Rn 221 ff.
222 Vgl. sec. 14–16 CA 2006; *Kadel*, MittBayNot 2006, 102, 108.
223 Siehe unter http://www.companieshouse.gov.uk.
224 Vgl. sec. 170–177 CA 2006; Süß/Wachter/*Ebert*/*Levedag*, England Rn 458 ff.
225 Henssler/Strohn/*Servatius*, Internationales Gesellschaftsrecht Rn 109.
226 Henssler/Strohn/*Servatius*, Internationales Gesellschaftsrecht Rn 110 ff.
227 Süß/Wachter/*Ebert*/*Levedag*, England Rn 503 ff.

V. Wechsel der Vertragspartei

143 In der Regel sind Mietverträge, ob in der Gewerberaum- oder bei Wohnraummiete, langjährige Vertragsbeziehungen. Im Laufe dieser Zeit kommt es daher regelmäßig zum Wechsel der Vertragsparteien. Dies kann kraft Gesetzes eintreten, aber auch durch gewerbliche Weitervermietung oder rechtsgeschäftliche Rechtsnachfolge. Auch Änderungen juristischer Personen durch Verschmelzung oder Vermögensübertragung können zu einer Änderung des jeweiligen Vertragspartners führen.

1. Gesetzlicher Parteiwechsel

144 Zu den gesetzlich vorgesehen Fällen von Parteiwechseln beim gewerblichen Mietvertrag gehören der Parteiwechsel gem. § 566 BGB in Folge der Veräußerung von Grundstücken,[228] die Gesamtrechtsnachfolge durch Erbfall sowie die Umwandlung von juristischen Personen. Von praktisch größter Bedeutung ist der gesetzlich vorgesehene Wechsel der Partei aufseiten des Vermieters bei der Veräußerung von Immobilien. Der Verkauf von bereits vermieteten Gewerbeimmobilien benötigt eine sorgfältige Begleitung und differenzierte Betrachtung der Rechtsfolgen. Denn die geschlossenen gewerblichen Mietverträge sind teilweise sehr komplex und beinhalten oftmals auch mietvertragsfremde Übereinkünfte.[229] Es muss daher im Einzelnen betrachtet werden, welche Vereinbarungen auf einen Erwerber tatsächlich übergehen und inwieweit für den Übergang weitere rechtsgeschäftliche Regelungen getroffen werden müssen.

a) Veräußerung oder „Kauf bricht nicht Miete", § 566 BGB

145 Die gesetzliche Vorschrift des § 566 BGB ist über § 578 BGB auf gewerbliche Mietverhältnisse anwendbar. Der zwangsweise Eintritt eines Erwerbers in bestehende Mietverhältnisse bedeutet ein **Abweichen von der Relativität der Schuldverhältnisse**, da die Wirkungen eines Mietvertrags unter festgelegten Voraussetzungen auf einen Grundstückserwerber unabhängig von dessen Übernahmewillen erstreckt werden.[230] Durch die Rechtsfolgen des § 566 BGB wird daher auch von einer gewissen „Verdinglichung der Miete" gesprochen,[231] die aus dem Urteil des BVerfG vom 26.5.1993 abge-

228 Vertiefend hierzu: *Späth*, ZMR 2013, 405; *Streyl*, NZM 2010, 343; *Derleder*, NJW 2008, 1189; *Gather*, DWW 2006, 312; *Börstinghaus*, NZM 2004, 481.

229 *Späth*, ZMR 2013, 405.

230 Staudinger/*Emmerich*, vor § 566 Rn 4; *Börstinghaus*, PiG Bd. 70 (2005), 65.

231 *Börstinghaus*, PiG Bd. 70 (2005), 65 (Quasi-Verdinglichung der Miete); Staudinger/*Emmerich*, § 566 BGB Rn 6; *Grootenhorst/Burbulla*, NZM 2006, 246.

leitet wird. Darin hatte der Senat das Besitzrecht des Mieters verfassungsrechtlich auf eine Stufe gestellt wie das Eigentumsrecht des Vermieters gem. Art. 14 GG.[232]

Im Mietvertragsrecht gibt es im Gegensatz zu immobiliar-sachenrechtlichen Grundsätzen keine materielle Publizität. Ohne § 566 BGB wäre der Erwerber eines Grundstücks nicht an Mietverträge mit bereits vorhandenen Mietern gebunden. In der Folge könnte der Erwerber die Herausgabe der Mieträume verlangen. Die Mieter könnten ihre mietvertraglichen Ansprüche nur gegenüber dem bisherigen Vermieter geltend machen, wobei sie das Risiko der fehlenden Liquidität des bisherigen Vermieters tragen würden, ohne Ansprüche gegen den Erwerber zu haben. Insoweit wird der Mieter durch § 566 Abs. 1 BGB geschützt. In diesem Zusammenhang wird die besondere Bedeutung des Schriftformerfordernisses des § 550 BGB deutlich: Da der Immobilienerwerber nach § 566 Abs. 1 BGB automatisch in die bestehenden Mietverträge eintritt, hat er ein berechtigtes Interesse, alle wesentlichen und Vertragspflichten begründenden Informationen über die bestehenden Mietverhältnisse zu erhalten. Dazu gehören alle wesentlichen Vertragsbestandteile wie z.B. die Mietparteien, das Mietobjekt und die Miethöhe. 146

Voraussetzung für die Anwendbarkeit des § 566 Abs. 1 BGB ist, dass Wohnraum (bzw. gewerblicher Raum, §§ 578, 566 BGB) nach Überlassung an den Mieter von dem Vermieter an einen Dritten veräußert wird. Damit sind Vorverträge zu Mietverträgen nicht vom Anwendungsbereich von § 566 Abs. 1 BGB erfasst,[233] ebenso wenig wie Vertragsverhältnisse mit dem Schwerpunkt der Gestattung eines Gewerbebetriebs in den Räumen eines anderen.[234] 147

Im Einzelnen ist die Einordnung der Tatbestandsvoraussetzungen des § 566 BGB umstritten, was sich auf die praktische Abwicklung des Übergangs auswirkt. 148

aa) Überlassung

Recht unproblematisch ist die Voraussetzung des § 566 Abs. 1 BGB, wonach der vermietete Raum aufgrund eines wirksamen Mietvertrages an den Mieter bereits vor dem Eigentumsübergang überlassen worden sein muss. In der zeitlichen Abfolge muss also die Veräußerung regelmäßig der Überlassung des Grundstücks bzw. Mietobjektes an den Mieter nachfolgen.[235] Der Mieter muss sich für eine direkte Anwendung von § 566 Abs. 1 BGB im Besitz der Mietsache befinden.[236] Folgt man der Annahme der „Quasi-Verdinglichung der Miete“, da der Bestand des Mietvertrages 149

232 BVerfG, Beschl. v. 26.5.1993 – 1 BvR 208/93 – NJW 1993, 2035.

233 Bub/Treier/*Landwehr*, II Rn 2641.

234 BGH, Urt. v. 17.7.2002 – XII ZR 86/01 – NJW 2002, 3322; Emmerich/Sonnenschein/*Emmerich*, § 566 Rn 3.

235 Staudinger/*Emmerich*, § 566 Rn 33; Schmidt-Futterer/*Streyl*, § 566 Rn 54.

236 BGH, Urt. v. 4.4.2007 – VIII ZR 219/06 – NJW 2007, 1818.

an das Eigentum gebunden wird, so übernimmt das Tatbestandsmerkmal der Überlassung die Publizitätsfunktion der Vorschrift.[237] Dadurch soll ein Schutz des Erwerbers erreicht werden, der lediglich anhand der Besitzlage den tatsächlichen Zustand feststellen kann, was ihm bei schuldrechtlichen Verträgen nicht ohne Weiteres möglich ist. Daher muss der Vermieter dem Mieter den vertragsgemäßen Gebrauch i.S.v. § 535 Abs. 1 BGB eingeräumt haben.[238]

150 Wird das Grundstück noch **vor Überlassung** an den Mieter veräußert, so kommt gem. § 567a i.V.m. § 578 BGB als weitere Voraussetzung zu § 566 Abs. 1 BGB hinzu, dass der Erwerber dem Vermieter gegenüber die Erfüllung der sich aus dem Mietverhältnis ergebenden Pflichten (vertraglich) übernimmt.[239]

bb) Identitätserfordernis

151 Um die gesetzlichen Folgen des § 566 BGB auszulösen, ist nach herrschender Auffassung eine **Identität zwischen dem Grundstückseigentümer, Veräußerer und Vermieter des Objekts erforderlich.**[240] Dahinter steht nach einer teilweise vertretenen Auffassung der Schutz des Grundeigentümers, der sich durch die Vermietung zur Gebrauchsüberlassung verpflichtet und dadurch selbst an einer freien Eigennutzung gehindert ist. Auch wenn eine Vermietung aufgrund der damit verbundenen Einnahmen lukrativ sein kann, stellt sie eine rechtliche Belastung dar, die der Eigentümer freiwillig eingeht, entweder indem er sich die Besitzüberlassung an einen Dritten selbst auferlegt oder hierzu andere ermächtigt. Damit soll die Vorschrift die Erfüllung von Mietverträgen auch nach dem Eigentumsübergang sichern.[241]

152 In der Rechtsprechung und anderen Teilen der Literatur wird (noch) vielfach auf den Mieterschutz abgestellt. Dieser solle vor einer Schlechterstellung durch eine Veräußerung des Mietobjekts, z.B. dem Besitzverlust, bewahrt werden.[242]

153 Die verschiedenen Ansichten führen zu einer unterschiedlichen Bewertung, zu welchem Zeitpunkt die Identität vorliegen muss: zum Zeitpunkt des Mietvertragsschlusses (Schutz des Erwerbers) oder im Zeitpunkt der Veräußerung (Schutz des Mieters). In beiden Fällen erfolgt die Prüfung, ob die geforderte Identität vorliegt, nach rein formalen Gesichtspunkten.[243] In der Praxis ist daher bei der Übertragung

---

237 BGH, Urt. v. 4.4.2007 – VIII ZR 219/06 – NJW 2007, 1818.

238 *Börstinghaus*, PiG Bd. 70 (2005), 65.

239 Emmerich/Sonnenschein/*Emmerich*, § 566 Rn 20; Staudinger/*Emmerich*, § 566 Rn 33.

240 BGH, Urt. v. 22.5.1989 – VIII ZR 192/88 – NJW 1989, 919; BGH, Urt. v. 12.3.2003 – XII ZR 18/00 – NJW 2003, 2158; Staudinger/*Emmerich*, § 566 BGB Rn 21; Schmidt-Futterer/*Streyl*, § 566 Rn 64, 65; Lindner-Figura/Oprée/Stellmann/*Tischler*, Kap. 2 Rn 129.

241 Schmidt-Futterer/*Streyl*, § 566 Rn 65; *Streyl*, WuM 2008, 579.

242 OLG Brandenburg, Urt. v. 9.10.2002 – 3 U 6/02 – ZMR 2003, 830; BGH, Urt. v. 4.4.2007 – VIII ZR 219/06 – NJW 2007, 1818; *Börstinghaus*, NZM 2004, 481; *Neumann*, WuM 2010, 659.

243 Staudinger/*Emmerich*, § 566 BGB Rn 21a.

der Vermieterstellung darauf zu achten, ob diese mit der Eigentümerstellung weiterhin übereinstimmt. Wird beispielsweise von zwei Eigentümern, die gemeinsam ein Objekt vermieten, aus Gründen der Steuerersparnis die Vermieterstellung auf eine KG übertragen, ohne dass die KG Eigentümerin und als solche im Grundbuch eingetragen wird, so ist die Identität zwischen Eigentümer und Vermieter nicht gegeben.[244] Folglich ist § 566 BGB nicht anwendbar.

Weiterhin kann sich ein Mieter, der mit einer durch eine im Grundbuch einge- 154
tragene Auflassungsvormerkung gesicherten Partei einen Mietvertrag abschließt, nicht auf den Schutz des § 566 BGB stützen, **wenn diese Vormerkung nicht zum Eigentum erstarkt**, da das Grundstück nicht oder an einen Dritten übertragen wird und es so zu keinem Zeitpunkt eine Identität zwischen Eigentümer und Vermieter gegeben hat.[245] Die formale Identität fehlt auch beim Leasingnehmer als Vermieter, der das Grundstück an den Leasinggeber zurück überlässt.[246]

Tritt wegen fehlender Identität zwischen Eigentümer und Vermieter im Falle der 155
Veräußerung der Erwerber nicht in das bereits bestehende Mietverhältnis gem. § 566 BGB ein, so kann dennoch das Mietverhältnis zu den bisherigen Bedingungen zwischen dem Erwerber und dem Mieter zustande kommen: Leistet der Mieter über einen längeren Zeitraum die Mietzahlungen an den Erwerber und nimmt dieser die Zahlungen an, wird **stillschweigend ein Mietvertrag geschlossen.** In einem solchen Fall ist allerdings an das Schriftformerfordernis zu denken. Zwar können die Zahlung des Mietzinses und die stillschweigende Annahme zu einem konkludenten Vertragsschluss führen. Jedoch ist damit nicht automatisch die Schriftform i.S.v. § 550 BGB gewahrt und damit eine etwaig vorgesehene Laufzeit von mehr als einem Jahr sicher.

Die notwendige Identität von Veräußerer, Vermieter und Grundstückseigentü- 156
mer kann weiterhin fehlen, wenn das Grundstück in **Miteigentum** steht. Wird das Grundstück von der Miteigentümergemeinschaft bei einem bestehenden Mietvertrag veräußert, der nur mit einem der Miteigentümer abgeschlossen wurde, so ist § 566 BGB nicht anwendbar.[247] Die Identität als Tatbestandsvoraussetzung des § 566 BGB ist dann gewahrt, wenn alle Eigentümer Vermieter sind.[248] Allerdings wird auch für diesen Fall die Anwendung von § 566 BGB befürwortet, wenn die anderen Miteigentümer der Vermietung zugestimmt haben.[249]

Auch im Falle von **Veräußerungsketten** muss die Identität bei jedem Veräuße- 157
rungsvorgang gegeben sein. Wird jeder der Zwischenerwerber mehrerer aufeinan-

244 OLG Brandenburg, Urt. v. 9.10.2002 – 3 U 6/02 – ZMR 2003, 830.
245 *Gerber/Eckert/Günter*, Rn 658; BGH, Urt. v. 12.3.2003 – XII ZR 18/00 – NJW 2003, 2158.
246 Emmerich/Sonnenschein/*Emmerich*, § 566 Rn 10.
247 OLG Saarbrücken, Urt. v. 15.5.2013 – 2 U 7/13 – ZMR 2014, 35.
248 BGH, Urt. v. 20.1.2010 – VIII ZR 84/09 – MDR 2010, 739.
249 Bub/Treier/*Landwehr*, II Rn 2643.

derfolgender Veräußerungen im Grundbuch als Eigentümer eingetragen, ist die Anwendung von § 566 BGB unproblematisch.[250]

cc) Veräußerung

158 Weiteres Tatbestandsmerkmal des § 566 BGB ist die Veräußerung. Mit der Veräußerung ist der Rechtsübergang gemeint, aufgrund dessen der Eigentumsübergang im Grundbuch erfolgt.[251] Die Wirkung des § 566 BGB tritt also mit Übergang des Eigentums durch Auflassung und Eintragung im Grundbuch ein. Das Grundgeschäft für den Eigentumsübergang kann neben dem Kauf auch Schenkung, Tausch oder Vermächtnis sein.[252] Entscheidend ist, dass der Erwerber des Grundstücks erst mit Eigentumserwerb, also mit Auflassung und Eintragung ins Grundbuch nach den §§ 925, 873 BGB, in die Vermieterstellung eintritt.

dd) Zeitpunkt der Überlassung und der Veräußerung

159 Umstritten ist, ob das Identitätserfordernis bereits zum Zeitpunkt des Mietvertragsabschlusses vorliegen muss oder vielmehr der Augenblick der Eigentumsveräußerung für die Identität entscheidend ist.[253] Diese Entscheidung hat weitgehende praktische und wirtschaftliche Konsequenzen, insbesondere im Bereich der Projektentwicklung bzw. der Vermietung vom Reißbrett. Konzeptionell werden die Mietobjekte der sich noch in der Bauphase befindlichen Immobilie im Hinblick auf die Finanzierung und spätere Amortisation der Investitionskosten bereits vermietet, aber der Projektentwickler ist womöglich noch nicht als Eigentümer im Grundbuch eingetragen.[254]

! **Praxistipp**
Im Rahmen der Entwicklung und Verwirklichung von Gewerberaumimmobilien sind daher Mietvorverträge oder durch ein vermieterseitiges Rücktrittsrecht für den Fall der Nichtrealisierung des Projektes gesicherte Mietverträge sinnvoll, sofern und solange der Realisierung des Projektes tatsächliche oder rechtliche Hindernisse im Weg stehen, aber die finanzielle Sicherheit von langfristigen Mietverträgen abhängt.[255]

---

250 Staudinger/*Emmerich*, § 566 Rn 23a; *Blank/Börstinghaus*, § 566 Rn 28.

251 MüKo-BGB/*Häublein*, § 566 Rn 17; Schmidt-Futterer/*Streyl*, § 566 BGB Rn 57; *Blank/Börstinghaus*, § 655 Rn 26; Staudinger/*Emmerich*, § 566 Rn 26.

252 Schmidt-Futterer/*Streyl*, § 566 BGB Rn 1; *Blank/Börstinghaus*, § 566 BGB Rn 26; Jauernig/*Teichmann*, § 566 Rn 2; Staudinger/*Emmerich*, § 566 Rn 26.

253 Eine ausführliche Zusammenfassung des Meinungsstands in Rechtsprechung und Literatur ist zu finden bei *Neumann*, WuM 2010, 659.

254 Lindner-Figura/Oprée/Stellmann/*Tischler*, Kap. 2 Rn 130.

255 Vgl. Kap. 1 Rn 176 ff.

Teilweise wird in der Literatur und der Rechtsprechung die Identität von Veräußerer, Vermieter und Grundstückseigentümer beim Abschluss des Mietvertrags gefordert.[256] Dies sei dem Schutzbedürfnis des Erwerbers geschuldet, der nicht an einen Vertrag gebunden werden soll, der nicht mit dem Grundstücksveräußerer, sondern mit einem Dritten (wenn Vermieter- und Eigentümerstellung auseinanderfallen) abgeschlossen worden ist.[257] Nach anderer Auffassung soll die Identität zwischen Eigentümer und Vermieter zum Zeitpunkt der Veräußerung ausreichen.[258] Danach steht einem Übergang gem. § 566 BGB nicht entgegen, wenn der Vermieter zunächst zum Zeitpunkt des Vertragsschlusses (noch) nicht im Grundbuch als Eigentümer eingetragen war, sondern die Eintragung zeitlich nach, jedoch noch vor der Veräußerung erfolge. 160

ee) Rechtsfolgen

Somit zeigt sich die Tendenz, dass die Identität zwischen Eigentümer und Vermieter zum Zeitpunkt der Veräußerung für eine Anwendbarkeit des § 566 BGB gegeben sein muss. Dies wird u.a. nach einer jüngeren Entscheidung des BGH[259] für den Fall angenommen, dass der Mietvertrag nicht vom Grundstückseigentümer abgeschlossen wurde und es zur Zwangsversteigerung kam. Zu § 566 BGB führt der BGH aus, dass beim Erwerb eines Grundstücks durch Zuschlagbeschluss in der Zwangsversteigerung der Zwangsvollstreckungsschuldner (= der Eigentümer des Grundstücks) im Zeitpunkt der Erstehung des Grundstücks im Wege des Zuschlags in der Zwangsversteigerung identisch mit dem Vermieter sein muss.[260] 161

Mit dem gesetzlich vorgeschriebenen Wechsel in § 566 Abs. 1 BGB tritt der Erwerber als neuer Vermieter in die Rechte und Pflichten aus den bestehenden Mietverträgen ein. Die Regelungen der §§ 566ff. BGB i.V.m. § 578 BGB sind nach der Rechtsprechung als ausgesprochene **Mieterschutzbestimmungen** zu sehen.[261] 162

Der Inhalt der bestehenden Mietverhältnisse im Augenblick des Eigentumserwerbs bleibt bestehen, obwohl nach herrschender Ansicht ein **neues Mietverhältnis** zwischen dem Mieter und dem neuen Eigentümer begründet wird.[262] Nach dieser 163

256 OLG Köln, Urt. v. 2.8.2001 – 8 U 24/01 – ZMR 2001, 967; AG Dresden, Urt. v. 25.5.2010 – 142 C 8252/09 – WuM 2010, 693.

257 OLG Celle, Urt. v. 19.1.2000 – 2 U 111/99 – WuM 2001, 46.

258 OLG Rostock, Urt. v. 15.8.2005 – 3 U 196/04 – MDR 2006, 439; *Börstinghaus*, NZM 2004, 482; *Grooterhorst/Burbulla*, NZM 2006, 246; Emmerich/Sonnenschein/*Emmerich*, § 566 Rn 13; Lindner-Figura/Oprée/Stellmann/*Tischler*, Kap. 2 Rn 130.

259 BGH, Urt. v. 20.1.2010 – VII ZR 84/09 – MDR 2010, 739.

260 Für diese Interpretation vor allem: *Neumann*, WuM 2010, 659 m.w.N.

261 BGH, RE-Miet v. 28.4.1999 – VIII ARZ 1/98 – NJW 1999, 2177; BGH, Urt. v. 24.3.1999 – XII ZR 124/97 – NJW 1999, 1857.

262 BGH, Urt. v. 9.2.2005 – VIII ZR 22/04 – NJW 2005, 1187; BGH, Urt. v. 2.2.2006 – IX ZR 67/02 – NJW 2006, 1800; BGH, Urt. v. 28.5.2008 – VIII ZR 133/07 – MDR 2008, 850; BGH, Urt. v. 2.6.2010 –

Auffassung, insbesondere nach der Rechtsprechung des BGH, wird damit der Erwerber nicht Rechtsnachfolger des Veräußerers, sodass im Hinblick auf alle Ansprüche aus dem Mietvertrag eine Zäsur eintritt.[263] Es finde ein unmittelbarer Rechtserwerb kraft Gesetzes statt und das Mietverhältnis mit dem bisherigen Vermieter werde in der Weise beendet, dass bereits entstandene und fällig gewordene Ansprüche bei dem bisherigen Vermieter verbleiben. Vertragliche, vor dem Eigentumswechsel fällig gewordene Ansprüche des Mieters richteten sich korrespondierend grundsätzlich gegen den bisherigen Vermieter. Der Erwerber sei hingegen nur hinsichtlich solcher Ansprüche aktiv- und passivlegitimiert, die nach dem Eigentumswechsel entstehen und fällig werden.

164 Durch § 566 Abs. 1 BGB werden nur mietvertragliche Rechte und Pflichten auf den Erwerber übertragen, die sich aus dem Mietverhältnis selbst ergeben. Sonstige vertragliche Abreden, die aus Anlass des Mietvertragsabschlusses mitgeregelt werden, jedoch eher in einem wirtschaftlichen Zusammenhang stehen, gehen nicht automatisch über. Vielmehr muss jeweils geprüft werden, ob diese in einem „unlösbaren Zusammenhang" mit dem Mietvertrag stehen.[264] Nur dann erfolgt die gesetzliche Übertragung nach § 566 Abs. 1 BGB. Nach der Rechtsprechung[265] gehören zum typischen Inhalt eines Mietvertrages Abreden zum Mietgegenstand, Miete, Überlassung und Rückgabe der Mietsache.[266]

165 Wird ein Grundstück an **mehrere Erwerber** veräußert, so treten alle als Vermieter in den oder die bestehenden Mietverträge ein.[267] Sind Änderungen oder Ergänzungen des Mietvertrages vor Veräußerung getroffen worden, so wirken diese für und gegen den Erwerber, unabhängig davon, ob dieser Kenntnis davon hatte. Dies korrespondiert mit der Annahme, die Überlassung des Mietobjektes an den Mieter und dessen Besitz signalisierten dem Erwerber, sich ggf. rechtzeitig über die vertraglichen Regelungen zu informieren.[268] Ist der Mietvertrag befristet mit einer Laufzeit von über einem Jahr geschlossen, so geht diese Befristung (sowie grundsätzlich alle vereinbarten Fristen) auch auf den Erwerber über. Hier ist auf die Einhaltung der gesetzlichen Schriftform nach § 550 BGB zu achten.

XII ZR 110/08 – NJW-RR 2010, 1309; Lindner-Figura/Oprée/Stellmann/*Tischler*, Kap. 2 Rn 142; a.A. in früherer Rechtsprechung des BGH: NJW 1970, 752 und BGH NJW 1990, 443, hier gehen die Senate von einer Rechtsnachfolge aus; kritisch u.a. auch: *Streyl*, NZM 2010, 343 (ist für eine Sukzession mit Einwendungserhalt); Emmerich/Sonnenschein/*Emmerich*, § 566 Rn 2.

263 *Börstinghaus*, NZM 2004, 481.

264 BGH, Urt. v. 25.7.2012 – XII ZR 22/11 – MDR 2012, 1082; BGH, Urt. v. 2.2.2006 – IX ZR 67/02 – NJW 2006, 1800.

265 BGH, Urt. v. 2.2.2006 – IX ZR 67/02 – NJW 2006, 1800; OLG Düsseldorf, Beschl. v. 24.1.2008 – I-24 U 95/07, 24 U 95/07 – ZMR 2008, 954.

266 Siehe Rn 179 ff.

267 *Börstinghaus*, PiG Bd. 70 (2005), 65.

268 Emmerich/Sonnenschein/*Emmerich*, § 566 Rn 23.

Über die weiteren Rechtsfolgen der Auffassung, dass zwischen dem neuen Eigentümer und dem Mieter ein neues Rechtsverhältnis entstehe und wie sich diese **Zäsur** auswirkt, geht der BGH nicht näher ein. Insbesondere in den Fällen, in denen **Kündigungsgründe** zugunsten des Mieters gegenüber dem ursprünglichen Vermieter entstanden sind, die Kündigung jedoch gegenüber dem Erwerber erfolgt, ist das Fortwirken der Kündigungsgründe ohne die Annahme einer Rechtsnachfolge schwierig zu begründen. Hierzu hat der BGH[269] in jüngerer Zeit ausgeführt, dass von einer entsprechenden Anwendung der §§ 412, 407 Abs. 1 BGB auf eine Kündigungserklärung ausgegangen werden kann. Eine unmittelbare Anwendung würde in konsequenter Anwendung des § 566 BGB dogmatisch ausscheiden. Der Mieter, der in Unkenntnis des Übergangs auf einen neuen Erwerber noch gegenüber dem ursprünglichen Vermieter kündigt, müsse auch dem Erwerber gegenüber wirksam kündigen können. 166

Das Problem einer zeitlich über die vom BGH angenommene Novation hinauswirkende **Kündigungsklage** ist weiter zu differenzieren. Kündigt der veräußernde Vermieter dem Mieter noch vor Eigentumsübergang wirksam, so tritt der Erwerber in diese Rechtslage ein. Räumt der Mieter das Objekt nicht rechtzeitig, so stehen dem Erwerber Ansprüche aus §§ 546a, 571 BGB zu und der Erwerber kann vom Mieter Räumung verlangen.[270] Liegen Kündigungsgründe vor, die von der Person des Vermieters unabhängig sind, so geht die herrschende Ansicht davon aus, dass diese für und gegen den Erwerber fortwirken. Von der Person des Vermieters abhängige Kündigungstatbestände hingegen wirken beim Erwerber nur weiter, wenn sie auch in seiner Person verwirklicht sind.[271] 167

In diesem Zusammenhang werden weiterhin mögliche Probleme in Bezug auf Wertsicherungsklauseln, Aufrechnungslagen sowie Fristberechnungen (z.B. im Hinblick auf § 544 S. 1 BGB; Vertrag über mehr als 30 Jahre) diskutiert.[272] In der Praxis werden diese Probleme regelmäßig bereits durch mietvertragliche Vereinbarungen im Vorfeld geregelt. 168

Hinsichtlich der sich aus dem Mietverhältnis ergebenden Ansprüche gilt grundsätzlich das **Fälligkeitsprinzip.**[273] Ansprüche, die vor dem Eigentumsübergang fällig geworden sind, stehen dem bisherigen Vermieter/Eigentümer zu bzw. sind von diesem zu erfüllen, Ansprüche, die danach fällig geworden sind, hingegen dem Erwerber.[274] 169

---

269 BGH, Urt. v. 23.2.2012 – IX ZR 29/11 – NJW 2012, 1881.

270 OLG Düsseldorf, Urt. v. 16.4.2002 – I-24 U 199/01, 24 U 199/01 – WuM 2002, 481.

271 Staudinger/*Emmerich*, § 566 Rn 46 ff.; *Streyl*, NZM 2010, 343.

272 Lindner-Figura/Oprée/Stellmann/*Tischler*, Kap. 2 Rn 143 f.

273 Bub/Treier/*Landwehr*, II Rn 2667.

274 Schmidt-Futterer/*Streyl*, § 566 Rn 86.

170 Ab dem Zeitpunkt des Eigentumsübergangs hat der Mieter grundsätzlich die jeweils fällige **Miete** an den in den Vertrag eingetretenen Erwerber mit befreiender Wirkung zu zahlen. Allerdings nimmt die Sondervorschrift des § 566c BGB, angelehnt an den Rechtsgedanken des § 407 BGB, einen gewissen Schutz des gutgläubigen Mieters vor, der unter bestimmten Voraussetzungen dem Erwerber gegenüber schuldbefreiend die Miete an den bisherigen Vermieter entrichten kann. Dies gilt nach § 566c S. 1 BGB, soweit sich die Mietzahlung nicht auf die Miete für eine spätere Zeit als den Kalendermonat bezieht, in dem der Mieter von dem Übergang des Eigentums Kenntnis erlangt. Im Einzelnen bedeutet dies: Der Mieter kann die Miete für den laufenden Monat, in welchem er Kenntnis vom Eigentumsübergang erlangt, schuldbefreiend an den bisherigen Vermieter leisten. Erfährt der Mieter vom Eigentumsübergang erst nach dem 15. des Monats, kann er die Miete für den laufenden sowie den Folgemonat noch an den alten Vermieter entrichten, vgl. § 566c S. 2 BGB.

171 Wem der Anspruch auf die vereinbarten **Betriebskostenvorauszahlungen** zusteht, richtet sich grundsätzlich nach dessen Fälligkeit bzw. der Fälligkeit der Miete. Dementsprechend stehen die Vorauszahlungen, die vor dem Eigentumsübergang fällig werden, grundsätzlich dem bisherigen Vermieter/Eigentümer zu, diejenigen danach dem neuen Vermieter/Eigentümer.[275] Bei der Abrechnung der Betriebskosten[276] ist hingegen der jeweilige Abrechnungszeitraum maßgeblich und nicht der Zeitpunkt der Fälligkeit.[277] Diese gängige Praxis dient dem Zweck, die Schwierigkeiten und Nachteile für die Parteien, insbesondere den Mieter, möglichst geringzuhalten.[278] Dementsprechend ist zu differenzieren, ob im Zeitpunkt der Veräußerung der Abrechnungszeitraum bereits abgeschlossen ist oder nicht. Bei bereits abgeschlossenen Abrechnungszeiträumen ist der frühere Vermieter/Eigentümer zur Abrechnung der Betriebskosten verpflichtet und zur Erhebung etwaiger Nachzahlungen berechtigt.[279] Der Mieter kann von dem neuen Vermieter/Eigentümer daher keine Abrechnung für Zeiträume verlangen, die vor dessen Eigentumserwerb lagen.[280] Erfolgt der Eigentumswechsel innerhalb eines laufenden Abrechnungszeitraums, muss der neue Vermieter/Eigentümer abrechnen.[281] Das Abrechnungssaldo ist zwischen dem neuen Vermieter/Eigentümer und dem Mieter unabhängig davon auszugleichen, ob der neue Vermieter/Eigentümer die Betriebskostenvorauszahlungen erhal-

275 Schmidt-Futterer/*Streyl*, § 566 Rn 114.

276 Dazu ausführlich: Schmidt-Futterer/*Streyl*, § 566 Rn 110 ff.

277 BGH, Beschl. v. 29.9.2004 – XII ZR 148/02 – NZM 2005, 17; BGH, Urt. v. 4.4.2007 – VIII ZR 219/06 – NJW 2007, 1818.

278 Schmidt-Futterer/*Streyl*, § 566 Rn 111, 113.

279 BGH, Beschl. v. 29.9.2004 – XII ZR 148/02 – NZM 2005, 17; BGH, Urt. v. 4.4.2007 – VIII ZR 219/06 – NJW 2007, 1818.

280 BeckOK-BGB/*Ehlert*, § 556 Rn 57a.

281 BGH, Urt. v. 14.9.2000 – III ZR 211/99 – WuM 2000, 609.

ten hat oder nicht.[282] Der bisherige Vermieter/Eigentümer ist verpflichtet, dem neuen Vermieter/Eigentümer die Abrechnungsunterlagen zu übergeben bzw. anderweitig mit dem neuen Vermieter/Eigentümer mitzuwirken.[283] Der alte Vermieter/Eigentümer ist hingegen zur Abrechnung über den im Zeitpunkt des Eigentümerwechsels laufenden Abrechnungszeitraum verpflichtet, wenn der Mieter vor dem Eigentumsübergang ausgezogen ist. Denn in diesem Fall ist ausschließlich über einen Zeitraum abzurechnen, in dem der bisherige Vermieter/Eigentümer noch Eigentümer war und die Vorauszahlungen erhalten hat.[284] Dementsprechend kann der Mieter von dem bisherigen Vermieter/Eigentümer auch die Rückzahlung sämtlicher Vorauszahlungen verlangen, wenn dieser überhaupt nicht oder nicht rechtzeitig abrechnet.[285]

Praxistipp !

In Kaufverträgen finden sich regelmäßig umfangreiche und detaillierte Regelungen zur Vornahme der Nebenkostenabrechnung. Diese werden regelmäßig durch Regelungen und Vereinbarungen zu der Übergabe der für die Nebenkostenabrechnung relevanten Unterlagen ergänzt. Dies ist auch sinnvoll, da gerade diese – insbesondere bei größeren Portfolien – sowohl für den Käufer als auch für den Verkäufer essentiell sind. Gerade vor dem Hintergrund der praktischen Abwicklung empfehlen sich derart detaillierte Regelungen. Der bisheriger Vermieter/Eigentümer und der neue Vermieter/Eigentümer sollten im Kaufvertrag durch entsprechende Regelungen dafür sorgen, dass zwischen ihnen (im Innenverhältnis) ein gerechter und wirtschaftlich sinnvoller Ausgleich hinsichtlich der Betriebskosten eines laufenden Abrechnungszeitraums erfolgt.[286]

Da das Mietverhältnis zwischen dem alten Eigentümer und dem Mieter nach § 566 **172** Abs. 1 BGB endet, bestimmt § 566 Abs. 2 S. 1 BGB, dass der Vermieter für die von dem Erwerber zu ersetzenden Schäden wie ein Bürge haftet, der auf die Einrede der Vorausklage verzichtet hat.[287]

ff) Ablauf einer Immobilientransaktion

Bei der Veräußerung großer gewerblicher Immobilien sind nicht nur die vielfältigen **173** gesetzlichen Regelungen und die damit zusammenhängende Rechtsprechung zu beachten. In der Praxis beinhalten derartige Transaktionen viele Herausforderungen. Von der Vorbereitung an über die Verhandlungen bis hin zur Unterschrift unter die Verträge müssen nicht nur die Folgen der §§ 566 ff. BGB beachtet, sondern auch

282 Lindner-Figura/Oprée/Stellmann/*Beyerle*, Kap. 11 Rn 258.
283 BGH, Urt. v. 14.9.2000 – III ZR 211/99 – WuM 2000, 609.
284 BGH, Urt. v. 4.4.2007 – VIII ZR 219/06 – NJW 2007, 1818.
285 OLG Naumburg, Urt. v. 16.8.2011 – 9 U 16/11 – IMR 2012, 22.
286 Schmidt-Futterer/*Streyl*, § 566 Rn 112.
287 MüKo-BGB/*Häublein*, § 556 Rn 44.

die einzelnen Schritte überwacht und begleitet werden. Die Phasen einer Immobilientransaktion lassen sich in drei Hauptbestandteile gliedern. In der Vorbereitungs- oder Prüfungsphase (sog. Due Diligence) ist der (zeitliche) Umfang der rechtsanwaltlichen Beratung immens. Dem schließt sich die Phase des Vertragsabschlusses und der Unterschriften an, das sog. Signing. Schließlich wird nach dem Signing die Kaufvertragsabwicklung bis zur Zahlung des Kaufpreises (sog. Closing) betrieben.

Die **einzelnen Schritte** umfassen dabei:
- Entwurf einer Vertraulichkeitsvereinbarung/Letter of Intent;
- Unterstützung beim Set-up eines Datenraums;
- Red Flag Due Diligence/Red Flag Due Diligence Report (auf Verkäufer- oder Käuferseite);
- Entwurf des Kaufvertrags (SPA) unter Berücksichtigung der Due Diligence;
- Steuerung des Questions & Answers (Q&A-) Prozesses;
- Verhandlung des SPA/Erstellen von Mark-ups;
- Begleitung des Signing der Verträge;
- Begleitung der Zusammenschlusskontrolle (falls einschlägig);
- Durchführung Closing;
- Post-Closing-Maßnahmen (Umstrukturierungen);
- Nachsorge, Fristenkontrolle des Kaufvertrags (Garantien, Verjährungsfristen etc.).

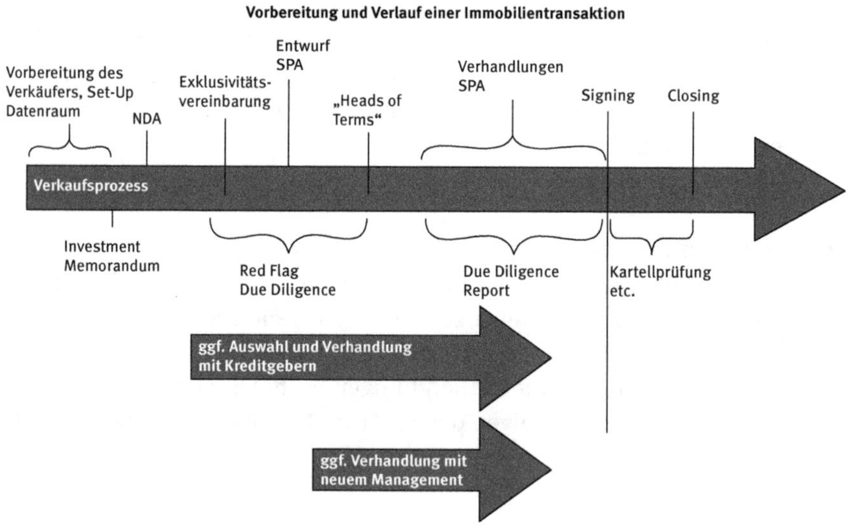

Die Vornahme einer Due Diligence[288] ist auch bei Immobilien-Transaktionen mittlerweile selbstverständlich. Dabei werden alle für den Verkauf bedeutsamen Bereiche des zu erwerbenden Objekts sorgfältig geprüft. Die Ergebnisse der Prüfung werden im Due Diligence Report zusammengestellt. 174

Praxistipp

Die Durchführung einer Due Diligence ist sowohl auf Verkäufer- als auch auf Käuferseite ratsam. Zum einen können dadurch definierte Risiken minimiert und durch entsprechende Maßnahmen geheilt oder gemindert werden. Zum anderen kann der Due Diligence Report Dritten (etwa Banken oder sonstigen Investoren) zur eigenen Prüfung vorgelegt werden. Dies beschleunigt die Transaktion, insbesondere aber deren Finanzierung. Dabei ist darauf zu achten, dass die Berechtigung zur Vorlage des Due Diligence Reports schriftlich vereinbart wird. Ergänzend dazu kann eine Haftungserweiterung zugunsten des Dritten (sog. Reliance) verhandelt werden, um den Prüfungsaufwand bei dem Dritten, insbesondere bei Banken zu minimieren.

gg) Vertragliche Regelungen

Nach herrschender Ansicht ist § 566 BGB **kein zwingendes Recht**, sodass individualvertraglich zumindest zwischen allen Beteiligten eine andere Regelung getroffen werden kann.[289] Teilweise ist strittig, inwieweit eine Abdingbarkeit lediglich zwischen dem bisherigen Vermieter und dem Mieter getroffen werden kann. Denn der Käufer, der auf Mieteinnahmen zählt, würde dadurch benachteiligt, wenn eine solche Abrede getroffen würde, ohne dass er sie kennt bzw. auch nicht aus der Mietvertragsurkunde ersehen kann. 175

Einigkeit herrscht darüber, dass der durch Gesetz vorgesehene Übergang des Mietvertrags vom alten Eigentümer und Vermieter auf den Erwerber durch eine Vereinbarung nur zwischen diesen beiden mit Wirkung für den Mieter **nicht ausgeschlossen** werden kann.[290] Auch ist die Wirksamkeit einer Regelung abgelehnt worden, nach der ein Vermieter einen hälftigen Miteigentumsanteil an einen Dritten übertragen hat und dabei alleiniger Vermieter bleiben sollte. Trotz gegenteiliger notarieller Vereinbarung sollte der Erwerber gem. § 566 Abs. 1 BGB in die Vermieterstellung eintreten.[291] 176

In der Instanzrechtsprechung sind Vereinbarungen zwischen Verkäufer und Erwerber für ungültig erklärt worden, wonach die gesetzlich vorgesehene Folge des 177

288 Ein allgemeiner Überblick über die Due Diligence: *Vogt*, DStR 2001, 2027.

289 Staudinger/*Emmerich*, § 566 Rn 57 f.; Bub/Treier/*Landwehr*, II Rn 2656; *Börstinghaus*, PiG Bd. 70 (2005), 65.

290 LG Köln, Urt. v. 21.5.1992 – 1 S 9/92 – WuM 1995, 151; AG Pinneberg, Urt. v. 23.5.2002 – 66 C 259/01 – ZMR 2002, 835; Bub/Treier/*Landwehr*, II Rn 2656; Staudinger/*Emmerich*, § 566 Rn 58; Emmerich/Sonnenschein/*Emmerich*, § 566 Rn 37; *Blank/Börstinghaus*, § 566 Rn 85.

291 AG Pinneberg, Urt. v. 23.5.2002 – 66 C 259/01 – ZMR 2002, 835.

§ 566 BGB bereits vor Eigentumsumschreibung eintreten sollte. Dies soll nur mit Zustimmung des Mieters zulässig sein.[292]

Praxistipp
Soll eine Vereinbarung im Hinblick auf § 566 BGB getroffen werden, so sollten alle Beteiligten, die von dieser Regelung rechtlich und tatsächlich betroffen sind, in den Vertrag mitaufgenommen werden. Dabei ist unerheblich, ob der Vertrag zwischen dem Mieter und dem Veräußerer getroffen wird und der Erwerber zustimmt oder die vertragliche Regelung mit allen drei Beteiligten gemeinsam getroffen wird.

178 Wird die Lösung über einen rechtsgeschäftlich vereinbarten Vermieterwechsel gewählt, so ist die Zustimmung des Mieters gem. § 182 Abs. 2 BGB formfrei möglich. Selbst wenn die Zustimmung nicht mit dem ursprünglichen Vertrag fest verbunden wird, ist nach dem BGH dennoch insgesamt die Schriftform – sofern sie zuvor gegeben war – weiterhin gewahrt.[293]

hh) Einzelfragen

179 Die oben geschilderte, durch den Eigentumswechsel eintretende Zäsur wird nach dem Wortlaut des § 566 Abs. 1 BGB auf die **Rechte und Pflichten aus dem Mietverhältnis** beschränkt. Damit sind Vereinbarungen der vertragsschließenden Parteien gemeint, die als mietrechtlich zu qualifizieren sind. Nach der Rechtsprechung des BGH wird der Erwerber aus **sonstigen Abmachungen**, die zwar anlässlich des Mietvertrags getroffen wurden, aber nur in wirtschaftlichem Zusammenhang stehen, durch § 566 BGB nicht verpflichtet.[294] Viele der zeitlich und/oder wirtschaftlich an den Mietvertrag gebundenen Abreden wie beispielsweise zu Mietsicherheiten, Konkurrenzschutz, Aus- und Umbauverpflichtungen, Vor- und Anmietrechte, Tilgungsvereinbarungen, Schriftformheilungsklauseln sowie Umsatzsteueroptionen müssen im jeweiligen Einzelfall betrachtet werden, ob und inwieweit ein Übergang bereits nach § 566 BGB stattfindet oder ob dies vertraglich abgesichert werden muss.[295] In jedem Fall ist eine vertragliche Regelung der genannten Punkte im Rahmen einer Immobilientransaktion dringend zu empfehlen.

180 Bei Mietsicherheiten bestimmt § 566a S. 1 BGB, dass der Erwerber in die Rechte und Pflichten des Vermieters eintritt, wenn der Mieter **Sicherheit** geleistet hat.

292 LG Berlin, Urt. v. 21.11.1988 – 61 S 73/88 – GE 1989, 409.

293 BGH, Urt. v. 12.3.2003 – XI ZR 18/00 – NJW 2003, 2158; *Börstinghaus*, NZM 2004, 481.

294 BGH, Urt. v. 24.3.1999 – XII ZR 124/97 – NJW 1999, 1857; BGH, Urt. v. 25.7.2012 – XII ZR 22/11 – MDR 2012, 1082.

295 Ausführlich zu den genannten Einzelfragen: *Späth*, ZMR 2013, 405.

Im Bereich der **Mietkaution** hat der BGH im Jahr 2012 seine Rechtsprechung dahingehend geändert, dass Regelungen zur Mietkaution zwingend als mietrechtlich zu qualifizieren sind. Daher tritt der Erwerber gem. § 566 BGB anstelle des Veräußerers in den vor Eigentumsübergang entstandenen und fälligen Anspruch auf Leistung der Kaution ein. 181

Die im Gewerberaummietrecht wichtigen Vereinbarungen zum **Konkurrenzschutz** hingegen sollten regelmäßig vertraglich übertragen werden, wenn sie in der bestehenden Form auch dem Erwerber gegenüber gelten sollen. Zwar besteht bei der Gewerberaummiete nach der Rechtsprechung des BGH in bestimmten Konstellationen ein vertragsimmanenter Konkurrenzschutz.[296] Inwieweit ein Erwerber nach § 566 BGB in eine vertragliche Konkurrenzschutzvereinbarung eintritt, richtet sich danach, ob dem Willen der Parteien nach diese Klausel integraler Bestandteil des Mietvertrages sein sollte.[297] Bei der Rechtsprechung ist ohne eine ausdrückliche obergerichtliche Entscheidung tendenziell von einem Übergang der Konkurrenzschutzverpflichtungen auf den Erwerber auszugehen.[298] 182

Bestehende **Mängelbeseitigungsansprüche** wirken gegenüber dem Erwerber fort bzw. entstehen ständig neu, da die Gebrauchsgewährungspflicht gem. § 535 Abs. 1 BGB eine Dauerverpflichtung darstellt.[299] **Schadensersatzansprüche**, die auf vom Veräußerer zu vertretenden Mängeln beruhen, treffen ebenfalls den Erwerber, da der Mieter ansonsten durch die Veräußerung schlechter stünde.[300] 183

Die Regelungen der über § 578 BGB auch bei der gewerblichen Miete geltenden §§ 566a bis 556e BGB sind spezielle Regelungen für den Übergang von Rechten (in Bezug auf die Miete), welche den allgemeinen **Abtretungsregeln** der §§ 398ff. BGB vorgehen.[301] Die Rechtsprechung lehnt daher eine entsprechende Anwendung von § 404 BGB mit der eingangs genannten Begründung ab, dass § 566 BGB keine Rechtsnachfolge begründet. Dennoch geht beim Kauf einer Immobilie der potenzielle Erwerber das Risiko ein, für die Mängelbeseitigung haften zu müssen: Auch wenn ein Mangel bereits bei Eigentumsübergang bestanden hat, ist der Käufer der Immobilie durch § 535 Abs. 1 S. 2 BGB verpflichtet, den Mangel zu beseitigen. Allerdings verliert dann der Mieter dem Veräußerer gegenüber sein Zurückbehaltungsrecht an der rückständigen Miete wegen eines Mangels der Mietsache.[302] 184

---

296 Vgl. nur BGH, Urt. v. 3.7.1985 – VIII ZR 128/84 – MDR 1986, 46.

297 *Späth*, ZMR 2013, 405; Schmidt-Futterer/*Streyl*, § 566 Rn 94; generell: Bub/Treier/*Landwehr*, II Rn 2661.

298 OLG Celle, Urt. v. 26.4.1989 – 2 U 74/88 – NJW-RR 1990, 974; BGH, Urt. v. 10.10.2012 – XII ZR 117/10 – NJW 2013, 44 (wobei der BGH ohne nähere Begründung von einem Übergang der Konkurrenzschutzklausel ausgeht).

299 Einzelheiten siehe: Schmidt-Futterer/*Streyl*, § 566 Rn 128.

300 MüKo-BGB/*Häublein*, § 566 Rn 38.

301 *Streyl*, NZM 2010, 343.

302 BGH, Urt. v. 19.6.2006 – VIII ZR 284/05 – NZM 2006, 696.

185 Bei der Frage, ob Ansprüche auf **Rückzahlung von Baukostenzuschüssen** vom Erwerber zu erfüllen sind, ist zu differenzieren. Verlorene Baukostenzuschüsse dürfte der Erwerber in der Regel nicht zu erstatten haben, da deren Zweck sich im Abschluss des Mietvertrages verwirklicht hat.[303] Bei nicht verlorenen Baukostenzuschüssen kann eine Erstattungspflicht des Erwerbers aber in Betracht kommen, wenn der Zuschuss dem Zweck diente, das Objekt langfristig zu nutzen.[304] Denn solche Rückerstattungsansprüche sind erst nach dem Eigentumsübergang fällig, da sie erst mit Beendigung des Mietverhältnisses entstehen. Die Vereinbarungen zu Baukostenzuschüssen sind regelmäßig mietvertraglicher Natur, auch wenn diese in einer Zusatzvereinbarung niedergelegt sind.[305]

186 Bei **Mieterdarlehen** ist danach zu differenzieren, ob das Darlehen als Überlassungsentgelt oder als Finanzierungsbeitrag gewährt wurde. Nur im zweiten Fall ist der Erwerber zur Erstattung verpflichtet.[306]

! **Praxistipp**

Unabhängig von der teilweise uneinheitlichen Rechtsprechung ist im Rahmen von Grundstückstransaktionen grundsätzlich zu empfehlen, derartige infrage kommende Erstattungsszenarien frühzeitig anzusprechen, zu klären und in kaufvertragliche Regelungen zu gießen. Dies bietet sowohl dem Käufer als auch dem Verkäufer entsprechende Rechtssicherheit, zumal derartige Zahlungen Cash-Flow-relevant und damit kaufpreisrelevant sind.

---

b) Energieausweis

187 Seit dem 1.5.2014 sind durch Änderungen in der Energieeinsparverordnung (EnEV) neue Pflichten für Eigentümer und Vermieter von Gebäuden im Bereich des Energieausweises geschaffen worden. Die EnEV beruht auf einer Richtlinie des Europäischen Parlaments und des Rates,[307] wonach die Mitgliedstaaten zu Zwecken der Energieeffizienz zur Einführung von Energieausweisen für Gebäude verpflichtet wurden.

188 Damit wird es nach Neufassung des § 16 EnEV zur Pflicht, **bei Verkauf oder Vermietung von Wohnungen oder gewerblichen Immobilien** den Energieausweis vorzulegen. Verantwortlich für die Veröffentlichung der Pflichtangaben aus dem Energieausweis ist immer der Eigentümer oder Vermieter, der seine Immobilie

---

303 Lindner-Figura/Oprée/Stellmann/*Tischler*, Kap. 2 Rn 193; a.A. Schmidt-Futterer/*Streyl*, § 547 Rn 21.

304 Lindner-Figura/Oprée/Stellmann/*Tischler*, Kap. 2 Rn 195.

305 Schmidt-Futterer/*Streyl*, § 547 Rn 21.

306 Lindner-Figura/Oprée/Stellmann/*Tischler*, Kap. 2 Rn 197.

307 RL 2002/91/EG v. 16.12.2002, ABl. L 1 v. 4.1.2003 S. 65, ersetzt durch: RL 2010/31/EU v. 19.5.2010, ABl. Nr. L 153 S. 13, ABl. Nr. L 155 S. 61.

verkaufen oder vermieten will. Von der Regelung sind auch beauftragte Makler betroffen.

Handelt es sich um ein Gebäude, in dem sich mehr als 500 m² Nutzfläche oder nach dem 8.7.2015 mehr als 250 m² Nutzfläche mit starkem Publikumsverkehr befinden, so muss der Eigentümer unabhängig von Verkauf und Vermietung einen Energieausweis an einer für die Öffentlichkeit gut sichtbaren Stelle anbringen. 189

Der Energieausweis kann als Bedarfs- oder Verbrauchsausweis ausgestellt werden. Grundsätzlich kann der Eigentümer zwischen Bedarfs- und Verbrauchsausweis wählen. Für noch zu errichtende Neubauten ist nur ein Energiebedarfsausweis zulässig. Alle Energieausweise sind zehn Jahre ab ihrer Ausstellung gültig. 190

Seit dem 1.5.2014 ist die Vorlage des Energieausweises nicht mehr von einem Verlangen des Käufers oder Mieters abhängig. Nunmehr hat der Verkäufer dem potenziellen Käufer spätestens bei der Besichtigung einen Energieausweis oder eine Kopie hiervon vorzulegen.[308] Nach dem Wortlaut sowie Sinn und Zweck des Gesetzes ist ein vertraglicher Verzicht auf die Vorlage des Energieausweises nicht mehr möglich. 191

c) Erbbaurecht

aa) Allgemeines

Nach der Legaldefinition des Erbbaurechts in § 1 Abs. 1 des Erbbaurechtsgesetzes (ErbbauRG) kann ein Grundstück in der Weise belastet werden, dass demjenigen, zu dessen Gunsten die Belastung erfolgt, das veräußerliche und vererbliche Recht zusteht, auf oder unter der Oberfläche des Grundstücks ein Bauwerk zu haben. Das Erbbaurecht ist aus Sicht eines Eigentümers ein **beschränkt dingliches Recht**, welches auf seinem Grundstück lastet. Er erhält hierfür eine vereinbarte Gegenleistung, in der Regel in Form von Erbbauzins, und behält das Recht zur Veräußerung und Belastung des Grundstücks.[309] Für den Erbbauberechtigten gewährt das Erbbaurecht wiederum Eigentum auf Zeit am Bauwerk und eine dem Grundstückseigentümer wirtschaftlich und rechtlich angenäherte Stellung.[310] 192

Wichtig bei der Konstellation eines Erbbaurechts ist die Durchbrechung der Vorschriften hinsichtlich **wesentlicher Bestandteile** eines Grundstücks gem. §§ 93, 946 BGB. Das fest mit dem Grundstück verbundene Bauteil wird nicht Grundstückseigentum, sondern nach § 12 Abs. 1 S. 1 ErbbauRG wesentlicher Bestandteil des Erbbaurechts. Damit entsteht ein vom Grundstück losgelöstes, aber untrennbar mit dem Erbbaurecht verbundenes Eigentum des Erbbauberechtigten.[311] 193

---

308 Vgl. § 16 Abs. 2 S. 1 EnEV.

309 MüKo-BGB/*v. Oefele/Heinemann*, § 1 ErbbauRG Rn 4; *v. Oefele/Winkler*, Rn 1, 27.

310 MüKo-BGB/*v. Oefele/Heinemann*, § 1 ErbbauRG Rn 4 m.w.N.

311 *v. Oefele/Winkler*, Rn 1, 28.

194 Gemäß § 11 Abs. 1 S. 1 ErbbauRG sind auf das Erbbaurecht die Vorschriften über Grundstücke mit Ausnahme der §§ 925, 927 und 928 BGB anzuwenden. Als ein sog. grundstücksgleiches Recht kann das Erbbaurecht gem. § 1 Abs. 4 ErbbauRG nicht unter einer auflösenden Bedingung bestellt werden. Es wird allerdings regelmäßig befristet.[312]

195 Wie auch bei Grundstücken gilt beim Erbbaurecht das Publizitätsprinzip des Grundbuchs. Nach § 14 Abs. 1 ErbbauRG wird für das Erbbaurecht bei der Eintragung in das Grundbuch von Amts wegen ein besonderes Grundbuchblatt, das **Erbbaugrundbuch**, angelegt. Darin sind auch der Eigentümer und jeder spätere Erwerber des Grundstücks zu vermerken.

bb) Wechsel der Vertragsparteien

196 Es sind vier Konstellationen denkbar, bei denen durch Veräußerung des Grundstücks ein Wechsel der Vertragsparteien mit einem Erbbaurecht in Zusammenhang steht.

197 **Erste Konstellation**: Wird ein Grundstück veräußert, welches mit einem Erbbaurecht i.S.v. § 1 ErbbauRG belastet ist und aufgrund dessen der Erbbauberechtigte eine Immobilie vermietet, so verbleibt das Erbbaurecht beim Grundstück und der Mietvertrag mit dem Erbbauberechtigten als Vermieter bestehen. Auf das Verhältnis zwischen dem Grundstückseigentümer und dem Erbbauberechtigten findet § 566 BGB keine Anwendung. Der Käufer des Grundstücks tritt nicht in etwaige Abreden zwischen dem Verkäufer und dem Erbbauberechtigten ein.[313] Der Erbbauberechtigte bleibt Vermieter und damit Vertragspartei.[314]

198 **Zweite Konstellation**: Anders verhält es sich, wenn das Erbbaurecht, aufgrund dessen ein Mietvertrag geschlossen wurde, veräußert wird. Hier sind in der Beziehung des Erbbauberechtigten und Erbbaurechtsveräußerers gegenüber dem Mieter die §§ 566 ff. BGB mit entsprechenden Konsequenzen für den Erbbaurechtserwerber anzuwenden.[315] Zu beachten ist, dass gem. § 5 Abs. 1 ErbbauRG zwischen dem Erbbauberechtigten und dem Grundstückseigentümer ein Zustimmungserfordernis des Grundstückseigentümers zur Veräußerung des Erbbaurechts vereinbart werden kann und auch regelmäßig vereinbart wird. Folglich kann der Erbbauberechtigte das Erbbaurecht nur dann veräußern, wenn der Erbbaurechtsgeber, also der Eigentümer, dem zustimmt.[316]

---

312 Bärman/Seuß/*Schneider*, Teil A Rn 453.
313 Staudinger/*Emmerich*, § 566 Rn 11.
314 OLG Celle, Beschl. v. 22.3.1984 – 2 UH 2/83 – WuM 1984, 193.
315 Staudinger/*Emmerich*, § 566 Rn 11.
316 Grüter/Wisselmann/Zwißler/*Everts*, Teil 2 § 4 Rn 2.

Praxistipp
Im Rahmen der Veräußerung eines Erbbaurechtes ist es daher erforderlich, dass die Urkunde, die den Erbbaurechtsvertrag zwischen dem Grundstückseigentümer und dem Erbbauberechtigten enthält, beigefügt wird. Weiterhin sinnvoll ist die Einsicht in das Erbbaugrundbuch, um alle wesentlichen Informationen über das Erbbaurecht zu erlangen.

Dritte Konstellation: Der Grundstückseigentümer ist gleichzeitig Vermieter. Wird nun das Grundstück bei bestehendem Mietvertrag mit einem Erbbaurecht in der Art belastet, dass durch diese dingliche Rechtsänderung dem Mieter der vertragsgemäße Gebrauch entzogen werden könnte, so wird aufgrund von § 567 BGB der Anwendungsbereich des § 566 BGB erweitert. Da es sich um einen Rechtsfolgenverweis handelt, müssen alle Voraussetzungen des § 566 BGB erfüllt sein. Ist dies der Fall, tritt in entsprechender Anwendung des § 566 der nun dinglich Berechtigte, hier also der Erbbauberechtigte, in die Vermieterstellung ein.[317] 199

Vierte Konstellation: Wenn das Erbbaurecht erlischt, sind drei Varianten zu unterscheiden (§ 30 Abs. 1 und 2 ErbbauRG): 200

Erlischt das Erbbaurecht gem. § 30 Abs. 1 S. 1 ErbbauRG, so werden bei Miet- und Pachtverträgen, die der Erbbauberechtigte abgeschlossen hat, die für die Übertragung des Eigentums geltenden Vorschriften entsprechend angewendet und damit auch § 566 BGB. Durch gesetzlichen Parteiwechsel tritt dann der Grundstückseigentümer für den Erbbauberechtigten in den Mietvertrag ein. 201

Erlischt das Erbbaurecht durch Zeitablauf, so ist gem. § 30 Abs. 2 ErbbauRG der Grundstückseigentümer berechtigt, das Miet- oder Pachtverhältnis unter Einhaltung der gesetzlichen Frist zu kündigen. Er erhält damit ein Sonderkündigungsrecht.[318] Nach § 30 Abs. 2 S. 2 ErbbauRG kann eine solche Kündigung nur für einen der beiden ersten Termine erfolgen, für die sie zulässig ist. 202

Falls das Erbbaurecht vorzeitig erlischt, so fällt der Mietvertrag wieder an den Eigentümer zurück.[319] Dieser kann jedoch nach § 30 Abs. 2 S. 3 ErbbauRG das Kündigungsrecht erst ausüben, wenn das Erbbaurecht auch durch Zeitablauf erlöschen würde. 203

d) Nießbrauch

Ist an einem Grundstück ein Nießbrauch bestellt, so ist der Nießbraucher berechtigt, das Grundstück zu vermieten oder zu verpachten. Geht die Dauer der Vermietung über die Zeit des Nießbrauchs hinaus, so sind gem. § 1056 Abs. 1 BGB die Regelungen der §§ 566, 566a, 566b Abs. 1, der §§ 566c bis 566e und § 567b BGB entsprechend 204

317 Schmidt-Futterer/*Streyl*, § 567 Rn 1, 10.
318 Lindner-Figura/Oprée/Stellmann/*Tischler*, Kap. 15 Rn 145.
319 Staudinger/*Emmerich*, § 567 Rn 5.

anzuwenden. Bestand also zum Zeitpunkt des Abschlusses eines Mietvertrags ein wirksames Nießbrauchsrecht und wurde dem Mieter das Grundstück vor Beendigung des Nießbrauchs übergeben, so tritt der Eigentümer in die geschlossenen Mietverträge ein.[320] In dem Fall hat er – sowohl bei befristeten wie unbefristeten Mietverhältnissen – nach § 1056 Abs. 2 BGB ein Sonderkündigungsrecht mit der gesetzlichen Kündigungsfrist des § 580a Abs. 4 BGB.[321] Falls sich der Nießbraucher entschließt, auf den Nießbrauch zu verzichten, so ist eine Kündigung gegenüber dem Mieter gem. § 1056 Abs. 2 S. 2 BGB dennoch erst von der Zeit an zulässig, zu welcher der Nießbrauch ohne den Verzicht erlöschen würde.

205 Wird der Nießbrauch bei einem bereits vermieteten Grundstück erst nach der Überlassung an den Mieter bestellt, so tritt der Nießbraucher nach §§ 567 Abs. 1 i.V.m. 566 BGB kraft Gesetzes in den Mietvertrag ein.[322]

206 Keine Anwendung findet § 566 BGB auf den Fall, dass der Eigentümer das vermietete Grundstück einem Dritten überlässt, sich aber gleichzeitig ein Nießbrauchsrecht zurückbehält und daher Vermieter bleibt.[323]

e) Sonstige Dienstbarkeiten (Wohnungsrecht, Dauerwohnrecht, Dauernutzungsrecht)

207 Das **Wohnungsrecht** i.S.d. § 1093 BGB berechtigt als beschränkt persönliche Dienstbarkeit den Berechtigten, ein Gebäude oder einen Teil eines Gebäudes unter Ausschluss des Eigentümers zu nutzen. Dem Wohnungsberechtigten kann die Vermietung an Dritte gestattet sein.[324] § 566 BGB findet keine Anwendung, da § 1093 Abs. 1 S. 2 BGB nicht auf § 1056 BGB verweist. Bei Erlöschen des Wohnungsrechts erlischt daher auch ein zuvor von dem Berechtigten mit einem Dritten abgeschlossener Mietvertrag.[325] Auf das Verhältnis zwischen dem Eigentümer des Grundstücks und dem Inhaber des Wohnungsrechts findet § 566 BGB ebenfalls keine Anwendung.[326]

208 Das **Dauerwohnrecht** i.S.d. § 31 Abs. 1 WEG ist eine Art einer beschränkt persönlichen Dienstbarkeit.[327] Der Dauerwohnberechtigte ist berechtigt, eine bestimmte Wohnung in einem Gebäude zu bewohnen oder anderweitig zu nutzen. Der Dauerwohnberechtigte kann die dem Dauerwohnrecht unterliegenden Gebäude- bzw. Grundstücksteile auch an Dritte vermieten. Wenn das Dauerwohnrecht erlischt, so

---

320 Staudinger/*Emmerich*, § 566 Rn 12.
321 Lindner-Figura/Oprée/Stellmann/*Oprée*, Kap. 15 Rn 142; Staudinger/*Emmerich*, § 566 Rn 13.
322 Staudinger/*Emmerich*, § 567 Rn 8.
323 Siehe Rn 151 ff.
324 MüKo-BGB/*Joost*, § 1093 Rn 8.
325 Staudinger/*Emmerich*, § 566 Rn 14.
326 Staudinger/*Emmerich*, § 566 Rn 15.
327 Palandt/*Bassenge*, § 31 WEG Rn 1; MüKo-BGB/*Engelhardt*, § 31 WEG Rn 3.

erlischt gem. § 37 Abs. 1 WEG auch das Miet- oder Pachtverhältnis. § 566 BGB bzw. § 1056 Abs. 1 BGB finden keine Anwendung.[328] Etwas anderes gilt aber, wenn der Eigentümer von seinem Heimfallanspruch gem. § 36 WEG Gebrauch macht oder das Dauerwohnrecht veräußert wird. In diesen Fällen sind gem. § 37 Abs. 2 und Abs. 3 S. 1 WEG die §§ 556 bis 556e BGB anwendbar.

Das **Dauernutzungsrecht** i.S.d. § 31 Abs. 2 WEG betrifft als Pendant zum Dauerwohnrecht solche nicht zu Wohnzwecken dienenden Räume, wie z.B. Läden, Büros, Lagerräume etc.[329] Die Regelungen zum Dauerwohnrecht finden gem. § 31 Abs. 3 WEG entsprechende Anwendung. 209

Auf **sonstige Dienstbarkeiten** findet § 566 BGB mangels Verweisungsnorm ebenfalls keine Anwendung.[330] 210

f) Zwangsvollstreckung

Ein Parteiwechsel kann auch durch eine finanzielle Krise des Eigentümers von gewerblich vermieteten Immobilien begründet sein. Wird wegen einer Geldforderung vollstreckt, so können gem. § 866 Abs. 1 ZPO folgende Varianten der Zwangsvollstreckung in Grundstücke erfolgen: Eintragung einer **Sicherungshypothek, Zwangsversteigerungsverfahren** und das **Zwangsverwaltungsverfahren.**[331] Sowohl bei der Zwangsversteigerung als auch bei der Zwangsverwaltung bekommt es ein Mieter mit einer neuen bzw. vorübergehend anderen Partei als dem bisherigen Vermieter zu tun. 211

Zur Befriedigung titulierter Ansprüche von Gläubigern kann das Grundeigentum eines Schuldners im Wege der **Zwangsversteigerung** verwertet werden. Liegen die allgemeinen Vollstreckungsvoraussetzungen vor, erfolgt die Zwangsversteigerung nach den §§ 15ff. ZVG. Eine derartige Verwertung hat die Konsequenz, dass gem. § 57 ZVG die Vorschriften des gesetzlichen Parteiwechsels (§§ 566, 566a, 566b Abs. 1, 566c und 566d BGB) entsprechend angewendet werden. Zu beachten ist, dass auch hier das Identitätserfordernis des § 566 Abs. 1 BGB i.V.m. § 57 ZVG gegeben sein muss. Wird ein vermietetes Grundstück mehrfach mit Zwischeneintragung veräußert oder im Wege der Zwangsversteigerung erworben, muss die Identität bei jedem (Zwischen-)Vorgang gewahrt sein.[332] 212

Dann erhält jedoch der „Ersteher“ des Grundstücks nach § 57a ZVG ein **vorzeitiges Kündigungsrecht.** Er wird berechtigt, das Miet- oder Pachtverhältnis unter 213

---

328 Staudinger/*Emmerich*, § 566 Rn 14.

329 *Bärmann/Pick*, § 31 Rn 118.

330 Staudinger/*Emmerich*, § 566 Rn 14.

331 Böttcher/*Keller*, § 146 Rn 1.

332 OLG Saarbrücken, Urt. v. 15.5.2013 – 2 U 7/13 – ZMR 2014, 35.

Einhaltung der gesetzlichen Frist zu kündigen (§ 57a S. 1 ZVG). Voraussetzung hierfür ist, dass dem Mieter der Besitz vor der Versteigerung überlassen war.[333] Ist dem Mieter das Mietobjekt überlassen, so kann sich dieser aufgrund der erheblichen Auswirkungen auf ihn wiederum am Zwangsversteigerungsverfahren beteiligen lassen. Um die Voraussetzungen des § 9 Nr. 2 ZVG zu erfüllen, muss der Mieter seine mietvertraglichen Rechte beim Vollstreckungsgericht anmelden. Auf Verlangen des Vollstreckungsgerichts oder eines Beteiligten muss der Mieter seine Rechte z.B. durch Vorlage der Mietvertragsurkunde oder eine eidesstattliche Versicherung glaubhaft i.S.v. § 294 ZPO machen (vgl. § 415 ZPO, § 294 Abs. 1 ZPO).[334] Damit kann der Mieter praktisch einen Parteiwechsel aufseiten des Vermieters nicht verhindern, obwohl er gem. § 97 ZVG als Beteiligter Beschwerde gegen den Zuschlag einlegen kann. Er wird aber stets über den Ablauf des Verfahrens informiert, da ihm alle Mitteilungen und damit auch der Versteigerungstermin nach § 41 ZVG zuzustellen sind.[335]

214 Die **Zwangsverwaltung** nach § 146 ZVG wird angeordnet, wenn Gläubiger aus den Erträgen eines Grundstücks befriedigt werden sollen. Im Gegensatz zur Zwangsversteigerung findet bei der Zwangsverwaltung durch die Beschlagnahme gem. § 148 ZVG kein Eigentümerwechsel und damit auch kein Rechtsübergang statt. Damit ist § 566 BGB nicht anwendbar. Dennoch wird der eigentliche Schuldner durch den Zwangsverwalter „ausgetauscht", da dem Schuldner die **Nutzungsbefugnis über die Immobilie** entzogen und **auf den Zwangsverwalter übertragen** wird.[336] Einem Mieter gegenüber wird die **Beschlagnahme wirksam**, sobald dieser von ihr Kenntnis erlangt oder ihm auf Antrag eines Gläubigers oder des Zwangsverwalters ein Zahlungsverbot zugestellt wird (vgl. § 22 ZVG, § 151 Abs. 3 ZVG).[337] Ab diesem Zeitpunkt hat der Mieter seine Miete an den Zwangsverwalter zu zahlen.[338]

g) Gestattungsverträge/Untermiete

215 Bei **Gestattungsverträgen** findet § 566 BGB keine Anwendung. Gestattungsverträge sind Verträge, die nicht die Überlassung der Mietsache zum Gebrauch, sondern die Gestattung eines Gewerbebetriebes in der Mietsache eines anderen zum Gegenstand haben. Dazu gehören u.a. Automatenaufstellverträge,[339] Verträge über die Gestat-

---

333 BGH, Beschl. v. 27.2.2004 – IXa ZB 269/03 – NZM 2004, 478.
334 Böttcher/*Böttcher*, § 9 Rn 21.
335 Lindner-Figura/Oprée/Stellmann/*Hörndler*, Kap. 19 Rn 18–20.
336 *Neuhaus*, Kap. 29 Rn 47.
337 Bub/Treier/*Belz*/*Lücke*, VIII B Rn 269.
338 *Neuhaus*, Kap. 29 Rn 59 f.
339 BGH, Urt. v. 22.3.1967 – VIII ZR 10/65 – BGHZ 47, 202; BGH, Urt. v. 17.7.2002 – XII ZR 86/01 – NJW 2002, 3322.

tung eines Betriebes einer Buchhandlung in einem Bahnhof,[340] Verträge, auf einem Grundstück ein Breitbandkabel zu errichten[341] und ähnliche Verträge.[342]

§ 566 BGB ist im Falle der **Untervermietung** auf den Wechsel des Hauptmieters nicht entsprechend anwendbar. Als Ausnahmeregelung ist § 566 BGB eng auszulegen und auf Änderungen der dinglichen Rechtszuständigkeit des Vermieters am Mietgrundstück zu beschränken.[343] Allerdings enthält § 565 BGB eine Sonderregelung für den Fall der gewerblichen Weitervermietung. Danach tritt bei Beendigung des Hauptmietvertrages entweder der Vermieter oder, falls ein neuer Hauptmietvertrag mit einem neuen Mieter zustande kommt, dieser in den Vertrag mit dem Untermieter ein.[344] 216

h) Analoge Anwendung des § 566 BGB

Eine analoge Anwendung des § 566 BGB wird im Grundsatz sowohl von der Rechtsprechung als auch von der Literatur **abgelehnt**. Es werden allerdings Ausnahmen angenommen, die von Rechtsprechung und Literatur wiederum unterschiedlich bewertet werden.[345] 217

In Fällen, in denen ein Dritter Immobilien zwar im eigenen Namen aber letztlich für den Eigentümer mit dessen **Einverständnis** vermietet, soll § 566 BGB analog angewendet werden, obwohl das Identitätserfordernis dabei nicht gewahrt ist. Dies wird damit begründet, dass sich durch das Einverständnis der Eigentümer in der Art selbst belastet, dass er, ohne selbst Vertragspartner zu werden, das durch einen anderen geschlossene Mietvertragsverhältnis gegen sich gelten lassen möchte.[346] 218

In manchen Fällen wird seitens der Eigentümer ein Recht zur Vermietung im eigenen Namen gewerblichen **Hausverwaltern** eingeräumt.[347] Wird nun das Eigentum an dem Grundstück veräußert und endet damit gleichzeitig der Verwaltervertrag, ist der Mieter von einem rechtslosen Zustand bedroht.[348] 219

Haben die Mietvertragsparteien aus Anlass oder im Zusammenhang mit dem Mietvertrag **andere Vereinbarungen** (z.B. Serviceverträge etc.) geschlossen, die 220

---

340 BGH, Urt. v. 15.10.1954 – V ZR 42/54 – JZ 1955, 47.

341 BGH, Urt. v. 17.7.2002 – XII ZR 86/01 – NJW 2002, 3322.

342 BGH, Urt. v. 20.11.1967 – VIII ZR 92/65 – MDR 1968, 233; BGH, Urt. v. 26.1.1994 – XII ZR 93/92 – NJW-RR 1994, 558; OLG Brandenburg, Urt. v. 15.9.2000 – 7 U 105/00 – NZM 2001, 444.

343 BGH, Urt. v. 22.5.1989 – VIII ZR 192/88 – NJW 1989, 2053.

344 MüKo-BGB/*Häublein*, § 565 Rn 3; siehe Rn 221 ff.

345 MüKo-BGB/*Häublein*, § 566 Rn 9; Schmidt-Futterer/*Streyl*, § 566 Rn 35; Lindner-Figura/Oprée/Stellmann/*Tischler*; Kap. 2 Rn 129 ff.; BGH, Urt. v. 3.3.1954 – VI ZR 259/52 – BGHZ 13, 1; LG München, Urt. v. 21.5.1962 – 14 S 173/61 – NJW 1962, 2159; Staudinger/*Emmerich*, § 566 Rn 21.

346 *Streyl*, WuM 2008, 579.

347 Lindner-Figura/Oprée/Stellmann/*Tischler*, Kap. 2 Rn 135.

348 *Börstinghaus*, MDR 2002, 929.

allerdings keinen mietvertraglichen Charakter haben bzw. über die typischen Mietvertragselemente hinausgehen, so kommt § 566 BGB nicht zur Anwendung.[349] Diese Vereinbarungen laufen unabhängig vom Mietvertrag weiter und müssen gesondert beendet bzw. übertragen werden.

! **Praxistipp**
Aus diesem Grunde ist es angeraten, für den Fall des Eigentums-/Vermieterwechsels Sonderkündigungsrechte bzw. Übertragungsmöglichkeiten hinsichtlich der nicht § 566 BGB unterfallenden Verträge zu vereinbaren. Dazu gehören u.a. auch die sog. Asset- oder Property-Managementverträge.

---

2. Gewerbliche Weitervermietung

221 Für den Fall, dass Wohnräume gewerblich weitervermietet werden, regelt § 565 BGB die sog. gewerbliche Zwischenvermietung. Haben Vermieter und Mieter einen Mietvertrag zum Zweck der gewerblichen Weitervermietung einer Wohnung abgeschlossen, so tritt, wenn der Vertrag zwischen Vermieter und Mieter beendet wird, der Vermieter oder, falls der Vermieter erneut einen Mietvertrag mit einem neuen Mieter abschließt, dieser Mieter in das Vertragsverhältnis mit dem Dritten ein.

a) Anwendungsbereich

222 Tatbestandlich vorausgesetzt wird ein **Hauptmietvertag** zwischen einem Vermieter, der jedoch nicht gleichzeitig Eigentümer sein muss, und einem Mieter über die Anmietung einer oder mehrerer Wohnungen zum Zweck einer gewerblichen Weitervermietung. § 565 BGB kann auch bei mehrfach gestuften Untermietverhältnissen im jeweiligen Mietverhältnis zur Anwendung gelangen.[350]

223 Gemäß § 565 Abs. 1 BGB „soll" der Mieter den gemieteten Wohnraum gewerblich einem Dritten zu Wohnzwecken weitervermieten. Entscheidend ist, dass nach dem Vertragszweck der Mieter die Mietsache als **Zwischenmieter** nicht selbst in Gebrauch nimmt, sondern in eigenem Namen an einen Dritten zu Wohnzwecken weitervermietet.[351] § 565 BGB ist daher nicht anwendbar, wenn es an einer Zweckabrede fehlt oder der Mieter die Mietsache vertragswidrig zu Wohnzwecken weitervermietet.[352]

224 Die Weitervermietung ist **gewerblich**, wenn die Weitervermietung an Dritte eine planvolle, auf Dauer angelegte und selbstständige Tätigkeit darstellt, die der

---

349 Schmidt-Futterer/*Streyl*, § 566 Rn 88, 91.
350 Schmidt-Futterer/*Blank*, § 565 Rn 5.
351 BeckOK-BGB/*Herrmann*, § 565 Rn 4.
352 LG Kiel, Urt. v. 24.8.1992 – 1 S 256/91, 1 S 264/91 – NJW-RR 1993, 1162.

Gewinnerzielungsabsicht dient oder im eigenen wirtschaftlichen Interesse erfolgt.[353] Eine Anwendung des § 565 BGB scheidet daher aus, wenn die Weitervermietung durch eine karitative oder gemeinnützige Organisation erfolgt.[354] Auch eine analoge Anwendung kommt in diesen Fällen nicht in Betracht.[355] Allerdings kann sich der vom Eigentümer auf Herausgabe in Anspruch genommene Mieter auf die Kündigungsvorschriften des Mietrechts berufen, sofern Kündigungsgründe vorliegen.[356]

Handeln Vermieter und Mieter kollusiv zusammen, um dem Untermieter den für 225
Wohnraum geltenden Kündigungsschutz zu nehmen, kann § 565 BGB analoge Anwendung finden[357] bzw. das Herausgabeverlangen des (Haupt-)Vermieters rechtsmissbräuchlich sein.[358]

b) Rechtsfolgen

Liegen die oben genannten tatbestandlichen Voraussetzungen vor, tritt entweder 226
der Vermieter (§ 565 Abs. 1 S. 1 BGB) oder der neue Mieter (§ 565 Abs. 1 S. 2 BGB) anstelle des bisherigen Mieters in die Rechte und Pflichten aus dem Mietverhältnis mit dem Dritten ein.

Über § 565 Abs. 2 BGB finden die §§ 566a bis 566e BGB entsprechende Anwen- 227
dung.

3. Rechtsgeschäftliche Rechtsnachfolge

In der Praxis ist die rechtsgeschäftliche Rechtsnachfolge im Vergleich zum gesetz- 228
lichen Parteiwechsel relativ unproblematisch. Bei vertraglichen Regelungen ist im Bereich von Vertragsübernahmeklauseln auf deren Gültigkeit zu achten. Auch das Schriftformgebot sollte tunlichst eingehalten werden.

Praxistipp !

In der Praxis wird häufig übersehen, dass neben dem eigentlichen Wechsel einer Vertragspartei auch eine neue Mietsicherheit eingeholt bzw., insbesondere im Falle einer Bankbürgschaft, die bestehende Mietsicherheit von der Bank für den neuen Vertragspartner auch noch einmal bestätigt oder eine neue Mietsicherheit geleistet werden muss. Die ursprüngliche Mietsicherheit wurde ausschließlich für die ursprüngliche und mittlerweile ausgeschiedene Vertragspartei gestellt. Es ist

---

353 BGH, Urt. v. 3.7.1996 – VIII ZR 278/95 – NJW 1996, 2862.

354 Zur umfangreichen Kasuistik: Schmidt-Futterer/*Blank*, § 565 Rn 9.

355 BGH, Urt. v. 3.7.1996 – VIII ZR 278/95 – NJW 1996, 2862.

356 BGH, Urt. v. 30.4.2003 – VIII ZR 162/02 – NJW 2003, 3054.

357 Schmidt-Futterer/*Blank*, § 565 Rn 16.

358 LG Berlin, Urt. v. 5.8.1991 – 66 S 7/91 – MM 1991, 364; LG München, Urt. v. 5.9.1990 – 14 S 2376/90 – WuM 1991, 20; BGH, RE-Miet v. 21.4.1982 – VIII ARZ 16/81 – NJW 1982, 1696.

angeraten, diese Sicherungsrechte durch vertragliche Mechanismen, beispielsweise aufschiebende oder auflösende Bedingungen oder Kündigungs- oder Rücktrittsrechte des Vermieters abzusichern.

a) Vertragliche Regelungen

229 Vielfach ist der Übergang eines Mietvertrags bei Änderungen in der Geschäftsstruktur des Mieters (ein Handelsgeschäft wird unter Änderung des Kerngeschäfts „fortgeführt“) gesetzlich nicht geregelt. Wenn kein Fall einer Gesamtrechtsnachfolge vorliegt, kann der Mietvertrag durch eine zu vereinbarende Vertragsübernahme übertragen werden.[359] Hierzu wird in der Regel in einem dreiseitigen Vertrag (oder Nachtrag zu dem bestehenden Mietvertrag) zwischen altem und neuem Mieter sowie dem Vermieter vereinbart, dass der Mietvertrag mit allen bis dahin getroffenen Vereinbarungen auf den neuen Mieter übergehen soll. Bei der vertraglichen Ausgestaltung ist auf die Schriftform gem. § 550 BGB zu achten. Ein neuer Vertrag muss sich ebenso wie der ursprüngliche Vertrag an den Erfordernissen der Schriftform messen lassen. Wird die Regelung durch einen Nachtrag getroffen, so muss dieser unter ausdrücklicher Bezugnahme zum ursprünglichen Mietvertrag mit allen Unterschriften versehen sein.[360]

230 Ebenso möglich und in der Praxis anzutreffen sind Zustimmungsregelungen, wonach die Vertragsübernahme zwischen dem ursprünglichen und neuen Mieter geregelt wird und der Vermieter (formlos) zustimmt.

b) Wechsel der Inhaberschaft

231 Erfolgt ein Wechsel in der Inhaberschaft des Unternehmens eines Einzelkaufmanns, so ist bei der Frage, ob die Zustimmung des Vermieters zum Wechsel der Inhaberschaft bzw. zur Übertragung des Unternehmens erforderlich ist, zu differenzieren.[361] Gliedert ein Einzelkaufmann sein gesamtes Unternehmen dergestalt in eine Kapitalgesellschaft aus, dass sämtliche Rechte und Pflichten auf den neuen Rechtsträger übergehen, so ist eine Zustimmung des Vermieters zur Übertragung entbehrlich. Durch die Übertragung des Unternehmens wird der neue Rechtsträger Mieter anstelle des bisherigen Mieters.[362] Demgegenüber ist eine Mitwirkung des Vermieters erforderlich, wenn durch den Eintritt eines Gesellschafters in den Betrieb eines mietenden Einzelkaufmanns eine neue Gesellschaft entsteht.[363] Denn diese Neugründung führt nicht kraft Gesetzes dazu, dass die neue Gesellschaft anstelle des bishe-

359 BGH, Urt. v. 20.6.1985 – IX ZR 173/84 – NJW 1985, 2528.
360 Siehe Rn 376 ff.
361 Lindner-Figura/Oprée/Stellmann/*Tischler*, Kap. 2 Rn 327 ff.
362 OLG Karlsruhe, Urt. v. 19.8.2008 – 1 U 108/08 – NJW-RR 2008, 1698.
363 Siehe Rn 234 ff.

rigen Einzelkaufmanns Partei des Mietvertrages wird. Ein Vertragsübergang nach § 28 HGB bei Eintritt in das Geschäft eines Einzelkaufmanns findet wegen des Vorrangs der mietrechtlichen Vorschriften nicht statt.[364] Hingegen muss der Erwerber eines Handelsgeschäfts nach § 25 HGB bei Firmenfortführung für alle im Betrieb des Geschäfts begründeten Verbindlichkeiten (aus dem Mietverhältnis) des früheren Inhabers einstehen.[365]

4. Erbfall

Verstirbt eine natürliche Person als Mieter, so regelt das Gesetz in § 1922 Abs. 1 BGB, 232
dass mit dem Tode dieser Person (Erbfall) deren Vermögen (Erbschaft) als Ganzes auf eine oder mehrere andere Personen (Erben) übergeht. Im Wege der Gesamtrechtsnachfolge werden damit alle Rechte und Pflichten aus einem mit der verstorbenen Person geschlossenen Mietvertrag auf den oder die Erben übertragen.

Stirbt der Mieter, können gem. § 580 BGB sowohl der Erbe als auch der Vermie- 233
ter das Mietverhältnis innerhalb eines Monats, nachdem sie vom Tod des Mieters Kenntnis erlangt haben, außerordentlich mit der gesetzlichen Frist kündigen. Die für Mietverhältnisse über Wohnraum geltenden §§ 563 bis 564 BGB finden bei Geschäftsraummietverhältnissen keine Anwendung (§ 578 BGB).[366]

5. Umwandlung und Gesellschafterwechsel

Ein Wechsel der Vertragsparteien kann bei Unternehmen durch verschiedene Wech- 234
sel vonstattengehen, z.B. durch Wechsel der Inhaberschaft, der Gesellschaftsform, der Gesellschafter und durch Umwandlung. Bei der Umwandlung sind die Fälle zu unterscheiden, die unter das Umwandlungsgesetz (UmwG) fallen, und Umwandlungen außerhalb dessen Anwendungsbereiches. In beiden Fällen sind die entscheidenden Aspekte, wie die Umwandlung vollzogen wird und ob sie durch den anderen Vertragspartner zustimmungspflichtig ist. Im Grundsatz ist nach der Rechtsprechung des BGH für den Eintritt eines Dritten die Zustimmung der anderen Vertragspartei erforderlich. Dies gilt auch bei der Übertragung eines Handelsgeschäfts und beim Wechsel in der Inhaberschaft eines Unternehmens.[367] In bestimmten Konstellationen ist die Zustimmung des Vertragspartners jedoch entbehrlich.

---

364 BGH, Urt. v. 25.4.2001 – XII ZR 43/99 – NJW 2001, 2251.

365 Schmidt-Futterer/*Blank*, vor § 535 Rn 420.

366 MüKo-BGB/*Artz*, § 580 Rn 1f.

367 BGH, Urt. v. 21.12.1966 – VIII ZR 195/64 – NJW 1967, 821.

a) Gesellschafterwechsel

235 **Aufseiten des Vermieters** erfolgt ein Übergang meistens im Wege der Veräußerung, sodass § 566 BGB greift. Ist die vermietende Partei eine juristische Person und treten Veränderungen auf Gesellschafterseite auf, so liegt keine Veräußerung i.S.v. § 566 BGB vor, wenn kein Eigentümerwechsel stattfindet. Dies kann selbst bei einem vollständigen Verkauf der Gesellschaft oder einer Verschmelzung der Fall sein.[368] Sind die Mietverträge mit der Gesellschaft geschlossen worden, so verbleibt die Gesellschaft Vertragspartei und es findet kein Wechsel auf Vermieterseite statt.

Praxistipp
Da Wechsel der an einer juristischen Person beteiligten Gesellschafter/Geschäftsführer bei langjährigen Mietverträgen in der Praxis häufig vorkommen und oftmals vertrauensvolle Beziehungen zu bestimmten Geschäftspersonen aber für die Parteien entscheidend sind, sollten Klauseln zur Regelung getroffen werden, wenn die „Vertrauensperson"[369] ausgetauscht werden soll. Möglich ist die Einräumung eines Kündigungsrechts.

236 Auf **Mieterseite** stellen sich Umwandlungen der Rechtsperson als Vertragspartei komplexer da und ebenso die Frage, ob sie der Zustimmung des Vermieters bedürfen.

237 Wird beispielsweise eine **bestehende GbR zu einer OHG** (oder KG) und bleiben bei diesem Vorgang die Gesellschaften gleich, so hat der BGH für diesen Fall entschieden, dass der von der ursprünglichen Gesellschaft geschlossene Mietvertrag in seiner Form bestehen bleibt und es keiner Zustimmung durch den Vermieter bedarf.[370] Ebenso verhält es sich bei der Umwandlung einer Außen-GbR in eine OHG oder eine KG in eine GbR bzw. einer GbR in eine GmbH. Diese Umwandlungen führen nach der Rechtsprechung auch bei einem zwischenzeitlichen Gesellschafterwechsel nicht dazu, dass die Identität der Gesellschaft als solche verändert wird. Damit haben diese Rechtsakte keinen Einfluss auf bestehende Mietverträge.[371]

238 Dies gilt allerdings nicht für den Fall, dass die Gesellschafter einer GbR neben der bestehenden Gesellschaft eine **OHG neu gründen.**[372]

239 Ähnlich verhält es sich bei der Übertragung eines Mietvertrages bei **Eintritt** der geschäftsfortführenden neugegründeten **Personengesellschaft** in den Mietvertrag eines Einzelkaufmanns.[373] Nach der Rechtsprechung des BGH führt der Eintritt von einem oder mehreren Gesellschaftern in den Betrieb eines Einzelkaufmanns nicht

368 *Börstinghaus*, PiG Bd. 70 (2005), 65.
369 Bub/Treier/*Landwehr*, II Rn 2569.
370 BGH, Urt. v. 21.12.1966 – VIII ZR 195/64 – NJW 1967, 821.
371 KG Berlin, Beschl. v. 26.2.2001 – 8 RE-Miet 1/01 –.
372 Bub/Treier/*Landwehr*, II Rn 2600.
373 BGH, Urt. v. 25.4.2001 – XII ZR 43/99 – NJW 2001, 2251.

dazu, dass die neugegründete Personengesellschaft kraft Gesetzes Vertragspartei eines von diesem abgeschlossenen Mietvertrages wird.[374] Hierzu bedarf es der Zustimmung des Vermieters. Würde der Mieter einem weiteren Gesellschafter auf diese Weise Gebrauchsrechte an der Mietsache einräumen, so würde es sich um einen Fall der Untervermietung handeln. Hierzu aber ist der Mieter gem. § 549 BGB a.F. (§ 540 BGB n.F.) nicht ohne Erlaubnis des Vermieters berechtigt. Durch Aufnahme eines Gesellschafters in das auf einem vermieteten Grundstück vom Mieter betriebene Unternehmen kann daher so eine Umgehung dieser Vorschrift gesehen werden.

b) Umwandlung nach dem UmwG

Für inländische Rechtsträger werden **zusammenfassend Regelungen** durch das **UmwG** vorgenommen. Die Vertragsparteien können von den dort getroffenen Bestimmungen gem. § 1 Abs. 3 UmwG nur abweichen, sofern dies ausdrücklich zugelassen ist. Die Umwandlungen nach dem UmwG sind die Verschmelzung gem. § 2 UmwG, die Spaltung nach §§ 123 ff. UmwG, die Vermögensübertragung nach § 174 UmwG sowie der Formwechsel gem. §§ 190 ff. UmwG. 240

Bei der **Verschmelzung** können die Rechtsträger nach § 2 UmwG unter Auflösung entweder im Wege der Aufnahme durch Übertragung des Vermögens eines Rechtsträgers oder mehrerer Rechtsträger (übertragende Rechtsträger) als Ganzes auf einen anderen bestehenden Rechtsträger (übernehmender Rechtsträger) verschmolzen werden oder im Wege der Neugründung. Hier findet die Verschmelzung statt durch Übertragung der Vermögen zweier oder mehrerer Rechtsträger (übertragende Rechtsträger) jeweils als Ganzes auf einen neuen, von ihnen dadurch gegründeten Rechtsträger. Der wichtigste Anwendungsbereich hierfür sind Fusionen von Handelsketten.[375] Von großem Interesse dabei ist oft ein bereits bestehendes Filialnetz, das durch Erhalt der Mietverträge auch nach der Verschmelzung übergehen soll. 241

Die Arten der **Spaltung** von Rechtsträgern ist geregelt in § 123 UmwG. Dies können die Aufspaltung (§ 123 Abs. 1 UmwG), die Abspaltung (§ 123 Abs. 2 UmwG) sowie die Ausgliederung sein. 242

Da alle Formen der Umwandlung im Wege der **Gesamtrechtsnachfolge** stattfinden, vollzieht sich der Wechsel unabhängig von der Zustimmung des Vertragspartners. Damit gehen auch alle Rechte und Pflichten aus dem Mietvertrag auf den neuen Unternehmensträger über.[376] Selbst für den Fall der Umwandlung einer Per- 243

374 BGH, Urt. v. 10.6.1958 – VIII ZR 135/57 – MDR 1958, 766; BGH, Urt. v. 21.12.1966 – VIII ZR 195/64 – NJW 1967, 821.

375 Lindner/Figura/Oprée/Stellmann/*Tischler*, Kap. 2 Rn 219.

376 Bub/Treier/*Landwehr*, II Rn 2601; Lindner/Figura/Oprée/Stellmann/*Tischler*, Kap. 2 Rn 235.

sonengesellschaft in eine juristische Person wird trotz veränderter Haftung die Zustimmung der anderen Vertragspartei nicht erforderlich.

244 Das UmwG enthält **Schutzvorschriften**, wenn aufseiten des Mieters Umwandlungen erfolgen. Hingegen enthält das Gesetz keine Schutzvorschriften für Umwandlungen auf Vermieterseite, da in jenen Fällen der neue Rechtsträger in das bestehende Mietverhältnis eintritt.[377] Bei Umwandlungen auf Mieterseite stellt das UmwG unterschiedliche Schutzmechanismen zur Verfügung. Gemäß § 22 UmwG (ggf. i.V.m. §§ 125, 204 UmwG) können Vermieter bei Verschmelzung, Spaltung und Formwechsel auf Mieterseite unter bestimmten Voraussetzungen die Stellung einer Sicherheit für ihre Forderung verlangen.[378] Zudem begründet § 133 UmwG bei Spaltung die Haftung aller beteiligten Rechtsträger für Altverbindlichkeiten.[379] Des Weiteren können Schadensersatzansprüche der Vermieterseite gem. §§ 25, 26, 205, 206 UmwG gegen Mitglieder des Vertretungs- bzw. Aufsichtsorgans des umwandelnden Rechtsträgers in Betracht kommen.[380]

245 Einzig bei Fällen der umwandlungsrechtlichen Spaltungen ist die Regelung, wie die Vertragsverhältnisse aufgeteilt werden sollen, umstritten.

246 Die Regelungen des UmwG sind **nicht dispositiv**. Allerdings lassen sich auch Umwandlungstatbestände außerhalb des UmwG finden, auf die die Rechtsfolgen aus dem UmwG keine Anwendung finden. In diesen Fällen muss der Mietvertrag vertraglich auf den neuen Rechtsträger übertragen werden.[381] Wichtig ist dabei, dass auch dabei das Schriftformerfordernis berücksichtigt wird.

247 Die Vertragsparteien können sich unterschiedlicher Regelungsmöglichkeiten bei Vertragsschluss bedienen, um sich vor Vermögenseinbußen durch Umwandlungen zu schützen.[382] So können die Parteien Folgendes (individualvertraglich) vereinbaren:

- Informationspflicht bezüglich etwaiger Umwandlungen;[383]
- außerordentliches Kündigungsrecht des Vermieters für den Fall der Umwandlung;[384]
- Zustimmungsvorbehalt des Vermieters;[385]
- weitere Mietsicherheit;[386]

---

377 Lindner-Figura/Oprée/Stellmann/*Tischler*, Kap. 2 Rn 245.

378 Lindner-Figura/Oprée/Stellmann/*Tischler*, Kap. 2 Rn 246; Bub/Treier/*Landwehr*, II Rn 2602.

379 Lindner-Figura/Oprée/Stellmann/*Tischler*, Kap. 2 Rn 248.

380 Lindner-Figura/Oprée/Stellmann/*Tischler*, Kap. 2 Rn 249.

381 Lindner/Figura/Oprée/Stellmann/*Tischler*, Kap. 2 Rn 224 ff.

382 *Disput*, NZM 2008, 305.

383 Lindner/Figura/Oprée/Stellmann/*Tischler*, Kap. 2 Rn 252–254.

384 BGH, Urt. v. 26.4.2002 – LwZR 20/01 – NZM 2002, 660.

385 OLG Oldenburg, Urt. v. 17.12.1997 – 2 U 219/97 – OLGR Oldenburg 2000, 65; OLG Jena, Urt. v. 21.6.2001 – Lw U 72/01 – OLGR Jena 2002, 257.

386 Lindner/Figura/Oprée/Stellmann/*Tischler*, Kap. 2 Rn 258.

- kumulativer Schuldbeitritt der Gesellschafter/Geschäftsführer der Vertragspartei für den Fall der Umwandlung;[387]
- Verlängerung der Nachhaftungsbegrenzungsfrist des § 160 Abs. 1 HGB.[388]

B. Vertragsgegenstand

Der Vertragsgegenstand definiert, welchen Mietgegenstand der Mieter anmietet und ggf. welchen vertraglichen Zweck der Mieter verfolgt. Hiernach bestimmt sich auch die Abgrenzung, ob ein Geschäftsraummietverhältnis vorliegt oder ein Vertrag über Wohnraum;[389] hieraus werden der Inhalt und die Grenzen des Gebrauchs der Mietsache sowie etwaige mietvertragliche oder gesetzliche Ansprüche abgeleitet. 248

I. Beschreibung des Mietgegenstands

Der zentrale Begriff, durch welchen sich der Mietgegenstand definiert, ist der vertragsgemäße Gebrauch der Mietsache i.S.d. § 535 BGB. Der Mietgegenstand in der Gewerberaummiete sind typischerweise Gebäude oder Räume, die nach dem Vertragszweck angemietet werden für eine gewerbliche Tätigkeit. Hierzu gehören gewerbliche Tätigkeiten nach der GewO, selbstständige und insbesondere freiberufliche Tätigkeiten.[390] 249

Zum vertraglich vereinbarten **Mietgegenstand** gehört räumlich die **Mietsache in ihrer Gesamtheit.**[391] Der Mietgegenstand sollte im Mietvertrag möglichst genau beschrieben und mit beigelegten Plänen konkretisiert werden. Denn auch wenn sich aus der Vertragsurkunde ergibt, welche Flächen und Bestandteile des Mietgegenstands vermietet werden, ansonsten aber die Regelungen unvollständig sind, kann sich dies nach der Auslegungsregel des § 157 BGB auch aus Treu und Glauben oder der Verkehrssitte ergeben.[392] Insoweit bestimmt ausschließlich der Mietvertrag, welche Räume und Flächen dem Mieter zum Alleingebrauch zu überlassen sind.[393] Auch ohne eine ausdrückliche vertragliche Regelung erstreckt sich das Recht des Mieters zur Benutzung der gemieteten Gewerberäume auch auf das Recht zur Mitbenutzung von Gemeinschaftsflächen. Dieses Recht deckt auch alle mit der Benutzung von Ge- 250

387 Lindner/Figura/Oprée/Stellmann/*Tischler*, Kap. 2 Rn 259.
388 MüKo-HGB/*Schmidt*, § 160 Rn 16; Lindner/Figura/Oprée/Stellmann/*Tischler*, Kap. 2 Rn 262f.
389 *Gerber/Eckert/Günter*, Rn 1.
390 *Fritz*, Kap. I Rn 1a; *Bub*, NZM 1998, 789; BeckOK-BGB/*Ehlert*, § 535 Rn 115.
391 Schmidt-Futterer/*Eisenschmid*, § 535 Rn 20.
392 Lindner-Figura/Oprée/Stellmann/*Hübner/Griesbach/Fuerst*, Kap. 14 Rn 61.
393 Bub/Treier/*Kraemer/Ehlert*, III B Rn 2775.

schäftsräumen typischerweise verbundenen Umstände ab,[394] beispielsweise die Nutzung von Grundstücks- und Hauszugängen sowie Aufzug und Treppenhaus.[395] Ebenso gelten Bestandteile und fest eingefügte Einrichtungen (z.B. Einbauküche)[396] sowie Zubehör im Zweifel als mitvermietet.[397] Hierzu gehören insbesondere alle Arten von Versorgungsanschlüssen, beispielsweise für Wasser, Strom und Fernwärme.[398] In diesem Zusammenhang gehört auch die Leistungsverpflichtung des Vermieters, für die Entsorgung von Abwasser und Müll zu sorgen.[399]

251 Wird ein Grundstück vermietet, gehören zu den vermieteten Grundstücksteilen auch Grundstücksstreifen oder Flächen im Freien z.B. zur Aufstellung von Werbeträgern, ebenso die Hauswände und das Hausdach, (Schau-)Fenster und Ausstellungskästen.[400]

252 Wichtig für den **Mieter von Geschäftsräumen** kann die Nutzung der mitvermieteten Fenster für **Werbeschriften** sein bzw. das Recht zur **Aufstellung von Hinweis- und Reklameschildern.** Dieses Recht wird dem Mieter von Rechtsprechung und Literatur bei Beachtung der Angemessenheit von Größe und Gestaltung im Rahmen einer gewissen Ortsüblichkeit zugesprochen.[401] Zwar wird dem Mieter kein Anspruch auf die Überlassung einer bestimmten Fläche für ein Anbringen von Namensschildern und Briefkästen zugesprochen, aber für den Fall, dass entsprechende Schilder angebracht werden durften, kann der Mieter nach seinem Auszug den Vermieter auffordern, das Namens- bzw. Firmenschild mit einem Hinweis auf die neue Adresse für einen Zeitraum von ca. einem halben Jahr hängen zu lassen.[402]

1. Hauptleistungspflicht des Vermieters

253 Die aus § 535 Abs. 1 BGB resultierende Hauptleistungspflicht des Vermieters besteht in der Gewährung des Gebrauchs der Mietsache. Der Vermieter hat nach § 535 Abs. 1 S. 2 BGB dem Mieter den Mietgegenstand in einem **zum vertragsgemäßen Ge-**

---

394 BGH, Urt. v. 10.11.2006 – V ZR 46/06 – NJW 2007, 146.

395 Emmerich/Sonnenschein/*Emmerich*, § 535 Rn 4.

396 LG Dresden, Urt. v. 5.5.1998 – 15 S 603/97 –.

397 Schmidt-Futterer/*Eisenschmid*, § 535 Rn 40; MüKo-BGB/*Häublein*, § 535 Rn 62; BGH, Urt. v. 17.9.1975 – VIII ZR 157/74 – NJW 1975, 2103; BGH, Urt. v. 29.9.1999 – XII ZR 313/98 – NJW 2000, 354.

398 AG Leipzig, Beschl. v. 19.3.1998 – 3 C 3421-98 – NJW-RR 1998, 1466; LG Koblenz, Beschl. v. 27.1.1986 – 4 T 43/86 – NJW-RR 1986, 506.

399 Schmidt-Futterer/*Eisenschmid*, § 535 Rn 109.

400 BGH, Urt. v. 19.10.1966 – Ib ZR 156/64 – NJW 1967, 46 (zu Werbeschildern an Gebäudeaußenflächen).

401 Lindner-Figura/Oprée/Stellmann/*Hübner*/*Griesbach*/*Fuerst*, Kap. 14 Rn 62; MüKo-BGB/*Häublein*, § 535 Rn 72; OLG Saarbrücken, Urt. v. 31.3.2005 – 8 U 581/04 – 160 – MDR 2005, 1283 (bei Wohnraummiete und Grenzen bei Geschäftsraummiete).

402 MüKo-BGB/*Häublein*, § 535 Rn 72; Schmidt-Futterer/*Eisenschmid*, § 535 Rn 334; Lindner-Figura/Oprée/Stellmann/*Hübner*/*Griesbach*/*Fuerst*, Kap. 14 Rn 62.

brauch geeigneten Zustand zu überlassen und ihn während der Mietzeit **in diesem Zustand zu erhalten**. Dies ist die Kernpflicht des Vermieters aus dem Gewerberaummietvertrag.[403] Sie steht im Gegenseitigkeitsverhältnis zur Verpflichtung des Mieters zur Mietzinszahlung (§§ 320 ff. BGB). Aus der gesetzlichen Formulierung des § 535 Abs. 1 S. 1 BGB, dass der Vermieter dem Mieter den Gebrauch der Mietsache zu „gewähren" hat, wird deutlich, dass der Vermieter über die Gebrauchsüberlassung hinaus zu einem **positiven Tun** verpflichtet sein kann, um den vertragsgemäßen Gebrauch der Mietsache möglich zu machen.[404]

a) Gebrauchsgewährung/Gebrauchsüberlassung

Die Pflicht zur **mangelfreien Gebrauchsgewährung** ist die Hauptleistungspflicht 254
des Vermieters. Kommt der Vermieter dieser Verpflichtung nicht nach, hat der Mieter einen für die Vertragsdauer unverjährbaren Erfüllungsanspruch.[405] Solange der Vermieter seine Pflicht zur Übergabe der Mietsache nicht erfüllt, kann er den Mietzins aufgrund von § 320 BGB vom Mieter nicht fordern. Da die Gebrauchsgewährung das Recht des Mieters zum ungestörten Gebrauch der Mietsache während der Vertragsdauer umfasst, ist der Vermieter gleichsam verpflichtet, durch eigenes Handeln verursachte Störungen des Mietgebrauchs zu unterlassen und Störungen durch Dritte zu verhindern.[406]

Im Einzelnen bedeutet die Pflicht des Vermieters zur Gebrauchsgewährung aus 255
§ 535 Abs. 1 S. 1 BGB das Einräumen der **tatsächlichen Gebrauchsmöglichkeit**. In der Regel bedeutet dies, dass dem Mieter der Besitz gem. § 854 BGB zu verschaffen ist. Sollen die Gewerberäume einem Mieter zum alleinigen und ausschließlichen Gebrauch überlassen werden, so hat ihm der Vermieter hierzu den **unmittelbaren Besitz** i.S.v. § 854 Abs. 1 BGB zu verschaffen, sodass der Mieter die tatsächliche Gewalt über den Mietgegenstand ausüben kann. Möglich ist ebenfalls die Besitzverschaffung nach § 854 Abs. 2 BGB, wonach zum Besitzerwerb die Einigung des bisherigen Besitzers und des Erwerbers ausreicht, wenn der Erwerber in der Lage ist, die Gewalt über die Sache auszuüben. Eine solche Einigung über die Besitzeinräumung kann beispielsweise für Fälle infrage kommen, in denen zum vermieteten Gewerberaum Parkplätze gehören, die öffentlich zugänglich sind.[407]

---

403 Lindner-Figura/Oprée/Stellmann/*Hübner*/*Griesbach*/*Fuerst*, Kap. 14 Rn 50.

404 BGH, Urt. v. 18.11.1955 – V ZR 162/54 – BGHZ 19, 85; OLG Naumburg, Urt. v. 27.4.1999 – 13 U 47/98 – ZMR 2000, 290.

405 Emmerich/Sonnenschein/*Emmerich*, § 535 BGB Rn 8.

406 Teilweise wird dies zur Erhaltungspflicht der Mietsache gezählt (siehe LG Stendal, Urt. v. 24.3.2005 – 22 S 140/04 – ZMR 2005, 62; Bub/Treier/*Bub*, II Rn 2774; Schmidt-Futterer/*Eisenschmid*, § 535 Rn 2).

407 Lindner-Figura/Oprée/Stellmann/*Hübner*/*Griesbach*/*Fuerst*, Kap. 14 Rn 51.

256 Inwieweit der Vermieter im Einzelfall dem Mieter den Besitz verschaffen muss, um seiner Gebrauchsüberlassungspflicht zu genügen, richtet sich nach **Art und Umfang des Gebrauchs**, der dem Mieter nach dem Vertrag gestattet wird. Lediglich wenn für den Gebrauch der Mietsache auch deren Besitz notwendig ist, gehört zur Gebrauchsgewährung auch die Verschaffung des Besitzes.[408] Ist aber nur ein beschränkter Gebrauch vereinbart worden, der auf eine gelegentliche und bedarfsangepasste Nutzung gerichtet ist, und erfordert folglich der vertragsgemäße Gebrauch der Mietsache keine Besitzübertragung, so erfüllt der Vermieter seine Pflicht dadurch, dass er dem Mieter ungestörten Zutritt zur Mietsache gewährt.[409]

257 Da die Gebrauchsüberlassung regelmäßig die Verschaffung der unmittelbaren Sachherrschaft für den Mieter bedeutet, müssen ihm die Räumlichkeiten mitsamt aller dazugehörigen **Schlüssel** überlassen werden. Fehlt ein Schlüssel oder wird aufgrund eines vor der Übergabe vorgenommenen Austauschs nicht der passende Schlüssel übergeben, wird dem Mieter nicht die vertragsgemäße Nutzung gewährt.[410] Hierbei kann zwischen den Parteien individuell vereinbart werden, inwieweit der Vermieter Schlüssel für Innenräume zu übergeben hat und selbst Schlüssel behalten darf.[411] Formularmäßige Vereinbarungen, wonach der Mieter auf eigene Kosten zur Beschaffung von fehlenden Schlüsseln verpflichtet werden soll, sind unwirksam.[412] Ebenso unzulässig sind formularmäßige Einschränkungen der Gebrauchsüberlassungspflicht des Vermieters, wenn sich dieser das Recht vorbehält, die Mieträume jederzeit ohne Anmeldung, aber auch aus wichtigem Grund wie beispielsweise zur Vornahme von Reparaturen, zu betreten und dazu einen Schlüssel zurückbehält.[413]

258 Die Übergabe der Schlüssel kann bei der Übergabe der Räumlichkeiten erfolgen, wobei der **Übergabetermin** nicht zwangsläufig mit dem Beginn des Mietverhältnisses zusammenfallen muss. Vielfach finden **Übergaben vor dem eigentlichen Mietbeginn** statt, um dem Mieter die Sachherrschaft über die Mietsache zu überlassen, damit dieser ggf. bauliche Maßnahmen durchführen kann.[414] Hierbei ist die Rechtsbeziehung der Parteien danach zu beurteilen, ob für die Phase der baulichen Maßnahmen ein Mietentgelt vereinbart wird. In dem Fall kann von einer zeitlichen Vorverlegung des Mietbeginns ausgegangen werden, sodass bereits von diesem Zeit-

---

408 BGH, Urt. v. 22.10.1975 – VIII ZR 122/74 – BGHZ 65, 137.

409 BGH, Urt. v. 1.2.1989 – VIII ZR 126/88 – NJW-RR 1989, 589.

410 LG Berlin, Urt. v. 25.9.1987 – 64 S 82/87 – NJW-RR 1988, 203; OLG Koblenz, Beschl. v. 1.6.1992 – 5 W 293/92 – ZMR 1993, 68; OLG Naumburg, Urt. v. 27.4.1999 – 13 U 47/98 – ZMR 2000, 290; OLG Düsseldorf, Urt. v. 7.7.2005 – I-10 U 202/04, 10 U 202/04 – ZMR 2005, 710.

411 Lindner-Figura/Oprée/Stellmann/*Hübner*/*Griesbach*/*Fuerst*, Kap. 14 Rn 53f.

412 LG Berlin, Urt. v. 25.9.1987 – 64 S 82/87 – NJW-RR 1988, 203.

413 Bub/Treier/*Bub*, II Rn 1345.

414 *Sternel*, Kap. VII Rn 1.

punkt an alle Pflichten und Rechte des Mietvertrags bestehen.[415] Werden die Mieträume hingegen unentgeltlich überlassen, dann ist von einem Überlassungsverhältnis eigener Art auszugehen.[416]

Praxistipp
Falls von den Vertragsparteien eine vor Vertragsbeginn verlagerte Übergabe der Mietsache an den Mieter erfolgen soll, so sollten die Parteien diesen Zustand, die damit verbundenen beiderseitigen Rechte und Pflichten, die Entgeltfrage sowie die Art und den genauen Umfang der baulichen Maßnahmen schriftlich regeln. Will der Vermieter die Kontrolle über die baulichen Veränderungen behalten, so können auch Ausbaustandards und Bauerrichtungskriterien für die vom Mieter beauftragten Baugewerke bis hin zur Verpflichtung von einzelnen Unternehmen vereinbart werden. Schließlich sollten darin auch Fragen des Schnittstellenmanagements und der Haftung geregelt werden.

Ist vertraglich ein Übergabetermin nicht festgelegt, so ist die sofortige Übergabe 259
geschuldet.[417] Eine **Haftungsbeschränkung** in den Allgemeinen Geschäftsbedingungen durch den Vermieter, wonach er bei nicht rechtzeitiger Übergabe nur im Fall von Vorsatz und grober Fahrlässigkeit haftet, ist wegen Verstoßes gegen §§ 307, 309 Nr. 8 BGB unzulässig.[418]

Bei der konkreten Übergabe der Mieträume vom Vermieter an den Mieter wird 260
regelmäßig ein **Übergabeprotokoll** angefertigt. Darin werden alle Feststellungen zum Zustand der Mietsache im Zeitpunkt der Übergabe festgehalten. Auch wenn weder ein Anspruch auf Erstellung eines Übergabeprotokolls besteht noch eine Pflicht – wenn eines aufgesetzt wird – zur Unterzeichnung,[419] ist beiden Parteien anzuraten, ein Übergabeprotokoll anzufertigen. So sollten bei einer gemeinsamen Begehung mit größter Sorgfalt alle gefundenen Mängel festgehalten und nach Möglichkeit durch Fotografien oder andere Aufnahmen dokumentiert werden. In einem Übergabeprotokoll kann auch formularmäßig bestätigt werden, dass der Mieter eine bestimmte Anzahl an Schlüsseln erhalten hat. Dieses Empfangsbekenntnis muss in einer separaten Urkunde festgehalten und unterschrieben werden.[420] Auch die Zählerstände zum Zeitpunkt der Übergabe sollten im Protokoll festgehalten werden. Je detaillierter und sorgfältiger ein Übergabeprotokoll erstellt wird, umso eher kann es zu Beweiszwecken verwendet werden.

---

415 Lindner-Figura/Oprée/Stellmann/*Hübner*/*Griesbach*/*Fuerst*, Kap. 14 Rn 57; Schmidt-Futterer/*Eisenschmid*, § 535 Rn 3.

416 Schmidt-Futterer/*Eisenschmid*, § 535 Rn 3; *Eisele*, WuM 1997, 533 (bei vorzeitigem unentgeltlichen Einzug des Mieters in die Wohnung); Lindner-Figura/Oprée/Stellmann/*Hübner*/*Griesbach*/*Fuerst*, Kap. 14 Rn 57.

417 *Blank*/*Börstinghaus*, § 535 Rn 265.

418 OLG Düsseldorf, Urt. v. 9.3.1993 – 24 U 138/92 – DWW 1993, 197.

419 *Blank*/*Börstinghaus*, § 538 Rn 5.

420 Bub/Treier/*Bub*, II Rn 1324.

Praxistipp
Es sollte tunlichst vermieden werden, im Übergabeprotokoll vom Mietvertrag abweichende Vereinbarungen aufzunehmen. Diese in der Praxis häufig vorkommende Problematik, beispielsweise eine Änderung des Übergabetages und damit oftmals auch des Mietbeginns, führt regelmäßig zu Schriftformproblemen. Das Problem wird dadurch verschärft, dass oftmals keine Organe, sondern nicht formell bevollmächtigte Sachwalter, etwa Architekten oder Filialleiter, das Übergabeprotokoll für eine Mietvertragspartei unterzeichnen.

261 Schließlich gehören zur Gebrauchsgewährungspflicht des Vermieters sowohl die Versorgung mit Energie, Wärme und Wasser als auch die Entsorgung von Abwasser und Müll.[421] Der Vermieter muss die Versorgung mit diesen Leistungen gewährleisten, sodass der im Vertrag vereinbarte Mietzweck erfüllt werden kann.[422]

262 Kann der Vermieter der vertragsgemäße Gebrauch der Mietsache ganz oder zum Teil nicht rechtzeitig gewährt werden oder wird ihm dieser wieder entzogen, so kann dies einen wichtigen Grund für eine außerordentliche fristlose Kündigung nach § 543 Abs. 2 S. 1 Nr. 1 BGB darstellen. Hierzu gehört auch, wenn dem Mieter der vertragsimmanente Konkurrenzschutz[423] verweigert wird.[424]

b) Erhaltungspflicht

263 Neben der Gebrauchsgewährung tritt als zweite Hauptleistungspflicht des Vermieters die Erhaltungspflicht der Mietsache für die Dauer des Vertrages aus § 535 Abs. 1 S. 2 BGB hinzu. Als Richtschnur für die Erhaltungspflicht gilt der vertragsgemäße Gebrauch der Mietsache.[425] Damit hat der Vermieter für die gesamte Dauer des Mietverhältnisses alle erforderlichen Maßnahmen zu ergreifen, um dem Mieter den vertragsgemäßen Gebrauch zu ermöglichen.[426] Die Erhaltungspflicht ist folglich eine **Dauerverpflichtung** für die gesamte Laufzeit des Mietvertrages. Sie begründet selbst im Insolvenzverfahren über das Vermögen des Vermieters eine Masseschuld, unabhängig davon, ob der mangelhafte Zustand vor oder nach Eröffnung des Verfahrens entstanden ist.[427]

264 Die Erhaltungspflicht des Vermieters aus § 535 Abs. 1 S. 2 BGB bildet den Ausgangspunkt für den **Erfüllungsanspruch** des Mieters auf Mängelbeseitigung wäh-

421 Schmidt-Futterer/*Eisenschmid*, § 535 Rn 109.
422 Lindner-Figura/Oprée/Stellmann/*Hübner*/*Griesbach*/*Fuerst*, Kap. 14 Rn 202.
423 Siehe Rn 273 ff. und Kap. 9 Rn 38 ff.
424 OLG Düsseldorf, Urt. v. 19.2.2013 – I-24 U 157/12, 24 U 157/12 – MDR 2013, 1027.
425 Emmerich/Sonnenschein/*Emmerich*, § 535 Rn 10.
426 BGH, Urt. v. 18.4.2007 – XII ZR 139/05 – NJW-RR 2007, 1021.
427 BGH, Urt. v. 2.3.2003 – IX ZR 163/02 – MDR 2003, 1015.

rend der Mietzeit.[428] Unabhängig vom Erfüllungsanspruch stehen dem Mieter seine Gewährleistungsrechte zu: gem. § 536 BGB die Mietminderung bei Sach- und Rechtsmängeln, der Schadensersatzanspruch aufgrund von Mängeln aus § 536a BGB sowie das Recht zur Kündigung nach § 543 Abs. 1, Abs. 2 Nr. 1 BGB. Für den Fall, dass der Mieter seine Gewährleistungsrechte beispielsweise wegen Kenntnis vom Mangel nach § 536b S. 1 BGB nicht mehr geltend machen kann, bleibt der Erfüllungsanspruch auf Erhaltung der Mietsache gleichwohl bestehen.[429] Der Erfüllungsanspruch kann allerdings ausgeschlossen sein, wenn die Mietvertragsparteien einen bestimmten, bei Überlassung vorhandenen (mangelhaften) Zustand der Mietsache konkret als vertragsgemäß vereinbart haben.[430] Hierzu zählt auch die Übernahme der Mietsache durch den Mieter in dem ihm bekannten und akzeptierten mangelbehafteten Zustand. Der Mieter kann dann die Beseitigung des vorbehaltlos angenommenen Mangels der Mietsache nicht im Rahmen der Erhaltungspflicht verlangen.[431] Ansonsten steht dem Mieter ein **Zurückbehaltungsrecht** nach § 320 BGB zu, solange der Vermieter tatsächlich seiner Erfüllungspflicht nicht nachgekommen ist. Ist die Leistung für den Vermieter unmöglich, so kann der Mieter die Erfüllung nicht verlangen und somit steht ihm für diesen Fall auch kein Zurückbehaltungsrecht zu.

Inhalt und Umfang der Erhaltungspflicht richten sich nach dem im Mietvertrag 265
vereinbarten Nutzungszweck zum Zeitpunkt des Vertragsschlusses. Zu beachten ist hierbei § 538 BGB, wonach **Veränderungen oder Verschlechterungen der Mietsache**, die durch den vertragsgemäßen Gebrauch herbeigeführt werden, nicht durch den Mieter zu vertreten sind. Spiegelbildlich hierzu ist der Vermieter zur Erhaltung oder gar zum Wiederaufbau der Mietsache nicht verpflichtet, wenn der Mieter die Verantwortung für die Verschlechterung oder gar Zerstörung der Mietsache trägt[432] bzw. diese vertragswidrig gebraucht. Verursacht der Mieter die Verschlechterung schuldhaft, so ist er dem Vermieter gegenüber in Höhe seiner (Mit-)Schuld schadensersatzpflichtig.[433]

Die Erhaltungspflicht beinhaltet für den Vermieter allgemeine **Verkehrssiche-** 266
rungspflichten zur Überwachung der Mietsache sowie eine Prüfungs- und Wartungspflicht.[434] Der Vermieter ist zwar nicht verpflichtet, die Mietsache nach neuesten technischen Standards zu erhalten, muss jedoch Maßnahmen ergreifen, sollte Gefahr für den Mieter drohen oder öffentlich-rechtliche Vorschriften es erforderlich

---

428 Erman/*Lützenkirchen*, § 535 Rn 37.

429 BGH, Urt. v. 18.4.2007 – XII ZR 139/5 – NJW-RR 2007, 1021.

430 BGH, Urt. v. 20.1.1993 – VIII ZR 22/92 – NJW-RR 1993, 522.

431 OLG Düsseldorf, Urt. v. 6.6.2002 – 10 U 12/01 – ZMR 2002, 819.

432 BGH, Urt. v. 13.12.1992 – LwZR 5/91 – NJW 1992, 1036: In diesem vom BGH entschiedenen Fall war der Verpächter nach der Selbstentzündung von Heu, was zum Brand und Zerstörung des verpachteten Gebäudes führte, nicht zum Wiederaufbau verpflichtet.

433 Lindner-Figura/Oprée/Stellmann/*Hübner*/*Griesbach*/*Fuerst*, Kap. 14 Rn 190.

434 Schmidt-Futterer/*Eisenschmid*, § 535 Rn 64.

machen. Im Rahmen der Verpflichtung, den Mieter und einen bestimmten Kreis an dritten Personen vor von der Mietsache ausgehenden Gefahren zu schützen, muss der Vermieter die Mietsache jedoch nach Treu und Glauben mit zumutbarem Aufwand überwachen bzw. kontrollieren, und dafür Sorge tragen, dass keine Gefahr für eine dauerhafte Funktionstauglichkeit besteht.[435] Hierzu gehören erforderliche Arbeiten an wichtigen Anlagen (z.B. Wasserboiler etc.), Räumungspflichten im Winter und die allgemeine Verkehrssicherungspflicht auch für Zugänge, Treppen, Flur, Lift etc. Auch öffentlich-rechtliche Vorschriften können bestimmte Modernisierungsmaßnahmen nach sich ziehen. Gerade technische Geräte wie Wasserboiler oder Heizungsanlagen insgesamt unterliegen Emissionsvorschriften und müssen beachtet werden. Infolgedessen müssen Vermieter/Eigentümer beispielsweise auch hinsichtlich Abwasser-, Gas- und sonstiger Versorgungsleitungen allen einschlägigen Bestimmungen nachgehen und ggf. die erforderlichen Maßnahmen veranlassen, sofern dies nicht in den Zuständigkeitsbereich der Versorger fällt.

267 Soweit den Vermieter die Erhaltungspflicht trifft, kann er die Art der Einzelmaßnahmen selbst bestimmen oder die Wahl zwischen verschiedenen Ausführungsmöglichkeiten treffen.[436]

268 Obwohl die Erhaltung der Mietsache zur Hauptleistungspflicht des Vermieters gehört, sind in der gewerblichen Praxis **abweichende Vereinbarungen üblich.** Dies betrifft die Bereiche der Instandhaltung, Instandsetzung, Schönheitsreparaturen wie auch eine Abdingbarkeit von § 538 BGB.

269 Bei den abweichenden Vereinbarungen geht es in erster Linie um eine **Entlastung des Vermieters.** Im Rahmen von § 538 BGB kann es sich dabei um mittelbare Entlastungen bei Haftungsbestimmungen handeln sowie um unmittelbare Regelungen, durch die dem Mieter ausdrücklich bestimmte Pflichten auferlegt werden.[437]

270 Im Hinblick auf seine Haftung können die Vertragsparteien individualvertraglich Haftungsfreizeichnungen zugunsten des Vermieters vereinbaren, soweit diese nach Treu und Glauben als zulässig erachtet werden.[438] Hierbei erkennt der Vermieter seine grundsätzliche Zuständigkeit für die Erhaltung der Mietsache an. In der Regel sollte jedoch die Haftung für Fahrlässigkeit und Mangelfolgeschäden begrenzt sowie eine Haftungshöchstsumme festgelegt werden.[439]

271 Die ausdrückliche Übertragung von Pflichten im Rahmen der Erhaltung der Mietsache betrifft die Instandhaltung, Instandsetzung und ist insbesondere bei Schönheits- und Kleinreparaturen üblich.[440]

---

435 BGH, Urt. v. 4.12.1992 – LwZR 10/91 – NJW-RR 1993, 521.
436 Lindner-Figura/Oprée/Stellmann/*Hübner/Griesbach/Fuerst*, Kap. 14 Rn 187.
437 Schmidt-Futterer/*Langenberg*, § 538 BGB Rn 8; *Blank/Börstinghaus*, § 538 BGB Rn 35.
438 BGH, Urt. v. 20.6.1984 – VIII ZR 337/82 – NJW 1984, 2404.
439 Schmidt-Futterer/*Langenberg*, § 538 Rn 10 f.
440 *Sonnenschein*, NJW 1997, 1270; siehe auch Kap. 8.

Parallel zur Verpflichtung des Vermieters, die Versorgung mit Energie, (Fern-) Wärme und Wasser im Rahmen der Gebrauchsgewährung sicherzustellen, fällt dem Vermieter auch die Erhaltung dieser Versorgung zu. Dies beinhaltet die Pflicht zur Überwachung der entsprechenden Leitungen sowie deren Kontrolle und notwendiger Erneuerung.[441] 272

c) Konkurrenzschutz

In der Gewerberaummiete umfasst die Verpflichtung des Vermieters zur Überlassung und zum Erhalt des vertragsgemäßen Gebrauchs auch einen vertragsimmanenten Konkurrenzschutz.[442] Da der Vermieter dafür Sorge zu tragen hat, dass der Mieter weder durch den Vermieter noch durch Dritte im vertragsgemäßen Gebrauch gestört wird, ist der Mieter vor Wettbewerbern im gleichen Mietobjekt zu schützen. In der Praxis sind Fragen des Konkurrenzschutzes von hoher Relevanz.[443] Insoweit sind vertragliche Regelungen zwischen den Parteien unumgänglich. Die Nichteinhaltung des Konkurrenzschutzes durch den Vermieter kann zu einem außerordentlichen Kündigungsgrund nach § 543 Abs. 2 S. 1 Nr. 1 BGB für den Mieter führen. Dies kann sich auch durch den in einem anderen Mietvertrag vereinbarten Mietzweck und die hierdurch eröffneten Möglichkeiten ergeben.[444] 273

Praxistipp !

Fragen des Konkurrenzschutzes sind insbesondere bei großflächigen Spezialimmobilien, etwa Shopping-Center, von großer praktischer Bedeutung. Regelungen dazu, beispielsweise ein Ausschluss aus Sicht des Vermieters, gekoppelt mit einer Betriebspflicht, sind zur Vermeidung von Leerstand und einem daraus resultierenden Domino-Effekt zwingend angeraten, wenngleich diese aus AGB-rechtlichen Gesichtspunkten nicht unproblematisch sind.

2. Hauptleistungspflicht des Mieters

Aus § 535 Abs. 2 BGB ergibt sich die Hauptleistungspflicht des Mieters, für den Mietgegenstand die vereinbarte Miete zu entrichten[445] samt der Nebenkosten wie Heiz- und Stromkosten.[446] Dies ist die Gegenleistung für die Gebrauchsgewährung und Gebrauchserhaltung des Mietgegenstands durch den Vermieter. 274

441 Lindner-Figura/Oprée/Stellmann/*Hübner*/*Griesbach*/*Fuerst*, Kap. 14 Rn 203.

442 Emmerich/Sonnenschein/*Emmerich*, § 535 Rn 11; Lindner-Figura/Oprée/Stellmann/*Hübner*/*Griesbach*/*Fuerst*, Kap. 14 Rn 114.

443 Siehe Kap. 9 Rn 38 ff.

444 OLG Düsseldorf, Urt. v. 19.2.2013 – I-24 U 157/12, 24 U 157/12 – MDR 2013, 1027.

445 Siehe Kap. 5.

446 Siehe Kap. 6.

275 Ihn trifft, sofern vertraglich vereinbart, eine Betriebspflicht des Geschäfts. Diese kann sowohl individuell als auch formularvertraglich vereinbart werden.[447]

Praxistipp
Die Betriebspflicht, die ggf. auch im einstweiligen Rechtsschutz durchgesetzt werden kann, ist zwingend mit entsprechenden Sanktionen, beispielsweise Vertragsstrafen oder Kündigungsrechten, zu versehen. Anderenfalls übt diese keinen hinreichenden Druck auf den Mieter aus.

II. Nutzungszweck

276 Wird ein Objekt zu gewerblichen Zwecken vermietet, dann muss dieses zu dem vereinbarten Zweck geeignet sein. An dieses Erfordernis sind zahlreiche Rechtsfolgen geknüpft.[448] Der Nutzungszweck bestimmt sich zunächst nach dem zwischen den Parteien vereinbarten Zweck, dem **„vertragsgemäßen Gebrauch"** i.S.v. § 535 Abs. 1 S. 2 BGB. Dieser Grundsatz ist Ausfluss der **Privatautonomie**, wonach der Wille der Parteien deren Rechte und Pflichten bestimmt und begrenzt.[449] Fehlt eine vertragliche Vereinbarung über die Art der Nutzung, so kann der Mieter grundsätzlich jegliches legale Gewerbe in dem Mietobjekt ausüben. Im Zweifelsfall muss der Begriff des „gewerblichen Zwecks" durch ergänzende Vertragsauslegung ermittelt werden. Dabei ist regelmäßig davon auszugehen, dass dazu nur solche Gewerbe gehören, die üblicherweise in vergleichbaren Räumen ausgeübt werden.[450]

277 Die vereinbarte Zweckbestimmung im Vertrag spielt – nicht nur – im Gewerberaummietrecht eine zentrale Rolle. Die Formulierung im Gesetz, wonach der Vermieter die Mietsache dem Mieter in einem zum vertragsgemäßen Gebrauch geeigneten Zustand zu überlassen und sie während der Mietzeit in diesem Zustand zu erhalten hat, spiegelt die erhebliche Bedeutung der Zweckbestimmung wieder. Diese regelt für den Mieter **Art und Umfang der Nutzungsmöglichkeit** sowie den vom Vermieter zu erbringenden Leistungsumfang hinsichtlich der baulichen Voraussetzungen, damit das Mietobjekt zweckentsprechend genutzt werden kann.

278 Diese Zweckbestimmung steht in Übereinstimmung mit den bauplanungs- und bauordnungsrechtlichen Rahmenbedingungen vor Ort. Der Nutzungszweck kann ebenfalls Begrenzungen erfahren durch geltende öffentlich-rechtliche Vorschriften zu zulässigem Lärm, Emissionsvorschriften und weitere öffentlich-rechtliche Bestimmungen.

---

447 Siehe Kap. 9.
448 *Joachim*, NZM 2009, 801.
449 *Neuhaus*, Kap. 7 Rn 10.
450 Schmidt-Futterer/*Eisenschmid*, vor § 535 Rn 102.

Ob ein Objekt **mangelfrei** oder **mangelhaft** ist, bestimmt sich letztendlich danach, ob es für den mietvertraglich vereinbarten Nutzungszweck geeignet ist oder nicht.[451] 279

Praxistipp
Der konkreten und genauen Definition des Nutzungszweckes kommt in der Praxis erhebliche Relevanz zu. Was nicht konkret als Nutzungszweck vereinbart ist, bedarf der Zustimmung des Vermieters und umgekehrt. Insbesondere bei Objekten, die aufgrund des bestehenden Bebauungsplanes beispielsweise öffentlich-rechtliche Verkaufsflächen- oder Sortimentsbeschränkungen (so regelmäßig bei großflächigen Shopping- oder Factory Outlet Centern) oder Immissionsschutzrechtsverzichtserklärungen unterliegen, ist die Aufnahme derartiger Beschränkungen in der mietvertraglichen Nutzungszweckdefinition essentiell. !

1. Abgrenzung gewerblicher Mietvertrag/Wohnraummiete

Im Bereich der Gewerberaummiete ist eine Abgrenzung zu anderen Rechtsverhältnissen notwendig. Insbesondere im Hinblick auf anzuwendende Vorschriften beispielsweise zu Kündigungsgründen und -fristen ist die Unterscheidung der Wohnraummiete von gewerblichen Vermietungen relevant. 280

Grundsätzlich sind **Geschäftsräume** alle Räume, die zu anderen als Wohnzwecken vermietet werden.[452] Ob ein Wohnraummietvertrag vorliegt, hängt also davon ab, ob der Mieter den Mietgegenstand zu eigenen Wohnzwecken anmietet.[453] Es kommt wiederum entscheidend auf den Nutzungszweck an: Nach der Formulierung des BGH in ständiger Rechtsprechung ist bei der Einordnung eines Mietvertrages über Wohnraum auf den Zweck abzustellen, den der Mieter mit der Anmietung des Mietobjekts vertragsgemäß verfolgt.[454] Im Zweifelsfall ist der konkrete Vertragszweck durch **Auslegung** zu ermitteln.[455] Dabei kann der tatsächlichen Nutzung indizielle Wirkung zukommen, jedoch ist bei einem Widerspruch zwischen der tatsächlichen Nutzung und dem im Vertrag vereinbarten Nutzungszweck stets vorrangig darauf abzustellen, welcher Vertragszweck von den Parteien tatsächlich verfolgt wird.[456] 281

Dementsprechend hat der BGH u.a. entschieden, dass, falls der Zweck des Vertrages dahin geht, dass der Mieter die Räume weitervermietet oder sonst Dritten – 282

451 *Fritz*, Rn 71.

452 *Blank/Börstinghaus*, § 535 Rn 19.

453 BGH, Urt. v. 24.4.1997 – VIII ZR 212/96 – NJW 1997, 1845; OLG Köln, Beschl. v. 17.1.1996 – 11 W 86/95 – WuM 1996, 266; OLG Celle, Urt. v. 3.3.1999 – 2 U 86/98 – ZMR 1999, 469.

454 BGH, Urt. v. 16.7.2008 – VII ZR/07 – NJW 2008, 3361.

455 Dauner-Lieb/Langen/*Klein-Blenkers*, vor §§ 535-580a Rn 8.

456 Schmidt-Futterer/*Eisenschmid*, § 535 Rn 236; OLG Frankfurt, Urt. v. 16.6.2010 – 2 U 220/09 – ZMR 2011, 119; BGH, Urt. v. 11.2.1981 – VIII ZR 323/79 – NJW 1981, 1377.

auch zu Wohnzwecken – überlässt, die Vorschriften des Wohnraummietrechts auf das (Haupt-)Mietverhältnis nicht anwendbar seien.[457] In dem Fall, in dem der Mieter die Anmietung verfolgt, um die Räume den Angestellten des Mieters als Dienstwohnungen zur Verfügung zu stellen oder zu gewerblichen Zwecken angemietete Räume später zu Wohnzwecken unterzuvermieten, liegt der vertragsgemäße Gebrauch durch den Mieter für beide Vertragsteile gerade nicht im Wohnen, sondern in der Weitervermietung.[458]

2. Mischmietverträge

283 Neben den voneinander abzugrenzenden Mietverträgen über Wohnraum oder Geschäftsräume gibt es auch Mischraummietverträge, wonach der Mieter die Räumlichkeiten **sowohl zu Wohn- als auch zu Gewerbezwecken** nutzen darf.[459] Hierunter fallen beispielsweise die Vermietung einer Gaststätte mit einer dazugehörigen Wohnungseinheit oder die Nutzung eines Mietobjekts als „Wohnbüro“[460] (z.B. die „Wohnzimmerkanzlei“ oder der „Wohnzimmerarchitekt“).[461]

284 Sind die angemieteten Räume nach ihrer Nutzung und damit die Verträge voneinander klar trennbar, so ist auf jeden Vertrag das jeweilige Recht der Gewerbe- oder Wohnraummiete anwendbar. In diesem Fall liegt dann kein Mischmietvertrag vor. Andererseits kann auch bei Vorliegen zwei getrennt abgefasster Vertragsurkunden ein einheitliches Mischmietverhältnis vorliegen, wenn der feststellbare Wille beider Parteien auf einen einheitlichen Vertragsschluss gerichtet war.[462]

285 Bildet der Mietvertrag eine Einheit, so kommt es nach der Rechtsprechung des BGH für die Frage der Anwendung von Wohnraummietrecht oder Regelungen über die Gewerberaummiete darauf an, welche der Nutzungsarten überwiegt.[463] Für die **Zuordnung des Schwerpunkts** wird maßgeblich auf den **Parteiwillen** abgestellt. Zunächst muss, wie beschrieben, der Wille beider Parteien übereinstimmend auf einen einheitlichen Vertrag gerichtet sein. Dann ist entscheidend, welcher Vertragszweck nach dem Parteiwillen im Vordergrund steht.[464] So überwiegt beispielsweise

---

457 BGH, Urt. v. 16.7.2008 – VIII ZR 282/07 – NJW 2008, 3361.

458 BGH, Urt. v. 11.2.1981 – VIII ZR 323/79 – NJW 1981, 1377.

459 *Blank/Börstinghaus*, § 535 Rn 23; Schmidt-Futterer/*Blank*, vor § 535 Rn 107.

460 A.A. BayObLG, Urt. v. 25.3.1986 – RE-Miet 4/85 –.

461 MAH Mietrecht/*Borzutzki-Pasing*, § 44 Rn 21.

462 OLG Düsseldorf, Urt. v. 28.9.2006 – I-10 U 61/06, 10 U 61/06 – ZMR 2007, 269.

463 Zur sog. Schwerpunkttheorie: BGH, Urt. v. 15.11.1978 – VIII ZR 14/78 – NJW 1979, 16; BGH, Urt. v. 13.2.1985 – VIII ZR 36/84 – NJW 1985, 1772; OLG Düsseldorf, Urt. v. 16.4.2002 – I-24 U 199/01, 24 U 199/01 – NZM 2002, 739; OLG München, Beschl. v. 24.4.2006 – 17 U 2291/06 – ZMR 2007, 119; OLG Karlsruhe, Beschl. v. 21.5.2012 – 9 U 18/12 – MDR 2012, 1401.

464 Emmerich/Sonnenschein/*Emmerich*, vor § 535 Rn 10; Schmidt-Futterer/*Blank*, vor § 535 BGB Rn 109.

der Wohnzweck, wenn bei einer großen Wohnung und einer vertraglichen Vereinbarung „... zum Zwecke der Benutzung als Wohnung" lediglich ein oder zwei Zimmer gewerblich z.B. als psychologische Praxis[465] oder zahntechnisches Laboratorium[466] genutzt werden. Bestreitet der Mieter mit der gewerblichen Nutzung allerdings seinen Lebensunterhalt, so überwiegt nach der Rechtsprechung der Gewerbezweck.[467]

Im Fall einer **gleichwertigen Nutzung** zu Wohn- und Gewerbezwecken ist umstritten, welches Recht Anwendung finden soll.[468] Nach überwiegender Auffassung ist bei Gleichwertigkeit[469] sowie in Zweifelsfällen das Wohnraummietrecht anzuwenden.[470] 286

Praxistipp !

Da es bei der Beurteilung der Frage, welches Recht beim **Mischmietvertrag** mit einer **gleichwertigen Nutzung** anzuwenden ist, auf die Umstände des jeweiligen Einzelfalls ankommt, ist es ratsam, dass die Mietvertragsparteien diesen Punkt vertraglich bindend regeln. Es sollte eine klare Vereinbarung getroffen werden, nach welchem Recht der Mischmietvertrag beurteilt werden soll. Dabei ist zu beachten, dass das Wohnraummietrecht nicht offensichtlich durch Vertrag umgangen werden kann.

---

3. Nutzungsvereinbarung und -änderung

Die große soziale Bedeutung der Wohnraummiete hat den Gesetzgeber zu vielen detaillierten und beiden Seiten bindenden Regelungen zum Mieterschutz veranlasst. Im Vergleich hierzu besteht bei der Gewerberaummiete ein **breiter vertraglicher Gestaltungsspielraum**. Dies gilt insbesondere bei der Vereinbarung der Nutzung des Mietgegenstands und der Beschreibung der Gebrauchsform.[471] Der vereinbarte Nutzungszweck bildet den Ausgangspunkt für die „Soll-Beschaffenheit" der Mietsache und damit auch die Tauglichkeit zum vertragsgemäßen Gebrauch.[472] Hieraus leitet sich jegliche Prüfung von Mängeln an der Mietsache ab. Bei der Geschäftsraummiete liegt der Schwerpunkt der Parteiabrede in der Regel auf dem aufzunehmenden Geschäftsbetrieb. 287

---

465 OLG München, Beschl. v. 24.4.2006 – 17 U 2291/06 – ZMR 2007, 119, vorgehend LG München, Urt. v. 7.2.2006 – 1 O 5268/05 – ZMR 2007, 119.

466 LG Berlin, Urt. v. 7.9.1987 – 61 S 94/87 – WuM 1988, 22.

467 BGH, Urt. v. 16.4.1986 – VIII ZR 60/85 – NJW-RR 1986, 877.

468 Eine ausführliche und aktuelle Darstellung des Meinungsstands ist zu finden bei Bub/Treier/*Drettmann*, I Rn 182-187.

469 OLG Schleswig, RE-Miet v. 18.6.1982 – 6 RE-Miet 3/81 – NJW 1983, 49.

470 LG Berlin, Urt. v. 8.8.1988 – 61 S 7/88 – WuM 1989, 6; LG Frankfurt, Urt. v. 19.3.1991 – 2/11 S 349/90 –.

471 Lindner-Figura/Oprée/Stellmann/*Hübner*/*Griesbach*/*Fuerst*, Kap. 14 Rn 5.

472 BGH, Urt. v. 15.12.2010 – XII ZR 132/09 – NJW 2011, 514 m.w.N.

a) Geeignetheit der Mietsache

288 An den vertragsgemäßen Gebrauch des Mietgegenstands ist die Geeignetheit der Mietsache für den vertragsgemäßen Gebrauch geknüpft. Der Inhalt sowie die Art und Weise des Gebrauchs legen die näheren rechtlichen und tatsächlichen Anforderungen an den Mietgegenstand fest. Der Mietgegenstand muss die baulichen und idealerweise die genehmigungsrechtlichen Voraussetzungen erfüllen.

289 Wird beispielsweise im Gewerberaummietvertrag ein **spezifischer Nutzungszweck** vereinbart, wie beispielsweise der Betrieb einer Gaststätte, zur Büronutzung, als Ladengeschäft oder Praxis, so gehört es zur Geeignetheit der Mietsache, dass die Räumlichkeiten eben diesen Betrieb zulassen.[473]

! **Praxistipp**

Soll im Mietvertag eine spezifische Nutzung vereinbart werden, so sollte auf eine möglichst **exakte Beschreibung der Nutzung** geachtet werden und die spezifischen Anforderungen möglichst genau festgehalten werden. Bereits in diesem Stadium ist dem Vermieter anzuraten, alle notwendigen behördlichen Genehmigungen einzuholen, um seiner Verpflichtung der vertragsgemäßen Gebrauchsgewährung nachkommen zu können.

---

290 In den Fällen, in denen dem Mietgegenstand aus Rechtsgründen die Eignung zum vertragsgemäßen Gebrauch fehlt, kann ein Fall der **Unmöglichkeit** der Hauptleistungspflicht des Vermieters zur Gebrauchsgewährung vorliegen oder die Mietsache einen **Mangel** gem. § 536 Abs. 1 BGB aufweisen. Zu unterscheiden ist dies vom Fall, in dem der Vermieter nicht in der Lage ist, die angemieteten Räume an den Mieter zu übergeben. Damit wird ein Rechtsmangel begründet, jedoch keine Unmöglichkeit ausgelöst.[474]

291 Es ist grundsätzlich Sache des Vermieters, für die **Erfüllung öffentlich-rechtlicher Bedingungen** zu sorgen, damit der Mietgegenstand für die vertragsgemäße Nutzung geeignet ist. Damit umfasst sind bereits planungsrechtliche Voraussetzungen. Ist der Mietgegenstand aufgrund fehlender öffentlich-rechtlicher Genehmigungen objektiv untauglich, kann ein Fall von Unmöglichkeit vorliegen. Das Risiko hierzu kann der Vermieter nicht durch formularmäßige Übertragung auf den Mieter übertragen.[475] Allerdings sind mietvertragliche Vereinbarungen möglich, wonach bestimmte Nutzungsrisiken der Sphäre des Mieters zuzuordnen sind, sofern sich der Vermieter nicht von seinen Kardinalpflichten befreien lässt.[476]

292 Die Mietsache muss darüber hinaus über eine dem Vertragszweck **angemessene Ausstattung** verfügen sowie **einen gewissen Sicherheitsstandard** aufwei-

---

473 *Blank/Börstinghaus*, § 535 BGB Rn 269.

474 Lindner-Figura/Oprée/Stellmann/*Hübner/Griesbach/Fuerst*, Kap. 14 Rn 7.

475 Bub/Treier/*Bub*, II Rn 1410.

476 *Thaler/Tachezy*, NZM 2001, 184; OLG Köln, Urt. v. 17.12.1993 – 19 U 189/93 – ZMR 1994, 158.

sen. So hat der BGH in einem Fall entschieden, bei dem durch ein Mauerwerk in das Ladengeschäft des Mieters eingebrochen wurde, dass der Vermieter hinsichtlich des Mauerwerks zwar keinen ausdrücklichen Einbruchschutz, aber den üblichen Sicherheitsstandard schuldet. Im entschiedenen Fall war das nicht fachgerechte Vermauern als erhebliche Gefahrenquelle für Einbrüche ausgemacht und somit als ein Mangel an der Mietsache qualifiziert worden.[477]

Praxistipp !
Da sich die Mängelgewährleistung am Begriff des Mangels i.S.v. § 536 Abs. 1 BGB ausrichtet, ist es sinnvoll, die „Soll-Beschaffenheit" und Ausstattung, soweit möglich, vertraglich zu regeln. Auch hier gilt: Was mietvertraglich nicht geregelt ist, wird grundsätzlich auch nicht geschuldet. Gerade die Mieter, die für ihren Geschäftsbetrieb eine gewisse Ausstattung benötigen, sollten detaillierte Klauseln und Definitionen vereinbaren.

b) Vertragliche Vereinbarung

Der Umfang des vertragsgemäßen Gebrauchs wird durch die Beschreibung des 293
Mietzwecks/Nutzungszwecks im Vertrag festgelegt, sodass der Genauigkeit der Beschreibung eine enorme Bedeutung zukommt.[478] Wird der Nutzungszweck vertraglich nicht festgelegt, so steht es dem Mieter von Gewerberäumen frei, diese zu jedem gewerblichen Zweck zu nutzen, solange dieser ordnungsrechtlichen oder strafrechtlichen Verboten nicht zuwiderläuft.[479]

Der Nutzungszweck des Gewerberaums kann **individuell oder formularver-** 294
traglich[480] vereinbart werden. Da sich der Vertragszweck nicht nur vertraglich, sondern auch aufgrund der Umstände anhand des von den Parteien tatsächlich verfolgten Zwecks ergeben kann, ist eine vertragliche Festlegung zur Vermeidung späterer Streitigkeiten angebracht.

Praxistipp !
Der vertraglich vereinbarte Zweck ist der mietvertragliche Dreh- und Angelpunkt. Dies gilt sowohl im Hinblick auf die Abgrenzung eines Gewerberaummietvertrages zu einem Wohnraummietvertrag oder zu einem sonstigen Nutzungsverhältnis als auch auf die Art und den Umfang der Nutzung, insbesondere aber für etwaige Ansprüche der Mietvertragsparteien. Insofern kann die Bedeutung einer genauen Formulierung des Mietvertragszwecks nicht genug betont werden, da dadurch die Rechte und Pflichten der Parteien festgelegt werden.[481]

477 BGH, Urt. v. 7.6.2006 – XII ZR 34/04 – NZM 2006, 626.
478 Siehe Rn 286.
479 *Blank/Börstinghaus*, § 535 Rn 19; Schmidt-Futterer/*Eisenschmid*, § 535 Rn 237.
480 *Bieber*, PiG Bd. 79 (2007), 119, 125 f.; Schmidt-Futterer/*Eisenschmid*, § 535 Rn 235.
481 LG Bonn, Urt. v. 12.4.2010 – 9 O 440/09 – ZMR 2010, 689.

295 Die Parteien können außerhalb der Kardinalpflichten des Vermieters bestimmte **Nutzungsrisiken** vertraglich auf den Mieter **übertragen.**[482]

296 Die Möglichkeiten der parteilichen **Nutzungszweckvereinbarung** sind breit.[483] In der Praxis wird regelmäßig die hauptsächliche gewerbliche Nutzung festgelegt, die alles umfassen kann – von Lagerräumen, Ladenflächen (auch spezifischer wie Metzgerei, Bäckerei, Blumenhandel etc.) über Fabrik (u.a. zu Produktionszwecken), Arztpraxis, Kanzlei oder allgemein zu Bürozwecken oder zum Betrieb eines Gewerbes. Je konkreter die Nutzungsart, umso klar umrissener sind die tatsächlichen und rechtlichen Anforderungen an die Räume. Umfasst der Mietvertrag alternative Nutzungsarten, so muss das Mietobjekt für alle aufgeführten Varianten geeignet sein.[484]

! **Praxistipp**

Der Nutzungszweckvereinbarung kommt auch für die Fungibilität des Objektes eine erhebliche Bedeutung zu. Immobilieninvestitionen bedürfen sowohl für ihre eigenen Zwecke und Kalkulationen als auch zu Finanzierungszwecken einer nachhaltigen Planungs- und Investitionssicherheit. Dies gilt insbesondere für institutionelle Investoren, die auf gewisse Betriebsformen (etwa Handels-, Büro- oder Logistikimmobilien o.Ä.) spezialisiert sind. Sollte der Nutzungszweck nicht definiert oder so weitgehend sein, dass die Nutzungsmöglichkeiten der Mieter nicht abschließend vorherzusehen sind, scheiden diese finanzstarken Investoren als potenzielle Käufer bereits aus.

---

297 **Grenzen** für mietvertragliche Vereinbarungen und damit die Parteiautonomie sind die §§ 134, 138 BGB[485] sowie bei Formularverträgen die Bestimmungen der §§ 305ff. BGB.[486]

c) Änderungen der Nutzung

298 Die Zunahme der Digitalisierung unseres Alltages und damit die wirtschaftliche Entwicklung sowie die sich stetig verändernden Marktvorgaben und Voraussetzungen machen es erforderlich, dass **Anpassungen bei den Nutzungsarten von Gewerberaum** notwendig werden. Aber auch öffentlich-rechtliche Vorschriften, beispielsweise im Bereich von Energie- oder Umweltregelungen, können ursächlich für das Erfordernis einer Nutzungsänderung sein.[487] Im Zuge dessen kann es zu Änderungen eines Gewerbes kommen, die nicht nur bauliche Veränderungen, sondern auch andere behördliche Genehmigungen erforderlich machen.

---

482 Schmidt-Futterer/*Eisenschmid*, § 535 Rn 238.

483 Ausführliche Erläuterung typischer Mietzweckvereinbarungen: Lindner-Figura/Oprée/Stellmann/*Hübner*/*Griesbach*/*Fuerst*, Kap. 14 Rn 25ff.

484 OLG Düsseldorf, Urt. v. 6.3.2001 – 24 U 122/00 – ZMR 2001, 706.

485 Dauner-Lieb/Langen/*Klein-Blenkers*, § 535 Rn 84.

486 Siehe Kap. 4 Rn 1ff.

487 *Joachim*, NZM 2009, 801; *Flatow*, NZM 2008, 785 zu energetischen Anforderungen.

Die im Mietvertrag vereinbarte Nutzung kann grundsätzlich geändert werden. 299
Teilweise wird dem Mieter unter gewissen Voraussetzungen sogar ein **Anspruch auf Zustimmung** des Vermieters zu einer Anpassung des vertragsgemäßen Gebrauchs zugesprochen.[488]

Zunächst ist auf den Mietvertrag selbst abzustellen, in dem die Art der Nutzung 300
vereinbart wurde und Regelungen dazu enthalten sollte, in welchem Umfang Änderungen oder Abweichungen möglich sind, ohne dass eine beiderseitige Vertragsanpassung nötig wird. Wurden das Mietobjekt beispielsweise als Geschäftsräume vermietet, so ist eine Nutzungsänderung durch den Mieter – unabhängig von einer öffentlich-rechtlich erforderlichen Nutzungsänderungsgenehmigung durch die zuständige Behörde – zu Wohnzwecken nicht zulässig.[489] Dies schließt jedoch eine gelegentliche Übernachtung in der eigenen Arztpraxis oder Aufbau einer Kücheneinrichtung in Büroräumen ohne bauliche Veränderungen nicht aus.[490]

Bauordnungsrechtliche Voraussetzungen sind ein grober Richtwert dafür, ob 301
eine geplante Nutzungsänderung genehmigungsfrei ist oder nicht. Sind die Voraussetzungen für die neue Nutzung identisch mit den Nutzungsvoraussetzungen der alten Nutzung, ist eine baurechtliche Genehmigung nicht erforderlich.[491]

4. Vertragsgemäße Nutzung aus Mietersicht

Der Vermieter ist dem Mieter gem. § 535 Abs. 1 BGB zur **Gebrauchsüberlassung**, 302
Gebrauchsgewährung und **Instandhaltung der Mietsache** verpflichtet.[492] Der Mieter kann die angemietete Gewerbeimmobilie im Rahmen der Vereinbarung nutzen und auch die Nutzung innerhalb gewisser Grenzen anpassen bzw. ändern.

Eine **Mangelhaftigkeit** der Mietsache löst grundsätzlich **Mängelansprüche** des 303
Mieters gegen den Vermieter nach den §§ 536 ff. BGB aus. Der Vermieter kann umgekehrt den vertragsgemäßen Gebrauch der Mietsache vom Mieter verlangen.[493] In diesem Zusammenhang ist das Interesse des Vermieters an der **Bestimmung des Nutzungszwecks** zu berücksichtigen. Die Regeln der Risikotragung sowie die Beweislastverteilung begründen ein hohes Interesse des Vermieters an einer möglichst präzisen mietvertraglichen Formulierung, zu welchem Zweck dem Mieter die Räume zum Gebrauch überlassen werden. Denn im Grundsatz hat der Vermieter dafür ein-

---

488 Lindner-Figura/Oprée/Stellmann/*Hübner*/*Griesbach*/*Fuerst*, Kap. 14 Rn 39; Emmerich/Sonnenschein/*Sonnenschein*, § 535 Rn 20.

489 OLG Düsseldorf, Urt. v. 20.3.1997 – 24 U 102/94 – NZM 1998, 728; OLG Hamm, Urt. v. 20.5.1998 – 30 U 193/97 – NZM 1999, 1050.

490 BayObLG, Beschl. v. 25.5.1994 – 3 ObOWi 44/94 – NJW-RR 1994, 1423.

491 *Joachim*, NZM 2009, 801.

492 Bub/Treier/*Kraemer*/*Ehlert*, III B Rn 2772 ff.

493 Siehe Kap. 10 Rn 1 ff.

zustehen, dass der Mieter die Mietsache zu dem vertraglich vereinbarten Zweck nutzen kann.[494] Gleichzeitig wird für den Mieter gelten, dass er umso freier in der Nutzung der Mietsache ist, je allgemeiner der Nutzungszweck im Mietvertrag beschrieben ist.[495] Da gesetzlich nur wenige Pflichten des Mieters geregelt sind, ist die genaue Festlegung der Pflichten des Mieters durch den Mietvertrag umso wichtiger. Dementsprechend sind die Handlungs- und Duldungspflichten des Mieters hinsichtlich der Gebrauchsüberlassung durch den Mietvertrag präzise zu formulieren.[496]

5. Leistungsstörungen

304 Verstoßen die Parteien gegen ihre vertraglichen Verpflichtungen, kann dies Ansprüche der jeweils anderen Partei begründen.[497]

C. Vertragsschluss

I. Privatautonomie/Allgemeines

305 Ein Gewerberaummietvertrag unterliegt wie alle schuldrechtlichen Verträge des BGB grundsätzlich der verfassungsrechtlich garantierten **Vertragsfreiheit.**[498] Diese gewährleistet die Freiheit grundsätzlich für drei Bereiche: ob ein Vertrag geschlossen werden kann, mit wem und mit welchem Inhalt. Gewerbliche Mietverträge genießen im Vergleich zur Wohnraummiete und anderen vergleichbaren Vertragsarten die größte Vertragsfreiheit.[499]

306 Für den Vertragsschluss selbst gelten die allgemeinen Regeln der §§ 145ff. BGB. Inhaltlich müssen sich die Mietvertragsparteien über die **wesentlichen Vertragsinhalte** (die essentialia negotii) einigen. Dies geschieht durch zwei ausdrückliche oder konkludente Willenserklärungen, welche inhaltlich übereinstimmen und einen Bezug zueinander aufweisen müssen.[500] Sie werden als grundsätzlich empfangsbedürftige Willenserklärungen durch Zugang beim jeweiligen Vertragspartner wirksam.

---

494 Lindner-Figura/Oprée/Stellmann/*Hübner*/*Griesbach*/*Fuerst*, Kap. 14 Rn 24.

495 Staudinger/*Emmerich*, § 535 Rn 38.

496 Bub/Treier/*Kraemer*/*von der Osten*, III A Rn 2296.

497 Siehe Kap. 10 Rn 1ff.

498 BVerfG, Beschl. v. 12.11.1958 – 2 BvL 4/56, 2 BvL 26/56, 2 BvL 40/56, 2 BvL 1/57, 2 BvL 7/57 – NJW 1959, 475.

499 Bub/Treier/*v. Brunn*/*Schüller*, II Rn 1f.

500 Bub/Treier/*Bub*, II Rn 747.

Praxistipp
Gerade bei wichtigen Vertragsabschlüssen, die oft unter Zeitdruck erfolgen, unterlaufen beim Vertragsabschluss weitreichende Fehler. So agieren beispielsweise Makler ohne jegliche Bezugnahme auf die Vollmacht oder Übergabeprotokolle beinhalten Mietvertragsänderungen; beides kann, unabhängig von inhaltlichen Verwerfungen, zu Schriftformproblemen führen und sollte vermieden werden.

II. Die Willenserklärungen/Angebot und Annahme

Der Mietvertragsschluss kommt durch die notwendigen beiden **Willenserklärungen** zustande, die der zeitlichen Abfolge nach **Angebot** und **Annahme** sind. Für eine wirksame **Einigung** müssen Angebot und Annahme nicht notwendigerweise wortgleich sein. Es muss lediglich der **Rechtbindungswille** der Parteien in Bezug auf den bezweckten Rechtserfolg übereinstimmen.[501] 307

1. Angebot zum Abschluss eines Mietvertrages

Als einseitige, empfangsbedürftige Willenserklärung wird der Antrag (= Angebot) nach § 130 BGB mit dem Zugang beim Empfänger wirksam. Das Angebot zum Abschluss eines Mietvertrages muss in allen wesentlichen Punkten so bestimmt sein, dass der Vertrag durch eine einfache (auch konkludent zu erklärende) Zustimmung zustande kommen kann.[502] 308

Praxistipp
Vermietern sei angeraten, zunächst zumindest immer den Mieter unterzeichnen zu lassen. Dadurch ist der Vermieter in der Lage, den Zugang der Willenserklärung und damit einen wirksamen Vertragsschluss unter Kontrolle zu behalten.

Zu unterscheiden ist der Antrag auf Abschluss eines Mietvertrages von einer **„invitatio ad offerendum“** sowie von unverbindlichen Willenserklärungen, bei denen es sich um rechtlich unverbindliche Äußerungen handelt, die lediglich die generelle Vertragsbereitschaft des Anbietenden zeigen.[503] Das Vertragsangebot zeichnet sich durch einen erkennbaren **Rechtsbindungswillen** des Erklärenden aus.[504] 309

---

501 MüKo-BGB/*Busche*, § 145 Rn 7.
502 Staudinger/*Bork*, § 145 Rn 17; Bub/Treier/*Bub*, II Rn 748; OLG Düsseldorf, Urt. v. 2.5.1991 – 10 U 191/90 – NJW-RR 1991, 1143.
503 MüKo-BGB/*Busche*, § 145 Rn 10; siehe Rn 313.
504 Lindner-Figura/Oprée/Stellmann/*Lindner-Figura*, Kap. 5 Rn 1 f.; Bub/Treier/*Bub*, II Rn 747.

310 In der Praxis von zunehmender Bedeutung ist der sich in der Regel durch die Unverbindlichkeit auszeichnende **„Letter of Intent“** (LoI).[505] Aus dem anglo-amerikanischen Raum stammend wird der „Letter of Intent“ oder auch „Memorandum of Understanding“ (MoU) oder „Heads of Terms“ (HoT) im Rahmen von Mietvertragsverhandlungen verwendet, um komplexe und aufwendige Vertragsverhandlungen zu strukturieren.[506] Im Einzelfall muss ermittelt werden, inwieweit über die Bekräftigung der Ernsthaftigkeit der Verhandlungsbereitschaft hinaus eine rechtliche Bindungswirkung begründet werden soll. Gerade bei reinen Interessenbekundungen mit sog. „no binding clauses“ ist die Mitteilung einer gewissen Absicht als unverbindlich zu verstehen.

311 Dennoch ist darauf zu achten, dass auch derartige Absichtserklärungen einen **bindenden Teil** beinhalten können. Dies kann insbesondere für vertragsstrafenbewehrte Verschwiegenheitsverpflichtungen, das anwendbare Recht und den Gerichtsstand gelten.

! **Praxistipp**
Auch wenn der LoI, das MoU oder die HoT nur teilweile Bindungswirkung entfalten, empfiehlt es sich in der Praxis, ein derartiges Dokument anzufertigen und zu vereinbaren. Dadurch kann eine zumindest psychologische Bindungswirkung hergestellt werden, die im Rahmen von Vertragsverhandlungen diszipliniert und auf das wirtschaftlich zu erreichende Ziel fokussiert.

---

312 Durch einen LoI kann unter gewissen Voraussetzungen ein **Vertrauenstatbestand** begründet werden, aus dem sich bei einem willkürlichen Abbruch von Vertragsverhandlungen Schadensersatzansprüche aus der Rechtsfigur der culpa in contrahendo ergeben können. Insoweit ist sehr genau auf den Inhalt der abgegebenen Erklärungen sowie die Formulierungen zu achten, um Haftungsrisiken zu minimieren.[507]

313 Auch eine **„invitatio ad offerendum“**, die Aufforderung zur Abgabe eines Angebots, ist rechtlich unverbindlich. Da die Zielgruppe einer Vermietungsanzeige in der Regel größer ist als der zur Verfügung stehende Mietraum wird die invitatio ad offenrendum meist an einen unbestimmten Personenkreis gerichtet, um zunächst das vorhandene Interesse des Marktes zu sondieren.[508] Für eine Abgrenzung zu einem Antrag mit Rechtsbindungswillen ist entscheidend, ob der „Anbietende“ durch die Zustimmung des Erklärungsempfängers bereits rechtlich verpflichtet werden soll. Dies wird nach dem objektiven Erklärungswert seines Verhaltens beurteilt.[509] Eine grundsätzliche Bereitschaft zum Vertragsabschluss signalisieren Immobilien-

---

505 Siehe Kap. 1 Rn 170 ff.
506 Bub/Treier/*Bub*, II Rn 748; ausführlich zum „Letter of Intent“: *Lindner-Figura*, NZM 2000, 1193.
507 Lindner-Figura/Oprée/Stellmann/*Stellmann*, Kap. 3 Rn 42.
508 MAH Mietrecht/*Bellinghausen*, § 46 Rn 2.
509 Erman/*Armbrüster*, § 145 Rn 4; Lindner-Figura/Oprée/Stellmann/*Lindner-Figura*, Kap. 5 Rn 4.

anzeigen oder Exposés. Aus objektiver Sicht eines verständigen Empfängers kann hier aber nicht auf einen Rechtsbindungswillen des Anbietenden geschlossen werden, da dies zu einem schier unüberschaubaren Haftungsrisiko führen würde.

Wird beispielsweise durch einen **Makler** eine Internetanzeige geschaltet, so ist darin regelmäßig eine „invitatio ad offerendum" zu sehen und noch kein Angebot zum Abschluss eines Mietvertrages. Vereinbart daraufhin ein Interessent telefonisch einen Besichtigungstermin, so ist in der Besichtigung der Immobilie noch keine Annahme des Angebots und kein Zustandekommen eines Mietvertrags gem. § 151 BGB zu sehen.[510] 314

Der **Antrag** auf Abschluss eines Mietvertrags hingegen ist nach § 145 BGB für denjenigen, welcher ihn abgibt, **bindend**. Wird die Bindungswirkung durch den Antragenden nicht ausgeschlossen, so kann das Angebot gem. § 130 Abs. 1 BGB grundsätzlich nicht mehr widerrufen werden, sobald der Antrag beim Empfänger zugegangen ist. Um dem vorzubeugen ist eine Klausel i.S.d. § 145 Hs. 2 BGB ratsam. 315

Formulierungsmuster

Formulierungsbeispiel: „Angebot freibleibend"[511] oder „Eine anderweitige Vermietung bleibt vorbehalten".

Inwieweit die **Übersendung eines Mietvertrages** ein verbindliches Angebot darstellt, ist nach den Umständen des jeweiligen Einzelfalls zu beurteilen. Der BGH vertritt dabei in ständiger Rechtsprechung, dass die Übersendung eines von einer Vertragspartei bereits unterzeichneten Mietvertrages ein Antrag zum Vertragsabschluss darstellt.[512] Falls eine Unterschrift fehlt, kann sich aus den Umständen dennoch eine Bindungswirkung ergeben, z.B. aus einem Begleitschreiben oder den vorangegangenen Vertragsverhandlungen. Im Mietvertragsrecht wird zunehmend davon ausgegangen, dass es sich bei der Übersendung eines nicht unterzeichneten Mietvertrages nicht um ein rechtlich bindendes Angebot handelt.[513] 316

Sind Vertragsverhandlungen über einen Mietvertrag abgeschlossen und werden Schlüssel ohne Vorbehalte übergeben, so kann in dieser Handlung ebenfalls ein Angebot liegen.[514] Abzugrenzen ist dies von der Übergabe von Schlüsseln zur Besichtigung der Immobilie, damit der Interessent die Räumlichkeiten selbst begutachten kann.[515] 317

---

510 OLG Brandenburg, Urt. v. 13.11.2008 – 12 U 90/08 – NJW-RR 2009, 1145.

511 BGH, Urt. v. 2.11.1995 – X ZR 135/93 – NJW 1996, 919.

512 BGH, Urt. v. 30.5.1962 – VIII ZR 173/61 – NJW 1962, 1388.

513 Bub/Treier/*Bub*, II Rn 755.

514 Lindner-Figura/Oprée/Stellmann/*Lindner-Figura*, Kap. 5 Rn 8; Bub/Treier/*Bub*, II Rn 755.

515 AG Neukölln, Urt. v. 18.3.1988 – 4 C 348/87 – GE 1988, 1063.

Praxistipp
Will der Vermieter der Übersendung eines Mietvertrages oder der Übergabe von Schlüsseln keine Rechtsbindung zukommen lassen, sollte er durch ein entsprechendes Begleitschreiben klarstellen, dass darin kein verbindliches Angebot zu sehen sein soll. Es kann ein Hinweis hinzugefügt werden, dass ein Mietvertrag erst mit beiderseitigen Unterschriften wirksam zustande kommen soll.

2. Annahme

318 Ein Vertragsschluss bedarf der **Annahme des Angebots**. Dies ist ebenfalls grundsätzlich eine empfangsbedürftige, einseitige Willenserklärung, mit welcher der Antragsempfänger sein vorbehaltloses Einverständnis zum Vertragsschluss erklärt.[516] Damit muss auch die Annahme von einem Rechtsbindungswillen der Erklärenden getragen sein. Grundsätzlich bedarf die Annahmeerklärung gem. § 130 Abs. 1 BGB für ihre Wirksamkeit des Zugangs innerhalb der Annahmefrist, damit der Mietvertrag zustande kommt.

Praxistipp
Gerade der rechtzeitige Zugang von Willenserklärungen ist in der Praxis sehr fehleranfällig. Dies gilt insbesondere dann, wenn das Angebot Annahme- oder Bindungswirkungsfristen enthält. Aus diesem Grunde sollte der Zugang durch eine entsprechende Zugangsdokumentation, beispielsweise durch Kurierdienste, Boten, Einschreiben, dokumentiert werden. Damit kann der genaue Zugang und damit der wirksame Vertragsschluss in Zweifelsfällen sichergestellt und nachgewiesen werden.

a) Annahmefrist

319 Nach der Regelung des § 146 BGB **erlischt** ein Antrag, wenn er abgelehnt oder nicht rechtzeitig angenommen wird.

320 Die **Annahmefrist** kann gem. § 148 BGB bestimmt werden. Dabei ist eine Formulierung ausreichend, nach der um eine „umgehende Antwort" gebeten wird.[517] Eine genaue zeitliche Festlegung ist nicht erforderlich. Ist wiederum durch den Antragenden eine konkrete Frist für die Entscheidung genannt, so muss die Entscheidung innerhalb der Frist getroffen und unverzüglich mitgeteilt werden.[518] In keinem Fall ist es ausreichend, innerhalb der Frist lediglich mitzuteilen, dass der Mietvertrag unterschrieben wurde.[519]

---

516 Erman/*Armbrüster*, § 147 Rn 2; Lindner/Figura/Oprée/Stellmann/*Lindner-Figura*, Kap. 5 Rn 11.
517 Palandt/*Ellenberger*, § 148 Rn 2; BAG, Urt. v. 1.2.2007 – 2 AZR 44/06 – NZA 2007, 925.
518 OLG Düsseldorf, Urt. v. 17.5.1994 – 23 U 129/93 – NJW-RR 1995, 1392.
519 BGH, Urt. v. 30.5.1962 – VIII ZR 173/61 – NJW 1962, 1388.

Praxistipp
Bei komplexen Vertragsverhandlungen bietet es sich an, sämtliche zeitlichen Abläufe bereits im Letter of Intent festzulegen und im Hinblick auf den Abschluss des Mietvertrages die Annahmefrist und deren optionale Verlängerung durch Datums- bzw. Zeitangaben sowie ggf. das Erreichen gewisser Meilensteine präzise zu formulieren. Auch insoweit gilt, dass je konkreter und genauer die Formulierung desto höhere Rechtssicherheit für die Mietvertragsparteien.

Wird eine Frist seitens des Antragenden gesetzt, so muss dies in der **Form** des Antrags erfolgen.[520] Diese Frage muss jedoch vom Schriftformerfordernis des § 550 BGB strikt getrennt werden. Denn bei der Annahmefrist handelt es sich nicht um eine den Vertragsinhalt bestimmende Bedingung. Antrag und Annahme betreffen allein das Zustandekommen des Mietvertrages und werden mit dessen Abschluss bedeutungslos.[521] 321

Die Annahmefrist kann durch den Antragenden jederzeit **verlängert**,[522] jedoch nach Zugang nicht mehr einseitig verkürzt werden.[523] Für die Berechnung der Frist ist auf die allgemeinen Vorschriften der §§ 186 ff. BGB zurückzugreifen. 322

Ist **keine Frist bestimmt**, so trifft § 147 BGB hierzu unterschiedliche Regelungen für den Fall der Annahme unter Anwesenden (Abs. 1) und den Fall der Annahme einem Abwesenden gegenüber (Abs. 2). 323

Demnach muss die **Annahme unter Anwesenden** grundsätzlich **sofort** erfolgen, wenn also Vermieter und Mieter bzw. deren jeweilige Vertreter zugegen sind. Dabei bedeutet die „sofortige Annahme", dass die Annahme so schnell wie objektiv möglich erledigt wird. Relevant wird dies für den nach § 147 Abs. 1 S. 2 BGB geregelten Fall der Übermittlung mittels Fernsprecher oder mittels einer entsprechenden technischen Einrichtung. Konkret gemeint sind damit beispielsweise Telefongespräche, Konferenzschaltungen, Chats und Videoverbindungen.[524] Nicht umfasst ist typischerweise die E-Mail, denn gerade bei dieser Kommunikationsform würde die Regelung, dass sich die sofortige Annahme wie unter Anwesenden zu vollziehen hat, dem Sinn der Vorschrift zuwiderlaufen. 324

Die zeitlichen Kriterien für eine sofortige Annahme sind nicht gleichzusetzen mit der Anfechtungsfrist des § 121 BGB, wonach diese unverzüglich, d.h. ohne schuldhaftes Zögern zu erfolgen hat. Denn im Gegensatz zur Anfechtung kann auch ein nicht schuldhaftes Hinauszögern der Annahme zum Erlöschen des Antrags auf Abschluss eines Mietvertrages führen. Dennoch spielen die Umstände des einzelnen 325

520 Erman/*Armbrüster*, § 138 Rn 4; MüKo-BGB/*Busche*, § 148 Rn 3.
521 BGH, Urt. v. 24.2.2010 – XII ZR 120/06 – NJW 2010, 1517.
522 OLG Hamm, Urt. v. 24.10.1975 – 20 U 37/75 – NJW 1976, 1212.
523 Palandt/*Ellenberger*, § 148 Rn 2.
524 MüKo-BGB/*Busche*, § 147 Rn 27; Lindner/Figura/Oprée/Stellmann/*Lindner-Figura*, Kap. 5 Rn 20 f.

Falles bei der sofortigen Annahme eine Rolle: Bei gewerblichen Immobilien sind die Vertragswerke regelmäßig so umfangreich, dass bei der Übergabe eines von der einen Seite unterschriebenen Mietvertrages eine angemessene Annahmefrist üblich ist.[525] Benötigt der Angebotsempfänger darüber hinaus eine weitere Überlegungsfrist oder Zeit für einen ggf. erforderlichen Unterschriftenumlauf und der Anbietende widerspricht diesem Verlangen nicht, so gilt die Frist als stillschweigend verlängert i.S.v. § 148 BGB.

326 Wenn der Antrag einer anwesenden, aber nicht empfangsberechtigten Hilfsperson oder einem bloßen Empfangsboten gegenüber gemacht wird, so gilt dies als Antrag an einen Abwesenden.[526]

327 Unter **Abwesenden** kann der Antrag nach § 147 Abs. 2 BGB bis zu dem Zeitpunkt angenommen werden, in welchem der Antragende den Eingang der Antwort unter regelmäßigen Umständen erwarten darf. Hierzu gehören zum einen die **Dauer der Übermittlung** von Antrag und Annahme sowie zum anderen eine **angemessene Überlegungs- sowie Bearbeitungszeit.**[527] Der Beginn der Frist fällt mit der Abgabe zusammen. Zur Bestimmung der Angemessenheit einer Frist sind die allgemeinen Umstände zugrunde zu legen. Gleichzeitig können die Umstände des Einzelfalls entscheidend sein, wenn der Antragende beispielsweise Verzögerungen kannte oder kennen musste.[528] Dies können bekannte Verhinderungen aufgrund von Urlaub, Krankheit oder der Einholung notwendiger Auskünfte sein.[529] Ohne derartige bekannte Verzögerungen sind von der Rechtsprechung Fristen von zwei bis drei Tagen für die Bearbeitungs- und Überlegungszeit als angemessen angesehen worden.[530] Für den gesamten Vorgang bis hin zur Übermittlung der Antwort werden in der Rechtsprechung fünf bis acht Tage angenommen.[531]

328 Diese restriktive Beurteilung der Angemessenheit von Annahmefristen erscheint in der Gewerberaummiete nicht praxisgerecht. So stehen sich im gewerblichen Bereich regelmäßig Unternehmen als Vertragspartner gegenüber, für die der Mietver-

---

525 Erman/*Armbrüster*, § 147 Rn 17; Lindner-Figura/Oprée/Stellmann/*Lindner-Figura*, Kap. 5 Rn 8; Bub/Treier/*Bub*, II Rn 763.

526 Lindner-Figura/Oprée/Stellmann/*Lindner-Figura*, Kap. 5 Rn 22.

527 BGH, Urt. v. 2.11.1995 – X ZR 135/93 – NJW 1996, 919; BGH, Urt. v. 13.9.2000 – VIII ZR 34/00 – BGHZ 145, 139 (entschieden für Möbelkauf); KG Berlin, 5.7.2007 – 8 U 182/06 – NZM 2007, 731; BGH, Urt. v. 11.6.2010 – V ZR 85/09 – NJW 2010, 2873.

528 BGH, Urt. v. 19.12.2007 – XII ZR 13/06 – NJW 2008, 1148.

529 Lindner-Figura/Oprée/Stellmann/*Lindner-Figura*, Kap. 5 Rn 22; Bub/Treier/*Bub*, II Rn 764.

530 LG Köln, Urt. v. 13.7.1987 – 10 S 56/87 – WuM 1988, 50: Hier hat das Gericht das erkennbare Interesse der Mieter an einer kurzfristigen Entscheidung bei der Entscheidung maßgeblich berücksichtigt. Auch hatte hier bereits eine Vorprüfung durch eine Hausverwaltung stattgefunden. Unter diesen Umständen sollte eine Frist von lediglich vier bis fünf Tagen (zwei bis drei Tage Überlegungsfrist sowie zwei weitere Tage für die Übermittlung) angemessen sein.

531 KG Berlin, Urt. v. 22.3.1999 – 23 U 8203/98 – WuM 1999, 323; KG Berlin, Urt. v. 2.9.2002 – 8 U 146/01 – GE 2003, 48.

tragsabschluss eine wirtschaftlich bedeutsame Entscheidung darstellt und bei denen oftmals vielschichtige Entscheidungsstrukturen zu berücksichtigen sind. Müssen mehrere Personen oder gar Personenmehrheiten an der Annahmeerklärung mitwirken oder interne Prüfungsprozesse vollzogen werden, so können hierauf nicht die gleichen zeitlichen Bemessungskriterien angelegt werden wie bei der Wohnraummiete. Sowohl die wirtschaftliche Bedeutung von Mietverträgen über Geschäftsräume als auch ihre Komplexität und die Langfristigkeit bedürfen einer umfassenden Abwägung. Dies hat sich teilweise auch in der Instanzrechtsprechung niedergeschlagen, die von einer **längeren Annahmefrist** von zwei bis drei Wochen ausgeht.[532]

Praxistipp !

Aufgrund der nicht einheitlichen Rechtsprechung in Bezug auf die Angemessenheit der Annahmefrist und der praktischen Bedürfnisse der Vertragspartner im gewerblichen Mietrecht sollten individualvertraglich ausreichend lange Annahmefristen vereinbart werden.[533]

Im gewerblichen Bereich werden auch regelmäßig **Formularmietverträge mit Annahmefristklauseln** verwendet. Hierbei ist zu beachten, dass unangemessen lange 329
oder nicht hinreichend bestimmte Annahmefristen aufgrund der damit verbundenen Einschränkung der Dispositionsfreiheit nach § 308 Nr. 1 BGB unwirksam sein können. Die Bewertung, ob eine Frist als unangemessen benachteiligend ausgelegt werden kann, bedarf einer Abwägung der jeweiligen Interessen der Verhandlungspartner unter Berücksichtigung der jeweiligen Umstände des Einzelfalles. Dabei kann ein berechtigtes Interesse einer Partei vorliegen, das eine längere als in § 147 Abs. 2 BGB bestimmte Annahmefrist begründet.[534] Ohne dieses schutzwürdige Interesse des Verwenders darf die auf Grundlage des § 147 BGB ermittelte Frist nicht wesentlich überschritten werden.[535] Auf Grundlage der aktuellen Judikatur kann die formularmäßige Vereinbarung einer Annahmefrist von bis zu vier Wochen als noch angemessen erachtet werden.[536]

---

532 OLG Naumburg, Urt. v. 7.9.2004 – 9 U 3/04 – NZM 2004, 825; KG Berlin, 5.7.2007 – 8 U 182/06 – NZM 2007, 731; OLG Dresden, Urt. v. 31.8.2004 – 5 U 946/04, 5 U 0946/04 – NZM 2004, 826.

533 Lindner/Figura/Oprée/Stellmann/*Lindner-Figura*, Kap. 5 Rn 24.

534 KG Berlin, Urt. v. 27.3.2006 – 8 U 57/05 – NZM 2007, 86.

535 BGH, Urt. v. 13.9.2000 – VIII ZR 34/00 – BGHZ 145, 139.

536 Bub/Treier/*Bub*, II Rn 767; Lindner/Figura/Oprée/Stellmann/*Lindner-Figura*, Kap. 5 Rn 24; KG Berlin, Urt. v. 27.3.2006 – 8 U 57/05 – NZM 2007, 86.

b) Konkludente Annahme

330 Das Angebot auf Abschluss eines Mietvertrages kann auch konkludent, also durch **schlüssiges Verhalten** angenommen werden. Auch in diesem Fall setzt der Vertragsschluss zwei übereinstimmende Willenserklärungen voraus. Daher muss das jeweilige Verhalten des Vertragspartners eindeutig den Rechtsbindungswillen auf Abschluss eines Vertrages erkennen lassen.[537] Da im Fall von schlüssigem Verhalten keine ausdrückliche Erklärung folgt, kommt es für die Beurteilung eines Annahmewillens nicht auf den Empfängerhorizont an, sondern auf den **objektiven Erklärungsgehalt** des Verhaltens aus der Sicht eines objektiven Dritten.[538] Auf subjektiver Seite setzt die Qualifizierung eines Verhaltens als schlüssige Annahmeerklärung grundsätzlich das Bewusstsein voraus, dass für das Zustandekommen des Vertrages zumindest möglicherweise noch eine Erklärung erforderlich ist.[539]

331 Wird ein Mietvertrag durch schlüssiges Verhalten angenommen, so bestimmt sich der Inhalt nach den bis dahin getroffenen Vereinbarungen. Abweichungen von den bis dahin getroffenen Vereinbarungen sind insbesondere dann denkbar, wenn beispielsweise der Mieter einen anderen Mietzins als ursprünglich veranschlagt zahlt und der Vermieter diesen vorbehaltlos annimmt.[540]

332 In der Rechtsprechung sind zahlreiche Fälle für die konkludente Annahme eines Mietvertrages entschieden worden:

- Wird dem Mieter der **Schlüssel ausgehändigt** und dieser bezieht die Räumlichkeiten und **zahlt die Miete**, die vom **Vermieter vorbehaltlos angenommen wird**, so kann ein konkludenter Mietvertragsschluss angenommen werden.[541] Beiden Verhaltensweisen – die Zahlung der Miete durch den Mieter und die vorbehaltlose Entgegennahme durch den Vermieter – kommt ein entsprechender Erklärungsgehalt zu.
- Auch für den Fall, dass der Mietvertrag unter einer – wider Erwarten nicht eintretenden **aufschiebenden Bedingung** – vereinbart wurde und das Mietver-

---

537 BGH, Urt. v. 3.2.1967 – VI ZR 114/65 – BGHZ 47, 75; BGH, Urt. v. 18.12.1985 – VIII ZR 297/84 – WM 1986, 322; BGH, Urt. v. 27.1.2010 – XII ZR 22/07 – NJW 2010, 1065.

538 BGH, Urt. v. 6.2.1990 – X ZR 39/89 – NJW 1990, 1656; BGH, Urt. v. 14.10.2003 – XI ZR 101/02 – WM 2003, 2327.

539 BGH, Urt. v. 29.11.1994 – XI ZR 175/93 – NJW 1995, 953 m.w.N.; BGH, Urt. v. 2.1.1990 – V ZR 266/88 – BGHZ 110, 220; BGH, Urt. v. 24.4.1998 – V ZR 197/97 – BGHZ 138, 339; BGH, Urt. v. 11.6.2010 – V ZR 85/09 – NJW 2010, 2873.

540 OLG Düsseldorf, Urt. v. 5.11.1987 – 10 U 70/87 – ZMR 1988, 54.

541 BVerfG, Beschl. v. 27.11.1995 – 1 BvR 1063/95 – GE 1996, 184; OLG Düsseldorf, Urt. v. 5.11.1987 – 10 U 70/87 – ZMR 1988, 54; KG Berlin, Urt. v. 11.1.1999 – 8 U 3572/97 – KGR Berlin 1999, 143; LG Düsseldorf, Urt. v. 8.8.1990 – 24 S 593/88 – DWW 1991, 24; LG Köln, Urt. v. 18.9.1991 – 10 S 339/90 – WuM 1992, 251.

hältnis dennoch in Vollzug gesetzt wird, ist ein konkludenter Vertragsschluss angenommen worden.[542]

- Entsprechendes gilt für noch **lückenhafte Vereinbarungen** und eine bewusste Vertragsdurchführung, soweit die vertragliche Lücke keinen wesentlichen Bestandteil des Mietvertrages betrifft und die fehlende Regelung durch eine gesetzliche ersetzt oder durch Vertragsauslegung ergänzt werden kann.[543]
- Übernimmt ein **Erwerber von Räumen** diese noch vor Vertragsabschluss, kommt für die Zwischenzeit ein konkludenter Mietvertrag in Betracht.[544]
- Wird der Gebrauch einer Mietsache **nach Beendigung des Mietvertrages** – ob durch Kündigung oder Befristung – einvernehmlich fortgesetzt, insbesondere wenn beiderseitige Leistungen vorbehaltlos angenommen werden, kann ebenfalls von einem schlüssigen Vertragsschluss ausgegangen werden; dies gilt sogar dann, wenn der Vermieter der Gebrauchsfortsetzung widerspricht und § 545 BGB abbedungen ist.[545] Verhandeln die bisherigen Vertragsparteien einen neuen Mietvertrag über die weiterhin überlassene Mietsache aus, so besteht kein vertragsloser Zustand, sondern ein mangels anderweitiger Vereinbarung mit den gesetzlichen Fristen kündbarer **Überbrückungsvertrag**, der das Mietverhältnis vorläufig fortsetzt.[546]
- Sogar bei Vorliegen eines **Räumungstitels** wird das Zustandekommen eines neuen Mietvertrages angenommen, wenn der Vermieter länger als ein Jahr aus diesem Titel – gleich aus welchen Gründen – nicht vollstreckt. Fordert der Vermieter den Mieter dabei auf, den Mietzins zu zahlen und nimmt diesen entgegen, wird auch die Vollstreckung des Räumungstitels unzulässig.[547] Anders verhält es sich hingegen, wenn der Mieter als Räumungsschuldner aus Sicht des Vermieters lediglich ein pflichtgemäßes Nutzungsentgelt zahlt. Hier fehlt der Umstand, der auf den Willen beider Parteien zu einem rechtsgeschäftlichen Bindungswillen schließen lassen könnte.[548]
- Bleibt ein **Untermieter** nach Beendigung des Hauptmietverhältnisses in den untervermieteten Räumen und der Vermieter nimmt ohne Vorbehalt den Mietzins zu den Bedingungen des Hauptvertrages entgegen, kann auch ein Mietver-

542 OLG Rostock, Urt. v. 30.9.2002 – 3 U 143/01 – WuM 2003, 55; BGH, Urt. v. 29.6.1983 – VIII ZR 135/81 – WM 1983, 991; OLG Hamburg, Urt. v. 14.11.2001 – 4 U 34/01 – WuM 2003, 84; LG Mannheim, Urt. v. 20.3.1996 – 4 S 180/95 – WuM 1996, 272.

543 BGH, Urt. v. 20.6.1997 – V ZR 39/96 – NJW 1997, 2671.

544 OLG Köln, Beschl. v. 5.8.1998 – 19 W 23/98 – NZM 1999, 710.

545 BGH, Urt. v. 8.10 2008 – XII ZR 66/06 – NJW 2009, 433.

546 OLG Karlsruhe, Urt. v. 17.10.1990 – 13 U 152/89 – WuM 1991, 81.

547 LG Düsseldorf, Urt. v. 16.2.1979 – 21 S 402/78 – MDR 1979, 496.

548 BGH, Urt. v. 26.3.1980 – VIII ZR 150/79 – NJW 1980, 1577.

trag angenommen werden, wenn weitere Anhaltspunkte dafür vorliegen, dass sich der Vermieter auf einen Mietvertrag hat einlassen wollen.[549]

333 Allen Fällen ist gemein, dass durch das schlüssige Verhalten das **Einverständnis** ausgedrückt wird, das Angebot auf Abschluss eines Mietvertrages inhaltsgleich annehmen zu wollen. Zur Begründung wird von der Rechtsprechung regelmäßig angeführt, dass die Parteien ihre Beziehungen nicht in einem vertragslosen Zustand belassen wollen.[550] Dies drückt sich auch in der vorbehaltlosen Durchführung eines Mietverhältnisses aus. Drückt sich im Verhalten keine inhaltlich übereinstimmende Willenserklärung aus, kann auch ein schlüssiger Vertragsschluss angenommen werden. Daher ist eine konkludente Annahme in den folgenden Fällen ausgeschlossen:

- Bei einer **Gebrauchsanmaßung** können bereits tatbestandlich keine zwei übereinstimmenden Willenserklärungen vorliegen; dies gilt insbesondere dann, wenn ein Mieter gegen den Willen des Vermieters das Objekt bezieht.[551]
- Ebenso führt eine zwar einvernehmliche, aber **vorübergehende Gebrauchsüberlassung** im Vorgriff auf einen Mietvertrag, z.B. für Renovierungsarbeiten, nicht bereits zu einem konkludenten Vertragsschluss.[552]

334 In diesen Fällen sind die so begründeten Rechtsverhältnisse nach **Bereicherungsrecht** abzuwickeln (§§ 812ff. BGB). Der „Scheinmieter" ist demzufolge zur Zahlung des Wertersatzes in Höhe des objektiven Mietwerts verpflichtet.[553]

c) Annahme durch Schweigen

335 **Schweigen** auf einen Antrag bedeutet **regelmäßig keine Annahme**, sondern eine grundsätzliche Ablehnung des Mietvertragsschlusses.[554] Allerdings ist im Bereich des Gewerberaummietrechts die Rechtsfigur des **kaufmännischen Bestätigungsschreibens** zu berücksichtigen.[555] Unmittelbar im Anschluss an Vertragsverhand-

---

549 OLG Düsseldorf, Urt. v. 15.10.1987 – 10 U 50/87 – NJW-RR 1988, 202.

550 BGH, Urt. v. 2.4.1964 – KZR 10/62 – BGHZ 41, 271.

551 Für den Fall der unberechtigten Nutzung eines Kellers: LG Berlin, Urt. v. 27.7.1999 – 65 S 350/98 – NZM 2000, 457.

552 BGH, Urt. v. 10.4.1997 – VII ZR 211/95 – NJW 1997, 1982; a.A. OLG Karlsruhe, Beschl. v. 21.5.2012 – 9 U 18/12 – WuM 2012, 666.

553 BGH, Urt. v. 10.11.1965 – VIII ZR 12/64 – WM 1965, 1215.

554 BGH, Urt. v. 24.9.1980 – VIII ZR 299/79 – NJW 1981, 43; BGH, Urt. v. 7.12.1981 – VII ZR 206/82 – WM 1984, 171; BGH, Urt. v. 1.6.1994 – XII ZR 227/92 – NJW-RR 1994, 1163; MAH Mietrecht/*Bellinghausen*, § 8 Rn 60.

555 BGH, Urt. v. 24.9.1952 – II ZR 305/51 – BGHZ 7, 187; BGH, Urt. v. 27.10.1953 – I ZR 111/52 – BGHZ 11, 1; BGH, Urt. v. 20.3.1974 – VIII ZR 234/72 – NJW 1974, 991; OLG Düsseldorf, Urt. v. 11.10.1996 – 22 U 49/96 – NJW-RR 1997, 211.

lungen wird dem Schweigen auf ein – auch per E-Mail oder Telefax denkbares[556] – kaufmännisches Bestätigungsschreiben eine aufgrund von Gewohnheitsrecht anerkannte Wirkung zuerkannt.[557] Widerspricht der Empfänger des Bestätigungsschreibens nicht unverzüglich, längstens innerhalb einer Widerspruchsfrist von einer Woche nach Zugang,[558] gilt der Mietvertrag mit dem zuvor verhandelten Inhalt als abgeschlossen. Nach den allgemeinen Grundsätzen greift diese Wirkung allerdings dann nicht, wenn das Bestätigungsschreiben so weit vom verhandelten Ergebnis abweicht, dass der Absender vernünftigerweise nicht mit dem Einverständnis des Empfängers rechnen konnte[559] oder der Bestätigende den Inhalt bewusst falsch wiedergibt. Dies gilt auch in den Fällen sich widersprechender Bestätigungsschreiben[560] oder wenn für den Abschluss des Mietvertrages ein Schriftlichkeitsvorbehalt bestand.[561]

Damit das Schweigen auf ein kaufmännisches Bestätigungsschreiben als rechts- 336
wirksame Zustimmung gewertet werden kann, ist zunächst das Vorliegen eines solchen Bestätigungsschreibens **Voraussetzung**. Der Vertragsinhalt sollte nicht schon anderweitig feststehen, wobei noch regelungsbedürftige Nebenpunkte ergänzt werden können.[562] Bei einem kaufmännischen Bestätigungsschreiben muss aus Sicht der Beteiligten der Inhalt zuvor durchgeführter Verhandlungen klargestellt und ein behaupteter Vertrag als endgültig geschlossen bestätigt werden.[563]

Rechtsfolge des Schweigens ist die konstitutive Wirkung für den Abschluss und 337
Inhalt des Mietvertrages, sodass der Inhalt des unwidersprochenen Schreibens unter den Parteien maßgeblich ist.[564]

Da ein kaufmännisches Bestätigungsschreiben als **Beweisurkunde** gem. § 416 338
ZPO die Vermutung der Vollständigkeit und Richtigkeit in sich trägt, ist der Empfänger des Bestätigungsschreibens beweisbelastet, falls er nicht sofort widersprochen hat.[565] Damit muss er die Vermutung der Vollständigkeit und Richtigkeit ent-

556 BGH, Urt. v. 9.7.1970 – VII ZR 70/68 – WM 1970, 1108; OLG Düsseldorf, Urt. v. 15.11.1990 – 10 U 68/90 – NJW-RR 1991, 374.

557 MüKo-BGB/*Busche*, § 147 BGB Rn 9.

558 Nach BGH, Urt. v. 13.1.1975 – VII ZR 139/73 – WPM 1975, 324, in der Regel innerhalb von bis zu fünf Tagen.

559 BGH, Urt. v. 24.9.1952 – II ZR 305/51 – BGHZ 7, 187; BGH, Urt. v. 25.2.1987 – VIII ZR 341/86 – NJW 1987, 1940; BGH, Urt. v. 8.2.2001 – III ZR 268/00 – NJW-RR 2001, 680.

560 BGH, Urt. v. 21.3.1966 – VIII ZR 44/64 – NJW 1966, 1070.

561 BGH, Urt. v. 28.9.1970 – VIII ZR 164/68 – NJW 1970, 2104.

562 BGH, Urt. v. 26.9.1973 – VIII ZR 106/72 – WM 1973, 1269; OLG Düsseldorf, Urt. v. 11.11.1994 – 22 U 59/94 – NJW-RR 1996, 622.

563 BGH, Urt. v. 9.7.1970 – VII ZR 70/68 – BGHZ 54, 236; BGH, Urt. v. 14.12.2000 – I ZR 213/98 – NJW-RR 2001, 1044; OLG Düsseldorf, Urt. v. 11.8.1981 – 21 U 25/81 – MDR 1981, 1022.

564 MüKo-HGB/*Schmidt*, § 346 Rn 165.

565 BGH, Urt. v. 20.3.1974 – VIII ZR 234/72 – NJW 1974, 991.

kräften, ansonsten gilt bis zu diesem Beweis des Gegenteils der Inhalt des Bestätigungsschreibens als vereinbart.

Praxistipp
Auch wenn die Fälle des Mietvertragsschlusses aufgrund kaufmännischen Bestätigungsschreibens in der Praxis die Ausnahme bilden dürften, sollte der Inhalt eines Bestätigungsschreibens **umgehend und gründlich** geprüft werden.

d) Annahme mit Änderungen/neuer Antrag

339 Werden in der Annahmeerklärung Änderungen oder Ergänzungen vorgenommen, so gilt eine solche Erklärung im Zweifelsfall als Ablehnung gem. § 150 Abs. 2 BGB, die mit einem neuen Antrag verbunden ist. Der Inhalt der Abweichungen ist dabei nicht maßgeblich. Entscheidend ist allein, dass der Änderungswille des Empfängers eindeutig zum Ausdruck kommt.[566] Ein solcher Wille kommt nicht eindeutig zum Ausdruck, wenn der Annahmeerklärung lediglich ein Mietvertragsformular angehängt wird, welches vom Antrag abweicht.[567]

III. Uneinigkeiten/Dissens

340 Für einen wirksamen Mietvertragsschluss bedarf es einer Übereinstimmung bei den von den Parteien abgegebenen Willenserklärungen. Es muss eine Einigung über die wesentlichen Vertragsbestandteile erzielt werden.[568] Bei langwierigen Vertragsverhandlungen können jedoch im Einigungsprozess zu regelnde Punkte auftreten, über die **zunächst keine Einigung** zwischen den Vertragsparteien erzielt wird. Nach der Auslegungsregel des § 154 Abs. 1 S. 1 BGB gilt dann der Vertrag **im Zweifel als nicht geschlossen**, wenn sich die Mietvertragsparteien noch nicht über alle Punkte des Mietvertrags einig sind, über die nach der Erklärung auch nur einer Partei eine Vereinbarung getroffen werden sollte. Dies kann sich auf wesentliche Punkte, die essentialia negotii, aber auch Nebenabreden beziehen. Die Regelung trägt dem Grundsatz der Privatautonomie Rechnung, wonach die Vertragsparteien frei darüber entscheiden, mit welchem Inhalt der Vertrag geschlossen werden soll.[569]

341 Ist den Parteien bewusst, dass noch Regelungen fehlen, liegt ein **offener Einigungsmangel** vor. In diesem Fall empfiehlt es sich, dass die Verhandlungspart-

566 Jauernig/*Mansel*, § 150 BGB Rn 2; Lindner-Figura/Oprée/Stellmann/*Lindner-Figura*, Kap. 5 Rn 14; Bub/Treier/*Bub*, II Rn 776.
567 BGH, Urt. v. 18.11.1982 – VII ZR 223/80 – WM 1983, 313.
568 Lindner-Figura/Oprée/Stellmann/*Lindner-Figura*, Kap. 5 Rn 26.
569 MüKo-BGB/*Busche*, § 154 Rn 1.

ner – individualvertraglich – die bis dahin getroffenen wesentlichen Regelungen festhalten und im Mietvertrag die Punkte aufnehmen, die noch einer Klärung bedürfen. Zu empfehlen ist auch die Vereinbarung einer Zeitschiene, bis wann entsprechende Einigungen getroffen sein sollen, sowie die Rechtsfolgen im Falle der Nichteinigung.

Im Gegensatz hierzu liegt ein sog. **versteckter Dissens** vor, wenn den Vertrags- 342
parteien das Bewusstsein der Uneinigkeit fehlt. Die Vertragspartner gehen fälschlicherweise davon aus, dass der Vertrag inhaltlich vollständig ist. Dann wird gem. § 155 BGB angenommen, dass das im Übrigen Vereinbarte gilt, sofern anzunehmen ist, dass der Mietvertrag auch ohne eine Bestimmung über die uneinigen Punkte geschlossen sein würde. Eine gerade bei langwierigen Vertragsverhandlungen häufige rechtliche Gefahr ist die **verborgene Unvollständigkeit**. Im Rahmen von Vorverhandlungen, mitunter unter Zuhilfenahme eines LoI (Letter of Intent), haben die Parteien bestimmte zu regelnde Punkte im Blick, die – aus welchen Gründen auch immer – nicht in die Mietvertragsurkunde aufgenommen werden. Diese vergessenen oder übersehenen Punkte[570] können nachträglich, sofern und soweit sie bemerkt werden, durch einen Nachtrag mit Bezug auf den Mietvertrag geregelt werden.

Weitere Fälle des versteckten Einigungsmangels sind der Erklärungsdissens 343
sowie der Scheinkonsens. Beim **Erklärungsdissens** liegen objektiv inhaltlich voneinander abweichende Erklärungen vor, bei denen die Parteien jedoch davon ausgehen, dass sie übereinstimmen.[571] Dies betrifft Fälle von Missverständnissen wie beispielsweise Verhören oder Verlesen.[572] Verwenden die Parteien einen objektiv mehrdeutigen Begriff, den beide Vertragspartner unterschiedlich auffassen, liegt ein **Scheinkonsens** vor.[573]

Liegt ein **versteckter Dissens** vor, ist zu differenzieren, ob ein wesentlicher 344
Vertragsinhalt oder lediglich ein Nebenpunkt betroffen ist. Falls sich die Uneinigkeit der Parteien auf wesentliche Vertragsbestandteile bezieht, so gilt der Vertrag mangels Einigung als nicht geschlossen.[574] Sofern jedoch ersichtlich ist, dass beide Mietvertragsparteien am Mietvertrag festhalten wollen und der Dissens lediglich Nebenpunkte betrifft, so greift die Auslegungsregel des § 155 BGB. Entscheidend ist der hypothetische Parteiwille, der anhand der Umstände des Einzelfalls zu ermitteln ist.[575]

---

570 Erman/*Armbrüster*, § 155 BGB Rn 3.

571 Palandt/*Ellenberger*, § 155 Rn 4.

572 Erman/*Armbrüster*, § 155 BGB Rn 3; OLG Hamm, Urt. v. 8.9.1997 – 13 U 46/97 – NJW-RR 1998, 1747.

573 Palandt/*Ellenberger*, § 155 Rn 4.

574 MüKo-BGB/*Busche*, § 155 Rn 14; BGH, Urt. v. 14.10.1991 – II ZR 212/90 – NJW 1992, 1501.

575 Palandt/*Ellenberger*, § 155 Rn 5; MüKo-BGB/*Busche*, § 155 Rn 14.

345 Falls eine der Parteien für die Uneinigkeit verantwortlich ist, kann nach herrschender Ansicht eine Haftung aufgrund c.i.c. (culpa in contrahendo, §§ 280 Abs. 1, 311 Abs. 2 Nr. 1, 241 Abs. 2 BGB) gegeben sein.[576] Der Schadensersatzanspruch richtet sich in diesen Fällen auf den Vertrauensschaden, wobei ein eventuelles Mitverschulden nach § 254 BGB zu berücksichtigen ist.[577]

IV. Beurkundungsabrede

346 Die Vertragsparteien können nach § 154 Abs. 2 BGB vereinbaren, dass der Mietvertrag schriftlich beurkundet wird. In diesen Fällen ergibt sich regelmäßig aus dem Zusammenhang der Vertragsverhandlungen, ob die Beurkundungsabrede konstitutiv für den Vertragsschluss sein soll. Ist nicht evident, ob die vereinbarte Form lediglich zu Beweiszwecken oder als Wirksamkeitserfordernis dienen soll, so ist nach der Auslegungsregel des BGH davon auszugehen, dass bei verabredeter Beurkundung im Zweifel von einem **konstitutiven Formerfordernis** auszugehen ist.[578] Eine solche Vereinbarung kann sich konkludent aus den jeweiligen Vertragsvorentwürfen ergeben.[579] Nach wohl herrschender Auffassung in der Rechtsprechung wird die konstitutive Wirkung einer Beurkundung vermutet.[580] Eine Formabrede kann sich bereits aus der Herstellung einer Urkunde ergeben.[581] Besonders bei Mietverträgen **mit einer Dauer von über einem Jahr**, die der gesetzlichen Schriftform nach § 550 BGB bedürfen, besteht bereits eine tatsächliche Vermutung dafür, dass vor Ausfertigung und Unterzeichnung einer im Geschäftsverkehr üblichen Mietvertragsurkunde noch keine rechtliche Bindung für die Mietvertragsparteien eintreten soll.[582] Eine Schriftformabrede soll demgegenüber **keine konstitutive Wirkung** entfalten, wenn die Schriftform **nur Beweiszwecken** dient, wofür jedoch konkrete Anhaltspunkte vorliegen müssen.[583] Dies kann beispielsweise dadurch zum Ausdruck kommen,

---

576 Lindner-Figura/Oprée/Stellmann/*Lindner-Figura*, Kap. 5 Rn 37.

577 BGH, Urt. v. 14.3.1969 – V ZR 8/65 – NJW 1969, 1380.

578 BGH, Urt. v. 30.9.1992 – VIII ZR 196/91 – BGHZ 119, 283; BAG, Urt. v. 16.1.1997 – 2 AZR 35/96 – NJW 1997, 1597; BGH, Urt. v. 23.7.1999 – 9 U 307/98 – NJW-RR 2000, 485; BGH, Urt. v. 8.10.2008 – XII ZR 66/06 – NJW 2009, 433.

579 OLG Celle, Urt. v. 14.1.1960 – 7 U 86/59 – MDR 1960, 398.

580 BGH, Urt. v. 16.6.1981 – V ZR 114/80 – WM 1982, 443; BGH, Urt. v. 10.11.1989 – V ZR 201/88 – NJW 1990, 576; BGH, Urt. v. 12.11.1992 – IX ZR 237/91 – NJW-RR 1993, 235.

581 OLG Koblenz, Urt. v. 4.11.1993 – 5 U 651/93 – WM 1994, 1797; OLG Celle, Urt. v. 23.7.1999 – 9 U 307/98 – NJW-RR 2000, 485.

582 OLG Brandenburg, Urt. v. 25.3.2009 – 3 U 171/07 – ZMR 2010, 23; OLG Dresden, Urt. v. 24.9.1998 – 7 U 937/98 – ZMR 1999, 104; OLG Düsseldorf, Urt. v. 5.11.1987 – 10 U 70/87 – ZMR 1988, 54.

583 BGH, Urt. v. 14.3.1991 – I ZR 201/89 – NJW-RR 1991, 1053; OLG Hamm, Urt. v. 30.8.1994 – 24 U 19/94 – NJW-RR 1995, 274.

dass die Mietvertragsparteien den Mietvertrag einvernehmlich in Vollzug setzen, ohne dass die Beurkundung bereits stattgefunden hat.[584]

D. Mietdauer

In der gewerblichen Miete ist die Mietdauer von signifikanter rechtlicher wie wirtschaftlicher Bedeutung. 347

Die Mietdauer gehört zu den **wesentlichen Vertragsbestandteilen** des Mietvertrages, über die eine Einigung der Parteien erreicht werden muss.[585] Eine Befristung der Mietdauer ist nicht erforderlich, allerdings darf die Mietsache dem Vermieter nicht für immer entzogen werden.[586] Die Parteien können eine bestimmte Mietdauer (befristetes Mietverhältnis) oder eine unbestimmte Mietdauer (unbefristetes Mietverhältnis) vereinbaren. Zudem können der Beginn und das Ende der Mietdauer vertraglich gestaltet werden. 348

Mit Abschluss des Mietvertrages beginnt die Mietdauer, soweit die Parteien nichts anderes vereinbart haben. Die Parteien können sich unterschiedlicher Gestaltungsmöglichkeiten bedienen, um den **Zeitpunkt des Mietbeginns** zu bestimmen. 349

Dazu gehören u.a.:[587]

- Bestimmung eines anderen als des tatsächlichen Zeitpunkts für den Abschluss und damit Beginn des Mietvertrages;
- Übergabetermin der Mietsache als Mietbeginn;
- Bestimmung einer Zeitspanne für die Übergabe, wobei der genaue Übergabetermin innerhalb dieser Zeitspanne dem Mieter angemessene Zeit vorher mitgeteilt werden muss; dies betrifft vor allem die Vermietung von Ladengeschäften und die Vermietung vom Reißbrett.[588]

Das Mietverhältnis **endet** mit Ablauf des im Mietvertrag festgelegten Zeitpunktes oder der vertraglich vereinbarten Mietdauer. Im Übrigen wird das Mietverhältnis regelmäßig durch Kündigung beendet. 350

584 BGH, Urt. v. 8.10.2008 – XII ZR 66/06 – NJW 2009, 433.

585 MüKo-BGB/*Häublein*, § 535 Rn 3; BGH, Urt. v. 21.10.1992 – XII ZR 173/90 – NJW-RR 1993, 139.

586 Bub/Treier/*Bub*, II Rn 820.

587 Lindner-Figura/Oprée/Stellmann/*Zöll*, Kap. 9 Rn 4 ff.

588 Siehe auch Kap. 3.

I. Unbefristetes Mietverhältnis

351 Sofern die Parteien keine bestimmte Laufzeit vereinbaren, handelt es sich um ein unbefristetes Mietverhältnis. Ebenso läuft ein Mietverhältnis gem. § 550 BGB auf unbestimmte Zeit, wenn ein Mietvertrag für längere Zeit als ein Jahr nicht in schriftlicher Form geschlossen wird.[589]

1. Interessenlage

352 Bei unbefristeten Mietverträgen kann jede Vertragspartei das Mietverhältnis ohne Angabe von Kündigungsgründen **ordentlich kündigen** (s.u.). Dies kann für beide Vertragsparteien mangels langfristiger Planbarkeit und Vorhersehbarkeit ein wirtschaftliches Risiko darstellen. Insbesondere bei umfangreichen Investitionen in die Mietsache kann die vorzeitige Kündigung die Amortisation der getätigten Investitionen gefährden. So kann etwa der Vermieter dem Mieter allein zum Zwecke der Vertragsänderung kündigen.[590]

2. Beendigung

353 Ein Mietverhältnis auf unbestimmte Zeit kann zunächst gem. § 542 Abs. 1 BGB nach den **gesetzlichen Vorschriften** gekündigt werden. Dazu zählen die ordentliche (§ 580a BGB) und die außerordentliche Kündigung (§ 543 BGB und §§ 578 Abs. 2, 569 Abs. 1 und 2 BGB). Darüber hinaus kann das Mietverhältnis jederzeit durch Aufhebungsvertrag beendet werden. Als weitere Beendigungsgründe[591] können Widerruf (§ 312 BGB), Rücktritt (§ 346 BGB), Anfechtung (§142 BGB), Eintritt einer auflösenden Bedingung (§ 158 Abs. 2 BGB), Unmöglichkeit der Gebrauchsgewährung (§§ 275 Abs. 1, 326 Abs. 5 BGB) oder Wegfall der Geschäftsgrundlage (§ 313 BGB) in Betracht kommen.[592] Das Sonderkündigungsrecht nach § 544 S. 1 BGB gilt für unbefristete Mietverträge grundsätzlich nicht, da für die Anwendung dieser Norm die Bindung einer Partei für eine längere Zeit als 30 Jahre entscheidend ist.[593]

---

589 Ausführlich hierzu Rn 376 ff.

590 OLG Hamburg, Urt. v. 20.2.2003 – 3 U 26/99 – GRUR-RR 2003, 325.

591 MüKo-BGB/*Bieber*, § 542 Rn 3; Lindner-Figura/Oprée/Stellmann/*Zöll*, Kap. 9 Rn 2; Palandt/*Weidenkaff*, vor § 535 Rn 80 und § 542 Rn 1 ff.

592 Siehe Kap. 13.

593 MüKo-BGB/*Bieber*, § 544 Rn 3.

II. Befristetes Mietverhältnis/Vereinbarung eines Kündigungsverzichts

1. Vereinbarung eines Endtermins/Zeitmietvertrag

Haben die Parteien das Mietverhältnis **befristet**, so endet dieses mit Ablauf der vereinbarten Mietzeit oder wenn eine der Parteien es außerordentlich kündigt (§ 542 Abs. 2 BGB). Das Recht zur ordentlichen Kündigung ist bei befristeten Mietverhältnissen ausgeschlossen. Zudem besteht bei Mietverträgen, die für eine längere Zeit als 30 Jahre geschlossen worden sind, ein Sonderkündigungsrecht gem. § 544 S. 1 BGB. Diese Vorschrift ist zwingend, da die Entstehung einer „Erbmiete" verhindert werden soll.[594] Nur bei Mietverträgen, die auf Lebenszeit einer Vertragspartei geschlossen sind, ist dieses Sonderkündigungsrecht nach § 544 S. 2 BGB ausgeschlossen. Dies dürfte bei der Geschäftsraummiete aber eher unüblich sein.[595] Der Begriff der Lebenszeit gilt nur für natürliche Personen und kann nicht an die Dauer eines Gewerbebetriebes geknüpft werden.[596] 354

2. Kündigungsverzicht

Wenn bei einem unbefristeten Mietverhältnis für beide Parteien gleichermaßen das Recht zur ordentlichen Kündigung vertraglich ausgeschlossen ist, wird das Mietverhältnis faktisch zu einem befristeten Mietverhältnis.[597] Die Schriftform gem. § 550 BGB ist zu wahren, wenn die Kündigung für eine längere Zeit als ein Jahr ausgeschlossen ist.[598] Zudem ist § 544 BGB zu beachten, wenn das Kündigungsrecht für mehr als 30 Jahre ausgeschlossen wird. 355

Es ist auch grundsätzlich möglich, **Kündigungsverzichtsklauseln** in **AGB**[599] zu regeln.[600] Allerdings können Vertragsklauseln, die eine Vertragspartei im Verhältnis zur anderen unangemessen benachteiligen, unwirksam sein.[601] 356

---

594 BGH, Urt. v. 27.11.2003 – IX ZR 76/00 – NJW 2004, 15230.
595 Lindner-Figura/Oprée/Stellmann/*Zöll*, Kap. 9 Rn 39.
596 Schmidt-Futterer/*Lammel*, § 544 Rn 18 f.
597 Lindner-Figura/Oprée/Stellmann/*Zöll*, Kap. 9 Rn 34 f.
598 BGH, Urt. v. 4.4.2007 – VIII ZR 223/06 – NJW 2007, 1742.
599 Siehe auch Kap. 4.
600 BGH, Urt. v. 30.5.2001 – XII ZR 273/98 – NJW 2001, 3480.
601 OLG Hamburg, Urt. v. 11.9.1991 – 4 U 89/91 – NJW-RR 1992, 74.

III. Automatische Verlängerung des Mietverhältnisses/Verlängerungsoptionen

1. Gesetzliche Regelung

357 Grundsätzlich endet das Mietverhältnis mit Ablauf der Mietzeit. § 545 BGB normiert hierzu eine **abweichende Regelung**. Gemäß § 545 S. 1 BGB verlängert sich das Mietverhältnis auf unbestimmte Zeit, wenn der Mieter nach Ablauf der Mietzeit den Gebrauch fortsetzt, sofern nicht eine Vertragspartei ihren entgegenstehenden Willen innerhalb von zwei Wochen dem anderen Teil erklärt.

358 Der Begriff des **Ablaufs der Mietzeit** i.S.d. § 545 S. 1 BGB umfasst jede Form der Vertragsbeendigung (§ 542 BGB),[602] auch solche durch ordentliche oder außerordentliche Kündigung,[603] Aufhebungsvertrag oder sonstige Beendigungsformen.[604]

359 Der Mieter muss den **Gebrauch der Mietsache fortsetzen.** Das bloße Behalten der Mietsache ist hierbei nicht ausreichend. Vielmehr ist erforderlich, dass der Mieter die Mietsache in seiner Verfügungsgewalt hat und diese entsprechend dem an sich beendeten Mietvertrag nutzt.[605]

360 Die Verlängerung des Mietverhältnisses tritt nicht ein, wenn eine der Vertragsparteien der anderen Partei ihren entgegenstehenden Willen erklärt, mithin der **Vertragsverlängerung widerspricht.** Die Erklärung des Widerspruchs ist eine einseitige, empfangsbedürftige und bedingungsfeindliche Willenserklärung, auf die die §§ 116ff. BGB anwendbar sind.[606] Aus der Erklärung muss der entgegenstehende Wille hinsichtlich der Vertragsverlängerung auf unbestimmte Zeit eindeutig und unzweifelhaft hervorgehen.[607]

! **Praxistipp**
Professionell erstellte Mietverträge enthalten regelmäßig bereits im Mietvertragsdokument selbst eine Regelung, wonach einer Fortsetzung des Mietverhältnisses widersprochen wird bzw. die Anwendung des § 545 S. 1 BGB ausgeschlossen ist. Damit stellt der Vermieter bereits bei Abschluss des Mietverhältnisses sicher, dass dieses nach Beendigung nicht automatisch auf unbestimmte Zeit verlängert wird.

---

2. Vertragliche Gestaltung

361 Die Vertragsparteien können im Mietvertrag oder auch erst im Zuge eines Nachtrages zum Mietvertrag regeln, ob und wie sich das Mietverhältnis nach Ablauf der ver-

602 Schmidt-Futterer/*Blank*, § 545 Rn 6.
603 BGH, Urt. v. 26.3.1980 – VIII ZR 150/79 – NJW 1980, 1577.
604 MüKo-BGB/*Bieber*, § 545 Rn 5.
605 OLG Düsseldorf, Urt. v. 12.7.1990 – 10 U 19/90 – MDR 1990, 1115.
606 Schmidt-Futterer/*Blank*, § 545 Rn 16 m.w.N.
607 OLG Rostock, Beschl. v 23.3.2004 – 3 U 273/03 – NZM 2004, 423.

einbarten Vertragsdauer verlängern soll. Hierbei sind vor allem **Verlängerungsklauseln** und **Optionsklauseln** von Bedeutung.

Bei einer **Abschlussoption**, die den Vermieter nach Ablauf der befristeten Mietzeit verpflichtet, dem Mieter dieselbe Mietsache zu angemessenen Bedingungen erneut anzubieten, wird das bisherige Vertragsverhältnis nicht fortgesetzt, sondern ein neues begründet.[608] Der Vermieter darf den Abschluss des neuen Mietvertrages nicht vereiteln, sondern muss dem Mieter die Mietsache zu angemessenen Bedingungen anbieten.[609] 362

a) Verlängerungsklauseln

Verlängerungsklauseln begründen **automatisch** die Verlängerung des Mietvertrages auf bestimmte oder unbestimmte Zeit, wenn der Verlängerung nicht innerhalb einer bestimmten Frist widersprochen bzw. gekündigt wird.[610] Durch die Verlängerung wird kein neues Mietverhältnis begründet, sondern das ursprüngliche Mietverhältnis mit demselben Vertragsinhalt fortgesetzt.[611] Verlängerungsklauseln können so ausgestaltet sein, dass sich das Mietverhältnis entweder (einmalig oder mehrmalig) auf bestimmte oder unbestimmte Zeit verlängert.[612] Zudem ist bei der Geschäftsraummiete zwischen einer Verlängerung mangels Widerspruchs oder mangels Kündigung zu unterscheiden.[613] Kann die Verlängerung durch Kündigung verhindert werden, so sind die Kündigungsfristen des § 580a BGB einzuhalten. Die Fehlbezeichnung eines Widerspruchs als Kündigung schadet dabei indes nicht.[614] 363

Betrifft die Verlängerungsklausel einen längeren Zeitraum als ein Jahr, so ist die Schriftform gem. § 550 BGB zu wahren.[615] 364

Folgende Verlängerungsklauseln sind **üblich:**[616] 365

Formulierungsmuster

Einmalige Verlängerung auf unbestimmte Zeit:

„Das Mietverhältnis wird für die Dauer von fünf Jahren abgeschlossen. Es verlängert sich automatisch um weitere fünf Jahre, falls es nicht von einer der Vertragsparteien mit einer Frist von drei Monaten zum Ende der Mietzeit gekündigt wird."

---

608 Schmidt-Futterer/*Blank*, Vorb. § 535 Rn 123 und § 542 Rn 182; Lindner-Figura/Oprée/Stellmann/*Zöll*, Kap 9 Rn 36.

609 BGH, Urt. v. 2.10.1991 – XII ZR 88/90 – NJW-RR 1992, 517.

610 BGH, Urt. v. 29.4.2002 – II ZR 330/00 – NZM 2002, 604.

611 BGH, Urt. v. 29.4.2002 – II ZR 330/00 – NZM 2002, 604.

612 Schmidt-Futterer/*Blank*, § 542 Rn 171 ff.

613 Schmidt-Futterer/*Blank*, § 542 Rn 176.

614 OLG Düsseldorf, Urt. v. 14.5.2002 – 24 U 139/01 – MDR 2002, 1429 f.

615 MüKo-BGB/*Bieber*, § 550 Rn 6.

616 Schmidt-Futterer/*Blank*, § 542 Rn 171 ff.

Wiederkehrende Verlängerung auf bestimmte Zeit:
„Das Mietverhältnis endet am 31.12.1999. Es verlängert sich jeweils automatisch um ein weiteres Jahr, falls es nicht von einer der Vertragsparteien mit einer Frist von drei Monaten zum Ende der Mietzeit gekündigt wird."

Verlängerung auf **unbestimmte** Zeit:
„Das Mietverhältnis wird auf fünf Jahre abgeschlossen. Es verlängert sich auf unbestimmte Zeit, wenn es nicht von einer der Vertragsparteien mit einer Frist von drei Monaten zum Ende der Mietzeit gekündigt wird."

Verlängerung mangels Widerspruchs:
„Das Mietverhältnis endet am 31.12.1999. Es verlängert sich jeweils um fünf Jahre, wenn keine der Parteien der Verlängerung mit einer Frist von drei Monaten zum Ende der Mietzeit widerspricht."

366 Die Regelung von **Verlängerungsklauseln in AGB** ist grundsätzlich möglich und zulässig, wobei auch dabei der Vorrang der Individualabrede i.S.d. § 305b BGB gilt.[617] Besondere Beachtung ist dabei solchen Klauseln entgegenzubringen, durch die eine Willenserklärung einer Vertragspartei fingiert wird. Denn diese sind an den engen Voraussetzungen der §§ 307 Abs. 1, 308 Nr. 5 BGB zu messen.[618] Eine Verlängerungsklausel, die eine Willenserklärung einer Vertragspartei (in der Regel der Mieter) fingiert, kann dementsprechend nach §§ 307 Abs. 1, § 308 Nr. 5 BGB unwirksam sein, es sei denn, dass dem Vertragspartner eine angemessene Frist zur Abgabe einer ausdrücklichen Erklärung eingeräumt ist (§ 308 Nr. 5a BGB) und der Verwender sich verpflichtet, den Vertragspartner bei Beginn der Frist auf die vorhergesehene Bedeutung seines Verhaltens besonders hinzuweisen (§ 308 Nr. 5b BGB). So bestehen Bedenken an der Wirksamkeit einer Verlängerungsklausel, die das Recht einer Vertragspartei, das Mietverhältnis zu verlängern, bereits als ausgeübt fingiert, wenn die Vertragspartei der Verlängerung nicht innerhalb einer bestimmten Frist widerspricht.[619] § 309 Nr. 9b BGB findet (mittelbar) keine Anwendung, da die Vorschrift nicht für Mietverhältnisse gilt.[620]

367 **Unklare Regelungen** können in der Praxis zu Schwierigkeiten führen, sei es durch in sich widersprüchliche, lückenhafte oder ungenaue Klauseln.[621] Unklarheiten können sich auch im Verhältnis zu Optionsklauseln[622] ergeben.[623] Diesen Unklarheiten oder etwaigen Lücken kann mit Auslegung bzw. ergänzender Vertragsausle-

---

617 OLG Düsseldorf, Beschl. v. 3.5.2005 – 24 U 223/04 – GuT 2006, 25.
618 *Schneehain/Stütze*, NZM 2010, 881.
619 Lindner-Figura/Oprée/Stellmann/*Zöll*, Kap. 9 Rn 19.
620 BGH, Urt. v. 4.12.1996 – XII ZR 193/95 – NJW 1997, 739.
621 MüKo-BGB/*Bieber*, 542 Rn 23.
622 Siehe Rn 376 ff.
623 OLG Düsseldorf, Beschl. v. 27.5.2004 – I-24 U 270/03 – GuT 2004, 227; BGH, Urt. v. 14.12.2005 – XII ZR 236/03 – ZMR 2006, 266.

gung begegnet werden.[624] Im Übrigen sind § 305c Abs. 1[625] und Abs. 2 BGB[626] zu beachten.

Formulierungsmuster
Um die Unwirksamkeit der Klausel wegen § 308 Nr. 5 BGB zu vermeiden, empfiehlt sich folgende **Verlängerungsklausel**:
„Die Mieterin hat das Recht, die Mietzeit zweimal um jeweils fünf Jahre zu den in diesem Vertrag vereinbarten Bedingungen zu verlängern. Diese Verlängerung erfolgt automatisch, wenn die Mieterin bis spätestens zwölf Monate vor Ablauf der Mietzeit keine gegenteilige schriftliche Erklärung abgibt. Dies setzt voraus, dass die Vermieterin die Mieterin 15 Monate vor Vertragsablauf in Textform auf die Vertragsverlängerung durch Unterbleiben einer gegenteiligen Erklärung hingewiesen hat."[627]

In der **Praxis** werden Mietverhältnisse überwiegend auf Zeit geschlossen und gleichzeitig mit Verlängerungsklauseln versehen. Darin wird die (automatische) Verlängerung des Mietverhältnisses vereinbart, soweit es nicht nach Ablauf der Mietzeit (ordentlich) gekündigt wird.[628] 368

b) Optionsklauseln/Verlängerungsoption

Eine Verlängerungsoption gibt einer Partei das Recht, ein befristetes Mietverhältnis 369 durch einseitige, empfangsbedürftige Erklärung (§§ 116 ff. BGB finden Anwendung) über die vereinbarte **Vertragsdauer** hinaus für eine weitere befristete oder unbefristete Zeit zu **verlängern.**[629] Zur Ausübung des Optionsrechts ist die im Mietvertrag genannte begünstigte Partei berechtigt; dies wird in der Regel der Mieter sein.[630] Sind mehrere Personen zur Ausübung des Optionsrechts berechtigt, müssen alle Berechtigten die Option wirksam und unter Berücksichtigung der mietvertraglich vereinbarten Form ausüben.[631]

Optionsklauseln können grundsätzlich auch in **AGB** wirksam vereinbart wer- 370 den.[632] Allerdings sind Klauseln wegen Verstoßes gegen § 307 BGB unwirksam,

---

624 OLG Hamm, Urt. v. 16.12.2009 – I-30 U 71/09, 30 U 71/09 –.
625 *Schneehain/Stütze*, NZM 2010, 881.
626 Palandt/*Grüneberg*, § 305c Rn 18.
627 *Schneehain/Stütze*, NZM 2010, 881.
628 Staudinger/*Rolfs*, § 575 Rn 11.
629 BeckOK-BGB/*Ehlert*, § 542 Rn 9; Lindner-Figura/Oprée/Stellmann/*Zöll*, Kap. 9 Rn 22; Schmidt-Futterer/*Blank*, § 542 Rn 184.
630 Lindner-Figura/Oprée/Stellmann/*Zöll*, Kap. 9 Rn 24.
631 *Blank/Börstinghaus*, § 542 Rn 146.
632 OLG Schleswig, Urt. v. 17.5.2000 – 4 U 123/99 – ZMR 2000, 614.

wenn das Optionsrecht einer Partei faktisch ausgehöhlt ist[633] oder eine Partei an den Vertrag gebunden ist, während die andere sich jederzeit lösen kann.[634]

371 Gemäß § 550 BGB ist bei der Vereinbarung einer Verlängerungsoption die **Schriftform** zu wahren, wenn die Option zu einer längeren Mietzeit als ein Jahr führt.[635]

372 Die **Ausübung des Optionsrechts** kann grundsätzlich **formfrei** erfolgen, soweit nicht vertraglich etwas anderes vereinbart ist.[636] Die **Schriftform** ist aber gem. § 550 BGB zu wahren, wenn der Hauptvertrag schriftformbedürftig war und die Verlängerungsoption zu einer längeren Mietzeit als ein Jahr führt.[637] Wenn der Mieter die vertraglich vereinbarte (erhöhte) Miete weiterzahlt, ist dies nicht als Ausübung des Optionsrechts anzusehen.[638] Demgegenüber ist das Formerfordernis gewahrt, wenn die Ausübung des Optionsrechts durch einfachen Brief erfolgt, obwohl mietvertraglich eine Übermittlung „per Einschreiben" vereinbart ist.[639]

373 Das Optionsrecht ist immer – vorbehaltlich konkreter mietvertraglicher Vereinbarungen – **vor Ablauf der Vertragslaufzeit auszuüben,**[640] unter Umständen kann dies auch am letzten Tag der ursprünglichen Vertragslaufzeit geschehen.[641] Die Parteien können für die Ausübung des Optionsrechts eine Frist vereinbaren;[642] zudem kann sich das Erfordernis der Einhaltung einer Frist aus der Auslegung des übrigen Vertrages ergeben.[643] Ein Optionsrecht **erlischt**, wenn es ausgeübt worden ist.[644] Bei einer mehrfachen Verlängerungsoption kann das zeitlich nachfolgende Optionsrecht nur dann wirksam werden, wenn das zeitlich frühere Optionsrecht wirksam ausgeübt wurde.[645]

---

633 OLG Hamburg, Urt. v. 28.3.1990 – 4 U 13/90 – NJW-RR 1990, 1488.

634 OLG Hamburg, Urt. v. 11.9.1991 – 4 U 89/91 – NJW-RR 1992, 74.

635 BGH, Urt. v. 24.6.1987 – VIII ZR 225/86 – NJW-RR 1987, 1227; OLG Hamburg, Urt. v. 23.6.1997 – 4 U 82/96 – WuM 1998, 160; OLG Düsseldorf, Urt. v. 22.1.2013 – I-24 U 97/12, 24 U 97/12 – ZMR 2013, 431; KG Berlin, Urt. v. 2.5.2013 – 8 U 130/12 – MDR 2013, 963.

636 OLG Düsseldorf, Beschl. v. 8.11.2011 – I-10 U 130/11, 10 U 130/11 – DWW 2014, 78.

637 OLG Frankfurt, Urt. v. 20.5.1998 – 23 U 121/97 – NZM 1998, 1006; BGH, Urt. v. 24.6.1987 – VIII ZR 225/86 – NJW-RR 1987, 1227; OLG Köln, Urt. v. 29.11.2005 – 22 U 105/05 – NZM 2006, 464.

638 OLG Frankfurt, Urt. v. 20.5.1998 – 23 U 121/97 – NZM 1998, 1006.

639 OLG Hamm, Urt. v. 4.11.1994 – 30 U 185/94 – ZMR 1995, 248.

640 BGH, Urt. v. 14.7.1982 – VIII ZR 196/81 – NJW 1982, 2770; OLG Frankfurt, Urt. v. 20.5.1998 – 23 U 121/97 – NZM 1998, 1006.

641 AG Hamburg, Urt. v. 6.6.1985 – 508 C 910/84 – ZMR 1986, 17; OLG Düsseldorf, Urt. v. 12.2.1981 – 10 U 141/80 – MDR 1981, 847.

642 OLG Düsseldorf, Urt. v. 7.11.1991 – 10 U 33/91 – MDR 1992, 671.

643 BGH, Urt. v. 20.3.1985 – VIII ZR 64/84 – NJW 1985, 2581; OLG Düsseldorf, Urt. v. 11.7.1991 – 10 U 166/90 – ZMR 1991, 378.

644 BGH, Urt. v. 8.2.1995 – XII ZR 42/93 – NJW-RR 1995, 714.

645 OLG Hamburg, Urt. v. 23.6.1997 – 4 U 82/96 – NJW-RR 1998, 807; OLG Düsseldorf, Urt. v. 6.9.2007 – I-10 U 25/07, 10 U 25/07 – ZMR 2008, 785.

Das Mietverhältnis wird grundsätzlich **zu den bisher geltenden Bedingungen fortgesetzt**, soweit die Parteien nichts anderes vereinbart haben.[646] Die Parteien können im Mietvertrag auch regeln, dass bei Ausübung des Optionsrechts über die Miethöhe erneut zu verhandeln ist. Kommt dabei keine Einigung zustande, ist die Höhe der Miete im Zweifel nach den §§ 315, 316 BGB zu bestimmen.[647] Fehlt eine Vereinbarung zur künftigen Höhe der Miete, ist nach interessengerechter Auslegung die ortsübliche oder angemessene Miete zu zahlen.[648] 374

Praxistipp !
In der Praxis fehlen in Mietverträgen regelmäßig Regelungen zur neuen Miethöhe im Falle der Verlängerung. Hintergrund dafür ist, dass die zukünftige Miethöhe von den Mietvertragsparteien bei Abschluss des Mietvertrages nicht vorhersehbar ist. Zur Vermeidung von Rechtsunsicherheiten und damit verbundenen Rechtsstreitigkeiten sollte zumindest auf die zum Zeitpunkt der Verlängerung zu zahlende als mindestens zu zahlende Miete abgestellt werden.

§ 544 BGB ist zu beachten. Danach kann jede Partei ein über 30 Jahre dauerndes Mietverhältnis außerordentlich mit der gesetzlichen Frist kündigen. Dies gilt auch, wenn die Ausübung des Optionsrechts zu der über 30 Jahre hinausgehenden Mietzeit geführt hat und die Optionsklausel weiterhin Bestand hat.[649] 375

Formulierungsmuster
Optionsklausel in befristetem Mietvertrag ohne Verlängerungsklausel:
„1. Das Mietverhältnis endet am ...
2. Der Mieter (Vermieter) ist berechtigt, dem Vermieter (Mieter) mit einer ihm schriftlich bis zum ... (alternativ: mindestens ... Monate vor Ablauf der Mietzeit) zugehenden Erklärung anzuzeigen, dass sich das bestehende Mietverhältnis zu den gleichen Bedingungen um ... Jahre (oder bis zum ...) verlängert."[650]

c) Kombination von Verlängerungsklausel und Optionsklausel

Verlängerungs- und Optionsklauseln können auch kombiniert werden.[651] Das Mietverhältnis verlängert sich automatisch, wenn weder Kündigung noch Widerspruch 376

646 Bub/Treier/*Drettmann*, II Rn 453.
647 KG Berlin, Urt. v. 18.9.2008 – 8 U 2/07 – ZMR 2009, 605.
648 BGH, Urt. v. 2.10.1991 – XI ZR 88/90 – ZMR 1992, 237; OLG Saarbrücken, Urt. v. 31.10.1996 – 8 U 904/95 – 190, 8 U 904/95 – NJWE-MietR 1997, 104; OLG Düsseldorf, Urt. v. 28.10.1999 – 10 U 177/98 – NZM 2000, 463.
649 OLG Düsseldorf, Urt. v. 6.7.2001 – 24 U 214/00 – ZMR 2002, 189.
650 Bub/Treier/*Drettmann*, II Rn 451.
651 OLG Düsseldorf, Urt. v. 11.7.2013 – I-24 U 136/12, 24 U 136/12 – MietRB 2014, 6; BGH, Urt. v. 14.12.2005 – XII ZR 241/03 – NZM 2006, 137.

gegen die Verlängerung erfolgen. Anderenfalls kann die berechtigte Partei durch Ausübung des Optionsrechts die Verlängerung des Mietverhältnisses erreichen.[652]

377 Die Parteien können eine **Frist** für die Ausübung des Optionsrechts vereinbaren. Dies empfiehlt sich insbesondere für den Optionsverpflichteten (in der Regel der Vermieter), um nach Alternativen für die Mietsache nach Ende der Mietzeit zu suchen.[653] Wenn die Parteien für die Ausübung des Optionsrechts weder Form noch Frist vereinbart haben, gelten die Frist- und Formerfordernisse, die die Parteien ansonsten mietvertraglich vereinbart haben.[654] Allerdings kann der Mieter auch noch nach Ablauf der Kündigungsfrist sein Optionsrecht ausüben, wenn der Vermieter unmittelbar vor Ablauf der Kündigungsfrist kündigt, solange die Ausübung des Optionsrechts unverzüglich erfolgt.[655]

Formulierungsmuster

Befristeter Mietvertrag mit **Verlängerungs- und Optionsklausel:**

„1. Das Mietverhältnis endet am ...

2. Es verlängert sich um jeweils ein Jahr, wenn es nicht ... Monate vor seinem Ablauf von einer Partei gekündigt wird.

3. Der Mieter (Vermieter) ist berechtigt, dem Vermieter (Mieter) mit einer ihm schriftlich mindestens ... Monate vor Ablauf der zunächst fest vereinbarten oder sich aufgrund der Verlängerungsklausel verlängernden Mietzeit zugehenden Erklärung anzuzeigen, dass sich das bestehende Mietverhältnis zu den gleichen Bedingungen um weitere ... Jahre verlängert (ggf. das Optionsrecht erlischt spätestens am ...).“[656]

E. Schriftform

378 **Grundsätzlich** können Mietverträge, wie die meisten Vertragstypen des BGB, ohne Einhaltung einer besonderen Form, d.h. **formfrei** abgeschlossen werden.[657] Die Vorschrift des § 550 BGB stellt keine Ausnahme von diesem allgemeingültigen Grundsatz der Formfreiheit dar. Vielmehr sieht § 550 S. 1 BGB für einen Mietvertrag, der für eine längere Zeit als ein Jahr geschlossen werden soll, vor, dass dieser der Schriftform bedarf. Bei Nichteinhaltung dieser gesetzlich vorgeschriebenen Form ist der Mietvertrag jedoch nicht unwirksam, sondern gilt als auf unbestimmte Zeit geschlossen. Das Schriftformerfordernis gilt auch für Mietverträge auf unbestimmte

652 MüKo-BGB/*Häublein*, § 535 Rn 28.
653 Lindner-Figura/Oprée/Stellmann/*Zöll*, Kap. 9 Rn 31.
654 OLG Düsseldorf, Urt. v. 7.11.1991 – 10 U 33/91 – MDR 1992, 671.
655 BGH, Urt. v. 20.3.1985 – VIII ZR 64/84 – NJW 1985, 2581.
656 Bub/Treier/*Drettmann*, II Rn 452.
657 *Timme/Hülk*, NJW 2007, 3133.

Zeit, bei denen das Kündigungsrecht für länger als ein Jahr ausgeschlossen wird.[658] Über den Verweis des § 578 BGB ist § 550 BGB auch auf Gewerberaummietverträge anwendbar.

Praxistipp

!

Die Einhaltung des gesetzlichen Schriftformerfordernisses des § 550 BGB hat sich zu einem **zentralen rechtlichen und wirtschaftlichen Fixpunkt** in der heutigen Immobilienwirtschaft entwickelt. Sowohl für Immobilieninvestoren als auch für die finanzierenden Beteiligten ist die Regelung für die Sicherung des Cash-Flows von zentraler Bedeutung. Investoren und Banken bewerten die Werthaltigkeit eines Mietvertrages immer auf Grundlage der Laufzeit des Mietvertrages. Bestehen auch nur geringe Zweifel an der Einhaltung der gesetzlichen Schriftform, besteht die Gefahr von Bewertungsabschlägen und damit die Gefahr erheblicher finanzieller Einbußen. Deshalb sollten insbesondere die Vermieter zwingend und immer darauf achten, dass die von der Rechtsprechung entwickelten Voraussetzungen zur Einhaltung der gesetzlichen Schriftform möglichst penibel eingehalten werden.

Die Anforderungen an die **gesetzliche Schriftform** des § 550 BGB und die Be- 379
stimmbarkeit der Parteien sind zu trennen von den Erfordernissen an die Identifizierbarkeit bzw. Bestimmbarkeit der Parteien für ein **wirksames Zustandekommen des Mietvertrages.**[659] Damit ein Mietvertrag wirksam zustande kommt, ist es im Hinblick auf die Vertragsparteien gemäß BGH-Rechtsprechung ausreichend, wenn diese durch Ermittlungen ausfindig gemacht werden können.[660] Die gesetzliche Schriftform ist jedoch nur dann erfüllt, wenn sich aus der Mietvertragsurkunde alle für den Vertragsschluss erforderlichen Vertragsbedingungen, also die **essentialia negotii**, des Mietvertrages ergeben. Zu den strengen Erfordernissen der Schriftform gibt es mittlerweile eine nahezu unüberschaubare Fülle an Entscheidungen von BGH und Oberlandesgerichten.[661] Nicht zuletzt darin zeigt sich die **praktische Relevanz** des Schriftformgebots. Dessen Nichteinhaltung hat zur Folge, dass nach § 550 S. 1 BGB ein von den Parteien als befristet vereinbartes Mietverhältnis als auf unbestimmte Zeit geschlossen gilt. Dementsprechend wird eine vorzeitige Kündigung gem. § 550 S. 2 BGB des (vermeintlich langfristig geschlossenen) Mietvertrages möglich. Dies führt im Bereich der gewerblichen Vermietung zu erheblichen praktischen und vor allem wirtschaftlichen Konsequenzen.

658 BGH, Beschl. v. 9.7.2008 – XII ZR 117/06 – NZM 2008, 687.
659 *Schulz*, PiG Bd. 70 (2005), 1, 2.
660 BGH, Urt. v. 11.9.2002 – XII ZR 187/00 – NZM 2002, 950.
661 *Lindner-Figura*, NJW 2009, 1861.

I. Grundsätze

1. Regelungszweck

380 Die Regelung des § 550 BGB zur Schriftform ist im Zusammenhang mit der Vorschrift des § 566 BGB zu sehen.[662] Durch das Schriftformgebot in § 550 S. 1 BGB soll sichergestellt werden, dass ein **Grundstückserwerber** die Bedingungen eines auf mehr als ein Jahr geschlossenen Mietverhältnisses erkennen kann, in welches er kraft Gesetzes als Vermieter eintritt.[663] Der Erwerber einer Immobilie hat ein berechtigtes Interesse daran, seine Investition in eine (oder mehrere) Immobilie(n) – möglicherweise im Rahmen einer Due Diligence-Prüfung – umfangreich einschätzen zu können. Während die Eigentumsverhältnisse im Grundbuch, Erbbaurechte im Erbbaugrundbuch und Baulasten im Baulastenverzeichnis verzeichnet sind, können die mit dem Objekt im Zusammenhang stehenden Miet- und Untermietverhältnisse in keinem vergleichbaren Register eingesehen werden.

381 Gleichzeitig hat der BGH in seinen Entscheidungen klargestellt, dass es trotz des Schriftformerfordernisses vielfältige Konstellationen gibt, in denen auch § 550 BGB den Zweck nicht gewährleisten kann, einem späteren Grundstückserwerber letzte Klarheit über die Geltung eines langfristigen Mietvertrages zu verschaffen.[664] Es sei nicht Sinn und Zweck der Vorschrift, dem Grundstückserwerber Gewissheit zu verschafften, ob der Mietvertrag wirksam zustande gekommen ist und im Zeitpunkt des Eigentumsübergangs noch besteht. Der BGH führt dazu beispielhaft aus, dass ein Mietvertrag von beiden Parteien mündlich aufgehoben werden oder die Mietvertragsurkunde eine Verlängerungsoption für eine Vertragspartei vorsehen kann. Für den Erwerber sei nicht ersichtlich, ob die Option vor dem Eigentumserwerb ausgeübt wurde oder nicht. Insoweit könne Ungewissheit bestehen, ob das Mietverhältnis bald enden oder ggf. noch jahrelang fortbestehen würde. Jedoch sei der Erwerber durch die in der Urkunde aufgrund des Schriftformgebots ersichtliche Optionsvereinbarung hinreichend gewarnt, sodass es ihm zuzumuten sei, sich dementsprechend beim Vermieter oder Mieter zu erkundigen.

662 *Timme/Hülk*, NJW 2007, 3313.

663 BGH, Urt. v. 7.5.2008 – XII ZR 69/06 – NJW 2008, 2178.

664 BGH, Urt. v. 12.3.2003 – XII ZR 18/00 – NJW 2003, 2158; BGH, Urt. v. 7.5.2008 – XII ZR 69/06 – NJW 2008, 2178.

2. Anwendungsbereich

a) Vertragsart

Zu den **Mietverträgen** i.S.d. § 550 BGB zählen auch **Untermietverträge.**[665] Das Schriftformerfordernis erstreckt sich allerdings weder auf Mietvorverträge noch auf Aufhebungsverträge.[666] 382

Der Grundstückserwerber tritt nicht in die Pflichten aus einem **Vorvertrag** ein, da § 566 BGB einen bereits abgeschlossenen Mietvertrag voraussetzt. Ein Hauptvertrag über eine längere Vertragsdauer als ein Jahr muss auch dann schriftlich abgeschlossen werden, wenn der Mietvorvertrag sowohl schriftlich abgeschlossen war, als auch alle wesentlichen Vertragspunkte enthielt und nunmehr als Hauptvertrag gelten soll.[667] 383

Die Begründung für die Formfreiheit von **Aufhebungsverträgen** ist entsprechend: Ein Grundstückserwerber wird nur durch bestehende, nicht aber durch aufgehobene Mietverträge berührt. Anders verhält es sich, wenn lediglich einzelne Verpflichtungen des Vermieters oder des Mieters aufgehoben werden sollen, dann bedürfen solche Änderungsverträge der Schriftform, es sei denn, dass lediglich unwesentliche Verpflichtungen aufgehoben werden.[668] 384

b) Vertragsdauer

Der Mietvertrag muss für eine **längere Zeit als ein Jahr** geschlossen sein. Für die Berechnung der Jahresfrist ist der vertraglich vereinbarte Nutzungsbeginn maßgebend.[669] Weder der Zeitpunkt der tatsächlichen Nutzung, noch der des Vertragsschlusses sind entscheidend.[670] Auch bei einem nicht vollzogenen Vertragsverhältnis kommt es auf den vertraglich vereinbarten Zeitpunkt des Nutzungsbeginns an.[671] Wurde ein Zeitpunkt für den Nutzungsbeginn nicht vereinbart, ist auf den Vertragsschluss abzustellen.[672] 385

§ 550 BGB gilt ebenfalls 386

- bei Mietverträgen, die eine Verlängerungsklausel[673] oder eine Verlängerungsoption[674] für eine Zeit über ein Jahr hinaus enthalten;

---

665 BGH, Urt. v. 15.6.1981 – VIII ZR 166/80 – NJW 1981, 2246.

666 MüKo-BGB/*Bieber*, § 550 Rn 5.

667 So entschieden für einen Pachtvertrag: BGH, Urt. v. 26.6.1970 – V ZR 97/69 – NJW 1970, 1596; für Mietvertrag: BGH, Urt. v. 7.3.2007 – XII ZR 40/05 – NJW 2007, 1817.

668 *Blank/Börstinghaus*, § 550 Rn 47; Schmidt-Futterer/*Lammel*, § 550 Rn 39.

669 Emmerich/Sonnenschein/*Emmerich*, § 550 Rn 5.

670 Lindner-Figura/Oprée/Stellmann/*Lindner-Figura*, Kap. 6 Rn 14.

671 *Blank/Börstinghaus*, § 550 Rn 14.

672 Emmerich/Sonnenschein/*Emmerich*, § 550 Rn 5.

673 *Blank/Börstinghaus*, § 550 Rn 17 ff.

674 BGH, Urt. v. 24.6.1987 – VIII ZR 225/86 – NJW-RR 1987, 1227.

- bei Mietverträgen auf unbestimmte Zeit, bei denen das Kündigungsrecht des Vermieters entweder für eine längere Zeit als ein Jahr ausgeschlossen ist[675] oder die Kündigungsfrist länger als ein Jahr ist;[676]
- wenn die Dauer eines Mietvertrages von einem zukünftigen ungewissen Ereignis abhängig gemacht wird, wobei die Parteien davon ausgehen, dass der Mietvertrag länger als ein Jahr läuft;[677]
- bei Zahlung eines Baukostenzuschusses seitens des Mieters, wenn dieser auf die Miete angerechnet wird und einen Zeitraum von mehr als einem Jahr übersteigt; regelmäßig wird in diesem Fall die ordentliche Kündigung ausgeschlossen sein.[678]

3. Kern des Mietvertrages

387 Der Schriftform unterliegen die wesentlichen Vereinbarungen, die den Kern des Mietvertrages bilden. Dazu gehören die **Mietvertragsparteien**, der **Mietgegenstand**, die **Mietdauer** sowie die **Miete** und die **Nebenkostenabrede.**[679]

388 Nach der Rechtsprechung des BGH ist der Schriftform genüge getan, wenn **formbedürftige Vertragsklauseln** sich zwar als unklar und lückenhaft erweisen, jedoch **durch Auslegung bestimmbar** sind und die Einigung über sie beurkundet ist.[680] Dabei kann sich der Inhalt auch von Umständen außerhalb der Mietvertragsurkunde ergeben, beispielsweise die genaue Lage des Mietgegenstandes aufgrund der örtlichen Verhältnisse. Allerdings muss die Bestimmbarkeit dann im Zeitpunkt des Vertragsschlusses gegeben sein, wobei es für die Bestimmbarkeit ausreicht, wenn im Hinblick auf die vertragliche Vereinbarung keine Zweifel bleiben.[681]

4. Wahrung der Schriftform

389 Die Wahrung der Schriftform gem. § 550 BGB i.V.m. § 126 BGB hängt einerseits von **formalen Kriterien** ab, die § 126 BGB für den gesamten Bereich des Privatrechts einheitlich regelt, und andererseits von § 550 BGB und dem mit dieser Regelung verfolgten **Schutzzweck**.

---

675 BGH, Urt. v. 9.7.2008 – XII ZR 117/06 – NJW-RR 2008, 1329; OLG Düsseldorf, Beschl. v. 8.1.2009 – I-24 U 97/08, 24 U 97/08 – ZMR 2009, 845; BGH, Urt. v. 4.4.2007 – VIII ZR 223/06 – NJW 2007, 1742; LG Hamburg, Urt. v. 14.2.2013 – 307 S 59/12 – ZMR 2013, 635.

676 Lindner-Figura/Oprée/Stellmann/*Lindner-Figura*, Kap. 6 Rn 16.

677 Emmerich/Sonnenschein/*Emmerich*, § 550 Rn 6.

678 Schmidt-Futterer/*Lammel*, § 550 Rn 22.

679 BGH, Urt. v. 11.12.2013 – XII ZR 137/12 – ZMR 2014, 439; BGH, Urt. v. 2.6.2010 – XII ZR 110/08 – NZM 2010, 704; OLG Hamm, Urt. v. 26.4.2013 – I-30 U 82/12, 30 U 82/12 – ZMR 2013, 710.

680 BGH, Urt. v. 2.11.2005 – XII ZR 212/03 – NJW 2006, 139.

681 Lindner-Figura/Oprée/Stellmann/*Lindner-Figura*, Kap. 6 Rn 23.

In § 126 BGB wird der Begriff der Urkunde nicht definiert, sondern vorausgesetzt.[682] Gemäß § 126 Abs. 1 BGB ist es erforderlich, dass die Urkunde von dem Aussteller eigenhändig durch Namensunterschrift oder mittels notariell beglaubigten Handzeichens unterzeichnet wird. Nach § 126 Abs. 2 S. 1 BGB muss bei einem Vertrag die Unterzeichnung der Parteien auf derselben Urkunde erfolgen. Werden hingegen über den Vertrag mehrere gleichlautende Urkunden aufgenommen, so soll es nach § 126 Abs. 2 S. 2 BGB genügen, wenn jede Partei die für die andere Partei bestimmte Urkunde unterzeichnet. Konkret bedeutet dies: Sind beispielsweise auf Vermieterseite mehrere Personen vorhanden, die eine auf den Vertragsschluss gerichtete Willenserklärung abgeben, so sind alle diese Erklärungen in Schriftform abzugeben. Dies erfordert grundsätzlich die Unterschrift sämtlicher Personen.[683] 390

Die Schriftform ist auch dann gewahrt, wenn nur eine die mietvertragliche Regelungen abschließende **Anlage** unterzeichnet ist, der Mietvertrag eindeutig auf diese Anlage verweist und für beide Parteien ein einheitliches Vertragswerk vorliegt, der Mietvertrag selbst aber nicht unterzeichnet ist.[684] 391

5. Einheitlichkeit der Urkunde

Das Schriftformgebot gem. § 550 BGB i.V.m. § 126 BGB erfordert weiterhin, dass die gesamte rechtsgeschäftliche Erklärung in einer Urkunde enthalten sein muss.[685] Besteht die Urkunde aus mehreren Blättern, so muss sich deren **Einheitlichkeit grundsätzlich aus der Urkunde ergeben.**[686] Nach der neueren „Auflockerungsrechtsprechung“[687] reicht es dafür aus, wenn sich die Einheit der Urkunde aus fortlaufender Seitenzahl, fortlaufender Nummerierung der einzelnen Bestimmungen, einheitlicher grafischer Gestaltung, inhaltlichem Zusammenhang des Textes oder vergleichbaren Merkmalen zweifelsfrei ergibt.[688] Dies bedeutet, dass zur Einhaltung der Schriftform die Zusammengehörigkeit einzelner Bestandteile oder Blätter entweder durch körperliche Verbindung oder sonst in geeigneter Weise zweifelsfrei erkennbar gemacht werden muss.[689] 392

682 BGH, Urt. v. 24.9.1997 – XII ZR 234/95 – NJW 1998, 58.

683 BGH, Urt. v. 22.2.1994 – LwZR 4/93 – NJW 1994, 1649; OLG Rostock, Urt. v. 25.9.2000 – 3 U 75/99 – NJW-RR 2001, 514.

684 OLG Koblenz, Urt. v. 22.8.2013 – 1 U 1314/12 – NZM 2013, 767.

685 Erman/*Arnold*, § 126 BGB Rn 5.

686 MüKo-BGB/*Einsele*, § 126 Rn 8; Lindner-Figura/Oprée/Stellman/*Lindner-Figura*, Kap. 6 Rn 40.

687 Anders noch: BGH, Urt. v. 13.11.1963 – V ZR 8/62 – WM 1964, 65.

688 BGH, Urt. v. 18.12.2002 – XII ZR 253/01 – NZM 2003, 281; BGH, Urt. v. 21.4.2004 – VIII ZR 99/03 – NZM 2004, 253.

689 Lindner-Figura/Oprée/Stellman/*Lindner-Figura*, Kap. 6 Rn 40; OLG Hamm, Urt. v. 26.4.2013 – I-30 U 82/12, 30 U 82/12 – NZM 2013, 760.

393 Als zulässig hat es der BGH weiterhin erachtet, dass sich der formbedürftige Inhalt erst aus mehreren Urkunden, beispielsweise dem **Vertrag mit Anlagen, Nachtrags- und Ergänzungsvereinbarungen** ergibt. Hierzu ist es nicht erforderlich, dass die Urkunden miteinander verbunden sind. Nach der Rechtsprechung des BGH zu § 550 BGB soll es ausreichen, wenn und soweit die Einheit der Vertragsurkunde aus anderen Gründen als einer festen Verbindung der Blätter außer Zweifel steht. Dazu genüge, wenn der Vertrag auf die Anlage Bezug nimmt und diese so genau kennzeichnet, dass eine **eindeutige Identifizierung** möglich ist.[690]

394 So hat der BGH im Fall einer **Änderungsvereinbarung** zu einer Vertragsurkunde entschieden, dass bei der von beiden Vertragspartnern unterzeichneten, wirksam abgeschlossenen schriftlichen Änderungsvereinbarung die Schriftform gewahrt sei. In diesem Falle nahm die Änderungsvereinbarung ausdrücklich Bezug auf den schriftlichen Mietvertrag und bestätigte diesen mit der Maßgabe der in der Vereinbarung aufgeführten Änderungen. Aus der Gesamtheit der durch Bezugnahme zu einer gedanklichen Einheit verbundenen Vertragsurkunden ergab sich der Inhalt des Vertrages. Nach den Ausführungen des Senats war es für die Einhaltung der Schriftform nicht erforderlich, dass schon die erste Vertragsurkunde selbst alle Schriftformvoraussetzungen erfüllte. Vielmehr sollte es genügen, wenn diese Voraussetzungen in der Änderungsvereinbarung gemeinsam mit der in Bezug genommenen ersten Vertragsurkunde erfüllt wurden.

! **Praxistipp**
Diese Aussage hat für die Praxis eine hohe praktische Relevanz. Dadurch wird es möglich, identifizierte Schriftformprobleme durch den Abschluss schriftformkonformer Nachträge zu heilen. Dies kann, je nach Inhalt der formheilenden Nachtragsurkunde, oftmals für den Mieter „schleichend" oder „versteckt" geschehen, ohne dass identifizierte Schriftformproblem zu konkretisieren. Anderenfalls bestünde die Gefahr, den Mieter über ein Schriftformproblem in Kenntnis zu setzen und damit die Verhandlungsposition des Vermieters zu verschlechtern. Entscheidend dafür ist insbesondere die jeweilige Verhandlungsposition und die Interessenlage im jeweiligen Einzelfall.

---

395 Anlagen, die für den Inhalt des Vertrags lediglich von **nebensächlicher Bedeutung** sind oder den Inhalt der eigentlichen Vertragsurkunde lediglich erläutern oder veranschaulichen und nicht ergänzen oder verändern, unterliegen nicht dem Schriftformerfordernis.[691]

! **Praxistipp**
Es kann nicht genug betont werden: Mit der **Wahrung der Schriftform** ist die **vorzeitige, ordentliche Kündigung** eines befristeten gewerblichen Mietvertrages für die Dauer von mehr als einem Jahr

---

690 BGH, Urt. v. 29.4.2009 – XII ZR 142/07 – NJW 2009, 2195.
691 BGH, Urt. v. 30.6.1999 – XII ZR 55/97 – NJW 1999, 2591; BGH, Urt. v. 29.9.1999 – XII ZR 313/98 – NJW 2000, 354.

verbunden. In Zweifelsfällen sollten alle im Vertrag erwähnten Parteien unterschreiben. Jedenfalls müssen alle Vertretungsverhältnisse und Vollmachten so genau wie möglich ausgeführt und mit der Vertragsurkunde verbunden werden. Je mehr Sorgfalt auf diesen Punkt gelegt wird, desto eher werden Schriftformprobleme und damit wirtschaftliche Nachteile vermieden.

II. Schriftform in Bezug auf Parteienbezeichnung

1. Vertragsparteien

a) Allgemeines

Nach der Rechtsprechung des BGH genügt ein Mietvertrag nur dann der Schriftform, 396
wenn sich sämtliche wesentlichen Vertragsbedingungen, insbesondere der Mietgegenstand, der Mietzins sowie die Dauer und die Parteien des Mietverhältnisses aus der Urkunde ergeben. Dabei sind die Vertragsparteien genau zu bezeichnen, da der Beweisfunktion, der das Schriftformerfordernis u.a. dient,[692] nur dann genüge getan ist, wenn die **genaue Bezeichnung des Vermieters** aus der **Vertragsurkunde** ersichtlich wird.[693] Bei der Bezeichnung der Vertragsparteien ist darauf zu achten, dass diese mit dem **Unterschriftenfeld** und einer entsprechenden **Unterzeichnung** übereinstimmen, denn für die Auslegung der Frage, wer Vertragspartei ist, wird nach der Rechtsprechung neben dem Rubrum auch die Unterschriftenzeile hinzugezogen.[694]

Nur wenn **alle Vertragsparteien** die Vertragsurkunde unterzeichnen, gilt die 397
erforderliche Schriftform als gewahrt.[695]

Die Schriftform gilt als nicht gewahrt, wenn die Vertragspartner **nicht kor-** 398
rekt bezeichnet werden oder die im Rubrum des Mietvertrages als Vertragspartei bezeichneten Personen von denen **abweichen**, die den Mietvertrag unterzeichnen.[696]

Die nachträgliche Vereinbarung einer vorzeitigen Beendigung des Mietvertrages 399
bei Stellung eines Nachmieters zählt nicht zu den wesentlichen Vertragsbestandteilen, die dem Formzwang des § 550 BGB unterliegen.[697]

---

692 BGH, Urt. v. 24.6.1998 – XII ZR 195/96 – NZM 1998, 628.

693 BGH, Urt. v. 11.9.2002 – XII ZR 187/00 – NZM 2002, 950.

694 Schmidt-Futterer/*Börstinghaus*, vor § 558 Rn 21.

695 BGH, Urt. v. 16.7.2003 – XII ZR 65/02 – NJW 2003, 3053; BGH, Urt. v. 14.7.2004 – XII ZR 68/02 – NJW 2004, 2962.

696 BGH, Urt. v. 22.2.1994 – LwZR 4/93 – NJW 1994, 1649.

697 OLG Düsseldorf, Urt. v. 15.11.2001 – 10 U 98/00 – NJW-RR 2002, 1451.

b) Personenmehrheiten

400 Gerade bei Personenmehrheiten muss besonderes Augenmerk auf die Unterschrift und ordnungsgemäße und rechtswirksame Stellvertretung aller Beteiligten gelegt werden. Hier wird von der Rechtsprechung (wieder) mit dem **Informationsbedürfnis eines Grundstückserwerbers** argumentiert, dessen Interesse nach der **ratio legis** die Schriftform in § 550 BGB gilt. Für den Erwerber ist es von wesentlicher Bedeutung, wer genau als Vermieter den Mietvertrag abgeschlossen hat, da er nur in diesem Fall nach § 566 BGB in den Mietvertrag eintritt, wenn der bzw. die Vermieter und Grundstückseigentümer identisch sind.[698]

401 Tritt auf Vermieterseite eine **GbR** auf, deren Zusammensetzung bei Vertragsschluss noch nicht namentlich feststeht, allerdings im Zeitpunkt der Veräußerung des zu vermietenden Grundstücks bestimmbar ist, reicht dies für die Wahrung der Schriftform aus.[699]

402 Tritt eine **Erbengemeinschaft** als Vermieter auf, so müssen alle Erben namentlich genannt werden. Die Bezeichnung „Erbengemeinschaft XY" ist nicht ausreichend. Da die Erbengemeinschaft nicht rechtsfähig ist, kommt ein mit einer Erbengemeinschaft abgeschlossener Vertrag nicht mit der Erbengemeinschaft als solcher, sondern mit den jeweiligen Miterben zustande. Nur wenn sich aus den Vertragsunterlagen ersehen lässt, welche Miterben die Erbengemeinschaft bilden, ist die Schriftform nach § 550 BGB gewahrt. Dazu sind aber hinreichende Anhaltspunkte in der Vertragsurkunde erforderlich, die die Miterben bestimmbar machen.[700]

c) Wechsel der Vertragsparteien

403 Auch der Wechsel der Vertragsparteien unterliegt der Schriftform.[701] Dies gilt insbesondere, wenn die Laufzeit des ursprünglichen Vertrages erhalten bleiben soll.[702] Die Schriftform ist gewahrt, wenn die in den Mietvertrag eintretende Partei in der Lage ist, einem Grundstückserwerber eine der Form des § 126 BGB genügende Urkunde vorzulegen, aus der sich die Mieterstellung gegenüber dem Vermieter ergibt.[703] Die vertragliche Stellung der eintretenden Partei wird sich regelmäßig aus einer Bezugnahme auf den Mietvertrag der ursprünglichen Parteien ergeben.[704] Die Vertragsänderung, die zur Auswechselung einer Partei führt, muss ebenso wie der

---

698 OLG Rostock, Urt. v. 25.9.2000 – 3 U 75/99 – NJW-RR 2001, 514.

699 BGH, Urt. v. 2.11.2005 – XII ZR 233/03 – NJW 2006, 140.

700 BGH, Urt. v. 11.9.2002 – XII ZR 187/00 – NJW 2002, 3389; LG Hamburg, Urt. v. 20.12.2012 – 307 S 78/12 – ZMR 2013, 348.

701 BeckOK-BGB/*Herrmann*, § 550 Rn 13.

702 BGH, Urt. v. 30.1.2013 – XII ZR 38/12 – NJW 2013, 1083; BGH, Urt. v. 11.12.2013 – XII ZR 137/12 – ZMR 2014, 439.

703 BGH, Urt. v. 17.9.1997 – XII ZR 296/95 – NJW 1998, 62.

704 BGH, Urt. v. 16.2.2005 – XII ZR 162/01 – NZM 2005, 340.

Ursprungsmietvertrag alle wesentlichen Vertragsbestandteile enthalten.[705] Hat der Vermieter dem Mieter das Recht eingeräumt, Substituten (Ersatzmieter) zu benennen, die auf Zeit in die Rechtsstellung als Mieter eintreten, während der bisherige Mieter für die Dauer der Substitution die Bürgschaft für die Erfüllung der Mieterpflichten zu übernehmen hat, so bedarf der Vertrag zwischen Mieter und Substituten für längere Zeit als ein Jahr der Schriftform.[706] Der Vertragsbeitritt eines weiteren Mieters unterliegt ebenfalls der Schriftform.[707] Genügt der Beitritt des weiteren Mieters nicht der Schriftform, bleibt die mit den anderen Mietern vereinbarte Vertragsdauer davon aber unberührt.[708]

Eine formlose Zustimmung des Neumieters zur **Vertragsübernahme** ist ausrei- 404
chend, wenn der Vermieter und der Altmieter schriftlich vereinbart haben, dass der Neumieter in den Vertrag eintritt.[709] Die für die Wirksamkeit der Vertragsübernahme durch den neuen Mieter erforderliche Zustimmung des Vermieters kann auch formlos erfolgen.[710] Ebenso ist die Zustimmung eines Mieters zum Vermieterwechsel formfrei wirksam, wenn der alte und der neue Vermieter in einem der Schriftform des § 550 BGB genügenden Nachtrag zu einem langfristigen Mietvertrag den Wechsel vereinbart haben.[711]

2. Vertretung

Neben der Unterzeichnung aller Vertragsparteien für die ordnungsgemäße Erfül- 405
lung der Schriftform müssen auch Vertretungen einer Vertragspartei in der Urkunde durch **einen das Vertretungsverhältnis anzeigenden Zusatz** hinreichend deutlich zum Ausdruck gebracht werden.[712] Allerdings ist zu differenzieren: Ist die Urkunde im Falle einer Personenmehrheit nicht von allen Vermietern oder Mietern unterzeichnet, müssen die vorhandenen Unterschriften deutlich zum Ausdruck bringen, ob sie auch in Vertretung der nicht unterzeichnenden Vertragsparteien hinzugefügt wurden.[713] Solch ein Zusatz ist aber nicht erforderlich, wenn die Vertretung der Vertragspartei durch die den Vertrag unterzeichnende Person allerdings auf andere Weise hinreichend bestimmbar ist.[714] Dies ist insbesondere in solchen

---

705 BGH, Beschl. v. 24.1.2012 – VIII ZR 235/11 – NZM 2012, 502.
706 BGH, Urt. v. 29.11.1978 – VIII ZR 263/77 – NJW 1979, 369.
707 OLG Celle, Beschl. v. 27.11.2007 – 2 W 116/07 – NZM 2008, 488.
708 OLG Düsseldorf, Urt. v. 30.10.2001 – 24 U 44/01 – ZMR 2003, 96.
709 BGH, Urt. v. 20.4.2005 – XII ZR 29/02 – ZMR 2005, 610.
710 BGH, Urt. v. 30.1.2013 – XII ZR 38/12 – NZM 2013, 269.
711 BGH, Urt. v. 12.3.2003 – XII ZR 18/00 – NJW 2003, 2158.
712 OLG Rostock, Urt. v. 25.9.2000 – 3 U 75/99 – NJW-RR 2001, 514; BGH, Urt. v. 5.11.2003 – XII ZR 134/02 – NZM 2004, 97; BGH, Urt. v. 6.4.2005 – XII ZR 134/02 – NJW 2004, 1103.
713 Lindner-Figura/Oprée/Stellmann/*Linder-Figura*, Kap. 6 Rn 26.
714 BGH, Urt. v. 7.5.2008 – XII ZR 69/06 – NJW 2008, 2178.

Fällen anzunehmen, in denen nur einer Person als Vertragspartei auftritt und eine andere Person für diese Vertragspartei den Vertrag unterzeichnet. Denn dann ist auch ohne ausdrücklichen Hinweis ersichtlich, dass der Unterschreibende die Vertragspartei vertreten will.[715] So ist die Unterschrift nur eines Gesellschafters einer GbR neben einem hinzugesetzten Firmenstempel zur Wahrung der Schriftform ausreichend, da dieses Vorgehen den Handelnden als unterschriftsberechtigt ausweist.[716]

406 Eine solche Kennzeichnung der Vertretung ist hingegen nicht erforderlich, wenn der als Vertreter Unterschreibende **nicht zugleich auch Partei** werden soll. Denn nur in diesen Fällen (in denen der Vertreter gleichzeitig auch Partei ist) ist ohne entsprechenden Zusatz nicht ersichtlich, ob der unterschreibende Vermieter oder Gesellschafter nur für sich oder auch für die anderen Vermieter oder Gesellschafter unterschreibt.[717]

407 Besteht bei einer **Aktiengesellschaft** der Vorstand aus mehreren Personen, so sind gem. § 78 Abs. 2 S. 1 AktG sämtliche Vorstandsmitglieder nur gemeinschaftlich zur Vertretung der Gesellschaft befugt, wenn die Satzung nichts anderes bestimmt. Daher ist bei Abschluss eines Mietvertrages durch eine Aktiengesellschaft die Schriftform des § 550 BGB nur gewahrt, wenn alle Vorstandsmitglieder unterzeichnen oder eine Unterschrift den Hinweis enthält, dass das unterzeichnende Vorstandsmitglied auch die Vorstandsmitglieder vertreten will, die die Vertragsurkunde nicht unterzeichnet haben.[718] Allerdings können gem. § 78 Abs. 3 AktG auch einzelne Vorstandsmitglieder allein oder in Gemeinschaft mit einem Prokuristen zur Vertretung der Gesellschaft befugt sein. § 550 BGB ist nur dann nicht gewahrt, wenn nach dem Rubrum des Mietvertrages Zweifel entstehen können, ob das unterzeichnende Vorstandsmitglied auch für ein anderes Vorstandsmitglied handelte oder der Eindruck entsteht, dass zur Wirksamkeit des Vertrages noch eine weitere Unterschrift erforderlich ist.[719]

408 Die **Vorlage der Vollmachtsurkunde** ist zur Wahrung der Schriftform des Mietvertrages nicht erforderlich.[720] Ein Schriftformverstoß liegt auch dann nicht vor, wenn der unterzeichnende Vertreter ohne Vertretungsmacht handelte.[721] Dies betrifft vielmehr die Wirksamkeit des Vertrages, die durch die Genehmigung der Erklä-

715 BGH, Urt. v. 19.9.2007 – XII ZR 121/05 – NJW 2007, 3346.

716 BGH, Urt. v. 23.1.2013 – XII ZR 35/11 – NJW 2013, 1082; BGH, Urt. v. 5.11.2003 – XII ZR 134/02 – NJW 2004, 1103.

717 BGH, Urt. v. 6.4.2005 – XII ZR 132/03 – NZM 2005, 502.

718 BGH, Urt. v. 4.11.2009 – XII ZR 86/07 – NZM 2010, 82.

719 OLG Düsseldorf, Urt. v. 31.1.2012 – I-24 U 152/11, 24 U 152/11 – MDR 2012, 902.

720 OLG Köln, Urt. v. 28.6.2005 – NJW-RR 2005, 1252.

721 BGH, Urt. v. 19.9.2007 – XII ZR 121/05 – NJW 2007, 3346; BGH, Urt. v. 6.4.2005 – XII ZR 132/03 – NJW 2005, 2225.

rung des Vertreters herbeigeführt werden kann.[722] Die Genehmigung des Vertretenen kann formlos erfolgen.[723]

Praxistipp

Es empfiehlt sich, sowohl im Vertragsrubrum als auch bei der Unterschriftenzeile die Vertragsparteien eindeutig zu bezeichnen und etwaige Vertretungsverhältnisse klarzustellen und offenzulegen.[724]

Insbesondere bei **juristischen Personen** oder **Mischformen** sollten die Vertretungsverhältnisse eindeutig dargestellt werden.[725] 409

Beispiel

GmbH & Co. KG:

„A-GmbH & Co. KG, vertreten durch die B-GmbH, diese wiederum vertreten durch den alleinvertretungsberechtigten Geschäftsführer C"

oder

„A-GmbH & Co. KG, vertreten durch die B-GmbH, diese wiederum vertreten durch den Geschäftsführer C und den gesamtvertretungsberechtigten Prokuristen D"[726]

III. Schriftform in Bezug auf Beschreibung des Mietgegenstandes

Der Mietgegenstand muss als wesentlicher Vertragsinhalt in der Mietvertragsurkunde enthalten sein.[727] 410

Der strenge Maßstab des § 550 BGB verlangt auch **im Hinblick auf den Mietgegenstand**, dass die dazugehörigen wesentlichen Vereinbarungen **hinreichend bestimmbar** in eine Urkunde aufgenommen werden.[728] Es herrscht Einigkeit darüber, dass die vom BGH vorausgesetzte „Bestimmbarkeit" ein deutlich geringeres Maß an Genauigkeit verlangt als der Begriff der „Bestimmtheit".[729] Es genügt, dass ein Sach- 411

---

722 Lindner-Figura/Oprée/Stellmann/*Linder-Figura*, Kap. 6 Rn 26; MüKo-BGB/*Bieber*, § 550 Rn 10.

723 BGH, Urt. v. 7.5.2008 – XII ZR 69/06 – NJW 2008, 2178; BGH, Urt. v. 4.11.2009 – XII ZR 86/07 – NJW 2010, 1453.

724 Lindner-Figura/Oprée/Stellmann/*Linder-Figura*, Kap. 6 Rn 27.

725 Lindner-Figura/Oprée/Stellmann/*Linder-Figura*, Kap. 6 Rn 27 (dort Fn 80).

726 BeckOK-GmbHG/*Wisskirchen/Kuhn*, § 35 Rn 65.

727 BGH, Urt. v. 2.11.2005 – XII ZR 212/03 – NJW 2006, 139; BGH, Urt. v. 9.4.2008 – XII ZR 89/06 – NZM 2008, 484.

728 BGH, Urt. v. 30.6.1999 – XII ZR 55/97 – NJW 1999, 2591.

729 OLG Hamm, Urt. v. 26.4.2013 – I-30 U 82/12, 30 U 82/12 – NZM 2013, 760.

verhalt abstrakt so genau beschrieben ist, dass bei seiner Verwirklichung kein Zweifel für die vertragliche Vereinbarung verbleibt.[730]

412 Das Mietobjekt muss grundsätzlich anhand der Beschreibung im Vertrag **nach Beschaffenheit, Größe und Lage vor Ort räumlich zugeordnet** werden können; dazu gehören auch mitvermietete Stellplätze, Frei-/Nebenflächen, Garagen etc. **Im Einzelfall** soll es jedoch auch ausreichen, wenn sich die **Lage des Mietgegenstandes** aufgrund der Angaben im Mietvertrag **an Ort und Stelle feststellen** lässt.[731] Die Schriftform ist ebenfalls gewahrt, wenn der Mieter die Mietsache bereits vor Abschluss des Mietvertrages nutzte und sich der Mietgegenstand aus dem Umfang der bisherigen Nutzung bestimmen lässt.[732] Eine unklare oder fehlende Bezeichnung des Mietgegenstandes führt nicht zu einem Schriftformverstoß, wenn einer Partei im Vertrag ein Leistungsbestimmungsrecht eingeräumt wurde.[733]

413 Nach der Rechtsprechung des BGH ist jedoch die **Schriftform** des § 550 BGB im Hinblick auf den Mietgegenstand dann **nicht gewahrt**, wenn im Mietvertrag zur Lage und Individualisierung des Mietobjekts sowie der mitvermieteten Parkplätze auf eine Markierung/**auf einen Lageplan verwiesen wird, der jedoch nicht beigefügt wird.**[734]

414 Bei einer Vermietung „vom Reißbrett"[735] muss die Beschreibung des Mietobjektes besonders genau sein, weil die tatsächliche Ausgestaltung der Räume in diesem Falle bei der Auslegung des Mietvertrages nicht herangezogen werden kann.[736]

! **Praxistipp**

In **umfangreichen Vertragswerken** werden diese essentialia oder weitere Bestimmungen des Mietgegenstandes, die ebenfalls wesentlicher Inhalt des Mietvertrages sein sollen, nicht in diesen selbst aufgenommen. In der Praxis ist es üblich, dass beispielsweise Pläne und Zeichnungen in andere Schriftstücke oder Anlagen ausgelagert werden. Gerade Baupläne, Grundrisse oder Baubeschreibungen werden regelmäßig vertraglich gesondert erfasst. In diesen Fällen ergibt sich der Gesamtinhalt der mietvertraglichen Vereinbarung erst aus dem Zusammenspiel dieser verstreuten Bestimmungen. Wichtig ist, dass die Zusammengehörigkeit dieser Schriftstücke zur **Wahrung der Urkundeneinheit** in geeigneter Weise zweifelsfrei kenntlich gemacht wird. Die Vertragsurkunde sowie alle Anlagen, auf die verwiesen wird, sollten – trotz der Auflockerungsrechtsprechung – nach der notariellen Beurkundung durch eine physische Verbindung fest miteinander verbunden werden. Der prakti-

730 OLG Düsseldorf, Urt. v. 29.11.2012 – I-10 U 34/12, 10 U 34/12 – ZMR 2013, 276; BGH, Urt. v. 7.5.2008 – XII ZR 69/06 – NJW 2008, 2178.

731 Palandt/*Weidenkaff*, § 550 Rn 10; *Lindner-Figura*, NZM 2007, 705.

732 BGH, Urt. v. 7.7.1999 – XII ZR 15/97 – NJW 1999, 3257; OLG Hamm, Urt. v. 16.2.2011 – I-30 U 53/10, 30 U 53/10 – NZM 2011, 584.

733 BGH, Urt. v. 12.3.2008 – VIII ZR 71/07 – NJW 2008, 1661; OLG Frankfurt, Urt. v. 21.2.2007 – 2 U 220/06 – ZMR 2007, 532.

734 BGH, Urt. v. 15.11.2006 – XII ZR 92/04 – NZM 2007, 127.

735 Siehe Kap. 3.

736 BGH, Urt. v. 2.11.2005 – XII ZR 233/03 – NZM 2006, 104; OLG Hamm, Urt. v. 26.4.2013 – I-30 U 82/12, 30 U 82/12 – NZM 2013, 760.

schen Erfahrung nach ist besonders dieser Bereich fehleranfällig, da im Eifer des Gefechts Anlagen vergessen und dem Vertragswerk nicht beigefügt werden.

IV. Schriftform in Bezug auf die Mietdauer

Die Mietdauer muss **feststellbar** sein. Die Schriftform des § 550 BGB ist nicht gewahrt, wenn die Regelungen zur Mietdauer mehrdeutig, widersprüchlich oder unklar sind.[737] So ist von einem unbefristeten Mietverhältnis auszugehen, wenn ein schriftlicher Mietvertrag hinsichtlich der Frage, ob er unbefristet oder befristet geschlossen wurde, bei objektiver Auslegung widersprüchlich ist.[738] Hingegen ist die Regelung in einem Mietvertrag, dass das Mietverhältnis mit der **Übergabe der Mietsache** beginnt, hinreichend bestimmbar und genügt daher dem Schriftformerfordernis des § 550 BGB (Vermietung vom Reißbrett).[739, 740] Gleiches gilt, wenn der Beginn des Mietverhältnisses an die im Wesentlichen mangelfreie Übergabe des Mietobjektes anknüpft.[741] Haben die Parteien als Beginn der Mietzahlungspflicht die „Fertigstellung" der vom Vermieter übernommenen Sanierungsarbeiten vereinbart, besteht für den Mieter keine Übernahmeverpflichtung des Mietobjekts, wenn noch zahlreiche Mängel vorhanden sind.[742] Eine Vertragsklausel, die dem Mieter ein Optionsrecht unter der Bedingung einräumt, dass der Mieter zwischenzeitlich erhebliche Investitionen in das Mietobjekt getätigt hat, genügt ebenfalls der Schriftform.[743] 415

V. Schriftform in Bezug auf Nachträge zum Mietvertrag

1. Allgemeines

Nachträge sind Änderungen oder Ergänzungen eines Mietvertrages. Sie können die **nachträgliche Aufhebung** oder **Beschränkung, Begründung** oder **Erweiterung** von Rechten und Pflichten des Mietvertrages oder des sonstigen Vertragsinhaltes betreffen.[744] Die Schriftform des § 550 BGB ist bei Nachträgen grundsätzlich genauso 416

737 Linder-Figura/Oprée/Stellmann/*Lindner-Figura*, Kap. 6 Rn 30.

738 OLG Köln, Urt. v. 20.5.1999 – 1 U 123/98 – ZMR 1999, 760; OLG Rostock, Urt. v. 21.8.2000 – 3 U 135/99 – ZMR 2001, 27.

739 Siehe Kap. 3.

740 OLG Dresden, Urt. v. 31.8.2004 – 5 U 946/04, 5 U 0946/04 – NZM 2004, 826; BGH, Urt. v. 24.7.2013 – XII ZR 104/12 – NJW 2013, 3361; a.A. OLG Naumburg, Urt. v. 7.9.2004 – 9 U 3/04 – NZM 2004, 825.

741 OLG Jena, Urt. v. 13.3.2008 – 1 U 130/07 – NZM 2008, 572.

742 KG Berlin, Beschl. v. 22.11.2004 – 8 U 109/04 – ZMR 2005, 946.

743 KG Berlin, Beschl. v. 27.3.2007 – 8 U 163/06 – GuT 2007, 299.

744 Lindner-Figura/Oprée/Stellmann/*Lindner-Figura*, Kap. 6 Rn 63.

einzuhalten wie beim Abschluss des ursprünglichen Vertrages. Nachträge müssen daher in der Regel von beiden Parteien entsprechend § 126 BGB unterzeichnet sein. Das Schriftformerfordernis gilt jedenfalls, wenn wesentliche Vertragspunkte betroffen sind.[745] Eine körperliche Verbindung von Nachtrag und ursprünglichem Vertrag ist entsprechend der „Auflockerungsrechtsprechung" des BGH nicht erforderlich. Es reicht vielmehr aus, dass der Nachtrag auf den ursprünglichen Vertrag Bezug nimmt und zum Ausdruck bringt, dass der ursprüngliche Vertrag unter Einbeziehung des Nachtrages bestehen bleiben soll.[746] Ebenfalls ist die gesetzliche Schriftform gewahrt, wenn ein Nachtrag für sich alle wesentlichen Bestandteile eines Mietvertrages enthält.[747] Das Schriftformerfordernis gilt nur, wenn der durch den Nachtrag geänderte Mietvertrag noch eine längere Zeit als ein Jahr laufen soll.[748]

2. Wirksamkeit von Nachträgen

417 Das durch §§ 550, 126 BGB vorgesehene Schriftformerfordernis gilt grundsätzlich bei Gewerberaummietverträgen für sämtliche Vereinbarungen, aus denen sich nach dem Willen der Mietvertragsparteien der Mietvertrag zusammensetzen soll.[749] Bei dem Mietvertrag als Dauerschuldverhältnis kommt es häufig dazu, dass die Parteien in Nachträgen veränderten Umständen Rechnung tragen oder unklare Positionen aus dem Hauptvertrag näher ausgestalten wollen.

418 Folgende **wesentliche Änderungen** des Mietvertrages unterliegen der Schriftform:[750]

- Wechsel/Änderung der Vertragsparteien;[751]
- Austausch des Mietobjekts;[752]
- Änderung der Mietfläche;[753]
- Änderung der vereinbarten Miete;[754]

---

745 Lindner-Figura/Oprée/Stellmann/*Lindner-Figura*, Kap. 6 Rn 63.

746 BGH, Urt. v. 14.4.1999 – XII ZR 60/97 – NJW 1999, 2517; siehe auch Rn 389 ff.

747 BGH, Urt. v. 19.3.1969 – VIII ZR 66/67 – NJW 1969, 1063.

748 Schmidt-Futterer/*Lammel*, § 550 Rn 42.

749 *Lindner-Figura*, NJW 2009, 1861.

750 Vgl. Lindner-Figura/Oprée/Stellmann/*Lindner-Figura*, Kap. 6 Rn 64.

751 BGH, Urt. v. 29.11.1978 – VIII ZR 263/77 – NJW 1979, 369; BGH, Urt. v. 2.7.1975 – VIII ZR 223/73 – NJW 1975, 1653; BGH, Urt. v. 2.11.1983 – VIII ZR 135/82 – WM 1984, 93; BGH, Beschl. v. 17.9.1997 – XII ZR 296/95 – NJW 1998, 62.

752 BGH, Beschl. v. 24.1.2012 – VIII ZR 235/11 – NZM 2012, 502.

753 BGH, Urt. v. 29.10.1986 – VIII ZR 253/85 – NJW 1987, 948; BGH, Beschl. v. 24.1.2012 – VIII ZR 235/11 – NJW-RR 2012, 909.

754 BGH, Urt. v. 27.3.1968 – VIII ZR 71/66 – NJW 1968, 1229; KG Berlin, Urt. v. 28.2.2005 – 12 U 74/03 – NZM 2005, 457; OLG Düsseldorf, Urt. v. 6.5.2008 – I-24 U 188/07, 24 U 188/07 – ZMR 2008, 711; BGH, Urt. v. 16.1.1963 – 3 U 1132/62 – NJW 1963, 1619.

- Umstellung der Mietzahlung;[755]
- Änderungen hinsichtlich der Betriebskosten;[756]
- Änderungen hinsichtlich der zu leistenden Mietsicherheit;[757]
- Verlängerung des Mietvertrages über ein Jahr hinaus;[758]
- Änderung des Mietbeginns;[759]
- Einräumung einer Verlängerungsoption;[760]
- nachträgliche Erlaubnis zur Untervermietung;[761]
- Änderung des Nutzungszwecks.[762]

VI. Heilung von Schriftformverstößen

Wie sich aus dem zuvor Dargestellten ergibt, sind in der Praxis durchaus regelmäßig 419
Probleme bei der Einhaltung des Schriftformerfordernisses festzustellen. Die **umfangreiche Rechtsprechung** hierzu zeigt die Bedeutung dieser Probleme auf: Wenngleich durch Formunwirksamkeit nicht der gesamte Vertrag nichtig wird, sondern in Abweichung zu § 125 BGB durch § 550 BGB bestimmt wird, dass der Mietvertrag dann als auf unbestimmte Zeit geschlossen gilt, führt dies gerade im Gewerberaummietrecht teilweise zu schwerwiegenden wirtschaftlichen Konsequenzen.[763] Bei großen Immobilienprojekten wie z.B. Einkaufscentren wird vielfach mit sog. Ankermietern über festgelegte, lange Zeiträume geplant, um die zu tätigenden Investitionen zu amortisieren. Möglich ist auch die Vornahme baulicher Änderungen oder das auf bestimmte Mieter zugeschnittene Errichten von Objekten, bei denen eine langfristige Mietbindung von essentieller wirtschaftlicher Bedeutung ist. Im Ergebnis wirkt sich die Einhaltung der Schriftform nicht nur auf den fortdauernden Bestand des Gewerbemietverhältnisses aus, sondern auch auf dessen wirtschaftliche Bewertung und damit auch auf die Werthaltigkeit der vermieteten Immobilie.[764] Denn letztlich wird bei einer bestehenden Immobilie der Ertrag der Mietverträge gekauft.[765] Dieser Umstand wirkt sich im Falle von Formproblemen somit unmittel-

---

755 BGH, Urt. v. 19.9.2007 – XII ZR 198/05 – NZM 2008, 84.
756 OLG Hamm, Urt. v. 5.12.2008 – 30 U 220/07 – ZMR 2010, 441.
757 *Späth*, ZMR 2010, 585.
758 BGH, Urt. v. 29.1.1992 – XII ZR 175/90 – NJW-RR 1992, 654; KG Berlin, Urt. v. 16.3.1995 – 8 U 7923/93 – GE 1995, 812.
759 OLG Brandenburg, Urt. v. 2.4.2008 – 3 U 80/07 – NZM 2008, 406.
760 Lindner-Figura/Oprée/Stellmann/*Lindner-Figura*, Kap. 6 Rn 64.
761 Staudinger/*Emmerich*, § 550 Rn 29 ff.
762 Staudinger/*Emmerich*, § 550 Rn 29 ff.
763 *Streyl*, NZM 2009, 261, 262.
764 *Lindner-Figura*, NZM 2007, 705.
765 *Timme/Hülk*, NJW 2007, 3313.

bar auf die Bewertung der Immobilie und damit auf die Finanzierung der Transaktion aus.

1. Rechtsfolgen von Formverstößen

420 Die Nichteinhaltung der Schriftform führt **nicht zur Nichtigkeit** des geschlossenen Mietvertrages gem. § 125 S. 1 BGB. Der Mietvertrag gilt vielmehr gem. § 550 S. 1 BGB als **auf unbestimmte Zeit geschlossen.** Diese Rechtsfolge ist zwingend, auch wenn feststeht, dass die Parteien unter keinen Umständen bei Nichtigkeit der Abrede über die Vertragsdauer einen Vertrag auf unbestimmte Zeit abgeschlossen hätten.[766] Eine Nichtigkeit des Mietvertrages lässt sich auch nicht aus § 139 BGB herleiten.[767] Das Schriftformerfordernis des § 550 BGB kann ggf. mit anderen Formvorschriften zusammentreffen (beispielsweise § 311b BGB) und bei Verstoß gegen die Schriftform allenfalls über diese Normen zur Nichtigkeit des Vertrages führen.[768] Der Formmangel eines Nachtrages zu einem Mietvertrag oder einer sonstigen Änderungsvereinbarung führt dazu, dass der zunächst formgültig abgeschlossene ursprüngliche Mietvertrag ebenfalls der Schriftform entbehrt und als auf unbestimmte Zeit geschlossen gilt.[769] Von diesem Grundsatz gibt es zwei Ausnahmen: Bei formungültigen reinen Verlängerungsvereinbarungen, die lediglich der ursprünglich vereinbarten Laufzeit einen weiteren Zeitabschnitt hinzufügen,[770] und beim formungültigen Eintritt eines weiteren Mieters in den formgerechten Vertrag[771] bleibt der ursprüngliche Vertrag von den Wirkungen des § 550 BGB ausgenommen.

421 Der wegen Formmangels auf unbestimmte Zeit geschlossene Mietvertrag kann von den Parteien **ordentlich gekündigt** werden, gem. § 550 S. 2 BGB jedoch frühestens nach Ablauf eines Jahres nach Überlassung der Mietsache. Der Zeitpunkt der Überlassung der Mietsache ist auch bei noch nicht errichteten Räumen maßgebend.[772] Bei nachträglichen Vereinbarungen zum Mietvertrag beginnt die Jahresfrist mit Abschluss des Nachtrages, es sei denn, dass der Nachtrag schon vor Überlassung der Mietsache abgeschlossen wurde.[773] Die gesetzliche Kündigungsfrist des § 580a BGB findet Anwendung.[774] Vertraglich vereinbarte Kündigungsfristen gelten jedenfalls dann nicht, wenn diese länger als die gesetzlichen Fristen sind.[775]

---

766 OLG Nürnberg, Urt. v. 16.7.1998 – 8 U 197/98 – ZMR 1999, 255.
767 BGH, Urt. v. 29.10.1986 – VIII ZR 253/85 – NJW 1987, 948.
768 Lindner-Figura/Oprée/Stellmann/*Lindner-Figura*, Kap. 6 Rn 93.
769 BGH, Urt. v. 22.2.1994 – LwZR 4/93 – NJW 1994, 1649 m.w.N.
770 BGH, Urt. v. 22.2.1994 – LwZR 4/93 – NJW 1994, 1649.
771 BGH, Urt. v. 2.7.1975 – VIII ZR 223/73 – NJW 1975, 1653.
772 BGH, Urt. v. 10.10.2001 – XII ZR 93/99 – NJW-RR 2002, 8.
773 Lindner-Figura/Oprée/Stellmann/*Lindner-Figura*, Kap. 6 Rn 100.
774 BeckOK-BGB/*Herrmann*, § 550 Rn 14.
775 BGH, Urt. v. 29.3.2000 – XII ZR 316/97 – NZM 2000, 545.

2. Treuwidrigkeit der Kündigung

Grundsätzlich ist die **Berufung auf den Formmangel nicht treuwidrig** (§ 242 BGB).[776] Auch eine wegen Formmangels auf § 550 BGB gestützte vorzeitige Kündigung ist nicht deshalb treuwidrig, weil der Mietvertrag zuvor jahrelang anstandslos durchgeführt worden ist.[777] Nur bei Vorliegen ganz besonderer Umstände kann die Berufung auf den Formmangel wegen unzulässiger Rechtsausübung verwehrt sein,[778] beispielsweise wenn die Parteien ausdrücklich oder konkludent vereinbart haben, einen bereits mündlich fest geschlossenen Mietvertrag später schriftlich niederzulegen[779] oder wenn sich die durch eine formungültige Vertragsänderung begünstigte Partei auf den Formmangel beruft.[780] Wenn der Vertragspartner die Formbedürftigkeit des Mietvertrages kannte oder infolge grober Fahrlässigkeit nicht kannte, kann er sich mangels Schutzwürdigkeit in der Regel nicht auf die Treuwidrigkeit einer Kündigung berufen.[781] Der Grundstückserwerber, der nach § 566 BGB in den Mietvertrag eintritt, kann sich regelmäßig auf die Nichteinhaltung der Form berufen, auch wenn der Vermieter seinerseits gem. § 242 BGB wegen Treuwidrigkeit daran gehindert wäre.[782] 422

3. Heilungsmöglichkeiten

Die Parteien können den **Mangel der Schriftform** jederzeit **mit Rückwirkung heilen.**[783] Allerdings hat keine Partei Anspruch auf Nachholung der Schriftform,[784] es sei denn, sie hatten vereinbart, auf Verlangen alles Erforderliche vorzunehmen, um der gesetzlichen Schriftform Genüge zu tun (so die bisherige Rechtsprechung).[785, 786] 423

776 Schmidt-Futterer/*Lammel*, § 550 Rn 66.
777 BGH, Urt. v. 5.11.2003 – XII ZR 134/02 – NJW 2004, 1103.
778 Zahlreiche Beispiele: Lindner-Figura/Oprée/Stellmann/*Lindner-Figura*, Kap. 6 Rn 103; Palandt/*Weidenkaff*, § 550 Rn 12; BGH, Urt. v. 9.4.2008 – XII ZR 89/06 – NZM 2008, 484; BGH, Urt. v. 25.7.2007 – XII ZR 143/05 – NZM 2007, 730.
779 OLG Düsseldorf, Beschl. v. 11.5.2004 – 24 U 264/03, I-24 U 264/03 – NZM 2005, 147; vgl. aktuelle Problematik Rn 421 ff.
780 BGH, Urt. v. 2.7.1975 – VIII ZR 223/73 – NJW 1975, 1653.
781 OLG Brandenburg, Urt. v. 2.4.2008 – 3 U 80/07 – NZM 2008, 406.
782 Lindner-Figura/Oprée/Stellmann/*Lindner-Figura*, Kap. 6 Rn 106; vgl. aktuelle Problematik Rn 421 ff.
783 OLG Köln, Urt. v. 24.5.2005 – 22 U 184/04 – GuT 2005, 153; BGH, Urt. v. 11.11.1987 – VIII ZR 326/86 – NJW-RR 1988, 201.
784 *Schlemminger*, NJW 1992, 2249; Staudinger/*Emmerich*, § 550 Rn 39; BeckOK-BGB/*Herrmann*, § 550 Rn 17.
785 Siehe unten Rn 421 ff.
786 BGH, Urt. v. 7.3.2007 – XII ZR 40/05 – NZM 2007, 445; OLG Düsseldorf, Beschl. v. 11.5.2004 – 24 U 264/03, I-24 U 264/03 – NZM 2005, 147.

424 Die aufgezeigte Relevanz zeigt den Bedarf nach Heilungsmöglichkeiten in der Praxis. Daher wird oftmals ein einvernehmliches Hinwirken auf das Erreichen, Erhalten und die Gewährleistung der Schriftform in Verträgen vereinbart. Mit Schriftformheilungsklauseln dieser Art soll verhindert werden, dass ein auf Zeit geschlossener gewerblicher Mietvertrag aufgrund eines Schriftformmangels jederzeit unter Einhaltung der Kündigungsfrist gekündigt werden kann.[787]

a) Schriftformheilungsklauseln

425 Die **obergerichtliche Rechtsprechung** zu Schriftformheilungsklauseln bzw. sonstigen Vereinbarungen der Parteien, die erforderliche Form i.S.d. § 550 BGB nachzuholen, war bisher verhältnismäßig einheitlich.

426 Nach der bisherigen obergerichtlichen Rechtsprechung[788] wurde es als **treuwidrig** erachtet, wenn eine Partei einen zeitgebundenen Mietvertrag wegen Mangels der Schriftform ordentlich kündigte, obwohl die Parteien vereinbart hatten, alles Erforderliche vorzunehmen, um der gesetzlichen Schriftform Genüge zu tun. Begründet wurde dies damit, dass die Treuwidrigkeit des Berufens auf den Formmangel bei Bestehen von Schriftformheilungsklauseln als typische Fallgruppe des § 242 BGB von der Rechtsprechung konkretisiert und anerkannt sei. Zudem würde der Schutzzweck des § 550 BGB, den Erwerber von vermieteten Objekten zu schützen, nicht unterlaufen, wenn die Schriftformheilungsklausel lediglich zwischen den ursprünglichen Parteien des Mietvertrages Geltung entfalte.

427 Nur **vereinzelt**[789] wurde vertreten, dass aus einer Schriftformklausel bzw. salvatorischen Klausel[790] nicht gefolgert werden könne, dass die Vertragsparteien zur Nachholung der nicht gewahrten Schriftform verpflichtet seien und eine Kündigung dementsprechend wegen Treuwidrigkeit ausgeschlossen sei.

428 Nach der **neueren Rechtsprechung des BGH**[791] hindert eine mietvertragliche Schriftformheilungsklausel einen Grundstückserwerber nicht, einen Mietvertrag, in den er nach § 566 Abs. 1 BGB eingetreten ist, unter Berufung auf einen Schriftformmangel zu kündigen, ohne zuvor von dem Mieter eine Heilung des Mangels verlangt

---

787 *Streyl*, NZM 2009, 261, 262; *Timme/Hülk*, NZM 2008, 764.

788 OLG Naumburg, Urt. v. 26.7.2012 – 9 U 38/12 – NJW 2012, 3587; OLG Düsseldorf, Beschl. v. 11.5.2004 – 24 U 264/03, I-24 U 264/03 – NZM 2005, 147; OLG Köln, Urt. v. 23.9.2005 – 1 U 43/04 – GuT 2006, 14; OLG Hamm, Urt. v. 26.4.2013 – I-30 U 82/12, 30 U 82/12 – NZM 2013, 760; KG Berlin, Urt. v. 13.11.2006 – 8 U 51/06 – NJW-RR 2007, 805.

789 OLG Rostock, Urt. v. 10.7.2008 – 3 U 108/07 – NZM 2008, 646; andeutungsweise: BGH, Beschl. v. 17.7.2002 – XII ZR 248/99 – NJW-RR 2002, 1377.

790 BGH, Urt. v. 25.7.2007 – XII ZR 143/05 – NZM 2007, 730.

791 BGH, Urt. v. 22.1.2014 – XII ZR 68/10 – NJW 2014, 1087 (mit Kommentar von: *Dittert*, jurisPR-MietR 9/2014 Anm. 4); BGH, Urt. v. 30.4.2014 – XII ZR 146/12 – NJW 2014, 2102 (mit Kommentar von: *Lammel*, jurisPR-MietR 16/2014 Anm. 3).

zu haben. Denn im Verhältnis zum Grundstückserwerber ist der Zweck des § 550 BGB zu berücksichtigen, der in erster Linie sicherstellen will, dass der Grundstückserwerber die Bedingungen eines Mietvertrages ersehen kann, in den er eintritt. Zudem ist § 550 BGB zwingendes, durch vertragliche Abreden nicht abdingbares Recht.[792] Der Grundstückserwerber handelt, so der BGH, noch nicht einmal dann treuwidrig, wenn ihm die Umstände, die vor seinem Eintreten in den Mietvertrag zu der Formunwirksamkeit geführt haben, bekannt waren.

Die neuere BGH-Rechtsprechung hat lediglich Fälle zum Gegenstand, in denen ein Dritter (Grundstückserwerber) in den Mietvertrag eintritt und wegen Formmangels ordentlich kündigt. Die bisherige obergerichtliche Rechtsprechung betraf hingegen vornehmlich Fälle zwischen den ursprünglichen Vertragsparteien. Sie dürfte daher nur insoweit überholt sein, als sie die Kündigungsmöglichkeit des in den Mietvertrag eintretenden Dritten wegen Treuwidrigkeit ausschloss.[793] Im Übrigen, d.h. im Verhältnis der ursprünglichen Vertragsparteien untereinander, dürfte die bisherige Rechtsprechung daher noch Anwendung finden, sodass Schriftformheilungsklauseln im Ursprungsverhältnis noch Wirkung entfalten dürften.[794] 429

Praxistipp

Nicht nur seit der jüngsten Rechtsprechung des BGH aus dem Jahr 2014 ist Investoren und Erwerbern eine gründliche Überprüfung der Originale der Mietverträge auf Einhaltung der gesetzlichen Schriftform anzuraten. Hier könnte sich neuerdings eine **Entmietungsmöglichkeit** ergeben, da gegenüber dem in den Mietvertrag eintretenden Investor eine Schriftformheilungsklausel, die zwischen Mieter und dem ursprünglichen Vermieter geschlossen wurde, ihm gegenüber keine Bindungswirkung entfaltet.

Formulierungsmuster

Beispiel einer **Heilungsklausel**:[795]

„Die ursprünglichen Vertragsparteien verpflichten sich, jederzeit alle Handlungen vorzunehmen und Erklärungen abzugeben, die erforderlich sind, um dem Schriftformerfordernis der §§ 578, 550, 126 BGB für langfristige Mietverträge, insbesondere im Zusammenhang mit dem Abschluss von Nachtrags-, Änderungs- und Ergänzungsverträgen Genüge zu tun. Bis zur Erfüllung dieser Verpflichtung werden sie den Mietvertrag nicht unter Berufung auf die Nichteinhaltung der Schriftform vorzeitig kündigen. Insbesondere ein in den Vertrag nach Veräußerung der Mietsache auf Vermieterseite eintretender Dritter ist an die vorstehende Vereinbarung nicht gebunden. Ihm stehen die gesetzlichen Rechte zu."

792 BT-Drucks. 14/4553, S. 47.

793 OLG Hamm, Urt. v. 26.4.2013 – I-30 U 82/12, 30 U 82/12 – NZM 2013, 760.

794 *Leo*, NZM 2006, 815.

795 *Leo*, NZM 2006, 815.

b) Nachträge

430 Gerade im Hinblick auf Vermietungen vom Reißbrett[796] können Nachträge **zur Heilung von Formfehlern** durch die Parteien herangezogen werden.

431 Ein an sich formungültiger ursprünglicher Mietvertrag kann durch einen der Schriftform genügenden Nachtrag zu einem insgesamt formwirksamen Mietvertrag werden, auch wenn die ursprüngliche Urkunde nicht alle wesentlichen Tatbestandsmerkmale eines Mietvertrages enthält.[797] Erforderlich ist, dass die Vertragsparteien eine solche Nachtragsvereinbarung treffen, die ihrerseits der Schriftform genügt und alle wesentlichen Vertragsbestandteile enthält. Durch solch eine formgültige Urkunde werden Formmängel vorher errichteter Urkunden geheilt.[798]

432 Ist ein formgerechter Mietvertrag **mangels rechtzeitiger Annahme** zunächst nicht abgeschlossen worden, so kommt durch eine insoweit formgerechte Nachtragsvereinbarung, die auf die ursprüngliche Urkunde Bezug nimmt, ein insgesamt formwirksamer Mietvertrag zustande.[799] Dabei ist darauf zu achten, dass eine ordnungsgemäße Bezugnahme auf die ursprünglichen Mietvertragsregelungen erfolgt und deren Geltung und Wirksamkeit noch einmal bestätigt wird.

Formulierungsmuster
„Sämtliche übrigen Vereinbarungen und Bestimmungen des Mietvertrages sind den Parteien bekannt und behalten volle Gültigkeit, sofern sie nicht mit diesem Nachtrag geändert oder ergänzt worden sind."

---

796 Siehe Kap. 3.

797 BGH, Urt. v. 2.5.2007 – XII ZR 178/04 – NZM 2007, 443; OLG Hamm, Urt. v. 26.4.2013 – I-30 U 82/12, 30 U 82/12 – ZMR 2013, 710.

798 OLG Rostock, Urt. v. 8.10.2009 – 3 U 137/08 – ZMR 2010, 682; Lindner-Figura/Oprée/Stellmann/*Lindner-Figura*, Kap. 6 Rn 109.

799 BGH, Urt. v. 29.4.2009 – XII ZR 142/07 – NJW 2009, 2195.

VII. Urteilsübersicht

1. Grundsätze

a) Regelungszweck 433

Thema/Stichwort	Leitsatz[800]/Kernaussage	Fundstelle
Regelungszweck des § 550 BGB (Allgemein)	Das Schriftformgebot des § 550 BGB will in erster Linie sicherstellen, dass ein späterer Grundstückserwerber, der kraft Gesetzes aufseiten des Vermieters in ein auf mehr als ein Jahr abgeschlossenes Mietverhältnis eintritt, dessen Bedingungen aus dem schriftlichen Vertrag ersehen kann. Darüber hinaus dient die Schriftform des § 550 BGB aber auch dazu, die Beweisbarkeit langfristiger Abreden zwischen den ursprünglichen Vertragsparteien sicherzustellen und diese vor der unbedachten Eingehung langfristiger Bindungen zu schützen.	BGH, Urt. v. 7.5.2008 – XII ZR 69/06 –; BGH, Urt. v. 24.9.1997 – XII ZR 234/95 –; BGH, Urt. v. 18.12.2002 – XII ZR 253/01 –
Regelungszweck des § 550 BGB (Beweiserhebung)	Der Zweck der Schriftform, der den Schutz eines möglichen Grundstückserwerbers zum Ziel hat, verbietet es, zu den mündlichen Abreden bei Vertragsschluss, die in der Vertragsurkunde keinen Ausdruck gefunden haben, Beweis zu erheben.	OLG Köln, Urt. v. 20.5.1999 – 1 U 123/98 –
Regelungszweck des § 550 BGB (nochmalige Unterzeichnung)	Der Regelungszweck des § 550 BGB erfordert es nicht, dass ein Vertrag, der vom Mieter erst nach Ablauf einer in einem Anschreiben des Vermieters gesetzten Frist unterschrieben zurückgesandt wird, vom Vermieter erneut unterschrieben wird.	OLG Jena, Urt. v. 13.3.2008 – 1 U 130/07 –

b) Anwendungsbereich 434

Thema/Stichwort	Leitsatz/Kernaussage	Fundstelle
Fortsetzung des Mietverhältnisses nach Kündigung	(Leitsatz) Wird ein auf längere Zeit als ein Jahr geschlossener Mietvertrag über ein Grundstück vorzeitig fristlos gekündigt, einigen sich die Vertragspartner aber später auf eine Fortsetzung des Mietverhältnisses, dann liegt darin der Abschluss eines neuen Mietvertrages.	BGH, Urt. v. 24.6.1998 – XII ZR 195/96 –

800 Soweit ein Leitsatz enthalten ist, ist dieser immer dem ersten der in der dritten Spalte („Fundstelle") aufgeführten Urteile entnommen. Die Übrigen, d.h. alle in der dritten Spalte aufgeführten Urteile, enthalten dieselbe Kernaussage.

Thema/Stichwort	Leitsatz/Kernaussage	Fundstelle
	Soll dieser für längere Zeit als ein Jahr gelten, unterliegt er dem Schriftformerfordernis des § 550 BGB.	
Kündigungsausschluss	§ 550 BGB findet auch auf Mietverträge mit unbestimmter Dauer Anwendung, wenn die Parteien die ordentliche Kündigung über ein Jahr ausschließen. Ist die Schriftform nicht eingehalten, gilt auch der Kündigungsausschluss nicht.	BGH, Beschl. v. 9.7.2008 – XII ZR 117/06 –; OLG Düsseldorf, Beschl. v. 8.1.2009 – I-24 U 97/08, 24 U 97/08 –
Kündigungsverzicht	(Leitsatz) Ein Verzicht des Vermieters auf das Recht, das Wohnraummietverhältnis wegen Eigenbedarfs zu kündigen, bedarf – wie der gesamte Mietvertrag – gem. § 550 S. 1 BGB der Schriftform, wenn der Verzicht für mehr als ein Jahr gelten soll.	BGH, Urt. v. 4.4.2007 – VIII ZR 223/06 –; LG Hamburg, Urt. v. 14.2.2013 – 307 S 59/12 –
Optionsrecht	(Leitsatz 1) Wird dem Mieter eines Grundstücks das Recht eingeräumt, im Wege der Option die Vertragsdauer zu verlängern, so bedarf auch die Absprache über die Optionszeit der Schriftform.	BGH, Urt. v. 24.6.1987 – VIII ZR 225/86 –; KG Berlin, Urt. v. 2.5.2013 – 8 U 130/12 –
Untermietvertrag	(Leitsatz 1) Ein Untermietvertrag oder Unterpachtvertrag, der auf längere Zeit als ein Jahr abgeschlossen wird, bedarf der Schriftform.	BGH, Urt. v. 15.6.1981 – VIII ZR 166/80 –
Vorvertrag	(Leitsatz) Ist in einem schriftlichen Pachtvertrag eine Pachtdauer von zehn Jahren festgelegt, so bedarf die Vereinbarung der Vertragschließenden, dass der Vorvertrag als endgültiger Pachtvertrag von gleicher Dauer gelten soll, der Schriftform.	BGH, Urt. v. 26.6.1970 – V ZR 97/69 –

435 c) Kern des Mietvertrages

Thema/Stichwort	Leitsatz/Kernaussage	Fundstelle
Bestimmbarkeit anhand der tatsächlichen Nutzung	Zur Bestimmbarkeit des Mietobjekts eines der Schriftform unterliegenden Verlängerungsvertrages kann auf den Umfang der tatsächlichen Nutzung im Zeitpunkt des Abschlusses zurückgegriffen werden.	BGH, Urt. v. 7.7.1999 – XII ZR 15/97 –; OLG Hamm, Urt. v. 16.2.2011 – I-30 U 53/10, 30 U 53/10 –

Thema/Stichwort	Leitsatz/Kernaussage	Fundstelle
Bestimmbarkeit (außerhalb der Urkunde liegende Umstände)	Selbst wesentliche Tatbestandsmerkmale des Rechtsgeschäfts brauchen nicht bestimmt angegeben zu werden, sofern nur die Einigung über sie beurkundet ist und ihr Inhalt bestimmbar bleibt. Insoweit darf auf außerhalb der Urkunde liegende Umstände zurückgegriffen werden.	BGH, Urt. v. 30.6.1999 – XII ZR 55/97 –; BGH, Urt. v. 2.11.2005 – XII ZR 212/03 –; BGH, Urt. v. 7.5.2008 – XII ZR 69/06 –
Bestimmbarkeit des Mietbeginns	(Leitsatz) Die Regelung in einem Mietvertrag, dass das Mietverhältnis mit der Übergabe der Mietsache beginnt, ist hinreichend bestimmbar und genügt deshalb dem Schriftformerfordernis des § 550 BGB.	BGH, Urt. v. 2.11.2005 – XII ZR 212/03 –
Wesentlicher Vertragsinhalt	Die Schriftform ist nur gewahrt, wenn sich die wesentlichen Vertragsbedingungen – insbesondere Vertragsparteien, Mietgegenstand, Mietdauer und Miete – aus der von den Parteien unterzeichneten Vertragsurkunde ergeben.	BGH, Urt. v. 11.12.2013 – XII ZR 137/12 –; BGH, Urt. v. 22.12.1999 – XII ZR 339/97 –; BGH, Urt. v. 2.11.2005 – XII ZR 212/03 –; BGH, Urt. v. 11.9.2002 – XII ZR 187/00 –; BGH, Urt. v. 7.5.2008 – XII ZR 69/06 –; BGH, Urt. v. 29.4.2009 – XII ZR 142/07 –; BGH, Urt. v. 7.7.1999 – XII ZR 15/97 –; BGH, Urt. v. 2.6.2010 – XII ZR 110/08 –; BGH, Urt. v. 30.6.1999 – XII ZR 55/97 –; OLG Hamm, Urt. v. 26.4.2013 – I-30 U 82/12, 30 U 82/12 –
Wesentlicher Vertragsinhalt (Sonstiges)	Weitere Vertragsbestimmungen müssen jedenfalls dann in die Urkunde aufgenommen werden, wenn sie nach dem Willen der Parteien ein wichtiger Vertragsbestandteil sein sollen.	BGH, Urt. v. 22.12.1999 – XII ZR 339/97 –

Thema/Stichwort	Leitsatz/Kernaussage	Fundstelle
Unwesentlicher Vertragsinhalt	Der Schriftform bedürfen solche Abreden nicht, die für den Inhalt des Vertrages, auf den die Parteien sich geeinigt haben, von nur nebensächlicher Bedeutung sind. Dies gilt erst recht für Bestimmungen, die nicht über das hinausgehen, was bereits im Vertragstext selbst seinen Niederschlag gefunden hat, oder die dessen Inhalt nicht modifizieren, sondern lediglich erläutern oder veranschaulichen sollen.	BGH, Urt. v. 30.6.1999 – XII ZR 55/97 –; BGH, Urt. v. 12.3.2008 – VIII ZR 71/07 –

436 **d) Wahrung der Schriftform**

Thema/Stichwort	Leitsatz/Kernaussage	Fundstelle
Unterschrift	Für die Einhaltung der Schriftform ist es erforderlich, dass alle Vertragsparteien die Vertragsurkunde unterzeichnen.	BGH, Urt. v. 16.7.2003 – XII ZR 65/02 –
Unterzeichnung eines bereits unterzeichneten Vertragsentwurfs	(Leitsatz) Die Schriftform eines langfristigen Mietvertrages ist gewahrt, wenn die Vertragsbestimmungen in einem unterzeichneten Schreiben der einen Partei niedergelegt sind, das die andere mit oder ohne einen das uneingeschränkte Einverständnis erklärenden Zusatz ihrerseits unterzeichnet hat. Der nochmaligen Unterzeichnung durch die eine Partei unterhalb der Gegenzeichnung der anderen bedarf es nicht.	BGH, Urt. v. 14.6.2004 – XII ZR 68/02 –
Wahrung der Schriftform durch Unterzeichnung einer Anlage	Die Schriftform ist auch dann gewahrt, wenn nur eine die mietvertragliche Regelungen abschließende Anlage unterzeichnet ist, der Mietvertrag eindeutig auf diese Anlage verweist und für beide Parteien ein einheitliches Vertragswerk vorliegt, der Mietvertrag hingegen selbst aber nicht unterzeichnet ist.	OLG Koblenz, Urt. v. 22.8.2013 – 1 U 1314/12 –

437 **e) Einheitlichkeit der Urkunde**

Thema/Stichwort	Leitsatz/Kernaussage	Fundstelle
Anlagen zum Mietvertrag (Allgemeines)	(Leitsatz) Werden essentialia des Mietvertrages in Anlagen ausgelagert, auf die im Mietvertrag Bezug genommen wird, so muss zur Wahrung der Schriftform die Anlage im Mietvertrag so genau bezeichnet werden, dass eine zweifelsfreie Zuordnung möglich ist.	BGH, Urt. v. 18.12.2002 – XII ZR 253/01 –; BGH, Urt. v. 15.11.2006 – XII ZR 92/04 –;

Thema/Stichwort	Leitsatz/Kernaussage	Fundstelle
	Es genügt, dass sich der Gesamtinhalt der mietvertraglichen Vereinbarung aus dem Zusammenspiel verschiedener Urkunden ergibt, wenn sie zur Wahrung der Urkundeneinheit ihre Zusammengehörigkeit in geeigneter Weise zweifelsfrei kenntlich machen.	BGH, Urt. v. 7.5.2008 – XII ZR 69/06 –; BGH, Urt. v. 10.10.2001 – XII ZR 93/99 –; BGH, Urt. v. 2.6.2010 – XII ZR 110/08 –; BGH, Urt. v. 21.1.2004 – VIII ZR 99/03 –; OLG Hamm, Urt. v. 26.4.2013 – I-30 U 82/12, 30 U 82/12 –; BGH, Urt. v. 29.4.2009 – XII ZR 142/07 –; BGH, Urt. v. 30.6.1999 – XII ZR 55/97 –
Anlagen zum Mietvertrag (andere Vertragsparteien)	Es kann auf Anlagen eines Vertrages Bezug genommen werden, der von anderen Parteien geschlossen worden ist.	BGH, Urt. v. 18.12.2002 – XII ZR 253/01 –
Anlagen zum Mietvertrag (Anlage nicht erstellt/fehlt)	Die gesetzliche Schriftform eines langfristigen Grundstückspachtvertrages ist auch dann gewahrt, wenn der schriftliche Vertrag auf eine Anlage (hier: Inventarverzeichnis) verweist, deren nachträgliche Erstellung beabsichtigt war, aber unterblieben ist.	BGH, Urt. v. 29.9.1999 – XII ZR 313/98 –; BGH, Urt. v. 15.11.2006 – XII ZR 92/04 –
Anlagen zum Mietvertrag (Anlage nicht mehr relevant)	Ein Verlängerungsvertrag, dem als Anlagen bezeichnete Baupläne nicht beigefügt sind, ist formgültig, wenn diese nur für die ursprüngliche Vermietung vom Reißbrett bedeutsam waren.	BGH, Urt. v. 7.7.1999 – XII ZR 15/97 –
Anlagen zum Mietvertrag (Paraphierung 1)	Zur Wahrung der Schriftform reicht die Bezugnahme im Hauptvertrag auf eine Anlage in Verbindung mit der Paraphierung der Anlage jedenfalls aus.	BGH, Urt. v. 29.9.1999 – XII ZR 313/98 –
Anlagen zum Mietvertrag (Paraphierung 2)	Die Paraphierung der Anlagenblätter durch die Vertragsparteien ist nicht erforderlich.	BGH, Urt. v. 18.12.2002 – XII ZR 253/01 –
Anlagen zum Mietvertrag (Rückverweisung)	Eine Rückverweisung der Anlage auf den Hauptvertrag ist nicht erforderlich.	BGH, Urt. v. 29.9.1999 – XII ZR 313/98 –;

Thema/Stichwort	Leitsatz/Kernaussage	Fundstelle
		BGH, Urt. v. 18.12.2002 – XII ZR 253/01 –
Beschaffenheit der Vertragsurkunde (zusammenhängende Urkunde)	(Leitsatz 1) Die Schriftform des § 126 BGB erfordert keine körperliche Verbindung der einzelnen Blätter der Urkunde, wenn sich deren Einheit aus fortlaufender Paginierung, fortlaufender Nummerierung der einzelnen Bestimmungen, einheitlicher grafischer Gestaltung, inhaltlichem Zusammenhang des Textes oder vergleichbaren Merkmalen zweifelsfrei ergibt. (Leitsatz 2) § 550 BGB stellt keine darüber hinausgehenden Anforderungen an die äußere Beschaffenheit der Vertragsurkunde.	BGH, Urt. v. 24.9.1997 – XII ZR 234/95 –; BGH, Urt. v. 21.1.1999 – VII ZR 93/97 –; BGH, Urt. v. 14.4.1999 – XII ZR 60/97 –
Konkludent abgeschlossener Mietvertrag	Zur Wahrung der Schriftform des § 550 BGB genügt es, wenn die Vertragsbedingungen eines konkludent abgeschlossenen Mietvertrages in einer der „äußeren Form" des § 126 Abs. 2 BGB genügenden Urkunde enthalten sind.	BGH, Urt. v. 24.2.2010 – XII ZR 120/06 –

2. Schriftform in Bezug auf Parteibezeichnung

438 ### a) Vertragsparteien

Thema/Stichwort	Leitsatz/Kernaussage	Fundstelle
Auswechselung eines Mieters	Die vertragliche Auswechslung eines Mieters in einem Mietvertrag, der wegen seiner Laufzeit der Schriftform des § 550 BGB bedarf, bedarf ebenfalls der Schriftform, wenn die Laufzeit erhalten bleiben soll.	BGH, Beschl. v. 30.1.2002 – XII ZR 106/99 –; BGH, Urt. v. 30.1.2013 – XII ZR 38/12 –; BGH, Urt. v. 16.2.2005 – XII ZR 162/01 –
Auswechselung des Mieters (formlose Zustimmung)	(Leitsatz) Die Schriftform eines langfristigen Mietvertrags ist gewahrt, wenn der Vermieter mit dem Altmieter schriftlich vereinbart, dass der Neumieter in den Vertrag eintritt und dieser der Vertragsübernahme formlos zustimmt.	BGH, Urt. v. 20.4.2005 – XII ZR 29/02 –
Beitritt eines weiteren Mieters	(Leitsatze 1) Der Eintritt eines weiteren Mieters in einen bereits bestehenden, schriftlich auf längere Zeit als ein Jahr abgeschlossenen Mietvertrag bedarf der Schriftform.	BGH, Urt. v. 2.7.1975 – VIII ZR 223/73 –

Thema/Stichwort	Leitsatz/Kernaussage	Fundstelle
	(Leitsatz 2) Der formlos beigetretene neue Mieter kann den Mietvertrag nach § 550 S. 2 BGB kündigen. Der ursprüngliche Mieter bleibt dagegen für die vereinbarte Vertragszeit gebunden.	
Beitritt eines neuen Mieters (Zustimmung des bisherigen Mieters)	(Leitsatz) Der Beitritt eines weiteren Mieters zu einem auf mehr als ein Jahr abgeschlossenen Mietvertrag genügt der Schriftform, wenn der Vermieter mit dem neu eintretenden Mieter unter Bezugnahme auf den Mietvertrag den Beitritt schriftlich vereinbart und der bisherige Mieter formlos zustimmt.	OLG Celle, Beschl. v. 27.11.2007 – 2 W 116/07 –
Bestimmbarkeit („Grundstückseigentümer")	(Juris-Orientierungssatz) Das gesetzliche Schriftformerfordernis des § 550 BGB wird auch dann gewahrt, wenn im Rubrum des Mietvertrages die Vermieterseite mit „Grundstückseigentümer" ohne Namenszusatz bezeichnet ist, und die (im Grundbuch eingetragenen) Vermieter beim Vertragsschluss in persona feststehen.	OLG Düsseldorf, Beschl. v. 23.1.2007 – I-10 U 134/06, 10 U 134/06 –
Erbengemeinschaft	(Leitsatz) Ein von einem Vertreter einer Erbengemeinschaft abgeschlossener Mietvertrag kann mangels Rechtsfähigkeit derselben nicht mit der Erbengemeinschaft als solcher, sondern nur mit den einzelnen Miterben zustande kommen. Die Schriftform ist nicht gewahrt, wenn sich die Miterben nicht bestimmen lassen.	BGH, Urt. v. 11.9.2002 – XII ZR 187/00 –; LG Hamburg, Urt. v. 20.12.2012 – 307 S 78/12 –
Ersatzmieter	(Leitsatz 1) Hat der Vermieter eines Grundstücks dem Mieter in dem schriftlich abgeschlossenen Vertrage das Recht eingeräumt, Substituten (Ersatzmieter) zu benennen, die auf Zeit in Rechtsstellung als Mieter eintreten, während der bisherige Mieter für die Dauer der Substitution die Bürgschaft für die Erfüllung der Mieterpflichten zu übernehmen hat, so bedarf der Vertrag zwischen Mieter und Substituten für längere Zeit als ein Jahr der Schriftform.	BGH, Urt. v. 29.11.1978 – VIII ZR 263/77 –
Formunwirksamer Vertragsbeitritt	(Leitsatz 2) Der formunwirksame Vertragsbeitritt eines weiteren Mieters lässt die mit den anderen Mietern vereinbarte Vertragsdauer unberührt.	OLG Düsseldorf, Urt. v. 30.10.2001 – 24 U 44/01 –
GbR (Zusammensetzung)	Die Schriftform des § 550 BGB ist gewahrt, wenn der Mietvertrag für eine BGB-Gesellschaft abgeschlossen wird, deren Zusammensetzung bei Vertragsschluss noch nicht namentlich feststeht, aber diejenigen Personen Vermieter sein sollen, die das Grundstück vom Eigentümer erwerben würden, um es zu bebauen.	BGH, Urt. v. 2.11.2005 – XII ZR 233/03 –

Thema/Stichwort	Leitsatz/Kernaussage	Fundstelle
Nachmieter	(Leitsatz 1) Die nachträgliche Vereinbarung einer vorzeitigen Beendigung des Mietvertrages bei Stellung eines Nachmieters zählt nicht zu den essentialia eines Mietvertrages, die dem Formzwang des § 550 BGB unterliegen.	OLG Düsseldorf, Urt. v. 15.11.2001 – 10 U 98/00 –
Nachmieter	(Juris-Orientierungssatz) Beim Eintritt eines Nachmieters in das bestehende Mietverhältnis ist das Schriftformerfordernis des § 550 BGB jedenfalls dann gewahrt, wenn sich die Mieterstellung des Nachmieters aus einer dem Formerfordernis des § 126 Abs. 1 BGB genügenden Urkunde ergibt, die ausdrücklich auf den übernommenen Mietvertrag Bezug nimmt. Eine körperlich feste Verbindung der Urkunden ist nicht erforderlich.	BGH, Beschl. v. 17.9.1997 – XII ZR 296/95 –
Vermieterwechsel	Die Zustimmung eines Mieters zum Vermieterwechsel ist formfrei wirksam, wenn der alte und der neue Vermieter in einem der Schriftform des § 550 BGB genügenden Nachtrag zu einem langfristigen Mietvertrag den Wechsel vereinbart haben.	BGH, Urt. v. 12.3.2003 – XII ZR 18/00 –
Vertragsübernahme	(Leitsatz 1) Soll in einem Mietvertrag, der wegen seiner Laufzeit der Schriftform des § 550 BGB bedarf, ein Mieterwechsel herbeigeführt werden, muss die schriftliche Vereinbarung zwischen dem früheren und dem neuen Mieter eine hinreichend deutliche Bezugnahme auf den Mietvertrag enthalten, wenn die Schriftform gewahrt bleiben soll. (Leitsatz 2) Die für die Wirksamkeit der Vertragsübernahme erforderliche Zustimmung des Vermieters kann formlos erfolgen.	BGH, Urt. v. 30.1.2013 – XII ZR 38/12 –; BGH, Urt. v. 11.12.2013 – XII ZR 137/12 –

439 b) Vertretung

Thema/Stichwort	Leitsatz/Kernaussage	Fundstelle
Aktiengesellschaft	Bei Abschluss eines Mietvertrages durch eine AG ist die Schriftform des § 550 BGB nur gewahrt, wenn alle Vorstandsmitglieder unterzeichnen oder eine Unterschrift den Hinweis enthält, dass das unterzeichnende Vorstandsmitglied auch die Vorstandsmitglieder vertreten will, die nicht unterzeichnet haben.	BGH, Urt. v. 4.11.2009 – XII ZR 86/07 –; OLG Düsseldorf, Urt. v. 31.1.2012 – I-24 U 152/11, 24 U 152/11 –
GbR	Die Unterzeichnung des Mietvertrages durch einen von zwei Gesellschaftern einer GbR, die nach dem Mietvertrag nur durch beide Gesellschafter vertreten	BGH, Urt. v. 16.7.2003 – XII ZR 65/02 –

Thema/Stichwort	Leitsatz/Kernaussage	Fundstelle
	werden kann, reicht zur Wahrung der Schriftform nicht.	
GmbH	Zur Wahrung der Schriftform eines Mietvertrages mit einer GmbH als alleiniger Mieterin oder Vermieterin ist es nicht erforderlich, dass die auf deren Seite geleistete Unterschrift mit einem die Vertretung kennzeichnenden Zusatz versehen wird.	BGH, Urt. v. 19.9.2007 – XII ZR 121/05 –
Hinweis auf Stellvertretung (1)	Unterzeichnet für eine Vertragspartei ein Vertreter den Mietvertrag, muss dies in der Urkunde durch einen das Vertretungsverhältnis anzeigenden Zusatz hinreichend deutlich zum Ausdruck kommen.	BGH, Urt. v. 16.7.2003 – XII ZR 65/02 –; BGH, Urt. v. 5.11.2003 – XII ZR 134/02 –; BGH, Urt. v. 11.9.2002 – XII ZR 187/00 –
Hinweis auf Stellvertretung (2)	Nur wenn von mehreren Vermietern oder Mietern oder von mehreren Gesellschaftern einer Gesellschaft bürgerlichen Rechts lediglich einer unterschreibt, ist zur Wahrung der Schriftform ein Vertretungszusatz erforderlich, weil anderenfalls nicht ersichtlich wäre, ob der Unterzeichnende die Unterschrift nur für sich selbst oder aber zugleich in Vertretung der anderen leistet.	BGH, Urt. v. 6.4.2005 – XII ZR 132/03 –; OLG Hamm, Urt. v. 16.2.2011 – I-30 U 53/10, 30 U 53/10 –
Hinzusetzen eines Firmenstempels	Das Hinzusetzen eines (Firmen-)Stempels zu einer Unterschrift des Gesellschafters weist denjenigen, der die Unterschrift geleistet hat, als unterschriftsberechtigt für die Gesellschaft aus. Eine so in den Verkehr gegebene Erklärung erfüllt das Schriftformerfordernis des § 550 BGB.	BGH, Urt. v. 23.1.2013 – XII ZR 35/11 –
Mitunterzeichnung für Ehegatten	(Leitsatz 1) Ob die Unterschrift des Ehemannes unter einer Verlängerungsvereinbarung zu dem von beiden Eheleuten unterschriebenen Landpachtvertrag zugleich auch für die Ehefrau erfolgt ist, ist durch Auslegung des Vertrages zu ermitteln. (Leitsatz 2) Es gibt keinen Erfahrungssatz, dass ein Ehemann eine Verlängerungsvereinbarung auch für seine Ehefrau mitunterzeichnet, wenn diese den Hauptvertrag selbst unterschrieben hat.	BGH, Urt. v. 22.2.1994 – LwZR 4/93 –
Personenmehrheit	(Leitsatz 2) Ist die Urkunde im Falle einer Personenmehrheit nicht von allen Vermietern oder Mietern unterzeichnet, müssen die vorhandenen Unterschriften deutlich zum Ausdruck bringen, ob sie auch in Vertretung der nicht unterzeichnenden	BGH, Urt. v. 7.5.2008 – XII ZR 69/06 –

Thema/Stichwort	Leitsatz/Kernaussage	Fundstelle
	Vertragsparteien hinzugefügt wurden. Wird die Vertretung der Vertragspartei durch die den Vertrag unterzeichnende Person allerdings auf andere Weise deutlich, z.B. wenn nur eine natürliche Person als Mieter oder Vermieter auftritt und eine andere Person den Vertrag unterschreibt, ist ein zusätzlicher Vertretungszusatz nicht erforderlich.	
Vermietermehrheit	Schließen zwei Vermieter, die beide im Eingangstext des schriftlichen Vertrages als Vermieter bezeichnet werden, einen Immobilienmietvertrag ab, unterschreibt aber nur einer von ihnen die Vertragsurkunde, so ist die gem. BGB § 566 erforderliche Schriftform jedenfalls dann nicht gewahrt, wenn die Vollmacht des Unterzeichners nicht aus objektiven, außerhalb der Urkunde liegenden Umständen hervorgeht.	OLG Rostock, Urt. v. 25.9.2000 – 3 U 75/99 –
Vertreter ohne Vertretungsmacht	Ob der Mietvertrag bereits mit der Unterzeichnung wirksam zustande kommt oder mangels Vollmacht des Unterzeichnenden erst noch der Genehmigung der von ihm vertretenen Partei bedarf, ist keine Frage der Schriftform, sondern des Vertragsschlusses.	BGH, Urt. v. 7.5.2008 – XII ZR 69/06 –; BGH, Urt. v. 4.11.2009 – XII ZR 86/07 –; OLG Hamm, Urt. v. 16.2.2011 – I-30 U 53/10, 30 U 53/10 –; BGH, Urt. v. 19.9.2007 – XII ZR 121/05 –
Vorlage der Vollmachtsurkunde	(Leitsatz 2) Die Vorlage der Vollmachtsurkunde ist zur Wahrung der Schriftform des Mietvertrags nicht erforderlich. Ob zur Wahrung der Schriftform die Angabe der Funktion des jeweiligen Vertreters bei Abschluss des Mietvertrags notwendig ist, kann offenbleiben, solange nur eine eindeutige Zuordnung aus den sonstigen Umständen ersichtlich wird (hier: Unterschrift des Geschäftsführers).	OLG Köln, Urt. v. 28.6.2005 – 22 U 34/05 –

440 3. Schriftform in Bezug auf Beschreibung des Mietgegenstandes

Thema/Stichwort	Leitsatz/Kernaussage	Fundstelle
Auswechselung des Mietgegenstandes	Bei einer Auswechselung des Mietgegenstandes ist die Schriftform des § 550 BGB nur gewahrt, wenn sich alle wesentlichen Vertragsbedingungen, ins-	BGH, Beschl. v. 24.1.2012 – VIII ZR 235/11 –

Thema/Stichwort	Leitsatz/Kernaussage	Fundstelle
	besondere der Mietgegenstand, der Mietzins sowie die Dauer und die Parteien des Mietverhältnisses aus der Urkunde ergeben.	
Bestimmbarkeit (Allgemein)	Hinreichend bestimmt ist der Mietgegenstand, wenn er anhand der Beschreibung im Vertrag nach Größe und Lage vor Ort zugeordnet werden kann. Er muss so hinreichend individualisierbar sein, dass er für einen Rechtsnachfolger, den § 550 BGB in erster Linie schützen will, ausreichend bestimmbar ist.	OLG Rostock, Urt. v. 8.10.2009 – 3 U 137/08 –; OLG Hamm, Urt. v. 24.5.2013 – I-30 U 66/11, 30 U 66/11 –; OLG Hamm, Urt. v. 24.5.2013 – I-30 U 4/11, 30 U 4/11 –
Bestimmbarkeit des Mietgegenstandes (Auslegung anhand vorhergehender Nutzung)	Zur Bestimmbarkeit des Mietgegenstandes kann auf die Nutzung aufgrund eines vorhergehenden, verlängerten Vertrages abgestellt werden.	OLG Hamm, Urt. v. 16.2.2011 – I-30 U 53/10, 30 U 53/10 –
Bestimmbarkeit des Mietgegenstandes (Örtlichkeit; Quadratmeter)	Der Mietgegenstand ist durch die konkrete Angabe der Örtlichkeit sowie der jeweiligen Circa-Angabe der Quadratmeter hinreichend bestimmbar bezeichnet.	BGH, Beschl. v. 17.7.2002 – XII ZR 248/99 –
Bestimmbarkeit des Mietgegenstandes (sonstige Flächen)	(Leitsatz 1) Für den Mietgegenstand sind nicht nur die vermieteten Räume bestimmbar zu bezeichnen, sondern auch mitvermietete Stellplätze, Freiflächen und sonstige Nebengelasse.	OLG Rostock, Urt. v. 8.10.2009 – 3 U 137/08 –
Bestimmbarkeit des Mietgegenstandes (Unklarheiten bezüglich Mietfläche)	Ist der Vertragsgegenstand aus dem Mietvertrag nicht hinreichend bestimmbar, da Mietvertrag und beiliegende Pläne unterschiedliche Flächenangaben haben, genügt er nicht der Schriftform und gilt auf unbestimmte Zeit geschlossen.	OLG Hamm, Urt. v. 5.12.2008 – 30 U 220/07 –
Kündigung bei fehlender Bestimmbarkeit der Mietfläche	(Juris-Orientierungssatz) Der Erwerber eines Grundstücks ist berechtigt, das Mietverhältnis über eine Gewerbefläche ordentlich zu kündigen, wenn der Mietvertrag einen Schriftformmangel der Gestalt enthält, dass die vermietete Fläche nicht hinreichend bezeichnet und bestimmbar ist.	OLG Düsseldorf, Urt. v. 29.11.2012 – I-10 U 34/12, 10 U 34/12 –
Leistungsbestimmungsrecht	Eine unklare oder fehlende Bezeichnung des Mietgegenstandes führt nicht zu einem Schriftformverstoß, wenn einer Partei im Vertrag ein Leistungsbestimmungsrecht eingeräumt wurde.	BGH, Urt. v. 12.3.2008 – VIII ZR 71/07 –;

Thema/Stichwort	Leitsatz/Kernaussage	Fundstelle
		OLG Frankfurt, Urt. v. 21.2.2007 – 2 U 220/06 –
Vermietung vom Reißbrett	Bei einer Vermietung „vom Reißbrett“ muss die Beschreibung des Mietobjektes besonders genau sein, weil die tatsächliche Ausgestaltung der Räume in diesem Falle bei der Auslegung des Mietvertrages nicht herangezogen werden kann.	BGH, Urt. v. 2.11.2005 – XII ZR 233/03 –; OLG Hamm, Urt. v. 26.4.2013 – I-30 U 82/12, 30 U 82/12 –

441 **4. Schriftform in Bezug auf die Mietdauer**

Thema/Stichwort	Leitsatz/Kernaussage	Fundstelle
Beginn des Mietverhältnisses	(Leitsatz) Eine Bestimmung in einem Mietvertrag über den Beginn des Mietverhältnisses genügt dann der Schriftform des § 550 BGB, wenn die Kriterien, an die die Vertragsparteien den Vertragsbeginn knüpfen, dessen eindeutige Bestimmung ermöglichen.	BGH, Urt. v. 24.7.2013 – XII ZR 104/12 –
Einseitige Bestätigung	Eine Änderungsvereinbarung über die geänderte Laufzeit des Mietvertrages verfehlt die Schriftform, wenn nur eine Partei diese schriftlich bestätigt.	OLG Brandenburg, Urt. v. 2.4.2008 – 3 U 80/07 –
Kündigung (Jahresfrist)	(Leitsatz 1) Das erste Jahr, für dessen Schluss die Kündigung nach § 566 BGB frühestens zulässig ist, rechnet jedenfalls bei einem noch nicht vollzogenen Mietvertrag vom Abschluss des Vertrags und nicht von der Übergabe der Mietsache an. (Leitsatz 2) Wird ein nach § 566 BGB formgemäß abgeschlossener Mietvertrag ohne Beachtung der gesetzlichen Schriftform geändert und gilt damit als für unbestimmte Zeit abgeschlossen, so beginnt die Mindestlaufzeit mit Abschluss des Änderungsvertrags.	BGH, Urt. v. 29.10.1986 – VIII ZR 253/85 –
Kündigung	Einigen sich die Parteien formlos auf die Zurücknahme der Kündigung eines der Formvorschrift des § 550 BGB entsprechenden mehrjährigen Miet- bzw. Pachtvertrages, so gilt dieser nur dann wieder für die ganze ursprünglich vorgesehene Vertragsdauer, wenn er ohne wesentliche Änderungen weiter in Geltung belassen wird.	BGH, Urt. v. 16.1.1963 – 3 U 1132/62 –

Thema/Stichwort	Leitsatz/Kernaussage	Fundstelle
Optionsrecht	Eine Vertragsklausel, die dem Mieter ein Optionsrecht unter der Bedingung einräumt, dass der Mieter zwischenzeitlich erhebliche Investitionen in das Mietobjekt getätigt hat, genügt ebenfalls der Schriftform.	KG Berlin, Beschl. v. 27.3.2007 – 8 U 163/06 –
Unklarheiten bezüglich Befristung	(Leitsatz 1) Ist ein schriftlicher Mietvertrag über ein Grundstück hinsichtlich der Frage, ob er unbefristet oder befristet geschlossen wurde, bei objektiver Auslegung widersprüchlich, muss nach § 550 BGB von einem unbefristeten Mietverhältnis ausgegangen werden.	OLG Köln, Urt. v. 20.5.1999 – 1 U 123/98 –; OLG Rostock, Urt. v. 21.8.2000 – 3 U 135/99 –
Übergabe der Mietsache	(Leitsatz) Die Regelung in einem Mietvertrag, dass das Mietverhältnis mit der Übergabe der Mietsache beginnt, ist hinreichend bestimmbar und genügt deshalb dem Schriftformerfordernis des § 550 BGB.	BGH, Urt. v. 2.11.2005 – XII ZR 212/03 –; BGH, Urt. v. 2.5.2007 – XII ZR 178/04 –; OLG Dresden, Urt. v. 31.8.2004 – 5 U 946/04, 5 U 0946/04 –
Übergabe der Mietsache (Mietobjekt noch in Planung)	(Juris-Orientierungssatz) Die Schriftform des § 550 BGB ist nicht gewahrt, wenn die Mietzeit nicht hinreichend bestimmt ist, weil das Mietverhältnis für eine feste Dauer ab dem Übergabezeitpunkt abgeschlossen wird, dieser jedoch noch nicht feststeht, weil sich das Mietobjekt noch in der Planung befindet.	OLG Naumburg, Urt. v. 7.9.2004 – 9 U 3/04 –
Übergabe der Mietsache (Mietobjekt im Wesentlichen mangelfrei)	Das Schriftformerfordernis bei langfristigen gewerblichen Mietverträgen ist gewahrt, auch wenn der Beginn des Mietverhältnisses an die im Wesentlichen mangelfreie Übergabe des Mietobjekts anknüpft.	OLG Jena, Urt. v. 13.3.2008 – 1 U 130/07 –
Übernahmeverpflichtung bei fehlender Fertigstellung	(Leitsatz 1) Wenn in einem Mietvertrag als Beginn der Mietzinszahlungspflicht des Mieters die „Fertigstellung" der vom Vermieter übernommenen Sanierungsarbeiten vereinbart worden ist, besteht für den Mieter keine Übernahmeverpflichtung des Mietobjekts, wenn noch zahlreiche – auch kleinere – Mängel vorhanden sind.	KG Berlin, Beschl. v. 22.11.2004 – 8 U 109/04 –

442 5. Schriftform in Bezug auf Nachträge zum Mietvertrag

Thema/Stichwort	Leitsatz/Kernaussage	Fundstelle
Grundsatz	Wird ein formgültig geschlossener Mietvertrag nachträglich verlängert oder in anderer Weise geändert oder ergänzt, so muss grundsätzlich auch die nachträgliche Vereinbarung die Schriftform wahren.	BGH, Urt. v. 29.1.1992 – XII ZR 175/90 –; OLG Brandenburg, Urt. v. 2.4.2008 – 3 U 80/07 –
Auswechselung des Mietgegenstandes	Bei einer Auswechselung des Mietgegenstandes ist die Schriftform des § 550 BGB nur gewahrt, wenn sich alle wesentlichen Vertragsbedingungen, insbesondere der Mietgegenstand, der Mietzins sowie die Dauer und die Parteien des Mietverhältnisses aus der Urkunde ergeben.	BGH, Beschl. v. 24.1.2012 – VIII ZR 235/11 –
Beginn der Jahresfrist	(Leitsatz 2) Wird ein nach § 550 BGB formgemäß abgeschlossener Mietvertrag ohne Beachtung der gesetzlichen Schriftform geändert und gilt damit als für unbestimmte Zeit abgeschlossen, so beginnt die Mindestlaufzeit mit Abschluss des Änderungsvertrags.	BGH, Urt. v. 29.10.1986 – VIII ZR 253/85 –
Beitritt eines weiteren Mieters	(Leitsatze 1) Der Eintritt eines weiteren Mieters in einen bereits bestehenden, schriftlich auf längere Zeit als ein Jahr abgeschlossenen Mietvertrag bedarf der Schriftform. (Leitsatz 2) Der formlos beigetretene neue Mieter kann den Mietvertrag nach § 550 S. 2 BGB kündigen. Der ursprüngliche Mieter bleibt dagegen für die vereinbarte Vertragszeit gebunden.	BGH, Urt. v. 2.7.1975 – VIII ZR 223/73 –
Betriebskosten	Da auch bei der Änderung oder Ergänzung eines Mietvertrages die Schriftform des § 550 BGB grundsätzlich genauso einzuhalten ist wie beim ursprünglichen Vertragsschluss, sind auch sämtliche vorangegangenen Vereinbarungen (etwa bezüglich geschuldeter Betriebskosten) formunwirksam.	OLG Hamm, Urt. v. 5.12.2008 – 30 U 220/07 –
Ersatzmieter	(Leitsatz 1) Hat der Vermieter eines Grundstücks dem Mieter in dem schriftlich abgeschlossenen Vertrage das Recht eingeräumt, Substituten (Ersatzmieter) zu benennen, die auf Zeit in Rechtsstellung als Mieter eintreten, während der bisherige Mieter für die Dauer der Substitution die Bürgschaft für die Erfüllung der Mieterpflichten zu übernehmen hat, so bedarf der Vertrag zwischen Mieter und Substituten für längere Zeit als ein Jahr der Schriftform.	BGH, Urt. v. 29.11.1978 – VIII ZR 263/77 –

Thema/Stichwort	Leitsatz/Kernaussage	Fundstelle
Herstellung eines formgerechten Mietvertrages durch Nachtragsvereinbarung	Durch einen der gesetzlichen Schriftform genügenden Nachtrag zu einem schriftlichen, von den Vertragspartnern unterzeichneten Grundstücksmietvertrag kann auch dann ein insgesamt formwirksamer Mietvertrag entstehen, wenn die ursprüngliche Urkunde nicht alle wesentlichen Tatbestandsmerkmale eines Mietvertrages enthält.	OLG Hamm, Urt. v. 26.4.2013 – I-30 U 82/12, 30 U 82/12 –; BGH, Urt. v. 2.5.2007 – XII ZR 178/04 –; BGH, Urt. v. 11.11.1987 – VIII ZR 326/86 –
Herstellung eines formgerechten Mietvertrages durch Nachtragsvereinbarung (Annahme)	(Leitsatz) Ist ein formgerechter Mietvertrag mangels rechtzeitiger Annahme zunächst nicht abgeschlossen worden, so kommt durch eine insoweit formgerechte Nachtragsvereinbarung, die auf die ursprüngliche Urkunde Bezug nimmt, ein insgesamt formwirksamer Mietvertrag zustande.	BGH, Urt. v. 29.4.2009 – XII ZR 142/07 –
Kündigung	Einigen sich die Parteien formlos auf die Zurücknahme der Kündigung eines der Formvorschrift des § 550 BGB entsprechenden mehrjährigen Miet- bzw. Pachtvertrages, so gilt dieser nur dann wieder für die ganze ursprünglich vorgesehene Vertragsdauer, wenn er ohne wesentliche Änderungen weiter in Geltung belassen wird.	BGH, Urt. v. 16.1.1963 – 3 U 1132/62 –
Mietverlängerungsvertrag	Ein schriftlicher Mietverlängerungsvertrag, den die Parteien des Hauptvertrages abgeschlossen haben, genügt, ohne dass die Urkunden körperlich verbunden sind, der gesetzlichen Schriftform jedenfalls auch dann, wenn sich aus dem Nachtragsvertrage ergibt, dass die Parteien das Mietverhältnis über das im Hauptvertrage näher bezeichnete Grundstück fortsetzen wollen, und der Nachtragsvertrag im Übrigen die wesentlichen Geschäftsbestandteile eines Mietvertrages enthält.	BGH, Urt. v. 19.3.1969 – VIII ZR 66/67 –; BGH, Urt. v. 30.6.1964 – V ZR 7/63 –
Mietverlängerungsvertrag (Auswirkungen auf Ursprungsvertrag)	(Leitsatz 1) Entspricht eine Vereinbarung, die sich darauf beschränkt, einen auf bestimmte Zeit formgültig abgeschlossenen Mietvertrag oder Pachtvertrag lediglich zu verlängern, nicht den Erfordernissen der Schriftform, so hat das im Allgemeinen nicht zur Folge, dass der ursprüngliche Vertrag nunmehr gleichfalls der vorgeschriebenen Schriftform entbehrt.	BGH, Urt. v. 27.3.1968 – VIII ZR 71/66 –
Mietverlängerungsvertrag (mehrere Urschriften)	Enthält ein längerfristiger Mietverlängerungsvertrag nicht die wesentlichen Geschäftsbestandteile eines Mietvertrages, sodass er mit dem Hauptvertrag verbunden werden muss, damit der Mietvertrag insgesamt (d.h. in seiner geänderten Fassung) der gesetzlichen Schriftform genügt, so muss, wenn der	KG Berlin, Urt. v. 16.3.1995 – 8 U 7923/93 –

Thema/Stichwort	Leitsatz/Kernaussage	Fundstelle
	Hauptvertrag in mehreren Urschriften hergestellt worden ist (Vermieter- und Mieter-Exemplar), jede Hauptvertragsurkunde mit je einer Urkunde über den Verlängerungsvertrag verbunden werden.	
Nachmieter	(Leitsatz 1) Für die „Übernahme" eines Mietvertrages durch einen Nachmieter bedarf es eindeutiger schriftlicher Erklärungen von Vermieter und Nachmieter, wenn die Beurkundung des „neuen" Mietvertrages gewollt ist.	OLG Düsseldorf, Urt. v. 6.5.2008 – I-24 U 188/07, 24 U 188/07 –
Nachträgliche Mietanpassung	(Leitsatz) Nicht jede nachträgliche, zeitlich nicht beschränkte Änderung der schriftlich vereinbarten Miethöhe ist „wesentlich" mit der Folge, dass die Schriftform des § 550 S. 1 BGB in jedem Fall nicht mehr gewahrt ist.	KG Berlin, Urt. v. 28.2.2005 – 12 U 74/03 –
Umstellung der Mietzahlung	Regeln die Parteien die Fälligkeit des Mietzinses abweichend von den gesetzlichen Bestimmungen, gehört diese Vereinbarung zu den wesentlichen Vertragsbedingungen und bedarf der Schriftform.	BGH, Urt. v. 19.9.2007 – XII ZR 198/05 –

6. Heilung von Schriftformverstößen

443 a) Mögliche Formverstöße

Thema/Stichwort	Leitsatz/Kernaussage	Fundstelle
Änderungsvertrag	Der Formmangel eines Änderungsvertrages zu einem Miet- oder Pachtvertrag führt dazu, dass der zunächst formgültig geschlossene ursprüngliche Vertrag nunmehr gleichfalls der Schriftform entbehrt und als für unbestimmte Zeit geschlossen gilt.	BGH, Urt. v. 22.2.1994 – LwZR 4/93 –
Beitritt eines neuen Mieters	(Leitsatz 2) Der formlos beigetretene neue Mieter kann den Mietvertrag nach § 550 S. 2 BGB kündigen. Der ursprüngliche Mieter bleibt dagegen für die vereinbarte Vertragszeit gebunden.	BGH, Urt. v. 2.7.1975 – VIII ZR 223/73 –

444 b) Rechtsfolgen von Formverstößen

Thema/Stichwort	Leitsatz/Kernaussage	Fundstelle
Beginn der Kündigungsfrist	Die Kündigungsfrist beginnt, auch bei nicht vollzogenen Mietverträgen, mit der Überlassung der Mietsache.	BGH, Urt. v. 10.10.2001 – XII ZR 93/99 –

Thema/Stichwort	Leitsatz/Kernaussage	Fundstelle
Teilnichtigkeit	Die nicht der Form des § 550 BGB entsprechende Vertragsänderung führt nicht über § 139 BGB zur Nichtigkeit des ganzen Vertrages. § 550 BGB sieht als Ausnahme gegenüber §§ 125, 139 BGB gerade keine Nichtigkeit bei Nichteinhaltung der vorgeschriebenen Schriftform vor.	BGH, Urt. v. 29.10.1986 – VIII ZR 253/85 –
Vertraglich vereinbarte Kündigungsfristen	(Leitsatz) Für die Kündigung eines Mietvertrages, der mangels Schriftform als für unbestimmte Zeit geschlossen gilt, sind vertraglich vereinbarte Kündigungsfristen jedenfalls dann nicht maßgebend, wenn diese länger sind als die gesetzlichen Kündigungsfristen.	BGH, Urt. v. 29.3.2000 – XII ZR 316/97 –

c) Heilungsmöglichkeiten 445

Thema/Stichwort	Leitsatz/Kernaussage	Fundstelle
§ 242 BGB	Die Berufung auf den Formmangel verstößt in der Regel nicht gegen § 242 BGB, da durch die Form ein nicht am Vertrag beteiligter Dritter geschützt werden soll.	BGH, Urt. v. 2.11.2005 – XII ZR 233/03 –; OLG Düsseldorf, Urt. v. 29.11.2012 – I-10 U 34/12, 10 U 34/12 –
§ 242 BGB (Ausnahmefälle)	Nur ausnahmsweise, wenn die Unwirksamkeit der vereinbarten langfristigen Vertragsdauer zu einem schlechthin untragbaren Ergebnis führen würde, kann es gem. § 242 BGB rechtsmissbräuchlich sein, sich auf den Formmangel zu berufen. Das kann insbesondere dann der Fall sein, wenn der eine Vertragspartner den anderen schuldhaft von der Einhaltung der Schriftform abgehalten oder sich sonst einer besonders schweren Treuepflichtverletzung schuldig gemacht hat.	BGH, Urt. v. 9.4.2008 – XII ZR 89/06 –; BGH, Urt. v. 25.7.2007 – XII ZR 143/05 –; OLG Hamm, Urt. v. 16.2.2011 – I-30 U 53/10, 30 U 53/10 –
Duldung der Untervermietung, § 242 BGB	Nach den Grundsätzen von Treu und Glauben ist es nicht hinnehmbar, dass der Mieter eine ihn letztlich begünstigende, formlose Duldung der Untervermietung zum Anlass nimmt, sich unter Berufung auf diesen Formmangel vorzeitig aus dem befristet abgeschlossenen Mietvertrag zu lösen.	OLG Düsseldorf, Urt. v. 15.11.2001 – 10 U 98/00 –
Nachtrag, Anforderungen	(Leitsatz 2) Treffen Vertragsparteien eine Nachtragsvereinbarung zu einem Mietvertrag, bedarf es für die Wahrung der Schriftform einer lückenlosen Bezugnahme auf alle Schriftstücke, aus denen sich die wesentlichen vertraglichen Vereinbarungen der	OLG Rostock, Urt. v. 8.10.2009 – 3 U 137/08 –

Thema/Stichwort	Leitsatz/Kernaussage	Fundstelle
	Parteien ergeben. Eine solche Urkunde, die ihrerseits dem Schriftformerfordernis genügt, heilt den Mangel vorher errichteter Urkunden.	
Nachtrag, Berufung auf Formmangel	(Leitsatz 1) Bei einem langfristigen Mietvertrag kann ein Schriftformmangel des Ursprungsvertrags durch einen formgerechten Nachtrag behoben werden. (Leitsatz 2) Aufgrund der Bestätigung eines formmangelhaften Ursprungsvertrags durch eine formwirksame Nachtragsvereinbarung ist die spätere Berufung auf den Formmangel jedenfalls treuwidrig.	OLG Köln, Urt. v. 24.5.2005 – 22 U 184/04 –
Nachtrag, Herstellung eines formgerechten Mietvertrages	Durch einen der gesetzlichen Schriftform genügenden Nachtrag zu einem schriftlichen, von den Vertragspartnern unterzeichneten Grundstücksmietvertrag kann auch dann ein insgesamt formwirksamer Mietvertrag entstehen, wenn die ursprüngliche Urkunde nicht alle wesentlichen Tatbestandsmerkmale eines Mietvertrages enthält.	OLG Hamm, Urt. v. 26.4.2013 – I-30 U 82/12, 30 U 82/12 –; BGH, Urt. v. 2.5.2007 – XII ZR 178/04 –; BGH, Urt. v. 11.11.1987 – VIII ZR 326/86 –
Salvatorische Klausel	(Leitsatz) Eine allgemeine salvatorische Klausel (Erhaltungs- und Ersetzungsklausel) in einem auf längere Zeit als ein Jahr geschlossenen Mietvertrag über Gewerberäume verpflichtet die Vertragsparteien nicht zur Nachholung der nicht gewahrten Schriftform.	BGH, Urt. v. 25.7.2007 – XII ZR 143/05 –; BGH, Beschl. v. 17.7.2002 – XII ZR 248/99 –; OLG Hamm, Urt. v. 16.2.2011 – I-30 U 53/10, 30 U 53/10 –
Senkung der Miete, § 242 BGB	(Leitsatz 3) Es verstößt gegen Treu und Glauben, wenn der Mieter einen formgerecht geschlossenen Mietvertrag, der später formlos durch Senkung des Mietzinses geändert worden ist, vorzeitig mit der Begründung kündigt, der gesamte Mietvertrag entbehre wegen dieser Änderung nunmehr der Schriftform.	BGH, Urt. v. 2.7.1975 – VIII ZR 223/73 –
Schriftformheilungsklauseln (§ 550 BGB zwingend)	Eine Schriftformheilungsklausel kann trotz des zwingenden Charakters des § 550 BGB in einem Mietvertrag (auch durch AGB) vereinbart werden.	OLG Hamm, Urt. v. 26.4.2013 – I-30 U 82/12, 30 U 82/12 –
Schriftformheilungsklausel (Abtretung)	Die sich aufgrund einer Schriftformheilungsklausel ergebenden Ansprüche können konkludent an den Grundstückserwerber abgetreten werden.	OLG Hamm, Urt. v. 26.4.2013 – I-30 U 82/12, 30 U 82/12 –

Thema/Stichwort	Leitsatz/Kernaussage	Fundstelle
Schriftformheilungsklauseln (AGB; Grundstückserwerber)	(Juris-Orientierungssatz) Eine formularmäßig vereinbarte Heilungsklausel, nach der auch der Erwerber des Grundstücks verpflichtet ist, an der Nachholung der fehlenden Schriftform mitzuwirken, verstößt gegen den Schutzzweck des § 550 BGB und ist deswegen gem. §§ 307 Abs. 2 Nr. 1, 310 Abs. 1 BGB unwirksam.	OLG Düsseldorf, Urt. v. 29.11.2012 – I-10 U 34/12, 10 U 34/12 –
Schriftformheilungsklauseln, ursprüngliche Vertragsparteien (Ausnahmefälle)	(Leitsatz 1) Eine mietvertragliche Heilungsklausel kann den Mieter nach Treu und Glauben nicht hindern, den Mietvertrag gegenüber dem ursprünglichen Vermieter unter Berufung auf einen Schriftformmangel zu kündigen, ohne ihn zuvor um Heilung des Schriftformmangels ersucht zu haben. Ein Ausschluss der Anwendbarkeit des § 550 BGB aus dem Gesichtspunkt von Treu und Glauben (§ 242 BGB) kommt nur in besonders krassen Ausnahmefällen in Betracht, in denen das wirtschaftliche Ergebnis schlechthin untragbar wäre, etwa wenn die andere Vertragspartei durch die vorzeitige Beendigung des Mietverhältnisses ernsthaft in ihrer Existenz bedroht würde.	OLG Rostock, Urt. v. 10.7.2008 – 3 U 108/07 –
Schriftformheilungsklauseln, ursprüngliche Vertragsparteien (bisherige Rechtsprechung)	Eine Partei ist nach Treu und Glauben daran gehindert, sich auf einen Formmangel nach § 550 BGB zu berufen, wenn die Parteien im Vertrag für den Fall eines Formmangels eine Nachholung vereinbart haben (a), wenn im Vertrag die Einhaltung der Schriftform und der Verzicht auf die Berufung auf § 550 BGB vereinbart ist (b) oder wenn die Parteien ausdrücklich oder konkludent vereinbart haben, dass der bereits fest mündlich geschlossene Vertrag noch schriftlich niedergelegt werden solle (c). Jede Partei ist dann berechtigt, gegen die andere auf Abschluss eines schriftlichen Vertrages zu klagen.	OLG Naumburg, Urt. v. 26.7.2012 – 9 U 38/12 –; OLG Düsseldorf, Beschl. v. 11.5.2004 – 24 U 264/03, I-24 U 264/03 –; OLG Köln, Urt. v. 23.9.2005 – 1 U 43/04 –; OLG Hamm, Urt. v. 26.4.2013 – I-30 U 82/12, 30 U 82/12 –; KG Berlin, Urt. v. 13.11.2006 – 8 U 51/06 –; OLG Koblenz, Urt. v. 22.8.2013 – 1 U 1314/12 –
Schriftformheilungsklauseln, Grundstücks-	Eine sog. mietvertragliche Schriftformheilungsklausel hindert den Grundstückserwerber für sich genommen nicht, einen Mietvertrag, in den er nach	BGH, Urt. v. 22.1.2014 – XII ZR 68/10 –;

Thema/Stichwort	Leitsatz/Kernaussage	Fundstelle
erwerber (neuere Rechtsprechung)	§ 566 Abs. 1 BGB eingetreten ist, unter Berufung auf einen Schriftformmangel zu kündigen, ohne zuvor von dem Mieter eine Heilung des Mangels verlangt zu haben.	BGH, Urt. v. 30.4.2014 – XII ZR 146/12 –
Vorvertrag, Mitwirkung am Zustandekommen eines schriftlichen Hauptvertrages	(Leitsatz 1) Die Vereinbarung in einem Vorvertrag, dass ein langfristiges Mietverhältnis begründet werden soll, unterliegt nicht dem Formerfordernis des § 550 BGB. (Leitsatz 2) Sie verpflichtet die Parteien aber zur Mitwirkung am Zustandekommen des schriftlichen und damit der Form des § 566 a.F. (§ 550 BGB) genügenden Hauptvertrages.	BGH, Urt. v. 7.3.2007 – XII ZR 40/05 –
Vorzeitige Kündigung, Verstoß gegen Treu und Glauben	Ist ein Mietvertrag nicht in der für langfristige Mietverträge vorgeschriebenen Schriftform (§ 550 BGB) abgeschlossen worden, so ist eine darauf gestützte vorzeitige Kündigung nicht deshalb treuwidrig, weil der Mietvertrag zuvor jahrelang anstandslos durchgeführt worden ist.	BGH, Urt. v. 5.11.2003 – XII ZR 134/02 –; OLG Brandenburg, Urt. v. 2.4.2008 – 3 U 80/07 –

446
7. Sonstiges

Thema/Stichwort	Leitsatz/Kernaussage	Fundstelle
§ 550 S. 2 BGB zwingend	Die Vorschrift des § 550 S. 2 BGB enthält insoweit eine zwingende gesetzliche Fiktion, die den §§ 125 S. 1 und 139 BGB vorgeht. Selbst wenn feststeht, dass die Parteien unter keinen Umständen bei Nichtigkeit der Abrede über die Vertragsdauer einen Vertrag auf unbestimmte Zeit abgeschlossen hätten, bleibt es bei der Regel des § 550 S. 2 BGB.	OLG Nürnberg, Urt. v. 16.7.1998 – 8 U 197/98 –
Anpassung der Nebenkostenvorauszahlungen	Die Ausübung des Rechts, die Höhe der Nebenkostenvorauszahlungen durch einseitige Erklärung anzupassen, unterliegt nicht dem Schriftformerfordernis des § 550 S. 1 BGB, sodass sie nicht dazu führen kann, dass ein wirksam auf längere Zeit als ein Jahr geschlossener Mietvertrag über Gewerberaum ab der Anpassung der Vorauszahlungshöhe wegen Verstoßes gegen § 550 Abs. 1 S. 1 BGB für unbestimmte Zeit gilt.	BGH, Urt. v. 5.2.2014 – XII ZR 65/13 –
Doppelte Schriftformklausel i.V.m. Schriftformheilungsklausel	(Leitsatz 1) Eine unwiderruflich ausgestaltete doppelte Schriftformklausel in zwischen Unternehmern vereinbarten Allgemeinen Geschäftsbedingungen ist wirksam. Für einen Ausschluss einer mündlichen	OLG Frankfurt, Urt. v. 18.3.2013 – 2 U 179/12 –

Thema/Stichwort	Leitsatz/Kernaussage	Fundstelle
	Änderung der doppelten Schriftformklausel besteht im Hinblick auf die gesetzliche Regelung des § 550 BGB aufseiten beider Vertragsparteien ein anerkennenswertes Bedürfnis. (Leitsatz 2) Die Schriftformklausel steht nicht in Widerspruch zu einer zugleich vereinbarten Schriftformheilungsklausel, da diese gerade nur in dem Fall einschlägig ist, dass trotz der vereinbarten doppelten Schriftformklausel eine mündlich getroffene Vereinbarung der Parteien wirksam ist.	
Miete	Auch bei einem für längere Zeit als ein Jahr geschlossenen Mietvertrag bedarf die nachträgliche Vereinbarung der – auch unbefristeten – Herabsetzung des Mietzinses nicht der Schriftform, wenn der Vermieter sie jederzeit zumindest mit Wirkung für die Zukunft widerrufen darf.	BGH, Urt. v. 20.4.2005 – XII ZR 192/01 –; LG Berlin, Urt. v. 13.8.2012 – 12 O 82/12 –
Verlängerung der Annahmefrist	Die Verlängerung der Frist zur Annahme der auf den Abschluss eines langfristigen Mietvertrages gerichteten Erklärung bedarf nicht der Schriftform des § 550 BGB.	BGH, Urt. v. 24.2.2010 – XII ZR 120/06 –

Kapitel 3
Vermietung vom Reißbrett

A. Einleitung

Von einer **„Vermietung vom Reißbrett"** wird schlagwortartig dann gesprochen, wenn zum Zeitpunkt der Unterzeichnung des Mietvertrages das Mietobjekt noch nicht fertiggestellt ist. Der Realisierungsstand des Bauvorhabens kann hierbei ganz unterschiedlich sein. So ist denkbar, dass das Mietobjekt bereits existiert, aber signifikant umgebaut werden muss, oder aber noch in Errichtung ist, aber auch, dass dieses erst nur in ersten Entwürfen, d.h. auf dem Reißbrett existiert und noch eine Genehmigungs- und Ausführungsplanung für die Konkretisierung erforderlich ist. Auch kann der Projektentwickler und zukünftige Vermieter unter Umständen noch nicht Eigentümer des Grundstücks und/oder die Finanzierung noch nicht gesichert sein. 1

Ein Mietvertragsabschluss zu einem so frühen Zeitpunkt hat Vorteile für beide Vertragspartner. Für den Projektentwickler oder Investor ist häufig eine bestimmte Vorvermietungsquote erforderlich, um das Bauvorhaben finanzieren zu können oder sich das betreffende Grundstück, auf dem das Mietobjekt errichtet werden soll, vertraglich zu sichern. Für den Mieter besteht die Möglichkeit, ein Mietobjekt auszuwählen, das exakt zu dem Zeitpunkt bezugsfertig wird, zu dem sein derzeitiger Mietvertrag endet. Da das Mietobjekt noch nicht errichtet oder noch nicht umgebaut ist, kann dieses speziell auf seine betrieblichen Bedürfnisse hin errichtet bzw. angepasst werden. Gerade für Mieter, die einen großen Büroflächenbedarf haben, bietet dies die Möglichkeit, eine „maßgeschneiderte" Immobilie anzumieten und sich Gestaltungsspielräume hinsichtlich Architektur und Ausstattung des Mietobjektes einräumen zu lassen. 2

Für beide Vertragsparteien bestehen allerdings auch Risiken. Insbesondere in einer frühen Realisierungsphase können Unsicherheiten bezüglich des **Baurechts** bestehen, so beispielsweise dann, wenn zur Genehmigungsfähigkeit des Bauvorhabens Befreiungen von den Festsetzungen eines Bebauungsplanes erforderlich sind oder das Baurecht für das betreffende Grundstück beispielsweise durch Aufstellung eines Bebauungsplanes überhaupt erst noch geschaffen werden muss. Auch aus bei Abschluss des Mietvertrages noch nicht absehbaren Auflagen zur Baugenehmigung können sich Änderungen des Mietobjektes ergeben, die Vereinbarungen im Mietvertrag widersprechen oder in sonstiger Weise nicht den Wünschen des Mieters entsprechen. Auch besteht die Gefahr von Bauverzögerungen aufgrund Schlechtwetters oder ähnlicher Umstände, die zu einer verspäteten Fertigstellung und damit späteren Übergabe des Mietobjektes führen können. In den Fällen, in denen der Projektentwickler noch nicht Eigentümer des Grundstücks ist und/oder die Finanzierung des Vorhabens noch nicht gesichert ist, besteht ebenfalls die Gefahr, dass es nicht zu einer Realisierung des Bauvorhabens kommt. 3

4 Interesse des Vermieters muss es daher sein, sich gegen diese Risiken abzusichern. Der potenzielle Mieter wird eine vollständige Risikofreizeichnung des Vermieters in der Praxis meist nicht akzeptieren, da die Realisierung des Vorhabens damit faktisch der Entscheidungsfreiheit des Vermieters unterliegen würde. Insbesondere gilt das dann, wenn ihm aufgrund der Laufzeit seines alten Mietvertrages keine Zeit verbleibt, bei Nichtrealisierung des Vorhabens ein Alternativprojekt weiterzuverfolgen. Insoweit muss der Vermieter abwägen, welche Risiken er übernehmen kann und will, um einen Mietvertragsabschluss nicht zu gefährden. Diese Ausgangssituation erfordert ausgewogene mietvertragliche Regelungen, die der Interessenlage beider Vertragspartner gerecht wird.

B. Projektentwicklung vor Mietvertragsabschluss

5 Da bei der Vermietung vom Reißbrett das Mietobjekt durch Wünsche des Mieters an Architektur und Ausstattung des Gebäudes geprägt ist, die nicht nur für die Errichtung des Mietobjektes relevant sind, sondern auch Auswirkungen auf Baukosten und Mietzins sowie die Betriebskosten des Gebäudes haben können, steht vor Mietvertragsabschluss die konkrete **Projektentwicklung des Mietobjektes** im Vordergrund.

6 Grundvoraussetzung für eine erfolgreiche Vermietung ist zunächst die Ermittlung des Flächenbedarfs und der Ausstattungswünsche des Mieters. Bei der Anmietung geht es dem Mieter meist nicht nur darum, den derzeitigen **Flächenbedarf** zu ermitteln und in die Zukunft fortzuschreiben, sondern möglicherweise auch verschiedene Nutzungsformen (z.B. Zellenbüros, Großraumbüros etc.) alternativ zu bewerten. Auch die Anforderungen an die **technische Gebäudeausrüstung** im Allgemeinen und an das IT-Umfeld im Besonderen sind genauestens zu ermitteln, um ein konkretes **Anforderungsprofil** zu erstellen. Dies gilt insbesondere auch, wenn es nicht um Büroflächen geht, sondern Spezialimmobilien wie z.B. Produktionsstätten oder Distributionslager. Im Regelfall wird sich das Anforderungsprofil an derartige Spezialimmobilien wesentlich komplexer darstellen als bei einer reinen Büronutzung.

7 Für Projektentwickler und Investor ist dies mit einem hohen Aufwand verbunden, der abgewogen und koordiniert werden muss, da unsicher ist, ob es tatsächlich zu einem Mietvertragsabschluss kommt. Hier bedarf es einer partnerschaftlichen Zusammenarbeit, von der letztendlich Nutzer und Projektentwickler bzw. Investor profitieren.

I. Zusammensetzung der Projektbeteiligten auf Vermieter- und Mieterseite

8 Um die Verhandlungszeiten vom ersten Mietinteresse (Projektstart) bis zur Unterzeichnung des Mietvertrages möglichst kurz und effektiv zu gestalten, ist für den

Vermieter die Einbindung zumindest folgender **Projektbeteiligter** in die Gestaltung und Planung des Mietobjektes empfehlenswert:
- Projektsteuerer für **Projektsteuerung** bzw. **Projektleitung**;
- Rechtsanwalt für das juristische Projektmanagement;
- Architekt für die Gebäudeplanung bzw. die Planung der raumbildenden Ausbauten (Innenarchitektur);
- Architekt für die Freianlagenplanung;
- Fachingenieur für die Tragwerkplanung;
- Fachingenieur für die Technische Ausrüstung (Haustechnik);
- Fachingenieur für den Brandschutz;
- Fachingenieur für die Energieeffizienzberatung.

Häufig – so beispielsweise bei der Haus-, Sicherheits- und Medientechnik oder der 9 Innenarchitektur – beauftragen aber auch Mieter eigene Fachplaner, die einzubinden sind. Da in diesem frühen Projektstadium auch die Verhandlung des Mietvertrages am Anfang steht, kann es sinnvoll sein, die Zusammenarbeit in diesem Projektstadium in einem **Mietvorvertrag** oder in einem **Letter of Intent (LOI)** zu regeln. Im Grundsatz verpflichten sich die Projektbeteiligten hierbei, eine **partnerschaftliche, konstruktive Zusammenarbeit** bei der Projektentwicklung und Projektplanung zu gewährleisten.

Die Beeinflussbarkeit der **Planungs-, Bau- und Betriebskosten** ist in den ers- 10 ten Phasen der Projektplanung noch relativ hoch. Diese Chance gilt es zu nutzen, um sowohl für den Vermieter als auch für den Mieter ein möglichst wirtschaftliches Gesamtergebnis zu erzielen.

Daher verpflichten sich die Projektbeteiligten, ihr Handeln auf gemeinsame Pro- 11 jektziele hinsichtlich der Qualität, der Termine und der Kosten auszurichten und ihr Know-how schon in diesem frühen Stadium in die Projektentwicklung und Projektplanung einzubringen.

Der Kreis der projektbeteiligten Planer und Fachingenieure kann zusätzlich um 12 die bauausführenden Auftragnehmer erweitert werden. Dies gilt sowohl für das Modell der **Einzelvergabe** als auch für die **Generalunternehmervergabe**.

Sind Einzelvergaben geplant, so sollten zumindest die den Planungs- und Bau- 13 prozess im Wesentlichen bestimmenden Gewerke durch ausführende Fachfirmen vertreten sein. Dies sind insbesondere die Gewerke Rohbau, Haustechnik, Fassadenarbeiten und Dachabdichtungsarbeiten.

Durch die frühzeitige Einbindung der ausführenden Unternehmen und deren 14 mögliche spätere Beauftragung erfolgt eine weitere Optimierung des Projektablaufes. Die **Ausschreibungs- und Vergabephase** sowie die Arbeitsvorbereitung vor Ausführungsbeginn können somit deutlich verkürzt werden. Der Vermieter erhält hierdurch eine höhere Kostensicherheit.

II. Definition der Planungstiefe für die einzelnen Fachplaner bis zur Unterzeichnung des Mietvertrages

15 Zu Beginn der Projektplanungen ist die gewünschte **Tiefe bzw. der Detailgrad** zur Planung des Mietobjektes vom Vermieter und/oder Mieter zu definieren. Die Definition kann in Anlehnung an die **HOAI**, § 3 Leistungen und Leistungsbilder erfolgen.

16 Die Leistungsbilder gliedern sich für alle Planungsbeteiligten in folgende Leistungsphasen 1–9:
- Leistungsphase 1: Grundlagenermittlung;
- Leistungsphase 2: Vorplanung;
- Leistungsphase 3: Entwurfsplanung;
- Leistungsphase 4: Genehmigungsplanung;
- Leistungsphase 5: Ausführungsplanung;
- Leistungsphase 6: Vorbereitung der Vergabe;
- Leistungsphase 7: Mitwirkung bei der Vergabe;
- Leistungsphase 8: Objektüberwachung (Bauüberwachung oder Bauoberleitung);
- Leistungsphase 9: Objektbetreuung und Dokumentation.

17 Die **Projektsteuerung** bzw. die **Projektleitung** begleitet die einzelnen Leistungsphasen, die gemäß **AHO-Fachkommission** zu folgenden Projektstufen zugeordnet werden:
- Projektstufe 1: Projektentwicklung;
- Projektstufe 2: Planung.

18 Zur Straffung des Planungsprozesses ist zu empfehlen, die Grundleistungen einzelner Leistungsphasen zusammenzufassen. Nach Beschreibung der ersten Aufgabenstellung kann eine konzentrierte Bearbeitung erfolgen, indem die Leistungsphasen 1, 2 und 3 (Grundlagenermittlung, Vorplanung und Entwurfsplanung) zusammengefasst werden.

19 Ergebnis dieser Projektphase ist die gemeinsame Erarbeitung einer **„Bau- und Ausstattungsbeschreibung"**, welche die vom Vermieter zu erbringenden Bauleistungen beschreibt und damit als Grundlage für die Ermittlung der Baukosten und des Mietzinses dient.

III. Regelungen zur Kostenverteilung

20 Zur gegenseitigen Absicherung erhalten die Projektbeteiligten jeweils vom Vermieter oder Mieter einen **Honorarvertrag bzw. eine Honorarvereinbarung**.

21 Das zu planende Mietobjekt ist gemäß HOAI in die entsprechende **Honorarzone** einzuordnen, die Grundleistungen und Besonderen Leistungen der Architekten und

Fachplaner sind zu beschreiben und die Nebenkosten sowie Stundenverrechnungssätze zu vereinbaren.

Im Regelfall tragen Mieter und Vermieter nur die **Kosten** der von ihnen jeweils beauftragten Projektbeteiligten. Interesse des Vermieters wird es sein, dass sich der Mieter an den bis zum Abschluss des Mietvertrages anfallenden Honorarkosten des Vermieters beteiligt. Dies gilt insbesondere dann, wenn der Mieter die Vertragsverhandlungen ohne wichtigen Grund abbricht und es deshalb nicht zum Abschluss des Mietvertrages kommt. Mit einer entsprechenden gegenseitigen Vereinbarung (z.B. in Gestalt eines **Letter of Intent**) lässt sich dies regeln und die Ernsthaftigkeit der Parteien, einen Mietvertrag abzuschließen, unterstreichen. 22

C. Besonderheiten der Regelungen im Mietvertrag

I. Definition des Mietgegenstandes

Je nach Stand der Projektentwicklung stehen die **Lage der Mietflächen** im Gebäude und die Größe der **Mietflächen** noch nicht genau fest. Auch die endgültige Ausstattung des Mietobjektes kann häufig noch nicht abschließend definiert werden, da sich diese beispielsweise durch Änderungswünsche des Mieters oder notwendige Änderungen durch den Vermieter noch verändern kann. 23

Das Schriftformerfordernis des § 550 S. 1 BGB verlangt jedoch für Mietverträge mit einer Laufzeit von mehr als einem Jahr eine eindeutige Bestimmbarkeit des Mietobjektes. Insbesondere **Lage, Größe und Beschaffenheit des Mietobjektes** gehören zu den Regelungen des Mietvertrages, für die das Schriftformgebot gilt.[1] Auch wenn die Angaben hierzu gerade in einem frühen Realisierungszeitpunkt schwierig sind, muss bei der Mietvertragsgestaltung darauf geachtet werden, dass die erforderlichen Mindestangaben erfolgen. Wird das Mietobjekt im Mietvertrag nicht hinreichend genau bezeichnet und aus diesem Grund das Schriftformerfordernis nicht gewahrt, so gilt der Mietvertrag als für unbestimmte Zeit geschlossen, mit der Konsequenz, dass er von beiden Vertragsparteien mit den gesetzlichen Kündigungsfristen kündbar ist. Dies ist sowohl für den Vermieter als auch für den Mieter eines der größten anzunehmenden Risiken, da für beide die vertraglich fest vereinbarte Mietzeit wichtig ist: Der Vermieter benötigt die Rechtssicherheit, um die Amortisation seiner Investition und eine Weiterveräußerung der Immobilie sicherzustellen, der Mieter benötigt Planungssicherheit für seinen neuen Standort. 24

Der BGH hat noch in jüngerer Zeit hinsichtlich der notwendigen hinreichenden Bezeichnung des Mietobjektes klargestellt, dass diese Anforderungen keinesfalls 25

1 BGH, Urt. v. 22.12.1999 – XII ZR 339/97 –.

nur deshalb geringer sind, weil bei Vertragsabschluss das Mietobjekt noch nicht errichtet ist. Im Gegenteil müsse bei einer „Vermietung vom Reißbrett" die Beschreibung des Mietobjektes besonders genau sein, weil die tatsächliche Ausgestaltung der Räume in diesem Falle bei der Auslegung des Mietvertrages nicht herangezogen werden kann. Ist in solchen Fällen das Mietobjekt im Mietvertrag nicht hinreichend genau beschrieben, ist die Schriftform des § 550 BGB nicht gewahrt. Einem Erwerber, dessen Schutz die Schriftform in erster Linie bezweckt, wäre es in diesem Fall nicht möglich, allein anhand des Mietvertrages festzustellen, welches Mietobjekt Vertragsgegenstand geworden ist.[2] Zwar kann auch eine Bestimmbarkeit des Mietobjektes ausreichen, jedoch sind hieran strenge Anforderungen zu stellen.

26 In der **Präambel des Mietvertrages** sollte ein Hinweis auf den Projektstand erfolgen, insbesondere, ob ein entsprechender Bauantrag schon gestellt oder das Bauvorhaben ggf. sogar schon baurechtlich genehmigt ist.

Formulierungsmuster

„Der Vermieter ist Eigentümer des Grundstücks in ..., eingetragen im Grundbuch von ..., Flur ..., Flurstück ... und beabsichtigt, auf dem vorgenannten Grundbesitz ein mehrgeschossiges Bürogebäude mit ca. ... m² oberirdischer Bruttogeschossfläche zu errichten. Die hierfür erforderliche Baugenehmigung hat das Bauaufsichtsamt der Stadt ... mit Bescheid vom ... erteilt. Dem Mieter ist bekannt, dass das Mietobjekt noch nicht in allen Einzelheiten feststeht und der derzeitige Planungsstand noch fortzuschreiben ist."

---

27 Bezüglich der Lage des Gebäudes, in dem sich das Mietobjekt befindet, empfiehlt es sich, dem Mietvertrag einen Katasterplan als Anlage beizufügen, in dem das Grundstück farblich gekennzeichnet ist, wenn noch keine eindeutige grundbuchrechtliche Benennung im Mietvertrag möglich ist. Der zum Zeitpunkt des Mietvertragsabschlusses bestehende Planungsstand sollte gleichfalls durch Pläne und Schnitte, die Anlagen des Mietvertrages werden, dokumentiert werden. Wenn es sich nicht um ein sog. **Single-Tenant-Objekt** handelt, muss zwingend beschrieben werden, wo im Gebäude die Mietflächen liegen. Auch dies geschieht idealerweise durch die Beifügung entsprechender Geschosspläne zum Mietvertrag. Hier genügt eine reine Kennzeichnung der Mietflächen. Die mieterspezifische Raumaufteilung, d.h. die Lage von Trennwänden und Türen, kann zu einem späteren Zeitpunkt erfolgen.

28 Besondere Vorsicht ist bei **Quadratmeterangaben** geboten. Auch wenn schon eine Baugenehmigung erteilt ist, können sich im Zuge der Ausführungsplanungen Veränderungen z.B. hinsichtlich der Lage und Größe von Treppenhäusern, Schächten und Versorgungskernen ergeben, die sich unmittelbar auf die Mietfläche auswirken. Da nach höchstrichterlicher Rechtsprechung eine Abweichung von 10% der

2 BGH, Urt. v. 2.11.2005 – XII ZR 233/03 –.

Mietfläche nach oben oder unten einen erheblichen Mangel der Mietsache darstellt,[3] birgt dies bei der Vermietung vom Reißbrett besondere Risiken und erhöhtes Konfliktpotenzial.

Im Mietvertrag sollten die Flächengrößen als „circa" angegeben und eine Flä- 29
chenabweichungsklausel vorgesehen werden. Durch die **„circa"-Angabe** wird die 10%-Grenze zwar nicht vertraglich erweitert,[4] aber das Risiko minimiert, dass die Flächenangabe als **zugesicherte Eigenschaft** verstanden werden könnte. **Flächenabweichungsklauseln** sind bei der Vermietung vom Reißbrett insbesondere deshalb wichtig, weil ein Aufmaß der Flächen erst nach Mietvertragsunterzeichnung in der Errichtungsphase des Gebäudes möglich ist. Üblich sind Klauseln, wonach die Mietfläche von +/– 2% bis +/– 5% abweichen kann. Größere Toleranzgrenzen sind formularvertraglich riskant, individualvertraglich aber ohne Weiteres möglich.

Bei der Vermietung vom Reißbrett genügt diese Grenze allerdings häufig nicht. 30
Hier sind individualvertragliche Regelungen erforderlich, die entweder eine größere Abweichung der endgültigen Mietflächen zulassen, oder die Quadratmeterangabe wird im Mietvertrag ausdrücklich als vorläufig und geschätzt bezeichnet. Auch kann eine **vorläufige Flächenberechnung** dem Mietvertrag als Anlage beigefügt werden und im Mietvertrag vereinbart werden, dass das endgültige und für die Parteien verbindliche Aufmaß vor der Übergabe des Mietobjektes durch einen öffentlich bestellten Vermesser erfolgt.

Um spätere Streitigkeiten zu vermeiden, sollte unbedingt die **Berechnungs-** 31
grundlage für die Flächenermittlung genannt werden. Fehlen Angaben hierzu im Mietvertrag, ist nach der Rechtsprechung im Streitfall auf die ortsübliche Berechnungsmethode abzustellen.[5] Allerdings werden im Bereich der Gewerbemiete von der Immobilienbranche unterschiedliche Methoden der Berechnung angewandt. Abgesehen davon, dass diese Methoden zu unterschiedlichen Flächengrößen führen, ist es häufig schwierig festzustellen, welche Methode vor Ort die branchenübliche ist. Da dies im gerichtlichen Verfahren erst zeit- und kostenträchtig von Sachverständigen zu klären und zu beantworten wäre, sollte im Mietvertrag detailliert geregelt werden, nach welcher Methode die Mietflächen vermessen und berechnet werden.

Durchgesetzt haben sich bei Gewerbemietflächen in der Praxis Berechnungen 32
entweder nach der **DIN 277** oder nach den **Richtlinien zur Berechnung der Mietflächen für gewerblichen Raum (MF-G) der Gesellschaft für immobilienwirtschaftliche Forschung e.V. (gif e.V.)**. Das jeweilige Regelwerk sollte dem Mietvertrag gleichfalls als Anlage beigefügt werden. Zu beachten ist, dass ein bloßer Verweis auf die DIN 277 nicht ausreicht, da dieses Regelwerk mehrere Möglichkeiten

3 BGH, Urt. v. 24.3.2004 – VIII ZR 295/03 –.
4 BGH, Urt. v. 4.5.2005 – XII ZR 254/01 – NJW 2005, 2152, 2153.
5 BGH, Urt. v. 23.5.2007 – VIII ZR 231/06 –.

der Flächenberechnung beinhaltet. So ist entweder eine Berechnung auf Grundlage der **Bruttogrundfläche (BGF)** oder der **Nettogrundfläche (NGF)** denkbar. Der Unterschied besteht darin, dass die BGF sowohl die NGF als auch die **Konstruktionsflächen (KGF)** wie Wände, Pfeiler und Schächte erfasst. Es muss daher im Mietvertrag zumindest klargestellt werden, ob die NGF oder die BGF innerhalb der DIN 277 maßgeblich sein soll.

33 Da das Mietobjekt noch nicht errichtet ist und daher vom Mieter nicht besichtigt werden kann, kommt auch der Beschreibung des Mietobjektes, d.h. der Definition des Bau-Solls, große Bedeutung zu. Die Ausstattung des Mietobjektes insbesondere im Hinblick auf die **technische Gebäudeausrüstung** (Klimatisierung, Lüftung etc.) aber auch Ausstattungsdetails wie die Art von Trennwandstellungen (Systemtrennwände in Glas oder Gipskartonwände) ist nicht nur baukosten- und mietzinsrelevant. Eine vollständige, detaillierte und widerspruchsfreie Beschreibung des Mietgegenstandes ist auch deshalb wichtig, um spätere Streitigkeiten darüber zu vermeiden, was zu den vertraglich geschuldeten Leistungen des Vermieters gehört. Definiert wird dies üblicherweise in einer **„Bau- und Ausstattungsbeschreibung"**, die gleichfalls Anlage des Mietvertrages wird und beispielsweise in Gestalt eines sog. **Raumbuchs** die einzelnen Flächenarten des Mietobjektes (Büroflächen, Konferenzflächen, Teeküchen, Flure etc.) qualitätsmäßig beschreibt. Da in der Bau- und Ausstattungsbeschreibung nicht nur funktionale Anforderungen an das Mietobjekt festgehalten werden, sondern auch Ausstattungsmerkmale und Ausstattungsqualitäten definiert werden, kommt dieser im Rahmen der Mietvertragsverhandlung große Bedeutung zu.

II. Anlagen zum Mietvertrag

34 Als **zwingend notwendige Anlagen zum Mietvertrag** gehören:
- Pläne des Mietgegenstandes;
- vorläufige Mietflächenberechnung;
- Bau- und Ausstattungsbeschreibung.

35 Als weitere Anlage zum Mietvertrag sollte ein vorläufiger **Rahmenterminplan** mit nachstehenden Vorgaben bzw. Inhalten beigefügt werden:
- Darstellung der einzelnen Planungsprozesse mit Prüf- und Freigabefristen;
- Darstellung der Arbeitsvorbereitungs- und Vergabeprozesse;
- Darstellung der Bauprozesse;
- Darstellung der Abnahmeverfahren;
- Zwischen- und Endtermine der einzelnen Planungs- und Bauprozesse.

36 Mit Fortschreiten der Projektentwicklung wird auch ein detaillierter Bauzeitenplan erstellt werden können, sodass im Mietvertrag vereinbart werden sollte, dass zu ei-

nem bestimmten Zeitpunkt ein **Detailterminplan** ausgearbeitet wird. Dieser sollte alle wesentlichen Vorgänge des Bauablaufs, die für die Mieterbelange relevant sind, beinhalten. Der Detailterminplan ist nach Bauteilen und Geschossen sinnvoll zu gliedern und sollte unter Berücksichtigung folgender Inhalte aufgestellt werden:

- Liefertermine der Planung;
- Darstellung des Bauprozesses nach Gewerken;
- Aufzeigen wesentlicher Entscheidungspunkte, an denen der Mieter beteiligt werden soll;
- Bemusterungstermine;
- Angaben zu terminlichen Festsetzungen für Mietereinbauten vor Abnahme und Übergabe des Mietobjektes;
- Termine für die behördlichen und werkvertraglichen Abnahmen;
- Termine für die Abnahme und Übergabe des Mietobjektes.

Der Detailterminplan sollte in Gestalt eines schriftformwirksamen **Nachtrags zum** 37
Mietvertrag verbindlicher Bestandteil des Mietvertrages werden. Die Terminpläne sind so aufzubauen, dass von beiden Vertragspartnern ein regelmäßiger Soll-/Ist-Vergleich durchgeführt werden kann. So ist insbesondere sichergestellt, dass der Mieter verpflichtet ist, notwendige Entscheidungen – z.B. hinsichtlich der Trennwandstellungen – so rechtzeitig zu treffen und dem Vermieter mitzuteilen, dass Bauverzögerungen vermieden werden.

III. Definition des Mietbeginns

Schwierigkeiten bereitet häufig auch die mietvertragliche **Definition des Mietbe-** 38
ginns. Da dieser von der Fertigstellung des Mietobjektes abhängt, können –gerade in einer Frühphase der Projektentwicklung – noch Unwägbarkeiten in Hinblick auf Genehmigungsdauer und Bauzeitverzögerungen bestehen. Interesse des Vermieters wird daher sein, lediglich unverbindliche Übergabetermine zu vereinbaren. Da der Mieter jedoch meist – z.B. aufgrund Beendigungs- und Kündigungsfristen seines Altmietvertrages – Planungssicherheit braucht und daher auf einen verbindlichen Übergabetermin bestehen wird, ist dies häufig nicht verhandelbar, sodass Aufgabe sein muss, Regelungen zu treffen, die beiden Vertragsparteien gerecht werden.

Bewährt hat es sich, im Mietvertrag für die Übergabe und den Mietbeginn ein 39
Zeitfenster zu benennen, d.h. beispielsweise jeweils einen **frühesten, voraussichtlichen und spätesten Übergabetermin** zu vereinbaren. Bezüglich des endgültigen Übergabetermins kann dann vorgesehen werden, dass der Monat, die Woche und der Tag der Übergabe vom Vermieter innerhalb bestimmter Fristen zu benennen ist. Dies ermöglicht dem Vermieter, auf Verzögerungen im Bauablauf zu reagieren und den endgültigen Übergabetermin verschieben zu können.

Formulierungsmuster

„Die Übergabe des Mietobjektes erfolgt voraussichtlich in der Zeit vom 1. März 2015 („frühester Übergabetermin") bis 1. November 2015 („spätester Übergabetermin"). Den genauen Übergabetermin („verbindlicher Übergabetermin") wird der Vermieter dem Mieter mindestens drei Monate vorher schriftlich mitteilen."

40 Weit verbreitet ist bei der Vermietung vom Reißbrett auch die Regelung, dass der Mietbeginn und damit auch die Festlaufzeit des Mietvertrages an einen **fiktiven Übergabetermin** anknüpft:

Formulierungsmuster

„Das Mietverhältnis und damit die Pflicht zur Zahlung des Mietzinses beginnt mit der Übergabe des Mietobjektes. Verzögert sich die Übergabe des Mietobjektes durch Änderungswünsche des Mieters oder durch nicht rechtzeitige Vorlage der für den Mieterausbau erforderlichen Pläne und Informationen beginnt das Mietverhältnis mit dem Tag, an dem das Mietobjekt ohne diese Änderungswünsche bzw. bei rechtzeitigem Vorliegen der Unterlagen und Informationen übergeben worden wäre. Gerät der Mieter mit der Übernahme des Mietobjektes in Verzug, so beginnt das Mietverhältnis mit Eintritt des Annahmeverzuges."

41 Mit dieser Regelung sichert sich der Vermieter gegen vom Mieter zu vertretene Verzögerungen der Übergabe des Mietobjektes ab und stellt sicher, dass das Mietverhältnis ggf. auch schon vor der tatsächlichen Übergabe des Mietobjektes beginnt. Bedenken, eine solche Regelung verstoße gegen das **Schriftformgebot** des § 550 BGB, weil der Mietbeginn nicht hinreichend bestimmbar sei, hat der BGH ausdrücklich ausgeräumt.[6] Hiernach erfordert der Schutzgedanke des § 550 BGB nicht, dass sich der konkrete Zeitpunkt des Mietbeginns unmittelbar aus der Vertragsurkunde entnehmen lässt. Die Schriftform werde nicht dadurch infrage gestellt, dass die Vereinbarung über den Vertragsbeginn auslegungsbedürftige Begriffe enthält oder die Feststellung, ob die Umstände, an die die Parteien den Vertragsbeginn geknüpft haben, tatsächlich auch eingetreten sind. Ausreichend ist, dass für einen möglichen Erwerber des Mietobjektes aus der schriftlich niedergelegten Vereinbarung die für den Vertragsbeginn maßgeblichen Umstände so genau zu entnehmen sind, dass er beim Vermieter oder Mieter entsprechende Nachforschungen anstellen kann.

42 Vorsicht ist bei der Benennung eines verbindlichen Übergabetermins geboten. So kann sich die Übergabe auch aus Gründen verzögern, die in der Risikosphäre des Vermieters liegen. Zu denken ist hierbei nicht nur an höhere Gewalt, Schlechtwetter und Streik, sondern auch an Insolvenzen beteiligter Bauunternehmen. Im Mietvertrag sollte klargestellt werden, dass solche Verzögerungen nicht vom Vermieter zu vertreten sind. Auch ist denkbar, mögliche Schadensersatzansprüche des Mieters

6 BGH, Urt. v. 24.7.2013 – XII ZR 104/12 –.

auf vorsätzliches oder grob fahrlässiges Verhalten des Vermieters zu beschränken oder betragsmäßig zu begrenzen bzw. bestimmte Schäden – z.B. entgangenen Gewinn – vom Ersatzanspruch auszuschließen. Sofern dies nicht verhandelbar ist, sollte der späteste Übergabetermin in Abstimmung mit den bauausführenden Firmen und einem etwaigen **Projektsteuerer** so gewählt werden, dass er gewisse Zeiträume für Bauverzögerungen beinhaltet, um die hiermit für den Vermieter verbundenen Risiken zu minimieren.

IV. Vereinbarung von Rücktrittsrechten

Die **mietrechtlichen Gewährleistungsvorschriften der §§ 536ff. BGB** kommen erst zur Anwendung, wenn das Mietobjekt an den Mieter **übergeben** worden ist.[7] Dies setzt voraus, dass der Vermieter alle Schlüssel übergibt und den Mieter in die Lage versetzt, das Mietobjekt vertragsgemäß nutzen zu können.[8] Vor Überlassung des Mietobjektes an den Mieter kommt daher grundsätzlich nur die verschuldensabhängige Haftung des Vermieters nach dem **allgemeinen Leistungsstörungsrecht**, wie etwa §§ 275ff., 311a und 320ff. BGB in Betracht. 43

Aufgrund der rechtlichen und praktischen Ungewissheiten bei der Vermietung vom Reißbrett sollten die **Rechtsfolgen bei unmöglicher oder verspäteter Übergabe des Mietobjektes** im Mietvertrag geregelt werden. Interesse des Vermieters sollte sein, die für ihn mit der Realisierung des Bauvorhabens noch verbundenen Risiken wie beispielsweise bezüglich Finanzierung, Genehmigungsfähigkeit und Baufortschritt durch Rücktrittsrechte oder aufschiebende bzw. auflösende Bedingungen im Mietvertrag abzusichern. Auf der anderen Seite wird – gerade in einem frühen Projektstadium – allerdings auch der Mieter auf **Rücktrittsrechte** bestehen, um nicht unverhältnismäßig lange an den Mietvertrag gebunden zu sein und sich rechtzeitig nach einem anderen Mietobjekt umsehen zu können, wenn feststeht, dass das Bauvorhaben nicht realisiert werden kann. 44

Vor diesem Hintergrund werden im Mietvertrag angemessene Regelungen gefunden werden müssen, die den Interessen beider Parteien gerecht werden. Es sollte im Mietvertrag zwischen den Rücktrittsrechten differenziert werden, die **beiden Vertragspartnern**, die dem **Vermieter** und denjenigen, die dem **Mieter** zustehen. Diese Differenzierung sollte davon abhängig gemacht werden, in wessen Verantwortungsbereich der Rücktrittsgrund liegt. Umstände, die von Entscheidungen Dritter abhängig sind (beispielsweise finanzierenden Banken oder Baugenehmigungsbehörden), sollten dem Vermieter oder beiden Vertragspartnern ein Rücktrittsrecht geben. Zeitliche Verzögerungen der Übergabe des Mietobjektes, die allein vom Ver- 45

7 BGH, Urt. v. 18.6.2007 – XII ZR 192/95 –.
8 Schmidt-Futterer/*Eisenschmid*, § 536 Rn 15.

mieter zu vertreten sind, wie beispielsweise durch eine verspätete Bauantragsstellung oder einem verspäteten Baubeginn, sollte hingegen kein Rücktrittsrecht des Mieters zur Folge haben, es sei denn, dass sich die Übergabe über einen langen Zeitraum verzögert und unsicher ist, ob es überhaupt zu einer Realisierung des Bauvorhabens kommt.

Formulierungsmuster
„Wird das Mietobjekt von dem Vermieter nicht spätestens 12 Monate nach dem verbindlich vereinbarten Übergabetermin an den Mieter übergeben, so ist der Mieter berechtigt, binnen einer Frist von 4 Wochen von diesem Vertrag zurückzutreten. Schadensersatzansprüche sind ausgeschlossen."

---

46 Große Sorgfalt ist generell bei der Definition der zeitlichen Grenzen von Rücktrittsrechten walten zu lassen, damit diese zwar nicht zu früh greifen, aber auch nicht zu lange ausgeübt werden können, um einen unnötigen Schwebezustand des Mietvertrages zu vermeiden.

47 Sofern Rücktrittsrechte zu einem sehr frühen Zeitpunkt bestehen, beispielsweise bei Nichterteilung der Baugenehmigung, sollte im Mietvertrag vereinbart werden, dass die beidseitigen Rücktrittsrechte sanktionslos bleiben, d.h. keine Schadens- oder Aufwendungsersatzansprüche des Mieters nach sich ziehen. Da dem Mieter in diesem Fall in der Regel genügend Zeit verbleibt, sich nach einem Alternativobjekt umzusehen, dürfte dies auch angemessen und damit verhandelbar sein. Falls nicht, könnte vereinbart werden, dass dem Mieter zumindest die mit dem Vertragsabschluss verbundenen Kosten erstattet werden.

V. Änderungsvorbehalte des Vermieters

48 Da das Mietobjekt noch nicht fertiggestellt ist, kann sich sowohl aus der Genehmigungs- als auch der Ausführungsplanung für den Vermieter die Notwendigkeit ergeben, das geplante Gebäude nach Mietvertragsunterzeichnung zu ändern. Unter Umständen kann auch durch einen noch zwingend durchzuführenden Architekturwettbewerb das Gebäude eine architektonische Gestaltung erfahren, die eine **Änderung der Pläne und der Bau- und Ausstattungsbeschreibung** erforderlich macht. Häufig ist daher zum Mietvertragsabschluss lediglich eine funktionale Darstellung des Mietobjektes möglich. Es ist dann zwingend erforderlich, im Mietvertrag festzustellen, dass das vom Vermieter gemäß Pläne und Baubeschreibung beschriebene Bausoll im Zuge der Bauantragsplanung und des Baufortschritts durch eine Fortschreibung der Planung konkretisiert wird. Aber auch die **Ausführungsplanung** kann Auswirkungen auf das Mietobjekt haben. So kann sich durch die Verschiebung oder Vergrößerung von Versorgungsschächten die Mietfläche ändern oder durch Änderungen innerhalb der Haustechnik der in der dem Mietvertrag beigefüg-

ten **Bau- und Ausstattungsbeschreibung** definierte Leistungsumfang nicht mehr zutreffen.

Der Mieter wird Wert darauf legen, über solche Änderungen informiert zu werden und diesen zustimmen zu müssen. Auch wenn ein einseitiges Bestimmungsrecht des Vermieters nicht sachgerecht ist, sollte der Mieter nur aus wichtigem Grund berechtigt sein, seine Zustimmung zu verweigern. Auch sollte eine **Zustimmungsfiktion** vereinbart werden für den Fall, dass sich der Mieter nicht innerhalb bestimmter Fristen äußert, um Behinderungen im Bauablauf zu vermeiden. Dementsprechend ist der Mieter im Mietvertrag darauf hinzuweisen, dass es zu solchen Änderungen kommen kann und er verpflichtet ist, diesen zuzustimmen, sofern der im Mietvertrag vereinbarte **Mietzweck gewährleistet** bleibt, die **Mietflächenabweichung unwesentlich** und der im Mietvertrag und seinen Anlagen definierte **Qualitätsstandard** des Mietobjektes **erhalten** bleibt. Damit wird sichergestellt, dass vom Mieter aufgrund solcher Abweichungen keine mietrechtlichen Gewährleistungsansprüche geltend gemacht werden können. 49

Formulierungsmuster

„Da das Mietobjekt noch nicht errichtet ist, kann sich aus Sicht des Vermieters die Notwendigkeit oder Zweckmäßigkeit von Änderungen des Mietobjektes ergeben. Der Vermieter behält sich daher Änderungen der dem Mietvertrag als Anlage ... beigefügten Bau- und Ausstattungsbeschreibung ausdrücklich vor. Änderungen bedürfen der ausdrücklichen schriftlichen Zustimmung des Mieters nur dann, soweit sich diese Änderungen auf die Mietflächen des Mieters beziehen und sich entweder die Mietfläche um mehr als ...% verändert oder sich die Qualität des Mietobjektes nicht nur unwesentlich mindert, oder die Gebrauchstauglichkeit des Mietobjektes nicht nur unwesentlich eingeschränkt wird, oder sich die zu erwartenden Nebenkosten nicht nur unwesentlich erhöhen. Änderungen, die von der Bauaufsichtsbehörde oder sonstigen Behörden gefordert werden, kann der Vermieter ohne Zustimmung des Mieters durchführen."

VI. Änderungswünsche des Mieters

Vorteil der Vermietung vom Reißbrett für den Mieter ist, dass das Mietobjekt an seine individuellen Bedürfnisse angepasst werden kann. Aufgrund des häufig langen Zeitraumes zwischen Mietvertragsunterzeichnung und Mietbeginn wird der Mieter erst nach Unterzeichnung des Mietvertrages verbindliche Aussagen zur **Belegungsplanung** und damit zur Lage von Trennwänden und Türen machen können. In der Regel wird der Mieter auch nach Mietvertragsunterzeichnung Sonderwünsche haben, sei es, dass er die Ausstattung ändern (z.B. Parkett- statt Teppichböden) oder ergänzen möchte (z.B. Klimatisierung von Büro- oder Besprechungsräumen). 50

Der Vermieter wird dem Mieter dieses Recht einräumen, um diesem eine frühzeitige Unterzeichnung des Mietvertrages zu ermöglichen. **Mietersonderwünsche**, die nach Mietvertragsunterzeichnung geäußert werden, sind für den Vermieter allerdings mit dem Risiko verbunden, dass der Bauablauf gestört und damit der ver- 51 traglich vereinbarte Fertigstellungstermin gefährdet sein kann. Auch muss sichergestellt sein, dass der Vermieter Sonderwünsche des Mieters überhaupt im **Bauablauf** berücksichtigen kann, was entsprechende vertragliche Regelungen mit den mit der Bauausführung beteiligten Firmen (Generalunternehmer oder jeweilige Einzelgewerks-Unternehmen) erfordert. Des Weiteren muss sichergestellt sein, dass der Mieter die mit den Sonderwünschen verbundenen zusätzlichen Planungs- und Herstellungskosten trägt.

52 Diesen Risiken muss mit detaillierten Regelungen im Mietvertrag Rechnung getragen werden.

1. Definition der Mietersonderwünsche

53 Zunächst ist zu definieren, in welchen **Bereichen bzw. Gewerken** überhaupt Mietersonderwünsche möglich sind. So muss sichergestellt sein, dass Sonderwünsche keine Auswirkungen auf andere Mietbereiche haben, d.h. nur den Mietbereich des Mieters tangieren dürfen. Ferner muss der Zeitpunkt festgelegt werden, bis zu dem überhaupt Mietersonderwünsche in den Bauablauf integriert, d.h. berücksichtigt werden können, und Fristen für deren Beauftragung definiert werden, damit es im Bauablauf nicht zu Verzögerungen oder Behinderungen kommt. Zwecks Dokumentation von baulichen Änderungen sollte – auch vor dem Hintergrund des Schriftformerfordernisses – das **Änderungsmanagement** auf der Basis im konkreten Fall auszufüllender und von beiden Vertragsparteien zu unterzeichnender Formulare erfolgen, die spätestens bei Übergabe des Mietobjektes Gegenstand und Anlage eines schriftformgerechten Nachtrages zum Mietvertrag werden sollten.

Formulierungsmuster

„Wenn der Mieter eine Änderung der vom Vermieter zu erbringenden Leistungen wünscht, hat er dies dem Vermieter schriftlich unter Beifügung einer nachvollziehbaren Darstellung von Inhalt und Umfang der beabsichtigten Änderung mitzuteilen (Änderungswünsche). Der Vermieter teilt dem Mieter innerhalb einer Frist von ... Wochen nach Eingang des Änderungswunsches unter Verwendung des Entscheidungsvorlageformulars Anlage ... mit, welche zeitlichen und finanziellen Auswirkungen mit dem Änderungswunsch sowie gegebenenfalls welche Änderungen der Mietfläche damit verbunden sind (verbindliches Angebot). Änderungswünsche in Bezug auf die Fassade des Gebäudes, die tragende Konstruktion des Baukörpers und die Haustechnik sind ausgeschlossen. Ausgeschlossen sind Änderungswünsche auch dann, sofern sich diese auf Bereiche außerhalb der Mietflächen des Mieters auswirken, oder Auswirkungen auf die Fertigstellung anderer Mietflächen haben können. Der Mieter hat sich innerhalb von zwei Wochen nach Eingang des verbindlichen Angebotes des Vermieters verbindlich schriftlich zu erklären, ob er den Änderungswunsch aufrechterhält und das verbindliche Angebot annimmt."

2. Regelungen zu Mehr- und Minderkosten

54 Für die durch Änderungswünsche des Mieters entstehenden **Mehr- oder Minderkosten** bedarf es klarer Festlegungen im Vertrag für die Kostenermittlung und -er-

stattung. Da Sonderwünsche des Mieters für den Vermieter mit Planungsaufwand und Planungskosten verbunden sind, sollten hierfür entsprechende **Zuschläge** bereits im Mietvertrag definiert werden. Auch muss sichergestellt sein, dass der Vermieter, etwaige Zuschläge des Generalunternehmers im Rahmen des Änderungsmanagements an den Mieter weiterbelasten kann. Sofern der Mieter wünschen sollte, die Mehr- oder Minderkosten für Sonderwünsche auf die Miete umlegen zu dürfen, ist die Berechnung und Ermittlung der Miete im Mietvertrag darzulegen, sei es in Form einer Berechnungsformel oder eines Berechnungsbeispiels. Allerdings sollten hierfür Grenzen vereinbart werden, damit sichergestellt ist, dass sich der Mietzins nur in einem bestimmten Rahmen erhöhen bzw. ermäßigen kann, d.h. marktüblich bleibt.

Regelungsbedürftig ist auch der Fall, dass der Mieter den Änderungswunsch 55
nicht aufrechterhält, so beispielweise dann, wenn ihm die Kosten zu hoch sind.

Formulierungsmuster
„Hält der Mieter den Änderungswunsch nicht aufrecht, hat er dem Vermieter die mit der Erstellung des verbindlichen Angebotes verbundenen Kosten zu erstatten."

Um den mit Änderungswünschen verbundenen Aufwand für den Vermieter zu mi- 56
nimieren und das Kostenrisiko des Mieters zu reduzieren, kann erwogen werden, dem verbindlichen Angebot eine **Kostenschätzung** voranzustellen.

Formulierungsmuster
„Bei komplexen Änderungswünschen ist der Vermieter berechtigt, zunächst eine Kostenschätzung vorzulegen. Nach Vorlage der Kostenschätzung wird der Mieter dem Vermieter innerhalb einer Woche mitteilen, ob er auch ein verbindliches Angebot wünscht, dass der Vermieter dann innerhalb einer Frist von ... erstellen lassen wird."

VII. Mietereinbauten und Mieterausbauleistungen

Gerade bei Einzelhandels- und Gastronomieimmobilien ist es üblich, dass umfang- 57
reichere **Ausbauarbeiten** – auch im Rahmen der Technischen Gebäudeausstattung – **durch den Mieter** bzw. durch vom Mieter direkt beauftragte Unternehmen ausgeführt werden, das heißt dem Mieter unter Umständen nur ein sog. **„veredelter Rohbau"** übergeben wird. Aber auch bei Büromietern gibt es mieterspezifische Ausbauten wie beispielsweise IT-Verkabelung, Sicherheitstechnik, Medientechnik, Ausstattung von Empfangsbereichen oder Einbaumöbel. Insbesondere eine Vermietung vom Reißbrett ermöglicht hierzu flexible vertragliche Gestaltungen.

1. Zeitpunkt der Mietereinbauten

58 Zunächst ist vertraglich festzulegen, ob dem Mieter gestattet wird, diese Leistungen bereits **vor der Übergabe** des Mietobjektes, d.h. parallel zur Bauausführung des Vermieters erbringen zu lassen, sodass das Mietobjekt zum Übergabetag bereits uneingeschränkt nutzbar ist. Insbesondere die Vermietung vom Reißbrett gibt die Möglichkeit, dem Mieter entsprechende Rechte einzuräumen.

2. Definition der Mietereinbauten

59 Des Weiteren sind die Ausbauleistungen des Mieters im Mietvertrag oder in einer Anlage zum Mietvertrag klar zu definieren, sodass sowohl das Leistungs-Soll des Vermieters als auch das des Mieters eindeutig feststehen. Die **Schnittstelle zwischen Vermieter- und Mieterleistung** muss klar definiert sein. Dies gilt insbesondere dann, wenn der Mieter in die Gebäudetechnik eingreift oder der Mieter (wie z.B. bei der Vermietung veredelter Rohbauflächen) umfangreiche Ausbauarbeiten selber vornehmen lässt.

Formulierungsmuster
„Der Mieter darf im Rahmen des Innenausbaus nicht in die Statik des Gebäudes eingreifen. Anschlüsse an Haussysteme (Klimatisierung, Abfluss- und Versorgungseinrichtungen, Energie, Wasser etc.) sind im Verantwortungs- und Leistungsbereich des Mieters und sind von Fachfirmen zu installieren. Der Innenausbau muss den einschlägigen gesetzlichen, behördlichen und technischen Vorschriften, Regeln und Bestimmungen (wie z.B. DIN, VDS, VDI) genügen."

---

60 Auch wenn die entsprechenden Bauleistungen im Verantwortungsbereich des Mieters liegen, sollte er verpflichtet werden, dem Vermieter Ausführungspläne und Revisionsunterlagen zur Verfügung zu stellen. Dies ist insbesondere dann sinnvoll, wenn zum Zeitpunkt der Beendigung des Mietverhältnisses keine Rückbauverpflichtung für den Mieter vereinbart wird. Auch ist zu überlegen, sich **Gewährleistungsansprüche** gegen bauausführende Bauunternehmen abtreten zu lassen und Regelungen zur **Instandhaltung und Instandsetzung** während der Mietzeit und zum **Rückbau** bei Beendigung des Mietverhältnisses zu treffen.

Formulierungsmuster
„Nach Abschluss der Arbeiten ist der Mieter verpflichtet, dem Vermieter die Bestandspläne des Innenausbaus zur Verfügung zu stellen und die Gewährleistungsansprüche gegen die ausführenden Bauunternehmer abzutreten, soweit der Innenausbau Haussysteme und Versorgungseinrichtungen betrifft, die nicht nur dem Mietobjekt dienen. Instandhaltung, Instandsetzung und Ersatzbeschaffung der Mietereinbauten obliegen dem Mieter. Eine Verpflichtung zum Rückbau besteht bei Beendigung des Mietverhältnisses nicht."

---

61 Es ist sicherzustellen, dass die Arbeiten des Mieters den **Bauablauf** des Vermieters nicht **behindern.** Vor diesem Hintergrund ist vertraglich zu regeln, wann diese Mie-

terausbauarbeiten und Mietereinbauten erfolgen können. Da dies zum Mietvertragsabschluss noch nicht wochengenau bestimmbar sein wird, bietet es sich an, zunächst – z.B. in einem **Rahmenterminplan** – ein Zeitfenster vorzugeben, dass der Vermieter dann im Laufe des Baufortschritts konkretisiert. Des Weiteren sollte vor Beginn der Arbeiten des Mieters eine **Vorbegehung** der betreffenden Bereiche mit Protokollierung erfolgen, um den Zustand des Mietobjekts zu Beginn der Mieterausbauleistungen zu dokumentieren.

3. Nominated Subcontractor

Bei umfangreicheren Mieterausbauarbeiten und Mietereinbauten, die in Gewerke 62 des Vermieters eingreifen, kann es aus Gründen der Kompatibilität vorteilhaft oder gar zwingend erforderlich sein, dass diese vom Vermieter koordiniert und auch beauftragt werden. Der Mieter wird ggf. auch darauf Wert legen, dass die betreffenden Arbeiten von Unternehmen seiner Wahl geplant und ausgeführt werden. Diesem Wunsch kann dadurch Rechnung getragen werden, dass der Mieter das Recht erhält, dem Vermieter „**Nominated Subcontractors**" (vom Mieter ausgewählte Subunternehmen) vorzugeben. In diesem Fall werden dem Vermieter bzw. dessen Generalunternehmer seitens des Mieters bestimmte Unternehmen vorgegeben, die als **Subunternehmer** für bestimmte Gewerke zu beauftragen sind. Der Mieter verhandelt mit diesen den Werkvertrag bis zur Unterschriftsreife und reicht diesen dann zur Unterzeichnung, d.h. Beauftragung, an den Vermieter weiter. Für den Mieter hat dieses Verfahren den Vorteil, dass er den vollen Einfluss auf die Auswahl von Leistungserbringern von für ihn relevanten Leistungsbereichen behält, die Verantwortung für die Koordination dieser Leistungsbereiche und deren Integration in den Bauablauf für eine termingerechte Leistungserbringung aber auf den Vermieter übertragen wird.[9] Für den Vermieter hat dieses Verfahren den Vorteil, dass er die Hoheit über die Baustelle behält und nicht riskiert, dass Bauhandwerker des Mieters den Bauablauf stören bzw. die Bauhandwerker oder der Generalunternehmer des Mieters solche Behinderungen behaupten. Um auch in diesen Fällen einen ungestörten Bauablauf und eine interessengerechte Kosten- und Risikoverteilung zu gewährleisten, bedarf es dezidierter Regelungen im Mietvertrag. So ist vertraglich sicherzustellen, dass die Kostenerstattung durch den Mieter erfolgt und dieser auch für Mängelverfolgung, Instandhaltung und Instandsetzung verantwortlich bleibt. Letzteres lässt sich rechtlich durch eine Abtretung der dem Vermieter gegenüber dem Nominated Subcontractor zustehenden Ansprüche realisieren. Für die Koordination und Risikoübernahme sollte der Mieter verpflichtet werden, einen fest vereinbarten Prozentsatz am Volumen der Subunternehmerleistung an den Vermieter

9 Schäfer/Conzen/*Weiss*, S. 382.

zu zahlen. Ferner sollte zugunsten des Vermieters ein Ablehnungsrecht für den Fall vereinbart werden, dass er oder sein Generalunternehmer Bedenken an der fachlichen Eignung des vom Mieter benannten Nominated Subcontractor hat.

D. Mitwirkungsrechte und -pflichten des Mieters

I. Einbindung in den Bauablauf

63 Es sollte im Mietvertrag klargestellt werden, dass das Mietobjekt vom Vermieter in alleiniger Verantwortung nach den Bestimmungen des Mietvertrages geplant und errichtet wird und der Mieter **kein Weisungsrecht** gegenüber den vom Vermieter beauftragen **Projektbeteiligten** (Projektsteuerung, Planer, Fachplaner, Gutachter sowie an der Bauausführung beteiligte Unternehmen wie Generalunternehmer und Einzelunternehmer) hat. Dennoch empfiehlt sich eine offene, kooperative und partnerschaftliche Zusammenarbeit zwischen Mieter und Vermieter und deren Projektbeteiligten, die auch im Mietvertrag wiedergespiegelt werden sollte.

64 In einem **Projektorganisationshandbuch** können u.a. die einzelnen Besprechungen, deren Teilnehmerkreis, deren Besprechungszyklus und die Art des Protokollwesens einvernehmlich zwischen Vermieter und Mieter frühzeitig vereinbart werden.

65 Der Vermieter sollte den Mieter auch in regelmäßigen **Mieter-Jour-Fix-Terminen** über den mieterrelevanten Bauablauf und die zu treffenden Entscheidungen unterrichten.

66 Besichtigungen der Baustelle sind vom Mieter rechtzeitig dem Vermieter und der verantwortlichen Bauleitung anzukündigen. Den Anweisungen des Sicherheits- und Gesundheitskoordinators und der verantwortlichen Bauleitung sind vom Mieter Folge zu leisten.

II. Informationspflichten oder Planfreigabeverfahren in den einzelnen Planungsstufen in Anlehnung an die HOAI

67 Im Mietvertrag kann vorgesehen werden, dass der Mieter über die Fortschreibung der Planung des Mietobjektes informiert wird oder – darüber hinausgehend – der Mieter die jeweilige Planung des Vermieters freigeben muss („**Planfreigabeverfahren**“), bevor der Vermieter mit der Umsetzung beginnt.

68 Im Einzelfall wird dies davon abhängig sein, in welchem Umfang der Mieter in die Planung und Errichtung des Gebäudes eingebunden werden möchte. Für den Vermieter kann eine Planfreigabe des Mieters insbesondere dann sinnvoll sein, wenn es sich um Gewerke oder Leistungen handelt, die von oder mit dem Mieter geplant wurden oder auf dessen Sonderwünsche zurückgehen. Potenzielle Streit-

punkte oder Meinungsverschiedenheiten lassen sich auf diesem Wege bereits vor Übergabe des Mietobjektes ausräumen.

Um auch hier die notwendige Abstimmung zu strukturieren, sollte im Mietvertrag vorgesehen werden, dass nach Abschluss der einzelnen Planungsstufen der HOAI, wie der Entwurfsplanung, der Genehmigungsplanung und der Ausführungsplanung sowie der dazugehörenden Detail- und Montageplanung, dem Mieter bzw. seinen fachlichen Vertretern die jeweiligen Planungsergebnisse zu erläutern und zur Prüfung und interne Abstimmung zur Verfügung zu stellen sind. 69

Wichtig ist, eine angemessene **Planprüfungsfrist** von mindestens 14 Arbeitstagen für den Mieter bzw. seinen fachlichen Vertretern im Mietvertrag festzuschreiben. Auch sollte vereinbart werden, dass die Zustimmung als erteilt gilt, wenn der Mieter die Planung nicht innerhalb dieser Frist freigibt. Nur so lassen sich Störungen im Bauablauf vermeiden. 70

Der jeweilige Planprüfungsprozess bzw. das Planfreigabeverfahren muss bereits im Rahmenterminplan entsprechend berücksichtigt werden. Die Prüfergebnisse mit eventuell erforderlichen Planungsänderungen sind auch eindeutig zu dokumentieren und etwaige Änderungswünsche des Mieters in einem gesonderten Protokoll eindeutig und nachvollziehbar zu beschreiben. 71

Ändert der Vermieter bzw. die von ihm beauftragten Projektbeteiligten die vom Mieter freigegebene Planung, so besteht eine rechtzeitige Informationspflicht an den Mieter. Dem Mieter sollte hier wiederum eine angemessene Frist von mindestens 14 Kalendertagen zur Prüfung und Zustimmung bzw. Ablehnung der Planungsänderung eingeräumt werden. 72

Den Mietvertragsparteien muss aber bewusst sein, dass ein Planfreigabeverfahren für Vermieter und Mieter nicht nur mit Aufwand, sondern auch mit Risiken verbunden ist. Der Mieter übernimmt insoweit nicht nur Bauherrenrechte, sondern auch Bauherrenpflichten. Um Verzögerungen im **Bauablauf** zu vermeiden, ist es unabdingbar, vertragliche Regelungen für den Fall vorzusehen, dass Meinungsverschiedenheiten hinsichtlich der Planfreigabe bestehen. Wird ein **„Letztentscheidungsrecht" des Vermieters** vom Mieter nicht akzeptiert, bietet sich an, dass ein **Sachverständiger** als Dritter entscheidet. Bestätigt dieser die Auffassung des Vermieters, wird der Mieter allerdings die Konsequenzen der zeitlichen Verzögerung tragen müssen. Vor diesem Hintergrund sollte eine Planfreigabe durch den Mieter auf Ausnahmefälle beschränkt bleiben. 73

III. Bemusterungen sowie Freigabe von Fabrikaten und Materialien

Im Mietvertrag bzw. der dem Mietvertrag beigefügten Bau- und Ausstattungsbeschreibung sollten alle vom Mieter zu bemusternden **Bauteile und Bauelemente** eindeutig festgelegt und das jeweilige **Bemusterungsverfahren** beschrieben werden. 74

75 Die Bemusterungen können anhand von Produktbeschreibungen, Handmustern, großflächigen Mustern oder Musterräumen erfolgen. Die vertraglich vereinbarte Qualitätsbeschreibung definiert den Umfang der durchzuführenden Bemusterungen.

76 Einzelne Bemusterungen von Bauteilen und Bauelementen sollten sinnvoll zusammengelegt werden. So macht es Sinn, die vorgesehenen Materialien, Farb- und Oberflächengestaltungen der Außenfassaden zu einem **Bemusterungstermin** zusammenzufassen, ebenso die Gestaltung der Innenbereiche des Mietobjektes z.B. anhand eines Musterbüros, Musterzimmers und Musterflures. Bemusterungstermine sind im Rahmenterminplan zu berücksichtigen, damit sich die Projektbeteiligten auf die bevorstehenden Entscheidungsprozesse vorbereiten können. Bemusterungen sind so rechtzeitig durchzuführen, dass die Prozesse zur Arbeitsvorbereitung und Baudurchführung nicht behindert werden.

77 Dem Mieter sollte nach durchgeführter Bemusterung jeweils eine Frist zur endgültigen Entscheidung von etwa 14 Arbeitstagen eingeräumt werden, um eventuell erforderliche **Nachbemusterungen** ohne unnötigen Zeitdruck durchführen zu können.

78 Die Ergebnisse der Bemusterungen sind eindeutig zu dokumentieren und zu protokollieren. Die **Bemusterungsprotokolle** sind von den Beteiligten zu unterzeichnen. Die vom Mieter freigegebenen Muster sollten möglichst bis zur Abnahme bzw. Übergabe des Mietgegenstandes gesichert bzw. aufbewahrt werden, um bei Meinungsstreitigkeiten herangezogen werden zu können.

IV. Beteiligung des Mieters bei den Verhandlungen der Wartungsverträge bzw. Ausschreibung von FM-Dienstleistern

79 Gerade Großmietern von Büroimmobilien kann es wichtig sein, zum Zwecke der Minimierung späterer Betriebskosten frühzeitig in die **Ausschreibung von Facility Management (FM)-Dienstleistungen und/oder wesentlichen Wartungsverträgen** eingebunden zu werden. Auch hier sind unterschiedliche vertragliche Ausgestaltungen denkbar, die von bloßen Informationspflichten des Vermieters bis zum Entscheidungsrecht des Mieters reichen können. Zu diesem Zwecke sollte in der Planungsphase vor Mietvertragsunterzeichnung zunächst eine Zusammenstellung der für den Betrieb und für die Unterhaltung erforderlichen Wartungsverträge erfolgen und im Rahmen der Vorbereitung des Ausschreibungsverfahrens für die einzelnen Wartungsleistungen oder des FM-Vertrages der Umfang und die Qualität der einzelnen Wartungsbereiche festgelegt werden. Wartungsangebote zu den entsprechenden Bereichen sind vom Vermieter in den Ausschreibungs- und Verhandlungsverfahren bereits zu berücksichtigen.

V. Übergabe des Mietobjektes

Die **Übergabe des Mietobjektes** bedarf bei noch zu errichtenden Immobilien wesentlich komplexerer Regelungen als bei Bestandsimmobilien. Der Mietvertrag sollte vorsehen, dass die Übergabe des Mietobjektes förmlich zu erfolgen hat und in diesem Zusammenhang ein gemeinsames **Übergabeprotokoll** zu erstellen ist, in dem alle Regelungen und Feststellungen zur Übergabe eindeutig dokumentiert sind. Das Übergabeprotokoll ist vom Mieter und vom Vermieter zu unterzeichnen. 80

Bestandteile des Übergabeprotokolls sollten mindestens sein 81
- die Auflistung der zum Zeitpunkt der Übergabe festgestellten **Mängel** bzw. noch ausstehenden **Restleistungen** mit Angabe der gemeinsam vereinbarten Frist zur Erledigung der Beanstandungen;
- die **Bestand- und Revisionspläne** zum Mietgegenstand;
- die Auflistung der **Zähleinrichtungen** für Gas, Wasser, Strom etc. mit genauer Bezeichnung der Zählernummern und der Zählerstände zum Zeitpunkt der Übergabe des Mietobjektes;
- die vollständige Ausgabeliste der **Schlüssel, Code- bzw. Chipkarten** zum Schließsystem des Mietobjektes;
- die **Wartungs- und Pflegehinweise** zu den vom Mieter gemäß Mietvertrag zu wartenden, zu unterhaltenden bzw. zu pflegenden Anlagen, Einbauten und Materialien des Mietobjektes;
- die **Gefährdungsbeurteilung des Sicherheits- und Gesundheitskoordinators**. In der Gefährdungsbeurteilung müssen Schutzmaßnahmen beschrieben werden, die der Arbeitsstättenverordnung selbst und ihres Anhangs, aber auch dem Stand der Technik und der Arbeitsmedizin und Hygiene entsprechen;
- die Regelungen und die Hinweise, die zur Einhaltung der gesetzlichen Trinkwasserverordnung im Bereich des Mietobjektes erforderlich sind.

Vorbereitet werden sollte die Übergabe durch zeitlich mit ausreichendem Abstand vorgeschaltete **Vorbegehungen**, bei denen der Mieter frühzeitig Gelegenheit (aber auch die Verpflichtung) erhält, auf Mängel und fehlende Restleistungen hinzuweisen. Dies wiederum gibt dem Vermieter die Möglichkeit, zeitnah und rechtzeitig vor der Übergabe, diese Mängel zu beseitigen und die fehlenden Restleistungen zu erbringen. Im Rahmen der Vorbegehungen kann es auch erforderlich sein, bereits einzelne Teile des Mietobjektes versuchsweise in Betrieb zu nehmen, um eine vollständige Betriebsbereitschaft bei Übergabe des Mietobjektes sicherzustellen. Nicht zu unterschätzen sind – gerade bei größeren Mietobjekten – sowohl bei den Vorbegehungen als auch bei der Übergabe die einzuplanenden personellen Ressourcen. Wichtig ist daher, dies vorzeitig einzuplanen und die notwendigen Zeiträume im Rahmen- und Detailterminplan zu berücksichtigen. 82

Formulierungsmuster
„Zur Vorbereitung der Übergabe des Mietobjektes finden Vorbegehungen statt, die ... Wochen vor dem verbindlichen Übergabetermin beginnen. Die Vorbegehung beginnt mit den räumlichen Teilen, die der Vermieter als fertiggestellt gemeldet hat."

83 Wichtig ist, bereits im Mietvertrag zu definieren, in welchem Zustand das Mietobjekt zu übergeben ist, da Mängel und Restleistungen in der Baupraxis unausweichlich sind. Üblich ist hier der Begriff der „**Bezugsfertigkeit**".

Formulierungsmuster
„Bezugsfertigkeit bedeutet die Erstellung des Mietobjektes (ohne Bepflanzung der Außenanlagen) entsprechend den diesem Mietvertag als Anlage beigefügten Plänen und der Bau- und Ausstattungsbeschreibung, sodass es bezogen und von dem Mieter genutzt werden kann. Gegebenenfalls noch vorhandene Mängel und ausstehende Restleistungen, welche die vertragsgemäße Nutzung nicht wesentlich beeinträchtigen, stehen der Bezugsfertigkeit nicht entgegen."

84 Ferner sollte im Mietvertrag geregelt werden, in welchen Zeiträumen und auf welche Weise nach der Übergabe Mängel zu beseitigen und Restleistungen auszuführen sind, damit der Geschäftsbetrieb des Mieters nicht unzumutbar gestört wird, der Vermieter aber die notwendige Flexibilität behält.

85 Empfehlenswert ist es, das von beiden Vertragspartnern unterzeichnete Übergabeprotokoll vorsorglich auch zum Gegenstand eines separaten **Nachtrages zum Mietvertrag** zu machen. Abgesehen davon, dass auf diese Weise der ggf. an den Übergabetermin gekoppelte Mietbeginn schriftformgerecht dokumentiert wird, kann dieser Nachtrag zum Anlass genommen werden, auch – sofern noch nicht geschehen – die baulichen Veränderungen der Errichtungsphase, sei es aufgrund vermieterseitiger Änderungen oder Mietersonderwünschen, vertraglich festzuhalten.

Kapitel 4
AGB

A. Anwendbarkeit der AGB-Regelungen auf Gewerberaummietverträge

I. Eingeschränkte AGB-Kontrolle gegenüber Unternehmen und Personen des öffentlichen Rechts

Grundsätzlich findet das Recht der Allgemeinen Geschäftsbedingungen (**AGB**) auf 1
alle rechtsgeschäftlichen Schuldverhältnisse Anwendung, und damit auch auf **Mietverträge.** Uneingeschränkt gilt dies allerdings nur für Verträge zwischen einem Unternehmer und einem Verbraucher (Verbraucherverträge, § 310 Abs. 3 BGB). Bei der Verwendung von AGB **gegenüber Unternehmern** und **juristischen Personen des öffentlichen Rechts** (bzw. öffentlich-rechtliche Sondervermögen) gelten demgegenüber gem. § 310 Abs. 1 BGB nur die Regelungen des § 305 Abs. 1 BGB (Erfassung und Definition) und §§ 305a–307 BGB (Kontrollmaßstäbe und Rechtsfolgen), dagegen nicht die §§ 305 Abs. 2 und 3, 308, 309 BGB. Immerhin ist auf die im Handelsverkehr geltenden **Gewohnheiten und Gebräuche** angemessen Rücksicht zu nehmen (§ 310 Abs. 1 S. 2 Hs. 2 BGB). Diese Einschränkung der Schutzfunktion der AGB-Regelungen auf Verbraucher, unabhängig von der Position des AGB-Verwenders, entspricht dem grundsätzlichen Anliegen des Gesetzes, den Verbraucher im Geschäftsverkehr vor fremdbestimmten nachteiligen Abweichungen von der Gesetzeslage zu bewahren. Diese Fokussierung findet allerdings nur in Verbraucherverträgen statt. Im Übrigen gilt, dass unabhängig von der Erfahrung und Wirtschaftsmacht der Beteiligten nur die **Gegenseite des AGB-Verwenders** geschützt wird, nicht der Verwender selbst (vgl. unten Rn 11).

Unternehmer sind entsprechend der Legaldefinition in § 14 BGB alle natürlichen 2
und juristischen Personen, die in Ausübung ihrer gewerblichen oder selbstständig beruflichen Tätigkeit handeln. Unter die **gewerbliche Tätigkeit** fallen Handwerker, Kleingewerbetreibende und Landwirkte, auch Nebenerwerbspersonen; auf die Gewinnerzielung kommt es nicht an. Durch die Ergänzung auf beruflich Selbstständige sind auch alle **Freiberufler** erfasst (Ärzte, Architekten/Ingenieure, Rechtsanwälte, Steuerberater, Makler etc.). **Verbraucher** gem. § 13 BGB umfassen demgegenüber alle übrigen Personenkreise, die dementsprechend im **„privaten" Bereich** handeln. Dazu gehören z.B. auch die nicht-selbstständig beruflich Tätigen, aber auch die Verwalter eigenen Vermögens. Die öffentliche Hand, soweit sie nicht gewerblich/unternehmerisch tätig wird (so aber die öffentlich-rechtlichen Betriebe gewerblicher Art), wären ebenfalls als Verbraucher einzustufen. Durch ausdrückliche Nennung in § 310 Abs. 1 S. 1 BGB ist die **öffentliche Hand** (juristische Personen des öffentlichen Rechts und öffentlich-rechtliches Sondervermögen) im Hinblick auf die AGB-Rege-

lungen aber **Unternehmern gleichgestellt**, da der Gesetzgeber ihre Schutzbedürftigkeit in diesem Zusammenhang zu Recht als geringer eingeschätzt hat.

3 Entsprechend der hier verwendeten Definition von „**Gewerberaummietverträgen**" (s. Vorwort) handelt es sich dabei im Allgemeinen nicht um Verbraucherverträge, sodass die Anwendungseinschränkung des § 310 Abs. 1 S. 1 BGB im Regelfall zum Tragen kommt. Immerhin sind durchaus Fälle denkbar, in denen ein Gewerberaum (z.B. Kunstatelier, Werkstatt) zu privaten Zwecken angemietet wird (z.B. Hobby), ohne dass es sich um Wohnraum handelt. Nach der Vermutungsregel des § 344 Abs. 1 HGB gelten die von einem Kaufmann abgeschlossenen Mietverträge als für sein Gewerbe bestimmt. In entsprechender Anwendung wird man daher die von Unternehmern (und der öffentlichen Hand) abgeschlossenen Mietverträge als Gewerberaummietverträge ansehen können, sofern nicht im Einzelfall ein Wohnzweck ersichtlich ist. Dies ist auch schon dann der Fall, wenn die Unternehmereigenschaft erst noch geplant, aber noch nicht entstanden ist, der Abschluss des Mietvertrages aber schon diesem Zwecke dient, sog. Rechtsgeschäfte im Zuge der **Existenzgründung**.[1]

4 Entscheidend ist, ob die AGB-Verwendung gegenüber Unternehmern (bzw. der öffentlichen Hand) erfolgt oder ob auf der Gegenseite ein Verbraucher auftritt. Es kommt bei der Abgrenzung von Verbraucherverträgen also nicht auf die **Position des Verwenders** an, der die AGB „stellt" (zu den Anforderungen an das „Stellen" vgl. unten Rn 11 ff.), insbesondere nicht auf seine wirtschaftliche Größe, Marktbedeutung oder Verhandlungsmacht. Maßgeblich ist allein, ob auf der Gegenseite des Verwenders ein Unternehmer (bzw. eine Person des öffentlichen Rechts) auftritt. Die Anwendungseinschränkung der AGB-Regelungen gem. § 310 Abs. 1 S. 1 BGB greift also auch dann ein, wenn ein marktstarker privater (z.B. vermögensverwaltender) Vermieter gegenüber einem (marktschwächeren) Gewerbebetrieb auf der Einhaltung der von ihm vorgelegten Vertragsbedingungen besteht, oder wenn ein marktstarker privater Mieter gegenüber einem (marktschwächeren) gewerblichen Vermieter die Einbeziehung seiner Vertragsbedingungen durchsetzen kann. Im Falle einer Verwendung von vorformulierten Vertragsbedingungen gegenüber „Privaten" bzw. Verbrauchern verbleibt es demgegenüber bei der uneingeschränkten Anwendung der AGB-Regelungen, auch wenn der Verwender selbst ein „Privater" bzw. Verbraucher ist.

! **Praxistipp**

Erkennt ein Gewerberaum-Vermieter bzw. -Mieter, dass sein **Vertragspartner** als **Verbraucher** anzusehen ist (z.B. weder Gewerbetreibender noch beruflich Selbstständiger), gilt er (bis zum Beweis des Gegenteils) nicht nur als Verwender etwaig vorformulierter vertraglicher Regelungen, die zwischen den Vertragspartnern ausgetauscht werden, sondern unterliegt darüber hinaus der uneinge-

1 BGH, Beschl. v. 24.2.2005 – III ZB 36/04 –.

schränkten Anwendung der AGB-Regelungen des Gesetzes. In einem solchen Fall ist er daher gut beraten, die andere Vertragsseite (nachweisbar) um eine **Vertragsvorlage** für den abzuschließenden Mietvertrag zu bitten, in die er dann seine Änderungs- bzw. Ergänzungswünsche einbringt, oder jedenfalls **eigene Vertragstexte** bzw. Regelungsvorschläge so **individuell** wie möglich zu **gestalten** und so weit wie möglich – jedenfalls hinsichtlich der Abweichungen vom BGB – mit der anderen Vertragsseite „im Einzelnen auszuhandeln".

II. Erstreckung der AGB-Regelungen auf Alt-Mietverträge

Mit dem Gesetz zur Modernisierung des Schuldrechts vom 26.11.2001 wurden die zuvor im AGB-Gesetz vom 15.12.1976 enthaltenen Regelungen weitgehend inhaltsgleich in das BGB übernommen. Dementsprechend waren für alle Mietverträge, die vor dem 1.1.2002 entstanden sind, das alte AGB-Gesetz, für alle späteren Mietverträge die neu gefassten BGB-Regelungen anzuwenden. Das AGB-Gesetz galt seinerseits nicht für Verträge, die vor seinem Inkrafttreten am 1.4.1977 geschlossen worden waren; insoweit waren nach der Rechtsprechung nur geringe AGB-Einschränkungen zu beachten (z.B. enge Auslegung, Unklarheiten zulasten des Verwenders, Abwägung der Interessen).[2] Durch ausdrückliche Regelung in Art. 229 § 5 S. 2 EGBGB gelten **seit dem 1.1.2003** jedoch **für alle Mietverträge**, unabhängig vom Datum ihrer Entstehung, einheitlich nur die **aktuellen AGB-Regelungen** des BGB. 5

B. Gewerberaummietverträge als AGB

Es stellt im Geschäftsverkehr den absoluten **Ausnahmefall** dar, dass ein **Mietvertrag über Gewerberaum** in allen Teilen **individuell zusammengestellt** und/oder tatsächlich durchweg **ausgehandelt** wird. Vielmehr werden regelmäßig von einer Seite (zumeist dem Vermieter, häufig aber auch vom Mieter im Falle größerer Betriebsorganisationen) **fertig formulierte Vertragstexte** vorgelegt, zum Teil auch die von Verbänden oder Interessenvereinigungen vorgefertigten **Formularverträge**. Dies ist weniger Ausfluss der besonderen Verhandlungsstärke einer Vertragsseite, wie etwa bei den Verbrauchergeschäften des täglichen Lebens, als vielmehr ein praktisches Bedürfnis, um Vorbereitungszeit einzusparen, die Vollständigkeit der Regelung eigener Interessen zu gewährleisten und das Vertragsverständnis entsprechend den eigenen Vorstellungen zu vereinfachen. 6

2 BGH, Urt. v. 29.9.1960 – II ZR 25/59 –.

I. Vorformulierte Vertragsbedingungen

7 Das Gesetz spricht in § 305 Abs. 1 S. 1 BGB von „vorformulierten Vertragsbedingungen" und meint damit nach allgemeiner Ansicht fertig formulierte Vertragstexte, seien es einzelne Passagen, seien es vollständige Regelungstexte oder Verträge. Ein typischer Anwendungsfall sind etwa die **Textformulare** der Haus- und Grundbesitzervereine oder ähnlicher Verbände, die lediglich an den vorgesehenen Stellen (z.B. Parteibezeichnung, Miethöhe, Mietdauer) zu vervollständigen sind. Ebenfalls häufig sind gesondert verfasste **„allgemeine"** oder „besondere" **Vertragsregelungen** (häufig auch „Hausordnungen", „Nutzungsbedingungen" oder „Schutzbestimmungen", „Grundlagen für Nebenkostenabrechnungen" etc.), auf die als Anlage zur Ergänzung eines (kürzeren) Hauptvertrages verwiesen wird. Das Gesetz bezieht jedoch nicht nur derartige **„gesonderte Bestandteile"** eines Vertrages in die AGB-Betrachtung ein, sondern ausdrücklich auch die „in die Vertragsurkunde selbst" aufgenommenen Passagen (§ 305 Abs. 1 S. 2 BGB). Damit wird zugleich klargestellt, dass der AGB-Charakter eines Vertrages nicht notwendigerweise für den gesamten Vertragstext gelten muss, sondern sich auf einzelne Klauseln oder Abschnitte beschränken kann.[3] Weiterhin verdrängen individuelle Vereinbarungen bzw. das „Aushandeln" im Einzelnen das **Vorliegen von AGB** nur hinsichtlich der **betroffenen Vertragsteile**, nicht aber auch im Übrigen für den gesamten Vertrag.

! **Praxistipp**

Möchte ein Gewerberaum-Vermieter bzw. -Mieter den Anschein von AGB vermeiden, sollte er nach Möglichkeit auf die Verwendung von **Text-Anlagen** zum Mietvertrag **verzichten**, sofern es sich nicht um die Wiedergabe von Gesetzes- oder Verordnungsregelungen (z.B. Nebenkostenverordnung, Brandschutzordnung, Sicherheitsregelungen) oder auch um individuelle Baubeschreibungen (Lastenhefte) handelt. Alle übrigen Regelungen – einschließlich der Hausordnung, soweit sie von gesetzestypischen Regelungen abweicht – sollten in einen einheitlichen Mietvertragstext integriert werden, der dann nach Möglichkeit **für jeden Anwendungsfall gesondert gestaltet** und im Einzelnen zur Verhandlung gebracht werden sollte.

---

8 Zwar liegt die Annahme nahe, AGB müssten in gedruckter, jedenfalls schriftlicher Form vorliegen. Das Gesetz sieht jedoch ausdrücklich von solchen Voraussetzungen ab und bezieht jede Form (also z.B. auch elektronisch gespeicherte Daten) und jede Schriftart ein (also auch handschriftliche Vermerke als Vertragstext oder auf dem Vertrag).[4] Auch **mündliche AGB-Regelungen** sind **denkbar**, wenn sie immer wieder verwendet werden.[5] Dies wird aber ein seltener, theoretischer Fall bleiben, da die Voraussetzung der „Vorformulierung" in der Praxis eine körperliche Fixierung

---

3 BGH, Urt. v. 8.6.1979 – V ZR 191/76 –.
4 BGH, Urt. v. 30.10.1991 – VIII ZR 51/91 –.
5 BGH, Urt. v. 30.9.1987 – IV ZR 6/86 –.

voraussetzt. Die vom BGH für ausreichend erachtete „Speicherung im Kopf“[6] ist unbeachtlich, solange sie nicht in eine für den Verwendungsadressaten erkennbare Form mündet. Auch das Reproduzieren mündlicher Vertragsregelungen „aus dem Gedächtnis“ wird erst dann relevant, wenn sie in die Vertragsgestaltung einfließen und damit der anderen Seite erkennbar werden.[7]

II. Vertragsbedingungen für eine Vielzahl von Verträgen

Das gesetzliche Leitbild in § 305 Abs. 1 S. 1 BGB fordert für das Vorliegen von AGB die Verwendung von Vertragsbedingungen, die für eine **„Vielzahl von Verträgen“** vorformuliert sind, also etwa in größerer Anzahl vorgedruckte Formulare. Eine **Mehrfachverwendung** liegt daher nicht vor, wenn die vorformulierten Vertragsbedingungen nur für einen bestimmten Vertrag gestellt werden.[8] Eine Mehrfachverwendung nimmt die Rechtsprechung jedoch bereits bei einer **Verwendung in drei Fällen** an.[9] Dafür soll es auch ausreichen, dass die Verwendung in unterschiedlichen Versionen in verschiedenen Verträgen erfolgt, sofern nur der **Kerngehalt identisch** ist.[10] Die Rechtsprechung ist aber schon bald über dieses Element der Häufigkeit hinweggegangen und verlangt nicht (mehr) die tatsächliche Verwendung in einer bestimmten Anzahl von Fällen. Es soll bereits die Verwendung in **nur einem Fall ausreichen**, sofern der Verwender diese Formulierung von einem Dritten übernommen hat, der sie für eine Vielzahl von Verträgen angefertigt hat.[11] Eine Planung oder Absicht zur (eigenen) Mehrfachverwendung muss nicht bestehen, wie es früher von der Rechtsprechung noch verlangt worden war.[12] Umstritten ist dabei, ob diese Vorstellung bereits vor der ersten Verwendung vorliegen muss, oder ob es ausreicht, dass eine mehrfache Verwendung jedenfalls nicht ausgeschlossen wird.[13] Diese Unterscheidung – ganz abgesehen von der Unklarheit, ob eine „Mehrfachverwendung“ bereits bei einer weiteren oder mindestens zwei weiteren Verwendungen angenommen werden soll – ist weitgehend gegenstandslos, weil jedenfalls bei einer **späteren wiederholten Verwendung** nach der Rechtsprechung eine solche 9

---

6 BGH, Urt. v. 12.6.2001 – XI ZR 274/00 –.
7 BGH, Urt. v. 10.3.1999 – VIII ZR 204/98 –.
8 BGH, Urt. v. 15.4.1998 – VIII ZR 377/96 –; BGH, Urt. v. 22.9.2987 – IX ZR 220/86 –.
9 BGH, Urt. v. 27.9.2001 – VII ZR 388/00 –.
10 OLG Düsseldorf, Urt. v. 16.10.2003 – 10 U 46/03 –; OLG Düsseldorf, Urt. v. 8.1.1998 – 6 U 283/95 –; OLG Dresden, Urt. v. 8.7.1998 – 8 U 3612/97 –.
11 BGH, Urt. v. 16.11.1990 – V ZR 217/89 –.
12 BGH, Urt. v. 13.9.2001 – VII ZR 487/99 – und BGH, Urt. v. 27.9.2001 – VII ZR 388/00 –.
13 Nach BGH, Urt. v. 26.9.1996 – VII 318/95 – BGHZ 144, 242; BGH, Urt. v. 13.9.2001 – VII ZR 487/99 – ist auf die Vorstellung bei der ersten Verwendung abzustellen.

Absicht zur Mehrfachverwendung von Anfang an **vermutet** werden soll.[14] Auch wenn also, was eher selten der Fall sein dürfte, ein solcher Vertragstext nur für einen konkreten Anwendungsfall vorgesehen ist, muss gleichwohl von AGB ausgegangen werden, wenn der Verwender nicht darlegen (und beweisen) kann, dass für ihn eine weitere bzw. wiederholte Verwendung dieser Textklausel ausgeschlossen ist. Im **Geschäftsleben** ist daher **praktisch immer** davon auszugehen, dass die **Vorlage von Mietvertragsentwürfen** von der Rechtsprechung als Verwendung von **AGB** angesehen wird.

10 Im Anschluss an die überwiegende Auffassung in der Literatur[15] soll nach Meinung des BGH diese Absicht der Mehrfachverwendung nicht auf den **Verwender** beschränkt sein, sondern auch den **Autoren der Klausel** (etwa einen anderen Unternehmer, einen **Verband** oder einen **Rechtsberater**) einbeziehen[16] (zur Verwendung von Regelungen eines **Notars** s.u. Rn 16). Wenn also ein Rechtsanwalt eine Musterklausel ausarbeitet und für einen Mandanten verwendet, soll darin automatisch eine AGB-Verwendung durch den Mandanten liegen, unabhängig von dessen bisherigen Verwendungen oder tatsächlichen Vorstellungen über die Häufigkeit einer solchen Verwendung. Diese Auslegung ist unzutreffend und findet im Gesetz keine Stütze. Es ist zwar richtig, dass die **Verwendung von AGB** nicht von einer Vertragspartei in Person ausgehen muss, sondern auch von ihren **rechtsgeschäftlichen Vertretern** oder **beauftragten Personen** wie z.B. Maklern, Architekten, Verwaltern vorgenommen werden kann. In allen diesen Fällen muss jedoch die Konzeption oder Gestaltung der Klausel und ihre mehrfache Verwendung **vom Verwender** ausgehen, also von ihm **veranlasst** sein, sodass er sich die Verwendung der Klausel als von ihm gestellt zurechnen lassen muss.[17] Da eine verwendete Textklausel **kaum jemals neu erfunden** sein wird, sondern im Regelfall dem aktuellen sprachlichen und professionellen Stand der Regelungstechnik entsprechen soll und mithin häufig aus anderen Vorlagen oder früheren Verträgen stammen dürfte, würde es sich bei anderer Auslegung praktisch immer um eine AGB-Verwendung handeln.[18] Damit wäre die **Abgrenzung von AGB und Einzelvereinbarungen ad absurdum** geführt, da eine Einzelvereinbarung nur angenommen werden könnte, wenn sie eine sprachliche Neuschöpfung enthielte, die in dieser Form noch nicht

---

14 BGH, Urt. v. 26.9.1996 – VII ZR 318/95 –. Anders: Lindner-Figura/Oprée/Stellmann/*Lindner-Figura*, Kap. 7 Rn 15, der in diesem Fall nur die zweite Verwendung als AGB qualifizieren will, nicht aber rückwirkend auch schon die erste.

15 Lindner-Figura/Oprée/Stellmann/*Lindner-Figura*, Kap. 7 Rn 16 und 22; Ulmer/Brandner/Hensen/*Ulmer*, § 303 BGB Rn 31 ff., § 310 BGB Rn 73; Wolf/Lindacher/Pfeiffer/*Pfeiffer*, § 305 BGB Rn 27 f.

16 BGH, Urt. v. 24.11.2005 – VII ZR 87/04 –.

17 So nun auch BGH, Urt. v. 17.2.2010 – VIII ZR 67/09 – unter Bezugnahme auf seine frühere Rechtsprechung im Urt. v. 30.6.1994 – VII ZR 116/93 –. BGH, Urt. v. 28.3.2007 – VIII ZR 199/06 – für die Verwendung eines Vertragsmuster des (eigenen) Maklers.

18 So auch *Schmitt/Ulmer*, S. 14.

praktiziert worden wäre. In der Praxis bestehen funktionsfähige Einzelvereinbarungen allerdings regelmäßig darin, dass der Entwurf der vorlegenden Seite (Verwender) in Teilen verändert oder gestrichen und/oder durch Textpassagen der anderen Seite ersetzt oder ergänzt wird. Letztlich lägen dann nur noch AGB-Verwendungen vor, und zwar wechselseitig von beiden Vertragsseiten, sodass der ursprünglich konzipierte Schutz des Unterlegenen praktisch in ein **unzulässiges Vorformulierungsverbot** münden würde. Das wäre mit dem BGB-immanenten Postulat der Vertragsfreiheit schlechterdings unvereinbar.

III. Stellen der Vertragsbedingungen, Verwender

AGB liegen nach dem gesetzlichen Leitbild nur vor, wenn **eine Vertragspartei** 11
die Vertragsbedingungen der anderen Vertragspartei bei Abschluss des Vertrages „stellt", also **eine Regelung vorgibt** (§ 305 Abs. 1 S. 1 BGB). Die Vermutung des § 310 Abs. 3 Nr. 1 BGB, dass – bis zur (bewiesenen) Darlegung des Gegenteils – die AGB immer als vom Unternehmer gestellt angesehen werden, greift im Gewerbemietrecht nur dann – in seltenen Fällen – ein, wenn ein Verbraucher beteiligt ist (vgl. dazu oben Rn 3). Die Eigenschaft als Verwender hat Bedeutung für die Schutzfunktion der §§ 305 ff. BGB. Nur die **Gegenseite** wird **geschützt**, nicht der Verwender selbst.[19] Dementsprechend wird nur zum Nachteil des Verwenders eine möglicherweise einschränkende Anwendung vorgenommen oder der Wegfall angenommen, nicht zum Nachteil der Gegenseite, auch wenn diese durch die betreffenden Vertragsklauseln begünstigt wird.

Abgesehen von den vorgenannten Ausnahmefällen ist Verwender derjenige, der 12
zum Zwecke des Vertragsschlusses „seine" vorformulierten Vertragsbedingungen vorlegt. Auf die wirtschaftliche Größe und Marktposition einer Vertragsseite kommt es nicht an;[20] geschützt wird immer die Gegenseite des Verwenders. Dies kann sowohl der Vermieter als auch der Mieter sein, zumal sich im vielfältigen Geschäftsleben durchaus marktstarke Vermieter (insbesondere bei bevorzugten Objekten) auch großen gewerblichen Mietern gegenüber auf „ihre" Vertragsbedingungen bzw. Formulartexte beziehen. Ebenso können marktstarke Mieter je nach Verhandlungsposition auch gegenüber großen gewerblichen Vermietern auf der Verwendung „ihrer" Vertragsregelungen bestehen. Es kommt auch **nicht darauf an, welche Vertragsseite** durch eine bestimmte Klausel **begünstigt** wird. Dadurch wird die Verwenderseite nicht bestimmt, sofern die Verwendung tatsächlich von der anderen Seite aus-

19 BGH, Urt. v. 4.12.1986 – VII ZR 254/85 –.
20 BGH, Urt. v. 27.11.2003 – VII ZR 53/03 –.

ging.[21] Der Inhalt der Regelungen, soweit er die eine oder die andere Seite bevorzugt, mag allenfalls im Einzelfall ein Indikator für die Marktstärke einer Vertragsseite sein und damit indirekt den Schluss auf den Umfang der **Inanspruchnahme einseitiger Gestaltungsmacht** und damit gegen das Zur-Disposition-Stellen und das Aushandeln sein.[22] Für die Identifizierung des Verwenders ist allein die Feststellung entscheidend, von welcher Seite die Einbeziehung der Vertragsbedingungen verlangt wird.

13 **Verwendung bedeutet nicht**, dass die Vertragsbedingungen auch selbst formuliert oder erarbeitet worden sind. Sie können aus anderen Textvorlagen oder Musterbüchern entnommen oder auf Vorschlag Dritter (Makler, Berater, Rechtsanwälte) verwendet worden sein (s.o. Rn 10 und s.u. Rn 16). Es kommt also nicht auf die **Herkunft oder Autorenschaft** für die betreffenden Vertragsregelungen an, sondern allein darauf, wer sie für den konkreten Vertragsschluss zur Verwendung vorgibt oder, über Auftragspersonen, die Vorgabe veranlasst (s.o. Rn 12).

14 Ausgehen kann das **Stellen von Vertragsbedingungen** denklogisch **nur von einer Vertragsseite**, nicht von beiden Vertragsparteien gleichzeitig. Verlangen beide Vertragsparteien übereinstimmend die Einbeziehung der gleichen Vertragsbedingungen und einigen sie sich darauf, so liegen keine AGB vor, sondern es kommt eine individuelle, einvernehmliche Vertragsabrede zustande.[23] Dem hat sich im Ergebnis nun auch der BGH angeschlossen, der zwar den entsprechenden Literaturstreit – keine Seite als Verwender oder beide Seiten als Verwender – dahinstehen lässt, aber entscheidend darauf abstellt, dass die **AGB-Regelungen** des BGB ersichtlich die Rechtsbeziehungen zwischen einem Verwender und der anderen Vertragspartei, **nicht** aber **zwischen zwei Verwendern** regeln wollen.[24] In jedem Falle umfasst die Verwendung von Vertragsbedingungen durch eine Vertragsseite nur die von ihr tatsächlich vorgelegten Regelungen und erfasst nicht automatisch den gesamten Vertragsinhalt, wie er sich nach dem weiteren Verlauf – etwa nach Abstimmungen mit der Gegenseite – ergibt. Werden individuelle Vereinbarungen eingefügt oder vorgelegte vorformulierte Regelungen im Einzelnen verhandelt, so schließt dies das Vorliegen von AGB im Übrigen nicht aus.[25]

---

21 BGH, Urt. v. 17.2.2010 – VIII ZR 67/09 –, anders noch OLG Düsseldorf, Urt. v. 23.6.1994 – 10 U 152/93 –.

22 BGH, Urt. v. 17.2.2010 – VIII ZR 67/09 –.

23 KG, Beschl. v. 12.8.2011 – 21 U 64/10 –; Lindner-Figura/Oprée/Stellmann/*Lindner-Figura*, Kap. 7 Rn 23; Ulmer/Brandner/Hensen/*Ulmer*, § 305 Rn 23; Wolf/Lindacher/Pfeiffer/*Pfeiffer*, § 305 BGB Rn 32; Erman/*Roloff*, § 305 BGB Rn 12; a.A. Staudinger/*Schlosser*, 2006, § 305 BGB Rn 31 und *Schmitt/Ulmer*, S. 6, die dann von beiden Vertragsbeteiligten als Verwender ausgehen wollen; geschützt würde dann wohl immer die in Anspruch genommene Partei gegenüber dem Anspruchsteller, eine letztlich unbefriedigende Lösung.

24 BGH, Urt. v. 17.2.2010 – VIII ZR 67/09 –.

25 BGH, Urt. v. 14.5.1992 – VII ZR 204/90 –.

Denkbar ist zwar, dass ein einheitlicher Mietvertrag aus unterschiedlichen Vertragsteilen besteht, die zum Teil von der einen, zum Teil von der anderen Seite gestellt werden. In einem solchen Fall könnte die Verwender-Eigenschaft durchaus wechseln. In der Praxis wird dies eher selten anzutreffen sein – und muss von dem häufigeren Fall abgegrenzt werden, dass eine Vertragsseite einen vorformulierten Vertragsentwurf vorlegt, die andere Vertragsseite aber über Änderungsvorschläge hinaus auf der Einbeziehung von zusätzlichen, bislang nicht geregelten Vertragspassagen dringt. Werden die von ihr gewünschten oder vorgelegten (vorformulierten) Passagen in den Entwurf der anderen Seite eingefügt, dokumentiert dies den aktuellen Stand bzw. die Intensität der Vertragsverhandlungen, kann aber nicht als eigenständige Vorlage von AGB angesehen werden. Selbst wenn man die beiderseitigen Textvorschläge, die über bloße Korrekturen oder Anpassungen hinausgehen, jeweils als AGB-Verwendungen ansehen wollte, würde ihr AGB-Charakter sogleich wieder aufgehoben, da das gegenseitige Austauschen von Vertragspassagen und Regelungswünschen den Inbegriff der „Vertragsverhandlungen im Einzelfall" ausmachen – und gerade nicht auf die Inanspruchnahme einseitiger Gestaltungsmacht ohne Einflussmöglichkeit der anderen, damit konfrontierten Seite schließen lässt. Mithin wird man im **beiderseitigen sukzessiven Beisteuern von Vertragstexten** typischerweise **„Einzelfall"-Verhandlungen** annehmen können, die gem. § 305 Abs. 1 S. 3 BGB das Vorliegen von AGB ausschließen. Ein Stellen von Vertragsbedingungen liegt auch dann nicht vor, wenn die Einbeziehung der betreffenden Formulierungen auf einer freien Entscheidung der Vertragsgegenseite beruht, etwa in der Auswahl mehrerer in Betracht kommender Vertragstexte, und auch die Gelegenheit besteht, alternativ eigene Vorschläge mit effektiver Möglichkeit der Durchsetzung einzubringen.[26] Hier ist vielmehr ein Aushandeln im Einzelnen anzunehmen. 15

Praxistipp !
Es kann vorteilhaft sein, um die Einstufung als „Verwender" zu vermeiden, **keine eigenen Textmuster** und Vertragsvorschläge **vorzulegen**, sondern stattdessen die Gegenseite um entsprechende Vorlage zu bitten. In die dann vorgelegten Texte können die **eigenen Vorstellungen eingearbeitet** werden, ohne damit die Funktion eines ABG-Verwender dieser Texte zu übernehmen.

Ein von den Vertragsparteien **personenverschiedener Dritter** kann **nicht Verwender** sein; sein Verhalten wird insoweit nur dann beachtlich, wenn er als Vertreter einer Vertragspartei auftritt (z.B. Makler, Berater, Rechtsanwälte) und sein Verhalten dieser Vertragspartei zugerechnet wird (s.o. Rn 10). Wird ein Makler von beiden Vertragsparteien in Anspruch genommen, gilt der von ihm vorgelegte Vertragsentwurf als Verwendung der Vertragsseite, die ihn damit beauftragt hat. Haben ihn 16

26 BGH, Urt. v. 17.2.2010 – VIII ZR 97/09 –.

beide Vertragsparteien damit beauftragt, gilt der vorgelegte Entwurf wiederum als einvernehmliche Regelungsgrundlage, sodass keine AGB vorliegen. Der von einem Notar vorgelegte Vertragsentwurf, auch wenn er dabei ein in seiner Praxis gebräuchliches Muster verwendet, gilt im Regelfall als „neutral", da der Notar keine Vertragspartei vertritt, auch wenn er (nur) von einer Vertragsseite um Erstellung eines Entwurfs gebeten wurde. Die Annahme von AGB scheidet daher für Notarverträge regelmäßig aus.[27] Etwas anderes mag ausnahmsweise dann gelten, wenn der Notar die Vertragsbedingungen seines Auftraggebers übernimmt oder wenn er das Vertragsmuster einseitig zugunsten seines Auftraggebers selbst entwickelt oder fortentwickelt hat.[28]

Praxistipp
Die **Beauftragung eines Notars** mit der Vorlage eines Vertragsmusters **schließt** im Regelfall die Annahme von **AGB aus**, auch wenn danach eine Vertragsseite – mehr als die andere Vertragsseite – Änderungen und Ergänzungen in diesen Vertrag einfügt.

IV. Kenntnisnahme der AGB und Einverständnis der Gegenseite

17 AGB werden nur dann Vertragsbestandteil, wenn sie **bewusst und gewollt** in den Mietvertrag **einbezogen** werden. Etwas anderes gilt für überraschende oder mehrdeutige Klauseln, die auch bei Möglichkeit der Kenntnisnahme nicht Vertragsbestandteil werden (§ 305c Abs. 1 BGB). Eine **Aushändigung der AGB** an die andere Vertragsseite ist **nicht** in jedem Falle **erforderlich**, wenn ein klarer und eindeutiger Hinweis auf ihre Geltung erfolgt und die Vertragsgegenseite in der Lage ist, sich ohne Weiteres Kenntnis von den AGB zu verschaffen.[29] Die Anforderung der Einbeziehung wird im Fall von Gewerberaummietverträgen regelmäßig erfüllt, da mit der Übergabe oder Übersendung eines Vertragsentwurfs notwendigerweise auch der Hinweis auf seinen Inhalt und die Möglichkeit zu seiner Kenntnisnahme verbunden ist. Bedeutung erlangt das Erfordernis des § 305 Abs. 2 BGB allerdings dann, wenn bestimmte Vertragsregelungen nicht in der Mietvertragsurkunde selbst enthalten oder fest mit ihr verbunden sind, z.B. **separate Anlagen** wie Hausordnung, Nebenkostenregelungen, Zahlungsanforderungen oder Nutzungsvorschriften. Sind diese

27 BGH, Urt. v. 16.11.1990 – V ZR 217/89 –.
28 BGH, Urt. v. 14.5.1992 – VII ZR 204/90 –; BGH, Urt. v. 29.1.1982 – V ZR 82/81 –. So wohl auch OLG Rostock, Urt. v. 10.9.2009 – 3 U 287/08 – für die Beurkundung eines von einer Partei vorgelegten vorformulierten Textes. Im konkreten Fall war die maßgebliche Passage allerdings auf Wunsch der Gegenseite abgeändert worden, sodass diese Klausel als individuell ausgehandelt angesehen wurde.
29 BGH, Urt. v. 3.12.1987 – VII ZR 374/86 –.

Anlagen der Mietvertragsurkunde nicht beigefügt, erlangen sie gleichwohl, aber nur dann Geltung, wenn ihre **Kenntnisnahme** auf andere Weise **in angemessener Weise ermöglicht** wird. Grundsätzlich ist bei Gewerbetreibenden die physische und psychische Möglichkeit zur Kenntnisnahme zu unterstellen; eine Schutzbedürftigkeit (z.B. Behinderung) kann sich nur aus besonderen Umständen im Einzelfall ergeben. Ist die Vertragssprache Deutsch, muss sich ein Ausländer die erforderlichen sprachlichen Kenntnisse verschaffen. Allenfalls eine Anfechtung (§ 119 Abs. 1 BGB) wäre denkbar, wenn er über den Inhalt der von ihm abgegebenen oder unterzeichneten Erklärung nicht im Klaren war.

Bei der Einbeziehung von gesetzlichen Regelungen als AGB, z.B. der Betriebs- 18
kostenverordnung (insbesondere die Aufstellung der Betriebskosten in § 2 BetrKV; weitestgehend inhaltsgleich mit der vor dem 1.1.2004 geltenden Anlage 3 zu § 27 der II. Berechnungsverordnung/BV) oder der Heizkostenverordnung (HeizkostenV), reicht der Hinweis darauf aus. Der **betreffende Gesetzes- oder Verordnungstext** muss **nicht beigefügt** werden. Dies gilt darüber hinaus auch für andere Klauselwerke (z.B. VOB/B), wenn der Vertragspartner bereits in deren Besitz oder damit vertraut ist.[30] Dies gilt auch für allgemeine Mietvertragsbedingungen der anderen Vertragspartei, wenn diese zwar nicht beigefügt, der betreffenden Vertragspartei aber aus früheren Verhandlungen, Vertragsabschlüssen oder anderen Fällen bekannt waren oder jedenfalls, bei **Kenntnis ihrer Existenz, ohne Schwierigkeiten** hätten **beschafft** werden können.[31] Die Grenze der Einbeziehung ist im kaufmännischen Geschäftsverkehr erst dann erreicht, wenn solche separaten Bedingungen weder bekannt waren, noch das Bewusstsein von ihrer Existenz bestand. Eine Einbeziehung scheidet auch dann aus, wenn lediglich in der Mietvertragsurkunde auf gesonderte Bedingungen (AGB) verwiesen wird, ohne dass diese AGB vom Verwender ausdrücklich angesprochen werden oder auf deren Existenz aufmerksam gemacht wird. Eine gleichwohl von der Gegenseite geleistete Vertragsunterschrift wird dann nicht als „Einverständnis" angesehen werden können. Vielmehr liegt eine „überraschende" Klausel vor (§ 305c Abs. 1 BGB).

Die **Einverständniserklärung** der anderen Vertragsseite mit den vorgelegten 19
AGB des Verwenders (§ 305 Abs. 2 BGB a.E.) wird im Regelfall mit der **Unterzeichnung** der Mietvertragsurkunde erfolgen, wenn darin ein ausreichend deutlicher Hinweis auf die Vertragsbedingungen des Verwenders enthalten ist. Sie braucht aber nicht ausdrücklich abgegeben zu werden, sondern kann auch schlüssig durch entsprechendes **zustimmendes Verhalten** erfolgen. Dies kann etwa der Fall sein, wenn die – beiderseits – unterzeichnete Mietvertragsurkunde zwar nicht auf weitere AGB verweist, der Verwender jedoch (ausdrücklich) deutlich gemacht hat, dass derartige AGB gelten sollen, diese der Gegenseite auch bekannt oder zugänglich sind,

30 BGH, Urt. v. 18.6.1986 – VIII ZR 137/85 –.
31 BGH, Urt. v. 3.12.1987 – VII ZR 374/85 –.

und die Gegenseite in diesem (nachweisbaren) Wissen den Mietvertrag abschließt. Eine schlüssige Annahmeerklärung (eines Mietvertragsangebotes, das etwa auf AGB verweist) kann auch darin liegen, dass die Übergabe der Mietsache durchgeführt wird.[32] Dagegen kann das erforderliche Einverständnis der Vertragsgegenseite mit den AGB des Verwenders **nicht durch einen AGB-mäßigen Hinweis ersetzt** werden.[33] Sind die AGB des Verwenders der Gegenseite also nicht bekannt und ist auch kein ausdrücklicher Hinweis auf ihre Einbeziehung erfolgt, so reicht allein der vorformulierte Hinweis in der Mietvertragsurkunde, dass AGB des Verwenders gelten sollen, nicht aus und bleibt unbeachtlich.[34] Auch der vorformulierte Hinweis, dass die AGB der Gegenseite „ausgehändigt worden sind", ist als **Umkehr der Beweislast** zum Nachteil der Gegenseite **unwirksam.**[35]

20 Gilt für den Gewerberaummietvertrag das **Schriftformerfordernis des § 550 BGB**, kann auch die **Einverständniserklärung** mit den AGB der Gegenseite **nur schriftlich** abgegeben werden. Das Einverständnis mit der Geltung der AGB des Verwenders muss **beim Vertragsschluss** bestehen. Es wird allerdings auch erst wirksam, wenn es zum Abschluss des Mietvertrages kommt – und kann bis dahin gemäß dem Rechtsgedanken des § 183 BGB widerrufen werden. Ein **nachträgliches Einverständnis** mit vorgelegten AGB hat auf den zwischenzeitlich bereits wirksam zustande gekommenen Mietvertrag **keinen Einfluss mehr**, sondern kann als Angebot – oder Annahme – einer Änderungsvereinbarung angesehen werden. Für diese Änderung gelten dann wieder die allgemeinen Regelungen über den Vertragsschluss.

! **Praxistipp**

Der zum Zwecke eines Vertragsabschlusses bzw. zur Aufnahme der Verhandlungen übermittelte **Vertragsentwurf** sollte immer **alle maßgeblichen Regelungen enthalten** bzw. mit den vorgesehenen Anlagen (gesonderten Regelungen) fest verbunden werden, damit keine Unklarheit über die Geltung einzelner Passagen oder Anlagen auftreten kann. Zum späteren Nachweis sollten die übersandten Unterlagen in einem Begleitschreiben ausdrücklich aufgelistet werden, etwa mit der Bitte, im Falle von Unvollständigkeiten sofort nachzufragen. Bei Vertragsunterzeichnung sollten alle Seiten des Vertrages und alle Anlagen – für alle Ausfertigungen der Vertragsbeteiligten – paraphiert bzw. insoweit eine Paraphierung eingefordert werden, damit jeder Vertragsbeteiligte den **Umfang der Vertragsunterlagen dokumentieren** bzw. nachweisen kann.

---

32 BGH, Urt. v. 24.2.2010 – XII ZR 120/06 – für den Abschluss eines Mietvertrages; der Grundstückssenat des BGH hat dagegen die Zahlung des Kaufpreises und Übergabe der (Eigentums-)Wohnung nicht als schlüssige Annahme gewertet, da der Rechtsbindungswille gefehlt habe (BGH, Urt. v. 11.6.2010 – V ZR 85/09 –).

33 BGH, Urt. v. 28.1.1987 – IVa ZR 173/85 – (der darin vor allem eine unzulässige Beweislastumkehr sieht).

34 BGH, Urt. v. 9.11.1989 – IX ZR 269/87 –.

35 BGH, Urt. v. 24.3.1988 – III ZR 21/87 –.

Sind AGB einmal wirksam in den Mietvertrag einbezogen worden, können sie nicht einseitig geändert werden. Wird eine solche **Änderungsbefugnis für eine Vertragsseite**, im Regelfall den AGB-Verwender, ausdrücklich vorgesehen, gilt **§ 315 BGB.** Die Änderung muss dann im Rahmen des billigen Ermessens erfolgen, darf also zu keiner Verschiebung der beiderseitigen Vertragslasten erfolgen, und ist bei fehlender Einigkeit gerichtlich überprüfbar. Es ist kein Grund ersichtlich, warum eine solche Änderungsbefugnis – für AGB-Klauseln, aber auch generell – nicht auch ihrerseits als AGB vereinbart werden kann, denn eine unangemessene Benachteiligung (§ 307 Abs. 1 BGB) kann angesichts der Schutzfunktion des § 315 BGB nicht angenommen werden.[36] 21

V. AGB in Rahmenvereinbarungen für Gewerberaummiete

Es macht keinen Unterschied für die Prüfung, ob AGB wirksam in einen Vertragsabschluss einbezogen worden sind, wenn dies in einem **einmaligen, einheitlichen Vertrag** erfolgt ist oder in Form eines **Rahmenvertrages**, auf dessen Grundlage dann Einzelanmietungen oder -vermietungen durchgeführt werden. Die AGB-Prüfung wird sich dann im Regelfall auf den (umfassenderen) Rahmenvertrag konzentrieren, da die Regelungen zur An- oder Vermietung im Einzelfall nur noch konkrete Geschäftsdaten (z.B. Objekt, Fläche, Mietzins) betreffen werden. Beispiele finden sich etwa bei **wiederholten Nutzungen** (z.B. Flächen der öffentlichen Hand, die regelmäßig nachgefragt werden) oder bei **Immobilienfonds** (z.B. Hotel-, Büro- oder Einzelhandelsflächen), die bestimmten Mietern an verschiedenen Stellen – dann aber zu gleichen Bedingungen – jeweilige Nutzungen ermöglichen. 22

Es stellt sich in diesen Fällen allerdings die Frage, ob beim wiederholten Abschluss eines Mietvertrages auf der Grundlage des bereits bestehenden Rahmenvertrages noch auf die Unwirksamkeit bestimmter AGB verwiesen werden kann, deren Geltung bislang nicht beanstandet worden ist. Es wird daher in jedem Einzelfall zu prüfen sein, ob etwa – beim wiederholten Abschluss – eine Individualvereinbarung zustande gekommen ist (§ 305b BGB, dazu unten Rn 35 ff.) oder ob, wie bei einer 23

36 So auch BGH, Urt. v. 6.3.1986 – III ZR 195/84 – (zu Zinsklauseln eines Darlehensvertrages) und OLG Koblenz, Urt. v. 9.2.1983 – 1 U 8/83 –. Die abweichende Entscheidung des BGH, Urt. v. 24.3.1988 – III ZR 21/87 –, betraf die Ermächtigung einer Bank, *„alle weiteren Einzelheiten bei der Annahme dieses Antrages im banküblichen Rahmen für beide Vertragsteile verbindlich festzulegen“*, die auch dann unwirksam sein sollte, wenn die maßgeblichen Regelungen als banküblich anzusehen waren. Diese Entscheidung erscheint nicht mehr überzeugend, da auch insoweit auf § 315 BGB hätte abgestellt werden können und die bemängelte Umgehung der Schutzfunktion der Verwendungsgegenseite im Hinblick auf die Einbeziehung von AGB gar nicht vorlag.

Mietvertragsverlängerung, der AGB-Charakter der Regelung unverändert bleibt (so wohl die Rechtsprechung, vgl. unten Rn 42).

! **Praxistipp**
Da das **Risiko der Teilunwirksamkeit** wegen möglicher AGB-Verstöße bei derartigen Rahmenvereinbarungen umfangreiche Folgen haben kann, je nach Anzahl der davon umfassten Einzelan- oder -vermietungen, empfiehlt es sich in diesen Fällen in besonderem Maße, die **Rahmenvereinbarung im Einzelnen auszuhandeln.**

VI. Aushandeln im Einzelnen

24 Vorformulierte Vertragsbedingungen, welche die vorgenannten Voraussetzungen erfüllen (anderenfalls liegen ohnehin keine AGB vor), werden dann nicht zu AGB bzw. verlieren ihren AGB-Charakter wieder, wenn sie zwischen den Vertragsparteien im Einzelnen ausgehandelt sind (§ 305 Abs. 1 S. 3 BGB). Dies ist in jedem Falle anzunehmen, wenn und soweit eine zunächst **vorgelegte Vertragsklausel** tatsächlich **inhaltlich abgeändert oder ergänzt** worden ist.[37] Eine solche Änderung oder Ergänzung kann auch dadurch erfolgen, dass der Text selbst unverändert bleibt, aber eine **Zusatz- bzw. Ergänzungsvereinbarung abgeschlossen** wird, die entsprechende – vorrangige – Regelungen enthält. Änderungen oder Ergänzungen liegen aber **noch nicht** darin, dass Passagen an den konkreten Anwendungsfall angepasst, vorgesehene Alternativen **„angekreuzt“** bzw. **gestrichen** oder ausfüllungsbedürftige Stellen **vervollständigt** werden.[38] Ein Aushandeln im Einzelnen ist allerdings dann anzunehmen, wenn die Einbeziehung der von einer Vertragsseite vorgelegten Formulierungen auf einer freien Entscheidung der anderen Vertragsseite beruht, etwa in der **Auswahl aus mehreren** in Betracht kommenden **Vertragstexten** besteht und auch die Gelegenheit eröffnet wird, **alternativ eigene Vorschläge** mit effektiver Möglichkeit der Durchsetzung einzubringen.[39] Ein Aushandeln im Einzelnen ist zunächst **nur für eine bestimmte Vertragsklausel** bzw. für eine entsprechende Vertragspassage anzunehmen, die von dem Verhandeln bzw. der einvernehmlichen Regelung betroffen ist. Ein etwaiger AGB-Charakter **übriger Klauseln** oder anderer Vertragsbereiche bleibt davon **unberührt.**[40]

---

37 BGH, Urt. v. 26.2.1992 – XII ZR 129/90 –.
38 BGH, Urt. v. 10.10.1991 – VII ZR 289/90 –; BGH, Urt. v. 3.11.1999 – VIII ZR 269/98 –.
39 BGH, Urt. v. 17.2.2010 – VIII ZR 97/09 –; ähnlich auch schon BGH, Urt. v. 7.2.1966 für – offengebliebene – Stellen, die von der Gegenseite des Klauselverwenders selbstständig ausgefüllt werden können, ohne dass vom Verwender Entscheidungsvorschläge vorformuliert worden sind.
40 BGH, Urt. v. 14.5.1992 – VII ZR 204/90 –; BGH, Urt. v. 16.1.1985 – VIII ZR 153/83 –; BGH, Urt. v. 6.3.1986 – III ZR 195/84 –; BGH, Urt. v. 17.5.1982 – VII ZR 316/81 –.

Nach der Rechtsprechung ist nicht die Änderung oder Ergänzung einer jeden 25 betroffenen Klausel erforderlich;[41] nach früheren Entscheidungen brauchte nicht einmal überhaupt eine vorformulierte Klausel äußerlich sichtbar abgeändert oder ergänzt worden sein.[42] Es reicht vielmehr aus, wenn die **vorformulierten Vertragsregelungen insgesamt** – oder jedenfalls die entsprechende, den gesetzesfremden Kerngehalt enthaltenden Passagen – inhaltlich ernsthaft **zur Disposition gestellt** werden.[43] Dem Vertragspartner muss Gestaltungsfreiheit zur Wahrung seiner eigenen Interessen eingeräumt werden. Ein bloßes Verhandeln im Sinne von **Vorlesen, Erläutern** oder **inhaltliches Begründen reicht nicht** aus; Aushandeln ist mehr als Verhandeln.[44] Dies setzt in jedem Fall voraus, dass die andere Vertragsseite über den Inhalt und die Tragweite der vom Verwender vorgelegten AGB-Regelung im Klaren ist und deren Sinn erfasst hat. Dabei ist auf einen verständigen und redlichen Vertragspartner mit durchschnittlichen Verständnismöglichkeiten in den normalerweise beteiligten Verkehrskreisen abzustellen.[45] Aber auch wenn sich die Vertragspartner über den vollständigen Inhalt des (AGB-)Vertrages im Klaren sind, wird der Vertrag dadurch noch nicht zur Individualvereinbarung.[46] Entscheidend ist, dass der Gegenseite des Klauselverwenders die **effektive Möglichkeit** verschafft wird, **auf den Inhalt** der Vertragsregelungen **einwirken** zu können, etwa Änderungswünsche vorzubringen; die bloße Zusendung der Vertragsbedingungen reicht dafür nicht.[47] Es muss also eine **ernsthafte Bereitschaft zu Vertragsverhandlungen** aufseiten des Verwenders bestehen – und dies auch der anderen Vertragsseite **deutlich erkennbar kommuniziert** werden.[48] Kommt es im Ergebnis zu **keinerlei Änderungen** der vorgelegten Formulierungen, schließt das zwar eine Individualvereinbarung nicht aus, stellt aber zumindest ein **Indiz** dar, dass **kein Aushandeln** im Einzelnen erfolgt ist.

Die **Anforderungen** dürfen allerdings auch **nicht überspannt** werden. So wird 26 man ein „Erörtern" oder „Besprechen" von Klauseln, das sprachlogisch von beiden

---

41 BGH, Urt. v. 26.2.1992 – XII ZR 129/90 –; BGH, Urt. v. 9.10.1986 – VII ZR 245/85 –; BGH, Urt. v. 17.5.1982 – VII ZR 316/81 –; BGH, Urt. v. 3.4.1998 – V ZR 6/97 –; BGH, Urt. v. 3.11.1999 – VIII ZR 269/98 –.

42 BGH, Urt. v. 15.12.1976 – IV ZR 197/75 –; BGH, Urt. v. 26.2.1992 – XII ZR 129/90 –. BGH, Urt. v. 3.11.1999 – VIII ZR 269/98 – hält dies zumindest in Ausnahmefällen für möglich.

43 BGH, Urt. v. 30.9.1987 – IVa ZR 6/86 –; BGH, Urt. v. 14.4.2005 – VII ZR 56/04 –; BGH, Urt. v. 16.7.1998 – VII ZR 9/97 –.

44 BGH, Urt. v. 6.4.2005 – VIII ZR 27/04 –; BGH, Urt. v. 19.5.2005 – III ZR 437/04 –; BGH, Urt. v. 10.10.1991 – VII ZR 289/90 –; BGH, Urt. v. 9.10.1986 – VII ZR 245/85 –; BGH, Urt. v. 29.1.1982 – V ZR 82/81 –.

45 BGH, Urt. v. 19.5.2005 – III ZR 437/04 –; BGH, Urt. v. 23.6.2004 – VIII ZR 361/03 –.

46 BGH, Urt. v. 27.4.1988 – VIII ZR 84/87 –.

47 BGH, Urt. v. 18.11.1982 – VII ZR 305/81 –.

48 BGH, Urt. v. 19.5.2005 – III ZR 437/04 –; BGH, Urt. v. 15.12.1976 – IV ZR 197/75 –.

Seiten ausgeht, aber auch bereits das **Eingehen auf Änderungswünsche**, das ja nur im Rahmen einer **Verhandlungsbereitschaft** denkbar ist, als Vertragsverhandlungen ansehen müssen, die zum Aushandeln führen. Werden bestimmte Vertragspassagen ausdrücklich – oder zumindest klar erkennbar – zur Verhandlung gestellt, im Ergebnis aber trotz entsprechender Wünsche der Gegenseite nicht geändert, stattdessen aber **Änderungen** im Rahmen **einer anderen Passage** – oder sogar Änderungen des zunächst verlangten **Mietzinses** – zugestanden, ist darin ein „zur Verhandlung Stellen" der letztlich gar nicht geänderten Passage zu sehen, weil die **Verhandlungsbereitschaft** durch Veränderungen in der betreffenden anderen Passage (oder in der Miethöhe) **umgesetzt** worden ist.[49]

! **Praxistipp**

Dieser Fall wird in der Praxis sehr häufig anzutreffen sein und sollte dementsprechend (nicht zuletzt für Beweiszwecke) auch in dieser Form **dokumentiert** werden: Die **Bereitschaft zu bestimmten Änderungen** eines vorgelegten Vertragsentwurfs sollte immer damit **begründet** werden, dass **andere Passagen** oder Bereiche – entgegen den Wünschen der Gegenseite – dann **nicht geändert** werden, sondern die vorgelegte Fassung beibehalten wird.

---

27 Die Bereitschaft zu Vertragsverhandlungen kann ausdrücklich erklärt und dementsprechend auch ausdrücklich von der Gegenseite bestätigt werden. Die **gemeinsame Festlegung** der Vertragsparteien, dass (alle oder bestimmte) Vertragsbedingungen als **„im Einzelnen ausgehandelt"** gelten sollen, macht diese Vertragsbedingungen zu einer Individualvereinbarung. Eine derartige Festlegung ist allerdings ihrerseits **nur als Individualvereinbarung** möglich.[50] Als Formularklausel wäre diese Festlegung als Umgehungsregelung (§ 306a BGB), jedenfalls aber gem. § 307 Abs. 1 S. 1 BGB unwirksam (für Verbraucherverträge ist dies in § 309 Nr. 12b BGB ausdrücklich angeordnet).[51] Ausnahmsweise soll eine vorformulierte Bestätigung „durch rechtsverbindliche Unterschrift", dass die Vertragsbedingungen individuell ausgehandelt wurden, doch wirksam sein, wenn von der hervorgehobenen Möglichkeit, diese Formulierung zu streichen, kein Gebrauch gemacht wurde, obwohl das Verhandlungsprotokoll eine Vielzahl handschriftlicher Streichungen, Ergänzungen und Änderungen enthält.[52]

28 Im üblichen Geschäftsleben ist es allerdings unrealistisch zu erwarten, dass eine Vertragsseite „ihren" Vertragsentwurf mit dem ausdrücklichen Hinweis vorlegt, zu beliebigen Änderungen und Ergänzungen gerne bereit zu sein. Eine solche

---

49 BGH, Urt. v. 30.9.1987 – IVa ZR 6/86 –; vgl. auch *Schmitt/Ulmer*, S. 9.

50 BGH, Urt. v. 20.10.1976 – IV ZR 135/75 –; BGH, Urt. v. 15.12.1976 – IV ZR 197/75 –.

51 BGH, Urt. v. 7.2.1996 – IV ZR 16/95 –.

52 KG, Urt. v. 23.4.2010 – 7 U 117/09 –; BGH, Beschl. v. 22.3.2012 – VII ZR 79/10 – (Nichtzulassungsbeschwerde zurückgewiesen).

Bereitschaft wird sich im Regelfall **nur aus den Umständen** ergeben. Dementsprechend ist in jedem Einzelfall zu prüfen, ob Änderungswünsche erhoben werden und es dann auch tatsächlich zu Änderungen bzw. Ergänzungen gekommen ist, die als Ergebnis entsprechender Abwägungen – insgesamt oder nur bezogen auf Vertragsteile – anzusehen sind.

Praxistipp !
Im Rahmen von Vertragsverhandlungen, die mit der Vorlage eines Vertragsentwurfs durch eine Vertragsseite begonnen oder fortgesetzt werden, sollte regelmäßig (schriftlich) festgehalten bzw. **dokumentiert** werden, **welche** zunächst vorgeschlagenen **Klauseln** zwischenzeitlich **verändert oder ersetzt** worden sind, um nicht nur diese Änderungen zu dokumentieren, sondern auch deutlich zu machen, dass der **gesamte Vertragsinhalt zur Disposition** stand und dort, wo Änderungen gewünscht wurden, auch Anpassungen vorgenommen worden sind. Zur umfassenden Dokumentation der Verhandlungsschritte gehört auch die **Aufbewahrung von Zwischenfassungen**, die Aufbewahrung von **Verhandlungsprotokollen** und **Erläuterungsschreiben** zu Änderungswünschen.

Eine **Verhandlungsbereitschaft** wird von der Rechtsprechung jedenfalls dann **vermutet**, wenn es **tatsächlich** zu **Änderungen oder Ergänzungen** im Rahmen des Mietvertrages oder jedenfalls im Bereich der betreffenden Passagen gekommen ist.[53] Auf den Umfang der inhaltlichen Änderungen kommt es nicht an, da nicht ein „ausgewogenes" Verhältnis der vertraglichen Regelungen verlangt wird, sondern überhaupt nur die Möglichkeit, von einem vorformulierten Text abweichen zu können. Das Zugestehen einer auch nur unwesentlichen Ergänzung oder die Änderung einer Nebenklausel dokumentieren in diesem Sinne eine **Verhandlung**, **auch** wenn der **wesentliche Inhalt** einer Klausel **nicht geändert** worden ist. 29

Die Verhandlungsbereitschaft kann auch zu einem späteren Zeitpunkt, nach Abschluss des Mietvertrages, einsetzen und erst dann, mit Wirkung für die Zukunft, zu einem „Aushandeln im Einzelnen" führen. Da in diesen Fällen jedoch Vertragsänderungen gegenüber dem zunächst abgeschlossenen Mietvertrag (mit AGB-Charakter) vorliegen, werden diese Fälle von § 305b BGB erfasst (dazu unten Rn 34). Generell wird ein etwaiger **AGB-Charakter** von Vertragsbedingungen **nicht** allein **durch** eine **spätere Änderung oder Ergänzung** des Mietvertrages **aufgehoben**, sondern nur dann und insoweit, als bestimmte AGB-Regelungen durch im Einzelnen ausgehandelte Regelungen (Individualvereinbarungen) ersetzt werden. 30

---

53 BGH, Urt. v. 26.2.1992 – XII ZR 129/90 –.

VII. Umgehungsverbot

31 Das Umgehungsverbot in § 306a BGB hat **kaum praktische Bedeutung**, da bereits durch die – von der Rechtsprechung vorgenommene – weite Auslegung der Voraussetzungen für die Annahme von AGB (vgl. § 305 Abs. 1 S. 1 BGB) kaum mehr Raum zur Umgehung der AGB-Kontrollregelungen bleibt. Denkbar ist eine Umgehung nur in solchen Fällen, in denen formal auf die Verwendung von Vertragsbedingungen verzichtet, im Ergebnis aber in gleicher Weise eine Bindung der Gegenseite herbeigeführt wird. Die Rechtsprechung hat dies im Falle von (bank-)**internen Anweisungen** an Mitarbeiter (über die Erhebung von Lastschriftgebühren) angenommen, die sich im Geschäftsverkehr wie Vertragsbedingungen auswirken, obwohl sie nicht zum Inhalt des betreffenden Vertrages werden.[54]

32 Während im Bereich der Gewerberaummiete das Vorliegen von vorformulierten Vertragsbedingungen und die effektive oder beabsichtigte Mehrfachverwendung objektiv festgestellt wird, also kaum einseitig ausgeräumt oder „umgangen" werden kann, bietet allein die Voraussetzung des „Stellens" der AGB Möglichkeiten zur Umgehung. Der Verwender kann versuchen, **das eigene** bzw. ihm zuzurechnende **Stellen der AGB** von einem (neutralen) Dritten oder auch von der Gegenseite **vornehmen zu lassen.** Lässt sich ein solches manipuliertes Vorgehen belegen, wird es als verbotene Umgehung gem. § 306a BGB zu werten sein. Ein solcher **Nachweis** wird aber nur **selten gelingen**, da beide Vertragsparteien für die Vorlage ihrer Vertragsbedingungen und Durchführung von Verhandlungen jeweils selbst verantwortlich sind und – vorbehaltlich eines provozierten Irrtums oder einer Täuschung, die dann als solche erkannt werden müssen und etwa zur Anfechtung berechtigen (§§ 119, 123 BGB) – sich ihr Verhalten auch zurechnen lassen müssen. Die **bloße Aufforderung** an die Gegenseite, einen **Vertragsentwurf vorzulegen**, kann **noch nicht als Umgehung** des Stellens (eigener) Vertragsbedingungen angesehen werden, ebenso wenig die Einfügung von Änderungen oder Ergänzungen in den gegnerischen Vertragsentwurf, die – wären sie in einem eigenen Entwurf enthalten gewesen – möglicherweise zur Annahme von AGB hätten führen können.

33 Eine **Umgehungsabsicht** ist **nicht erforderlich**, also die gezielte Vermeidung der Anwendung einer (bekannten) AGB-Kontrollregelung. Es reicht aus, dass das **bewusste und gewollte Vorgehen** zur Nichtanwendung einer AGB-Kontrollregelung führt, obwohl damit ein Ergebnis erzielt wird, das von der AGB-Gesetzgebung vermieden werden sollte.

54 BGH, Urt. v. 8.3.2005 – XI ZR 154/04 –.

C. Vorrang der Individualabrede (§ 305b BGB)

Soweit die Vertragsparteien individuelle Vereinbarungen treffen, haben diese Vorrang vor etwaigen AGB-Regelungen (§ 305b BGB). Auch zunächst vorgelegte AGB-Vertragsregelungen, die sodann im Einzelnen ausgehandelt werden (s.o. Rn 24), werden zu Individualvereinbarungen. Die parallel dazu bestehenden **AGB-Regelungen**, seien sie inhaltsgleich, ergänzend oder im Widerspruch, werden also **nicht automatisch unwirksam**, sondern **nur verdrängt**, sofern sie nicht aus anderen Gründen (Verstoß gegen Schutzregelungen) nichtig sind. Dies hat Bedeutung für den Fall, dass Individualregelungen geändert werden oder entfallen (dazu unten Rn 44); dann **leben** die (nur) verdrängten AGB-Regelungen **wieder auf.** Die Vorrangklausel des § 305b BGB setzt also zum einen voraus, dass überhaupt AGB-Klauseln vorliegen bzw. ein AGB-Charakter des Mietvertrages anzunehmen ist. Anderenfalls liegt von vornherein eine Individualvereinbarung vor, sei es auch als umfassendes Aushandeln aller Vertragsbedingungen im Einzelnen (dazu oben Rn 24), sodass die Schutzregelungen der §§ 305 ff. BGB ohnehin nicht zum Tragen kommen. Zum anderen darf sich die **vorrangige Individualabrede nur auf bestimmte Vertragsklauseln** beziehen, damit es zu einer Verdrängung der AGB kommt. Umfasst die Individualabrede den gesamten Vertrag, liegen denklogisch keine AGB mehr vor, die verdrängt werden könnten, sondern eine insgesamt ausgehandelte Individualvereinbarung. 34

I. Abgrenzbarkeit der Individualabreden von AGB

Sofern AGB gestellt und (danach) nicht vollständig inhaltlich ausgehandelt worden sind, werden die entsprechenden Klauseln durch gesonderte oder spätere (wirksame) individuelle Vereinbarungen verdrängt, und zwar (nur) in dem Umfang des Regelungsbereichs dieser individuellen Vereinbarungen, also nicht generell. In der bloßen **handschriftlichen Korrektur**, dem **Ausfüllen** freigebliebener Passagen (Ergänzungen von Einzelangaben, Daten, Zahlen etc.), dem **Ankreuzen** maßgeblicher Regelungsabschnitte oder die Auswahl alternativer Regelungsvorschläge liegt **noch keine ergänzende Individualabrede.** Damit wird lediglich der vorgesehene Formulartext vervollständigt, aber nicht sein AGB-Charakter aufgehoben.[55] Eine **Individualabrede** liegt erst vor, wenn eine eigenständige, vom vorliegenden Formulartext **abweichende oder darüber hinausgehende Regelung vereinbart** wird. Auch ein (kaufmännisches) Bestätigungsschreiben, dem nicht widersprochen wird, 35

55 BGH, Urt. v. 7.2.1996 – IV ZR 16/95 –; BGH, Urt. v. 3.12.1991 – XI ZR 77/91 –; BGH, Urt. v. 12.12.1986 – V ZR 282/85 –; BGH, Urt. v. 6.4.2005 – VIII ZR 27/04 –; BGH, Urt. v. 3.7.1985 – IVa ZR 246/83 –; BGH, Urt. v. 3.5.2006 – VIII ZR 243/05 –.

gilt als solche Individualvereinbarung und hätte daher Vorrang gegenüber dem vorangegangenen vorformulierten Vertragstext.[56] Die **einseitige Änderung der Formularklausel** durch den Verwender stellt dagegen keine Vereinbarung dar, sondern nur das Stellen einer **neuen (abweichenden) AGB**. Erst durch das Akzeptieren bzw. das einvernehmliche Verhalten der Gegenseite des Klauselverwenders wird aus der Änderung eine Individualvereinbarung.

36 Die **zeitliche Abfolge** – erst Vorlage der AGB, dann individuelle Regelung oder erst individuelle Vereinbarungen mit paralleler oder anschließender AGB-Ergänzung – spielt **keine Rolle**. Entscheidend ist, mit welchem Regelungsumfang eine Individualabrede – sei es nachträglich, sei es vorgreiflich zur Stellung von AGB – getroffen wird. Im Bereich einer solchen Individualabrede wird jegliche widersprechende oder abändernde AGB-Regelung verdrängt (zur Individualvereinbarung nach Vertragsschluss s.u. Rn 41 ff.). Maßgeblich ist der **erkennbare**, darüber hinaus der **mutmaßliche Regelungswille der Vertragsparteien**. Diese Regelungsabsicht kann sich auch aus Umständen **außerhalb des (Haupt-)Vertrages** ergeben, etwa aus **Nebenvereinbarungen** oder aus der begleitenden **Korrespondenz**. Es spielt keine Rolle, ob die Individualvereinbarung im gleichen Vertragsdokument oder in separaten Regelungen getroffen wird; der weitgehend gleiche Inhalt in zwei (oder mehreren) Einzelverträgen zu einem bestimmten Anmietungsvorhaben macht diese parallelen Verträge noch nicht zu AGB.[57] Auch der **AGB-mäßige Hinweis** im (Haupt-)Vertrag, dass keine anderen, etwa auch mündlichen (Neben-)Abreden bestehen oder solche mit Abschluss des (Haupt-)Vertrages aufgehoben würden, bleibt **wirkungslos gegenüber** tatsächlich bestehenden, gleichzeitig oder auch später separat abgeschlossenen **Individualvereinbarungen** (s.o. Rn 24). Es ist auch unerheblich, ob sich die Vertragsparteien bei der Individualvereinbarung des Widerspruchs gegen andere AGB-Klauseln bewusst sind.[58]

! **Praxistipp**
Zum späteren Nachweis von Individualvereinbarungen sollte auch die **Korrespondenz sorgfältig dokumentiert** werden, die im Zusammenhang mit der Übersendung von Vertragsentwürfen bzw. den Vertragsverhandlungen ausgetauscht wird. Sie kann nicht nur den Verhandlungsstand bzw. die Verhandlungsintensität bestätigen, sondern auch als **Auslegungsmaßgabe** für die (individuellen) vertraglichen Regelungen gelten.

56 BGH, Beschl. v. 20.10.1994 – III ZR 76/94 –.
57 BGH, Urt. v. 2.10.1991 – XII ZR 92/90 – für die gesonderte Anmietung von Büro- und Parkplatzflächen.
58 BGH, Versäumnisurt. v. 21.9.2005 – XII ZR 312/02 –.

So sind beispielsweise individuelle Beschreibungen (**Zusicherungen**) des Mietgegenstandes auch entgegen anderslautenden AGB **maßgeblich.**[59] Ist der Mietbeginn individualvertraglich festgelegt, kann sich kein Vertragspartner auf abweichende AGB-Regelungen berufen, deren Anwendung etwa zu einem früheren (z.B. vorzeitige Baufertigstellung) oder späteren Termin führen würden.[60] Ein **individualvertraglicher Haftungsausschluss** gilt im Zweifelsfall auch für AGB-mäßige Gewährleistungspflichten; die Festlegung der Miete gilt auch für Neben- und Gemeinschaftsflächen, selbst wenn diese durch AGB gesondert berechnet werden sollen;[61] der individualvertragliche Ausschluss eines Aufrechnungsrechtes gilt im Zweifelsfall auch als Verbot des Zurückbehaltens; die **individualvertragliche Pauschalierung** von **Betriebs- bzw. Nebenkosten** gilt auch dann, wenn AGB-mäßig eine Vorauszahlung mit Abrechnung vorgesehen ist, oder der teilweise bzw. vollständige Ausschluss einer Belastung (Umlegung) von „Betriebskosten" gilt im Zweifel auch für Heizkosten und sonstige Nebenkosten, selbst wenn diese Kostenarten in (ergänzenden) AGB-Reglungen voneinander unterschieden und unterschiedlich geregelt werden.[62] Der **individualvertragliche Ausschluss** der Umlage von **„Heizkosten"** wird dagegen im Regelfall nicht zugleich den Ausschluss der Umlage sonstiger Betriebs- oder Nebenkosten umfassen, da mit dem Begriff „Heizkosten" eine deutliche Unterscheidung von anderen Kostenarten ausgedrückt wird. 37

Es spielt keine Rolle, welche Vertragsseite durch den Vorrang der Individualvereinbarung begünstigt wird. AGB werden auch dann verdrängt, wenn sie der Gegenseite des Klauselverwenders zum Vorteil gereicht hätten.[63] Es gilt also **kein Verschlechterungsverbot**. Infolgedessen kann es **durch Individualabreden** (oder vergleichbarem „Aushandeln im Einzelnen") im Ergebnis **zu ungünstigeren Regelungen** für die Gegenseite des Klauselverwenders kommen, wenn etwa eine vorgelegte AGB-Regelung, die wegen Verstoßes gegen eine Schutzregelung unwirksam wäre, „abgemildert" werden soll und dementsprechend durch eine (wirksame) Individualvereinbarung zwar erleichtert, in Wahrheit aber dadurch erst – wenn auch mit abgemildertem Inhalt – verfestigt wird. Hatte sich z.B. der Vermieter durch AGB von jeglicher Haftung für den Mietgegenstand freigezeichnet, was für Vorsatz und grobe Fahrlässigkeit und insgesamt für Kardinalpflichten unwirksam geblieben wäre (vgl. unten Abschnitt H Rn 116, AGB-Katalog, „Vertragspflichten"), und wird 38

59 BGH, Urt. v. 29.5.1986 – VIII ZR 77/66 –.

60 BGH, Urt. v. 28.6.1984 – VII ZR 276/83 – (für die fristgerechte Übergabe eines Fertighauses).

61 OLG Celle, Urt. v. 6.9.1992 – 2 U 127/94 –.

62 Da insoweit Individualregelungen vorliegen, gelten die allgemeinen Auslegungsregeln der §§ 133, 157 BGB; es kommt also auf die Einzelfallumstände an, den subjektiven Regelungswillen und die individuellen Verständnismöglichkeiten der Vertragspartner, nicht dagegen auf die nur objektive, generalisierende Auslegung nach dem Verständnis des redlichen und verständigen Vertragspartners (Lindner-Figura/Oprée/Stellmann/*Lindner-Figura*, Kap. 7 Rn 83 f.).

63 OLG Karlsruhe, Urt. v. 30.6.1983 – 12 U 123/82 –.

nun der **(vollständige) Haftungsausschluss** individualvertraglich durch eine **Teilhaftung oder Haftungsbegrenzung** ersetzt, so ist der Mieter im Ergebnis schlechtergestellt. Eine Anfechtung wegen Erklärungsirrtums (§ 119 Abs. 1 BGB) dürfte ausscheiden, sofern die Haftungsbegrenzung bewusst und gewollt vereinbart wurde. Auch eine Täuschung (§ 123 BGB) wird im Regelfall nicht anzunehmen sein.

! **Praxistipp**

Liegen AGB vor, die nach den hier noch darzustellenden Kontrollkriterien unwirksam sind, so kann es für die Gegenseite des Klauselverwenders (sofern nicht andere Verhandlungsgründe vorliegen) **vorteilhaft** sein, auf **Einzelverhandlungen** insoweit vollständig zu **verzichten**, um den AGB-Charakter nicht aufzuheben und damit die eigenen Möglichkeiten einzuschränken, deren (vollständige) Unwirksamkeit später geltend zu machen. Allerdings wird die Entscheidung, ob AGB unwirksam sind, nicht immer präzise vorherzusagen sein, sodass das „unberührt Lassen" von AGB (der anderen Seite) – gegenüber dem Versuch, in Verhandlungen eine insoweit günstigere Regelung zu erzielen – einer **Risikoabwägung** bedarf. Im Zweifelsfall wird einer wirksamen individuellen Vereinbarung mit „erträglichem" Inhalt der Vorzug zu geben sein gegenüber dem Spekulieren auf die Unwirksamkeit der von der anderen Seite vorgelegten AGB-Klauseln.

II. Wirksamkeit und Formanforderungen von Individualabreden

39 Nur wirksame Individualvereinbarungen können AGB-Klauseln verdrängen. Insoweit sind die allgemeinen Anforderungen zu beachten (z.B. keine Vorbehalte oder Bedingungen, ausreichende Vertretungsmacht bei Bevollmächtigten, Erklärungsmängel und Anfechtbarkeit). Formanforderungen bestehen dagegen nicht: Grundsätzlich sind auch **mündliche oder schlüssige Individualabreden wirksam** und verdrängen anderslautende AGB.[64] Entgegenstehende Schriftformerfordernisse sind nur beachtlich, wenn sie ihrerseits individuell vereinbart worden sind. **Schriftformklauseln mit AGB-Charakter** (Vorbehaltsklauseln, Bestätigungsklauseln oder ähnliche Regelungen) sind demgegenüber **für Individualvereinbarungen unbeachtlich**, da sie durch jede – mündliche oder schlüssige – Individualabrede über eine bestimmte Vertragsklausel verdrängt werden.[65] Denn eine individuelle Vereinbarung zu einer Vertragsklausel, wenn sie ernsthaft gewollt ist, enthält immer auch die Regelung, dass diese Vereinbarung wirksam sein soll und etwaige entgegenstehende Schriftformklauseln insoweit aufgehoben werden.[66]

64 BGH, Versäumnisurt. v. 21.9.2005 – XII ZR 312/02 –; BGH, Urt. v. 6.3.1986 – III ZR 234/84 –; OLG Celle, Urt. v. 20.12.1989 – 2 U 200/88 –; OLG Düsseldorf, Urt. v. 1.6.2006 – 10 U 1/06 –.

65 BGH, Beschl. v. 20.10.1994 – III ZR 76/94 –.

66 BGH, Urt. v. 26.3.1986 – VIII ZR 85/85 –.

Praxistipp

Die Schriftform einer Individualvereinbarung ist nicht aus Wirksamkeitsgründen erforderlich, auch wenn entsprechende vorformulierte Anforderungen bestehen. Zur **besseren Nachweisbarkeit** erscheint sie allerdings in jedem Falle **empfehlenswert.**

Gleiches gilt auch für allgemeine AGB-Regelungen, dass (parallele oder vorherige) 40 mündliche Nebenabreden nicht bestehen oder mit dem vorliegenden schriftlichen Vertragsschluss aufgehoben werden.[67] Wird ein solcher **Ausschluss** oder **Aufhebung** dagegen **für bestimmte Vereinbarungen** präzisiert, läge insofern eine **Individualvereinbarung** vor, die dann wirksam und beachtlich wäre.

III. Auswirkungen nachträglicher Individualvereinbarungen

Werden Individualvereinbarungen nach Abschluss des Mietvertrages getroffen, so 41 kann dies unterschiedliche Auswirkungen haben. Zum einen werden die vom Regelungsbereich der Individualabrede betroffenen AGB-Klauseln je nach inhaltlicher Ausrichtung aufgehoben, abgeändert oder verdrängt. Dies kann (s.o.) sich auch zum Nachteil der Gegenseite des Klauselverwenders auswirken. Zum anderen kann durch derartige **nachträgliche Vereinbarungen** der **AGB-Charakter** der betreffenden Regelung insgesamt **aufgehoben** werden, wenn nämlich im Rahmen der Nachverhandlungen die gesamte Regelung zur Disposition gestellt wurde und dies entsprechend dokumentiert werden kann (s.o. Rn 25). Dies kann sogar dazu führen, dass zunächst unwirksame **AGB-Klauseln** als **nachträglich im Einzelnen ausgehandelt** gelten, also durch „Heilung“ wirksam werden. Ein solcher Effekt wird aber nur eintreten können, wenn im Rahmen der nachträglichen Vereinbarungen tatsächlich der gesamte Vertrag „zur Debatte“ steht, also nicht nur bestimmte Klauseln oder Regelungen.

Die bloße individuelle Vereinbarung, dass der **Mietvertrag** (mit AGB-Charakter) 42 **verlängert** wird, macht den Inhalt des Vertrages dadurch allein noch **nicht zur Individualvereinbarung**, ebenso wenig wie die **Einfügung unwesentlicher Ergänzungen**, die gegenüber der ursprünglichen Vertragsfassung keine eigenständige Regelung treffen.[68] Es kommt vielmehr darauf an, ob im Einzelfall – im Rahmen einer Nachverhandlung – wesentliche Klauseln neu festgelegt werden. Dann wird man je nach den Umständen von einer Gesamt-Neuverhandlung ausgehen können, die den bisherigen AGB-Charakter aufhebt. Werden dagegen nur unwesentliche

67 OLG Celle, Urt. v. 29.12.1989 – 2 U 200/88 –; OLG Nürnberg, Urt. v. 15.1.1992 – 9 U 3700/89 –.

68 Vgl. etwa für das Ausfüllen von Vertragslücken oder das Einfügen individueller Angaben BGH, Urt. v. 12.12.1986 – V ZR 282/85 –; BGH, Urt. v. 30.10.1987 – V ZR 174/86 –; BGH, Urt. v. 26.2.1992 – XII ZR 129/90 –.

Klauseln besprochen bzw. verändert, führt dies noch nicht zur Annahme einer Gesamt-Neuverhandlung. Wird in einem späteren Vertrag eine **wortgleiche Regelung** aus einem früheren Vertrag neu verwendet, so liegt **erneut eine Individualvereinbarung** vor, wenn auch die frühere Regelung individuell ausgehandelt worden war.[69] Das Neuverhandeln kann auch in mehreren Schritten erfolgen, sodass jedenfalls beim letzten Schritt, der die Neuverhandlung weiterer, zuvor noch nicht angesprochener Klauseln betrifft, der Effekt der Gesamt-Neuverhandlung bzw. des Zur-Disposition-Stellens des gesamten Vertrages eintreten kann.

! **Praxistipp**

Um Unsicherheiten zu vermeiden, ob im Rahmen späterer Verhandlungen nur spezifische Klauseln oder aber der gesamte Vertrag angesprochen werden soll (aus Sicht des AGB-Verwenders eher Letzteres), sollte dies im Rahmen der **begleitenden Korrespondenz** ausdrücklich **betont bzw. dokumentiert** werden. Bereits das Vorhaben des Verhandeln-Wollens ist maßgeblich, nicht der Effekt, dass es tatsächlich – und in welchem Umfang – zu Vertragsänderungen kommt.

43 Bei späteren **Nachträgen** zum Mietvertrag wird es sich **regelmäßig** um **Individualvereinbarungen** handeln, insbesondere wenn es um inhaltlich begrenzte Abänderungsvorschläge einer Vertragsseite zum ursprünglichen Vertragstext geht, die von der anderen Vertragsseite (durch Unterschrift) ausdrücklich gebilligt werden. Es ist allerdings durchaus möglich, dass auch Änderungsvereinbarungen als AGB gestellt, also nicht im Einzelnen ausgehandelt werden, sodass für sie Gleiches gilt wie für den Erstvertragsschluss.

44 Wird eine – im Rahmen des Mietvertrags oder auch nach Vertragsschluss im Rahmen einer Änderungsvereinbarung getroffene – **Individualabrede später aufgehoben** oder in ihrem Regelungsumfang so reduziert, dass kein Konfliktbereich mit zunächst verdrängten AGB-Klauseln mehr besteht, **leben** die betreffenden **AGB-Klauseln wieder auf**. Deren AGB-Charakter bleibt auch unverändert bestehen, soweit nicht ihr Regelungsinhalt (nunmehr) ausdrücklich oder zumindest erkennbar, also schlüssig gewollt ist; dann läge ein Aushandeln im Einzelnen vor, sodass die betreffenden Klauseln aus dem AGB-Anwendungsbereich ausscheiden würden. Werden z.B. Gewährleistungsansprüche durch AGB-Regelungen eingeschränkt, durch Individualvereinbarung jedoch ganz ausgeschlossen, und wird dieser individualvertragliche Gewährleistungsausschluss später wieder aufgehoben, so würden die zunächst verdrängten AGB-Regelungen wieder zur Geltung gelangen (mit dem Wirksamkeitsrisiko der Überprüfung anhand der AGB-Schutzregelungen). Erfolgt diese spätere Aufhebung des Gewährleistungsausschlusses aber mit dem ausdrücklichen Hinweis darauf, oder zumindest dem beiderseitigen Verständnis, dass die

69 OLG Hamburg, Urt. v. 12.12.2008 – 1 U 143/07 – (Nichtzulassungsbeschwerde vom BGH zurückgewiesen, BGH, Beschl. v. 4.3.2010 – IVV ZR 21/09 –).

betreffende AGB-Regelung über die eingeschränkte Gewährleistung inhaltlich gelten solle, so ist diese (AGB-)Regelung nunmehr als im Einzelnen ausgehandelt anzusehen.

Praxistipp
Nachtragsvereinbarungen sollten in ihrem Regelungsumfang genau festgelegt und insbesondere muss **klargestellt** werden, ob **weitergehende Regelungen in den AGB** (dauerhaft) wegfallen oder fortgelten sollen.

D. Unbeachtlichkeit überraschender oder mehrdeutiger Klauseln

I. Überraschende Klauseln (§ 305c Abs. 1 BGB)

AGB-Regelungen (einzelne Klauseln oder auch Vertragspassagen), die **ungewöhnlich** sind und mit denen die Gegenseite des Verwenders daher **nicht zu rechnen braucht**, werden nicht Vertragsbestandteil, sondern **bleiben unbeachtlich**. Die Differenzierung des Gesetzgebers („so ungewöhnlich, dass") bleibt für die Rechtsanwendung unbeachtlich, da Abstufungen der Unüblichkeit einer Regelung und dem „Damit-Rechnen-müssen" allenfalls theoretisch denkbar, in der Praxis aber nicht durchführbar sind. Nur ein „wenig" unüblich, also noch hinnehmbar, gegenüber einem in größerem Maße unüblich, also nicht mehr hinnehmbar, wäre nur durch eine statistische Untersuchung bzw. gutachterlich (Marktumfrage) voneinander abzugrenzen, sodass die Unterscheidung auch unter Berücksichtigung der Beweislastumkehr zulasten des Verwenders (§ 305c Abs. 2 BGB) nicht befriedigen kann. Maßgeblich ist daher allein die Feststellung, dass eine vorformulierte Vertragsbedingung ungewöhnlich bzw. unüblich ist, um ihre Unwirksamkeit zu begründen. Im Rahmen seiner Beweislast muss dann der **Klauselverwender belegen**, dass die betreffende Klausel **üblich** bzw. weiterverbreitet ist, um ihre Einbeziehung in den Vertrag und damit ihre Wirksamkeit zu begründen. 45

Die Ungewöhnlichkeit einer AGB-Regelung kann sich sowohl **inhaltlich** ergeben, als Abweichen vom AGB-typischen bzw. üblichen Inhalt, als auch durch eine unsystematische **räumliche Anordnung** („Verstecken" an anderer Stelle). Da die inhaltliche Unüblichkeit eine objektive Betrachtung voraussetzt, die sich auf den allgemeinen Rechtsverkehr bezieht, stellt der BGH nicht auf die konkrete Kenntnis der Parteien ab, sondern auf die **Einsichtsfähigkeit** der durchschnittlichen, aber in diesem Zusammenhang zu erwartenden und **entsprechend erfahrenen Vertragsgegenseite** des Verwenders.[70] Einer Klausel wohnt ein **„Überrumpelungseffekt"** 46

70 BGH, Urt. v. 23.5.1984 – VIII ZR 27/83 –; BGH, Urt. v. 24.9.1980 – VIII ZR 273/78 –.

inne, wenn sie – ohne drucktechnische, systematische oder sonstige Hervorhebung – von den **Erwartungen** der Vertragsgegenseite so stark **abweicht**, dass diese mit einer solchen Klausel vernünftigerweise nicht zu rechnen braucht.[71] Dies gilt etwa für die Einräumung eines Dauerwohnrechtes (grundsätzlich dinglich, vgl. § 31 WEG) als bloßer schuldrechtlicher Anspruch bei Time-Sharing-Verträgen. Im Rahmen eines Lieferauftrages wird die (unzutreffende) Bestätigung der Vollkaufmannschaft verlangt. Beim Sicherungszweck für eine Grundschuld werden zugleich auch alle zukünftigen Forderungen einbezogen. Überraschend wäre auch eine **Rechtswahlklausel**, die – bei zwei deutschen Vertragsparteien – ein ausländisches Recht vorsieht, obwohl üblicherweise Mietverträge nach lokalem Recht geregelt werden.

! **Praxistipp**
Sollten vom Klauselverwender **ungewöhnliche** vorformulierte **Regelungen** gewünscht werden, sollten diese Regelungen **textlich** besonders **hervorgehoben** und mit einer **plausiblen Begründung** versehen werden, um einen Überraschungseffekt zu vermeiden. Zur weiteren Betonung einer solchen Klausel könnte in einem **Anschreiben** ein besonderer Hinweis auf diese Klausel aufgenommen werden.

47 Häufiger als die vorstehend genannte inhaltliche Unüblichkeit ist die **überraschende Platzierung** von AGB-Regelungen **an anderer Stelle,** als es nach dem inhaltlichen oder logischen Zusammenhang zu erwarten wäre (z.B. Bierbezugspflicht im Rahmen eines Darlehensvertrages).[72] Dann ist unerheblich, ob diese Klausel auch noch inhaltlich ungewöhnlich ist oder nicht; allein ihre Verschiebung an eine von einer durchschnittlichen Vertragspartei dort nicht erwarteten Stelle führt zu der verbotenen Überraschung. Eine solche unerwartete räumliche Anordnung kann etwa für **Haftungs- oder Gewährleistungsregelungen** gelten, wenn diese bei der **Beschreibung des Mietgegenstandes**, in der (nachrangigen bzw. als Anlage beigefügten) **Hausordnung** oder bei **Kündigungsregelungen** eingefügt werden. Auch der **Ausschluss der Garantiehaftung** für anfängliche Mängel (§ 536 Abs. 1 BGB)

71 BGH, Urt. v. 30.6.1995 – V ZR 184/94 – (bei einem Time-Sharing-Vertrag wird ein anteiliges Dauerwohnrecht nach § 31 WEG nicht im Grundbuch eingetragen, sondern nur als schuldrechtlicher, über einen Treuhänder geltend zu machender Anspruch festgelegt); BGH, Urt. v. 17.5.1982 – VII ZR 316/81 – (Bestätigungsverlangen der Vollkaufmannschaft im Rahmen eines Lieferauftrages); BGH, Urt. v. 10.11.1989 – V ZR 201/88 – und Urt. v. 30.10.1987 – V ZR 174/85 – (für Erweiterung des Sicherungszwecks einer Grundschuld auch auf künftige Forderungen); anders noch BGH, Urt. v. 8.5.1987 – V ZR 89/86 –, der die Erstreckung einer Grundschuld auch auf künftig entstehende Forderungen für wirksam hielt; BGH, Urt. v. 18.2.1992 – XI ZR 126/91 – (Erweiterung des Sicherungszwecks einer Grundschuld auf alle bestehenden und künftigen Schulden eines Dritten/Ehegatten); BGH, Urt. v. 8.5.1967 – V ZR 89/86 – (Haftung des Bausparers nicht auch als (Gesamt-)Schuldner einer Kreditforderung).

72 BGH, Urt. v. 1.3.1978 – VIII ZR 70/77 –.

darf nicht in dem Kapitel **„Aufrechnung, Zurückbehaltung"** geregelt werden.[73] Dies gilt aber auch für **„versteckte" Fristen** etwa für eine Schadensmeldung (z.B. zur Aufrechterhaltung eines Beseitigungs- oder Erstattungsanspruchs) oder für besondere Kündigungen, wenn diese wiederum bei der Beschreibung des Mietgegenstandes oder in der Hausordnung untergebracht sind. Schließlich ist auch ein **Wettbewerbsverbot** (zulasten eines Apothekenbetriebes in einem Einkaufszentrum) überraschend, wenn es in einem längeren Formularmietvertrag (25 Seiten) auf der vorletzten Seite **unter „Sonstiges"** geregelt ist.[74]

Maßgeblich ist insoweit, dass die andere Vertragsseite durch den Verwender **48**
nicht überrumpelt werden darf. Dazu beitragen kann auch das ungewöhnliche äußere Erscheinungsbild der Klausel bzw. ihre von den üblichen Gepflogenheiten abweichende äußere Gestaltung.[75] Zu beachten ist allerdings, dass eine **drucktechnische Hervorhebung** oder besondere vertragliche Hinweise, möglicherweise auch **Hinweise im Begleitschreiben** oder im Rahmen einer **mündlichen Verhandlung**, diesen Überraschungseffekt beseitigen können.[76] Ein hinreichend deutlicher Hinweis auf die besondere Regelung liegt vor, wenn eine Einteilung in römische Ziffern erfolgt und durch in Großbuchstaben kenntlich gemachte Abschnitte übersichtlich angeordnet ist.[77] Überraschend wären auch vorformulierte **Verpflichtungen zum Abschluss weiterer Verträge** für den Mietgegenstand, etwa den Ankauf von Einrichtungsgegenständen, den Abschluss von Wartungs- oder von Versicherungsverträgen.[78] Zum Beitritt zu Werbegemeinschaften und zur Entrichtung von Werbebeiträgen siehe unten den Abschnitt H Rn 116, AGB-Katalog („Werbegemeinschaft").

Praxistipp !

AGB-Regelungen sollten aus der Sicht des Verwenders **immer dort** eingefügt werden, wo sie nach dem Schwerpunkt ihres Inhaltes einzuordnen sind und **üblicherweise erwartet** werden. Bei unterschiedlichen Regelungsaspekten sollte sie **auch mehrfach platziert** oder durch Verweise bei späteren Passagen auf die vorherige Regelung wiederholt werden. **Je eher** eine **Abweichung** von der Üblichkeit angenommen werden könnte, **desto deutlicher** – ggf. auch drucktechnisch **hervorgehoben** – sollte die Klausel dargestellt werden. Zur Erleichterung der Erkennbarkeit empfiehlt sich ohnehin eine einheitliche Strukturierung des Mietvertrages nach logischen, verständnisorientierten Gesichtspunkten.

---

73 BGH, Urt. v. 21.7.2010 – XII ZR 189/08 –.

74 OLG Dresden, Urt. v. 3.1.2006 – 5 U 1451/05 –.

75 BGH, Urt. v. 17.5.1982 – VII ZR 316/81 –; BGH, Urt. v. 30.10.1987 – V ZR 174/86 –; BGH, Urt. v. 10.11.1989 – V ZR 201/88 –; BGH, Urt. v. 17.3.1994 – IX ZR 102/93 –; BGH, Urt. v. 1.12.1994 – III ZR 33/94 –; BGH, Urt. v. 24.11.2005 – VII ZR 87/04 –.

76 BGH, Urt. v. 18.2.1992 – XI ZR 126/91 –; BGH, Urt. v. 4.7.1990 – VIII ZR 288/89 –.

77 BGH, Urt. v. 24.9.1980 – VIII ZR 273/79 –.

78 Vgl. Bub/Treier/*Bub*, II Rn 400.

II. Zweifelhafte und mehrdeutige Klauseln (§ 305c Abs. 2 BGB)

49 Ergeben AGB-Regelungen auch bei Anwendung der üblichen Auslegungsregeln (§§ 157, 133 BGB), insbesondere Wortlaut, Begleitumstände auch außerhalb des Vertrages, Interessenlage und hypothetischer Parteiwille, Gesetzeskonformität, Treu und Glauben, Verkehrssitte, **kein eindeutiges Verständnis**, sind also mindestens zwei oder mehr Interpretationen möglich, so geht dies **zulasten des Verwenders.**[79] Zu diesem Zweck sind daher die denkmöglichen Auslegungen zu ermitteln und im Hinblick auf die Besser- oder Schlechterstellung der Vertragsgegenseite des Verwenders zu untersuchen; zur Beurteilung der möglichen Klauselunwirksamkeit zulasten des Verwenders ist immer die **für die Vertragsgegenseite** des Verwenders **ungünstigste** („feindlichste") **Auslegung** heranzuziehen.[80] Anders als bei der individualvertraglichen Auslegung ist **nicht auf den hypothetischen Willen** der Vertragsbeteiligten und ihre konkreten Interessen abzustellen, sondern nur **auf objektiv-generalisierende Maßstäbe** und den Willen und das Interesse der typischerweise beteiligten Verkehrskreise.[81] Maßgeblich sind dabei die jeweils konkreten Vertragsanwendungen, die in Anspruch genommen werden sollen, nicht dagegen andere Regelungsauswirkungen für hypothetische Anwendungen. Es gilt dann die von der anderen Vertragsseite bevorzugte bzw. ihr günstigere Auslegung.[82]

50 In jedem Fall gilt zulasten der AGB-Regelungen das **Restriktionsprinzip**: Jede durch AGB-Regelung bewirkte **Abweichung von der Gesetzeslage** ist **eng auszulegen**, im Zweifel also immer zulasten des Verwenders. Wenn immer eine AGB-Klausel unwirksam ist oder infolge von Mehrdeutigkeit nicht angewendet werden kann, gilt insoweit die zugrunde liegende gesetzliche Regelung (**Verbot der AGB-erhaltenden Auslegung**). Eine Ausnahme gilt nur, wenn die betreffende AGB-Regelung **für die Vertragsgegenseite** des Verwenders **günstiger** ausfällt als die gesetzliche Regelung; dann ist eine **erweiternde Auslegung** der AGB-Regelung zulässig und geboten (Ausnahme der AGB-erhaltenden Auslegung).

51 **Unklarheiten** bei AGB-Klauseln werden durch § 307 Abs. 1 S. 2 BGB erfasst (vgl. unten Rn 64 ff., „Transparenzgebot") und können allein aus diesem Grunde zu einer unangemessenen Benachteiligung der anderen Vertragsseite des Klauselverwenders führen. **Zweifel beim Klauselverständnis** können sich darüber hinaus inhaltlich ergeben, etwa aus einer mehrdeutigen Wortwahl (Begriffsvermischung) oder unpräzisen Bezugnahmen, oder auch aus der unsystematischen Anordnung bzw. **verwirrenden Gliederung**. Ist etwa unklar, ob eine Haftungs- oder Gewährleistungsbegrenzung nur für einen bestimmten Fall oder generell für das Mietverhältnis gelten

---

79 BGH, Urt. v. 4.7.1990 – VIII ZR 288/89 –.
80 BGH, Urt. v. 19.9.1985 – III ZR 213/83 –.
81 BGH, Urt. v. 7.3.1989 – KZR 15/87 –.
82 BGH, Urt. v. 11.4.1984 – IVa ZR 38/83 –.

soll, kann – wenn dies für die Vertragsgegenseite des Verwenders günstig ist und seinen vertraglichen Interessen dient – das letztere Verständnis in Anspruch genommen werden. Bleibt infolge des Gliederungsaufbaus unklar, ob ein vorteilhaftes Kündigungsrecht nur für ein bestimmtes Vorkommnis oder aber generell gelten soll, kann wiederum – wenn dies den Interessen der Vertragsgegenseite dient – die günstigere Kündigungsmöglichkeit auch für alle übrigen Fälle in Anspruch genommen werden.

Auch **sprachliche Mehrdeutigkeiten** können erheblich werden: Wird etwa – 52
im Rahmen von Schönheitsreparaturen – ein Streichen der Wände gewünscht, was je nach den Umständen durchaus noch als AGB-Regelung zulässig ist (vgl. Abschnitt H Rn 116, AGB-Katalog, „Schönheitsreparaturen" l), kann der Begriff „Weißen" dazu führen, dass die gesamte Regelung unwirksam wird, weil keine Farbvorgabe erfolgen darf, obwohl mit diesem Begriff (mundartlich) nur allgemein das Anstreichen gemeint war, unabhängig von einer konkreten Farbe.[83]

Praxistipp !
Der vom Klauselverwender beabsichtigte Anwendungsbereich einer vorformulierten Klausel muss immer **klar, eindeutig** und für einen jeweils **genau beschriebenen Zusammenhang** festgelegt werden. Mangelnde Sorgfalt verfehlt nicht nur den gewünschten Regelungszweck, sondern kann die Unwirksamkeit der gesamten Klausel bewirken.

Wird die Unklarheit durch eine **Vertragslücke** ausgelöst, so ist auch im Zusam- 53
menhang mit AGB-Regelungen eine **ergänzende Vertragsauslegung möglich** und geboten.[84] Besteht die Regelungslücke lediglich im Verhältnis der AGB-Regelungen zueinander, etwa auch durch Wegfall einer für unwirksam erkannten AGB-Klausel, so sind nicht die übrigen AGB-Klauseln ergänzend auszulegen, sondern entsprechend dem Restriktionsprinzip ist die zugrunde liegende bzw. durch die AGB-Regelung **verdrängte gesetzliche Regelung** (wieder) **anzuwenden.** Eine Ausnahme gilt nur im vorgenannten Fall der AGB-erhaltenden Auslegung, wenn die betreffende AGB-Regelung für die Vertragsgegenseite des Verwenders günstiger ausfällt als die gesetzliche Regelung; dann ist die bestehende Vertragslücke durch ergänzende Auslegung dieser AGB-Klauseln in dem für die Vertragsgegenseite des Verwenders günstigen Sinne zu schließen.

---

83 BGH, Urt. v. 23.9.2009 – VIII ZR 344/08 – und v. 21.9.2011 – VIII ZR 47/11 – für die Wohnraummiete, was aber gemäß BGH, Urt. v. 6.6.2005 – XII ZR 84/06 – grundsätzlich auch für die Gewerberaummiete gilt.
84 BGH, Urt. v. 4.7.1990 – VIII ZR 288/89 –; BGH, Beschl. v. 30.10.1984 – VIII ARZ 1 84 –.

E. Inhaltskontrolle gemäß § 307 BGB

54 Die **Inhaltskontrolle** gem. § 307 BGB stellt das **Kernstück des AGB-Rechts** dar, sie bestimmt Gegenstand und Maßstab zur Überprüfung der einseitig durch den AGB-Verwender vorformulierten Vertragsbedingungen. In der Gesamtbetrachtung aller Regelungen des AGB-Rechts hat § 307 BGB auch den Charakter einer **Generalklausel**, während die in §§ 308 und 309 BGB aufgezählten Klauseln als AGB verboten und unwirksam sind (auch als „**Klauselkatalog**" oder „**Klauselverbote**" bezeichnet). Für Gewerberaummietverträge (zum Anwendungsbereich oben Rn 1–4) gelten die Klauselverbote der §§ 308 und 309 BGB ausdrücklich nicht, § 310 Abs. 1 S. 1 BGB. Gegenstand und Inhalt der Kontrolle von Verträgen mit Unternehmen richten sich allein nach den beiden Absätzen des § 307 Abs. 1 als Generalklausel und Abs. 2 BGB als Konkretisierung. Trotz des ausdrücklichen Ausschlusses der Klauselverbote in §§ 308 und 309 BGB für das gewerbliche Mietrecht spricht der BGH – in einigen Fällen und unter bestimmten Voraussetzungen – von einer **Indizwirkung** dieser Klauseln **für die allgemeine Inhaltskontrolle** und befürwortet damit ihre Anwendung auch auf gewerbliche Mietverhältnisse.

I. Bedeutung des § 307 Abs. 2 Nr. 1 und Nr. 2 BGB

55 Der **Kontrollmaßstab** für Gewerberaummietverträge, sei es bei der Klauselverwendung gegenüber einem gewerblichen Mieter, sei es gegenüber einem gewerblichen Vermieter (s.o. Rn 2), ist allein § 307 BGB. Danach ist eine Klausel unwirksam, die den Vertragspartner **unangemessen benachteiligt** (§ 307 Abs. 1 S. 1 BGB). Eine unangemessene Benachteiligung liegt vor, wenn entweder eine AGB-Klausel mit **wesentlichen Grundgedanken** der **gesetzlichen Regelung**, von der abgewichen wird, **nicht zu vereinbaren** ist (§ 307 Abs. 2 Nr. 1 BGB) oder wesentliche Rechte und Pflichten, die sich aus der Natur des Vertrages ergeben, so einschränkt, dass die **Erreichung des Vertragszwecks gefährdet** ist (§ 307 Abs. 1 Nr. 2 BGB). Bei der inhaltlichen Kontrolle der fraglichen Klausel ist auf die im Handelsverkehr geltenden Gewohnheiten und Gebräuche angemessen Rücksicht zu nehmen (§ 310 Abs. 1 S. 2 Hs. 2 BGB).

56 Zu den **gesetzlichen Regelungen** zählen alle Gesetze im materiellen Sinn, d.h. die zwingenden und dispositiven Regelungen zum Mietrecht der §§ 535 bis 580a BGB sowie darüber hinaus allgemeine Rechtsgrundsätze, auch ungeschriebene, und die Regeln des Richterrechts.[85] Zweifelsohne ist jede Abweichung durch AGB von zwingendem Gesetzesrecht unwirksam.[86] Für das Abbedingen von dispositiven Vor-

---

85 BGH, Urt. v. 25.2.1998 – VIII ZR 276–96 –.

86 BGH, Urt. v. 20.11.2002 – VIII ZR 146/01 –, Regelungen zur Gewährung einer Altersversorgung für Versicherungsvertreter verstößt gegen §§ 89b Abs.1 S. 1 Nr. 3, Abs. IV S. 1 HGB.

schriften erfüllt nicht jede, sondern nur die mit **den wesentlichen Grundgedanken** nicht zu vereinbarende Abweichung die Voraussetzungen des § 307 Abs. 2 Nr. 1 BGB. Hierbei ist von wesentlicher Bedeutung, ob die dispositive gesetzliche Regelung nicht nur auf Zweckmäßigkeitserwägungen beruht, sondern dem Gerechtigkeitsgebot Ausdruck verleiht.[87] Wesentliche Grundgedanken sind demnach solche, die die **Wahrung der Interessen** und den **Schutz des Vertragspartners** bezwecken.[88] Erforderlich für einen Verstoß gegen § 307 Abs. 2 Nr. 1 BGB ist daher, dass in die rechtlich geschützten Interessen des Vertragspartners in nicht unerheblichem Maße eingegriffen wird[89] und die fragliche Norm des dispositiven Rechts einem wesentlichen **Schutzbedürfnis des Vertragspartners** dient.[90] Dies ist etwa dann der Fall, wenn die fragliche AGB-Regelung dem **Leitbild des Mietvertrages** widerspricht. Ist dies der Fall, erfolgt eine Interessenabwägung. Nach dem BGH kommt es darauf an, ob die Abweichung von wesentlichen Grundgedanken der gesetzlichen Regelung durch überwiegende Interessen des Verwenders gerechtfertigt ist.[91] Eine **verlässliche Prognose** anhand der geschilderten Kriterien ist **kaum möglich**, es kann insoweit nur auf die vielgestaltige, leider zum Teil auch widersprüchliche Rechtsprechung verwiesen werden (vgl. hierzu unten Abschnitt H Rn 116, AGB-Katalog).

Eine unangemessene Benachteiligung gem. § 307 Abs. 2 Nr. 2 BGB wird etwa bei 57
der Verkürzung der gesetzlichen Kündigungsfristen angenommen. Das Leitbild von § 554 Abs. 1 BGB a.F. (fristlose Kündigung bei Zahlungsverzug, heute § 543 Abs. 2 S. 1 Nr. 3) besteht in dem **Schutz des Mieters** (auch des gewerblichen Mieters) **vor fristloser Vertragsbeendigung** bei nur geringfügigem oder kurzzeitigem Zahlungsrückstand.[92] Zu den wesentlichen Grundgedanken des gesetzlichen Mietrechts gehört hingegen z.B. nicht eine **unterschiedslose, gleichlange Bindung beider Vertragspartner** an das Mietverhältnis.[93] Die Kündigungsfristen können daher durchaus für Vermieter und Mieter unterschiedlich geregelt werden. Die **Überwälzung der gesamten Kosten der Instandhaltung** eines **Einkaufszentrums**, die u.a. Reparaturen und Erneuerungen sowie Instandsetzungen von Gemeinschaftsanlagen umfassen, weicht erheblich vom gesetzlichen Leitbild des Mietvertrages ab und ist

87 BGH, Urt. v. 18.4.1984 – VIII ZR 50/83 –.
88 BGH, Urt. v. 25.3.1987 – VIII ZR 71/86 –.
89 Palandt/*Grüneberg*, § 307 BGB Rn 31.
90 Palandt/*Grüneberg*, § 307 BGB Rn 30.
91 BGH, Urt. v. 1.2.2005 – X ZR 10/04 –. Danach sind AGB eines Busunternehmers unwirksam, die für abhandengekommene Fahrscheine einen Ersatz ausschließen.
92 BGH, Urt. v. 25.3.1987 – VIII ZR 71/86 –. Eine AGB-Klausel, die eine fristlose Kündigung schon bei einem Zahlungsrückstand von nur einem Teilbetrag einer Rate, und auch im unverschuldeten Fall regelt, weicht unangemessen von den wesentlichen Grundgedanken ab.
93 BGH, Urt. v. 30.5.2001 – XII ZR 273/98 – zu einem vorzeitigen Sonderkündigungsrecht des Mieters eines befristeten Mietvertrages, welches wirksam vereinbart wurde.

daher unzulässig.[94] Das formularmäßige Abbedingen von § 537 Abs. 2 BGB, wonach der Mieter zur Entrichtung der Miete nicht verpflichtet ist, solange der Vermieter den Gebrauch der Mietsache nicht gewähren kann, widerspricht wesentlichen Grundgedanken der gesetzlichen Regelung und bleibt daher unwirksam.[95]

58 Im Zweifel liegt eine unangemessene Benachteiligung gem. § 307 Abs. 2 Nr. 2 BGB auch dann vor, wenn **wesentliche Rechte und Pflichten des Vertrages so eingeschränkt** werden, dass die Erreichung des Vertragszwecks gefährdet ist. Dabei stellt § 307 Abs. 2 Nr. 2 BGB – entgegen § 307 Abs. 1 Nr. 1 BGB – nicht auf das gesetzliche Leitbild, sondern auf die vertraglichen Regelungen ab; verboten ist in diesem Zusammenhang also nicht die Verfolgung anderer Zielsetzungen, als im Gesetz zugrunde gelegt, sondern die **Aushöhlung vertragswesentlicher Rechte und Pflichten.**[96] Wesentliche Rechte und Pflichten sind bei gegenseitigen Verträgen vor allem die, die **zueinander im Gegenseitigkeitsverhältnis** stehen.[97] Auch im unternehmerischen Verkehr gilt, dass sich der Verwender nicht formularmäßig von Pflichten freizeichnen darf, die zur Erfüllung der ordnungsgemäßen Durchführung des Vertrages notwendig sind, auf deren **Erfüllung der Vertragspartner** daher **vertraut und vertrauen darf.**[98] Es ist ständige Rechtsprechung des BGH, dass eine Klausel in AGB, durch die der Verwender sich von **wesentlichen Vertragspflichten** freizeichnet, auch im kaufmännischen Verkehr **unwirksam** ist.[99] Nur ausnahmsweise sind solche Freizeichnungsklauseln wirksam, wenn die Klausel die schwerwiegenden Änderungsgründe nennt und bei den Voraussetzungen und Folgen dieser Klausel die Interessen des Vertragspartners erkennbar angemessen berücksichtigt sind.[100]

59 Als typische unzulässige Fallgestaltung gelten Klauseln, welche die **Haftung** zu weitgehend ausschließen: So ist eine Bestimmung unwirksam, nach der die Haftung für einfache Fahrlässigkeit für die Verletzung wesentlicher Vertragspflichten ausgeschlossen ist,[101] sowie Klauseln, welche die vertragstypisch vorhersehbaren Schäden

---

94 BGH, Urt. v. 6.4.2006 – XII ZR 158/01 –. Eine (noch) zulässige Abweichung vom gesetzlichen Leitbild findet dort ihre Grenze, wo dem Mieter die Erhaltungslast von gemeinsam mit anderen Mietern genutzten Flächen und Anlagen ohne Beschränkung der Höhe nach auferlegt wird.

95 BGH, Urt. v. 19.12.2007 – XII ZR 13/06 –; BGH, Urt. v. 5.7.2001 – III ZR 310/00 – (Anwendung des im Mietrecht und Dienstvertragsrecht verankerten Grundgedankens, nach dem fehlende Nutzung bzw. Inanspruchnahme einer Vertragsleistung (des Mietgegenstandes durch den Mieter aus persönlichen Gründen) nicht den Anspruch auf Zahlung des vereinbarten Entgelts berührt, § 552 BGB und § 615 BGB).

96 BGH, Urt. v. 23.4.2010 – LwZR 15/08 –.

97 BGH, Rechtsentscheid v. 24.10.2001 – VIII ARZ 1/01 – (Hamburg); auch als Freizeichnung von Kardinalspflichten bezeichnet, Palandt/*Grüneberg*, § 307 BGB Rn 37.

98 BGH, Urt. v. 5.12.1995 – X ZR 14/93 –; BGH, Urt. v. 19.9.2007 – VIII ZR 141/06 –.

99 BGH, Urt. v. 11.11.1992 – VIII ZR 238/91 –; BGH, Urt. v. 19.1.1984 – VII ZR 220/02 –.

100 BGH, Urt. v. 12.1.1994 – VIII ZR 165/92 –; BGH, Urt. v. 21.12.1983 – VIII ZR 195/82 –.

101 BGH, Rechtsentscheid v. 24.10.2001 – XIII ARZ 1/01 –; BGH, Urt. v. 12.1.1994 – VIII ZR 165/92 –; BGH, Urt. v. 11.11.1992 – VIII ZR 238/91 –.

von der Haftung ausnehmen[102] oder die Instandhaltungspflicht ohne Einschränkung auf den Mieter überwälzen[103] (vgl. zu allem unten Abschnitt H Rn 116, AGB-Katalog).

II. Anwendbarkeit der Generalklausel in § 307 Abs. 1 BGB

Die Kernaussage der Inhaltskontrolle nach § 307 Abs. 1 S. 1 BGB lautet: AGB-Klauseln sind unwirksam, die den Vertragspartner des Verwenders **entgegen den Geboten von Treu und Glauben unangemessen benachteiligen.** Die Frage nach der Benachteiligung ergibt sich durch einen Vergleich der fraglichen Klausel mit der – ohne die Klausel – geltenden gesetzlichen Regelung.[104] Eine **unangemessene Benachteiligung** liegt dann vor, wenn der Verwender durch einseitige Vertragsgestaltung **missbräuchlich eigene Interessen** auf Kosten seines Vertragspartners durchzusetzen versucht, ohne von vornherein auch dessen Belange hinreichend zu berücksichtigen und ihm einen angemessenen Ausgleich zuzugestehen.[105] Die Anwendung dieses Maßstabs setzt eine **Ermittlung und Abwägung** der **wechselseitigen Interessen** voraus[106] bzw. ist anhand einer **Gesamtwürdigung** von **Leistungen, Rechten und Pflichten** zu entscheiden. Dabei ist auf eine Abwägung der Interessen abzustellen, bei der die typischen Belange der beteiligten Verkehrskreise im Vordergrund stehen.[107] Die Unangemessenheit ist zu verneinen, wenn die Benachteiligung des Vertragspartners durch **höherrangige** oder **zumindest gleichwertige Interessen** des **AGB-Verwenders** gerechtfertigt ist.[108] Grundsätzlich sind Rationalisierungsgesichtspunkte des Verwenders zulässig, und die Vertragsabwicklung kann vereinfacht und vereinheitlicht werden. Bringt eine **Rationalisierungsregelung** Nachteile mit sich, so ist im Rahmen der Inhaltskontrolle abzuwägen, ob dem Vertragspartner angesichts der Rationalisierungsvorteile diese **Nachteile zugemutet** werden können.[109] 60

Im Unterschied zu der gem. §§ 305 ff. BGB erfolgenden Prüfung von einzelnen AGB-Regelungen, nicht aber des gesamten Vertrages, verlangt der BGH bei der Prüfung nach § 307 BGB die Würdigung des **gesamten Vertragsinhalts einschließlich** 61

102 BGH, Urt. v. 27.9.2000 – VIII ZR 155/99 –; BGH, Urt. v. 5.12.1995 – X ZR 14/93 –; BGH, Urt. v. 11.11.1992 – VIII ZR 238/91 –.

103 BGH, Urt. v. 8.10.1975 – VIII ZR 81/74 –; BGH, Urt. v. 25.11.1993 – IX ZR 84/93 –.

104 BGH, Urt. v. 26.1.1994 – VIII ZR 39/93 –.

105 BGH, Urt. v. 1.2.2005 – X ZR 10/04 –; BGH, Urt. v. 3.11.1999 – VIII ZR 269/98 –.

106 BGH, Urt. v. 1.2.2005 – X ZR 10/04 –.

107 BGH, Urt. v. 23.4.2010 – LwZR 15/08 –.

108 BGH, Urt. v. 1.2.2005 – X ZR 10/04 –.

109 BGH, Urt. v. 10.1.1996 – VII ZR 271/94 –. Ein Breitbandkabelbetreiber hatte per Lastschriftklausel 11,40 DM monatlich abbuchen lassen.

seiner Individualteile.[110] Daher können auch zwei für sich genommene, jeweils unbedenkliche Klauseln einen **Summierungseffekt** haben und in ihrer **Gesamtwirkung** zu einer **unangemessenen Benachteiligung** führen. Dies gilt auch für das **Zusammentreffen** von einer **formularmäßigen** mit einer **individuell vereinbarten** Klausel.[111] Aus diesen Erwägungen hat der BGH für die Wohnraummiete einen zur Gesamtunwirksamkeit führenden Summierungseffekt von Schönheitsreparaturklausel und Anfangsrenovierungspflicht bzw. Endrenovierungsklausel bejaht.[112] Dieser **Summierungseffekt** gilt laut BGH bekanntermaßen **auch** für **Formularmietverträge über Geschäftsräume**, weshalb die **Kombination einer Endrenovierungsklausel** mit einer solchen über **turnusmäßig vorzunehmende Schönheitsreparaturen** unwirksam ist.[113] Der Summierungseffekt tritt aber auch ein, wenn bereits eine der Klauseln für sich genommen unwirksam ist. Eine Aufteilung in einen zulässigen und einen unzulässigen Teil der betreffenden Klauseln erfolgt nicht.[114]

62 Für die umgekehrten Fallgestaltungen hat die Literatur den Begriff der **Kompensationswirkung**[115] geprägt: Eine bei **isolierter Betrachtung unwirksame Klausel** wird durch eine **Gesamtbetrachtung** auch anderer Klauseln der Vereinbarung (z.B. über die Renovierungspflicht) als **wirksam** erachtet.[116] Dazu liegt allerdings noch keine Rechtsprechung vor.

III. Transparenzgebot (Klarheit und Verständlichkeit)

63 Nach § 307 Abs. 1 S. 2 BGB kann sich eine unangemessene Benachteiligung auch daraus ergeben, dass die Bestimmung **nicht klar und verständlich ist** (vgl. dazu auch schon das Verbot überraschender und mehrdeutiger Klauseln in § 305c BGB, s.o. Rn 45ff., das ebenfalls Unklarheiten und mangelnde Verständlichkeit sanktioniert). Das solchermaßen normierte „**Transparenzgebot**" gebietet es, tatbestandli-

---

110 BGH, Beschl. v. 2.12.1992 – VIII ARZ 5/92 –.

111 BGH, Beschl. v. 2.12.1992 – VIII ARZ 5/92 –; BGH, Urt. v. 5.4.2006 – VIII ZR 163/05 –; BGH, Urt. v. 30.6.2004 – VIII ZR 243/03 –.

112 BGH, Beschl. v. 2.12.1992 – VIII ARZ 5/92 –; BGH, Urt. v. 5.4.2006 – VIII ZR 163/05 –; die Kombination einer Schönheitsreparaturverpflichtung mit einer Renovierungspflicht bei Beendigung des Mietverhältnisses ohne Rücksicht auf den Zeitpunkt der Vornahme der letzten Schönheitsreparatur ist unwirksam: BGH, Urt. v. 14.5.2003 – VIII ZR 308/02 –; BGH, Versäumnisurt. v. 25.6.2003 – VIII ZR 355/02 –; BGH, Urt. v. 30.6.2004 – VIII ZR 243/03 –.

113 BGH, Urt. v. 6.5.2005 – XII ZR 308/02 –.

114 BGH, Urt. v. 14.5.2003 – VIII ZR 308/02 –.

115 Lindner-Figura/Oprée/Stellmann/*Lindner-Figura*, Kap. 7 Rn 112; *Ghassemi-Tabar*/*Leo*, Rn 370.

116 BGH, Urt. v. 3.6.1998 – VIII ZR 317/97 –; BGH, Urt. v. 14.5.2003 – VIII 308/02 –.

che Voraussetzungen und Rechtsfolgen in Formularbedingungen so genau zu beschreiben, dass einerseits der Vertragspartner seine Rechte und Pflichten ohne fremde Hilfe möglichst klar und einfach feststellen kann und andererseits für den Verwender keine ungerechtfertigten Beurteilungsspielräume entstehen (vom BGH auch als **Bestimmtheitsgebot** bezeichnet, welches vom Transparenzgebot umfasst ist).[117] Diese Regelung gilt uneingeschränkt auch im kaufmännischen Verkehr.

Allgemeine Geschäftsbedingungen sind transparent, wenn sie **wirtschaftliche** 64
Nachteile und Belastungen soweit **erkennen** lassen, wie dies nach den Umständen des Einzelfalles gefordert werden kann.[118] Deshalb verstoßen **Anpassungsklauseln bzw. Entgeltklauseln**, die dem Verwender ein uneingeschränktes Änderungsrecht vorbehalten, ohne dass der Vertragspartner des Klauselverwenders vorhersehen kann, unter welchen Voraussetzungen und in welchem Umfang ihn höhere oder weitere **Gebühren** treffen, gegen das **Transparenzgebot**.[119] Für einen Mieter in einem **Einkaufszentrum** muss die Höhe der Beiträge zu einer Werbegemeinschaft bestimmbar sein, d.h. es muss mindestens eine Höchstgrenze festgesetzt werden, sodass der Mieter zukünftige Kosten kalkulieren kann.[120] Ebenso ist eine **Abgeltungsklausel** bei der Beendigung von Mietverhältnissen unwirksam, die eine „zeitanteilige Entschädigung angelaufener Renovierungsintervalle" fordert. Der BGH sah in der gewählten Formulierung gleich mehrere Verstöße gegen das Transparenzgebot und gründete sein Hauptargument auf die Feststellung, dass der Mieter der Klausel nicht entnehmen könne, wie der von ihm zu tragende Anteil an einer mithilfe des Kostenvoranschlags ermittelten Summe der Renovierungskosten (Abgeltungsquote) zu bestimmen ist.[121] Die im Sinne der Transparenz geforderten tatbestandlichen Voraussetzungen und Rechtsfolgen von AGB sind auch dann nicht klar und verständlich, wenn sich der Klauselverwender vorbehält, seine Gewährleistungsverpflichtungen beliebig und an keine Voraussetzungen gebunden abzuändern.[122]

Bei der Bewertung der Transparenz ist auf die Erwartungen und Erkenntnismög- 65
lichkeiten eines **durchschnittlichen Vertragspartners** des Verwenders im Zeitpunkt des Vertragsschlusses abzustellen.[123] Ist Vertragspartner des Klauselverwen-

---

117 BGH, Urt. v. 5.3.2008 – VIII ZR 95/07 –; BGH, Urt. v. 20.7.2005 – VIII ZR 121/04 –.

118 BGH, Urt. v. 7.12.2010 – XI ZR 3/16 –; BGH, Urt. v. 24.2.2010 – XII ZR 69/08 –.

119 BGH, Urt. v. 19.10.1999 – XI ZR 8/99 – zur Inhaltskontrolle von Bank-AGBs: „Bearbeitung einer Pfändung eines Giroguthabens bis zu DM 75,00".

120 BGH, Urt. v. 12.7.2006 – XII ZR 39/04 –.

121 Was mit einem „angelaufenen Renovierungsintervall" gemeint ist und wie das für die konkrete Berechnung der dem Mieter auferlegten Abgeltungsquote maßgebliche Intervall ermittelt werden soll, wird nicht erläutert und kann der Klausel nicht entnommen werden, BGH, Urt. v. 5.3.2008 – VIII ZR 95/07 –.

122 BGH, Urt. v. 26.11.1984 – VIII ZR 214/83 –.

123 BGH, Urt. v. 21.7.2010 – XII ZR 189/08 –; BGH, Urt. v. 16.5.2007 – XII ZR 13/05 –; BGH, Urt. v. 26.10.2005 – VIII ZR 48/05 –. Dabei sind umso höhere Anforderungen an die Durchschaubarkeit

ders ein **Unternehmer,** gilt das Transparenzgebot **nicht** in **gleicher Strenge** wie gegenüber Verbrauchern: Aufgrund ihrer Geschäftserfahrung sowie aufgrund der Maßgeblichkeit von Handelsgewohnheiten und Handelsbräuchen kann bei Gewerbetreibenden von einer größeren Erkenntnis- und Verständnismöglichkeit ausgegangen werden.[124] Andererseits darf das **Transparenzgebot** den **AGB-Verwender nicht überfordern**; die Verpflichtung, den Klauselinhalt klar und deutlich zu formulieren, besteht nur im Rahmen des Möglichen und Zumutbaren.[125] Der Klauselverwender ist daher **nicht gezwungen**, seine Formulierung mit einem umfassenden **Kommentar** zu versehen. Der BGH erkennt gerade bei der Formulierung von Schönheitsreparaturen ausdrücklich an, dass erhebliche Schwierigkeiten auftreten, die verschiedenen tatsächlichen und rechtlichen Umstände und die vorhandenen Kombinationsmöglichkeiten zu erfassen.[126] Als klare und verständliche Regelung galt z.B. die **Definition von Betriebskosten** unter Hinweis auf „Anlage 3 zu § 27 I der zweiten Berechnungsordnung in der jeweils geltenden Fassung" (seit 2004 abgelöst durch § 2 der Betriebskostenverordnung).[127] Auch der Begriff der „Verwaltungskosten" ist nach BGH durch den Rückgriff auf die im Wesentlichen übereinstimmende Definition in der Betriebskostenverordnung hinreichend bestimmt.[128] Unwirksam hingegen ist die Verwendung des Begriffs **„Kardinalpflicht"** ohne weitere Erläuterungen auch gegenüber Vertragspartnern, die unternehmerisch tätig sind. Da dieser Begriff nicht im Gesetz enthalten ist, erschließt sich einem juristischen Laien seine Bedeutung auch nicht bei aufmerksamer und sorgfältiger Lektüre des Vertrages.[129]

66 Positiv ausgedrückt bedeutet dies: Der Klauselverwender hat, wenn das ohne unangemessene Ausweitung des Textumfangs möglich ist, zwischen mehreren möglichen Klauselfassungen diejenige zu wählen, bei der die **Belastung der Gegenseite** durch die Regelung **nicht verschleiert oder unterdrückt**, sondern **deutlich** gemacht wird.[130] Bereits bei der Abfassung der Klausel muss der Gefahr vorgebeugt werden, dass der Vertragspartner des Verwenders von der Durchsetzung seiner Rechte abgehalten wird. Unwirksam sind daher Klauselgestaltungen, welche die Rechtslage unzutreffend oder missverständlich darstellen und auf diese Weise die Gegenseite von der (berechtigten) Geltendmachung von Ansprüchen abhalten und

---

einer Klausel zu stellen, je mehr die Regelung inhaltlich den Erwartungen eines solchen Kunden widerspricht, BGH, Urt. v. 9.7.1991 – XI ZR 72/90 –.

124 BGH, Urt. v. 21.7.2010 – XII ZR 189/08 –; BGH, Urt. v. 16.5.2007 – XII ZR 13/05 –.

125 BGH, Urt. v. 20.7.2005 – VIII ZR 121/04 –; BGH, Urt. v. 3.6.1998 – VIII ZR 317/97 –.

126 BGH, Urt. v. 3.6.1998 – VIII ZR 317/97 –.

127 BGH, Urt. v. 27.9.2006 – VIII ZR 80/06 –.

128 BGH, Urt. v. 24.2.2010 – XII ZR 69/08 –. § 1 Abs. 2 Nr. 1 BetrKV und § 26 Abs. 1 II. Berechnungsverordnung.

129 BGH, Urt. v. 20.7.2005 – VIII ZR 121/04 –.

130 BGH, Urt. v. 10.7.1990 – XI ZR 275/89 –.

dem Verwender erleichtern, begründete Ansprüche abzuwehren.[131] Wenn durch eine Klauselformulierung die objektive Eignung zur Irreführung erkennbar ist, wird das **Täuschungsverbot** verletzt und die Klausel unwirksam. Eine Täuschungs**absicht** ist nicht erforderlich.[132] Wird etwa durch eine AGB-Klausel die Ladenöffnungszeit in einem Einkaufszentrum und damit der Umfang der Betriebspflicht des Mieters davon abhängig gemacht, wie lange die überwiegende Mehrzahl der anderen Mieter ihre Geschäfte offen halten, bleibt die Regelung unwirksam. Denn das tatsächliche Ausmaß der Verpflichtung des Mieters – und seine Voraussetzung – wird durch die gewählte Formulierung verschleiert.[133] Dies gilt insbesondere, wenn die überwiegenden Mieter dieses Offenhalten nicht selbst entscheiden können, sondern insofern mit dem Vermieter gesonderte Regelungen zur Ladenöffnungszeit getroffen haben.

Praxistipp !

Beabsichtigt der Klauselverwender neben der Mietzahlung zusätzliche Nebenkosten, Gebühren, Abgeltungsklauseln oder ähnliche Entgelte auf den Mieter zu übertragen, müssen die tatbestandlichen Voraussetzungen klar und verständlich formuliert und die wirtschaftliche Belastung für den Mieter kalkulierbar sein. Im Zweifel hilft die Festlegung eines Höchstbetrags.
Zusätzlich kann der AGB-Verwender die Unwirksamkeit einer intransparenten AGB-Klausel im Einzelfall dadurch vermeiden, dass er die betreffende Klausel durch individuelle Aufklärung vor oder bei Vertragsschluss hinreichend verständlich macht (und dies zweckmäßigerweise in einem Verhandlungsprotokoll dokumentiert).[134]

IV. Anwendbarkeit der Klauselverbote der §§ 308, 309 BGB auf Gewerberaummietverträge

Die grundsätzlich gegenüber gewerblichen Mietern nicht anwendbaren sog. Klauselkataloge der §§ 308, 309 BGB enthalten jeweils beispielhafte Aufzählungen von einzelnen vertraglichen Bestimmungen, die entweder allein durch ihre Verwendung im Vertrag unwirksam sind (**Klauselverbote ohne Wertungsmöglichkeit**, § 309 BGB) oder deren Wortlaut unbestimmte Rechtsbegriffe verwenden wie „unangemessen/angemessen", „zumutbar/unzumutbar", die einer richterlichen Wertung unterliegen (**Klauselverbote mit Wertungsmöglichkeit**, § 308 BGB), sodass (im Streitfalle erst) der Richter unter Abwägung der Umstände des Einzelfalles entscheidet, ob die betreffende Klausel tatsächlich unwirksam ist. Zwischenzeitlich überträgt der 67

131 BGH, Urt. v. 20.7.2005 – VIII ZR 121/04 –.
132 Palandt/*Grüneberg*, § 307 Rn 27.
133 BGH, Urt. v. 16.5.2007 – XII ZR 13/05 –.
134 *Ghassemi-Tabar/Leo*, Rn 383 unter Hinweis auf entsprechende höchstrichterliche Rechtsprechung.

BGH nach gefestigter Rechtsprechung die Ergebnisse, die bei der Beurteilung einer Klausel gegenüber einem Verbraucher gefunden wurden, auch auf Regelungen, die zwischen unternehmerisch tätigen Vertragsparteien getroffen wurden – allerdings nur, soweit die Ergebnisse nach seiner Einschätzung übertragbar sind.[135]

68 Der BGH stellt fest, dass das Gesetz den Mieter von Geschäftsräumen nicht generell weniger vor belastenden AGB schützen wolle als den Wohnraummieter und dass auch nicht von einer allgemein geringeren Schutzbedürftigkeit des Geschäftsraummieters ausgegangen werden könne. Zwar sei der geschäftserfahrene Unternehmer nicht in gleichem Maße schutzbedürftig wie ein Verbraucher, weil er Geschäfte der betreffenden Art häufiger abschließt. Gleichwohl könne sich auch der Geschäftsraummieter nur in Einzelfällen auf mietvertraglich nachteilige Regelungen einstellen (etwa durch Einbeziehung der höheren Kosten in seine geschäftlichen Kalkulationen), weshalb er im Ergebnis ebenfalls vor nachteiligen AGB-Regelungen bewahrt werden müsse. Daher ist nicht auf die Schutzbedürftigkeit im Einzelfall, unter Beachtung der konkreten persönlichen Umstände, sondern auf eine generalisierende, über den individuellen Fall hinausgehende Betrachtungsweise abzustellen.[136] Der BGH kommt folglich zu einer Gleichsetzung der Wertungsmaßstäbe für AGB sowohl im Wohnraum- wie auch im Geschäftsraummietverhältnis. Im Ergebnis haben die strikten **Klauselverbote** der §§ 308 und 309 BGB durch die BGH-Rechtsprechung damit **Indizwirkung** für die Klauseln **auch im unternehmerischen Geschäftsverkehr** erhalten.[137]

69 So stellt der für das Mietrecht zuständige Senat des BGH ausdrücklich für die Regelung von **Schönheitsreparaturen** fest: „*Wie im Wohnraummietrecht führt* ***auch im Formularmietverträgen über Geschäftsräume*** *die Kombination einer Endrenovierungsklausel mit einer solchen über turnusmäßig vorzunehmende Schönheitsreparaturen wegen des dabei auftretenden Summierungseffekts zur Unwirksamkeit beider Klauseln.*“[138] Dies gelte auch für eine **starre Fristenregelung für Schönheitsreparaturen** in Mietverträgen **über Gewerberäume.**[139] Auch im Falle des **Ausschlusses der Aufrechnung** wendet der BGH das Klauselverbot des § 309 Nr. 3 BGB zwar nicht unmittelbar an, wohl aber als eine **konkretisierte Ausgestaltung des Benachteiligungsverbots** des § 307 BGB. Denn es handele sich bei dem Ausschluss der Aufrechnung um eine besonders schwerwiegende Verkürzung der Rechte des Vertragspartners, die auch im Geschäftsverkehr nicht hingenommen werden kann.[140] Ebenfalls unter Berufung auf die Indizwirkung hat der BGH eine **verlängerte An-**

135 BGH, Urt. v. 19.9.2007 – VIII ZR 141/06 – Rn 11.
136 BGH, Urt. v. 6.4.2005 – XII ZR 308/02 –.
137 BGH, Urt. v. 19.9.2007 – VIII ZR 141/06 –; für § 309 BGB; BGH, Urt. v. 9.6.2010 – XII ZR 171/08 –.
138 BGH, Urt. v. 6.4.2005 – XII ZR 308/02 –.
139 BGH, Urt. v. 8.10.2008 – XII ZR 84/06 –.
140 BGH, Urt. v. 27.6.2007 – XII ZR 54/05 – Rn 20.

nahmefrist für Mietverträge, die dem **Klauselverbot mit Wertungsmöglichkeit gem. § 308 Nr. 1 BGB** unterfällt, gegenüber einem Unternehmer auf der Grundlage von § 307 BGB für unwirksam erklärt. Die Teilnahmebedingungen zur Anmietung eines Messestandes sahen vor, dass die Annahme des Vertragsangebots durch die Vermieterin bis zum Veranstaltungsbeginn erklärt werden kann. Dem nicht unmittelbar gegenüber Unternehmern gültigen § 308 Nr. 1 BGB kommt eine **Indizwirkung für eine unangemessene Benachteiligung** des Vertragspartners zu.[141]

Etwas anderes soll ausnahmsweise (Beweislastumkehr!) nur dann gelten, wenn 70
die Klausel wegen der besonderen Interessen und Bedürfnisse des unternehmerischen Geschäftsverkehrs als angemessen angesehen werden kann.[142] Dies ist dann anzunehmen, wenn bei einseitigen Eingriffsbefugnissen (z.B. Teilkündigung des Lieferanten) schwerwiegende Gründe für die Änderung genannt und die Interessen erkennbar in angemessener Form berücksichtigt werden, insbesondere, wenn ihnen ein angemessener Ausgleich eingeräumt wird.[143]

V. Von der Inhaltskontrolle ausgenommene Klauseln (§ 307 Abs. 3 BGB)

Die auch als „Schranke" der Inhaltskontrolle bezeichnete Vorschrift des § 307 Abs. 3 71
BGB nimmt bestimmte Vertragsinhalte von der Inhaltskontrolle aus. Abreden unmittelbar über den **Gegenstand des Vertrages** unterliegen aus Gründen der Vertragsfreiheit keiner Inhaltskontrolle.[144] Es sind nur solche AGB kontrollfähig, die von **Rechtsvorschriften abweichen** oder diese **ergänzen**. Zu den Rechtvorschriften zählen alle Gesetze im materiellen Sinn sowie allgemeine Rechtsgrundsätze und Richterrecht (vgl. insoweit die Aufzählung oben Rn 56).[145] Klauseln, die lediglich gesetzliche Regelungen wörtlich oder sinngemäß wiedergeben (**deklaratorische Hinweise** oder **deklaratorische Klauseln**) oder auf solche **verweisen**, sind demnach von der Klauselkontrolle ausgenommen, weil an die Stelle der unwirksamen Klausel gem. § 306 BGB die inhaltsgleiche gesetzliche Vorschrift treten würde. Eine Inhaltskontrolle wäre daher leerlaufend.[146] Eine solche deklaratorische Klausel gibt entweder wortgleich, oder zumindest inhaltsgleich ohne Sinnentstellung oder Ergänzung, den Regelungsinhalt wieder, der sich auch in den erwähnten und einschlägigen

141 BGH, Urt. v. 19.12.2007 – XII ZR 13/06 –.

142 BGH, Urt. v. 19.9.2007 – VIII ZR 141/06 – zum Gebrauchtwagenkaufvertrag.

143 BGH, Urt. v. 6.10.1999 – VIII ZR 125/98 – zur Inhaltskontrolle formularmäßiger Kraftfahrzeugs-Vertragshändlerverträge mit Teilkündigungs- und Leistungsänderungsrechten des Herstellers/Importeurs.

144 Palandt/*Grüneberg*, § 307 BGB Rn 41.

145 BAG, Urt. v. 9.6.2010 – 5 AZR 332/09 –.

146 BGH, Urt. v. 9.5.2001 – IV ZR 121/00 –.

Gesetzen wiederfindet.[147] Eine inhaltsgleiche Regelung hat der BGH in Beförderungsbedingungen eines Verkehrsverbundes bei der Ersetzung des Begriffs „Antrag" durch „Bescheinigung" angenommen.[148] Auch die Formulierung „*Wenn und soweit eine der Bestimmungen dieses Vertrages gegen zwingende gesetzliche Vorschriften verstößt, tritt an ihre Stelle die entsprechende gesetzliche Regelung*" ist als deklaratorische Klausel qualifiziert worden und somit der Inhaltskontrolle entzogen.[149] Aber bereits eine von der Rechtsvorschrift abweichende oder diese ergänzende Formulierung, d.h. eine Änderung der gesetzlich festgelegten Rechtslage oder deren Konkretisierung,[150] geht über einen rein deklaratorischen Inhalt hinaus und unterliegt nach § 307 Abs. 3 S. 1 BGB der Inhaltskontrolle.

72 Die **Vereinbarungen der Hauptleistungspflichten**, d.h. die Bestimmung der eigentlichen Vertragsleistung und ihr Preis in einem Vertragsverhältnis (essentialia negotii), stellen grundsätzlich keine Abweichungen von den gesetzlichen Regelungen dar, da das Gesetz insoweit nur eine Regelungsanforderung stellt (z.B. § 535 BGB: Festlegung der „Mietsache" und der Vergütung bzw. „vereinbarten Miete"). Die Vereinbarung dieser Hauptleistungspflichten ist Ausfluss der Privatautonomie, nach der die Vertragsparteien nach dem BGB Leistung und Gegenleistung grundsätzlich frei bestimmen können.[151] Daher unterliegen bloße Abreden über den unmittelbaren Gegenstand der Hauptleistung (sog. Leistungsbeschreibungen) nicht der gesetzlichen Inhaltskontrolle, ebenso wenig wie Vereinbarungen über das von dem anderen Teil zu erbringende Entgelt.[152] Allerdings ist tatsächlich nur ein **eng begrenzter Bereich** gemeint: Art, Umfang und Güte der geschuldeten Leistung, ohne deren Vorliegen mangels Bestimmtheit oder Bestimmbarkeit des wesentlichen Vertragsinhalts ein wirksamer Vertrag nicht mehr angenommen werden kann.[153] Zusammengefasst bedeutet dies: Die **kontrollfreie Leistungsbeschreibung** ist von den kontrollierbaren Nebenabreden abzugrenzen. Als Teil der Leistungsbeschreibungen eines Werkvertrages gilt nach Auffassung des BGH die Aufzählung verschiedener Aufgaben oder Teilleistungen, die im Ergebnis die Errichtung eines schlüsselfertigen

147 BGH, Urt. v. 9.5.2001 – IV ZR 138/99 –.

148 BGH, Urt. v. 23.11.2006 – X ZR 16/05 –.

149 BGH, Urt. v. 15.5.1991 – VIII ZR 38/90 –.

150 BGH, Urt. v. 19.11.2002 – X ZR 243/01 – zu einer Regelung aus dem Reiserecht § 651a Abs. 4 BGB, wonach der Reiseveranstalter den Reisepreis nur erhöhen darf, wenn dies mit genauen Angaben zur Berechnung des neuen Preises im Vertrag vorgesehen ist. Vgl. auch BGH, Urt. v. 9.5.2001 – IV ZR 138/99 –. Für eine das Gesetz ergänzende Regelung aus dem Versicherungsrecht BGH, Urt. v. 9.5.2001 – IV – ZR 121/00 –.

151 BGH, Urt. v. 14.10.1997 – XI – ZR 167/96 –.

152 St. Rspr., BGH, Urt. v. 24.3.1999 – IV – ZR 90–98 –; BGH, Urt. v. 22.11.2000 – IV ZR 235/99 –.

153 BGH, Urt. v. 22.11.2000 – IV ZR 235/99 –.

Bauwerks umschrei-ben,[154] nicht aber solche, die das Hauptleistungsversprechen einschränken, verändern, ausgestalten oder modifizieren.[155]

In ähnlicher Weise ist zwischen der **reinen Preisregelung**, die der Inhaltskontrolle entzogen ist,[156] und den kontrollfähigen **Preisnebenabreden** zu unterscheiden. Zu der kontrollfreien Festlegung der Hauptleistung zählt im Mietrecht die Bemessung des Mietzinses als Preisregelung. Der Kontrolle unterliegen hingegen vom **dispositiven Recht abweichende Nebenkostenvereinbarungen** (Umlage der Instandhaltung und Instandsetzung gemeinschaftlich genutzter Flächen), denn sie enthalten eine Abänderung der sich aus den §§ 535, 538 BGB ergebenden Vertragspflichten des Vermieters, die Mietsache auf seine Kosten in gebrauchsfähigem Zustand zur Verfügung zu stellen und zu erhalten.[157] Weiterhin sind **Wertsicherungsklauseln** als bloße Preisnebenabreden kontrollfähig und insbesondere am Maßstab des Transparenzgebots (vgl. dazu Rn 63 ff.) zu messen, weil bei Nebenabreden, die zu zusätzlichen Belastungen führen, in erhöhtem Maße darauf zu achten ist, dass der Vertragspartner ihre Bedeutung nicht verkennt, sondern möglichst mühelos und ohne weitere Erläuterung versteht.[158] Zu den kontrollfähigen Nebenabreden (mit und ohne Entgeltcharakter) zählen laut BGH insbesondere auch Klein- und Schönheitsreparaturklauseln.[159] 73

Auch wenn der **unmittelbare Gegenstand der Hauptleistungspflichten** von der Inhaltskontrolle ausgenommen ist, findet das Transparenzgebot Anwendung: Es **gilt auch für Leistungsbeschreibungen und Preisvereinbarungen**, § 307 Abs. 3 S. 2 BGB. Mithin müssen in jedem Fall auch die Hauptleistungen eines Vertrages klar und verständlich formuliert sein. Das Gesetz geht nämlich davon aus, dass der Vertragspartner des Verwenders der – einer materiellen Inhaltskontrolle entzogenen – Preisvereinbarung besondere Aufmerksamkeit widmet und insoweit seine Verhandlungsmöglichkeiten und Marktchancen interessengerecht wahrnimmt. Das kann er jedoch nur, wenn der Vertragsinhalt ihm ein vollständiges und wahres Bild vermittelt und ihn so auch zum Marktvergleich befähigt.[160] 74

Praxistipp !
Da auch die Bestimmung der Hauptleistung, wie z.B. der Mietzins und der Ausbauzustand des Mietgegenstandes, dem Transparenzgebot unterliegen, ist bei Formulierung der betreffenden Regelungen ein Höchstmaß an Klarheit und Verständlichkeit anzustreben. Die Festlegung des Mietzinses und seine eventuelle Wertsicherung oder auch Begrenzung (Kappung) müssen sowohl in Hinblick

154 BGH, Urt. v. 26.9.1996 – VII ZR 318/95 –.
155 BGH, Urt. v. 28.3.2001 – IV ZR 19/00 –.
156 BGH, Urt. v. 21.9.2005 – VIII ZR 7/05 –; BGH, Urt. v. 4.12.1986 – VII – ZR 77/86 –.
157 BGH, Urt. v. 6.4.2005 – XII – ZR 158/01 –.
158 BGH, Urt. v. 12.10.2007 – V – ZR 283/06 –.
159 BGH, Urt. v. 7.6.1989 – VIII – ZR 91/88 –.
160 BGH, Urt. v. 12.10.2007 – V ZR 283/06 –; BGH, Urt. v. 26.10.2005 – VIII ZR 48/05 –.

auf den Grund der Mietanpassung (und deren Grenze) als auch bei der Kalkulation der Höhe der wirtschaftlichen Belastung zweifelsfrei dem Wortlaut zu entnehmen sein. In einigen Fällen bietet sich zur Verdeutlichung die Darstellung einer Beispielsrechnung oder Berechnung an. Selbst wenn diese am Ende nicht in den Vertrag aufgenommen wird, zeigt sich bei Erstellung eines konkreten Beispiels, ob die Formulierung eindeutig und verständlich ist.

VI. Vertrauensschutz

75 Dem Verwender von AGB, die sich aufgrund einer **Änderung der höchstrichterlichen Rechtsprechung als unwirksam erweisen,** ist im Allgemeinen **kein Vertrauensschutz zuzubilligen.** Dies bedeutet, dass ein Klauselverwender, der zum Zeitpunkt der Verwendung die bisher ergangene Rechtsprechung bei der Formulierung neuer Vertragsbestimmungen und dem Abschluss aktueller Verträge berücksichtigt, sich nicht darauf verlassen kann, dass eine zunächst unbeanstandet gebliebene Klausel auch in späteren höchstrichterlichen Entscheidungen wegen unangemessener Benachteiligung des Vertragspartners nicht als unwirksam beurteilt wird.[161] Dieses Risiko trägt grundsätzlich der Verwender Allgemeiner Geschäftsbedingungen. Ein Vertragspartner, der sich nicht mit den gesetzlichen Regelungen begnügt und zur Erweiterung seiner Rechte den Weg der Allgemeinen Geschäftsbedingungen wählt, wird in der Regel nicht dadurch in seinem schutzwürdigen Vertrauen beeinträchtigt, dass eine Klausel geraume Zeit unbeanstandet geblieben ist und erst nach Jahren gerichtlich für unwirksam erachtet wird. Laut BGH ist es der Schutzzweck des AGB-Gesetzes selbst, der verhindert, dass die Folgen für die Änderung der Rechtsprechung ausnahmsweise auf eine Wirkung für die Zukunft begrenzt werden.[162]

76 Für andere Rechtsgebiete als das Mietrecht haben der BGH und andere höchstrichterliche Gerichte in Ausnahmefällen Vertrauensschutz bejaht.[163] Wenn eine im Zeitpunkt der Verwendung dem Stand der Gesetzgebung entsprechende Klausel durch eine **Änderung der Gesetzgebung** das **AGB-Recht** betreffend unwirksam wird, hat das BAG einem Klauselverwender eine Art Vertrauensschutz gewährt. Eine Klausel in einem formularmäßigen Arbeitsvertrag verstößt gegen die inhaltlichen und formellen Anforderungen der §§ 307, 308 Nr. 4 BGB, der aber vor Inkrafttreten der entsprechenden Paragraphen des BGB unterzeichnet worden war. Konkret ging es um die fehlende Benennung von Gründen als Voraussetzung für den einseitigen Widerruf von Leistungen durch den Arbeitgeber. Die Klausel war daher in Hinblick auf diese Anforderung unwirksam, ansonsten aber wirksam. Das Gericht argumen-

161 BGH, Urt. v. 5.3.2008 – VIII ZR 95/07 – zur Quotenabgeltungsklausel in Dekorations-AGB.
162 BGH, Urt. v. 18.1.1996 – IX ZR 69/95 –.
163 *Horst*, NZM 2007, 185.

tierte, Bedenken resultieren aus den rückwirkenden Anforderungen an einen abgeschlossenen Sachverhalt. Da das Gesetz auch für Altverträge gilt und dies auf eine echte Rückwirkung hinausläuft, waren eine verfassungskonforme Auslegung und Anwendung vorzunehmen. Da der Verwender bei Abschluss des Arbeitsvertrages die §§ 307 f. BGB nicht berücksichtigen konnte, bedurfte es zur Schließung der entstandenen Lücke der ergänzenden Vertragsauslegung.[164]

Praxistipp !
Jeder Klauselverwender sollte bei der Konzeption von Mietverträgen davon ausgehen, dass es keinerlei Vertrauensschutz in die bisherige höchstrichterliche Rechtsprechung gibt. Im Falle einer gerichtlichen Auseinandersetzung zählt daher allein die inhaltliche Darstellung der berechtigten Interessen des Verwenders als Begründung für die Verwendung der Klausel; ein pauschaler Hinweis auf bisher ergangene Urteile schützt nicht.

F. Rechtsfolgen bei Nichteinbeziehung oder Unwirksamkeit von AGB

Nach § 306 Abs. 1 BGB bleibt ein **Vertrag im Übrigen wirksam**, wenn Allgemeine 77
Geschäftsbedingungen **ganz** oder **teilweise nicht Vertragsbestandteil** geworden oder unwirksam sind. Diese Regel geht als lex specialis § 139 BGB vor, wonach die Nichtigkeit eines Teils eines Rechtsgeschäfts die Gesamtnichtigkeit zur Folge hat.[165] Die Spezialregelung wird vor allem mit dem Schutz des Betroffenen, der sonst unter Umständen auch alle positiven Regelungen des Vertrages verlieren würde, begründet sowie mit dem Bedürfnis des Klauselverwenders, bei Unwirksamkeit einer einzigen Klausel nicht bereits die Rückgängigmachung des gesamten Vertrages befürchten zu müssen.[166] Entfällt somit allein die unwirksame AGB-Klausel, entsteht eine Lücke im Vertragsverhältnis. An die Stelle der fehlenden Klausel treten nach § 306 Abs. 2 BGB die gesetzlichen Vorschriften.

Allerdings findet die Spezialregelung dort ihre Grenze, wo das Festhalten am 78
Vertrag eine **unzumutbare Härte** für eine Vertragspartei darstellen würde, § 306 Abs. 3 BGB. In solchen Fällen ist im Wege der Interessenabwägung zu ermitteln, ob eine unzumutbare Härte vorliegt. Erst wenn durch den Wegfall der Klausel das Vertragsgleichgewicht grundlegend gestört wird, also bei **Unwirksamkeit einer zentralen Klausel** des Vertrages, ist von einer unbilligen Härte auszugehen.[167] Bisher ist

---

164 BAG, Urt. v. 12.1.2005 – 5 AZR 364/04 –.
165 Palandt/*Grüneberg*, § 306 BGB Rn 1.
166 Palandt/*Grüneberg*, § 306 BGB Rn 1; Lindner-Figura/Oprée/Stellmann/*Lindner-Figura*, Kap. 7 Rn 164.
167 BGH, Urt. v. 9.5.1996 – III ZR 209/95 –.

eine solche Störung nur in einem Grundstückskaufvertrag angenommen worden, und zwar für einen Grundstücksverkäufer, der den Kaufvertrag ohne die unwirksame Nachzahlungsklausel nicht geschlossen hätte und deren Unwirksamkeit für ihn nicht vorhersehbar war.[168] Bisher liegen aus dem Bereich des Mietrechts keine einschlägigen Entscheidungen vor, bei denen es zu einem Wegfall des gesamten Vertrages gekommen ist. Im Ergebnis kann daher im Regelfall davon ausgegangen werden, dass Mietverträge mit unwirksamen AGB-Klauseln ihre Gesamtgültigkeit behalten. Die **Gesamtnichtigkeit** des Vertrages hat im Rahmen des Mietrechts keine praktische Bedeutung.[169]

I. Ersetzung von unwirksamen AGB durch gesetzliche Vorschriften

79 Der Begriff der gesetzlichen Vorschriften nach § 306 Abs. 2 BGB ist weit zu verstehen. Dazu zählen neben den geschriebenen Rechtsnormen und dem Gewohnheitsrecht auch die von Rechtsprechung und Lehre herausgebildeten ungeschriebenen Rechtsgrundsätze.[170] Konkret tritt **an die Stelle der unwirksamen** Klausel das **dispositive Recht** des Mietrechts in der Ausgestaltung und Interpretation, die es durch die Rechtsprechung und das übereinstimmende Verständnis der Rechtsliteratur erfahren hat. Zwingendes Recht gilt ohnehin, da es definitionsgemäß nicht durch vertragliche Regelungen, schon gar nicht durch AGB verdrängt werden kann. Hat der Vermieter z.B. eine unwirksame **Schönheitsreparaturklausel** vereinbart, die die Verpflichtung zur Ausführung von Schönheitsreparaturen dem Mieter auferlegt, tritt die Regelung von § 535 Abs. 1 S. 2 BGB an die Stelle der unwirksamen Klausel.[171] Dies bedeutet für den Verwender, dass er allein zur Ausführung von Schönheitsreparaturen verpflichtet ist.

80 Sollten geeignete gesetzliche Vorschriften fehlen und eine ersatzlose Streichung nicht interessengerecht sein, kann die Lücke durch **ergänzende Vertragsauslegung** (§§ 133, 157 BGB) geschlossen werden. Danach tritt anstelle der entfallenden Klausel die Regelung, die die Parteien bei sachgerechter Abwägung beider Interessen nach Treu und Glauben redlicherweise vereinbart hätten (vgl. hierzu unten Rn 88 f.).

168 BGH, Urt. v. 22.2.2002 – V ZR 26/01 –.

169 Schmidt-Futterer/*Blank*, vor § 535 Rn 62.

170 Palandt/*Grüneberg*, § 307 BGB Rn 6; Lindner-Figura/Oprée/Stellmann/*Lindner-Figura*, Kap. 7 Rn 173.

171 BGH, Urt. v. 5.3.2008 – VIII ZR 95/07 –.

II. Verbot der geltungserhaltenden Reduktion und Ausnahmen

Es ist nicht möglich, Klauseln, die infolge einer den zulässigen Rahmen überschreitenden AGB-Regelung unwirksam sind („überschießende Klauseln"), auf einen gerade noch zulässigen, angemessenen oder gültigen Inhalt zurückzuführen und in diesem wirksamen Umfang zu erhalten. Ist beispielsweise vereinbart, dass der Mieter Kleinreparaturen bis zu einem Betrag von 150 € zu tragen hat, so ist die Klausel nicht etwa in Höhe des gerade noch zulässigen Betrages von z.B. 100 € wirksam. Sie ist vielmehr insgesamt unwirksam.[172] Dieses auch als **geltungserhaltende Reduktion** bezeichnete Verfahren wird von der Rechtsprechung abgelehnt und für **unzulässig** erachtet.[173] Das Gericht hat bei der ergänzenden Vertragsauslegung von AGB nicht die Aufgabe, eine Fassung zu finden, die einerseits dem Klauselverwender möglichst günstig, andererseits gerade noch rechtlich zulässig ist.[174] Das Gericht muss vielmehr die Interessen des Vertragspartners des Klauselverwenders berücksichtigen. Außerdem würde der Mieter letztlich erst in einem Prozess den Umfang seiner Rechte und Pflichten zuverlässig erfahren – eine Unsicherheit, die ihm im Rechtsverkehr nicht zugemutet werden kann und soll. 81

Bekannte Beispiele aus dem Mietrecht für die geschilderte Rechtsprechung sind: die **Gesamtunwirksamkeit von Dekorations-AGB** bei auf den Mieter abgewälzten Schönheitsreparaturen,[175] der Fall der besenreinen Rückgabe der „Raucherwohnung",[176] die Überwälzung von Schönheitsreparaturen verbunden mit einem starren Fristenplan[177] oder unzulässige Vorgaben über die Ausführung der Schönheitsreparaturen.[178] Die Konkretisierungen von Schönheitsreparaturverpflichtungen hinsichtlich ihres zeitlichen Umfangs durch starre Fristenpläne oder hinsichtlich der Ausführungsart sind mit der Verpflichtung zur Erbringung von Schönheitsreparaturen inhaltlich so eng verknüpft,[179] dass diese letztlich umgestaltet und mit einem anderen Inhalt aufrechterhalten werden würde, wenn lediglich die unzulässigen Fristen- oder Ausführungsklauseln unwirksam wären, die Schönheitsreparaturverpflichtung im Übrigen aber davon unberührt bliebe. Darin liegt eine (un- 82

172 Beispiel nach Schmidt-Futterer/*Blank*, vor § 535 Rn 60. Unzulässig ist auch, einen unwirksamen Kündigungsverzicht für den Zeitraum von fünf Jahren auf die noch zulässige Zeitspanne von vier Jahren zu reduzieren, BGH, Urt. v. 25.1.2006 – VIII ZR 3/05 –.

173 St. Rspr. BGH, Urt. v. 17.5.1982 – VII ZR 316/81 –; BGH, Versäumnisurt. v. 13.2.2001 – XI ZR 197/00 –; BGH, Urt. v. 27.6.2007 – XII ZR 54/05 –.

174 BGH, Urt. v. 17.5.1982 – VII ZR 316/81 –.

175 Außenanstrich von Türen und Fenstern: BGH, Urt. v. 18.2.2009 – VIII ZR 210/08 –.

176 BGH, Urt. v. 28.6.2006 – VIII ZR 210/08 –.

177 BGH, Urt. v. 23.6.2004 – VIII ZR 361/03 –.

178 BGH, Urt. v. 28.3.2007 – VIII ZR 199/06 –; BGH, Urt. v. 18.6.2008 – VIII ZR 229/07 –; BGH, Urt. v. 18.2.2009 – VIII ZR 166/08 –.

179 D.h. zu einer einheitlichen Rechtspflicht BGH, Urt. v. 18.2.2009 – VIII ZR 166/08 –.

wirksame) geltungserhaltende Reduktion. Dies gilt unabhängig davon, ob die Verpflichtung als solche und ihre unzulässige inhaltliche Ausgestaltung in einer oder in zwei sprachlich voneinander unabhängigen Klauseln enthalten sind.[180]

83 Von dem Verbot der geltungserhaltenden Reduktion einer als unwirksam qualifizierten Klausel ist die vom BGH entwickelte **Ausnahmeregel** zu unterscheiden, die als **Blue Pencil-Test** bezeichnet wird. Danach ist es erlaubt, die Klausel nach ihrem Wortlaut aus sich heraus verständlich und **sinnvoll** in einen **inhaltlich zulässigen** und einen **unzulässigen Regelungsteil** zu trennen.[181] Ein gutes Beispiel, allerdings aus dem Wohnraummietrecht mit Geltung nur bei Überlassung einer frisch renovierten Wohnung, ist die folgende Entscheidung. In einer Klausel heißt es, der Mieter verpflichte sich:

„während der Dauer des Mietverhältnisses auf seine Kosten notwendig werdende Schönheitsreparaturen ordnungsgemäß auszuführen, *Licht- und Klingelanlagen, Schlösser, Wasserhähne, Klosettspüler, Abflüsse, Öfen, Herde, Heizungs- und Kochgeräte, Boiler und dergleichen in gebrauchsfähigem Zustand zu erhalten und zerbrochene Glasscheiben zu ersetzten*".

84 Der (erste) Teil der Klausel, durch den sich der Mieter verpflichtet, während der Dauer des Mietverhältnisses auf seine Kosten notwendig werdende Schönheitsreparaturen ordnungsgemäß durchzuführen, ist wirksam. Der zweite Teil, der dem Mieter die Kosten für Kleinreparaturen überbürdet, ist wegen Verstoßes gem. § 307 BGB (im Urteil noch § 9 AGBG) unwirksam. In der fraglichen Klausel sind zwei unterschiedliche Sachverhalte, die ohne Weiteres zu trennen sind, nur äußerlich zusammengefasst. Als Voraussetzung für die Wirksamkeit der Restklausel verlangt die Rechtsprechung, dass es sich trotz der äußeren sprachlichen Zusammenfassung und des Bezugs auf denselben Sachkomplex um **inhaltlich voneinander trennbare**, einzeln **aus sich heraus verständliche** Regelungen handelt. Außerdem darf die beanstandete Klausel nicht von so entscheidender Bedeutung sein, dass bei seiner Unwirksamkeit von einer gänzlich neuen, von der bisherigen völlig abweichenden Vertragsgestaltung gesprochen werden muss. Diese Voraussetzungen sind vor allem dann gegeben, wenn mehrere materiell selbstständige Regelungen lediglich sprachlich zu einer Bestimmung zusammengefasst worden sind.

85 Eindeutig ist auch die zulässige Streichung eines unwirksamen Klauselteiles, der durch Paranthese deutlich abtrennbar ist, bei folgender Formulierung:

---

180 BGH, Urt. v. 18.2.2009 – VIII ZR 210/08 –; BGH, Urt. v. 23.6.2004 – VIII ZR 361/03 –.

181 BGH, Urt. v. 25.1.2006 – VIIII ZR 3/05 –; BGH, Urt. v. 23.6.2004 – VIII ZR 361/03 –; BGH, Urt. v. 27.9.2000 – VIII ZR 155/99 –; KG, Urt. v. 5.3.2009 – 8 U 177/08 –; OLG Naumburg, Urt. v. 15.7.2008 – 9 U 18/08 –.

„Der Kaufpreis und Preise für Nebenleistungen sind bei Übergabe des Kaufgegenstands – *spätestens jedoch acht Tage nach Zugang der schriftlichen Bereitstellung* – und Aushändigung oder Übersendung der Rechnung zur Zahlung fällig."

Durch einfaches Streichen kann der in Paranthese stehende Wortlaut von dem im Übrigen unbedenklichen Teil getrennt werden. Der Wortlaut bleibt nicht nur aus sich heraus verständlich, sondern auch sinnvoll.[182] 86

In einem gewerblichen Mietvertrag über ein in einem Einkaufszentrum gelegenes Ladengeschäft findet sich unter der Überschrift „§ 10 Betriebspflicht" folgende Regelung: *„Zeitweise Schließungen (z.B. aus Anlass von Mittagspausen, Ruhetagen ...) sind nicht zulässig."* Nach Ansicht des Gerichts ist der Mieter durch das Verbot von zeitweiligen Schließungen unangemessen gem. § 307 Abs. 1 und 2 BGB benachteiligt, zumal er dadurch auch in seinen vertragsmäßigen Pflichten, die Schönheitsreparaturen auszuführen, gehindert ist. Da diese Regelung (eigener Satz) sowohl sprachlich als auch inhaltlich von den Regelungen der übrigen Klauseln abtrennbar ist, bleibt der übrige Teil der Betriebspflicht unter § 10 wirksam.[183] 87

III. Anspruch des Betroffenen auf Vertragsanpassung, z.B. durch Neuregelung?

In Fällen, in denen für eine Vertragsergänzung geeignete Vorschriften des dispositiven Rechts fehlen und die ersatzlose Streichung der Klausel keine interessengerechte Lösung ist, ist die **Lücke** durch **ergänzende Vertragsauslegung** zu schließen. An die Stelle der unwirksamen Klausel tritt dann die Regelung, die die Parteien bei sachgerechter Abwägung der Interessen gewählt hätten, wenn ihnen die Unwirksamkeit der Klausel bewusst gewesen wäre.[184] Es wäre unbillig und widerspräche der Zielsetzung des AGB-Gesetzes, dem Vertragspartner des Klauselverwenders einen Vorteil zu belassen, der das Vertragsgefüge völlig einseitig zu seinen Gunsten verschiebt.[185] 88

Diese ergänzende Vertragsauslegung setzt allerdings voraus, dass **Anhaltspunkte** dafür gefunden werden müssen, welche Regelung die Parteien bei Kenntnis der Unwirksamkeit der beanstandeten Klausel vereinbart hätten.[186] So hat der BGH 89

182 BGH, Urt. v. 27.9.2000 – VIII ZR 155/99 –.
183 KG, Urt. v. 5.3.2009 – 8 U 177/08 –.
184 Palandt/*Grüneberg*, § 306 Rn 13; BGH, Urt. v. 9.7.2008 – VIII ZR 181/07 –; BGH, Teilurt. v. 29.4.2008 – KZR 2/07 –. Für den einmaligen Fall einer ergänzenden Vertragsauslegung bis zum Bekanntwerden des Urteils in den beteiligten Verkehrskreisen BGH, Urt. v. 4.7.2002 – VII ZR 502/99 –.
185 BGH, Urt. v. 13.11.1997 – IX ZR 289/96 –. Der BGH schränkt in diesem Fall die Verpflichtung eines Bürgen wegen einer zu weit gefassten Haftungserklärung ein, da ein schutzwürdiges Interesse des Bürgen, ganz von seiner Verpflichtung frei zu werden, nicht anzuerkennen ist.
186 BGH, Urt. v. 26.10.2005 – VIII ZR 48/50 –.

die Anwendung der ergänzenden Vertragsauslegung abgelehnt, wenn **kein Interesse** an einer solchen abweichenden Regelung deutlich geworden war. Ein Vermieter hatte nach Feststellung der Unwirksamkeit einer Dekorationsklausel Kompensation durch einen Mietzuschlag gefordert. Der BGH sah die Voraussetzungen für eine solche ergänzende Vertragsauslegung als nicht gegeben an, da der Verbleib der in § 535 Abs. 1 BGB angelegten Pflicht zur Vornahme von Schönheitsreparaturen beim Vermieter keine unangemessene, den typischen Interessen der Vertragspartner widersprechende Regelung darstellt.[187] Durch ergänzende Vertragsauslegung hat der BGH dagegen die vervollständigungsbedürftige Lücke eines langfristigen Mietvertrages geschlossen, der eine unwirksame Preisanpassungsklausel enthielt. Die Parteien seien sich **bewusst gewesen**, dass der zunächst vereinbarte Mietzins nicht während der gesamten zehnjährigen Vertragsdauer gelten, sondern sich zum Zwecke eines **angemessenen** Wertausgleichs **ändern sollte**, wenn die Kostenentwicklung es erfordere.[188] In einem weiteren Fall hat der BGH die nichtige Festlegung einer Miethöhe bzw. eine unklare Mietpreisabsprache[189] durch Abstellen auf die übliche oder angemessene Vergütung, d.h. den ortsüblichen Mietzins ersetzt (§§ 157, 315, 316 BGB).

90 Versucht der Klauselverwender **für den Fall der Unwirksamkeit** vorzusorgen, indem er sich einseitig vorbehält, in diesen Fällen die (unwirksamen) Bedingungen mit Wirkung für bestehende Verträge zu **ergänzen** oder zu **ersetzen**, hat der BGH diese Versuche bisher als neue, allein vom Verwender aufgestellte Regelungen bezeichnet, die einen Eingriff in ein bestehendes Vertragsverhältnis darstellen. Das Verwenden einer solchen **Ersatzregelung** ist als solche eine **unangemessene Benachteiligung** der Vertragspartei i.S.d. § 307 BGB, da die Vertragspartei des Klauselverwenders schlechtergestellt wird als bei Vertragsschluss. Solche **Ersatzregelungen** sind somit **unwirksam**. Der Klauselverwender geht mit einer solchen Ersatzklausel weiter, als es die Notwendigkeit zur Widerherstellung des ursprünglichen Äquivalenzverhältnisses oder das Füllen der entstandenen Vertragslücke fordert.

91 Weiterhin hat der BGH auch Bedenken in Hinblick auf die Transparenz solcher Ersatzklauseln, wenn sie nicht **klar und konkret** genug formuliert sind.[190] Selbst wenn die Vertragsparteien bzw. der Klauselverwender bei der Formulierung der sog. **Ersatzklausel** die Lücke mithilfe konkreterer Formulierungen als in den vorherigen Urteilen zu schließen beabsichtigen, wie z.B. durch: *„Ist die vereinbarte Globalzes-*

187 BGH, Urt. v. 9.7.2008 – VIII ZR 181/07 –.

188 BGH, Urt. v. 12.7.1989 – VIII ZR 297/88 –. Beschränkung der Preisanpassungsklausel auf tatsächliche Kostensteigerungen bei dem Teil der Miete, der kostenabhängig ist.

189 OLG Düsseldorf, Urt. v. 28.5.1986 – 8 U 151/85 –.

190 Beide Urteile sind zum Versicherungsrecht ergangen BGH, Urt. v. 17.3.1999 – IV ZR 218/97 –; BGH, Urt. v. 23.1.2008 – IV ZR 169/06 –.

sion aus irgendwelchen Gründen unwirksam, so vereinbaren die Parteien, dass die erfassten Forderungen mit dem Eingang der Aufstellung an die Bank abgetreten sind.“, hat sich der BGH nicht eindeutig geäußert, wohl aber erhebliche Bedenken gegen die Regelung angemeldet.[191] Im Ergebnis ist daher festzuhalten, dass die Vertragsparteien nach bisheriger Rechtsprechung nicht die Möglichkeit erhalten, die durch unwirksame AGB-Klauseln entstandene Vertragslücke mit bereits im Vertrag formulierten Ersatzklauseln zu schließen. Der Anspruch auf Vertragsanpassung erfolgt entweder durch Vertragsauslegung des Gerichts oder durch Rückgriff auf dispositives Recht.

IV. Rettung durch salvatorische Klauseln?

Verschiedene Formulierungen zur vertraglichen Absicherung des (anfänglichen) 92
Regelungsbestandes einer Vereinbarung werden unter dem Begriff salvatorische Klauseln zusammengefasst. Es kann sich um eine **salvatorische Erhaltungsklausel,** um eine **salvatorische Ergänzungsklausel** oder um eine Klausel mit dem angehängten Wortlaut „**soweit gesetzlich zulässig**“ handeln. Im Grunde handelt es sich – wie auch schon im vorstehenden Absatz dargestellt – um den Versuch, die gesetzlich vorgesehenen Konsequenzen des § 306 Abs. 2 BGB im Vorhinein, d.h. bereits durch entsprechende Regelungen im Vertrag, abzuwenden oder mit dem Halbsatz „soweit gesetzlich zulässig“ die Möglichkeiten der Vertragsautonomie bis an die Grenze des eben gesetzlich zulässigen auszunutzen.

Unter der Bezeichnung **salvatorische Ergänzungsklausel** wird gemeinhin die 93
Formulierung verstanden: *„Die nichtige oder unwirksame Bestimmung ist durch eine solche zu ersetzen, die dem wirtschaftlich Gewollten in zulässiger Weise am nächsten kommt“*. Sie ist nach der Rechtsprechung **unwirksam.**[192] Dagegen ist die salvatorische **Erhaltungsklausel** mit dem Wortlaut *„Sollten einzelne Bestimmungen dieses Vertrages ganz oder teilweise gegen zwingendes Recht verstoßen oder aus anderen Gründen nichtig oder unwirksam sein, so bleibt die Gültigkeit der übrigen Bestimmungen unberührt“* **wirksam**, ausdrücklich auch in gewerberechtlichen AGB. Selbst wenn eine unwirksame Ergänzungsklausel mit einer Erhaltungsklausel kombiniert wird, bleibt die Erhaltungsklausel nach Streichung der Ergänzungsklausel wirksam, da beide Klauseln inhaltlich trennbar und einzeln aus sich heraus verständlich sind.[193]

191 BGH, Urt. v. 29.11.1989 – VIII ZR 228/88 –; offengelassen BGH, Urt. v. 25.7.2007 – XII ZR 143/05 –.

192 BGH, Urt. v. 6.4.2005 – XII ZR 132/03 –.

193 BGH, Urt. v. 6.4.2005 – XII ZR 132/03 –.

Praxistipp
Besonders häufig stellt sich die Frage, ob eine salvatorische Klausel mit dem Wortlaut einer vorstehend als Erhaltungsklausel bezeichneten Formulierung die Vertragsparteien zur Nachholung der nicht gewahrten Schriftform verpflichtet. Der BGH lehnt eine Verpflichtung zur Nachholung der Schriftform durch eine Erhaltungsklausel jedenfalls im Erwerbsfall ab. Nach dem OLG Düsseldorf sind die Parteien nur dann zur Nachholung der Schriftform verpflichtet, wenn sie sich wechselseitig verpflichtet haben, *„auf jederzeitiges Verlangen einer Partei alle Handlungen vorzunehmen und Erklärungen abzugeben, die erforderlich sind, um den gesetzlichen Schriftformerfordernissen Genüge zu tun, und den Mietvertrag nicht unter Berufung auf die Nichteinhaltung der gesetzlichen Schriftform vorzeitig zu kündigen. Dies gilt nicht nur für den Abschluss des Ursprungs/Hauptvertrages, sondern auch für Nachtrags-, Änderungs- und Ergänzungsverträge."*[194]

94 Die Variante einer salvatorischen Klausel wie z.B. der letzte Teil des Satzes: „Schadensersatzansprüche (...) sind ausgeschlossen, **soweit dies gesetzlich zulässig** ist", benachteiligt auch im kaufmännischen Verkehr nach der Rechtsprechung des BGH die Vertragsgegenseite des Klauselverwenders unangemessen. Die gesamte Klausel ist daher **unwirksam.**[195] Teilweise stützt der BGH die Unwirksamkeit dieses Zusatzes auch auf einen Verstoß gegen das Transparenzgebot.[196] Das OLG Celle lehnt die Abdingbarkeit von § 306 Abs. 2 BGB durch formularmäßige Klauseln, die ihrerseits als AGB gegen § 307 BGB verstoßen, sogar durchweg ab.[197]

95 Die Einschränkung **„soweit gesetzlich zulässig"** ist in folgender Formulierung jedoch **wirksam**: *„Auf das Recht zur Aufrechnung, Minderung (Herabsetzung des Pachtzinses) und Zurückbehaltung verzichtet der Pächter, soweit dies gesetzlich zulässig ist und soweit nicht mit rechtskräftig festgestellten Forderungen die vorgenannten Rechte geltend gemacht werden."* Das Verbot der Aufrechnung und des Zurückbehaltungsrechts ist wirksam. Auch wenn nur die rechtskräftig festgestellten Forderungen ausdrücklich genannt werden, sind die unbestrittenen Forderungen sinngemäß mitumfasst.[198] Dafür spricht zusätzlich die einschränkende Formulierung, soweit dies gesetzlich zulässig ist. Bei der Einschränkung handelt es sich nach BGH nicht um eine belanglose Floskel, sondern es wird auf zwingende gesetzliche Bestimmungen des AGB-Rechts Bezug genommen.[199]

---

194 *Wolf-Rüdiger Bub/Nicola Bernhard*, Urteilsanmerkung BGH, Urt. v. 25.7.2007 – XII ZR 143/05 –. Jüngst ergangene Urteile BGH, Urt. v. 30.4.2014 – XII ZR 146/12; BGH, Urt. v. 22.1.2014 – XII ZR 68/10 –.

195 BGH, Urt. v. 26.6.1991 – VIII ZR 231/90 –.

196 Bzw. das frühere Verständlichkeitsgebot des § 2 Abs. 1 Nr. 2 AGBG, BGH, Urt. v. 12.10.1995 – I ZR 172/93 –.

197 Bzw. gegen den früheren § 9 Abs. 2 AGBG, OLG Celle, Urt. v. 12.1.1994 – 2 U 28/93 –.

198 BGH, Urt. v. 18.4.1989 – X ZR 31/88 –. Dies gilt im Übrigen auch umgekehrt: Eine Bestimmung, die nach ihrem Wortlaut nur die Aufrechnung mit unbestrittenen Forderungen zulässt, erfasst sinngemäß auch die Zulässigkeit der Aufrechnung mit rechtskräftig festgestellten Forderungen.

199 BGH, Urt. v. 27.1.1993 – XII ZR 141/91 –.

V. Schadensersatzpflicht des Klauselverwenders

Ungeachtet der oben dargestellten Rechtsfolgen bei der Verwendung unwirksamer AGB-Regelung hat die Vertragspartei des Klauselverwenders unter Umständen einen **Anspruch auf Schadensersatz,** der neben den insoweit fehlgeschlagenen Vertragsaufwendungen und Verhandlungskosten insbesondere auch den Ersatz der notwendig gewordenen Rechtsverteidigungskosten (u.a. Anwaltskosten) umfasst.[200] Schon bei der Vertragsanbahnung und den Vertragsverhandlungen entsteht zwischen den Parteien ein **vorvertragliches Vertrauensverhältnis**, welches die Parteien zur gegenseitigen Rücksichtnahme und Loyalität verpflichtet. Dagegen verstößt die **Partei**, welche die **unwirksame Klausel als Standardformulierung** in seinem Vertragsmuster verwendet. Es entspricht der ständigen Rechtsprechung des BGH, dass ein Vertragspartner durch die Verwendung unwirksamer Klauseln seine vorvertragliche Pflicht zur Rücksichtnahme gegenüber dem anderen Vertragspartner verletzt und sich **bei Verschulden** diesem gegenüber **schadensersatzpflichtig** machen kann, wenn der Vertragspartner in Unkenntnis der Unwirksamkeit der Klausel Aufwendungen tätigt.[201] Die benachteiligte Partei hat daher Anspruch auf Schadensersatz.[202] Ein solcher Schadensersatzanspruch ist bisher einem Bankkunden gegenüber seiner Bank zugesprochen worden. In diesem Fall hatte die Bank formularmäßig die Unwiderruflichkeit eines Überweisungsauftrages ausgeschlossen, was der BGH als erhebliche Benachteiligung des Bankkunden einstufte. Aufgrund der Verletzung von vorvertraglichen Pflichten des Treuhandkontovertrages sprach der BGH dem Bankkunden Schadensersatz zu. 96

Allerdings ist bei Schadensersatzforderungen zu beachten, dass der Verwender die unwirksame Klausel **schuldhaft** verwendet haben muss. Dies heißt, dass der Verwender **bewusst** eine unwirksame Klausel verwendet hat oder **hätte wissen müssen, dass die Klausel unwirksam** ist. Der BGH hat das Verschulden in dem bereits zitierten Fall von unwirksamer Dekorations-AGB/Endrenovierungsklausel zwar verneint, weil die beanstandete Klausel bei Vertragsschluss noch nicht höchstrichterlich beanstandet worden sei.[203] Zugunsten des Mieters hat der BGH dennoch aufgrund einer bereicherungsrechtlichen Anspruchsgrundlage (§§ 812 Abs. 1, 818 Abs. 2 BGB) entschieden, dass der Mieter den Wert der üblichen, hilfsweise der angemessenen Vergütung vom Vermieter für seine getätigten Renovierungsleistungen 97

200 BGH, Urt. v. 12.3.2008 – XII ZR 147/05 – NZM 2008, 522; BGH, Urt. v. 28.5.1984 – III ZR 63/83 –; BGH, Urt. v. 14.6.1994 – IX ZR 210/93 –.

201 BGH, Urt. v. 27.5.2009 – VIII ZR 302/07 – in einem Fall von unwirksamen Dekorations-AGB – Endrenovierungsklausel/Individualvereinbarung.

202 §§ 280 Abs. 1, 311 Abs. 2 BGB; BGH, Urt. v. 28.5.1984 – III ZR 63/83 –; BGH, Urt. v. 27.5.2009 – VIII ZR 302/07 –.

203 BGH, Urt. v. 27.5.2009 – VIII ZR 302/07 –.

verlangen kann.[204] Denn die getätigten Schönheitsreparaturen, so der BGH, hat der Mieter ohne rechtlichen Grund geleistet, da die Endrenovierungsklausel unwirksam ist.

! **Praxistipp**
Die sorgfältige Prüfung der aktuellen Rechtsprechung bei der Formulierung von Vertragsklauseln gewährt dem Verwender zwar bei späteren Prozessen keinen Vertrauensschutz, aber er schützt bei entsprechender Archivierung der Unterlagen vor dem Vorwurf der schuldhaften Verwendung von unwirksamen Klauseln und somit – zumindest in Hinblick auf diese Voraussetzung der vorvertraglichen Verschuldenshaftung – vor etwaigen Schadensersatzforderungen, sollte eine Klausel durch das Gericht für unwirksam erklärt werden.

G. Beweislast, Prozessuales, Unterlassung

I. Beweislast

98 Nach der Grundregel der Beweislast muss immer derjenige das Vorliegen einer **vorformulierten AGB-Klausel darlegen** und ggf. **beweisen**, der sich auf die **Unwirksamkeit** dieser Vertragsregelung bzw. auf ihre Nichteinbeziehung in den Vertrag **beruft**. Das ist in der Regel der Vertragspartner des Verwenders.[205] Konkret bedeutet dies: Fordert ein Vermieter z.B. die Malerkosten für eine Endrenovierung, die der ausgezogene Mieter nicht getätigt hat, so muss der Mieter zuerst den Beweis führen, dass die mietvertragliche Endrenovierungsklausel, auf die sich der Vermieter beruft, vom Vermieter vorformuliert wurde, um den Charakter einer AGB-Klausel und damit die Anwendbarkeit der §§ 305 ff. BGB darzulegen. Der Mieter muss also nachweisen, dass der Vermieter auch mit Dritten die streitige Regelung zum Vertragsinhalt gemacht hat, was wiederum heißt, dass der Mieter die mit anderen Mietern abgeschlossenen Verträge dem Gericht vorlegen oder konkret dazu vortragen können muss.

II. Beweiserleichterung durch vervielfältigte Vertragsformulare

99 Eine **Beweiserleichterung zugunsten des Vertragspartners** tritt ein, wenn der Verwender ein **gedrucktes** oder sonst **vervielfältigtes Vertragsformular** benutzt,[206] oder wenn sich aus der Fassung der Klauseln die **Absicht einer mehrfa-**

---

204 BGH, Urt. v. 27.5.2009 – VIII ZR 302/07 –.
205 BGH, Urt. v. 13.9.2001 – VII ZR 487/99 –; BGH, Urt. v. 14.5.1992 – VII ZR 204/90 –.
206 BGH, Urt. v. 14.5.1992 – VII ZR 204/90 –; OLG Rostock, Urt. v. 12.1.2005 – 6 U 130/03 –; gesetzliche Vermutung, dass bei einem Vertrag zwischen Unternehmer und Verbraucher die AGB als vom

chen Verwendung ergibt.[207] Die gängigen Umschreibungen für das Vorliegen von vorformulierten Klauseln lauten: Die Vertragsklauseln bestehen aus einer Vielzahl von formelhaften Wendungen zur Regelung der in Geschäftsraummietverhältnissen typischen konfliktgefährdeten Sachverhalten und sind nicht auf die individuelle Vertragssituation abgestimmt.[208]

Tatsächlich gibt es **Vertragsmuster**, bei deren Vorliegen der BGH den **Anscheinsbeweis für das Vorliegen von AGB allein durch die Vertragsart** und die **Umstände des Geschäftsgebarens** als erbracht ansieht: Gewerbliche Mietverträge gehören (bisher) nicht dazu. Der BGH geht von einem solchen Anscheinsbeweis bei **Bauträgerverträgen** aus. Dies ist etwa dann der Fall, wenn **der Bauträger** den mit einem Erwerber einer Wohnungseigentumsanlage abgeschlossenen Vertrag vorlegt, er gewerblich tätig ist und der Vertrag Klauseln enthält, die typischerweise in Bauträgerverträgen verwendet werden. Als typische Klauseln werden vom BGH die 100

> *„einschlägige Unterwerfungsklausel, die Vereinbarung einer zweijährigen Verjährungsfrist, die subsidiäre Haftung des Bauträgers und zahlreiche andere, die Kl. belastende Bestimmungen", erwähnt sowie festgestellt: „Der von den Parteien geschlossene Vertrag enthält hingegen fast ausschließlich den Erwerber belastende Bedingungen, die über die gängigen Formularbüchern zu findenden Bedingungen hinausgehen und zudem in ihrem rechtlichen Regelungsgehalt zweifelhaft sind, wie z.B. der Gewährleistungsausschluss für fehlerhafte Leistungen anderer Unternehmer, die auf Mängeln der Verkäuferleistungen beruhen (...) oder die Abnahmepflicht trotz fehlender Fertigstellung."*[209]

Dieselben Grundsätze hat der BGH in einer Entscheidung aus dem Jahr 2004 auf 101 **Bauverträge** angewandt, da sich aus dem Inhalt und der Gestaltung der in einem Bauvertrag verwendeten Bedingungen ein von dem Verwender zu widerlegender

---

Unternehmer gestellt gelten, es sei denn, dass sie durch den Verbraucher in den Vertrag eingeführt wurden, BGH, Urt. v. 17.2.2010 – VIII ZR 67/09 –.

207 BGH, Urt. v. 27.11.2003 – VII ZR 53/03 –; BGH, Urt. v. 20.8.2009 – VII ZR 212/07 –.

208 BGH, Urt. v. 27.11.2003 – VII ZR 53/03 –; BGH, Urt. v. 20.8.2009 – VII ZR 212/07 –; BGH, Urt. v. 11.12.2003 – VII ZR 31/03 –.

209 BGH, Urt. v. 14.5.1992 – VII ZR 204/90 –; bestätigt mit BGH, Urt. v. 13.9.2001 – VII ZR 487/99 –; OLG Düsseldorf, Beschl. v. 9.8.2001 – 23 W 46/01 –; BGH, Urt. v. 22.3.2002 – V ZR 405/00 – *„so spricht der erste Anschein für einen vom anderen Teil verwendeten Formularvertrag, der der Kontrolle nach dem AGB unterliegt (...). Dies gilt – unabhängig von der Art des konkreten Bauvorhabens – insbesondere im Falle eines Bauträgervertrages, weil Bauträger erfahrungsgemäß mit Formularverträgen arbeiten"*. Dass es sich bei einer zur Prüfung vorgelegten Vertragsklausel um einen Teil Allgemeiner Geschäftsbedingungen handelt, durfte ein Gericht nach Ansicht des BGH auch ohne ausdrücklichen Vortrag deshalb annehmen, *„da ihm auf Grund einer Vielzahl von Verfahren bekannt war, dass die Kl. sich in Grundstückskaufverträgen (...) zur Sicherung der versprochenen Investitionen inhaltlich gleichartiger Vertragsstrafenregelungen bedient (...). Zwar mag es vorkommen, dass einzelne Klauseln in solchen Verträgen nicht vorformuliert sind. Dann aber wäre es Sache der Kl. gewesen, darzulegen und im Bedarfsfall zu beweisen, dass das bei den hier maßgeblichen Klauseln der Fall ist."*

Anschein dafür ergeben kann, dass sie zur Mehrfachverwendung vorformuliert worden sind. Das kann z.B. der Fall sein, wenn der Vertrag zahlreiche formelhafte Klauseln enthält und nicht auf die individuelle Vertragssituation abgestimmt ist.[210] Als Kriterien, die für den Anschein sprechen, nannte der BGH, dass die Vertragsklauseln nicht auf das Bauvorhaben der Parteien zugeschnitten sind, weil z.B. zur Frage, inwieweit der Pauschalpreis abgeändert werden kann, formelhafte, nicht auf das konkrete Bauvorhaben zugeschnittene Wendungen gebraucht würden.[211] Der naheliegende Einwand eines Prozessbeteiligten, auf dieser Grundlage wären (bau-)vertragliche Regelungen als Individualvereinbarungen praktisch ausgeschlossen, tritt der BGH mit folgender Argumentation entgegen:

> *„Sind formelhafte Klauseln zum Beispiel in eine individuelle Gestaltung des Vertrages eingebettet, kann es an einem Anschein für eine Mehrfachverwendung fehlen. Ergibt die Vertragsgestaltung einen Anschein der Mehrfachverwendung, bleibt dem Verwender die Möglichkeit, diesen Anschein zu widerlegen. Kann der Verwender den Anschein nicht widerlegen, bleibt ihm der Nachweis, dass die Klauseln im Einzelnen ausgehandelt worden sind.“*[212]

102 Seit dem Jahr 2008 werden die **gefestigten Grundsätze für eine Beweiserleichterung** durch einen Anscheinsbeweis vom BAG auch auf einen **Arbeitsvertrag** angewendet, da der gesamte Vertragstext hinsichtlich des zu beschäftigenden Arbeitnehmers außer im Rubrum und vor der Unterschrift des Mitarbeiters personenneutral formuliert ist und nur wenige auf das Arbeitsverhältnis konkret bezogene Daten enthält.[213]

103 Ein weiteres **Indiz für das Vorliegen von AGB** besteht in der **einseitigen Benachteiligung** bzw. in einseitig belastenden Regelungen für den Vertragspartner, die über die in gängigen Formularbüchern zu findenden Bedingungen hinausgehen, wenn sie in ihrem rechtlichen Regelungsgehalt zweifelhaft sind.[214] Auch wenn der Verwender ein **professioneller Marktteilnehmer** ist, wird in diesem Umstand ein Indiz für die beabsichtigte Mehrfachverwendung gesehen und damit das Vorliegen von AGB angenommen.[215] In diesen Fällen besteht eine sog. widerlegbare Vermutung des ersten Anscheins für das Vorliegen von AGB.[216]

---

210 *„Das hat der Senat für den Bauträgervertrag ausgeführt. Es gilt gleichermaßen für den Bauvertrag.“* BGH, Urt. v. 27.11.2003 – VII ZR 53/03 –; bestätigt BGH, Urt. v. 20.8.2009 – VII ZR 212/07 –.

211 BGH, Urt. v. 27.11.2003 – VII ZR 53/03 –.

212 BGH, Urt. v. 27.11.2003 – VII ZR 53/03 –.

213 BAG, Urt. v. 14.8.2007 – 8 AZR 793/06 –.

214 BGH, Urt. v. 14.5.1992 – VII ZR 204/90 –.

215 BGH, Urt. v. 14.5.1992 – VII ZR 204/90 –.

216 BGH, Urt. v. 3.11.1999 – VIII ZR 269/98 –.

III. Der Einwand des individuellen Aushandelns

Wie bereits mehrfach erwähnt, bleibt dem **Verwender im Prozess der Einwand**, die fragliche **Klausel sei individuell ausgehandelt** worden (zum Aushandeln in Einzelnen s.o. Rn 24 ff. sowie Rn 27 ff.). In diesem Fall trifft den Verwender die Beweislast für das Vorliegen einer Individualregelung.[217] Im Prozess ist also nicht nur die Verhandlungsbereitschaft des Verwenders unter Beweis zu stellen, sondern auch die Tatsache, dass diese Umstände dem Vertragspartner bewusst waren. Der Vertragspartner des Klauselverwenders muss die **reale Möglichkeit** erhalten, den **Inhalt der Vertragsbedingungen zu beeinflussen**. Die Bereitschaft, auf die Änderungswünsche einzugehen, schlägt sich manchmal erkennbar in den Änderungen des vorformulierten Textes nieder. Dies ist aber keine zwingende Bedingung. Bleibt es nach **gründlicher Erörterung** bei dem vorformulierten Text, weil der betroffene Vertragspartner von der sachlichen Notwendigkeit überzeugt worden ist, kann der **Vertrag als das Ergebnis eines Aushandelns** gewertet werden.[218] 104

Im **kaufmännischen Verkehr** kann ein individuelles Aushandeln auch dann vorliegen, wenn der Verwender eine bestimmte Klausel für **unabdingbar** erklärt.[219] Um das Merkmal des Aushandelns zu beweisen, reicht es jedoch nicht, dass über die Modalitäten der fraglichen Klausel im Zusammenhang mit einer anderen Regelung verhandelt wird: So hat der BGH festgehalten, aus dem Umstand, dass über den Kaufpreis und die Modalitäten der strafbewährten Investitionen verhandelt werde, sei nicht automatisch zu schließen, dass auch die Vertragsstrafenregelung zur Disposition stehe.[220] Auch bei einem **notariellen Vertrag** hat der Verwender die behauptete **Individualvereinbarung zu beweisen**, denn das bloße Verlesen des Vertragstextes und eine etwaige allgemeine Belehrung durch den Notar machen aus einem Formularvertrag noch keine Einzelvereinbarung.[221] 105

Praxistipp !
Die Bereitschaft, bestimmte Änderungen zu einem vorgelegten Vertragsentwurf zuzulassen, sollte damit begründet werden, dass andere Passagen oder Abschnitte – entgegen den Wünschen der Gegenseite – im Gegenzug nicht geändert werden, sondern die vorgelegte Fassung beibehalten wird. Darüber hinaus ist in Zeiten der fortschreitenden Textverarbeitungsmöglichkeiten und der damit

---

217 BGH, Urt. v. 29.1.1982 – V ZR 82/81 –; BGH, Urt. v. 14.5.1992 – VII ZR 204/90 –; BGH, Urt. v. 3.4.1998 – V ZR 6/97 –; OLG Frankfurt, Urt. v. 21.9.1989 – 1 U 128/88 –; OLG Düsseldorf, Beschl. v. 9.8.2001 – 23 W 46/01 –.
218 BGH, Urt. v. 3.4.1998 – V ZR 6/97 –; BGH, Urt. v. 3.11.1999 – VIII ZR 269/98 –; BGH, Urt. v. 30.9.1987 – IVa ZR 6/86 –.
219 BGH, Urt. v. 26.2.1992 – XII ZR 129/90 –.
220 *„Allenfalls hinsichtlich der Höhe kommt eine Wechselwirkung in Betracht. Der Kerngehalt der Klausel bleibt davon unberührt.“* BGH, Urt. v. 3.4.1998 – V ZR 6/97 –.
221 BGH, Urt. v. 5.4.1979 – VII ZR 308/77 –; BGH, Urt. v. 29.1.1982 – V ZR 82/81 –.

einhergehende schwindende Gebrauch von handschriftlichen oder maschinellen, d.h. sichtbaren, Änderungen im Vertrag wichtig, alle Vertragsentwürfe und deren Bearbeitung(en) bis zur finalen Version zu dokumentieren (vgl. dazu auch oben den Praxistipp in Rn 97).

IV. Beweiserleichterung zugunsten des Klauselverwenders

106 Aber auch zugunsten des Verwenders gibt es Beweiserleichterungen, wenn z.B. im vorformulierten Mietvertrag **nachträgliche Änderungen** in hand- oder maschinengeschriebener Form vorgenommen wurden. Dies kann auf ein individuelles Aushandeln schließen lassen.[222] Tatsächlich reichte im entschiedenen Fall der maschinenschriftliche Zusatz für eine solche Beweiserleichterung allerdings nicht aus und wurde stattdessen als „unselbstständige Ergänzungsregelung“ qualifiziert, die als solche wirksam war, aber den AGB-Charakter im Übrigen nicht aufgehoben hatte. Immerhin sah das Gericht aus einem anderen Grund eine **Individualvereinbarung als gegeben** an, weil die Parteien in einem dem späteren Mietvertrag vorausgegangenen **beidseitig unterzeichneten Schreiben** festgelegt hatten, dass die Betriebspflicht, dessen vertragliche Regelung als AGB qualifiziert werden sollte, Voraussetzung für die Vermietung sei.

107 Für die Annahme einer **Individualregelung** (zu den Voraussetzungen für das Vorliegen einer Individualabrede s.o. Rn 24ff.) mag vielfach der **erste Anschein** in den Fällen sprechen, in denen **hand- oder maschinenschriftliche Ergänzungen** von Vertragslücken in Formularmietverträgen vorgenommen werden.[223] Allerdings ist zu beachten, dass es zur Qualifikation als **Individualvereinbarung nicht ausreicht**, wenn die Vertragspartei des Klauselverwenders nur die Wahl zwischen bestimmten, vom Verwender **vorgegebene Alternativen** hat, wobei nicht entscheidend ist, ob der Verwender für jede Alternative ein gesondertes Formular benutzt oder ob er alle Alternativen in einem Formular abdruckt und die Verwendergegenseite die gewünschte kennzeichnen lässt.[224] Auch **handschriftliche Ergänzungen** von Leerstellen **sind als AGB gewertet** worden, denn die Schriftart ist ohne Bedeutung.[225] Gleichwohl können **Leerstellen** in Verträgen grundsätzlich eine Individualvereinbarung nicht ausschließen. In einem Urteil zu vorformulierten Versicherungsbedingungen entschied der BGH, dass der **Vertrag es völlig offen ließe**, für welche Dauer der Vertrag geschlossen werden soll. Damit hat die Vertragspartei **unbeeinflusst durch Vorformulierungen die freie Wahl** einer ihm richtig erscheinenden Vertragsdauer und der Klauselverwender hat nicht einseitig von seiner Ge-

---

222 BGH, Urt. v. 26.2.1992 – XII ZR 129/90 –.
223 BGH, Urt. v. 26.2.1992 – XII ZR 129/90 –; BGH, Urt. v. 3.11.1999 – VIII ZR 269/98 –.
224 BGH, Urt. v. 3.12.1991 – XI ZR 77/91 –.
225 BGH, Urt. v. 6.4.2005 – VIII ZR 27/04 –.

staltungsmacht Gebrauch gemacht.[226] Jedenfalls kann ein Verwender nicht dadurch eine Beweisregel zu seinen Gunsten gestalten, indem er den Mieter im Vertrag bestätigen lässt, dass der gesamte Mietvertag oder einzelne Klauseln jeweils im Einzelnen ausgehandelt wurden (sog. **formularmäßige Bestätigungs- oder Aushandlungsklauseln**). Eine solche Klausel ist gem. § 309 Nr. 12b BGB unwirksam (s.o. Rn 27).[227]

Sollte der **erste Anschein für** eine **Individualvereinbarung** sprechen (zu den Voraussetzungen im Einzelnen s.o. Rn 106 ff.), kann auch diese Vermutung durch die Gegenseite widerlegt werden. Die Gegenseite muss in einem solchen Fall nachweisen, dass **dieselben Abweichungen** vom vorformulierten Text auch **anderen Vertragspartnern** in ihren Mietverträgen eingeräumt wurden,[228] oder darlegen, dass der Verwender die Vertragsformulare üblicherweise dergestalt ergänzt.[229] 108

V. Prozessuale Fragen

Die konsequente Umsetzung der Beweislastregeln bedeutet, dass der Vertragspartner des Verwenders beweisen muss, dass es sich bei einer streitigen Regelung um eine vorformulierte Klausel des Verwenders und somit um eine AGB-Klausel handelt. Dazu müsste er – neben seinem eigenen Vertrag – weitere Verträge, die der Verwender mit anderen Vertragspartnern abgeschlossen hat und welche eine inhaltsgleiche Regelung enthalten, vorlegen. Dies ist jedoch in den meisten Fällen kaum möglich, denn die Vertragspartei des Verwenders kann im Regelfall nicht wissen und hat insoweit auch keinen Informationsanspruch, mit welchen Dritten der Verwender überhaupt weitere Verträge abgeschlossen und dazu noch inhaltsgleiche Vertragsregelungen getroffen hat. Vielmehr gilt sozusagen im Umkehrschluss des prozessualen Beibringungsgrundsatzes, dass keine Partei der anderen das für einen Prozesssieg erforderliche Material verschaffen muss.[230] 109

Die geschilderten Fälle von Beweiserleichterungen bei Bauträger-Bau- und Arbeitsverträgen (s.o. Rn 99 ff.) sind bisher nicht auf gewerbliche Mietverträge angewendet worden. Sie könnten aber gleichwohl bei Vorliegen der dargestellten Umstände der beweisbelasteten Partei, d.h. der Vertragspartei des Klauselverwenders, die Beweisführung erleichtern. So kann die beweisbelastete Partei das Gericht auf die Möglichkeit einer Anordnung gem. § 142 ZPO hinweisen, wenn etwa die Gegenseite (Klauselverwender) im Rahmen der prozessualen Auskunfts- und Vorlagepflicht zu Angaben über den Umfang verwendeter AGB-Regelungen aufgefordert 110

226 BGH, Urt. v. 7.2.1996 – IV ZR 16/95 –.
227 BGH, Urt. v. 28.1.1987 – IVa ZR 173/85 –.
228 OLG Köln, Urt. v. 24.3.1995 – 6 U 217/92 –.
229 BGH, Urt. v. 30.9.1987 – IVa ZR 6/86 –; OLG Köln, Urt. v. 24.3.1995 – 6 U 217/92 –.
230 BGH, Urt. v. 11.6.1990 – II ZR 159/89 – basierend auf BGH, Urt. v. 16.6.1958 – III ZR 215/56 –.

wird, nachdem die behauptete AGB-Verwendung plausibel vorgetragen worden ist. Gemäß § 142 ZPO kann das Gericht anordnen, dass eine Partei oder ein Dritter die in ihrem oder seinem Besitz befindlichen Urkunden und sonstige Unterlagen, auf die sich eine Partei bezogen hat, vorlegt.[231] Die prozessuale Relevanz des §142 ZPO ist bislang kaum erörtert worden. Entscheidend ist, dass keine Partei einen Beweisantrag auf Vorlage der fraglichen Urkunden stellen,[232] sondern nur der Richter – etwa auf Anregung – die Vorlage anordnen kann.

111 Voraussetzung ist zwar, dass eine Partei auf die Urkunde oder die Unterlagen konkret Bezug genommen hat, also nicht lediglich einen Ausforschungsantrag stellt. Es ist aber noch nicht abschließend geklärt, wie konkret in der Bezugnahme bzw. für die Vorlageanordnung die Urkunde bezeichnet sein sollte. Grundsätzlich muss für die besitzende Partei unschwer eine Identifizierung der vorzulegenden Unterlagen möglich sein.[233] Bei Urkunden aus fremder Geschäftssphäre, zu denen die beweisführende Partei keinen Zugang hat, wird man sich aber mit allgemeineren Umschreibungen und Inhaltsangaben begnügen müssen. Eine Bezeichnung der Urkunde mit Datum, Aktenzeichen oder Ähnlichem ist nicht erforderlich. Die bloße Behauptung der Existenz nicht näher konkretisierter Unterlagen reicht dagegen nicht aus.[234] Ob das Gericht bei Vorliegen der Voraussetzungen von Amts wegen eine Vorlageanordnung erlässt, steht in seinem Ermessen. Bei der Ermessensausübung sind neben dem Erkenntniswert und der Verhältnismäßigkeit auch berechtigte Belange des Geheimnis- oder Persönlichkeitsschutzes zu berücksichtigen. Das Ermessen muss aber ausgeübt, d.h. eine Anordnung des § 142 ZPO in Betracht gezogen werden. Anderenfalls liegt ein reversibler Verfahrensfehler vor.[235] Sollte die Partei eine ergangene Anordnung nicht befolgen, so gibt es gegenüber dieser Partei keinerlei Sanktionen, wie z.B. die Verhängung eines Ordnungsgeldes. Aber das Gericht ist im Rahmen der §§ 286 (als Beweisvereitelung), 427 S. 2 ZPO berechtigt, die Nichtvorlage frei zu würdigen.

112 Auch in Hinblick auf die Beweiswürdigung einer **Inhaltskontrolle von AGB-Klauseln** gibt es keine gefestigte Rechtsprechung: Bei der Inhaltskontrolle liegt eine

---

231 Über seine Bedeutung und Einordnung in die anerkannten Prozessmaxime des deutschen Zivilprozesses wird noch diskutiert und es gibt bisher nur wenige höchstrichterliche Urteile, in denen § 142 ZPO zur Anwendung gelangt. Vgl. die Kommentierung von *Stein/Jonas*, 22. Aufl. 2005; *Zöller*, 29. Aufl. 2012; *Musielak/Voit*. Vereinzelt wird sogar angenommen, der Verwender von AGB sei verpflichtet, der Gegenseite sowohl im prozessualen als auch im vorprozessualen Stadium Einsicht in die Vertragsunterlagen zu gewähren, *Stürner*, Die Aufklärungspflicht der Parteien des Zivilprozesses, 1976, ihm folgend *Willemsen*, NJW 1982, 1121.

232 Auf Beweisantrag hin ist der Gegner nur nach §§ 422, 423 verpflichtet, Musielak/Voit/*Stadler*, § 142 ZPO Rn 7.

233 Musielak/Voit/*Stadler*, § 142 ZPO Rn 4.

234 BGH, Urt. v. 27.6.2007 – XII ZR 53/05 –.

235 Zöller/*Greger*, § 142 Rn 8.

unangemessene Benachteiligung der Vertragsgegenseite des Verwenders nach Treu und Glauben **„im Zweifel“** immer dann vor, wenn von wesentlichen Grundgedanken der gesetzlichen Regelung abgewichen wird oder in vertragsgefährdender Weise Rechte und Pflichten eingeschränkt werden (vgl. dazu oben Rn 55 ff.). Der BGH hat noch nicht präzisiert, ob es sich bei der Formulierung **„im Zweifel“** um eine tatsächliche oder eine gesetzliche Vermutung handelt. Der Unterschied liegt darin, dass bei Annahme einer gesetzlichen Vermutung durch die Erfüllung der genannten Regelbeispiele zusätzlich noch die positive Feststellung einer „unangemessenen Benachteiligung entgegen Treu und Glauben“ getroffen werden muss,[236] während das Vorliegen eines Regelbeispiels bei der tatsächlichen Vermutung im Rahmen der Beweiswürdigung als abschließender Indizienbeweis fungiert.[237] Trotzdem ist die Gegenseite des Verwenders nicht von ihrer Darlegungs- und Beweislast hinsichtlich des Tatbestandsmerkmals „unangemessene Benachteiligung entgegen Treu und Glauben“ befreit. Trotz Einschlägigkeit eines Regelbeispiels hat das Gericht zu prüfen, ob ausnahmsweise besondere Gründe vorliegen, die geeignet sein können, das Unangemessenheitsurteil entfallen zu lassen.[238]

VI. Unterlassungsansprüche

Wer unwirksame Vertragsklauseln verwendet oder für den rechtsgeschäftlichen Verkehr empfiehlt, kann auf **Unterlassung** oder **auf Widerruf** in Anspruch genommen werden. § 1 des Unterlassungsklagengesetzes (UKlaG) soll gewährleisten, dass der Rechtsverkehr von unwirksamen AGB freigehalten und verhindert wird, dass sich Rechtsunkundige von der Geltendmachung ihrer Rechte abhalten lassen.[239] Dies bedeutet, dass nicht Schutzrechte Einzelner festgestellt und durchgesetzt werden sollen, sondern eine **abstrakte Inhaltskontrolle** stattfindet. Daher sind nach dieser Vorschrift nicht einzelne Personen, Verbraucher oder Unternehmer zur Klage befugt, sondern nur die sog. **anspruchsberechtigten Stellen** gem. § 3 UKlaG. Das sind Verbände und sog. qualifizierte Einrichtungen (vgl. §§ 3a und 4 UKlaG), dazu zählen auch Haus- und Grundbesitzerverein, Mieterverein und Verbraucherverbände.[240] 113

---

236 Vgl. ausführlich mit Nachweisen *Ghassemi-Tabar/Leo*, Rn 310 ff.

237 *Ghassemi-Tabar/Leo*, Rn 313.

238 *Ghassemi-Tabar/Leo*, Rn 313.

239 Palandt/*Bassenge*, § 1 Rn 1; BGH, Urt. v. 13.7.1994 – IV ZR 107/93 –.

240 Lindner-Figura/Oprée/Stellmann/*Lindner-Figura*, Rn 191. BGH, Urt. v. 15.5.1991 – VIII ZR 38/90 –, Verbraucherschutzverein gegen einen Haus-, Wohnungs- und Grundeigentümerverband, der einen formularmäßigen Mietvertrag für Wohnraum entworfen und entsprechende Vertragsformulare bereitgehalten hat; BGH, Urt. v. 3.6.1998 – VIII ZR 317/97 –, Mieterschutzverein gegen den Herausgeber, der Interessen der Haus-, Wohnungs- und Grundeigentümer wahrnimmt und einen formularmäßigen Mietvertrag für Wohnräume empfiehlt.

114 Die Klage ist jedoch ausgeschlossen, wenn AGB gegenüber einem Unternehmer verwendet werden oder wenn AGB zur ausschließlichen Verwendung zwischen Unternehmern empfohlen werden. Handelt es sich um AGB, die sowohl gegenüber Unternehmern als auch gegenüber Verbrauchern verwandt werden, ist die Klage auf den Verbraucherbereich beschränkt, § 3 Abs. 2 UKlaG.[241]

115 Da es sich nicht um eine Klage über Bestand und Umfang individueller Rechte handelt, wird die zur gerichtlichen Überprüfung vorgelegte Klausel nicht als unwirksam erklärt, sondern der Verwender wird zur Unterlassung verurteilt. Vom Ausgang des Prozesses profitieren jedoch nicht nur die prozessbeteiligten Parteien, d.h. der Verwender und der Verband, sondern auch die am Verfahren nicht beteiligten Vertragspartner des Verwenders (§ 11 UKlaG). Der **Vertragspartner**, der sich auf die Unwirksamkeit von AGB beruft, kann sich in seinem Prozess **gegen den Verwender** auf das **Urteil der Verbandsklage** berufen. Ist allerdings im Verbandprozess die Unterlassungsklage abgewiesen worden, weil die Klausel wirksam sei, so ist dies kein Präjudiz zugunsten des Verwenders im Prozess mit dem Vertragspartner; in diesem bilateralen Verhältnis kann sich der Vertragspartner erneut auf die Unwirksamkeit der AGB-Klausel berufen.[242]

H. Einzelbeispiele aus der Rechtsprechung (AGB-Katalog)

116 Geltungseinschränkungen oder -ausschlüsse bei einzelnen AGB-Regelungen nach der Rechtsprechung:

Klauselinhalt	Wirksamkeit/ Rechtsverstoß	Fundstelle
Allgemein		
Wird der Eindruck erweckt, dass es sich bei einem Vertrag um AGB handele, die ausgewogen seien, muss sich der Verwender der Inhaltskontrolle des § 307 BGB unterziehen lassen, auch wenn gar keine AGB vorliegen. (Architektenvertrag – Baukostengarantie)	Unwirksam, Verstoß gegen § 307 Abs. 1 S. 1, Abs. 2 Nr. 1 BGB).	OLG Frankfurt, Urt. v. 21.10.2012 – 24 U 150/12 –
Abtretung		
Abtretungsverbot für die gegen den Verwender gerichteten Forderungen.	Grundsätzlich wirksam.	BGH, Urt. v. 30.10.1990 – IX ZR 239/89 –

241 Palandt/*Bassenge*, § 3 UKlaG Rn 14.
242 Palandt/*Bassenge*, § 11 UKlaG Rn 1.

Klauselinhalt	Wirksamkeit/ Rechtsverstoß	Fundstelle
	Abtretungsverbot ist jedoch unwirksam, wenn ein schützenswertes Interesse des Verwenders daran nicht besteht oder die berechtigten Belange des Vertragspartners an der Abtretbarkeit überwiegen.	BGH, Urt. v. 9.2.1990 – V ZR 200/8 –
Dies gilt auch für ein uneingeschränktes Abtretungsverbot.	Grundsätzlich wirksam.	BGH, Urt. v. 13.7.2006 – VII ZR 51/05 –
Abtretungsverbot wird von der Zustimmung des Schuldners abhängig gemacht.	Grundsätzlich wirksam.	BGH, Beschl. v. 12.10.2011 – IV ZR 163/10 –
Annahmefrist (für Vertragsangebot)		
Annahmefrist für ein Mietvertragsangebot, die über § 147 Abs. 2 BGB (mehrere Wochen) hinausgeht.	Nur wirksam, wenn der Verwender ein schutzwürdiges Interesse vorweisen kann.	OLG Dresden, Urt. v. 26.6.2003 – 19 U 512/03 –
Annahmefrist für ein Mietvertragsangebot, die über § 147 Abs. 2 BGB (mehr als sechs Wochen) bis zum Veranstaltungsbeginn hinausgeht.	Unwirksam.	BGH, Urt. v. 19.12.2007 – XII ZR 13/06 –
Aufrechnung, Zurückbehaltung		
Generelles Aufrechnungsverbot	Unwirksam, soweit nicht unbestrittene und rechtskräftig festgestellte Forderungen ausgenommen werden.	BGH, Urt. v. 20.10.2011 – IX ZR 10/11 –
	„Unbestrittene" Forderungen umfassen auch „rechtskräftig festgestellte" Forderungen.	BGH, Urt. v. 18.4.1984 – X ZR 31/88 –
	Als „unbestritten" gelten auch „entscheidungsreife Forderungen", die keiner weiteren Beweiserhebung unterliegen.	OLG Düsseldorf, Urt. v. 1.10.2009 – I-10 U 58/06 –; wohl auch BGH, Urt. v. 1.12.1993 – VIII ZR 41/93 –; BGH, Urt. v. 18.6.2002 – XI ZR 160/01 –

Klauselinhalt	Wirksamkeit/ Rechtsverstoß	Fundstelle
Aufrechnung mit Forderungen, die entweder rechtskräftig festgestellt sind oder zu denen der Vermieter im Einzelfall jeweils seine Zustimmung erklärt.	Unwirksam, da § 309 Nr. 3 BGB im Rahmen der Prüfung nach § 307 BGB auch gegenüber Geschäftsraummietern anwendbar.	BGH, Urt. v. 27.6.2007 – XII ZR 54/05 –
Ausschluss der Aufrechnung auch mit Bereicherungsansprüchen des Mieters wegen vorhandener Mängel.	Unwirksam.	OLG Düsseldorf, Beschl. v. 31.5.2005 – I-24 U 12/05 –
Ausschluss des Zurückbehaltungsrechts	Wirksam, wenn es sich lediglich auf § 273, nicht aber auf § 320 BGB bezieht.	OLG Düsseldorf, Urt. v. 21.10.1997 – 24 U 223/96 –
Aufrechnung, Minderungs- bzw. Zurückbehaltungsrecht nur mit solchen Gegenforderungen, die unbestritten (anerkannt) oder rechtskräftig festgestellt sind.	Wirksam (soweit nicht auch Bereicherungsansprüche ausgeschlossen sind).	OLG Köln, Urt. v. 25.10.2013 – 1 U 19/13 –
	Wirksam.	OLG Celle, Urt. v. 22.3.2012 – 2 U 127/11 –; OLG Düsseldorf, Urt. v. 7.1.1999 – 10 U 195/97 –
	Wirksam.	OLG Düsseldorf, Urt. v. 27.10.1994 – 10 U 76/93 –
Aufrechnungs-, Minderungs- bzw. Zurückbehaltungsrecht des Mieters nur mit Forderungen wegen Schadensersatz für Nichterfüllung oder Aufwendungsersatz wegen eines anfänglichen oder nachträglichen Mangels, den der Vermieter nicht vorsätzlich oder grob fahrlässig zu vertreten hat, oder die unbestritten, rechtskräftig festgestellt oder entscheidungsreif sind.	Wirksam.	OLG Düsseldorf, Urt. v. 6.5.2010 – 10 U 154/09 –; ähnlich auch schon BGH, Urt. v. 27.1.1993 – XII ZR 141/91 –
Aufrechnung des Mieters (oder Zurückbehaltung) nur mit solchen Forderungen, die rechtskräftig festgestellt sind, oder wenn der Vermieter im Einzelfall jeweils zugestimmt hat.	Unwirksam, da dem Mieter die Befugnis genommen wird, auch mit unbestrittenen Forderungen aufzurechnen.	BGH, Urt. v. 27.6.2007 – XII ZR 54/05 –
Aufrechnung oder Zurückbehaltung des Mieters nur, wenn er seine Absicht einen Monat vor Fälligkeit angezeigt und dem Vermieter aus-	Wirksam.	OLG Celle, Urt. v. 23.4.1997 – 2 U 118/96 –

Klauselinhalt	Wirksamkeit/ Rechtsverstoß	Fundstelle
reichend Gelegenheit gegeben hat, etwaige Mängel zu beseitigen.		
Aufrechnung oder Zurückbehaltung des Mieters nur nach Ankündigung von mindestens einem Monat vor Fälligkeit.	Wirksam.	BGH Urt. v. 4.5.2011 – VII ZR 191/10 –; OLG Düsseldorf, Urt. v. 6.7.2001 – 24 U 199/00 –; OLG Hamburg, Urt. v. 1.10.1997 – 4 U 229/96 –
Kein Minderungs- oder Zurückbehaltungsrecht des Mieters gegenüber dem Mietzins oder sonstigen Forderungen des Vermieters; keine Aufrechnung mit einer bestrittenen oder nicht rechtskräftig festgestellten Gegenforderung.	Wirksam.	KG, Urt. v. 14.2.2002 – 8 U 8203/00 –
Minderung des Mieters nur nach entsprechender Ankündigung. Aufrechnung nur mit unbestrittenen oder rechtskräftig festgestellten Forderungen.	Wirksam (auch in Kombination).	KG, Urt. v. 12.3.2001 – 12 U 8765/99 –
Berechtigung des Mieters (unter näher bezeichneten Voraussetzungen), die für die Instandsetzung des Mietobjekts aufgewandten Kosten mit der laufenden Miete zu verrechnen. Bei vorzeitiger Vertragsbeendigung Rückerstattung der noch nicht verbrauchten Mietvorauszahlung.	Wirksam.	OLG Düsseldorf, Urt. v. 21.11.1991 – 10 U 47/91 –
Behördliche Auflagen		
Pflicht des Mieters, etwaige für die Einrichtung oder den Betrieb des gewerblichen Mietobjekts erforderlichen behördlichen Genehmigungen oder Erlaubnisse auf seine Kosten und sein Risiko beizubringen (keine Unwirksamkeit des Vertrages im Falle der Nichterteilung der erforderlichen Genehmigungen und Erlaubnisse).	Unwirksam/Verstoß gegen § 307 BGB.	BGH, Urt. v. 22.6.1988 – VIII ZR 232/87 –
Der Mieter trägt das Risiko für behördliche Erlaubnisse für die Art des Betriebes.	Unwirksam (§ 307 BGB), wenn die Genehmigung auch Gründe der Beschaffenheit und Lage des Mietobjektes umfasst und neben der Gewährleistung auch eine außerordentliche Kündigung des Mieters ausgeschlossen ist.	KG, Urt. v. 14.7.2014 – 8 U 140/13 –

Klauselinhalt	Wirksamkeit/ Rechtsverstoß	Fundstelle
Keine Gewährleistung des Vermieters für die Einhaltung der für die Mieträume maßgeblichen allgemeinen technischen Anforderungen sowie behördlichen Vorschriften. Erfüllung etwaiger daraus resultierender Auflagen durch den Mieter auf eigene Kosten.	Unwirksam/Verstoß gegen § 307 BGB.	OLG Düsseldorf, Urt. v. 10.7.1992 – 10 U 142/91 –
Pflicht des Mieters, behördliche Auflagen auf eigene Kosten zu erfüllen.	Unwirksam/Verstoß gegen § 307 BGB.	OLG Celle, Beschl. v. 1.6.1999 – 2 U 228/98 –
Betreten, Besichtigung – s. Zutrittsrecht		
Betriebskosten, Nebenkosten (Umlagen)		
Umlegung sämtlicher Nebenkosten (des Einkaufszentrums) auf den Mieter, insbesondere die Kosten des Betriebes, der Instandhaltung und der Gemeinschaftsanlagen einschließlich der Verkehrsflächen anteilig nach in Anspruch genommener Bruttomietfläche im Verhältnis zur gewerblichen Bruttomietfläche.	Unwirksam/Verstoß gegen § 307 BGB.	BGH, Urt. v. 6.4.2005 – XII ZR 158/01 –
Umlegung der „Verwaltungskosten" des Vermieters für ein Einkaufszentrum auf die Mieter (auch ohne höhenmäßige Begrenzung).	Wirksam, da üblich und vom Mieter abschätzbar.	BGH, Urt. v. 10.9.2014 – XII ZR 56/11 –
Umlegung der Kosten für die „kaufmännische und technische Hausverwaltung" als sonstige Betriebskosten auf den Mieter.	Wirksam, auch ohne höhenmäßige Begrenzung.	BGH, Urt. v. 4.5.2011 – XII ZR 112/09 – und v. 9.12.2009 – XII ZR 109/08 –
		OLG Köln, Urt. v. 18.1.2008 – 1 U 40/07 –; vgl. auch OLG Köln, Urt. v. 18.12.2007 – 22 U 67/07 – (n. rkr.); OLG Köln, Urt. v. 24.6.2008 – 22 U 131/07 –
Umlage von Nebenkosten, bei denen unter den „Kosten des Betriebes" u.a. „Verwaltungskosten" aufgeführt sind.	Wirksam.	BGH, Urt. v. 24.2.2010 – XII ZR 69/08 –
Umlegung der Hausverwaltungskosten auf den Mieter.	Wirksam, wenn sie sich etwa auf 5,5% der Bruttomiete belaufen (nicht überraschend).	BGH, Urt. v. 4.5.2011 – XII ZR 112/09 –

Klauselinhalt	Wirksamkeit/ Rechtsverstoß	Fundstelle
	Unwirksam, wenn die Kosten im Mietvertrag nicht beziffert sind, aber einen so hohen Betrag ausmachen, dass der Mieter nach dem gesamten Inhalt der Nebenkostenregelung des Mietvertrages mit einem solchen Betrag vernünftigerweise nicht rechnen musste. Verstoß gegen § 305c Abs. 2 BGB.	OLG Köln, Urt. v. 4.7.2006 – 22 U 40/06 –; vgl. auch OLG Rostock, Urt. v. 10.4.2008 – 3 U 158/06 –
Umlegung aller auf das Mietobjekt entfallenden Betriebskosten gemäß Anlage 3 zu § 27 II. BV auf den Mieter. Umlegung neu entstehender Betriebskosten auf den Mieter ab Entstehung dieser Kosten.	Wirksam.	OLG Celle, Urt. v. 16.12.1998 – 2 U 23/98 –
Einbeziehung der Verwaltungskosten in die umzulegenden Betriebskosten.	Wirksam.	OLG Hamburg, Urt. v. 6.2.2002 – 4 U 32/00 –
Belastung des Mieters mit den „Kosten der Betreuung und Verwaltung des Objekts/der Liegenschaft", zu denen alle Personalkosten (Vergütung, Sozialbeiträge und alle geldwerten Leistungen), die Sachkosten, die Kosten für die Anmietung der benötigten Fläche bzw. Räume, insbesondere für Center-Management, Hausmeister, Sekretärin, einschließlich der anfallenden Betriebs- und Bewirtschaftungskosten gehören.	Wirksam.	OLG Rostock, Urt. v. 13.12.2004 – 3 U 56/04 – (n. rkr.)
Belastung des Mieters (eines Ladenlokals in einem Einkaufszentrum) mit den (nicht näher aufgeschlüsselten) Kosten des „Center-Managements".	Unwirksam, da intransparent (§ 307 Abs. 1 BGB).	BGH, Urt. v. 10.9.2014 – XII ZR 56/11 – und v. 3.8.2011 – XII ZR 205/09 –
Umlegung der „Kosten für das Management" auf den Mieter.	Unwirksam, da intransparent (nach Grund und Höhe unbestimmt), § 307 BGB – Kann auch nicht auf einen wirksamen Teil („Verwaltungskosten") reduziert werden.	OLG Düsseldorf, Beschl. v. 21.7.2011 – 24 U 153/10 –

Klauselinhalt	Wirksamkeit/ Rechtsverstoß	Fundstelle
Umlegung (anteilig) aller Instandhaltungskosten eines Einkaufszentrums.	Unwirksam, da ohne Zuordnung zum Mietgebrauch und zur Risikosphäre des Mieters, damit nicht zurechenbar, ohne Begrenzung und nicht vorhersehbar.	BGH, Urt. v. 10.9.2014 – XII ZR 56/11 –
Umlegung (auch) aller nicht aufgeführten Kosten „in Ansehung des Mietobjekts" auf den Mieter.	Unwirksam (da nicht bestimmt genug).	OLG Düsseldorf, Urt. v. 14.5.2002 – 24 U 142/01 –
Belastung des Mieters mit „allen Nebenkosten"	Unwirksam/Verstoß gegen §§ 305c Abs. 2, 307 Abs. 2 BGB (da nicht aufgeschlüsselt).	OLG Düsseldorf, Urt. v. 25.7.1991 – 10 U 1/91 –
Umlegung „der Nebenkosten" auf den Mieter.	Unwirksam, da zu unbestimmt (§ 307 Abs. 2 BGB).	OLG Schleswig, Urt. v. 10.2.1012 – 4 U 7/11 –
Belastung des Mieters mit allen anfallenden Nebenkosten, „soweit gesetzlich zulässig", nach dem von der Eigentümergemeinschaft zu beschließenden Abrechnungsmodus.	Wirksam.	OLG München, Urt. v. 10.1.1997 – 21 U 2464/95 –
Belastung auch mit Erhöhungen oder Neueinführung von Betriebskosten nach der Fertigstellung des Objektes (u.a. Grundsteuer).	Wirksam, insbesondere wenn Mieter selbst sachkundig ist (Sparkasse).	OLG Frankfurt, Urt. v. 10.2.1999 – 17 U 210/97 –.
Abwälzung der Wartungspflicht für mitvermietete Therme bei Fehlen einer Obergrenze.	Unwirksam, unangemessene Benachteiligung gem. § 307 BGB.	BGH, Urt. v. 15.5.1991 – VIII ZR 38/90 –
Betriebspflicht/Gebrauchspflicht		
Betriebs- und Offenhaltungspflicht, wenn zugleich eine Sortimentsbindung auferlegt, aber kein Sortiments- oder Konkurrenzschutz gewährt wird.	Wirksam, wenn Sortimentsbindung unpräzise und nicht konkretisiert ist.	BGH, Urt. v. 3.3.2010 – XII ZR 131/08 –
Offenhalten eines Obststandes während der Öffnungszeiten an sechs Tagen der Woche (siehe Marktordnung), Schließung im Falle von Urlaub nur nach Genehmigung durch die Verwaltung im Einzelfall von nicht länger als drei Wochen.	Wirksam.	BGH, Urt. v. 29.4.1992 – XII ZR 221/90 –
Offenhalten des Geschäftslokals im Rahmen der gesetzlichen Bestimmungen über die Ladenschlusszeiten an allen Verkaufstagen mindes-	Unwirksam, soweit sich der Betreiber des Einkaufszentrums gegenüber	BGH, Urt. v. 16.5.2007 – XII ZR 13/05 –; BGH, Urt.

Klauselinhalt	Wirksamkeit/ Rechtsverstoß	Fundstelle
tens so lange, wie die überwiegende Anzahl aller Mieter ihre Geschäfte offen hält.	Kleinmietern die Festlegung der Öffnungszeiten vorbehält. Verstoß gegen § 307 BGB, intransparente Klausel.	v. 7.5.2008 – XII ZR 5/06 –
Offenhaltungspflicht unter generellem Ausschluss auch zeitweiliger Schließungen (z.B. zu Inventurzwecken, Betriebsversammlungen).	Unwirksam/Verstoß gegen § 307 Abs. 1 S. 1 BGB.	BGH, Urt. v. 3.3.2010 – XII ZR 131/08 –; KG, Urt. v. 5.3.2009 – 8 U 177/08 –
	Wirksam, wenn der Mieter (Lebensmitteldiscounter) nicht auf zeitweilige Schließungen angewiesen ist.	OLG Naumburg, Urt. v. 15.7.2008 – 9 U 18/08 –
Betriebspflicht mit dem Verbot zeitweiser Schließungen, wenn derartige Schließungen aber mit Zustimmung des Vermieters zulässig sind.	Wirksam.	KG, Beschl. v. 28.1.2013 – 8 W 5/13 –
Offenhaltungspflicht „während der üblichen Ladenöffnungszeiten“ bzw. der „branchenüblichen Mindestöffnungszeiten“.	Wirksam.	OLG Düsseldorf, Urt. v. 9.1.1997 – 24 U 94/96 –
	Unwirksam, da intransparent (infolge Gesetzesänderung).	BGH, Beschl. v. 29.11.2006 – XII ZR 121/04 –
Ununterbrochene Nutzung des Mietgegenstandes während der gesamten Mietzeit entsprechend seiner Zweckbestimmung. Offenhalten des Geschäftslokals im Rahmen der gesetzlichen Bestimmungen über die Ladenschlusszeiten an allen Verkaufstagen zu den vom Vermieter festgelegten Öffnungszeiten.	Wirksam (trotz Sortimentsbindung und fehlendem Konkurrenzschutz).	OLG Naumburg, Urt. v. 15.7.2008 – 9 U 18/08 –; für ununterbrochene Nutzung auch OLG Düsseldorf, Beschl. v. 24.9.1998 – 10 W 93/98 –; OLG Düsseldorf, Beschl. v. 24.9.1998 – 10 W 93/98 –; OLG Rostock, Urt. v. 8.3.2004 – 3 U 118/03 –; OLG Hamburg, Urt. v. 3.4.2002 – 4 U 236/01 –

Klauselinhalt	Wirksamkeit/ Rechtsverstoß	Fundstelle
Beweislastklauseln		
Formularmäßige Bestätigung, dass Mieträume mängelfrei übergeben worden sind (unabhängig von etwaigem Nachweis des Vermieters).	Unwirksam (§ 307 i.V.m. 309 Nr. 12a).	LG Freiburg, Urt. v. 9.10.2007 – 9 S 37/07 –
	Beweislastumkehr unwirksam, dass Mieter (oder auch Mehrheit von in Betracht kommenden Mietern) haftet, soweit der Schaden (im Verantwortungsbereich des Vermieters, z.B. Rohr- und Leitungsverstopfung, Farbschmierereien, Schäden an Briefkästen, Gartenflächen, Freihalten von Ungeziefer) nicht nachweislich vom Vermieter (oder dessen Erfüllungsgehilfen) verursacht worden ist (§ 307 i.V.m. 309 Nr. 12 a).	BGH, Urt. v. 14.4.1976 – VIII ZR 288/74 –
	Beweisbelastung des Mieters unwirksam, dass ein schuldhaftes Verhalten nicht vorgelegen hat.	OLG München, Urt. v. 12.1.1989 – 29 U 2366/88 –
Der Mieter hat zu beweisen, dass Schäden in seinem ausschließlichen Gefahrenbereich nicht auf seinem Verschulden oder dem der Personen, für die er einzustehen hat, beruhen.	Wirksam.	BGH, Urt. v. 26.11.1997 – XII ZR 28/96 –
Ausschluss der Beweismöglichkeit, dass Schäden nicht im Verantwortungsbereich des Mieters entstanden sind.	Unwirksam.	BGH, Urt. v. 14.4.1976 – VIII ZR 288/74 –
Change-of-Control-Klausel (Gesellschafterwechsel)		
Zustimmungsvorbehalt der Gegenseite für Veränderungen in der Gesellschafterstruktur oder in der Geschäftsführung einer Mietpartei.	Unwirksam/Verstoß gegen § 307 BGB, wenn kein berechtigtes Interesse an dieser Einschränkung der Gestaltungsautonomie der anderen Vertragsseite geltend gemacht werden kann.	BGH, Urt. v. 26.11.1984 – VIII ZR 214/83 – (für einen Kfz-Händlervertrag).

Klauselinhalt	Wirksamkeit/ Rechtsverstoß	Fundstelle
Fahrstuhlbetrieb		
Recht des Vermieters, den Fahrstuhl außer Betrieb zu setzen, solange kein Aufzugswärter anwesend ist.	Unwirksam/Verstoß gegen § 307 BGB.	OLG Frankfurt, Urt. v. 7.6.2004 – 2 W 22/04 –
Gerichtsstandsvereinbarung		
Vereinbarung über das örtlich zuständige Gericht (Amts- oder Landgericht).	Wirksam, wenn keine überraschende Abweichung vom gemeinsamen gesetzlichen Gerichtsstand (trotz Regelung in § 38 ZPO, vgl. auch zwingende Regelung in § 29a ZPO).	OLG Köln, Urt. v. 20.6.1989 – 24 U 44/89 –
Gewährleistungsausschuss/-beschränkung		
Überlassung der Mieträume in dem Zustand, in dem sie sich bei Beginn des Vertragsverhältnisses befindet. Der Mieter kennt den Zustand. Etwa vorhandene Mängel sind bei der Bemessung des Entgelts berücksichtigt. Keine Gewährleistung des Vermieters für eine bestimmte Größe und Beschaffenheit oder für sichtbare oder unsichtbare Mängel des Vertragsobjekts. Keine Gewährleistung des Vermieters für die Sicherheit der eingelagerten Gegenstände.	Wirksam.	BGH, Urt. v. 3.7.2002 – XII ZR 327/00 –
Ausschluss der Haftung – auch aus unerlaubter Handlung – für Schäden infolge eines Mangels des Mietobjektes mit Ausnahme von Vorsatz und grober Fahrlässigkeit.	Unwirksam.	Für Wohnraummiete BGH, Rechtsentscheid v. 24.10.2001 – VIII ARZ 1/01 –
Kein Anspruch des Mieters auf Schadensersatz wegen eines Mangels der Mietsache.	Unwirksam/Verstoß gegen §§ 307, 309 Nr. 7 BGB.	OLG Hamm, Urt. v. 17.2.1999 – 30 U 77/98 –
Haftung des Vermieters für die nicht rechtzeitige Fertigstellung von Gewerberäumen nur bei Vorsatz und grober Fahrlässigkeit.	Unwirksam/Verstoß gegen § 307 BGB.	OLG Düsseldorf, Urt. v. 9.3.1993 – 24 U 138/92 –
Ausschluss der Garantiehaftung für anfängliche Mängel der Mietsache.	Wirksam, aber nur Reduzierung auf grobe Fahrlässigkeit oder Vorsatz.	BGH, Beschl. v. 4.10.1990 – XII ZR 46/90 –; BGH, Urt. v. 3.7.2002 – 12 ZR 327/00 –

Klauselinhalt	Wirksamkeit/ Rechtsverstoß	Fundstelle
Ausschluss der verschuldensunabhängigen Haftung des Vermieters für anfängliche Sachmängel.	Wirksam.	BGH, Urt. v. 27.1.1993 – XII ZR 141/91 –
Ausschluss der Haftung des Vermieters für den vom Mieter vorgesehenen Zweck des Gebrauchs der Mietsache.	Unwirksam, wenn zugleich das Recht zur Minderung und zur fristlosen Kündigung ausgeschlossen wird.	BGH, Urt. v. 22.6.1988 – VIII ZR 232/87 –
Haftung des Mieters bei vorzeitiger Vertragsauflösung bis zur Weitervermietung.	Unwirksam/Verstoß gegen §§ 305c Abs. 1, 307 BGB.	OLG Düsseldorf, Urt. v. 25.10.1990 – 10 U 15/90 –
Haftung des Vermieters		
Ausschluss der Haftung für vertragswesentliche Pflichten („Kardinalspflichten"), deren Erfüllung die ordnungsgemäße Durchführung des Vertrages überhaupt erst ermöglicht und auf deren Einhaltung der Vertragspartner regelmäßig vertraut und vertrauen darf.	Unwirksam.	BGH, Urt. v. 15.9.2005 – I ZR 58/03 –; BGH, Urt. v. 5.12.1995 – X ZR 14/93 –; BGH, Urt. v. 19.1.1984 – VII ZR 220/82 –
Beschränkung der Haftung des Vermieters auf grobe Fahrlässigkeit (und Vorsatz).	Unwirksam, solange sich der Vermieter gegen den eingetretenen Schaden hätte versichern können.	BGH, Beschl. v. 24.10.2001 – VIII ARZ 1/01 –
Beschränkung der Schadensersatzansprüche des Mieters auf Vorsatz und grobe Fahrlässigkeit des Vermieters.	Wirksam.	OLG Düsseldorf, Beschl. v. 24.1.2008 – 24 U 95/07 –
Ausschluss der Haftung für leichte Fahrlässigkeit.	Wirksam, wenn der Mieter diese Einschränkung erkennen und sich gegen das Risiko versichern kann.	OLG Frankfurt, Urt. v. 19.3.2008 – 4 U 167/05 –
	Unwirksam, wenn die Erfüllung wesentlicher Vertragspflichten betroffen ist.	OLG München, Urt. v. 15.11.2011 – 13 U 15/11 – für einen Bauträgervertrag
Ausschluss der Haftung für die Verletzung von Leib und Leben.	Unwirksam, auch wenn für Vorsatz und grobe Fahrlässigkeit gehaftet werden soll.	BGH, Urt. v. 11.10.2011 – VI ZR 46/10 –; BGH, Urt. v. 24.10.2001 – VIII ARZ 1/01 –; OLG Frankfurt, Urt. v. 19.3.2008 – 4U 167/05 –

Klauselinhalt	Wirksamkeit/ Rechtsverstoß	Fundstelle
Keine Haftung des Vermieters für Schäden, die an der Einrichtung und dem eingelagerten Gut des Mieters entstehen können, es sei denn, der Schaden wird durch ihn oder seine Erfüllungsgehilfen vorsätzlich oder grob fahrlässig verursacht.	Wirksam (Klausel kann sich auch auf die verschuldensunabhängige Haftung des Vermieters erstrecken).	OLG Düsseldorf, Urt. v. 21.1.1999 – 10 U 32/97 –; ähnlich auch OLG Koblenz, Urt. v. 30.3.1999 – 3 U 1317/98 –
Keine Haftung des Vermieters für die durch Wasser, Feuchtigkeit, Schwamm sowie durch Feuer, Rauch und Sott entstandenen Schäden (nach Abschluss des Mietvertrages), es sei denn, dass die Schäden durch grobe Vernachlässigung der Instandhaltungspflicht entstanden sind und der Vermieter es trotz Aufforderung des Mieters unterlassen hat, innerhalb angemessener Frist die Mängel zu beseitigen.	Wirksam; anfängliche Mängel werden aber nicht erfasst.	OLG Hamburg, Urt. v. 9.8.1989 – 4 U 86/89 –; OLG Hamburg, Urt. v. 26.4.1991 – 4 U 25/91 –
Keine Haftung des Vermieters für die durch Wasser, Feuchtigkeit, Schwamm, Schimmel oder durch Feuer, Rauch und Sott entstandenen Schäden, es sei denn, dass die Schäden durch grobe Vernachlässigung des Grundstücks entstanden sind.	Unwirksam/Verstoß gegen §§ 307, 309 Nr. 7, 310 Abs. 1 BGB.	OLG Hamm, Urt. v. 10.10.1995 – 7 U 12/95 –
Keine Haftung des Vermieters für Schäden, die dem Mieter an den ihm gehörenden Waren und Einrichtungsgegenständen entstehen, gleichgültig welcher Art, Herkunft, Dauer und welchen Umfangs die Einwirkungen sind, es sei denn, dass der Vermieter den Schaden vorsätzlich oder grob fahrlässig herbeigeführt hat.	Wirksam.	OLG Koblenz, Urt. v. 30.3.1999 – 3 U 1317/98 –
Keine Haftung des Vermieters für Einbruchdiebstahl, Feuer-, Wasser- und Glasschäden etc. Mieter wird empfohlen, zweckmäßige Versicherungen auf eigene Kosten abzuschließen. Für Ladenlokale hat Vermieter die Glasversicherung zulasten des Mieters eingedeckt; vorgelegte Prämien sind ihm einschließlich der Versicherungssteuer zu erstatten.	Wirksam.	OLG Köln, Urt. v. 19.1.2001 – 19 U 112/00 –
Haftung des Mieters		
„Volle" Haftung des Mieters.	Unwirksam, da gem. § 305c Abs. 2 BGB als verschuldensunabhängige Haftung zu verstehen.	OLG Hamburg, Urt. v. 21.9.1988 – 5 U 216/87 –

Klauselinhalt	Wirksamkeit/ Rechtsverstoß	Fundstelle
Auferlegung einer verschuldensunabhängigen Haftung (Garantiehaftung, Zufallshaftung), unabhängig davon, ob generell oder nur für bestimmte Gegenstände/Verhaltensweisen.	Unwirksam.	BGH, Urt. v. 1.4.1992 – XII ZR 100/91 –
Verschuldensunabhängige Haftung für Schäden, die versicherbar sind.	Unwirksam.	BGH, Urt. v. 1.4.1992 – XII ZR 100/91 – (für Fernschreibanlage); OLG Celle, Urt. v. 29.12.1989 – 2 U 200/88 –; OLG Hamburg, Urt. v. 21.9.1988 – 5 U 216/87 –; OLG Hamm, Rechtsentscheid v. 19.5.1982 – 4 RE-Miet 10/81 –
Ausdehnung der Haftung des Mieters für Erfüllungsgehilfen (vgl. Mitarbeiter, Handwerker, Lieferanten, beauftragte Personen).	Wirksam.	BGH, Urt. v. 15.5.1991 – VIII ZR 38/90 –
Ausdehnung der Haftung des Mieters auch auf Besucher, unerbetene Gäste, Vertreter, Hausierer, Bettler etc.	Unwirksam.	BGH, Urt. v. 15.5.1991 – VIII ZR 38/90 –
siehe auch **„Kleinreparaturklausel"**		
Haftungsbeschränkung auf GbR		
Eine Regelung in einem formularvertraglichen Mietvertrag, wonach für Verbindlichkeiten nur das Vermögen einer GbR haften soll, ist unwirksam.		BGH, Urt. v. 24.11.2004 – XII ZR 113/01 –
Instandhaltung und Instandsetzung		
Vollständige Übertragung von Instandhaltung und Instandsetzung auf den Mieter.	Unwirksam, wenn dadurch entgegen §§ 535, 538 BGB die Sachgefahr auf den Mieter übergeht und ihn mit einem nicht vorauskalkulierbaren Kostenrisiko belastet.	BGH, Urt. v. 8.10.1975 – VIII ZR 81/74 –; BGH, Urt. v. 25.11.1993 – IX ZR 84/93 –; OLG Dresden, Urt. v. 17.6.1996 – 2 U 655/95 –
Übertragung von Instandhaltung und Instandsetzung auf den Mieter für solche Erhaltungsmaßnahmen, die durch den Mietgebrauch ver-	Wirksam.	BGH, Urt. v. 6.4.2005 – XII ZR 158/01 –; BGH, Urt.

Klauselinhalt	Wirksamkeit/ Rechtsverstoß	Fundstelle
anlasst wurden oder dem Risikobereich des Mieters zuzurechnen sind.		v. 7.6.1989 – VIII ZR 91/88 –; OLG Düsseldorf, Urt. v. 20.2.1992 – 10 U 107/91 –; KG, Urt. v. 23.5.2002 – 20 U 233/01 –
Auferlegung der Instandhaltung und Instandsetzung gemeinschaftlich genutzter Flächen und Anlagen ohne eine Beschränkung bezüglich der Höhe auf den Mieter.	Unwirksam/Verstoß gegen § 307 BGB.	BGH, Urt. v. 6.4.2005 – XII ZR 158/01 –; OLG Rostock, Urt. v. 10.9.2009 – 3 U 287/08 –
Ausschluss der Verpflichtung des Vermieters zu Instandhaltungs- und Instandsetzungsmaßnahmen am Mietobjekt/Gesamtgebäude.	Unwirksam/Verstoß gegen § 307 BGB.	OLG Dresden, Urt. v. 17.6.1996 – 2 U 655/95 –
Übertragung aller Instandhaltungs- und Instandsetzungsmaßnahmen, einschließlich derer an Dach und Fach, auf den Mieter auf seine Kosten.	Wirksam, solange damit nicht ein vollständiger Übergang der Sachgefahr verbunden ist und dies nicht zu einem unkalkulierbaren Kostenrisiko wird.	OLG Naumburg, Urt. v. 12.8.1999 – 2 U (Hs) 34/98 –
Übertragung der Instandhaltung des gesamten Pachtobjekts einschließlich der Schönheitsreparaturen auf den Pächter.	Wirksam (mit der einschränkenden Auslegung, dass bei Mietbeginn ein einwandfreier Zustand vorlag und die Klausel nur die durch den Mietgebrauch veranlasste Instandsetzung betrifft).	OLG Köln, Urt. v. 17.12.1993 – 19 U 189/93 –
Duldung etwaiger Renovierungs- oder Instandsetzungsarbeiten im und am Haus ohne Mietminderung.	Wirksam.	KG, Urt. v. 2.11.2000 – 8 U 4206/99 –
Inventar		
Verpflichtung des Pächters, das Inventar zu erhalten und entsprechend den Regeln einer ordnungsgemäßen Wirtschaft zu ersetzen; Übernahme der Gefahr des zufälligen Untergangs; ersatzweise angeschaffte Inventarstücke sind Eigentum des Pächters.	Wirksam.	OLG Celle, Urt. v. 22.3.2012 – 2 U 127/11 –

Klauselinhalt	Wirksamkeit/ Rechtsverstoß	Fundstelle
Kaution		
Fälligkeit der Kaution vor Übergabe der Mietsache.	Wirksam (§ 551 BGB gilt nicht).	KG, Beschl. v. 21.1.2008 – 12 W 90/07 –; OLG Düsseldorf, Urt. v. 12.1.1995 – 10 U 36/94 –
Erbringung der Kaution nach freier Wahl des Vermieters auch durch Vorlage einer auf den Kautionsbetrag beschränkten, unwiderruflichen, unbefristeten, unbedingten und selbstschuldnerischen Bürgschaft eines Kreditinstituts auf „erste Anforderung" des Vermieters und ohne Prüfung der Forderung. Berechtigung des Vermieters, auch während der Mietzeit Ansprüche aus dem Mietverhältnis durch Rückgriff auf die Kaution zu befriedigen, und dann die Wiederauffüllung der Kaution auf den ursprünglichen Betrag zu verlangen.	Wirksam.	OLG Karlsruhe, Urt. v. 2.7.2004 – 1 U 12/04 –; KG, Urt. v. 4.12.2003 – 8 U 121/03 –
Erhöhung des Kautionsbetrages über drei Monatsmieten hinaus (hier: siebenfache Monatsmiete bei einem längeren Gewerbemietverhältnis).	Wirksam, da weder schikanös noch außerhalb eines nachvollziehbaren Sicherungsinteresses des Vermieters.	OLG Brandenburg, Urt. v. 27.9.2006 – 3 U 78/06 –; OLG Düsseldorf, Beschl. v. 28.5.2009 – 10 U 2/09 –
Bei Nichtzahlung der Kaution verliert der Mieter „seine Rechte" aus dem Vertrag und der Vermieter ist berechtigt, über die Mietsache „anderweitig zu verfügen".	Unwirksam zumindest dann, wenn danach der Mieter für Mietausfälle einzustehen hat.	KG, Urt. v. 26.1.2006 – 8 U 128/05 –
Kleinreparaturklausel		
Formularmäßige Abwälzung der Kosten für Kleinreparaturen. Dabei muss die Klausel gegenständlich auf Teile der Mietsache beschränkt sein, die häufig dem Zugriff des Mieters ausgesetzt sind. Die Grenze für Kleinreparaturen lag 1989 bei 100 DM.	Wirksam.	BGH, Urt. v. 7.6.1989 – VIII ZR 91/88 –
Haftung des Mieters für „Kleinreparaturen" und kleinere Instandhaltungen.	Wirksam, wenn (1) sie sich nur auf die in § 28 Abs. 2 S. 2 II BV aufgezählten, dem Zugriff des Mieters ausgesetzten Gegenstände bezieht, ein (angemes-	BGH, Urt. v. 7.6.1989 – VIII ZR 91/88 –; BGH, Beschl. v. 6.5.1992 – VIII ZR 129/91 –; BGH, Urt.

Klauselinhalt	Wirksamkeit/ Rechtsverstoß	Fundstelle
	sener) Höchstbetrag für die Einzelreparatur und (3) eine angemessene Höchstgrenze für das Kalenderjahr (z.B. 6% der Bruttokaltmiete) bezieht und (4) nur eine Kostenerstattung, keine Vornahme der Reparatur vorsieht.	v. 15.5.1991 – VIII ZR 38/90 – (für Wohnraum)
Kleinreparaturen ohne Höchstgrenze für einen bestimmten Zeitraum.	Unwirksam.	BGH, Urt. v. 15.5.1991 – VIII ZR 38/90 –
Konkurrenzschutz		
Verpflichtung des Mieters, keine Waren zu führen, die bereits in einem anderen Geschäftslokal des Einkaufszentrums geführt werden, und keine Ausübung eines bereits im Haus befindlichen Gewerbes.	Wirksam.	OLG Celle, Urt. v. 13.5.1992 – 2 U 99/91 –
Verpflichtung des Pächters (einer Kfz-Werkstatt mit Tankstelle), für die Dauer von drei Jahren nach Beendigung des Pachtvertrages im Umkreis von 5 km eine entsprechende Betätigung zu unterlassen.	Wirksam.	OLG Celle, Urt. v. 26.4.1989 – 2 U 74/88 –
Ausschluss jeglichen Konkurrenz- und Sortimentsschutzes.	Wirksam.	BGH, Urt. v. 3.3.2010 – XII ZR 131/08 –; OLG Brandenburg, Urt. v. 10.6.2009 – 3 U 169/08 –; OLG Hamburg, Urt. v. 17.12.1986 – 4 U 237/85 –
	Nur wirksam, wenn sich die Hauptsortimente von Bestandsmieter und neuem Mieter nicht vollständig überschneiden.	OLG Düsseldorf, Urt. v. 11.6.1992 – 10 U 165/91 –
	Unwirksam/§ 307 BGB, wenn zugleich ein Wettbewerbsverbot des Mieters in der Umgebung (3 km um das Mietobjekt/Einkaufszentrum herum) festgelegt wird.	OLG Dresden, Urt. v. 3.1.2006 – 5 U 1451/05 –

Klauselinhalt	Wirksamkeit/ Rechtsverstoß	Fundstelle
Keine Gewährung von Konkurrenzschutz, aber Verpflichtung, für die gesamte Mietzeit eine Beitreibungspflicht zu übernehmen und ein näher bestimmtes Sortiment zu führen.	Unwirksam/Verstoß gegen § 307 BGB.	OLG Schleswig, Beschl. v. 2.8.1999 – 4 W 24/99 –
Kündigungsrecht des Mieters		
Verlängerung der Kündigungsfrist für den Mieter.	Unwirksam, wenn die Verlängerung nur für den Mieter gilt (asymmetrisch) oder einen Zeitraum vom mehr als vier Jahren betrifft.	Für Wohnraum BGH, Urt. v. 8.12.2010 – VIII ZR 86/10 –
Berechtigung des Mieters unabhängig von der Regelung über Mietdauer und Option, den Vertrag erstmalig nach Ablauf von acht Jahren unter Einhaltung einer Frist von zwölf Monaten jeweils zum Quartalsende zu kündigen. Verpflichtung zu einer Ausgleichszahlung (anfangs eine Jahresmiete, nach dem elften Jahr eine halbe Jahresmiete), wenn der Mieter von diesem Recht innerhalb der ersten 15 Mietjahre Gebrauch macht.	Wirksam (asymmetrisches Sonderkündigungsrecht des Mieters).	BGH, Urt. v. 30.5.2001 – XII ZR 273/98 –
Ausschluss des Sonderkündigungsrechts nach § 549 Abs. 1 S. 2 BGB (jetzt: § 540 BGB).	Wirksam.	OLG Düsseldorf, Urt. v. 23.6.1994 – 10 U 152/93 –
Verlängerung der Mietdauer auf unbestimmte Zeit bei Ausübung der Option, dann mit einer Frist von sechs Monaten kündbar. Der Mieter kann jederzeit mit einer Frist von sechs Monaten kündigen, hat dann aber keinen Anspruch auf Ersatz seiner Umbau- und Einrichtungskosten.	Unwirksam/Verstoß gegen § 307 BGB.	OLG Hamburg, Urt. v. 11.9.1991 – 4 U 89/91 –
Die Kündigung eines Mieters (von mehreren Mietern) bewirkt die Kündigung des gesamten Mietverhältnisses.	Wirksam (Vermieter als Klauselverwender kann sich nicht auf Unwirksamkeit berufen).	OLG Koblenz, Urt. v. 20.5.1999 – 5 U 2044/98 –
Kündigungsrecht des Vermieters		
Außerordentliches Kündigungsrecht des Vermieters, wenn der Mieter mit der Zahlung auch nur einer Miet- oder Warenrechnung länger als einen Monat in Verzug ist.	Unwirksam/Verstoß gegen § 307 BGB.	BGH, Urt. v. 8.7.1998 – XII ZR 64/96 –
Außerordentliches Kündigungsrecht des Verpächters, wenn der Pächter mit der Zahlung einer Pachtzinsrate ganz oder teilweise länger als einen Monat nach Zahlungsaufforderung trotz schriftlicher Mahnung im Rückstand ist.	Unwirksam/Verstoß gegen § 554 a.F. (§ 543 Abs. 2 S. 1 Nr. 3), § 307 BGB.	BGH, Urt. v. 25.3.1987 – VIII ZR 71/86 –

Klauselinhalt	Wirksamkeit/ Rechtsverstoß	Fundstelle
Ausschluss des Kündigungsrechts des Vermieters während der (unbegrenzt ausübbaren) Verlängerungsoptionen des Mieters um jeweils fünf Jahre.	Unwirksam.	OLG Hamburg, Urt. v. 11.9.1991 – 4 U 89/91 –
Mietbeginn, Mietdauer, Mietablauf		
Beginn der Mietzeit mit Übernahme des bezugsfertigen Mietobjekts, das spätestens 15 Monate nach Erteilung der Baugenehmigung fertiggestellt sein muss, für die Dauer von 20 Jahren.	Wirksam.	BGH, Urt. v. 30.5.2001 – XII ZR 273/98 –
Ausschluss des § 568 BGB [a.F., nunmehr § 545 BGB, stillschweigende Verlängerung] für beide Vertragspartner bei Mietablauf, ohne diesen Inhalt zu nennen.	Wirksam.	OLG Rostock, Urt. v. 29.5.2006 – 3 U 167/05 –
Anspruch auf Übergabe der Räume an den Mieter erst nach voller Bezahlung des ersten Mietzinses.	Wirksam.	OLG Düsseldorf, Urt. v. 20.12.2001 – 10 U 145/00 –
Verlängerung eines (befristeten) Mietverhältnisses jeweils um ein Jahr, wenn keine Partei spätestens drei Monate vor Ablauf der Mietzeit widerspricht.	Wirksam.	OLG Düsseldorf, Urt. v. 4.2.1993 – 10 U 71/92 –
Verlängerung der Mietzeit (20 Jahre) jedes Mal nach Ablauf der halben Vertragsdauer um den jeweils abgelaufenen Zeitraum mit der Folge, dass das Mietverhältnis von diesem Zeitpunkt ab immer wieder über die volle ursprünglich vereinbarte Mietzeit läuft; die Verlängerung tritt nicht ein, wenn eine der Vertragsparteien vorher der Verlängerung schriftlich widerspricht.	Wirksam (asymmetrisches Sonderkündigungsrecht des Mieters).	BGH, Urt. v. 30.5.2001 – XII ZR 273/98 –
Mietanpassung/Mieterhöhung/Wertsicherung		
Vereinbarung einer Umsatzmiete.	Wirksam (weder überraschend noch unbillig noch intransparent).	OLG Brandenburg, Hinweisbeschl. v. 7.2.2011 – 3 U 171/10 –
Berechtigung des Vermieters, bei einer Änderung der ortsüblichen oder angemessenen Miete den zusätzlich oder weniger zu zahlenden Mietzins nach billigem Ermessen (§ 315 BGB) neu festzusetzen.	Wirksam.	BGH, Urt. v. 9.5.2012 – XII ZR 79/10 –
Entsprechende Änderung des Mietzinses bei Über- oder Unterschreitung der im Mietvertrag angenommenen Fläche des Ladenlokals von	Unwirksam/Verstoß gegen §§ 307, 308 Nr. 4 BGB.	OLG Celle, Urt. v. 6.9.1995 – 2 U 127/94 –

Klauselinhalt	Wirksamkeit/ Rechtsverstoß	Fundstelle
mehr als 5% im Falle eines festen Staffelmietzinses (Mieterhöhung für die ersten drei Mietjahre).		
Der Vermieter wird die Miete des gemieteten Lagerplatzes von Zeit zu Zeit überprüfen und nach billigem Ermessen den geänderten wirtschaftlichen Verhältnissen anpassen. Je nach Ergebnis der Prüfung wird er die Miete beibehalten, herabsetzen oder erhöhen und den Mieter davon schriftlich benachrichtigen. Eine Herabsetzung oder Erhöhung der Miete ist frühestens nach zwei Jahren nach der letzten Mietzinsanpassung zulässig.	Wirksam.	OLG München, Urt. v. 1.9.1995 – 21 U 6794/94 –
Alle fünf Jahre – erstmals jedoch zum ... – soll geprüft werden, ob der Mietzins noch der ortsüblichen Miete für nach Baujahr, Größe, Lage und Ausstattung gleichartiger Mietobjekte entspricht. Die Vertragspartei, die eine Änderung anstrebt, hat das der anderen Vertragspartei schriftlich begründet mitzuteilen.	Wirksam.	OLG Schleswig, Urt. v. 24.6.1992 – 4 U 76/91 –
Ausschluss des Einwandes der Verwirkung gegen die verspätete Geltendmachung der Mietzinserhöhung aufgrund einer Indexklausel erhöht, etwa weil der Mieter wegen der verspäteten Geltendmachung keine Rücklagen bilden konnte.	Wirksam.	OLG Celle, Urt. v. 29.1.1988 – 2 U 78/87 –
Erhöhung der Miete für einen Großhandelsstandplatz in einer kommunalen Großmarkthalle nach den von der Kommune beschlossenen Tarifen.	Wirksam.	OLG Köln, Urt. v. 21.12.1989 – 18 U 62/89 –
Verlangen der Neufestsetzung der Miete oder Pacht, wenn seit Abschluss des Miet- oder Pachtvertrags der Lebenshaltungsindex um mehr als 10% gestiegen oder gefallen ist.	Herabsetzung der Miete nicht gerechtfertigt, wenn die Vereinbarung die Überschrift „Wertsicherung" enthält/§ 319 BGB.	OLG Celle, Urt. v. 5.4.2001 – 2 U 196/00 –
Mieterdarlehen		
Tilgung des vom Pächter geleisteten Finanzierungsdarlehens in Jahresraten in der Weise, dass der Verpächter für jedes Jahr der Vertragsdauer von der anteiligen Darlehensschuld befreit wird, wobei die Befreiung bereits für jedes begonnene Pachtjahr eintritt.	Unwirksam/Verstoß gegen §§ 307, 308 Nr. 7 BGB i.V.m. §§ 557a, 581 BGB.	OLG München, Urt. v. 9.12.1992 – 7 U 4858/92 –

Klauselinhalt	Wirksamkeit/ Rechtsverstoß	Fundstelle
Mietfläche		
Die (vorläufigen) Mietflächen sind als Fläche zwischen den Achsen der Begrenzungswände des Mietobjekts angegeben, vor Errichtung des Mietobjekts naturgemäß ungenau und können deshalb von der tatsächlichen Fläche abweichen. Maßgebend sind die beigefügten Planungsunterlagen. Nach Fertigstellung der Mietflächen wird das Aufmaß von der Vermieterin veranlasst und durch einen beauftragten Architekten/Ingenieur erstellt.	Wirksam.	BGH, Urt. v. 4.10.2000 – XII ZR 44/98 –
Die Angabe der Mietfläche dient wegen möglicher Messfehler nicht zur Festlegung des Mietgegenstandes; der räumliche Umfang ergibt sich vielmehr aus der Angabe der vermieteten Räume.	Wirksam (angegebene Fläche stelle keine Beschaffenheitsvereinbarung dar).	BGH, Urt. v. 10.11.2010 – VIII ZR 306/09 –
Mietfläche ist die Fläche innerhalb der Außenhaut des vermieteten Objekts. Wände, die die Vermieterin auf Wunsch des Mieters (Raumunterteilung) eingebracht hat, werden durchgemessen.	Wirksam, auch soweit dies von DIN 277 abweicht (bzw. auch die Konstruktionsfläche der Außenwände zwischen Innenseite der Fassade und Innenseite der Innenwände umfasst).	OLG Hamm, Urt. v. 9.5.2014 – 30 U 58/12 –
Der Mieter weiß, dass die genaue Situierung und Größe seiner Individualräume (im beigefügten Plan markiert) erst noch mit Anforderungen der anderen Mieter abgestimmt werden müssen und erst dann endgültig festgelegt werden können. Die Festlegung trifft der Vermieter nach billigem Ermessen (...). Bei der (Miet-)Berechnung wird die Gesamtfläche der Individualräume innerhalb der äußeren Begrenzungen, und zwar von der Mitte der Außenwände an, jedoch ohne die Flächen tragender Wände oder Pfeiler, zugrunde gelegt.	Unwirksam (Mietberechnung [in der Gesamtflächenberechnung] stellt eine überraschende Klausel dar)/Verstoß gegen § 305c Abs. 1 BGB.	OLG Düsseldorf, Urt. v. 17.2.2000 – 10 U 100/98 –
Mietzahlungsklausel		
Mietzins und die Nebenkosten sind spätestens am dritten Werktag eines Monats im Voraus auf ein benanntes Konto des Vermieters zu zahlen. Für die Rechtzeitigkeit der Zahlung kommt es nicht auf die Absendung, sondern auf die Ankunft des Geldes an.	Wirksam.	BGH, Urt. v. 24.6.1998 – XII ZR 195/96 –
	Auch wirksam, wenn Aufrechnung durch Einhaltung einer Ankündigungsfrist (1 Monat) erschwert wird.	BGH, Urt. v. 4.5.2011 – VIII ZR 191/10 –

Klauselinhalt	Wirksamkeit/ Rechtsverstoß	Fundstelle
Verrechnung von Mietzahlungen nach Wahl des Vermieters mit bisherigen Kosten, Zinsen und ältesten Rückständen, auch gegen anderweitige Bestimmung des Mieters.	Unwirksam.	OLG Düsseldorf, Urt. v. 8.5.2008 – 10 U 11/08 –
Abbedingen von § 537 Abs. 2 BGB, sodass der Mieter zur Zahlung der Miete verpflichtet ist, auch wenn der Vermieter den Gebrauch der Mietsache nicht gewähren kann.	Unwirksam/Verstoß gegen § 307 BGB.	
Minderung (s. auch Aufrechnung)		
Kein Minderungsrecht durch Abzug vom geschuldeten Mietzins, sondern Geltendmachung aus Bereicherungsrecht.	Wirksam.	OLG Hamm, Urt. v. 11.2.1998 – 30 U 70/97 –
Kein Minderungs- oder Zurückbehaltungs- (Leistungsverweigerungs-)recht gegenüber dem Mietzins oder sonstigen Forderungen des Vermieters aus dem Mietvertrag mit einer bestrittenen oder nicht rechtskräftig festgestellten Gegenforderung.	Wirksam.	KG, Urt. v. 14.2.2002 – 8 U 8203/00 –
Ausschluss des Rechts zur Minderung „in jeglicher Hinsicht".	Unwirksam/Verstoß gegen § 307 BGB.	OLG Karlsruhe, Urt. v. 28.12.2001 – 17 U 176/00 –
Ausschluss der Mietminderung, wenn die Beeinträchtigung der Nutzung der Mieträume (z.B. Umsatz- und Geschäftsrückgang) durch Umstände erfolgt, die der Vermieter nicht zu vertreten hat (z.B. Verkehrsumleitung, Straßensperrung, Aufgrabungen für einen U-Bahntunnel usw.).	Unwirksam/Verstoß gegen § 307 BGB.	BGH, Urt. v. 23.4.2008 – XII ZR 62/06 –; KG, Urt. v. 12.11.2007 – 8 U 194/06 –
Kein Minderungsrecht gegenüber den Ansprüchen der Vermieterin auf Zahlung des Mietzinses und der Nebenkosten, es sei denn, die Vermieterin hat die Mängel vorsätzlich oder grob fahrlässig zu vertreten, auch im Falle von Störungen des Mietgebrauchs durch Einwirkungen von außen.	Unwirksam, da unklar, ob Minderungsrecht umfassend ausgeschlossen/Verstoß gegen §§ 305c Abs. 2, 307 BGB.	BGH, Urt. v. 12.3.2008 – XII ZR 147/05 –
Verzicht auf das Recht zur Aufrechnung, Minderung (Herabsetzung des Pachtzinses) und Zurückbehaltung, soweit gesetzlich zulässig und soweit die vorgenannten Rechte nicht mit rechtskräftig festgestellten Forderungen geltend gemacht werden.	Wirksam.	BGH, Urt. v. 27.1.1993 – XII ZR 141/91 –

Klauselinhalt	Wirksamkeit/ Rechtsverstoß	Fundstelle
Genereller Ausschluss des Rechts auf Minderung bei Einschränkung des vertragsgemäßen Gebrauchs sowie Ausschluss des Rückzahlungsanspruchs aus § 812 BGB.	Unwirksam/Verstoß gegen § 307 Abs. 2 Nr. 1 BGB.	BGH Urt. v. 23.4.2008 – XII ZR 62/06 –; BGH, Urt. v. 12.3.2008 – XII ZR 147/05 –.
Minderungsrecht nur, wenn der Vermieter die Mängel vorsätzlich oder grob fahrlässig verursacht hat.	Unwirksam.	BGH, Urt. v. 12.3.2008 – XII ZR 147/05 –
Recht auf Minderung wegen etwaiger Mängel der technischen Einrichtungen (Heizung, Klimaanlage etc.), einschließlich Ausfalls oder einer unzureichenden Leistung dieser Einrichtungen, nur wenn aufseiten des Vermieters grobe Fahrlässigkeit vorliegt; andere Rechte des Mieters sind ausgeschlossen.	Unwirksam/Verstoß gegen §§ 307, 309 Nr. 7 BGB.	OLG Hamm, Urt. v. 17.2.1999 – 30 U 77/98 –.
(Wirksamer) Minderungsausschluss gilt auch nach Übergang des Mietverhältnisses auf einen Erwerber.	Wirksam.	OLG Düsseldorf, Urt. v. 6.5.2010 – 10 U 154/09 –
Mindestmiete, Umsatzmiete		
Regelung einer Mindestmiete sowie der Bemessungsfaktoren für eine Umsatzmiete.	Auch als AGB-Klausel wirksam, kein Verstoß gegen § 305c BGB (nicht überraschend) oder gegen § 307 BGB (Transparenz- und Inhaltskontrolle).	OLB Brandenburg, Beschl. v. 23.3.2011 – 3 U 171/10 –
Nachmieter (Ersatzmieter)		
Der Vermieter ist grundsätzlich bereit, einen ihm benannten Nachmieter als Vertragspartner anzuerkennen, wenn seinerseits keine Bedenken gegen dessen Seriosität oder Bonität bestehen.	Wirksam.	OLG Frankfurt, Urt. v. 24.6.1991 – 11 U 3/91 –
[Haftung des Mieters aus einer vorzeitigen Vertragsbeendigung entstehenden Schäden (aus welchen Gründen auch immer), insbesondere für Mietausfall.] Keine Verpflichtung des Vermieters, Anstrengungen zur Nachvermietung zu unternehmen oder einen vom Mieter angebotenen Nachmieter zu akzeptieren.	Unwirksam/Verstoß gegen § 307 Abs. 2 BGB.	BGH, Urt. v. 29.4.1992 – XII ZR 221/90 –
Übertragung des Mietvertrages auf einen anderen Arzt im Falle der Berufsunfähigkeit oder der Nichtfortführung der Praxis aus anderen Gründen. Der Vermieter hat bei Vorliegen eines wichtigen Grundes ein Widerspruchsrecht.	Wirksam.	OLG Düsseldorf, Urt. v. 5.1.1995 – 10 U 70/94 –

Klauselinhalt	Wirksamkeit/ Rechtsverstoß	Fundstelle
Nebenkosten (s. Betriebskosten)		
Optionsrecht		
Eine vom Vermieter ausgesprochene Kündigung verliert für den Zeitraum, für den vom Mieter von seinem Optionsrecht Gebrauch gemacht worden ist, ihre Wirksamkeit.	Wirksam (asymmetrisches Sonderkündigungsrecht des Mieters).	BGH, Urt. v. 30.5.2001 – XII ZR 273/98 –
Bei Ausübung des Optionsrechts durch den Mieter ist der Vermieter berechtigt, die Vereinbarung neuer Vertragsbedingungen zu verlangen. Kommt innerhalb einer Frist von drei Monaten nach Zugang der Optionserklärung beim Vermieter zwischen den Vertragsparteien keine Einigung zustande, erlischt das Recht des Mieters auf die Option.	Unwirksam/Verstoß gegen § 307 BGB.	OLG Hamburg, Urt. v. 28.3.1990 – 4 U 13/90 –
Räumungspflicht		
Kommt ein Mieter der Pflicht zur Räumung der Mietsache nach Beendigung des Mietverhältnisses trotz Aufforderung mit Fristsetzung und Ablehnungsandrohung nicht nach, so ist der Vermieter berechtigt, diese Gegenstände auf Kosten des Mieters abfahren zu lassen.	Unwirksam/Verstoß gegen § 307 BGB.	OLG Frankfurt, Urt. v. 25.9.1997 – U 41/96 –
Rücktrittsvorbehalt		
Rücktrittsrecht des Vermieters (Mietvertrag über eine Stadthalle), wenn durch die beabsichtigte Veranstaltung eine Störung der öffentlichen Sicherheit und Ordnung oder eine Schädigung des Ansehens der Stadt oder der Stadthallen-Betriebs-GmbH zu befürchten ist, keine Schadensersatzansprüche des Mieters in diesem Fall.	Unwirksam, wenn sich der Vorbehalt auch auf Umstände erstreckt, deren Vorliegen der Vermieter bei gebotener Sorgfalt schon vor dem Vertragsschluss hätte erkennen können/Verstoß gegen § 308 Nr. 3 BGB.	BGH, Urt. v. 10.12.1986 – VIII ZR 349/85 –
Schadensersatz, pauschalisiert		
Bei vorzeitiger Vertragsbeendigung nach Ablauf der Mindestmietzeit hat der Mieter die Hälfte der vollen Mietzinsraten als Schadensersatz zu zahlen.	Unwirksam/Verstoß gegen § 307 BGB.	OLG Düsseldorf, Urt. v. 8.2.1996 – 10 U 215/94 –
Volle Entrichtung des Mietzinses bis zur Herstellung des vertragsgemäßen Zustands („vollständig geräumt, renoviert und ohne Schäden, wobei der natürliche Verschleiß ausgenommen bleibt").	Unwirksam/Verstoß gegen § 307 BGB.	OLG Düsseldorf, Urt. v. 28.5.2002 – 24 U 133/01 –

Klauselinhalt	Wirksamkeit/ Rechtsverstoß	Fundstelle
Salvatorische Klauseln (Erhaltung und Ersetzung)		
Erhaltungsklausel (der übrigen Bestimmungen des Vertrages im Falle der Unwirksamkeit einzelner Bestimmungen).	Wirksam, aber bewirkt lediglich die Umkehr der Vermutung des § 139 BGB, also Darlegungs- und Beweislast auf die Vertragspartei, die sich auf die Gesamtnichtigkeit beruft.	BGH, Urt. v. 6.4.2005 – XII ZR 132/03 –; BGH, Urt. v. 24.9.2002 – KZR 10/01 –
Erhaltungsklausel, nach der eine Ersatzpflicht „soweit gesetzlich zulässig" ausgeschlossen wird.	Unwirksam/Verstoß gegen § 306 Abs. 2 BGB.	BGH, Urt. v. 5.12.1995 – X ZR 14/93 –
(s. auch Schriftformerhaltung)		
Schiedsgerichtsklausel		
Vereinbarung eines Schiedsgerichts zwischen den Parteien.	Wirksam, wenn Unparteilichkeit der Schiedsrichter und faires Verfahren sichergestellt ist.	BGH, Urt. v. 13.1.2005 – III ZR 265/03 –; BGH, Urt. v. 10.10.1991 – III ZR 141/90 –
Schiedsgutachterklausel		
Vereinbarung eines Schiedsgutachters zur Entscheidung tatsächlicher Fragen zwischen den Parteien.	Wirksam, wenn Auswahl des Schiedsgutachters freigehalten ist (nicht bei Vorab-Festlegung) und der Weg zu den Gerichten offenbleibt.	BGH, Urt. v. 14.7.1987 – X ZR 38/86 –; BGH, Urt. v. 9.7.1981 – VII ZR 139/80 –. Anders noch BGH, Urt. v. 10.10.1991 – VII ZR 2/91 – für einen Fertighaus-Lieferungsvertrag.
Schlichtung		
Vor Erhebung einer Klage müssen die Vertragsparteien einen Gütetermin bei der Öffentlichen Rechtsauskunfts- und Vergleichsstelle als Schlichter herbeiführen.	Wirksam.	LG Hamburg, Urt. v. 1.7.1993 – 334 S 12/93 –
Schönheitsreparaturen, Renovierung		
Wie im Wohnungsmietrecht führt auch in Formularmietverträgen über Geschäftsräume die Kombination einer Endrenovierungsklausel mit einer solchen über turnusmäßig vorzunehmende	Unwirksamkeit.	BGH, Urt. v. 6.4.2005 – XII ZR 308/02 –

Klauselinhalt	Wirksamkeit/ Rechtsverstoß	Fundstelle
Schönheitsreparaturen wegen des dabei auftretenden Summierungseffektes zur Unwirksamkeit beider Klauseln.		
Summierungseffekt von mehreren Klauseln auch dann, wenn eine vorformulierte Klausel (AGB) mit einer Individualvereinbarung zusammentrifft.	Unwirksamkeit.	BGH, Urt. v. 5.4.2006 – VIII ZR 163/05 –
Unwirksamkeit erfasst die gesamte Schönheitsreparaturklausel, wenn sie sich nicht aus sich heraus verständlich und sinnvoll in einen wirksamen und einen unwirksamen Teil trennen lässt.	Unwirksamkeit.	BGH, Urt. v. 23.6.2004 – VIII ZR 361/03 –
Keine Übertragung von Schönheitsreparaturen auf den Mieter durch AGB zulässig, wenn Wohnung unrenoviert übergeben wird und dies nicht (angemessen!) vergütet wird (Nachlass einer halben Monatsmiete reicht nicht aus.).	*Wohnraummietrecht*: Unwirksamkeit.	BGH, Urt. v. 18.3.2015 – VIII ZR 185/14 –
Übertragung der Schönheitsreparaturen auf den Mieter.	Grundsätzlich wirksam, wenn die entsprechenden Pflichten genau festgelegt werden.	BGH, Urt. v. 8.10.2008 – XII ZR 84/06 –; BGH, Urt. v. 30.10.1984 – VIII ARZ 1/84 –
	Auch wirksam, wenn die Räume bei Bezug nicht renoviert waren.	BGH, Urt. v. 20.10.2004 – VIII ZR 378/03 –; KG, Urt. v. 18.3.2004 – 12 U 282/02 – (dort aber Erlass einer Monatsmiete)
	Unwirksam, wenn Räume nicht renoviert übernommen wurden und bei Beendigung in voll renoviertem Zustand zurückgegeben werden müssen.	OLG Hamm, Urt. v. 5.7.2002 – 7 U 94/01 –
	Unwirksam, wenn dem Mieter die Erhaltungslast von gemeinsam mit anderen Mietern genutzten Flächen und Anlagen ohne	BGH, Urt. v. 6.4.2005 – XII ZR 158/01 –

Klauselinhalt	Wirksamkeit/ Rechtsverstoß	Fundstelle
	Beschränkung nach Umfang und Höhe auferlegt wird.	
Durchführung von Schönheitsreparaturen in „starren Fristen", unabhängig vom Grad der Abnutzung bzw. Verschmutzung.	*Wohnraummietrecht*: generell unwirksam (auch bei nur teilweisen starren Fristen).	BGH, Urt. v. 18.3.2015 – VIII ZR/21/13 –
	Unwirksam.	BGH, Urt. v. 5.4.2006 – VIII ZR 106/05 –; BGH, Urt. v. 8.10.2008 – XII ZR 84/06 –
	Unwirksam (wegen starrer Fristen) sind auch die Formulierungen „falls erforderlich, mindestens aber" und „nach dem jeweiligen Grad der Abnutzung, regelmäßig nach Maßgabe (eines Fristenplans)".	BGH, Urt. v. 23.6.2004 – VIII ZR 361/03 –; KG, Urt. v. 6.12.2007 – 8 U 135/07 –
Vornahme der Schönheitsreparaturen bei Beendigung des Mietverhältnisses, unabhängig vom Bedarf.	Unwirksam (auch dann, wenn der Vermieter auf die Durchführung laufender Renovierungen durch den Mieter verzichtet.).	BGH, Urt. v. 12.9.2007 – VIII ZR 316/06 –; OLG Hamm, Rechtsentscheid v. 27.2.1981 – 8 RE-Miet 4/80 –
Durchführung von Schönheitsreparaturen stattdessen in „Regelfristen" (weicher Fristenplan), nach Bedarf, von denen der Mieter abweichen kann.	Wirksam.	BGH, Urt. v. 20.10.2004 – VIII ZR 378/0 –; BGH, Urt. v. 7.3.2007 – VIII ZR 247/05 –
	Die Formulierungen *„in der Regel"* oder *„im Allgemeinen"* sind zulässig, die Formulierung *„regelmäßig"* nur dann, wenn der Mieter darauf hingewiesen wird, dass er von den Fristen abweichen kann.	KG, Urt. v. 6.12.2007 – 8 U 135/07 – und KG, Urt. v. 6.12.2007 – 8 U 135/07 –

Klauselinhalt	Wirksamkeit/ Rechtsverstoß	Fundstelle
	Wirksam sind auch Fristvorgaben, wenn der Vermieter verpflichtet ist, die Renovierungsfrist je nach dem Zustand der Räume (falls nicht renovierungsbedürftig) „nach billigem Ermessen" zu verlängern.	BGH, Urt. v. 16.2.2005 – VIII ZR 48/04 –
Die Schönheitsreparaturen sind vom Pächter ohne Aufforderung in angemessenen Abständen mindestens alle zwei Jahre (Toiletten und Küche jährlich) sachgemäß und fachgerecht ausführen zu lassen. Die Verpächterin ist berechtigt, den Pächter zur sachgemäßen Durchführung dieser Arbeiten anzuhalten und nach ergebnislosem Ablauf einer angemessenen Frist die erforderlichen Arbeiten auf Kosten des Pächters vornehmen zu lassen. Bei Auszug hat der Pächter das Pachtobjekt vollständig geräumt und in (a) renovierten und besenreinen ... Zustand ... zurückzugeben.	Unwirksam – Endrenovierungsklausel: Verstoß gegen § 307 BGB, da unabhängig vom Zeitpunkt der Vornahme der letzten Schönheitsreparaturen. – Laufende Schönheitsreparaturen: Verstoß gegen § 307 BGB wegen Summierungseffekts.	BGH, Urt. v. 6.4.2005 – XII ZR 308/02 –
Bei Beendigung des Mietverhältnisses hat der Mieter die Wohnung nach Weisung des Vermieters in fachgerecht renoviertem Zustand zu übergeben. Weist der Mieter jedoch nach, dass die letzten Schönheitsreparaturen innerhalb der oben genannten Fristen – zurückgerechnet vom Zeitpunkt der Beendigung des Mietverhältnisses – durchgeführt worden sind, und befindet sich die Wohnung in einem einer normalen Abnutzung entsprechenden Zustand, so muss er anteilig den Betrag an den Vermieter zahlen, der aufzuwenden wäre, wenn die Wohnung im Zeitpunkt der Vertragsbeendigung renoviert würde; dasselbe gilt, wenn und soweit bei Vertragsbeendigung die obigen Fristen seit Beginn des Mietverhältnisses noch nicht vollendet sind. Als Preisgrundlage gilt das Angebot einer anerkannten Firma. Der Mieter kann die Zahlungsverpflichtung dadurch abwenden, dass er die Schönheitsreparaturen fachgerecht selbst durchführt.	Wirksam.	BGH, Urt. v. 3.6.1998 – VIII ZR 317/97 –

Klauselinhalt	**Wirksamkeit/ Rechtsverstoß**	**Fundstelle**
Vereinbarung einer Abgeltungsklausel mit dem Wortlaut „Die Mieträume sind in dem Zustand zurückzugeben, in dem sie sich bei regelmäßiger Vornahme der Schönheitsreparaturen – vgl. oben ... – befinden müssen, wobei aufgelaufene Renovierungsintervalle – vgl. oben .... – vom Mieter zeitanteilig zu entschädigen sind, und zwar nach Wahl des Mieters in Geld auf der Basis eines Kostenvoranschlags oder durch fachgerechte Renovierung durch den Mieter."	Unwirksam, Verstoß gegen § 307 Abs. 1 S. 2 BGB.	BGH, Urt. v. 5.3.2008 – VIII ZR 95/07 –
Quotenabgeltungsklausel generell unwirksam, unabhängig vom Zustand der Wohnung bei Mietbeginn.	*Wohnraummietrecht*: Unwirksam.	BGH, Urt. v. 18.3.2015 – VIII ZR 242/13 –
Quotenabgeltungsklausel bei renovierter oder renovierungsbedürftiger Wohnung	Wohl unwirksam, Verstoß gegen § 307 Abs. 1 BGB.	BGH, Beschl. v. 22.1.2014 – VIII ZR 352/12 –
Mieter hat, bei Übernahme nicht renovierter Mieträume, während der Mietzeit laufend Schönheitsreparaturen auszuführen und die Räume bei Beendigung des Mietverhältnisses in voll renoviertem Zustand zurückzugeben.	Unwirksam/Verstoß gegen § 307 BGB.	OLG Hamburg, Urt. v. 19.9.2003 – 4 U 134/03 –; OLG Hamm, Urt. v. 5.7.2002 – 7 U 94/01 –
Der Mieter (einer Massagepraxis) hat Schönheitsreparaturen innerhalb einer Renovierungsfrist von drei Jahren (Küchen/Bäder/Duschen) bzw. fünf Jahren (Wohn-/Schlafräume, Flure, Dielen, Toiletten) vorzunehmen.	Wirksam.	OLG Koblenz, Urt. v. 11.3.1999 – 5 U 930/98 –
Der Mieter (eines Ladens) hat notwendig werdende Schönheitsreparaturen durchzuführen.	Wirksam.	OLG München, Urt. v. 28.6.1985 – 21 U 4448/84 –
Der Mieter hat die Räume unabhängig davon, wann er die letzten Schönheitsreparaturen ausgeführt hat, bei Beendigung des Mietverhältnisses komplett renoviert zurückzugeben.	Unwirksam/Verstoß gegen § 307 BGB.	OLG Hamburg, Urt. v. 19.9.2003 – 4 U 134/03 –
	Wirksam.	OLG Celle, Urt. v. 7.5.2003 – 2 U 200/02 –
Der Mieter ist verpflichtet, die Schönheitsreparaturen in einem angemessenen Turnus auszuführen. Im Hinblick auf das Gewerbe des Mieters gehen die Parteien davon aus, dass alle drei Jahre Renovierungsbedürftigkeit eintreten kann. Bei Beendigung des Mietverhältnisses ist das Mietobjekt in bezugsfertigem Zustand ... zurückzugeben.	Wirksam, kein (unzulässiger) Summierungseffekt.	BGH, Urt. v. 12.3.2014 – XII ZR 108/13 –

Klauselinhalt	Wirksamkeit/ Rechtsverstoß	Fundstelle
Die Mieträume sind in renoviertem Zustand zurückzugeben.	Unwirksam/Verstoß gegen § 309 Nr. 12b BGB.	OLG Düsseldorf, Urt. v. 7.4.2005 – 10 U 191/04 –
Vereinbarung einer Quotenklausel (im Falle der Mietvertragsbeendigung vor Fälligkeit einer Renovierung).	Grundsätzlich wirksam (wie im Wohnungsmietrecht, Eigenarbeit und Abgeltungszahlung muss möglich bleiben, Klausel muss transparent sein).	BGH, Urt. v. 18.10.2006 – VIII ZR 52/06 –; BGH, Rechtsentscheid v. 6.7.1988 – VIII ARZ 1/88 –; OLG Celle, Urt. v. 21.6.2001 – 2 U 36/01 –
Abweichen von der bisherigen Ausführungsart bei Renovierungen nur mit Zustimmung des Vermieters.	Unwirksam (§§ 307 Abs. 1 S. 1, § 305c Abs. 2 BGB).	KG, Hinweisbeschl. v. 17.5.2010 – 8 U 17/10 –; für Wohnraummiete BGH, Urt. v. 28.3.2007 – VIII ZR 199/06 –
Schönheitsreparaturen durch „Weißen" während der Mietzeit – und beim Ende des Mietvertrages.	Unwirksam, da unangemessene Einschränkung und Begriff des Weißens unklar (§ 307 Abs. 1 BGB).	Für Wohnraummiete BGH, Urt. v. 23.9.2009 – VIII ZR 344/08 – und v. 21.9.2011 – VIII ZR 47/11 –; BGH, Hinweisbeschl. v. 31.8.2010 – VIII ZR 42/09 – für das Mietvertragsende
Rückgabe von Holzteilen in dem Farbton, wie er bei Vertragsbeginn vorgegeben war. (Nur farbig gestrichene Holzteile können auch in weißen oder hellen Farbtönen gestrichen werden.)	Wirksam.	BGH, Urt. v. 22.10.2008 – VIII ZR 283/07 –
Ausführung der (Schluss-)Renovierung durch Fachhandwerker.	Unwirksam (Eigenvornahme muss möglich bleiben, wenn auch fachgerecht bzw. fachmännisch.).	OLG Düsseldorf, Urt. v. 9.12.2010 – 10 U 66/10 – (Zulassung der Revision vom BGH abgelehnt, Urt. v. 10.12.2010 – V ZR 60/10 – NZM 2011, 246); für Wohnraummiete BGH, Urt. v. 9.6.2010 – VIII ZR 294/09 –;

Klauselinhalt	Wirksamkeit/ Rechtsverstoß	Fundstelle
		BGH, Rechtsentscheid v. 30.10.1984 – VIII ARZ 1/84 –
Schriftform		
Besondere Abreden sind ungültig, wenn sie nicht schriftlich bestätigt werden.	Unwirksam, weil sie (auch) nach Vertragsabschluss getroffene Vereinbarungen erfasst.	BGH, Urt. v. 9.7.1991 – XI ZR 72/90 –
Vereinbarungen, Zusicherungen oder Änderungen sind nur in schriftlicher Form gültig.	Unwirksam, da der Vorrang der Individualabrede (nunmehr § 305b BGB) infrage gestellt wird.	BGH, Urt. v. 31.10.1984 – VIII ZR 226/83 –; KG, Urt. v. 28.5.1997 – Kart U 5068/96 –
Mündliche Nebenabreden gelten nur nach schriftlicher Bestätigung des Auftragnehmers.	Unwirksam/Verstoß gegen Vorrang der Individualabrede (nunmehr § 305b BGB).	BGH, Urt. v. 28.4.1983 – VII ZR 246/82 –
Schriftformerhaltung (salvatorische Klausel)		
Pflicht zur Nachholung der (nicht gewahrten) Schriftform aufgrund einer allgemeinen salvatorischen Klausel.	Unwirksam.	BGH, Urt. v. 27.7.2007 – XII ZR 143/05 –
Doppelte Schriftformklausel i.V.m. Schriftformheilungsklausel: Unwiderruflich ausgestaltete doppelte Schriftformklausel zwischen Unternehmen: Ausschluss einer mündlichen Änderung im Hinblick auf die gesetzliche Regelung des § 550 BGB.	Wirksam. Für einen solchen Ausschluss besteht aufseiten beider Vertragsparteien ein anerkennenswertes Bedürfnis. Steht nicht in Widerspruch zu einer zugleich vereinbarten Schriftformheilungsklausel, da diese gerade nur in dem Fall einschlägig ist, dass trotz der vereinbarten doppelten Schriftformklausel eine mündlich getroffene Vereinbarung der Parteien wirksam ist.	OLG Frankfurt, Urt. v. 18.3.2013 – 2 U 179/12 –
Schriftformheilungsklausel, nach der auch der Erwerber des Grundstücks verpflichtet ist, an der Nachholung der fehlenden Schriftform mit-	Unwirksam gem. §§ 307 Abs. 2 Nr. 1, 310 Abs. 1 BGB wegen Verstoßes	OLG Düsseldorf, Urt. v. 29.11.2012 – I-10 U 34/12 –

Klauselinhalt	Wirksamkeit/ Rechtsverstoß	Fundstelle
zuwirken, verstößt gegen den Schutzzweck des § 550 BGB und ist deswegen gem. §§ 307 Abs. 2 Nr. 1, 310 Abs. 1 BGB unwirksam.	gegen den Schutzzweck des § 550 BGB.	
Gegenseitige Verpflichtung der Vertragsparteien, jederzeit alle Handlungen vorzunehmen und Erklärungen abzugeben, die erforderlich sind, um dem Schriftformerfordernis insbesondere im Zusammenhang mit dem Abschluss von Nachtrags- und Ergänzungsverträgen Genüge zu tun, und bis dahin den Mietvertrag nicht unter Berufung auf die Nichteinhaltung der Schriftform vorzeitig zu kündigen.	Wirksam.	KG, Urt. v. 13.11.2006 – 8 U 51/06 –
Umlagen (s. Betriebskosten)		
Umsatzsteuer/Mehrwertsteuer		
Auf Verlangen des Vermieters hat der Mieter (gewerblich genutzter Räume) neben dem Mietzins die Mehrwertsteuer zu zahlen, wenn der Vermieter nach § 9 UStG für die Mehrwertsteuerpflicht optiert hat.	Wirksam.	BGH, Urt. v. 25.7.2001 – XII ZR 137/99 –
Untervermietung		
Untervermietung oder sonstige Gebrauchsüberlassung der Geschäftsräume an Dritte nur mit schriftlicher Einwilligung des Vermieters.	Unwirksam/Verstoß gegen § 307 BGB, wenn die Erlaubnis widerrufen werden kann und das Sonderkündigungsrecht gem. § 540 Abs. 1 S. 2 BGB ausgeschlossen wird.	BGH, Urt. v. 24.5.1995 – XII ZR 172/94 –; ebenso BGH, Urt. v. 11.2.1987 – VIII ZR 56/86 –; BGH, Urt. v. 4.7.1990 – VIII ZR 288/89 –; BGH, Urt. v. 15.5.1991 – VIII ZR 38/90 –
Keine Untervermietung oder Gebrauchsüberlassung an Dritte ohne Zustimmung der Vermieterin. Insbesondere darf die Mietsache nicht zu einem Zweck benutzt werden, der den Interessen der Vermieterin entgegensteht.	Wirksam.	OLG Düsseldorf, Urt. v. 17.2.2005 – 10 U 144/04 –
Ausschluss des Sonderkündigungsrechts des Mieters nach § 549 Abs. 1 S. 2 BGB (jetzt § 540 Abs. 1 S. 2 BGB)	Wirksam.	OLG Düsseldorf, Urt. v. 23.6.1994 – 10 U 152/93 –
Abtretung des Anspruchs des Mieters gegen den Untermieter auf Mietzahlung an den Vermieter.	Unwirksam/Verstoß gegen § 307 Abs. 1 BGB (im Falle der Sicherungsabtre-	OLG Celle, Urt. v. 29.12.1989 – 2 U 200/88 –; OLG

Klauselinhalt	Wirksamkeit/ Rechtsverstoß	Fundstelle
	tung mangels ausreichender Bestimmtheit).	Hamburg, Urt. v. 10.12.1997 – 4 U 98/97 –
Bei Beendigung des Untermietverhältnisses oder bei vorzeitiger Kündigung des Vertrages besteht kein Anspruch des Hauptmieters auf Rückzahlung oder auf Entschädigung bezüglich einer vom Untermieter erhaltenen Sonderzahlung.	Unwirksam/Verstoß gegen § 307 BGB.	OLG Hamm, Urt. v. 9.1.2001 – 7 U 58/00 –
Verjährung		
Verkürzung der gesetzlichen Verjährungsfrist.	Unwirksam, wenn sie nicht die Fälle des § 309 Nr. 7a, b ausnimmt.	BGH, Urt. v. 15.11.2006 – VIII ZR 3/06 –
Verlängerung der gesetzlichen Verjährungsfrist des § 548 BGB.	Unwirksam (§ 307 Abs. 2 Nr. 1 BGB), wenn sie nur für Ansprüche des Vermieters gilt.	LG Frankfurt, Beschl. v. 24.2.2011 – 2/11 S 309/10 –
Vermieterwechsel		
Vermieter kann seine vertragliche Stellung als Vermieter auf eine andere Person übertragen.	Wirksam nach Prüfung der Umstände des Einzelfalles (am Maßstab des § 307 BGB). Dabei steht dem Interesse des Vermieters an einem wirtschaftlich für sinnvoll erachteten künftigen Wandel der Rechtsform oder der Rechtsinhaberschaft das Interesse des Mieters an einer bestimmten Person eines bestimmten Vermieters gegenüber.	BGH, Urt. v. 9.6.2010 – XII ZR 171/08 –
Versicherung		
[Vermieter haftet nicht für Einbruchdiebstahl, Feuer-, Wasser- und Glasschäden etc.] Mieter wird empfohlen, zweckmäßige Versicherungen auf eigene Kosten abzuschließen. Für Ladenlokale hat Vermieter die Glasversicherung zulasten des Mieters eingedeckt; vorgelegte Prämien sind ihm einschließlich der Versicherungssteuer zu erstatten.	Wirksam.	OLG Köln, Urt. v. 19.1.2001 – 19 U 112/00 –

Klauselinhalt	Wirksamkeit/ Rechtsverstoß	Fundstelle
Belastung des Mieters (Umlage) mit den Kosten der Gebäuderechtsschutzversicherung.	Unwirksam/Verstoß gegen § 307 BGB.	OLG Düsseldorf, Urt. v. 2.2.1995 – 10 U 39/94 –
Vertragspflichten		
Verwendung der Begriffe „wesentliche Vertragspflichten" oder „Kardinalpflicht"	Unwirksam/Verstoß gegen § 307 Abs. 1 S. 2.	OLG Celle, Urt. v. 30.10.2008 – 11 U 78/08 –; BGH, Urt. v. 20.7.2005 – VIII ZR 121/04 –
Vertragskosten (Vertragsausfertigungsgebühr)		
Kosten und Abgaben, die mit dem Abschluss des Mietvertrages verbunden sind, gehen zulasten des Mieters.	Unwirksam/Verstoß gegen § 307 Abs. 1 BGB wegen fehlender Bestimmtheit und fehlenden billigenswerten Interesses des Vermieters.	OLG Celle, Urt. v. 29.12.1989 – 2 U 200/88 –
Vertragsstrafe		
Festlegung einer Vertragsstrafe für verspätete Übergabe des Mietobjektes – ohne Obergrenze.	Wirksam; Unwirksamkeit ist erst anzunehmen, wenn die Sanktion außer Verhältnis zum Gewicht des Vertragsverstoßes und zu dessen Folgen für den Vertragspartner steht (im konkreten Fall nicht anzunehmen).	OLG Celle, Beschl. v. 3.1.2014 – 2 U 164/13 –
Festlegung einer Vertragsstrafe „bei Nichteinhaltung" eines Pachtvertrages über Gewerberäume.	Unwirksam/Verstoß gegen § 309 Nr. 6 BGB.	OLG Hamburg, Urt. v. 6.1.1988 – 4 U 36/87 –
Festlegung einer Vertragsstrafe, wenn der Pächter die fristlose Kündigung des Vertrages verschuldet.	Unwirksam/Verstoß gegen § 307 BGB.	OLG Düsseldorf, Urt. v. 23.11.1995 – 10 U 29/95 –
Vollmacht		
Rechtshandlungen und Willenserklärungen eines Vermieters sind auch für die anderen Vermieter, eines Mieters auch für die anderen Mieter verbindlich.	Unwirksam.	OLG Düsseldorf, Urt. v. 17.10.2006 – 24 U 7/06 –; **a.A.** noch OLG Düsseldorf, Urt. v. 30.10.2002 – 24 U 44/01 –, weil sich

Klauselinhalt	Wirksamkeit/ Rechtsverstoß	Fundstelle
		der Verwender nicht auf die Unwirksamkeit „seiner" AGB berufen könne
Gegenseitige Bevollmächtigung der Mieter zur Abgabe von Erklärungen gegenüber dem Vermieter, ohne den Kreis der Erklärungen einzugrenzen.	Unwirksam, wenn nicht Kündigungen oder Mietaufhebungserklärungen ausgenommen werden.	KG, Urt. v. 5.1.2004 – 12 U 122/02 –; auch schon BGH, Rechtsentscheid v. 10.9.1997 – VIII ARZ 1/97 –
Gegenseitige Empfangsvollmacht der Mieter für Erklärungen des Vermieters. (Auch für die Entgegennahme von Kündigungen, jedoch nicht für Mietaufhebungsverträge).	Wirksam.	BGH, Beschl. v. 10.9.1997 – VIII ARZ 1/97 –; OLG Hamm, Beschl. v. 24.11.1983 – 4 RE-Miet 1/83 –; OLG Schleswig, Rechtsentscheid v. 22.3.1983 – 6 RE-Miet 4/82 –
Vollständigkeitsklausel		
„Mündliche Nebenabreden bestehen nicht".	Wirksam (auch bei einem Dauerschuldverhältnis). Offengelassen für den Fall einer Fiktion oder unwiderlegbaren Vermutung).	BGH, Urt. v. 14.10.1999 – III ZR 203/98 –; BGH, Urt. v. 26.11.1984 – VIII ZR 214/83 –
Werbegemeinschaft		
Verpflichtung des Mieters, auf Verlangen des Vermieters einer Werbegemeinschaft beizutreten. Details werden vom Vermieter festgelegt.	Unwirksam/Verstoß gegen § 307 BGB (wegen des damit verbundenen Haftungsrisikos im Falle einer GbR; zumindest Höhe der Beiträge oder eine Höchstgrenze muss festgelegt sein).	BGH, Urt. v. 12.7.2006 – XII ZR 39/04 –
Beitragspflicht aller (gewerblichen) Mieter für eine Werbegemeinschaft (auch ohne Beitrittspflicht), auch wenn die Beitragshöhe nicht feststeht, sondern von der Gemeinschaft bestimmt werden soll.	Wirksam.	OLG Hamburg, Urt. v. 21.1.2004 – 4 U 100/03 –

Klauselinhalt	Wirksamkeit/ Rechtsverstoß	Fundstelle
Verpflichtung des Mieters (in einem Einkaufszentrum), einer Werbegemeinschaft beizutreten und hierfür einen monatlichen Mitgliedsbeitrag in Höhe von 10% der monatlichen Nettomiete zu entrichten.	Wirksam.	LG Berlin, Urt. v. 5.5.2000 – 64 S 509/99 –
Verpflichtung des gewerblichen Mieters, an eine Werbegemeinschaft zum Zwecke einer Gemeinschaftswerbung monatlich 150 DM zu zahlen, unabhängig davon, ob er der Werbegemeinschaft beitritt.	Unwirksam/Verstoß gegen §§ 305c Abs. 1, 307, 308 BGB.	OLG Düsseldorf, Urt. v. 24.6.1993 – 10 U 233/92 –
Verpflichtung des Mieters, einer Werbegemeinschaft beizutreten, wenn diese von der Mehrheit der Mieter beschlossen wird (Wertung der abgegebenen Stimmen im Verhältnis zur Mitfläche). Sollte der Vermieter bzw. die Hausverwaltung eine Werbegemeinschaft wünschen, so genügt es, wenn sich ein Drittel der Mieter diesem Wunsch anschließt, um die Beitrittspflicht auszulösen.	Unwirksam/Verstoß gegen §§ 307, 305c Abs. 1 BGB.	LG Erfurt, Urt. v. 20.5.1998 – 4 O 825/98 –
Zurückbehaltungsrecht/Leistungsverweigerungsrecht (s. Aufrechnung)		
Zuschuss (verlorener)		
Leistung eines „verlorenen Zuschusses“ (Eintrittsgeld) bei Abschluss des Mietvertrages von 200.000 DM.	Wirksam (da keine Vertragsstrafe).	OLG München, Beschl. v. 19.7.1995 – 21 U 4337/93 –
Zutrittsrecht		
Betretungsrecht des Vermieters für die Mietsache (Wohnraum) ganz allgemein „zur Überprüfung des Wohnungszustandes“.	Unwirksam/Verstoß gegen § 307 Abs. 1 S. 1 BGB, da Zutritt nur zu gewähren ist, wenn es einen konkreten sachlichen Grund gibt (z.B. Bewirtschaftung des Objekts).	BGH, Urt. v. 4.6.2014 – VIII ZR 289/13 –
Zweckentfremdungsabgabe		
Verpflichtung des Mieters zur Zahlung einer ggf. erhobenen Ausgleichsabgabe, wenn die zugrunde liegende Zweckentfremdung in seinem Interesse vorgenommen worden ist.	Wirksam.	KG, Urt. v. 15.1.1996 – 8 U 6509/94 –

Kapitel 5
Miete und Mietanpassung

A. Miete

I. Begriff und Inhalt

1. Begriff

a) Umgangssprache und juristischer Sprachgebrauch

Dem Begriff der Miete kann man sich von verschiedenen Seiten aus nähern. Zum einen ist die Verwendung des Begriffs in der Umgangssprache von Bedeutung. Zum anderen ist der juristische Sprachgebrauch zu betrachten. 1

aa) Umgangssprache

In der **Umgangssprache** wird der Begriff der Miete oftmals für den dahinter stehenden oder damit verbundenen **Vorgang** („zur Miete wohnen") gebraucht. Gemäß Wikipedia steht Miete für den Abschluss oder die Durchführung eines Mietvertrages. Auch diese Wortbedeutung entspringt der umgangssprachlichen Verwendung, da ein Vorgang beschrieben wird. 2

bb) Juristischer Sprachgebrauch

Um den **juristischen Sprachgebrauch** zu identifizieren, ist es üblich, sich an einer gesetzlichen Definition zu orientieren. Der Begriff der Miete ist zwar nicht gesetzlich definiert. Er ist aber an verschiedenen Stellen im Gesetz erwähnt, so etwa in §§ 535 Abs. 2, 536 Abs. 1 S. 1 und S. 2 BGB oder in § 556b Abs. 1 BGB. Entscheidend für die Begriffsbestimmung ist die Verwendung in § 535 Abs. 2 BGB. Danach ist der Mieter verpflichtet, dem Vermieter die vereinbarte Miete zu entrichten. Daraus wird übereinstimmend hergeleitet, dass es sich bei der Miete im vom Gesetzgeber verwendeten Sinne um die Gegenleistung handelt, die der Mieter für die Überlassung des Gebrauchs der Mietsache an den Vermieter zu entrichten hat. Damit steht die **Hauptleistungspflicht** des Mieters, die Miete zu entrichten, der Hauptleistungspflicht des Vermieters gegenüber, den Gebrauch an der Mietsache zu überlassen. Kurz gefasst ist demnach die Miete das **Entgelt** für die **Gebrauchsüberlassung**. 3

Bis zum Inkrafttreten der Mietrechtsreform vom 1.9.2001 wurde der Begriff **„Mietzins"** anstelle des nunmehr vom Gesetzgeber verwendeten Begriffs der **Miete** gebraucht. Dadurch ist jedoch keine inhaltliche Änderung eingetreten, sodass beide Begriffe auch weiterhin synonym verwandt werden können.[1] 4

---

1 Lindner-Figura/Oprée/Stellmann/*Bartholomäi*, Kap. 10 Rn 25.

cc) Umfassende Verwendung

5 In einem praxisorientierten Vermieterhandbuch über Gewerberaummiete ist es nicht zielführend, den zentralen Begriff der Miete auf nur eine Art der Verwendung einzuschränken. Deshalb wird er sowohl für den Vorgang[2] als auch im Sinne des Entgelts für die Gebrauchsüberlassung[3] gebraucht.

b) Immobiliarmiete

6 Die gesetzliche und damit auch die juristische Verwendung des Begriffs der Miete erstreckt sich sowohl auf bewegliche wie auch auf unbewegliche Mietsachen. Vorliegend von Interesse ist jedoch allein die sog. **Immobiliarmiete.** Bei der dafür maßgeblichen Mietsache handelt es sich um Grundstücke und/oder Gebäude bzw. Räume, also **unbewegliche Sachen**. Immobiliarmiete liegt also vor, wenn unbewegliche Sachen gegen Entgelt zur Gebrauchsgewährung aufgrund schuldrechtlichen Vertrages überlassen werden.[4]

c) Abgrenzung Gewerbe- zu Wohnraummiete

7 Eine weitere begriffliche Abgrenzung ist zwischen der vorliegend allein interessierenden **Gewerberaummiete** gegenüber der **Wohnraummiete** vorzunehmen. Die Bedeutung der Abgrenzung ist bereits in § 578 Abs. 2 S. 1 BGB angelegt. Danach sind auf Mietverträge über Räume, die keine Wohnräume sind, nur einige der für Wohnraumraummietverhältnisse relevanten Vorschriften entsprechend anwendbar. Die begriffliche Unterscheidung zwischen Gewerberaum- und Wohnraummiete erfolgt anhand des **Zwecks**, den die Vertragsparteien für die Nutzung der Mietsache festlegen, soweit er sich nicht bereits aus den konkreten Umständen ergibt, wie z.B. bei Lagerhallen oder Ladenräumen. Danach liegt **Wohnraummiete** vor, wenn die Mieträume dem privaten Aufenthalt des Mieters selbst und/oder seiner nächsten Angehörigen dienen sollen.[5] Im Umkehrschluss liegt demnach Gewerberaummiete vor, wenn die Mieträume zu **anderen als Wohnzwecken** überlassen werden. Für diese Qualifikation ist es nicht erforderlich, dass die Räume tatsächlich geschäftlich, gewerblich oder freiberuflich genutzt werden.[6]

---

2 Siehe Rn 2.
3 Siehe Rn 3.
4 Bub/Treier/*Drettmann*, I Rn 5.
5 Bub/Treier/*Drettmann*, I Rn 127.
6 Bub/Treier/*Drettmann*, I Rn 161 f.

d) Abgrenzung zu verwandten Rechtsverhältnissen

Um die Bestimmung des Begriffs der Miete abzurunden, ist es erforderlich, eine Abgrenzung zu anderen Rechtsverhältnissen vorzunehmen. Dies gilt insbesondere für die **Pacht** und die **Leihe.** 8

aa) Pacht

Der Begriff der **Pacht** wird in § 581 Abs. 1 S. 2 BGB verwendet. Danach ist der Pächter 9 verpflichtet, dem Verpächter die vereinbarte Pacht zu entrichten. Pacht meint demnach das für die Überlassung des verpachteten Gegenstandes geschuldete Entgelt. Das im Verhältnis zur Miete maßgebliche Unterscheidungskriterium ergibt sich also aus dem unterschiedlichen Charakter von Mietvertrag zu Pachtvertrag. Während Gegenstand eines Mietvertrages nur eine **Sache** (also ein körperlicher Gegenstand, § 90 BGB) sein kann (**Mietsache** gem. § 535 Abs. 1 S.1 BGB), umfasst ein Pachtvertrag auch die Überlassung von **Rechten** wie z.B. bei einer Jagd- oder Fischereipacht.[7] Ein weiteres Unterscheidungsmerkmal besteht darin, dass allein der Pächter berechtigt ist, die **Früchte**, also die Erzeugnisse einer verpachteten Sache oder den gewonnenen Ertrag eines verpachteten Rechts, zu ziehen. Damit ist bei dem Pachtvertrag im Verhältnis zum Mietvertrag nicht nur der **Vertragsgegenstand** durch die Erstreckung auf Rechte weiter gefasst, sondern auch der **Vertragszweck**, da auch die sog. **Fruchtziehung** davon umfasst ist.

Praktische Bedeutung hat die Unterscheidung insbesondere in zwei Bereichen: 10 Zum einen sind auf den Pachtvertrag die Vorschriften über den Mietvertrag nur insoweit entsprechend anzuwenden, als sich aus den §§ 582 bis 584b BGB nicht etwas anderes ergibt. Zum anderen ist bei Überlassung von Grundstücken und Gebäuden/Räumen für die Abgrenzung der festgelegte oder zu ermittelnde **Vertragszweck** entscheidend. Ergibt sich daraus nur die **Gebrauchsüberlassung**, liegt ein **Mietvertrag** vor. Ist auch die **Fruchtziehung** vom Vertragszweck umfasst, handelt es sich um einen **Pachtvertrag**. Die **Bezeichnung des Vertrages** durch die Vertragsparteien als „Miete" oder „Pacht" ist demgegenüber **unbeachtlich**, wenn sich aus dem anderweitig zu ermittelnden Vertragszweck etwas anderes ergibt. Es ist also in der Praxis von besonderer Bedeutung, den Vertragszweck so genau als möglich zu beschreiben, wenn es gewollt ist, über die bloße Gebrauchsüberlassung hinaus auch die Fruchtziehung zu ermöglichen. Kommt dies nicht hinreichend deutlich zum Ausdruck, bleibt es im Zweifel bei einer Miete.

7 Bub/Treier/*Drettmann*, I Rn 8.

bb) Leihe

11 Das im Verhältnis zur **Leihe** maßgebliche Abgrenzungskriterium der Miete besteht darin, dass bei einer Leihe die Gestattung des Gebrauchs **unentgeltlich** erfolgt (§ 598 BGB). Daraus folgen auch für den Verleiher im Verhältnis zum Vermieter **geringere Pflichten**. So ist der **Verleiher** anders als der Vermieter nicht verpflichtet, die verliehene Sache für den vertragsgemäßen Gebrauch instand zu setzen oder instand zu halten. Die **Erhaltungspflicht** trägt der Entleiher (§ 601 Abs. 1 BGB).

12 Ist nicht ausdrücklich geregelt, ob die Gebrauchsüberlassung entgeltlich oder unentgeltlich erfolgen soll, kann es in der Praxis eine entscheidende Rolle spielen, wer die Vertragsbeteiligten sind. Handelt es sich dabei um **Kaufleute**, ist § 354 HGB zu berücksichtigen. Diese Vorschrift kehrt im kaufmännischen Verkehr die Beweislast um. Sind beide Vertragsparteien Kaufleute, muss nicht mehr derjenige, der sich auf die Entgeltlichkeit der Gebrauchsüberlassung beruft, diese beweisen; vielmehr ist der andere Vertragspartner beweisbelastet dafür, dass er im konkreten Fall kein Entgelt für die Gebrauchsüberlassung schuldet, obwohl dies den kaufmännischen Gepflogenheiten widerspricht. Die Anwendbarkeit dieser Beweislastregel auf die Gewerberaummiete unter Kaufleuten ist zu Recht anerkannt.[8] Es gilt also auch bei der Abgrenzung zwischen Miete und Leihe, dass Kaufleute anderen Kaufleuten den Gebrauch von Grundstücken und Räumen im Zweifel nur entgeltlich überlassen.[9]

e) Schematische Übersicht

13

Begriff der Miete		
umgangssprachlich:		juristisch:
Vorgang des Vertragsschlusses oder der Vertragsdurchführung		Entgelt für Gebrauchsüberlassung
Immobiliarmiete		
Mietgegenstand = unbewegliche (Miet-)Sache		
Gewerberaum- ./. Wohnraummiete		
Mietzweck zu anderen als	./.	nur zu Wohnzwecken
Miete ./. Pacht		
Gegenstand:	nur (körperliche) Sachen	auch Rechte
Zweck:	nur Gebrauchsüberlassung	auch Fruchtziehung

8 OLG Düsseldorf, Urt. v. 19.1.1995 – 10 U 43/94 – NJW-RR 1996, 287; OLG Rostock, Urt. v. 22.3.1999 – 3 U 84/98 – NJW-RR 2000, 1005; *Stapel/Babett*, NZM 1999, 932; *Fritz*, Kap. III Rn 93.

9 *Stapel/Babett*, NZM 1999, 932.

Begriff der Miete		
umgangssprachlich:		juristisch:
Miete ./. Leihe		
entgeltlich		unentgeltlich
Erhaltungspflicht:	Vermieter	Entleiher

2. Inhalt

Gemäß § 535 Abs. 2 BGB ist die Miete das **einzige Entgelt**, das im Gesetz als Gegenleistung für die Überlassung des Gebrauchs an der Mietsache vorgesehen ist. In der Praxis der Gewerberaummiete wird jedoch so gut wie nie nur ein einheitlicher als Miete bezeichneter Betrag als Gegenleistung für die Gesamtheit der mit der Gebrauchsüberlassung verbundenen Leistungen des Vermieters vereinbart. Vielmehr sind Nebenkosten, Umsatzsteuer und sonstige Zahlungspflichten des Mieters auslösende Elemente typischerweise in einem Gewerberaummietvertrag aufgeführt. 14

Da im Gewerberaummietrecht wie grundsätzlich im Schuldrecht der Grundsatz der **Vertragsfreiheit** gilt, sind die Vertragsparteien frei darin, neben der Miete als Entgelt für die reine Gebrauchsüberlassung auch noch andere Zahlungspflichten des Mieters etwa für die Nebenkosten und die Umsatzsteuer zu vereinbaren. 15

Praxistipp !
Bei einer entsprechenden Intention der Vertragsparteien bedarf es einer ausdrücklichen und gesonderten Vereinbarung von Nebenkosten und sonstigen Kostenelementen im Mietvertrag zwingend. Fehlt es an einer gesonderten Vereinbarung, sind auch z.B. die Nebenkosten durch die Zahlung der Miete im Übrigen abgegolten. Es handelt sich dann um eine sog. **Inklusivmiete.**[10]

II. Formen der Mietfestlegung

1. Differenzierungskriterien

a) Übersicht

Die Gewerberaummiete ist typischerweise auf einen längeren Zeitraum angelegt. Bei dem Mietvertrag handelt es sich um ein sog. **Dauerschuldverhältnis.** Dementsprechend ist es im Normalfall wirtschaftlich sinnvoll, die **Höhe** der Miete während der Laufzeit des Mietverhältnisses anzupassen. Neben diesem Differenzierungskriterium der Höhe der Miete spielt auch der Faktor **Zeit** insoweit eine wirtschaftlich be- 16

10 Siehe Rn 19.

deutsame Rolle, als festgelegt werden kann, wann und ggf. in welchen Abständen die zu entrichtende Miete gezahlt werden soll.

17 Die Vertragsparteien sind im Übrigen frei darin, festzulegen, ob die zu zahlende Miete in einem **einheitlichen Betrag** alle von dem Vermieter zu erbringenden Gegenleistungen einheitlich umfasst oder ob eine **Aufteilung** je nach den einzelnen Elementen der Gegenleistung erfolgt. Schließich ist bei einer variablen Miethöhe danach zu differenzieren, ob die dafür maßgeblichen Faktoren innerhalb des Mietverhältnisses angesiedelt sind – wie etwa der durch den Mieter zu erzielende Umsatz – oder ob externe Faktoren wie die Miethöhe in vergleichbaren Objekten herangezogen werden.

b) Feste oder variable Höhe der Miete

aa) Feste Miethöhe

18 In der Praxis selten anzutreffen ist die Vereinbarung, dass die Höhe der Miete entweder für den gesamten oder einen bestimmten Zeitraum des Mietverhältnisses unverändert bleiben soll. Damit wird das Risiko einer negativen Wertentwicklung des als Miete zu zahlenden Entgeltes einseitig zulasten des Vermieters verschoben. Angemessen ist dies allenfalls für kurze, überschaubare Zeiträume.

19 Begrifflich kann eine derart nicht zu verändernde Miete als **Festmiete** bezeichnet werden.[11] Diese Begriffswahl ist auch nicht irreführend.[12] Zum einen entspricht es dem allgemeinen Sprachgebrauch, wenn unter Festmiete der Ausschluss sämtlicher Mietanpassungsmaßnahmen verstanden wird und im Übrigen das Begriffspaar „fest“ zu „variabel“ verwendet wird; zum anderen hat sich in der Praxis der Begriff der **Inklusivmiete** für die Konstellation durchgesetzt, dass sämtliche Nebenkosten mit dem vereinbarten Betrag der Miete abgegolten werden sollen. Es bedarf dementsprechend für diesen Sachverhalt nicht des ansonsten synonym zu verwendenden Begriffs der Festmiete. Unter **Festmiete** wird also die Miete verstanden, die für eine bestimmte Zeit oder die gesamte Laufzeit des Mietvertrages der Höhe nach unverändert bleibt. Daneben kann die Verpflichtung des Mieters vereinbart werden, Nebenkosten und sonstige mit der Mietsache verbundene Belastungen zu übernehmen. Diese zusätzlichen Entgelte können auch durch eine Indexklausel der Wertsicherung unterworfen werden. Unter Festmiete wird dementsprechend nur das für einen bestimmten Zeitraum unverändert bleibende Entgelt als Gegenleistung für die reine Gebrauchsüberlassung verstanden.

---

11 So auch Bub/Treier/*Drettmann*, III.A Rn 45 ff.

12 A.A. Lindner-Figura/Oprée/Stellmann/*Bartholomäi*, Kap. 10 Rn 4 in Fn 3.

bb) Variable Miethöhe

Jedenfalls für Mietverträge über Gewerberäume mit einer längeren Laufzeit ist es in der Praxis üblich, dass die Miethöhe variabel ausgestaltet wird. Ausgehend von einer bei Vertragsabschluss oder mit Vertragsbeginn festgelegten Miethöhe kann die **Anpassung** während der Laufzeit bei Eintritt bestimmter Umstände **automatisch** erfolgen. Es können jedoch auch Mechanismen vereinbart werden, nach denen ein **Dritter** die Mietanpassung bestimmt oder diese erst dann einsetzt, wenn sich eine **Vertragspartei** ausdrücklich darauf beruft. 20

Folgende Arten der Mietanpassung sind in der Praxis insbesondere geläufig: 21

- **Staffelmiete,**[13]
- **Umsatzmiete,**[14]
- **Indexmiete.**[15]

c) Kriterien für die Mietanpassung

Der Hauptzweck für die Anpassung der Miete besteht für den Vermieter darin, den Wert der Investition während der Mietlaufzeit zu sichern, die er mit der Errichtung oder dem Erwerb der Gewerberäume getätigt hat. Dafür stehen grundsätzlich zwei unterschiedliche Arten von Anknüpfungskriterien zur Verfügung. Entweder wird auf Faktoren abgestellt, die dem **Mietverhältnis immanent** und dementsprechend stärker der Kontrolle der Vertragsparteien zugänglich sind. Oder es werden **außerhalb des Mietverhältnisses** liegende Faktoren herangezogen, wonach Veränderungen im Marktumfeld für eine Mietanpassung ausschlaggebend sein sollen. 22

aa) Immanente Kriterien

Ausschlaggebende Kriterien dafür, welche Mietanpassungen sich aus dem Mietverhältnis unmittelbar herleiten lassen, sind zum einen die mit der Mietsache im weiteren Sinne verbundenen Kosten und zum anderen die zunächst aufseiten des Vermieters entstehenden Kosten der Mietsache. Diese können auf verschiedene Art zu einer Mietanpassung und damit zu einer Umlegung auf den Mieter führen. Die für den Vermieter umfassendste Art, alle mit der Mietsache unmittelbar zusammenhängenden Kosten auf den Mieter umzulegen, ist bei der Vereinbarung einer sog. **Triple-Net-Miete** gegeben. 23

Danach hat der Mieter üblicherweise Steuern und Abgaben, Versicherungskosten, Betriebskosten sowie Instandhaltungs- und Instandsetzungskosten (auch für Dach und Fach) zu übernehmen. Da die Instandhaltung und Instandsetzung von 24

---

13 Siehe Rn 40 f.

14 Siehe Rn 27 und Rn 42 ff.

15 Siehe Rn 28 und Rn 46.

Dach und Fach zu dem gesetzlichen Kern der Hauptleistungspflichten des Vermieters gehört,[16] ist es fraglich, ob die Überwälzung der damit verbundenen Kosten auf den Mieter jedenfalls als Allgemeine Geschäftsbedingungen überhaupt wirksam erfolgen kann. In jedem Fall müssen auch bei einem Einzelvertrag der Umfang und die Grundlagen der vom Mieter zu tragenden Kosten so genau wie möglich umschrieben werden. Eine pauschale Bezeichnung als Triple-Net-Miete genügt nicht. Ansonsten fehlt es an der notwendigen **Bestimmtheit** der vertraglichen Regelung.

Praxistipp
Neben der möglichst umfassenden Beschreibung aller vom Mieter im Zusammenhang mit der Mietsache zu übernehmenden Kosten kann mithilfe einer **zusätzlichen Auffangklausel** versucht werden, anfänglich nicht in der Aufzählung erfasste, aber dennoch von dem Vermieter zu erbringende Gegenleistungen einheitlich wirksam auf den Mieter überzuwälzen.

25 Die Vereinbarung einer Triple-Net-Miete ist in der Praxis oft bei sog. **Sale-and-Lease-Back-Transaktionen** anzutreffen. Hintergrund dafür ist, dass der Mieter und (frühere) Verkäufer der Mietsache diese und die damit verbundenen Kosten jedenfalls bei Vertragsschluss besser kennt als der Vermieter und (frühere) Käufer. Auch ist für den Vermieter die mit dem Ankauf der Mietsache verbundene Investition im Hinblick auf die damit zu erzielende Rendite viel besser kalkulierbar, wenn er keine mit der laufenden Unterhaltung und dem laufenden Betrieb der Mietsache verbundenen Kosten zu tragen hat. Triple-Net-Mieten werden oft auch dann vereinbart, wenn innerhalb einer Unternehmensgruppe die betrieblich notwendigen Immobilien im Eigentum einer konzernangehörigen Immobiliengesellschaft stehen und die operativen Gesellschaften diese lediglich anmieten. In derartigen Konstellationen trägt die Triple-Net-Miete dazu bei, eine transparente Zuordnung der im Zusammenhang mit der Mietsache entstehenden Kosten zu der operativen Gesellschaft zu gewährleisten.

26 Eine gegenüber der Triple-Net-Miete abgeschwächte Umlegung von Kosten erfolgt bei der sog. **Double-Net-Miete**. Damit sollen ebenfalls sämtliche Kosten der Mietsache vom Mieter übernommen werden, nicht jedoch die mit der Instandhaltung und Instandsetzung von Dach und Fach verbundenen. Anders als bei der Triple-Net-Miete besteht insoweit nicht das Problem der Wirksamkeit als Allgemeine Geschäftsbedingungen. Zur Bestimmbarkeit der tatsächlichen Instandhaltungs- und Instandsetzungskosten ist es jedoch ratsam, die Kostenträger so genau wie möglich vertraglich festzulegen.

27 Die Anpassung der Miethöhe, welche an den mit der Mietsache **erzielten wirtschaftlichen Erfolg** anknüpft, ist die **Umsatzmiete**.[17] In der Praxis ist diese am häu-

16 Siehe Rn 3.
17 Siehe Rn 42.

figsten in **Einkaufszentren** anzutreffen. Hintergrund dafür ist, dass durch die möglichst attraktive Konzeption und den Mietermix dieser Einkaufszentren, die konkret auf den Vermieter als Entwickler oder dessen Rechtsnachfolger zurückzuführen sind, die Abschöpfung eines Teils des wirtschaftlichen Erfolgs während der Mietzeit sich gut rechtfertigen lässt. Aber auch in anderen vergleichbaren Konstellationen oder an besonders attraktiven Einzelstandorten ist die Vereinbarung dieser am Erfolg orientierten Miete üblich. In den meisten Fällen ist die Umsatzmiete mit einer sog. **Mindestmiete** kombiniert. Damit soll zugunsten des Vermieters verhindert werden, dass die tatsächlich zu zahlende Miete unterhalb eines Niveaus absinkt, das jedenfalls für ein sich selbst tragendes Investment unabdingbar erforderlich ist.

bb) Externe Kriterien

Eine Wertsicherung der Miete, die sich an außerhalb des eigentlichen Mietver- **28**
hältnisses gelegene externe Kriterien anlehnt, ist insbesondere durch jede Form der **Indexierung** der Miete erreichbar. In § 557b Abs. 1 BGB, der allerdings nur auf Wohnraummietverhältnisse unmittelbar anwendbar ist, findet sich eine gesetzliche Definition der **Indexmiete.** Danach liegt eine Indexmiete vor, wenn die Vertragsparteien schriftlich vereinbaren, *„dass die Miete durch den vom Statistischen Bundesamt ermittelten Preisindex für die Lebenshaltung aller privaten Haushalte in Deutschland bestimmt wird.“* Im Gewerberaummietrecht sind auch andere Wertsicherungsklauseln zulässig und gebräuchlich, wie etwa Gleitklauseln, Spannungsklauseln oder der Leistungsvorbehalt.[18]

Neben den externen Faktoren, bei deren Eintritt die Miete zumeist automatisch **29**
angepasst wird, sind auch solche Anpassungsmechanismen geläufig, die einer der Vertragsparteien (zumeist dem Vermieter) oder einem von den Vertragsparteien zuvor festgelegten Dritten die Mietanpassung ermöglichen, wenn bestimmte Voraussetzungen eingetreten sind. Insoweit spricht man zumeist von einem **Leistungsvorbehalt.** Die für die Ausübung des Leistungsvorbehalts heranzuziehenden externen Faktoren sind etwa die **ortsübliche Vergleichsmiete** oder die **Marktmiete**. Die ortsübliche Vergleichsmiete ist – wiederum nur für die Wohnraummiete – in § 558 Abs. 2 BGB legal definiert. Sie wird *„danach gebildet aus den üblichen Entgelten, die in der Gemeinde (...) für Wohnraum vergleichbarer Art, Größe, Ausstattung, Beschaffenheit und Lage in den letzten vier Jahren vereinbart oder (...) geändert worden sind“*. Im Gewerberaummietrecht ist diese Bestimmung nicht unmittelbar anwendbar; sie kann aber für die Festlegung der ortsüblichen Vergleichsmiete von Gewerberäumen entsprechend herangezogen werden. Gebräuchlicher ist insoweit allerdings, auf eine **Marktmiete** abzustellen. Darunter versteht man die auf dem

18 Siehe Rn 120 und 130.

Markt erzielbare Miete für eine Mietsache vergleichbarer Art, Lage, Ausstattung, Nutzung und Größe. Bei der **Marktmiete** kommt es also darauf an, zu ermitteln, welche Miete üblicherweise für ein Vergleichsobjekt zu entrichten ist.[19]

d) Elemente der Miete

30 Nach dem gesetzlichen Leitbild in § 535 Abs. 2 BGB ist die Miete die einzige Gegenleistung für die Überlassung des Gebrauchs der Mietsache. In der Praxis häufiger anzutreffen und im Regelfall für den Vermieter vorteilhafter ist es jedoch, neben dem **Entgelt** für die reine **Gebrauchsüberlassung** zu vereinbaren, dass der Mieter die **Betriebs- und sonstigen Nebenkosten** sowie etwa die **Umsatzsteuer** zu entrichten hat. Dementsprechend ist bei der Festlegung der Miete dieses Differenzierungskriterium zu beachten.

aa) Miete als umfassendes Entgelt

31 Haben die Vertragsparteien keine gesonderte Regelung getroffen, deckt der als Miete ausgewiesene (Fest-)Betrag alle von dem Mieter zu entrichtenden finanziellen oder sonstigen geldwerten Leistungen des Mieters als Gegenleistung für die Gebrauchsüberlassung ab. Es liegt dann eine sog. **Inklusivmiete**[20] vor. Diese birgt für den Vermieter die Gefahr in sich, dass während der Mietvertragslaufzeit entstehende Erhöhungen der Neben- und sonstigen Betriebskosten nicht auf den Mieter umgelegt werden können und daher indirekt zu einer Reduzierung des für die reine Gebrauchsüberlassung kalkulierten Entgelts führen. Außerdem sind Inklusivmieten auch insoweit problematisch, als sie Heizkosten umfassen. Für diese gilt die Heizkostenverordnung als zwingendes Recht.[21] Liegt nicht einer der in der Heizkostenverordnung geregelten Ausnahmefälle vor, sind Heizkostenpauschalen unwirksam, auch soweit sich dies aus dem Charakter einer Inklusivmiete ergibt.[22] Demnach ist insbesondere für Vermieter zu beachten, dass Inklusivmieten nur in seltenen Ausnahmefällen vereinbart werden sollten, etwa wenn nur eine sehr kurze Laufzeit des Mietvertrages vorgesehen ist.

bb) Miete und weitere Entgeltelemente

32 In der Praxis wird das Entgelt für die Überlassung der Mietsache typischerweise mindestens in zwei Blöcke aufgeteilt: Auszugehen ist von der **Grundmiete**. Damit

---

19 Lindner-Figura/Oprée/Stellmann/*Bartholomäi*, Kap. 10 Rn 19.
20 Siehe dazu auch Rn 19 und 47 ff.
21 Vgl. § 1 Abs. 1 Nr. 1 i.V.m. § 2 HeizkostenV und auch Rn 48.
22 Lindner-Figura/Oprée/Stellmann/*Bartholomäi/Lindner-Figura/Stellmann*, Kap. 10 Rn 8.

wird zumeist nur das Entgelt für die bloße Einräumung des Gebrauchs an der Mietsache umfasst. Auch wenn der Begriff der Grundmiete nicht gesetzlich definiert ist, kann von dem zuvor beschriebenen Bedeutungsinhalt ausgegangen werden, wenn vom Mieter noch zu übernehmende weitere Entgeltelemente besonders ausgewiesen sind.

Ein übliches Begriffspaar bildet die Grundmiete mit den vom Mieter zusätzlich zu entrichtenden **Nebenkosten.** Auch die **Umsatzsteuer** wird in Mietverträgen über Gewerberäume separat ausgewiesen. 33

Praxistipp !
Bei einer entsprechenden Intention der Vertragsparteien bedarf es einer ausdrücklichen und gesonderten Vereinbarung von Nebenkosten und sonstigen Kostenelementen im Mietvertrag zwingend. Fehlt es an einer gesonderten Vereinbarung, sind auch z.B. die Nebenkosten durch die Zahlung der Miete im Übrigen abgegolten. Es handelt sich dann um eine sog. Inklusivmiete.

Insbesondere die bloße Verwendung von Begrifflichkeiten wie **Brutto-/Netto-Kaltmiete** oder **Brutto-/Netto-Warmmiete**[23] ist zur Umschreibung des tatsächlich Gewollten nicht ausreichend. Auch wenn über den Inhalt dieser Begrifflichkeiten in Immobilienkreisen weitestgehend Einvernehmen besteht, können die Vertragsparteien nur Rechtssicherheit erreichen, wenn sie die einzelnen Elemente so genau wie möglich definieren und erst dadurch diesen Begrifflichkeiten zuordnen. Ansonsten kann die Bestimmtheit oder Bestimmbarkeit der einzelnen Entgeltelemente fehlen, sodass diese nicht wirksam vereinbart worden sind. Entsprechendes gilt für die in diesem Zusammenhang häufig vereinbarte **Triple-Net-Miete** und **Double-Net-Miete.**[24] 34

e) Entrichtung der Miete

Der Zeitpunkt, zu dem die Miete zu entrichten ist, hat jedenfalls mittelbar Auswirkungen auf den mit der Zahlung verbundenen wirtschaftlichen Gegenwert. Anhand einzelner gesetzlicher Bestimmungen lässt sich erkennen, dass der Gesetzgeber davon ausgeht, dass die Miete als **wiederkehrende Leistung** in festgelegten Zeitabschnitten zu entrichten ist (§§ 543 Abs. 2 Nr. 3 und 580a BGB). In der Praxis findet sich auch nahezu ausschließlich die Vereinbarung, dass die Miete in Monatsraten zu zahlen ist. Jedenfalls im Gewerberaummietrecht ist es auch zulässig zu vereinbaren, dass die Miete als Einmalbetrag für die gesamte Mietzeit entweder zu Beginn, 35

23 Lindner-Figura/Oprée/Stellmann/*Bartholomäi/Lindner-Figura/Stellmann*, Kap. 10 Rn 10 f.
24 Siehe Rn 23 und Rn 26.

zu einem genau festgelegten Zeitpunkt während der Laufzeit oder bei Vertragsende zu entrichten ist.[25]

2. Festmiete

36 Die wohl einfachste Art der Mietfestlegung besteht darin, eine sog. **Festmiete** zu vereinbaren. Der Begriff wird zu Recht für diejenigen Konstellationen verwendet, in denen die Höhe der Miete entweder für den gesamten oder einen bestimmten festgelegten Zeitraum des Mietverhältnisses unverändert bleiben soll. Damit ist nur die **Grundmiete**[26] gemeint. Der Charakter als Festmiete bleibt bestehen, wenn der Mieter verpflichtet ist, zusätzlich Nebenkosten und sonstige Belastungen zu übernehmen, die auch wertgesichert sein können, sowie die Umsatzsteuer zu tragen.[27]

37 Für die vertraglich festgelegte Dauer der Festmiete ist jedenfalls eine Erhöhung der davon umfassten Grundmiete ausgeschlossen. Bei der bislang allein festzustellenden negativen Geldwertentwicklung ist eine derartige einseitige Festlegung grundsätzlich für den **Vermieter nachteilig**. Vorstellbar ist jedoch, dass für einen überschaubaren Zeitraum, in dem die Festmietvereinbarung gelten soll, die Geldwertentwicklung durch die Vertragsparteien bei der Festlegung der zu zahlenden Miethöhe berücksichtigt wird. Dadurch werden die mit der Festmiete verbundenen Erträge bzw. Belastungen für beide Vertragsparteien genau vorhersehbar und damit kalkulierbar.

38 Durch die Vereinbarung einer Festmiete wird also grundsätzlich für den festgelegten Zeitraum jegliche **Mietanpassung ausgeschlossen**. Geschieht dies **ausdrücklich** im Vertrag, ist die entsprechende Regelung zulässig und wirksam. Im Gewerberaummietrecht ist auch eine **stillschweigende** Vereinbarung einer Festmiete zulässig.[28] Sind also vertraglich keine Anpassungsmechanismen für die festgelegte Miete während der Laufzeit vorgesehen, liegt eine **Festmiete** vor, auch wenn dieser oder ein vergleichbarer Begriff nicht verwendet worden ist.

! **Praxistipp**

Sollten die Vertragsparteien keine Festmiete vereinbaren wollen, müssen sie ausdrücklich Regelungen für die Mietanpassung wie etwa Wertsicherungsklauseln oder Staffelmiete vereinbaren. Soll jedoch ausdrücklich eine Festmiete vereinbart werden, reicht es dafür nicht aus, allein diesen oder einen vergleichbaren Begriff zu verwenden. Es muss z.B. klargestellt werden, dass die Vereinba-

---

25 BGH, Teilversäumnis- u. Schlussurt. v. 25.4.2007 – VIII ZR 234/06 – NZM 2007, 562; Lindner-Figura/Oprée/Stellmann/*Bartholomäi/Lindner-Figura/Stellmann*, Kap. 10 Rn 38.

26 Siehe dazu Rn 32 und 50.

27 Bub/Treier/*v. Brunn/Paschke*, III.A Rn 45; zu wertgesicherten Nebenkosten siehe auch Lindner-Figura/Oprée/Stellmann/*Bartholomäi/Lindner-Figura/Stellmann*, Kap. 10 Rn 126, in Rn 4 bezüglich zusätzlicher Nebenkosten jedoch ablehnend.

28 Bub/Treier/*v. Brunn/Paschke*, III A Rn 48.

rung als Festmiete sich nur auf die Grundmiete bezieht und für welchen konkreten Zeitraum (gesamte Mietdauer oder nur einen abgegrenzten Zeitraum daraus) sie gelten soll. Daneben sollte festgelegt werden, welches Entgelt neben der Festmiete für Nebenkosten und sonstige Leistungen vom Mieter zu entrichten ist und ob und wie die Entwicklung dieser Kosten während der Laufzeit des Mietvertrages angepasst werden kann.

Der Begriff **Festmiete** wird abweichend von der vorliegenden Verwendung auch 39 dafür herangezogen, eine Art Einmalmiete i.S.v. § 556b Abs. 1 BGB zu umschreiben, wonach der Betrag am Anfang der gesamten Mietzeit fällig ist.[29] Auch abweichend verwendet wird der Begriff als gegenüber dem Umsatzmietbestandteil einer vereinbarten Umsatzmiete fester Mietbestandteil[30] oder synonym mit der **Inklusivmiete.**[31] Diese unterschiedliche Begriffsverwendung macht deutlich, dass es in der vertraglichen Praxis zwingend erforderlich ist, nicht nur den Begriff der **Festmiete** zu verwenden, sondern den von den Vertragsparteien gewollten Bedeutungsinhalt so genau wie möglich zu beschreiben.

3. Staffelmiete

In § 557a Abs. 1 ist die Staffelmiete legal definiert. Danach kann die Miete *„für be-* 40 *stimmte Zeiträume in unterschiedlicher Höhe schriftlich vereinbart werden“*. In der Vereinbarung sind die jeweilige Miete und die jeweilige Erhöhung in einem Geldbetrag auszuweisen. Diese Bestimmung gilt nur für das Wohnraummietrecht. Die darin enthaltenen Einschränkungen sind für das Gewerberaummietrecht nicht einschlägig.[32] Es kann also sowohl ein bestimmter Prozentsatz wie auch ein fester Betrag für die einzelnen Stufen der Anpassung wirksam vereinbart werden.

Der Vorteil einer Staffelmietvereinbarung für beide Vertragsparteien liegt darin, 41 dass die als Miete zu zahlenden Entgelte konkret festgelegt und dementsprechend die wirtschaftlichen Auswirkungen vorhersehbar sind. Insoweit stellt die Staffelmietvereinbarung eine weitere Form der fest kalkulierbaren Miete neben der Festmiete dar. Dadurch, dass die vereinbarten Anpassungen der Miete zu festgelegten Zeitpunkten erfolgen sollen, tritt **eine automatische Anpassung** ein. Dies führt zu einer erleichterten Handhabung des Mietverhältnisses. Eine Staffelmiete wird in der Praxis häufig vereinbart, wenn etwa wegen der noch entwicklungsfähigen wirtschaftlichen Leistungsfähigkeit des Mieters oder der noch fortzuentwickelnden Attraktivität des Standortes zu Beginn des Mietverhältnisses die Miete bewusst gering

29 BeckOK-BGB/*Ehlert*, § 556b Rn 7.
30 *Fritz*, Kap. XVII. Rn 750.
31 Lindner-Figura/Oprée/Stellmann/*Bartholomäi/Lindner-Figura/Stellmann*, Kap. 10 Rn 4.
32 Bub/Treier/*v. Brunn/Paschke*, III A Rn 52; Lindner-Figura/Oprée/Stellmann/*Bartholomäi/Lindner-Figura/Stellmann*, Kap. 10 Rn 112.

gehalten werden soll. Das noch auszuschöpfende Entwicklungspotenzial muss dann in den angemessen festzulegenden **Mieterhöhungsschritten** abgebildet werden.

4. Umsatzmiete

42 Die Umsatzmiete ist dadurch gekennzeichnet, dass der Vermieter am wirtschaftlichen Ergebnis partizipiert, das der Mieter in den Gewerberäumen erzielt. Eine derartige Vereinbarung ist grundsätzlich zulässig. Eine Ausnahme gilt nur für Apotheken (§ 8 ApoG). Bei diesen ist lediglich die Vereinbarung einer Umsatzpacht unter den Voraussetzungen des § 9 ApoG zulässig. Die Vereinbarung einer Umsatzpacht ist grundsätzlich auch in Formularmietverträgen zulässig, wenn und soweit sie aufgrund der Üblichkeit in der betreffenden Branche (z.B. Ladenmiete in Einkaufszentren oder Hotelpacht) nicht als überraschend angesehen werden kann.[33]

43 Die Vereinbarung, dass die Miete allein aus einer prozentualen Beteiligung an dem vom Mieter im Mietobjekt erzielten Umsatz besteht, birgt für beide Vertragsparteien **Chancen** und **Risiken**. Die Chancen bestehen für den Vermieter darin, dass er bei besonders positiven Umsatzentwicklungen daran partizipieren kann, was z.B. bei einer nur wertgesicherten oder bei einer Staffelmiete nicht möglich wäre. Der Mieter kann davon profitieren, dass er den von vornherein feststehenden Prozentsatz am Umsatz als insoweit feste Größe bei seinen Belastungen einkalkulieren kann. Das Risiko für den Vermieter realisiert sich dann, wenn die tatsächlichen Umsätze weit hinter den Umsatzerwartungen zurückbleiben und er damit unter Umständen Gefahr läuft, mit der damit erzielten Miete nicht einmal seine Vermieterpflichten laufend erfüllen zu können. Für den Mieter kann demgegenüber das Risiko bestehen, dass bei hohen Umsätzen, die nicht unbedingt mit hohen Gewinnen einhergehen müssen, eine dem geschäftlichen Erfolg nicht angemessene zu hohe Miete zu entrichten ist. Dem Risiko aufseiten des Vermieters kann dadurch begegnet werden, dass eine **Mindestmiete** vereinbart wird, die als solche auch wertgesichert oder als Staffelmiete vereinbart werden kann. Der dann noch zu zahlende Umsatzmietanteil kann etwa so bemessen werden, dass unter Einbeziehung der auf jeden Fall zu zahlenden Mindestmiete nur der sich aus einer prozentualen Berechnung ergebende übersteigende Betrag als Umsatzmietanteil zu entrichten ist. Diese Absicherung der Umsatzmiete durch eine Mindestmiete zugunsten des Vermieters ist auch formularmäßig zulässig.[34]

44 Den Interessen des Mieters daran, bei einem unerwartet hohen Umsatz, der nicht mit entsprechenden Gewinnen verbunden sein muss, keine unangemessen

33 Lindner-Figura/Oprée/Stellmann/*Bartholomäi/Lindner-Figura/Stellmann*, Kap. 10 Rn 61; a.A. Schmidt-Futterer/*Eisenschmid*, § 535 BGB Rn 269.

34 Lindner-Figura/Oprée/Stellmann/*Bartholomäi/Lindner-Figura/Stellmann*, Kap. 10 Rn 63.

hohe Miete zahlen zu müssen, kann dadurch begegnet werden, dass eine **Höchstmiete** vereinbart wird. Ansonsten könnte dies zu einem indirekten Zwang bei dem Mieter führen, seine geschäftlichen Aktivitäten einzuschränken, um die Zahlung einer unangemessen hohen Miete zu vermeiden.[35]

Um die mit der Vereinbarung einer Umsatzmiete verbundenen wirtschaftlichen Effekte auch tatsächlich erzielen zu können, ist folgender Praxishinweis zu beachten: 45

Praxistipp !

Der für die Mietberechnung maßgebliche **Umsatz** muss präzise definiert werden; dem Vermieter oder von diesem zu beauftragende Dritte, die zur Berufsverschwiegenheit verpflichtet sind (Steuerberater oder Rechtsanwälte), ist ein **Kontrollrecht** einzuräumen, das mit einer **entsprechenden Auskunftspflicht** des Mieters korrespondiert; da mit der Vereinbarung einer Umsatzmiete nicht automatisch eine **Betriebspflicht** des Mieters einhergeht, sollte diese explizit geregelt werden.

5. Indexmiete

Der Begriff der Indexmiete ist für den Bereich des Wohnraummietrechts in § 557b Abs. 1 BGB gesetzlich definiert. Danach liegt eine Indexmiete vor, wenn die Vertragsparteien schriftlich vereinbaren, dass die Miete durch den vom Statistischen Bundesamt ermittelten Preisindex für die Lebenshaltung aller privaten Haushalte in Deutschland bestimmt wird. Im Gewerberaummietrecht kann der Begriff der Indexmiete ebenfalls verwendet werden.[36] 46

6. Inklusivmiete

Die Inklusivmiete umfasst das Entgelt für die Überlassung der Mieträume sowie sämtliche Nebenkosten. Die Inklusivmiete ist als fester Betrag zu leisten.[37] Eine Abrechnung über die tatsächlich angefallenen (umlagefähigen) Nebenkosten erfolgt nicht. Dementsprechend kann bzw. muss der Vermieter weder Erhöhungen noch Ermäßigungen der Nebenkosten an den Mieter weitergeben.[38] 47

Inklusivmieten können, da sie Heiz- und Warmwasserkosten enthalten, im Widerspruch zu den vorrangigen und zwingenden Regelungen der Heizkostenverordnung (HeizkostenV) stehen. Über die Heiz- und Warmwasserkosten ist grundsätzlich verbrauchsabhängig abzurechnen.[39] Pauschalen für Heiz- und Warmwasserkosten 48

35 *Fritz*, Kap. III. Rn 94; Schmidt-Futterer/*Eisenschmid*, § 535 BGB Rn 268.

36 Lindner-Figura/Opree/Stellmann/*Bartholomäi*/*Lindner-Figura*/*Stellmann*, Kap. 10 Rn 123; Einzelheiten zur Indexmiete ab Rn 117 ff.

37 Lindner-Figura/Opree/Stellmann/*Bartholomäi*/*Lindner-Figura*/*Stellmann*, Kap. 10 Rn 7.

38 Bub/Treier/*v. Brunn*/*Paschke*, III A Rn 35.

39 Vgl. §§ 6 ff. HeizkostenV.

sind daher grundsätzlich unwirksam. Nur in Ausnahmefällen[40] kann von einer verbrauchsabhängigen Kostenverteilung abgesehen werden.[41] Greift ein solcher Ausnahmefall nicht ein, ist der auf die Heiz- und Warmwasserkosten entfallende Anteil der Inklusivmiete als Vorauszahlung aufzufassen und gesondert abzurechnen.[42]

49 Um dem Vorstehenden vorzubeugen, können die Vertragsparteien als Entgelt auch eine **Teilinklusivmiete** vereinbaren. Bei der Teilinklusivmiete werden nicht alle, sondern nur einige Nebenkosten separat abgerechnet und auf den Mieter umgelegt. Die übrigen Nebenkosten bleiben Bestandteil des Festbetrages der Inklusivmiete. Die Teilinklusivmiete umfasst daher nur das Entgelt für die Überlassung der Mieträume sowie einige ausgewählte Nebenkosten. Die Nebenkosten, über die separat abgerechnet werden soll, müssen im Mietvertrag genau bezeichnet werden.[43] So können die Vertragsparteien eine Teilinklusivmiete vereinbaren, die alle Nebenkosten mit Ausnahme der Heiz- und Warmwasserkosten umfasst, über die dann gesondert abgerechnet wird.

7. Grundmiete

50 Die Grundmiete ist das Entgelt für die Gebrauchsüberlassung der Mietsache ohne Nebenkosten und ohne Umsatzsteuer. Der Begriff der Grundmiete ist gesetzlich nicht definiert. Von der Grundmiete sind weder Nebenkosten noch Umsatzsteuer umfasst. Gleichwohl können die Vertragsparteien ergänzend zur Grundmiete Regelungen über Nebenkosten und Umsatzsteuer vereinbaren.[44] Mietanpassungsklauseln können ebenfalls vereinbart werden,[45] da die Vertragsparteien im Bereich der Geschäftsraummiete die Höhe und die Entwicklung der Miete während des Mietverhältnisses frei gestalten können.[46]

8. Brutto-/Netto-Kalt-/Warmmiete

51 Der Begriff der Miete kann dahingehend weiter ausdifferenziert werden, ob neben dem Entgelt für die Gebrauchsüberlassung (Grundmiete)[47] die Heiz- und Warmwasserkosten und sonstigen Nebenkosten gesondert abgerechnet und auf den Mieter umgelegt werden oder in dem Entgelt bereits enthalten sind. Die Begriffe „Kalt“ und

40 Vgl. §§ 2, 6 Abs. 3 S. 2, 9b Abs. 4 HeizkostenV.
41 Lindner-Figura/Opree/Stellmann/*Beyerle*, Kap. 11 Rn 282.
42 BGH, Urt. v. 19.7.2006 – VIII ZR 212/05 – WuM 2006, 518; *Lammel*, § 2 Rn 18.
43 Lindner-Figura/Opree/Stellmann/*Bartholomäi/Lindner-Figura/Stellmann*, Kap. 10 Rn 9.
44 Lindner-Figura/Opree/Stellmann/*Bartholomäi/Lindner-Figura/Stellmann*, Kap. 10 Rn 2.
45 *Blank/Börstinghaus*, § 535 Rn 605.
46 Bub/Treier/*v. Brunn/Paschke*, III A Rn 4.
47 Vgl. Rn 50.

„Warm" unterscheiden danach, ob die Heiz- und Warmwasserkosten in der Miete bereits enthalten sind (dann „Warm") oder ob diese gesondert abgerechnet und auf den Mieter umgelegt werden (dann „Kalt"). Die Begriffe „Netto" und „Brutto" bestimmen, ob neben den Heiz- und Warmwasserkosten noch weitere Nebenkosten gesondert abgerechnet und auf den Mieter umgelegt werden (dann „Netto") oder diese bereits in der Miete enthalten sind (dann „Brutto").[48] Eine etwaige Zahlung der Umsatzsteuer durch den Mieter spielt in diesem Zusammenhang keine Rolle.[49] Bruttomieten entsprechen (Teil-)Inklusivmieten.[50] Die vorrangigen Regelungen der Heizkostenverordnung sind zu berücksichtigen.[51]

Eine **Nettokaltmiete** liegt vor, wenn sämtliche Nebenkosten, d.h. Heiz- und 52
Warmwasserkosten und sonstige Nebenkosten, gesondert abgerechnet und auf den Mieter umgelegt werden.[52] Die Nettokaltmiete entspricht demnach der Grundmiete.[53]

Bei der **Bruttokaltmiete** werden nur die Heiz- und Warmwasserkosten auf den 53
Mieter umgelegt. Die übrigen Nebenkosten werden nicht gesondert abgerechnet und umgelegt.[54]

Die **Nettowarmmiete** umfasst nur die Heiz- und Warmwasserkosten. Die übri- 54
gen Nebenkosten werden gesondert abgerechnet und auf den Mieter umgelegt.[55]

In der **Bruttowarmmiete** sind die Heiz- und Warmwasserkosten sowie alle üb- 55
rigen Nebenkosten enthalten. Da keine Nebenkosten auf den Mieter umgelegt werden, entspricht die Bruttowarmmiete der Inklusivmiete.[56]

9. Effektivmiete

Die Effektivmiete umfasst die Grundmiete und Nebenkosten abzüglich der Finanzie- 56
rungskosten (Zins und Tilgung), Instandhaltungsrücklagen und sonstigen objektbezogenen Kosten des Vermieters. Mit der Effektivmiete kann der Vermieter seinen effektiven Mietertrag sowie aufbauend darauf weitere Investitionsmöglichkeiten berechnen.[57]

48 BGH, Urt. v. 6.4.2005 – XII ZR 225/03 – 2005, 1713; MAH Mietrecht/*Gies*, § 24 Rn 13.
49 Lindner-Figura/Opree/Stellmann/*Bartholomäi/Lindner-Figura/Stellmann*, Kap. 10 Rn 10.
50 MüKo-BGB/*Häublein*, § 535 Rn 153; MAH Mietrecht/*Gies*, § 24 Rn 13.
51 Vgl. Rn 48.
52 MAH Mietrecht/*Gies*, § 24 Rn 15; MüKo-BGB/*Häublein*, § 535 Rn 153.
53 Vgl. Rn 50.
54 Lindner-Figura/Opree/Stellmann/*Bartholomäi/Lindner-Figura/Stellmann*, Kap. 10 Rn 11.
55 Lindner-Figura/Opree/Stellmann/*Bartholomäi/Lindner-Figura/Stellmann*, Kap. 10 Rn 14.
56 Siehe Rn 31.
57 Lindner-Figura/Opree/Stellmann/*Bartholomäi/Lindner-Figura/Stellmann*, Kap. 10 Rn 16.

10. Investitionsmiete

57 Bei der Investitionsmiete[58] (auch Investitionskostenmiete genannt) werden die Kosten getätigter oder noch zu tätigender Investitionen in das Mietobjekt bei der Berechnung der Miete berücksichtigt. In Abhängigkeit davon, ob der Vermieter oder der Mieter die Investitionskosten letztendlich tragen soll, umfasst die Investitionsmiete daher entweder die Grundmiete und die Nebenkosten abzüglich der Investitionskosten (Vermieter) oder die Grundmiete und die Nebenkosten zuzüglich der Investitionskosten (Mieter).[59] Die Vertragsparteien können mittels einer **Teilinvestitionsmiete** vereinbaren, dass dem Mieter ein Optionsrecht hinsichtlich des Ausbaus des Mietobjekts eingeräumt wird. Im Falle der Ausübung der Ausbauoption führt der Vermieter den Ausbau des Mietobjekts aus, während der Mieter verpflichtet ist, die Kosten des Ausbaus (durch entsprechende Erhöhung der Miete) zu tragen.[60]

11. Ortsübliche Vergleichsmiete

58 Der Begriff der ortsüblichen Vergleichsmiete findet im Gewerberaummietrecht keine Anwendung. Für die Wohnraummiete gilt § 558 Abs. 2 BGB.[61] Danach wird die ortsübliche Vergleichsmiete aus den üblichen Entgelten gebildet, die in der Gemeinde oder einer vergleichbaren Gemeinde für Wohnraum vergleichbarer Art, Größe, Ausstattung, Beschaffenheit und Lage in den letzten vier Jahren vereinbart oder, von Erhöhungen nach § 560 BGB (Erhöhung von Betriebskostenpauschalen oder -vorauszahlungen) abgesehen, geändert worden sind.[62]

12. Marktmiete

59 Die Miete, die im Falle einer **Neuvermietung** unter Berücksichtigung von Angebot und Nachfrage für ein vergleichbares Objekt erzielbar ist, wird als Marktmiete bezeichnet.[63]

---

58 Zur Problematik der Veräußerung des Grundstücks vgl.: *Hoffmann*, NZM 2007, 638.

59 Lindner-Figura/Opree/Stellmann/*Bartholomäi*/*Lindner-Figura*/*Stellmann*, Kap. 10 Rn 17.

60 *Thaler*/*Hosenfeld*, NZM 2001, 224, 226.

61 BeckOK-BGB/*Schüller*, § 558 Rn 2.

62 Lindner-Figura/Opree/Stellmann/*Bartholomäi*/*Lindner-Figura*/*Stellmann*, Kap. 10 Rn 18.

63 BGH, Urt. v. 1.10.1997 – XII ZR 269/95 – NZM 1998, 196; Erman/*Dickersbach*, § 558 Rn 15; Lindner-Figura/Opree/Stellmann/*Bartholomäi*/*Lindner-Figura*/*Stellmann*, Kap. 10 Rn 19; siehe auch Rn 29.

13. Double-/Triple-Net-Miete

Bei der **Triple-Net-Miete** hat der Mieter neben der Grundmiete und den Betriebskosten auch die Steuern und Abgaben, die Versicherungskosten und die Instandsetzungs-, Instandhaltungs-, Ersatzbeschaffungs- und Unterhaltungskosten zu entrichten. Der Vermieter ist dementsprechend von diesen ihm üblicherweise zur Last fallenden Kosten befreit.[64] 60

Die **Double-Net-Miete** entspricht der Triple-Net-Miete mit dem Unterschied, dass der Mieter die Kosten für die Instandhaltung und Instandsetzung von Dach und Fach nicht zu tragen hat.[65] 61

14. Schematische Übersicht zu Formen der Mietfestlegung

62

<table>
<tr><th colspan="6">Formen der Mietfestlegung</th></tr>
<tr><td>fest</td><td colspan="2">variabel</td><td>einheitlich</td><td colspan="2">aufgeteilt</td></tr>
<tr><td rowspan="3"></td><td>externe Kriterien</td><td>interne Kriterien</td><td rowspan="3"></td><td>weitere Elemente</td><td>Grundmiete</td></tr>
<tr><td>– Indexmiete
– Leistungsvorbehaltsklauseln (ortsübliche Vergleichsmiete, Marktmiete)</td><td>– Double-/Triple-Net-Miete
– Umsatzmiete</td><td rowspan="3">– Nebenkosten
– USt.
– etc.</td><td rowspan="3"></td></tr>
<tr><td>auf Anforderung</td><td>automatisch</td></tr>
<tr><td>Festmiete</td><td colspan="2">Staffelmiete</td><td>Inklusivmiete</td></tr>
</table>

III. Umsatzsteueroption

1. Ausgangslage

Als Umsatzsteueroption[66] wird allgemein die Möglichkeit des Vermieters verstanden, auf die Befreiung von der Umsatzsteuerpflicht zu verzichten.[67] 63

Gemäß § 4 Nr. 12a UStG sind Umsätze aus der Vermietung und Verpachtung von Grundstücken grundsätzlich **umsatzsteuerfrei**. Der **Begriff des Grundstücks** i.S.d. § 4 Nr. 12a UStG bestimmt sich nicht nach den – engeren – Vorschriften des bürgerli- 64

64 *Moeser*, NZM 2003, 425.
65 Lindner-Figura/Opree/Stellmann/*Bartholomäi*/*Lindner-Figura*/*Stellmann*, Kap. 10 Rn 23.
66 Siehe auch Kap. 6 Rn 83.
67 Instruktiv und ausführlich: *Weitemeyer*, NZM 2006, 881; *Herrlein*, NZM 2013, 409.

chen Rechts, sondern erfordert eine eigenständige – weitere – Definition.[68] Auch selbstständige Gebäudeteile, wie Büro- oder Gewerbeflächen und Berechtigungen, auf die die Vorschriften über Grundstücke Anwendung finden, sind vom Grundstücksbegriff umfasst.[69] Die Befreiung von der Umsatzsteuer gilt nicht nur für die Miete, sondern auch für **Nebenleistungen**, wie die Lieferung von Strom, Heizwärme und Wasser durch den Vermieter.[70] Ob eine Nebenleistung oder eine (umsatzsteuerpflichtige) selbstständige Dienstleistung vorliegt, ist nach dem Wesen des Umsatzes zu ermitteln. Eine Leistung ist dann als Nebenleistung zu einer Hauptleistung anzusehen, wenn sie aus der Sicht des Durchschnittsverbrauchers im Vergleich zu der Hauptleistung nebensächlich ist, mit ihr eng – im Sinne einer wirtschaftlich gerechtfertigten Abrundung und Ergänzung – zusammenhängt und üblicherweise in ihrem Gefolge vorkommt. Sie darf für den Leistungsempfänger keinen eigenen Zweck haben, sondern muss das Mittel darstellen, um die Hauptleistung des Leistenden unter optimalen Bedingungen in Anspruch nehmen zu können.[71] **Ausgenommen** von dieser Befreiung sind gem. § 4 Nr. 12 a.E. UStG die Vermietung von Wohn- und Schlafräumen, die ein Unternehmer zur kurzfristigen Beherbergung von Fremden bereithält, die Vermietung von Plätzen für das Abstellen von Fahrzeugen, die kurzfristige Vermietung auf Campingplätzen und die Vermietung und die Verpachtung von Maschinen und sonstigen Vorrichtungen aller Art, die zu einer Betriebsanlage gehören (Betriebsvorrichtungen), auch wenn sie wesentliche Bestandteile eines Grundstücks sind. Die Option zur Steuerpflicht ist für den gewerblichen Mieter in der Regel nicht nachteilig, da er die gezahlte Umsatzsteuer selbst als Vorsteuer verrechnen kann.[72]

2. Interesse des Vermieters

65 Gemäß § 9 Abs. 1 UStG kann der Vermieter auf die Befreiung von der Steuerpflicht verzichten und die Mieteinkünfte als steuerpflichtig behandeln lassen, wenn die Vermietung des Grundstücks an einen anderen Unternehmer für dessen Unternehmen erfolgt. Die Ausübung dieser „Umsatzsteueroption" bzw. „Option zur Steuerpflicht" kann für den Vermieter von Interesse bzw. von Vorteil sein. Durch die Ausübung der Umsatzsteueroption kommt der Vermieter in den Genuss des **Vorsteuerabzuges**, der ansonsten gem. § 15 Abs. 2 Nr. 1 UStG bei Lieferungen und Leistungen ausgeschlossen ist, die der Vermieter für steuerfreie Umsätze verwendet. Erst durch die Umsatzsteueroption wird die grundsätzlich umsatzsteuerfreie Vermietung und Verpachtung

---

68 Bunjes/*Heidner*, § 4 Nr. 12 Rn 6.

69 Lindner-Figura/Opree/Stellmann/*Bartholomäi/Lindner-Figura/Stellmann*, Kap. 10 Rn 72 f.

70 Schmidt-Futterer/*Eisenschmid*, § 535 BGB Rn 654.

71 BFH, Urt. v. 15.1.2009 – V R 91/07 – BFHE 224, 172.

72 Zu den Risiken des Mieters durch vermieterseitigen Widerruf: *Herrlein*, NZM 2015, 73.

von Grundstücken zu einem umsatzsteuerpflichtigen Umsatz.[73] Dadurch kann sich der Vermieter die Umsatzsteuer (Vorsteuer), die bei Investitionen in das Mietobjekt oder beim Erwerb des Objekts entstanden sind, erstatten lassen.[74] Die Umsatzsteuer belastet wirtschaftlich in der Regel weder den Vermieter noch den Mieter, sondern stellt lediglich einen reinen Durchlaufposten dar.[75] Wegen der Möglichkeit des Vorsteuerabzuges ist die Option zur Steuerpflicht wirtschaftlich sinnvoll und bei Gewerbeimmobilien **üblich**. Die Gesamtkosten einer Immobilie können durch die Umsatzsteueroption so um bis zu 10% reduziert werden.[76]

3. Voraussetzungen

Die Vorschriften des UStG regeln nur, in welchen Fällen die Ausübung der Umsatz- 66
steueroption steuerrechtlich wirksam ist. Die Vertragsparteien können dementsprechend durch vertragliche Vereinbarung einen steuerbaren, aber steuerfreien Umsatz nicht steuerpflichtig machen, da die Steuerpflichtigkeit eines Umsatzes sich allein nach den Vorschriften des UStG richtet.[77] Die Vorschriften des UStG treffen keine Aussage darüber, ob der Mieter dem Vermieter gegenüber zur Zahlung der Umsatzsteuer verpflichtet ist. Dies ist den vertraglichen Abreden der Mietvertragsparteien zu entnehmen.

a) Gesetzlich/steuerrechtlich/UStG

Gemäß § 9 Abs. 1 UStG kann ein Unternehmer einen Umsatz, der nach § 4 Nr. 12a 67
UStG (Vermietung und Verpachtung von Grundstücken) steuerfrei ist, als steuerpflichtig behandeln, wenn der Umsatz an einen anderen Unternehmer für dessen Unternehmen ausgeführt wird. Mit anderen Worten: Der Vermieter kann auf die Befreiung von der Steuerpflicht verzichten und die Mieteinkünfte als steuerpflichtig behandeln lassen, wenn die Vermietung des Grundstücks an einen anderen Unternehmer für dessen Unternehmen erfolgt. Die Ausübung der Umsatzsteueroption steht grundsätzlich im freien Ermessen des Vermieters.[78] Eine fehlende rechtsgeschäftliche Verpflichtung des Vermieters, zur Steuerpflicht zu optieren, kann auch

73 Lindner-Figura/Opree/Stellmann/*Bartholomäi/Lindner-Figura/Stellmann*, Kap. 10 Rn 76.
74 Schmidt-Futterer/*Eisenschmid*, § 535 BGB Rn 655.
75 Bub/Treier/*v. Brunn/Jatzek*, III A Rn 715; *Sontheimer*, NJW 1997, 693, 694.
76 *Sontheimer*, NJW 1997, 693.
77 BGH, Urt. v. 28.7.2004 – XII ZR 292/02 – NZM 2004, 785.
78 BGH, Urt. v. 30.1.1991 – VIII ZR 361/89 – NJW-RR 1991, 647; *Herrlein*, NZM 2005, 648; Schmidt-Futterer/*Eisenschmid*, § 535 BGB Rn 655.

bei einem besonders starken wirtschaftlichen Interesse des Mieters nicht durch einen Rückgriff auf Treu und Glauben gem. § 242 BGB ersetzt werden.[79]

68 Nur **Unternehmer** können gem. § 9 Abs. 1 UStG zur Umsatzsteuer optieren, zumal sie gem. § 13a Abs. 1 Nr. 1 UStG regelmäßig der Steuerschuldner sind. § 2 UStG enthält eine eigenständige umsatzsteuerrechtliche Definition des Unternehmers. Unternehmer ist danach, wer eine **gewerbliche** oder **berufliche** Tätigkeit selbstständig ausübt (§ 2 Abs. 1 S. 1 UStG). Das Unternehmen umfasst die **gesamte** gewerbliche oder berufliche Tätigkeit des Unternehmers (§ 2 Abs. 1 S. 2 UStG). Gewerblich oder beruflich ist jede nachhaltige **Tätigkeit zur Erzielung von Einnahmen**, auch wenn die Absicht, Gewinn zu erzielen, fehlt oder eine Personenvereinigung nur gegenüber ihren Mitgliedern tätig wird (§ 2 Abs. 1 S. 3 UStG). Der Begriff der **Selbstständigkeit** ist in § 2 Abs. 2 UStG negativ definiert. Unselbstständigkeit liegt danach bei Eingliederung in ein Unternehmen und Weisungsabhängigkeit vor. Aufgrund dieser eigenständigen umsatzsteuerrechtlichen Definition sind auch Freiberufler wie Rechtsanwälte und Ärzte sowie Landwirte Unternehmer im Sinne des UStG.[80] Unternehmer kann auch der private Vermieter sein.[81]

69 Die Vermietung muss **an einen anderen Unternehmer** für dessen **Unternehmen** erfolgen. Der Verzicht auf die Steuerfreiheit ist daher ausgeschlossen, wenn die Vermietung an Privatpersonen erfolgt oder das Grundstück zu privaten Zwecken des Unternehmers genutzt wird.[82]

70 Darüber hinaus darf **kein Ausschluss** nach § 9 Abs. 2 UStG vorliegen. Danach ist der Verzicht auf die Steuerbefreiung nach § 9 Abs. 1 UStG bei der Vermietung oder Verpachtung von Grundstücken (§ 4 Nr. 12a UStG) nur zulässig, soweit der Leistungsempfänger (d.h. der Mieter) das Grundstück ausschließlich für Umsätze verwendet oder zu verwenden beabsichtigt, die den Vorsteuerabzug nicht ausschließen. Die Ausübung der Umsatzsteueroption durch den Vermieter ist daher nicht möglich, wenn der Mieter selbst steuerfreie Umsätze tätigt, die den Vorsteuerabzug ausschließen.[83] Dazu gehören u.a. die Umsätze:
- von Banken (§ 4 Nr. 8 UStG),
- aus Grundstücksgeschäften (§ 4 Nr. 9 UStG),
- von Versicherungen (§ 4 Nr. 10 UStG),
- aus der Vermietung von Grundstücken (§ 4 Nr. 12 UStG),

---

79 OLG Naumburg, Urt. v. 9.11.1999 – 1 U 102/99 – ZMR 2000, 291.

80 *Weitemeyer*, NZM 2006, 881, 883 f.

81 *Blank/Börstinghaus*, § 535 Rn 632; *Sontheimer*, NJW 1997, 693, 694; *Haase*, NZBau 2005, 424, 425.

82 *Weitemeyer*, NZM 2006, 881, 887.

83 § 9 Abs. 2 UStG findet gem. § 27 Abs. 2 UStG bei älteren Immobilien (Altbestand) keine Anwendung, sodass der Vermieter auch dann zur Umsatzsteuer optieren kann, wenn sein Mieter steuerfreie Umsätze tätigt, die den Vorsteuerabzug ausschließen; vgl. MAH Mietrecht/*Flintrop*, § 60 Rn 37 ff.; Schmidt-Futterer/*Eisenschmid*, § 535 BGB Rn 657.

- von Ärzten, Zahnärzten, Heilpraktikern, Physiotherapeuten, Hebammen oder anderen Angehörigen einer ähnlichen heilberuflichen Tätigkeit (§ 4 Nr. 14 UStG),
- der gesetzlichen Träger der Sozialversicherung (§ 4 Nr. 15 UStG),
- von Krankenhäusern, Alten- und Pflegeheimen (§ 4 Nr. 16 UStG),
- aus der Beförderung kranker bzw. verletzter Menschen (§ 4 Nr. 17 UStG),
- von kulturellen Einrichtungen, privaten Schulen und anderen Bildungseinrichtungen (§ 4 Nr. 20, 21, 22 UStG).[84]

Nach der gesetzlichen Regelung des § 9 Abs. 2 UStG ist die Option zur Steuerpflicht 71
nur möglich, wenn der Mieter **ausschließlich** steuerpflichtige Umsätze tätigt, die den Vorsteuerabzug nicht ausschließen. Zur Vermeidung von Härten nutzt die Finanzverwaltung eine Bagatellgrenze, auf deren Anwendung der jeweilige Steuerzahler allerdings keinen Anspruch hat.[85] Verwendet der Leistungsempfänger (d.h. der Mieter) das Grundstück bzw. einzelne Grundstücksteile nur in sehr geringem Umfang für Umsätze, die den Vorsteuerabzug ausschließen (Ausschlussumsätze), ist der Verzicht (des Vermieters) auf Steuerbefreiung zur Vermeidung von Härten weiterhin zulässig. Eine geringfügige Verwendung für Ausschlussumsätze kann angenommen werden, wenn im Falle der steuerpflichtigen Vermietung die auf die Miete für das Grundstück bzw. für den Grundstücksteil entfallende Umsatzsteuer im Besteuerungszeitraum (Kalenderjahr, § 16 Abs. 1 S. 2 UStG) höchstens zu 5% vom Vorsteuerabzug ausgeschlossen wäre (**Bagatellgrenze**).[86] Der Vermieter kann dementsprechend für die übrigen 95% des Umsatzes zur Umsatzsteuer optieren.

Beispiel
V vermietet an den Autohändler A einen Ausstellungsraum. A vermietet den Ausstellungsraum jährlich für zwei Wochen an ein Museum zur Ausstellung von Kunst.
Die Vermietung des Ausstellungsraums durch V an A und die Weitervermietung durch A sind nach § 4 Nr. 12 S. 1a UStG steuerfrei. Da A den Ausstellungsraum im Besteuerungszeitraum lediglich an 14 von 365 Tagen (ca. 4%) zur Ausführung von Umsätzen verwendet, die den Vorsteuerabzug ausschließen, kann V auf die Steuerbefreiung der Vermietung des Ausstellungsraums verzichten. A kann auf die Steuerbefreiung nicht verzichten, weil das Museum den Ausstellungsraum für steuerfreie Umsätze (§ 4 Nr. 20a UStG) verwendet, die den Vorsteuerabzug ausschließen (§ 9 Abs. 2 UStG).[87]

---

84 Lindner-Figura/Opree/Stellmann/*Bartholomäi/Lindner-Figura/Stellmann*, Kap. 10 Rn 86; *Weitemeyer*, NZM 2006, 881, 887.
85 Lindner-Figura/Opree/Stellmann/*Bartholomäi/Lindner-Figura/Stellmann*, Kap. 10 Rn 88.
86 9.2 Abs. 3 UStAE, vgl. dazu http://www.bundesfinanzministerium.de/Web/DE/Themen/Steuern/Steuerarten/Umsatzsteuer/Umsatzsteuer_Anwendungserlass/umsatzsteuer_anwendungserlass.html.
87 9.2 Abs. 3 Beispiel 2 UStAE.

72 Für die Ausübung der Umsatzsteueroption ist **keine besondere Erklärung** des Vermieters gegenüber dem Finanzamt oder die Einhaltung einer sonstigen besonderen Form erforderlich.[88] Die Umsatzsteueroption ist auch **nicht fristgebunden** und kann theoretisch solange ausgeübt werden, wie die Steuerfestsetzung für die steuerbare Leistung noch vorgenommen oder geändert werden kann.[89]

73 Der Vermieter hat die Voraussetzungen für den Verzicht auf die Steuerbefreiungen **nachzuweisen**. Der Nachweis ist an keine besondere Form gebunden. Insbesondere für das Vorliegen einer umsatzsteuerpflichtigen Tätigkeit des Mieters, die den Vorsteuerabzug nicht ausschließt, ist dies von Bedeutung. Der Nachweis kann sich aus einer Bestätigung des Mieters, aus Bestimmungen des Mietvertrags oder aus anderen Unterlagen ergeben. Ständig wiederholte Bestätigungen des Mieters über die Verwendung des Grundstücks bzw. Grundstücksteils sind nicht erforderlich, solange beim Mieter keine Änderungen bei der Verwendung des Grundstücks zu erwarten sind. Im Einzelfall kann es aber erforderlich sein, vom Mieter zumindest eine jährliche Bestätigung einzuholen.[90]

Praxistipp
Im **Mietvertrag** sollten die Vertragsparteien regeln, dass der Mieter verpflichtet ist, dem Vermieter die nötigen Bestätigungen oder sonstigen Nachweise über die Steuerpflichtigkeit seiner Umsätze zur Verfügung zu stellen, die der Vermieter seinerseits bei den Finanzbehörden vorlegen muss.[91]

74 Der Vermieter muss dem Mieter auf Verlangen eine **Rechnung**[92] über die Umsatzsteuer ausstellen (§ 14 Abs. 1 UStG), da die Ausübung des Vorsteuerabzugs durch den Mieter voraussetzt, dass dieser eine Rechnung über die Umsatzsteuer besitzt (§ 15 Abs. 1 Nr. 1 UStG).[93] Solange der Vermieter diesen Anspruch nicht erfüllt, besteht gem. § 273 BGB ein Leistungsverweigerungsrecht des Mieters.[94] Der Mietvertrag kann als „Dauerrechnung" zur Vorlage bei den Finanzbehörden ausreichen, wenn dieser die nach §§ 14 Abs. 4, 14a UStG (und §§ 33, 34 UStDV) nötigen Angaben enthält.[95] Dazu gehören insbesondere die gesonderte Ausweisung der Nettomiete und Umsatzsteuer sowie die Steuernummer oder Umsatzsteueridentifikationsnummer

88 *Blank/Börstinghaus*, § 535 Rn 633; *Weitemeyer*, NZM 2006, 881, 889.
89 Lindner-Figura/Opree/Stellmann/*Bartholomäi/Lindner-Figura/Stellmann*, Kap. 10 Rn 94 f.
90 9.2 Abs. 4 UStAE.
91 Lindner-Figura/Opree/Stellmann/*Bartholomäi/Lindner-Figura/Stellmann*, Kap. 10 Rn 97.
92 14.5 Abs. 1 UStAE.
93 OLG München, Urt. v. 9.2.1996 – 21 U 4494/94 – ZMR 1996, 487; *Weitemeyer*, NZM 2006, 881, 892.
94 OLG Düsseldorf, Urt. v. 9.3.2006 – I-10 U 130/05, 10 U 130/05 – ZMR 2006, 686.
95 OLG Düsseldorf, Urt. v. 24.5.2005 – I-24 U 194/04, 24 U 194/04 – NZM 2006, 262; Lindner-Figura/Opree/Stellmann/*Bartholomäi/Lindner-Figura/Stellmann*, Kap. 10 Rn 103.

des Vermieters.[96] Der Vermieter macht sich schadensersatzpflichtig, wenn er dem Mieter entgegen der vertraglichen Vereinbarung keine Rechnung über die Umsatzsteuer ausstellen kann.[97]

b) Vertraglich

Soweit die Vertragsparteien keine entgegenstehenden Absprachen getroffen haben, ist die vereinbarte Miete als einheitlicher Endpreis (Bruttopreis) zu verstehen, in der die möglicherweise anfallende Mehrwertsteuer enthalten ist.[98] Der Mieter ist nur dann zur Zahlung der Umsatzsteuer verpflichtet, wenn die Vertragsparteien dies im Mietvertrag entsprechend geregelt haben. Ohne eine solche ausdrückliche Vereinbarung kann eine Zahlungspflicht des Mieters dann in Betracht kommen, wenn der Mieter die vom Vermieter monatlich erteilten Rechnungen, die erkennbar und eindeutig jeweils Umsatzsteuer auf die zu zahlende Miete auswiesen, unbeanstandet beglichen und diese Rechnungen im Rahmen der Vorsteueranmeldung geltend gemacht hat.[99] Unklarheiten sind durch ergänzende Vertragsauslegung zu überwinden.[100] 75

Wenn der Vermieter zur Ausübung der Option **verpflichtet sein soll**, muss dies ebenfalls im Mietvertrag vereinbart sein.[101] Haben die Vertragsparteien im Mietvertrag allerdings geregelt, dass der Mieter die Umsatzsteuer zahlen muss, ist der Vermieter seinerseits verpflichtet, zur Umsatzsteuer zu optieren. Anderenfalls wäre die mietvertragliche Verpflichtung des Mieters zur Zahlung der Umsatzsteuer nicht sinnvoll.[102] Übt der Vermieter die Umsatzsteueroption gleichwohl nicht aus, kann der Mieter einen Anspruch auf Rückzahlung bereits gezahlter Umsatzsteuer gegen den Vermieter (§ 812 BGB) haben.[103] 76

Die Regelung, dass der Mieter die Umsatzsteuer zu zahlen hat, kann auch **formularvertraglich** vereinbart werden, sofern der Mieter vorsteuerabzugsberechtigt ist. Anderenfalls ist dies nicht zulässig.[104] Denn aus der Sicht des gewerblichen Miet- 77

---

96 MAH Mietrecht/*Flintrop*, § 60 Rn 52; *Herrlein*, NZM 2005, 648, 649.

97 BeckOK-BGB/*Ehlert*, § 535 Rn 212c; OLG Hamm, Urt. v. 3.9.2003 – 30 U 80/03 – NZM 2003, 945.

98 OLG Naumburg, Urt. v. 9.11.1999 – 1 U 102/99 – ZMR 2000, 291; Staudinger/*Emmerich*, § 535 Rn 85 m.w.N.

99 OLG Düsseldorf, Urt. v. 15.3.2011 – 24 U 95/10 – MietRB 2012, 229.

100 *Blank/Börstinghaus*, § 535 Rn 636.

101 *Blank/Börstinghaus*, § 535 Rn 636.

102 OLG Hamm, Urt. v. 27.5.1997 – 29 U 222/96 – NZM 1998, 575.

103 BGH, Urt. v. 28.7.2004 – XII ZR 292/02 – NZM 2004, 785.

104 Lindner-Figura/Opree/Stellmann/*Bartholomäi/Lindner-Figura/Stellmann*, Kap. 10 Rn 99; BeckOK-BGB/*Ehlert*, § 535 Rn 212c m.w.N.; *Herrlein*, NZM 2013, 409, 413; *Bub*, NZM 1998, 789, 794; die gegenteilige Auffassung (Erman/*Lützenkrichen*, § 535 Rn 117; unklar: *Blank/Börstinghaus*, § 535 Rn 637), die sich auf BGH, Urt. v. 25.7.2001 – XII ZR 137/99 – NZM 2001, 952 stützen, verkennt, dass

rechts stellt es keine unzumutbare Benachteiligung für den Mieter dar, wenn der vom Vermieter gewerblicher Objekte verwandte Formularvertrag den Mieter verpflichtet, auf Verlangen des Vermieters Mehrwertsteuer zu zahlen, falls er (der Vermieter) nach den Regeln des Umsatzsteuergesetzes die Möglichkeit hat, zur Mehrwertsteuer zu optieren, und in Ausnutzung seiner steuerrechtlichen Möglichkeiten dies auch tut.[105] Wenn aber beide Vertragsparteien des Mietvertrags nicht umsatzsteuerpflichtig sind, benachteiligt eine Klausel im Formularmietvertrag, die den Vermieter berechtigt, nach Vertragsschluss die Zahlung der Umsatzsteuer auf die vereinbarte Miete zu verlangen, den Mieter i.S.d. § 307 BGB unangemessen.[106]

! **Praxistipp**

Eine Vertragsklausel sollte folgende Bestandteile beinhalten:[107]

- Erklärung des Vermieters, dass dieser zur Mehrwertsteuer optiert;
- Verpflichtung des Mieters,
  - zu der Grundmiete und den Nebenkosten zusätzlich die hierauf entfallende Mehrwertsteuer zu bezahlen;
  - die Mietsache ausschließlich für Umsätze zu verwenden, die den Vorsteuerabzug nicht ausschließen, insbesondere nicht umsatzsteuerfrei sind;
  - die vertraglich vereinbarte Verwendung dem Vermieter zum Ende eines Kalenderjahres zu bestätigen, damit dieser die Voraussetzungen der Steuerpflicht gegenüber den Finanzbehörden nachweisen kann;
- Mietanpassungsklausel für den Fall, dass die Voraussetzungen für die Option nicht oder nicht mehr vorliegen.

---

78 Der Vermieter kann in der Regel nicht kontrollieren, dass der Mieter die Mietsache ausschließlich für Umsätze verwendet, die den Vorsteuerabzug nicht ausschließen. Dadurch trägt der Vermieter das Risiko, dass die Finanzbehörden erstattete Vorsteuern von ihm zurückverlangen, wenn die Voraussetzungen der Umsatzsteueroption auf Mieterseite nicht mehr vorliegen. Um diesem Risiko vorzubeugen, empfiehlt sich eine **vertragliche Schadensersatzpflicht des Mieters** zu vereinbaren.[108]

Formulierungsmuster

„Dem Mieter ist bekannt, dass der Vermieter zur Umsatzsteuer optiert hat. Der Mieter verpflichtet sich, ausschließlich unternehmensbezogene Tätigkeiten auszuführen, die der Umsatzsteuer unterliegen bzw. zum Vorsteuerabzug berechtigen. Der Mieter versichert, in den Mietflächen keine Tätig-

---

jenes Urteil das UStG i.F.v. 27.4.1993 (BGBl. I S. 578) zum Gegenstand hatte, welches in § 9 Abs. 2 UStG nicht – wie das aktuelle – auf die Vorsteuerabzugsberechtigung des Mieters abstellte.

105 BGH, Urt. v. 25.7.2001 – XII ZR 137/99 – NZM 2001, 952.

106 LG Magdeburg, Urt. v. 19.12.1995 – 2 S 509/95 – NJWE-MietR 1996, 59.

107 Zitiert nach: *Ortmanns/Neumann*, ZMR 2010, 91; *Blank/Börstinghaus*, § 535 Rn 638.

108 Lindner-Figura/Opree/Stellmann/*Bartholomäi/Lindner-Figura/Stellmann*, Kap. 10 Rn 102; MAH Mietrecht/*Flintrop*, § 60 Rn 51.

keiten auszuführen oder Leistungen für Dritte zu erbringen, die den Ausschluss des Vorsteuerabzuges des Vermieters zur Folge haben.
Der Mieter hat dem Vermieter alle Schäden zu ersetzen, die dem Vermieter dadurch entstehen, dass er entgegen der vorstehenden vertraglichen Zusicherung in einem so großen Umfange umsatzsteuerfreie Umsätze tätigt, dass dies zur Aberkennung der Umsatzsteueroption zugunsten des Vermieters führt.“[109]

Veräußert der Vermieter die Mietsache an einen neuen Vermieter, gilt Folgendes: 79
Tritt ein Vermieter gem. § 566 BGB (Veräußerung der Mietsache) **in einen Mietvertrag ein**, in dem zusätzlich zur Nettomiete die Mehrwertsteuer ausgewiesen ist und bei dem der ursprüngliche Vermieter für die Umsatzsteuer optiert hat, so ist der neue Vermieter ohne ausdrückliche vertragliche Regelung nicht verpflichtet, ebenfalls zur Umsatzsteuer zu optieren.[110]

4. Rechtsfolgen

Hat der Vermieter **wirksam** zur Steuerpflicht **optiert**, so ist der Mieter auch zur Zah- 80
lung der Umsatzsteuer verpflichtet, wenn die Vertragsparteien die Überbürdung dieser Kosten auf den Mieter vertraglich vereinbart haben. Dies gilt nicht nur für die (Netto-)Miete, sondern auch für die **Nebenkosten**, auch wenn diese ihrerseits nicht mit Umsatzsteuer belastet sind.[111]

Auch nach **Beendigung des Mietverhältnisses** ist auf die Nutzungsentschädi- 81
gung nach § 546a BGB (Entschädigung des Vermieters bei verspäteter Rückgabe) und § 987 BGB (Herausgabe der Nutzungen nach Rechtshängigkeit) Umsatzsteuer zu zahlen, wenn der Vermieter hinsichtlich der Miete zur Umsatzsteuer optiert hatte.[112]

Eine **unwirksame** Option zur Steuerpflicht begründet keine Pflicht des Mieters, 82
die Umsatzsteuer zu zahlen. Eine entsprechende vertragliche Vereinbarung ist unwirksam.[113]

---

109 Formulierung entnommen aus: MAH Mietrecht/*Flintrop*, § 60 Rn 51; Nies/Gies/*Borzutzki-Pasing*, A.VII.4.

110 OLG München, Beschl. v. 13.3.2012 – 32 U 4761/11 – NZM 2012, 764; *Streyl*, NZM 2012, 751.

111 *Herrlein*, NZM 2013, 409, 414, 418.

112 Schmidt-Futterer/*Eisenschmid*, § 535 BGB Rn 662; *Blank/Börstinghaus*, § 535 Rn 635; Lindner-Figura/Opree/Stellmann/*Bartholomäi/Lindner-Figura/Stellmann*, Kap. 10 Rn 80.

113 Lindner-Figura/Opree/Stellmann/*Bartholomäi/Lindner-Figura/Stellmann*, Kap. 10 Rn 84; BGH, Urt. v. 28.7.2004 – XII ZR 292/02 – NZM 2004, 785.

IV. Fälligkeit, Verzug, Verjährung, Verwirkung

1. Fälligkeit

83 Fälligkeit ist der Zeitpunkt, von dem ab der Gläubiger die Leistung verlangen kann.[114] Für Mietverhältnisse über Wohnraum ist die Fälligkeit der Miete in § 556b Abs. 1 BGB geregelt. Diese Vorschrift findet über § 579 Abs. 2 BGB auf Mietverhältnisse über Geschäftsraum entsprechende Anwendung.[115] Für Mietverhältnisse, die vor dem 1.9.2001 geschlossen worden sind, findet nach der Übergangsvorschrift des Art. 229 § 3 Abs. 1 Nr. 7 der § 551 BGB a.F. Anwendung.[116] Die Vertragsparteien können bei der Gewerberaummiete die Fälligkeit der Mietzahlung grundsätzlich frei gestalten.[117]

84 Gemäß § 556b Abs. 1 BGB ist die Miete zu Beginn, spätestens bis zum dritten Werktag der einzelnen Zeitabschnitte zu entrichten, nach denen sie bemessen ist. Dementsprechend ist die Miete mit **Beginn des dritten Werktags** des jeweiligen Zeitabschnitts fällig.[118] Hinsichtlich der Zeitabschnitte ist nicht auf die Kalenderwoche, den Kalendermonat oder das Kalenderjahr, sondern auf die Mietwoche, den Mietmonat oder das Mietjahr abzustellen.[119] Auch wenn für die gesamte Mietzeit eine Festmiete (Einmalmiete) vereinbart wird, ist diese zu Beginn der Mietzeit zu zahlen,[120] wenn nicht ausdrücklich etwas anderes vereinbart ist.

85 Der Begriff der **Miete** i.S.d. § 556b Abs. 1 BGB umfasst die gesamte Miete und beinhaltet dementsprechend die Nettomiete einschließlich der Vorauszahlungen bzw. Pauschalen für Nebenkosten und die Heizkostenvorauszahlungen. Abrechnungsbedürftige Nachforderungen gehören nicht dazu.[121]

86 **Werktage** sind alle Tage mit Ausnahme der Sonn- und Feiertage.[122] Zwar ist nicht unumstritten, ob der **Samstag** Werktag i.S.d. § 556b Abs. 1 BGB ist.[123] Nach

---

114 BGH, Urt. v. 1.2.2007 – III ZR 159/06 – BGHZ 171, 33; Palandt/*Grüneberg*, § 271 Rn 1; MüKo-BGB/*Krüger*, § 271 Rn 2.

115 Palandt/*Weidenkaff*, § 556b Rn 2.

116 § 551 BGB in der bis zum 1.9.2001 geltenden Fassung: *„(1) Der Mietzins ist am Ende der Mietzeit zu entrichten. Ist der Mietzins nach Zeitabschnitten bemessen, so ist er nach dem Ablaufe der einzelnen Zeitabschnitte zu entrichten. (2) Der Mietzins für ein Grundstück ist, sofern er nicht nach kürzeren Zeitabschnitten bemessen ist, nach dem Ablaufe je eines Kalendervierteljahrs am ersten Werktage des folgenden Monats zu entrichten.“*.

117 BGH, Urt. v. 4.5.2011 – VIII ZR 191/10 – NJW 2011, 2201; Lindner-Figura/Opree/Stellmann/*Bartholomäi*/*Lindner-Figura*/*Stellmann*, Kap. 10 Rn 238.

118 BGH, Urt. v. 21.4.2010 – VIII ZR 6/09 – NJW 2010, 2208.

119 Emmerich/Sonnenschein/*Emmerich*, § 556b Rn 6.

120 Emmerich/Sonnenschein/*Emmerich*, § 556b Rn 5.

121 BGH, Urt. v. 19.12.1990 – VIII ARZ 5/90 – BGHZ 113, 188; Schmidt-Futterer/*Langenberg*, § 556b BGB Rn 3.

122 *Blank*/*Börstinghaus*, § 556b Rn 5.

123 Lindner-Figura/Opree/Stellmann/*Bartholomäi*/*Lindner-Figura*/*Stellmann*, Kap. 10 Rn 244.

der Rechtsprechung und der überwiegenden Ansicht in der Literatur ist der Samstag allerdings kein Werktag i.S.d. § 556b Abs. 1 BGB.[124] Ein Samstag ist daher nicht mitzuzählen, wenn er innerhalb der dreitägigen Zahlungszeitspanne liegt. § 556b Abs. 1 BGB bezweckt, dem Mieter drei Tage Zeit für die Zahlung der Miete einzuräumen. Dieser Zweck würde unterlaufen, wenn dem Mieter nicht die vollen drei Tage zur Verfügung stünden, zumal unpünktliche Mietzahlungen Kündigungsmöglichkeiten des Vermieters begründen können.[125] Zudem ist der Samstag kein Bankgeschäftstag (i.S.d. § 675n Abs. 1 S. 4 BGB), sodass unbare Mietzahlungen ohnehin nicht ausgeführt werden könnten. Zahlungsaufträge werden, auch wenn sie im Online-Banking an einem Samstag zugehen, regelmäßig erst am darauffolgenden Werktag bearbeitet.[126] Diese Fälligkeitsregelung gilt im Interesse der Einheitlichkeit für alle Zahlungen, also auch für Barzahlungen und Zahlungen im Rahmen der Geschäftsraummiete.[127] Fällt der dritte Tag der Zahlungszeitspanne auf einen Samstag, so findet § 193 BGB Anwendung. Danach tritt an die Stelle des Samstages der nächste Werktag, d.h. in der Regel der nächste Montag.[128]

In Rechtsprechung und Literatur ist **umstritten**, ob die Fälligkeitsregelung des 87
§ 556b Abs. 1 BGB eine **Vorleistungspflicht** des Mieters begründet. Die Annahme einer Vorleistungspflicht des Mieters würde bedeuten, dass der Mieter dem Vermieter erst die Miete zahlen muss, bevor dieser ihm die Mietsache überlässt.[129] Die besseren Argumente sprechen gegen eine Vorleistungspflicht des Mieters. Nach alter Rechtslage war der Vermieter zur Vorleistung verpflichtet.[130] Mit der Einführung des § 556b Abs. 1 S. 1 BGB hat der Gesetzgeber lediglich die ohnehin übliche Vertragspraxis kodifiziert, nach der der Mieter die Miete im Voraus zu entrichten hat.[131] Die Vorleistungspflicht des Vermieters entspricht auch der gesetzlichen Reihenfolge der Pflichten der Mietvertragsparteien, nach der die Überlassung der Mietsache am Anfang steht:[132] Gemäß § 535 Abs. 1 S. 1 BGB ist der Vermieter verpflichtet, dem Mieter den Gebrauch der Mietsache während der Mietzeit, d.h. ab

---

124 BGH, Urt. v. 13.7.2010 – VIII ZR 129/09 – NJW 2010, 2879; BGH, Urt. v. 13.7.2010 – VIII ZR 291/09 – NJW 2010, 2882; Schmidt-Futterer/*Langenberg*, § 556b BGB Rn 5; MüKo-BGB/*Artz*, § 556b Rn 6; BeckOK-BGB/*Ehlert*, § 556b Rn 9a; *Blank*/*Börstinghaus*, § 556b Rn 5; Staudinger/*Weitemeyer*, § 556b Rn 14; *Häublein*, NZM 2010, 651.

125 BGH, Urt. v. 13.7.2010 – VIII ZR 129/09 – NJW 2010, 2879.

126 Schmidt-Futterer/*Langenberg*, § 556b BGB Rn 5.

127 *Blank*/*Börstinghaus*, § 556b Rn 5.

128 Schmidt-Futterer/*Langenberg*, § 556b BGB Rn 5.

129 Für Vorleistungspflicht: Palandt/*Weidenkaff*, § 556b Rn 1; Lindner-Figura/Opree/Stellmann/*Bartholomäi*/*Lindner-Figura*/*Stellmann*, Kap. 10 Rn 239; LG Bonn, Beschl. v. 1.4.2009 – 6 T 25/09 – ZMR 2009, 529.

130 Vgl. § 551 Abs. 1 S. 1 BGB a.F.; siehe dazu Rn 83.

131 MüKo-BGB/*Artz*, § 556b Rn 7.

132 BeckOK-BGB/*Ehlert*, § 556b Rn 10.

dem 1. eines Monats zu gewähren und nicht berechtigt, die Mietsache bis zum 3. Werktag eines Monats zurückzuhalten, um den Zahlungseingang abzuwarten. Regelungen zur Fälligkeit der Mietzahlung folgen demgegenüber erst in § 556b Abs. 1 BGB.[133] Zudem kann vom Mieter nicht verlangt werden, unabhängig von der Verfügbarkeit und Überlassung der Mietsache zur Zahlung der Miete verpflichtet zu sein.[134] § 556b Abs. 1 BGB begründet lediglich eine **unselbstständige** Vorleistungspflicht des Mieters, da für Leistung (Überlassung der Mietsache) und Gegenleistung (Mietzahlung) verschiedene Fälligkeitszeitpunkte bestehen und die Erfüllung der jeweiligen Leistung der einen Vertragspartei nicht davon abhängt, dass die andere Vertragspartei ihre Leistung vorher erbringt.[135] Der Mieter ist daher nicht vorleistungspflichtig.[136]

2. Verzug

88 Mit Ablauf des dritten Werktages der dreitägigen Zahlungszeitspanne tritt Verzug ein.[137] Der Verzug bewirkt, dass der Vermieter vom Mieter **Verzugszinsen** gem. §§ 280 Abs. 1, 2, 286, 288 BGB verlangen kann. Einer **Mahnung** des Vermieters bedarf es dafür gem. § 286 Abs. 2 Nr. 1 BGB nicht, da die Leistung (Mietzahlung) wegen § 556b Abs. 1 BGB nach dem Kalender bestimmt bzw. bestimmbar ist.[138] Bei der Geschäftsraummiete beträgt der **Zinssatz** gem. § 288 Abs. 2 BGB regelmäßig acht Prozentpunkte über dem Basiszinssatz. Darüber hinaus kann der Zahlungsverzug den Vermieter zur Kündigung des Mietverhältnisses berechtigen.[139]

89 Fraglich ist, wer das **Risiko für einen zeitlich verzögerten Zugang** des Geldes beim Vermieter trägt. § 556b Abs. 1 BGB trifft keine Aussage über den Leistungs- und Zahlungsort, sodass die allgemeinen Regeln der §§ 269, 270 BGB Anwendung finden. Nach der **überkommenen**[140] herrschenden Ansicht war der Schuldner (Mieter) lediglich zur rechtzeitigen Vornahme der Leistungs**handlung** verpflichtet. Der Eintritt des Leistungs**erfolges** war nicht maßgeblich. Mit anderen Worten: Veranlasste der Mieter (Schuldner) die Zahlung der Miete innerhalb der dreitägigen Zahlungszeitspanne des § 556b Abs. 1 BGB, so geriet er nicht in Verzug, wenn der Vermieter erst danach über die Miete verfügen konnte, da sie ihm erst nach Ablauf der Drei-Tages-

133 Schmidt-Futterer/*Langenberg*, § 556b BGB Rn 4.
134 MüKo-BGB/*Artz*, § 556b Rn 7.
135 Staudinger/*Weitemeyer*, § 556b Rn 15; Emmerich/Sonnenschein/*Emmerich*, § 556b Rn 7.
136 Siehe auch: *Blank/Börstinghaus*, § 556b Rn 4, 8.
137 BGH, Urt. v. 21.4.1.2010 – VIII ZR 6/09 – NJW 2010, 2208.
138 Palandt/*Grüneberg*, § 286 Rn 22; Palandt/*Weidenkaff*, § 556b Rn 6; BeckOK-BGB/*Ehlert*, § 556b Rn 16.
139 Siehe Kap. 13 Rn 123 ff.
140 Immer noch: Lindner-Figura/Opree/Stellmann/*Bartholomäi/Lindner-Figura/Stellmann*, Kap. 10 Rn 247.

Frist zuging.[141] Diese Ansicht ist mit der **Zahlungsverzugsrichtlinie**[142] sowie der Rechtsprechung des EuGH[143] nicht mehr vereinbar. Danach hat im Geschäftsverkehr zwischen Unternehmern[144] der Gläubiger Anspruch auf Verzugszinsen, ohne dass es einer Mahnung bedarf, wenn er den fälligen Betrag nicht rechtzeitig erhalten hat, es sei denn, dass der Schuldner für den Zahlungsverzug nicht verantwortlich ist.[145]

Der Mieter (Schuldner) muss bei einer Zahlung durch **Banküberweisung** daher 90
dafür Sorge tragen, dass der geschuldete Betrag dem Konto des Vermieters (Gläubiger) rechtzeitig, also innerhalb der dreitägigen Zahlungszeitspanne, gutgeschrieben wird.[146] Es kommt mithin nicht mehr auf die rechtzeitige Vornahme der Leistungshandlung, sondern auf den Eintritt des Leistungserfolges innerhalb der Zahlungsfrist an. Nur wenn der Mieter für den Zahlungsverzug nicht verantwortlich ist, hat der Vermieter keinen Anspruch auf Verzugszinsen. Verzögerungen und Fehler der bei dem Zahlungsvorgang beteiligten Banken gehen nicht zulasten des Mieters.[147] Der Mieter hat die **Ausführungsfrist für Zahlungsvorgänge** zu beachten, um nicht in Verzug zu geraten. Gemäß § 675s Abs. 1 S. 1 BGB ist der Zahlungsdienstleister des Zahlers (Mieter) verpflichtet, sicherzustellen, dass der Zahlungsbetrag spätestens am Ende des auf den Zugangszeitpunkt des Zahlungsauftrags folgenden Geschäftstags beim Zahlungsdienstleister des Zahlungsempfängers eingeht. Für in Papierform ausgelöste Zahlungsvorgänge kann die vorgenannte Frist gem. § 675s Abs. 1 S. 3 BGB um einen weiteren Geschäftstag verlängert werden. Maßgeblich sind Geschäftstage i.S.d. § 675n Abs. 1 BGB, zu denen der Samstag nicht zählt.[148] Hat der Mieter diese Ausführungsfristen bei seiner Überweisung beachtet, kommt er nicht in Verzug, wenn der geschuldete Betrag dennoch nicht rechtzeitig beim Vermieter gutgeschrieben wird. Die Überweisung muss zudem auf das richtige Konto des Vermieters erfolgen, um rechtzeitig zu sein,[149] und die nötigen Angaben enthalten, damit der Vermieter die Zahlung zuordnen kann.[150]

---

141 Schmidt-Futterer/*Langenberg*, § 556b BGB Rn 7; MüKo-BGB/*Artz*, § 556b Rn 6; BeckOK-BGB/*Ehlert*, § 556b Rn 11.

142 RL 2000/35/EG v. 29.6.2000, ABl. EG Nr. L 200 S. 35, neugefasst durch RL 2011/7/EU v. 16.2.2011, ABl. EU Nr. L 48 S. 1.

143 EuGH, Urt. v. 3.4.2008 – C-306/06 – NJW 2008, 1935.

144 Die Zahlungsverzugsrichtlinie gilt nur für den Geschäftsverkehr zwischen Unternehmern. Ob deren Regelungsgehalt gleichwohl auch auf den Zahlungsverkehr mit Verbrauchern anzuwenden ist, ist umstritten; dafür: Palandt/*Grüneberg*, § 270 Rn 6, dagegen: Schmidt-Futterer/*Langenberg*, § 556b BGB Rn 9.

145 Art. 3 Abs. 1 lit. c) Nr. ii) der RL 2000/35/EG v. 29.6.2000, ABl. EG Nr. L 200 S. 35 und Art. 3 Abs. 1 lit. b) der RL 2011/7/EU v. 16.2.2011, ABl. EU Nr. L 48 S. 1.

146 EuGH, Urt. v. 3.4.2008 – C-306/06 – NJW 2008, 1935.

147 Schmidt-Futterer/*Langenberg*, § 556b BGB Rn 8.

148 Siehe oben Rn 82.

149 BGH, Urt. v. 6.12.1994 – XI ZR 173/94 – BGHZ 128, 135.

150 LG Köln, Urt. v. 17.2.1993 – 10 S 348/92 – WM 1995, 104.

91 Die Vertragsparteien können mit einer **Rechtzeitigkeitsklausel** vereinbaren, dass es für die Rechtzeitigkeit der Zahlung nicht auf die Absendung, sondern auf den Zugang des Geldes ankommt. Eine solche Klausel ist dahin auszulegen, dass der Mieter die Überweisung des Geldes so rechtzeitig veranlassen muss, dass nach dem normalen Verlauf mit dem Zugang des Geldes beim Vermieter noch innerhalb der Zahlungsfrist zu rechnen ist.[151] Eine formularvertragliche Vereinbarung einer Rechtzeitigkeitsklausel[152] ist jedenfalls dann wirksam, wenn es um die Zahlung der laufenden Mieten geht und die Vertragsparteien Kaufleute/Unternehmer sind.[153] Die Rechtzeitigkeitsklausel entspricht nunmehr im Wesentlichen dem Regelungsgehalt der Zahlungsverzugsrichtlinie.[154]

92 Erfolgt die Zahlung der Miete im **Lastschriftverfahren** (früher: Abbuchungsverfahren/Einziehungsermächtigung; heute: SEPA-Lastschrift),[155] reicht es aus, wenn das Konto des Mieters im Zeitpunkt der Fälligkeit ausreichend gedeckt ist.[156] Der Vermieter muss den Lastschrifteinzug rechtzeitig durchführen.[157] Das Verlust- und Verzögerungsrisiko liegt allein beim Vermieter.[158]

93 Bei der Leistung durch **Scheck** ist dieser so rechtzeitig an den Vermieter zu verschicken, dass unter Berücksichtigung der üblichen Postlaufzeiten der Scheck innerhalb der Zahlungsfrist beim Vermieter eingeht und dieser den Scheck einlösen kann und die Gutschrift auf dem Konto des Vermieters ebenfalls innerhalb der Zahlungsfrist erfolgt.[159]

---

151 *Blank/Börstinghaus*, § 556b Rn 19.

152 Die Wirksamkeit einer solchen Klausel ist bei der Wohnraummiete umstritten: *Blank/Börstinghaus*, § 556b Rn 20 m.w.N; Schmidt-Futterer/*Langenberg*, § 556b BGB Rn 11.

153 BGH, Urt. v. 24.6.1998 – XII ZR 195/96 – BGHZ 139, 123; BeckOK-BGB/*Ehlert*, 556b Rn 15.

154 Schmidt-Futterer/*Langenberg*, § 556b BGB Rn 11.

155 Gemäß Art. 4 Abs. 5 und Art. 6 Abs. 2 der SEPA-Verordnung (VO (EU) Nr. 260/2012) trat ab dem 1.2.2014 an Stelle der mitgliedstaatlichen Zahlverfahren das SEPA-Verfahren. Die SEPA-Verordnung enthält kein entsprechendes SEPA-Verfahren, in das das Abbuchungsverfahren konvertiert werden konnte, sodass dieses ab dem 1.2.2014 nicht mehr genutzt werden kann. Auch das Einzugsermächtigungsverfahren kann gem. Art. 16 Abs. 1 SEPA-Verordnung nur eingeschränkt noch bis zum 1.2.2016 genutzt werden. An deren Stelle treten die SEPA-Basislastschrift und die SEPA-Firmenlastschrift; vgl. Palandt/*Sprau*, § 675f Rn 38 f.; MüKo-HGB/*Hadding*, Bd. 6 Kap. C 1 ff.

156 BeckOK-BGB/*Ehlert*, § 556b Rn 11a.

157 Noch zur alten Rechtslage: BGH, Urt. v. 7.12.1983 – VIII ZR 257/82 – NJW 1984, 871; OLG Koblenz, Urt. v. 12.11.1993 – 2 U 366/92 – NJW-RR 1994, 689.

158 Noch zur alten Rechtslage: BGH, Urt. v. 19.10.1977 – IV ZR 149/76 – NJW 1978, 215.

159 Schmidt-Futterer/*Langenberg*, § 556b BGB Rn 8; *Blank/Börstinghaus*, § 556b Rn 15; OLG Jena, Urt. v. 11.5.2011 – 2 U 1000/10 – NJOZ 2012, 481.

3. Tilgung

Auch für Mietzahlungen gelten die allgemeinen Bestimmungen in den §§ 366, 367 BGB.[160] Ist die Zahlung nicht ausreichend, haben die Vertragsparteien keine vertragliche Regelung getroffen und hat der Mieter auch keine Tilgungsbestimmung vorgenommen, so gilt die **gesetzliche Tilgungsreihenfolge** gem. §§ 366 Abs. 2, 367 Abs. 1 BGB. Es wird zunächst die fällige Schuld, unter mehreren fälligen Schulden diejenige, welche dem Vermieter geringere Sicherheit bietet, unter mehreren gleich sicheren die dem Mieter lästigere, unter mehreren gleich lästigen die ältere Schuld und bei gleichem Alter jede Schuld verhältnismäßig getilgt. Hat der Mieter außer der Hauptleistung Zinsen und Kosten zu entrichten, so wird eine zur Tilgung der ganzen Schuld nicht ausreichende Leistung zunächst auf die Kosten, dann auf die Zinsen und zuletzt auf die Hauptleistung angerechnet. 94

Haben die Vertragsparteien nichts vereinbart, so kann der Mieter bei jeder Zahlung erneut eine Tilgungsbestimmung treffen. Dies ist auch konkludent möglich, wie z.B. regelmäßig bei Zahlung kurz vor dem Fälligkeitstermin.[161] Dies kann bei Zahlungsrückständen, welche der Höhe nach an der Grenze zum Kündigungsrecht des Vermieters liegen, mit Blick auf Zinsen und Kosten unter Umständen zu einem Hinauszögern des Kündigungsrechts des Vermieters führen. Dem kann der Vermieter aber, bei einem Abweichen von der gesetzlichen Tilgungsreihenfolge, mit dem **Zurückweisungsrecht** aus § 367 Abs. 2 BGB begegnen. 95

Auf der anderen Seite ist aber auch eine **Vereinbarung**, wonach der Vermieter nach seinem Belieben die Zahlungen des Mieters zuordnen oder gar entgegen der Tilgungsbestimmung des Mieters Zahlungen zuordnen darf, unwirksam.[162] 96

Praxistipp !

Es bietet sich daher an, für den Fall des Fehlens einer Tilgungsbestimmung des Mieters entweder die gesetzliche **Tilgungsreihenfolge** oder aber eine die sonstigen Interessen des Mieters angemessen berücksichtigende Reihenfolge der Tilgung vertraglich zu **vereinbaren**.

---

4. Verjährung

Der Anspruch des Vermieters auf Zahlung der Miete unterliegt der **regelmäßigen** Verjährung gem. §§ 195, 199 BGB.[163] 97

160 BGH, Urt. v. 9.10.2014 – IX ZR 69/14 – NJW 2015, 162, 164.

161 Lindner-Figura/Opree/Stellmann/*Bartholomäi/Lindner-Figura/Stellmann*, Kap. 10 Rn 250.

162 Bub/Treier/*Bub*, II Rn 1147.

163 Palandt/*Weidenkaff*, § 535 Rn 78.

a) Begriff

98 Verjährung ist der Zeitablauf, der den Schuldner gem. § 214 Abs. 1 BGB berechtigt, die Leistung (Mietzahlung) zu **verweigern**. Nur Ansprüche unterliegen der Verjährung. Ein Anspruch ist gem. § 194 Abs. 1 BGB das Recht, von einem anderen ein Tun oder Unterlassen zu verlangen. Dazu zählt insbesondere der Anspruch des Vermieters auf Zahlung der Miete. Gestaltungsrechte hingegen, durch die der Berechtigte Rechtsverhältnisse einseitig durch Willenserklärung verändern, aufheben oder begründen kann, wie z.B. die Kündigung, Anfechtung und Aufrechnung, unterliegen nicht der Verjährung.[164] Für diese gelten andere Regeln, auf die die Verjährungsvorschriften teilweise Einfluss haben.[165]

b) Anwendbarkeit

99 Der regelmäßigen Verjährung der §§ 195, 199 BGB unterliegen nicht nur der Anspruch des Vermieters auf Zahlung der **Miete** und **andere Ansprüche**, die die Vertragsparteien als Gegenleistung für die Gebrauchsüberlassung vereinbart haben.[166] Auch die Zahlung der laufenden **Nebenkosten** und der Nachforderungen aus Nebenkostenabrechnungen fallen unter die §§ 195, 199 BGB.[167] Die Vorschriften gelten ebenfalls für den Anspruch des Vermieters auf **Nutzungsentschädigung** bei verspäteter Rückgabe der Mietsache nach Mietende gem. § 546a BGB[168] sowie für den Anspruch auf **Nutzungsersatz** im Falle eines gescheiterten Mietvertrages gem. § 988 BGB.[169]

c) Vereinbarungen über die Verjährung

100 Die Vertragsparteien können in den Grenzen des § 202 BGB Vereinbarungen über die Verjährung treffen. Danach kann die Verjährung bei Haftung wegen Vorsatzes nicht im Voraus durch Rechtsgeschäft erleichtert werden (§ 202 Abs. 1 BGB). Verjährungserleichternde Vereinbarungen nach Entstehen des Anspruchs sind daher zulässig.[170] Zudem kann die Verjährung durch Rechtsgeschäft nicht über eine Verjährungsfrist von 30 Jahren ab dem gesetzlichen Verjährungsbeginn hinaus erschwert werden (§ 202 Abs. 2 BGB). Ansonsten sind Vereinbarungen über die Verjährung, auch mittels **AGB**, zulässig, soweit eine unangemessene Benachteiligung des Mieters i.S.d.

---

164 Palandt/*Ellenberger*, § 194 Rn 3.
165 Siehe unten Rn 106.
166 Schmidt-Futterer/*Streyl*, § 548 BGB Rn 64.
167 MüKo-BGB/*Bieber*, § 548 Rn 28.
168 BGH, Urt. v. 7.5.1991 – XII ZR 146/90 – NJW-RR 1991, 1033; *Blank/Börstinghaus*, § 548 Rn 44.
169 KG, Urt. v. 11.1.2001 – 8 U 9158/98 – NZM 2002, 563; *Blank/Börstinghaus*, § 548 Rn 47.
170 Lindner-Figura/Opree/Stellmann/*Bartholomäi/Lindner-Figura/Stellmann*, Kap. 10 Rn 272.

§ 307 BGB nicht vorliegt.[171] Eine Klausel, die den Eintritt der Verjährung in das Ermessen des Vermieters stellt, ist unwirksam.[172]

Der Schuldner kann auf die Erhebung der Einrede der Verjährung **verzichten.**[173] 101
Der Verzicht kann nicht nur erst nach Eintritt der Verjährung, sondern auch schon davor erfolgen.[174] Ein unbefristeter Verzicht ist grundsätzlich dahingehend auszulegen, dass er auf die 30-jährige Höchstfrist des § 202 Abs. 2 BGB begrenzt ist.[175]

d) Dauer und Beginn der Verjährung

Die regelmäßige Verjährungsfrist beträgt gem. § 195 BGB **drei Jahre.** 102

Der Beginn der regelmäßigen Verjährungsfrist bestimmt sich nach § 199 Abs. 1 103
BGB. Danach beginnt die regelmäßige Verjährungsfrist, soweit ein anderer Verjährungsbeginn nicht bestimmt ist, mit dem Schluss des Jahres, in dem der Anspruch entstanden ist und der Gläubiger (Vermieter) von den den Anspruch begründenden Umständen und der Person des Schuldners (Mieter) Kenntnis erlangt oder ohne grobe Fahrlässigkeit erlangen müsste. Die Kenntnis der anspruchsbegründenden Umstände erfordert nicht, dass der Vermieter den Vorgang rechtlich zutreffend beurteilt.[176] Entscheidend ist, dass der Vermieter Kenntnis von den anspruchsbegründenden Tataschen sowie von der Person des Schuldners und dessen Anschrift hat.[177]

Beispiel
Für einen am 1.2.2015 entstanden Anspruch auf Mietzahlung beginnt die Verjährung am 31.12.2015 um 24.00 Uhr und endet am 31.12.2018 um 24.00 Uhr. Ab dem 1.1.2019 um 0.00 Uhr kann der Mieter daher die Zahlung der Miete wegen Verjährung verweigern.

§ 199 Abs. 4 BGB bestimmt eine **Verjährungshöchstfrist**. Danach verjähren unab- 104
hängig von der Kenntnis oder grob fahrlässigen Unkenntnis des Vermieters dessen Zahlungsansprüche in **zehn Jahren** von ihrer Entstehung an.

Beispiel
Ein am 1.2.2015 entstandener Anspruch auf Mietzahlung ist unabhängig von der Kenntnis oder grob fahrlässigen Unkenntnis des Vermieters mit Ablauf des 1.2.2025 verjährt. Ab dem 2.2.2025 um 0.00 Uhr kann der Mieter daher die Zahlung der Miete wegen Verjährung verweigern.

---

171 Palandt/*Ellenberger*, § 202 Rn 12.
172 BGH, Urt. v. 8.1.1986 – VIII ZR 313/84 – NJW 1986, 1608.
173 MüKo-BGB/*Grothe*, § 202 Rn 13 ff.
174 BGH, Urt. v. 18.9.2007 – XI ZR 447/06 – WM 2007, 2230 m.w.N.
175 BGH, Urt. v. 18.9.2007 – XI ZR 447/06 – WM 2007, 2230.
176 Palandt/*Ellenberger*, § 199 Rn 27 m.w.N.
177 Palandt/*Ellenberger*, § 199 Rn 28, 34.

e) Hemmung und Neubeginn der Verjährung

aa) Hemmung

105 Gemäß § 209 BGB wird der Zeitraum, währenddessen die Verjährung gehemmt ist, in die Verjährung nicht eingerechnet. Die Hemmung der Verjährung bewirkt dementsprechend, dass die Verjährungsfrist mit Eintritt des Hemmungsgrundes zum Stillstand kommt und mit seinem Wegfall weiterläuft.[178] Das BGB enthält verschiedene Tatbestände, die die Hemmung der Verjährung bewirken. Die Verjährung wird u.a. gehemmt:

- durch **Verhandlungen** der Vertragsparteien über den Anspruch (§ 203 S. 1 BGB); dabei genügt jeder Meinungsaustauch über den Anspruch, solange nicht eine Vertragspartei jede Anspruchserfüllung verweigert;[179]
- durch die **gerichtliche Geltendmachung** des Anspruchs, u.a.:
  - durch Erhebung der Klage auf Leistung oder auf Feststellung des Anspruchs, auf Erteilung der Vollstreckungsklausel oder auf Erlass des Vollstreckungsurteils (§ 204 Abs. 1 Nr. 1 BGB);
  - durch Zustellung des Mahnbescheids im Mahnverfahren (§ 204 Abs. 1 Nr. 3 BGB)
  - durch Geltendmachung der Aufrechnung des Anspruchs im Prozess (§ 204 Abs. 1 Nr. 5 BGB);
  - durch Zustellung der Streitverkündung (§ 204 Abs. 1 Nr. 6 BGB);
  - durch Zustellung des Antrags auf Durchführung eines selbstständigen Beweisverfahrens (§ 204 Abs. 1 Nr. 7 BGB);
  - durch Zustellung des jeweiligen Antrags im einstweiligen Rechtsschutzverfahren (§ 204 Abs. 1 Nr. 9 BGB);
- durch **Vereinbarung** mit dem Gläubiger, die den Schuldner vorübergehend zur Verweigerung der Leistung berechtigt (§ 205 BGB);
- solange der Gläubiger innerhalb der letzten sechs Monate der Verjährungsfrist durch **höhere Gewalt** an der Rechtsverfolgung gehindert ist (§ 206 BGB).

106 Im Falle der Hemmung der Verjährung durch Verhandlungen der Vertragsparteien über den Anspruch (§ 203 S. 1 BGB) tritt die Verjährung gem. § 203 S. 2 BGB frühestens drei Monate nach dem Ende der Hemmung ein. Die Hemmung der Verjährung endet im Falle der gerichtlichen Geltendmachung des Anspruches (§ 204 Abs. 1 BGB) gem. § 204 Abs. 2 BGB sechs Monate nach der rechtskräftigen Entscheidung oder anderweitigen Beendigung des eingeleiteten Verfahrens. Zudem ist die **Ab-**

178 MüKo-BGB/*Grothe*, § 203 Rn 1.

179 BGH, Urt. v. 31.10.2000 – VI ZR 198/99 – BGHZ 145, 358; BGH, Urt. v. 8.5.2001 – VI ZR 208/00 – NJW-RR 2001, 1168.

laufhemmung[180] des § 210 BGB bei nicht voll Geschäftsfähigen sowie des § 211 BGB in Nachlassfällen zu beachten.

bb) Neubeginn

Der Neubeginn der Verjährung ist in § 212 BGB geregelt. Nach Abs. 1[181] dieser Vorschrift beginnt die Verjährung erneut, wenn 107
- der Schuldner dem Gläubiger gegenüber den Anspruch durch Abschlagszahlung, Zinszahlung, Sicherheitsleistung oder in anderer Art und Weise **anerkennt** (§ 212 Abs. 1 Nr. 1 BGB) oder
- eine gerichtliche oder behördliche **Vollstreckungshandlung** vorgenommen oder beantragt wird (§ 212 Abs. 1 Nr. 2 BGB).

f) Rechtsfolgen, Einrede, Sonstiges

Liegen die Voraussetzungen der Verjährung vor, kann der Schuldner gem. § 214 108 Abs. 1 BGB die Leistung verweigern. Der Schuldner kann gem. § 214 Abs. 2 S. 1 BGB das zur Befriedigung eines verjährten Anspruchs Geleistete nicht zurückfordern, auch wenn in Unkenntnis der Verjährung geleistet worden ist. Die Verjährung wird nicht von Amts wegen beachtet,[182] sondern gewährt dem Schuldner eine **Einrede**, von der er nach Belieben Gebrauch machen kann.[183] Ob das Gericht im Prozess die Vertragsparteien auf die Verjährung des Anspruchs und das Leistungsverweigerungsrecht des Schuldners hinweisen darf, ist umstritten und eine Frage des Einzelfalls.[184] Entscheidend ist dabei, ob der Hinweis des Gerichts auf die Verjährung des Anspruchs noch zu dessen (zulässiger) materieller Prozessleitung (§ 139 ZPO) gehört oder – wegen Überschreitung dieser Kompetenz – bereits die Ablehnung des Gerichts wegen Befangenheit rechtfertigen könnte.[185]

Gemäß § 215 BGB schließt die Verjährung weder die **Aufrechnung** noch die Gel- 109 tendmachung eines **Zurückbehaltungsrechts** aus, wenn der Anspruch in dem Zeitpunkt noch nicht verjährt war, in dem erstmals aufgerechnet oder die Leistung verweigert werden konnte.

Mit dem Hauptanspruch (Miete) verjährt gem. § 217 BGB auch der Anspruch auf 110 die von diesem abhängenden **Nebenleistungen** (z.B. Verzugszinsen), auch wenn

180 Die Ablaufhemmung kennzeichnet, dass die Verjährung fristunabhängig nicht vor einem bestimmten Zeitpunkt oder erst nach Wegfall von Gründen eintritt, die der Geltendmachung des Anspruchs entgegenstehen; MüKo-BGB/*Grothe*, § 203 Rn 1.

181 Ausnahmen in Abs. 2 und 3 der Vorschrift.

182 Palandt/*Ellenberger*, § 214 Rn 2.

183 Lindner-Figura/Opree/Stellmann/*Bartholomäi*/*Lindner-Figura*/*Stellmann*, Kap. 10 Rn 270.

184 Ausführlich: Staudinger/*Peters*/*Jacoby*, § 214 Rn 15 f.; Palandt/*Ellenberger*, § 214 Rn 2 m.w.N.

185 MüKo-BGB/*Grothe*, § 214 Rn 3.

die für diesen Anspruch geltende besondere Verjährung noch nicht eingetreten ist.

5. Verwirkung

111 Der Vermieter kann seinen Anspruch auf Mietzahlung auch verwirken. Die Verwirkung bestimmt sich nach der allgemeinen Regel des § 242 BGB. Nach der ständigen Rechtsprechung des BGH ist ein Recht verwirkt, wenn seit der Möglichkeit der Geltendmachung längere Zeit verstrichen ist (**Zeitmoment**) und besondere Umstände hinzutreten, die die verspätete Geltendmachung als Verstoß gegen Treu und Glauben erscheinen lassen (**Umstandsmoment**). Letzteres ist der Fall, wenn der Verpflichtete (Mieter) bei objektiver Betrachtung aus dem Verhalten des Berechtigten (Vermieter) entnehmen durfte, dass dieser sein Recht nicht mehr geltend machen werde. Ferner muss sich der Verpflichtete im Vertrauen auf das Verhalten des Berechtigten in seinen Maßnahmen so eingerichtet haben, dass ihm durch die verspätete Durchsetzung des Rechts ein unzumutbarer Nachteil entstünde.[186] Entscheidend ist, dass neben der zeitlichen Komponente auch besondere Umstände vorliegen, die das Vertrauen des Schuldners (Mieter) rechtfertigen, dass der Gläubiger (Vermieter) seine Ansprüche nicht mehr geltend machen werde. Verwirkung kann – soweit besondere Umstände hinzutreten – daher vorliegen, wenn der Vermieter über einen Zeitraum von fast vier Jahren es unterlässt, eine indexbedingte Mieterhöhung gegenüber dem Mieter geltend zu machen.[187] Das Gleiche gilt, wenn der Vermieter trotz Vereinbarung einer Staffelmiete die Mietanpassung nicht praktiziert.[188] Verwirkung scheidet aber aus, wenn der Schuldner (Mieter) keine Vermögensdispositionen getroffen hat, die den Schluss darauf zulassen, dass der Schuldner darauf vertraut hat, dass der Gläubiger seinen Anspruch nicht mehr geltend machen würde.[189]

B. Mietanpassung

I. Wertsicherungsklauseln

1. Allgemeines

112 Wertsicherungsklauseln sind vertragliche Vereinbarungen der Vertragsparteien, durch die die Entwicklung der Miete an die Entwicklung anderer Güter oder Leis-

---

186 BGH, Urt. v. 9.10.2013 – XII ZR 59/12 – WM 2014, 82, 83; BGH, Urt. v. 20.7.2010 – EnZR 23/09 – NJW 2011, 212 m.w.N.

187 OLG Düsseldorf, Urt. v. 18.3.1999 – 10 U 113/98 – NJW-RR 2001, 1666.

188 KG Berlin, Urt. v. 2.6.2003 – 12 U 320/01 – ZMR 2004, 577.

189 KG Berlin, Urt. v. 23.1.2012 – 8 U 83/11 – ZMR 2012, 770.

tungen gekoppelt wird.[190] Wertsicherungsklauseln bezwecken, das ursprünglich bei Vertragsschluss bestehende Äquivalenzverhältnis zu erhalten. Durch sie können inflationsbedingte Verschiebungen zugunsten einer Vertragspartei ausgeglichen werden.[191] Denn das Absinken der Kaufkraft des Geldes zwischen Vertragsschluss und Zahlung der jeweiligen Geldschuld fällt grundsätzlich in das Risiko des Gläubigers (Vermieter). Insbesondere bei langfristigen Verträgen wie Gewerberaummietverträgen hat der Gläubiger einer Geldschuld ein Interesse daran, seine Forderung vor der Geldentwertung durch Vereinbarung einer Wertsicherungsklausel zu sichern.[192] Dadurch können die Mietzahlungsansprüche des Vermieters bei langfristigen Mietverträgen wertbeständig gehalten werden.[193]

Die Rechtsordnung sieht unterschiedliche Arten der Wertsicherungsklauseln vor. Die Indexmiete ist für Mietverhältnisse über Wohnraum in § 557b Abs. 1 BGB legaldefiniert. Vereinbaren die Vertragsparteien, dass die Miete durch den vom Statistischen Bundesamt ermittelten Preisindex für die Lebenshaltung aller privaten Haushalte in Deutschland bestimmt wird, liegt eine Indexmiete vor. Diese Vorschrift ist auf Mietverhältnisse über Gewerberäume nicht anwendbar. Die Zulässigkeit von Wertsicherungsklauseln bei der Gewerberaummiete bestimmt sich nach dem **Gesetz über das Verbot der Verwendung von Preisklauseln bei der Bestimmung von Geldschulden** (Preisklauselgesetz = PrKG). 113

Die Begriffe Indexklausel, (Preis-)Gleitklausel und Preisklausel können synonym verwendet werden. Sie beschreiben alle den gleichen Mechanismus der Kopplung der Entwicklung der Miete an die Entwicklung einer anderen Bezugsgröße. Der Begriff der Preisklausel bietet sich an, da er der gesetzlichen Terminologie entspricht. 114

2. Anwendbarkeit

Das Preisklauselgesetz trat mit Wirkung zum 14.9.2007 in Kraft. Zuvor galt seit dem 1.1.1999 das Preisangaben- und Preisklauselgesetz (PaPkG) und die Preisklauselverordnung (PrKV), die an die Stelle des aufgehobenen Währungsgesetzes getreten waren.[194] Nach der alten Rechtslage bedurften Preisklauseln noch der Genehmigung des Bundesamtes für Wirtschaft und Ausfuhrkontrolle. § 9 PrkG enthält eine Übergangsvorschrift für Altverträge, die diesem Umstand Rechnung trägt. Nach § 9 Abs. 1 PrKG gelten die nach der alten Rechtslage erteilten Genehmigungen fort. Waren Preisklauseln vor dem 14.9.2007 (also noch zur alten Rechtslage) vereinbart und 115

190 *Neuhaus*, Kap. 11 Rn 15.

191 Lindner-Figura/Opree/Stellmann/*Bartholomäi*/*Lindner-Figura*/*Stellmann*, Kap. 10 Rn 122.

192 jurisPK-BGB/*Toussaint*, § 1 PrkG Rn 1.

193 *Ruff*, ZKF 2013, 166.

194 *Ruff*, ZKF 2013, 166.

deren Genehmigung beantragt worden, findet auf diese Klauseln die alte Rechtslage (PaPkG, PrKV) weiterhin Anwendung.

116 Dementsprechend gilt das PrKG,
- wenn die Klausel ab dem 14.9.2007 vereinbart wurde;
- wenn die Klausel vor dem 14.9.2007 vereinbart wurde und keine Genehmigung vorliegt oder beantragt wurde.[195]

Die alte Rechtslage (PaPkG, PrkV) findet weiterhin Anwendung,
- wenn die Klausel vor dem 14.9.2007 vereinbart wurde und die Genehmigung vorliegt;
- wenn die Klausel vor dem 14.9.2007 vereinbart wurde und deren Genehmigung vor dem 14.9.2007 beantragt wurde.[196]

117 Wurde nach altem Recht einer Klausel die beantragte Genehmigung versagt, kann diese auch nicht nach dem PrKG geheilt, d.h. wirksam werden. Die nach altem Recht erteilte Ablehnung einer Klausel gilt auch nach neuem Recht fort.[197]

3. Preisklauselverbot, § 1 Abs. 1 PrKG

118 § 1 Abs. 1 PrKG bestimmt ein allgemeines Preisklauselverbot. Danach darf der Betrag von Geldschulden nicht unmittelbar und selbsttätig durch den Preis oder Wert von anderen Gütern oder Leistungen bestimmt werden, die mit den vereinbarten Gütern oder Leistungen nicht vergleichbar sind. Ausnahmen von diesem Verbot sind in § 1 Abs. 2 PrKG und §§ 2 bis 7 PrKG geregelt.[198] Zweck des allgemeinen Preisklauselverbots ist die Preisstabilität.[199]

4. Zulässige Wertsicherungsklauseln

119 Unter den nach dem PrKG zulässigen Preisklauseln sind die nachfolgenden Klauseln für die Gewerberaummiete relevant. Zu unterscheiden ist hierbei zwischen Klauseln, die zwar dem PrKG unterfallen, die aber zulässig sind (a) und solchen, die dem Verbot des PrKG, genau genommen, gar nicht erst unterfallen (b–e).

---

195 BGH, Urt. v. 13.11.2013 – XII ZR 142/12 – WM 2014, 84, 86; Lindner-Figura/Opree/Stellmann/*Bartholomäi/Lindner-Figura/Stellmann*, Kap. 10 Rn 124.

196 *Neuhaus*, Kap. 11 Rn 30 f.

197 *Ruff*, ZKF 2013, 166, 167.

198 Siehe unten Rn 119 ff.

199 jurisPK-BGB/*Toussaint*, § 1 PrkG Rn 10, 16.

a) Zulässige Gleitklauseln/Preisklauseln

Preisklauseln in Verträgen über wiederkehrende Zahlungen, die für die Dauer von mindestens zehn Jahren zu erbringen sind, unterfallen dem PrKG. Sie sind zulässig, wenn, 120

- der geschuldete Betrag durch die Änderung eines von dem Statistischen Bundesamt oder einem Statistischen Landesamt ermittelten Preisindexes für die Gesamtlebenshaltung oder eines vom Statistischen Amt der Europäischen Gemeinschaft ermittelten Verbraucherpreisindexes bestimmt werden soll (§ 3 Abs.1 PrKG); oder
- wenn der geschuldete Betrag von der künftigen Einzel- oder Durchschnittsentwicklung von Preisen oder Werten für Güter oder Leistungen abhängig gemacht wird, die der Schuldner in seinem Betrieb erzeugt, veräußert oder erbringt (§ 3 Abs. 3 PrKG).

In beiden Fällen muss die Preisklausel im Einzelfall hinreichend bestimmt sein und sie darf keine Vertragspartei unangemessen benachteiligen (§ 2 Abs. 1 Nr. 1 PrKG). Im Einzelnen:

aa) Langfristige Bindung

Der Vertrag muss die Vertragsparteien langfristig binden. Eine langfristige Bindung 121
liegt zunächst vor, wenn der Vertrag eine Vertragslaufzeit von **mindestens zehn Jahren** hat (§ 3 Abs. 1 Nr. 1 lit. d PrKG). Ausreichend ist auch ein Vertrag, bei dem der Gläubiger (Vermieter) für die Dauer von mindestens zehn Jahren auf das Recht zur ordentlichen Kündigung verzichtet oder der Schuldner (Mieter) das Recht hat, die Vertragsdauer auf mindestens zehn Jahre zu verlängern (§ 3 Abs. 1 Nr. 1 lit. e PrKG). Entscheidend ist die zehnjährige Bindung des Gläubigers (Vermieter), von der dieser sich nicht ordentlich lösen kann.[200] Ein außerordentliches Kündigungsrecht aus wichtigem Grund, das der Vermieter nur eingeschränkt ausüben kann, beeinträchtigt nicht die erforderliche zehnjährige Bindung.[201] Nach § 3 Abs. 1 Nr. 1 lit. d PrKG soll die zehnjährige Vertragsdauer vom Vertragsschluss bis zur Fälligkeit der letzten Zahlung berechnet werden. Entgegen dieser ausdrücklichen gesetzlichen Regelung ist aber nicht auf den Vertragsschluss, sondern auf den **tatsächlichen Mietbeginn** abzustellen.[202] Dies kann insbesondere bei der Vermietung vom Reiß-

200 *Neuhaus*, MDR 2010, 848.
201 *Fritz*, Rn 111c; Lindner-Figura/Opree/Stellmann/*Bartholomäi/Lindner-Figura/Stellmann*, Kap. 10 Rn 136.
202 *Usinger*, NZM 2009, 297, 298; Schmidt-Futterer/*Börstinghaus*, § 557b BGB Rn 3; Lindner-Figura/Opree/Stellmann/*Bartholomäi/Lindner-Figura/Stellmann*, Kap. 10 Rn 135; a.A. *Weiß/Bork*, ZfIR 2012, 113, 115.

brett[203] relevant werden, wenn zwischen Vertragsschluss und Mietbeginn ein längerer Zeitraum liegt.[204] Die erforderliche langfristige Bindung ist aber verfehlt, wenn dem Vertrag die nach § 550 BGB gebotene **Schriftform**[205] fehlt. Denn nach § 550 BGB gilt ein Vertrag für unbestimmte Zeit und kann dementsprechend ordentlich gekündigt werden, wenn der Vertrag für längere Zeit als ein Jahr nicht in schriftlicher Form geschlossen wurde.[206]

bb) Kopplung an Index

122 Um zulässig zu sein, muss die Klausel die Veränderung der Miethöhe an einer erlaubten Bezugsgröße (Index) ausrichten. Am häufigsten ist hier sicherlich der Preisindex für die Gesamtlebenshaltung in Deutschland bzw. der Verbraucherpreisindex (VPI) zu finden. Der vom Statistischen Amt der Europäischen Gemeinschaft zusammen mit den nationalen Statistischen Ämtern entwickelte harmonisierte Verbraucherpreisindex für Europa findet sich dagegen sehr viel seltener und wird – wegen seines kleineren Warenkorbs und den damit verbundenen höheren Schwankungen im Vergleich zum VPI und auch noch aus anderen Gründen – nicht empfohlen.[207] Die Koppelung erfolgt dergestalt, dass eine Veränderung des Indexes, ausgehend von einem vereinbarten Basiswert, zu einer entsprechenden Veränderung der Miete führt.

Beispiel
Die Berechnung der prozentualen Veränderung erfolgt nach der folgenden Formel:
[Neuer Index : alter Index] x 100 – 100 = prozentuale Veränderung.[208]

123 Hierbei ist zu berücksichtigen, dass der BGH eine Rundung der sich daraus ergebenden prozentualen Veränderung auf mehr als eine Nachkommastelle ablehnt.[209]

124 Ist nichts weiter vereinbart, tritt eine Änderung der Miete automatisch mit der Änderung des Indexes ein. Beide Vertragsparteien müssen in diesem Fall den Index ständig überwachen, um Nachzahlungen und insbesondere die darauf anfallenden Verzugszinsen[210] zu vermeiden.

---

203 Siehe ausführlich hierzu Kap. 3.
204 *Aufderhaar/Jaeger*, NZM 2009, 564, 566.
205 Siehe ausführlich hierzu Kap. 2 Rn 378 ff.
206 OLG Rostock, Urt. v. 10.1.2005 – 3 U 61/04 – NZM 2005, 506.
207 Bub/Treier/*Schultz*, III.A Rn 868.
208 BGH, Urt. v. 7.11.2012 – XII ZR 41/11 – NZM 2013, 148.
209 BGH, Urt. v. 7.11.2012 – XII ZR 41/11 – NZM 2013, 148.
210 Siehe oben Rn 88 ff.

Praxistipp

Sinnvoll ist es daher, die Fälligkeit der geänderten Miete von einem Aufforderungsschreiben (**Indexierungsschreiben**) der jeweils anderen Vertragspartei abhängig zu machen und zugleich den Zeitraum für Nachforderungen auf ein angemessenes Maß zu beschränken. Somit fallen zwar immer noch Nachzahlungen an, jedoch können diese vom Umfang her nicht ausufern und es entstehen für diese dann auch keine Verzugszinsen. Zur weiteren Vereinfachung kann auch noch die Wirksamkeit der Mietanpassung auf den – der Indexänderung folgenden – nächsten Monatsersten oder sonstigen Zeitpunkt verlegt werden.

In aller Regel wird weiterhin ein sog. **Schwellenwert** vereinbart. Die Änderung des Indexes muss dann eine bestimmte Schwelle erreichen oder überschreiten, damit die Änderung des Indexes auch zu einer Änderung der Miete führt. Sonst würde die fast monatliche Änderung des VPI zu monatlich notwendigen Änderungsverlangen und Mietanpassungen führen. 125

Auch wenn die Vertragsparteien über einen längeren Zeitraum die automatische Anpassung ignoriert haben, reicht dies für eine Verwirkung nicht aus. Grundsätzlich kann jede Vertragspartei zur Geltendmachung ihrer Forderungen den Verjährungsrahmen voll ausschöpfen. Die Voraussetzungen an das berechtigte Vertrauen, nicht mehr mit einer Nachforderung/Rückzahlung rechnen zu müssen, sind dann im Einzelfall genau zu prüfen.[211] 126

Sollten die Vertragsparteien in Altverträgen noch einen anderen, nicht mehr fortgeführten (**Indexverfall**)[212] Index zugrunde gelegt haben, muss im Wege ergänzender Vertragsauslegung ermittelt werden, was die Vertragsparteien redlicherweise vereinbart hätten, wenn sie den Wegfall bedacht hätten. Dies wird in aller Regel auf den jetzt geltenden VPI hinauslaufen.[213] 127

Praxistipp

Gerade bei Gewerbemietverträgen, die regelmäßig zehn Jahre und darüber hinausgehende Mietzeiten aufweisen, sollte daher zur Vermeidung von Unwägbarkeiten eine ausdrückliche Regelung für den Indexverfall getroffen werden.

cc) Hinreichend bestimmt

Gemäß § 2 Abs. 1 PrkG müssen Klauseln nach § 3 PrKG hinreichend bestimmt sein. 128
Dies ist jedenfalls dann nicht gegeben, wenn nach § 2 Abs. 2 PrKG ein geschuldeter Betrag allgemein von der künftigen Preisentwicklung oder von einem anderen Maßstab abhängen soll, der nicht erkennen lässt, welche Preise oder Werte bestimmend

211 Siehe oben Rn 111 und m.w.N. Bub/Treier/*Gramlich*, VI Rn 193f.

212 Lindner-Figura/Opree/Stellmann/*Bartholomäi*/*Lindner-Figura*/*Stellmann*, Kap. 10 Rn 153.

213 Zuletzt BGH, Urt. v. 7.11.2012 – XII ZR 41/11 – NZM 2013, 148.

sein sollen. Bei der Verwendung der nach PrKG allein zulässigen Indices ist dies praktisch kaum denkbar.[214]

dd) Keine unangemessene Benachteiligung

129 Um nach dem PrKG zulässig zu sein, darf die Klausel auch nicht eine Vertragspartei unangemessen benachteiligen. Gemäß § 2 Abs. 3 PrKG liegt eine unangemessene Benachteiligung vor wenn:

- einseitig ein Preis- oder Wertanstieg eine Erhöhung, nicht aber umgekehrt ein Preis- oder Wertrückgang eine entsprechende Ermäßigung des Zahlungsanspruchs bewirkt.
  - Es erfolgt also bei einem Indexanstieg eine Mietpreiserhöhung, aber ein Indexrückgang führt nicht zu einer Mietpreissenkung (**„upwards only"**);[215]
  - Erfasst werden auch Klauseln, nach denen sich eine Indexerhöhung stärker auf die Mieterhöhung auswirken soll, als eine Indexsenkung auf die Mietreduzierung.[216]
- nur eine Vertragspartei das Recht hat, eine Anpassung zu verlangen;
  - dies gilt auch dann, wenn das Recht, eine Anpassung zu verlangen, nur aufseiten des Mieters liegt und somit faktisch nur eine Anpassung nach unten stattfinden wird (§ 1 Abs. 2 Nr. 4 PrKG), was die Klausel eigentlich aus dem Anwendungsbereich des PrKG herausnehmen würde.
  - Darunter fällt auch die Kombination einer Gleitklausel mit einer Staffelmiete, bei der dem Vermieter die Wahl für die ihm jeweils günstigste Variante bleibt.[217]
- der geschuldete Betrag sich gegenüber der Entwicklung der Bezugsgröße unverhältnismäßig ändern kann.
  - Dies ist z.B. der Fall, wenn sich eine Indexänderung um 10% in einer doppelt so hohen Mietänderung von 20% niederschlägt.
  - Zu einer unverhältnismäßigen Änderung kommt es auch dann, wenn eine Indexänderung um fünf Punkte zu einer Mietanpassung von 5% führen soll, also die Änderung der Indexpunktzahl mit der prozentualen Änderung der Miete gleichgesetzt wird (**„Punkte = Prozent-Regelung"**);[218] denn, geht man von einem Basiswert des Indexes aus, der nicht exakt 100 Punkte beträgt, führt dies immer zu einer nichtproportionalen Anpassung.

---

214 Zur sonstigen Unbestimmtheit nach AGB-Recht siehe unten Rn 139.
215 Lindner-Figura/Opree/Stellmann/*Bartholomäi/Lindner-Figura/Stellmann*, Kap. 10 Rn 138.
216 Bub/Treier/*Schultz*, III.A Rn 881.
217 Bub/Treier/*Schultz*, III.A Rn 882.
218 *Neuhaus*, MDR 2010, 848, 849; *Hellner/Rousseau*, NZM 2009, 301, 305.

b) Leistungsvorbehaltsklauseln

Gemäß § 1 Abs. 2 Nr. 1 PrKG sind sog. Leistungsvorbehaltsklauseln vom Verbot des § 1 Abs. 1 PrKG ausgenommen. Bei Leistungsvorbehaltsklauseln ist, im Gegensatz zu echten Gleitklauseln, keine automatische Anpassung der Miete bei Änderung der Bezugsgröße vorgesehen. Vielmehr führt die Änderung der Bezugsgröße oder auch ein Zeitablauf lediglich dazu, dass die Miethöhe geändert werden kann. Welche Bezugsgröße hierzu herangezogen wird, unterliegt dem Belieben der Vertragsparteien.[219] Zugrunde liegen muss der Änderung aber immer ein **selbstständiger Handlungsakt mit Ermessensspielraum.**[220] Die Mietänderung kann durch Neufestsetzung oder Anpassung der Miete erfolgen. Entscheidend sind dabei der Wortlaut und der tatsächliche Wille der Vertragsparteien. Ist ohne weitere Hinweise eine **Neufestsetzung** vereinbart, spricht vieles dafür, dass die Vertragsparteien eine Ausrichtung an der jetzt aktuellen Marktmiete gewollt haben.[221] Bei einer **Anpassung** hingegen sind die Äquivalenzinteressen der Vertragsparteien im Zeitpunkt des Vertragsschlusses zu berücksichtigen, was dann zu einer wertgesicherten Anpassung unter Berücksichtigung der Entwicklung des Verbraucherpreisindexes führt.[222] 130

Praxistipp !
Vor diesem Hintergrund ist nicht nur eine möglichst genaue Beschreibung der Bezugsgröße, sondern insbesondere auch der gewollten Änderungsmaßstäbe notwendig. Die Herausforderung liegt dabei darin, nicht zugleich die konkrete Höhe der Änderung selbst zu bestimmen oder die Änderungsmaßstäbe so eng einzugrenzen, dass der notwendige Ermessensspielraum entfällt und eine Automatik entsteht.

Die Änderung selbst kann sodann auf Grundlage einer **Parteivereinbarung** oder eines **einseitigen Leistungsbestimmungsrechts** einer Vertragspartei i.S.v. § 315 BGB erfolgen, da hierbei genau den Ermessens- und Billigkeitserwägungen des § 1 Abs. 2 Nr. 1 PrKG Rechnung getragen wird.[223] Ist ein derart einseitiges Leistungsbestimmungsrecht vereinbart, so ist der Gläubiger auch verpflichtet, die Bestimmung zu treffen, sofern der Schuldner ein Interesse an der Vertragsanpassung hat.[224] Dabei ist es auch möglich, eine Anpassung „upwards-only", wie sie bei Indexklauseln verboten ist, zu vereinbaren, da Leistungsvorbehaltsklauseln gerade nicht dem Ver- 131

---

219 BGH, Urt. v. 4.6.1975 – VIII ZR 243/72 – NJW 1975, 1557, 1558; Bub/Treier/*Schultz*, III.A Rn 830.
220 BGH, Urt. v. 30.10.1974 – VIII ZR 69/73 – NJW 1975, 44, 45; Bub/Treier/*Schultz*, III.A Rn 813; Lindner-Figura/Opree/Stellmann/*Bartholomäi/Lindner-Figura/Stellmann*, Kap. 10 Rn 162.
221 BGH, Urt. v. 13.5.1974 – VIII ZR 38/73 – NJW 1974, 1235; Bub/Treier/*Schultz*, III.A Rn 820; Lindner-Figura/Opree/Stellmann/*Bartholomäi/Lindner-Figura/Stellmann*, Kap. 10 Rn 171.
222 BGH, Urt. v. 4.6.1975 – VIII ZR 243/72 – NJW 1975, 1557; Bub/Treier/*Schultz*, III.A Rn 819; Lindner-Figura/Opree/Stellmann/*Bartholomäi/Lindner-Figura/Stellmann*, Kap. 10 Rn 169.
223 BGH, Urt. v. 9.5.2012 – XII ZR 79/10 – NZM 2012, 457, 459.
224 BGH, Urt. v. 9.5.2012 – XII ZR 79/10 – NZM 2012, 457, 459.

bot des § 1 PrKG und somit auch nicht den Voraussetzungen des § 2 Abs. 3 PrkG unterfallen.[225] Ebenso wird die Vereinbarung einer Mindestmiete als zulässig angesehen.[226]

132 Die Festlegung der Änderung kann aber auch einem **Dritten übertragen** werden. Dies wird in aller Regel ein Sachverständiger sein. Zu beachten ist hierbei, dass die Vertragsparteien an das Gutachten gebunden sind, solange dieses nicht gem. § 319 Abs. 1 BGB aus Sicht eines sachkundigen Dritten offenbar unbillig ist und dies durch ein Urteil bestimmt ist.[227]

! **Praxistipp**
Wird die Einschaltung eines Dritten vereinbart, so ist auch an eine ausdrückliche Regelung zur **Kostentragung** zu denken. Ist nichts vereinbart, so ist, jedenfalls im Innenverhältnis, von einer hälftigen Teilung auszugehen. Mit Rücksicht auf das Außenverhältnis ist darauf zu achten, wer den Sachverständigen oder Schiedsgutachter beauftragen soll. Eine Beauftragung durch beide Vertragsparteien bietet sich an.

c) Spannungsklauseln

133 Als sog. Spannungsklauseln sind nach § 1 Abs. 2 Nr. 2 PrKG solche Klauseln zulässig, bei denen die in ein Verhältnis zueinander gesetzten Güter oder Leistungen **im Wesentlichen gleichartig** oder zumindest **vergleichbar** sind.[228] Somit ist bei Spannungsklauseln, im Gegensatz zu Leistungsvorbehaltsklauseln, auch wieder eine **automatische Anpassung** möglich. Gleichermaßen kann die Spannungsklausel auch „upwards-only“ ausgestaltet werden.[229]

134 Als zumindest vergleichbar zur Gewerberaummiete wurden angesehen die Entwicklung der Untermiete, die Entwicklung des Erbbauzinses für das gleiche Grundstück sowie die Garagenmiete auf dem gleichen Grundstück.[230] Sogar auf Wohnraummiete soll Bezug genommen werden können, wenn bei Vertragsschluss zu erwarten ist, dass die Mietpreisbildung bei Wohnraum im Verhältnis zu dem Gewerberaum nicht unterschiedlich verläuft.[231]

---

225 *Neuhaus*, Kap. 11 Rn 136; Lindner-Figura/Opree/Stellmann/*Bartholomäi/Lindner-Figura/Stellmann*, Kap. 10 Rn 167; Bub/Treier/*Schultz*, III.A Rn 822.

226 Bub/Treier/*Schultz*, III.A Rn 822.

227 Im Einzelnen dazu Bub/Treier/*Schultz*, III.A Rn 839 ff.

228 BGH, Urt. v. 17.9.2014 – VIII ZR 258/13 – NJW 2015, 3508, 3510.

229 BGH, Urt. v. 26.11.1975 – VIII ZR 267/73 – NJW 1976, 422; Bub/Treier/*Schultz*, III.A Rn 853.

230 Bub/Treier/*Schultz*, III.A Rn 849 f. m.w.N. und Beispielen.

231 BGH, Urt. v. 16.4.1986 – VIII ZR 60/85 – NJW-RR 1986, 877, 879; zustimmend Bub/Treier/*Schultz*, III.A Rn 851; kritisch Lindner-Figura/Opree/Stellmann/*Bartholomäi/Lindner-Figura/Stellmann*, Kap. 10 Rn 159.

Jedenfalls bei Bindung an die Gehaltsentwicklung, Hypothekenzinsen oder die Entwicklung des Grundstückswerts soll keine Vergleichbarkeit vorliegen.[232] Auch bei einer Bindung an eine dem PrKG unterliegende – wenn auch zulässige – Wertsicherungsklausel eines anderen Mietvertrages liegt eine andere Leistung vor.[233] 135

d) Kostenelementeklauseln

Kostenelementeklauseln sind gem. § 1 Abs. 2 Nr. 3 PrkG solche, bei denen der geschuldete Betrag insoweit von der Entwicklung der Preise oder Werte für Güter oder Leistungen abhängig gemacht wird, als diese die **Selbstkosten** des Gläubigers bei der Erbringung der Gegenleistung **unmittelbar beeinflussen**. Zu beachten ist, dass sich die Miete nicht in dem Umfang erhöht, wie sich die Bezugsgröße ändert. Dann würde es sich um eine dem PrKG unterfallende Gleitklausel handeln. Vielmehr orientiert sich die Änderung an der anteiligen Erhöhung der so tatsächlich gestiegenen Gesamtkosten des Vermieters. Die Klausel führt also dazu, dass Kostensteigerungen aufseiten des Vermieters an den Mieter „durchgereicht" werden können. In Gewerberaummietverträgen besteht hierfür naturgemäß in aller Regel kein Bedürfnis. 136

Beispiel
Steigen in einem Wärmelieferungsvertrag die Kosten des Lieferanten, weil der Preis für Heizöl steigt, so kann er diese Kostensteigerung an den Kunden weitergeben. Dies aber auch nur in dem Umfang, wie seine Kosten tatsächlich gestiegen sind und nicht abstrakt gemessen am Anstieg des Heizölpreises. Sonst würde eine Gleitklausel vorliegen.

e) Ermäßigungsklauseln

Ebenfalls nicht unter das Verbot des PrKG fallen gem. § 1 Abs. 2 Nr. 4 solche Klauseln, die lediglich zu einer Ermäßigung der Geldschuld führen können. Solche Klauseln berühren den Gesetzeszweck der Preiswertstabilität nicht, weil sie nicht inflationstreibend wirken.[234] 137

5. Rechtsfolgen eines Verstoßes gegen das PrKG

a) Gesetzliche Folgen

Ein Verstoß gegen das Verbot des § 1 PrKG lässt die Wirksamkeit der Klausel bis **zum Zeitpunkt des rechtskräftig festgestellten Verstoßes** gegen das PrKG unbe- 138

232 Bub/Treier/*Schultz*, III.A Rn 852.
233 BGH, Urt. v. 2.2.1983 – VIII ZR 13/82 – NJW 1983, 1909; Bub/Treier/*Schultz*, III.A Rn 850.
234 Kritisch dazu *Kirchhoff*, NVwZ 2011, 138.

rührt. Die Unwirksamkeit tritt also nur **ex nunc** ein.[235] Die Vertragsparteien müssen somit bis zur Feststellung des Verstoßes die Klausel anwenden. Allerdings kann der Zeitpunkt der Unwirksamkeit gem. § 8 S. 1 Hs. 2 PrKG **durch Parteivereinbarung vorverlagert** werden.

139 Vor dem Hintergrund der Unwirksamkeit ex nunc stellt sich die Frage, ob neben dem PrKG § 307 BGB weiterhin anwendbar bleibt. Eine in der Literatur vertretene Ansicht will eine gegen das Verbot des PrKG verstoßende und daher gem. § 8 bis zur Feststellung der Unwirksamkeit wirksame Formularklausel an § 307 BGB messen.[236] Damit würde aber eine ex tunc-Unwirksamkeit herbeigeführt. Dem tritt die Mehrheit in der Literatur entgegen.[237] Dies zu Recht, da sonst § 8 PrKG in der weit überwiegenden Mehrzahl der Fälle seinen Anwendungsspielraum gänzlich verlieren würde. Auch in der höchstrichterlichen Rechtsprechung wurde bisher die AGB-Kontrolle nur bei Klauseln angewendet, die nicht vom Verbot des PrKG erfasst waren bzw. es wurde die gleichzeitige Anwendbarkeit von § 307 BGB/§ 8 PrKG ausdrücklich offengelassen.[238]

b) Auswirkungen auf die Vertragsgestaltung

140 Die Unzulässigkeit einer Indexklausel führt nicht grundsätzlich zur Unwirksamkeit des ganzen Vertrags nach § 139 BGB.[239] Zwar kann dies dogmatisch gut vertreten werden, da die Vertragsparteien von langfristigen Gewerberaummietverträgen kaum noch einen solchen Vertrag ohne Wertsicherungsklausel abschließen würden.[240] Jedoch wird es ebenso wenig einen Vertrag geben, in dem nicht eine allgemeine salvatorische Klausel enthalten ist, die genau dieses Ergebnis zu verhindern sucht.[241] Zur Verfügung stehen sog. **Erhaltungs- und Ersetzungsklauseln**, mit denen jeweils die Rechtsfolge des § 139 BGB ausgeschaltet werden kann. Generell sollte aber bei salvatorischen Klauseln immer im Blick behalten werden, dass sie für einzelne AGB-Klauseln keine geltungserhaltende Reduktion herbeiführen können.[242]

---

235 *Neuhaus*, ZAP 2013, Fach 4, 1507, 1510; OLG Brandenburg, Urt. v. 14.4.2015 – 6 U 77/12 –.

236 *Gerber*, NZM 2008, 154 f.

237 Ausführlich dazu *Aufderhaar/Jaeger*, NZM 2009, 564, 575; *Weiß/Bork*, ZfIR 2012, 113, 117; Lindner-Figura/Opree/Stellmann/*Bartholomäi/Lindner-Figura/Stellmann*, Kap. 10 Rn 147; Bub/Treier/*Schultz*, III.A Rn 894.

238 (Leistungsvorbehaltsklausel) BGH, Urt. v. 9.5.2012 – XII ZR 79/10 – NZM 2012, 457; (Spannungsklausel) BGH, Urt. v. 24.3.2010 – VIII ZR 304/08 – WM 2010, 1050; (Kostenelementeklausel) BGH, Urt. v. 21.9.2005 – VIII ZR 38/05 – WM 2005, 2335.

239 Bub/Treier/*Schultz*, III.A Rn 896; Lindner-Figura/Opree/Stellmann/*Bartholomäi/Lindner-Figura/Stellmann*, Kap. 10 Rn 145.

240 *Hellner/Rousseau*, NZM 2009, 301, 307.

241 MüKo-BGB/*Busche*, § 139 Rn 8.

242 Graf von Westphalen/Thüsing/*Thüsing*, Vertragsrecht, Salvatorische Klauseln Rn 1 ff.

Meist findet sich sogar eine Umdeutungsregelung, wonach eine gem. § 8 PrKG unwirksame Klausel in eine **wirksame Leistungsvorbehaltsklausel umzudeuten** ist. Dies ist deswegen unproblematisch – auch formularvertraglich – möglich, weil eine Leistungsvorbehaltsklausel per Definition eine Billigkeitsregelung ist und keine der Vertragsparteien benachteiligen soll.[243] 141

Auch geht die höchstrichterliche Rechtsprechung und Literatur davon aus, dass nach Treu und Glauben selbst ohne Umdeutungsklausel im Wege einer ergänzenden Vertragsauslegung die unwirksame Gleitklausel durch eine wirksame Leistungsvorbehaltsklausel zu ersetzen ist.[244] Dies handhabt die höchstrichterliche Rechtsprechung im Übrigen auch bei Gasliefer- und Fernwärmeverträgen so.[245] 142

II. Staffelmietvereinbarung

1. Allgemeines

Die Staffelmiete ist eine für Mieter und Vermieter gleichermaßen geeignete Möglichkeit, über einen längeren Zeitraum Planungs-, Kalkulations- und Budgetsicherheit in Bezug auf die Kostenentwicklung des Mietverhältnisses zu erreichen. Diese Planungssicherheit geht aber mit dem wirtschaftlichen Risiko einher, dass die **marktübliche Miete** im Staffelzeitraum erheblich von der vereinbarten Miete abweicht. Da dies das **typische Vertragsrisiko** bei dem Abschluss einer Staffelmietvereinbarung darstellt, trägt dies grundsätzlich die jeweils benachteiligte Vertragspartei.[246] Bei der Staffelmiete erfolgt wie bei den Gleitklauseln eine automatische Erhöhung, ohne dass es einer Aufforderung oder Erhöhungserklärung bedarf.[247] 143

Wie bereits dargelegt, ist **§ 557a BGB nicht auf die Gewerberaummiete anzuwenden.** Es entfällt daher das Erfordernis, die einzelnen Erhöhungsschritte in bestimmten Beträgen sowie die sich daraus ergebende neue Miete als absoluten Wert anzugeben.[248] 144

Praxistipp !

Zur Vermeidung von Streit darüber, ob sich die prozentuale Erhöhung auf die Ausgangsmiete bezieht oder auf die jeweils neuberechnete Miete nach einer Erhöhung, ist eine entsprechend klare Regelung zu verwenden. Der Einfachheit halber sollten aber, so wie im Wohnraummietrecht, die

243 *Hellner/Rousseau*, NZM 2009, 301, 307.

244 BGH, Urt. v. 18.10.1985 – V ZR 144/84 – NJW 1986, 932, 933; m.w.N. Bub/Treier/*Schultz*, III.A Rn 896.

245 BGH, Urt. v. 24.9.2014 – VIII ZR 350/13 – NJW 2014, 3639, 3640 f.

246 BGH, Urt. v. 27.10.2004 – XII ZR 175/02 – NZM 2005, 63, 64; BGH, Urt. v. 27.10.2004 – XII ZR 175/02 – NZM 2002, 659; Bub/Treier/*Schultz*, III.A Rn 793.

247 Bub/Treier/*Schultz*, III.A Rn 791.

248 Lindner-Figura/Oprée/Stellmann/*Bartholomäi/Lindner-Figura/Stellmann*, Kap. 10 Rn 116 f.

Erhöhungsschritte in **absoluten Zahlen ausgedrückt** werden. Das Gleiche gilt für die jeweilige sich aus der Erhöhung ergebende Miete.

145 Auch die sonst bei Wohnraummietverhältnissen zwingenden Vorgaben zur Staffelmiete entfallen. Dazu zählen die Kündigungsmöglichkeit nach vier Jahren Laufzeit sowie die Höchstlaufzeit der Staffelmiete von zehn Jahren. Ebenso entfällt das Schriftformgebot für die Staffelmietvereinbarung.[249] Freilich führt eine mündliche Abrede über eine Staffelung bei Verträgen mit einer Laufzeit von über einem Jahr zur Schriftformproblematik des § 550 BGB.[250] Eine mündliche Staffelungsabrede ist somit nur bei Verträgen von unter einem Jahr sinnvoll zu treffen.

2. Kombinationsmöglichkeiten

146 Eine Staffelmiete kann grundsätzlich mit Wertsicherungsklauseln, die nicht unter das PrKG fallen, kombiniert werden, solange dadurch bei Formularklauseln keine unangemessene Benachteiligung entsteht. Einigkeit herrscht auch darüber, dass eine unter das PrKG fallende Indexmiete zeitlich im Anschluss an eine Staffelmiete möglich ist. Streit herrscht in der Literatur hingegen zur Frage, ob eine dem PrKG unterfallende Indexmiete mit einer Staffelmietvereinbarung kombiniert werden kann.[251] Die Frage ist höchstrichterlich noch nicht geklärt. Lediglich das OLG Brandenburg hat in einem Fall entschieden, dass die Kombination jedenfalls dann **zulässig** ist, wenn der zwischen den Staffeln liegende Zeitraum so bemessen ist, dass dadurch nicht bereits vorgezeichnet ist, dass ein **zwischenzeitliches Absinken der Miete** infolge der parallel vereinbarten Indexklausel **ausgeschlossen** wird.[252] Im konkreten Fall waren dies fünf Jahre. Zwar führt eine indexierte (steigende) Staffelmiete im Ergebnis immer zu einem Mietanstieg. Daran ändert auch ein zwischenzeitliches Absinken aufgrund der Indexierung nichts, da es sich dabei lediglich um ein „Weniger-Mehr" handelt und nicht um ein echtes „Weniger". Gerade unter dem Gesichtspunkt der Verhinderung von preistreibenden Klauseln spricht einiges dafür, deshalb solche Klauseln als unwirksam anzusehen.[253] Jedoch kommt es darauf nicht an. Nach dem Wortlaut des § 2 Abs. 3 Nr. 1 PrKG zählt lediglich, dass ein „floaten" möglich ist, also eine Abweichung nach unten und oben. Dies ist aber, jedenfalls bei Staffelzeiträumen, die eine entsprechende Indexänderung nicht von vornherein ausschließen, durch die Indexierung der Staffel grundsätzlich möglich. Wendet man die Indexierung wiederum auf den ganzen Zeitraum an und nicht nur

249 BGH, Urt. v. 27.10.2004 – XII ZR 175/02 – NZM 2002, 659; Bub/Treier/*Schultz*, III.A Rn 789 f.
250 Siehe ausführlich hierzu Kap. 2 Rn 378 ff.
251 Ausführlich dazu, aber selbst offenlassend, Schmidt-Futterer/*Börstinghaus*, § 557a BGB Rn 9.
252 OLG Brandenburg, Urt. v. 19.8.2009 – 3 U 135/08 – NJW 2010, 876, 879.
253 *Neuhaus*, Kap. 11 Rn 132.

begrenzt auf die einzelnen Staffeln, so ist eine Änderung nach unten und oben immer möglich. Auf den Abstand zwischen den Staffeln kann es dann gar nicht mehr ankommen. Mithin führt eine indexierte Staffelmiete nicht zu einer „upwards-only" Indexklausel und zur Umgehung des § 2 Abs. 3 Nr. 1 PrKG.

III. Mietanpassung und Modernisierungsmaßnahmen

1. Allgemeines

Als Modernisierungsmaßnahmen gelten in Abgrenzung zu bloßen Erhaltungsmaßnahmen nach § 555a BGB alle unter § 555b BGB aufgezählten Arbeiten, die den **Gebrauchswert der Mietsache dauerhaft objektiv erhöhen.**[254] 147

Der Vermieter muss die Maßnahme gem. § 555c BGB **rechtzeitig ankündigen**, verbunden mit dem konkreten **Betrag der Erhöhung** der Miete, einschließlich der Nebenkosten. Handelt es sich bei der Maßnahme lediglich um eine **Bagatellmaßnahme,**[255] muss sie nicht angekündigt werden. 148

Grundsätzlich muss der Mieter Modernisierungsmaßnahmen gem. § 555d BGB **dulden**. Zwar kann der Mieter einen **Härteeinwand** gegen die Modernisierungsmaßnahme an sich geltend machen. Dieser ist jedoch dann ausgeschlossen, wenn er nicht innerhalb von vier Wochen nach Ankündigung oder, wenn diese unterblieben ist, mit Beginn der Maßnahme gegenüber dem Vermieter geltend gemacht wird. Auch wird die Mieterhöhung an sich davon nicht betroffen, sondern nur zeitlich hinausgeschoben. 149

Der Mieter hat ab Zugang der Ankündigung oder, wenn diese unterbleibt, ab Kenntnis der Maßnahme ein **Sonderkündigungsrecht** gem. § 555e BGB.[256] Dieses, wie auch die Ankündigungspflicht des Vermieters, entfällt aber bei Bagatellmaßnahmen. Vereinbarungen über Modernisierungsmaßnahmen sind gem. § 555f BGB erst nach Abschluss des Mietvertrags möglich. 150

2. Regelung im Gewerberaumietrecht

Die Vorschriften des BGB bezüglich der Modernisierung von Mietraum sind gem. § 578 Abs. 2 BGB auch auf das Gewerberaummietrecht anwendbar. Eine bedeutende Ausnahme enthält die Vorschrift über die Mieterhöhung nach einer Modernisierung gem. § 559 BGB. Selbst wenn die Vertragsparteien keine Vereinbarung zu Moderni- 151

254 Bub/Treier/*Schultz*, III.A Rn 1538.

255 Nicht mehr als 5% Mieterhöhung und nur unerhebliche Einwirkung auf Mietsache, LG Köln, Urt. v. 5.10.2004 – 5 O 200/04 – NZM 2005, 741; Bub/Treier/*Schüller*, III.A Rn 2690.

256 Schmidt-Futterer/*Eisenschmid*, § 555e BGB Rn 6.

sierungsmaßnahmen getroffen haben, besteht im Fall der Vermietung von Gewerberaum also **kein gesetzliches Mieterhöhungsrecht** des Vermieters.

152 Weiterhin wird von den Vorschriften, auf die § 578 Abs. 2 BGB verweist, der jeweils letzte Absatz ausgenommen. Dieser erklärt zum Nachteil des Mieters getroffene Vereinbarungen für unwirksam. Somit stehen also Vereinbarungen zu Modernisierungen und daraus folgende Mietanpassungen **weitestgehend im Belieben der Vertragsparteien** des Gewerberaummietverhältnisses.[257] Sie werden nur durch die allgemeinen Vorschriften zur Sitten- und Gesetzwidrigkeit, zu Treu und Glauben sowie insbesondere zur AGB-Kontrolle eingeschränkt.

153 Ein Vertrag ohne Regelungen zu Modernisierungsmaßnahmen ist somit nur bei sehr kurzen Mietverhältnissen praktisch denkbar. In dem Fall werden dann aber auch die gesetzlichen Regelungen zu Modernisierungsmaßnahmen keine Relevanz haben.

IV. Geschäftsgrundlage

1. Allgemeines

154 Der Grundsatz, dass einmal geschlossene Verträge auch zu erfüllen sind, findet seine Grenzen unter den in § 313 BGB festgelegten Voraussetzungen. Danach ist eine Anpassung nur möglich, wenn sich Umstände, die zur Grundlage des Vertrags geworden sind, nach Vertragsschluss schwerwiegend verändert haben und die Vertragsparteien den **Vertrag nicht oder mit anderem Inhalt geschlossen** hätten, wenn sie diese **Veränderung vorausgesehen** hätten, soweit einem Teil unter Berücksichtigung aller Umstände des Einzelfalls, insbesondere der vertraglichen oder gesetzlichen Risikoverteilung, das Festhalten am unveränderten Vertrag nicht zugemutet werden kann.

155 Der Anwendungsbereich des § 313 BGB erstreckt sich auf alle schuldrechtlichen Verträge.[258]

2. Anwendungsbereich

156 § 313 BGB tritt hinter **spezialgesetzliche Regelungen**, welche Störungen in der Geschäftsgrundlage regeln, und auch hinter vertragliche Regelungen mit dem gleichen Ziel zurück. Ersteres aus Spezialitätsgründen, Letzteres, weil dann gerade eine vertragliche Regelung getroffen wurde, die Vertragsparteien also genau den Problemfall bedacht haben. Zu beachten ist auch das Verhältnis zu **§ 812 Abs. 1 S. 2 BGB.** Danach tritt die Rechtsfolge des § 812 Abs. 1 S. 1 BGB (**Herausgabe des Erlangten**)

---

257 Zu den vielfältigen Gestaltungsmöglichkeiten ausführlich Kap. 11.
258 Palandt/*Grüneberg*, § 313 Rn 7.

auch dann ein, wenn sich die Vertragsparteien einig waren, dass ein über die bloße Erfüllung des eigentlichen Vertrages hinausgehender Zweck erreicht werden sollte, dieser aber nicht erreicht wurde. Dies ist z.B. der Fall, wenn dem Mieter eine Ermäßigung der Miete im Hinblick auf eine Verlängerung des Mietvertrages gewährt wird und dieser dann dennoch vorzeitig kündigt.[259] Geschäftszweck des § 812 Abs. 1 S. 2 BGB und Geschäftsgrundlage des § 313 BGB sind nicht trennscharf voneinander abzugrenzen, sondern überschneiden sich vielmehr. Die Regelung des § 313 BGB soll aber der bereicherungsrechtlichen Regel des § 812 Abs. 1 S. 2 BGB vorgehen.[260]

Insbesondere bei Mietverträgen stellt sich auch die Frage nach dem Verhältnis **157** von § 313 Abs. 3 S. 2 BGB zu **§ 314 BGB.** Dieser räumt den Vertragsparteien bei Dauerschuldverhältnissen, also auch bei der Miete, ein **Kündigungsrecht aus wichtigem Grund** ein. Auf Rechtsfolgenseite besteht daher eine Überschneidung. Der BGH sieht dabei eine Unterscheidung bereits darin, dass § 314 BGB ein vertragsimmanentes Mittel der Beendigung ist, das auf Vertragsverletzungen zugeschnitten ist, wohingegen § 313 BGB auf außerhalb des Vertrags liegende Störungen von großem Gewicht zugeschnitten ist.[261] Es wird letztlich darauf abzustellen sein, dass der wichtige Grund des § 314 BGB in der schwerwiegenden Vertragsstörung des § 313 BGB enthalten ist und bei § 314 BGB auch das Erfordernis der Unvorhersehbarkeit entfällt.[262] Mithin hat § 313 Abs. 3 S. 2 BGB sehr viel engere Voraussetzungen als § 314 BGB und kann als spezieller betrachtet werden.

§ 313 BGB tritt auch hinter **§ 275 BGB** zurück, denn wo bereits keine Leistungs- **158** pflicht mehr besteht, kann auch nichts angepasst werden.[263]

3. Voraussetzungen

a) Vertragsgrundlage

Zur Grundlage des Vertrags (sog. **Geschäftsgrundlage**) können nur solche Umstän- **159** de und Vorstellungen werden, die gerade **nicht Inhalt des Vertrags** geworden sind. Vielmehr handelt es sich hierbei um subjektive Vorstellungen, die beide Vertragsparteien gemeinsam oder die eine Vertragspartei unter Billigung der anderen dem Vertragsschluss vorausgesetzt bzw. zugrunde gelegt haben.

So kann z.B. die **Präambel eines Vertrags** zur Geschäftsgrundlage gehören, je- **160** doch nur insoweit sie keine verbindlichen Zusicherungen enthält.[264] Hierbei ist zu

259 Palandt/*Sprau*, § 812 Rn 32.

260 Bub/Treier/*Bub*, II Rn 2021; MüKo-BGB/*Schwab*, § 812 Rn 378; Palandt/*Grüneberg*, § 313 Rn 15; abweichend zur Problematik der unbenannten Zuwendungen BGH, Urt. v. 9.7.2008 – XII ZR 179/05 – NJW 2008, 3277.

261 BGH, Urt. v. 9.3.2010 – VI ZR 52/09 – NJW 2010, 1874.

262 jurisPK-BGB/*Pfeiffer*, § 313 Rn 22; Bub/Treier/*Bub*, II Rn 2029.

263 Bub/Treier/*Bub*, II Rn 2031.

264 BGH, Urt. v. 21.9.2005 – XII ZR 66/03 – NJW 2006, 899, 900; Bub/Treier/*Bub*, II Rn 2012.

beachten, dass der **Vertragsauslegung**, auch der ergänzenden, der **Vorrang vor § 313 BGB** einzuräumen ist.[265] Denn was sich durch Auslegung ermitteln lässt, ist auch Bestandteil des Vertrags geworden.[266] Letztlich dürfen diese Umstände aber **nicht** lediglich **einseitiges Motiv einer Vertragspartei** sein. Die bloße Äußerung einer einseitigen Erwartung in Vertragsverhandlungen, ohne dass auch die andere Seite erkennbar diese Erwartung zur gemeinsamen Grundlage des Vertrags machen will, **genügt daher nicht.**[267]

b) Schwerwiegende Änderung

161 Die Vertragsgrundlage muss sich schwerwiegend geändert haben, wobei es einer Veränderung der Umstände gleich steht, wenn wesentliche Vorstellungen, die zur Grundlage des Vertrags geworden sind, sich als falsch herausstellen. Schwerwiegend ist eine Störung nur dann, wenn der Umstand oder die Vorstellung (§ 313 Abs. 2 BGB) von solchem Gewicht sind, dass nicht ernsthaft bezweifelt werden kann, dass eine Vertragspartei oder beide **bei Kenntnis** den Vertrag **nicht oder nicht so abgeschlossen hätten**; wobei die Begriffe „schwerwiegend" und „wesentlich" vom Gesetz synonym verwendet werden.[268] Hierbei sind alle Umstände des konkreten Einzelfalls von Bedeutung.[269]

c) Unvorhersehbarkeit

162 Die Änderung darf auch nicht vorhersehbar gewesen sein, da dann bereits die Unzumutbarkeit des Festhaltens am Vertrag fehlt. Dies ist aber der Fall, wenn sich ein Risiko verwirklicht, welches der Schuldner vertraglich übernommen hat oder ihm sonst gesetzlich auferlegt ist. Die Vorhersehbarkeit ist grundsätzlich auch dann gegeben, wenn die Umstände vom Schuldner selbst schuldhaft herbeigeführt wurden.[270] In den allermeisten Fällen wird eine Anpassung nach § 313 BGB bereits hieran scheitern, da, gerade im Fall der gewerblichen Vermietung, die relevanten Umstände vorhersehbar sein werden.

---

265 BGH, Urt. v. 18.11.2011 – V ZR 31/11 – NJW 2012, 526, 527; Palandt/*Grüneberg*, § 313 Rn 10; Bub/Treier/*Bub*, II Rn 2013.

266 Vgl. oben Rn 140 ff.

267 Treffend Bub/Treier/*Bub*, II Rn 2018 a.E.

268 Palandt/*Grüneberg*, § 313 Rn 18.

269 BGH, Urt. v. 4.10.1988 – VI ZR 46/88 – NJW 1989, 289, 290; Bub/Treier/*Bub*, II Rn 2032.

270 Lindner-Figura/Oprée/Stellmann/*Zöll*, Kap. 8 Rn 21; Ausnahmen dazu Bub/Treier/*Bub*, II Rn 2036 f.

d) Unzumutbarkeit

Weiterhin muss das Festhalten am unveränderten Vertrag unzumutbar sein. Die Unzumutbarkeit ist laut BGH im Rahmen der Prüfung des § 313 BGB **gesondert festzustellen.**[271] Grundsätzlich ist auch dabei, ausgehend von der Frage der Risikozuweisung, eine umfassende **Abwägung aller Umstände** erforderlich. Diese orientiert sich letztlich an der vertraglichen und gesetzlichen Risikoverteilung, der Vorhersehbarkeit und der Zurechenbarkeit der eingetretenen Störung.[272] 163

Es hat sich im Laufe der Jahre auch eine umfassende Kasuistik herausgebildet. Insbesondere die dabei gezogenen Grenzen für Geldentwertung oder Schwankungen der Marktmiete lassen sich systematisch nicht immer begründen, sondern sind Einzelfallentscheidungen, die naturgemäß einer gewissen Willkür nicht entbehren. Nachfolgend sollen einige wenige Beispiele herausgegriffen werden.[273] 164

4. Beispiele

Auszugehen ist immer von dem Grundsatz, dass der Mieter das Risiko trägt, durch die Anmietung von Geschäftsräumen Gewinne zu erzielen, da sich hierbei nur das Risiko seines unternehmerischen Handelns realisiert.[274] Der Vermieter hingegen trägt grundsätzlich das Risiko der Vermietung, also das Entgeltrisiko.[275] 165

- Eine Ausnahme zum Gewinnerzielungsrisiko des Mieters wird bei Vereinbarungen angenommen, die den Mieter über Gebühr in seiner **unternehmerischen Entscheidungsfreiheit einschränken**. Jedoch müssen diese Einschränkungen über das für das jeweilige Mietobjekt Übliche hinausgehen. Dies ist nicht der Fall bei den üblichen Vorgaben des Vermieters für Flächen in Shopping-Centern, z.B. zu Betriebspflichten, Sortimentsbeschränkungen, Pflichtmitgliedschaften in Werbegemeinschaften und die Zahlung von Nebenkosten für das Gesamtobjekt.[276]
- Grundsätzlich gilt die eingangs erwähnte Risikoverteilung auch, wenn das Festhalten am Vertrag zu einer **Existenzgefährdung** des Mieters führt. In der Rechtsprechung wird für solche Fälle eine Ausnahme gemacht, in denen diese Existenzgefährdung auf **billigerweise nicht vorhersehbaren, externen Um-**

271 BGH, Beschl. v. 3.12.2014 – XII ZB 181/13 – DNotZ 2015, 264.

272 MüKo-BGB/*Finkenauer*, § 313 Rn 77 m.w.N.

273 Für eine detaillierte Darstellung mit einer Vielzahl an Beispielen Bub/Treier/*Bub*, II Rn 2048 ff.

274 BGH, Urt. v. 19.7.2000 – XII ZR 176/98 – NJW-RR 2000, 1535, 1536; BGH, Urt. v. 17.3.2010 – XII ZR 108/08 – NJW-RR 2010, 1016, 1017; Bub/Treier/*Bub*, II Rn 2046.

275 BGH, Urt. v. 19.7.2000 – XII ZR 176/98 – NJW-RR 2000, 1535, 1536; Bub/Treier/*Bub*, II Rn 2045.

276 BGH, Urt. v. 19.7.2000 – XII ZR 176/98 – NJW-RR 2000, 1535, 1536; Bub/Treier/*Bub*, II Rn 2050.

ständen beruht.[277] Jedoch wird gerade im Gewerberaummietrecht die Vorhersehbarkeit in der Regel zu bejahen sein.[278]

- Bei der Vereinbarung einer **umsatzabhängigen Miete** handelt es sich zwar um eine Beteiligung des Vermieters am Gewinnerzielungsrisiko des Mieters, jedoch in der Regel nicht um eine gänzliche vertragliche Risikoverlagerung auf den Vermieter. Denn der Mieter schuldet fast immer neben der Umsatzmiete auch eine **Grundmiete.** Diese muss er in jedem Fall entrichten, allerdings im Zweifel auch nur diese. Aufgrund dieser vertraglichen Risikoverteilung ist für die Anwendung des § 313 BGB kein Raum.[279]
- Die Gründe für eine erhebliche **Änderung der Marktmiete** können vielfältig sein, führen aber doch immer zu einem von zwei Ergebnissen. Entweder die Marktmiete weicht nach oben oder nach unten von der vereinbarten Miete ab. Dies ist aber, insbesondere bei langfristigen Mietverträgen, das ureigene **Risiko der jeweils benachteiligten Vertragspartei.** Selbst bei einer Veränderung von bis zu 60% soll nach der Rechtsprechung des BGH noch keine unzumutbare Abweichung vorliegen, die es rechtfertigen würde, den Grundsatz der Vertragstreue durch Anwendung von § 313 BGB zu durchbrechen.[280] Gerade dafür empfiehlt sich die Verwendung von Leistungsvorbehaltsklauseln, um bei extremen Abweichungen reagieren zu können.
- Das Risiko der **Geldentwertung** trägt grundsätzlich der Vermieter. Insbesondere ist eine „normale“ Inflation von jährlich 2%-5% **vorhersehbar.**[281] Unzumutbarkeit soll erst ab einer Grenze von 60% Kaufkraftverlust seit Abschluss des Mietvertrags oder bei Hyperinflation angenommen werden können.[282] Klauseln zur Wertsicherung sind daher in jedem langfristigen Mietvertrag ein Muss.
- In die gleiche Richtung gehen sonstige Änderungen der äußeren Umstände. Der Mieter muss damit rechnen, dass sich z.B. **Konkurrenzgeschäfte** oder auch rufschädigende Geschäfte in unmittelbarer Umgebung zu ihm niederlassen.[283] Daher sind Konkurrenzschutzklauseln für Mieter von besonderer Bedeutung.
- Beruhen die geänderten Umstände auf **gemeinsamen Erwartungen** von Mieter und Vermieter, ändert dies nichts an der Vorhersehbarkeit von etwaigen negativen wirtschaftlichen Entwicklungen in Bezug auf den Mietgegenstand. Mieter

---

277 BGH, Urt. v. 19.4.1978 – VIII ZR 182/76 – NJW 1978, 2390; BGH, Urt. v. 16.2.2000 – XII ZR 279/97 – NJW 2000, 1714, 1716 wobei selbst das Gericht hier von *„extremen Ausnahmefällen“* spricht.

278 Daher grundsätzlich ablehnend Lindner-Figura/Oprée/Stellmann/*Zöll*, Kap. 8 Rn 32.

279 BGH, Urt. v. 21.9.2005 – XII ZR 66/03 – NJW 2006, 899, 901; Lindner-Figura/Oprée/Stellmann/*Zöll*, Kap. 8 Rn 39.

280 BGH, Urt. v. 27.10. 2004 – XII ZR 175/02 – NZM 2005, 63, 65; BGH, Urt. v. 21.2.1986 – V ZR 195/84 – NJW 1986, 2698, 2699.

281 Bub/Treier/*Bub*, II Rn 2056; MüKo-BGB/*Finkenauer*, § 313 Rn 186.

282 MüKo-BGB/*Finkenauer*, § 313 Rn 74; BeckOK-BGB/*Mertens*, § 313 Rn 222 f.

283 BGH, Urt. v. 17.3.2010 – XII ZR 108/08 – NZM 2010, 364, 365.

und auch Vermieter werden immer vom wirtschaftlichen Erfolg eines Projekts ausgehen, sonst würden sie es nicht durchführen. Somit kommt es z.B. nicht zur Verlagerung des Verwendungs- und Gewinnerzielungsrisikos vom Mieter auf den Vermieter für ein einzelnes gemietetes Geschäft in einem Einkaufszentrum, wenn auch der Vermieter vom wirtschaftlichen Gesamterfolg des Projekts ausgeht.[284] Haben sich die Vertragsparteien aber über einen für den Vertragsschluss wesentlichen Umstand geirrt, wie etwa die Miete, kann etwas anderes gelten. Für den Fall der **Mietflächenabweichung** um mehr als 10% soll der Vermieter eine Anpassung nach den Grundsätzen des § 313 BGB verlangen können. Dies gilt nicht, wenn die Angabe im Vertrag ausdrücklich nicht zur Festlegung des Mietgegenstandes dienen soll.[285] Im konkreten Fall sollte sich der Mietgegenstand aus Sorge um Messfehler aus der Anzahl der vermieteten Räume ergeben und die (um 24% abweichende) Quadratmeterzahl war ausdrücklich nicht zur Festlegung des Mietgegenstandes bestimmt worden.

5. Rechtsfolgen

§ 313 BGB gibt der benachteiligten Vertragspartei ein **Recht** auf **Anpassung.** Die jeweils andere Vertragspartei ist aber bei Vorliegen der Voraussetzungen des § 313 BGB zur Mitwirkung verpflichtet und macht sich bei Verweigerung der Mitwirkung unter Umständen gem. § 280 Abs. 1 BGB schadensersatzpflichtig.[286] 166

Dies bedeutet für den Mietvertrag, dass diejenige Vertragspartei, die eine Anpassung wünscht, der anderen einen **konkret ausformulierten Nachtrag** zum Mietvertrag antragen muss. Geht die andere Vertragspartei nicht darauf ein, so kann sie auf Abschluss des Nachtrags verklagt werden. Das Urteil ersetzt dann gem. § 894 ZPO die Annahmeerklärung zum Nachtragsangebot.[287] 167

Da das Angebot auf Anpassung konkret beziffert sein muss, besteht insoweit bereits im Falle einer Teilabweisung der Klage ein entsprechendes **Kostenrisiko** für den Kläger. Die Stellung eines unbezifferten Klageantrags wird aber in diesem Fall zu Recht für unzulässig gehalten.[288] 168

Ist eine Anpassung nicht möglich oder zumutbar, so tritt an ihre Stelle gem. § 313 Abs. 3 S. 2 BGB die **Kündigung** des Mietvertrags. Da dies naturgemäß nicht zu einer Mietanpassung führt, ist an dieser Stelle darauf nicht weiter einzugehen. 169

---

284 BGH, Urt. v. 19.7.2000 – XII ZR 176/98 – NJW-RR 2000, 1535, 1536.

285 BGH, Urt. v. 10.11.2010 – VIII ZR 306/09 – NZM 2011, 70; Bub/Treier/*Bub*, II Rn 2087.

286 BGH, Urt. v. 30.9.2011 – V ZR 17/11 – NJW 2012, 373, 376; Palandt/*Grüneberg*, § 313 Rn 54.

287 MüKo-ZPO/*Gruber*, § 894 Rn 22.

288 Lindner-Figura/Oprée/Stellmann/*Zöll*, Kap. 8 Rn 73.

Kapitel 6 Nebenkosten

A. Bedeutung für die Praxis

Nebenkosten nehmen im Gewerberaummietrecht eine wichtige Rolle ein, da sie einen bedeutenden Anteil an der Mietzahlung ausmachen und zum Teil erheblichen Preissteigerungen unterliegen. Nebenkosten werden daher auch als „zweite Miete“ bezeichnet. Der erhebliche Umfang der Nebenkosten bei Gewerberäumen wird schon durch die im Vergleich zur Wohnraummiete oftmals größeren Mietflächen begründet. Gewerbeflächen weisen zudem meist eine Vielzahl wartungsintensiver technischer Installationen auf und erfordern daher spezielle Dienstleistungen für die Gebäudebewirtschaftung. Nicht zuletzt nehmen auch **öffentlichen Abgaben** und **Verwaltungskosten** eine bedeutende Position in der Nebenkostenabrechnung ein. 1

Beim Abschluss eines Mietvertrages besteht daher im Hinblick auf die Nebenkosten ein deutlicher Interessenkonflikt zwischen den Parteien. Der Vermieter wird auch die **verbrauchsunabhängigen Nebenkosten** der Immobilie möglichst vollständig auf den Mieter übertragen wollen, wohingegen der Mieter diese schwer kalkulierbare Kostenlast eher gering halten und jedenfalls begrenzen will. So gibt es denn auch im Rahmen der späteren Durchführung des Mietverhältnisses die meisten Streitpunkte im Rahmen der **Nebenkostenabrechnung**. Ein erheblicher Teil dieser Streitigkeiten lässt sich vermeiden, wenn sich aus dem Mietvertrag eine eindeutige Abgrenzung der jeweiligen Kostentragungspflicht und insbesondere eine genaue Festlegung der umlegbaren Kosten ergeben. 2

Praxistipp !
Die Tragung der Nebenkosten durch den Gewerberaum-Mieter sollte möglichst präzise geregelt werden; insbesondere sind – neben den üblicherweise vom Mieter zu tragenden Verbrauchskosten – alle weiteren umlegbaren Kosten festzulegen.

B. Begriffsbestimmung und Kostenarten

I. Nebenkosten

Nebenkosten sind nicht legal definiert. Es handelt sich vielmehr um einen Begriff des allgemeinen Sprachgebrauchs, der alle Kosten bezeichnet, die der Mieter neben der (Netto-)**Grundmiete** zu tragen hat und durch regelmäßige Zahlungen – in der Regel zeitgleich mit Entrichtung der Miete – begleicht. **Nebenkosten** und **Betriebskosten** sind keine analogen Begriffe, da Betriebskosten wiederum gesetzlich abschließend definiert sind; der Begriff der „Nebenkosten“ wird oft als Oberbegriff 3 verstanden. Soweit in diesem Kapitel von „Betriebskosten" die Rede ist, sind darunter die Betriebskosten gemäß der Verordnung über die Aufstellung von Betriebskosten (Betriebskostenverordnung – BetrKV) zu verstehen. Mit Nebenkosten sind dagegen alle Kosten gemeint, die im Rahmen der Gewerberaummiete umlegbar sind.

II. Betriebskosten

4 Gemäß § 556 BGB bzw. § 1 BetrKV sind Betriebskosten die Kosten, die dem Eigentümer oder Erbbauberechtigten durch das Eigentum oder Erbbaurecht am Grundstück oder durch den bestimmungsmäßigen Gebrauch des Gebäudes, der Nebengebäude, Anlagen, Einrichtungen und des Grundstücks laufend entstehen. Welche Kosten im Einzelnen darunter fallen, ergibt sich aus der BetrKV vom 25.11.2003,[1] die mit Wirkung ab dem 1.1.2004 die Anlage 3 zu § 27 Abs. 1 II. BV ersetzt hat. § 1 S. 2 BetrKV regelt zudem, dass Sach- und Arbeitsleistungen, sog. **Eigenleistungen** des Eigentümers oder Erbbauberechtigten für den Betrieb der Immobilie, ebenfalls zu den Betriebskosten zählen und mit dem Betrag angesetzt werden dürfen, der für eine gleichwertige Leistung eines Dritten, insbesondere eines Unternehmers, angesetzt werden könnte (ohne Umsatzsteuer).

5 Die Definition des § 556 BGB i.V.m. der BetrKV gilt unmittelbar nur für Wohnraummietverhältnisse; sie gilt im Gewerberaummietrecht daher nur bei ausdrücklicher Vereinbarung. Fehlt diese, können die Regelungen der BetrKV aber zur Vertragsauslegung herangezogen werden.[2]

6 Bis zum 31.12.2003 galt zur Bestimmung der Betriebskosten die Anlage 3 zu § 27 Abs. 1 der II. Berechnungsverordnung („Aufstellung der Betriebskosten"), die seit dem 1.1.2004 auf die BetrKV verweist. Die Aufstellung in § 2 BetrKV entspricht weitgehend derjenigen in Anlage 3 zu § 27 Abs. 1 II. BV.

1. Kosten des Vermieters

7 § 556 BGB geht nach seiner **ratio legis** davon aus, dass es sich bei den Betriebskosten um Kosten handelt, die dem Vermieter entstehen, d.h. unabhängig davon, ob dieser Eigentümer (oder Erbbauberechtigter) ist oder nicht.[3] Eine **dingliche Berechtigung** an der Mietsache ist für die grundsätzliche Entstehung der Kostenlast beim Vermieter daher nicht relevant.

1 BGBl. I S. 2346, 2347.
2 So auch Schmidt-Futterer/*Langenberg*, § 556 Rn 73.
3 Lindner-Figura/Oprée/Stellmann/*Beyerle*, Kap. 11 Rn 6.

2. Grundstücks- oder gebäudebezogene Kosten

Weiterhin regelt § 556 BGB, dass die Kosten dem Vermieter durch das Grundstück 8 oder durch den bestimmungsmäßigen Gebrauch des Gebäudes, der Nebengebäude, Anlagen, Einrichtungen und des Grundstücks entstehen müssen. Der geforderte Kausalzusammenhang bedingt, dass die Betriebskosten **grundstücks-** oder **gebäudebezogen**, d.h. **objektbezogen** sein müssen. **Vorkosten** wie die Erwerbs- oder Baukosten für das Objekt dienen nicht dem bestimmungsgemäßen Gebrauch, sondern ermöglichen diesen erst. Sie können folglich nicht angesetzt werden. Darüber hinaus wären sie einmalig und nicht laufend (anders bei Erbbauzinsen, welche angesetzt werden können). Die **Einkommensteuer** und **Gewerbesteuer** des Vermieters fallen mangels **Objektbezogenheit** ebenfalls nicht unter den Betriebskostenbegriff.[4]

3. Laufende Kosten

Schließlich setzt der Betriebskostenbegriff ein wiederkehrendes Moment voraus, 9 sodass Betriebskosten dem Vermieter laufend entstehen müssen. Betriebskosten müssen daher als **laufende Kosten** in regelmäßigen Zeitabständen wiederkehren, sei es monatlich, jährlich oder auch in mehrjährigen Intervallen (wie z.B. technische Überprüfungen und Wartungen von technischen Anlagen wie Öltanks oder Aufzügen).[5] Kosten, die nur einmalig anfallen, aber in Raten abbezahlt werden (z.B. bestimmte öffentlich-rechtliche Beiträge wie **Erschließungs-** oder **Ausbaubeiträge**), entstehen nicht laufend und sind daher nicht als Betriebskosten umlegbar.

4. Wirtschaftlichkeitsgebot

Nach dem BGH bezeichnet das **Wirtschaftlichkeitsgebot** die auf Treu und Glauben 10 beruhende vertragliche Nebenpflicht des Vermieters, den Mieter nur mit Nebenkosten zu belasten, die erforderlich und angemessen sind.[6] Aus dem Gebot der **Wirtschaftlichkeit** der Betriebskostenaufstellung ergibt sich daher, dass die Kosten im Rahmen einer **ordentlichen Bewirtschaftung** entstanden sein müssen, d.h. sie müssen bei gewissenhafter Abwägung aller Umstände und bei ordentlicher Geschäftsführung gerechtfertigt sein.[7] Dieser Grundsatz ergibt sich für die Wohnraummiete aus § 24 Abs. 2 S. 1 II. BV und §§ 556 Abs. 3 S. 1, 560 Abs. 5 BGB. Aber auch der Vermieter von Gewerberaum darf im Rahmen seiner vertraglichen Nebenpflicht nur solche Kosten auf den Mieter umlegen, die dem **Wirtschaftlichkeitsgebot** genü-

4 Schmidt-Futterer/*Langenberg*, § 556 Rn 87, 104.
5 BGH, Urt. v. 14.2.2007 – VIII ZR 123/06 – WuM 2007, 198, 199.
6 BGH, Urt. v. 13.10.2010 – XII ZR 129/09 – NZM 2010, 864, 865.
7 Lindner-Figura/Oprée/Stellmann/*Beyerle*, Kap. 11 Rn 9.

gen.[8] Aus der Qualifikation als Nebenpflicht des Vermieters folgt, dass die Darlegungs- und Beweislast für eine Unwirtschaftlichkeit von Nebenkosten den Mieter trifft, der sich entsprechend notwendige Kenntnisse/Anhaltspunkte durch Einsicht in die Abrechnungsunterlagen verschaffen kann.[9] Eine Verpflichtung zur Beachtung des **Wirtschaftlichkeitsgebots** besteht grundsätzlich nicht, sofern der Mietvertrag zum fraglichen Zeitpunkt, d.h. im Moment der kostenauslösenden Maßnahme, noch nicht geschlossen war; es greift daher frühestens mit der Aufnahme von Vertragsverhandlungen.[10]

11 Das **Wirtschaftlichkeitsgebot** betrifft nicht nur die Nebenkostenart, sondern auch die Höhe der Nebenkosten, wobei dem Vermieter hierbei ein billiges Ermessen einzuräumen ist.[11] Die billigste Lösung ist nicht unbedingt gleichzeitig wirtschaftlich; **wirtschaftlich** ist vom Standpunkt eines vernünftigen, nach sachlichen Gesichtspunkten abwägenden Vermieters vielmehr ein angemessenes **Kosten-Nutzen-Verhältnis.**[12] Der Vermieter darf nach dem ihm zustehenden Entscheidungsspielraum z.B. auch die Zuverlässigkeit des Vertragspartners in seine Entscheidungsfindung einbeziehen.[13]

12 Behauptet der Mieter von Gewerberaum die Verletzung des **Wirtschaftlichkeitsgebots**, muss er dabei auch die spezifischen Umstände der Mietregion bzw. des Vermietungsmarkts und der Objektart darlegen und beweisen. Daran fehlt es, wenn er hinsichtlich der Höhe von **Verwaltungskosten** auf Preise anderer Bundesländer oder Kosten einer Wohnungseigentümer-Verwaltung verweist.[14]

13 Nicht erforderliche oder gar sinnlose Nebenkosten sind in diesem Sinne nicht wirtschaftlich. Hierzu gehören dem Grunde nach unnötige **Wartungskosten**, **Trinkgelder**, Säumniszuschläge, Mahngebühren und Verzugszinsen.[15] Der Höhe nach sind Betriebskosten nicht wirtschaftlich, soweit sie unangemessen, nicht markt- oder nicht ortsüblich sind.

14 Aus dem **Wirtschaftlichkeitsgebot** folgt keine Verpflichtung des Vermieters zu Modernisierungen von technischen Anlagen und Installationen, um so langfristig Kosten einzusparen.[16] Sogenannte Strom- oder **Energiefresser** müssen daher zumindest vor dem Hintergrund des **Wirtschaftlichkeitsgebots** nicht durch sparsame,

---

8 BGH, Urt. v. 13.10.2010 – XII ZR 129/09 – NZM 2010, 864, 865; BGH, Urt. v. 17.12.2014 – XII ZR 170/13 – NZM 2015, 132.
9 BGH, Urt. v. 17.12.2014 – XII ZR 170/13 – NZM 2015, 132.
10 BGH, Urt. v. 28.11.2007 – VIII ZR 243/06 – WuM 2008, 29, 30.
11 OLG Düsseldorf, Urt. v. 19.3.2013 – 24 U 115/12 –.
12 BGH, Urt. v. 13.10.2010 – XII ZR 129/09 – NZM 2010, 864, 865; BGH, Urt. v. 28.11.2007 – VIII ZR 243/06 – WuM 2008, 29, 30.
13 BGH, Urt. v. 13.10.2010 – XII ZR 129/09 – NZM 2010, 864, 865.
14 OLG Rostock, Urt. v. 27.9.2012 – 3 U 65/11 –.
15 Lindner-Figura/Oprée/Stellmann/*Beyerle*, Kap. 11 Rn 11.
16 BGH, Urt. v. 31.10.2007 – VIII ZR 261/06 – WuM 2007, 700, 701.

dem Stande der Technik entsprechende Anlagen ersetzt werden. Kosten, die unter Verletzung des **Wirtschaftlichkeitsgebots** entstanden sind, dürfen dem Mieter nicht in Rechnung gestellt werden. Ein zu Unrecht belasteter Mieter kann verlangen, von unnötigen Kosten freigehalten zu werden bzw. sie ersetzt zu bekommen.[17] Dabei trifft die Darlegungs- und Beweislast hinsichtlich der Wirtschaftlichkeit der Kosten a priori den Vermieter. Sofern dieser beweist, dass er marktübliche Preise angesetzt hat, bleibt dem Mieter die Möglichkeit zu beweisen, dass ein kostengünstigerer Anbieter hätte gefunden werden können.

Praxistipp !
Das **Wirtschaftlichkeitsgebot** manifestiert die wirtschaftliche Verantwortung des Vermieters bei der Nebenkostenumlage. Selbst wenn per definitionem Betriebskosten vorliegen, mag eine Maßnahme unwirtschaftlich sein. Vermieter sollten daher im Zweifel die Erforderlichkeit der Kostenerhebung überprüfen.

5. Eigenleistungen des Vermieters

Grundsätzlich sind unter Betriebskosten gem. § 556 Abs. 1 S. 2 BGB solche Kosten zu 15 verstehen, die dem Vermieter durch die Inanspruchnahme von Leistungen Dritter bzw. **Fremdleistungen** entstehen. Gemäß § 1 Abs. 1 S. 2 BetrKV dürfen aber auch Sach- und Arbeitsleistungen des Eigentümers oder Erbbauberechtigten, die sog. **Eigenleistungen** mit dem Betrag angesetzt werden, der für eine gleichwertige Leistung eines Dritten, insbesondere eines Unternehmers, angesetzt werden könnte; die Umsatzsteuer des Dritten darf nicht angesetzt werden. Die Vorschrift ist gleichermaßen auch auf den Vermieter anzuwenden, der nicht Eigentümer ist. Der Vermieter kann Sach- oder Arbeitsleistung durch eigene Angestellte und Arbeitskräfte erbringen. Führt der Vermieter persönlich Arbeiten durch, kann er eine angemessene Vergütung in Ansatz bringen; bedient er sich eigener Arbeitskräfte, sind deren Kosten in Ansatz zu bringen.[18] **Eigenleistungen** des Vermieters können nur im Rahmen des Betriebskostenkatalogs entstehen; eine eigene Betriebskostenart entsteht durch die Vorschrift des § 1 Abs. 1 S. 2 BetrKV nicht.

Ob § 1 Abs. 1 S. 2 BetrKV entsprechende Anwendung auf Mietverhältnisse über 16 Gewerberaum findet, ist höchstrichterlich nicht entschieden; immerhin wird diese Ansicht im Schrifttum vertreten.[19] Dem ist zuzustimmen, da die **Eigenleistung** der Leistung eines Dritten gleichwertig sein muss und damit keine erhöhte Kostenlast

17 BGH, Urt. v. 28.11.2007 – VIII ZR 243/06 – WuM 2008, 29, 30; BGH, Urt. v. 9.12.2009 – XII ZR 109/08 – NZM 2010, 123, 124.

18 LG Berlin, Urt. v. 21.8.2001 – 64 S 476/00 – NZM 2002, 65.

19 Lindner-Figura/Oprée/Stellmann/*Beyerle*, Kap. 11 Rn 16; BeckOK-BGB/*Ehlert*, Stand: 1.8.2012, § 556 Rn 10.

für den Mieter entsteht. Ist die generelle Geltung der BetrKV ausdrücklich vertraglich vereinbart, sind **Eigenleistungen** des Vermieters ohnehin ansetzbar.

6. Sonstige Regelungen der BetrKV

17 § 2 Nr. 17 BetrKV macht deutlich, dass die Aufzählung der unter den Betriebskostenbegriff fallenden Kosten nicht abschließend ist, da zu den Betriebskosten i.S.d. § 1 auch sonstige Kosten gehören, die von den Nummern 1 bis 16 nicht erfasst sind. Als Betriebskosten dürfen daher auch weitere Kosten angesetzt werden, die der Definition gem. § 1 BetrKV bzw. § 556 genügen. Es handelt sich dabei um einen Auffangtatbestand der BetrKV,[20] um z.B. Kosten zukünftiger technischer Entwicklungen unter die Betriebskostendefinition fassen zu können. Gleichwohl kann diese Regelung nicht als Auffangtatbestand in Mietverträgen über Gewerberaum, insbesondere nicht in AGB vereinbart werden. Hierin läge ein **unüberschaubares Kostenrisiko** für den Mieter. Der Vermieter von Gewerberaum muss daher alle dem Mieter möglicherweise entstehenden Betriebs- oder Nebenkosten ausdrücklich im Vertrag nennen.[21]

18 § 1 Abs. 2 BetrKV regelt schließlich auch, welche Kosten nicht zu den Betriebskosten gehören, nämlich **Verwaltungs- sowie Instandhaltungs- und Instandsetzungskosten**, die wie folgt legal definiert werden:

- die Kosten der zur Verwaltung des Gebäudes erforderlichen Arbeitskräfte und Einrichtungen, die Kosten der Aufsicht, der Wert der vom Vermieter persönlich geleisteten Verwaltungsarbeit, die Kosten für die gesetzlichen oder freiwilligen Prüfungen des Jahresabschlusses und die Kosten für die Geschäftsführung (**Verwaltungskosten**),
- die Kosten, die während der Nutzungsdauer zur Erhaltung des bestimmungsmäßigen Gebrauchs aufgewendet werden müssen, um die durch Abnutzung, Alterung und Witterungseinwirkung entstehenden baulichen oder sonstigen Mängel ordnungsgemäß zu beseitigen (**Instandhaltungs- und Instandsetzungskosten**).

19 Im Wohnraummietverhältnis können daher nur solche Kosten umgelegt werden, die mit der Aufzählung in § 2 BetrKV vergleichbar sind. Bei Gewerberaummietverhältnissen kann dagegen auch die Umlage anderer Kosten vereinbart werden, wie eben der **Verwaltungs-, Instandhaltungs- und Instandsetzungskosten**. Verweist der Mietvertrag aber ausschließlich auf die BetrKV, dürfen sonstige Betriebskosten auch

20 OLG Celle, Urt. v. 16.12.1998 – 2 U 23–98 – NZM 1999, 501.

21 BGH, Urt. v. 7.4.2004 – VIII ZR 167/03 – NJW-RR 2004, 875, 876.

bei der Gewerberaummiete nur weiterberechnet werden, soweit sie auch bei Wohnraum umlagefähig wären.[22]

Praxistipp **!**

Vermieter von Gewerberaum können grundsätzlich auch andere als in § 2 BetrKV genannte bzw. nicht von der Definition in § 1 BetrKV erfasste Kostenarten auf den Mieter umlegen. Ihnen ist dabei aber grundsätzlich anzuraten, sich nicht pauschal auf die BetrKV zu beziehen, sondern die umlegbaren Kosten einzeln zu beschreiben. Auf eine Verweisung auf die BetrKV sollte daher generell verzichtet werden.

---

7. Heizkostenverordnung

a) Regelungszweck

Die **HeizkostenV** verfolgt **umweltpolitische Zwecke** und soll daher primär die Einsparung von Heizenergie fördern und nicht die gerechte Verteilung der angefallenen Kosten unter einer Mehrheit von Nutzern gewährleisten; dies ist allenfalls nur ein Nebeneffekt. Vielmehr soll durch die Einzelabrechnung das Bewusstsein des Verbrauchers bzw. des Mieters für die Menge des konkreten Energieverbrauchs als auch für die damit verbundenen Kosten geschärft werden. Auf diese Weise soll sich ein sparsames Verbrauchsverhalten der Mieter einstellen, die damit mittelbar energie- und umweltpolitische Ziele erfüllen. 20

b) Anwendungsbereich

Die **HeizkostenV** gilt unabhängig von der Art des Rechtsverhältnisses – also auch bei Gewerberaummietverhältnissen[23] – für die Verteilung der Kosten 21

- des Betriebs zentraler Heizungsanlagen und zentraler Warmwasserversorgungsanlagen sowie
- der eigenständig gewerblichen Lieferung von Wärme und Warmwasser, auch aus vorstehenden Anlagen (**Wärmelieferung, Warmwasserlieferung**)

durch den Gebäudeeigentümer auf die Nutzer der mit Wärme oder Warmwasser versorgten Räume. Dabei stehen dem Gebäudeeigentümer gleich:

- der zur Nutzungsüberlassung in eigenem Namen und für eigene Rechnung Berechtigte,
- derjenige, dem der Betrieb von vorstehenden Anlagen in der Weise übertragen worden ist, dass er dafür ein Entgelt vom Nutzer zu fordern berechtigt ist oder

---

22 OLG Celle, Urt. v. 16.12.1998 – 2 U 23–98 – NZM 1999, 501.

23 Schmidt-Futterer/*Lammel*, § 1 HeizKV Rn 3.

– beim Wohnungseigentum die Gemeinschaft der Wohnungseigentümer im Verhältnis zum Wohnungseigentümer, bei Vermietung einer oder mehrerer Eigentumswohnungen der Wohnungseigentümer im Verhältnis zum Mieter.

22 Die **HeizkostenV** gilt auch, soweit der Lieferant unmittelbar mit den Nutzern abrechnet und dabei nicht den für den einzelnen Nutzer gemessenen Verbrauch, sondern die Anteile der Nutzer am Gesamtverbrauch zugrunde legt; in diesen Fällen gelten die Rechte und Pflichten des Gebäudeeigentümers entsprechend für den Lieferanten.

8. Einzelne Betriebskosten gemäß BetrKV

23 Die einzelnen Betriebskosten gemäß BetrKV sind in § 2 BetrKV geregelt. Danach zählen zu den Betriebskosten:

24 *„1. die laufenden öffentlichen Lasten des Grundstücks, hierzu gehört namentlich die Grundsteuer.“*

Die **Grundsteuer** kann –abgesehen von Säumniszuschlägen – grundsätzlich in voller Höhe an den Mieter weiterberechnet werden.[24] Öffentliche Lasten, die auf dem Grundstück ruhen, sind weiterhin die **Realkirchensteuer**, **Deichabgaben** und ähnliche, laufende öffentliche Lasten, z.B. zugunsten von Wasser und Bodenverbänden.[25] **Erschließungsbeiträge** nach dem BauGB oder kommunale **Ausbaubeiträge** sind dagegen nicht umlagefähig, auch nicht, wenn sie über einen gewissen Zeitraum in Form regelmäßiger Beiträge von den Eigentümern erhoben werden. Zum einen erfährt das Grundstück durch Erschließung oder Ausbau von angrenzenden Anlagen eine Wertsteigerung, die dem Eigentümer zugutekommt. Zum anderen entstehen diese Beiträge langfristig nicht als laufende Kosten, sondern beziehen sich auf einmalige konkrete Arbeiten; ist deren Finanzierung durch Anlieger gesichert bzw. erbracht, entfällt der Beitrag wieder.[26] Die **Grunderwerbssteuer** ist als Vorkostenposition nicht objektbezogen und damit nicht umlegbar. Ebenso wenig ist die **Gewerbesteuer** umlegbar, da sie aus dem Betrieb, nicht aus dem Eigentum resultiert; sie ist daher ebenfalls nicht objektbezogen.[27]

---

24 Schmidt-Futterer/*Langenberg*, § 556 Rn 106.
25 LG Hamburg, Urt. v. 20.4.2000 – 307 S 14/00 –.
26 Schmidt-Futterer/*Langenberg*, § 556 Rn 104.
27 Schmidt-Futterer/*Langenberg*, § 556 Rn 104 f.

„2. die Kosten der Wasserversorgung, 25
hierzu gehören die Kosten des Wasserverbrauchs, die Grundgebühren, die Kosten der Anmietung oder anderer Arten der Gebrauchsüberlassung von Wasserzählern sowie die Kosten ihrer Verwendung einschließlich der Kosten der Eichung sowie der Kosten der Berechnung und Aufteilung, die Kosten der Wartung von Wassermengenreglern, die Kosten des Betriebs einer hauseigenen Wasserversorgungsanlage und einer Wasseraufbereitungsanlage einschließlich der Aufbereitungsstoffe."

Nur die mietnutzungsbedingten Kosten des **Wasserverbrauchs** können umgelegt werden. Kosten des Wasserverbrauchs infolge von Umbau- oder Instandsetzungsarbeiten bleiben ebenso außer Betracht wie Kosten, die durch Defekte im Leitungssystem oder an einer Verbrauchsstelle entstehen.[28] Die Kosten für den **Wasserverbrauch** sind dann in der Abrechnung entsprechend zu kürzen. Der Vermieter kann den Mehrverbrauch ggf. dann ersetzt verlangen, soweit der Mieter es pflichtwidrig unterlassen hat, einen ihm bekannten Schaden zu melden, und damit seine Anzeigepflicht verletzt hat. Zunächst treffen diese Mehrkosten aber den Vermieter, der einen Schadensersatzanspruch gegen den Mieter als Verursacher geltend machen muss. Die Kosten für den Erwerb von **Wasserzählern** sind keine Kosten der **Wasserversorgung.**[29] Sofern in Serviceverträgen auch der Austausch bzw. Ersatz von **Wasserzählern** enthalten ist, die während der Eichdauer funktionsunfähig geworden sind, müssen die entsprechenden Kaufpreisraten aus den Betriebskosten herausgerechnet und von den ansetzbaren Wartungs- und **Eichkosten** getrennt werden. Die Kosten der Berechnung und Aufteilung, d.h. für die Erstellung der Wasserkostenabrechnung, sind als **Verwaltungskosten** ausnahmsweise umlegbar.

„3. die Kosten der Entwässerung, 26
hierzu gehören die Gebühren für die Haus- und Grundstücksentwässerung, die Kosten des Betriebs einer entsprechenden nicht öffentlichen Anlage und die Kosten des Betriebs einer Entwässerungspumpe."

Unter diese Kosten fallen die Gebühren für die Haus- und Grundstücksentwässerung, d.h. für Schmutz- und Niederschlagswasser, durch eine öffentliche Entwässerungseinrichtung. Kosten der Beseitigung von Rohrverstopfungen, der Reparatur von hauseigenen Entwässerungsanlagen oder Pumpen gehören zu den Instandsetzungskosten und nicht zu den **Entwässerungskosten. Kanalanschlussgebühren** gehören nicht zu den Betriebskosten, da sie nur einmal und nicht laufend entste-

---

28 Schmidt-Futterer/*Langenberg*, § 556 Rn 109; Lindner-Figura/Oprée/Stellmann/*Beyerle*, Kap. 11 Rn 100.
29 Lindner-Figura/Oprée/Stellmann/*Beyerle*, Kap. 11 Rn 100.

hen. Anders als in Nr. 2 werden die Kosten der Berechnung und Aufteilung, also der Abrechnung, nicht genannt, sind also nicht umlagefähig. Da **Verwaltungskosten** grundsätzlich nicht ansetzbar sind, können diese Kosten auch nicht entsprechend der Regelung in Nr. 2 auf den Mieter umgelegt werden.[30]

27 *„4. die Kosten*

a) des Betriebs der zentralen Heizungsanlage einschließlich der Abgasanlage,
hierzu gehören die Kosten der verbrauchten Brennstoffe und ihrer Lieferung, die Kosten des Betriebsstroms, die Kosten der Bedienung, Überwachung und Pflege der Anlage, der regelmäßigen Prüfung ihrer Betriebsbereitschaft und Betriebssicherheit einschließlich der Einstellung durch eine Fachkraft, der Reinigung der Anlage und des Betriebsraums, die Kosten der Messungen nach dem Bundes-Immissionsschutzgesetz, die Kosten der Anmietung oder anderer Arten der Gebrauchsüberlassung einer Ausstattung zur Verbrauchserfassung sowie die Kosten der Verwendung einer Ausstattung zur Verbrauchserfassung einschließlich der Kosten der Eichung sowie der Kosten der Berechnung und Aufteilung,

oder

b) des Betriebs der zentralen Brennstoffversorgungsanlage,
hierzu gehören die Kosten der verbrauchten Brennstoffe und ihrer Lieferung, die Kosten des Betriebsstroms und die Kosten der Überwachung sowie die Kosten der Reinigung der Anlage und des Betriebsraums,

oder“

Das bei der Nebenkostenumlage allgemein zu beachtende **Wirtschaftlichkeitsgebot** erstreckt sich auch auf den Einkauf der **Heiz- und Brennstoffe**, welcher den Grundsätzen einer ordentlichen Bewirtschaftung zu folgen hat. Dies bedeutet indes nicht, dass der Vermieter verpflichtet ist, möglichst große Mengen, z.B. den gesamten Jahresvorrat, auf einmal einzukaufen, um im Sinne der Mieter Rabatte zu erzielen.[31] Schließlich erhält der Vermieter im Rahmen der **Nebenkostenumlage** in der Regel nur monatliche **Vorauszahlungen** und soll daher nicht die gesamte **Vorfinanzierungslast** und den einhergehenden Liquiditätsnachteil tragen.

28 Die den **Heizkosten** zuzuordnenden Stromkosten für die Heizungsanlage dürfen nicht als Teil des Allgemeinstroms abgerechnet werden, da es sich um Kosten des **Betriebsstroms** handelt. Demgemäß hat der Vermieter den Betriebsstrom für

---

30 So auch Lindner-Figura/Oprée/Stellmann/*Beyerle*, Kap. 11 Rn 101.
31 Lindner-Figura/Oprée/Stellmann/*Beyerle*, Kap. 11 Rn 102.

alle diejenigen Aggregate, von denen die Wärmeerzeugung abhängt, gesondert zu ermitteln. Die Kosten des **Betriebsstroms** können geschätzt werden, wenn gesonderte Zähler dafür nicht vorhanden sind. Bestreitet der Mieter den vom Vermieter angesetzten Betrag, muss dieser die Grundlagen der Schätzung allerdings offenlegen.[32]

In Abkehr von seiner vorigen Rechtsprechung[33] hat der BGH für Wohnraum- 29
mietverhältnisse entschieden, dass Heizkosten nicht nach dem **Abflussprinzip**, d.h. auf Grundlage der vom Vermieter an den Versorger zu entrichtenden **Abschlagszahlungen**, sondern nur unter Ansatz des im Abrechnungszeitraum verbrauchten Brennstoffs abgerechnet werden können. Die auf der Anwendung des **Abflussprinzips** beruhende Fehlerhaftigkeit einer Heizkostenabrechnung könne nicht durch eine Kürzung der auf die Nutzer entfallenden Kostenanteile nach § 12 Abs. 1 HeizkostenV ausgeglichen werden.[34] Im Gegensatz zu den verbrauchsabhängigen „kalten" Betriebskosten bestehe für Heizkosten eine gesetzliche Regelung, nämlich gem. § 7 Abs. 2 HeizkostenV, nach der die Heizkosten nach dem im Abrechnungszeitraum verbrauchten Brennstoff abzurechnen seien. Daher sind nur die Kosten des im Abrechnungszeitraum tatsächlich verbrauchten Brennstoffs ansetzbar, sodass eine Abrechnung nach dem **Abflussprinzip** unzulässig ist.[35] Es ist grundsätzlich davon auszugehen, dass diese Rechtsprechung auch für Gewerberaummietverträge Anwendung findet, da die HeizkostenV auch für Mietverträge über Gewerberaum gilt.

Abrechenbar sind auch die Kosten für die Berechnung und Aufteilung, also für 30
die Erstellung der Abrechnung. Dazu gehören insbesondere auch die gesamten Kosten der Messdienstfirmen, hauptsächlich für das Ablesen der Verbrauchserfassungsgeräte und die Erstellung der Abrechnungen. Im Übrigen handelt es sich um im Rahmen des Betriebskostenkatalogs ausnahmsweise umlegbare **Verwaltungskosten.**

Erfolgt die Betriebskostenabrechnung auf der Grundlage des erfassten Ver- 31
brauchs, kommt es für die inhaltliche Richtigkeit der Betriebskostenabrechnung allein darauf an, ob der tatsächliche Verbrauch zutreffend erfasst worden ist. Beruhen die in die Betriebskostenabrechnung eingestellten Verbrauchswerte auf der Ablesung eines **geeichten Messgeräts**, spricht eine tatsächliche Vermutung dafür, dass diese Werte den tatsächlichen Verbrauch richtig wiedergeben.[36]

Zu den Kosten der Bedienung, Überwachung und Pflege der Anlage gehören 32
Wartungskosten für die regelmäßige Prüfung und Einstellung der Anlage, z.B. die

32 BGH, Versäumnisurt. v. 20.2.2008 – VIII ZR 27/07 – NZM 2008, 403.
33 BGH, Urt. v. 20.2.2008 – VIII ZR 49/07 – NJW 2008, 1300.
34 BGH, Urt. v. 1.2.2012 – VIII ZR 156/11 –.
35 BGH, Urt. v. 1.2.2012 – VIII ZR 156/11 –.
36 BGH, Urt. v. 17.11.2010 – VIII ZR 112/10 – NZM 2011, 117.

Einstellung der Feuerungseinrichtungen, die Überprüfung der zentralen regelungstechnischen Einrichtungen und die Reinigung der Kesselheizflächen; Reparatur- und **Ersatzbeschaffungskosten** sind als Betriebskosten nicht umlegbar. Eine Klausel in einem vom Vermieter gestellten Formularmietvertrag, die dem Mieter die anteiligen Kosten der jährlichen Wartung einer Gastherme auferlegt, benachteiligt den Mieter auch dann nicht unangemessen, wenn die Klausel keine Obergrenze für den Umlagebetrag vorsieht.[37]

33 Die Kosten der Wartung der **Heizungsanlage** schließen die Kosten kleinerer Instandhaltungsarbeiten wie des Austauschs von verschleißanfälligen Kleinteilen (z.B. Dichtungen, Filter, Düsen) ein. Nicht mehr zu den ansatzfähigen **Instandhaltungskosten**, sondern zu den **Instandsetzungskosten** gehören die nicht mit dem laufenden Betrieb verbundenen Reparatur- und **Ersatzbeschaffungskosten**, z.B. für den Ausbau und die Erneuerung der defekten Heizungspumpe.[38]

34 Hat der Vermieter für die Heizungsanlage einen Wartungsvertrag abgeschlossen, der neben der bloßen Wartung auch die Durchführung von Reparaturen umfasst, muss eine Aufteilung der Kosten nach umlegbarem **Wartungskosten** und nicht abrechenbarem Reparaturkostenanteil erfolgen, da die Reparaturkosten als Betriebskosten nicht umlegbar sind. Bei Mietverträgen über Gewerberaum sind aber über die Umlage von **Instandhaltungs- und Instandsetzungskosten** abweichende Regelungen möglich. Kleinere Arbeiten und Kleinmaterial werden überwiegend der Wartung und nicht der Reparatur zugeordnet.[39]

! **Praxistipp**
Zu empfehlen ist, das Wartungsunternehmen vertraglich zu verpflichten, die Abrechnungen in umlegbare Wartungs- und nicht abrechenbare Reparaturkostenanteile aufzuschlüsseln.

35 Gemäß § 4 Abs. 2 S. 2 HeizkostenV hat der Vermieter die Räume mit Ausstattungen zur Verbrauchserfassung zu versehen. Er kann auch die Kosten für die Anmietung oder eine andere Art der Gebrauchsüberlassung von **Verbrauchserfassungsgeräten** auf die Mieter umlegen. In diesem Fall muss der Vermieter dies den Mietern vorher unter Angabe der dadurch entstehenden Kosten mitteilen. Die Mieter können der Maßnahme innerhalb eines Monats nach Zugang der Mitteilung widersprechen. Ein wirksamer Widerspruch, d.h. durch die Mehrheit der Mieter, bedingt nicht die Unzulässigkeit der Anbringung der im Wege eines Gebrauchsüberlassungsvertrages vorgehaltenen **Erfassungsgeräte**, sondern nur die Verteilung der entsprechenden Kosten.[40]

---

37 BGH, Urt. v. 7.11.2012 – VIII ZR 119/12 –.
38 OLG Düsseldorf, Urt. v. 8.6.2000 – 10 U 94/99 – NZM 2000, 762.
39 OLG Düsseldorf, Urt. v. 8.6.2000 – 10 U 94/99 – NZM 2000, 762.
40 LG Heidelberg, Urt. v. 19.11.2010 – 5 S 34/10 –; a.A. Schmidt-Futterer/*Lammel*, § 4 HeizKV Rn 31.

„c) der eigenständig gewerblichen Lieferung von Wärme, auch aus Anlagen im Sinne des Buchstabens a, hierzu gehören das Entgelt für die Wärmelieferung und die Kosten des Betriebs der zugehörigen Hausanlagen entsprechend Buchstabe a, 36

oder“

Zu der umlegbaren **Wärmelieferung** zählt die Versorgung mit **Fernwärme** aus Fernheizwerken, die Wärmelieferung aus **Blockheizwerken** sowie aus **Zentralheizungsanlagen**, sofern diese Anlagen von Dritten eigenständig und gewerbsmäßig betrieben werden.[41]

Zu den Kosten der **Wärmelieferung** gehören die kompletten vom Versor- 37
gungsunternehmen berechneten Kosten, d.h. der vom Lieferanten in Rechnung gestellte Wärmepreis, einschließlich der darin enthaltenen Investitions- und **Verwaltungskosten** und auch der Unternehmergewinn des Lieferanten.[42] Enthält der Preis für Fernwärme auch die Kosten der von dem Versorgungsunternehmen gestellten Hausanschlussstation, sind die **Fernwärmekosten** nur umlagefähig, soweit die auf die Investition der Hausanlage entfallenden Kosten zuvor herausgerechnet wurden,[43] also nicht Investitions-, Wartungs- und **Reparaturkosten** der Hausanlagen enthalten. Bei Mietverträgen über Gewerberaum sind aber über die Umlage von **Instandhaltungs- und Instandsetzungskosten** abweichende Regelungen möglich.

Schuldet der Vermieter nach dem Mietvertrag eine **Zentralheizung** und Warm- 38
wasserversorgung, bleibt es ihm mangels abweichender Vereinbarungen überlassen, ob er die Wärme selbst produziert oder von einem Drittbetreiber bezieht. Der Vermieter kann die **Wärmelieferungskosten** auf die Mieter umlegen, wenn der Mietvertrag dies vorsieht.[44]

Selbst wenn die Kosten der Wärmeversorgung auch die Investitions- und **Ver-** 39
waltungskosten sowie den Unternehmergewinn des Lieferanten enthalten können, verstößt es nicht gegen das Wirtschaftlichkeitsgebot, wenn der Vermieter die Wärme über ein **Wärmecontracting** bezieht. Die dem Vermieter auferlegte Pflicht zur Rücksichtnahme auf die finanziellen Interessen seiner Mieter kann nicht so weit gehen, dass ein Mieter, der eine bei Abschluss des Mietvertrags mittels **Wärmecontracting** versorgte Fläche anmietet und sich vertraglich zur anteiligen Tragung der Kosten der **Wärmelieferung** verpflichtet, dem Vermieter bei Abrechnung der Betriebskosten entgegenhalten kann, die Mietfläche hätte mittels **Fernwärme** oder durch eine vom Vermieter selbst betriebene Zentralheizung

41 Lindner-Figura/Oprée/Stellmann/*Beyerle*, Kap. 11 Rn 104.
42 BGH, Urt. v. 16.7.2003 – VIII ZR 286/02 – NZM 2003, 757.
43 LG Gera, Entscheidung v. 10.10.2000 – 8 S 261/00 – ZMR 2001, 350, 351.
44 Leitsatz LG Braunschweig, Entscheidung v. 11.7.2000 – 6 S 40/00 – ZMR 2000, 832.

preiswerter versorgt werden können.[45] Zu beachten bleibt aber, dass für die Umlage der Kosten der eigenständigen gewerblichen Lieferung von Wärme, z.B. durch **Contracting**, eine vertragliche Grundlage auch dann erforderlich ist, wenn die Umstellung der Gebäudebeheizung und ggf. Warmwasserversorgung bereits vor Abschluss des Wohnungsmietvertrags erfolgt ist.[46] Vor allem bedarf es aber einer vertraglichen Grundlage oder der Zustimmung des Mieters, wenn für die während eines laufenden Mietverhältnisses vollzogene Umstellung des Betriebs einer vorhandenen Heizungsanlage auf die Belieferung mit Fernwärme durch einen Dritten, dem Mieter zusätzliche Kosten auferlegt werden sollen und die zum Zeitpunkt des Vertragsschlusses geltende Fassung der II. BV (hier: Fassung vom 5.4.1984) eine Umlegung der Kosten der Wärmelieferung im Nahbereich nicht vorsah.[47]

40 Ist im Mietvertrag vereinbart, dass der Mieter die Betriebskosten der Heizung gemäß der BetrKV zu tragen hat, kann der Vermieter, der während des laufenden Mietverhältnisses den Betrieb einer im Haus vorhandenen Heizungsanlage einstellt und stattdessen **Fernwärme** bezieht, die Kosten der **Wärmelieferung** auf den Mieter umlegen, sofern der Mietvertrag nicht die Verpflichtung vorsieht, die Wohnung nur durch eine **Zentralheizung** zu beheizen.[48]

41 Neuerdings (seit der **Mietrechtsmodernisierung** 2013) regelt aber § 556c BGB:

„Hat der Mieter die Betriebskosten für Wärme oder Warmwasser zu tragen und stellt der Vermieter die Versorgung von der Eigenversorgung auf die eigenständig gewerbliche Lieferung durch einen Wärmelieferanten (Wärmelieferung) um, so hat der Mieter die Kosten der Wärmelieferung als Betriebskosten zu tragen, wenn

- *die Wärme mit verbesserter Effizienz entweder aus einer vom Wärmelieferanten errichteten neuen Anlage oder aus einem Wärmenetz geliefert wird und*
- *die Kosten der Wärmelieferung die Betriebskosten für die bisherige Eigenversorgung mit Wärme oder Warmwasser nicht übersteigen."*

42 Damit stellt die neue gesetzliche Regelung latent eine Verschlechterung gegenüber der alten, durch vorstehende BGH-Rechtsprechung gebildete Rechtslage[49] dar, da die Umstellung auf **Wärmelieferung** bzw. **Wärmecontracting** zwar regelmäßig

45 BGH, Urt. v. 13.6.2007 – VIII ZR 78/06 – WuM 2007, 393.
46 BGH, Urt. v. 20.6.2007 – VIII ZR 244/06 – WuM 2007, 445.
47 BGH, Urt. v. 6.4.2005 – VIII ZR 54/04 – NJW 2005, 1776; BGH, Urt. v. 1.6.2005 – VIII ZR 84/04 – WuM 2005, 456; BGH, Urt. v. 15.3.2006 – VIII ZR 153/05 – WuM 2006, 256; BGH, Urt. v. 22.2.2006 – VIII ZR 362/04 – NZM 2006, 534.
48 BGH, Urt. v. 27.6.2007 – VIII ZR 202/06 – NZM 2007, 269.
49 BGH, Urt. v. 27.6.2007 – VIII ZR 202/06 –.

effizienter, aber auch mit einer Kostensteigerung verbunden sein dürfte, sodass die zweite Umlagevoraussetzung des § 556c BGB häufig nicht gegeben sein dürfte.

„d) der Reinigung und Wartung von Etagenheizungen und Gaseinzelfeuerstätten, 43
hierzu gehören die Kosten der Beseitigung von Wasserablagerungen und Verbrennungsrückständen in der Anlage, die Kosten der regelmäßigen Prüfung der Betriebsbereitschaft und Betriebssicherheit und der damit zusammenhängenden Einstellung durch eine Fachkraft sowie die Kosten der Messungen nach dem Bundes-Immissionsschutzgesetz.

5. die Kosten
a) des Betriebs der zentralen Warmwasserversorgungsanlage,
hierzu gehören die Kosten der Wasserversorgung entsprechend Nummer 2, soweit sie nicht dort bereits berücksichtigt sind, und die Kosten der Wassererwärmung entsprechend Nummer 4 Buchstabe a,
oder
b) der eigenständig gewerblichen Lieferung von Warmwasser, auch aus Anlagen im Sinne des Buchstabens a,
hierzu gehören das Entgelt für die Lieferung des Warmwassers und die Kosten des Betriebs der zugehörigen Hausanlagen entsprechend Nummer 4 Buchstabe a,
oder
c) der Reinigung und Wartung von Warmwassergeräten,
hierzu gehören die Kosten der Beseitigung von Wasserablagerungen und Verbrennungsrückständen im Innern der Geräte sowie die Kosten der regelmäßigen Prüfung der Betriebsbereitschaft und Betriebssicherheit und der damit zusammenhängenden Einstellung durch eine Fachkraft;

6. die Kosten verbundener Heizungs- und Warmwasserversorgungsanlagen
a) bei zentralen Heizungsanlagen entsprechend Nummer 4 Buchstabe a und entsprechend Nummer 2, soweit sie nicht dort bereits berücksichtigt sind,
oder
b) bei der eigenständig gewerblichen Lieferung von Wärme entsprechend Nummer 4 Buchstabe c und entsprechend Nummer 2, soweit sie nicht dort bereits berücksichtigt sind,
oder
c) bei verbundenen Etagenheizungen und Warmwasserversorgungsanlagen entsprechend Nummer 4 Buchstabe d und entsprechend Nummer 2, soweit sie nicht dort bereits berücksichtigt sind;

7. die Kosten des Betriebs des Personen- oder Lastenaufzugs,
hierzu gehören die Kosten des Betriebsstroms, die Kosten der Beaufsichtigung, der Bedienung, Überwachung und Pflege der Anlage, der regelmäßi-

gen Prüfung ihrer Betriebsbereitschaft und Betriebssicherheit einschließlich der Einstellung durch eine Fachkraft sowie die Kosten der Reinigung der Anlage;"

Zu den Betriebskosten gehören die Kosten aus dem Betrieb des **Aufzugs**, d.h. für den Fördervorgang und Schaltungen sowie der Beleuchtung der Kabine.[50] Die Kosten der gemäß Betriebssicherheitsverordnung (BetrSichV) vorgeschriebenen regelmäßigen Aufzugprüfungen sind auf den Mieter umlegbar, einschließlich der Kosten für Wartung und Betrieb der Fernüberwachungs- und Notrufsysteme.[51] Denn gem. § 12 Abs. 4 BetrSichV muss der Aufzugbetreiber sicherstellen, dass auf Notrufe aus einem Fahrkorb in angemessener Zeit reagiert wird und Befreiungsmaßnahmen sachgerecht durchgeführt werden. Kosten für den erstmaligen Anschluss des Aufzugsnotrufs sind begrifflich keine Betriebskosten, da sie nicht laufend entstehen.[52] Die Kosten der regelmäßigen Prüfung im Rahmen sog. einfacher **Wartungsverträge** sind voll ansetzbar. Sind **Vollwartungsverträge** vereinbart, ist zwischen den Betriebs- und den **Instandsetzungskosten** zu unterscheiden. Letztere können im Rahmen der Gewerberaummiete aber auch auf den Mieter wirksam umgelegt werden. Auch die formularvertragliche Beteiligung des Mieters einer Erdgeschosswohnung an den **Aufzugskosten** benachteiligt diesen nicht unangemessen, sodass die Kosten anteilig auf ihn umgelegt werden können.[53] Hat ein **Aufzug** für den Mieter einer Erdgeschosswohnung aber keinen besonderen Nutzen, kann die Beteiligung entsprechend dem Maß der Nutzung reduziert oder sogar aufgehoben werden – Letzteres z.B., weil das Haus nicht über Dachbodenräume zur individuellen oder gemeinschaftlichen Nutzung verfügt und der **Aufzug** nicht im Keller-, sondern im Erdgeschoss endet.[54] Zur Reinigung der Anlage zählt die Reinigung von Teilen und Außenflächen des Fahrkorbs, des Fahrstuhlschachts, der Seile und Räder. Die bloße (Boden-)Reinigung des Inneren gehört zu den Kosten der Gebäudereinigung nach Nr. 9.

44 *„8. die Kosten der Straßenreinigung und Müllbeseitigung,*
zu den Kosten der Straßenreinigung gehören die für die öffentliche Straßenreinigung zu entrichtenden Gebühren und die Kosten entsprechender nicht öffentlicher Maßnahmen; zu den Kosten der Müllbeseitigung gehören namentlich die für die Müllabfuhr zu entrichtenden Gebühren, die Kosten entsprechender nicht öffentlicher Maßnahmen, die Kosten des Betriebs von Müll-

50 Schmidt-Futterer/*Langenberg*, § 556 Rn 132.
51 OLG Düsseldorf, Urt. v. 15.12.2011 – 10 U 96/11 – IMR 2012, 66.
52 OLG Düsseldorf, Urt. v. 15.12.2011 – 10 U 96/11 – IMR 2012, 66.
53 BGH, Urt. v. 20.9.2006 – VIII ZR 103/06 – NJW 2006, 3557.
54 LG Kiel, Urt. v. 3.8.2000 – 8 S 310/99 – NZM 2001, 91.

kompressoren, Müllschluckern, Müllabsauganlagen sowie des Betriebs von Müllmengenerfassungsanlagen einschließlich der Kosten der Berechnung und Aufteilung;"

Unter **Straßenreinigung** fällt die Reinigung von öffentlichen Straßen, einschließlich des **Winterdienstes**, sofern diese eigentlich kommunale Aufgabe durch Satzung den Grundstückseigentümern übertragen ist. Die **Reinigung** des Grundstücks selbst fällt unter Nr. 10 oder unter Nr. 14. Die Kosten für die **Schneeräumung** von Dächern und das Abschlagen von Eiszapfen können nicht auf den Mieter abgewälzt werden, weder nach dieser Nr. 8 noch nach Nr. 10 noch nach Nr. 17. Die Kosten der Beschaffung von Reinigungs- und Streumitteln können angesetzt werden. Die Anschaffung von Reinigungsgeräten geht zulasten des Vermieters, die Kosten aus deren Wartung und Betrieb (z.B. für Treibstoff und Versicherung motorbetriebener Geräte) sind umlagefähig.[55] Die **Reparaturkosten** dürften im Rahmen der Betriebskosten dagegen nicht ansetzbar sein.[56]

Die Aufzählung der Kosten der **Müllbeseitigung** ist nicht abschließend ge- 45
regelt („*namentlich*"). Daher können auch die Kosten des Betriebs einer Abfallsortieranlage angesetzt werden, aber wiederum nicht die Kosten für Beschaffung und **Reparatur**.[57] Zur Ausnahme können im Rahmen der Müllbeseitigung auch die **Verwaltungskosten** für die Erstellung der Abrechnung, d.h. für Berechnung und Aufteilung, auf den Mieter umgelegt werden. Sollen Kosten der Entsorgung von **Sperrmüll** auf den Mieter umgelegt werden, kommt es darauf an, ob die Entsorgung laufend erforderlich ist und der Vermieter einen Platz zur Lagerung von Sperrmüll zur Verfügung stellt, von dem dieser laufend entfernt wird.[58]

„*9. die Kosten der Gebäudereinigung und Ungezieferbekämpfung,* 46
zu den Kosten der Gebäudereinigung gehören die Kosten für die Säuberung der von den Bewohnern gemeinsam genutzten Gebäudeteile, wie Zugänge, Flure, Treppen, Keller, Bodenräume, Waschküchen, Fahrkorb des Aufzugs;"

Ansatzfähig sind Arbeitsentgelte, Kosten für Reinigungsmittel sowie für Wartung und Betrieb von Reinigungsgeräten, nicht dagegen die Kosten ihrer Beschaffung oder Reparatur.[59] Die Kosten der **Fassadenreinigung** zählen nicht zu Betriebs-,

55 Schmidt-Futterer/*Langenberg*, § 556 Rn 141.
56 Lindner-Figura/Oprée/Stellmann/*Beyerle*, Kap. 11 Rn 111.
57 Lindner-Figura/Oprée/Stellmann/*Beyerle*, Kap. 11 Rn 111.
58 Schmidt-Futterer/*Langenberg*, § 556 Rn 146.
59 Lindner-Figura/Oprée/Stellmann/*Beyerle*, Kap. 11 Rn 112.

sondern zu den Instandhaltungskosten.[60] Das gilt auch für die Entfernung von **Graffitis**. Die Kosten der **Ungezieferbekämpfung** sind nur ansetzbar, sofern sie laufend anfallen. Daher dürften vor allem vorbeugende, regelmäßig durchgeführte Maßnahmen zur Verhütung von Schäden oder aus hygienischen Gründen, z.B. in Gaststätten, hierunter fallen.

47 *„10. die Kosten der Gartenpflege,*
hierzu gehören die Kosten der Pflege gärtnerisch angelegter Flächen einschließlich der Erneuerung von Pflanzen und Gehölzen, der Pflege von Spielplätzen einschließlich der Erneuerung von Sand und der Pflege von Plätzen, Zugängen und Zufahrten, die dem nicht öffentlichen Verkehr dienen;“

Eine gepflegte Gartenfläche verschönert ein Wohnanwesen insgesamt und verbessert die Wohn- und Lebensqualität, was auch denjenigen Mietern zuteilwird, die den **Garten** nicht nutzen oder nutzen können. Deshalb dürfen die Kosten der Gartenpflege – mit Ausnahme derjenigen Flächen, die dem Vermieter oder Mietern zur alleinigen Nutzung zugewiesen sind – auf den Mieter umgelegt werden.[61] Wiederum sind die Arbeitsentgelte sowie die Kosten für Wartung und Betrieb von Gartengeräten ansetzbar, nicht dagegen die Kosten ihrer Beschaffung oder **Reparatur**.

48 Die Kosten der Erstanlegung eines Gartens und seine Ausstattung mit Pflanzen sind Baukosten.[62] Auch die Kosten einer Generalüberholung eines jahrelang vernachlässigten Gartens können nicht auf den Mieter umgelegt werden; dies widerspräche dem Grundsatz der ordentlichen Bewirtschaftung. Es handelt sich daher um **Instandsetzungskosten.**[63] Muss ein Baum gefällt werden, weil er zu nah an dem Wohngebäude steht, so gehören die dadurch verursachten Kosten zu denen der Gartenpflege.[64] Die Kosten der Leihe von Pflanzen zur Verschönerung eines Hauses zu Werbezwecken in Messezeiten sind nicht als Kosten der **Gartenpflege** auf den Mieter umlegbar.[65] Hier fehlt es schon am Merkmal der Regelmäßigkeit.

49 *„11. die Kosten der Beleuchtung,*
hierzu gehören die Kosten des Stroms für die Außenbeleuchtung und die Beleuchtung der von den Bewohnern gemeinsam genutzten Gebäudeteile, wie Zugänge, Flure, Treppen, Keller, Bodenräume, Waschküchen;“

---

60 Schmidt-Futterer/*Langenberg*, § 556 Rn 149.
61 Leitsatz BGH, Urt. v. 26.5.2004 – VIII ZR 135/03 – NZM 2004, 545.
62 Schmidt-Futterer/*Langenberg*, § 556 Rn 157.
63 AG Neustadt a.d. Weinstraße, Urt. v. 13.2.2009 – 5 C 73/08 –.
64 AG Sinzig, Urt. v. 18.2.2004 – 14 C 879/03 – ZMR 2004, 829.
65 Leitsatz OLG Düsseldorf, Urt. v. 8.6.2000 – 10 U 94/99 – NZM 2000, 762.

Es sind ausschließlich die Stromkosten für die **Außenbeleuchtung** einschließlich der **Beleuchtung** der Hausnummer und des Klingelfelds und für die Beleuchtung von Gemeinschaftsflächen umlagefähig, mithin für Treppenhaus, Flure, Kellergänge, Wasch- und Trockenräume, aber auch für den Heizungskeller, da er allen Mietern zugutekommt.[66] Kosten für die Auswechslung von Glühbirnen bzw. Leuchtmitteln sind als Instandhaltungskosten, nicht als Betriebskosten zu qualifizieren, und daher nicht umlagefähig.[67]

„12. die Kosten der Schornsteinreinigung, 50
hierzu gehören die Kehrgebühren nach der maßgebenden Gebührenordnung, soweit sie nicht bereits als Kosten nach Nummer 4 Buchstabe a berücksichtigt sind;“

Wie der Erläuterung zu Nr. 12 zu entnehmen, unterfallen die Kosten, die beim Betrieb von **Zentralheizungsanlagen** anfallen, der Ziff. 4 a). Damit hat diese Nummer im Wesentlichen Bedeutung für Einzelfeuerstätten wie Einzelöfen, Etagenheizungen und für Lüftungsanlagen und ähnliche Einrichtungen. Maßgeblich ist, ob ein Schornstein noch offen und entsprechend zu prüfen oder zu reinigen ist, da die Schornsteinfegerkosten erst mit der endgültigen Stilllegung entfallen. Das gilt auch, wenn die Schornsteinzüge des Mietobjekts nicht mehr genutzt werden, weil einzelne Mieter Gasaußenwandheizer oder Nachtstromspeicherheizgeräte installiert haben oder mit Fernwärme versorgt werden.[68]

„13. die Kosten der Sach- und Haftpflichtversicherung, 51
hierzu gehören namentlich die Kosten der Versicherung des Gebäudes gegen Feuer-, Sturm-, Wasser sowie sonstige Elementarschäden, der Glasversicherung, der Haftpflichtversicherung für das Gebäude, den Öltank und den Aufzug;“

Die vorstehende Aufzählung ist nicht abschließend (*„namentlich“*). Es fallen z.B. auch Versicherungen gegen Schäden an Alarm-, Brand- und Fernmeldeanlagen sowie sonstigen elektrotechnischen und elektronischen Anlagen sowie eine **Schwamm- und Hausbockversicherung** darunter.[69] Die Kosten der Elektronikversicherung der Brandmeldeanlage fallen unter Nr. 13.[70] Die Kosten einer Sach- und Haftpflichtversicherung, die der Vermieter während des bestehenden Mietverhältnisses für das

66 Schmidt-Futterer/*Langenberg*, § 556 Rn 165.
67 OLG Düsseldorf, Urt. v. 8.6.2000 – 10 U 94/99 – NZM 2000, 762.
68 Schmidt-Futterer/*Langenberg*, § 556 Rn 167.
69 Lindner-Figura/Oprée/Stellmann/*Beyerle*, Kap. 11 Rn 116.
70 OLG Düsseldorf, Urt. v. 15.12.2011 – 10 U 96/11 – IMR 2012, 66.

Mietobjekt abschließt, können anteilig auf die Mieter umgelegt werden, wenn im Mietvertrag die Kosten einer derartigen Versicherung als umlagefähige Betriebskosten bezeichnet sind und dem Vermieter das Recht eingeräumt ist, auch neu entstehende Betriebskosten auf die Mieter umzulegen.[71] Die Kosten einer **Terrorversicherung**, die der Vermieter während des bestehenden Mietverhältnisses für ein gewerbliches Mietobjekt abschließt, weil die Versicherung gegen Terrorgefahren nicht mehr von der **Feuerversicherung** mitumfasst wird, können, auch wenn es sich um kein besonders gefährdetes Objekt handelt, auf den Mieter umgelegt werden, sofern im Mietvertrag die Kosten von Sachversicherungen als umlagefähige Betriebskosten bezeichnet sind.[72]

52 Wird eine Versicherung abgeschlossen, die eine Mehrzahl von Risiken abdeckt, z.B. eine Sammel- oder Allgefahrenversicherung, muss in der Prämienabrechnung eine Aufteilung auf umlegbare und nicht umlegbare Kosten erfolgen, sofern die Umlage entsprechender Versicherungen vertraglich nicht vereinbart oder nicht möglich ist. Letzteres ist z.B. bei Reparaturversicherungen der Fall, da Reparaturen grundsätzlich nicht zu den Betriebskosten zählen.[73] Die Kosten einer Mietverlustversicherung kann der Vermieter auch im gewerblichen Mietrecht nicht als Nebenkosten auf den Mieter abwälzen.[74]

53 *„14. die Kosten für den Hauswart,*
hierzu gehören die Vergütung, die Sozialbeiträge und alle geldwerten Leistungen, die der Eigentümer oder Erbbauberechtigte dem Hauswart für seine Arbeit gewährt, soweit diese nicht die Instandhaltung, Instandsetzung, Erneuerung, Schönheitsreparaturen oder die Hausverwaltung betrifft; soweit Arbeiten vom Hauswart ausgeführt werden, dürfen Kosten für Arbeitsleistungen nach den Nummern 2 bis 10 und 16 nicht angesetzt werden;“

Kosten für Arbeitsleistungen des Hauswarts sind grundsätzlich unter den Betriebskostengruppen nach Nr. 2 bis 10 und 16 anzusetzen, auf die sie sich beziehen (z.B. Gebäudereinigung, Gartenpflege etc.).

54 Kosten für Arbeiten des **Hauswarts**, die Instandhaltung, Instandsetzung, Erneuerung, Schönheitsreparaturen oder die Hausverwaltung betreffen, dürfen nicht angesetzt werden. Dies gilt jedoch nicht, soweit **Wartungskosten** gemäß der BetrKV ausdrücklich umlegbar sind. Im Mietvertrag über Gewerberaum sind im Übrigen abweichende Regelungen möglich, da dort grundsätzlich auch **Instand-**

71 BGH, Urt. v. 27.9.2006 – VIII ZR 80/06 – NJW 2006, 3558.
72 OLG Stuttgart, Urt. v. 15.2.2007 – 13 U 145/06 – NZM 2007, 247.
73 Lindner-Figura/Oprée/Stellmann/*Beyerle*, Kap. 11 Rn 116.
74 OLG Düsseldorf, Urt. v. 29.6.2000 – 10 U 116/99 – NZM 2001, 588.

haltungs- und Instandsetzungskosten auf den Mieter übertragen werden können.

Der Vermieter muss die Kosten der umlagefähigen Hauswartstätigkeit einerseits und die nicht umlagefähigen **Verwaltungs-, Instandhaltungs- und Instandsetzungskosten** andererseits nachvollziehbar aufschlüsseln, sodass die nicht umlagefähigen Kosten herausgerechnet werden können. Die Darlegungs- und Beweislast trifft dabei den Vermieter. Die Darlegungs- und Beweislast erfährt durch die Formulierung „soweit ... nicht" (§ 2 Nr. 14 Hs. 1 BetrKV) keine Änderung. Bei der Aufteilung kommt es entscheidend auf den tatsächlichen Zeitaufwand des Hauswarts für die jeweiligen Arbeiten an. Die Leistungsbeschreibung im Vertrag des Vermieters mit dem Hauswart ist lediglich ein Indiz für den Umfang der nicht umlagefähigen Kosten.[75] Daher sollte der Hauswart vertraglich verpflichtet werden, einen **Tätigkeitsnachweis** (Stundenlisten) zu erstellen. 55

Ausweislich der Formulierung der Nr. 14 sind nur **Personalkosten** ansetzbar, keine Sachkosten. Zu den **Personalkosten** gehören insbesondere die **Lohn- und Lohnnebenkosten**, geldwerte Sachleistungen, insbesondere Vergünstigungen bei der Überlassung einer Hausmeisterwohnung, die Kosten der Vertretung im Urlaubs- und Krankheitsfall sowie die Kosten einer selbstständigen Hauswartfirma.[76] 56

„15. die Kosten 57

a) des Betriebs der Gemeinschafts-Antennenanlage,
hierzu gehören die Kosten des Betriebsstroms und die Kosten der regelmäßigen Prüfung ihrer Betriebsbereitschaft einschließlich der Einstellung durch eine Fachkraft oder das Nutzungsentgelt für eine nicht zu dem Gebäude gehörende Antennenanlage sowie die Gebühren, die nach dem Urheberrechtsgesetz für die Kabelweitersendung entstehen,

oder"

Ansatzfähig sind die Kosten der regelmäßigen Prüfung der Betriebsbereitschaft und der Einstellung der Antenne, sofern die entsprechende Wartung wirtschaftlich sinnvoll ist. Ist ein **Vollwartungsvertrag** abgeschlossen, sind die Kosten von **Reparaturen** oder Ersetzungen herauszurechnen. Entsprechend dem Wortlaut der Nr. 15a) sind die Kosten einer geleasten Anlage umlegbar. Hier ist der gesamte Rechnungsbetrag ansatzfähig; eine Ausgliederung von Gewinn- oder Instandsetzungsanteilen findet nicht statt.[77]

---

75 BGH, Versäumnisurt. v. 20.2.2008 – VIII ZR 27/07 – NZM 2008, 403.

76 Lindner-Figura/Oprée/Stellmann/*Beyerle*, Kap. 11 Rn 117.

77 Schmidt-Futterer/*Langenberg*, § 556 Rn 193.

58 *„b) des Betriebs der mit einem Breitbandkabelnetz verbundenen privaten Verteilanlage,*
hierzu gehören die Kosten entsprechend Buchstabe a, ferner die laufenden monatlichen Grundgebühren für Breitbandkabelanschlüsse;“

Soweit bei einem **Breitbandkabelanschluss** Kosten gem. Nr. 15a) anfallen, sind sie ansetzbar, nicht jedoch das einmalige Anschlussentgelt und die Kosten für die Installation der Verteilung im Gebäude, es sei denn, die Verteilanlage ist geleast. Das laufende monatliche Grundentgelt ist umlagefähig.[78] Das gilt auch dann, wenn der Mieter den Anschluss nicht mehr nutzt, z.B. aufgrund einer anderen Empfangsart. Ist die Umlage der Kosten für die Gemeinschaftsantenne nach Nr. 15a) vereinbart, wird diese aber mit dem Anschluss an das **Breitbandkabelnetz** beseitigt, sind nunmehr die hierfür anfallenden Kosten umlagefähig.[79]

59 *„16. die Kosten des Betriebs der Einrichtungen für die Wäschepflege,*
hierzu gehören die Kosten des Betriebsstroms, die Kosten der Überwachung, Pflege und Reinigung der Einrichtungen, der regelmäßigen Prüfung ihrer Betriebsbereitschaft und Betriebssicherheit sowie die Kosten der Wasserversorgung entsprechend Nummer 2, soweit sie nicht dort bereits berücksichtigt sind;

17. sonstige Betriebskosten,
hierzu gehören Betriebskosten im Sinne des § 1, die von den Nummern 1 bis 16 nicht erfasst sind.“

Nr. 17 ist ein restriktiv auszulegender **Auffangtatbestand** für Betriebskosten, die der allgemeinen Definition der Betriebskosten unterfallen („Betriebskosten im Sinne des § 1“), aber in den Nummern 1 bis 16 – zum Teil wegen ihrer geringen praktischen Bedeutung – nicht genannt sind (z.B. für Gemeinschaftseinrichtungen wie Sauna, Schwimmbad, Spielraum, Hobby- und Werkraum) oder sie aufgrund neuartiger technischer Entwicklungen noch nicht absehbar waren. Die offene Formulierung der Nr. 17 soll gerade auch solche Betriebskosten erfassen.

60 „Sonstige Betriebskosten“ können in einem Formularmietvertrag auf den Mieter nur übergewälzt werden, wenn sie im Einzelnen benannt sind.[80] Nach dem **Transparenzgebot** des § 307 Abs. 1 S. 2 BGB sind Verwender Allgemeiner Geschäftsbedingungen nach Treu und Glauben verpflichtet, Rechte und Pflichten der Vertragspartner möglichst klar und durchschaubar darzustellen. Dazu gehört auch, dass

---

78 Schmidt-Futterer/*Langenberg*, § 556 Rn 195.
79 Schmidt-Futterer/*Langenberg*, § 556 Rn 195 f.
80 OLG Düsseldorf, Urt. v. 15.12.2011 – 10 U 96/11 – IMR 2012, 66; BGH, Urt. v. 7.4.2004 – VIII ZR 167/03 – NZM 2004, 417.

Allgemeine Geschäftsbedingungen wirtschaftliche Nachteile und Belastungen soweit erkennen lassen, wie dies nach den Umständen gefordert werden kann. Abzustellen ist auf die Erkenntnismöglichkeiten eines durchschnittlichen Vertragspartners.[81] Die vertragliche Formulierung „sonstige Kosten im Zusammenhang mit Betrieb und Unterhaltung des Gebäudes" ist sehr intransparent, weil sie die zu tragende Kostenlast weder inhaltlich noch ihrem Umfang noch ansatzweise in einer dem **Bestimmtheitsgebot** genügenden Weise erkennen lässt.[82] Das Kürzel „etc." lässt nicht mit der notwendigen inhaltlichen **Bestimmtheit** erkennen, auf welche weiteren Bestandteile des Objekts sich z.B. die Wartungspflicht des Mieters erstrecken soll.[83]

Folgende Kosten kommen als sonstige Betriebskosten in Betracht, sofern sie als Kosten ausdrücklich im Mietvertrag genannt sind; teilweise sind Einzelfallabwägungen vorzunehmen, das **Wirtschaftlichkeitsgebot** hat in jedem Fall Beachtung zu finden: Kosten der Dachrinnenreinigung,[84] der Dachrinnenbeheizung,[85] der Überwachungsanlage,[86] des Concierge- bzw. Pförtnerdienstes,[87] der Brand- und Rauchmelder,[88] der Prüfung der Betriebssicherheit technischer Anlagen,[89] der Klima- und Lüftungsanlage,[90] des privaten Sicherheitsdienstes,[91] der Überprüfung von Blitzschutzanlagen,[92] der Feuerlöscher.[93] 61

III. Sonstige Nebenkosten außerhalb der BetrKV

Wie bereits eingangs erwähnt, geht der Begriff der Nebenkosten über den der für den Wohnraum gesetzlich definierten Betriebskosten hinaus. Sonstige Nebenkosten sind vor allem **Verwaltungskosten** sowie **Instandhaltungs- und Instandsetzungskosten**. 62

---

81 BGH, Urt. v. 23.2.2011 – XII ZR 101/09 – NZM 2007, 516.
82 OLG Düsseldorf, Urt. v. 15.12.2011 – 10 U 96/11 – IMR 2012, 66.
83 OLG Düsseldorf, Urt. v. 15.12.2011 – 10 U 96/11 – IMR 2012, 66.
84 BGH, Urt. v. 7.4.2004 – VIII ZR 167/03 – NZM 2004, 417.
85 Schmidt-Futterer/*Langenberg*, § 556 Rn 216.
86 OLG Düsseldorf, Urt. v. 15.12.2011 – 10 U 96/11 – IMR 2012, 66.
87 BGH, Beschl. v. 5.4.2005 – VIII ZR 78/04 – NZM 2005, 452.
88 LG Magdeburg, Urt. v. 27.9.2011 – 1 S 171/11 – IMR 2012, 99.
89 BGH, Urt. v. 14.2.2007 – VIII ZR 123/06 – NZM 2007, 282.
90 OLG Frankfurt, Urt. v. 7.3.2006 – 9 U 62/05 – IBR 2006, 302.
91 OLG Frankfurt, Urt. v. 7.3.2006 – 9 U 62/05 – IBR 2006, 302.
92 Schmidt-Futterer/*Langenberg*, § 556 Rn 214.
93 Schmidt-Futterer/*Langenberg*, § 556 Rn 222.

1. Verwaltungskosten

63 Der Begriff der **Verwaltungskosten** ist in § 1 Abs. 2 Nr. 1 BetrKV definiert. Danach handelt es sich um

> *„die Kosten der zur Verwaltung des Gebäudes erforderlichen Arbeitskräfte und Einrichtungen, die Kosten der Aufsicht, den Wert der vom Vermieter persönlich geleisteten Verwaltungsarbeit, die Kosten für die gesetzlichen oder freiwilligen Prüfungen des Jahresabschlusses und die Kosten für die Geschäftsführung."*

a) Umlegbarkeit

64 **Verwaltungskosten** sind gem. § 1 Abs. 2 BetrKV ausdrücklich vom Begriff der Betriebskosten ausgenommen. Sie sind daher als Betriebskosten im engeren Sinne im Rahmen der BetrKV grundsätzlich nicht auf den Mieter umlegbar und somit vom Vermieter selbst zu tragen. Es handelt sich nämlich um Kosten, die dem Vermieter bei der Wahrnehmung seiner originären Interessen entstehen.[94] Eine Ausnahme bilden solche **Verwaltungskosten**, die im Rahmen des Betriebskostenkataloges gem. § 2 BetrKV ausdrücklich genannt werden:
- die Kosten der Berechnung und Aufteilung der Kaltwasserkosten bei Verwendung von **Einzelwasserzählern** (§ 2 Nr. 2 BetrKV),
- die Kosten der Berechnung und Aufteilung der Heiz- und Warmwasserkosten (§ 2 Nr. 4a und 5a BetrKV) sowie
- die Kosten der Müllbeseitigung, wenn Müllmengenerfassungsanlagen vorhanden sind (§ 2 Nr. 8 BetrKV).

b) Vertragliche Vereinbarungen über Verwaltungskosten

65 Wie bereits oben erwähnt, gilt die BetrKV unmittelbar nur für die Wohnraummiete, sodass die Parteien eines Mietverhältnisses über Gewerberaum frei sind, zu vereinbaren, dass der Mieter die **Verwaltungskosten** als Nebenkosten trägt. Der im Mietvertrag verwendete Begriff der **Verwaltungskosten** ist hinreichend bestimmt i.S.d. § 307 Abs. 1 S. 2 BGB.[95] Zur Ausfüllung des Begriffs der **Verwaltungskosten** kann auf die Definition in § 1 Abs. 2 Nr. 1 BetrKV zurückgegriffen werden. Dass diese Regelungen für die Gewerberaummiete nicht einschlägig sind, steht ihrer Heranziehung als Hilfsmittel zur näheren Bestimmung der umlegbaren Kosten nicht im Wege. Auch die Herausnahme der **Verwaltungskosten** aus den umlegbaren Kosten nach der **BetrKV** hindert nicht daran, im Bereich der Gewerberaummiete zur Ausfüllung des Begriffs der **Verwaltungskosten** auf die vorhandene gesetzliche Definition zu-

---

94 Schmidt-Futterer/*Langenberg*, § 556 Rn 92.
95 BGH, Urt. v. 24.2.2010 – XII ZR 69/08 – NJW-RR 2010, 739.

rückzugreifen.[96] Wenn die im Einzelfall anfallenden **Verwaltungskosten** auch weitere als die gesetzlich definierten Positionen erfassen, so folgt daraus allein, dass die Kosten insoweit bei Heranziehung der gesetzlichen Definition nicht umlegbar sind. Die Transparenz des Begriffs der **Verwaltungskosten** wird dadurch aber nicht ausgeschlossen.[97]

Verwaltungskosten können wie andere Nebenkosten, insbesondere Betriebs- 66
kosten im engeren Sinn, jährlich abgerechnet werden. Die Parteien können vereinbaren, dass die **Verwaltungskosten** als Pauschale, z.B. als Prozentsatz der **Nettomiete** oder der Ansatz eines bestimmten Betrages pro Quadratmeter Mietfläche gezahlt werden. Die grundsätzlich zulässige und wirksame Vereinbarung in AGB findet ihre Grenzen im Grundsatz von **Treu und Glauben** (§ 307 Abs. 1), d.h. eine entsprechende Formularklausel des Vermieters darf den Mieter der Höhe nach nicht unangemessen benachteiligen.[98] Insofern hatte der BGH schon die Umlage der „Kosten der kaufmännischen und technischen Hausverwaltung" in einer Größenordnung von 5,8% der Bruttomiete für zulässig erachtet.[99] Nun hat er entschieden, dass die Umlage von **Verwaltungskosten** in AGB eines Mietvertrags über Geschäftsräume weder überraschend i.S.v. § 305c BGB ist, noch gegen das Transparenzgebot gem. § 307 BGB Abs. 1 S. 2 BGB verstößt, selbst wenn die Klausel keine Bezifferung oder höhenmäßige Begrenzung der **Verwaltungskosten** enthält. Der Mieter sei vor überhöhten Forderungen nämlich durch das allgemeine Wirtschaftlichkeitsgebot geschützt, das den Vermieter dazu verpflichte, den Mieter von der Umlegung nicht erfasster Kosten freizustellen..[100] Auch könne der Mieter aus der nachrangigen Stellung der Kostenart (hier an siebter Stelle) in der Liste der von ihm zu tragenden Kostenarten nicht ableiten, es handle sich um eine weniger kostenträchtige Position.[101]

Übt die mit der Verwaltung betraute Person auch andere Tätigkeiten für den 67
Vermieter aus, so sind die anderen Kosten von den **Verwaltungskosten** zu trennen und im Rahmen der Abrechnung herauszurechnen. Hieraus kann sich im Einzelfall eine Problematik der Kostentrennung ergeben, sodass Vermieter darauf achten sollten, dass schon ihre Verwaltungspersonen eindeutige und entsprechend detailliert aufgegliederte Rechnungen erstellen; sie sollten vertraglich dazu verpflichtet werden.

Das Problem der Kostentrennung ergibt sich häufig im Rahmen der Beauftra- 68
gung eines **Facility- oder Centermanagers**, welcher die kaufmännische Betreuung

96 BGH, Urt. v. 9.12.2009 – XII ZR 109/08 – NJW 2010, 671; BGH, Urt. v. 24.2.2010 – XII ZR 69/08 – NJW-RR 2010, 739.

97 BGH, Urt. v. 3.8.2011 – XII ZR 205/09 –.

98 Lindner-Figura/Oprée/Stellmann/*Beyerle*, Kap. 11 Rn 25.

99 BGH, Urt. v. 4.5.2011 – XII ZR 112/09 – NZM 2012, 83.

100 BGH, Versäumnisurt. v. 10.9.2014 – XII ZR 56/11 – NZM 2014, 830.

101 BGH, Versäumnisurt. v. 10.9.2014 – XII ZR 56/11 – NZM 2014, 830.

einerseits und andererseits die umfassende technische und konzeptionelle Betreuung des Mietobjektes übernimmt. Dabei entsprechen die Tätigkeiten des Facility-Managers oft nur dem Interesse des Vermieters (wie z.B. Planungen zur Neugestaltung von Leerstandsflächen, Steuerung der nicht auf den Mieter umlegbaren **Instandsetzung/Instandhaltung**). Diese Leistungen im Vermieterinteresse sind in AGB nicht auf den Mieter umlegbar (§ 307 Abs. 1).[102] Die **Verwaltungskosten**, die der Vermieter wirksam in AGB übertragen kann – sofern sie der Höhe nach nicht unangemessen sind –, sind daher zu Abrechnungszwecken aus den Gesamtkosten des **Facility-Managements** herauszurechnen.

! **Praxistipp**
Übernimmt der Vermieter die Verwaltung des Objektes selbst, sollte zur Vorbeugung von Streitigkeiten die Umlage einer angemessenen Pauschale vereinbart werden. Da im Laufe des Mietvertrages ein Outsourcing der **Objektverwaltung** notwendig werden kann, sollte der Vermieter sich dies vorbehalten und dabei zur Umlage nachgewiesener Kosten optieren dürfen. Erfolgt die Verwaltung durch einen dritten Dienstleister, den **Facility-Manager**, ist dieser vertraglich zu verpflichten, die umlagefähigen **Verwaltungskosten** zu Nachweiszwecken gegenüber dem Mieter gesondert auszuweisen.

69 Die unter der Position „**Centermanagement**" abgerechneten und sonst nicht weiter erläuterten Kosten sind nicht umlagefähig, da der Begriff des **Centermanagements** oder „**Centermanager**" nicht ausreichend bestimmt ist. Hinsichtlich dieses Begriffs fehlt es an ausreichender **Transparenz**; es ist nicht ersichtlich, welche Kosten hier einbezogen oder welche Leistungen dem Inhalt nach hiervon erfasst werden sollen, insbesondere wenn noch weitere „Kosten für Verwaltung" und „Raumkosten für Büro- und Verwaltungsräume" verlangt werden. Der Begriff lässt sich weder vertraglich noch im Rahmen des allgemein „Ortsüblichen und Notwendigen" eingrenzen. Die Kosten können daher auch nicht im Groben abgeschätzt werden und sind deshalb intransparent.[103]

! **Praxistipp**
Die Kosten des Centermanagers müssen begrifflich aufgegliedert werden, um dem **Bestimmtheitsgebot** zu genügen. Sie müssen zumindest grob abschätzbar sein. Es empfiehlt sich daher, die einzelnen Kostenpositionen möglichst detailliert und transparent zu benennen. Dabei ist darauf zu achten, dass es nicht zu Überschneidungen mit anderen Positionen kommt, die sonst insgesamt Gefahr laufen, unbestimmt und daher unwirksam zu sein.

---

102 OLG Köln, Urt. v. 18.12.2007 – 22 U 67/07 – NZM 2008, 368.
103 BGH, Urt. v. 3.8.2011 – XII ZR 205/09 – mit Verweis auf BGH, Urt. v. 9.12.2009 – XII ZR 109/08 – NJW 2010, 671; BGH, Urt. v. 24.2.2010 – XII ZR 69/08 – NJW-RR 2010; BGH, Urt. v. 4.5.2011 – XII ZR 112/09 – NZM 2012, 83; BGH, Versäumnisurt. v. 10.9.2014 – XII ZR 56/11 – NZM 2014, 830.

Die Umlage von „Kosten der kaufmännischen und technischen **Hausverwaltung**" in AGB eines Mietvertrags über Gewerberaum ist dagegen weder überraschend i.S.v. § 305c BGB, noch verstößt sie gegen das **Transparenzgebot** gem. § 307 Abs. 1 S. 2 BGB. Ein Überraschungseffekt tritt dann ein, wenn sie einen – ggf. durch Auslegung zu ermittelnden – Inhalt hat, mit dem der Mieter nicht zu rechnen brauchte. Dies ist nicht der Fall, wenn der Vermieter **Verwaltungskosten** nur im Rahmen des Ortsüblichen und Notwendigen umlegen kann; dann können sie von einem gewerblichen Mieter wenigstens im Groben abgeschätzt werden. Ein Überraschungseffekt ergibt sich auch nicht aus der Platzierung der Klausel in Nr. 17 der zu tragenden Betriebskosten. Schließlich wird im Zusammenhang mit der fehlenden Bezifferung der Kosten nicht der Eindruck erweckt, dass es sich um eine vergleichsweise unbedeutende Position handele; der zu niedrig angesetzte Betrag der **Vorauszahlungen** verschleiert nicht die wahre Höhe der Kosten.[104] Die Umlegung von **Verwaltungskosten** bei der Gewerberaummiete ist nicht ungewöhnlich und führt daher nicht zu einer unangemessenen Benachteiligung.[105] Der Mieter ist im Übrigen vor überhöhten Forderungen durch das allgemeine **Wirtschaftlichkeitsgebot** geschützt.[106] 70

2. Instandhaltungs- und Instandsetzungskosten

Nach § 1 Abs. 2 Nr. 2 BetrKV sind die Kosten, die während der Nutzungsdauer zur Erhaltung des bestimmungsmäßigen Gebrauchs aufgewendet werden müssen, um die durch Abnutzung, Alterung und Witterungseinwirkung entstehenden baulichen oder sonstigen Mängel ordnungsgemäß zu beseitigen, als **Instandhaltungs- und Instandsetzungskosten** definiert. Die Vorschrift fasst verschiede Kosten zusammen: Nach dem allgemeinen Sprachgebrauch geht es bei Instandhaltung grundsätzlich um die Erhaltung des vertragsgemäßen Zustandes, d.h. um Sicherungsmaßnahmen vor drohenden Schäden. Insoweit betrifft die Definition in § 1 Abs. 2 Nr. 2 BetrKV die **Instandhaltungskosten.**[107] Dagegen sind als **Instandsetzungskosten** Kosten aus Reparatur und Wiederbeschaffung anzusehen.[108] **Instandsetzung** betrifft daher die Beseitigung und Reparatur bereits eingetretener Schäden zur Wiederherstellung des vertragsgemäßen Zustandes. Seit Kurzem sind Instandhaltung und Instandsetzung in § 555a Abs. 1 BGB gemeinsam als Erhaltungsmaßnahmen definiert. 71

104 BGH, Urt. v. 4.5.2011 – XII ZR 112/09 – NZM 2012, 83; BGH, Urt. v. 9.12.2009 – XII ZR 109/08 – NJW 2010, 671.

105 BGH, Urt. v. 9.12.2009 – XII ZR 109/08 – NJW 2010, 671.

106 BGH, Urt. v. 4.5.2011 – XII ZR 112/09 – NZM 2012, 83; BGH, Urt. v. 9.12.2009 – XII ZR 109/08 – NJW 2010, 671; BGH, Urt. v. 24.2.2010 – XII ZR 69/08 – NJW-RR 2010.

107 BGH, Urt. v. 7.4.2004 – VIII ZR 167/03 – NZM 2004, 417.

108 BGH, Urt. v. 7.4.2004 – VIII ZR 167/03 – NZM 2004, 417.

a) Umlegbarkeit

72 Auch wenn **Instandhaltungs- und Instandsetzungskosten** grundsätzlich keine Betriebskosten sind, werden verschiedene **Wartungskosten** im Kostenkatalog des § 2 BetrKV an einigen Stellen ausdrücklich genannt, insbesondere für Wassermengenregler (Nr. 2), Heizung und Warmwassergeräte (Nr. 4 und 5), Aufzug (Nr. 7), Gartenpflege (Nr. 10), die Gemeinschaftsantennenanlage und den Kabelanschluss (Nr. 15), die Einrichtungen der Wäschepflege (Nr. 16) sowie für **Wartungskosten** in vergleichbaren Fällen im Bereich der sonstigen Betriebskosten. Im Übrigen sind **Instandhaltungs- oder Instandsetzungskosten** – vorbehaltlich einer ausdrücklichen Nennung in § 2 BetrKV – grundsätzlich nicht als Betriebskosten umlagefähig, sodass sie dem Mieter im Rahmen der BetrKV grundsätzlich nicht in Rechnung gestellt werden können.

b) Vertragliche Vereinbarungen über Instandhaltungs- und Instandsetzungskosten

73 Da die BetrKV unmittelbar nur für die Wohnraummiete gilt, ist die Übertragung von **Instandhaltungs- und Instandsetzungskosten** als Nebenkosten auf den Mieter im Rahmen der Gewerberaummiete grundsätzlich zulässig. Sofern diese Übertragung in AGB erfolgt, unterliegt sie klauselrechtlichen Grenzen:

aa) Instandhaltung

74 Sofern die Mietsache bei Vertragsbeginn mangelfrei ist und kein Instandhaltungsstau vorliegt, der den Mieter belastet, ist die Übertragung der **Instandhaltungskosten** in AGB auf den Mieter zulässig.[109]

75 Zur Vorbeugung von Auslegungsstreitigkeiten empfiehlt es sich dabei die Instandhaltungspflichten des Mieters möglichst genau zu formulieren, auch wenn dies im Einzelfall dem Interesse des Vermieters an einer möglichst umfangreichen Übertragung auf den Mieter zuwiderläuft. Allerdings hat die Rechtsprechung offene Formulierungen wie der Mieter müsse „die Mietsache mit der erforderlichen Sorgfalt behandeln und in gutem und **gebrauchsfähigem Zustand** erhalten“, sie „ordnungsgemäß und schonend“ behandeln bzw. sie „pflegen“ als wirksam angesehen.[110]

---

109 BGH, Urt. v. 4.2.1987 – VIII ZR 355/85 – NJW 1987, 2072; OLG Düsseldorf, Urt. v. 9.2.1989 – 10 U 96/88 – NJW-RR 1989, 663.

110 OLG Düsseldorf, Urt. v. 25.2.1999 – 10 U 109/95 – NZM 2000, 464; OLG Düsseldorf, Urt. v. 4.6.1992 – 10 U 158/91 – DWW 1992, 365; BGH, Urt. v. 13.1.1982 – VIII ZR 186/80 – WPM 1982, 333, 335.

Die Kostentragung für gemeinschaftlich genutzte Räume bzw. Gegenstände sollte allerdings betragsmäßig begrenzt werden, z.B. auf 10% der Netto-Jahresmiete.[111] Der BGH hat insofern entschieden, dass die formularmäßige Auferlegung der Instandhaltung und Instandsetzung gemeinschaftlich genutzter Flächen und Anlagen auf den Mieter ohne Beschränkung der Höhe nach gegen § 307 Abs. 1 und 2 BGB verstößt, denn eine solche Regelung ließe keinen hinreichenden Bezug zum Mietgebrauch oder zur Risikosphäre des Mieters erkennen.[112] Die Übertragung der Instandhaltung von **„Dach und Fach"** in AGB widerspricht im Übrigen derart der gesetzgeberischen Wertung des § 535, dass sie den Mieter regelmäßig unangemessen benachteiligt, indem sie ihm den Großteil der Erhaltungslast aufbürdet.[113] 76

Bestehen bereits bei Beginn des Mietverhältnisses an den Einrichtungen der Mietsache erhebliche Beeinträchtigungen, deren Beseitigung für den Mieter nicht oder nur kaum kalkulierbar und die Leistungspflicht darüber hinaus verschuldensunabhängig ausgestaltet ist, sind die Instandhaltungsklauseln im Zweifel als unangemessen benachteiligend und damit als unwirksam einzuordnen,[114] es sei denn, der Mieter erlangt als Gegenleistung eine inhaltlich nachvollziehbare bzw. angemessene Reduzierung der Miete als Kompensation.[115] 77

bb) Instandsetzung

Maßstab für die Wirksamkeit formularvertraglicher Vereinbarungen zur Übertragung von **Instandsetzungskosten** auf den Mieter ist § 307 Abs. 2 Nr. 1,[116] wonach die Klausel unwirksam ist, wenn sie mit wesentlichen Grundgedanken der gesetzlichen Regelung, von der abgewichen wird, nicht zu vereinbaren ist. Dieser Grundgedanke kommt in § 535 Abs. 1 S. 2 zum Ausdruck, wonach der Vermieter die Mietsache in einem zum vertragsgemäßen Gebrauch geeigneten Zustand zu überlassen und sie während der Mietzeit auch in diesem Zustand zu erhalten hat. Dieser Wertung widerspricht eine unbeschränkte Übertragung der Instandsetzungsarbeiten, da sie den Mieter mit der vollständigen Sachgefahr und einem einhergehenden nicht vorauskalkulierbaren Kostenrisiko belasten würde.[117] Eine pauschale Übertragung der Instandsetzung des gesamten Mietobjekts einschließlich der Schönheitsrepara- 78

111 Lindner-Figura/Oprée/Stellmann/*Beyerle*, Kap. 13 Rn 188.

112 BGH, Versäumnisurt. v. 10.9.2014 – XII ZR 56/11 – NZM 2014, 830.

113 BGH, Urt. v. 6.4.2005 – XII ZR 158/01 – NZM 2005, 863f.; OLG Dresden, Urt. v. 17.6.1996 – 2 U 655/95 – NJW-RR 1997, 395.

114 Lindner-Figura/Oprée/Stellmann/*Beyerle*, Kap. 13 Rn 188.

115 BGH, Urt. v. 5.6.2002 – XII ZR 220/99 – NZM 2002, 655.

116 BGH, Urt. v. 6.4.2005 – XII ZR 158/01 – NZM 2005, 863.

117 OLG Dresden, Urt. v. 17.6.1996 – 2 U 655/95 – NJW-RR 1997, 395; OLG Düsseldorf, Urt. v. 16.12.1999 – 10 U 159/98 – ZMR 2000, 377; OLG Naumburg, Urt. v. 12.8.1999 – 2 U (Hs) 34/98 – NZM 2000, 1183.

turen bzw. die dach- und fachfeste Unterhaltung des gesamten Mietobjekts auf den Mieter ist in AGB daher unwirksam.[118]

79 Die Übertragung der **Instandsetzungskosten** auf den Mieter in AGB kann dagegen zulässig sein, wenn die Sachgefahr nur eingeschränkt übertragen wird, indem z.B. die Haftung des Mieters für anfängliche Mängel und für durch Dritte verursachte Schäden ausgeschlossen wird und Instandsetzungsverpflichtung auf Schäden beschränkt wird, die entweder auf dem Mietgebrauch selbst beruhen oder aus der Risikosphäre des Mieters herrühren.[119]

80 Sollen **Instandsetzungspflichten** – und die entsprechende Kostentragung – darüber hinaus auf den Mieter übertragen werden, bedarf es einer Individualabrede zwischen den Parteien.[120] Etwas anderes kann aber gelten, wenn es sich bei dem zugrundeliegenden Vertragsverhältnis nicht um einen Miet-, sondern um einen Immobilienleasingvertrag handelt. Denn nach dem BGH wird in einem Immobilienleasingvertrag der Leasingnehmer durch eine in vorformulierten Vertragsbedingungen enthaltene Regelung, mit der ihm die Instandhaltungspflicht für das von ihm genutzte Gebäude übertragen wird, nicht unangemessen benachteiligt.[121]

c) Wartung

81 Unter **Wartung** versteht sich die regelmäßige Prüfung der Betriebsbereitschaft und Betriebssicherheit einschließlich der Einstellung durch eine Fachkraft. Die Kosten der Wartung mitvermieteter Anlagen und Einrichtungen können auf den Mieter in AGB ohne Kostenobergrenze abgewälzt werden.[122] **Wartungskosten** sind zunächst in den in § 2 BetrKV ausdrücklich zugelassenen Fällen als Betriebskosten umlagefähig (Nr. 2: Wassermengenregler, Nr. 4: Heizung, Nr. 5c: Warmwassergeräte, Nr. 7: Aufzug, Nr. 10: Gartenpflege, Nr. 15: Gemeinschaftsantenne und Nr. 16: maschinelle Wascheinrichtung); zudem kommt eine Umlage als sonstige Betriebskosten im Rahmen von Nr. 17 in Betracht, soweit sie die Überprüfung technischer Einrichtungen auf Funktion und Sicherheit betreffen.

82 Im Rahmen sog. **Vollwartungsverträge** werden häufig aber auch Reparaturarbeiten durchgeführt, also Schäden beseitigt. Soweit auf die BetrKV verwiesen wird und diese den Ansatz von **Wartungskosten** zulässt oder soweit eine wirksame Vereinbarung der Parteien über die Tragung von **Wartungskosten** durch den Mieter

---

118 OLG Dresden, Urt. v. 17.6.1996 – 2 U 655/95 – NJW-RR 1997.

119 BGH, Urt. v. 25.2.1987 – VIII ZR 88/86 – ZMR 1987, 257; OLG Saarbrücken, Urt. v. 3.4.1996 – 1 U 581/95–93 – NJW-RR 1997, 248; OLG Köln, Urt. v. 17.12.1993 – 19 U 189/93 – NJW-RR 1994, 524; OLG Düsseldorf, Urt. v. 8.2.1996 – 10 U 223/94 – ZMR 1996, 435.

120 BGH, Urt. v. 5.6.2002 – XII ZR 220/99 – NZM 2002, 655.

121 BGH, Urt. v. 26.11.2014 – XII ZR 120/13 – NZW 2015, 251.

122 Lindner-Figura/Oprée/Stellmann/*Beyerle*, Kap. 11 Rn 35.

vorliegt, können nur die Kosten der reinen Wartungstätigkeit angesetzt werden. Bei Reparaturen fehlt es zudem in der Regel am Merkmal der „laufenden Entstehung".[123] Ähnlich wie bei den vorgenannten Facility-Management-Verträgen müssen originäre **Wartungskosten** getrennt von Reparaturkosten aufgeführt und angesetzt werden, was insbesondere bei **Vollwartungsverträgen** anzuraten ist. Kleinere Instandhaltungsarbeiten wie der Austausch von verschleißanfälligen Kleinteilen (z.B. Dichtungen, Filter, Düsen) werden häufig der Wartung und nicht der Reparatur zugeordnet.[124]

Praxistipp
Es empfiehlt sich, Wartungsunternehmen vertraglich zur genauen Aufschlüsselung der Kosten für Wartung und Reparaturen unter Angabe von Arbeits- und Materialaufwand zu verpflichten.

3. „Triple-Net"-Vereinbarungen

Als **„Triple-Net-Miete"**, wörtlich dreifache Nettomiete, wird eine Miete bezeichnet, 83
wenn der Mieter neben den Betriebskosten (einfach) auch Steuern, Abgaben und Versicherungskosten (zweifach) sowie Instandhaltungs- und Instandsetzungskosten – ggf. auch für **Dach und Fach** (dreifach) – zu tragen hat. Eine entsprechende Vereinbarung kann aus Gründen der gesetzlichen Wertung des § 535 Abs. 1 S. 2, und wie bereits oben erwähnt, aber wohl nur individualvertraglich wirksam vereinbart werden.[125] Die Relevanz von Individualabreden im Gewerberaummietrecht ist indes sehr gering (zumal das Mietrecht als die Wiege der AGB-Gesetzgebung und -Rechtsprechung gilt). Ob die einzelne Regelung in den AGB des Vermieters von Gewerberaum wirksam ist, erfordert stets eine Betrachtung des Einzelfalls. Eine Überbürdung der Unterhaltspflicht für **Dach und Fach** dürfte jedenfalls unzulässig sein, da dies zu einem unüberschaubaren Kostenrisiko für den Mieter führt und ihn dadurch unangemessen benachteiligt. Schließlich würde der Vermieter aus seiner **Kardinalpflicht** zur Erhaltung des vertragsgemäßen Gebrauchs gänzlich entlassen. Sofern und soweit sie eine **Instandhaltung und Instandsetzung** von **Dach- und Fach** durch den Mieter vorsehen, dürften **Triple-Net**-Verträge daher regelmäßig unwirksam sein.

4. Kapitalkosten

Kapitalkosten sind keine Bewirtschaftungskosten. Dies ergibt sich im Umkehr- 84
schluss aus der Formulierung von § 18 Abs. 1 II. BV. Keine Betriebskosten sind daher

123 Lindner-Figura/Oprée/Stellmann/*Beyerle*, Kap. 11 Rn 35.
124 OLG Düsseldorf, Urt. v. 8.6.2000 – 10 U 94/99 – NZM 2000, 762.
125 BGH, Urt. v. 5.6.2002 – XII ZR 220/99 – NZM 2002, 655.

Zinsbelastungen des Vermieters, verrentete Gebühren aus dem Anschluss an öffentliche Versorgungs- oder Entsorgungseinrichtungen oder Anliegerbeiträge, **Finanzierungskosten** für die Anschaffung von Betriebsmitteln, auch wenn teilweise als umlagefähig angesehen, z.B. für den Ankauf von Heizöl, oder Leasingkosten, es sei denn, in den in § 2 BetrKV ausdrücklich genannten Fällen (Nr. 2: Wasserzähler, Nr. 4a, 5a: Ausstattung zur Verbrauchserfassung, Nr. 15a: Antennenanlagen).[126]

5. Sonstige umlegbare Nebenkosten

85 In AGB von Gewerberaummietverträgen können weiterhin folgende Kosten umgelegt werden, sofern sie in der Umlagevereinbarung ausdrücklich genannt werden:[127] Kosten der Beschallung und von Musikanlagen, Empfangstresen einschließlich Personal, Glasreinigung, Kindergarten einschließlich Personal, Klimaanlage sowie Be- und Entlüftung, Notstromaggregat, Rolltreppen und Rollsteige, Sicherheitstechnik, Sprinkleranlage, Verkehrssteuerung und Schranken, Wachdienst[128] und Videoüberwachungsanlage.

C. Umlage von Nebenkosten

I. Vertragliche Gestaltungsmöglichkeiten

86 Das gesetzliche Leitbild der Tragung von Nebenkosten ergibt sich aus § 535 Abs. 1 S. 3 BGB, wonach der Vermieter alle auf der Mietsache ruhenden Lasten zu tragen hat. Durch dieses Prinzip wird die sog. **Inklusivmiete** beschrieben. Danach inkludiert die Miete die Abgeltung aller Nebenkosten, für die der Vermieter aufzukommen hat. Betrachtet man die mietvertragliche Praxis, besteht dieser Grundsatz nur auf dem Papier des Gesetzes. Für die Wohnraummiete wird die Möglichkeit der Abweichung ausdrücklich durch § 556 Abs. 1 und 2 eröffnet. Die Kostentragung im Rahmen der Gewerberaummiete unterliegt freier Parteidisposition, sodass die Parteien bei der Umlage von Nebenkosten nicht an den Katalog der BetrKV gebunden sind, soweit nicht die Geltung derselben (pauschal) vereinbart wird. Die Übertragung der Nebenkosten auf den Mieter findet ihre Grenzen in der **Sittenwidrigkeit** (§ 138 Abs. 1 BGB), dem **Wucher** (§ 138 Abs. 2 BGB) sowie den teilweise zwingenden Vorschriften der **HeizkostenV** und in den AGB-rechtlichen Bestimmungen.[129]

126 Schmidt-Futterer/*Langenberg*, § 556 Rn 99–101.
127 Nach Lindner-Figura/Oprée/Stellmann/*Beyerle*, Kap. 11 Rn 122.
128 Ausdrücklich OLG Düsseldorf, Urt. v. 27.3.2012 – 24 U 123/11 –.
129 Lindner-Figura/Oprée/Stellmann/*Beyerle*, Kap. 11 Rn 38.

Die Art der vereinbarten Mietstruktur gilt grundsätzlich für die gesamte Mietzeit. Einseitige Änderungen der Mietstruktur während der Mietzeit sind nur in engen Grenzen zulässig.[130] In Mietverträgen über Gewerberaum ist die **Nettomiete** die gebräuchliche Vertragsform. 87

1. Bruttowarm- oder Inklusivmiete

Mit Zahlung einer Gesamtmiete sind alle Kosten des Mietverhältnisses abgegolten, 88
ohne dass eine Aufteilung in Grundmiete einerseits und Nebenkosten andererseits erfolgt. Einer Nebenkostenabrechnung bedarf es nicht. Soweit die HeizkostenV anzuwenden ist, hat dies zur Folge, dass die **Inklusivmiete** insoweit als **Bruttokaltmiete** verbunden mit einer Pflicht zur gesonderten verbrauchsabhängigen Abrechnung der Kosten der Versorgung mit Wärme und Warmwasser zu behandeln ist. Der Anteil, der auf Heiz- und Warmwasserkosten, d.h. Heizkosten, entfällt, muss daher aus der vertraglichen **Inklusivmiete** herausgerechnet und ggf. als **Vorauszahlung** auf die nunmehr gemäß **HeizkostenV** abzurechnenden Heizkosten behandelt werden.[131]

2. Bruttokaltmiete

Bei der **Bruttokaltmiete** werden nur die Heizkosten auf den Mieter umgelegt. Alle 89
weiteren Nebenkosten sind in der Miete als einheitlicher Betrag enthalten.

3. Teilinklusivmiete

Die **Teilinklusivmiete** beinhaltet die Grundmiete und einen fixen Betriebskosten- 90
anteil. Zusätzlich werden einzelne, in der Regel verbrauchsabhängige Nebenkosten separat erhoben, wahlweise im Wege der Abrechnung mit **Vorauszahlung** oder der **Pauschale**. Die Kosten für Heizung und Warmwasser treten separat daneben.

4. Nettomiete

Die **Nettomiete** ist die bevorzugte Mietstruktur bei Mietverhältnissen über Gewerbe- 91
raum. Sie beinhaltet das Entgelt für Überlassung und Erhaltung des vertragsgemäßen Gebrauchs. Daneben werden alle umlegbaren Kosten, soweit dies in den vorgenannten Grenzen zulässig ist, im Wege der Abrechnung mit **Vorauszahlung** oder einer **Pauschale** auf den Mieter abgewälzt.

---

130 Siehe auch Rn 115 ff.

131 BGH, Urt. v. 19.7.2006 – VIII ZR 212/05 – WuM 2006, 518, 520.

II. Vereinbarung der Umlage

1. Bestimmtheitsgebot

92 Unerlässlich zur wirksamen Umlage der Nebenkosten auf den Mieter ist die **Bestimmtheit** der Nebenkosten. Es muss ausdrücklich, unmissverständlich und eindeutig geregelt sein, welche Nebenkosten im Wege der **Individualvereinbarung** oder auch durch AGB auf den Mieter übertragen werden.[132] Unabhängig von der Art des Mietverhältnisses können Nebenkosten nur gesondert abgerechnet werden, wenn dies im Mietvertrag klar und eindeutig geregelt ist.[133] Die vereinbarte Mietstruktur muss erkennen lassen, dass der Mieter die Nebenkosten ganz oder anteilig neben der **Grundmiete** tragen soll.[134] Diese Voraussetzung ist grundsätzlich nur dann erfüllt, wenn die mietvertragliche Regelung über die **Nebenkostenumlage** dem schuldrechtlichen **Bestimmtheitsgebot** i.S.d. § 241 BGB entspricht und die Nebenkosten inhaltlich hinreichend konkretisiert oder zumindest eindeutig bestimmbar bezeichnet sind.[135] Kostenarten, die nicht ausdrücklich im Vertrag benannt sind, sind danach im Zweifel nicht gegenüber dem Mieter abrechenbar, sondern mit der vereinbarten Miete abgegolten.[136]

93 Verstöße gegen das **Bestimmtheitsgebot** durch unklare oder missverständliche vertragliche Regelungen gehen in der Regel zulasten des Vermieters, sodass die Kostentragungspflicht auf die gesetzliche Regelung zurückfällt, wonach der Vermieter die entsprechenden Nebenkosten zu tragen hat. Wenn auch nur im Rahmen der Gewerberaummiete denkbar, kann sich die Pflicht des Mieters, ohne konkrete vertragliche Regelung Betriebskosten zu tragen, nur ausnahmsweise im Wege einer ergänzenden Vertragsauslegung ergeben.[137]

94 Regelungen in einem Gewerberaummietvertrag, die besagen, „der Mieter habe alle Nebenkosten zu tragen" oder „sämtliche anfallenden Nebenkosten/Betriebskosten gehen anteilig zulasten des Mieters", sind unwirksam, es sei denn, es ist gleichzeitig ausdrücklich bestimmt, welche Nebenkosten auf den Mieter übertragen werden sollen.[138] Nicht zulässig sind ferner folgende Formulierungen:

---

132 OLG Düsseldorf, Urt. v. 11.2.1982 – 10 U 118/81 – ZMR 1984, 20; OLG Düsseldorf, Urt. v. 29.6.2000 – 10 U 116/99 – ZMR 2000, 668.

133 OLG Düsseldorf, Urt. v. 29.6.2000 – 10 U 116/99 – NZM 2001, 588.

134 OLG Düsseldorf, Urt. v. 29.6.2000 – 10 U 116/99 – NZM 2001, 588 mit Verweis auf BGH ZMR 1970, 47; OLG Hamburg HambGE 1990, 98.

135 OLG Düsseldorf, Urt. v. 29.6.2000 – 10 U 116/99 – NZM 2001, 588 mit Verweis auf OLG Celle, OLG-Report 1997, 63; OLG Brandenburg, OLG-Report 1999, 341.

136 OLG Düsseldorf, Urt. v. 29.6.2000 – 10 U 116/99 – NZM 2001, 588.

137 Lindner-Figura/Oprée/Stellmann/*Beyerle*, Kap. 11 Rn 52 mit Verweis auf OLG Köln, Urt. v. 13.7.1994 – 16 U 9/94 –.

138 OLG Düsseldorf, Urt. v. 25.7.1991 – 10 U 1/91 – MDR 1991, 964; OLG Düsseldorf, Urt. v. 26.9.2002 – 10 U 170/01 – ZMR 2003, 109.

- Umlegbar sind Nebenabgaben und Kosten, die mit dem Betrieb des Mietobjektes zusammenhängen;[139]
- die Pächterin trägt in vollem Umfang sämtliche Betriebs- und Nebenkosten;[140]
- der Mieter hat (neben im Einzelnen aufgeführten Nebenkosten) alle hier nicht aufgeführten Kosten in Ansehung des Mietobjekts zur tragen.[141]

Ebenso genügen schlagwortartige Begriffe dem **Bestimmtheitsgebot** in der Regel nicht, so z.B. bei dem Begriff „Grundbesitzabgaben"[142] oder „Wasserkosten", der nicht die Kosten der Entwässerung umfassen muss.[143] 95

Die Begriffe **Verwaltungskosten** oder **Kosten der Hausverwaltung** genügen dagegen dem AGB-rechtlichen **Bestimmtheitsgebot** für eine Betriebskostenumlagevereinbarung.[144] 96

Zur Feststellung der Zulässigkeit wird teilweise auch auf den konkreten Empfängerhorizont abgestellt. Die Formulierung „Es besteht zwischen den Parteien Einigkeit, dass der Mieter alle anfallenden Nebenkosten – soweit gesetzlich zulässig – zu tragen hat" wurde als wirksam angesehen, da der Mieter ein zugelassener Rechtsanwalt war. Als gesetzlich zulässig vereinbart galten die Betriebskosten nach der Anlage 3 zur II. BV.[145] Die grundsätzliche Wirksamkeit dieser Formulierung in jedem gewerblichen Mietverhältnis erscheint indes unwahrscheinlich; von dieser Formulierung sollte daher abgesehen werden. 97

Insgesamt bergen schlagwortartige Bezeichnungen, Über- und Sammelbegriffe schon begriffsnotwendig das Risiko, nicht eindeutig zu sein und damit dem Bestimmtheitsgebot nicht zu genügen. 98

Praxistipp !

Die Übertragung von Nebenkosten muss ausdrücklich und eindeutig geregelt werden, um negative wirtschaftliche Konsequenzen für den Vermieter zu vermeiden. **Schlagwortartige Begriffe** bzw. **Überbegriffe** zur Bezeichnung von Nebenkosten sollten möglichst vermieden werden, da sie ein hohes Ungenauigkeitspotenzial aufweisen und eine entsprechende Regelung daher latent unwirksam ist.

139 OLG Schleswig, Urt. v. 10.2.2012 – 4 U 7/11 –.
140 OLG Hamm, Urt. v. 2.12.2009 – 30 U 93/09 –.
141 OLG Düsseldorf, Urt. v. 14.5.2002 – 24 U 142/01 –.
142 OLG Düsseldorf, Urt. v. 29.6.2000 – 10 U 116/99 – ZMR 2000, 668.
143 Lindner-Figura/Oprée/Stellmann/*Beyerle*, Kap. 11 Rn 50.
144 OLG Köln, Urt. v. 18.1.2008 – 1 U 40/07 – NZM 2008, 366.
145 OLG München, Urt. v. 10.1.1997 – 21 U 2464/95 – ZMR 1997, 233.

2. Bezugnahme auf die BetrKV

99 Um dem **Bestimmtheitsgebot** zu genügen, können die Parteien jede einzelne umzulegende Nebenkostenart einzeln im Vertrag aufführen. Dies bietet ein hohes Maß an Rechtssicherheit, allerdings sind damit auch nur die konkret genannten Nebenkosten umgelegt. Eine nicht abschließende, beispielhafte Aufzählung, wobei der Mieter im Übrigen aber sämtliche Nebenkosten zu tragen habe, verbietet sich vor dem Hintergrund des **Bestimmtheitsgebots**, selbst wenn die BetrKV an anderer Stelle des Vertrages in Bezug genommen wird.[146] Diese an sich zulässige Bezugnahme wird durch die unbestimmte Regelung infiziert, sodass die gesamte Regelung unwirksam ist.

100 In vielen Mietverträgen wird dagegen auf eine Einzelauflistung der umzulegenden Nebenkosten verzichtet, sondern eine bloße **Bezugnahme** auf den Betriebskostenkatalog der BetrKV oder in Altverträgen der Anlage 3 zur II. BV geregelt. In Individualvereinbarungen ist diese Bezugnahme grundsätzlich wirksam.[147]

101 Nach herrschender Meinung ist dies auch im Formularvertrag möglich. Durch Bezugnahme auf den Rechtsbegriff der Betriebskosten ist dem Erfordernis gem. § 305 Abs. 2 Nr. 2 BGB, wonach der Verwender von Formularklauseln dem anderen Vertragspartner die Möglichkeit geben muss, in zumutbarer Weise vom Inhalt der AGB Kenntnis zu erlangen, nach gefestigter Rechtsprechung genüge getan.[148] Nach allgemeiner Ansicht dürfen in AGB Rechtsbegriffe verwendet werden, ohne gegen das Transparenzgebot zu verstoßen, da es dem anderen Vertragspartner grundsätzlich zumutbar ist, dass er sich über die Bedeutung des verwendeten Rechtsbegriffs informiert. Daher ist es nicht erforderlich, dass der Text der BetrKV dem Mietvertrag als Anlage beigefügt wird, auch nicht um dem **Formerfordernis** gem. § 550 BGB zu genügen.[149] Der durchschnittliche, verständige Mieter hat im Übrigen ein Grundverständnis davon, worum es sich bei Betriebskosten handelt.

102 Höchstrichterlich noch nicht entschieden ist die Frage, ob in AGB auf die BetrKV „in ihrer jeweils gültigen Fassung" wirksam verwiesen werden kann. Würde die BetrKV während der Laufzeit des Mietvertrages geändert, würde dann automatisch die neue Fassung der BetrKV Inhalt des Vertrages. Eine solche **dynamische Verweisung** ist vergleichbar mit der Problematik des § 2 Nr. 17 BetrKV (siehe unten), sodass hierdurch neue Betriebskostenarten entstehen können. Da im Falle einer Änderung der BetrKV entsprechende Kosten vom Verordnungsgeber als in Wohnraummietverhältnissen grundsätzlich umlagefähig angesehen werden, ist

---

146 OLG Düsseldorf, Urt. v. 11.2.1982 – 10 U 118/81 – ZMR 1984, 20; BGH, Urt. v. 10.10.2007 – VIII ZR 279/06 – WuM 2007, 694, 695.

147 BGH, Urt. v. 27.6.2007 – VIII ZR 202/06 –.

148 BGH, Urt. v. 27.6.2007 – VIII ZR 202/06 – WuM 2007, 571, 573; BGH, Urt. v. 16.4.2008 – VIII ZR 75/07 – NZM 2008, 442; BGH, Urt. v. 8.4.2009 – VIII ZR 128/08 – NZM 2009, 478.

149 Lindner-Figura/Oprée/Stellmann/*Beyerle*, Kap. 11 Rn 55.

zwar grundsätzlich davon auszugehen, dass es dem Parteiwillen entspricht, dass alle Kosten auf den Gewerberaummieter umgelegt werden können, die auch einem Wohnraummieter zumutbar sind. Das AG Hanau hat allerdings für Wohnraummietverhältnisse entschieden, dass, wenn ein Mietvertrag hinsichtlich der umlegbaren Betriebskosten lediglich auf einen nicht mehr gültigen Betriebskostenkatalog (hier: Anl. 3 zu § 27 der II. BerechnungsVO) verweist, ohne die Positionen im Einzelnen aufzuzählen, eine formularmäßige Umlagevereinbarung dann am Transparenzgebot von § 307 Abs. 1 S. 2 BGB scheitert, wenn nicht ersichtlich ist, welche Version gemeint ist. Dies sei auch dann nicht anders, wenn auf die „jeweils geltende Fassung" verwiesen werde.[150] Eine abschließende, höchstrichterliche Klärung bleibt abzuwarten.

Sollen nicht alle, sondern nur einige Betriebskosten des Katalogs der BetrKV 103
vereinbart werden, ist folgende Formulierung möglich: „Der Mieter trägt die folgenden Betriebskosten gemäß § 2 BetrKV ...". Durch diese Formulierung ist klargestellt, dass der Betriebskostenkatalog nicht im Generellen in Bezug genommen wird, sondern die Verweisung nur zwecks Konkretisierung einzelner Betriebskosten und deren Umfangs erfolgt.[151] Umlagefähig nach dieser Formulierung sind daher nur die ausdrücklich im Mietvertrag genannten Betriebskosten.

Praxistipp !
Um jede Unsicherheit im Hinblick auf einen Verstoß gegen das **Bestimmtheitsgebot** oder das AGB-rechtliche **Transparenzgebot** bei der Bezugnahme auf die BetrKV zu vermeiden, sollten die Regelungen der BetrKV entweder ausdrücklich in den Mietvertrag aufgenommen oder die BetrKV dem Mietvertrag als Anlage beigefügt werden.

---

3. Sonstige und neue Betriebskosten

a) § 2 Nr. 17 BetrKV

Im Rahmen von § 2 Nr. 17 BetrKV stellt sich das Sonderproblem, dass Nr. 17 einen 104
Auffangtatbestand darstellt, unter den sonstige Betriebskosten fallen, die der allgemeinen Betriebskostendefinition in § 1 BetrKV entsprechen und in Nr. 1–16 nicht aufgeführt sind.

Während Nr. 1–16 klar definieren, welche Betriebskosten auf den Mieter abge- 105
wälzt werden, bietet Nr. 17 Raum für die Vereinbarung beliebig vieler weiterer Betriebskosten, solange diese sich unter die Definition des § 1 subsumieren lassen. Der gesetzliche **Auffangtatbestand** kann allerdings nicht auch als vertraglicher Auffangtatbestand dienen, sodass der allgemeine Verweis auf Nr. 17 nicht wirksam vereinbart werden kann. Hieraus würde eine für den Mieter nicht erkenn- und kalku-

---

150 AG Hanau, Urt. v. 9.7.2014 – 37 C 106/14 – NZM 2015, 47.
151 BGH, Urt. v. 10.10.2007 – VIII ZR 279/06 – GE 2008, 48.

lierbare potenzielle Kostenbelastung erwachsen. Daher ist nach herrschender Meinung der allgemeine Verweis auf Nr. 17 in AGB wegen des Verstoßes gegen das **Bestimmtheitsgebot** unwirksam.[152]

106 Daher ist es erforderlich, Betriebskosten nach Nr. 17, die neben dem Katalog der Nr. 1–16 vom Mieter getragen werden sollen, im Mietvertrag einzeln und eindeutig zu beschreiben. Es ist also auch eine Kombination aus Verweisung auf die Betriebskosten gemäß BetrKV und Beschreibung weiterer Betriebskosten denkbar. Wie bereits ausgeführt müssen Vermieter von Gewerberaum aber darauf achten, dass sie durch den Verweis auf die BetrKV sich nicht der Umlagemöglichkeit insbesondere künftiger Betriebskosten berauben, sofern diese Möglichkeit vertraglich besteht, indem sie qua Verweis auf in Wohnraummietverhältnissen zulässige Betriebskosten beschränkt werden.

Praxistipp

Vermietern von Gewerberaum ist grundsätzlich anzuraten, auf den Verweis in die BetrKV zu verzichten und den Katalog der umlegbaren Nebenkosten direkt in den Mietvertrag zu integrieren bzw. alle infrage kommenden Nebenkostenarten direkt im Mietvertrag oder in einer Anlage zum Vertrag aufzulisten, damit eine wirksame Abwälzung auf den Mieter gewährleistet ist.

b) Neu hinzukommende Nebenkosten

107 Eine Regelung im Formularmietvertrag über Gewerberaum, wonach der Mieter **neu hinzukommende Nebenkosten** zu tragen hat, ist grundsätzlich nur wirksam, wenn der Mieter im Rahmen der vertraglichen Vereinbarung genau bezeichnete Nebenkosten (z.B. gem. § 2 Nr. 1–16 BetrKV) zu tragen hat und die neuen Nebenkosten in diesem Rahmen entstehen.[153] Entstehen erstmals Kosten aus einer bereits im Vertrag bezeichneten Nebenkostenart (z.B. bei erstmaligem Abschluss einer Sach- und Haftpflichtversicherung oder bei nachträglichem Einbau eines Aufzugs), so können diese Kosten fortan umgelegt werden.[154]

108 Maßgabe für die Umlage neu hinzukommender Nebenkosten in AGB ist wiederum, dass der Mieter nicht unangemessen benachteiligt wird. Eine einschränkungslose Übertragung neuer Nebenkosten, die dem Mieter ein unabsehbares und unkalkulierbares **Kostenrisiko** auferlegt, ist daher grundsätzlich unwirksam und dürfte auch individualvertraglich an die Grenzen der **Sittenwidrigkeit** stoßen.[155] Insofern käme eine betragsmäßige Begrenzung der mit neu entstehenden Nebenkosten einhergehenden wirtschaftlichen Belastung z.B. auf 10% des Betrages der

152 BGH, Urt. v. 7.4.2004 – VIII ZR 167/03 – WuM 2004, 290, 291.
153 Lindner-Figura/Oprée/Stellmann/*Beyerle*, Kap. 11 Rn 79.
154 BGH, Urt. v. 27.9.2006 – VIII ZR 80/06 – WuM 2006, 612.
155 OLG Düsseldorf, Urt. v. 25.4.1991 – 10 U 178/90 – BB 1991, 1150.

vertraglich vereinbarten Nebenkosten oder schlicht auf einen konkreten Betrag in Betracht.[156]

Praxistipp **!**
Vermieter müssen bei der Übertragung neu entstehender Nebenkosten auf den Mieter besondere Vorsicht walten lassen. Die wirtschaftliche Belastung für den Mieter sollte betragsmäßig begrenzt werden.

---

c) Ablösung der Anlage 3 zu § 27 Abs. 1 II. BV durch die BetrKV

Seit dem 1.1.2004 gilt die BetrKV, die die Anlage 3 zu § 27 Abs. 1 II. BV abgelöst hat. 109
In einigen bestehenden Altverträgen, d.h. solche, die vor Inkrafttreten der BetrKV abgeschlossen wurden, wird noch auf die Anlage 3 zu § 27 Abs. 1 II. BV verwiesen.

Handelt es sich dabei nur um eine **Verweisung** zur Konkretisierung der Be- 110
triebskosten und deren Umfangs, wobei die Betriebskosten im Mietvertrag selbst ausdrücklich genannt werden, ergibt sich daraus grundsätzlich kein Problem. Wie oben bereits dargelegt, gelten in diesem Fall nur die konkret im Vertrag benannten Betriebskosten als vereinbart, da es sich nicht um eine **generelle Verweisung** handelt. Die vereinbarten Betriebskosten sind im Zweifel im Lichte der BetrKV auszulegen.

Enthält der Altvertrag aber eine generelle Bezugnahme, ist die Geltung der 111
BetrKV ab dem 1.1.2004 nur bei Vorhandensein einer **dynamischen Verweisung** möglich.[157] Ohne entsprechende **dynamische Verweisung** gilt die einmal vertraglich vereinbarte Anlage 3 zu § 27 Abs. 1 II. BV ihrem Inhalt nach und in ihrer jeweils zum Vertragsschluss gültigen Fassung fort.[158]

4. Folgen unwirksamer Regelungen

Nach Darstellung der Anforderungen an eine wirksame **Umlage** von Nebenkosten 112
auf den Mieter schließt sich die Frage nach den Folgen einer unwirksamen Umlage von Nebenkosten, insbesondere aufgrund Verstoßes gegen das **Bestimmtheitsgebot**, an.

Nach einer Ansicht hat der Mieter im Falle einer unwirksamen **Nebenkosten-** 113
umlagevereinbarung die Nebenkosten ohne Rechtsgrund geleistet, sodass ihm gem. § 812 BGB ein bereicherungsrechtlicher Rückzahlungsanspruch in Höhe der zu viel geleisteten Nebenkosten entsteht.[159]

---

156 Lindner-Figura/Oprée/Stellmann/*Beyerle*, Kap. 11 Rn 81.
157 So Lindner-Figura/Oprée/Stellmann/*Beyerle*, Kap. 11 Rn 60, 64.
158 BGH, Urt. v. 22.2.2006 – VIII ZR 362/04 – WuM 2006, 322, 324.
159 OLG Dresden, Urt. v. 20.6.2000 – 23 U 403/00 – NZM 2000, 827.

114 Diese Ansicht vermag im Ergebnis aber nicht zu überzeugen, da dies einer Mietkostenreduzierung gleichkäme, obwohl dem Mieter bei Vertragsschluss bewusst war, dass neben der Nettomiete noch eine Leistung auf die Nebenkosten zu erbringen sein würde.[160] Nach vorzugswürdiger Ansicht behält der Vermieter daher seinen Anspruch auf regelmäßige Zahlung des als **Vorauszahlung** ausgewiesenen Betrages,[161] wobei dieser Betrag im Wege der Vertragsauslegung als **Pauschale** zu qualifizieren ist.[162] Für den Mieter entfällt dadurch zwar der Rückzahlungsanspruch auf ein etwaiges Guthaben aus der in der Regel großzügig bemessenen **Nebenkostenvorauszahlung**, da der Pauschalbetrag der Nebenkostenabrechnung entzogen ist. Andererseits hat der Vermieter keine Möglichkeit, entsprechende Nebenkostensteigerungen an den Mieter weiterzugeben, es sei denn, es wurde vorsorglich ein Erhöhungsvorbehalt vereinbart.[163]

! **Praxistipp**
Die Parteien eines Gewerberaummietvertrages sollten daher im Sinne einer salvatorischen Klausel vorsorglich regeln, dass im Falle einer unwirksamen **Nebenkostenumlagevereinbarung** die entsprechende Vorauszahlung als Pauschale vereinbart gilt. Wenn verhandelbar sollte darüber hinaus ein Erhöhungsvorbehalt für die von der **Umlage** zur Pauschale gewandelten Nebenkosten aufgenommen werden.

5. Änderung der vereinbarten Mietstruktur

115 Die einmal von den Parteien vereinbarte Mietstruktur bleibt über die Laufzeit des gesamten Vertrages bestehen, es sei denn, die Parteien haben sich vertraglich vorbehalten, einseitig Änderungen an der **Mietstruktur** vorzunehmen. Einvernehmlich Änderungen sind im Nachtragswege natürlich jederzeit frei vereinbar. Hier müssen im befristeten Gewerberaummietvertrag die Anforderungen an die gesetzliche **Schriftform** beachtet werden.

a) Änderungsrecht des Vermieters

116 Hat der Vermieter sich ein einseitiges **Änderungsrecht** im Formularmietvertrag ausbedungen, ist fraglich, ob dieses Recht der AGB-rechtlichen Inhaltskontrolle gem. § 307 BGB i.V.m. § 308 Nr. 4 BGB standhält. An die Wirksamkeit eines einseitigen **Änderungsrechts** werden strenge Anforderungen gestellt. Der Grund der Ände-

160 Schmidt-Futterer/*Langenberg*, § 556 Rn 64; Lindner-Figura/Oprée/Stellmann/*Beyerle*, Kap. 11 Rn 68.
161 Schmidt-Futterer/*Langenberg*, § 556 Rn 65.
162 OLG Düsseldorf, Urt. v. 23.5.2002 – 10 U 96/01 – NZM 2002, 526.
163 Schmidt-Futterer/*Langenberg*, § 556 Rn 66.

rung muss zum einen schwerwiegend, zum anderen müssen die Voraussetzungen und Folgen der Änderung **transparent** und die Interessen der anderen Partei hinreichend berücksichtigt sein.[164]

117 Zulässig dürfte unter diesen Voraussetzungen eine § 556a Abs. 2 BGB entsprechende Vertragsklausel sein, da ein Gewerberaummieter nicht schutzwürdiger als ein Wohnraummieter ist.[165] § 556a Abs. 2 BGB betrifft die Umstellung des Abrechnungsmaßstabs durch den Vermieter auf eine Abrechnung nach Verbrauch oder Verursachung. Für das Wohnraummietrecht hat der BGH in diesem Zusammenhang im Übrigen entschieden, dass eine Anwendung von § 556a Abs. 2 BGB, also eine einseitige Änderung der Mietstruktur durch den Vermieter von einer **Inklusivmiete** oder einer **Betriebskostenpauschale** auf eine verbrauchsabhängige Abrechnung für die diejenigen Betriebskosten, die entsprechend erfasst werden, auch für Altverträge uneingeschränkt anwendbar ist, d.h. für Verträge, die vor dem Inkrafttreten des **Mietrechtsreformgesetzes** geschlossen wurden.[166]

b) Änderung durch schlüssiges Verhalten

118 Erfolgt eine erweiterte Umlage von Nebenkosten sowie die entsprechende Bezahlung dieser Nebenkosten unbeanstandet über mehrere Jahre, kann hierin ein **Änderungsvertrag** erblickt werden.[167] Zu der beanstandungslosen Zahlung müssen aber noch weitere Umstände hinzukommen, die den Vermieter zu der Annahme veranlassen, dass der Mieter einer Umlage weiterer Nebenkosten zustimmt. Daher reicht es in der Regel nicht aus, dass die von der mietvertraglichen Vereinbarung abweichende Nebenkostenabrechnung vom Mieter beanstandungslos beglichen wird. Für das Hinzukommen weiterer Umstände ist vielmehr erforderlich, dass der Wille des Vermieters zur Änderung des Mietvertrages dem Mieter aufgrund besonderer Umstände erkennbar wird.[168]

---

164 BGH, Urt. v. 12.1.1994 – VIII ZR 165/92 – BGHZ 124, 351, 362f.; BGH, Urt. v. 19.10.1999 – XI ZR 8/99 – NJW 2000, 651, 652; BGH, Urt. v. 20.7.2005 – VIII 121/04 – NJW-RR 2005, 1496, 1501.

165 Lindner-Figura/Oprée/Stellmann/*Beyerle*, Kap. 11 Rn 72.

166 BGH, Versäumnisurt. v. 21.9.2011 – VIII ZR 97/11 – NZM 2012, 152f.

167 BGH, Urt. v. 7.4.2004 – VIII ZR 146/03 – WuM 2004, 292, 293; BGH, Beschl. v. 29.5.2000 – XII ZR 35/00 – NZM 2000, 961.

168 BGH, Urt. v. 10.10.2007 – VIII ZR 279/06 – ZMR 2006, 104, 105: In dem zugrunde liegenden Fall ergaben sich Anhaltspunkte für den Mieter, dass eine Vertragsänderung gewollt war, aufgrund eines Vermieterwechsels bei einem Mietvertrag über Gewerberaum. Der neue Vermieter stellte umfassend Nebenkosten in Rechnung, während sich die Abrechnung zuvor auf die Kosten für Heizung und Warmwasser beschränkt hatte.

Praxistipp
Die nicht schriftliche Änderung der Nebenkostenvereinbarung, sei es mündlich oder konkludent, kann einen Verstoß gegen das **Schriftformerfordernis** aus § 550 darstellen und so eine ordentliche, und damit in der Regel vorzeitige Kündigungsmöglichkeit des Mieters eröffnen.

119 Unterlässt es der Vermieter trotz vertraglicher Vereinbarung, einzelne Posten oder die Nebenkosten gänzlich abzurechnen, kann eine stillschweigende Vertragsänderung mit dem Inhalt, dass die nicht abgerechneten Nebenkosten nunmehr von der im Übrigen vereinbarten Miete abgegolten sind, ebenfalls nur beim Hinzutreten weiterer besonderer Umstände in Betracht kommen. Der bloßen Untätigkeit oder Unterlassung des Vermieters, Nebenkosten vertragsgemäß abzurechnen, kann insofern noch kein Erklärungsgehalt beigemessen werden, den Mietvertrag zu ändern.[169]

120 Im Rahmen der Abrechnung von Heiz- und Warmwasserkosten spielen diese Überlegungen allerdings keine Rolle. Im Geltungsbereich der **HeizkostenV** hat die Abrechnung stets über die **Vorauszahlung** zu erfolgen, sodass gegenteilige Vereinbarungen nicht möglich sind und erst recht nicht konkludent oder stillschweigend vereinbart werden können.

III. Pauschalierung oder Vorauszahlung

1. Umlage durch Pauschale

a) Vertragliche Regelung

121 Entsprechend ihrer Bezeichnung ist die **Pauschale** ein Fixbetrag. Alle Nebenkosten oder die Nebenkosten, die pauschal umgelegt werden sollen, sind mit Zahlung der **Pauschale** abgegolten. Der Mietvertrag muss eindeutig und bestimmt regeln, ob Nebenkosten im Wege der **Vorauszahlung** umgelegt oder pauschal abgegolten werden. Dabei können einzelne Nebenkostenarten auch unterschiedlich behandelt werden, d.h. auch teilweise pauschal und teilweise durch **Vorauszahlung** umgelegt werden – unter der Einschränkung der zwingenden Vorschriften der HeizkostenV. Nur Nebenkosten, deren Umlage durch **Vorauszahlung** erfolgt, werden am Jahresende bzw. in der dafür vorgesehenen Frist abgerechnet, sodass sich rückzahlungsfähige Guthaben, aber auch Nachzahlungen für den Mieter ergeben können. Bei der **Umlage** durch Pauschalierung entfällt konsequenterweise die Nebenkostenabrechnung.

---

169 BGH, Urt. v. 13.2.2008 – VIII ZR 14/06 – WuM 2008, 225.

b) Anpassungsmöglichkeiten

Da Kosten in der Regel eher steigen als fallen, trägt der Vermieter grundsätzlich das Risiko, dass die **Pauschale** auskömmlich berechnet ist. Daher werden **Nebenkostenpauschalen** in aller Regel bereits Risikoaufschläge enthalten, um Kostensteigerungen abzufangen. Im Übrigen sind einvernehmliche Vertragsänderungen natürlich jederzeit möglich. 122

Einseitige Anpassungen der **Pauschalen** durch den Vermieter sind nur möglich, sofern ein Anpassungsvorbehalt vereinbart wurde. § 560 BGB, der eine einseitige Anpassungsmöglichkeit für **Nebenkostenpauschalen** bereithält, ist nur auf Wohnraummietverträge anwendbar. Allerdings sollte der Vermieter von Gewerberaum z.B. eine dem § 560 und seinen Voraussetzungen entsprechende Vereinbarung in den Mietvertrag aufnehmen. Zur Anpassung der **Nebenkostenpauschale** kann auch eine Wertsicherung vereinbart werden. Weiterhin mag eine Anpassung in Betracht kommen, wenn dem Mieter bei verbrauchsabhängigen Nebenkosten eine Vertragsverletzung bei übermäßig hohem Verbrauch zur Last gelegt werden kann; dies aber wohl nur, wenn die Kalkulationsgrundlage der **Pauschale** vorvertraglich mit dem Mieter erörtert wurde und er sich schuldhaft darüber hinwegsetzt.[170] 123

Praxistipp
Wollen Vermieter eines Gewerberaummietvertrages Nebenkostenpauschalen vereinbaren, sollten vertragliche Anpassungsmechanismen vorgesehen werden. **!**

c) Folgen unwirksamer Regelungen

Der Bestimmtheitsgrundsatz gebietet eine eindeutige und konkrete Bezeichnung derjenigen Nebenkosten, die mit der **Pauschale** abgegolten sein sollen. Die Frage, ob in AGB für Nebenkosten eine **Pauschale** oder eine **Vorauszahlung** vereinbart ist, ist der Vertragsauslegung zugänglich, z.B. wenn eine als **Vorauszahlung** gedachte Regelung Teil einer insgesamt unwirksamen Vorauszahlungsabrede ist.[171] Im Zweifel gilt nach der Regelung des § 305c Abs. 2 BGB dann eine **Pauschale** vereinbart.[172] 124

Die Vereinbarung eines einseitigen Rechts des Vermieters in AGB, die **Umlage** durch **Pauschale** in eine **Umlage** durch **Vorauszahlung** zu ändern, ist grundsätzlich nicht zulässig, da sie dem Mieter nachträglich die dem Mietvertrag zugrunde liegende Kalkulationsbasis entziehen würde. Eine derartige Klausel ist mit den Grundgedanken des Vertragsrechts, wonach eine Änderung von vertraglichen Vereinbarungen grundsätzlich nur einvernehmlich erfolgen kann, nicht zu vereinba- 125

---

170 Schmidt-Futterer/*Langenberg*, § 560 Rn 11.
171 Schmidt-Futterer/*Langenberg*, § 556 Rn 250.
172 Schmidt-Futterer/*Langenberg*, § 556 Rn 264.

ren, es sei denn, es handelt sich um einen Fall von § 556a Abs. 2 BGB, d.h. um verbrauchsabhängige Nebenkosten.[173]

2. Umlage durch Vorauszahlung

a) Vertragliche Regelung

126 Die gebräuchliche Form der **Nebenkostenumlage** durch **Vorauszahlung** ist gesetzlich nicht geregelt, sodass sich eine Verpflichtung des Mieters zur Leistung von Vorauszahlungen aufgrund vertraglicher Vereinbarung ergeben kann. Ungewöhnlich, aber zulässig ist die Vereinbarung, dass der Mieter die Nebenkosten auf die entsprechende Nebenkostenabrechnung ohne regelmäßige **Vorauszahlung** leistet.[174]

127 Ist formularvertraglich nicht eindeutig geregelt, ob eine **Vorauszahlung** oder eine **Pauschale** geschuldet ist, und bleibt die Auslegung ergebnislos, so ist nach der Regel des § 305c Abs. 2 BGB von der Vereinbarung einer **Pauschale** auszugehen.

b) Unwirksame Abwälzung

aa) Überhöhte Vorauszahlungen

128 Bei Mietverträgen über Wohnraum dürfen gem. § 556 Abs. 2 S. 2 BGB **Vorauszahlungen** nur in angemessener Höhe vereinbart werden. Diese Einschränkung gilt darüber hinaus auch für Mietverträge über Gewerberaum. Angemessen ist die Höhe, wenn der Betrag zur Kostendeckung mit einem gewissen **Sicherheitszuschlag** erforderlich ist. Dieser Zuschlag ist insbesondere bei **verbrauchsabhängigen Kosten** berechtigt, da deren Höhe nicht voraussehbar ist. Insbesondere darf auch eine zu erwartende Entwicklung der künftigen Betriebskosten bei der für die Anpassung erforderlichen Prognose über die mutmaßliche Höhe der Nebenkosten berücksichtigt werden. Ein abstrakter Sicherheitszuschlag in Höhe von 10% wegen möglicher Preissteigerungen kann aber unzulässig sein.[175]

129 Sind die **Vorauszahlungen** unangemessen hoch angesetzt, kann der Mieter die Herabsetzung der vertraglich vereinbarten **Vorauszahlungen** verlangen.[176] Nach anderer Ansicht ist die Vereinbarung über die Vorauszahlung der Nebenkosten unwirksam, soweit sie den unangemessen hohen Teil der **Vorauszahlung** betrifft, wo-

---

173 Siehe auch Rn 116 f.

174 BGH, Urt. v. 11.2.2004 – VIII ZR 195/03 – WuM 2004, 201.

175 BGH, Urt. v. 28.9.2011 – VIII ZR 294/10 – ZMR 2012, 90, 92; der Fall wurde entschieden für Wohnraummietverhältnisse im Rahmen von § 560 Abs. 4 BGB, der auf Mietverträge über Gewerberaum zwar keine Anwendung, für die Beurteilung der Angemessenheit der bei Vertragsschluss vereinbarten Vorauszahlung aber herangezogen werden kann.

176 BayObLG, Beschl. v. 14.6.1995 – 2 Z BR 20/95 – WuM 1995, 694, ergangen im Zusammenhang mit Heizkostenvorauszahlungen in einem Wohnraummietverhältnis.

nach der Mieter berechtigt sein soll, einseitig die **Vorauszahlungen** zu kürzen.[177] Vorzugswürdig ist die erste Ansicht, die dem Mieter kein einseitiges Kürzungsrecht zugesteht.

bb) Erhöhung der Vorauszahlungen

Der Vermieter ist nur dann berechtigt, die im Mietvertrag vereinbarten **Vorauszahlungen** auf die Nebenkosten einseitig zu erhöhen, wenn dies im Mietvertrag ausdrücklich (auch in AGB) vereinbart ist. Denn es begegnet keinen rechtlichen Bedenken, wenn die Vertragsparteien bei der Gewerberaummiete in Allgemeinen Geschäftsbedingungen vereinbaren, dass der Vermieter im Anschluss an Nebenkostenabrechnungen die Höhe der **Nebenkostenvorauszahlungen** durch einseitige Erklärung anpassen darf.[178] § 560 BGB, der eine einseitige Anpassungsmöglichkeit für Betriebskostenvorauszahlungen auf eine angemessene Höhe vorsieht, ist nur auf Wohnraummietverträge anwendbar.[179] Ist dem Vermieter die **Vorfinanzierung** der Nebenkosten nicht mehr zumutbar, da sie sich derart erhöht haben, kann der Vermieter ausnahmsweise die Zustimmung des Mieters zur Erhöhung der **Nebenkostenvorauszahlungen** für die Zukunft verlangen. Hierbei erscheint eine Steigerung der Nebenkosten um mindestens 25% gegenüber dem im Vertrag geregelten Betrag der **Vorauszahlung** als ausreichend deutlich, sodass dem Vermieter die Vorfinanzierung nicht mehr zugemutet werden muss. Gleichwohl bleibt diese Entscheidung den Verhältnissen des Einzelfalls vorbehalten. 130

In der Praxis erfolgt die Erhöhung bzw. das **Erhöhungsverlangen** in der Regel mit der Nebenkostenabrechnung über den vorausgegangenen Abrechnungszeitraum, wobei die Erhöhung nur mit Wirkung für die Zukunft und nicht für die Vergangenheit möglich ist.[180] Ein **Erhöhungsverlangen**, das der Mieter zur Jahresmitte mit der Nebenkostenabrechnung des Vorjahres erhält, kann sich daher nur auf die zweite Jahreshälfte beziehen, wobei die Steigerung für die erste Jahreshälfte weiterhin über die folgende Nebenkostenabrechnung auszugleichen ist. Die Ausübung dieses Anpassungsrechts unterliegt laut BGH nicht dem **Schriftformerfordernis** des § BGB § 550 S. 1 BGB, sodass das einseitige **Anpassungsverlangen** nicht dazu führt, dass ein wirksam auf längere Zeit als ein Jahr geschlossener Mietvertrag über Gewerberaum ab der Anpassung der Vorauszahlungshöhe wegen Verstoßes gegen das **Schriftformgebot** für unbestimmte Zeit gilt und damit ordentlich kündbar ist.[181] Denn die Situation ist mit einer im Mietvertrag vereinbarten Verlängerungsoption 131

177 Lindner-Figura/Oprée/Stellmann/*Beyerle*, Kap. 11 Rn 93.

178 BGH, Urt. v. 5.2.2014 – XII ZR 65/13 –; BGH, Urt. v. 26.9.2012 – XII ZR 112/10 –.

179 Siehe auch Rn 122f.

180 OLG Dresden, Entscheidung v. 12.3.2002 – 5/23 U 2557/01 – ZMR 2002, 416, 418.

181 BGH, Urt. v. 5.2.2014 – XII ZR 65/13 –.

vergleichbar. Hierzu hat der BGH bereits entschieden, dass zwar die Einräumung des Optionsrechts der Schriftform bedarf,[182] nicht aber die Optionsausübung.[183] Ein späterer Grundstückserwerber ist nämlich dadurch ausreichend geschützt, dass er durch die entsprechende Vertragsbestimmung auf eine mögliche Änderung der vertraglichen Abrede (hier der Vorauszahlungshöhe) hingewiesen wurde, sodass er sich über die im Erwerbszeitpunkt geltende Regelung informieren kann.

132 Die Erhöhung kann nur in angemessenem Umfang und auf Grundlage der vorangehenden Nebenkostenabrechnung erfolgen. Ein angemessener **Sicherheitszuschlag** ist auch bei der Erhöhung der **Vorauszahlung** zulässig.

cc) Zu niedrige Vorauszahlungen

133 Der Vermieter ist nicht verpflichtet, **Nebenkostenvorauszahlungen** kostendeckend zu kalkulieren. Daher berechtigen zu niedrig bemessene **Nebenkostenvorauszahlungen** den Vermieter grundsätzlich zu Nachforderungen gegenüber dem Mieter, dessen Vertrauen in die Angemessenheit der **Nebenkostenvorauszahlung** in der Regel nicht schutzwürdig ist.[184] Dies ist allenfalls dann der Fall, wenn der Vermieter eine Zusicherung der Angemessenheit abgegeben hat oder die Vorauszahlungen in **Täuschungsabsicht** zu niedrig kalkuliert hat, um den Mieter zum Mietvertragsabschluss zu bewegen (sog. **Lockvogelangebot**).[185]

134 Eine solche Täuschungsabsicht lässt sich aber gerade bei verbrauchsabhängigen Nebenkosten kaum beweisen, da deren Höhe sich – insbesondere bei Erstbezug – allenfalls ungefähr abschätzen lässt. Aus der bisherigen zur Thematik ergangenen Rechtsprechung lässt sich ableiten, dass zur Annahme einer erheblichen Abweichung der Betrag der tatsächlich abgerechneten Nebenkosten mindestens mehr als doppelt so hoch sein muss wie der Betrag der **Vorauszahlung**.[186]

135 Nach herrschender Meinung kann der Vermieter in diesen Fällen keine Nachforderung geltend machen, da der Mieter im Wege des Schadensersatzes einen Anspruch auf Freistellung von den die **Vorauszahlung** übersteigenden Kosten

---

182 BGH, Urt. v. 24.6.1987 – VIII ZR 225/86 – NJW-RR 1987, 1227.

183 BGH, Urt. v. 7.5.2008 – XII ZR 69/06 – NZM 2008, 482.

184 BGH, Urt. v. 11.2.2004 – VIII ZR 195/03 – WuM 2004, 201.

185 BGH, Urt. v. 11.2.2004 – VIII ZR 195/03 – WuM 2004, 201.

186 Für folgende Übersteigung der Nebenkostenvorauszahlungen wurde ein erhebliches Abweichen angenommen: 147%, LG Hamburg, Urt. v. 6.3.2003 – 409 O 147/02 – ZMR 2003, 683; 123%, LG Düsseldorf, Urt. v. 3.1.2002 – 21 S 609/00 – NZM 2002, 604; 130%, LG Frankfurt, WuM 1979, 24; 95%, AG Dachau, Urt. v. 27.11.2001 – 4 C 810/01 – ZMR 2002, 758; 130%, LG München II, Entscheidung v. 30.4.2002 – 12 S 7512/01 – ZMR 2002, 758; das 7-fache, LG Karlsruhe, Entscheidung v. 16.4.1998 – 5 S 339/97 – WuM 1998, 479; das 7–8-fache, OLG Naumburg, Urt. v. 23.11.2001 – 9 U 171/01 – NZM 2002, 387.

hat.[187] Darüber hinaus hat der Mieter ein fristloses Kündigungsrecht, da das Verhalten des Vermieters, **Nebenkostenvorauszahlungen** in **Täuschungsabsicht** zu niedrig anzusetzen, eine erhebliche Pflichtverletzung darstellt, die dem Mieter das Festhalten am Mietvertrag unmöglich macht.[188] Dabei kann der Mieter eine Auslauffrist von bis zu sechs Monaten begehren und muss das Mietobjekt nicht unverzüglich räumen.[189]

Praxistipp !

Vermieter von Gewerberaum sollten insbesondere bei Erstbezug darauf achten, dass die Nebenkostenvorauszahlungen auskömmlich kalkuliert sind und nicht erheblich von den abzurechnenden Kosten abweichen. Ansonsten drohen der Verlust des Anspruchs auf Ausgleich der restlichen Nebenkosten sowie ein fristloses Kündigungsrecht des Mieters.

---

dd) Ermäßigung der Vorauszahlungen

Der Mieter hat grundsätzlich kein Recht, **Nebenkostenvorauszahlungen** auf ein- 136
seitiges Verlangen herabzusetzen, es sei denn, der Mietvertrag enthält eine entsprechende Regelung. § 560 Abs. 4 BGB ist im Mietverhältnis über Gewerberaum nicht anwendbar. Verringern sich die Nebenkosten aber derart, dass die **Vorauszahlungen** dadurch unangemessen hoch sind, kann daraus aber ein Anspruch des Mieters auf Herabsetzung folgen. Das Interesse des Vermieters, nicht die Vorfinanzierungslast zu tragen, ist dann insoweit nicht mehr schützenswert.

D. Umlageschlüssel

I. Festlegung des Umlageschlüssels

Die Regelung des § 556a BGB, wonach bei Mietverhältnissen über Wohnraum vor- 137
behaltlich anderweitiger vertraglicher Vereinbarung die Umlage der Nebenkosten nach dem Anteil der Wohnfläche und bei verbrauchs- bzw. verursachungsabhängigen Kosten nach einem **Schlüssel**, der dem Verbrauch oder der Verursachung

---

187 OLG Düsseldorf, Entscheidung v. 3.2.2000 – 10 U 197/98 – ZMR 2000, 604; OLG Hamm, Urt. v. 6.11.2002 – 30 U 44/02 – NZM 2003, 717; LG Berlin, Entscheidung v. 7.8.2001 – 64 S 109/01 – ZMR 2002, 52; LG München II, Entscheidung v. 30.4.2002 – 12 S 7512/01 – ZMR 2002, 758; LG Karlsruhe, Entscheidung v. 16.4.1998 – 5 S 339/97 – WuM 1998, 479; OLG Naumburg, Urt. v. 23.11.2001 – 9 U 171/01 – NZM 2002, 387; a.A. OLG Dresden, Rechtsentscheid v. 20.12.2002 – RE-Miet 2/02 – NZM 2004, 68; LG Berlin, Entscheidung v. 23.3.1999 – 64 S 331/98 – ZMR 1999, 637.

188 LG Düsseldorf, Urt. v. 3.1.2002 – 21 S 609/00 – NZM 2002, 604; LG Hamburg, Urt. v. 6.3.2003 – 409 O 147/02 – ZMR 2003, 683.

189 LG Hamburg, Urt. v. 6.3.2003 – 409 O 147/02 – ZMR 2003, 683.

Rechnung trägt, zu erfolgen hat, gilt nicht für Mietverträge über Gewerberaum. Daher kann der Vermieter in Ermangelung einer vertraglichen Vereinbarung den **Umlageschlüssel** einseitig bestimmen, soweit die Festlegung nach billigem Ermessen gem. §§ 315, 316 BGB erfolgt.[190] Der Vermieter ist aber in jedem Fall an die zwingenden Vorschriften der §§ 7 Abs. 1 und 8 Abs. 1 HeizkostenV gebunden, soweit sie Anwendung finden. Im Übrigen hat der BGH auch für das Wohnraummietrecht entschieden, dass es den Parteien freisteht, anstelle eines konkreten Umlageschlüssels ein einseitiges Leistungsbestimmungsrecht nach billigem Ermessen des Vermieters zu vereinbaren, da die Regelung in § 556 a Abs. 1 S. 1 BGB abdingbar ist.[191]

138 Die Abrechnung nach dem gesetzlichen Leitbild für die Wohnraummiete wird insofern in aller Regel billig sein. Wird nach dem gesetzlichen Umlageschlüssel, also nach **Flächenmaßstab** abgerechnet, sind Ungenauigkeiten in der Abrechnung zwangsläufig, da die Mieter in unterschiedlichem Maß zur Entstehung der **verbrauchsabhängigen Kosten** beitragen, z.B. durch unterschiedlichen Wasser- und Energieverbrauch. Sie sind aber vom Mieter zugunsten einer vereinfachten Abrechnung, vorbehaltlich der zwingenden Voraussetzungen der **HeizkostenV**, hinzunehmen.[192]

139 Ein vertraglich vereinbarter **Umlageschlüssel** muss zu seiner Wirksamkeit zu einer gerechten Aufteilung der Kosten führen.[193] Treffen die Parteien eine vertragliche Vereinbarung über den **Umlageschlüssel**, ist die einseitige Änderung dieses Schlüssels durch den Vermieter nur möglich, wenn dieses Recht vertraglich eingeräumt ist.[194] Wird ein **Umlageschlüssel** über eine längere Zeit hinweg, d.h. mehrere Jahre lang, von den Parteien unwidersprochen angewendet, so kann dieser Schlüssel im Einzelfall konkludent vereinbart sein.[195]

II. Änderung des Verteilungsmaßstabs

140 Hat der Vermieter aufgrund formularvertraglicher Vereinbarung das Recht, den **Umlageschlüssel** einseitig zu ändern, so muss sich aus der Klausel ergeben, dass der Vermieter bei der Bestimmung des Umlageschlüssels für die Betriebskostenarten „Heizung“ und „Warmwasser“ gemäß den Vorschriften der **HeizkostenV** be-

190 BGH, Urt. v. 21.1.2004 – VIII ZR 137/03 – WuM 2004, 150, 151; BGH, Urt. v. 20.1.1993 – VII ZR 10/92 – ZMR 1993, 263, 264; OLG Düsseldorf, Entscheidung v. 3.2.2000 – 10 W 1/00 – ZMR 2000, 215.
191 BGH, Urt. v. 5.11.2014 – VIII ZR 257/13 – NZM 2015, 130.
192 BGH, Urt. v. 25.10.2006 – VIII ZR 251/05 – WuM 2006, 684, 685.
193 Lindner-Figura/Oprée/Stellmann/*Beyerle*, Kap. 11 Rn 161.
194 BGH, Urt. v. 26.5.2004 – VIII ZR 169/03 – WuM 2004, 403, 404; BGH, Urt. v. 31.5.2006 – VIII ZR 159/05 – WuM 2006, 440, 441.
195 BGH, Urt. v. 31.5.2006 – VIII ZR 159/05 – WuM 2006, 440, 441; BGH, Beschl. v. 2.11.2005 – VIII ZR 52/05 – WuM 2005, 774.

schränkt ist und die Ausübung des Bestimmungsrechts des Vermieters im Übrigen gem. §§ 315, 316 BGB eingeschränkt ist. Im Übrigen kann der Vermieter sich eine Änderung des **Verteilungsschlüssels** nach billigem Ermessen nur vorbehalten, wenn sachliche Gründe hierfür vorliegen.[196]

Im Ausnahmefall kann die benachteiligte Partei einen Anspruch auf Umstellung 141
des **Umlageschlüssels** haben, soweit es im Einzelfall zu einer eklatanten Unbilligkeit kommt, z.B. wenn es im Rahmen einer Beurteilung nach § 242 BGB oder nach den Grundsätzen des Wegfalls der Geschäftsgrundlage gem. § 313 BGB dem Vermieter aus besonderen Gründen und unter Berücksichtigung aller Umstände des Einzelfalles, insbesondere der vertraglichen oder gesetzlichen Risikoverteilung, ausnahmsweise unzumutbar ist, am vertraglich vereinbarten **Flächenschlüssel** festgehalten zu werden.[197] Die Umstellung des **Umlageschlüssels** kann dabei nur für die Zukunft erfolgen.[198]

III. Einzelne Verteilungsmaßstäbe

Dem Vermieter stehen verschiedene Umlageschlüssel zur Verfügung, z.B. nach der 142
Fläche bzw. Verbrauch und Verursachung (als gesetzlicher Regelfall), nach der Zahl der Nutzer, nach Art der Nutzung oder auch nach dem Verhältnis der Mieten. Für verschiedene Kostenarten können auch verschiedene **Umlageschlüssel** gewählt werden. Erfolgt die Umlage nach dem Verhältnis der Nutzflächen und weicht die im Mietvertrag vereinbarte Fläche von der tatsächlichen Fläche ab, so kommt es hierauf nicht an, wenn die Abweichung unerheblich ist, d.h. nicht mehr als 10% beträgt.[199] Allerdings sollte bei **verbrauchsabhängigen Nebenkosten** auch ein am Verbrauch orientierter Maßstab gewählt werden, insbesondere wenn der Verbrauch im Einzelnen erfasst wird. Eine Verteilung nach Mieteinheiten sollte nur zur Anwendung gelangen, wenn diese Einheiten nach Größe und Art der Nutzung vergleichbar sind. Eine Verteilung „pro Kopf" der Mieter bzw. Nutzer dürfte im Gewerberaummietverhältnis nicht zweckdienlich sein.

---

196 BGH, Urt. v. 20.1.1993 – VII ZR 10/92 – ZMR 1993, 263, 264.

197 BGH, Urt. v. 12.3.2008 – VIII ZR 188/07 – WuM 2008, 288, 289; BGH, Urt. v. 31.5.2006 – VIII ZR 159/05 – WuM 2006, 440, 441.

198 OLG Frankfurt, Urt. v. 12.3.2003 – 7 U 50/03 – ZMR 2004, 182.

199 BGH, Urt. v. 31.10.2007 – VIII ZR 261/06 – WuM 2007, 700, 702.

E. Betriebskostenvorauszahlungen/-pauschalen, Änderungsmöglichkeiten

143 Für eine rechtssichere Handhabung der jeweiligen vertraglich vereinbarten Mietstruktur ist es erforderlich, zunächst die **vom BGB vorgegebene Mietstruktur** zu verinnerlichen. Denn sie bildet den **Maßstab für** eine saubere **Einordnung** der im jeweiligen Vertrag konkret vorhandenen Regelung, und die diesbezüglich in der Praxis auftretenden Problemstellungen lassen sich regelmäßig bereits auf der Grundlage ihres Verständnisses auflösen (s. Rn 147ff.).

144 Weiterhin gehört es zum unersetzlichen praktischen „Handwerkszeug", die **beiden Spielarten von Betriebskostenvorausleistungen** in Form von **Betriebskostenvorauszahlungen** und **Betriebskostenpauschalen** begrifflich trennscharf voneinander abgrenzen zu können, indem man sich bewusst macht, worin genau deren wesentliche Unterschiede bestehen (s. Rn 166ff.).

145 Es sind sodann genau diese grundsätzlichen Unterschiede, die maßgeblich dafür sind, was in der Vertragsgestaltung im Einzelnen erforderlich ist, damit Betriebskostenvorausleistungen nach Beginn des Mietverhältnisses **einseitig angepasst** werden können. Dabei ist zu berücksichtigen, dass **mangels gesetzlicher Regelung** betreffend einer nachträglichen Anpassung von Betriebskostenvorausleistungen im Geschäftsraummietrecht diesbezüglich alles explizit und vor allem auch AGB-fest **vertraglich geregelt** werden muss (s. Rn 180ff.).

146 Nicht zuletzt sollte man sich einmal grundsätzlich die Karten legen, welche **Vor- und Nachteile** eine **Inklusivmiete** aber auch eine **Nettomiete mit** daneben zu entrichtenden **Betriebskostenvorauszahlungen bzw. Betriebskostenpauschalen** im Einzelnen mit sich bringt (s. Rn 210ff.). Insbesondere wenn man berücksichtigt, welcher Aufwand bei der rechtssicheren Erstellung von Betriebskostenabrechnungen betrieben werden muss und wie in der Sache schwierig und vor allem oft langwierig die Durchsetzung von Nachzahlungssalden sein kann, vermag es dabei wohl nur auf den ersten Blick zu überraschen, dass die Verwendung einer anderen Mietstruktur als der verkehrsüblichen Vereinbarung einer Nettomiete mit Betriebskostenvorauszahlungen im Einzelfall durchaus als eine echte Alternative zur Abrechnung von Vorauszahlungen in Betracht gezogen werden sollte.

I. Dispositive Mietstruktur des BGB/Konkrete vertragliche Ausgestaltungsmöglichkeiten der Mietstruktur

147 Wenn „die Pole" der im BGB grundsätzlich angedachten Mietstruktur die von Gesetzes wegen vorgesehene **Bruttowarmmiete** i.S.v. § 535 BGB und die bei entsprechenden Vereinbarungen über Betriebskosten mögliche **Nettokaltmiete** sind, so ist

der „Äquator“ die Bruttokaltmiete. Nachdem bei der regelmäßig frei von Ausnahmen nach § 11 HeizkostenV zu bejahenden Anwendbarkeit der Heizkostenverordnung gem. § 1 HeizkostenV wegen des Vorrangs der HeizkostenV vor rechtsgeschäftlichen Bestimmungen gem. § 2 HeizkostenV aber zumindest Heizung und Warmwasser zwingend auch verbrauchsabhängig getrennt von der Miete abzurechnen sind, gibt es **in der Praxis** üblicherweise **keine Bruttowarmmieten mehr**. Maximal wäre demnach die Ausgestaltung einer **Bruttokaltmiete** denkbar, bei der nur die Heiz- und Warmwasserkosten gesondert in Rechnung gestellt werden, der gesamte Rest der Betriebskosten aber bereits mit der (Grund-)Mietzahlung abgegolten wird (s. Rn 149ff.).

Soweit man aber, was in der derzeitigen Praxis natürlich der absolute Regelfall 148
ist, eine **Nettokaltmiete** vereinbart und daneben die „kalten“ und „warmen“ Betriebskosten gesondert vergütet verlangt, stellt sich nur noch die Frage, ob man insoweit Vorausleistungen vorsieht und, wenn ja, ob man sich für eine **Pauschale** entscheidet oder, was üblicherweise nahezu ausnahmslos der Fall ist, für eine **Vorauszahlung** (s. Rn 161ff.).

1. Dispositive Mietstruktur des BGB

Wenngleich der Mietbegriff des BGB davon ausgeht, dass es sich bei der in §535 149
Abs. 1 BGB geregelten Leistung des Vermieters um einen **„monolithischen Block“** handelt und die **„vereinbarte Miete“** i.S.v. §535 Abs. 2 BGB somit eine **Gegenleistung für** die drei vom Vermieter im Gegenzug einheitlich geschuldeten Hauptleistungen

- **Gebrauchsgewährung** (und nicht bloß Gebrauchsgestattung wie bei der in § 598 BGB geregelten Leihe), also bei Geschäftsräumen als Mietsache Erbringung der für deren Gebrauch notwendigen Versorgungsleistungen (Wärme, Energie, Wasser, Entsorgung von Abwässern und Müll etc.) sowie von Wartungsleistungen („*(...) Gebrauch (...) zu gewähren*“, § 535 Abs. 1 S. 1 BGB),
- **Besitzübertragung der Mietsache frei von minderungsfähigen Sachmängeln** (Grundsatz, der in §§ 536 Abs. 1 und 536a Abs. 1 Alt. 1 BGB ausdrücklich seinen Niederschlag findet, aber im Umkehrschluss natürlich auch aus den in § 536b BGB geregelten Ausnahmen entnommen werden kann) und **Erhaltung** (mittlerweile in §§ 578 Abs. 2 S. 1, 555a Abs. 1 BGB legaldefiniert als Instandhaltung und Instandsetzung) **in diesem Zustand** („*(...) in (...) zum vertragsgemäßen Gebrauch geeigneten Zustand zu überlassen und (...) zu erhalten*“, § 535 Abs. 1 S. 2 BGB) sowie deren
- **Lastentragung** (Grundsteuer, Schornsteinfegergebühren, Straßen- oder Wegereinigungskosten, gemeindliche Müllabfuhrgebühren etc.) („*(...) auf der Mietsache ruhenden Lasten zu tragen*“, § 535 Abs. 1 S. 3 BGB)

darstellt, hat sich in der Praxis der Vertragsgestaltung dieser gesetzgeberische Ansatz dennoch nicht durchgesetzt (s. Rn 152ff.).[200]

150 Schon von Haus aus ist die **Bruttomiete** dabei für den Regelfall der Anwendung der Heizkostenverordnung aber wie bereits erwähnt ohnehin in Wahrheit **nur noch eine Bruttokaltmiete**, weil nämlich die Kosten für Heizung und Warmwasser bereits per se nicht mehr mit der Mietzinszahlung pauschal abgegolten werden dürfen (s. Rn 157f.).

151 **Im Übrigen** genießen die Vertragsparteien hingegen die **volle Vertragsfreiheit**. Sie können es hinsichtlich der für den Gebrauch der Mietsache notwendigen Versorgungs- und Wartungsleistungen und der für die Erhaltung der Mietsache im Einzelnen erforderlichen Maßnahmen sowie der die Mietsache betreffenden Lasten **bei der Bruttokaltmiete belassen** oder sie können **hinsichtlich aller oder einzelner** insoweit maßgeblichen **Betriebskostenpositionen** vereinbaren, dass sie zusätzlich zur für die bloße Besitzüberlassung (zum vertragsgemäßen Gebrauch) zu zahlenden Grundmiete bzw. der in ihr ggf. bereits enthaltenen Inklusivanteile für einzelne Kostenarten **„nach Anfall"** bzw. als **Pauschalen** oder **abrechenbare Vorauszahlungen** entrichtet werden müssen (s. Rn 159f.).

200 An dieser Stelle der guten Ordnung halber der Hinweis darauf, dass der BGH zum gleichen Ergebnis des Vorliegens von Betriebskosten kommt, die von der Bruttomiete miterfasst sind, sich aber sehr leicht mit der Begründung tut und schlichter Hand einfach alle Betriebskosten unter den „Lasten der Mietsache" verortet, vgl. BGH, Urt. v. 2.5.2012 – XII ZR 88/10 – Rn 13. Dies vermag aber nicht zu überzeugen, da der Begriff der „Lasten" einer Sache – der in § 103 BGB zwar, was ihre zeitliche Verteilung angeht, Erwähnung findet, aber keine gesetzliche Definition erfährt – schon buchstäblich einen demgegenüber eingeschränkten Bedeutungsgehalt hat und von daher selbst gemessen an dem so weit wie möglich vorstellbaren Wortsinn mit einer solchen Auslegung überdehnt werden dürfte, weil sicher nicht alle denkbaren Betriebskostenarten tatsächlich Lasten „der Mietsache" sind, sondern ein Großteil persönliche Lasten durch Eigentum oder Gebrauch sind, wenn man davon ausgeht, dass typischerweise nur öffentlich-rechtliche (Steuern, öffentliche Kosten oder Gebühren) oder privatrechtliche Lasten auf sachenrechtlicher Grundlage (aus einer Reallast oder auf Zinsen aus einem Darlehen, das durch Hypothek oder Grundschuld besichert ist) der Mietsache losgelöst von der Person des Vermieters unmittelbar oder mittelbar anhaften. Dass hier insbesondere bei Vermietung von Grundstücken und deren Bestandteilen zwingend mehr begriffliche Trennschärfe erforderlich ist, zeigt sich neben der kaufvertraglichen Regelung in § 436 BGB zu öffentlichen Lasten von (verkauften) Grundstücken im Übrigen ja aber auch bereits eindeutig daran, dass die BetrKV in § 1 BetrKV den (abstrakten) Oberbegriff der Betriebskosten definiert, zu dem dann in der Aufstellung der Betriebskosten in § 2 Nr. 1 BetrKV als Unterbegriff u.a. auch – und insoweit also wortlautgleich mit der Begrifflichkeit aus § 436 BGB – die „öffentlichen Lasten des Grundstücks" gezählt werden. „Lasten" sind regelmäßig also vornehmlich öffentlich-rechtlich zu verstehen, zumindest müssen sie aber wenigstens mittelbar und unabhängig von einem Personenwechsel der Mietsache anhaften und nicht nur durch sie in der Person des jeweiligen Eigentümers/Vermieters entstehen.

a) Grundsatz: „Miete" im Sinne des BGB ist Bruttomiete (§ 535 Abs. 1 i.V.m. § 535 Abs. 2 BGB)

Der Gesetzgeber geht davon aus, dass „die Miete" grundsätzlich eine **Pauschale** ist, für die der Mieter Anspruch auf einen **vollständig nutzungsgeeigneten Mietgegenstand für die gesamte Mietzeit** hat, also von der Überlassung der Mietsache i.S.v. § 535 Abs. 1 S. 2 BGB bis zum Ende des Mietverhältnisses i.S.v. § 542 BGB. 152

Es ist also **eine Zahlung**, mit der für die einzelnen Zeitabschnitte, nach denen die Miete bemessen ist (§ 579 Abs. 2 BGB i.V.m. § 556b Abs. 1 BGB), jeweils **alle Hauptpflichten des Vermieters aus § 535 Abs. 1 BGB abgegolten** sind. 153

Problematisch ist allerdings, dass die Bewirtschaftungskosten eines Mietobjekts eine **fließende Größe** sind. Insbesondere die Betriebskosten und dort vor allem die **Energiepreise steigen ständig** und die **Instandhaltungs- und Instandsetzungskosten sind schwer vorherzusagen**, sodass es naturgemäß schwerfällt bzw. praktisch quasi unmöglich sein dürfte, insofern einen Pauschalbetrag festzulegen, von dem man weiß, dass er **dauerhaft kostendeckend** ist. Zumindest aber liegt es von daher auf der Hand, dass ein Vermieter ein Interesse daran haben muss, insoweit Mieterhöhungsmöglichkeiten schon allein aus Kostendeckungsgrundsätzen durchsetzen zu können. 154

Einerseits gilt das **im Wohnraummietrecht** deswegen, weil sich hier die tatsächliche lange Vertragslaufzeit rechtlich an und für sich unbefristeter und damit grundsätzlich eigentlich kündbarer Verträge durch das für eine ordentliche Kündigung des Vermieters insoweit **erforderliche berechtigte Interesse** ergibt, welches zu faktischer Unkündbarkeit führen kann und **im Geschäftsraummietrecht** deswegen, weil hier die Verträge regelmäßig von Haus aus eine **langjährige Befristung (meistens ergänzt um ein Optionsrecht mit anschließender Verlängerungsklausel)** aufweisen. 155

Andererseits ist es nicht so, dass man mietrechtlich zwingend darauf angewiesen wäre, dass ein Mieter einer nachträglichen Mieterhöhung erst noch im Wege einer Vertragsänderung zustimmt. Vielmehr kann man flankierend zur Vereinbarung einer Bruttomiete bereits bei Vertragsschluss sowohl eine in Prozent der Grundmiete angegebene und damit ohne Weiteres nicht starre, sondern makroökonomischen Instabilitäten wie Inflation oder Deflation Rechnung tragende **Staffelmietvereinbarung,** neben der dann zweifelsfrei, weil mit ihr synchron laufend, auch eine **Indexmietvereinbarung** möglich ist, abschließen und so den Versuch unternehmen, zumindest einen Teil der zu erwartenden Kostenentwicklung über die Staffeln abzugreifen und gleichzeitig über die Indexierung dafür zu sorgen, dass man über die Länge der Laufzeit auch wertmäßig nichts anderes erhält, als es dem Preisniveau zu Beginn des Mietverhältnisses entspricht. Außerdem darf man nicht vergessen, dass man sich, wenn man grundsätzlich keine Betriebskostenabrechnung mehr erstellen muss, **eine Menge Verwaltungskosten spart**. Von daher sollte man sich zumindest ein **Bewusstsein dafür schaffen**, dass es **auch anders** geht. Ansonsten weiß man schließlich gar nicht, worüber man (Stichwort **„dispositives** 156

Gesetzesrecht“) da eigentlich verfügt, weil man den zugrundeliegenden Maßstab nicht wohl erwogen hat, und trifft somit keine fundierte Entscheidung.

b) Ausnahme: Zwingende Einschränkung der gesetzlichen Mietstruktur durch die HeizkostenV

157 Da die Heizkostenverordnung sowohl **volkswirtschaftlich** (Einsparung von Heizenergie) als auch **umweltpolitisch** (Klimaschutz durch Reduzierung des Schadstoffausstoßes) **vorrangige Interessen** verfolgt, ist dieser **Geltungsvorrang** eingeräumt (§ 2 HeizkostenV).

158 Von daher ist die monolithische Bruttomietstruktur der früheren Bruttowarmmiete längst nicht mehr (rechtsgültig) praktizierbar und die vorgenannte Regelung im BGB enthält seitdem nur noch die halbe Wahrheit und muss entsprechend relativiert werden. Ohnehin ist das Ganze davon abhängig, ob die **Versorgung** mit Heizenergie und Warmwasser überhaupt **auf mietvertraglicher Grundlage** erfolgt oder ob der Mieter nicht ohnehin einen **unabhängig vom Mietvertrag bestehenden Direktversorgungsvertrag mit einem externen Wärmelieferanten** abgeschlossen hat.

c) Im Übrigen vertraglich frei bestimmbare Mietstruktur

159 Die vorbezeichnete eingeschränkte Bruttomietstruktur ist zwar das Idealbild des Gesetzes, da es sich aber mit Ausnahme der Einschränkung bei Heizung und Warmwasser um sog. dispositives Recht handelt, über das die Vertragsparteien also grundsätzlich frei disponieren können, sind hier grundsätzlich bis hin zu einer Mietstruktur, die **für einzelne Betriebskostenpositionen eine Inklusivmiete** vorsieht, bei der die betreffenden Kostenanteile also nicht gesondert gezahlt werden müssen, **für andere nicht abrechenbare Pauschalen** und wiederum **für andere abrechenbare Vorauszahlungen alle Spielarten denkbar.**

160 Gerade bei solchen Bestandsvermietern, die in der Lage sind, mit **großer Variabilität** vorzugehen, bietet sich hier also durchaus ein weites Spielfeld, um sehr individuell gestaltete Betriebskostentragungsregelungen zu entwickeln, die bei den Kosten, wo es wirklich notwendig ist, gemäß den tatsächlich entstehenden Kosten abzurechnen, Entsprechendes vorsehen, während sie sich ggf. bei anderen Kostenarten flexibler zeigen, um auf diesem Wege eine **bessere Vermietbarkeit** zu erreichen oder den **Verwaltungsaufwand zu reduzieren.**

2. Konkrete vertragliche Ausgestaltungsmöglichkeiten der Zahlungspflichten für umlegbare Betriebskosten

161 Hier geht es um die Frage, inwieweit sich ein Vermieter die Betriebskosten vom Mieter **vorfinanzieren** lässt oder aber er sie ihm kreditiert bzw. – spiegelbildlich dazu –

inwieweit ein Mieter bereits im Vorgriff laufende Zahlungen leistet, um damit nicht „auf einen Schlag" mit allen umlegbaren Betriebskosten belastet zu werden oder er lieber erst „alles auf einmal" nach allerdings dann bereits verbindlicher Vorlage der tatsächlich entstandenen Betriebskosten zahlt. Es handelt sich hierbei also für den Regelfall durchaus um eine für beide Seiten sinnvolle Entscheidung, eine Betriebskostenvorausleistung in den Mietvertrag aufzunehmen, sei es in Form von Betriebskostenvorauszahlungen, sei es in Form von Betriebskostenpauschalen, denn der Vermieter muss nicht alles vorfinanzieren und der Mieter läuft nicht Gefahr, „außer der Reihe" einen für ihn möglicherweise exorbitant hohen Betrag zahlen zu müssen (s. Rn 162). Das ändert aber nichts daran, dass solange nur eine wirksame Umlegungsvereinbarung für sich genommen vorliegt, auch eine **Umlage „nach Anfall"** möglich ist, bei der also erst, nachdem der Abrechnungszeitraum abgelaufen ist, nachschüssig die tatsächlich entstandenen umlegbaren Betriebskosten in voller Höhe in Rechnung gestellt werden (s. Rn 163ff.).

a) Mit Vorausleistungen in Form von Betriebskostenvorauszahlungen oder Betriebskostenpauschalen

Gemeinsam ist Betriebskostenvorauszahlungen und Betriebskostenpauschalen, 162
dass es sich **bei beiden um Vorausleistungen** auf die im Abrechnungszeitraum (kontinuierlich) auflaufende Betriebskostenlast handelt. Ob sie gegenüber den tatsächlich im Abrechnungszeitraum letztlich entstehenden Kosten deckend sein werden oder nicht, ist, bis diese vorliegen, offen und lässt sich wegen variabler Faktoren bei der Kostenentstehung auch von niemandem abschätzen.[201] Unterscheiden tun sie sich dagegen dadurch, dass es einem bei Vorauszahlungen ihrem Wesen nach gerade darum bestellt ist, **Abweichungen in die eine wie in die andere Richtung hin** auszugleichen, während man bei Pauschalen grundsätzlich **von Nachforderungs- bzw. Rückforderungsansprüchen absieht**. Es sei denn, man hat – was aufgrund des Fehlens einer § 560 BGB entsprechenden gesetzlichen Regelung im Geschäftsraummietrecht für die Geltendmachung eines derartigen Rechts jedoch zwingend erforderlich und deshalb bei Vereinbarung von Betriebskostenpauschalen aus Vermietersicht unbedingt zu empfehlen ist – entsprechend der Regelung im Wohnraummietrecht im Wege einer diesbezüglichen vertraglichen Vereinbarung im Geschäftsraummietvertrag auch einen **Vorbehalt gemacht**, soweit es um rückwirkende **Nachbelastungen des Vermieters** geht (vgl. § 560 Abs. 2 S. 2 BGB). Hier geht es also um solche Fälle, bei denen der Vermieter selbst erst nach Festsetzung der Pauschale für den sich hieran anschließenden Abrechnungszeitraum in unvorhersehbarer Weise mit einer weiteren rückwirkenden Forderung kon-

201 Vgl. BGH, Urt. v. 11.2.2004 – VIII ZR 195/03 – II. 1 a.E.

frontiert wurde, hinsichtlich der er dementsprechend schützenswert ist und zur Weitergabe an den Mieter in der Lage sein soll, weil er davon zum Zeitpunkt der Vereinbarung noch nichts wissen konnte. Die Vereinbarung eines der gesetzlichen Regelung bei Wohnraum entsprechenden **Rückforderungsrechts des Mieters** für den Fall, dass sich Betriebskosten im Nachhinein ermäßigt haben (vgl. § 560 Abs. 3 BGB), sollte man aus Vermietersicht aber tunlichst vermeiden.

b) „Nach Anfall“

163 Fakt ist, dass Betriebskosten endgültig **frühestens erst mit Ablauf des Abrechnungszeitraums** entstehen können, weil erst dann feststeht, was alles in den Betrachtungszeitraum eingeflossen ist. Sei es, dass es sich um in diesem erbrachte Leistungen auf umlegbare Betriebskosten gehandelt hat. Sei es, dass es sich zumindest um Rechnungen über Leistungen auf umlegbare Betriebskosten gehandelt hat, wo zwar die geschuldeten Leistungen in einem vorangegangenen Abrechnungszeitraum bewirkt worden sind, die aber erst während des aktuellen Abrechnungszeitraums fällig geworden oder vor Fälligkeit in diesem bereits gezahlt worden sind. Daraus ergibt sich, dass es sich bei den während des Abrechnungszeitraums gezahlten Vorauszahlungen in der Tat nur um durchlaufende Posten handelt, die letztlich **keinerlei konkrete Aussagekraft für die abschließende Höhe der im Ergebnis tatsächlich entstehenden Betriebskostenlast** haben. Dies liegt bei Licht besehen in der Natur der Sache, und es kann von daher nicht verwundern, dass der BGH für den Normalfall Ansprüche des Mieters, die dahingehend gestellt werden, er habe auf Kostendeckung durch die vereinbarten Vorauszahlungen vertrauen dürfen, nur ablehnen kann, wenn es nicht ausnahmsweise Anhaltspunkte dafür gibt, dass man sich vermieterseits dergestalt tatsächlich nachweislich eingelassen und beim Mieter **schützenswertes Vertrauen** geschaffen hat.

164 Der andere entscheidende Aspekt in diesem Zusammenhang ist aber auch, dass, weil das so ist, man **bei unstreitigem Vorhandensein zumindest einer Umlagevereinbarung** an sich selbstverständlich auch gänzlich auf die Vereinbarung einer monatlich zu leistenden **Vorausleistung** auf die Betriebskosten **verzichten** und stattdessen die Betriebskosten erst **nach deren endgültigem Anfall** in voller Höhe in Rechnung stellen kann.[202] Der BGH betont diese Möglichkeit dabei ausdrücklich auch noch einmal für das Geschäftsraummietrecht,[203] sodass auch der Umstand, dass dort die zu zahlenden Beträge regelmäßig absolut betrachtet um ein Vielfaches höher sein werden und die Nachzahlungen insofern entsprechend deftig ausfallen können (wohlgemerkt aber üblicherweise auch ganz anderen Miethöhen gegenüberstehen), kein anderes Ergebnis rechtfertigt.

202 Vgl. BGH, Urt. v. 11.2.2004 – VIII ZR 195/03 – II.1.
203 Vgl. BGH, Urt. v. 28.4.2004 – XII ZR 21/02 – II. 1b)cc).

Soweit von daher in der Praxis häufig argumentiert wird, eine bei der Benennung von Vorauszahlungen vorhandene **Lücke an der betreffenden Stelle des Vertrags**, wo die monatlich zu zahlenden Beträge aufgeführt werden, sei ein Indiz dafür, dass damit eine Umlagevereinbarung für den Mietgegenstand im Ganzen oder Teile von ihm schon an sich fehlt, ist dies grundsätzlich dann ersichtlich nicht der Fall, wenn eine Umlagevereinbarung an sich vorhanden ist und insbesondere hinsichtlich unterschiedlicher Teile des Mietgegenstands auch nicht differenziert. Sehr häufig trifft man insofern in der Praxis beispielsweise auf die Konstellation, wo **Archiv-, Keller- oder Lagerräume mitvermietet** werden, aber für sie im Gegensatz zu den Hauptmieträumen **keine gesonderten monatlichen Vorauszahlungen genannt** sind. Dies führt dann meistens dazu, dass Mieter damit argumentieren, man habe mit dem Verzicht auf eine Vorauszahlung auch auf die Umlegbarkeit von im Zusammenhang mit diesen Nebenräumen entstehenden Betriebskosten an sich verzichtet. Soweit dafür aber keine anderen Anhaltspunkte vorhanden sind, wird man davon dann im Ergebnis jedoch nicht ausgehen können, wenn die Nebenräume gleichzeitig unter die im Mietvertrag vorhandene Definition des Mietgegenstands fallen und für diesen die umlegbaren Betriebskosten im Einzelnen benannt sind. Vielmehr wird man dann – soweit keine weiteren Anhaltspunkte vorliegen, die ausnahmsweise auf etwas anderes hindeuten – zum Ergebnis kommen müssen, dass man **für die Nebenräume lediglich auf die Festlegung von Vorauszahlungen verzichtet** hat, die diesen zurechenbaren Betriebskostenarten also nach Anfall der diesbezüglich zuordenbaren Kosten umlegt, nicht aber, dass man insoweit bereits auf die Umlegungsvereinbarung von Betriebskosten an sich verzichtet hat. 165

II. Unterschiede zwischen Betriebskostenvorauszahlungen und -pauschalen

Was macht eigentlich genau den Unterschied zwischen Betriebskostenvorauszahlungen (s. Rn 167 ff.) und -pauschalen (s. Rn 174 ff.) aus? Lehrreich in diesem Zusammenhang sind die im BGB insofern **einzig vorhandenen Regelungen in § 556 Abs. 2 und § 560 BGB**, die zwar mangels Verweises in § 578 BGB **keine Anwendung im Geschäftsraummietrecht** finden, mit deren Grundgedanken sich aber für die Ausgestaltung entsprechender formularvertraglich wirksamer Regelungen insbesondere im Zusammenhang mit Betriebskostenpauschalen für das Geschäftsraummietrecht arbeiten lässt, weil sie **bis zum gewissen Grade allgemeine Geltung** beanspruchen können. 166

1. Betriebskostenvorauszahlungen

Eine Abrechnung mit Betriebskostenvorauszahlungen bietet die **potenziell exakteste Möglichkeit**, entstandene Betriebskosten vom Mieter wiederzuerhalten, denn 167 mit ihr wird gerade bezweckt, die **im Abrechnungszeitraum entstandenen Betriebskosten** in ihrer tatsächlich konkret entstandenen Höhe **„eins zu eins"** an den Mieter weiterzugeben (s. Rn 170).

168 Erst **wenn die Abrechnung „gefahren" ist**, wird also die **Betriebskostenlast** für den betroffenen Abrechnungszeitraum **rückwirkend „scharf gestellt"**. Soweit die bis dato geleisteten Vorauszahlungen diese nicht decken, werden dementsprechend noch Nachzahlungen fällig, damit die tatsächlich entstandene Betriebskostenlast exakt ausgeglichen wird (s. Rn 171).

169 Betriebskostenvorauszahlungen sind lediglich ein **„durchlaufender Posten"**. Sie sind zwar bei Mietbeginn in einer angemessenen Höhe zu vereinbaren und sollen sich auch während der Dauer des Mietverhältnisses jeweils in einer angemessenen Höhe halten, also auf einen Mehr- oder Minderbedarf adäquat eingehen. Sie tragen aber aufgrund ihres Wesens als bloße treuhänderisch zu haltende Vorauszahlungen, die regelmäßig **bei Erstbezug eine bloße Schätzung** der im Abrechnungszeitraum zu erwartenden Kosten darstellen bzw. **in der Folge im Grundsatz auf der Gesamtbetriebskostenlast aus dem letzten Abrechnungszeitraum** beruhen, nicht das Versprechen in sich, per se kostendeckend zu sein und gewähren von daher auch **keinen Vertrauensschutz** im Hinblick auf die abrechenbare Kostenhöhe (s. Rn 172f.).

a) Tatsächlich im Abrechnungszeitraum angefallene Betriebskosten als Maßstab für Betriebskostenhöhe

170 Die Vereinbarung abrechenbarer Betriebskostenvorauszahlungen ist die **konsequenteste Möglichkeit**, das mit ihr verfolgte wirtschaftliche Ziel zu verfolgen, die im Abrechnungszeitraum erfüllten und/oder in Rechnung gestellten Leistungen in der letztlich für diesen festgestellten tatsächlichen Höhe abzurechnen und die **Betriebskosten** damit für den Vermieter idealtypischerweise **kostenneutral zu halten**, weil diese Leistungen mehrheitlich bedarfs- und verbrauchsorientiert und von daher ständigen Schwankungen unterworfen sind.

b) Rückwirkende Festsetzung der Betriebskostenhöhe

171 Der Vereinbarung von Betriebskostenvorauszahlungen liegt von vorneherein die unausgesprochene, sich aus der Natur der Sache ergebende Übereinkunft zugrunde, dass **die tatsächliche Betriebskostenlast erst mit der nach Ablauf des Abrechnungszeitraums möglichen Feststellung der Summe der** vom Mieter für die umlegbaren und angefallenen Betriebskosten jeweils zu zahlenden **Einzelkostenanteile festliegt**, der dann anschließend die seinerzeit zuvor anhand des Ergebnisses der vorangegangenen Abrechnung – ggf. zuzüglich eines auf die Betriebskosten insgesamt bezogenen konkreten Sicherheitszuschlags anhand von nachvollziehbaren Prognosen über konkret zu erwartende Preissteigerun-

gen[204] – ermittelten Vorauszahlungen gegenübergestellt werden, um zu sehen, ob diese Summe unter deren Berücksichtigung bereits bezahlt ist oder nicht.

c) Keine Vermutung der Kostendeckung von vereinbarten Vorauszahlungen

Weil bereits die Verwendung des **Begriffs „Vorauszahlungen"** bei formaler Be- 172
trachtung nach allgemeinem Verständnis lediglich ausdrückt, dass dem Mieter bei der Abrechnung die vorausbezahlten Beträge gutzubringen sind, aber nicht die Annahme nahelegt, die Summe der Vorauszahlungen werde den voraussichtlichen Abrechnungsbetrag auch nur annähernd erreichen, begründet die Vereinbarung von Vorauszahlungen **keinen entsprechenden Vertrauenstatbestand.**[205] Dies kann von der Natur der Sache her darüber hinaus **aber auch bei inhaltlicher Auseinandersetzung** mit Begriff und Funktion von Vorauszahlungen schon deswegen gar nicht anders sein, weil sie sowieso **immer nur auf der Grundlage der letzten Abrechnung** (und zwar der Summe der im vorangegangenen Abrechnungszeitraum berechneten Einzelkostenanteile der umgelegten Betriebskosten geteilt durch zwölf) ggf. unter Berücksichtigung anderer – bereits eingetretener oder noch eintretender – Umstände, von denen die im laufenden Jahr entstehenden Kosten voraussichtlich beeinflusst werden, angepasst werden (können).[206]

Dabei kann es immer nur darum gehen, den voraussichtlich tatsächlich entste- 173
henden **Kosten möglichst nahe zu kommen.**[207] Denn es geht um eine **Prognose** über die Höhe der im laufenden Jahr zu erwartenden Betriebskosten. Eine solche Prognose kann naturgemäß aber **nur eine gewisse Wahrscheinlichkeit, aber keine Gewissheit** für sich beanspruchen.[208]

2. Betriebskostenpauschalen

Betriebskostenpauschalen schaffen **größtmögliche Sicherheit** (s. Rn 177): beim 174
Mieter dafür, dass er im betreffenden Abrechnungszeitraum grundsätzlich mit **mehr als diesen nicht belastet** werden kann, und für den Vermieter dahingehend, dass **er diese behalten darf**, ohne dafür noch etwas tun zu müssen.

Die Einschränkung, dass der Mieter nur **„grundsätzlich"** nicht mit mehr als 175
dem Betrag der vereinbarten Betriebskostenpauschalen belastet werden darf, erklärt sich daraus, dass es dem Wesen einer Betriebskostenpauschale nicht von Haus aus fremd ist, trotz ihres zunächst verbindlichen Charakters **im Einzelfall doch** noch

---

204 Vgl. BGH, Urt. v. 28.9.2011 – VIII ZR 294/10 – Rn 22.
205 Vgl. BGH, Urt. v. 11.2.2004 – VIII ZR 195/03 – II.1.
206 BGH, Urt. v. 28.9.2011 – VIII ZR 294/10 –.
207 Vgl. BGH, Urt. v. 16.6.2010 – VIII ZR 258/09 – Rn 25 a.E.
208 Vgl. BGH, Urt. v. 28.9.2011 – VIII ZR 294/10 – Rn 19.

einmal ihre **rückwirkende Erhöhung** zu verlangen. Dies zeigt die für das Wohnraummietrecht geltende Regelung des § 560 Abs. 2 S. 2 BGB, wonach – das Vorhandensein eines generellen vertraglichen Erhöhungsvorbehalts vorausgesetzt – auch Betriebskostenpauschalen dann rückwirkend angepasst werden können, wenn diese sich gemessen an ihrer Höhe bei deren Vereinbarung oder letztmaliger Anpassung in der Zeit danach rückwirkend erhöht haben. Dies sind also Fälle, wo der Vermieter bei Vereinbarung der Höhe des Pauschalbetrags im Hinblick auf deren Kostendeckung für die damals überschaubare Zukunft selbst arglos war und dann auch nicht ein Risiko tragen soll, mit dem er zum damaligen Zeitpunkt noch nicht vorwerfbar rechnen musste. Ansonsten wird bei Betriebskostenpauschalen der Blick immer nur nach vorne in die Zukunft gerichtet, sodass der Mieter sicher sein kann, dass bis auf derartige Ausnahmefälle, wo sich der Vermieter selbst, ohne dass er verantwortlich dafür ist, einer rückwirkenden Mehrbelastung gegenübersieht, nichts mehr nachkommt und er entsprechend kalkulieren kann. Umgekehrt ist es aber auch denkbar und mit dem Charakter von Betriebskostenpauschalen vereinbar, diese **rückwirkend zugunsten des Mieters zu senken**, wie die ebenfalls für das Wohnraummietrecht geltende Regelung des § 560 Abs. 3 BGB zeigt, die sogar losgelöst von einem entsprechenden vertraglichen Herabsetzungsvorbehalt unmittelbar von Gesetzes wegen gilt (s. Rn 178).

176 Von derartigen, von Gesetzes wegen nur im Wohnraummietrecht geltenden Ausnahmeregelungen abgesehen, führt die Vereinbarung von Betriebskostenpauschalen aber ansonsten getreu ihres Pauschalcharakters grundsätzlich dazu, dass das **Risiko einer Unterschätzung** der im Abrechnungszeitraum anfallenden Kostenhöhe genauso **beim Vermieter** liegt, wie das **Risiko von deren Überschätzung beim Mieter** landet (s. Rn 179).

a) Vor Abrechnungszeitraum festgelegte Höhe der Pauschale als verbindlicher Maßstab für Betriebskostenhöhe

177 **Planungssicherheit vor Einzelfallgerechtigkeit** – so kann man die Vor- und Nachteile einer Betriebskostenpauschale grundsätzlich wohl am besten zusammenfassen. „Was man hat, das hat man.“, und zwar ganz **ohne Abrechnungsaufwand** und **ohne Nachweispflichten**.

b) Mangels gesetzlicher Regelung grundsätzlich keine rückwirkende Anpassung einer Betriebskostenpauschale

178 Soweit es das Wohnraummietrecht in § 560 Abs. 3 und § 560 Abs. 2 S. 2 BGB zulässt, dass **rückwirkende Anpassungen von Betriebskostenpauschalen zugunsten des Mieters stets** (allerdings nur dann, wenn sich die Betriebskosten insgesamt ermäßigen (arg. „die“)) und **zugunsten des Vermieters** zumindest dann, wenn er – den auch dort erforderlichen vertraglichen Erhöhungsvorbehalt vorausgesetzt –

selbst **mit einer rückwirkenden Kostenerhöhung konfrontiert** wurde, möglich sind, so vermag dies auf den ersten Blick sicher zu überraschen, weil es dem eigentlichen Charakter einer Betriebskostenpauschale als einem – mit für Vermieter und Mieter jeweils entgegengesetzten Risiken behafteten – verbindlichen Maßstab der Betriebskostenhöhe widerspricht. Zumindest wird man aber sagen müssen, dass sich die insoweit vom Gesetzgeber im Wohnraummietrecht zwingend (§ 560 Abs. 6 BGB) vorgesehene rückwirkende Korrekturpflicht zugunsten des Mieters auf das Wohnraummietrecht beschränken wird – im Gegensatz zu manch anderer gesetzlicher Regelung aus dem Wohnraummietrecht, die trotz Fehlens einer Verweisung in § 578 BGB auch im Geschäftsraummietrecht entsprechende Anwendung findet, wie zumindest im Ergebnis beispielsweise die einjährige Abrechnungsfrist aus § 556 Abs. 3 S. 2 BGB.[209] Denn die diesbezügliche Korrekturmöglichkeit ist offensichtlich Ausfluss des für das Wohnraummietrecht prägenden sozialen Schutzgedankens in seiner allerdings insoweit nur bedingt „waffengleich" ausgestalteten Prägung (also vergleichbar der Ausschlusswirkung für Nachforderungen zulasten und der Ausschlusswirkung für materielle Einwendungen des Mieters zugunsten des Vermieters bei der Abrechnung von Betriebskostenvorauszahlungen gem. § 556 Abs. 3 S. 3 bzw. S. 6 BGB auch hier zwar ein Rückwirkungsanspruch zugunsten des Mieters für Ermäßigungen, dem allerdings auch ein (zeitlich jedoch nur eingeschränkter) Rückwirkungsanspruch bei rückwirkenden Erhöhungen zugunsten des Vermieters gegenübersteht, soweit er denn einen allerdings auch hier erforderlichen Erhöhungsvorbehalt i.S.v. § 560 Abs. 1 S. 1 BGB mit dem Mieter vereinbart hat). Ohne eine derartige Regelung müsste der Wohnraummieter ansonsten nämlich weiter eine Pauschale in einer Höhe fortentrichten, die unter Umständen nachweislich schon längst nicht mehr den Tatsachen entspricht. Dies widerspräche aber der Betriebskostendefinition des § 556 Abs. 1 S. 2 BGB bzw. § 1 Abs. 1 S. 1 BetrKV, die auf das (tatsächliche) Entstehen von Betriebskosten als unabdingbares Erfordernis für die Betriebskostenumlage zwingend hinweist. Nachdem diese Definition im Geschäftsraummietrecht, aber nicht von Haus aus gilt (arg. § 578 BGB verweist nicht auf § 556 BGB), sowie in Anbetracht der Tatsache, dass es **im Geschäftsraummietrecht keinen sozialen Schutzgedanken** gibt und es sich bei einer Pauschale nach dem allgemeinen Sprachgebrauch und vor allem dem dahinter stehenden inhaltlichen Verständnis auch um einen Geldbetrag handelt, der beiderseits gerade keine rückwirkenden Ausgleichsansprüche zulässt, ist deshalb für den Normalfall eines Geschäftsraummietverhältnisses davon auszugehen, dass es mithin schon **ausdrücklicher vertraglicher Regelungen** diesbezüglich bedarf, um sich auf rückwirkende Anpassungsmöglichkeiten von Betriebskostenpauschalen berufen zu können und man sie nicht etwa als bereits nach Treu und Glauben i.S.v. § 242 BGB geschuldete,

---

209 BGH, Urt. v. 27.1.2010 – XII ZR 22/07 – Rn 38 und 39.

dem Schuldverhältnis immanente Leistungspflichten bzw. entsprechend des Rechtsgedankens aus § 307 Abs. 2 Nr. 2 BGB als ein sich „aus der Natur des Vertrags" ergebendes Recht wird ansehen können, mit dem die Erreichung des Vertragszwecks steht und fällt.

c) „Abgeltungsprinzip"

179 Dementsprechend liegt grundsätzlich das **Kalkulationsrisiko** für die kostendeckende Bemessung der Pauschale **beim Vermieter** und das **Risiko einer** gemessen an den tatsächlichen Kosten erfolgenden **Überzahlung beim Mieter**. Soweit sich eines dieser Risiken verwirklicht, liegt dies im **Wesen der Pauschale**, mit der alle jeweils infrage kommenden Aufwendungen abgegolten sind.

III. Anpassungsmöglichkeiten von Betriebskostenvorauszahlungen und -pauschalen

180 Weil § 560 BGB, der die Möglichkeit zu den betreffenden Anteilen der Mieter entsprechenden Anpassungen in Form von Erhöhungen bzw. Herabsetzungen von Betriebskostenpauschalen bzw. Betriebskostenvorauszahlungen für das Wohnraummietrecht regelt, soweit sich die Summe der laut der zugrundliegenden Betriebskostenvereinbarungen umlegbaren Betriebskostenarten nach Abschluss der betreffenden Vereinbarung in Form einer Erhöhung oder Ermäßigung verändert, im Geschäftsraummietrecht mangels entsprechender Verweisung in § 578 BGB eben gerade keine Anwendung findet, fehlt somit dort auch folglich eine (ausdrückliche) gesetzliche Anpassungsmöglichkeit derartiger Vorausleistungen aufgrund von zwischenzeitlich eingetretenen Kostenveränderungen für die Zukunft. Von daher stellt sich zwangsläufig die Frage, **ob und ggf. was** man im Mietvertrag **wie konkret vereinbaren** muss, damit man im Falle eines Falles trotzdem einen **Anspruch** darauf hat, ggf. die Betriebskostenvorauszahlungen (s. Rn 181 ff.) bzw. die Betriebskostenpauschalen (s. Rn 193 ff.) **anpassen zu können**. Dabei zeigt zumindest § 560 BGB grundsätzlich, dass Anpassungen von Vorausleistungen immer in beide Richtungen denkbar sind, also deren Erhöhung genauso wie als deren Herabsetzung.

1. Betriebskostenvorauszahlungen

181 Dass bei Betriebskostenvorauszahlungen **Erhöhungen** (s. Rn 183 ff.) und **Herabsetzungen** (s. Rn 191 f.) **etwas völlig Selbstverständliches** sind, ergibt sich schon daraus, dass sie als durchlaufender Posten schon von sich aus keinerlei abschließenden Wert haben. Man kann aus ihrer für den Abrechnungszeitraum insgesamt veranschlagten Höhe keinerlei Rückschlüsse auf die tatsächliche Betriebskostenlast ziehen, weil nicht sie die vom Mieter zu tragende Betriebskostenlast festlegt, son-

dern diese sich erst aus der Summe der in der Abrechnung auszuweisenden Einzelkostenanteile der auf den Mieter umlegbaren Betriebskostenpositionen ergibt. Gleichwohl liegt aber auf der Hand, dass die Liquidität, die der Vermieter durch sie erhält, ihre Grundlage schon auf einer Bemessung der zu erwartenden tatsächlichen Betriebskostenlast haben muss, denn weder wäre es angemessen, dem Mieter mehr abzuverlangen, als zur Tragung der zu erwartenden Betriebskostenlast vorhersehbarerweise erforderlich ist, noch wäre es passend, den Vermieter umgekehrt mit ersichtlich zu geringen Mitteln auszustatten, wenn doch gleichzeitig feststeht, dass der Mieter die Betriebskosten vertraglich wirksam übernommen hat und er diese im Endeffekt auch in der tatsächlich entstehenden Höhe tragen soll. Von daher liegt hier eine in beide Richtungen zielende **Flexibilität bei der Bemessung** der Vorauszahlungshöhe in der Natur der Sache. **Für den Regelfall** lässt sich die Anpassung aber einfach dergestalt bestimmen, dass **ein Zwölftel des vom Mieter geschuldeten Jahresbetrags der letzten Betriebskostenabrechnung** vor Abzug der Vorauszahlungen als monatlicher Vorauszahlungsbetrag für das Folgejahr veranschlagt wird, weil die Entwicklung der Betriebskosten in dem dem Jahr der Abrechnungserstellung vorangegangenen Jahr eine Prognose über die zu erwartende Höhe der Betriebskosten im Folgejahr rechtfertigt, wenn andere Anhaltspunkte fehlen.[210] Dass insoweit aber ohnehin immer eine Bewertungslücke deshalb besteht, weil hier ja – selbst bei unterstellter ordnungsgemäßer Abrechnung innerhalb der Abrechnungsfrist – die Kosten des (bezogen auf das Jahr der Abrechnungserstellung) letzten Jahres für die Bemessung der zu erwartenden Kostenhöhe des nächsten Jahres herangezogen werden und die Kostenentwicklung des laufenden Jahres dabei völlig außer Acht bleibt, liegt zwar auf der einen Seite in der Natur der Sache der Abrechnungssystematik, die ein Jahr Zeit für die Abrechnung gibt, ist aber genau auch der Grund, warum es auf der anderen Seite sinnvoll ist, über die Zwölftelung hinaus auch noch eventuell bereits im laufenden Abrechnungszeitraum eingetretene oder für das Folgejahr bereits bekannte konkret bestimmbare sich auf die Kostenhöhe auswirkende Aspekte in die Bemessung der Vorauszahlungshöhe einfließen zu lassen.[211]

Nachdem aber § 560 Abs. 4 BGB, der für das Wohnraummietrecht die Möglichkeit einer einseitigen Anpassungserklärung in Bezug auf Betriebskostenvorauszahlungen aus Anlass einer erfolgten Abrechnung für beide Seiten ausdrücklich vorsieht, mangels Verweisung auf § 560 BGB in § 578 BGB im Geschäftsraummietrecht keine Anwendung findet, stellt sich rechtlich die Frage, ob eine derartige Regelung wie im Gesetz für Mietverhältnisse über Wohnraum bei einer ausdrücklichen Vereinbarung von Vorauszahlungen nicht ohnehin rein deklaratorisch ist und es ein einseitiges Anpassungsrecht oder zumindest ein Recht, die Zustimmung zu einer 182

210 Vgl. BGH, Urt. v. 28.9.2011 – VIII ZR 294/10 – Rn 12.
211 Vgl. oben Rn 172 ff. und unten Rn 183 ff.

Anpassung verlangen zu können, von daher nicht auch ohne eine ausdrückliche Regelung geben muss, da sich das **Recht zur Anpassung** von Betriebskostenvorauszahlungen eingedenk des Vorgesagten eigentlich ja bereits aus der Natur der Sache ergibt, weil Vorauszahlungen ansonsten ihren Zweck, dem Vermieter eine laufende Finanzierung und dem Mieter zu hohe Nachzahlungen zu ersparen, nicht erfüllen können. Wie nicht anders zu erwarten, werden hier **formalistische Ansichten, die** – bis auf Fälle einer ersichtlichen Unzumutbarkeit der Beibehaltung der bestehenden Vorauszahlungshöhe und einer damit verbundenen Störung der Geschäftsgrundlage – eine **Vereinbarung zwingend fordern**, genauso vertreten wie solche, die an dem vorgenannten Zweck orientiert sind und die **Anpassungsmöglichkeiten auch ohne ausdrückliche vertragliche Regelungen** ohne Weiteres als sich aus der Natur der Sache ergebend zulassen wollen. Letzten Endes wird eine solche Diskussion aber selbstredend nur dann überhaupt jemals relevant werden, wenn der Vertrag eine ausdrückliche Regelung gerade vermissen lässt. Ergo sollte man natürlich vorsorgen und eine ausdrückliche Regelung aufnehmen, dann ist man in jedem Fall auf der sicheren Seite.

a) Erhöhungen

183 Der Vermieter ist nicht daran gehindert – über die **Zwölftelung der vom Mieter ausweislich der letzten erstellten Betriebskostenabrechnung geschuldeten Summe der umgelegten Einzelkostenanteile** hinaus –, eine Anpassung der Vorauszahlungen auch im Hinblick darauf vorzunehmen, dass die Betriebskosten des laufenden Jahres (Abrechnungsfrist) bzw. des Jahres danach voraussichtlich höher sein werden als die abgerechneten Betriebskosten des Vorjahres (Abrechnungszeitraum). Denn ausschlaggebend für die Angemessenheit einer Anpassung sind letztlich nicht die Betriebskosten des vergangenen Jahres allein, sondern die zu erwartenden Kosten des laufenden bzw. des zukünftigen Jahres. Diese können aber auch maßgeblich durch Umstände beeinflusst werden, die sich in der letzten Betriebskostenabrechnung noch nicht ausgewirkt haben. Als solche kommen etwa Umstände in Betracht, die sich im vergangenen Jahr noch nicht oder nur für einen kurzen Zeitraum ausgewirkt haben, im laufenden Jahr dagegen voll zu Buche schlagen und damit eine weitergehende Erhöhung der Vorauszahlungen rechtfertigen.[212] Nicht zulässig ist es jedoch, eine sich bereits über die Zwölftelung der Summe der Einzelkostenanteile hinausgehende Erhöhung schlichterhand über einen – lediglich „Pi mal Daumen“ bezifferten – **„abstrakten“ Sicherheitszuschlag** etwa in Höhe von pauschal 10% geltend zu machen.[213] Die Bestimmung der Höhe eines über die Zwölftelung hinausgehenden **Sicherheitszuschlags muss** von daher immer konkret **ver-**

212 Vgl. für alles BGH, Urt. v. 28.9.2011 – VIII ZR 294/10 – Rn 14.
213 BGH, Urt. v. 28.9.2011 – VIII ZR 294/10 –.

plausibilisiert werden können,[214] wobei dies grundsätzlich **nicht proaktiv** schon mit der Anpassungserklärung erfolgen muss, sondern in der Regel erst dann erforderlich wird, wenn der Mieter die Angemessenheit bestreitet.[215]

Nachdem der BGH mit den oben genannten **Grundsätzen**, die zwar unmittelbar nur für das Wohnraummietrecht gelten, klargestellt hat, was man unter einer **„angemessenen Höhe“** i.S.v. § 560 Abs. 4 BGB zu verstehen hat, ist es wichtig, dies auch entsprechend **im Geschäftsraummietrecht zu berücksichtigen**, weil kein sachlicher Differenzierungsgrund ersichtlich ist, der dafür spricht, dass diese für das Wohnraummietrecht aufgestellten Grundsätze im Geschäftsraummietrecht keine Geltung beanspruchen könnten. 184

Konkret bedeutet das, dass man die hier übliche, in einen (vorformulierten) Geschäftsraummietvertrag – wegen des dortigen Fehlens einer gesetzlichen Regelung – sicherheitshalber in jedem Fall aufzunehmende Regelung, wonach dem Vermieter ein **Anpassungsrecht nach billigem Ermessen i.S.v. § 315 Abs. 1, Abs. 3 BGB** eingeräumt wird,[216] welches in Anlehnung an § 560 Abs. 4 BGB eine Anpassung der Vorauszahlungen **auf eine angemessene Höhe** erlaubt, auch hier genauso wie im Wohnraummietrecht dergestalt leben muss, dass man sich an **den konkret begründbaren tatsächlichen Kostenentwicklungen** orientiert. Denn nachdem billiges Ermessen nur dann vorliegt, wenn **unter Berücksichtigung der Interessen beider Parteien** gehandelt wird,[217] hat man mit der aktuellen Rechtsprechung des BGH nunmehr auch im Geschäftsraummietrecht einen verlässlichen Maßstab dafür, was man tun muss, um diese Interessen ausreichend zu berücksichtigen. Wichtig ist insoweit aber, dass entsprechende in Allgemeinen Geschäftsbedingungen des Vermieters vorformulierte einseitige Leistungsbestimmungsrechte den vom BGH an die Inhaltskontrolle i.S.v. § 307 BGB gestellten Anforderungen genügen. Diese erfordern aber zum einen, dass es sich vergleichbar Wertsicherungsklauseln um **keine „upwards-only“-Klausel** handeln darf, also geregelt wird, dass die Leistungsbestimmung Herab- genauso wie Heraufsetzungen erfasst.[218] Außerdem darf es entgegen der bislang formularvertraglich häufig geübten Praxis **keine unterjährigen Anpassungen** geben, sondern nur solche im Anschluss an eine Nebenkostenabrechnung.[219] 185

Ein **Beispiel für einen** unter Beachtung der vorstehend erläuterten Rechtsprechung des BGH in Allgemeinen Geschäftsbedingungen eines Vermieters einsetzba- 186

214 Vgl. BGH, Urt. v. 28.9.2011 – VIII ZR 294/10 – Rn 19.
215 Vgl. BGH, Urt. v. 28.9.2011 – VIII ZR 294/10 – Rn 18.
216 Vgl. BGH, Urt. v. 9.5.2012 – XII ZR 79/10 – Rn 35.
217 Vgl. BGH, Urt. v. 28.4.2009 – XI ZR 86/08 – Rn 34.
218 Vgl. BGH, Urt. v. 9.5.2012 – XII ZR 79/10 – Rn 35.
219 Vgl. für alles BGH, Urt. v. 26.9.2012 – XII ZR 112/10 – Rn 31 sowie BGH, Urt. v. 5.2.2014 – XII ZR 65/13 – Rn 26.

ren **formularvertraglichen Anpassungsvorbehalt des Vermieters für Betriebskostenvorauszahlungen** kann danach etwa wie folgt lauten:

Formulierungsmuster
„Der Vermieter kann nach billigem Ermessen die Vorauszahlungen im Anschluss an Nebenkostenabrechnungen durch einseitige schriftliche Erklärung je nach Höhe der tatsächlichen und konkret zu erwartenden Kosten angemessen herauf- oder herabsetzen. Die geänderte Vorauszahlung ist jeweils ab dem dem Zugang der Anpassungsmitteilung folgenden Monat zu leisten."

---

187 Während der BGH bislang vertrat, dass ein **Recht des Vermieters auf Erhöhung der Betriebskostenvorauszahlungen** bereits dann bestand, wenn die Betriebskostenabrechnung frei von die Wirksamkeit der Abrechnung hindernden Formfehlern war, hat er nunmehr seine **Rechtsprechung im Wohnraummietrecht** insofern verschärft, als er jetzt darüber hinaus auch noch das Vorliegen einer Abrechnung fordert, die **frei von inhaltlichen Fehlern**, also **im Ganzen korrekt** ist.[220] Auch wenn dies aus Vermietersicht sicherlich kein Wunschergebnis ist, muss man doch zweifelsohne feststellen, dass es an und für sich nicht zu beanstanden ist. Denn soweit der Abrechnungssaldo nicht korrekt ist, fehlt ja bereits aus der Natur der Sache heraus die Grundlage für eine Erhöhung der Vorauszahlungen in der vom Vermieter zunächst ausgewiesenen Höhe, weil ja dann die **bisherigen Vorauszahlungen** aufgrund der **in Wahrheit** insoweit bei korrekter Abrechnung niedrigeren Summe der Einzelkostenanteile **zumindest nicht in dem Ausmaße zur Kostendeckung unzureichend** sind, wie dies bei der Bemessung der auf der inhaltlich falschen Abrechnung beruhenden angepassten Vorauszahlungen zunächst den Anschein hatte. Man könnte sogar eine Kündigung auf Rückstände aus derart zu Unrecht erhöhten Vorauszahlungen (mit-)stützen, nachdem Betriebskostenvorauszahlungen in die Bemessung der für eine Kündigung wegen Zahlungsverzugs berücksichtigungsfähigen Rückstände nach § 543 Abs. 2 S. 1 Nr. 3 BGB einfließen.

188 Schaut man sich **demgegenüber die diesbezügliche Rechtsprechung des u.a. für das gewerbliche Mietrecht zuständigen XII. Zivilsenats** des BGH an, so lässt sich feststellen, dass dieser – in einer bereits im Anschluss an die vorgenannte Rechtsprechungsänderung beim VIII. Zivilsenat ergangenen Entscheidung – dennoch eine **differenziertere Ansicht** vertritt, bei der er sich offenbar auch von **Praktikabilitätserwägungen** leiten lässt, welche Anforderungen insoweit an einen die Betriebskostenvorauszahlungen erhöhenden Vermieter in zumutbarer Weise überhaupt gestellt werden können bzw. sollten.

189 Er kommt dabei zu dem **naheliegenden Ergebnis**, dass ein **Vermieter,** weil er schließlich selbst vertraglichen Zahlungsverpflichtungen seiner Lieferanten oder

---

220 Vgl. BGH, Urt. v. 15.5.2012 – VIII ZR 246/11 – Rn 16.

Leistungsanbieter ausgesetzt sei und von daher ein hiermit verbundenes eigenes Liquiditätsinteresse habe, auf die **inhaltliche Richtigkeit** der von ihm **formal wirksam** erstellten Abrechnung grundsätzlich **sehr wohl auf schützenswerte Weise vertrauen** dürfe, und zwar selbst dann, wenn der Mieter bereits Bedenken an der Umlagefähigkeit einzelner Kostenpositionen geäußert hat. Dies gelte umso mehr, je mehr dieses Vertrauen auf seine **jahrelang beanstandungsfrei ausgeübte Abrechnungspraxis** gegründet werden kann.[221] Von daher gilt im Geschäftsraummietrecht bis auf Weiteres grundsätzlich nach wie vor, dass, soweit die Abrechnung nur wenigstens (formal) wirksam war, die aus ihr insoweit errechneten Vorauszahlungen als dann im Ergebnis nach dieser Rechtsprechung wirksam nach billigem Ermessen angepasst geltende Vorauszahlungen in voller Höhe zur Zahlung fällig werden und von daher bei Nichtzahlung dort im Gegensatz zum Wohnraummietrecht ggf. auch für eine Zahlungsverzugskündigung herangezogen werden können.

Trotz dieser somit **für das Geschäftsraummietrecht** vorhandenen **Rückfallpo- 190
sition** liegt aber auf der Hand, dass auch dort nicht nur ein Augenmerk auf eine formell ordnungsgemäße, also wirksame Abrechnung gerichtet werden muss, sondern auch auf eine materiell ordnungsgemäße, also **inhaltlich korrekte Abrechnung.** Denn zumindest, wenn der Mieter aus gegebenem Anlass erwiesenermaßen den **Nachweis** führen kann, dass eine **Abrechnung inhaltlich falsch** ist, erübrigt sich der vorgenannte Gesichtspunkt des Vertrauens eines Vermieters auf seine richtige Abrechnungspraxis dann natürlich auch im Geschäftsraummietrecht ab diesem Zeitpunkt, weil dieses dann unstreitig nicht mehr schützenswert ist. Die Rechtswirkungen der vorgenannten Rechtsprechung im Geschäftsraummietrecht können sich somit ersichtlich nur auf Zeiträume beziehen, bei denen noch Gutgläubigkeit herrschte und bei denen diese **Rechtswirkungen bereits abschließend eingetreten** sind, **bevor** das betreffende **Vertrauensmoment** ggf. **weggefallen** ist. Die Frage der Gutgläubigkeit spielt also etwa für die Beantwortung der Frage eine kriegsentscheidende Rolle, ob eine – im Geschäftsraummietrecht nicht durch nachträgliche Zahlung heilbare – fristlose **Kündigung wegen Zahlungsverzugs** zum Zugangszeitpunkt wirksam geworden ist oder nicht. Geht es hingegen lediglich um die Frage, ob eine vom Vermieter beanspruchte erhöhte Betriebskostenvorauszahlung vom Mieter zu entrichten ist und wird sie eingeklagt, steht am Ende des Prozesses aber fest, dass das Vertrauen des Vermieters in die Richtigkeit seiner der Erhöhung der Vorauszahlungen zugrunde gelegten (wirksamen) Abrechnung nicht gerechtfertigt war, wird das Gericht ihm die Erhöhung insoweit natürlich auch nicht mehr zusprechen, weil diesbezüglich die Forderungsberechtigung im Zeitpunkt der letzten mündlichen Verhandlung maßgeblich ist. Man sieht also, dass letztlich die **praktische Relevanz** dieser Rechtsprechung **nicht sehr groß** sein dürfte und man

221 Vgl. BGH, Urt. v. 26.9.2012 – XII ZR 112/10 – Rn 31.

von daher auch im Geschäftsraummietrecht tunlichst auf die auch (inhaltliche) Richtigkeit der Abrechnung Acht geben sollte, weil man ansonsten in der Konsequenz regelmäßig auch dort Gefahr läuft, nicht rechtssicher in den Genuss erhöhter Betriebskostenvorauszahlungen durch den Mieter zu gelangen.

b) Herabsetzungen

191 Soweit man davon ausgeht, dass es mangels im Geschäftsraummietrecht vorhandener gesetzlicher Regelung **ohne entsprechende ausdrückliche vertragliche Vereinbarung kein einseitiges Recht des Mieters auf Herabsetzung der Vorauszahlungen** gibt und auch die vom BGH für das erfolgreiche Bestehen einer Inhaltskontrolle nach § 307 BGB geforderte formularvertragliche Ausgestaltung einer Anpassungsklausel zwar erfordert, dass ausdrücklich eine Anpassungsmöglichkeit des Vermieters nicht nur nach oben, sondern auch nach unten geregelt ist, ohne dass man diese Möglichkeit der Leistungsbestimmung aber auch explizit dem Mieter einräumen müsste, sollte man ein solches einseitiges Recht des Mieters nach Möglichkeit als Vermieter auch nicht von sich aus ausdrücklich in den Vertrag aufnehmen, weil es selbstredend immer besser ist, lieber zu viel als zu wenig Vorauszahlungen zu erhalten. Zurückerstatten kann man und muss man nach Abrechnung ggf. auch sowieso. Aus rechtlicher Sicht muss man ohnehin sagen, dass ein einseitiges Leistungsbestimmungsrecht i.S.v. § 315 BGB nie nur ein Recht beinhaltet, die Betriebskostenvorauszahlungen zu erhöhen, sondern auch die Pflicht, diese bei ersichtlicher Überdeckung herabzusetzen, weil alles andere nämlich nicht mehr billigem Ermessen entspräche. Aus diesem Grund kann der Mieter dann regelmäßig zumindest auch **gem. § 315 Abs. 3 S. 2 Hs. 2 BGB auf richterliche Gestaltung** klagen und auf diesem Wege ggf. selbst eine Anpassung der Vorauszahlungen erreichen.[222] Dazu verpflichtet, ihn auf dieses ggf. gegebene Recht von sich aus zu stoßen, ist man aber wie gesagt nicht.

192 Wenn man schließlich weder ein **ausdrückliches Recht des Mieters zur Herabsetzung von Betriebskostenvorauszahlungen** noch ein **Leistungsbestimmungsrecht des Vermieters nach billigem Ermessen** in den Vertrag aufgenommen hat, läuft man dann höchstens Gefahr, dass sich theoretisch irgendwann einmal eine so große Schere zwischen den erhaltenen und den benötigten Vorauszahlungen ergeben könnte, dass der Mieter **auf der Grundlage von § 313 BGB** – also **in absoluten Extremfällen** aus Gründen einer Störung der von beiden Seiten stillschweigend zugrunde gelegten Geschäftsgrundlage, dass die Rahmenbedingungen annähernd gleichbleiben – eine Anpassung fordern kann, da es ihm nicht mehr zugemutet werden kann, offensichtlich bis auf Weiteres zur Kostendeckung

222 Vgl. BGH, Urt. v. 9.5.2012 – XII ZR 79/10 – Rn 37.

nicht erforderliche Vorauszahlungen zu entrichten, wenn vorhersehbar ist, dass er sie ohnehin wieder zurückfordern kann. Derartige Konstellationen werden – gerade auch in wirtschaftlich instabilen Zeiten –, wenn überhaupt, sehr dünn gesät sein, weil nicht davon ausgegangen werden kann, dass eine **Ermäßigung** der Betriebskosten derart **nachhaltig** sein wird, dass man von einer **dauerhaften Situation** sprechen kann, die einen Herabsetzungsanspruch trotz der an und für sich ursprünglich ausdrücklich höheren vertraglichen Vereinbarung der Vorauszahlung oder der vom Vermieter aufgrund eines vertraglich vereinbarten Anpassungsvorbehalts zuvor höher einseitig bestimmten Bezifferung der Vorauszahlung zu rechtfertigen vermag, zumal zu viel gezahlte Vorauszahlungen nach Abrechnung ohnehin wieder im Wege einer Rückzahlung an den Mieter zurückfließen.

2. Betriebskostenpauschalen

Auf der einen Seite kann man sicher sagen, dass es bei objektiver Betrachtung auf den ersten Blick vielleicht als **„eine Mogelpackung"** erscheinen mag, wenn Pauschalen überhaupt angepasst werden können. Denn wenn man eine am tatsächlichen Bedarf ausgerichtete Kostendeckung will, ist es normalerweise inkonsequent, eine Pauschale zu wählen, deren Wesen es ja nun einmal gerade ist, einen bestimmten Sachverhalt nur **„Pi mal Daumen"** abzubilden. 193

Auf der anderen Seite handelt es sich bei einem Mietverhältnis aber natürlich üblicherweise um ein **Dauerschuldverhältnis**, welches sich über einen längeren Zeitraum erstreckt. Da sich die tatsächlichen Verhältnisse jedoch ständig weiterentwickeln und sie niemals in dem Zustand „eingefroren" bleiben, wie sie sich bei Vertragsabschluss zunächst dargestellt haben, ist es somit dem Wesen eines Dauerschuldverhältnisses geschuldet, dass sich zwingend die Frage nach einer Erhöhungsmöglichkeit einer Betriebskostenpauschale stellt, ohne dass man damit zwangsläufig gleich die Natur des Pauschalcharakters konterkarieren würde. Hinzukommt, dass das andere Wesensmerkmal einer Pauschale, welches darin besteht, dass man nicht über sie abrechnen muss, ja auch bei ihrer von Zeit zu Zeit erfolgenden Anpassung nicht infrage gestellt wird. 194

Von daher liegt es in der Natur der Sache, **Vorkehrungen** zu treffen, dass **Anpassungen möglich** bleiben. Was muss ein Vermieter also vereinbaren, damit er die Möglichkeit hat, eine Betriebskostenpauschale zu erhöhen (s. Rn 196ff.) und wann darf ein Mieter Pauschalen ggf. herabsetzen (s. Rn 207ff.)? 195

a) Erhöhungen

Wie sich bereits an der gesetzlichen Regelung des § 560 Abs. 1 BGB im **Wohnraummietrecht** zeigt, die eine Erhöhung der Betriebskostenpauschale nur in den Fällen zulässt, wo man sich dies im Mietvertrag vorbehalten hat, ist es einer Vereinbarung von **Betriebskostenpauschalen** im Gegensatz zu Betriebskostenvorauszahlungen 196 gerade **nicht immanent, dass man** sie wie selbstverständlich **erhöhen kann.** Dies liegt auch auf der Hand, weil eine Pauschale ja eben genau keine den tatsächlichen Kosten entsprechende exakte Abrechnung darstellt, sondern eine **ganzheitliche Abgeltung verschiedener Einzelposten ohne nähere Spezifizierung nach ihrem Durchschnittswert**, die zwar dem Leistenden ermöglicht, dem Leistungsempfänger den Anreiz der Kostensicherheit bieten zu können, ihm im Gegenzug aber gleichzeitig auch das Risiko aufbürdet, die tatsächlichen Kosten im Endeffekt nicht decken zu können. Aus den vorgenannten Gründen spielt hier aber der oben erwähnte Umstand hinein, dass es sich bei einem **Mietverhältnis** um ein **Dauerschuldverhältnis** handelt, sodass der Gesetzgeber die Möglichkeit einer Erhöhung natürlich nicht gänzlich untersagen konnte.

197 Für das **Geschäftsraummietrecht** bedeutet dies auf jeden Fall, dass man aufgrund dieser ausdrücklichen gesetzlichen Wertung des Wohnraummietrechts nicht davon ausgehen kann, dass man hier mangels anderweitiger gesetzlicher Regelung besser gestellt werden kann als im Wohnraummietrecht, weil insoweit wieder einmal **kein sachlicher Differenzierungsgrund** zwischen Wohnen und Geschäft besteht. Dementsprechend ist es an dieser Stelle von essentieller Wichtigkeit, in jedem Fall zwingend einen **Erhöhungsvorbehalt in den Vertrag** aufzunehmen.

198 Fraglich ist insoweit jedoch, **wie** ein derartiger Erhöhungsvorbehalt **ausgestaltet** sein muss, damit er **AGB-fest** ist. Kann man hier im Geschäftsraummietrecht ggf. anders verfahren als **im Wohnraummietrecht**?

199 Dort ist die Regelung in § 560 Abs. 1 S. 2 BGB **streng** ausgestaltet worden, strenger insbesondere als die Regelung betreffend die Anpassung von Betriebskostenvorauszahlungen in § 560 Abs. 4 BGB. Man muss hier bereits als formale Voraussetzung einer auf die Erhöhung der Pauschale gerichteten Erklärung den **Grund für die Erhöhung** von sich aus bezeichnen und näher erläutern. Die Ursache hierfür ist offensichtlich und erklärt sich aus dem Wesen der nicht abzurechnenden Betriebskostenpauschale. Während bei Vorauszahlungen ja die Abrechnung ein überprüfbarer Anlass für die Anpassung von Vorauszahlungen ist, weil man dort im Einzelnen ersehen kann, ob sich Betriebskosten verändert haben, gibt es einen solchen Anlass bei Pauschalen nicht, weil über diese ja gerade nicht abgerechnet werden muss. Will man dementsprechend hier eine Erhöhung der Pauschale vornehmen, muss man von daher zwar nicht rituell jedes Jahr, so aber doch zumindest aus gegebenem Anlass eine einer Abrechnung vergleichbare Situation schaffen, anhand derer der Mieter – ganz so wie dies auch bei einer Abrechnung über Vorauszahlungen der Fall wäre – gedanklich und rechnerisch nachvollziehen kann, ob und in welcher Höhe sich Betriebskosten erhöht haben und deshalb eine Erhöhung der Pauschale gerechtfertigt ist. Der Vermieter muss deshalb zum einen eine **Bezeichnung der einzelnen sich erhöhenden Kostenarten** vornehmen. Er muss zum anderen die anteilige Erhöhung der Betriebskostenpauschale aber auch von sich aus erläutern. Nachdem er gem. § 560 Abs. 1 S. 1 BGB im Übrigen – immer vorausgesetzt, es handelt sich nicht um die Vermietung eines gesamten Objektes an einen einzigen Mie-

ter – ja auch **nur anteilig** umlegen darf, muss er also letzten Endes genauso eine **Einzelkostenanteilsberechnung bestehend aus betriebskostenartbezogener Angabe der jeweiligen Gesamtkosten, des jeweiligen Umlageschlüssels und des sich nach seiner Anwendung auf die Gesamtkosten jeweils ergebenden Einzelkostenanteils** vornehmen, wie dies bei einer Betriebskostenabrechnung der Fall wäre. Das sind natürlich schon alles wirklich gewichtige Gegenargumente wider die Vereinbarung von Betriebskostenpauschalen im Wohnraummietrecht.

Sieht es aber **im Geschäftsraummietrecht** besser aus? Auch hier **fehlt** es wie 200
bei den Betriebskostenvorauszahlungen mangels Verweises in § 578 BGB auf § 560 BGB wieder an einer **gesetzlichen Regelung**, von der man i.S.v. § 307 Abs. 2 Nr. 1 BGB abweichen könnte, sodass für die formularvertraglich korrekte Formulierung entsprechend dem Rechtsgedanken des § 307 Abs. 2 Nr. 2 BGB die Frage nach der **Natur einer Betriebskostenpauschale** zu stellen ist und danach, ob es insofern zwischen Wohnen und Geschäftsraum ggf. Unterschiede gibt, wenn man die im Geschäftsraummietrecht nicht vorhandene Regelung insofern formularvertraglich ergänzen möchte.

Man wird aber wie oben bereits erwähnt schließlich und endlich im Allgemei- 201
nen auch nur zum Ergebnis kommen können, dass aus den oben genannten Gründen ein **grundsätzlicher Unterschied nicht ausgemacht werden kann**, was die zwingende Erforderlichkeit der Vereinbarung eines **vertraglichen Änderungsvorbehalts** für den Vermieter an sich angeht. Es stellt sich aber im Einzelnen sehr wohl die Frage, ob man nicht die vertragliche Vereinbarung insofern anders gestalten kann, dass man **auf die proaktive Benennungs- und Erläuterungspflicht bereits im Erhöhungsschreiben verzichten** kann, ganz so wie dies bei Betriebskostenvorauszahlungen der Fall ist, wo man diese ja auch nicht hat. Aber selbst wenn man dies täte, indem man in der formularvertraglichen Regelung auf ein ausdrückliches Tatbestandsmerkmal i.S.v. § 560 Abs. 1 S. 2 BGB verzichtete, würde man damit unter dem Strich regelmäßig **nicht viel gewonnen** haben, weil man zumindest davon ausgehen muss, dass ein Mieter – ganz so wie er dies ja auch bei Vorauszahlungen kann[223] – die Angemessenheit bestreiten kann und der Vermieter sich sodann sowieso rechtfertigen muss.

Ergo sollte man hier das **Risiko einer etwaigen AGB-rechtlichen Unwirk-** 202
samkeit, welches sich aus einem **Weglassen eines § 560 Abs. 1 S. 2 BGB entsprechenden Zusatzes** ergeben könnte, weil ein Gericht gem. § 307 Abs. 2 Nr. 2 BGB aus aus den oben genannten Gründen durchaus nachvollziehbaren Erwägungen auf die Idee kommen könnte, dass ein Fehlen einer solchen proaktiven Aufklärungspflicht bei Betriebskostenpauschalen auch im Geschäftsraummietrecht zu einer unangemessenen Benachteiligung des Mieters führen könnte, von vorneherein vermeiden

223 Vgl. BGH, Urt. v. 28.9.2011 – VIII ZR 294/10 – Rn 18.

und den **Zusatz in den Erhöhungsvorbehalt aufnehmen**, weil man bei Licht besehen nichts zu gewinnen, unter Umständen aber viel zu verlieren hat (nämlich die Möglichkeit – mit Ausnahme eventueller Sachverhaltskonstellationen, wo man unter Umständen mit einer Störung der Geschäftsgrundlage argumentieren kann –, nachträgliche Erhöhungen der Betriebskostenpauschale rechtlich erfolgreich ohne bzw. gegen den Willen des Mieters einseitig durchsetzen zu können).

203 Losgelöst von derartigen, erst während des Mietverhältnisses bloß reaktiv aus Anlass von Kostensteigerungen im Einzelfall vorzunehmenden Erhöhungen der Pauschale sollte man aber sehen, dass man die künftige Erhöhung der Pauschale grundsätzlich auch bereits im Mietvertrag konkret vorherbestimmt durch Aufnahme einer diesbezüglichen Staffelung vereinbaren kann. Wie nämlich etwa der im Umkehrschluss aus § 556 Abs. 2 S. 2 BGB zu entnehmende Rechtsgedanke zeigt, ist die **zwingende Angemessenheit der vereinbarten Höhe bei Pauschalen keineswegs** ein unverrückbarer Grundsatz, was auch selbsterklärend ist, weil bei ihnen ja von vorneherein für beide Seiten erkennbar zu keinem Zeitpunkt der apodiktische Anspruch erhoben wird, dass es am Ende des Tages um eine exakte Kostenverteilung geht. Von daher sollte es bei einem Erhöhungsvorbehalt für Betriebskostenpauschalen aus Gründen der formularvertraglichen Inhaltskontrolle in AGB des Geschäftsraumvermieters nach § 307 BGB aber auch nicht zwingend erforderlich und deshalb in der Konsequenz eben auch schon gar **nicht ratsam** sein, eine ausdrückliche **Beschränkung auf dessen Ausübung (nur) nach billigem Ermessen** aufzunehmen, sondern stattdessen etwa auf **freies Ermessen des Vermieters** abzustellen und dadurch zu verhindern, dass nur nach billigem Ermessen, also unter Berücksichtigung der Interessen des Mieters, angepasst werden darf (vgl. § 315 Abs. 1 BGB). Denn, wir erinnern uns von den Vorauszahlungen her, billiges Ermessen bedeutet zwingend Interessenberücksichtigung auch der Gegenseite, also letztlich nie nur ein Recht zugunsten, sondern ggf. eben auch eine Pflicht zulasten des Bestimmungsberechtigten. Damit würde der Vermieter dann, wenn auch wegen der wie gesagt im Zweifel zusätzlich aufzunehmenden Bezeichnungs- und Erläuterungspflicht bei Erhöhungen i.S.v. § 560 Abs. 1 S. 2 BGB zwar nicht erreichen, dass er nachträgliche Erhöhungen der Pauschale „Pi mal Daumen“ durchsetzen könnte. Er würde aber zumindest erreichen, dass er im Gegensatz zu einem Leistungsbestimmungsrecht nach billigem Ermessen rechtlich nicht verpflichtet wäre, in jedem Fall von sich aus die Pauschale herabzusetzen, wenn sie sich nachträglich als zu hoch erweist, weil er beim freien Ermessen „nur“ noch an § 242 BGB zu messen wäre und nicht mehr auch von Haus aus mittelbarer „Interessenswalter“ des Mieters wäre. Zumindest wäre dem Mieter bei einem Verzicht auf eine ausdrückliche Aufnahme einer Pflicht zur einseitigen Leistungsbestimmung nach billigem Ermessen die Möglichkeit einer gerichtlichen Festlegung nach § 315 Abs. 3 S. 2 Hs. 2 BGB versagt.

204 Zusammenfassend könnte ein formularvertraglicher Erhöhungsvorbehalt für Betriebskostenpauschalen im Geschäftsraummietrecht somit etwa wie folgt lauten:

Formulierungsmuster
„Der Vermieter ist berechtigt, die Betriebskostenpauschale durch schriftliche Erklärung nach freiem Ermessen anzupassen. Der Grund ist in der Erklärung zu bezeichnen und zu erläutern."

Soweit verhandlungstechnisch durchsetzbar wegen der im Zweifel aber so oder so 205 bestehenden aufwendigen aktiven Mitteilungspflichten im Rahmen einer erst nachträglichen Erhöhungserklärung mit Sicherheit eine **sinnvolle Alternative zur einseitigen Erhöhungsklausel** ist deshalb jedenfalls die **Aufnahme einer konkret vereinbarten Staffelung (auch) für die Betriebskostenpauschale bereits bei Vertragsschluss**, weil man dann aufgrund der insoweit schon von Anfang an gemeinsam erfolgten bestimmten Festlegung der späteren Erhöhungsmöglichkeiten den großen Vorteil hat, **losgelöst von einer im Einzelnen gegebenen konkreten Nachweisbarkeit eines Anstiegs der Betriebskosten** einen höheren Deckungsbeitrag zu erhalten. Entscheidend dabei ist, dass es sich bei einer Staffelung um bestimmte und einvernehmliche Festlegungen der späteren Erhöhungen handelt, die für den Mieter ohne Weiteres kalkulierbar sind. Das ist deswegen wichtig, weil man in der Konsequenz dann auch wegen des Vorliegens einer **Preisvereinbarung** mieterseits von Haus aus **keine formularvertraglichen Einwendungen** wegen einer inhaltskontrollrelevanten unangemessenen Benachteiligung i.S.v. § 307 BGB erheben kann, weil es eine der anerkannten Schranken der Inhaltskontrolle im Sinne von dessen Absatz 3 darstellt, dass u.a. Preisvereinbarungen keiner Inhaltskontrolle unterliegen, soweit sie Art und Umfang der Vergütung unmittelbar regeln. Wenn diesbezüglich somit normalerweise sicherlich verhandlungstechnische Grenzen gesetzt sein mögen, rechtlich sind jedenfalls nach oben keine Grenzen gesetzt, mit Ausnahme natürlich von einer etwaigen Mietpreisüberhöhung i.S.v. § 5 WiStG, wenn man dem dort geregelten Schwellenwert von mehr als 20% über Markt zumindest grob fahrlässig zuwiderhandelt und sich damit in den Bereich der Wirtschaftskriminalität begibt.

Zusätzlich dazu empfiehlt sich ggf. auch, die Betriebskostenpauschalen zu **in-** 206 **dexieren**, um auch insoweit sicherzustellen, dass der tatsächliche Gegenwert über die nominale Erhöhung der Staffelung hinaus über einen zusätzlich verankerten Inflationsausgleich auch wertmäßig immer dem entspricht, was man bei Vertragsschluss ursprünglich vereinbart hat. **Auf eine separate Indexierungsregelung** kann man dabei aber insoweit im Übrigen dann **verzichten, wenn** bereits die Grundmiete einer indexierten Staffelung unterliegt und die Höhe der Betriebskostenpauschale jeweils um einen bestimmten Prozentsatz der aktuellen Grundmiete erhöht werden soll, weil dann auch die Betriebskostenstaffeln automatisch an der Indexierung der Grundmiete teilhaben.

b) Herabsetzungen

207 Auch hier ist es zielführend, zunächst einmal von der diesbezüglich im Wohnraummietrecht vorhandenen Regelung auszugehen. Diese ist zwar mangels Verweises in § 578 BGB im Geschäftsraummietrecht wiederum nicht anwendbar. Ihr Rechtsgedanke bildet aber auch hier einen Rahmen zur Orientierung über die **wesentlichen Rechte und Pflichten**, die sich **aus der Natur eines Mietvertrages** ergeben. Diese Natur eines Mietvertrags zu kennen, ist für die Abfassung wirksamer AGBs deshalb von entscheidender Bedeutung, weil die Vertragsnatur insbesondere im Falle des Fehlens einer dispositiven gesetzlichen Regelung, von der man abweichen könnte, ebenfalls einen Rahmen für die Beurteilung einer etwaigen unangemessenen Benachteiligung des Adressaten des Verwenders bilden kann (§ 307 Abs. 2 Nr. 2 BGB), wenn es darum geht, ob eine formularvertragliche Ergänzung des Gesetzes wirksam ist. Interessant an der diesbezüglichen **Regelung im Wohnraummietrecht** (§ 560 Abs. 3 BGB) ist ihre **kompromisslose** Unmittelbarkeit. Es gibt hier **keine Einschränkung der zeitlichen Rückwirkung** (§ 560 Abs. 3 S. 1 BGB) wie bei den Vermieter nachträglich treffenden Erhöhungen der Betriebskosten (§ 560 Abs. 2 S. 2 BGB) und auch der Umstand, dass eine **ausdrückliche Pflicht des Vermieters, den Mieter über den Eintritt einer Ermäßigung unverzüglich (!) zu informieren**, in das Gesetz aufgenommen wurde (§ 560 Abs. 3 S. 2 BGB), zeigt nur allzu deutlich, dass zumindest nach dem Willen des Gesetzgebers für das Wohnraummietrecht Betriebskostenpauschalen eines jedenfalls nicht sein sollen, nämlich ein Mittel für den Vermieter, sich völlig losgelöst von tatsächlichen Kostendeckungsgesichtspunkten eine auch wirtschaftlich betrachtet „zweite Miete" zu verschaffen. Inwieweit das aber auch im Bereich des Geschäftsraummietrechts der Natur eines Mietvertrags entspricht, darf jedoch mit guten Gründen bezweifelt werden. Denn eine solche **Regelung** ist für eine Pauschale in der Tat **ungewöhnlich** und letztlich auch nur dadurch zu erklären, dass man sich im Rahmen von § 560 BGB im **Wohnraummietrecht** – mit seinem vergleichbar mit dem Arbeitsrecht wesentlich prägenden Gedanken des sozialen Mieterschutzes – befindet.

208 Dies hat zur Folge, dass die Vertragsfreiheit aus nachvollziehbaren Gründen, weil es sich um ein Grundbedürfnis eines jeden Menschen handelt, eine Arbeit und ein Dach über dem Kopf zu haben, weitgehend eingeschränkt ist, indem viele diesem Schutzzweck dienende gesetzliche Regelungen nicht dispositiv, sondern zwingend ausgestaltet sind. Wenn also beispielsweise § 560 Abs. 3 BGB mit seiner unbedingten Ermäßigungspflicht auch bei Betriebskostenpauschalen als zum Nachteil des Mieters nicht änderbare Vorschrift (§ 560 Abs. 6 BGB) ins Wohnraummietrecht aufgenommen wurde, dann sicher nur deswegen, weil es der allerdings grundsätzlich nur im Wohnraummietrecht zwingend geltenden Betriebskostendefinition aus § 556 Abs. 1 S. 2 BGB widerspräche, wenn man auf das dortige Erfordernis, dass nur (tatsächlich) entstehende Betriebskosten umlegbar sind, insoweit gänzlich verzichten würde, wenn es um einen nachträglichen Wegfall von Betriebskosten ginge, nur weil diese vereinbarungsgemäß als nicht abzurechnende Pauschale zu tragen sind.

Nachdem aber diese **Betriebskostendefinition mit dem ihr innewohnenden Erfordernis des (tatsächlichen) Entstehens der Betriebskosten im Geschäftsraummietrecht gerade nicht zwingend** ist (arg. in § 578 BGB keine Verweisung auf § 556 Abs. 1 S. 1, 2 und Abs. 4 BGB) und dort nicht gilt, soweit dies nicht ggf. ausnahmsweise vertraglich so vereinbart wurde,[224] und es auch dem eingangs geschilderten Wesen einer Betriebskostenpauschale gerade grundsätzlich nicht widerspricht, wenn der Pauschalnehmer unter Umständen mehr zahlen muss, als was an Kosten tatsächlich anfällt, solange er sich zur Übernahme dieses Risikos nur bei Vertragsschluss angesichts eines für ihn von der Höhe her feststehenden, mit dem Vermieter konkret vereinbarten Betrags bereit erklärt hat oder insofern eine rechtlich zulässige nachträgliche Erhöhung im oben dargestellten Sinne vorgelegen hat, wird man **im Geschäftsraummietrecht mangels anderweitiger gesetzlicher Regelung anders als im Wohnraummietrecht also gerade nicht davon auszugehen** haben, dass ein Mieter ohne entsprechende ausdrückliche vertragliche Regelung oder ggf. einen ausdrücklichen einseitigen vertraglich vereinbarten Änderungsvorbehalt des Vermieters nach billigem Ermessen bereits aus der Natur der Sache her berechtigt sein wird, bei sich nach Vertragsabschluss ermäßigenden Betriebskosten einen **Anspruch auf Herabsetzung der Pauschale** geltend machen zu dürfen. Wenn überhaupt ist ein Herabsetzungsanspruch des Mieters ohne vertragliches Vorliegen einer der beiden Varianten von der vorbezeichneten Art also wie auch sonst nur dann denkbar, wenn **ausnahmsweise** einmal die Voraussetzungen für eine bereits von Gesetzes wegen geregelte **Störung der Geschäftsgrundlage** vorliegen sollten. Dies kann dann der Fall sein, wenn die Diskrepanz zwischen den tatsächlich entstehenden Betriebskosten und der vom Mieter zu bezahlenden Betriebskostenpauschale so groß geworden ist, dass dem Mieter das Fortbestehen einer unveränderten Zahlungspflicht nicht mehr zugemutet werden kann, weil beide Parteien zuvor davon ausgegangen waren, dass die tatsächliche Betriebskostenlast eines Abrechnungszeitraums und der jährlich vom Mieter insgesamt zu entrichtende Pauschalbetrag zumindest noch in einem gewissen, einer üblichen Verhältnismäßigkeit entsprechenden Beziehung zueinanderstehen würden und diese nicht völlig losgelöst voneinander zu betrachten sein sollten. Angesichts der üblichen, eingangs genannten **vertraglichen Risikoverteilung** bei der Vereinbarung von Pauschalen, die beim Rechtsinstitut der **Störung der Geschäftsgrundlage** als **wichtigstes Kriterium** für die Beurteilung einer Zumutbarkeit der unveränderten Vertragsfortsetzung vom Gesetzgeber auch ausdrücklich hervorgehoben wird (§ 313 Abs. 1 BGB), liegt aber auf der Hand, dass die Hürden für die erfolgreiche Durchsetzung eines derartigen Anspruchs eines Mieters naturgemäß sehr hoch sind und **nur in den seltensten Fällen** dürften genommen werden können. 209

224 Vgl. BGH, Urt. v. 9.12.2009 – XII ZR 109/08 – Rn 18.

IV. Vor- und Nachteile einer Bruttokaltmiete bzw. einer Nettokaltmiete mit Betriebskostenpauschale bzw. -vorauszahlung/Fazit

210 Abschließend stellt sich „die Gretchenfrage“, die unter dem Strich wirklich interessiert, wenn man den Blick nicht nur auf die Vergangenheit und zurück auf den bereits vorhandenen Bestand der Mietverträge, sondern auch nach vorn in die Zukunft richtet, weil man sich proaktiv fragt, welche Mietstruktur denn nun konkret welche Vor- bzw. Nachteile mit sich bringt und vor allem, was das im Einzelnen für die Praxis bedeutet (s. Rn 223ff.). **Worauf** sollte man also sinnvollerweise **zurückgreifen**? In jedem Falle auf den heutigen Standard der **Nettokaltmiete mit Betriebskostenvorauszahlung** (s. Rn 220ff.), etwa vielleicht doch auf eine **Nettokaltmiete mit Betriebskostenpauschale** (s. Rn 215ff.) oder ist am Ende vielleicht sogar die **dispositive Bruttomietstruktur des BGB** der beste Weg (s. Rn 211ff.)?

1. Bruttokaltmiete

211 Der Gesetzgeber ist davon ausgegangen, dass eine Brutto(warm/Inklusiv)miete, die mittlerweile aufgrund der HeizkostenV nahezu ausnahmslos zwingend auf eine Bruttokaltmiete verkürzt wurde, von Haus aus die idealtypische Art und Weise sei, ein Mietverhältnis zu gestalten. Die einfachste Möglichkeit ist es mit Sicherheit, aber auch die für den Vermieter sachgerechteste? Man **spart** sich **den Abrechnungsaufwand** (s. Rn 212), aber man erhält eben auch **keine dynamische**, an der Höhe der tatsächlichen Kosten orientierte **Regelung**, die in der Lage wäre, sich mit den verändernden Kosten mitzuentwickeln (s. Rn 213f.). Alles ist grundsätzlich statisch, unbeweglich. Aber wenn man die Bruttokaltmiete erhöhen kann, dann kann man damit eigentlich auch sich erhöhende Betriebskosten abfedern. Von daher muss man schauen, inwieweit hier **„Kombilösungen“ mit vertraglich vereinbarten Mieterhöhungsmöglichkeiten** denkbar und bei den Mietvertragsverhandlungen durchsetzbar sind.

a) Vorteile

212 **Außerhalb der Heiz- und Warmwasserkosten** (und für die kann man bei Vorliegen der entsprechenden anlagetechnischen Voraussetzungen bereits im Mietvertrag eine Direktversorgungspflicht des Mieters vereinbaren, diese im Wege der Wärmelieferung von dritter Seite direkt zu beziehen (etwa bei einem **Full-Contractor**, der über die Wärmelieferung hinaus auch die Anlagentechnik der zentralen Versorgungsanlage betreibt und die Kosten direkt mit den Mietern abrechnet (§ 1 Abs. 2 Nr. 2 HeizkostenV)) bzw. diese werden ansonsten regelmäßig ohnehin durch das eingesetzte Messdienstunternehmen selbst abgerechnet) kann man sich den **Abrechnungsaufwand** vollständig **sparen**. Das bedeutet **Zeitersparnis** in Bezug auf die Erstellung der Abrechnung und die Begleitung von eventuellen Belegeinsichten

bzw. die Bearbeitung eventueller Widersprüche. Es bedeutet **Ersparnis an Sachmitteln**, was die systemtechnische Ausstattung mit entsprechender Abrechnungssoftware angeht und die **Einsparung von entsprechend qualifiziertem Personal** für die Erstellung der Abrechnung **bzw. eines hierfür beauftragten Dienstleisters.** Es bedeutet aber eben auch, dass man zumindest **nicht mehr die finanzielle Unsicherheit** hat, trotz einer grundsätzlich vorhandenen vertraglichen Umlegungsgrundlage unter Umständen dennoch auf tatsächlich entstandenen Kosten sitzenzubleiben, weil man insofern daran scheitert, dass man den hohen Anforderungen, die die Rechtsprechung an eine wirksame und inhaltlich korrekte Abrechnung von Betriebskostenvorauszahlungen stellt, im Einzelfall nicht gerecht wird oder der Mieter die Erstattung einer Nachforderung schlicht und ergreifend hinauszögert bzw. unqualifizierte Einwendungen macht und man von daher ggf. auch erst einmal vor Gericht ziehen muss, ehe man das einem zustehende Geld endlich erhält.

b) Nachteile

Außerhalb von Heizung und Warmwasser gibt es über eventuell vereinbarte Mieter- 213
höhungen durch im Vertrag vereinbarte Staffel- oder Indexmieten (wobei es sich bei Letzteren ja ohnehin nur um Inflationsausgleich und damit nicht um „echte" Mieterhöhungen handelt) hinaus bei dieser Mietstruktur **keine Möglichkeit, gestiegene Betriebskosten einseitig abfedern** zu können. Dass aber ein Mieter, der von Anfang an außer den zwingend verbrauchsabhängig abzurechnenden Positionen Heizung und Warmwasser keinerlei Vereinbarungen über Betriebskosten getroffen hat, sich im Nachhinein freiwillig zu einer Übernahme von weiteren Betriebskostenarten bereiterklären wird, wenn er gleichzeitig weiß, dass die Pflicht, diese zu tragen, qua gesetzlichen Bruttomietcharakters bereits eine durch die vereinbarte (Grund-)Miete abgegoltene mietvertragliche Hauptpflicht des Vermieters ist, die den Inhalt des Mietvertrags kennzeichnet, ist natürlich mehr als unwahrscheinlich. **Von daher** sollte man bei Vereinbarung einer Bruttokaltmiete nach Möglichkeit also in jedem Fall sehen, dass man die **(Grund-)Miete** zum Zeitpunkt des Vertragsschlusses bereits bewusst zumindest **so kalkuliert, dass** die **zum Zeitpunkt des Mietvertragsabschlusses anfallenden tatsächlichen Betriebskosten von ihr gedeckt** werden und **zusätzlich** hierzu auch noch **Staffeln vereinbaren**, über die ein sich fortlaufend ergebender Anstieg von Betriebskosten potenziell gedeckt werden kann. Nachdem es (mittlerweile ja auch im Wohnraummietrecht nicht mehr) keine zeitliche Höchstbegrenzung für die Laufzeit von Staffeln gibt, lassen diese sich auch rechtlich zulässig beliebig so vereinbaren, dass die Miete fortwährend ansteigt. Dabei empfiehlt es sich, auf – im Geschäftsraumietrecht zulässige (arg. kein Verweis auf § 557a BGB in § 578 BGB) – prozentuale Erhöhungen der **zusätzlich dazu durch eine Indexierung gesicherten** Bruttokaltmiete in ihrer jeweiligen Höhe zurückzugreifen. Der Prozentsatz sollte sich dabei nach Möglichkeit, und soweit entsprechende Daten vorhanden sind, an einer objektorientierten Einordnung der für die-

ses aus der Vergangenheit feststellbaren durchschnittlichen prozentualen Steigerung der „kalten Betriebskosten“ orientieren, natürlich unter Einbeziehung von bei Vertragsabschluss darüber hinaus ggf. bereits konkret absehbaren zukünftigen Steigerungen und – hiergegen spricht an dieser Stelle nichts, weil es sich ja bei Staffeln regelmäßig um mit dem Mieter bereits bei Vertragsschluss gemeinsam ausgehandelte Zahlungen handelt und nicht um nachträgliche einseitige Leistungsbestimmungen nur einer Seite – günstigerweise auch unter **Hinzufügung eines pauschalierten abstrakten Sicherheitszuschlags** für alle Fälle.

214 Dass dies alles nur nach Möglichkeit geht – also abhängig davon, wie es um die Vermietbarkeit der konkreten Mietflächen steht –, ist klar. Man sollte sich aus den genannten Gründen aber – vor allem natürlich, wenn man **als kleinerer oder mittlerer Bestandshalter** mit einer größeren Flexibilität ausgestattet ist – in diesem Zusammenhang **keinerlei Denkverbote auferlegen**, sondern sich bewusstmachen, dass eben auch potenziell andere Wege „nach Rom“ führen als nur der eine bereits ausgetretene Weg über die Nettokaltmiete mit abzurechnenden Vorauszahlungen.

2. Nettokaltmiete mit Betriebskostenpauschalen

215 Die Nettokaltmiete mit Betriebskostenpauschalen ist der **„Zwitter“** unter den Optionen. Man verzichtet zwar nicht auf eine separate Bezahlung von Betriebskosten, spart sich aber die Abrechnung (s. Rn 216f.) und verliert mit ihr gleichzeitig eine mit der tatsächlich entstehenden Kostenhöhe synchron laufende Regelung (s. Rn 218f.).

a) Vorteile

216 Wie bei der Bruttokaltmiete muss man auch hier keine Betriebskostenabrechnung erstellen und **spart sich** grundsätzlich den hiermit verbundenen **Zeit-, Sach-, Personal- und** ggf. darüber hinaus trotzdem noch anfallenden zusätzlichen **finanziellen Aufwand** für die mit der Geltendmachung von Betriebskostennachzahlungsforderungen aus Abrechnungen über Vorauszahlungen überproportional häufig erforderlich werdende gerichtliche Durchsetzung. Aufgrund des für den Mieter grundsätzlich fest kalkulierbaren Pauschalcharakters hat man daneben **ggf. Vorteile bei der Vermietbarkeit** der betreffenden Flächen.

217 **Soweit** es einem gelingt, eine **Staffelung der Pauschale** zu vereinbaren, hat man den großen Vorteil, zumindest die in Höhe der Staffelung angepassten Pauschalen **ohne jedes Wenn und Aber** vom Mieter verlangen zu können und nicht ggf. zunächst darüber diskutieren zu müssen, aufgrund welcher konkreten Veränderungen von Betriebskosten(arten) sich die Erforderlichkeit der Erhöhung der Pauschale im Einzelnen ergibt.

b) Nachteile

Man kann die im Verlaufe des Mietverhältnisses tatsächlich entstehenden Betriebskosten regelmäßig **nicht „eins zu eins"** mittels Mieterzahlungen **kompensieren** und muss damit schon theoretisch den Ansatz aufgeben, an dieser Stelle für Kostenneutralität sorgen zu können. Stattdessen muss man damit rechnen, dass man so oder so auf Kosten sitzenbleibt. 218

Soweit es einem bei den Vertragsverhandlungen nicht gelingt, die Betriebskostenpauschalen einer Staffelung zu unterziehen und man deshalb auf eine vertragliche Regelung zur nachträglichen einseitigen Anpassung der Pauschale angewiesen ist, hat man noch dazu die oben (vgl. Rn 196ff.) beschriebenen **Probleme**, insoweit regelmäßig in der Lage sein zu müssen, im Einzelnen konkret herleiten zu können, wie man auf den Erhöhungsbetrag kommt, weil es sich insoweit um Umstände handelt, die aus der Sphäre des Vermieters stammen und die deshalb letztlich auch nur er entsprechend des Rechtsgedankens von § 560 Abs. 1 S. 2 BGB im Einzelnen dartun kann und zumindest im Falle des Bestreitens der Erforderlichkeit der Erhöhung auch muss. Denn wenn man die Pauschale erhöhen möchte, muss man zumindest auf Bestreiten von „Ob" bzw. „Wie" der Erhöhung hin in der Lage sein, offenlegen zu können, nach welchem Abrechnungsmaßstab man welche Kosten auf die einzelnen Mieter verteilt, weil der Mieter ansonsten die Berechtigung der Pauschalerhöhung nicht gedanklich und rechnerisch nachvollziehen kann. Für die Möglichkeit einer solchen Nachvollziehbarkeit bei Bedarf sorgen zu müssen, führt dann aber dazu, dass man gewissermaßen eine **„Abrechnung auf Abruf" vorhalten** können bzw. eine **„Schattenabrechnung" pflegen** muss. Dass man sich folglich aber im Ergebnis die Frage stellen muss, wieso man dann konsequenterweise überhaupt nicht schon von vorneherein lieber abrechenbare Vorauszahlungen vereinbart, ist klar, und man sollte dieses Problems zumindest „auf dem Schirm haben", damit es an dieser Stelle kein böses Erwachen gibt. 219

3. Nettokaltmiete mit Betriebskostenvorauszahlungen

„Auf dem Papier" bekommt man hier grundsätzlich **alles,** und zwar so, wie es tatsächlich in Rechnung gestellt wird (s. Rn 221). Dann **muss aber** auch **alles passen.** Das heißt, man muss all das, was für eine formell wirksame und inhaltlich korrekte Betriebskostenabrechnung im Einzelnen erforderlich ist, auch tatsächlich einhalten und den entsprechenden systemtechnischen und personellen Apparat vorhalten (s. Rn 222). 220

a) Vorteile

Vorteilhaft ist vor allem die **Möglichkeit, die tatsächlich entstehenden Betriebskosten** der jeweiligen Abrechnungseinheit im Rahmen der vorhandenen Umlage- 221 möglichkeiten **„kostenneutral" zu gestalten** und insoweit also ggf. den Idealzustand eines jeden Vermieters in die Tat umzusetzen.

b) Nachteile

222 Nachteilig ist der **Aufwand** für die Erstellung und Durchsetzung der Abrechnung in **zeitlicher, sachlicher, personeller und finanzieller** Hinsicht. Es gibt schon deswegen **keine Garantie für die Einbringlichkeit eventueller Nachforderungen**, weil aufgrund der sich aus der treuhänderischen Stellung des Vermieters ergebenden strengen Rechenschaftspflicht – beginnend mit dem wirtschaftlichen Bezug der erforderlichen Leistungen entsprechend dem Rechtsgedanken des in § 556 Abs. 3 S. 1 Hs. 2 BGB und § 560 Abs. 5 BGB verankerten Wirtschaftlichkeitsgrundsatz und endend mit den anspruchsvollen Anforderungen an Wirksamkeit und Korrektheit der Abrechnung – ein hoher Anspruch an Betriebskostenabrechnungen besteht. Was die Problematik der Wirksamkeit und Korrektheit der Abrechnung angeht, sind **Fehler** in diesem Bereich **zwar wegen des Fehlens der Ausschlusswirkung** im Geschäftsraummietrecht regelmäßig **noch korrigierbar. Dennoch** ist die Erstellung und Durchsetzung von Betriebskostenabrechnungen sowohl von den hiermit verbundenen **intellektuellen als auch den emotionalen Problemen** her eine nicht zu unterschätzende Aufgabe, da es hier in der Praxis häufig ein **hohes Maß an Argwohn und Voreingenommenheit auf der Mieterseite** gibt, die eine Übervorteilung durch den Vermieter fürchtet. Andererseits kann man hier oftmals aber auch Vermieter nicht davon freisprechen, zu dieser Haltung aufseiten des Mieters beizutragen. Denn allzu oft fehlt auch hier in der Praxis das Verständnis dafür und/oder der Wille zur Einsicht dahingehend, dass es bei einer ordnungsgemäßen Abrechnung von Betriebskosten **nicht darum gehen** kann, den **Mietern etwas „aufs Auge zu drücken"**, wo es nur eben geht, sondern **vielmehr darum, auf der Grundlage einer klaren Umlagevereinbarung sachgerecht aufgewandte Bewirtschaftungskosten auf nachvollziehbare und überprüfbare Art und Weise** – ganz so wie zuvor vereinbart – nach Ende des Abrechnungszeitraums unter Zugrundelegung der schon erbrachten Vorauszahlungen **endabzurechnen.** Das psychologisch wichtigste Moment dürfte dabei, weil es sich bei einem Mietverhältnis nun einmal um ein **Dauerschuldverhältnis** handelt, bei dem man Jahr für Jahr auf bereits schon erlebten Erfahrungen aufbaut, der **„Schatz der guten Werke" einer seit Beginn des Mietverhältnisses geübten lauteren Abrechnungspraxis** sein, also „Vertrauen gegen Vertrauen". Wenn das hingegen erst einmal angekratzt ist, wird es erfahrungsgemäß Jahr für Jahr immer schwieriger seine Forderungen durchzusetzen.

4. Fazit

223 „Lieber den Spatz in der Hand, als die Taube auf dem Dach" wird sich jemand, der sich für eine **mit Staffelmiete und Wertsicherungsklausel kombinierte Brutto-**

kaltmiete oder zumindest für eine **hiermit kombinierte Nettokaltmiete mit Betriebskostenpauschalen** entscheidet, wohl antworten auf die Frage, warum er diesen Schritt gewählt hat. Außerdem wird er darauf hinweisen, dass er **System- und Personalkosten spart** und **über** die ihm zur Verfügung stehenden **Mechanismen Staffel- und Wertsicherung** doch in der Lage ist, **steigende Betriebskosten** zumindest wirtschaftlich vertretbar **abzufedern.** Er wird sagen, dass er mit seiner Wahl unter dem Strich gut fährt.

Derjenige, der **mit der absoluten Mehrheit** der heutigen Vertragspraxis auf die 224
Vereinbarung einer **Nettokaltmiete mit Betriebskostenvorauszahlungen** gesetzt hat, wird sagen, dass, nur weil etwas schwierig ist, das doch nicht gleichbedeutend damit sein kann, es von vorneherein gar nicht erst zu versuchen, wenn nur damit das für den Vermieter ideale Ergebnis der strategisch angestrebten Kostenneutralität der Betriebskosten erreicht werden kann. So oder so ähnlich wird wohl derjenige, der sich für **das heutige Standardmodell** entscheidet, argumentieren müssen. Wichtig ist dabei aber nur eins: Demjenigen, der sich für den heutigen Standard entscheidet, sollte bewusst sein, dass es **Alternativen** gibt, die durchaus etwas für sich haben. Er sollte aber vor allen Dingen nicht blauäugig sein und beherzigen, dass „Wer A sagt, muss auch B sagen" wohl nirgendwo so sehr gilt wie bei Betriebskostenabrechnungen. Denn es hat sich hier, wie die nachfolgenden Ausführungen in F., Rn 227ff. zeigen, mittlerweile ein bis zum Bersten gefüllter Wasserkopf gebildet, der, was Mensch und Material betrifft, sowohl den verwendeten systemtechnischen Hilfsmitteln als auch den hier tätigen Personen alles abverlangt. Die Probleme werden dabei in der Praxis deshalb auch um so größer, weil die oftmals als „Massengeschäft" betriebene (Haus-)Verwaltungspraxis es zur Herausforderung werden lässt, einen Bearbeitungsstandard zu schaffen und aufrechtzuerhalten, der der Komplexität des Ganzen, die in Anbetracht der Gesetzeslage und der Tatsache, dass es hier um treuhänderische Vermögensverwaltung geht, von der Rechtsprechung unzweifelhaft geübt werden muss, gerecht wird. Dass hier gerade in der jüngeren Zeit in zu begrüßenswerter Weise eine offensichtliche Tendenz der Rechtsprechung ersichtlich ist, die Anforderungen nicht zu überspannen, ändert nichts an der Tatsache, dass insoweit höchste Konzentration und Sorgfalt von allen professionell mit der Verwaltung von vermieteten Immobilien Beteiligten verlangt wird. Fehler sind hier noch weniger erlaubt als anderswo.

Umso mehr muss es zwangsläufig gerade darum gehen, sich als Vermieter im 225
ersten Schritt gründliche Gedanken darüber zu machen, was für das eigene Mietportfolio Sinn macht, womit man leben kann und zu welchen **potenziellen wirtschaftlichen Abstrichen** man ggf. bereit ist, wenn man dadurch an anderer Stelle **Kosten einsparen** kann, die man ansonsten häufig auch nicht wieder bekommt. Hier ist also eine **ehrlich-nüchterne Bestandsaufnahme** gefragt.

Wenn man sich dann im zweiten Schritt in Kenntnis der **Herausforderung** 226
dennoch aus vollster Überzeugung und im Bewusstsein der Schwierigkeiten und Mühen, die die **Erstellung wirksamer und inhaltlich korrekter Betriebskosten-**

abrechnungen heutzutage mit sich bringt, entscheidet, diesen Weg zu gehen, dann muss man ihn aber auch mit aller Konsequenz gehen. Dafür bedarf es jedoch unverzichtbar einer **wohlgeordneten Systemlandschaft** genauso wie der Leute, die diese Systeme bedienen können und die das **Know-how** und die **Erfahrung** mit sich bringen, um sie richtig einzusetzen.

F. Betriebskostenabrechnung

227 Die im Zusammenhang mit einer Betriebskostenabrechnung in der Praxis auftretenden Fragestellungen lassen sich dann am besten beantworten, wenn man sie sauber in den **systematischen Ablauf einer Betriebskostenabrechnung** einordnet.

228 Die nachfolgende Darlegung orientiert sich dementsprechend an diesem Ablauf. Dieser setzt sich wie folgt zusammen:

- Es muss überhaupt eine (formell) **wirksame Abrechnung** vorliegen (s. Rn 232ff.) und diese **Abrechnung** muss auch (inhaltlich) **richtig** sein (s. Rn 302ff.).
- Die **Abrechnung muss** dem Mieter **rechtzeitig zugehen**. Ist dies nicht der Fall, muss man möglichst sinnvoll mit den sich daraus ergebenden rechtlichen Konsequenzen umgehen (s. Rn 337ff.).

229 Sodann geht es um **Verfahrensfragen im Zeitraum nach Zugang** einer Abrechnung.

- **Bis wann und auf welche Weise** ist ein Mieter berechtigt, **Einwendungen** gegen die Abrechnung zu erheben? Wie begegnet man diesen sinnvollerweise am besten (s. Rn 360ff.)?
- Und was ist umgekehrt mit dem Vermieter? **Wann und wie** darf er nach erfolgtem Zugang einer Betriebskostenabrechnung **nachberechnen,** und wann ist er ggf. daran gehindert (s. Rn 395ff.)?

230 Seitdem der BGH die Rechtsfrage geklärt hat, dass **Bemessungsgrundlage von Mietminderungen** die **Bruttomiete** (Miete einschließlich aller Nebenkosten) ist, stellt sich die Frage, wie man diese Rechtsprechung des BGH bei der Erstellung einer Betriebskostenabrechnung praktisch umsetzen soll (s. Rn 411ff.). Darf man die **Mietminderung** (zuerst) **nur auf** die **Grundmiete** beziehen, damit die Vorauszahlungen für die Abrechnung unangetastet bleiben, oder muss man **Grundmiete und Betriebskostenvorauszahlungen anteilig** kürzen? Oder spielt dies am Ende vielleicht gar keine Rolle und ist nur ein „Scheinproblem"?

231 Schließlich muss man sich auch fragen, was man zu beachten hat, wenn es während eines laufenden Mietverhältnisses aufgrund einer Veräußerung der Mietsache zu einem **Vermieterwechsel** kommt. Hier stellt sich die Frage, ob der alte Vermieter noch oder der neue Vermieter schon für die Erstellung der Abrechnung zuständig ist bzw. was konkret noch oder schon von diesen im Einzelnen hierzu

beigetragen werden muss. Soweit es umgekehrt um einen **Mieterwechsel** geht, besteht die in diesem Zusammenhang wichtigste Erkenntnis für die Praxis darin, bei der mittlerweile zweifelsfrei möglichen Abrechnung nach dem **Abflussprinzip** trotzdem nicht zu vergessen, dass das Abflussprinzip im Rahmen der Heizkostenverordnung und bei zwischenzeitlichem Mieterwechsel nicht eingreift und von daher bei der Erstellung einer Abrechnung dementsprechende Vorkehrungen getroffen werden müssen (s. Rn 421ff.).

I. (Formelle) Wirksamkeit der Abrechnung („Ob" der Abrechnung)

Es geht zunächst einmal darum, dass die erstellte Abrechnung überhaupt den Ab- 232
rechnungsanspruch des Mieters erfüllt, man also davon sprechen kann, dass bereits eine gültige Abrechnung vorliegt (**„Ob" der Abrechnung**). Dies ist an § 259 BGB zu messen,[225] der für den Fall einer schuldrechtlichen Rechenschaftspflicht festlegt, unter welchen Voraussetzungen man dieser genügt, was also im Einzelnen genau ihr Umfang ist. Das Gesetz spricht davon, dass eine die geordnete Zusammenstellung der Einnahmen oder Ausgaben enthaltende Rechnung mitzuteilen sei. Der BGH hat diese Vorschrift im Rahmen von Betriebskostenabrechnungen entsprechend präzisiert, indem er **vier Mindestangaben** benannt hat, die **für eine wirksame Abrechnung zwingend** vorliegen müssen[226] (s. Rn 233ff.). Außerdem hat er das Wesen einer Abrechnung herausgearbeitet, indem er **darüber hinaus** festgestellt hat, dass eine Abrechnung stets **rechnerisch und gedanklich nachvollziehbar** sein muss (s. Rn 292ff.).[227]

1. Vier Mindestangaben

Wichtig ist, dass man die vom BGH zwingend geforderten **Mindestangaben** in der 233
Praxis als das begreift, was sie sind, nämlich Angaben, die von der Natur der Sache her zwangsläufig Bestandteil einer jeglichen Abrechnung sind, weil man ansonsten gar nicht von einer Abrechnung sprechen kann. Dies muss man sich bei der **Überprüfung** seiner erstellten Abrechnung aber jeweils noch einmal konkret ins Bewusstsein rufen, indem man das **tatsächliche Vorliegen** dieser Angaben **Betriebskostenposition für Betriebskostenposition** und **Rechenschritt für Rechenschritt** überprüft. Denn an keiner Stelle sind eventuelle Fehler so unnötig, kommen einen ansonsten aber auch so teuer zu stehen wie bei diesen formellen „Basics", die für jedermann leicht feststellbar sind. Entscheidend ist dabei, dass die

225 Vgl. BGH, Urt. v. 23.11.1981 – VIII ZR 298/80 – I. 2.a)aa).
226 Vgl. BGH, Urt. v. 23.11.1981 – VIII ZR 298/80 – I. 2.a)aa).
227 Vgl. BGH, Urt. v. 23.11.1981 – VIII ZR 298/80 – I. 2.a)aa).

nachfolgenden Prüfungsschritte mit Ausnahme des Abzugs der Vorauszahlungen für jede einzelne Betriebskostenposition getrennt durchgeführt werden müssen.

234 Der **Abzug der Vorauszahlungen** (s. Rn 271ff.) bildet deswegen eine Ausnahme, da er das **verknüpfende „Bindeglied"** zu den zuvor im ersten Schritt für die jeweiligen Betriebskostenpositionen errechneten, einzelnen vom Mieter zu tragenden Kostenanteile ist, weil die Vorauszahlungen mit der Summe der Kostenanteile – und damit also **bezogen auf alle Betriebskostenpositionen** einheitlich – verrechnet werden. Dieser Abzug der Vorauszahlungen bildet im Ergebnis den **zweiten Schritt** einer Betriebskostenabrechnung. Erst durch diesen Abzug der Vorauszahlungen von der Summe der zu tragenden Einzelkostenanteile wird die „Abrechnung" zur Abrechnung über die zuvor vom Vermieter lediglich treuhänderisch gehaltenen Vorauszahlungen.

235 Die **übrigen drei Mindestangaben** bilden dagegen die denknotwendigen Bestandteile des **ersten Schritts.** Denn bei ihnen handelt es sich um die für die **rechnerische Herleitung des** vom Mieter an der jeweiligen Betriebskostenposition zu tragenden **Anteils** zwingend erforderlichen Bestandteile. Diese sind im Einzelnen:

- die **Benennung** der für die jeweilige abzurechnende Betriebskostenposition vom Vermieter **insgesamt verauslagten Rechnungsbeträge.** Soweit diese ggf. vor der Umlage auf den betreffenden Mieter noch um etwaige nicht auf diesen umlegbare Kostenanteile dieser Rechnungsbeträge bereinigt werden, gehört hierhin **darüber hinaus** auch die **Angabe** des danach verbleibenden Restbetrags, weil erst dieser **bereinigte „Gesamtkostenbetrag"** dann auf den Mieter anteilig verteilt wird (s. Rn 237ff.);
- **die – ggf. erläuternde – Benennung der** auf den Gesamtkostenbetrag in der auf den Mieter (noch) umgelegten Höhe zur Aufteilung auf die Abrechnungsteilnehmer im Einzelnen verwandten **Verteilungsmethodik** (s. Rn 255ff.);
- die **Anwendung von (b) auf (a),** um den vom Mieter zu tragenden **Anteil** „am Kuchen" der jeweiligen Betriebskostenposition zu **bestimmen** (s. Rn 270).

236 Die auf diesem Wege ermittelten **Anteile** werden **anschließend addiert** und wie erwähnt **mit der Summe der (geleisteten) Vorauszahlungen** des Abrechnungszeitraums **verrechnet.**

a) Zusammenstellung der Gesamtkosten

237 An dieser Stelle gilt es zu untersuchen, ob es bei einzelnen Betriebskostenpositionen verauslagte Rechnungen gibt, deren **Gesamtbetrag nicht in voller Höhe** auf alle an der Abrechnungseinheit beteiligten Mieter verteilt wird. Dies ist regelmäßig dann der Fall, wenn mit dem betreffenden Rechnungsbetrag bei der jeweiligen Betriebskostenposition **nicht umlegbare Kosten** mitbezahlt wurden, die deshalb nunmehr abgezogen werden müssen (wie z.B. Verwaltungskosten und Instandhaltungs- bzw. Instandsetzungskosten bei den Kosten für den Hauswart) oder wenn der

betreffende, insgesamt bezahlte Rechnungsbetrag sich deshalb noch reduziert, weil zunächst **Voraufteilungen durchgeführt** werden müssen und der von diesen erfasste Kostenanteil erst herausgerechnet werden muss (etwa wegen gemischter Nutzung, separater Erfassung einzelner Gebäude oder Gebäudeteile einer Abrechnungseinheit oder weil es um die Bezahlung von Rechnungen für Betriebskostenpositionen von Flächen geht, deren Nutzung nur bestimmten Mietern vorbehalten ist (z.B. Tiefgarage)), bevor der danach jeweils verbleibende Restbetrag an „Gesamtkosten" entsprechend auf den betroffenen Mieter weiterverteilt werden kann.

Die in der Praxis an dieser Stelle vorzunehmende Grundüberlegung besteht zu- 238
nächst einmal darin, die vom Vermieter für die einzelnen Betriebskostenpositionen verauslagten **Rechnungsbeträge** dem vorhandenen **Gebäude- und Grundstücksbestand** des Vermieters **zuzuordnen.** Soweit also beispielsweise **Rechnungen für** eine Mehrhausanlage anfallen, muss geprüft werden, ob diese die **gesamte Anlage** betreffen **oder nur einzelne Gebäude bzw. Gebäudeteile.** Denn soweit Kosten bereits von vorneherein nur für einzelne Bereiche entstehen und dementsprechend auch nur bezahlt werden, dürfen diese selbstredend auch nur auf die insoweit betroffenen bzw. nutzungsberechtigten Mieter umgelegt werden.

Von daher stellt sich an dieser Stelle also erst einmal die Frage nach der **Erfor-** 239
derlichkeit einer Bildung bzw. Änderung von Abrechnungseinheiten und sodann die Frage, inwieweit **innerhalb der Abrechnungseinheit Voraufteilungen** vorgenommen werden müssen. Soweit es zu Abzügen oder Voraufteilungen im Hinblick auf die einzelne umgelegte Rechnung kommt, ist nach der derzeitigen Rechtslage aus Gründen der im Rahmen der für die Bejahung der (formellen) Wirksamkeit der Abrechnung entscheidenden Frage, ob man im Hinblick auf die betreffende Betriebskostenposition losgelöst von deren inhaltlicher Richtigkeit überhaupt schon vom Vorliegen einer Abrechnung sprechen kann, weil sowohl der Rechenweg als auch die Frage, warum ggf. Abzüge oder Voraufteilungen vorgenommen wurden, nachvollziehbar sind,[228] entscheidend, dass **nicht lediglich** der bereits um die auf den betreffenden Mieter nicht umlegbaren Teile **bereinigte Betrag der Gesamtkosten** in die Abrechnung aufgenommen wird, sondern auch noch der vom Vermieter **ursprünglich bezahlte Betrag** vor Vornahme der Abzüge.[229] Der Mieter muss nämlich in die Lage versetzt werden, ausgehend von der vom Vermieter insgesamt für die jeweils betroffene Betriebskostenposition bezahlten Rechnung, lückenlos nachvollziehen zu können, **über welche Rechenschritte** im Einzelnen man schlussendlich bei dem von ihm zu bezahlenden Kostenanteil landet (**rechnerische Nachvollziehbarkeit**) und er muss außerdem nachvollziehen können, **warum** man **die Abzüge oder Voraufteilungen** vornimmt (**gedankliche Nachvollziehbarkeit**).[230]

---

228 Siehe hierzu im Einzelnen unten Rn 292ff.

229 BGH, Urt. v. 14.2.2007 – VIII ZR 1/06 –.

230 Vgl. für beides im Einzelnen nachfolgend Rn 292ff.

240 Im Zusammenhang mit der vorgenannten **Rechtsprechung betreffend der Angabe der Gesamtkosten und ihrer Zusammensetzung** tut sich aber mittlerweile etwas, denn der **BGH hinterfragt sich selbst**, ob sie zukünftig tatsächlich noch Bestand haben kann.[231] Immer wieder geäußerte Kritikpunkte sind zum einen – gemessen an der freilich bloß im Wohnraummietrecht von Gesetzes wegen vorhandenen Ausschlusswirkung der Abrechnungsfrist und somit auch nur dort akuten Problemstellung – die Frage, wie es denn sein könne, dass jemand, der inhaltlich richtig handele, indem er eine erforderliche Kostenaufteilung tatsächlich vornehme, also „Gutes tue" und dessen einziges Versäumnis darin bestehe, „nicht auch darüber zu sprechen", indem er dies nicht ausdrücklich in der Abrechnung offenlege, schlechter behandelt werde, als jemand, der das Erforderliche nicht tue und dies demgegenüber dennoch folgenlos nachholen könne, solange hiermit nur keine Nachforderung i.S.v. § 556 Abs. 3 S. 3 BGB verbunden sei. Mit anderen Worten stellt sich die so häufig im Recht aufgeworfene Frage nach der berühmt-berüchtigten **„bloßen Förmelei"**. Der BGH lässt denn auch ausdrücklich offen, ob die oben ausgeführte Rechtsprechung auch zukünftig noch Bestand haben werde.[232]

241 Was ist davon zu halten? Fakt ist, dass „die Mutter aller Schlachten" in der Tat nur die **Rechnung** sein kann, die **tatsächlich vom Vermieter bezahlt** worden ist. Wenn der in dieser unter dem Strich ausgewiesene Gesamtkostenbetrag also nicht eins zu eins Eingang in die über den jeweils relevanten Umlageschlüssel vorgenommene Verteilung der betreffenden Betriebskostenposition auf den Mieter findet, muss dies dem Mieter auch zweifelsohne zwingend zur Kenntnis gelangen können, denn ansonsten ist er mangels einer Abgabe von vollständigen und der Wahrheit gemäßen Erklärungen über die tatsächlichen Umstände überhaupt nicht in der Lage, sich ein objektiv zutreffendes Bild von der Situation zu machen.

242 Die Frage ist allerdings in der Tat, ob die nicht ordnungsgemäße Erfüllung dieses schützenswerten Interesses des Mieters durch ein Fehlen von Angaben der Gesamtkosten und ihrer Zusammensetzung bereits in der Abrechnung schon eine wirksame Abrechnung an sich hindert oder vielmehr bei Licht besehen eigentlich zwangsläufig nur dazu führen kann, dass sich eine **wirksam erstellte Abrechnung** im Nachhinein ggf. **in Wahrheit als falsch** herausstellt.

243 Die Frage zu stellen dürfte sie aber letztlich in der Tat bereits zu beantworten heißen, will sagen, selbstverständlich kann **nur Letzteres richtig** sein, was sich zweifelsfrei schlagend damit argumentieren lässt, dass man ohne Belegprüfung, die aber nichts mit der Wirksamkeit der Abrechnung zu tun hat, ja objektiv schon gar nicht in der Lage dazu ist, überhaupt zu erkennen, ob eine an und für sich schlüssi-

231 Vgl. BGH, Urt. v. 9.10.2013 – VIII ZR 22/13 – Rn 15 und 16 sowie BGH, Urt. v. 2.4.2014 – VIII ZR 201/13 – Rn 9.

232 Vgl. BGH, Urt. v. 9.10.2013 – VIII ZR 22/13 – Rn 15 und 16 sowie BGH, Urt. v. 2.4.2014 – VIII ZR 201/13 – Rn 9.

ge Abrechnung auch nachweislich richtig ist oder nicht. Hier wurde bislang also offensichtlich etwas miteinander vermischt, was letztlich ersichtlich nichts miteinander zu tun hat.

Wenn also zukünftig diese Rechtsprechung erwartungsgemäß gekippt wird, 244 wird damit lediglich eine vorübergehende Anomalie, eine **Sackgasse der Rechtsfortbildung**, in anerkennenswerter Weise im Nachhinein beseitigt werden. Wohlgemerkt ändert dies aber nur etwas an der Wertigkeit des Verstoßes, hingegen ändert es nichts am Verstoß an sich. Denn Fakt ist, dass es selbstverständlich zumindest inhaltlich falsch bleibt, wenn ein aus Gründen der Einzelfallgerechtigkeit, Praktikabilität oder Ökologie unstimmiger Kostenverteilungsmaßstab gewählt wird, allerdings eben in der Tat nur inhaltlich. Denn wer könnte es ernsthaft bestreiten, dass die Abrechnung einer Betriebskostenposition zweifelsohne vollständig im rechtlichen Sinne schlüssig, und damit (formell) wirksam, sein kann und dennoch im gleichen Atemzug **unerkannt** komplett inkorrekt, und damit (inhaltlich) falsch, wenn man auf die nachträgliche tatsächliche Beweisbarkeit im Rahmen einer Belegprüfung des zuvor schlüssig im Rahmen der Abrechnung Vorgetragenen abstellt? **(Relative) Schlüssigkeit** ist eben nun einmal **etwas völlig anderes als (absolute) Beweisbarkeit**, und um nichts anderes geht es ja letztendlich auch bei der Unterscheidung zwischen der (formellen) Wirksamkeit einer Abrechnung und ihrer (inhaltlichen) Richtigkeit. Denn die Abrechnung an sich kann und muss von der Natur der Sache her niemals eine „Beweisstation" sein. Dies kann und soll nur die Belegprüfung leisten, und zwar für diejenigen unter den Mietern, denen im Falle eines Falles die Kontrolle besser ist als das bloße Vertrauen. Dass aber, was noch nicht einmal schlüssig ist, rechtlich in der Konsequenz dann auch schon gar nicht existent sein kann, ist nun wahrlich nichts Neues.

Trotz der Tatsache, dass somit der BGH wohl zukünftig in der Tat aus Rechts- 245 gründen nicht daran vorbeikommen können wird, seine diesbezügliche ständige Rechtsprechung aufzugeben, sollte **dessen ungeachtet** die **Abrechnungspraxis grundsätzlich in jedem Fall unverändert** bei der seit der Begründung der bisherigen Rechtsprechung des BGH zur für die Wahrung der Wirksamkeit einer Abrechnung zwingend erforderlichen Angabe der Gesamtkosten und ihrer Zusammensetzung bereits in der Abrechnung selbst bleiben. Denn auch wenn dies aus den vorgenannten Gründen bei Licht besehen rechtlich in der Tat eigentlich doch gar nicht zwingend erforderlich sein mag, so hat es **für die Praxis** grundsätzlich doch den **unbestreitbaren Vorteil**, dass hier **von Anfang an für Transparenz gesorgt** wird, ist also eine **vertrauensbildende Maßnahme** und kann auch bzw. vielleicht sogar gerade deshalb dazu führen, dass manche Belegprüfung durch den Mieter gar nicht erst erfolgt, weil er schon gar nicht das Gefühl haben muss, dass ihm hier irgendetwas vorenthalten wird.

Daneben hat man nun aber unter der aufschiebenden Bedingung, dass der BGH 246 die Rechtsprechung zukünftig auch tatsächlich aufgibt, für Fälle, bei denen man den nötigen Gesamtkostenausweis bereits in der Abrechnung nicht gemacht hat, eine **schöne Rückfallposition**, die die bislang auch im Geschäftsraummietrecht an ein Fehlen einer wirksamen Abrechnung von Betriebskosten(positionen) geknüpften **negativen Folgen** eines **etwaigen Zurückbehaltungsrechts** an den laufenden Betriebskostenvorauszahlungen nach Ablauf der Abrechnungsfrist bzw. eines **Nichtanlaufens einer** vertraglich vorgesehenen **Einwendungsausschlussfrist** zumindest aus diesem Grund **entfallen** lassen wird.

247 Darüber hinaus sind, soweit die Rechtsprechungsänderung künftig „durchgewunken" werden sollte, dann aber sicher **auch Fälle denkbar**, wo man auf ihrer Grundlage ggf. auch einmal **ganz bewusst Ausnahmen** davon macht, die Angabe der Gesamtkosten und ihrer Zusammensetzung bereits in die Abrechnung selbst aufzunehmen, weil der damit verbundene Aufwand abrechnungstechnisch zu groß ist bzw. man, wenn man die Wahl hat, dies nicht von vorneherein zwingend machen zu müssen, lieber darauf verzichten will, weil es insoweit um eher sensible Daten geht, die nicht jedermann wissen muss. Wenn, was in der Praxis bei Vermietern mit **großem Immobilienportfolio** von der Natur der Sache her natürlich durchaus keine Seltenheit ist, der Vermieter also etwa Abrechnungen von Betriebskostenpositionen nicht nur für einzelne Gebäude oder Wirtschaftseinheiten erhält, sondern gleich für mehrere an den unterschiedlichsten Standorten befindliche Gebäude oder Wirtschaftseinheiten, weil er insofern beispielsweise für Versicherungen einen einheitlichen Vertrag für das ganze Portfolio abgeschlossen hat und eine **einheitliche Auftragsvergabe** erfolgte, ist es bislang schwierig bzw. unter Umständen auch schon gar nicht gewollt, hier alle eigentlich erforderlichen Angaben bereits in die Abrechnung selbst zu packen und sie also damit zwangsläufig jedermann zu offenbaren.

248 Auch wenn es somit erwartungsgemäß zukünftig kein zwingendes Erfordernis für eine wirksame Abrechnung mehr sein sollte, schon in ihr selbst die Gesamtkosten und ihre Zusammensetzung angeben zu müssen, muss man die Daten und Unterlagen, die Eingang in die konkret abgerechneten Beträge gefunden haben, aber **spätestens** dann ohnehin offenbaren, wenn Mieter doch von ihrem **Belegeinsichtsrecht** Gebrauch machen sollten. Wenn man also ein grundsätzliches Problem damit haben sollte, gewisse Daten offenzulegen, die etwa Rückschlüsse auf die räumliche oder wirtschaftliche Zusammensetzung eines Portfolios zum Zeitpunkt des jeweiligen Abrechnungszeitraums erlauben, bleibt einem nichts anderes übrig, als dann auf **eine großvolumige Auftragsvergabe** zu verzichten. Denn für eine Geheimhaltung von Daten kann naturgemäß dort kein Platz sein, wo jemand just diese Daten braucht, um die **sachliche und rechnerische Richtigkeit** einer Abrechnung überprüfen zu können.

249 Die **„Gesamtkosten"**, die letztendlich über die Anwendung des jeweiligen Umlageschlüssels auf den Mieter verteilt werden, **entsprechen zwar** dem – nach Bereinigung des jeweils vom insgesamt vom Vermieter für die Kostenposition bezahlten Rechnungsbetrags um die für die nicht auf den betroffenen Mieter umlegbaren Rechnungsanteile abgezogenen Beträge – **verbleibenden Restbetrag**, der dann

über die Anwendung des Umlageschlüssels[233] anteilig auf den Mieter als die von ihm für die betreffende Betriebskostenposition im Ergebnis zu tragenden Einzelkosten verteilt wird. Eine Betriebskostenabrechnung muss aber **bis auf Weiteres nach noch ständiger Rechtsprechung** des BGH einen Schritt vorher ansetzen, indem ihr **Ausgangspunkt** der einzelne, **insgesamt vom Vermieter für die betroffene Abrechnungseinheit verauslagte Rechnungsbetrag** ist. Denn **nur so** kann man von einer **Abrechnung** der vom Vermieter **tatsächlich verauslagten Beträge** sprechen.

Dabei hat der BGH zwischenzeitlich diesbezüglich auch kürzlich eine **wichtige** 250 **Klarstellung** getroffen, wo definitiv die **Grenzen** auch der derzeit noch aktuellen Rechtsprechung zum **Gesamtkostennachweis** zu finden sind.

Er hat nämlich festgehalten, dass die Gesamtkosten im Sinne dieser Rechtspre- 251 chung immer **maximal nur die Gesamtkosten des betroffenen Abrechnungszeitraums** sein können. Wenn also deshalb etwa ein Vermieter gezwungen ist, aus Gründen einer **zeitlichen Inkongruenz** des abzurechnenden Kalenderjahreszeitraums mit dem anteilig in diesen einzubeziehenden Teil aus einer demgegenüber **jahresübergreifenden Abrechnung eines Energieversorgers** eine zeitanteilige Voraufteilung zu machen, so ist zumindest der Rechenweg von der jahresübergreifenden Abrechnung des Energieversorgers zum hieraus entnommenen zeitanteiligen Betrag für das abzurechnende Kalenderjahr nicht offenzulegen.[234] Das macht Sinn, denn der Betrachtungszeitraum einer Betriebskostenabrechnung ist von vorneherein dadurch zeitlich begrenzt, dass etwas, was nicht mehr oder noch nicht in den Abrechnungszeitraum fällt, also gleichsam **jenseits vom Raum der** hier von vorneherein nur **zu beschreibenden Zeit** liegt, als denknotwendig von diesem nicht erfasst auch in der Abrechnung nicht mehr weiter hergeleitet werden muss. Gleich einem **beweislosen Axiom** bedarf es hier also für die bloße formale Wirksamkeit einer Abrechnung weder einer Begründung noch einer deduktiven Ableitung. Der BGH betont insoweit denn auch ausdrücklich, dass etwaige inhaltliche Fehler bei dem angegebenen Gesamtbetrag der materiellen Ebene zuzuordnen seien und die formelle Wirksamkeit der Betriebskostenabrechnung nicht berührten.[235] Er befindet sich insofern mithin auch **voll auf der Linie vorangegangener Entscheidungen** zur Frage, inwiefern man etwa auch bereits für die Herstellung der rechnerischen und gedanklichen Nachvollziehbarkeit im Rahmen der (formellen) Wirksamkeit einer Abrechnung vermieterseits zwingend auf Umstände abstellen muss, die sich gegenüber Vorjahresabrechnungen ggf. verändert haben.

So hatte er bereits in der Vergangenheit geäußert, dass den formellen Anforde- 252 rungen einer Abrechnung genügt werde, wenn der Vermieter *„in seinem Rechenwerk nur die im Abrechnungszeitraum angefallenen"* Betriebskosten erfasse, weil sich der

---

233 Nachfolgend Rn 259 ff. und 270.

234 BGH, Urt. v. 2.4.2014 – VIII ZR 201/13 – Rn 8 und 9.

235 BGH, Urt. v. 2.4.2014 – VIII ZR 201/13 – Rn 8.

„zeitliche Rahmen für die zu erstellende Abrechnung auf lediglich ein Jahr erstrecke", es deshalb in ihr auch **keines Abgleichs mit anderen Abrechnungszeiträumen** bedürfe und sich der Vermieter deshalb hierüber auch nicht zu äußern brauche.[236]

253 Allfällige sachliche Ungereimtheiten, die sich erst im Zusammenhang mit **außerhalb des Abrechnungszeitraums stehenden Umständen** ergäben, ließen deshalb die **formelle Ordnungsmäßigkeit**, also nach neuerer Diktion des BGH die Wirksamkeit, der Abrechnung **unberührt.**

254 Freilich würden sich denknotwendig auch diese Fragen nach einer Herleitung der zeitlichen Zuordnung von Betriebskosten zum Abrechnungszeitraum zukünftig im Zuge einer Änderung der Rechtsprechung zum Gesamtkostennachweis sowieso **notgedrungen** aus zwingenden **dogmatischen Gründen ebenfalls erübrigen** und die bis dato gegebene **unzulässige Vermischung von Schlüssigkeits- mit Beweisfragen** somit im Ganzen beseitigt. Fragen der sachlichen und rechnerischen Richtigkeit, die in eine belegabhängige Rechnungsprüfung gehören, können nämlich von der Natur der Sache her auch darüber hinaus genaugenommen keinen Einfluss darauf haben, ob überhaupt bereits äußerlich eine **wirksame Abrechnung** vorliegt und damit der Abrechnungsanspruch des Mieters erfüllt ist. Für Letzteres einen Zeitpunkt festzusetzen, der **unabhängig von Fragen der inhaltlichen Richtigkeit** ist, ist aber schon deshalb bei Licht besehen alternativlos, weil man ansonsten schon das Entstehen von Ansprüchen aus der Abrechnung und damit den objektiven **Verjährungsbeginn i.S.v. § 199 Abs. 1 Nr. 1 BGB noch weiter hinauszögern** würde, als dies wegen des Fehlens einer Ausschlusswirkung im Geschäftsraummietrecht ohnehin schon der Fall ist und die sich in der Konsequenz daraus dort ergebende **„Unverjährbarkeit" von Nachzahlungsansprüchen** noch weiter befeuern würde. Diese ergibt sich bekanntermaßen ja daraus, dass u.a. auch die Betriebskostenabrechnung im Mietrecht zu der Gruppe von Ansprüchen gehört, wo ausnahmsweise **erst mit tatsächlichem Zugang einer Rechnung Fälligkeit** eintritt und nicht schon dann, wenn der Gläubiger die Rechnung hätte erteilen können. Ob dies **zukünftig ggf. anders** wird, weil sich die Rechtsprechung wegen der ja unstreitig auch im Geschäftsraummietrecht bestehenden Pflicht zur Abrechnung binnen einer grundsätzlich einjährigen Abrechnungsfrist[237] dafür entscheiden sollte, zumindest darauf abzustellen, die **Fälligkeit des Anspruchs und damit das „Entstehen" im Sinne des Verjährungsbeginns bereits** mit dem Zeitpunkt eintreten zu lassen, wo der Vermieter hätte abrechnen müssen, also **mit dem Eintritt der Abrechnungsreife nach Ablauf der Abrechnungsfrist,** ist wahrscheinlich die **spannendste und für die Praxis bedeutsamste Frage** wenn nicht im gesamten Geschäftsraummietrecht, so doch zumindest im diesbezüglichen Teil, der sich mit Betriebskosten befasst. Denn davon hängt ab, ob die derzeitige Lage mit ihrer – vorbehaltlich einer

236 BGH, Urt. v. 28.5.2008 – VIII ZR 261/07 – Rn 15.
237 Vgl. BGH, Urt. v. 27.1.2010 – XII ZR 22/07 – Rn 37 und 38.

ausnahmsweise einmal vorliegenden Verwirkung – grundsätzlich **endlosen Abrechnungsmöglichkeit**, die in der Tat zwar (noch) Recht sein mag, aber sicherlich nicht billig genannt werden kann, geändert wird.[238]

Wichtig zu wissen ist, dass die Frage, ob die **Bildung von Abrechnungseinheiten** zulässig ist, **Abzüge für nicht umlegbare Kostenanteile** einer Betriebskostenposition bzw. **Voraufteilungen infolge unterschiedlicher Nutzergruppen** des vom Vermieter insgesamt für die betroffene Abrechnungseinheit im Hinblick auf die jeweils einschlägige Betriebskostenposition bezahlten Rechnungsbetrags erfolgen müssen oder nicht, stets nur die **inhaltliche Richtigkeit** der Abrechnung berührt. Sie **führt** dementsprechend, ganz egal, ob man sie nun so oder so beantwortet, **nicht dazu**, dass noch gar **keine (formell) wirksame Abrechnung** vorliegt. Nachdem die Abrechnungsfrist im Geschäftsraummietrecht auch per se keine Nachforderungen des Vermieters hindernde Ausschlussfrist ist, sind darüber hinaus obendrein mit dem Vorliegen einer inhaltlich unrichtigen Abrechnung auch nicht annähernd solche Risiken verbunden wie im Wohnraummietrecht. Das darf den Ersteller einer Betriebskostenabrechnung jedoch nicht dazu verleiten, die inhaltliche Richtigkeit als vernachlässigenswert anzusehen mit dem Argument, dass ja nachträgliche Korrekturen grundsätzlich ohne Weiteres noch möglich sind. Vielmehr muss man die **Prüfung der inhaltlichen Richtigkeit** der in die Abrechnung einzustellenden Daten und **die Einhaltung der für die inhaltliche Richtigkeit der Abrechnung rechtlich maßgeblichen Kriterien**, wie sie nachfolgend unter Rn 302ff. im Einzelnen dargelegt werden, immer **vor Erstellung** der Abrechnung zunächst in einem ersten Schritt für sich sauber **nachvollziehen und** anschließend über den konkreten Aufbau seiner Abrechnung entscheiden und die Abrechnung **erst dann** in einem zweiten Schritt **„in die formell richtige Form gießen"**. 255

Es **geht** also **bei dem Akt der Erstellung** einer Abrechnung **erst um die Sache** und **dann um die Form**. Denn die richtige Verpackung nützt letztlich schließlich dann auch nichts, wenn in ihr nicht auch der rechtlich geschuldete Inhalt steckt. Denn zum einen erreicht man das mit einer Abrechnung angestrebte Ziel der Erlangung des Betrages, der der im Abrechnungszeitraum – losgelöst von der zuvor für diesen prognostizierten und demzufolge veranschlagten Vorauszahlungshöhe – tatsächlich entstandenen Betriebskostenlast entspricht, „unter dem Strich" und ggf. nach einer gerichtlichen Auseinandersetzung selbstverständlich nur dann, wenn die an und für sich (formell) wirksame Abrechnung im Ergebnis tatsächlich auch richtig ist. Zum anderen **pflegen** die meisten **Mieter in der Praxis** selbstredend aber auch **nicht danach zu differenzieren, ob** ein **Fehler** bei der Abrechnung nun bereits das Fehlen einer **wirksamen Abrechnung überhaupt hindert oder nur** deren **inhaltliche Richtigkeit. Genauso wenig wird** in der Praxis von den Mietern 256

238 Vgl. BGH, Urt. v. 12.12.2012 – VIII ZR 264/12 – Rn 9.

üblicherweise danach **differenziert, ob ein gerügter Fehler** nun tatsächlich **nur eine oder einige Betriebskostenpositionen betrifft oder** bereits die **Abrechnung insgesamt** „infiziert“ (was regelmäßig aber ohnehin nur dann passieren kann, wenn es um ein Problem bei den Vorauszahlungen geht oder um einen sich durch die gesamte Abrechnung ziehenden Fehler wie etwa bei der Verwendung eines falschen Quadratmeterschlüssels). Vielmehr wird in der Regel auch der unstreitige Teil der Abrechnung nicht gezahlt. Wegen dieses deutlich zu verzeichnenden **Wahrnehmungsgefälles zwischen der tatsächlichen und der „gefühlten“ Rechtslage** kann es für den pragmatisch denkenden Vermieter, der nur das Ziel haben kann, eventuelle Betriebskostennachforderungen mit möglichst wenig „Diskussionen“ zeitnah nach Zugang der Abrechnung einzubringen, mithin keinen anderen Anspruch an sich selbst geben als den, eine von vorneherein, in allen Aspekten hieb- und stichfeste Abrechnung abzuliefern.

257 **Lediglich** nach **Zugang** einer Abrechnung beim Mieter **und (zwischenzeitlichem) Ablauf der Abrechnungsfrist** gewinnen die rechtlichen Unterscheidungen zwischen der für die Erfüllung der Abrechnungsverpflichtung maßgeblichen **(„formellen“) Wirksamkeit** einer Abrechnung und ihrer für deren letztendliche, erfolgreiche Durchsetzbarkeit beim Mieter erforderlichen **(„inhaltlichen“) Richtigkeit** in der Praxis ihre wahre **Bedeutung**, weil diese rechtlichen Unterscheidungen darüber entscheiden, ob ein Mieter ein **Zurückbehaltungsrecht an den laufenden Betriebskostenvorauszahlungen** geltend machen kann und darüber, **welcher Anteil eines Nachzahlungsbetrags bereits fällig** geworden und damit einklagbar ist. Sie sind es im Übrigen auch, von denen es abhängt, ob eine wirksam vereinbarte **Einwendungsausschlussfrist ggf. greift** bzw. eine **Verjährung beginnt** oder nicht.

! **Praxistipp**
Bei der Erstellung einer Abrechnung sind **zuerst** die Weichen für deren **inhaltlich richtige Ausgestaltung** zu stellen (Wie sieht die zutreffend gebildete Abrechnungseinheit aus? Bedarf es Voraufteilungen?) sowie die zugrunde zu legenden **Ansätze zu verifizieren** (Welche Flächen sind anzusetzen? Welche Zählerwerte sind zu berücksichtigen?).

---

258 **Erst anschließend** sind diese **in die formell richtige Form** zu gießen. In Bezug auf die hier erörterte Zusammenstellung der Gesamtkosten ist derzeit grundsätzlich zwingend erforderlich, dass **sowohl der** ursprünglich vom Vermieter für die betroffene Kostenposition insgesamt **verauslagte „Brutto“-Rechnungsbetrag** in der Abrechnung auftaucht **als auch der** letztlich im Wege der Anwendung des jeweils maßgeblichen Verteilerschlüssels nur noch auf den Mieter umgelegte, um die nicht auf ihn umlagefähigen Kostenanteile **bereinigte „Netto“-Rechnungsbetrag.** Dabei muss außerdem **rechnerisch nachvollzogen** werden können, wie man **von dem „Brutto“-Rechnungsbetrag auf den „Netto“-Rechnungsbetrag** gekommen ist und zusätzlich **gedanklich nachvollzogen** werden können, **warum die Abzüge** erfolgt sind (also etwa eine Erklärung angegeben werden, dass ein Abzug des Kosten-

anteils für Verwaltungsarbeiten und Instandhaltung/Instandsetzung beim Hauswart erfolgt ist oder bei den Beleuchtungskosten ein Vorwegabzug der Beleuchtungskosten für die Tiefgarage im Hinblick auf die Betriebskostenabrechnung eines Mieters, der keinen Tiefgaragenstellplatz hat etc.).

b) Angabe und Erläuterung der zugrunde gelegten Verteilerschlüssel

Das ist die **Stelle, wo** die **eigentliche Umlage vonstattengeht**, denn hier werden 259
die auf den jeweiligen Mieter nach Bereinigung um die auf ihn nicht umlegbaren Kostenanteile[239] umlegbaren, **verbleibenden „Gesamt"kosten anhand des Maßstabs** des jeweils anwendbaren Verteilerschlüssels auf den einzelnen Mieter **verteilt** (also entsprechend seiner Mietfläche, seines Verbrauchs, entsprechend der von ihm angemieteten Einheiten etc.). **Hier bekommt** der einzelne **Mieter** also im wahrsten Sinne des Wortes **„seinen Anteil" zugeteilt.**

Auch hier stellt der BGH zwar grundsätzlich nur wieder etwas Selbstverständli- 260
ches fest, wenn er zutreffenderweise ausdrücklich noch einmal ins Bewusstsein aller Beteiligten ruft, dass es **nicht allein reicht**, einen **Verteilerschlüssel irgendwo** in der Abrechnung **anzuführen, sondern** es natürlich des Öfteren auch erforderlich ist, **dazuzusagen, wie man** denn **auf den Schlüssel überhaupt gekommen** ist.

Dass dieser ausdrückliche Hinweis des BGH aber auch wirklich kein Allgemein- 261
platz ist, zeigt die Praxis. In dieser wird man nämlich sehr wohl, und zwar insbesondere bei veränderlichen Flächenansätzen, immer wieder einmal vor das **Problem** gestellt, dass **bei einzelnen Betriebskostenpositionen in einer Abrechnung gänzlich unterschiedliche Flächen** auftauchen, **ohne dass erklärt wird, warum** einmal diese Fläche und das andere Mal jene Fläche **verwendet** wird. **Damit fehlt** es aber definitiv an der **gedanklichen Nachvollziehbarkeit,**[240] wenn dem Mieter nicht ausnahmsweise aus der Vergangenheit schon nachweislich bekannt sein muss, wofür die einzelnen Flächenangaben stehen.

Auch hier gilt wieder: **Soviel klarstellen wie möglich**. Man kann an allem spa- 262
ren, an einer **ausreichenden Erläuterung für verwendete Verteilerschlüssel** aber nicht. Was aufgrund der Ausgestaltung eines verwendeten Softwaresystems nicht in die eigentliche Abrechnung passt, muss **notfalls in erläuternde Anlagen** gepackt werden, die „händisch" ausgestaltet werden. Es geht ja niemals darum, dass alle notwendigen Angaben zwingend unmittelbar in dem Rechenwerk der Betriebskostenabrechnung auftauchen müssten, sondern lediglich darum, dass das, was objektiv für die Nachvollziehbarkeit einer Abrechnung zwingend erforderlich ist, tatsächlich auch irgendwo so auftaucht, dass man es problemlos auffinden und damit die Abrechnung verstehen kann. Dafür reicht selbstverständlich auch die bloße Auf-

---

239 Siehe oben unter Rn 237 ff.
240 Vgl. BGH, Urt. v. 8.12.2010 – VIII ZR 27/10 – Rn 10.

nahme in eine dem Rechenwerk beigefügte Anlage. Dabei muss man sich immer vor Augen halten, dass auch bei Geschäftsraummietern zunächst einmal von Haus aus eine **natürliche Hemmschwelle** besteht, wenn man mit einem „Machwerk" konfrontiert wird, das von Zahlen und Ansätzen unterschiedlichster Art nur so wimmelt. Wenn dann auch noch Verteilerschlüssel auftauchen, die sich möglicherweise sogar tatsächlich objektiv nachvollziehen lassen, wenn man sich nur mit der nötigen Muße und vor allem Ruhe an die Sache heransetzt, bei denen man aber erst derart viel „Hirnschmalz" darauf verwenden muss, was genau hinter ihnen steckt, ist dies bei nüchterner, zielorientierter Betrachtungsweise ersichtlich kontraproduktiv, weil der Mieter dann erfahrungsgemäß sehr schnell die Lust verliert und stattdessen einfach pauschal in den Raum stellt, die Abrechnung sei nicht nachvollziehbar und sodann nicht zahlt. Man sollte sich also bei der erstmaligen Erstellung einer Abrechnung immer darum bemühen, ein „Produkt" herzustellen, welches möglichst viel **„benutzerfreundlichen Komfort"** bietet. Am besten lässt sich das dadurch gewährleisten, dass man den **Rechenweg minutiös Schritt für Schritt abhakt und dabei jeweils** immer wieder **prüft, ob die verwendeten Ansätze irgendwo erläutert** sind oder nicht.

! **Praxistipp**
Lieber einmal eine Erläuterung zu viel als eine zu wenig, auch und gerade dort, wo man sich denkt, das sei nun wirklich selbsterklärend. Die Erstellung der Abrechnung macht der Vermieter ja schließlich ganz alleine. Weil man hier also das Heft des Handelns noch selbst in der Hand hat, muss man dann dementsprechend auch erschöpfend von seinen Gestaltungsmöglichkeiten Gebrauch machen.

---

263 **Wenn** es aber doch dazu kommen sollte, dass sich eine **Abrechnung** im Nachhinein als **„suboptimal"** herausstellt, gilt Folgendes: Man kann alles heranziehen, was außerhalb der Betriebskostenabrechnung und ihrer Anlagen selbst dazu geeignet ist, nachzuweisen, dass trotz fehlender Angaben in der Abrechnung diese doch für den Mieter nachvollziehbar gewesen ist. Man hat also die **Möglichkeit**, die bei kritischer Durchsicht durch den Mieter ggf. offengelegten **Nachvollziehbarkeitslücken außerhalb** des bloßen, in **der Abrechnung** bereits enthaltenen Inhalts **zu schließen.** Die Erfahrung lehrt, dass dies auch in den meisten Fällen mit Erfolg gelingen wird. Denn es ist ja regelmäßig nicht so, dass Ersteller von Betriebskostenabrechnungen sich nichts bei ihren Ansätzen denken würden.

264 Das Gegenteil ist der Fall. Sie verwenden nur nicht immer die notwendige Sorgfalt darauf, das richtig Angewendete auch entsprechend noch einmal so zu erklären und transparent zu machen, wie dies notwendig ist, wenn man sich einmal ganz nüchtern vor Augen führt, dass es ein himmelweiter Unterschied ist, ob man tagtäglich nichts anderes macht als Betriebskostenabrechnungen zu erstellen oder jemanden damit konfrontiert, der mit dieser Sache einmal im Jahr zu tun bekommt, nicht annähernd so viel diesbezügliches Fachwissen hat und noch dazu von seiner natürlichen Interessenlage her gesehen offensichtlich ein potenzielles Interesse daran

hat, Fehler zu finden, die für ihn bares Geld bedeuten können. Wenn man aber als Vermieter nachweisen kann, dass ein Mieter die ihm angeblich für eine Nachvollziehbarkeit der Abrechnung und vor allem ihrer Umlageschlüssel fehlenden Informationen in der Vergangenheit vor Ablauf der Abrechnungsfrist sehr wohl bereits erhalten hat, dann kann der Mieter dies im Ergebnis nicht zulasten des Vermieters verwenden. Vielmehr muss sich der Mieter auch an diesem **nachweisbaren Vorwissen** festhalten lassen, welches ihm **im Rahmen der Abrechnung zugerechnet** wird, weil alles andere treuwidrig wäre.

Insoweit stellt der BGH nämlich fest, dass auch die **Erläuterungen zu berücksichtigen** sind, die der Vermieter **außerhalb der Abrechnung – vor Ablauf der Abrechnungsfrist –** erteilt hat und nennt dafür als konkrete Beispiele, aus denen man vermieterseits abrechnungsrelevantes Vorwissen des Mieters herleiten darf, **den Mietvertrag, eine vorausgegangene Abrechnung oder auf Nachfrage des Mieters hin erteilte Auskünfte.**[241] Es geht dem BGH hier also ersichtlich darum, dass dem, was – gemessen an Treu und Glauben – aus Gründen der Fairness und des Anstands auch und gerade in einem Dauerschuldverhältnis, wie es ein Mietverhältnis darstellt, geboten ist, auch entsprechende rechtliche Geltung und damit Durchsetzbarkeit verschafft wird. Dieses Ergebnis des BGH wurde **zwar vom VIII. Zivilsenat** und damit unmittelbar für das Wohnraummietrecht festgestellt. Es muss aber **insbesondere auch im Geschäftsraummietrecht Geltung** beanspruchen, wenn es sich, wie dort der Regelfall, um langfristig abgeschlossene Geschäftsraummietverhältnisse handelt, wo man sich gegenseitig von Haus aus über viele Jahre aneinander gebunden hat und deswegen eben auch nicht einfach wieder von jetzt auf gleich getrennter Wege gehen kann, wenn der Vertragspartner sich unsauber verhält. Von daher wird deutlich, dass die Entscheidung des BGH absolut alternativlos ist. Der BGH macht somit spürbar deutlich, dass eine Betriebskostenabrechnung eben gerade nicht dafür missbraucht werden darf, sich mittels vermeintlicher Formmängel aus einer wirksam übernommenen monetären Vertragsverpflichtung zu stehlen und setzt mit diesem Urteil ein deutliches Zeichen. 265

Was heißt das für die Praxis? Ganz klar: **„Kämpfen“ lohnt sich**. Es lohnt sich, vor Gericht zu ziehen und nicht vorschnell klein beizugeben, wenn der Mieter versucht, sich mit offenbar fadenscheinigen Argumenten einer angeblich fehlenden Nachvollziehbarkeit der Betriebskostenabrechnung herauszureden. Denn berücksichtigt man, dass es gerade im Geschäftsraummietrecht regelmäßig eben von Haus aus meistens um Beträge geht, die keine „peanuts“ mehr sind, dann wird spätestens hier deutlich, dass die Formel von den Betriebskosten als „der zweiten Miete“ absolut ihre Berechtigung hat. Von daher verbietet sich normalerweise schon aus wirtschaftlichen Gründen ein vorschnelles Kleinbeigeben. Entscheidend ist dabei aber 266

241 BGH, Urt. v. 11.8.2010 – VIII ZR 45/10 –.

immer nur eines. Es geht darum, **schlüssige, positiv durch entsprechende Beweise belegbare Argumentationen** dafür zu finden, warum die Abrechnung – ggf. **unter Heranziehung von vor Ablauf der Abrechnungsfrist erlangten Vorwissens außerhalb der Abrechnung** – im Gegensatz zu einem eventuellen, in der Praxis ja sowieso meist unsubstanziierten Vortrag der Mieterseite, der sich oftmals in der bloßen Feststellung erschöpft, die Abrechnung sei nicht nachvollziehbar, eben gerade doch nachvollziehbar ist. Da es hierbei **üblicherweise nicht** um **Rechtsfragen** geht, **sondern allein** um **Fragen des „gesunden Menschenverstands"**, gibt es insoweit normalerweise auch keine Sachverhalte, wo man von vorneherein sagen könnte, dass gerichtliche Erfolgschancen nicht bestünden, solange man nur eine schlüssige Erläuterung für die Nachvollziehbarkeit der Abrechnung finden kann und man, soweit es um außerhalb der Abrechnung zuvor gemachte Erläuterungen geht, diese ggf. auch unter Beweis stellen kann. **Spätestens seitdem der BGH** hier jetzt auch ganz klar mit der vorgenannten Entscheidung **signalisiert hat, dass er** diesbezüglich **nichts von „Förmeleien" wissen** will, braucht man hier also auch **keine falschen Kompromisse** mehr einzugehen. Bevor man vor Gericht geht, sollte man aber selbstredend erst noch einmal vorprozessual versuchen, den Mieter unter Hinweis auf die mittlerweile deutliche Rechtslage zum Einlenken zu bewegen. Zumindest, wenn sich ein Streit der Parteien daran entzünden sollte, ob etwas, was nicht in der Abrechnung selbst steht, aber nachweislich vor Ablauf der Abrechnungsfrist dem Mieter zur Kenntnis gebracht wurde, als für die Abrechnung zu berücksichtigende Erläuterung zu berücksichtigen ist, wäre der Mieter ja geradezu töricht, wenn er sich angesichts dieser Rechtslage noch auf einen Formverstoß berufen würde und sich lieber verklagen ließe, als die Sache vorprozessual zu regeln.

267 Da die Abrechnungsfrist im Geschäftsraummietrecht grundsätzlich (Ausnahme die Fälle einer aber sehr selten anzutreffenden wirksamen vertraglichen Vereinbarung diesbezüglich, die aber nicht schon als unangemessen benachteiligende AGB des Mieters von vorneherein gem. § 307 BGB unwirksam sein darf)[242] **keine Ausschlusswirkung** hat, kann man grundsätzlich (Ausnahme bei Vorliegen bestimmter Voraussetzungen bei bereits erfolgter Auskehrung eines Guthabens)[243] ohnehin **jederzeit noch Änderungen vornehmen** oder **Zusätze ergänzen**, die den vom Mieter vorgetragenen Bedenken Rechnung tragen. Wenn es dem Mieter also wirklich nur um die gute Ordnung geht, „kommt er mithin regelmäßig aus der Nummer sowieso nicht raus", weil man grundsätzlich vermieterseits alles noch ändern kann, „wie man lustig ist", ohne dass man daran gehindert wäre oder von der geltend gemachten Betriebskostenforderung Abstriche machen müsste. Von daher ist es selbstverständlich auch immer eine Überlegung wert, ob man aufgekommene **Diskussionen** nicht einfach dadurch **beenden** kann, dass man dem Mieter anbietet,

242 Siehe unten Rn 354 ff.
243 Siehe unten Rn 410.

auf seine Vorstellungen einzugehen, indem man diesen kurzerhand **durch entsprechende (händische) Änderungen bzw. Ergänzungen** Rechnung trägt.

Aber Vorsicht! Mit **„Appeasement"** ist es nicht nur in der Politik, sondern 268
auch bei Rechtsbeziehungen immer so eine Sache. Klar, auch hier ist in der Praxis grundsätzlich einmal Pragmatismus angezeigt und man sollte nicht ohne Not „einen Krieg vom Zaun brechen", wenn es auch (noch) friedlich geht. Wieso sollte man einen Anwalt beauftragen, der sich dann mit dem Mieter vorprozessual weiterstreitet oder ggf. ein streitiges Verfahren einleitet, wenn dies aufgrund der rechtlichen Ausgestaltung im Geschäftsraummietrecht nicht zwingend erforderlich ist, um den geltend gemachten Nachzahlungssaldo vollumfänglich weiterzuverfolgen? Da muss man aufgrund der im Geschäftsraummietrecht an dieser Stelle diametral anderen Rechtslage als im Wohnraummietrecht in der Tat zunächst einmal immer überlegen, ob man nicht einfach getreu dem Motto „der Klügere gibt nach" (zumal man dann ja im Endeffekt aufgrund der Rechtslage auch noch „der Sieger" bleibt) auf die Vorstellungen und Rügen des Mieters eingeht und die Abrechnung entsprechend überarbeitet, anstatt Zeit, Nerven und vor allem auch Geld in eine rechtliche Auseinandersetzung zu investieren. Dabei sollte man aber aufpassen, ob man durch ein derartiges Vorgehen insoweit letztlich nicht lediglich einen **„Pyrrhussieg"** erringt, als sich beim Mieter ggf. sehr schnell der Eindruck aufdrängen kann, dass man so etwas mit dem Vermieter machen kann und der Mieter sich deshalb, wenn man ihm dem kleinen Finger gibt, in der Folge ggf. gleich die ganze Hand nimmt, also der Umgang mit ihm anschließend nicht leichter, sondern im Ergebnis immer schwerer wird, weil seine Forderungen, was das Mietverhältnis insgesamt betrifft, immer weitreichender werden.

Auch in diesem Zusammenhang darf man nämlich wieder nicht vergessen, dass 269
es sich bei einem Mietverhältnis um ein **Dauerschuldverhältnis** handelt. Bei einem Dauerschuldverhältnis ist es aber so wie bei einer jeden zwischenmenschlichen Beziehung. Alles, was man einmal getan oder eben ggf. nicht getan hat, kann unter Umständen später negativ gegen einen verwendet und einem wieder vorgehalten werden bzw. einmal eingeschlichene Missstände werden immer gravierender, wenn man nicht schon den Anfängen wehrt. Von daher sollte man hier grundsätzlich „politische Entscheidungen" nur dann fällen, wenn man diesbezüglich der uneingeschränkten Überzeugung ist, dabei das Richtige zu tun. Soweit man sich hierüber aber im Unklaren ist, was in der Praxis jedoch meistens der Fall sein wird, weil man, wenn man mit dem allzu ganzheitlichen Denken anfängt, sehr schnell vom „Hölzchen aufs Stöckchen kommt" und sich irgendwann nur noch in Mutmaßungen darüber, was eventuell alles sein könnte, verliert, sollte man im Zweifel „den gordischen Knoten" einfach dadurch zerschlagen, dass man den **sachlich tadellosen Weg** geht, weil man sich hierbei nie etwas vergibt. Soweit der Mieter bei objektiver Betrachtung also die besseren Argumente für sich hat, sollte man dem auch Rechnung tragen, denn es ist dann ohnehin bei normalem Verlauf der Dinge zunächst einmal davon auszugehen, dass ihm entsprechend auch bei Gericht Recht gegeben

wird. Soweit man aber, und wenn es ggf. auch erst auf der Grundlage der nunmehr klargestellten Rechtslage ist, dass man auch auf außerhalb der Abrechnung vor Abrechnungsfrist dem Mieter gegenüber erfolgte Erklärungen abstellen darf, bei objektiv nüchterner Betrachtung zum Ergebnis gelangen muss, dass man bereits mit der Abrechnung in ihrer jetzigen Form auf der sicheren Seite ist, sollte man diese Erkenntnis im Zweifel auch durchsetzen. Wenn der Mieter dann nämlich trotzdem opponiert, setzt er sich damit regelmäßig mangels rechtlich belastbarer stichhaltiger Argumente nur moralisch ins Unrecht und wird erwartungsgemäß bei Gericht ohnehin den Kürzeren ziehen.

Praxistipp

Vor Beauftragung eines Anwalts und/oder Beschreitung des Rechtswegs zwar begleitende **„Korrekturüberlegung" nicht vergessen: „Was nicht passt, wird passend gemacht"**.

Also immer noch einmal der guten Ordnung halber überlegen, ob man die Diskussionen nicht einfach durch eine wunschgemäße Überarbeitung der Abrechnung schnell und geräuschlos beenden kann. Im Zweifel aber bei fehlendem objektivem Erfordernis hierfür die Finger davon lassen und die Sache ggf. auch gegen den Willen des Mieters unter Zuhilfenahme eines Gerichts durchsetzen, um etwaigen Weiterungen bereits von Anfang an vorzubeugen.

c) Berechnung des Anteils des Mieters

270 Die Berechnung ist unproblematisch. Hier muss lediglich der **Verteilerschlüssel auf** die (ggf. zuvor „bereinigten") **Gesamtkosten angewendet und** der sich hieraus ergebende **Kostenanteil des Mieters festgehalten** werden.

d) Abzug der Vorauszahlungen des Mieters

271 An dieser Stelle stellt sich in der Praxis immer wieder die **Frage, ob man statt** der **tatsächlich** vom Mieter im Abrechnungszeitraum **gezahlten Vorauszahlungen** aus Gründen der Verfahrensvereinfachung auch einfach das **Gesamtsoll** der im Abrechnungszeitraum zu zahlenden Vorauszahlungen in die Abrechnung **einstellen darf**, egal, ob der Mieter nun wirklich alles gezahlt hat oder nicht. Dies wird deswegen häufig so gehandhabt, weil man dann nicht extra zu überprüfen braucht, ob der einzelne Mieter alles voll bezahlt hat. Letzteres festzustellen kann deswegen oft mit **Schwierigkeiten** verbunden sein, weil man beispielsweise bei ohne Zweckbestimmung geleisteten Teilzahlungen mit der sehr komplexen gesetzlichen **Verrechnungsregelung des § 366 Abs. 2 BGB** konfrontiert wird oder **Mietminderungen** vorgenommen wurden, bei denen man über die berechtigte Quote keine Einigung erzielt hat.

272 Die Frage also, ob man auch **nach Sollvorauszahlungen abrechnen** darf, lässt sich nach der nunmehr vorliegenden BGH-Rechtsprechung hierzu dabei mit einem klaren **„Ja, aber"** beantworten, wobei dies gar nicht süffisant zu verstehen sein soll.

Der BGH sagt hier zunächst, dass es selbstverständlich **nicht die Wirksamkeit** einer Abrechnung **berühren** kann, ob die Höhe der eingestellten Vorauszahlungen nun den tatsächlich vom Mieter gezahlten Vorauszahlungen entspricht oder nicht.[244] 273

Dieses **Ergebnis** mag auf den ersten Blick etwas **überraschend** sein, wenn man 274
bedenkt, dass der **Zweck einer Betriebskostenabrechnung** doch **gerade** darin besteht, **über** das, was einem Vermieter zunächst als treuhänderisch **überlassenes Fremdvermögen** zugeflossen ist, also die tatsächlich vom Mieter geleisteten Vorauszahlungen, **Rechenschaft abzulegen**. Wie kann es dann sein, dass man sich von den tatsächlich geleisteten Vorauszahlungen völlig lösen kann und stattdessen einfach mit möglicherweise (zum Teil) virtuellen Beträgen verrechnen darf, die der Mieter niemals gezahlt hat?

Der BGH bleibt aber auch hier letztlich konsequent seiner dogmatischen Linie 275
treu, dass die **Frage, ob wirksam abgerechnet** wurde, einer **reinen Schlüssigkeitsprüfung** gleichkommt, bei der nicht zu fragen ist, ob die angesetzten Zahlen tatsächlich stimmen, sondern allein, ob das, was vom Vermieter in seiner Abrechnung vorgetragen wird, bei objektiver Betrachtung und wenn man es als korrekt unterstellt für sich gesehen einer rechnerischen und gedanklichen Nachvollziehbarkeit zugänglich ist. Wenn also der Vermieter bei den Vorauszahlungen einen Betrag X ansetzt, dann bringt er damit zum Ausdruck, dass er diesen Betrag dem Mieter für die Zwecke dieser Abrechnung gutzubringen und diesen mit der von ihm gegenübergestellten Summe der Einzelkostenanteile gegenzurechnen gedenkt. **Bereits damit** liegt **formal betrachtet** aber zweifelsohne eine **Abrechnung** vor. **Ob die** einander gegenübergestellten **Beträge** sich dagegen mit der **beweisbaren** Wirklichkeit decken, ist hingegen von Haus aus eine **Frage** des „quod erat demonstrandum", also des Beweises **der (inhaltlichen) Richtigkeit** des zuvor schlüssig Vorgetragenen und damit **nicht mehr des „Ob"** einer überhaupt wirksamen Abrechnung, **sondern des „Wie"** der Abrechnung. Dies ggf. durch **Belegprüfung** im Sinne einer „Beweisaufnahme" zu überprüfen und den Ansätzen in der Abrechnung ggf. mit eigenem erheblichen Gegenvortrag gegenüberzutreten und entsprechende **Einwendungen** zu erheben, dem dient die Belegeinsicht des Mieters genauso wie sein Recht, Einwendungen zu erheben. Es ist justament dieses Verständnis des Wesens des **„verfahrenstechnischen" Nacheinanders einer Betriebskostenabrechnung**, warum der BGH mithin auf den zweiten Blick völlig Recht hat, wenn er an dieser Stelle ebenso schlicht wie ergreifend feststellt, dass beim bewusst durch den Vermieter vorgenommenen Ansatz tatsächlich vom Mieter gar nicht gezahlter **Sollvorauszahlungen nichts anderes** gelten könne, **als wenn** lediglich eine **(unbewusste) Falschberechnung** vorgelegen hat. Denn beide Fälle haben zumindest

244 BGH, Urt. v. 23.9.2009 – VIII ZA 2/08 –.

gemeinsam, dass die Zahl, die in der Abrechnung steht, bei objektiver Betrachtung nachweislich falsch ist.

276 Wichtig für die Frage, ob eine formell wirksame Abrechnung vorliegt, ist dabei in diesem Zusammenhang im Übrigen auch noch der mittlerweile vom BGH ebenfalls entschiedene Fall, dass der Vermieter in der Betriebskostenabrechnung **überhaupt keine Vorauszahlungen in Ansatz gebracht** hat. Auch hier ist es nicht etwa so, wie man meinen könnte, dass man, um den Charakter der Angabe der geleisteten Vorauszahlungen als notwendiger Mindestangabe einer Betriebskostenabrechnung zu wahren, die Vorauszahlungen in der Abrechnung mit „Null" zu beziffern hätte. Man braucht in diesem Fall vielmehr gar keine Angabe zu den Betriebskostenvorauszahlungen in die Abrechnung aufzunehmen, sodass deren Fehlen die Wirksamkeit der Abrechnung nicht beeinträchtigt.[245] Auch das ist nachvollziehbar, denn Zwölf mal Null Vorauszahlungen ergibt in der Tat Null und absorbiert nicht nur in der Mathematik, sondern auch hier ersichtlich die Notwendigkeit, aus rein formalen Gründen noch etwas schreiben zu müssen. Im Ergebnis lässt sich jedenfalls zunächst festhalten, dass der Umstand, dass sich die angegebene Höhe von Sollvorauszahlungen möglicherweise nicht mit der Realität deckt, die Wirksamkeit der Abrechnung völlig unberührt lässt.

277 Das **heißt** aber auch **im Umkehrschluss**, dass der Mieter verlangen kann, **dass der Betrag** der angesetzten Sollvorauszahlungen dann **korrigiert werden muss**, wenn sich dieser nicht mit der Realität deckt, weil die Abrechnung dann inhaltlich genauso wenig richtig ist, wie wenn versehentlich eine falsche Vorauszahlungshöhe angesetzt wurde. Denn die **Abrechnung** ist in jedem Fall **inhaltlich falsch,** und zwar auch dann, wenn in der Abrechnung des Vermieters sogar ausdrücklich davon die Rede war, dass es sich um Sollvorauszahlungen handelte, weil eben für eine (inhaltlich) richtige Abrechnung grundsätzlich immer die vom Mieter tatsächlich geleisteten Vorauszahlungen in Abzug zu bringen sind.[246] Dabei spielt auch keine Rolle, dass der Mieter auf den ersten Blick ja vermeintlich sogar besser fährt, weil der Vermieter ihm fürs Erste etwas „schenkt", wenn er ihm mehr gutbringt, als vom Mieter tatsächlich bezahlt wurde. Denn inhaltliche Richtigkeit im Rahmen einer rechtlichen Rechenschaftspflicht heißt eben zwingend auch „unveräußerliche" tatsächliche inhaltliche Richtigkeit, losgelöst von irgendwelchen normativen Bewertungen, die etwas „unter dem Strich" ggf. wieder in einem anderen Licht erscheinen lassen mögen.

278 In diesem Umstand besteht aber nicht nur im Wohnraummietrecht, sondern **auch im Geschäftsraummietrecht** dann eine **große Gefahr, wenn ausnahmsweise** aufgrund vertraglich wirksamer Vereinbarung (was aber nur in den seltens-

---

245 Vgl. BGH, Urt. v. 15.2.2012 – VIII ZR 197/11 – Rn 25.

246 Vgl. BGH, Urt. v. 27.11.2002 – VIII ZR 108/02 – III. 2 a.A. sowie BGH, Urt. v. 23.9.2009 – VIII ZA 2/08 – Rn 6.

ten Fällen so sein wird)[247] der **Abrechnungsfrist** eine **Ausschlusswirkung beigemessen** wurde. **Denn dann** ist ja in den Fällen, wo der Mieter die vertraglich geschuldeten Sollvorauszahlungen nicht vollständig geleistet hatte, die **zwangsläufige Folge** einer auf Veranlassung des Mieters hin durchzuführenden Korrektur der angegebenen Gesamtsollvorauszahlungen auf den tatsächlich vom Mieter für den Abrechnungszeitraum geleisteten Betrag, dass der **Saldo** sich **zulasten des Mieters verschlechtert** und damit ein eventueller Nachzahlungsbetrag erstmals entsteht oder sich ein bereits vorhandener Nachzahlungsbetrag vergrößert bzw. sich ein eventuelles Guthaben des Mieters zu seinen Lasten verringert oder in einen Nachzahlungsbetrag verwandelt. Eine solche über den zuvor ausgewiesenen Saldo zu seinen Lasten hinausgehende **Verschlechterung** müsste der **Mieter** aber dann **nicht hinnehmen, weil** sie durch den Vermieter **verschuldet** wäre, der ja schließlich von Anfang an eine inhaltlich korrekte Abrechnung unter Berücksichtigung der tatsächlich im Abrechnungszeitraum durch den Mieter geleisteten Vorauszahlungen hätte erstellen müssen. Von daher könnte der Mieter hier im Ergebnis eine (weitere) Nachzahlung verweigern oder er könnte darauf beharren, ein Guthaben mit dem zunächst ausgewiesenen höheren Betrag behalten zu dürfen.

Das heißt, eine Abrechnung nach **Sollvorauszahlungen** führt **zwar nicht** zur 279
(formellen) **Unwirksamkeit** der Abrechnung. Ein Mieter hat **aber ein Recht auf Korrektur** entsprechend der tatsächlich im Abrechnungszeitraum gezahlten Beträge, **weil die Abrechnung** ansonsten inhaltlich **falsch** ist, da es laut BGH dem grundsätzlich zwingenden Wesen einer Abrechnung entspricht, über tatsächlich geleistete,[248] also eingezahlte Vorauszahlungen im Sinne einer **rein formal-kameralistischen Einnahmeüberschussrechnung**, die sich auf die Abbildung der Geldflüsse beschränkt, abzurechnen, sodass der Einnahmebegriff des § 259 Abs. 1 BGB insoweit durchaus verschieden von der wertenden Doppik der Betriebswirtschaftslehre mit ihrer doppelten Buchführung aus Soll und Haben ist, wo eine die Forderungen als Teil des Geldvermögens einbeziehende Vermögensbetrachtung vorgenommen wird. Das passt aber schon deswegen auch inhaltlich nicht, weil die Vorauszahlungen ohnehin nur einen „durchlaufenden Posten" darstellen, der darüber hinaus mit Eintritt der Abrechnungsreife auch gar nicht mehr selbstständig geltend gemacht werden kann. Außerdem kann dem Vermieter **in dem Fall, dass** der Abrechnungsfrist aufgrund rechtswirksamer vertraglicher Vereinbarung eine **Ausschlusswirkung** entsprechend § 556 Abs. 3 S. 3 BGB beigemessen wurde, infolge einer Korrektur sogar drohen, dass **Nachzahlungsansprüche** nach Ablauf der Abrechnungsfrist wie vorstehend dargelegt **verloren** gehen. Nachdem Vorauszahlungen als solche mit Eintritt der zum Ende der Abrechnungsfrist vorliegenden

247 Siehe unten Rn 351 ff.

248 Vgl. BGH, Urt. v. 27.11.2002 – VIII ZR 108/02 – III. 2 a.A. sowie BGH, Urt. v. 23.9.2009 – VIII ZA 2/08 – Rn 6.

Abrechnungsreife materiell-rechtlich ausgeschlossen sind und von daher als solche nicht mehr geltend gemacht werden können, verliert der Vermieter in einem solchen Fall einer innerhalb der Abrechnungsfrist erfolgten Abrechnung über Sollvorauszahlungen mit dem Ablauf der Abrechnungsfrist dann also endgültig seine Ansprüche in Höhe der Differenz zwischen der Summe der im Abrechnungszeitraum tatsächlich eingezahlten Ist-Vorauszahlungen und einer ggf. über diese hinausgehenden Summe der im Abrechnungszeitraum aufgelaufenen vom Mieter insgesamt zu tragenden Einzelkostenanteile. Von daher sollte man in jedem Fall **nach tatsächlich eingezahlten Vorauszahlungen abrechnen**, ganz so, wie es auch dem Umfang der Rechenschaftspflicht i.S.v. § 259 BGB entspricht, wo mit Einnahmen Einzahlungen gemeint sind.

280 Verglichen mit der nach derzeitigem Rechtsstand geschuldeten Herleitung der letztlich umgelegten „Gesamt"kosten aus den zunächst vom Vermieter tatsächlich für die jeweilige Betriebskostenposition gezahlten Gesamtkosten ist insoweit zwar eine **Erläuterung des** vom Vermieter angesetzten **Vorauszahlungsbetrags** in der Abrechnung **nicht erforderlich**. Denn im Gegensatz zu den tatsächlich vom Vermieter für die einzelnen umgelegten Betriebskostenpositionen verauslagten Beträgen, von denen der Mieter ohne entsprechende Benennung in der Abrechnung nichts wissen kann, weil sie sich seiner Kenntnis entziehen, kann der **Mieter** die Frage, ob der Vermieter die von ihm geleisteten Vorauszahlungen in der Abrechnung korrekt berücksichtigt hat, bereits **anhand seiner eigenen Unterlagen** ohne Weiteres **nachprüfen.**[249]

281 Dennoch muss man jedoch selbstverständlich in der Lage sein, **auf Nachfrage** zu **begründen**, wie man auf die angesetzten Vorauszahlungen kommt, weil es unter dem Strich für eine auch inhaltlich korrekte Abrechnung sowieso entscheidend ist, dass diese **zutreffend angesetzt** sind.

282 **Merke:** In der Unterscheidung zwischen (formaler) Wirksamkeit und (inhaltlicher) Richtigkeit einer Abrechnung ist zwar richtig und wichtig, dass viele der Unterscheidungen bedeutsam für einzelne an diese geknüpfte spezielle Rechtsfolgen sein können, wie die Frage, ob ein Zurückbehaltungsrecht besteht, eine Einwendungsausschlussfrist anläuft oder der Anspruch verjährungstechnisch entsteht. Gleichzeitig ist es aber bezogen auf die eigentliche **Hauptfrage des Vermieters** bei einer Betriebskostenabrechnung, die darin besteht, ob man den geltend gemachten Nachzahlungsbetrag bekommt oder sich ein Guthabensbetrag des Mieters nicht vergrößert, schlicht und ergreifend Spiegelfechterei, wenn man meint, dass der Umstand einer bloßen (formalen) Wirksamkeit allein hierfür irgendeine bleibende Bedeutung hat. Die **(formale) Wirksamkeit** ist insoweit **allerhöchstens „der Halbzeitstand"**, aber „abgepfiffen" wird immer noch erst „am Ende der 90 Minuten",

---

249 Vgl. BGH, Urt. v. 18.5.2011 – VIII ZR 240/10 – Rn 16; vgl. BGH, Urt. v. 15.2.2012 – VIII ZR 197/11 – Rn 25.

also wenn die Abrechnung auch (inhaltlich) richtig ist. Der Jubel von Vermietern über Entscheidungen wie die, dass eine Abrechnung nach Sollvorauszahlungen wirksam ist, kommt von daher ersichtlich regelmäßig arg verfrüht.

Von daher ist es so oder so erforderlich, dass man während eines laufenden 283
Mietverhältnisses immer in der Lage ist, **transparent** zu machen, wie man ggf. Teilzahlungen mit den Vorauszahlungen **verrechnet** hat oder ob und wenn ja **welche Minderungsquote** man auf diese ggf. angesetzt hat.

Denn Fakt ist, dass die Regelung des § 366 BGB für die **Verrechnung von Teil-** 284
zahlungen nur dadurch rechtmäßig angewendet werden kann, dass sie bereits **unmittelbar im Zeitpunkt des Eingangs** einer nicht den offenen Forderungssoll deckenden Teilzahlung in eine konkrete Verrechnung umgesetzt werden muss, sodass dieser „Aufwand" sowieso zwingend erforderlich ist, um den rechtlichen Anforderungen des § 366 BGB Genüge zu tun. Auch die **monatsweise bestimmte Festlegung** der genauen Zusammensetzung der nach Bemessung einer eventuellen Minderung nur mehr geschuldeten **geminderten Gesamtmonatsmiete** muss gem. § 366 BGB zwingend sofort bei Zahlungseingang erfolgen, damit man in der Lage ist, saubere Verrechnungen durchführen und mithin buchhalterisch Rückstände korrekt ausweisen zu können. Denn dadurch, dass die Mietminderung bei Sach- und Rechtsmängeln gem. § 536 Abs. 1 BGB als rechtsvernichtende Einwendung ausgestaltet ist, die kraft Gesetzes automatisch zu einer Bemessung der konkreten Miethöhe immer nur in Abhängigkeit von der Tauglichkeit der Mietsache zum vertragsgemäßen Gebrauch i.S.v. § 535 Abs. 1 S. 2 BGB führt, ist ja bereits die Höhe der während der Laufzeit eines Mietverhältnisses geschuldeten vereinbarten Miete gem. § 535 Abs. 2 BGB als der insoweit geschuldeten Leistung i.S.v. § 241 Abs. 1 BGB, auf die § 366 BGB abstellt, gleich einer bloßen „Wasserstandsmeldung" einer ständigen Fluktuation ausgesetzt. Man kann von daher denknotwendig überhaupt gar nicht beurteilen, ob hier im Hinblick auf erfolgte Zahlungen des Mieters eine unzureichende Leistung zur Tilgung mehrerer Forderungen i.S.v. § 366 BGB vorliegt oder nicht, bevor man nicht den vom Gesetz verwendeten unbestimmten Rechtsbegriff bewertet hat, was eingedenk der vorhandenen Minderung der Tauglichkeit aufgrund des betreffenden Mangels eine angemessene Herabsetzung der Miete darstellt. Denn erst nach dieser Wertung kann man ja gem. § 536 Abs. 1 BGB feststellen, hinsichtlich welcher Forderungen und in welcher Höhe überhaupt (noch) eine Verpflichtung zur Leistung besteht, die jeweils im Wege einer Tilgung durch Erfüllung oder Aufrechnung zum Erlöschen zu bringen ist und welche Forderungen aufgrund des Eingreifens des Mietminderungstatbestands ggf. bereits vernichtet und damit rechtlich überhaupt nicht mehr existent sind.

Dabei geht es im Zusammenhang mit dem Umstand, dass es aufgrund der **kom-** 285
plizierten Verrechnungsvorschrift des § 366 Abs. 2 BGB genauso einmal zu Diskussionen über deren korrekte Anwendung kommen kann wie bei der Frage der **Bemessung einer Minderungsquote** und es von daher im Ergebnis **unklar** sein kann, was denn nun objektiv richtig ist, zwar nicht um die Frage, ob überhaupt eine

wirksame Abrechnung vorliegt. Denn dies sind aus den vorgenannten Gründen auch alles **„nur" wieder Dinge, die** die **inhaltliche Richtigkeit** der angesetzten Vorauszahlungen **betreffen** können, **nicht aber** das Vorliegen einer **wirksamen Abrechnung** an sich. Man sollte entsprechend des oben bereits Festgestellten allerdings auch hier **von Anfang an alles richtig** machen, indem man § 366 Abs. 2 BGB korrekt anwendet und sich auch sofort nach Vornahme einer Minderung jeweils dezidiert mit einer Bewertung der rechtlich zulässigen Minderungsquote auseinandersetzt und sich insofern – auch wenn dies zugegebenermaßen aufwendig ist und sich die Anwendung dieser vielleicht komplexesten und schwierigsten Vorschrift im Ganzen Schuldrecht wie eine harte Bewährungsprobe anfühlen mag, der man sich nur sehr ungern stellt – bewusst auferlegen, sich für jeden betroffenen Monat zu einem schlüssigen Ergebnis durchzuringen, wie sich das Soll und Ist des jeweiligen Monats konkret darstellt, denn buchstäblich **„abgerechnet wird zum Schluss“**, also erst dann, wenn die Abrechnung nicht nur wirksam, sondern auch richtig ist.

286 Sollte man damit (Stichwort „iura novit curia“) aber trotzdem einmal danebenliegen, was zumindest bei der Frage der Bemessung der Höhe einer Minderungsquote in der Natur der Sache liegt, weil es hier um die subjektive Bewertung von Einzelfällen geht, bedeutet dies also nicht, dass einem der Mieter jetzt die gesamte Abrechnung „zerschießen“ könnte, weil bereits ein Fehler bei dem höhenmäßigen Ansatz der zutreffenden Vorauszahlungen gemacht wurde[250] (wohl kann er dies aber uneingeschränkt bezogen auf eventuelle, anlässlich der Abrechnung vorgenommene Erhöhungen der Betriebskostenvorauszahlungen im Wohnraummietrecht, weil der BGH nach einer Änderung seiner Rechtsprechung für deren Anpassung uneingeschränkt nunmehr eine nicht nur formell wirksame, sondern auch inhaltlich korrekte Abrechnung fordert).[251] Nachdem die **Vorauszahlungen** aber eben das bereits eingangs erwähnte **Bindeglied der** für die jeweiligen umgelegten Betriebskostenpositionen ausgewiesenen **Einzelkostenanteile** darstellen, zeigt sich jedoch an dieser Stelle freilich auch, dass eine Bewertung des fälschlichen Ansatzes von Sollvorauszahlungen durch den BGH als formeller Fehler der Abrechnung für die Praxis aber auch wahrlich „tödlich“ gewesen wäre, weil die gesamte Abrechnung „infiziert“ worden wäre. Zumindest im Wohnraummietrecht wäre dies aus den oben genannten Gründen wegen der dort gesetzlich zwingend vorgeschriebenen Ausschlusswirkung der Abrechnungsfrist einem „Super-GAU“ gleichgekommen, wenn man bedenkt, dass in der Praxis nach wie vor häufig nach Sollvorauszahlungen abgerechnet wird. Auch für das Geschäftsraummietrecht gilt aber aus den genannten Gründen, dass hier auf jeden Fall auf eine **Abrechnung nach tatsächlich geleiste-**

---

250 Soweit eine Anrechnung der Minderung auf die Vorauszahlungen im Einzelfall überhaupt erforderlich ist, siehe unten Rn 411 ff.

251 Vgl. BGH, Urt. v. 15.5.2012 – VIII ZR 246/11 – Rn 16. Hierzu und zur demgegenüber im Geschäftsraummietrecht differenzierten Rechtslage vgl. oben Rn 187 ff. m.w.N.

ten Vorauszahlungen umgestellt werden sollte, weil man **ansonsten** von Haus aus **immer Gefahr** läuft, dass der Mieter im Zweifel wegen der inhaltlich falschen Abrechnung die **Entrichtung des Nachzahlungssaldos schon insoweit verweigern** kann, als eine die tatsächlich gezahlten Vorauszahlungsbeträge berücksichtigende Abrechnung nicht vorliegt, da sich die Einstellung einer **falschen Vorauszahlungssumme** in die Betriebskostenabrechnung logischerweise **zwingend auf alle Kostenanteile auswirken** muss, nachdem die Vorauszahlungssumme einheitlich und unterschiedslos mit der Summe der Einzelkostenanteile saldiert wird.

Zwar kann er in solchen Fällen grundsätzlich keine Neuberechnung vom Ver- 287
mieter verlangen, nachdem er insoweit regelmäßig zwingend in der Lage sein muss, den richtigerweise geschuldeten Betrag selbst zu berechnen, weil er ja selbst am besten wissen muss, was er tatsächlich eingezahlt hat und insofern die maßgeblichen Bezugsdaten kennt.[252] Auch kommt eine **Erklärung mit Nichtwissen i.S.v. § 138 Abs. 4 ZPO** in einem Nachzahlungsprozess des Vermieters von daher insoweit **ersichtlich nicht** in Betracht. Ein „nur" inhaltlicher Fehler führt **aber im Ergebnis** natürlich zumindest dazu, dass eine **materiell-rechtliche Einwendung** vorliegt, die bei der Frage, ob der vom Vermieter geltend gemachte Nachzahlungsanspruch begründet ist, selbstverständlich zu berücksichtigen ist, wenn der Mieter die Richtigkeit des Abrechnungssaldos **einfach bestreitet.** Eine **sekundäre Darlegungslast** wird man dem Mieter insoweit schon deswegen **nicht** auferlegen können, weil dem klagenden Vermieter nicht nur alle wesentlichen Tatsachen genauso bekannt sind und nähere Angaben dazu zumutbar sind wie ihm selbst, sondern dieser darüber hinaus eben gerade rechtlich von Haus aus auch noch verpflichtet ist, über die tatsächlich geleisteten Vorauszahlungen abzurechnen und es sich deshalb nicht dadurch leicht machen darf, dass er schlichterhand einfach mit 12 Sollvorauszahlungen rechnet. Was den vermeintlich höheren **Aufwand** betrifft, **hinsichtlich der Bemessung der** in die Abrechnung konkret einzustellenden tatsächlich geleisteten **Vorauszahlungen** dann zuvor zwingend eine Entscheidung fällen zu müssen, so gehört dies nun einmal zu den unabdingbaren „Qualen", die regelmäßig erst dazu führen, dass Qualität erzeugt wird. **Spätestens dann, wenn** es darum geht – und das wird in den Fällen bloßer Teilzahlungen bzw. vorgenommener Minderungen natürlich ohnehin signifikant häufiger erforderlich werden – **Rückstände** per Mahnbescheid oder Klage **gerichtlich geltend** zu machen, muss man sowieso konkret werden, weil **„echte" gegen § 253 Abs. 2 Nr. 2 ZPO verstoßende Saldoklagen** entweder prozessual schon **nicht zulässig** sind oder aber als bloße **zwar zulässige aber unschlüssige „Saldoklagen"** zumindest dazu führen, dass die **Klage ggf. unbegründet** ist. Jeder Rechtsanwalt, der schon einmal eine Mietzinsklage erstellen musste, bei der zuvor unsauber verrechnet und verbucht wurde, wird berichten

252 Vgl. BGH, Urt. v. 17.11.2004 – VIII ZR 115/04 – II.1.b).

können, was es dann für einen Aufwand erfordert, den Sachverhalt erst einmal so zu strukturieren, dass es für eine nicht nur zulässige, sondern vor allem auch schlüssige Klage reicht. Dabei ist, was die bestimmte Anrechnung unzureichender Leistungen auf mehrere Forderungen und damit die Frage angeht, ob und wie die Mietzahlungspflicht erfüllt wurde und inwieweit das betreffende Schuldverhältnis insoweit erloschen ist oder nicht, auch keinesfalls Entwarnung zu geben, weil der **BGH** kürzlich einmal eine – er selbst relativierte das in seinem Leitsatz bezeichnenderweise bereits durch die Verwendung von „Gänsefüßchen" – **„Saldoklage"** als rechtens zugelassen hat.[253] Denn der BGH hat an dieser Stelle einfach nur klargestellt, dass die **Hürde des § 253 Abs. 2 Nr. 2 ZPO** als **bloße Zulässigkeitsfrage** einen ganz anderen Hintergrund und Zweck hat, als oftmals in der Vergangenheit fälschlicherweise angenommen wurde, dies damit aber noch nicht bedeutet, dass man deshalb jetzt auf einmal ohne schlüssige Forderungsaufstellungen auskommen könne.

288 Bei § 253 Abs. 2 Nr. 2 ZPO geht es letztlich schon um den **Schutz der materiellen Rechtskraft aus § 322 ZPO**, indem klargestellt wird, welcher prozessuale Anspruch tituliert wird und damit der Rechtskraft unterfällt.[254] Der BGH nennt insofern als **eindringlichstes Beispiel**, wo es tatsächlich einmal um „Saldoklagen ohne Gänsefüßchen" gehen kann, **Teilleistungsklagen, mit denen mehrere selbstständige Ansprüche geltend gemacht werden**, weil man da gleich zwei Hindernisse hat, die ggf. die Ersichtlichkeit des konkreten Umfangs der materiellen Rechtskraft stark vernebeln können.[255] Denn zum einen muss man dort im ersten Schritt beispielsweise schon rein formal nachvollziehen können, **welche offenen Rechnungen eingeklagt** sind und welche Rechnungen von vorneherein außen vorbleiben und zum anderen muss man dort im zweiten Schritt natürlich – so wie sonst auch bei einer Klage, die mehrere selbstständige Ansprüche umfasst – darüber hinaus dann bei den eingeklagten Rechnungen auch noch inhaltlich gedanklich nachvollziehen können, **welche Ansprüche im materiell-rechtlichen Sinne** sich dahinter im Einzelnen genau verstecken. Da im vom BGH entschiedenen Fall aber bereits über eine klare zeitliche Begrenzung auf ein bestimmtes Zeitfenster von Januar 2007 bis März 2010 verbunden mit der Angabe, dass für diesen Zeitraum jeweils monatliche Nutzungsentschädigungsansprüche in einer jeweils identisch bezifferten Höhe von 1.918 € geschuldet waren, von dem sich insoweit ergebenden Gesamtbetrag aber ein Betrag in Höhe der Klageforderung von 17.948,28 € offenblieb, konnte der BGH insofern in der Tat ohne Weiteres von einem **einheitlichen (Gesamt-)Anspruch im prozessualen Sinne** sprechen, den die Klageschrift in bestimmter Weise und damit justiziabel bestimmt hatte. Denn weder handelte es sich damit insofern

253 BGH, Urt. v. 9.1.2013 – VIII ZR 94/12 –.
254 Vgl. BGH, Urt. v. 9.1.2013 – VIII ZR 94/12 – Rn 12.
255 Vgl. BGH, Urt. v. 9.1.2013 – VIII ZR 94/12 – Rn 13.

um eine Teilleistungsklage, noch spielte es für den Ausgang des Verfahrens eine Rolle, wie die erbrachten Zahlungen auf einzelne Zeitabschnitte innerhalb des streitigen Zeitraums genau zu verteilen waren, sodass es hier **nicht um vom Kläger vermeidbare Ungenauigkeiten gehen** konnte, die das **Risiko des Unterliegens des Beklagten erhöht** hätten.[256]

Wäre es hier also z.B. nicht um eine bloße Klage auf **Nutzungsentschädigungen** für ein **ohnehin bereits beendetes** Mietverhältnis gegangen, sondern um eine **Räumungs- und Zahlungsklage wegen Zahlungsverzugs** mit Mieten, wäre der **Sachverhalt** also **durchaus anders** zu sehen. Denn bei einer solchen alternativen Fallgestaltung kann es selbstverständlich bereits für die **Frage eines Eingreifens der Alternative des § 543 Abs. 2 S. 1 Nr. 3a) BGB** absolut entscheidend sein, ob es ggf. in zwei aufeinanderfolgenden Monaten bereits eine Überschreitung des insoweit vom Gesetzgeber für eine fristlose Kündigung wegen Zahlungsverzugs festgelegten Schwellenwerts gibt oder nicht, weil die **Schwelle des § 543 Abs. 2 S. 1 Nr. 3b) BGB unstreitig noch nicht erreicht** ist. Was der BGH im Übrigen aber in keiner Weise relativiert hat und was **in der Praxis** bis auf die Fälle, wo es bereits im vorbezeichneten Sinne für die Zulässigkeit der Klage von Bedeutung ist, keine „echte" Saldoklage im eigentlichen Sinne einzureichen, die oben bereits erläuterte **anwaltliche Hauptaufgabe** darstellt, sind all die vielen **unechten „Saldoklagen"**, bei denen „nur" die Schlüssigkeit das Problem ist. Denn wie der BGH ja ausdrücklich hervorhebt, ob sich ggf. ein geringerer als der geforderte Betrag ergibt, bleibt natürlich eine **Frage der Begründetheit der Klage.**[257] Dass man aber bei einer nach dem Zeitabschnitt Monat bemessenen Miete über das **„genaue Schicksal" des sich für diesen Zeitabschnitt ergebenden oder eben nicht ergebenden Betrags** – insbesondere, wenn man die Miete im Sinne des Gesetzes insofern durch eine Vereinbarung über Betriebskosten mit zugehöriger Ausweisung als monatliche Pauschale bzw. Vorauszahlung noch aufgespalten hat – zwingend rechtlich im Einzelnen Rechenschaft ablegen können muss, indem man **in der Lage sein** sollte, über **Entstehen, Erlöschen und Durchsetzbarkeit** des Anspruchs **eine Aussage treffen** zu können, versteht sich von selbst, nachdem es sich insofern um Grundlagen des Schuldrechts handelt. 289

Insofern muss man also so oder so im Endeffekt zwingend wissen, wie sich Soll und Ist rechnerisch und gedanklich genau ergeben. Ein Vermieter tut sich im Zweifel also keinen Gefallen damit, wenn er an dieser Stelle „mal halblang macht". Von daher gilt auch hier, dass man **das, was man machen kann, um seine Abrechnung noch rechtssicherer zu machen, auch stets machen muss.** 290

Zumindest der **forensisch tätige Anwalt** muss auf der Grundlage dieses für das korrekte Verständnis und die daran anknüpfende korrekte Unterscheidung zwi- 291

256 Vgl. BGH, Urt. v. 9.1.2013 – VIII ZR 94/12 – Rn 15.
257 Vgl. BGH, Urt. v. 9.1.2013 – VIII ZR 94/12 – Rn 16.

schen **echter Saldoklage i.S.v. § 253 Abs. 2 Nr. 2 ZPO** und **bloß unechter „Saldoklage"** – also zwischen **schon fehlender Zulässigkeit** oder **mangels** sauberer rechnerisch und gedanklich **schlüssiger Nachvollziehbarkeit** der letztlich noch geltend gemachten Beträge ggf. **„nur" fehlender Begründetheit** der Klage – eminent wichtigen und richtigen Urteils des BGH aber zukünftig mehr denn je **zweimal hinschauen**, soweit ein Gericht ggf. seine Klage bereits mit dem Argument als unzulässig abweisen will, es handele sich um eine Saldoklage.

2. Gedankliche und rechnerische Nachvollziehbarkeit

292 Fraglich ist, woran man die abschließend noch einmal in ihrer grundlegenden Bedeutung für eine Betriebskostenabrechnung herauszuarbeitende, oben bereits im Zusammenhang mit den einzelnen Mindestangaben einer Betriebskostenabrechnung jeweils konkret angesprochene Voraussetzung der **rechnerischen** (s. Rn 298) und **gedanklichen Nachvollziehbarkeit** (s. Rn 299ff.) einer Abrechnung generell festmachen soll. Der BGH hat sich insoweit bei seiner bereits eingangs genannten, für das Betriebskostenrecht maßgeblichen Grundsatzentscheidung[258] für **das durchschnittliche Verständnisvermögen eines juristisch und betriebswirtschaftlich nicht geschulten Mieters** entschieden (s. Rn 293ff.).

a) Prüfungsmaßstab

293 Zunächst einmal ist der Ansatz des BGH, auf einen **juristisch und betriebswirtschaftlich nicht geschulten Mieter** abzustellen, nachvollziehbar. Denn eine **Betriebskostenabrechnung** muss ja **allgemeinverständlich** sein, weil man **ansonsten** durch die Hintertür einen faktischen Zwang schaffen würde, einen „Know-how-Träger" beistellen zu müssen, was wiederum **versteckte Kosten** bedeuten würde, die bei objektiver Betrachtung von einem Mieter von vorneherein bei Anmietung bereits in sein Mietbudget eingerechnet werden müssten. Wie der BGH zeigt, ist dies nicht gewollt.

294 Die „Formel" des BGH, **gegenüber juristischen und betriebswirtschaftlichen Vorkenntnissen negativ abzugrenzen**, indem man sagt, dass derartige Kenntnisse nicht vonnöten seien, ist somit zwar nachvollziehbar, weil dies beides Kenntnisse sind, die das Verständnis einer Betriebskostenabrechnung signifikant erleichtern können, die man bei **„Otto Normalverbraucher"** jedoch nicht voraussetzen darf. Wie bei jeder Negativabgrenzung bedeutet das hinwiederum aber noch nicht, dass man deswegen auch schon für seine praktische Arbeit wüsste, was der hier als Maß-

258 Vgl. BGH, Urt. v. 23.11.1981 – VIII ZR 298/80 – I. 2.a)aa).

stab zu erwartende Empfänger einer Betriebskostenabrechnung denn nun **positiv beherrschen können** muss.

Diesbezüglich hilft es aber weiter, wenn der BGH darauf abstellt, dass man ein **durchschnittliches Verständnisvermögen** erwarten dürfe. Denn ein durchschnittliches Verständnisvermögen bedeutet ja letztlich auch, dass man von einer durchschnittlichen Bildung ausgehen kann, also letztlich einer Bildung, die einer durchschnittlichen Schulbildung gleichkommt, die der Durchschnittsmieter aufgrund der geltenden Schulpflicht aber auch zwingend aufweisen muss. Zu einer solchen durchschnittlichen Schulbildung gehören aber definitiv auch die **vier Grundrechenarten**, also Addition, Subtraktion, Multiplikation und Division. Wichtig ist es dabei aber zwischen der Tatsache, dass ein **Mieter wissen muss**, wie man addiert, subtrahiert, multipliziert bzw. dividiert auf der einen Seite und dem Umstand, dass das aber nicht heißt, dass er ohne nähere Angaben auch ersehen kann, welche dieser vier Grundrechenarten in der Abrechnung nun im Einzelnen tatsächlich zur Anwendung gekommen ist, auf der anderen Seite zu unterscheiden. Das bedeutet nichts anderes, als dass man mit anderen Worten also sehr wohl immer **nachvollziehbar darstellen** muss, **dass eine Grundrechenart** in der Betriebskostenabrechnung **angewendet** wurde. Lediglich erklären, wie man addiert, subtrahiert, multipliziert bzw. dividiert, muss man nicht mehr. Das darf man aufgrund der zu erwartenden durchschnittlichen Bildung vielmehr voraussetzen. Mehr aber auch nicht. Von daher gilt auch hier wieder, dass man sich darauf konzentrieren muss, seine Abrechnung so gläsern wie nur irgend möglich zu gestalten und jede durchgeführte mathematische Operation ausdrücklich offenzulegen. Tut man dies konsequent, kann man letztlich auch nichts falsch machen. 295

Sollte man dennoch einmal nicht alles getan haben, was man tun konnte und „das Kind in den Brunnen gefallen sein", heißt dies aber im Ergebnis nicht zwangsläufig, dass damit die Abrechnung im Hinblick auf die rechnerische Nachvollziehbarkeit der hiervon jeweils betroffenen Betriebskostenposition zwangsläufig unwirksam sein muss, wie ein jüngeres BGH-Urteil zeigt.[259] Insofern hatte ein Vermieter der Betriebskostenabrechnung **separate Aufstellungen** über die entstandenen Kosten für die Position „Heizung/Warm-/Kalt-/Abwasser" beigelegt, in der die Ermittlung des vom Mieter insoweit zu tragenden Einzelkostenanteils für den betroffenen Abrechnungszeitraum in **zwei Betrachtungszeiträume** aufgeteilt worden war (Januar auf der einen, Februar bis Dezember auf der anderen Seite) und bei der für jeden dieser beiden Betrachtungszeiträume die für diesen jeweils ermittelten Kosten betragsmäßig ausgewiesen wurden. Der Vermieter hatte nun unter Verweis auf diese Aufstellungen die **Summe der Beträge** aus diesen beiden Betrachtungszeiträumen **in seine Betriebskostenabrechnung aufgenommen**, **ohne dass** er 296

259 BGH, Urt. v. 23.6.2010 – VIII ZR 227/09 –.

diesbezüglich jedoch ausdrücklich noch einmal **erläuternd klargestellt** hatte, **dass sich** der für die Heizkosten in die Betriebskostenabrechnung insgesamt eingestellte **Einzelkostenanteil** des Mieters **aus der Addition** des in der beigefügten Aufstellung genannten Kostenbetrags für den Monat Januar auf der einen Seite mit dem Kostenbetrag für den Rest des betreffenden Kalenderjahres auf der anderen Seite **ergab**. Dass man dies vermieterseits nicht getan hatte, ist entsprechend des oben Gesagten ein ganz klares **rechnerisches Nachvollziehbarkeitsdefizit** gewesen, weil es bei einer schrittweisen Überprüfung des Rechenwegs ein leichtes für den Vermieter gewesen wäre, hinsichtlich der betroffenen Kostenposition noch eine ausdrückliche Erläuterung aufzunehmen, dass es sich bei dem insoweit in der Betriebskostenabrechnung angesetzten Betrag um die Addition der in den separaten Aufstellungen ausgewiesenen beiden Einzelbeträge handelte.

297 Trotzdem hat der **BGH auch hier wieder ohne „Förmelei" und mit Augenmaß** entschieden, weil es sich hier offensichtlich aufdrängen musste, dass es sich um die Addition der Einzelbeträge aus den in Bezug genommenen beiden separaten Aufstellungen handelte, nachdem diese ja jeweils einen vom in der Abrechnung selbst enthaltenen Einzelkostenanteil abweichenden Betrag auswiesen. Es handelt sich insoweit aber wohlgemerkt immer nur um Einzelfälle. Außerdem muss man derartige **Urteile**, auch wenn sie natürlich aus Praktikersicht sehr zu begrüßen sind, dennoch immer nur als **Rückfallposition für** bei der Erstellung **aufgetretene Unzulänglichkeiten** einordnen, aber **niemals** als den **Maßstab**, an dem man sein eigenes Handeln ausrichtet. Von daher sollte man immer mit der größtmöglichen Sorgfalt vorgehen und auch einen solchen **„offensichtlichen" Schritt ausdrücklich ausweisen**. Dass dieser Schritt so „offensichtlich" nun auch wieder nicht war, erkennt man bei dem vom BGH entschiedenen Sachverhalt bereits daran, dass die Instanzgerichte diesen Sachverhalt eben gerade nicht so bewertet haben wie der BGH, sondern vielmehr eine rechnerische Nachvollziehbarkeit wegen der fehlenden ausdrücklichen Erläuterung der Addition verneinten. Soweit man aber dennoch solche problematischen Fälle hat, die zwar nicht schulbuchmäßig gelaufen sind, die sich aber entsprechend des vorgenannten Beispiels bei **Einsatz des „gesunden Menschenverstands"** durchaus objektiv überzeugend und unzweifelhaft zugunsten des Vermieters auflösen lassen, gilt das schon oben Gesagte entsprechend: ggf. Anwalt dransetzen und „auf den Mann gehen". Das lohnt sich bei derartigen Sachverhalten immer. Trotzdem kann man sich eine Menge Zeit, Ärger und eben auch nicht zuletzt das Geld, das man für eine entsprechende Rechtsdurchsetzung zunächst einmal benötigt, definitiv dadurch sparen, dass man den Anfängen wehrt und wirklich jeden einzelnen **Rechenschritt benennt und ggf. erläutert**, warum er vollzogen wurde. Denn **je „glatter" die Abrechnung** gestaltet ist, **desto schwerer** wird es für einen Mieter oder dessen Anwalt werden, einen **„Fixpunkt" zu finden**, wo er „einhaken" kann. Dieses Ziel, ihm dies, wo es nur irgend geht, zu verwehren, muss man bei der Erstellung einer Betriebskostenabrechnung immer anstreben.

b) Rechnerische Nachvollziehbarkeit

Bei der Prüfung der rechnerischen Nachvollziehbarkeit handelt es sich um eine **rein formelle rechnerische Schlüssigkeitsprüfung**. Hier muss einfach nur **jeder einzelne Rechenschritt** aus der Abrechnung **ausdrücklich** hervorgehen, also nicht wie in dem vom BGH entschiedenen vorgenannten Beispiel eine „offensichtliche" Rechenoperation einfach weggelassen werden. Es gibt keine offensichtlichen Rechenoperationen, wie der Instanzenweg des vorgenannten BGH-Urteils deutlich zeigt. **Soweit** die **maschinelle Berechnung** des verwendeten EDV-Systems insoweit **Defizite** aufweist, weil in der Abfolge der einzelnen Rechenschritte Lücken auftauchen, sind diese um **manuelle Berechnungen zu ergänzen bzw.** für die rechnerische Nachvollziehbarkeit erforderliche **fehlende Erläuterungen händisch beizufügen**. Keinesfalls darf die **vom System ausgeworfene Abrechnung** einfach ungeprüft übernommen werden, ohne dass sie noch einmal auf rechnerische und gedankliche Nachvollziehbarkeit **im Einzelfall „verprobt"** wurde. 298

c) Gedankliche Nachvollziehbarkeit

Bei der gedanklichen Nachvollziehbarkeit handelt es sich um eine **inhaltliche Schlüssigkeitsprüfung** dahingehend, ob der **Grund für** den jeweiligen **Rechenschritt nachvollziehbar** ist. So wie die rechnerische Nachvollziehbarkeit bedeutet, dass der Rechenweg angefangen von der vom Vermieter für die einzelne betroffene Betriebskostenposition insgesamt bezahlten Rechnung bis zu dem hiervon verbleibenden Kostenanteil, der dem Mieter von der Rechnung letztlich noch weiterbelastet wird, lückenlos dargestellt wird, bedarf es jeweils spiegelbildlich hierzu auch immer der **Überprüfung**, ob auch gedanklich nachvollzogen werden kann, **warum** der jeweilige **Rechenschritt erfolgt** ist. 299

Praxistipp !

Die **rechnerische Nachvollziehbarkeit bedeutet**, um mit einer Metapher zu sprechen, dass man genau erkennen können muss, **wie der „saure Apfel"** der einzelnen Betriebskostenposition, in den man beißen muss, im Einzelnen **geschnitten** wurde. Man muss also ersehen können, wie der Apfel konkret aufgeteilt wurde. Wurde er halbiert, gedrittelt, geviertelt etc.? Wurden die aufgeteilten Stücke gleichmäßig geschnitten oder haben sie eine unterschiedliche Größe etc.?
Die **gedankliche Nachvollziehbarkeit** bedeutet, dass man darüber hinaus aber auch noch nachvollziehen können muss, **warum der eine** Mieter jetzt in ein **größeres Stück vom „sauren Apfel"** beißen muss **als der andere**. Es muss also auch noch das Motiv für die konkret vorgenommene Aufteilung ersichtlich werden. Warum hat man so aufgeteilt, wie man aufgeteilt hat?

Es geht insofern mithin also letztlich um einen ganz archaischen Verteilungskampf, 300
mit dem Unterschied, dass es sich um einen **„negativen Verteilungskampf"** handelt, weil es hier eben nicht darum geht, dass jeder bemüht ist, das größte Stück an der Torte zu ergattern, sondern es vielmehr jedem gerade darum bestellt ist, möglichst wenig von dem sauren Apfel abzubekommen. Die Interessenlage ist aber an-

sonsten absolut gleich. Ein Mieter will wissen, warum er überhaupt so viel tragen muss und warum der eine Mieter möglicherweise mehr als der andere? Nur wenn man vermieterseits jeweils eine beim betroffenen Mieter vorhandene Kenntnis bzw. ein ihm zurechenbares Kennen müssen über eine schlüssige Erklärung hierfür bei jeder Betriebskostenposition bis spätestens zum Zeitpunkt des Ablaufs der Abrechnungsfrist nachweisen kann, ist von Haus aus alles in Ordnung.

301 **Ob** hingegen die **Verteilung** bei objektiver Betrachtung so tatsächlich **korrekt** war oder sich nicht vielmehr feststellen lässt, dass man in Wahrheit ein viel kleineres Apfelstück hätte abkriegen müssen und der oder die anderen bevorteilt wurden, **interessiert** an dieser Stelle überhaupt **nicht**. Denn das ist **erst Bestandteil des zweiten Schritts**, also der Überprüfung der inhaltlichen Richtigkeit, der, so der Mieter von seinem Recht auf Belegprüfung Gebrauch macht, die Probe aufs Exempel der **Belegprüfung** umfasst, wo „Beweis" erhoben wird, ob das im Einzelnen anhand der nachweislichen Erkenntnisgrundlagen des Mieters für diesen bis zum Ablauf der Abrechnungsfrist zumindest schlüssig in der Abrechnung Vorgetragene im Ergebnis auch wirklich so stimmt wie vorgetragen.

II. (Inhaltliche) Richtigkeit der Abrechnung („Wie" der Abrechnung)

302 Während man die **Prüfung der formellen Wirksamkeit** einer Abrechnung auch als die **„Pflicht"** der Betriebskostenabrechnung bezeichnen kann, ohne deren ordnungsgemäße Erfüllung man schon gar nicht „in die Endausscheidung" kommt, geht es bei deren **inhaltlicher Richtigkeit** quasi um die **„Kür"** der Betriebskostenabrechnung, also den Teil des „Wettbewerbs", wo es „ans Eingemachte geht". Hier entscheidet sich, ob man den „Wettbewerb" letztlich erfolgreich bestreitet oder nicht. Auch wenn die juristische Prüfung einer Betriebskostenabrechnung, so wie das im Recht aus ökonomischen Gründen gang und gäbe ist, sich zunächst einmal immer auf formale Aspekte stützt, weil diese leicht festzustellen sind und man, wenn die schon nicht stimmen, auf Inhalte gar nicht mehr eingehen muss (so wie man beispielsweise bei unzulässiger Klage über deren Begründetheit gar nicht mehr befinden muss oder aber innerhalb der Begründetheit bei unschlüssigem Vortrag schon gar keinen Beweis mehr erheben muss), ist das, wo sich alles entscheidet, die inhaltliche Richtigkeit. Es wurde bereits oben darauf hingewiesen, dass, **auch wenn** der **juristische Prüfungsablauf** einer bereits erstellten Betriebskostenabrechnung, so wie in den vorgenannten juristischen Beispielen auch, **ein anderer** ist, nämlich die Form vor dem Inhalt geprüft wird, man **in der Praxis der Erstellung** einer Betriebskostenabrechnung aber dennoch genau umgekehrt an die Sache herangehen muss. Hier **geht** der **„Inhalt der Verpackung" vor**, weil man erst, wenn man weiß, was man inhaltlich ggf. alles zu berücksichtigen hat, bestimmen kann, welche „Verpackung" man für dieses „Paket" im Einzelnen benötigt.

Die Prüfung der inhaltlichen Richtigkeit ist dabei bei näherem Hinsehen zunächst von ebenso selbsterklärender Selbstverständlichkeit, wie dies bereits bei den vier Mindestangaben einer Abrechnung der Fall gewesen ist, die sich letztlich von allein ergeben und die man sich bei der formgerechten Erstellung der Abrechnung nur jedes Mal noch einmal ausdrücklich ins Bewusstsein rufen muss, indem man die Abrechnung Schritt für Schritt darauf checkt, dass jede durchgeführte Rechenoperation ausdrücklich vermerkt ist und dazu gesagt ist, warum diese vollzogen wird. Es geht **bei der Prüfung der inhaltlichen Richtigkeit** nämlich zunächst einmal auch nur schlicht und ergreifend darum, dass **formale Mängel** festgestellt werden müssen. Insofern muss **überprüft** werden, **ob** man **einzelne Betriebskosten** überhaupt in der Abrechnung ansetzen darf, diese also im konkreten Fall laut Mietvertrag **umlegbar** sind, und sodann darum, **ob** die **angesetzten Positionen**, seien es nun die Kostenansätze aus den Rechnungen oder die für die Umlageschlüssel maßgeblichen Mengenansätze, **korrekt ermittelt und ohne Verschreiben, Zahlendreher etc. übertragen** wurden. Weil aber etwaige Fehler genau in diesem Bereich für jedermann leicht feststellbar sind, sollte man gerade hier Fehler vermeiden. Denn je leichter ein Fehler für den Mieter auffindbar ist, desto peinlicher aber auch folgenschwerer ist es für den Abrechnungsersteller, wenn er einen so leicht vermeidbaren und damit „dummen" Fehler begeht. Denn der Mieter ist damit auf jeden Fall schon einmal argwöhnisch gemacht und wird nachvollziehbarerweise vermuten, dass, wo schon offensichtliche Sachen nicht stimmen, wahrscheinlich auch noch ganz andere Dinge im Argen liegen (s. Rn 305ff.). 303

Komplexer sind dagegen schon darüberhinausgehende **inhaltliche Mängel**, die sich wiederum regelmäßig erst demjenigen erschließen, der **näheres Know-how** im Zusammenhang mit der Erstellung von Betriebskostenabrechnungen besitzt und die dort typischerweise auftretenden **Problemlagen kennt** (s. Rn 311ff.). 304

1. Überprüfung der Richtigkeit von Ansatz und Höhe bzw. Menge der abgerechneten Positionen an sich (formale Mängel)

Nachdem der gesetzliche **Leitgedanke des Mietrechts** der einer **Bruttomiete** ist, 305 bei der der Mieter mit seiner Mietzahlung i.S.v. § 535 Abs. 2 BGB nicht nur die bloße Gebrauchsgewährung (§ 535 Abs. 1 S.1 BGB) bezahlt, sondern alles andere gleich mit,[260] **bedarf es** für eine gesonderte Abrechnung von Betriebskosten zwingend einer ausdrücklichen **vertraglichen Umlagevereinbarung**. In dieser kann dann in Abweichung von der gesetzlich vorgesehenen Hauptpflicht des Vermieters, wonach dieser als **Miete grundsätzlich nur eine „Flatrate"** anbieten darf, stattdessen gewissermaßen auch ein gesonderter **„Volumentarif" für Betriebskosten** vereinbart

260 S.o. Rn 153ff.

werden, soweit für die dann insoweit separat zu zahlende „zweite Miete" die von ihr umfassten Betriebskostenarten nur im Einzelnen ggf. bestimmt aufgeführt werden. Nur die Betriebskosten, die in dieser Vereinbarung dann explizit aufgeführt werden, sind folglich im Ergebnis also auch separat umlegbar (s. Rn 307 ff.).

306 Darüber hinaus geht es an dieser Stelle um die banalste aller Prüfungen, nämlich darum, der guten Ordnung halber noch einmal zu verifizieren, ob **Erklärungsirrtümer** vorliegen, also ob die jeweils **anzusetzenden Zahlen ohne Übertragungsfehler korrekt angesetzt** worden sind (s. Rn 310).

a) Richtigkeit des Ansatzes der abgerechneten Positionen („Ob" des Ansatzes)

307 Was überraschenderweise in der Praxis durchaus häufiger vorkommt, als man meinen möchte, ist, dass **in Betriebskostenabrechnungen Kostenarten** auftauchen, die im Vertrag **gar nicht** als **umlegbar** bezeichnet sind. Das ist ein **absoluter Grundlagenfehler** und von daher auch nicht entschuldbar. Wie kommt es aber dennoch dazu, und was kann man dagegen tun?

308 Die **Arbeitsteilung** ist **schuld**, denn je größer das Unternehmen, um so größer auch die Gefahr, dass die **Arbeit des Betriebskostenabrechners nicht** mehr ausreichend **mit der Arbeit des Objektbetreuers koordiniert** wird. Wenn aber eine Hand nicht mehr weiß, was die andere tut, hat man ein Problem.

309 Von daher kann an dieser Stelle nur eines gelten: Sicherlich ist eine Spezialisierung gerade im Betriebskostenrecht ab einem gewissen Punkt unvermeidlich, wenn ein Unternehmen als „Massengeschäft" Betriebskostenabrechnungen zu erstellen hat. Von daher liegt es in derartigen Konstellationen sicherlich auch in der Natur der Sache, dass es Sinn macht, die **Verwaltung des Mietvertrags** im laufenden Geschäft von der **Erstellung der Betriebskostenabrechnung** und ggf. auch der Einwendungsbearbeitung abzukoppeln, um „Masse zu machen". Entscheidend dabei ist aber, dass trotzdem noch sichergestellt bleibt, dass **die „Schnittstelle" zwischen beiden Aufgaben** insofern reibungslos funktioniert, dass man niemals vergisst, dass die „Mutter aller Schlachten" der **Betriebskostenkatalog des jeweiligen Mietvertrags** bleibt und das, was nicht im Mietvertrag steht, auch nicht in einer Abrechnung auftauchen darf und umgekehrt das, was im Mietvertrag steht, aber auch in jedem Fall abgerechnet wird, wenn insoweit Kosten tatsächlich entstanden sind. Bei Problemen in diesem Bereich ist somit immer zu untersuchen, woran es im Einzelfall gelegen hat und ggf. „die Schnittstelle" zu adjustieren.

b) Richtigkeit der Höhe bzw. Menge der abgerechneten Positionen („Wie" des Ansatzes)

310 Auch hier gilt es, **Organisationsabläufe** zu **schaffen, die qualitätssichernd** dazu beitragen, dass Übertragungsfehler bei Zahlen weitestgehend unmöglich gemacht werden. Solange etwas von Menschenhand eingepflegt werden muss, wird es zwar

insbesondere bei Zahlen immer die Gefahr geben, dass es zu Übertragungsfehlern kommt. Die Erfahrung lehrt aber, dass sich derartige Fehler dadurch minimieren lassen, dass man eine einmal fertiggestellte Abrechnung entweder **mit zeitlichem Abstand** mehrmals durch ein und dieselbe Person „in die Hand nehmen lässt". Oder aber man lässt die fertiggestellte Abrechnung von vorneherein „durch mehrere Hände" gehen, denn in der Tat **„sehen vier Augen mehr als zwei"**.

2. Inhaltliche Mängel der Abrechnung

Die inhaltlichen Mängel im Rahmen der Überprüfung der (inhaltlichen) Richtigkeit 311
der Abrechnung betreffen Fragen danach, ob man **Abrechnungseinheiten bilden** darf (s. Rn 312ff.), wann man **nichtumlagefähige Kostenanteile** aus Rechnungsbeträgen einzelner Kostenpositionen **herausrechnen** muss (s. Rn 322ff.), wann **Vorwegabzüge erforderlich** sind, weil Voraufteilungen bei Bildung von mehrere Gebäude bzw. Gebäudeteile umfassenden Abrechnungseinheiten für einzelne dieser Gebäude bzw. Gebäudeteile oder bei Vorliegen unterschiedlicher Nutzergruppen für einzelne dieser Nutzergruppen zwingend erforderlich sind (s. Rn 329ff.), aber vor allem auch „die Gretchenfrage" einer jeglichen Betriebskostenabrechnung, nämlich ob man denn **mit dem treuhänderisch überlassenen Fremdvermögen** auch tatsächlich **wirtschaftlich umgegangen** ist und dieses nicht etwa vermeintlich „zum Fenster herausgeschmissen hat", in dem unterstellten Vertrauen darauf, dass der Mieter „die Zeche schon zahlen wird" (s. Rn 332ff.).

a) Unzulässige Bildung von Abrechnungseinheiten

Auch diesem Thema ist mittlerweile insoweit der Stachel genommen worden, als 312
der BGH auch hier seine in letzter Zeit gewohnte Tendenz fortsetzt, das **Wesen einer Betriebskostenabrechnung** als einer höchst flexiblen, keinesfalls statisch zu sehenden **Zusammenfassung einzelner, rechtlich jeweils für sich zu betrachtender Ermittlungen von Einzelkostenanteilen** für einzelne Betriebskostenpositionen, die lediglich über die einheitlich in Abzug zu bringenden Betriebskostenvorauszahlungen zusammengefasst werden, immer schärfer herauszuarbeiten. Er stellt klar, dass der **Bezugspunkt** für die Beantwortung der Frage, ob Abrechnungseinheiten richtig gebildet seien, grundsätzlich **jede einzelne Betriebskostenposition für sich** betrachtet sein könne.[261] Dieses Ergebnis ist ohne Weiteres nachvollziehbar, denn so wie jede Betriebskostenposition für sich betrachtet ein „Eigenleben" führt und bei rechnerisch und/oder gedanklich nicht nachvollziehbarer Ermittlung des sie betreffenden Einzelkostenanteils als unwirksam aus der Betriebskostenab-

261 Vgl. BGH, Urt. v. 20.10.2010 – VIII ZR 73/10 – Rn 21 a.E.

rechnung heraus gerechnet werden kann, so kann auch die **Frage, ob** die für die einzelne Betriebskostenposition ermittelten Gesamtkosten durch **Zugrundelegen der von mehreren Gebäuden verursachten Kosten ohne anschließende Voraufteilung der Kosten auf die einzelnen Gebäude** ermittelt werden können, **jeweils betriebskostenpositionsbezogen** beantwortet werden (wobei die Betriebskostenarten, bei denen einer nach Gebäuden getrennten Abrechnung bereits faktische Hindernisse entgegenstehen, wie bei Versorgung einer gesamten Häuserzeile durch eine Gemeinschaftsheizung,[262] natürlich von der Natur der Sache her von Haus aus nur einheitlich abgerechnet werden können).[263] Der BGH stellt insofern ausdrücklich klar, dass es für die Zusammenfassung von Gebäuden zu einer Wirtschafts- und Abrechnungseinheit weder bei sämtlichen Betriebskostenpositionen einer zwingenden Notwendigkeit bedürfe, diese gebäudeübergreifend abzurechnen, noch dass eine solche zwingende Notwendigkeit bei zumindest einer Betriebskostenart wie z.B. den Heizkosten überhaupt dafür erforderlich sei, um in einer Betriebskostenabrechnung Betriebskostenpositionen gebäudeübergreifend abrechnen zu können.[264] **Weder** gebe es eine **Verpflichtung zur Abrechnung nach kleinstmöglichen Einheiten,**[265] **noch** sei die teilweise vertretene Vermutung zutreffend, dass die **Bildung größerer Abrechnungseinheiten preistreiberisch** wirke.[266] Was Letzteres angehe, sei vielmehr das Gegenteil der Fall, da eine größere Abnahme von Leistungen regelmäßig dazu führe, dass die Kosten insgesamt betrachtet sinken würden.[267]

313 Zwar könne (theoretisch) dann **etwas anderes** gelten, wenn die Parteien tatsächlich einmal vereinbart hätten, dass eine Abrechnung nach größeren Einheiten als dem vermieteten Gebäude zu unterbleiben hätte. **Abwegig** sei es in diesem Zusammenhang aber, wenn in der Vergangenheit teilweise angenommen wurde, eine derartige Vereinbarung einer **gebäudebezogenen Abrechnungseinheit** sei bereits **darin zu erblicken, dass** im Mietvertrag die **Adresse des Objektes genannt** sei, in dem sich die vermieteten Flächen befänden, weil die Parteien mit deren Angabe eine derartige Aussage regelmäßig selbstredend nicht verbinden, sondern schlicht und ergreifend angeben wollten, wo genau sich die Mietfläche befindet.[268] Dies ist ja u.a. schon deswegen regelmäßig vonnöten, weil es bereits für die ordnungsgemäße Einhaltung der **gesetzlichen Schriftform** und der hierunter fallenden bestimmten **Bezeichnung des Mietgegenstands** erforderlich ist, diese bei einer Immobilie als

262 BGH, Urt. v. 20.7.2005 – VIII ZR 371/04 –.
263 Vgl. BGH, Urt. v. 20.10.2010 – VIII ZR 73/10 – Rn 21 a.E.
264 Vgl. BGH, Urt. v. 20.10.2010 – VIII ZR 73/10 – Rn 18.
265 Vgl. BGH, Urt. v. 20.10.2010 – VIII ZR 73/10 – Rn 19.
266 Vgl. BGH, Urt. v. 20.10.2010 – VIII ZR 73/10 – Rn 20.
267 Vgl. BGH, Urt. v. 20.10.2010 – VIII ZR 73/10 – Rn 21.
268 Vgl. hierzu BGH, Urt. v. 20.10.2010 – VIII ZR 73/10 – Rn 17 a.E.

einer „ortsfesten" Sache sicherlich grundlegendste aller grundlegenden Informationen anzugeben, sodass es auch von daher weltfremd wäre, hierhinter einen darüber hinausgehenden tieferen Sinn zu vermuten.

Für den Regelfall stellt der BGH aber nunmehr klar, dass die **Bildung einer Abrechnungseinheit** jederzeit möglich ist, wenn eine der von ihm alternativ genannten **drei Möglichkeiten** vorliegt, die jede für sich betrachtet bereits dazu führen kann, dass die Bildung einer Abrechnungseinheit billigem Ermessen i.S.v. § 315 BGB entspricht. 314

Erstens ist die Bildung einer gebäudeübergreifenden Abrechnungseinheit **danach** dann zulässig, wenn es zumindest bei einer Betriebskostenart ein **unabweisbares technisches Bedürfnis** für eine gebäudeübergreifende Abrechnung gibt, wie dies etwa bei einer gemeinsamen Heizungsanlage der Fall ist.[269] 315

Zweitens ist die Bildung einer gebäudeübergreifenden Abrechnungseinheit aber auch dann zulässig, wenn sich **durch die Bildung größerer Abrechnungseinheiten Kostenvorteile** ergeben, was nach der Einschätzung des BGH regelmäßig der Fall ist.[270] 316

Drittens ist die Bildung einer gebäudeübergreifenden Abrechnungseinheit schließlich auch dann möglich, wenn die von der instanzgerichtlichen Rechtsprechung herausgearbeiteten Kriterien vorlägen, dass die zu einer Kosteneinheit zusammengefassten **Gebäude einheitlich verwaltet, zusammenhängend errichtet** und **in Bauweise, Gesamtnutzfläche und Ausstattung weitgehend baugleich** sind.[271] 317

Dabei ist hier bei Zulässigkeit der Bildung einer Abrechnungseinheit aus einem der vorgenannten Gründe jeweils von einer Abrechnung **nur einer einzigen** Betriebskostenart bis hin zu einer einheitlichen Abrechnung **aller Betriebskostenarten** in einer solchermaßen zulässigerweise gebildeten Abrechnungseinheit **alles möglich**. Der **Regelfall** dürfte dabei die **einheitliche Abrechnung aller Betriebskostenarten** sein, weil sich, wie der BGH feststellt, bei einer Differenzierung des Abrechnungsmodus je nach Kostenposition nicht nur der Berechnungsaufwand, sondern auch die Fehleranfälligkeit erhöht, sodass eine getrennte Abrechnung wirtschaftlich und abrechnungstechnisch unvernünftig erscheint.[272] 318

Wichtig für die Praxis ist es jedenfalls, sich dieser **Bewegungsfreiheit** bewusst zu sein und diese einzelfallbezogen sinnvoll einzusetzen. Bei der Bildung derartiger (betriebskostenbezogener) Abrechnungseinheiten muss aber wie auch sonst üblich immer **darauf geachtet** werden, dass es durch die gebäudeübergreifende Abrechnung **bei einzelnen Betriebskostenarten** nicht zu **übermäßigen, dem Nutzwert** 319

---

269 Vgl. BGH, Urt. v. 20.10.2010 – VIII ZR 73/10 – Rn 19.
270 Vgl. BGH, Urt. v. 20.10.2010 – VIII ZR 73/10 – Rn 9, 10 und 20.
271 Vgl. BGH, Urt. v. 20.10.2010 – VIII ZR 73/10 – Rn 21.
272 BGH, Urt. v. 20.10.2010 – VIII ZR 73/10 – Rn 21.

des Mietobjektes nicht mehr entsprechenden Aufwendungen kommt, die nicht bei anderen Betriebskostenarten durch geringere Kosten als bei einer nach Gebäuden getrennten Abrechnung zumindest so ausgeglichen werden, dass „unter dem Strich" die Summe der auf den Mieter entfallenden Einzelkostenanteile aller Kostenarten nicht höher ist als bei einer gesonderten Veranlagung des Gebäudes.[273] Sollte dies dennoch der Fall sein, wäre es also zumindest vonnöten, bei den von einer ersichtlichen Unwirtschaftlichkeit betroffenen Betriebskostenpositionen innerhalb der betreffenden Abrechnungseinheit eine **Voraufteilung auf das Gebäude bzw. – bei Auftragsvergabe für mehrere Wirtschaftseinheiten – die Wirtschaftseinheit** zu machen, um beispielsweise auf diesem Wege die Kosten eines Gebäudes oder einer Wirtschaftseinheit zu neutralisieren, welche(s) aufgrund seiner/ihrer konkreten Beschaffenheit ansonsten dazu beiträgt, dass die Kosten bei der betreffenden Betriebskostenart auf nicht anderweitig kompensierbare Weise „explodieren" bzw. – um die aus der Vergangenheit geläufige Diktion des BGH zu verwenden – es insoweit zu **„einer ins Gewicht fallenden Mehrbelastung"** der übrigen kommt.[274]

320 **Verfahrenstechnisch** kann die Bildung einer Abrechnungseinheit im Übrigen ohne Weiteres **auch stillschweigend** mit der Betriebskostenabrechnung erfolgen. Einer gesonderten **Ankündigung bedarf es nicht.**[275]

321 Wichtig in diesem Zusammenhang ist aber stets, sorgfältig darauf zu achten, dass die Betriebskostenabrechnung auch tatsächlich alle in der gebildeten Abrechnungseinheit zusammengefassten Gebäude mit **Straße und Hausnummer** aufführt. Häufig ist es nämlich so, dass verwendete Softwareprogramme nur einen Teil der betroffenen Gebäude aufführen, sodass der Rest der Abrechnungseinheit nicht genannt wird. Auch hier kommt einem der BGH zwar wieder mit einer abermals von gesundem Menschenverstand geprägten Rechtsprechung entgegen, in der er in zu begrüßenswerter Weise klargestellt hat, dass das Fehlen von Hausnummern (und dementsprechend sicherlich auch schon von Straßennamen an sich, weil es im Ergebnis keinen Unterschied machen kann, ob ein Gebäude deshalb fehlt, weil „bloß" die Hausnummer nicht aufgeführt ist oder bereits der Straßenname nicht erwähnt ist) dann unschädlich sei und nicht etwa schon zur Unwirksamkeit der Abrechnung aus formellen Gründen führe, wenn es nicht auf „Willkür" beruhe, sondern lediglich vergessen wurde (der Fall, dass eine Software nur bedingt Platz für die Angabe von Adressen bietet, stellt zumindest keine Willkür dar, sodass er gleichzubehandeln sein sollte).[276] Man könne die fehlende Angabe hier vielmehr **noch im Nach-**

273 BGH, Urt. v. 20.10.2010 – VIII ZR 73/10 – Rn 21; siehe auch unten Rn 329 ff.
274 BGH, Urt. v. 8.3.2006 – VIII ZR 78/05 –.
275 Vgl. BGH, Urt. v. 13.9.2011 – VIII ZR 45/11 – Rn 4 a.E.
276 Vgl. BGH, Urt. v. 13.3.2012 – VIII ZR 329/10 – Rn 2.

hinein richtigstellen.[277] Zum Maßstab für die Abrechnungserstellung sollte man diese Entscheidung aber dennoch nicht machen, sondern bei entsprechenden Eigenheiten der Software sehen, dass man diese entsprechend anders einstellt bzw. händisch nacharbeitet. Denn es ist zwar aus Gründen von Treu und Glauben alternativlos, die Wirksamkeit der Bildung einer Abrechnungseinheit nicht bereits an einer solchen Problematik scheitern zu lassen, wenn das betreffende fehlende Gebäude nachweislich mit abgerechnet wurde, weil dies sonst auf eine bloße „Förmelei" hinausliefe, deren denkbare Konsequenz einer gänzlich unwirksamen Abrechnung für das nicht aufgeführte Gebäude natürlich völlig unverhältnismäßig wäre. Fakt ist aber, dass eine Abrechnung bei Fehlen von an und für sich umfassten Straßennamen und/oder Hausnummern bei objektiver Betrachtung schlicht und ergreifend aus sich heraus zumindest nicht ausdrücklich ergibt, dass das betreffende, in der Konsequenz somit buchstäblich nicht erfasste Gebäude mit abgerechnet worden ist. Es liegt von daher auf der Hand, dass ein Mieter – und wenn auch nur formal „bauernschlau", schließlich wurde die Abrechnung ja zumindest an ihn adressiert – zum Schluss kommen kann, das betreffe ihn ja offenbar nicht und dementsprechend nicht zahlt. Von daher sollte man deshalb zweifelsohne darauf achten, dass auf welchem Wege auch immer bereits die Abrechnung selbst das abgerechnete Gebäude bzw. für den Fall der Anmietung mehrerer Objekte durch einen Mieter natürlich auch das konkret von der jeweiligen Abrechnung betroffene Mietobjekt des Mieters im Gebäude vollständig benennt, damit ein solcher zumindest die **(inhaltliche) Richtigkeit** der Abrechnung gleich **im Ganzen hindernde** und damit **besonders weitreichender Fehler** unbedingt vermieden wird.

b) Fehlendes Herausrechnen nicht umlagefähiger Kostenanteile

Der **„Klassiker"** in diesem Zusammenhang ist sicher die bereits von der einschlägi- 322
gen Regelung in § 2 Nr. 14 BetrKV – egal, ob diese im Geschäftsraummietrecht deshalb heranzuziehen ist, weil zur näheren Bestimmung der umlagefähigen Betriebskosten im Mietvertrag bereits ausdrücklich auf die BetrKV verwiesen wurde oder sie zumindest grundsätzlich als Auslegungshilfe für die Bestimmung des genauen Inhalts von schlagwortartig im Vertrag umgelegten Kosten für einen Hauswart oder Hausmeister, die keine nähere Definition erfahren, herangezogen werden muss[278] – gewissermaßen im Wege einer „Zwangsführung" vorgegebene Notwendigkeit einer **Aufteilung der typischerweise von einem Hausmeister durchgeführten Aufgabenbereiche.** Diese ergibt sich aus der **Dogmatik der Betriebskostenverordnung,** welche in ihrem § 1 zwischen den dort in Abs. 1 allgemein definierten Betriebskosten, die durch den in § 2 enthaltenen Betriebskostenkatalog eine Konkretisierung

277 Vgl. BGH, Urt. v. 13.3.2012 – VIII ZR 329/10 – Rn 2.
278 Vgl. BGH, Urt. v. 26.9.2012 – XII ZR 112/10 – Rn 13 und 19.

erfahren, auf der einen Seite und den gem. § 1 Abs. 2 BetrKV ausdrücklich nicht zu den Betriebskosten gehörenden Verwaltungs- bzw. Instandhaltungs- und Instandsetzungskosten auf der anderen Seite unterscheidet.

323 Da der Hausmeister neben seinen typischerweise wahrgenommenen Tätigkeiten im Bereich anderer umlagefähiger Betriebskostenarten aus § 2 BetrKV (wie z.B. im Bereich der dortigen Nr. 4 der Bedienung, Überwachung und Betreuung der Heizungsanlage, ihrer In- bzw. Außerbetriebnahme entsprechend der Witterungsverhältnisse oder dem Entlüften von Heizkörpern oder der Pflege der Grünanlage z.B. Rasen mähen, Hecken schneiden, Bewässern, Wintersichern im Bereich der dortigen Nr. 10) und den naturgemäß mit der Person des Hausmeisters assoziierten Maßnahmen zur Einhaltung der Sicherheit und Ordnung (wie z.B. Überwachung der Einhaltung der Hausordnung mit Anzeige von wiederkehrenden Verstößen an die Hausverwaltung, Begehen der öffentlichen Bereiche des Objekts mit Überprüfung des Reinigungszustandes, der unsach- bzw. unrechtmäßigen Lagerung von Gegenständen bzw. Brandlasten und Sicherstellung der allgemeinen Betriebssicherheit des Gebäudes etc.) sowie schließlich den bei entsprechender konkreter Umlagevereinbarung regelmäßig auch unproblematisch umlegbaren sonstigen Wartungs-, Pflege- und Überwachungsarbeiten bezogen auf in der Abrechnungseinheit vorhandene weitere Anlagen und Einrichtungen i.S.d. Nr. 17 (wie z.B. die Überwachung der Funktionen von technischen Anlagen wie Lüftungsanlagen, Jalousien gemeinschaftlicher Räume, Sonnenwächter, RWA-Anlage etc.) von der Natur der Sache her natürlich auch Verwaltungstätigkeiten übernimmt (wie z.B. Mitwirkung bei der Übergabe bzw. Rücknahme von Mietflächen, Ablesung von Zählerständen, Leerstandbegehungen etc.) und selbstverständlich auch im Rahmen der Instandhaltung und Instandsetzung tätig wird (Kleinreparaturen, Wechsel von defekten Glühlampen, Leuchtstoffröhren, Sicherungen etc.), bedarf es somit in der Konsequenz bei der in Geschäftsraummietverträgen in der Praxis üblichen Verweisung auf den Betriebskostenkatalog des § 2 BetrKV und die dortige Nr. 14 also notgedrungen schon von daher aus formalen Gründen einer Unterscheidung, damit in der Abrechnung der Betriebskostenposition für die Kosten für den Hauswart auch tatsächlich keine gem. § 1 Abs. 2 BetrKV nicht zu den Betriebskosten zählenden Verwaltungskosten bzw. Instandhaltungs- und Instandsetzungskosten i.S.v. § 2 Nr. 14 BetrKV enthalten sind.

324 Daran ändert an dieser Stelle im Übrigen wertungsmäßig auch nichts, dass die **Einschränkungen des § 1 Abs. 2 BetrKV** mangels Verweisung des § 578 BGB auf § 556 BGB mit seiner Beschränkung auf Betriebskosten i.S.v. § 1 Abs. 1 und § 2 BetrKV **im Geschäftsraummietrecht keine zwingende Anwendung** finden und dort deswegen sowohl Verwaltungs- als auch Instandhaltungs- und Instandsetzungskosten bei entsprechender mietvertraglicher Vereinbarung umlegbar sind, man dort im Ergebnis dann also auch die Vergütungsanteile des Hauswarts umlegen kann, die für von ihm erbrachte Arbeiten im Bereich der Verwaltung bzw. der Instandhaltung und Instandsetzung anfallen. Bei den Verwaltungskosten folgt dies

daraus, dass diese in einer Betriebskostenabrechnung regelmäßig von Haus aus eine eigene Kostenposition bilden und darüber hinaus häufig auch pauschaliert oder höhenmäßig begrenzt werden, was jeweils zur Folge hat, dass man u.a. die insoweit in die Umlage einfließenden Verwaltungskosten, die mit der Person des Hauswarts verbunden sind, aber auch schon aus diesem Grund getrennt erfassen bzw. sicherstellen muss, dass nicht etwa **trotz der abgerechneten Pauschale** trotzdem noch **Verwaltungskostenanteile in anderen Kostenarten „versteckt"** sind. Bei den **Instandhaltungs- bzw. Instandsetzungskosten** folgt dies schon zwingend aus der Konsequenz der Rechtsprechung des BGH, wonach derartige Kosten bei gemeinschaftlich genutzten Flächen und Anlagen in den üblicherweise verwendeten Allgemeinen Geschäftsbedingungen des Vermieters generell sowieso **nur unter der Maßgabe** wirksam umgelegt werden können, dass für diese eine **höhenmäßige Begrenzung im Mietvertrag** vorgesehen ist.[279] Wenn die betreffenden Instandhaltungs- und Instandsetzungskosten aber nicht aus den insoweit einschlägigen Betriebskostenarten **herausgerechnet worden und in die Bemessung der Kappungsgrenze eingeflossen** sind, obwohl sie dort in dem vom Vermieter für die jeweilige Betriebskostenart gezahlten Gesamtbetrag enthalten gewesen sind, kann man die **Einhaltung der höhenmäßigen Begrenzung** jedoch nicht wie geschuldet überprüfen.

Dabei geht es an dieser Stelle **nicht darum**, dass es bereits für das Vorliegen ei- 325
ner wirksamen Abrechnung erforderlich ist, in dieser etwa zunächst die „unzensierten" Gesamtkosten des Hauswarts **formal korrekt auszuweisen**, sodann den Anteil der als Hauswartkosten i.S.v. § 2 Nr. 14 BetrKV nicht umlagefähigen Kostenanteile und erst dann aus dem nach deren Abzug verbleibenden Betrag den Anteil des Mieters an den umlagefähigen „Gesamtkosten" für diese Position entsprechend des einschlägigen Umlageschlüssels zu ermitteln. Denn wenn das schon grundsätzlich nicht gemacht wurde, dann fehlt es bereits an einer wirksamen Abrechnung der betreffenden Kostenposition an sich. **Vielmehr** geht es an dieser Stelle „ans Eingemachte", also etwa die **inhaltlichen Zuordnungs- und Richtigkeitsfragen**, wie z.B., ob die Beauftragung von Handwerkern und Lieferanten bereits Verwaltung ist oder noch ein Annex einer Maßnahme im Rahmen der Wartung, Pflege und Überwachung haustechnischer Anlagen und Einrichtungen, vor allem aber auch darum, ob die dem Herausrechnen der Verwaltungs- und Instandhaltungs- bzw. Instandsetzungskosten zugrundeliegende **Kostenermittlung dem tatsächlichen Zeitaufwand entsprechend** erfolgt ist und dieser ggf. auch bewiesen werden kann oder hier einfach nur, wie dies früher in der Praxis üblich war, ein „Pi mal Daumen" ermittelter Pauschalabzug vorgenommen wurde.[280] Umgehen kann man eine solche zeitanteilige Kostenermittlung nur dadurch, dass man bereits **von den Leistungs-**

279 BGH, Urt. v. 6.4.2005 – XII ZR 158/01 –.
280 Vgl. BGH, Urt. v. 20.2.2008 – VIII ZR 27/07 – Rn 29.

erbringern selbst getrennte Rechnungen erhält, wo die den der Verwaltung bzw. der Instandhaltung und Instandsetzung unterfallenden Tätigkeiten zuzurechnenden Kosten von vorneherein bereits separat ausgewiesen werden, sodass es von daher gar nicht mehr vonnöten ist, einen Kostenabzug von einem einheitlich in Rechnung gestellten Betrag, der von Haus aus sowohl umlagefähige als auch nicht umlagefähige Kostenanteile enthält, vorzunehmen.

326 Der sorgfältige Vermieter wird allerdings auch dann noch darauf drängen, dass sein Dienstleister Tätigkeitsnachweise pflegt, um gegen einen ansonsten ggf. vom Mieter erhobenen Vorwurf gewappnet zu sein, dass die Aufteilung in die von der jeweiligen Rechnung erfassten einzelnen Aufgabenbereiche dem tatsächlich vor Ort geübten Aufwand nicht gerecht wird und hier wahrheitswidrig manipuliert wurde, um eine höhere Umlagequote zu erreichen, als es ansonsten möglich wäre, weil man etwa für Verwaltungskosten im Mietvertrag eine Pauschale vereinbart hat oder die höhenmäßige Begrenzung für die Instandhaltungs- und Instandsetzungskosten bereits voll ausgereizt wurde.

327 Wichtig in diesem Zusammenhang ist es schließlich auch zu erkennen, dass die Notwendigkeit, umlagefähige von nicht bzw. zumindest nicht so oder an dieser Stelle in der Betriebskostenabrechnung umlagefähigen Kostenanteilen zu trennen, kein alleiniges Problem der Hauswartkosten ist, sondern überall dort auftauchen kann, wo es darum geht, „Äpfel von Birnen" zu unterscheiden, weil für das eine rechtlich etwas anderes gilt als für das andere. Dies ist etwa auch immer dort der Fall, wo es darum geht, zwischen **Wartungskosten auf der einen** und **Instandhaltungs- bzw. Instandsetzungskosten auf der anderen Seite** zu differenzieren, weil während **Wartungskosten** bei entsprechend ausreichend bestimmter Nennung der betroffenen Anlagen **ohne höhenmäßige Begrenzung** umlegbar sind, es bei **Instandhaltungs- und Instandsetzungskosten** gemeinschaftlicher Flächen und Anlagen ja einer **höhenmäßigen Begrenzung** bedarf.[281] Wenn also beispielsweise eine Aufzugsfirma einen Auftrag über „Vollwartung" hat, bei dem nicht nur **reine als Betriebskosten i.S.v. § 1 Abs. 1 BetrKV umlegbare Wartungskosten** (also **Kosten für die Überprüfung**[282] **oder Aufrechterhaltung**[283] **der Funktionsfähigkeit**) umgelegt werden, sondern Reparatur- oder Wiederbeschaffungsmaßnahmen mitumfasst sind, ist es bei näherem Hinsehen genauso vonnöten, dass hier entweder **von vorneherein getrennte Rechnungen** gestellt werden oder aber **bei einheitlicher Inrechnungstellung der „Vollwartung" anhand von Arbeitszetteln, Stundennachweisen o.Ä. konkret nachvollziehbar** gemacht wird, wie sich der auf die unterschiedlichen Aufgabenbereiche entfallende Arbeitsaufwand verteilt, da nur so erreicht wird, dass nicht lediglich pauschale und damit rechtsungültige Abzüge

281 BGH, Urt. v. 6.4.2005 – XII ZR 158/01 –.
282 Vgl. BGH, Urt. v. 14.2.2007 – VIII ZR 123/06 – Rn 12 bis 14.
283 Vgl. BGH, Urt. v. 11.11.2009 – VIII ZR 221/08 – Rn 5, 9 und 13.

vorgenommen werden, sondern man mittels des **tatsächlichen Zeitaufwands** zu einer sachgerechten Kostenaufteilung gelangt. Wählt man hier keine der beiden Alternativen, besteht ansonsten wieder das Problem, um beim Thema „Vollwartung" zu bleiben, dass bei Fehlen des Ausweises der Vollwartungskosten vor Abzug des Instandhaltungs- bzw. Instandsetzungskostenanteils bzw. bei Fehlen des Ausweises des Abzugsbetrags für die Instandhaltungs- bzw. Instandsetzungskostenanteile schon überhaupt keine wirksame Abrechnung der Kosten für die betreffende Anlage erfolgt ist, und zwar auch nicht, was den an und für sich umlagefähigen Teil der Wartungskosten angeht. Soweit die Gesamtkosten und ihre Zusammensetzung zwar angegeben (die betroffene Betriebskostenposition damit also wirksam abgerechnet wurde), aber diesbezüglich wieder nur pauschalierte Abzüge vorgenommen wurden (die Abrechnung insoweit also (inhaltlich) falsch ist), stellt man sich damit unter dem Strich auch nicht besser, weil der Mieter dann immer noch die Möglichkeit hat, die Zahlung der Kostenposition insgesamt abzulehnen, weil ein pauschaler Abzug nicht ausreicht.

Man sieht also, dass es unbedingt vonnöten ist, die **Tätigkeit eines Dienst-** 328
leisters den Erfordernissen des Betriebskostenrechts gemäß auszugestalten. Tut man dies nicht, rächt sich dies unter Umständen dadurch, dass man nur einen Bruchteil dessen im Wege der Betriebskostenabrechnung vom Mieter wiederholen kann, was rechtlich möglich wäre. Dass eine Synchronisierung insofern in der Praxis nicht immer leicht sein mag, weil sich die Bedürfnisse der gerade im FM-Sektor regelmäßig auf ein Massengeschäft ausgerichteten Dienstleister nicht immer ohne Weiteres mit den Erfordernissen des Betriebskostenrechts zur Deckung bringen lassen, steht zwar außer Frage. Fakt ist aber, dass derjenige Vermieter, der nicht schon bei Abschluss eines FM-Vertrags weitsichtig ist und **bei der Ausgestaltung des FM-Vertrags** auch an die **Erfordernisse**, die **für eine Umlegbarkeit** der betreffenden Kosten erforderlich sind, denkt, sich am Ende nicht wundern darf, wenn er auf einem Großteil dieser Kosten sitzenbleibt. Darüber hinaus muss das idealtypisch anzustrebende Wunschziel immer sein, eine **(größtmögliche) Kongruenz** zwischen dem, was mietvertraglich umlegbar ist, und dem, was diesbezüglich tatsächlich „eingekauft" wird, herbeizuführen. Dies ist verhältnismäßig einfach, wenn ein neu entwickeltes Projekt erstmals vermietet oder betrieben werden soll, weil man hier noch eine „weiße Leinwand" hat und auf einen Gleichlauf der Schuldverhältnisse mit den erstbeziehenden Mietern und dem Schuldverhältnis mit dem FM-Dienstleister von daher leichter achten kann, weil man hier (mehr oder minder) zeitgleich startet und von daher (annähernd) gleiche Voraussetzungen schaffen kann. Aber auch wenn es sich um Bestandsobjekte handelt, sollte man, damit man insofern nicht von falschen Voraussetzungen ausgeht, **vor Abschluss neuer Bewirtschaftungsverträge** im ersten Schritt zumindest eine **Bestandsaufnahme der bestehenden Mietverträge und der in ihnen enthaltenen betriebskostenrelevanten Regelungen** durchführen, um sich ein Bild darüber zu machen, was auf jeden Fall unproblematisch Bestandteil der Bewirtschaftungsverträge sein kann und bei wel-

chen Punkten eine Umlegbarkeit im Ergebnis erwartungsgemäß nicht gegeben sein wird, wenn es einem nicht gelingt, mit den Mietern entsprechende Nachträge zu verhandeln. Darüber hinaus sollte man vor allem auch darauf achten, von Anfang an klarzustellen, welcher **Dokumentationsaufwand seitens des FM-Dienstleisters** betrieben werden muss und insofern im Zweifel auch etwas schriftlich fixieren. Schließlich sollte man nach Möglichkeit **regelmäßige Revisionen** machen, bei denen die vertraglichen Regelungen des FM-Vertrags und deren praktische Umsetzbarkeit aus betriebskostenrechtlicher Sicht entsprechend der bei der Betriebskostenabrechnung und Belegprüfung gemachten Erfahrungen auf Optimierungsbedarf untersucht werden.

c) Fehlende Durchführung eines erforderlichen Vorwegabzugs bei Bildung von mehrere Gebäude bzw. Gebäudeteile umfassenden Abrechnungseinheiten oder bei unterschiedlichen Nutzergruppen

329 Das **Fehlen eines erforderlichen Vorwegabzugs** wegen „ins Gewicht fallender Mehrbelastungen“[284] bei einzelnen Betriebskostenpositionen, die darauf beruhen, dass bestimmte Gebäude(-teile) einer Abrechnungseinheit oder bestimmte Nutzer (-gruppen) zurechenbar merklich höhere Kosten verursachen, die es aus Billigkeitsgründen angezeigt sein lassen, Vorwegerfassungen durchzuführen und die übrigen Mieter nur noch mit dem verbleibenden Kostenrest zu belasten, **führt** zwar **noch nicht dazu**, dass die **Abrechnung** der betreffenden Kostenposition bereits **unwirksam** ist.[285] Auch ist es darüber hinaus **Sache des Mieters**, ggf. **vorzutragen und zu beweisen**, dass ein **Vorwegabzug** aufgrund konkreter und nicht lediglich abstrakter Umstände **erforderlich** ist.[286] Allerdings nützen diese verfahrenstechnischen Aspekte, die im Einzelfall dazu führen können, dass die Konsequenzen des Unterlassens eines (objektiv) erforderlichen Vorwegabzugs nicht sofort durchschlagen oder es erst einmal am Mieter ist, diesbezüglich etwas vorzutragen, im Ergebnis dann natürlich gar nichts, wenn das **Risiko** besteht, dass man hier am Ende den Kürzeren zieht, weil, Verfahren hin oder her, in der Sache **tatsächlich ein Vorwegabzug** aus Billigkeitsgründen **geboten** ist. Es nützt also überhaupt nichts, sich hier einfach zurückzulehnen und zu meinen, der Mieter soll erst einmal nachweisen, dass hier ein Vorwegabzug erforderlich war, da das häufig nur ein Fall von „aufgeschoben, aber nicht aufgehoben“ ist, weil der Mieter, der letztlich ggf. gleichwohl (mit Verzögerung) bereit ist zu tun, was die Rechtsprechung von ihm verlangt, jede Möglichkeit hat, sich im Endeffekt dennoch durchzusetzen.

284 BGH, Urt. v. 8.3.2006 – VIII ZR 78/05 –.
285 BGH, Urt. v. 13.10.2010 – VIII ZR 46/10 – Rn 11–13.
286 BGH, Urt. v. 11.8.2010 – VIII ZR 45/10 –.

Es kann zwar besonders im Wohnraummietrecht mit seiner schon von Gesetzes wegen vorhandenen Einwendungsausschlussfrist für den Mieter, aber mit Abstrichen auch im Geschäftsraummietrecht (wenn man insofern eine vertragliche Einwendungsausschlussfrist wirksam vereinbart hat) sehr hilfreich sein, dass ein **Vorwegabzug** – insbesondere bei gemischter Nutzung – **kein Automatismus** ist, wie dies in der Praxis häufig fälschlicherweise angenommen wird. Denn er ist nur dann erforderlich, wenn es „ins Gewicht fallende" bzw. erhebliche Mehrbelastungen gibt,[287] und sein Fehlen führt – weil kein formeller Fehler – nicht zum Wegfall einer wirksamen Abrechnung der betreffenden Betriebskostenposition. Wenn dann die **Einwendungsausschlussfrist abgelaufen** ist, spielt es dementsprechend keine Rolle mehr, was in der Sache richtig und was falsch war, da eine objektiv erforderliche **Korrektur** zumindest **nicht mehr durchgesetzt** werden kann. Allerdings ist dies auch nur wieder eine willkommene **„Rückfallposition"**, wenn ein Fehler aufgetaucht ist, es ist aber nicht der Maßstab, an dem man sein Handeln für den laufenden Regelfall ausrichten darf. Von daher gilt in der Praxis nach wie vor, dass man **bei Zweifeln** über die Erforderlichkeit eines Vorwegabzugs **besser einen Vorwegabzug** macht (dabei aber immer daran denken, die Gesamtkosten vor Durchführung des Vorwegabzugs in der Abrechnung anzugeben sowie die Zusammensetzung des Vorwegabzugs auch rechnerisch und gedanklich nachvollziehbar offenzulegen), weil man bei den insoweit maßgeblichen Wertungsfragen regelmäßig von der Natur der Sache her ohnehin meist geteilter Meinung sein kann und man deshalb niemals sicher vorhersagen kann, wie die Wertung eines Gerichts aussehen wird, weil es letztlich insoweit gar kein richtig oder falsch gibt. 330

Das gilt darüber hinaus aber auch deswegen umso mehr, weil ja ein ggf. **unnützer Vorwegabzug nicht zur Folge** hat, dass die **Abrechnung** der betreffenden Betriebskostenart **inhaltlich unrichtig** erfolgt wäre. Denn etwas, dessen Durchführung bei abweichender Bewertung nicht geboten sein mag, ist zwar überflüssig, aber es kann umgekehrt niemals falsch sein, denn Anknüpfungspunkt für einen Vorwegabzug sind ja eben regelmäßig Umstände, die dazu führen, dass man einen bestimmten tatsächlich vorhandenen und damit von Wertungsmöglichkeiten unabhängigen gemeinsamen Nenner zum Maßstab für eine eigene Kostenerfassung nimmt, also etwa den Umstand, dass es sich um eine Zuordnung von Kosten zu einem bestimmten Gebäude einer mehrere Gebäude umfassenden Abrechnungseinheit handelt oder um die Kosten der Gewerberaummieter im Gegensatz zu den Kosten der Wohnraummieter bei gemischter Nutzung. Eine **separate Erfassung** kann insofern also **niemals nicht sachgerecht** sein. Also im Zweifel besser eine Vorerfassung zu viel als eine zu wenig, dabei aber **immer** zunächst **betriebskostenpositionsbezogen vorgehen** und **bei mehrere Gebäude bzw. Gebäudeteile umfas-** 331

287 BGH, Urt. v. 8.3.2006 – VIII ZR 78/05 –.

senden Abrechnungseinheiten sodann auch den **ganzheitlichen Blick** dergestalt behalten, dass eine mögliche Mehrbelastung bei einzelnen Kostenpositionen wie der Grundsteuer dennoch unter Umständen dadurch aufgewogen werden kann, dass bei anderen Kostenpositionen wie den Hauswartkosten oder den Versicherungsaufwendungen gerade wegen der größeren Abrechnungseinheit weniger Kosten verursacht werden, sodass die insgesamt auf den Mieter entfallenden Betriebskosten also zumindest nicht höher ausfallen als bei einer Abrechnung nach kleineren Abrechnungseinheiten.[288] Es ist also wichtig, bei der Frage der Erforderlichkeit von Vorerfassungen zwar **zunächst Betriebskostenposition für Betriebskostenposition** zu prüfen, ob den einzelnen Mieter bei gemeinschaftlicher Veranlagung letztlich (erheblich) höhere Kosten treffen als bei getrennter Erfassung nach Nutzergruppe oder kleinerer Abrechnungseinheit. **Anschließend** muss man aber auch immer noch einmal **schauen, ob** diese ins Gewicht fallenden Mehrbelastungen nicht im Ergebnis dadurch wieder **ausgeglichen** werden, dass es **an anderer Stelle** gerade deswegen zu Einsparungen kommt, dass die gemeinschaftliche Erfassung, weil sie „Masse macht", zu günstigeren Konditionen führt, als dies bei nutzergruppenbezogener oder gebäude(-teil-)bezogener getrennter Erfassung der Fall wäre, sodass der Mieter in Summe durch das Fehlen der Vorerfassung zumindest nicht schlechter fährt.

d) Verstoß gegen den Wirtschaftlichkeitsgrundsatz

332 An dieser Stelle ist man am Kern dessen angelangt, worum es beim Recht der Betriebskostenabrechnung im Wesentlichen geht, nämlich der Frage, ob der Treuhänder mit dem Fremdgeld auch tatsächlich **sparsam und sachgerecht** umgegangen ist oder nicht. Dabei ist es erstaunlich, dass in der Praxis aufseiten der Vermieter häufig gar nicht wirklich bewusst zu sein scheint, dass man sich **als Vermieter** in einer solchen **lediglich treuhänderischen Funktion** befindet und jederzeit **Rechenschaft** darüber ablegen können muss, warum man welche Ausgabe in welcher Höhe getätigt hat. Häufig muss man insoweit also erst einmal das betreffende Bewusstsein schaffen. So banal das klingt, das ist ein klassischer Anwendungsfall des so häufig zu hörenden **„Stellen Sie sich bitte einmal vor, das wäre Ihr eigenes Geld".** Weder darf der Vermieter also die erhaltenen monatlichen Vorauszahlungen schon als ihm endgültig zustehendes Eigenvermögen betrachten, denn das werden diese erst nach Erstellung einer ordnungsmäßigen Abrechnung, soweit sich die in dieser ausgewiesenen, im Abrechnungszeitraum tatsächlich entstandenen Kosten zumindest auf eine Höhe belaufen, die deren Summe entspricht, noch darf er aber auch davon ausgehen, dass ihm eine Nachforderung in die Vorauszahlungen über-

288 BGH, Urt. v. 20.10.2010 – VIII ZR 73/10 – Rn 21; siehe auch oben Rn 312 ff.

steigender Höhe unproblematisch zusteht, weil es sich nachweislich um Kostenpositionen der im Mietvertrag vereinbarten Art handelt. Hinzukommen muss stets auch noch, dass die Verauslagung der diesbezüglichen Kosten jeweils erforderlich war und man insoweit darüber hinaus auch – soweit es sich nicht um öffentliche Gebühren handelt, bei denen man keine etwaigen Einwirkungsmöglichkeiten mehr hat, wie man diese aber etwa bei einer Grundsteuerermäßigung nach § 33 GrStG hätte, weil einem diese insoweit bei wesentlicher Ertragsminderung auf Antrag teilweise erlassen werden muss – jeweils darauf geachtet hat, dass das **Kosten-Nutzen-Verhältnis angemessen** bleibt. Man muss zwar **nicht den billigsten Anbieter** wählen, muss **aber verplausibilisieren** können, welche **Gründe** maßgeblich dafür waren, stattdessen einen **teureren Anbieter** zu wählen.[289]

Wie schon bei der Frage, ob ein Vorwegabzug zwingend erforderlich ist oder 333
nicht, gilt aber auch insofern, dass die **Darlegungs- und Beweislast** dafür, dass ein solcher Verstoß gegen den Wirtschaftlichkeitsgrundsatz vorgelegen hat, **beim Mieter** liegt.[290] Er muss **ganz konkret orts- und objektbezogen** von sich aus dartun, warum der Vermieter unnötig hohe Kosten produziert haben soll. Dies ist in der Praxis natürlich ein scharfes Schwert für einen Vermieter. Denn die Erfahrung lehrt, dass sich die **Ausführungen der meisten Mieter regelmäßig** darin erschöpfen, auf **völlig abstrakte** Art und Weise und oftmals völlig zusammenhangslos die Unwirtschaftlichkeit einzelner Betriebskostenpositionen in den Raum zu stellen und die Nachzahlung deshalb insgesamt nicht leisten zu wollen. Wenn es dann noch **wirksame vertragliche Einwendungsausschlussregelungen bei gleichzeitig wirksamer Abrechnung** gibt, liegt es auf der Hand, dass man hier die **Zeit für sich arbeiten lassen** kann, indem man die Frist abwartet, im sicheren Bewusstsein, dass man dann nach deren Ablauf bereits aus formalen Gründen nicht mehr befürchten muss, dass noch Substanzielles zu einer eventuellen Unwirtschaftlichkeit vom Mieter ins Feld geführt werden kann.

Auch hier gilt aber wieder, dass sich der sorgfältige Vermieter immer darauf 334
einstellen sollte, was passiert, wenn der Mieter eben doch das tut, was er rechtlich zu tun hat. Denn zumindest, wenn es **keine wirksam vereinbarten Einwendungsausschlussfristen** gibt, hat man eben von Haus aus keinen Zeitpunkt, ab dem man sicher sagen könnte, egal wie die Sache inhaltlich zu bewerten ist, dem Mieter ist jetzt ein eventueller Vortrag bereits aus formalen Gründen abgeschnitten. Vielmehr muss man dann ggf. klagen, und im Rahmen des Klageverfahrens hat der Mieter dann auch durchaus noch die Chance nachzubessern und doch noch die **„Kärrnerarbeit"** auf sich zu nehmen, sich einmal konkret vor Ort kundig zu machen, wie die Preise für die streitgegenständliche Immobilie im maßgeblichen Abrechnungszeitraum denn nun tatsächlich genau gewesen sind. Ein **richterlicher**

---

289 Vgl. für alles BGH, Urt. v. 13.10.2010 – XII ZR 129/09 – Rn 18.
290 BGH, Urt. v. 6.7.2011 – VIII ZR 340/10 –.

Hinweis zur derzeitigen Unerheblichkeit des Gegenvortrags **kann** dann manchmal eben doch **Wunder wirken** und genau dazu führen, dass der Mieter dies tatsächlich noch tut.

335 Es führt also letztlich kein Weg daran vorbei, vermieterseits alles dafür zu tun, dass man für den Fall, dass die Erforderlichkeit und/oder Angemessenheit einzelner Betriebskostenarten infrage gestellt wird, in der Lage dazu ist, darüber Rechenschaft abzulegen, inwiefern man vor Abschluss der diesen jeweils zugrundeliegenden Schuldverhältnisse die **Erforderlichkeit der einzelnen Leistung** und die **Angemessenheit von deren Vergütung** geprüft hat. Dass man insofern auch eine **Dokumentation vorlegen** können muss, aus der sich dieser Prozess insbesondere durch **Einholung von Vergleichsangeboten** beweisen lässt, versteht sich dabei von selbst.

336 In der Praxis interessiert dabei vor allem die Frage, ob man anhand von **konkreten Prozentgrenzen** einschränken kann, wie viel teurer als der billigste Anbieter man vergeben kann, um noch wirtschaftlich zu sein. Eine auf diesen Fall der Einhaltung des Wirtschaftlichkeitsgrundsatzes zugeschnittene konkrete (prozentuale) höhenmäßige Begrenzung hat aber **weder der Gesetzgeber** festgelegt, **noch gibt es** diesbezüglich (bisher) verbindliche **Rechtsprechung.** Es ist auch mehr als zweifelhaft, ob eine starre Grenze insofern überhaupt sachgerecht wäre, denn wie der BGH schon überzeugend festgestellt hat, geht es ja immer um ein **Wechselspiel zwischen** dem bestimmbaren Faktum, **wer am billigsten anbietet,** und der von der Natur der Sache her vom Einzelfall abhängigen Frage, inwieweit **andere für eine ordnungsmäßige Bewirtschaftung relevante Kriterien** es dennoch angezeigt sein lassen, einen teureren Anbieter auszuwählen, weil dieser Vorzüge hat, die den höheren Preis rechtfertigen.[291] Von daher ist es auch am sachgerechtesten genauso vorzugehen, also **in einem ersten Schritt** unter Ausschöpfung aller einem zu Gebote stehenden Erkenntniskräfte zu ermitteln, **wer** die gewünschte Leistung vor Ort **am günstigsten** anbietet und sodann **in einem zweiten Schritt** zu überlegen, ob der vom günstigsten Angebot beinhaltete Leistungsumfang **für eine dem bestimmungsmäßigen Gebrauch des Gebäudes bzw. Grundstücks erforderliche Bewirtschaftung genügt** bzw. andersherum, wenn man lieber von vorneherein einen anderen Anbieter auswählen würde, sich zu fragen, inwieweit dieser **zusätzliche Leistungen oder eine besondere Qualität** der angebotenen Leistung vorzuweisen hat, mit der **der billigste Anbieter nicht mithalten** kann, oder es darüber hinaus **sonstige Kriterien** gibt, die einen Vertragsschluss gerade mit diesem und nicht mit dem billigsten Anbieter nahelegen. Kommt man sodann zum Ergebnis, dass der billigste Anbieter nicht adäquat ist, respektive der Wunschkandidat aus objektiv belastbar zu begründenden Erwägungen nachweislich vorzugswürdig ist, geht es noch darum, die **Gründe, die** für dessen Auswahl **maßgeblich** waren, ent-

291 Vgl. BGH, Urt. v. 13.10.2010 – XII ZR 129/09 – Rn 18.

sprechend zu **dokumentieren**, sodass man im Falle, dass dies zukünftig einmal erforderlich werden sollte, ggf. auch in der Lage ist, „Ross und Reiter zu benennen“. Dies mag einem auf den ersten Blick als aufwendig erscheinen, es ist aber lediglich ein **ganz natürlicher Vorgang**, der sich **zwangsläufig aus der Treuhänderstellung des Vermieters im Hinblick auf das Fremdvermögen der Betriebskostenvorauszahlungen** ergibt und der Tatsache, dass die Ausgaben des Vermieters einem **Wirtschaftlichkeitstest** standhalten müssen.

III. Abrechnungsfrist und Fälligkeit einer Nachzahlung bzw. einer Rückzahlung/Folgen bei Nichteinhaltung der Abrechnungsfrist

Das A und O für das korrekte Verständnis und daraus folgend die korrekte Erstellung und Abwicklung einer Betriebskostenabrechnung besteht immer aus dem **„Dreiklang“ zwischen Abrechnungszeitraum** (Geschäfts- oder Kalenderjahr), **Abrechnungsfrist und** ggf. der Frage, ob der Einhaltung der Abrechnungsfrist **Ausschlusswirkung** für eventuelle Nachforderungsansprüche des Vermieters nach Ablauf der Abrechnungsfrist zukommt. 337

Erstes Ziel des Abrechnungserstellers muss dabei immer die **Herbeiführung eines (nachweisbaren) Zugangs einer (formell) wirksamen Abrechnung innerhalb der Abrechnungsfrist** beim Mieter sein, weil nur dann der Abrechnungsanspruch des Mieters ordnungsgemäß erfüllt wird und die an den Zugang einer Abrechnung anknüpfenden Rechte und Pflichten der Parteien wirksam entstehen können (s. Rn 340ff.). 338

Soweit dieses erste Ziel aus welchen Gründen auch immer nicht erreicht werden sollte, ist dies zwar **im Geschäftsraummietrecht** regelmäßig kein „Super-GAU“, weil der Abrechnungsfrist von Haus aus **keine Ausschlusswirkung** zukommt. Vor dem Hintergrund, dass hierdurch **u.a. aber ein Zurückbehaltungsrecht** des Mieters an den laufenden Vorauszahlungen ausgelöst wird, wird jedoch schnell deutlich, dass auch im Geschäftsraummietrecht mit einer Versäumung der Abrechnungsfrist keinesfalls zu spaßen ist (s. Rn 348ff.). 339

1. Abrechnungsfrist und Fälligkeit einer Nachzahlung bzw. Rückzahlung

Nachdem **§ 556 BGB**, der für das Wohnraummietrecht quasi **„die Verfassung“ des Betriebskostenrechts** darstellt und von der Frage der Umlegbarkeit bis zur Abrechnung selbst alle wesentlichen Details im Zusammenhang mit Betriebskosten regelt, mangels Verweisung in § 578 BGB im Geschäftsraummietrecht **keine Anwendung** findet, stellt sich zwangsläufig die Frage, wie die dort vorhandenen gesetzlichen Lücken aufzufüllen sind. Eine dieser Lücken besteht darin, dass es im Geschäftsraummietrecht an einer **ausdrücklichen Regelung** zum **Bestehen** und zur **Länge einer Abrechnungsfrist fehlt** (s. Rn 343f.). 340

341 Für die Praxis teilweise immer noch unklar ist bzw. dort uneinheitlich gehandhabt wird die Frage, **wann** eine **Betriebskostennachzahlung fällig** wird. Losgelöst von der Frage, ob dem Mieter insofern eine **Überprüfungsfrist** gewährt werden muss, gibt es aber für das Fälligwerden einer Nachzahlung noch ganz **andere „Hürden"** (s. Rn 345).

342 Gerade in Zeiten oftmals nur unzureichender Liquidität von Eigentümern ist darüber hinaus auch die Frage von praktischer Bedeutung, **wie lange** der Vermieter **Zeit** hat, ein in einer zugegangenen Betriebskostenabrechnung ausgewiesenes **Betriebskostenguthaben** an den Mieter **auszukehren** (s. Rn 346 f.).

a) Bestehen und Länge der Abrechnungsfrist

343 **§ 556 Abs. 3 S. 2 BGB**, wonach die Abrechnungsfrist ein Jahr beträgt, **findet im Geschäftsraummietrecht keine entsprechende Anwendung**, weil die insofern maßgebliche Verweisungsnorm des § 578 BGB, die für das Geschäftsraummietrecht regelt, welche Vorschriften aus dem Wohnraummietrecht dort entsprechende Anwendung finden, § 556 BGB in ihrer Aufzählung nicht erwähnt.

344 **Da jedoch** für die Frage des Bestehens und der Länge einer Abrechnungsfrist **bei der Geschäftsraummiete keine anderen Gesichtspunkte entscheidend** sind als bei der Wohnraummiete, wurde hier schon bislang in Rechtsprechung und Literatur nahezu einhellig die Meinung vertreten, die der BGH mittlerweile auch ausdrücklich bestätigt hat, dass bei Fehlen anderweitiger vertraglicher Vereinbarungen (eine Verlängerung in Formularverträgen des Vermieters wäre aber gem. § 307 Abs. 2 Nr. 2 BGB wegen unangemessener Benachteiligung des Mieters im Zweifel sowieso unwirksam) **auch insoweit regelmäßig spätestens binnen eines Jahres** nach Ende des Abrechnungszeitraums **abzurechnen** ist.[292]

b) Fälligkeit einer Nachzahlung

345 Es war bislang durchaus üblich in der Praxis, die Fälligkeit eines Nachzahlungssaldos erst nach Ablauf einer angemessenen Überprüfungsfrist eintreten zu lassen und noch nicht unmittelbar mit dem Zugang einer formell ordnungsgemäßen Abrechnung. Dies widerspricht aber der insofern einschlägigen gesetzlichen Regelung des **§ 271 Abs. 1 BGB.**[293] Danach kann bei Fehlen einer bestimmten Leistungszeit der Gläubiger die **Leistung grundsätzlich sofort** verlangen. Dennoch ist die Rechtslage hiermit im Ergebnis noch lange nicht abschließend erklärt, sodass dem Vermieter diese Tatsache allein nicht wirklich etwas nützt. Denn erstens bestimmen die meisten Vermieter ohnehin eine **Leistungszeit i.S.v. § 271 Abs. 2 BGB**, die sich regel-

---

292 Vgl. BGH v. 27.1.2010 – XII ZR 22/07 – Rn 36–38.

293 Vgl. BGH v. 8.3.2006 – VIII ZR 78/05 – Rn 20.

mäßig auch schon von Haus aus mit einer angemessenen Überprüfungsfrist für den Mieter deckt und schieben damit die Fälligkeit hinaus. Zweitens muss die Abrechnung **formell ordnungsgemäß** sein, ansonsten führt ihr Zugang auch noch nicht zur Fälligkeit. Das heißt also, dass alle in ihr enthaltenen Einzelkostenanteile der betreffenden Betriebskostenpositionen rechnerisch und gedanklich nachvollziehbar und damit erst einmal wirksam ermittelt worden sein müssen. Ist dies schon nicht der Fall, kann es höchstens zu einer Teilfälligkeit für die Betriebskostenpositionen kommen, auf die dies zutrifft, soweit ihre Summe bereits einen Betrag ergibt, der die geleisteten Betriebskostenvorauszahlungen überschreitet. Drittens tritt **Zahlungsverzug** des Mieters auch **erst nach einer Mahnung ein bzw. wenn innerhalb von 30 Tagen nach Fälligkeit und Zugang der Abrechnung nicht gezahlt wird (§ 286 Abs. 3 S. 1 Hs. 1 BGB)**, sodass ihm bis dahin ohnehin noch kein Nachteil droht. Schließlich muss der Mieter viertens im Hinblick auf die betroffenen Betriebskostenpositionen und einen sie betreffenden, die geleisteten Vorauszahlungen anteilig übersteigenden Nachzahlungsbetrag selbstverständlich **auch insoweit nicht zahlen**, als die Abrechnung **„nur" inhaltlich falsch** sein sollte. Dies gilt, wenn er die erforderliche Neuberechnung nicht selbst ausführen kann, weil ihm die dafür maßgeblichen Bezugsdaten fehlen, **für den gesamten Einzelkostenanteil der betreffenden Betriebskostenposition**, weil dann zwingend der Vermieter die Neuberechnung durchführen muss[294] und der Mieter insofern **gem. § 273 Abs. 1 BGB ein Zurückbehaltungsrecht** an dem Einzelkostenanteil der betreffenden Betriebskostenposition hat und insoweit dann natürlich selbstredend **mangels Verschuldens auch nicht in Verzug gerät (§ 286 Abs. 4 BGB)**. Soweit der Mieter – etwa wegen eines bloßen Rechenfehlers innerhalb der Abrechnung – den tatsächlich geschuldeten Einzelkostenanteil selbst berechnen kann,[295] gilt dies natürlich **zumindest** noch für den nach Neuberechnung verbleibenden, den danach letztlich geschuldeten Betrag **übersteigenden Restbetrag des vor Neuberechnung vom Vermieter ausgewiesenen Einzelkostenanteils**, da dieser insofern dann nicht geschuldet ist.

c) Fälligkeit einer Rückzahlung

Auch hier findet **§ 271 Abs. 1 BGB** Anwendung, sodass der Mieter somit unmittelbar 346 **mit dem Zugang der ein Guthaben ausweisenden Abrechnung** auch bereits die Rückzahlung der insoweit zu viel gezahlten Vorauszahlungen verlangen kann.

In Verzug gerät der Vermieter **analog § 286 Abs. 3 S. 1 BGB aber erst 30 Tage** 347 **nach Zugang** der Abrechnung, sodass er bis dahin mit der Auszahlung noch abwarten kann, ohne dass er sich damit einem Risiko rechtlicher Nachteile aussetzt (wenn

294 Vgl. BGH, Urt. v. 17.11.2004 – VIII ZR 115/04 – II.1.b) a.E.
295 Vgl. BGH, Urt. v. 17.11.2004 – VIII ZR 115/04 – II.1.b) a.E.

man einmal von dem eher theoretischen Risiko absieht, dass der Mieter binnen dieses Zeitraums bereits gerichtlich vorgeht).

2. Folgen bei Nichteinhaltung der Abrechnungsfrist

348 Was **in der Praxis** immer wieder **erstaunt**, ist der Umstand, **dass Mieter** die ihnen nach fruchtlosem Ablauf der Abrechnungsfrist zustehenden **Rechte so wenig gebrauchen.**

349 **Dabei** ist die **Rechtslage** insofern eigentlich **unumstritten** und von daher klar vorgezeichnet.

350 Zwar muss der Vermieter im Geschäftsraummietrecht grundsätzlich **nicht befürchten, dass** er nach fruchtlosem Ablauf der Abrechnungsfrist **keine Nachzahlungen mehr** geltend machen kann (s. Rn 351ff.). **Mit dem fruchtlosen Ablauf der Abrechnungsfrist** kommt der **Vermieter aber** auch hier **in Verzug** (s. Rn 354). Der **Mieter kann** dementsprechend vor Gericht die **Erstellung** einer Abrechnung **verlangen** (s. Rn 355). Er kann über die **Einstellung der laufenden Vorauszahlungen** auch außergerichtlich größtmöglichen Druck ausüben (s. Rn 356f.), und **bei beendetem Mietverhältnis** kann er die geleisteten **Vorauszahlungen** unter Umständen sogar einfach wieder **zurückverlangen** (s. Rn 358ff.).

a) Keine Ausschlusswirkung wie im Wohnraummietrecht

351 Nachdem § 578 BGB nicht auf § 556 BGB verweist, fehlt somit logischerweise automatisch auch eine Verweisung auf die Ausschlusswirkung für Nachforderungen in § 556 Abs. 3 S. 3 BGB. Auch eine analoge Anwendung kommt insofern nicht in Betracht, weil hier **keine planwidrige Gesetzeslücke** vorliegt. Der Gesetzgeber wollte nämlich die aus dem preisgebundenen Wohnraummietrecht stammende Ausschlusswirkung ersichtlich zwar auf preisfreien Wohnraum übertragen, mehr aber auch nicht.[296]

352 Soweit **in Formularmietverträgen eines Mieters** – ein Vermieter wird sich wohl kaum von vorneherein schlechterstellen wollen, als das Gesetz es für ihn vorsieht, und eine derartige Regelung von sich aus deshalb auch nicht in seine Musterverträge aufnehmen – demgegenüber eine **Ausschlusswirkung durch ergänzende vorformulierte Vertragsbedingung in den Mietvertrag einbezogen** wurde und das Mietverhältnis dergestalt durch eine entsprechende Allgemeine Geschäftsbedingung des Mieters gestaltet worden ist, ist davon auszugehen, dass diese Bestimmung eingedenk dieser klaren Rechtslage regelmäßig **unwirksam ist bzw. nicht in den Mietvertrag einbezogen wird.** Zum einen ist sie **wegen eines Verstoßes gegen § 307**

296 Vgl. BGH, Urt. v. 27.1.2010 – XII ZR 22/07 – Rn 20 bis 22.

Abs. 2 Nr. 2 BGB und einer damit verbundenen unangemessenen Benachteiligung des Vermieters **unwirksam**, weil sie mit dem vom BGH erörterten Leitbild des Geschäftsraummietvertrags, wie es insbesondere in der sehr gezielten Auswahl des Gesetzgebers von nur einzelnen entsprechend anzuwendenden Vorschriften aus dem Wohnraummietrecht seinen deutlichen Ausdruck findet, nicht vereinbar ist. Diese neben § 307 Abs. 2 Nr. 1 BGB vom Gesetzgeber ausdrücklich vorgesehene weitere Möglichkeit zur Inhaltskontrolle von vom Verwender für die Gestaltung eines Schuldverhältnisses in den Vertrag einbezogenen Allgemeinen Geschäftsbedingungen dient nämlich gerade nicht nur dazu, Schuldverhältnisse, die nicht zu den im BGB ausdrücklich vorgesehenen einzelnen Schuldverhältnissen gehören, überhaupt einer Inhaltskontrolle von diesbezüglich vom Verwender in den Vertrag einbezogenen AGB unterziehen zu können, nachdem man von etwas, was in Rechtsvorschriften schon gar nicht gesetzlich geregelt wurde, selbstverständlich auch nicht durch Bestimmungen in Allgemeinen Geschäftsbedingungen abweichen kann. Sie dient daneben vielmehr ferner auch dazu, bei einzelnen Schuldverhältnissen, die ausdrücklich im 8. Abschnitt des zweiten Buchs des BGB aufgeführt sind, **wesentliche Rechte und Pflichten, die insoweit zwar nicht gesetzlich geregelt sind, sich aber aus der Natur des Vertrags ergeben**, vor einer die Erreichung des Vertragszwecks gefährdenden Einschränkung zu schützen, die in einem solchen Fall gerade dadurch eintreten kann, dass die in der Rechtsvorschrift unstreitig nicht vorhandene Regelung, wie vorliegend die Ausschlusswirkung der Abrechnungsfrist, kurzerhand einfach durch eine Allgemeine Geschäftsbedingung des Verwenders der AGB, hier also des Mieters, ergänzt wird. Das **Gesetz behandelt** insofern denn auch **in § 307 Abs. 3 S. 1 BGB** folgerichtig die Fälle einer **Abweichung von Rechtsvorschriften** auf der einen Seite und die Fälle einer **Ergänzung von Rechtsvorschriften** auf der anderen Seite im Ergebnis **ausdrücklich gleich**. Zum anderen ist sie aber gerade **gemessen an dem Leitbild des BGB-Geschäftsraummietvertrags** und an den für die Ausgestaltung von Geschäftsraummietverträgen üblicherweise geltenden **Gewohnheiten und Gebräuchen**, auf die, wenn man etwa den Rechtsgedanken des § 310 Abs. 1 S. 2 BGB zugrunde legt, für die Frage der Anwendbarkeit der AGB-Vorschriften des BGB im Handelsverkehr maßgeblich abzustellen ist, auch objektiv ungewöhnlich und man muss mit ihr auch überhaupt nicht rechnen, sodass sie von daher **gem. § 305c Abs. 1 BGB** als überraschende Klausel normalerweise schon von Haus aus gar **nicht wirksam in einen Mietvertrag einbezogen** werden kann.

Dessen ungeachtet sollte ein Erwerber von vermieteten Grundstücken von vor- 353
neherein **im Rahmen einer Due Diligence** immer **peinlich genau darauf achten**, dass in den in den Geschäftsraummietverträgen enthaltenen Regelungen zur Betriebskostenabrechnung nicht doch eine **Ausschlusswirkung** vorgesehen ist.[297]

297 Als Maßstab dafür, ob eine solche vorliegt, kann regelmäßig immer die gesetzliche Regelung aus dem Wohnraummietrecht in § 556 Abs. 3 S. 3 BGB herangezogen werden, d.h. es muss ausdrück-

Denn häufigster praktischer Anwendungsfall für eine Aufnahme einer Ausschlusswirkung in einen Geschäftsraummietvertrag dürfte neben der Verwendung in **Verträgen von marktbeherrschenden Filialisten oder öffentlich-rechtlich organisierten Mietern** auch die Verwendung in **Mietverträgen** sein, **die vor Veräußerung vermieteten konzerneigenen Geschäftsraums zwischen den Unternehmen eines Konzerns abgeschlossen wurden** und bei denen das mietende Unternehmen nach Veräußerung weiter in den Räumen bleibt. In derartigen Konstellationen der Veräußerung einer bislang konzerneigenen Immobilie ist es nichts Ungewöhnliches, dass aus Anlass der Veräußerung eine mieterfreundliche Überarbeitung des Mietvertrages stattfindet, weil man zu diesem Zeitpunkt noch die Möglichkeit hat, dem konzerneigenen Mieter über den Zeitpunkt des Ausscheidens der Immobilie aus dem Konzernbestand hinaus etwas Gutes zu tun. Nachdem in einer solchen Situation eines **„kollusiven Zusammenwirkens“ zweier Unternehmen** schon allein deswegen auch nicht ausgemacht ist, dass der Nachweis des Vorliegens eines Formularvertrages gelingen wird, weil Veräußerer und Mieter ggf. beiderseits bestätigen werden, dass es sich um eine Individualvereinbarung gehandelt habe (eine solche ist insoweit ohne Weiteres möglich, weil es sich beim Nichtvorliegen einer Ausschlusswirkung im Geschäftsraummietrecht mangels sozialen Schutzgedankens selbstverständlich nicht um zwingendes Recht handelt), ist der Zeitpunkt, wo man dieses **„Thema auf die Tagesordnung“** bringen muss, dementsprechend **im Zweifel bereits schon im Rahmen der Kaufvertragsverhandlungen**, um insofern unter Umständen entweder einen Kaufpreisnachlass zu verhandeln oder alternativ dazu sogar noch zu erreichen, dass der Veräußerer im Wege einer entsprechenden vertraglichen Änderung des Mietverhältnisses konzernintern auf die Ausschlusswirkung verzichtet. Zumindest wenn das Portfolio/Objekt nicht weggeht „wie warme Semmeln“, sollte der Erwerber hieraus für sich Honig saugen können. Denn zumindest dann gibt es für einen Veräußerer sicher Angenehmeres als dabei „auf frischer Tat ertappt zu werden“, wie er versucht hat, „seinem“ Mieter einen unlauteren Vorteil zu verschaffen, denn vertrauensbildend ist so etwas sicher nicht. Wenn man bedenkt, um welche Summen es bei den Nachforderungen im Geschäftsraummietrecht oftmals geht, liegt auch auf der Hand, dass so etwas ganz schnell „kein Kavaliersdelikt“ mehr sein muss.

b) Eintritt der Abrechnungsreife

354 Auch wenn es somit im Geschäftsraummietrecht grundsätzlich von Gesetzes wegen keine Ausschlusswirkung gibt, so gilt doch **auch hier** die **einjährige Abrechnungs-**

lich erwähnt sein, dass Nachforderungen nach Ablauf der Abrechnungsfrist nicht mehr verlangt werden können; nicht ausreichend ist dagegen die bloße Erwähnung des Abrechnungszeitraums (vgl. § 556 Abs. 3 S. 1 Hs. 1 BGB) oder der Abrechnungsfrist (vgl. § 556 Abs. 3 S. 2 BGB).

frist. Dementsprechend muss die Abrechnung dem Mieter **spätestens bis zu deren Ende zugegangen** sein. **Wenn nicht**, tritt die sog. Abrechnungsreife ein, die die nachfolgend **unter c) bis e)** (Rn 355–359) **genannten Rechte** des Mieters auslöst.

c) Einklagbarer Anspruch auf Abrechnungserstellung

Zum einen kann der Mieter einen ganz normalen, auf Erfüllung seines **mit Eintritt** 355
der Abrechnungsreife fällig gewordenen Abrechnungsanspruchs gerichteten Leistungsanspruch geltend machen, der sich seinerseits daraus ergibt, dass die Vorauszahlungen lediglich treuhänderisch gehaltenes Fremdvermögen sind, die nur dann und insoweit beim Vermieter verbleiben dürfen, als er diesen jeweils im Einzelnen für gemäß Mietvertrag umlegbare Betriebskostenpositionen und mit Blick für die Wirtschaftlichkeit getätigte Ausgaben gegenüberstellen kann.

d) Zurückbehaltungsrecht an laufenden Vorauszahlungen bei noch nicht beendetem Mietverhältnis

Wenn der Mieter jedoch aus verständlichen Gründen derartigen Aufwand und der- 356
artige Mühen scheut und deshalb nicht von sich aus proaktiv vor Gericht ziehen will, gibt das Gesetz ihm aber auch eine ganz simple Möglichkeit, zu seinem Recht zu kommen. Er kann nämlich einfach gem. § 273 BGB von seinem **Zurückbehaltungsrecht** Gebrauch machen und insofern die laufenden Betriebskostenvorauszahlungen **solange** zurückbehalten, **bis er** die fällige **Abrechnung erhält.**[298] Diese muss dabei **jedoch nur formell ordnungsgemäß** sein,[299] weil es für die Erfüllung des Abrechnungsanspruchs des Mieters ja immer nur auf eine **wirksame Abrechnung** ankommt, **nicht aber auch** auf deren **inhaltliche Richtigkeit. Sobald** diese allerdings **zugegangen** ist, muss er die zurückbehaltenen Vorauszahlungen für den laufenden Abrechnungszeitraum, für den noch keine Abrechnungsreife vorliegt, **sofort** an den Vermieter **auszahlen**, weil damit der Grund für die Zurückbehaltung weggefallen ist, es sei denn, es steht noch eine weitere abrechnungsreife Abrechnung aus, dann kann er natürlich auch weiterhin die Betriebskostenvorauszahlungen zurückbehalten. Naturgemäß darf aber der **Betrag der zurückbehaltenen Vorauszahlungen nicht höher** sein **als der Betrag der für die offenstehenden Abrechnungszeiträume geschuldeten Sollvorauszahlungen**, da sonst eine „Übersicherung" des Mieters einträte.

Soweit in Geschäftsraummietverträge einbezogene Allgemeine Geschäftsbedin- 357
gungen des Vermieters zwar regelmäßig neben einem die von § 309 Nr. 3 BGB gesetzten Grenzen wahrenden und damit danach wirksamem Aufrechnungsverbot

298 BGH, Urt. v. 29.3.2006 – VIII ZR 191/05 –.
299 Vgl. BGH v. 28.5.2008 – VIII ZR 261/07 – Rn 17.

auch ein dementsprechendes **Verbot der Ausübung eines Zurückbehaltungsrechts** enthalten, so **nützt** dies an dieser Stelle im Übrigen auch **nichts**, denn auch ein solches Verbot bedarf gem. §§ 310 Abs. 1 S. 2, 309 Nr. 2 b) BGB, um wirksam zu sein, regelmäßig einer Ausnahme für unbestrittene oder rechtskräftig festgestellte Ansprüche. Nachdem der **fällige Abrechnungsanspruch** nach Ablauf der Abrechnungsfrist aber **in Anbetracht der zweifelsfreien Rechtslage zum Eintritt der Abrechnungsreife nach Ablauf der Abrechnungsfrist grundsätzlich unstreitig** sein bzw. ein streitig stellen wegen der den Inhalt von Schuldverhältnissen gem. § 242 BGB stets maßgeblich prägenden Leistungspflicht nach Treu und Glauben rechtsmissbräuchlich und damit zumindest unbeachtlich sein sollte, hilft einem ein solches Verbot also im Ergebnis an dieser Stelle grundsätzlich auch nicht weiter, es sei denn, eine Abrechnung wurde fristgerecht erstellt und es geht „lediglich" um die Frage, ob diese bereits vorliegende Abrechnung formell ordnungsgemäß, also wirksam ist. Nachdem die Vorauszahlungen, wie bereits zuvor ausgeführt, das natürliche „Bindeglied" zwischen den für die einzelnen Betriebskostenpositionen vorgenommenen Einzelkostenanteilsberechnungen sind, **reicht** es insofern aber für ein Zurückbehaltungsrecht an den laufenden monatlichen Vorauszahlungen schon aus, **wenn nur eine einzige Betriebskostenposition nicht wirksam abgerechnet** worden sein sollte, weil die Vorauszahlungen einheitlich auf die Summe aller Einzelkostenanteile verrechnet werden und sich damit auch einheitlich – und gewissermaßen „unteilbar" – auf alle Betriebskostenpositionen beziehen.

e) Rückzahlungsanspruch bezüglich geleisteter Vorauszahlungen bei beendetem Mietverhältnis

358 **Nach Beendigung des Mietverhältnisses** hat der Mieter selbstverständlich keine Möglichkeit mehr, laufende Vorauszahlungen zurückzubehalten, denn es bestehen ja keine laufenden Zahlungspflichten mehr. Gleichwohl wäre es aber unbillig, ihn nur darauf zu verweisen, auf Abrechnung klagen zu können, obwohl er seinen Teil der Verpflichtung bereits dadurch erfüllt hat, dass er die Vorauszahlungen entrichtet hat. **Da das Druckmittel der Zurückbehaltung** von Vorauszahlungen mit der Beendigung des Mietverhältnisses **entfallen** ist, muss es ihm von daher **möglich** sein, bei einer erst danach abrechnungsreif gewordenen, aber noch ausstehenden Betriebskostenabrechnung stattdessen einfach kurzerhand die während des Bestehens des Mietverhältnisses für den verfristeten Abrechnungszeitraum seinerzeit **geleisteten Vorauszahlungen wieder zurückzuverlangen.**[300] Allerdings hat der BGH auch diesen Rückzahlungsanspruch nach Beendigung des Mietverhältnisses insoweit kürzlich relativiert, dass er diesen nunmehr nur noch für die Fälle und in

---

300 BGH, Urt. v. 9.3.2005 – VIII ZR 57/04 –.

der Höhe zuspricht, dass es sich nicht um Betriebskostenvorauszahlungen handeln darf, die bereits während des noch laufenden Mietverhältnisses fällig geworden sind und hinsichtlich derer damals bereits ein Zurückbehaltungsrecht des Mieters bestand, weil man diesbezüglich ja nach Eintritt der Abrechnungsreife für den verfristeten Abrechnungszeitraum bis zum Ende des Mietverhältnisses noch ohne Weiteres ein Zurückbehaltungsrecht hätte geltend machen können und deshalb einen Rückzahlungsanspruch, der erst nach Ende des Mietverhältnisses geltend gemacht wird, nicht besitzen soll.[301] Das bedeutet im Ergebnis, dass das **Zurückbehaltungsrecht** des Mieters insofern zu einer **faktischen Zurückbehaltungspflicht** des Mieters wird, weil er die betreffenden Vorauszahlungen ansonsten nach Ende des Mietverhältnisses nicht mehr zurückfordern kann. Wenn er sich dementsprechend hier insoweit nicht rechtlich schlechterstellen will, muss er von daher immer eine **Wiedervorlage am Ende einer Abrechnungsfrist** machen und bei (gänzlich) fehlendem Zugang einer (wirksamen) Abrechnung für den zugehörigen Abrechnungszeitraum **sofort mit dem ersten darauffolgenden Monat** von seinem **Zurückbehaltungsrecht** Gebrauch machen. Daneben behält er **aber selbstverständlich immer** dessen ungeachtet so oder so sein **Recht, auf Abrechnung zu klagen**, insbesondere natürlich auch nach dem Ende des Mietverhältnisses, wenn sein Abrechnungsanspruch für den betreffenden Abrechnungszeitraum, für den er sein mögliches Zurückbehaltungsrecht während des laufenden Mietverhältnisses nicht ausgeübt hat, dann noch nicht verjährt ist. Der **Rechtsverlust ist somit im Endeffekt nur ein „relativer“** und kein „absoluter“. Bloß reflexartig ausüben muss man folglich sein Zurückbehaltungsrecht also auch jetzt nicht, sondern kann und sollte sich, wie im Übrigen bei jeder Ausübung eines Rechts, immer gut überlegen, ob man es bei ganzheitlicher Betrachtung nicht besser damit sein lässt. Denn zumindest gedanklich „auf die hohe Kante legen“, muss man ja die zurückbehaltenen Vorauszahlungen so oder so, nachdem ein Zurückbehaltungsrecht lediglich zu einer dilatorischen (aufschiebenden) und keiner peremptorischen (dauerhaften) Einrede führt, wie dies etwa bei der Verjährung der Fall ist.

Letztlich bleibt aber auch in den nach dieser Relativierung der Rechtsprechung 359
noch verbleibenden Fällen, wo die Abrechnungsreife und damit ein Zurückbehaltungsrecht für verfristete Abrechnungszeiträume noch nicht bis zum Ende des Mietverhältnisses eingetreten ist, ein allfälliges Rückforderungsrecht des Mieters für Betriebskostenvorauszahlungen nach Ende des Mietverhältnisses jedoch ohnehin so oder so ein „zahnloser Tiger“, weil es den Vermieter im Ergebnis ja dennoch **nicht daran hindert**, den Mieter auch noch nach insofern etwaig erfolgter Rückzahlung der Vorauszahlungen **anschließend wieder auf Zahlung** der tatsächlich entstandenen Betriebskosten für den schließlich doch noch abgerechneten Abrechnungs-

---

301 Vgl. BGH, Urt. v. 26.9.2012 – VIII ZR 315/11 – Rn 10.

zeitraum **in Anspruch zu nehmen**[302] (freilich im Wohnraummietrecht wegen der dort geltenden Ausschlusswirkung nach Ablauf der Abrechnungsfrist grundsätzlich lediglich maximal bis zur Höhe der geschuldeten Sollvorauszahlungen).[303] Von daher ist es für einen Mieter, dem es nicht in erster Linie zunächst einmal um die kurzfristige Rückerlangung seiner – bis auf Weiteres ohne den mit ihr bezweckten Erfolg der Tilgung der von ihm zu tragenden Betriebskostenlast – verlorenen Liquidität bestellt ist, unter dem Strich sicherlich **nicht zielführend**, auf **Rückzahlung** der geleisteten Vorauszahlungen zu klagen, nur um dann anschließend das Geld wieder zurückzahlen zu müssen, **sondern** im Endeffekt doch eher gleich auf die **Erteilung** der fälligen Abrechnung. Von daher sollte man als Vermieter den Mieter, wenn er in derartigen Sachverhaltskonstellationen die geleisteten Vorauszahlungen zurückverlangt, bereits vorgerichtlich auch durchaus darauf hinweisen, dass das Thema damit für ihn noch nicht ausgestanden wäre und ihn deshalb noch um etwas Geduld bitten, die Fertigstellung der betreffenden Abrechnung abzuwarten.

IV. Beanstandungen des Mieters

360 Ähnlich wie bei der Anpassung von Betriebskostenvorausleistungen, wo es für das Geschäftsraummietrecht **keine gesetzlichen Regelungen** zur Anpassung gibt, sieht es auch aus, wenn es darum geht, die Möglichkeiten des Mieters einzuschränken, Einwendungen gegen die zugegangene Abrechnung zu erheben. Eine **zeitliche Beschränkung des Einwendungsrechts** des Mieters ist für das Geschäftsraummietrecht von Gesetzes wegen **nicht vorhanden**, sodass insoweit keine Möglichkeit besteht, Lücken im Vertragstext per Rückgriff auf bereits vorhandene gesetzliche Regelungen zu stopfen (s. Rn 362). Somit kommt der **Ausgestaltung des Mietvertrags** auch in Bezug auf diesen Umstand **kardinale Bedeutung** zu, und man muss eine entsprechende Regelung in den Mietvertrag aufnehmen, damit man sich an dieser Stelle nicht schlechterstellt als im Wohnraummietrecht (s. Rn 363ff.). Dabei darf man in diesem Zusammenhang aber nicht vergessen, dass die Einwendungsausschlussfrist im Wohnraummietrecht „das Spiegelbild" der dortigen Ausgestaltung der Abrechnungsfrist als Ausschlussfrist darstellt. Nachdem es eine solche Ausschlusswirkung im Geschäftsraummietrecht mangels Anwendbarkeit von § 556 BGB (arg. kein Verweis in § 578 BGB) aber gerade nicht gibt, liegt es auf der Hand, dass im Rahmen einer Inhaltskontrolle von Allgemeinen Geschäftsbedingungen, durch die ein Mietverhältnis gestaltet werden soll, *„die wesentlichen Rechte oder Pflichten, die sich aus der Natur des Vertrags ergeben"* i.S.v. § 307 Abs. 2 Nr. 2 BGB aus Gründen der **„Waffengleichheit" zwischen Vermieter und Mieter** im Ge-

302 BGH, Urt. v. 9.3.2005 – VIII ZR 57/04 –.
303 Vgl. BGH, Urt. v. 31.10.2007 – VIII ZR 261/06 – Rn 25.

schäftsraummietrecht dementsprechend grundsätzlich dafür sprechen, dass, wenn der Vermieter schon keinen Anspruchsausschluss bei verspäteter Erstellung der Abrechnung befürchten muss, dann dem Mieter aber auch umgekehrt grundsätzlich sein Einwendungsrecht nicht abgeschnitten werden darf. Dies ist vom verwendenden Vermieter bei der **formularvertraglichen Ausgestaltung eines Einwendungsausschlusses** im Geschäftsraummietrecht durch eine entsprechend strenge, dem hier in der logischen Konsequenz des Fehlens einer Ausschlusswirkung ersichtlich erforderlichen gesteigerten **Mieterschutz Rechnung tragende Abfassung** der vertraglichen Regelung zu berücksichtigen.

Soweit es an einem solchen (wirksamen) vertraglichen Einwendungsausschluss 361
fehlt bzw. dessen Voraussetzungen nicht gegeben sind, stellt sich in diesem Zusammenhang ansonsten wie immer im Recht so auch hier die für die Praxis entscheidende Frage, welche **Anforderungen an das Substanziieren von Einwendungen** des Mieters gestellt werden dürfen. Ab wann muss man sich als Vermieter mit „Einwendungen" des Mieters überhaupt auseinandersetzen, und wann kann man diese getrost als rechtlich irrelevant ignorieren? Inwiefern **spielt es eine Rolle, ob** ein Mieter **vorher Belegeinsicht** geübt hat? In welcher **Form** sind **Belege** vorzuhalten und vor allem **wo** muss eine **Belegeinsicht** stattfinden (s. Rn 373ff.)?

1. Grundsatz: Keine Einwendungsausschlussfrist wie im Wohnraummietrecht

Man kann es nicht oft genug sagen: Der häufig zu hörende Satz, das, was im Wohn- 362
raummietrecht recht ist, im Geschäftsraummietrecht automatisch auch billig sein muss, weil der Geschäftsraummieter nicht schutzwürdiger sein könne als ein Wohnraummieter, geht in dieser apodiktischen Form zu weit. Der **Geschäftsraummieter** ist **kein Wohnraummieter „light"**. Vielmehr handelt es sich beim Geschäftsraummietverhältnis von der gesetzgeberischen Grundlage her grundsätzlich um **ein „aliud"** – nämlich ein in einem eigenen Untertitel des (BGB-)Mietvertragsrechts geregeltes „Mietverhältnis über andere Sachen" (als Wohnraum) –, welches nur gewisse Gemeinsamkeiten mit einem Wohnraummietverhältnis teilt, nämlich zumindest die Gemeinsamkeit, dass auch insoweit die „Allgemeinen Vorschriften für Mietverhältnisse" des BGB (§§ 535–548 BGB) unmittelbare Anwendung finden. Gerade was aber das **Fehlen einer Einwendungsausschlussfrist** im Geschäftsraummietrecht angeht, so ist dies, wie oben schon erwähnt, die konsequente **Folge des spiegelbildlichen Fehlens einer Ausschlusswirkung der Abrechnungsfrist** auf der Vermieterseite.

2. Ausnahme: Aufnahme einer Einwendungsausschlussfrist in den Vertrag

Soweit der Vermieter aus angesichts des Vorgesagten naheliegenden Gründen auch 363
im Geschäftsraummietrecht trotzdem eine **Einwendungsausschlussfrist in sein Mietvertragsmuster einbeziehen** will, hat sich in der Praxis eine formularvertrag-

liche Übung herausgebildet, die sich nach Maßgabe des § 310 Abs. 1 S. 2 BGB **an §§ 307, 308 Nr. 5 BGB orientiert.**[304] Ob eine Einwendungsausschlussfrist als formularvertragliche Ergänzung des Vermieters i.S.v. § 307 Abs. 2 Nr. 2, Abs. 3 S. 1 BGB angesichts der im Geschäftsraummietrecht des BGB mangels Verweises auf § 578 BGB nicht vorhandenen Regelung überhaupt in Betracht kommt, wird dabei soweit ersichtlich zwar nicht diskutiert. Nachdem jedoch der Anwendungsbereich für die im Gesetz ausdrücklich geregelten Klauselverbote mit Wertungsmöglichkeit u.a. für § 308 Nr. 5 BGB in § 310 Abs. 1 S. 2 BGB explizit auf die im Handelsverkehr geltenden Gewohnheiten und Gebräuche abstellt und zumindest **Einwendungsausschlussfristen im Gegensatz zu Ausschlussfristen für die Abrechnung der Betriebskosten in Geschäftsraummietverträgen absolut nicht ungewöhnlich** und damit nicht überraschend i.S.v. § 305c Abs. 1 BGB sind, sollte hier trotz des insoweit anderen Leitbilds des BGB-Geschäftsraummietvertrags die grundsätzliche Möglichkeit einer an § 308 Nr. 5 BGB zu messenden formularvertraglichen Ergänzung des Mietvertrags um eine Einwendungsausschlussfrist durch den Vermieter aber auch unstreitig außer Frage stehen.

364 Vor dem Hintergrund, dass **Schweigen im Recht grundsätzlich weder Ja noch Nein** bedeutet, wird deshalb vom Gesetzgeber eine **doppelte Hinweispflicht** des Vermieters eingefordert („der Verwender sich verpflichtet, den Vertragspartner bei Beginn der Frist ... besonders hinzuweisen"). Es muss mithin **nicht nur der Vertrag selbst** den Einwendungsausschluss mit einer angemessenen Frist vorsehen (§ 308 Nr. 5a) BGB) und bereits, den Vermieter verpflichtend, ausdrücklich darauf verweisen, dass auf diesen Umstand in den zu erstellenden Betriebskostenabrechnungen auch noch einmal hingewiesen werden wird (§ 308 Nr. 5b) BGB) (s. Rn 367), sondern es muss darüber hinaus **auch in der Abrechnung** dann in jedem Fall auch noch einmal tatsächlich ausdrücklich so drinstehen, wie zuvor im Mietvertrag geheißen, dass nämlich dem Mieter nur der im Mietvertrag bereits genannte, begrenzte Zeitraum für etwaige Einwendungen zur Verfügung steht (s. Rn 368).

365 Dabei darf aber analog der Rechtslage im Wohnraummietrecht zur dortigen gesetzlichen Einwendungsausschlussfrist ein Gesichtspunkt keinesfalls außer Acht gelassen werden, nämlich dass auch bei einer (formular-)vertraglich vereinbarten Einwendungsausschlussfrist der **Einwendungsausschluss von Haus aus nur solche Betriebskostenpositionen** betreffen kann, **die überhaupt formell ordnungsgemäß abgerechnet** worden sind.[305] Solange und soweit das **nicht der Fall** sein sollte, läuft auch **keine Frist** (s. Rn 369 f.).

366 Schließlich stellt sich in diesem Zusammenhang noch die **Frage, ob ein Mieter** ggf. auch bereits dadurch das **Recht verlieren kann**, Einwendungen zu erheben,

---

304 BGH, Urt. v. 10.9.2014 – XII ZR 56/11 – Rn 32

305 BGH, Urt. v. 8.12.2010 – VIII ZR 27/10 –.

dass er einen etwaigen Nachzahlungssaldo zunächst **vorbehaltslos ausgeglichen** hat und erst anschließend nachkartet (s. Rn 371f.).

a) Anforderungen an die vertragliche Regelung einer Einwendungsausschlussfrist

Entscheidend, aber auch am schwierigsten zu beantworten ist – bei Klauseln „mit Wertungsmöglichkeit“, also Klauseln, die unbestimmte Rechtsbegriffe enthalten, wie dies bei § 308 BGB im Gegensatz zu denen „ohne Wertungsmöglichkeit“ in § 309 BGB der Fall ist – naturgemäß die Frage, **wie lang** eine vertraglich vorgesehene Einwendungsausschlussfrist in einem Geschäftsraummietvertrag zwingend sein muss, damit man noch davon sprechen darf, dass diese **„angemessen“ i.S.v. § 308 Nr. 5a BGB** ist. Insofern wird man mit Sicherheit nur annehmen dürfen, dass es selbstverständlich ausreichend sein muss, wenn diese **entsprechend § 556 Abs. 3 S. 5 BGB ein Jahr nach Zugang** der Betriebskostenabrechnung beträgt, da es keinerlei Anhaltspunkte dafür gibt, dass das eine Jahr aus dem Wohnraummietrecht nicht auch im Geschäftsraummietrecht angemessen sein sollte, nachdem zwar nicht die Ausschlusswirkung zumindest aber die Abrechnungsfrist von einem Jahr, deren Spiegelbild die einjährige Einwendungsfrist ist, im Ergebnis aufgrund der entsprechenden Rechtsprechung des BGH auch im Geschäftsraummietrecht gilt. Von daher ist man bei Vereinbarung einer Einwendungsfrist mit Ausschlusswirkung von einem Jahr auf jeden Fall **auf der sicheren Seite**. Alles, **was** sich **unter diesem Zeitraum** bewegt, birgt das **Risiko** in sich, dass es von der Judikatur als **unangemessen kurz** gewertet wird und dementsprechend zur Unwirksamkeit der ganzen Regelung führt. In Anbetracht der Tatsache, dass Einwendungen der Mieter häufig ohnehin nur unsubstanziiert erfolgen und damit rechtlich unbeachtlich sind (siehe nachfolgend Rn 373f.), sollte man an dieser Stelle von daher im Zweifel auch lieber von vorneherein eine einjährige Einwendungsausschlussfrist in die betreffende formularvertragliche Regelung aufnehmen, weil man ansonsten ohne Not die in der Praxis im Einzelfall überaus bedeutsame Regelung zur fristgebundenen Mitteilung von Einwendungen auf rechtlich wackelige Beine stellt. Denn das, was man ggf. mit einer kürzeren Einwendungsausschlussfrist vermeintlich zeitlich gewinnt, steht regelmäßig in keinem Verhältnis zu dem Verlust, den man hat, wenn der Mieter ohne jegliche zeitliche Höchstgrenze Einwendungen erheben kann. 367

b) Wiederholung des Hinweises auf die Einwendungsausschlussfrist in der Abrechnung

Erst durch diesen Hinweis und damit die Erfüllung der zweiten Hinweispflicht in der Abrechnung (neben der Erfüllung der ersten (ausdrücklich in § 308 Nr. 5 BGB postulierten) Hinweispflicht durch Aufnahme eines Hinweises auf diesen Hinweis in der Abrechnung bereits im Mietvertrag) wird eine an und für sich im Vertrag auf AGB-rechtlich zulässige Art und Weise vereinbarte **formularvertragliche Regelung** 368

wirksam.[306] Wäre das nicht so, würde man den Zweck der gesetzlichen Regelung des § 308 Nr. 5 BGB verfehlen, den Mieter nur dann an einer bloß formularvertraglich vereinbarten fingierten Erklärung (nämlich mit dem Ablauf der Einwendungsfrist zum Ausdruck zu bringen, auch tatsächlich keine Einwendungen mehr erheben zu wollen) festhalten zu können, wenn er **bei Beginn der Frist explizit darauf hingewiesen** wurde, dass seinem Schweigen bis zum Fristablauf ausnahmsweise eine derartige Erklärungswirkung beigemessen wird. Nachdem **Schweigen im Recht bis auf Fälle ausdrücklicher gesetzlicher Regelungen oder eines kaufmännischen Bestätigungsschreibens grundsätzlich weder Ja noch Nein** bedeutet, liegt es auf der Hand, dass **alles andere** auch in der Tat **unangemessen benachteiligend** wäre, weil es aufgrund des dortigen Fehlens einer gesetzlichen Einwendungsausschlussfrist insofern im Geschäftsraummietrecht im Gegensatz zum Wohnraummietrecht eben gerade **keine allgemeingültige gesetzliche Regelung** gibt, die unabhängig von Wissen und Wollen des Mieters einen Rechtsverlust des Mieters zur Folge hat.

c) Kein Ausschluss von Einwendungen bei nicht formell ordnungsgemäß abgerechneten Positionen

369 Dies ist zwar logisch, es ist aber trotzdem wichtig, dass der BGH dies auch noch einmal ausdrücklich zur Sprache gebracht hat und damit dezidiert ins rechtliche Bewusstsein ruft, da man einer Einwendungsausschlusswirkung ansonsten unter Umständen unreflektiert eine Tragweite beimisst, die diese denknotwendig gar nicht haben kann. Denn **solange nur** eine **formell fehlerhafte** – also rechnerisch und/ oder gedanklich nicht nachvollziehbare – **und damit unwirksame Abrechnung** vorliegt, **fehlt** es an einer **ausreichenden Beurteilungsgrundlage für** eine **zuverlässige inhaltliche Überprüfung** der in ihr angestellten Berechnungen.[307] Ein Erheben von sachgerechten Einwendungen ist dann denknotwendig nicht oder zumindest nicht abschließend möglich, und man muss sich deshalb nicht einmal in der Sache mit der betreffenden Betriebskostenposition auseinandersetzen, weil diese dann im Ergebnis als noch nicht abgerechnet gilt.

370 **Aber auch hier ist zu differenzieren** und **betriebskostenpositionsbezogen** zu denken. Soweit also rechnerisch und gedanklich nachvollziehbare Betriebskostenpositionen vorgelegen haben, denen gegenüber der Mieter binnen der vereinbarten Frist nicht substanziiert eingewendet hat, ist ein sich aus diesen ggf. bereits ergebender, die Betriebskostenvorauszahlungen **übersteigender Anteil** an einem Nachzahlungssaldo **fällig und einredefrei durchsetzbar, sobald** die im Vertrag wirksam vereinbarte und in der Praxis durch Hinweis in der Abrechnung ordnungs-

---

306 Z.B. KG ZMR 2011, 116 m.w.N.

307 Vgl. BGH, Urt. v. 8.12.2010 – VIII ZR 27/10 – Rn 17.

gemäß umgesetzte vertragliche **Einwendungsausschlussfrist abgelaufen** ist und **soweit die unwirksamen Einzelpositionen ohne Weiteres herausgerechnet** werden können.[308]

d) Anerkenntniswirkung nach vorbehaltlosem Ausgleich einer Nachzahlung durch den Mieter?

Eine Anerkenntniswirkung wurde früher größtenteils von den Instanzgerichten bejaht, zumindest soweit es sich um Einwendungen handelte, die bereits bei vorbehaltslosem Ausgleich hätten geltend gemacht werden können,[309] bevor der BGH zu Recht klargestellt hat, dass, so wie der Vermieter grundsätzlich auch ohne Weiteres ein vorbehaltslos ausgezahltes Guthaben wieder zurückverlangen kann, der **Mieter** umgekehrt **grundsätzlich** aber auch **nicht daran gehindert** ist, einen bereits **vorbehaltslos ausgeglichenen Nachzahlungsbetrag wieder zurückfordern** zu können. Auch insoweit kann nämlich dem Ausgleich der Nachzahlung **nur in Ausnahmefällen** die Wirkung eines Rückforderungen des Mieters grundsätzlich ausschließenden **deklaratorischen Schuldanerkenntnisses** beigemessen werden, nämlich nur dann und insoweit, als es zuvor überhaupt einen **Streit der Parteien über die Berechtigung des zunächst ausgewiesenen Abrechnungssaldos** gegeben hat, welcher sodann dadurch beigelegt wurde, dass der Vermieter den **ursprünglich ausgewiesenen Nachzahlungssaldo zugunsten des Mieters reduzierte**, woraufhin der **Mieter den reduzierten Nachzahlungssaldo anschließend vorbehaltslos ausgeglichen** hat. Dann, und zwar nur dann und im Übrigen auch **nur, wenn** es sich um **Einwendungen des Mieters** handeln sollte, welche er **bei Auszahlung des zuvor zu seinen Gunsten korrigierten Nachzahlungssaldos kannte oder mit denen er gerechnet hatte**, ist der Mieter daran gehindert, von dem ursprünglich bezahlten Nachzahlungssaldo im Nachhinein wieder etwas zurückzuverlangen. 371

Soweit der Mieter ohnehin keinerlei aktive Leistungshandlung vorgenommen hat, weil er **nur passiver Empfänger eines Guthabens** war, kann er selbstverständlich **sowieso ohne Weiteres** noch nachträglich über das bereits empfangene Guthaben hinaus eine weitergehende **Rückzahlungsforderung** geltend machen (**es sei denn** natürlich, es liegt wiederum eine ursprünglich wirksam vereinbarte, durch Hinweis in der Abrechnung auch ordnungsgemäß umgesetzte vertragliche Einwendungsausschlussfrist mit angemessener Frist vor, die Abrechnung ist jeweils formell ordnungsgemäß erfolgt, sodass die Einwendungsausschlussfrist auch tatsächlich in Gang gesetzt wurde, und diese ist für die Betriebskostenabrechnung bereits abgelaufen). 372

---

308 Vgl. BGH, Urt. v. 8.12.2010 – VIII ZR 27/10 – Rn 11, 15 und 19.

309 Vgl. BGH, Urt. v. 12.1.2011 – VIII ZR 296/09 – Rn 15.

3. Inhalt der Beanstandungen

373 Was darf man, was muss man erwarten, wenn es um Einwendungen des Mieters gegen eine Betriebskostenabrechnung geht? So wie der Vermieter gemäß der Rechtsprechung des BGH für das Vorliegen einer wirksamen **Abrechnung eine rechnerisch und gedanklich nachvollziehbare** Abrechnung vorzulegen hat, muss man aus Gründen der **„Waffengleichheit“** auch zumindest verlangen können, dass die **Einwendungen des Mieters – analog der Differenzierung zwischen (formaler) Wirksamkeit und (inhaltlicher) Richtigkeit bei der Abrechnung des Vermieters auch hier losgelöst von deren inhaltlicher Begründetheit – ebenfalls nachvollziehbar** sind.

374 Dazu gehört in formaler Hinsicht **in einem ersten Schritt** zumindest schon einmal, dass der Mieter konkret von ihm **beanstandete Betriebskostenpositionen auch einzeln benennt**, denn sie sind die Bausteine, aus denen sich die Betriebskostenabrechnung jeweils zusammensetzt. **Darüber hinaus** ist es aber auch denkbar, dass eine Abrechnung einen Fehler hat, der sich nicht nur auf eine einzelne Betriebskostenposition bezieht, sondern systematischen Charakter hat wie beispielsweise ein Fehler bei einem verwendeten Flächenschlüssel oder bei den angerechneten Vorauszahlungen. Dann reicht es selbstverständlich auch aus, einen solchen **„Systemfehler“ zu benennen**, da man damit mit der Einwendung der Verwendung eines falschen Flächenschlüssels konkret bestimmbar zumindest eine fehlerhafte Abrechnung aller hiervon betroffenen Betriebskostenpositionen gerügt hat bzw. bei einem Fehler im Hinblick auf die Vorauszahlungen sogar die Fehlerhaftigkeit der Abrechnung insgesamt, weil es sich insoweit um das ja schon oben erwähnte „Bindeglied“ der einzelnen Betriebskostenarten handelt, welches durch Verrechnung der Vorauszahlungen mit der Summe der Einzelkostenanteile die „Abrechnung“ erst zur Abrechnung werden lässt.

375 Alles, was **unterhalb der Schwelle einer zuordenbaren Benennung** einzelner Betriebskostenpositionen oder derartiger „Systemfehler“ bleibt, die sich auf die Abrechnung insgesamt oder zumindest mehrere Betriebskostenpositionen beziehen, ist bereits **mangels Bestimmtheit regelmäßig unsubstanziiert** und bedarf keiner weiteren Kommentierung.

376 Soweit Betriebskostenpositionen oder „Systemfehler“ benannt sind, kommt es in inhaltlicher Hinsicht **in einem zweiten Schritt** darauf an, ob die **Einwendungen** des Mieters **gedanklich nachvollzogen** werden können. Sind diese schon unschlüssig, also ergeben sie schon bei objektiv unparteiischer Betrachtung ihrer Nachvollziehbarkeit keinen Sinn, darf man die Einwendung grundsätzlich auch als unerheblich außer Acht lassen. Von größter Praxisbedeutung ist in diesem Zusammenhang der Umstand, dass Mieter regelmäßig die **Unwirtschaftlichkeit von Kosten** rügen, ohne dabei konkret vorzutragen, dass die betreffende Kostenart im betreffenden Abrechnungszeitraum von einem anderen Lieferanten preiswerter angeboten wurde. Solange der Mieter aber keine vergleichbaren **Alternativan-**

gebote und Berechnungen vorlegt, bleibt diese Einwendung rechtlich unerheblich.[310]

Aber Vorsicht: Man kann auf diese Weise zwar sehr schnell und durchaus auch objektiv korrekt zum Ergebnis gelangen, dass rechtserhebliche Einwendungen des Mieters „unter dem Strich" nicht vorgetragen sind. Allerdings hat man, zumindest wenn der Abrechnungssaldo mit einem Nachzahlungsbetrag endet und der Mieter nicht freiwillig zahlt, trotzdem noch „den schwarzen Peter in der Hand", dass einem, wenn man den offenen Nachzahlungssaldo gegen den Willen des Mieters durchsetzen möchte, dann **nur noch der Weg vors Gericht** bleibt. 377

Von daher sollte man **bei wirksam vereinbarter Einwendungsausschlussfrist** deren **Ablauf regelmäßig noch abwarten**, bevor man einen Mahnbescheid beantragt oder Klage einlegt. Denn dann sind über die bis zum Ablauf der Einwendungsausschlussfrist bereits vom Mieter gemachten Einwendungen hinaus **weitere Einwendungen** wegen des Ablaufs der Frist **nicht mehr möglich** und auch das Gericht darf sich wegen der materiell-rechtlichen Ausschlusswirkung der Frist nur noch auf den bereits gemachten Vortrag des Mieters beschränken und die Abrechnung nicht mehr unter ggf. anderen Gesichtspunkten für falsch erklären. Wenn dann vor Ablauf der Einwendungsfrist beispielsweise nur unsubstanziiert etwas von einem Verstoß gegen den Wirtschaftlichkeitsgrundsatz „geschwafelt" wurde, ohne dass sich zuvor die Mühe gemacht wurde, „Ross und Reiter" anhand von konkreten Vergleichsangeboten zu benennen, die einen Verstoß gegen den Wirtschaftlichkeitsgrundsatz angezeigt sein lassen, hat der Mieter schon aus formalen Gründen verloren, weil ein mangelnder und damit **unschlüssiger Sachvortrag** binnen der wirksam vereinbarten **Einwendungsausschlussfrist** diese **nicht wirksam wahren** kann. 378

Sollte weiterhin der Fall vorliegen, dass der Mieter einen **Nachzahlungssaldo** bereits **vorbehaltslos ausgeglichen** hat, ist zu prüfen, ob **ganz ausnahmsweise** das Vorliegen der Voraussetzungen eines **deklaratorischen Schuldanerkenntnisses**, also einer Schuldbestätigung, dazu geführt hat, dass dem Mieter ein Nachkarten versagt bleibt. „Ganz ausnahmsweise" deshalb, weil bei einer wirksam vereinbarten **Einwendungsausschlussfrist bis zu deren Ablauf** bereits Gezahltes in Übereinstimmung mit der insoweit aufgrund des identischen Rechtsgedankens entsprechend anwendbaren Rechtsprechung zur zwingenden gesetzlichen Einwendungsausschlussfrist aus dem Wohnraummietrecht grundsätzlich ohnehin noch **ohne Weiteres** wieder **zurückgefordert werden** kann,[311] es dafür aber mit deren Ablauf sowieso definitiv vorbei ist.[312] Selbst wenn man **keine (wirksame) Einwendungsausschlussfrist** vereinbart hat, gilt für den Normalfall insofern im Ergebnis 379

---

310 Vgl. BGH, Urt. v. 13.6.2007 – VIII ZR 78/06 – Rn 13 und 14.

311 BGH, Urt. v. 12.1.2011 – VIII ZR 296/09 –.

312 Vgl. BGH, Urt. v. 12.1.2011 – VIII ZR 296/09 – Rn 19 ff.

jedoch nichts anderes, weil entgegen der in der Praxis nach wie vor zu Unrecht weit verbreiteten Ansicht der **bloße Ausgleich einer Rechnung** für sich genommen als **eine reine Erfüllungshandlung ohne weiteren rechtsgeschäftlichen Erklärungswert** gar nichts heißt.[313] Das kann **ausnahmsweise** höchstens **dann einmal anders** sein und dann allerdings aber auch nach wie vor in der Tat zu einem Ausschluss von Rückzahlungsforderungen schon vor Ende einer noch nicht abgelaufenen Einwendungsausschlussfrist führen, wenn es bereits **Diskussionen** über die Berechtigung der Abrechnung gab, die zu einer **Veränderung des Saldos** zugunsten des Mieters geführt haben und der Mieter **anschließend** einen **vorbehaltslosen Saldoausgleich** vornimmt oder eine Ratenzahlungs- bzw. Stundungsvereinbarung trifft.[314] Auch dann beschränkt sich ein derartiges deklaratorisches Schuldanerkenntnis **aber nur** auf den **Ausschluss** solcher **Einwendungen**, die der Mieter zum Zeitpunkt des zunächst erfolgten vorbehaltslosen Saldenausgleichs **kannte oder mit denen er zumindest rechnete.**

380 **Soweit** schließlich eine **(wirksam) vereinbarte Einwendungsausschlussfrist nicht vorliegt und auch kein Fall eines** ausnahmsweise vielleicht doch einmal eingreifenden rechtswirksamen **Schuldanerkenntnisses** im vorbenannten Sinne, hat der Mieter jedoch grundsätzlich **keinerlei Höchstfrist** zu beachten. Von daher sollte man, um das Prozessrisiko möglichst zu minimieren, vorzugsweise durch einen mit dem Vorgang bislang noch nicht betrauten kundigen Dritten, unbedingt der guten Ordnung halber noch einmal eine **ganzheitliche und selbstkritische „Revision"** der Abrechnung vornehmen und schauen, ob es nicht vielleicht doch noch rechtliche Aspekte gibt, die gegen eine vollumfängliche Durchsetzbarkeit des Nachzahlungssaldos sprechen könnten. Denn nur, weil der Mieter subjektiv bislang vielleicht noch nichts Rechtserhebliches vorgebracht hat, heißt das noch nicht zwingend, dass die Abrechnung nicht vielleicht an irgendeiner Stelle bei objektiver Betrachtung doch an einem rechtserheblichen Fehler krankt. Das **Problem bei Fehlen einer Einwendungsausschlussfrist** ist, dass der Mieter dann **auch erst noch in einem etwaigen Prozess** damit beginnen kann, entsprechende **(substanziierte) Einwendungen darzulegen.**

381 Soweit in der Praxis häufig zu hören ist, ein **Einwendungsrecht** im Prozess sei bereits dann **ausgeschlossen**, wenn der Mieter von seinem **Belegeinsichtsrecht vorprozessual keinen Gebrauch** gemacht hat, vermag dies bei objektiver Betrach-

313 Vgl. BGH, Urt. v. 10.7.2013 – XII ZR 62/12 – Rn 16.

314 Vgl. BGH, Urt. v. 12.1.2011 – VIII ZR 296/09 – Rn 23 unter Verweisung auf seine diesbezügliche Rechtsprechung außerhalb des Mietrechts, die für die Annahme eines deklaratorischen Schuldanerkenntnisses über das Vorliegen einer vorbehaltslosen Zahlung hinaus stets konkrete Umstände fordert, aus denen hervorgeht, dass hier letztlich eine zuvor umstrittene Schuld nachträglich doch bestätigt wurde. Mittlerweile ausdrücklich bestätigt für Geschäftsraum in BGH, Urt. v. 10.7.2013 – XII ZR 62/12 – Rn 20.

tung der maßgeblichen Rechtslage nicht zu überzeugen und ist deshalb mit Vorsicht zu genießen. Denn wie der BGH feststellt: **Belegeinsicht** ist ein Recht des Mieters[315] und somit im Umkehrschluss **keine Pflicht**.

Eine durchgeführte **Belegeinsicht** ist für sich betrachtet im Grunde nichts an- 382
deres als eine **„Beweisstation"**, in der sich der Mieter davon vergewissern kann, ob die in die Betriebskostenabrechnung eingestellten Kosten- und Verbrauchsansätze tatsächlich stimmen und nicht etwa falsch eingestellt worden sind.[316] Wie bei einer „Beweisstation" sonst auch ist aber **niemand gezwungen**, die **Richtigkeit** des Vortrags des Gegenübers **infrage zu stellen**. Ihm daraus bereits pauschal und ohne Ansehung der jeweils im Einzelfall zu überprüfenden Frage, ob eine rechtserhebliche substanziierte Einwendung prozessual vorgetragen wurde, „einen Strick zu drehen", geht von daher ersichtlich zu weit. Der Mieter muss bei unterbliebener Einsichtnahme in die Belege zwar damit leben, dass von ihm erst prozessual erhobene Einwendungen sich mithilfe der seinerzeit vom Vermieter vorgehaltenen, aber von ihm nicht eingesehenen Belege entkräften lassen und er den Prozess insoweit vergeblich anstrengt. Ihm aber deswegen die Berücksichtigung von noch zulässigerweise im Prozess substanziiert vorgetragenen Einwendungen schon aus formalen Gründen zu verweigern, dürfte hingegen aus den genannten Gründen nicht haltbar sein und wird vom BGH so auch nicht als „conditio sine qua non" vorgegeben, weil es im Recht keine „Pflicht zum Bestreiten" gibt.

Genaugenommen wird ein **pauschaler Ausschluss von Einwendungen** im 383
Rahmen eines Nebenkostenprozesses wegen zuvor nicht erfolgter Belegeinsicht aber auch so von der in diesem Zusammenhang oft zitierten Rechtsprechung des **OLG Düsseldorf** gar **nicht postuliert**. Vielmehr hat das OLG Düsseldorf ausdrücklich hervorgehoben, dass der **Ausschluss mit Einwendungen nur dann** gegeben sei, wenn die Unsubstanziiertheit der Einwendungen ersichtlich und im konkreten Fall gerade darauf beruhe, dass eine Belegeinsicht nicht erfolgt ist und nicht – quasi als generelle und vom Einzelfall völlig losgelöste formale Sanktion – bereits deswegen immer automatisch und unterschiedslos bei allen Betriebskostenpositionen erfolge, weil der Mieter auf eine Belegeinsicht von sich aus verzichtet hat.[317] Es bedarf also jeweils eines **betriebskostenpositionsbezogenen Beruhens der Unsubstanziiertheit auf der zuvor nicht erfolgten Belegeinsicht im Einzelfall.** Denn das Problem ist hier natürlich weitaus weniger betriebskostenabrechnungsspezifischer Natur als vielmehr generell zivilprozessualer Natur und besteht hier schlicht und ergreifend darin, dass es zu den allgemein verfahrensrechtlichen **Pflichten in der mündlichen Verhandlung gem. § 138 Abs. 2 ZPO** gehört, sich über die vom Gegner behaupteten Tatsachen zu erklären. **Auf Substanz** kann man

315 Vgl. BGH, Urt. v. 6.7.2011 – VIII ZR 340/10 – Rn 21.
316 Vgl. BGH, Urt. v. 22.6.2010 – VIII ZR 288/09 – Rn 2.
317 OLG Düsseldorf ZMR 2003, 570.

aber logischerweise **nur mit Substanz** reagieren, sodass grundsätzlich nur substanziiertes Bestreiten genügt und **einfaches Bestreiten unerheblich** bleibt. Wenn der Mieter also von seiner Möglichkeit zur Belegeinsicht keinen Gebrauch gemacht hat, wird er regelmäßig auch nicht zu einer substanziierten Gegendarstellung in der Lage sein, damit weder ausdrücklich noch konkludent i.S.v. § 138 Abs. 3 ZPO bestreiten können und allein schon deswegen den Prozess insoweit verlieren. **„Stark in der Meinung, schwach in den Fakten"** zu sein, **genügt hier** also somit zwar **noch viel weniger als** das sonst **ohnehin schon** der Fall ist. **Dennoch** darf man **aber** in der Praxis jedoch mitnichten leichthin davon ausgehen, einen möglichen Betriebskostenprozess losgelöst vom Einzelfall und der jeweils betroffenen Betriebskostenposition bereits schon deswegen in jedem Fall und für alle Betriebskosten gewinnen zu können, weil es der Mieter zuvor versäumt hat, von seinem Recht auf Einsicht der Belege Gebrauch zu machen. Der **Weg**, wie er **zu Informationen** gelangt, mittels derer er substanziiert bestreiten kann, ist somit **völlig egal**, entscheidend ist einzig und allein, dass er dazu im Prozess in der Lage ist.

384 Weiterhin für die Praxis bedeutsam ist die Frage, ob man Gefahr läuft, bei einem zur Vermeidung von diesbezüglichem Lagerflächenbedarf vorgenommenem **Einscannen von Belegen** Nachteile im Zusammenhang mit einer Belegprüfung durch den Mieter zu haben. Insofern wird man **grundsätzlich** in jedem Falle sagen können, dass dies **unproblematisch möglich** ist und die Originale der Rechnungen nicht mehr aufbewahrt werden müssen. Denn die **einschlägigen Vorschriften** zur Aufbewahrung von Unterlagen **erlauben** mittlerweile gerade grundsätzlich die **Aufbewahrung während der Aufbewahrungsfristen auch als Wiedergabe auf Datenträgern** (§ 147 Abs. 2 AO, § 257 Abs. 3 S. 1 HGB). **Wichtig** ist dabei im Einzelfall **aber** nur genau das, was das Gesetz bei den vorgenannten beiden Vorschriften auch bereits ausdrücklich betont. Es muss sichergestellt sein, dass die Wiedergabe mit den Buchungsbelegen **bildlich übereinstimmt**, wenn sie lesbar gemacht werden. Das erfordert, dass man sich nach dem Scan vor Vernichtung erst einmal davon vergewissert, dass der Scan genauso gut lesbar ist wie das Original. Dies mag am Rechner kein Problem darstellen, da man insoweit ja den Abbildungsmaßstab beliebig vergrößern und entsprechend heranzoomen kann. Anders kann es dagegen aussehen, wenn man sich den Ausdruck eines Scans in Originalgröße anschaut. Nachdem Scans für die Belegprüfung ausgedruckt zu werden pflegen, kann hierin also im Einzelfall einmal ein Problem bestehen, was es dann erforderlich machen würde, den Mieter den Beleg am Rechner einsehen zu lassen. Von daher sollte man sinnvollerweise im wahrsten Sinne des Wortes „mit Augenmaß" scannen (lassen) und bei Belegen, bei denen man bereits sieht, dass diese schon im Original schlecht lesbar sind, dieses Original besser aufbewahren, statt es zu vernichten.

385 Nachdem mittlerweile entschieden ist, dass ein Mieter grundsätzlich kein Recht auf Überlassung von Fotokopien der Abrechnungsbelege hat, sondern diese grund-

sätzlich beim Vermieter bzw. dessen Verwalter einsehen muss,[318] stellt sich in der Praxis häufig die Frage, **an welchem Ort** diese **Belegeinsicht** zu ermöglichen ist, wenn der Belegenheitsort der Mietsache und der Sitz des Vermieters bzw. seines Verwalters als dessen Bevollmächtigtem[319] als naturgemäßer Ort der Belegeinsicht auseinanderfallen. Die Rechtslage zur Frage des **Vorlegungsorts für die Belegeinsicht** ist bislang uneinheitlich, obwohl es eigentlich **auf der Grundlage der §§ 259, 809, 811 BGB einen offensichtlichen rechtsdogmatischen Ansatzpunkt** für alle denkbaren Fälle geben würde.

§ 811 BGB – der für im Rahmen von bei bestehenden Rechtsverhältnissen gege- 386
benen Einsichtsrechten, die aber nicht abschließend geregelt sind, wie dies beim Vorlegungsrecht des Mieters i.S.v. § 259 Abs. 1 BGB der Fall ist, als dann **gem. § 809 BGB eingreifendes gesetzliches Schuldverhältnis** ergänzend herangezogen werden kann – enthält eigentlich für sämtliche Konstellationen, die im Rahmen der Belegeinsicht auftreten können, eine nachvollziehbare Regelung.

Er regelt den Vorlegungsort dort, **wo sich die vorzulegende Sache befindet,** 387
also regelmäßig beim Verwalter (§ 811 Abs. 1 S. 1 BGB). Er regelt darüber hinaus aber auch, dass bei Vorliegen eines wichtigen Grundes die Vorlegung an einem anderen Ort verlangt werden kann (§ 811 Abs. 1 S. 2 BGB). Und er regelt, dass mit der Vorlegung verbundene Kosten derjenige zu tragen hat, der sie verlangt (§ 811 Abs. 2 S. 1 BGB) und die Vorlegung vom vorlegungsverpflichteten Besitzer der vorzulegenden Sache verweigert werden kann, wenn ihm dadurch entstehende Kosten nicht zuvor erstattet werden (§ 811 Abs. 2 S. 2 BGB).

Darauf basierend könnte man also ohne Weiteres wie folgt feststellen: Grund- 388
sätzlich muss der Mieter **zum Verwalter**, weil sich die Belege bei ihm befinden. Ausnahmsweise kann er aus wichtigem Grund eine **Verlegung an einen anderen Ort** verlangen. Anfallende **Kosten der Vorlegung** und erst recht einer Verlegung an einen anderen Ort auf Wunsch des Mieters muss aber in jedem Fall, ggf. gegen Vorschuss, **der Mieter** zahlen.

Der BGH prüft an dieser Stelle jedenfalls nicht die **Voraussetzungen für die** 389
Vorlegung von Sachen als eines gesetzlich ausdrücklich geregelten einzelnen Schuldverhältnisses, sondern rekurriert lediglich auf die generelle Verpflichtung zur Leistung, die den Inhalt eines jeden Schuldverhältnisses bildet.

Der BGH stellt insoweit dem **Grundsatz**, dass die Belegeinsicht **in den Räumen** 390
des Vermieters bzw. des Verwalters stattzufinden hat, die **Ausnahme** gegenüber, dass nur dann **nach Treu und Glauben (§ 242 BGB)** etwas anderes gelte, wenn dies für den Mieter **unzumutbar** sei.[320] Damit hat der BGH aber bereits klargemacht, dass er eine Abweichung von diesem Grundsatz nur auf Einzelfälle beschränkt wissen

---

318 BGH, Urt. v. 8.3.2006 – VIII ZR 78/05 – Rn 25.
319 Vgl. BGH, Urt. v. 13.9.2006 – VIII ZR 71/06 – Rn 7.
320 Vgl. BGH, Urt. v. 8.3.2006 – VIII ZR 78/05 – Rn 25.

will. Er hat dabei auch durchaus schon benannt, was das wichtigste Kriterium zur Beurteilung der Zumutbarkeit sein wird, nämlich die **Frage, ob der zeitliche Aufwand für den Weg zum Vermieter „beachtlich ins Gewicht fällt"** und diese Frage zumindest **für den Fall verneint**, dass **ein ausgebautes System des öffentlichen Personennahverkehrs vorhanden** ist.[321]

391 Sind letztere Voraussetzungen nicht gegeben, sollte man es hingegen **besser nicht auf eine diesbezügliche Auseinandersetzung mit dem Mieter ankommen lassen**, weil man ansonsten **bei eventueller Bejahung der Unzumutbarkeit Gefahr** läuft, wegen rechtswidriger Vereitelung der Belegeinsicht in der geschuldeten Art und Weise nicht nur ein **Zurückbehaltungsrecht** des Mieters in Bezug auf die betreffende Nachzahlung, sondern auch noch ein solches **an den laufenden Betriebskostenvorauszahlungen** zu provozieren.[322]

392 Von daher sollte man, **wenn** der Ort der Belegenheit der Mietsache und der Ort der Belegeinsicht auseinanderfallen und diese **nicht durch öffentliche Verkehrsmittel des Personennahverkehrs miteinander verbunden** sind, **im Zweifel** immer eher sehen, dass man dem Mieter – zunächst unter der Maßgabe, dass er die Kopierkosten übernimmt, wenn er dies aber ablehnt, unzweifelhaft aber auch auf eigene Kosten, weil dies letztlich geschuldet ist, wenn der Mieter nicht zum Vermieter bzw. Verwalter kommen muss – die **betreffenden Belege in Kopie zuschickt bzw.** dem Mieter **am Ort der Mietsache die Belegeinsicht ermöglicht.**

393 Die vorstehende Rechtsprechung ist zwar ausdrücklich nur für das Wohnraummietrecht ergangen. Nachdem es zum jetzigen Zeitpunkt aber rein spekulativ wäre, für das Geschäftsraummietrecht etwas anderes anzunehmen und im Übrigen auch nicht ersichtlich ist, inwiefern hier überhaupt etwas anderes gelten könnte, weil auch ein Geschäftsraummieter unter Umständen sehr ortsgebunden sein kann, sollte man **diese Grundsätze** bis auf Weiteres **auch im Geschäftsraummietrecht** anwenden.

394 Dessen ungeachtet **bleibt** in diesem Zusammenhang aber **zu hoffen**, dass der **BGH** (Stichwort „iura novit curia") zukünftig dazu **Stellung nimmt**, warum hier auf der Grundlage der – wegen des sich **aus dem Mietverhältnis ergebenden Belegeinsichtsrechts des Mieters** von der insoweit **gem. § 259 BGB bestehenden Rechenschaftspflicht** des Vermieters umfassten – Vorlagepflicht der Belege kein Fall einer daran anknüpfenden gesetzlichen **Verpflichtung zur Vorlegung von Sachen i.S.d. §§ 809ff. BGB** gegeben ist. Denn eigentlich enthielte § 811 BGB ja sowohl eine **unzweifelhafte Regelung** zum Vorlegungsort für zu besichtigende Sachen bzw. einzusehende Urkunden als auch für die Frage, wer in diesem Zusammenhang die mit der Vorlegung zusammenhängende Gefahr und mit der Vorlegung verbundene Kosten zu tragen hat.

---

321 Vgl. BGH, Urt. v. 8.3.2006 – VIII ZR 78/05 – Rn 7 und 9.

322 Vgl. BGH, Urt. v. 22.11.2011 – VIII ZR 39/11 – Rn 2 und 3.

V. Nachberechnungen des Vermieters

Wenn es um Nachberechnungen des Vermieters geht, muss man in der Praxis zualererst berücksichtigen, dass man „technisch" überhaupt **nur dann** von einer ggf. nur eingeschränkt rechtlich zulässigen **Nachberechnung** reden kann, **wenn die Abrechnungsfrist bereits abgelaufen** ist. Bis dahin ist der Vermieter grundsätzlich noch zu jeglicher Nachberechnung befugt, ganz egal, ob die Abrechnung mit einem Nachzahlungssaldo abgeschlossen hat oder mit einem Guthaben, und völlig unabhängig davon, ob dieses bereits ausgekehrt wurde oder nicht (s. Rn 398ff.).[323] 395

Sodann wird in der Praxis immer wieder die Tatsache vergessen, dass es als **Konsequenz** der Bestätigung der grundsätzlichen Zulässigkeit einer Abrechnung nach dem **Abflussprinzip** durch den BGH einer in der konkreten Durchsetzung problematischen nachträglichen Änderung bzw. Erweiterung der bereits zugegangenen Abrechnung nach Ablauf der Abrechnungsfrist im Falle verspätet zugegangener Rechnungen in der Regel schon deswegen gar nicht bedarf, weil man die betreffenden Kosten grundsätzlich problemlos auch in die noch zu erstellende Abrechnung für den Abrechnungszeitraum einstellen kann, in dem die verspätet **zugegangene Rechnung fällig** geworden ist (s. Rn 401ff.). 396

Ansonsten muss man, soweit die Abrechnungsfrist bereits abgelaufen ist und das Abflussprinzip bei Kosten nach der Heizkostenverordnung oder wegen eines zwischenzeitlichen Mieterwechsels aus rechtlichen Gründen nicht zur Anwendung kommen kann bzw. der Vermieter bis zur nächsten Abrechnung nicht warten mag, an dieser Stelle immer die **Fälle unterscheiden**, bei denen sich das bisherige Tätigwerden des Vermieters vor Ablauf der Abrechnungsfrist in einer **bloßen Anspruchsgeltendmachung** erschöpft hat, von den Fällen, bei denen darüber hinaus bereits eine etwaige mit rechtsgeschäftlichem Erklärungswert verbundene, als Erfüllung einer Rückzahlungspflicht aus der Abrechnung in Betracht kommende **potenzielle Anerkennungshandlung** vorgelegen hat, aus der der Mieter unter Umständen herleiten durfte, dass damit die Abrechnung des betreffenden Abrechnungszeitraums grundsätzlich final abgeschlossen sein sollte. Soweit sich dementsprechend das bisherige Verhalten des Vermieters nur darin erschöpft hat, gegenüber dem Mieter einen Nachzahlungssaldo geltend zu machen (s. Rn 406), kann die Welt mit anderen Worten anders aussehen, als wenn ein Vermieter einen **Guthabenbetrag ausgewiesen und** diesen auch bereits vorbehaltslos an den Mieter **ausgekehrt** hat (s. Rn 407ff.). 397

323 BGH, Urt. v. 12.1.2011 – VIII ZR 296/09 –.

1. Innerhalb der Abrechnungsfrist sind „Nachberechnungen" grundsätzlich immer möglich

398 Zwar ist die Abrechnungsfrist im Geschäftsraummietrecht im Gegensatz zum Wohnraummietrecht nicht mit einer Ausschlusswirkung bewehrt. Dieser Unterschied wirkt sich aber nur insofern aus, als damit auch noch nach Ablauf der Abrechnungsfrist Nachforderungen zulasten des Mieters grundsätzlich und nicht nur ausnahmsweise möglich bleiben. Er ändert aber zum einen nichts daran, dass die Abrechnungsfrist im Geschäftsraummietrecht genauso lang ist wie im Wohnraummietrecht und der insoweit mögliche Schwebezustand demnach genauso überschaubar und auf einen zumutbaren Zeitraum beschränkt ist wie dort auch. Zum anderen bedeutet das **Fehlen einer Ausschlusswirkung** aber gerade ohnehin auch, dass es hier **von vorneherein keine generell gesteigerte Schutzwürdigkeit** des Geschäftsraummieters gibt, die nun während der Laufzeit der Abrechnungsfrist aufgeweicht werden würde, sodass, wenn es schon nach Ablauf der Abrechnungsfrist möglich bleibt, Nachforderungen geltend zu machen, dies grundsätzlich erst recht über eventuelle Nachberechnungen möglich sein muss, die noch während der Abrechnungsfrist erfolgen.

399 Es verbleibt dann im Ergebnis ohnehin **nur eine Sachverhaltskonstellation**, wo die Frage von fallentscheidender Bedeutung ist, ob auch im Geschäftsraummietrecht innerhalb der Abrechnungsfrist ohne Weiteres Veränderungen möglich sind, die nach Ablauf der Abrechnungsfrist unzulässig wären: die eines **deklaratorischen Schuldanerkenntnisses** i.S.v. § 781 BGB. Als vertragliches kausales Anerkenntnis setzt dieses rechtsgeschäftliche Willenserklärungen voraus, die darauf gerichtet sein müssen, ein bestehendes Schuldverhältnis ganz oder teilweise dem **Streit oder der Ungewissheit der Parteien** entziehen zu wollen (weswegen es auch „bestätigendes" Schuldanerkenntnis genannt wird) und sich dahingehend zu einigen. Die erforderliche Einigung kann dementsprechend dabei nur dann angenommen werden, wenn sich ein entsprechendes Angebot sowie dessen Annahme feststellen lassen.[324] Der BGH hatte insofern aber bereits sogar für das Wohnraummietrecht entschieden, dass selbst die dort von Gesetzes wegen vorhandenen Ausschlussfristen des § 556 Abs. 3 S. 3 und S. 6 BGB nicht in dem Sinne abschließend zu verstehen seien, dass damit andere, früher eingreifende Ausschlussgründe wie insbesondere Verzicht, Anerkenntnis oder Vergleich generell ausgeschlossen seien. Vielmehr blieben insofern ausdrücklich getroffene Vereinbarungen im Einzelfall möglich.[325] Der BGH hat sich nun auch ausdrücklich für das Geschäftsraummietrecht dieser Rechtsprechung angeschlossen, indem er entgegen der früheren instanzgerichtlichen Sichtweise im Geschäftsraummietrecht, wo zumindest bereits ein vorbehaltloser Ausgleich von Betriebskostensalden als stillschweigendes deklarato-

---

324 Vgl. BGH, Urt. v. 11.1.2007 – VII ZR 165/05 – Rn 8.
325 Vgl. BGH, Urt. v. 12.1.2011 – VIII ZR 296/09 – Rn 8, 9 und 10.

risches Schuldanerkenntnis bewertet wurde, aus zwingenden dogmatischen Gründen einen konkret im Einzelfall feststellbaren Rechtsbindungswillen beider Mietvertragsparteien fordert.[326]

Das kann bspw. dann der Fall sein, wenn es **bereits während der Abrechnungsfrist zur Auskehrung eines zugunsten des Mieters abgeänderten Guthabens** kommt, nachdem es **zuvor Streit um die Höhe des ursprünglich ausgewiesenen Guthabens** gegeben hat, und der Vermieter **im nach hinein** nun aber doch **wieder etwas** von dem zunächst ausgekehrten Guthaben **zurückbekommen möchte.** Dies wäre aber selbst während einer noch laufenden Abrechnungsfrist definitiv nicht mehr möglich, wenn die insofern sehr engen Voraussetzungen eines deklaratorischen Schuldanerkenntnisses im Einzelnen vorliegen sollten, es sich also um Einwendungen handelte, die der Vermieter bereits bei Auskehr des Guthabens kannte oder mit denen er zumindest rechnete. 400

2. Auswirkungen des Abflussprinzips auf das Erfordernis von Nachberechnungen

Durch die grundsätzliche Zulassung des Abflussprinzips[327] als einer statthaften Me- 401
thode zur Zuordnung von Rechnungen zu Abrechnungszeiträumen hat der BGH eine völlig neue Flexibilität geschaffen, die sich insbesondere im Wohnraummietrecht mit der ihm eigenen Ausschlusswirkung der Abrechnungsfrist auswirkt. Denn die **Ausschlusswirkung** kann sich denknotwendig **immer nur dann bemerkbar** machen, wenn es sich im Einzelfall überhaupt um **Kosten** handelte, die **zwingend innerhalb der betreffenden Abrechnungsfrist abgerechnet** werden mussten. Soweit dies aber schon gar nicht der Fall ist, kann mithin bei Ablauf der Abrechnungsfrist auch kein Nachforderungsausschluss eintreten.

Entscheidendes Kriterium für den **„Abfluss“** einer Rechnung ist entgegen des 402
Wortlauts der Bezeichnung für den BGH aber **nicht der Zeitpunkt von deren Bezahlung**, sondern der Zeitpunkt, zu dem die betreffende **Rechnung fällig** geworden ist.[328] Der BGH hat an dieser Stelle[329] also offenbar kein kameralistisches Verständnis im Sinne einer bloßen Einnahmenüberschussrechnung, sondern orientiert sich hier an der Doppik der Betriebswirtschaftslehre, erfasst also bereits den Umstand der fälligen Sollstellung durch die Rechnung als wirtschaftlichen „Abfluss“. Das macht

---

326 Vgl. BGH, Urt. v. 10.7.2013 – XII ZR 62/12 – Rn 20.

327 Allerdings nur, soweit es nicht um die Kostenarten Heizung und Warmwasser geht, BGH, Urt. v. 1.2.2012 – VIII ZR 156/11 –.

328 Vgl. BGH, Urt. v. 20.2.2008 – VIII ZR 49/07 – Rn 23.

329 Ganz im Gegensatz zu der Frage, ob die Ist- oder Sollvorauszahlungen in der Betriebskostenabrechnung anzugeben sind, siehe oben Rn 279ff., wo ihm aber auch die Hände gebunden sind, da Vorauszahlungen schon von ihrer Funktion als den Vermieter in seinem Vorleistungsrisiko entlastende (durchlaufende) Leistungen zwingend überhaupt nur als Ist-Zahlungen vorstellbar sind, weil sie ansonsten keinerlei darüberhinausgehenden Zweck erfüllen.

auch rechtlich insoweit unbedingt Sinn, weil letztlich der (mit der Rechnungsstellung geltend gemachte) **Anspruch als kleinste justiziable Einheit der Rechtsdurchsetzung** auch bereits **mit dem Zeitpunkt der Fälligkeit entsteht** und unmittelbar Rechtsfolgen auslöst bzw. zumindest unverzichtbare Grundlage für weitere Rechtsfolgen ist. Als **Gegenstand der Verjährung** i.S.v. § 194 Abs. 1 BGB bildet er die **objektive Grundlage für den Beginn der regelmäßigen Verjährungsfrist** in § 199 Abs. 1 Nr. 1 BGB und **allein seine Entstehung löst bereits Verjährungshöchstfristen aus** (§ 199 Abs. 3 S. 1 Nr. 1, Abs. 4 BGB). Vor allem aber ist **bereits spätestens mit** der **Fälligkeit der Rechnung** die **Leistungszeit** i.S.v. § 271 Abs. 1 BGB gekommen, **entsteht** also mit anderen Worten schon mit ihr die **Verpflichtung zur Leistung** der Rechnung und sie ist dementsprechend regelmäßig **conditio sine qua non für jede Form des Schuldnerverzugs** i.S.v. § 286 BGB.

403 Jedenfalls kann man nunmehr bei nicht rechtzeitig eingegangenen Rechnungen auch so verfahren, dass man nicht eine Nachberechnung vornimmt, um diese noch rechnerisch und gedanklich mit dem Abrechnungszeitraum zu verbinden, in dem die ihr **zugrundeliegende Leistung erbracht** wurde. Vielmehr kann man sie stattdessen in die Abrechnung für den (darauffolgenden) Abrechnungszeitraum „packen", in dem sie **fällig** geworden ist und ist insofern grundsätzlich nicht gezwungen, den bereits ausgewiesenen Saldo für den abgerechneten Zeitraum noch einmal zulasten des Mieters zu verändern. Diese Rechtsprechung des BGH macht auch deswegen Sinn, weil sie damit die vorher vorhandene Situation entkrampft, bei der stets unklar war, wie sehr sich denn ein Vermieter aus Gründen des Leistungs- und Zeitabgrenzungsprinzips darum bemühen müsse, rechtzeitig in den Besitz der für den betreffenden Abrechnungszeitraum maßgeblichen Rechnungen zu gelangen. Davon abgesehen, dass es sich dabei sowieso meistens um vergebene Liebesmüh handelte, weil sich die Lieferanten hiervon regelmäßig nicht beeindrucken ließen, blieb hier auch immer eine Grauzone, wie viel genug der Mühe war und wie viel derer zu wenig. Die insoweit insbesondere im Zusammenhang mit der Frage der **Schuldhaftigkeit einer Versäumnis der Abrechnungsfrist im Wohnraummietrecht** auftretenden Fragestellungen wurden somit quasi im Wege eines Kunstgriffs zu großen Teilen auf einen Schlag beseitigt.

404 Dennoch muss man für jeden Abrechnungszeitraum stets überprüfen, welche Betriebskostenpositionen nicht leistungs- bzw. zeitgerecht abgerechnet werden können und sollte insofern einen ausdrücklichen Nachforderungsvorbehalt für die betreffende, fehlende Betriebskostenposition machen,[330] weil das **Abflussprinzip im Falle eines zwischen Verbrauchs- bzw. Verursachungszeitraum und Abrechnungszeitraum stattfindenden Mieterwechsels nach Treu und Glauben nicht**

330 Vgl. BGH, Urt. v. 12.12.2012 – VIII ZR 264/12 – Rn 10.

anwendbar ist, man aber zum Zeitpunkt der Erstellung der Abrechnung über den Leistungszeitraum letztlich ja nie voraussagen kann, ob das Mietverhältnis mit dem Mieter zum maßgeblichen Zeitpunkt des letztendlichen Zugangs bzw. der Fälligkeit der bislang fehlenden Rechnung noch besteht. Denn zum einen weiß man nicht, wann die betreffende Rechnung kommt (Grundsteuernachbelastungen kommen beispielsweise oft erst Jahre später) und zum anderen kann es unter Umständen ausnahmsweise auch zu außerordentlichen berechtigten Kündigungen durch den Mieter kommen, sodass die Befristung eines Vertrages regelmäßig auch keine absolute Sicherheit für den Fortbestand des Mietverhältnisses bedeuten kann.[331] Der **Nachforderungsvorbehalt** ist dabei zwar nicht zwingend erforderlich, aber dennoch deshalb sinnvoll, weil er einem möglichen Vertrauenstatbestand und damit dem Eingreifen einer rechtsvernichtenden **Verwirkung** zugunsten des Mieters entgegengehalten werden kann und diesbezüglich ansonsten ggf. aufkommende Diskussionen bereits im Keim erstickt.

Der Vorbehalt für einzelne im Abrechnungszeitraum leistungsmäßig zwar er- 405
brachte oder diesem vom Entstehungsgrund her zurechenbare, aber noch nicht fällig in Rechnung gestellte Betriebskostenarten ist eher als eine eigene Gedächtnisstütze des Abrechners zu betrachten bzw. als ein überobligationsmäßiger „Dienst am Mieter". Denn man kann es nicht häufig genug betonen, dass die in der Praxis oftmals unterstellte Annahme, dass eine **Abrechnung ohne Nachforderungsvorbehalt** auch bereits ohne hinzutretende, ggf. einen Vertrauenstatbestand begründende Umstände per se den **Erklärungswert einer Vollständigkeit** dergestalt für sich beanspruchen müsse, dass zukünftig nichts mehr nachkomme, rechtlich nicht zutrifft. Es handelt sich bei einer Abrechnung nämlich lediglich um einen **Rechenvorgang i.S.d. § 259 BGB ohne rechtsgeschäftlichen Erklärungswert bzw. eine reine Wissenserklärung ohne rechtsgeschäftlichen Bindungswillen**. Dies wurde bereits ausdrücklich sowohl für das Wohnraummietrecht als auch für das Geschäftsraummietrecht vom BGH entschieden.[332]

3. Bei vorangegangener Erstabrechnung, die mit Nachzahlungsbetrag endet

Die Ausweisung eines Nachzahlungssaldos für sich betrachtet erzeugt also in kei- 406
nem Fall irgendeinen Vertrauenstatbestand des Mieters dahingehend, dass eine anschließende Erhöhung des Saldos ausgeschlossen ist. Denn zum einen hat eine Abrechnung **keinen irgendwie gearteten rechtsgeschäftlichen Erklärungswert,** und da die Abrechnungsfrist im Geschäftsraummietrecht zum anderen **keinerlei Ausschlusswirkung** hat, kann sich mit ihrem Ablauf folgerichtig auch aufseiten

331 Siehe hierzu auch unten Rn 438 ff.

332 Vgl. BGH, Urt. v. 28.4.2010 – VIII ZR 263/09 – Rn 8 bzw. BGH, Urt. v. 10.7.2013 – XII ZR 62/12 – Rn 16.

des Mieters **kein schützenswertes Vertrauen** dahingehend verbinden, dass weitere Nachberechnungen unterbleiben werden. Das nach der Rechtsprechung des BGH ohnehin nur in Ausnahmefällen denkbare deklaratorische Schuldanerkenntnis kommt schon deswegen nicht in Betracht, weil als potenziell **mit rechtsgeschäftlichem Bindungswillen verbundene Anerkennungshandlungen** (ein deklaratorisches Schuldanerkenntnis ist ein Rechtsgeschäft, **keine bloß einseitige tatsächliche Erklärung** des Schuldners wie die nur rein tatsächliches Verhalten darstellenden Anerkennungshandlungen i.S.v. § 212 Abs. 1 Nr. 1 BGB, die lediglich für die Frage eines Neubeginns der Verjährung Relevanz besitzen!) im Zusammenhang mit einer Betriebskostenabrechnung, wenn das Schuldanerkenntnis nicht ausnahmsweise ausdrücklich erklärt wird, regelmäßig **per se nur immer Zahlungsvorgänge** (also die Bezahlung eines Saldos durch den Mieter oder die Auskehr eines Guthabens durch den Vermieter) bzw. eine Ratenzahlungs- bzw. Stundungsvereinbarung in Betracht kommen, nicht aber der bloße Ausweis und die Geltendmachung eines Saldos.[333]

4. Bei zuvor bereits geänderter Erstabrechnung, die mit Guthaben endete, welches ausgekehrt wurde

407 Entsprechend kommt zwar die Auskehr eines Guthabens durch den Vermieter grundsätzlich schon als eine mit rechtsgeschäftlichem Bindungswillen verbundene Anerkennungshandlung in Betracht, durch die im Einzelfall ein deklaratorisches Schuldanerkenntnis ausgelöst werden kann, allerdings auch wiederum nur dann, wenn es zuvor einen Streit oder zumindest eine (subjektive) Ungewissheit im Zusammenhang mit der Abrechnung gegeben hat.[334] Regelmäßig ist hier eigentlich nur der Fall denkbar, dass der Vermieter erst einen Abrechnungssaldo **ausgewiesen** hat, den er sodann nach einer Einwendung des Mieters zu dessen Gunsten **verändert** und weil es sich – zumindest nach der Änderung – um ein Guthaben handelte, wegen des reduzierten Betriebskostenbetrags dem Mieter auch **tatsächlich gutgebracht** hat, nur um anschließend wieder „zurückrudern" und von dem ausgekehrten Guthaben doch wieder etwas zurückhaben zu wollen.

408 Soweit eine solche Konstellation einmal vorliegen sollte, kommt es sodann darauf an, ob der Vermieter den Grund, warum er jetzt doch wieder einen bereits ausgekehrten Guthabenbetrag zurückhaben möchte, bei Auskehrung des Guthabens schon kannte bzw. mit diesem zumindest rechnete[335] (s. Rn 409) oder sich dieser erst später ergab bzw. dem Vermieter zumindest erst dann bekannt wurde (s. Rn 410).

333 Vgl. BGH, Urt. v. 10.7.2013 – XII ZR 62/12 – Rn 20.

334 Vgl. BGH, Urt. v. 11.11.2008 – VIII ZR 265/07 – Rn 11.

335 Vgl. BGH, Urt. v. 10.10.1977 – VIII ZR 76/76 – III. 2.c.aa.

a) Grund für die Nachberechnung war Vermieter bereits bei Guthabensauskehrung als vorliegend oder möglicherweise vorliegend bewusst

Wer anlässlich eines Streits einen zunächst ausgewiesenen Abrechnungssaldo 409
noch einmal ändert und anschließend ein Guthaben in der sich danach geänderten Höhe auch tatsächlich auskehrt, dem muss klar sein, dass dieser Schritt beim Empfänger des Guthabens eine **gesteigerte Erwartungshaltung** weckt, dass „das Thema damit durch" ist. Denn eine solche Konstellation setzt ja von der Natur der Sache her zwingend voraus, dass man sich als Vermieter **mit der Richtigkeit und Berechtigung des Abrechnungssaldos intensiv auseinandergesetzt** haben muss. Schließlich hat man den ursprünglich ausgewiesenen Saldo ja vor Auskehrung des Guthabens aufgrund einer Diskussion mit dem Mieter geändert und musste sich von daher zuvor zwangsläufig damit beschäftigen, inwieweit man sich auf die Vorstellungen des Mieters einlassen kann. Dass in einer solchen Konstellation die Auskehrung eines Guthabens dann schon sehr viel eher die nicht ohne Weiteres wieder zu entkräftende Vermutung schafft, damit habe es dann aber auch sein Bewenden, ist klar. Wenn der Vermieter deshalb die für ein sich anschließendes Nachkarten herangezogenen Umstände damals **schon als definitiv vorliegend kannte** oder mit deren Vorliegen rechnete, sie also **zumindest für möglich hielt**, ist er somit endgültig mit Nachzahlungsansprüchen ausgeschlossen.

b) Grund für die Nachberechnung trat erst nach Guthabensauskehrung auf oder wurde dem Vermieter zumindest erst später bekannt

Dass es dessen ungeachtet aber trotzdem auch immer wieder mal Konstellationen 410
geben kann, wo bestimmte Aspekte, die in Wahrheit doch gegen die Richtigkeit des zunächst nach Diskussion und Korrektur ausgekehrten Saldos sprechen, jedoch **erst später auftreten** oder zumindest dem Vermieter **erst später bewusst** werden, die er also vorher „noch gar nicht auf dem Schirm" hatte, ist aber auch klar. Dementsprechend ist eine nachträgliche Nachzahlungsforderung des Vermieters in derartigen Fällen zwar grundsätzlich ausgeschlossen, **in Ausnahmefällen erst bei nachträglicher Kenntniserlangung** von abrechnungsrelevanten Umständen aber möglich.

VI. Abrechnung bei Mietminderung

Der BGH hat es mit Urteil vom 13.4.2011 (Az. VIII ZR 223/10) im Ergebnis in 411
deutlicher Diktion auf den Punkt gebracht: Die **Frage**, ob man die Mietminderung (zuerst) nur auf die Grundmiete beziehen muss, damit die Vorauszahlungen für die Abrechnung unangetastet bleiben, oder **ob man Grundmiete und Betriebs-**

kostenvorauszahlungen anteilig kürzen muss, stellt ein **„Scheinproblem“** dar.[336]

412 Da der **Mietbegriff des BGB von Haus aus ein weiter** ist und eben gerade **nicht nur die bloße Grundmiete** umfasst, sondern bei entsprechender Vereinbarung natürlich **auch die darüber hinaus zu zahlenden Betriebskosten**, ist schon einmal klar, dass dementsprechend bei einer Minderung auch auf die Gesamtmiete inklusive der Betriebskosten abgestellt werden muss (s. Rn 416). Denn auch Vereinbarungen über Betriebskosten stellen letztlich nur Vereinbarungen über die Miete dar (siehe Einordnung „§ 556 Vereinbarungen über Betriebskosten“ in „Unterkapitel 1 Vereinbarungen über die Miete (§§ 556 -556c)“).

413 Der **entscheidende Punkt** in diesem Zusammenhang ist jedoch, dass die für den Abrechnungszeitraum konkret angefallenen **Betriebskosten** ja überhaupt **erst mit der Erstellung der Abrechnung feststehen** (s. Rn 417 ff.).

414 Die **Betriebskostenvorauszahlungen** sind aufgrund ihres Charakters als bloße Vorauszahlungen demgegenüber **nur ein durchlaufender Posten**, dem für die endgültige Bestimmung des Betriebskostenanspruchs des Vermieters von daher auch gar **keine eigenständige Bedeutung** zukommen kann.

415 Auch soweit es um Mietminderungen der laufenden Mietzahlungen bis zur Erstellung der Betriebskostenabrechnung geht, kann sich die Frage einer Minderung des Betriebskostenanteils schon denknotwendig überhaupt nur in den Fällen zwingend stellen, wo die **Minderungsquote** so hoch sein sollte, dass diese den **Anteil der Grundmiete** an der betreffenden Gesamtmonatsmiete **übersteigt**, weil man bis zu dessen Höhe die Minderung rein rechnerisch ohne Weiteres allein auf die Grundmiete beziehen kann. Gegen eine derartige Anrechnungspraxis sprechen auch keine zwingenden rechtlichen Gründe, etwa im Hinblick auf **§ 366 Abs. 2 BGB**. Denn entweder man wendet diese Vorschrift – zumindest für die Fälle, wo zum Zeitpunkt der Minderung keine dem Mieter rechtlich anzulastenden Mietrückstände für frühere Zeiträume offenstehen – schon von Haus aus nicht an, weil es sich in Fällen der **Minderung** eben gerade **nicht um eine nur teilweise Erfüllung handelt**, sondern man gerade aufgrund des Vorliegens der als rechtsvernichtende Einwendung zu qualifizierenden Minderung von seiner Erfüllungspflicht frei wird, sodass dann aber auch keine Teilzahlung vorliegt, wenn der Mieter über die von ihm geltend gemachte Minderungsquote hinaus alles für den laufenden Monat bezahlt, weil der Mieter für diesen ja nicht mehr die ursprüngliche Sollmiete schuldet, sondern nur noch eine „angemessen herabgesetzte Miete“ (§ 536 Abs. 1 S. 2 BGB).[337] Oder man legt § 366 Abs. 2 BGB bei entsprechender Anwendung bzw. in direkter Anwendung, soweit es streitig ist, was eine angemessene Herabsetzung der Miete infolge der Minderung darstellt und deshalb unklar ist, ob hier eine Teilleistung vor-

336 Vgl. BGH, Urt. v. 13.4.2011 – VIII ZR 223/10 – Rn 13 unten.

337 Vgl. Rn 284.

liegt, zumindest so aus, dass erbrachte Zahlungen auf die Grundmiete anzurechnen sind. Denn zum einen bietet eine auf **Betriebskostenvorauszahlungen** bezogene Schuld dem Vermieter **keine geringere Sicherheit i.S.v. § 366 Abs. 2 BGB** als eine solche, die sich auf Grundmieten bezieht. Denn soweit es eine Mietsicherheit gibt, umfasst diese regelmäßig ja alle Mietansprüche, ganz gleich, ob es nun um Betriebskosten geht oder um die vereinbarte Miete im Übrigen, weil sie alle mieterseitigen Pflichten, die aus dem Mietverhältnis erwachsen können, besichert. Zum anderen stellt die **Grundmiete** im Gegenzug **für den Mieter** definitiv die **lästigere Schuld** i.S.v. § 366 Abs. 2 BGB dar als die Betriebskostenvorauszahlungen. Denn während die Grundmiete grundsätzlich bedingungslos zu entrichten ist, sind die Betriebskostenvorauszahlungen, solange keine wirksame und korrekte Abrechnung des Vermieters vorliegt, von Haus aus ohnehin **nur treuhänderisch gehaltenes Fremdvermögen**, welches dem Vermieter mit Zahlungseingang also ohnehin noch nicht gehört. Es handelt sich bei ihnen somit also aus dem vorgenannten Grund von Haus aus um einen bloß durchlaufenden Posten, der ggf. sogar wieder zurückerstattet werden muss, wenn die tatsächlich entstandenen Betriebskosten geringer sind als die Summe der im Abrechnungszeitraum geschuldeten Sollvorauszahlungen oder wenn der Vermieter seiner Verpflichtung zur Erstellung einer wirksamen und korrekten Abrechnung nicht rechtzeitig gerecht wird und das Mietverhältnis zwischenzeitlich beendet ist, allerdings nur, soweit während des laufenden Mietverhältnisses mangels Abrechnungsreife noch kein Zurückbehaltungsrecht bestand.[338] Nachdem von daher die eingehenden Zahlungen zunächst auf die Grundmiete anzurechnen sind, muss die **Minderungsquote** mithin regelmäßig also jedenfalls schon **weit über 50% des Betrags der Gesamtmonatsmiete** betragen (im Einzelnen kommt es insoweit darauf an, wie hoch der prozentuale Anteil der Vorauszahlungen an der Gesamtmiete konkret ist), bevor man rechnerisch zwingend in den Betriebskostenvorauszahlungsanteil der monatlichen Gesamtmiete ausgreift und sich deshalb überhaupt ein praktisches Anrechnungsproblem bei den laufenden Monatsmieten ergeben kann, was der BGH im Umkehrschluss zu einem obiter dictum in diesem Zusammenhang im Übrigen auch ausdrücklich erwähnt.[339] Dass derartige Minderungsquoten aber nur sehr selten einmal einschlägig sein werden, liegt auf der Hand.

1. Gesamtmiete als Bemessungsmaßstab der Minderung

§ 536 Abs. 1 BGB, der die Voraussetzungen der Minderung regelt, spricht davon, 416
dass im Falle des Vorliegens von die Gebrauchstauglichkeit der Mietsache erheblich beeinträchtigenden Mängeln „die Miete“ angemessen herabzusetzen ist. Vor dem

338 BGH, Urt. v. 26.9.2012 – VIII ZR 315/11 –.

339 Vgl. BGH, Urt. v. 13.4.2011 – VIII ZR 223/10 – Rn 14.

Hintergrund, dass **die „Miete" im Sinne dieser Vorschrift „die vereinbarte Miete" i.S.v. § 535 Abs. 2 BGB** ist und diese die **Gegenleistung für die drei in § 535 Abs. 1 BGB genannten Leistungsbestandteile Gebrauchsgewährung** („... *Gebrauch ... zu gewähren*", § 535 Abs. 1 S. 1 BGB), **Besitzübertragung der Mietsache frei von minderungsfähigen Sachmängeln** und **Erhaltung in diesem Zustand** („... *in ... zum vertragsgemäßen Gebrauch geeigneten Zustand zu überlassen und ... zu erhalten*", § 535 Abs. 1 S. 2 BGB) sowie deren **Lastentragung** („... *auf der Mietsache ruhenden Lasten zu tragen*", § 535 Abs. 1 S. 3 BGB) darstellt, ergibt sich daraus **folgerichtig**, dass **Bemessungsmaßstab der Minderung nicht nur** die zu entrichtende **Grundmiete** sein darf, **sondern** bei entsprechender gesonderter Vereinbarung **auch** die zusätzlich hierzu vom Mieter zu entrichtenden **Betriebskosten**. Von daher müssen zwangsläufig auch die diesbezüglich vom Mieter zu tragenden Kosten als betragsmäßiger Bestandteil der Miete bei der Bemessung der angemessenen Herabsetzung der Miete infolge des Vorliegens des mietminderungsfähigen Sach- oder Rechtsmangels berücksichtigt werden.[340]

2. Ermittlung der Mietminderung anhand der Jahresabrechnung der Betriebskosten

417 Aus dem Umstand, dass Vorauszahlungen bis zur Erstellung einer über sie ergehenden Abrechnung **lediglich treuhänderisch gehaltenes Fremdvermögen** darstellen und diese erst dann und in der Höhe in das Vermögen des Vermieters übergehen, sobald und insoweit im betreffenden Abrechnungszeitraum nachweislich in entsprechender Höhe Kosten angefallen sind, ergibt sich ebenso zwangsläufig, dass man **im Gegensatz zur** zum Zeitpunkt der Minderung regelmäßig höhenmäßig feststehenden **Grundmiete**[341] **vor dem Vorliegen einer Betriebskostenabrechnung überhaupt keine (endgültig) maßgebliche Bemessungsgrundlage für den Betriebskostenanteil** des jeweils vom Minderungssachverhalt betroffenen Monats hat, auf die man die betreffende Minderungsquote anwenden könnte. Sobald diese Abrechnung dann aber erstellt ist, lässt sich eine – unter Anwendung der einschlägigen Mietminderungsquote auf die insoweit in die Berechnung der Miete für den betreffenden Abrechnungszeitraum einbezogenen Betriebskosten – noch verbleibende etwaige Nachforderung des Vermieters am einfachsten mit der vom BGH verwendeten Be-

340 BGH, Urt. v. 6.4.2005 – XII ZR 225/03 –.

341 Staffeln sind an bestimmte, vorher mietvertraglich festgesetzte Zeitpunkte geknüpft und selbst bei durch echte Gleitklausel gesicherten Indexmieten lässt sich vorbehaltlich der bezogen auf den nominalen Geltungsmonat verzögerten Veröffentlichung der Bezugsdaten vom Statistischen Bundesamt die jeweils geschuldete, über die Indexierung angepasste Miete anhand der mietvertraglichen Fälligkeitsregelung genau einem Zeitpunkt zuordnen, ohne dass es dafür noch einer Mitwirkung (Erstellung der Abrechnung) des Vertragspartners bedarf.

rechnungsmethode ermitteln. Bei dieser müssen die vom Mieter im Abrechnungsjahr insgesamt geleisteten Zahlungen der von ihm geschuldeten Gesamtjahresmiete[342] gegenübergestellt werden.[343] Dabei ist bei der Berechnung des Minderungsbetrags selbstverständlich eine **entsprechende zeitanteilige Quotelung** vorzunehmen, die den konkreten Zeitraum, wo eine auf einem Mietmangel beruhende erhebliche Gebrauchsbeeinträchtigung vorgelegen hat, exakt berücksichtigt, da die Miete gem. § 536 Abs. 1 S. 2 BGB ja immer nur **für die Zeit** herabgesetzt wird, **während der die Tauglichkeit gemindert** ist. Die Minderungsquote ist dementsprechend **zeitanteilig nur auf die Summe des Jahresbetrags der Nettomiete zuzüglich der abgerechneten Betriebskosten für die Kalendermonate** zu beziehen, **in denen** der **Minderungsgrund** auch **tatsächlich gegeben** war **bzw.** es muss diesbezüglich **sogar tageweise ($^1/_{30}$) gequotelt** werden, soweit die Dauer des Mangels keinen gesamten Kalendermonat betragen hat.

Entscheidend ist jedenfalls, dass man zukünftig **für Fälle der Betriebskostenabrechnung** von Mietern, **bei** denen es im Abrechnungszeitraum zu **Minderungen** gekommen ist, für die Ermittlung eines geschuldeten Nachzahlungsbetrags **„weit ausholen"** muss. Denn der letzten Endes vom Mieter noch geschuldete **Nachzahlungsbetrag ergibt sich** nach der vorgenannten, vom BGH verwendeten Berechnungsmethode ja **erst über den Umweg über die Einbeziehung der Jahresgrundsollmiete**, da diese zusammen mit der Summe der sich konkret für den Abrechnungszeitraum errechneten, vom Mieter für die umgelegten Betriebskostenpositionen im Einzelnen effektiv zu tragenden Kosten die **Berechnungsgrundlage** vor Abzug der Minderungsquote und Verrechnung mit den vom Mieter geleisteten Zahlungen (seien es monatliche Grundmietzahlungen, seien es Betriebskostenvorauszahlungen) bildet. Die auf diese Weise festgestellte „Nachforderung" ist insofern von ihrem Ursprung her im Ergebnis gar **kein reiner Nachforderungsbetrag mehr bloß „netto" auf Betriebskosten i.S.v. § 556 Abs. 3 S. 3 BGB, sondern vielmehr eine „Bruttonachforderung"** auf die zum Zwecke der Ermittlung des korrekten Minderungsbetrags zwangsläufig heranzuziehende Bruttomiete (Miete einschließlich aller Nebenkosten)[344] und bezieht sich von daher zwangsläufig einheitlich auf die Gesamtmiete einschließlich aller Nebenkosten[345] und damit auch auf die Grundmiete und nicht mehr nur auf die Betriebskosten. Die Notwendigkeit, die im Abrechnungszeitraum vor Berücksichtigung der Minderungsquote geschuldete 418

342 Jahresbetrag der Nettomiete zuzüglich der abgerechneten Betriebskosten (Letzteres heißt also der Summe der sich im Abrechnungszeitraum ergebenden, vom Mieter für die umgelegten Betriebskostenpositionen im Einzelnen zu tragenden Kosten) abzüglich des in dem betreffenden Jahr insgesamt gerechtfertigten Minderungsbetrages.

343 Vgl. BGH, Urt. v. 13.4.2011 – VIII ZR 223/10 – Rn 16.

344 Vgl. BGH, Urt. v. 13.4.2011 – VIII ZR 223/10 – Rn 11.

345 Vgl. BGH, Urt. v. 13.4.2011 – VIII ZR 223/10 – Rn 12.

Jahresgrundsollmiete und die auf die Grundmiete geleisteten Zahlungen **im Rahmen der Erstellung einer Betriebskostenabrechnung** zu berücksichtigen, ist dabei aber etwas **fundamental Neues** und so bisher noch nie Dagewesenes. Von daher ergibt sich in der Praxis zwingend auch die Notwendigkeit, nach Berechnung der Summe der auf den Mieter umlegbaren Einzelkostenanteile statt des Abzugs der gegengerechneten Betriebskostenvorauszahlungen nunmehr zunächst einmal die vom BGH benannte Berechnung der geschuldeten Gesamtjahresmiete vorzunehmen und erst dann die allerdings insgesamt im Abrechnungszeitraum vom Mieter geleisteten Zahlungen (also auch die auf die Grundmiete) abzuziehen.

419 Demnach ergibt sich **bei Minderungssachverhalten zukünftig folgender „erweiterter Ablaufplan"**, der dazu dient, die vom BGH benannte „Gegenüberstellung" der im Abrechnungsjahr insgesamt geleisteten Zahlungen des Mieters mit der von ihm geschuldeten Gesamtjahresmiete im Einzelnen vorzunehmen:

1. Ermittlung der Summe der vom Mieter geschuldeten Einzelkostenanteile; der BGH spricht insoweit von den **„abgerechneten Betriebskosten"**,
2. Berechnung der Summe von Jahresgrundsollmiete und der Summe der vom Mieter geschuldeten Einzelkostenanteile; der BGH spricht insoweit vom **„Jahresbetrag der Nettomiete zuzüglich der abgerechneten Betriebskosten"**,
3. Ermittlung der Differenz aus der Summe gem. 2. und dem für den Abrechnungszeitraum festgestellten Minderungsbetrag (also des Betrags, der sich bei Anwendung der jeweiligen prozentualen Minderungsquote auf 2. ergibt, vom BGH **„den in dem betreffenden Jahr insgesamt gerechtfertigten Minderungsbetrag"** genannt); der BGH nennt das Ergebnis dieses Rechenschritts die **„geschuldete Gesamtjahresmiete".**
4. Abzug der **„im Abrechnungszeitraum insgesamt geleisteten Zahlungen"** für Grundmiete und Betriebskostenvorauszahlungen von der gem. 3. ermittelten geschuldeten Gesamtjahresmiete.

420 Nachdem die vorstehenden Schritte 2. bis 4. im Rahmen einer Betriebskostenabrechnung völlig neu sind, ist es von daher **erforderlich, dass** insbesondere vom Vermieter eingesetzte **Abrechnungssoftware** zukünftig an diese neuen Erfordernisse **angepasst** wird, damit sich der Aufwand im vertretbaren wirtschaftlichen Rahmen hält. **Bis dahin** muss man freilich **„händisch" entsprechende zusätzliche Prüfungsschritte** in von Minderungen betroffene Abrechnungen aufnehmen, da aufgrund der vom Gesetzgeber so vorgegebenen Ausgestaltung der Miete als Bruttomiete auf anderem Wege als vom BGH vorgeschlagen bei Licht besehen in der Tat keine dogmatisch sauberen Ergebnisse erzielt werden können.

VII. Abrechnung bei Vermieter- bzw. Mieterwechsel

Was die **Zuständigkeit für die Erstellung** der Betriebskostenabrechnung bei einem **Vermieterwechsel** angeht (s. Rn 425ff.), braucht man in der Praxis eigentlich nur zwei Dinge zu berücksichtigen, und alles andere ergibt sich von selbst. 421

Erstens ist für den **Eintritt eines Erwerbers** in die **mietvertragliche Verpflichtung zur Betriebskostenabrechnung** gegenüber dem Mieter **nicht** der mit dem kaufvertraglich geregelten **Zeitpunkt** des sachenrechtlichen Besitzerwerbs i.S.v. § 854 BGB gem. § 446 BGB eintretende Gefahr- und Lastenübergang, also der in der kaufvertraglichen Praxis so bezeichnete BNL-Wechsel (**Wechsel von Besitz**, Nutz(-ung-)en und Lasten) **maßgeblich, sondern** gem. §§ 566, 578 BGB **erst der Zeitpunkt** des mit **Eintragung im Grundbuch** erfolgenden Eigentumserwerbs i.S.d. §§ 873, 925 BGB. 422

Zweitens muss man unterscheiden, ob die **Pflicht zur Betriebskostenabrechnung** zum Zeitpunkt der Umschreibung **bereits wirksam entstanden** ist oder nicht. Je nachdem, ob dies der Fall ist, handelt es sich entweder um eine noch beim veräußernden Verkäufer verbleibende oder eine schon den erwerbenden Käufer treffende Pflicht. 423

Was demgegenüber einen **Mieterwechsel** angeht, besteht diesbezüglich in der Praxis im Wesentlichen **nur dann ein Problem**, wenn es um **Kosten** geht, die noch **vollumfänglich aus der Zeit der Nutzung des ausgezogenen Mieters** herrühren und die man deswegen auch nicht auf den Nachmieter umlegen kann. Was muss man insoweit also beachten, wenn man diese nunmehr noch vom ausgezogenen Mieter erstattet bekommen möchte (s. Rn 435ff.)? 424

1. Abrechnung bei Vermieterwechsel

Dem Bedürfnis der Immobilienkaufvertragspraxis, den Kaufgegenstand gemäß der Regelung aus dem Kaufvertragsrecht (§ 446 BGB) aus Gründen der Planungssicherheit im Hinblick auf seinen Besitz und daran anknüpfend die mit dem Kaufgegenstand verbundenen Nutzungen und Lasten **bereits zu einem festen Stichtag** gewiss übergehen zu lassen, um der zeitlichen Unbestimmtheit des im Grundbuch zu vollziehenden Eigentumsübergangs damit entgegenzuwirken und eine Erleichterung der Abgrenzung zu erreichen, kann zwar **im Innenverhältnis zwischen Verkäufer und Käufer** durch entsprechende Kaufvertragsgestaltung bereits vorab durch Vereinbarung eines im Kaufvertrag aufgeführten bestimmten Tages für die Übergabe Rechnung getragen werden. Die parallele gesetzgeberische Rechtswirklichkeit in Bezug auf den Zeitpunkt des gem. § 566 BGB nur „während der Dauer seines Eigentums" – und damit erst mit Vollzug des Eigentumserwerbs durch Umschreibung im Grundbuch – erfolgenden Eintritts des erwerbenden Käufers in das Mietverhältnis lässt sich damit gegenüber dem Mieter aber nicht aus der Welt schaffen, wenn er nicht ausnahmsweise einem Vermieterwechsel schon vor diesem Zeitpunkt rechtgeschäftlich zugestimmt hat. 425

426 Dementsprechend interessiert **hinsichtlich des Außenverhältnisses zum Mieter** im Zusammenhang mit Fragen der Erstellung und der Zuordnung von Rechten und Pflichten aus einer Betriebskostenabrechnung **allein der Zeitpunkt der Eintragung des Erwerbers im Grundbuch** als der für die Vollendung der Veräußerung maßgebliche Zeitpunkt (s. Rn 428f.). Soweit man diesen Umstand kaufvertraglich „glattziehen" möchte, indem man dennoch bereits den Zeitpunkt des kaufvertraglich begründeten sachenrechtlichen Besitzerwerbs zum Stichtag für den Eintritt des Käufers in die Rechte aus dem Mietverhältnis machen will, bedarf es dementsprechend zwingend entsprechender nach Möglichkeit schon einwilligender Verfügungsermächtigungen nach § 185 Abs. 1 BGB im Kaufvertrag, mittels derer der Käufer schon genauso verfügen kann, wie wenn er berechtigter (erwerbender) Vermieter nach Eintragung im Grundbuch wäre.[346]

427 Folge der Anwendung von § 566 BGB ist, dass der Erwerber neben den Rechten, die sich aus dem Mietverhältnis ergeben, auch in dessen Pflichten eintritt. Eine Pflicht in Bezug auf die Erstellung von Betriebskostenabrechnungen ist aber **nicht erst mit dem Eintritt der Abrechnungsreife** (Ablauf der Abrechnungsfrist), sondern bereits dann entstanden, wenn der **Abrechnungszeitraum abgelaufen** ist, weil damit bereits die **Abrechnungsfrist zu laufen begonnen** hat (s. Rn 430), binnen der dem Mieter eine wirksame Betriebskostenabrechnung zugehen muss.

428 Umgekehrt ergibt sich vor diesem Hintergrund aber auch ebenso zwangsläufig, dass dementsprechend bei einer Eigentumsumschreibung **im Hinblick auf den laufenden Abrechnungszeitraum** während dessen Verlaufs eine Pflicht beim veräußernden Verkäufer schon deswegen gar nicht „während der Dauer seines Eigentums" entstanden sein kann, weil die Pflicht zur Erstellung einer Betriebskostenabrechnung frühestens aus dem Grund **erst mit dem Ablauf des Abrechnungszeitraums** erstmalig in Erscheinung treten kann (s. Rn 432ff.), weil **vor dessen Ablauf überhaupt noch nicht feststeht**, was alles „in den Topf" dessen gehört, was Gegenstand der Abrechnung sein soll.

a) Auswirkungen von § 566 BGB auf die Verpflichtung zur Erstellung einer Betriebskostenabrechnung

429 **„Kauf bricht nicht Miete"** lautet die Überschrift des § 566 (i.V.m. § 578) BGB. Damit bringt der Gesetzgeber mithin zum Ausdruck, dass ein seinen Besitz und sein Eigentum an einem Grundstück verkaufender Vermieter nicht in der Lage ist, durch einen Verkauf der vermieteten Immobilie auf den Bestand und die Rechtsgültigkeit eines diesbezüglich bereits bestehenden Mietverhältnisses einzuwirken, indem er den erwerbenden Käufer zwingend in ein über die Kaufsache bestehendes Mietverhältnis

346 BGH, Urt. v. 19.3.2014 – VIII ZR 203/13 –.

mit seiner Eintragung im Grundbuch als neuen Vermieter eintreten lässt. Der **Mieter darf** somit durch den Wechsel des Eigentums an der vermieteten Sache **keinen Nachteil erfahren.** Ihm gegenüber soll der **Wechsel des Eigentums erst** dann **relevant** werden, wenn er wirksam vollzogen wurde, also **mit der Umschreibung** im Grundbuch. Die Umschreibung ist gekennzeichnet durch einen Zeitpunkt, den Tag nämlich, an dem der veräußernde Verkäufer als Eigentümer im Grundbuch ausgetragen und der erwerbende Käufer an seiner Statt eingetragen wird.

Ab diesem Zeitpunkt ist das Mietverhältnis zweigeteilt: in einen Zeitraum vor 430
der Umschreibung und einen danach. Die Umschreibung wirkt insofern also grundsätzlich als **zeitliche Zäsur.** Entscheidend ist diesbezüglich aber, dass es sich nicht um eine bloße Zäsur handelt, die auf die Fälligkeit von verjährungsgegenständlichen Ansprüchen i.S.v. § 194 Abs. 1 BGB des Vermieters bzw. des Mieters vor bzw. nach diesem Zeitpunkt abstellt. Vielmehr spricht das Gesetz ausdrücklich von den sich „aus dem Mietverhältnis ergebenden Rechten und Pflichten." Es ist also **an dem Mietverhältnis als Schuldverhältnis im Ganzen orientiert** und Pflichten des Vermieters können insofern unabhängig davon bestehen, ob sie für den Mieter bereits zu fälligen Ansprüchen geführt haben oder man sich noch im Vorfeld der Anspruchsentstehung (i.S.v. § 199 Abs. 1 Nr. 1 BGB) befindet. Mithin ist im Zusammenhang mit einer Betriebskostenabrechnung nicht danach zu fragen, ob eine Abrechnung vor oder nach der Umschreibung zugegangen ist, um dann dementsprechend den Anspruch auf die Nachzahlung oder die Pflicht zur Rückzahlung dem Veräußerer oder dem Erwerber zuzuweisen. Vielmehr ist die **entscheidende Frage** insofern schon, **ob der Abrechnungszeitraum bei Umschreibung bereits abgelaufen** ist oder nicht. Denn mit seinem Ablauf ist „die Bemessungsgrundlage" der Anspruchsentstehung festgeschrieben[347] und die **Pflicht zur Abrechnung** entstanden. Dementsprechend ist die für eine Betriebskostenabrechnung und die sich aus ihr ergebenden Ansprüche des Vermieters bzw. Mieters im Falle eines Eigentümerwechsels maßgebliche Frage immer die, ob der Abrechnungszeitraum zum **Zeitpunkt der Eigentumsumschreibung** bereits abgelaufen ist oder nicht. Will man von daher bereits den demgegenüber im kaufvertraglichen Innenverhältnis zwischen Verkäufer und Käufer für den Gefahr- und Lastenübergang maßgeblichen **Zeitpunkt des Besitzerwerbs** auf das mietvertragliche Außenverhältnis zum Mieter übertragen, bedarf es einer diesbezüglichen **kaufvertraglichen Einwilligung des veräußernden Verkäufers** gegenüber dem bis zur Eintragung im Grundbuch mangels Eigentumserwerbs (noch) nicht i.S.v. § 185 BGB verfügungsberechtigten

---

347 Abgerechnet werden darf nur noch über das, was an Leistungen entweder während der Laufzeit des Abrechnungszeitraums erbracht wurde (Leistungs- oder Zeitabgrenzungsprinzip) oder was zumindest während der Laufzeit des Abrechnungszeitraums an Rechnungen fällig geworden ist, auch wenn die zugrundeliegende Leistung bereits in einem vorangegangenen Abrechnungszeitraum erbracht wurde (Abflussprinzip).

erwerbenden Käufer dennoch schon ab diesem Zeitpunkt (im eigenen Namen) über sich aus dem Mietverhältnis ergebende Rechte verfügen zu dürfen.

b) Vermieterwechsel nach abgelaufenem Abrechnungszeitraum

431 Nachdem eingedenk des Vorgesagten mit dem Ablauf des Abrechnungszeitraums abrechnungstechnisch bereits „alles gelaufen ist", weil egal, ob man nach dem Leistungs- bzw. Zeitabgrenzungsprinzip oder aber dem Abflussprinzip abrechnet, man nur das berücksichtigen darf, was bis zu diesem Zeitpunkt in dem betreffenden Abrechnungszeitraum erbracht oder zumindest fällig abgerechnet wurde, liegt es auf der Hand, dass bei Umschreibung nach einem abgelaufenen Abrechnungszeitraum die **Verpflichtung zur Abrechnung** von daher auch **noch beim Veräußerer** verbleiben muss, weil er insofern **für die dem Wirtschaftlichkeitsgebot gemäße Bewirtschaftung während des gesamten Abrechnungszeitraums zuständig** war, sodass er auch derjenige sein muss, dem das **Risiko einer wirksamen und korrekten Abrechnungserstellung** zukommen muss und der **Berechtigter oder Verpflichteter von danach verbleibenden Ausgleichsansprüchen** sein muss. Er muss abrechnen, ihm steht ggf. eine Nachzahlung zu, genauso wie er ggf. zur Rückzahlung zu viel bezahlter Vorauszahlungen verpflichtet ist.

c) Vermieterwechsel während des laufenden Abrechnungszeitraums

432 Vom Ende her betrachtet und der Tatsache, dass die Pflicht zur Abrechnung denknotwendig erst dann entstehen kann, wenn der abzurechnende Zeitraum abgelaufen ist, weil erst dann die jeweiligen Gesamtkosten der betreffenden Betriebskostenarten abschließend vorliegen, über die man abzurechnen hat, kommt man nicht umhin, dass es **logischerweise der Erwerber** sein muss, den die **Abrechnungspflicht** trifft, wenn es zu einem Vermieterwechsel innerhalb eines laufenden Abrechnungszeitraums kommt, also die Umschreibung während eines laufenden Abrechnungszeitraums erfolgt. Nachdem aber sonnenklar ist, dass er insoweit regelmäßig auf die Mithilfe des Veräußerers angewiesen ist, weil er ja zumindest nur für den verbleibenden Rest des laufenden Abrechnungszeitraums als erst mit der Umschreibung berechtigter Vermieter Rechnungen bezahlt und Vorauszahlungen als Berechtigter erhalten hat, muss der bis zur Eintragung des Erwerbers im Verhältnis zum Mieter berechtigte **Veräußerer** ihm insoweit jedoch zwangsläufig unter die Arme greifen, indem er **mit diesem „zusammenwirkt"**.[348] Erst hier **im Innenverhältnis** zwischen Verkäufer und Käufer wirkt sich dabei dann auch der **Zeitpunkt des Besitzübergangs** im Zusammenhang mit einer Betriebskostenabrech-

348 BGH, Urt. v. 14.9.2000 – III ZR 211/99 –.

nung zwangsläufig aus. Denn dieser bildet in jedem Fall die **Zäsur für Rechte und Pflichten von Verkäufer und Käufer** untereinander, nachdem es sich bei den laufenden Mieteinnahmen aus vom Käufer zu übernehmenden Mietverhältnissen um Gebrauchsvorteile und damit um Nutzungen i.S.v. § 100 BGB der Kaufsache handelt und bei den Betriebskosten regelmäßig um Leistungspflichten auf zivil- oder öffentlich-rechtlicher Grundlage, die den Eigentümer oder Besitzer einer Sache treffen und den Nutzungswert der Sache mindern und damit um Lasten einer Sache i.S.v. § 103 BGB. Diese kaufvertragliche Zäsur kann dabei dann Auswirkungen haben, wenn bei einer Eigentumsumschreibung innerhalb eines Abrechnungszeitraums der **Zeitpunkt des Besitzübergangs und damit der Übergang von Lasten und Nutzungen vor der Umschreibung aber noch im laufenden Abrechnungszeitraum** liegt und somit der dem Käufer im Innenverhältnis zuzurechnende Anteil des laufenden Abrechnungszeitraums größer wird, weil dieser bereits im durch seine kaufvertragliche Verpflichtung dem Verkäufer gegenüber begründeten Innenverhältnis vor Umschreibung Zahlungen auf die umlagefähigen Betriebskosten erbringen muss und regelmäßig – aber nur, soweit ihm die Vorauszahlungsforderungen auch tatsächlich im Rahmen des Kaufvertrags im Wege einer Abtretung (§ 398 BGB) übertragen werden (**Vorsicht:** Allein im an den Besitzerwerb geknüpften Lasten- und Nutzungenübergang liegt noch keine Abtretung von Mietzinsforderungen)[349] – bereits unmittelbar als Berechtigter im eigenen Namen Vorauszahlungen vereinnahmt hat bzw. ihm diese zumindest im kaufvertraglichen Innenverhältnis dem Verkäufer gegenüber zustehen.

Der **Verkäufer** muss insoweit den **Teil der Betriebskostenabrechnung** erstellen, der die innerhalb des laufenden Abrechnungszeitraums befindliche **Zeit seines Besitzes bis zum Besitzübergang** betrifft. Ausnahmsweise reicht es aber auch aus, lediglich Belege zu überlassen, nämlich dann, wenn diese so übersichtlich geordnet, zusammengestellt und inhaltlich aufbereitet sind, dass sie sich ohne Aufwand in die „Gesamtabrechnung" einfügen lassen.[350] Für den Regelfall muss der Verkäufer dem Käufer aber einen Nachweis der von ihm auf die jeweils umlegungsfähigen Betriebskosten bis zum Besitzübergang erbrachten Zahlungen vorlegen, diesen die von den Mietern in diesem Zeitraum gezahlten Vorauszahlungen gegenüberstellen, und soweit sie die bereits bezahlten umlagefähigen Betriebskosten übersteigen, den überschüssigen Betrag an den Käufer auskehren. Soweit hingegen eine Unterdeckung besteht, hat der Verkäufer diese an den Käufer auszugleichen. Dabei ist jedoch zu berücksichtigen, dass die den dem Verkäufer zuzurechnenden Zeitraum betreffenden (anteiligen) **Kosten regelmäßig noch nicht bei Besitzübergang, sondern erst dann schlussendlich feststehen, wenn** die in diesen Zeitraum fallenden **Kostenarten von den Lieferanten abgerechnet** sind. Dementsprechend 433

349 Vgl. BGH, Urt. v. 2.7.2003 – XII ZR 34/02 – 2.c).
350 Vgl. BGH, Urt. v. 14.9.2000 – III ZR 211/99 – 4.b).

beginnt die **Verjährung eines sich insofern ergebenden Ausgleichsanspruchs des Verkäufers** mangels abweichender Vereinbarung im Kaufvertrag regelmäßig – losgelöst von der Frage, ob die Verjährung dieser Verkäuferabrechnung und eines sich aus ihr ergebenden etwaigen Ausgleichsanspruchs von Haus aus auch erst mit dem Ende des Jahres des tatsächlichen Zugangs der Abrechnung im Verhältnis Veräußerer/Erwerber zu laufen beginnt wie bei der Betriebskostenabrechnung im Geschäftsraummietrecht, was man ggf. dann argumentieren kann, wenn man die inhaltliche Nähe und als Vorstufe zur Mieterabrechnung zwangsläufige Verbindung der Verkäuferabrechnung zur Betriebskostenabrechnung des Vermieters betont – schon aus diesem Grund frühestens mit dem Ende des Jahres, wo die betreffenden Abrechnungen der Lieferanten etc. tatsächlich vorliegen (**§ 271 Abs. 1 Alt. 2 BGB**), weil die Leistungszeit einer diesbezüglichen Leistungsverpflichtung des Verkäufers und damit ein verjährungsgegenständlicher Anspruch i.S.v. § 194 BGB früher aufgrund der zwangsläufig gegebenen Umstände denknotwendig nicht entstehen kann.

434 **Wichtig:** Soweit ein Mietverhältnis während eines laufenden Abrechnungszeitraums noch vor Eigentumsumschreibung und auch vor Besitzübergang beendet wird, hat trotz des Umstandes, dass bei Auszug keine Zwischenabrechnung geschuldet ist, der **Veräußerer als Ausnahme zum vorgenannten Grundsatz**, dass die Abrechnung bei unterjährigem Vermieterwechsel vom Erwerber durchzuführen ist, die **Abrechnung für das beendete Mietverhältnis vorzunehmen**, weil auch hier der Grundsatz Anwendung findet, dass derjenige, der – jeweils mieterbezogen – die Vorauszahlungen für einen kompletten Abrechnungszeitraum erhalten hat, die Abrechnung erstellen soll.[351] Dabei handelt es sich dann zwangsläufig um eine allerdings zulässige **Rumpfabrechnung** über den Zeitraum bis zur Beendigung des Mietverhältnisses, nachdem der Veräußerer ja ohnehin nur über die Zeit bis zum Besitzübergang abrechnen kann und muss, weil er danach mangels Besitzes und rechtlicher Pflicht weder in der Lage noch verpflichtet dazu ist.

2. Abrechnung bei Mieterwechsel

435 Soweit es während eines laufenden Abrechnungszeitraums zu einem Mieterwechsel kommt, liegt auf der Hand, dass der **ausziehende Mieter nur für die Zeit bis zu seinem Auszug** und der **einziehende Mieter nur für die Zeit ab seinem Einzug** zur Zahlung von Betriebskosten verpflichtet sein kann, weil er nachher nicht mehr bzw. vorher noch nicht einen Beitrag zur Verursachung oder dem Verbrauch entsprechender Betriebskosten geleistet hat bzw. mangels Vorliegens eines Vertrags nicht mehr oder noch nicht zur Lastentragung verpflichtet sein kann. Nachdem ein

351 Vgl. BGH, Urt. v. 4.4.2007 – VIII ZR 219/06 – Rn 13.

Vermieter aber zu Zwischenabrechnungen bei einem Mieterwechsel – mit Ausnahme von Heizung und Warmwasser, wo der Verbrauchsanteil bei Nutzerwechsel zum Zwecke einer Kostenaufteilung grundsätzlich mittels einer Zwischenablesung erfasst werden muss (§ 9b HeizkostenV) – nicht verpflichtet ist, liegt es weiterhin auf der Hand, dass dann gegen eine **bloße zeitanteilige Aufteilung der Abrechnung** über den gesamten Abrechnungszeitraum grundsätzlich nichts eingewendet werden kann, um die unterschiedlichen Nutzungszeiträume des Alt- und Neumieters voneinander abzugrenzen (s. Rn 437).

Soweit darüber hinaus Betriebskostenpositionen umgelegt werden sollen, bei 436
denen die auf den zugrundeliegenden Verbrauchs- und Verursachungszeitraum entfallenden Kosten nicht nach der Methode des Leistungsprinzips, sondern nach der Methode des Abflussprinzips abgerechnet werden sollen, gibt es aber jedenfalls immer dann ein Problem, wenn der **Verbrauchs- und Verursachungszeitraum ausschließlich in der Mietzeit des Vormieters** lag. Denn dann hat der neue Mieter definitiv noch **keinerlei Verbrauchs- und Verursachungsbeitrag** zu den betreffenden Kosten des Abrechnungszeitraums geleistet, und es wäre von daher weder logisch nachvollziehbar noch billig, ihn dennoch an diesen zu beteiligen. Dementsprechend macht der BGH für die Anwendung des Abflussprinzips für derartige Fälle auch folgerichtig einen Vorbehalt,[352] und auch ohne, dass er diesen Fall schon hätte entscheiden müssen, ist es offensichtlich, dass hier aus den oben genannten Gründen von Haus aus nur **das Leistungs- bzw. Zeitabgrenzungsprinzip** zur Anwendung kommen kann. Darum bleibt es mithin unverändert sinnvoll, sich bei der Erstellung einer jeden Abrechnung durch dort entsprechend formulierte Klarstellungen jeweils so zu wappnen, dass einem insoweit ggf. auch noch eine Abrechnung gegenüber dem alten Mieter nach dem Leistungs- bzw. Zeitabgrenzungsprinzip ohne größere Diskussionen möglich bleibt (s. Rn 438 ff.).

a) Grundsatz der zeitanteiligen Aufteilung bei Mieterwechsel während eines Abrechnungszeitraums

Wenngleich die **zeitanteilige Aufteilung** bei Mieterwechsel den Normalfall dar- 437
stellt, soweit nicht die Heizkostenverordnung Anwendung findet und deshalb für den verbrauchsabhängigen Teil der Kostentragung eine Zwischenablesung zwingend erforderlich ist, hat eine verbrauchsabhängige Abrechnung in der Konsequenz selbstverständlich aber ausnahmsweise auch **bei all den anderen Betriebskostenarten** (Kaltwasser, Müll etc.) zu erfolgen, bei denen der Vermieter gegenüber dem ausziehenden Mieter **verbrauchsabhängig** umlegt. Denn losgelöst davon, ob sich der Vermieter auch dem einziehenden Mieter gegenüber zu dieser Art der Um-

352 Vgl. BGH, Urt. v. 20.2.2008 – VIII ZR 27/07 – Rn 22.

legung entscheidet, muss er schon deswegen **zwangsläufig eine Zwischenablesung** vornehmen, weil er ansonsten nicht die dem ausziehenden Mieter geschuldete Verbrauchsfeststellung vornehmen kann.

b) Unveränderte Bedeutung des Leistungs- bzw. Zeitabgrenzungsprinzips bei Mieterwechsel

438 Der BGH macht aus nachvollziehbaren Gründen einen mit Treu und Glauben begründeten **Vorbehalt**, was die Zulässigkeit einer Abrechnung nach dem Abflussprinzip angeht, indem er bisher stets ausdrücklich offengelassen hat, ob das **Abflussprinzip** auch **bei einem zwischenzeitlichen Mieterwechsel** Anwendung finden kann. Nachdem er die Fälle eines Mieterwechsels ausdrücklich von den Fällen unterscheidet, wo das Mietverhältnis der Parteien durchgängig sowohl in den betreffenden Verbrauchs- und Verursachungs- als auch in den Abrechnungszeiträumen bestand und diese Fälle als im Umkehrschluss unkritisch bezeichnet,[353] braucht man kein Hellseher zu sein, um zu erahnen, worauf der BGH hinauswill:

439 Der Umstand, dass ein Mieter nicht einmal anteilig an der Entstehung von Kosten beteiligt war, weil es nicht um die Kosten des Abrechnungszeitraums des Mieterwechsels, sondern um die **Kosten eines vor seinem Einzug bereits beendeten Abrechnungszeitraums** geht, muss sich so auswirken, dass diese Kosten jedenfalls noch **nicht dem Nachmieter auferlegt** werden können, denn sie lagen unstreitig **vor der Zeit seines Mietgebrauchs** und sind dem Nachmieter von daher schon von Haus aus nicht zuordenbar.

440 Vor diesem Hintergrund stellt sich sodann aber die Frage, ob es in der Konsequenz dessen etwas **im Verhältnis zum Vormieter** zu beachten gilt, um zumindest diesen insoweit noch in Anspruch nehmen zu können. Eine Ausschlusswirkung gibt es bekanntermaßen im Geschäftsraummietrecht nicht. Von daher kann an dieser Stelle die rechtliche Unterscheidung auch nicht davon abhängen, ob die verspätete Geltendmachung gegenüber dem Vormieter vom Vermieter verschuldet wurde oder nicht. Dementsprechend findet auch die – vom BGH in Anlehnung an § 560 Abs. 2 S. 2 BGB[354] für eine im Wohnraummietrecht auf der Grundlage einer vom Vermieter nach dem **Leistungs- bzw. Zeitabgrenzungsprinzip** geltend gemachten,[355] nach Ablauf der Abrechnungsfrist erfolgenden Nachforderung hergeleitete – **Drei-Monats-Frist als Maßstab** für die Frage, bis wann man bei einer zunächst unverschuldeten Überschreitung der Abrechnungsfrist längstens warten darf, um sich nicht im Nachhinein doch dem Vorwurf einer schuldhaft verspäteten Geltendmachung nach

353 Vgl. BGH, Urt. v. 20.2.2008 – VIII ZR 27/07 – Rn 22.
354 Vgl. BGH, Urt. v. 5.7.2006 – VIII ZR 220/05 – Rn 18 und 19.
355 Vgl. BGH, Urt. v. 5.7.2006 – VIII ZR 220/05 – Rn 13.

Wegfall des Abrechnungshindernisses auszusetzen,[356] **im Geschäftsraummietrecht** schon per se **keine Anwendung.** Folglich muss man hier grundsätzlich nichts befürchten, wenn man die verspätet zugegangenen Kosten auch nur verspätet weiterleitet.

Ausnahme wäre wie immer eine etwaige **Verwirkung.** Nachdem es sich bei 441
dem Adressaten der diesbezüglichen Nachforderung aber von Haus aus um jemanden handelt, mit dem der Vermieter grundsätzlich keine laufende Vertragsbeziehung mehr hat und wo schon mangels des insofern gegebenen Wegfalls regelmäßiger Kontakte wenig Raum für Vertrauen erweckende Verhaltensweisen des Vermieters gegeben ist, kommt hier für den Normalfall als denkbares Umstandsmoment wohl höchstens in Betracht, dass man anlässlich der Vertragsbeendigung **über** eine **Mietsicherheit abgerechnet** hat, **ohne** sich dabei allfällige **Forderungen vorzubehalten.** Von daher sollte man sicherheitshalber stets daran denken, sich **bei Abrechnung der Mietsicherheit** insofern immer ausdrücklich **alle Rechte vorzubehalten**, die ggf. zukünftig nach Ende des Mietverhältnisses noch nachvertraglich aus diesem erwachsen können.

Ansonsten – also für die Fälle, wo es nicht ausnahmsweise im Rahmen der Be- 442
endigung und/oder Abwicklung eines Mietverhältnisses mit einem ausgezogenen Mieter einen Forderungsverzicht etwa im Wege eines Abgeltungsvergleichs gegeben hat – hat man zwar **rechtlich nichts zu befürchten.** Zum einen ergibt sich das daraus, dass man im Gegensatz zu einem ausdrücklichen Forderungsverzicht **mit einer zuvor im Rahmen des noch laufenden Mietverhältnisses erfolgten Abrechnung über Betriebskosten grundsätzlich keine Erklärung abgegeben hat, dass zukünftige Forderungen diesbezüglich unterbleiben werden**, weil einer Abrechnung eine solche Aussagekraft insofern regelmäßig nicht zukommt.[357] Zum anderen **fällt im Geschäftsraummietrecht** aber auch der **„Cut" der Ausschlusswirkung weg.** Nachdem aber das Argument der Verwirkung in der alltäglichen Rechtspraxis nur allzu häufig immer wieder gerne unreflektiert von Mieterseite angeführt wird und man aus pragmatischen Gründen selbstredend unnötigen Diskussionen nach Möglichkeit von Anfang an aus dem Weg gehen sollte, in denen man ihnen bereits den Ansatz einer Grundlage entzieht, empfiehlt es sich – insbesondere weil dies auch eine „Vollständigkeitsprüfung" dahingehend ist, ob man nichts vergessen hat und es losgelöst von der insoweit anderen Rechtslage als im Wohnraummietrecht sicherlich auch nur fair ist,[358] den Mieter ausdrücklich noch einmal darauf hinzuweisen, dass ersichtlich etwas nachkommt – bei jeder Abrechnung die

---

356 Vgl. BGH, Urt. v. 5.7.2006 – VIII ZR 220/05 – Rn 17.

357 Siehe oben Rn 405.

358 Zumindest für den Bereich des Wohnraummietrechts hat der BGH einen solchen Vorbehalt auch ausdrücklich als im Interesse beider Parteien liegend bezeichnet, vgl. BGH, Urt. v. 12.12.2012 – VIII ZR 264/12 – Rn 10.

umlegbaren Betriebskostenpositionen durchzugehen und ausdrücklich ohne Anspruch auf Vollständigkeit[359] zumindest bei den Positionen, wo für den betreffenden Abrechnungszeitraum ersichtlich zwar Leistungen erbracht worden sind bzw. regelmäßig erbracht zu werden pflegen, aber die betreffende Rechnung noch nicht vorliegt, einen **ausdrücklichen Vorbehalt** dergestalt zu machen, dass insoweit noch abgerechnet werden wird.

443 **Im Gegensatz zum Wohnraummietrecht**, wo es bei im Fälligkeitszeitraum der Rechnung noch fortbestehendem Mietverhältnis immer entscheidend auch darauf ankommt, Problemen mit der dortigen vom BGH für Nachforderungen im Rahmen einer Abrechnung nach dem Leistungs- bzw. Zeitabgrenzungsprinzip postulierten Drei-Monats-Frist nach Wegfall des Leistungshindernisses ggf. schon dadurch zu entgehen, dass man die Rechnung, statt diese nach dem Leistungsprinzip nachzufordern, nach dem Abflussprinzip in den Abrechnungszeitraum einstellt, wo die verspätet zugegangene Rechnung fällig geworden ist und nicht etwa zum Ausdruck bringt, dass es sich insoweit um eine Nachberechnung für einen bereits abgerechneten Zeitraum handelt, diese dann aber nicht mehr rechtzeitig (binnen der Drei-Monats-Frist) vorlegt,[360] braucht man im Geschäftsraummietrecht wegen des Fehlens der Ausschlusswirkung zwar im Ergebnis auch dann nichts zu befürchten, wenn man über die verspätete Rechnung **als Nachforderung für einen bereits abgerechneten Zeitraum und damit nach dem Leistungs- bzw. Zeitabgrenzungsprinzip** abrechnet, dies aber **erst später als 3 Monate nach Erhalt** „des Nachzüglers" tut. Denn weil hier – mangels Ausschlusswirkung der Abrechnungsfrist – eine **verschuldete Überschreitung der Abrechnungsfrist von vorneherein nicht zu einem Verlust von Nachzahlungsforderungen** führen kann, spielt es insofern keinerlei Rolle, ob ggf. durch ein zu langes Zuwarten aus einer zunächst entschuldigten Nichtberücksichtigung der betreffenden Kosten(-position) nachträglich doch noch ein Verschulden entstehen kann. Nachdem aber auch hier in der Praxis erfahrungsgemäß große Unwissenheit oder Verwirrung über die trennscharfe Abgrenzung der diesbezüglichen unterschiedlichen Rechtslage von Wohnraummietrecht und Geschäftsraummietrecht herrscht und man von daher häufig unnötige Diskussionen führen muss, die noch dazu oftmals dann auch schon deswegen nicht zum Erfolg führen, weil das Gegenüber nicht willens und/oder in der Lage ist, die insoweit maßgeblichen Unterschiede wahrzunehmen, sollte man **auch im Geschäftsraummietrecht aus taktischen Gründen** im Zweifel **bei fortbestehendem Mietverhältnis und verspätet eingegangener Rechnungsstellung** zumindest dann,

359 Ein solcher Zusatz sollte dann aber konsequenterweise deshalb gemacht werden, um hier einem im Umkehrschluss ansonsten ggf. wieder zu bejahenden vertrauensbildenden Umstandsmoment einer Vorbehaltslosigkeit der Betriebskostenpositionen im Übrigen von vorneherein entgegenzuwirken.

360 Vgl. BGH, Urt. v. 5.7.2006 – VIII ZR 220/05 – Rn 13.

wenn man **wegen Fristversäumung die verspätet eingegangene Rechnung nicht mehr binnen einer Drei-Monat-Frist** geltend machen kann, vorzugsweise gleich eine Einordnung in den Zeitraum vornehmen, wo diese fällig geworden ist, also mit der Geltendmachung noch zu warten und **lieber im Wege des Abflussprinzips abrechnen**, um einer Diskussion darüber, ob die Drei-Monats-Frist auch im Geschäftsraummietrecht gilt, von vorneherein aus dem Weg zu gehen. Es ist also auch hier aus pragmatischer Sicht und taktischen Gründen nach Möglichkeit sinnvoller, die Rechnung bei Anwendbarkeit des Abflussprinzips (d.h. keine Kosten nach HeizkostenV und kein Mieterwechsel) von vorneherein in den Abrechnungszeitraum zu packen, wo sie eingegangen ist, als sie unterjährig, aber mehr als drei Monate nach Erhalt, weiterzuleiten, denn zumindest ein rechtlicher Nachteil entsteht einem dadurch nicht.

Kapitel 7
Sicherheiten der Mietparteien

Für eine umfassende Einordnung des **Themas Sicherheiten** muss man es **von drei unterschiedlichen Perspektiven** betrachten, nämlich derjenigen des Vermieters, derjenigen des Mieters und derjenigen eines mit damit in Berührung kommenden Dritten. Mit dieser Unterscheidung ist durchaus noch nicht gesagt, dass sich daraus auch stets **unterschiedliche Interessenlagen** ergeben. Diese Frage bleibt vielmehr in jedem Einzelfall zu prüfen. Da divergierende Interessenlagen aber jedenfalls möglich (und auch durchaus häufig) sind, folgt die nachfolgende Darstellung dieser Einteilung. 1

Praxistipp !
Es ist ratsam, in jedem Einzelfall zu hinterfragen, wo gemeinsame Interessen der Beteiligten in Bezug auf eine konkret in Rede stehende Sicherheit liegen könnten. Nicht nur gegensätzliche, sondern gerade **auch parallele Interessenlagen** können insbesondere bei Prüfung nach AGB-rechtlichen Maßstäben von Bedeutung sein, weil Sachlagen ohne Interessengegensätze in der Regel kaum Risiken einer AGB-rechtlichen Unwirksamkeit beinhalten.[1]

A. Sicherheiten für den Vermieter

I. Ausgangslage

Bei der Gewerberaummiete hat der **Vermieter besondere Sicherungsinteressen**, um die wirtschaftlichen Risiken, die er bei der Vermietung eines Objektes eingeht, kaufmännisch sachgerecht zu begrenzen.[2] 2

1. Interessen des Vermieters

Grundsätzlich hat der **Vermieter** sowohl bei der Wohnraum- als auch bei der Gewerberaummiete im Vergleich zum Mieter in der Regel ein **deutlich größeres Risiko** zu tragen. Dies ist sowohl rechtlich der Fall, da die Rechte des Mieters gegenüber dem Vermieter tendenziell mehr geschützt werden, als auch in wirtschaftlicher Hinsicht, weil er seine Immobilie für die Zeit der Mietdauer in die Hand des Mieters gibt. Ein Immobilieneigentümer investiert in seine Immobilie und bindet dadurch einen entsprechenden Teil seines Vermögens. Erst über einen gewissen Zeitraum amortisieren sich solche **Investitionen** über die Mieteinnahmen. Der Vermieter hat folg- 3

1 Zu den Details bezüglich des AGB-Rechts siehe insbesondere Kap. 4.

2 Lindner-Figura/Oprée/Stellmann/*Moeser*, Kap. 12 Rn 1.

lich ein legitimes Interesse daran, dass der Mieter ihm für bestimmte Risiken, die sich aus dem Mietverhältnis ergeben können, eine Sicherheit stellt, aus der er sich in einem Problemfall befriedigen kann.

4 Bei der Planung des Vermieters für eine von ihm gewünschte Sicherheit stellt sich regelmäßig die Frage, welche **Art von Sicherheit** er verlangen sollte. Die Antwort auf diese Frage bestimmt sich zum einen aus seinem Sicherungsinteresse und zum anderen aus taktischen Erwägungen. Die in Betracht kommenden Arten von Sicherheiten unterscheiden sich in erheblichen Umfang in ihrer rechtlichen Gestaltung und insbesondere auch im Hinblick auf die Details der Verwertung, wenn der **Sicherungsfall** tatsächlich eintritt. Aus taktischer Sicht kann es außerdem von Bedeutung sein, dass verschiedene Sicherheiten aus Vermieter- und aus Mietersicht mit unterschiedlichen und oft schwierigen und aufwendigen Finanzierungsfragen verknüpft sein können. Ein Entgegenkommen der einen oder anderen Seite mit Blick auf solche Kostenfragen kann somit durchaus ein Teil der Verhandlungsmasse sein.

2. Sicherungsgegenstände, Sicherungsabrede

5 Der Mieter ist allein auf der Grundlage der **gesetzlichen Regelungen zur Erbringung einer Sicherheit nicht verpflichtet.**[3] Das Gesetz stellt zwar in **§ 232 BGB** für den Fall, dass jemand Sicherheit zu leisten hat, einen **Katalog** möglicher Sicherheiten zur Verfügung. Eine solche Pflicht zur Stellung einer Sicherheit sieht jedoch das Mietrecht nicht vor. Überdies ist der Katalog des § 232 BGB auch **nicht abschließend**, die Rechtspraxis hat eigene Arten von Sicherheiten entwickelt, wobei die Regelungen der §§ 232ff. BGB immer noch den Rahmen und die Struktur einer Sicherheit vorgeben.[4] Folgerichtig ist es, Sicherheiten vertraglich zu vereinbaren, die in der Praxis mehr oder weniger allein von relevanter Bedeutung sind. Eine Ausnahme davon, dass das Mietrecht keine Pflicht zur Stellung einer Sicherheit enthält, gilt lediglich für solche Sicherheiten, die das Gesetz schon von sich aus vorsieht, ohne das die Vertragsparteien hierzu überhaupt etwas veranlassen müssen, was namentlich beim Vermieterpfandrecht der Fall ist, dazu nachfolgend unter III. (Rn 153ff.). Von solchen Sonderfällen abgesehen, bedarf die Stellung einer Sicherheit für den Bereich des Mietrechts in aller Regel als Rechtsgrund einer **vertraglichen Sicherungsabrede**. Eine solche Sicherungsabrede ist die Basis für das Erbringen einer Sicherheitsleistung sowie für deren Umfang.[5] Die Vertragsparteien sind im Hinblick auf das „Ob und Wie“ sowie die Art der Sicherheit grundsätzlich frei in ihrer Vereinbarung. Insbesondere bei der Auswahl der Sicherheit sind Vermieter und Mieter

3 BGH, Urt. v. 7.6.1990 – IX ZR 16/90 – BGHZ 111, 261; LG Kiel NJW-RR 1991, 1291.
4 BeckOK-BGB/*Dennhardt*, § 232 Rn 4.
5 Lindner-Figura/Oprée/Stellmann/*Moeser*, Kap. 12 Rn 26.

nicht an die Formen der Sicherheitsleistungen gem. § 232 BGB gebunden.[6] Folglich sollte man als Vermieter mit dem Mieter eine entsprechende vertragliche Vereinbarung treffen, wenn man eine Sicherheit erhalten möchte. Die Regeln über eine **etwa nichtige Vereinbarung** (§ 134 oder § 138 BGB) sowie die Regelungen der §§ 305 ff. BGB über **Allgemeine Geschäftsbedingungen** und die sich in Zusammenhang damit eventuell ergebenden rechtlichen Folgen kommen dabei zur Anwendung. Weitere spezielle Regelungen zu vertraglichen Sicherheiten für den Bereich der Gewerberaummiete werden vom Gesetz nicht getroffen.[7]

Anmerkung: Auch bei der Wohnraummiete besteht für den Mieter grundsätzlich 6
keine Pflicht zur Erbringung einer Sicherheit. Dieses obliegt vielmehr auch hier der Disposition der Parteien.[8]

Praxistipp !
Zur Vermeidung von Unklarheiten ist es wichtig, dass im Mietvertrag alle relevanten Details zu einer vorgesehenen Sicherheit festgelegt werden. Da das Gesetz für sich allein dem Vermieter keinen Anspruch auf eine Sicherheit gibt, gehen alle Unklarheiten zu seinen Lasten.[9]

Das vertragliche Verhältnis zwischen Vermieter und Mieter in Bezug auf die Sicher- 7
heit beinhaltet eine **Art treuhänderisches Verhältnis**,[10] da die Sicherheit nur für den Problemfall zur Verwertung durch den Vermieter vorgesehen ist und ansonsten zu gegebener Zeit an den Mieter zurückzugeben ist. Es handelt sich somit nicht um ein Austauschverhältnis im eigentlichen Sinne, sondern um eine rechtliche Beziehung, die im funktionierenden Normalfall lediglich Sicherungsinteressen dient und die zusätzlich im Problemfall, aber normalerweise auch nur dann, eine vertraglich vereinbarte Verwertungsmöglichkeit für den Vermieter beinhaltet.

Die vertraglich formulierte Sicherheitsabrede sollte konkret alle zu sichernden 8
Ansprüche des Vermieters festlegen. Zu diesen Ansprüchen können gehören:[11]
- Mietzins und Nebenforderungen,
- alle Ansprüche aus dem Mietverhältnis und dessen Abwicklung,
- insbesondere Schadensersatzansprüche wegen Verletzung mietvertraglicher Pflichten,
- Rechtsverfolgungskosten,
- etwaige Vertragsstrafen,
- Nebenkosten/Betriebskosten,

---

6 Staudinger/*Emmerich*, § 551 Rn 4.
7 Bub/Treier/*von der Osten*, Kap. III.A. Rn 1983 f.
8 Vgl. Palandt/*Weidenkaff*, § 551 Rn 1.
9 Graf von Westphalen/Thüsing/*Drettmann*, Teil 2 Rn 121.
10 KG Berlin, Beschl. v. 1.10.1998 – 20 W 6592/98 – NJW-RR 1999, 738.
11 Lindner-Figura/Oprée/Stellmann/*Moeser*, Kap. 12 Rn 45 f.

– weitere, auch über Geld hinaus gehende Ansprüche, insbesondere z.B. bei Garantie über Erfüllung.

Formulierungsmuster

Der Vermieter ist berechtigt, sich aus der Mietsicherheit wegen seiner sämtlichen Ansprüche gegen den Mieter aus und in Zusammenhang mit dem Mietverhältnis zu befriedigen. Die Mietsicherheit dient auch der Sicherung und Verrechnung etwaiger Schadensersatzansprüche des Vermieters nach Beendigung des Mietverhältnisses, z.B. wegen Mietausfall, Schadensersatzansprüchen, Verzugszinsen, Kosten der Rechtsverfolgung oder auch des Schadens, der dem Vermieter aus einer etwaigen verspäteten Räumung des Mietgegenstandes durch den Mieter bei Beendigung des Mietverhältnisses entsteht. Soweit die Mietsicherheit vom Vermieter während der Mietzeit in Anspruch genommen wird, ist sie von dem Mieter auf erste schriftliche Aufforderung des Vermieters hin wieder auf den vereinbarten Gesamtbetrag aufzufüllen. Füllt der Mieter die Mietsicherheit nicht innerhalb einer angemessenen vom Vermieter festzusetzenden Frist auf den vereinbarten Gesamtbetrag auf, ist der Vermieter berechtigt, den Vertrag fristlos zu kündigen.

---

3. Höhe, Fälligkeit

a) Höhe

9 Bei der Gewerberaumvermietung ist die **Höhe** der zu zahlenden Sicherheit, anders als im Wohnraummietrecht, **grundsätzlich nicht begrenzt** und kann von den Vertragsparteien frei vereinbart werden.[12] Hier besteht also Vertragsfreiheit. Die gesetzlichen Bestimmungen zur Begrenzung von Mietsicherheiten für Wohnraum (§ 551 BGB) finden keine Anwendung, da in den Regelungen für Gewerberaummietverhältnisse (§ 578 II BGB) hierauf nicht verwiesen wird. Die einzigen Begrenzungen bezüglich der Höhe der geforderten Sicherheiten finden sich in den §§ 134, 138 BGB, wonach kein gesetzliches Verbot missachtet werden und ein Rechtsgeschäft nicht gegen die guten Sitten verstoßen darf,[13] sowie in den gesetzlichen Bestimmungen zum AGB-Recht. Eine formularmäßige Regelung über eine Sicherheit von mehr als drei Monatsmieten gilt nicht als für den Mieter gem. § 305c BGB überraschend und kann somit verwendet werden.[14]

10 Für den Fall eines längerfristigen Mietverhältnisses sowie bei einem nachvollziehbaren Sicherungsinteresse des Vermieters, welches die Grenze des § 551 BGB deutlich übersteigt, ist beispielsweise auch eine Sicherheit in Höhe der **siebenfachen Monatsmiete** gerechtfertigt und wird nicht als schikanös erachtet.[15]

11 Grundsätzlich ist es aber zu empfehlen, dass die **Höhe** der Mietsicherheit am **Orientierungsmaßstab des § 551 BGB** gemessen wird, wenn kein besonderes Sicherungsinteresse dem gegenübersteht, da dieser häufig auch bei Gericht herangezogen

---

12 OLG Brandenburg, Beschl. v. 27.9.2006 – 3 U 78/06 – NZM 2007, 402.
13 OLG Brandenburg, Beschl. v. 27.9.2006 – 3 U 78/06 – NZM 2007, 402.
14 BGH, Urt. v. 25.6.2003 – VIII ZR 344/02 – NZM 2003, 754.
15 OLG Brandenburg, Beschl. v. 4.9.2006 – 3 U 78/06 – BeckRS 2006, 11112.

wird, um die Frage der angemessenen Festsetzung der Sicherheit zu klären. Die von § 551 BGB vorgegebenen drei Monate sind somit im Bereich der Gewerberaummiete kein Dogma, sollten aber gleichwohl als Maßstab nicht unbeachtet bleiben.

Praxistipp !
Aus Vermietersicht sollte man stets überlegen, ob man im konkreten Einzelfall mit der von § 551 BGB vorgeschlagenen Sicherheit in Höhe von drei Monatsmieten hinreichend gesichert ist. Wenn ja, erscheint es durchaus ratsam, aus Gründen der Rechtsicherheit dabei auch zu bleiben. Andererseits kann man aber auch den gesetzlichen Nennwert überschreiten, wenn dies nach den konkreten Umständen als angemessen erscheint. Wenn eine solche Situation vorliegt, ist es zusätzlich ratsam, die besonderen Gründe für eine spezielle hohe Sicherheit im Vertrag festzuhalten, beispielsweise in einer Präambel.

Im Rahmen einer **Bewertung von besonderen Sicherungsinteressen** des Vermieters kann festgestellt werden, ob diese eine höhere Sicherheit rechtfertigen. Zu den in die Bewertung einfließenden Faktoren können zählen: 12
- Miethöhe/Nebenkosten,
- Laufzeit des Mietvertrages,
- Kündigungsfristen,
- bauliche Veränderungen durch den Mieter (Thema Rückbaupflicht),
- Vorgaben der ein Immobilienprojekt finanzierenden Banken,
- ggf. Bonität des Mieters (z.B. Haftungssumme der Gesellschaft; Haftung der Muttergesellschaft).

In jedem Fall empfiehlt sich eine Vereinbarung über mindestens das Dreifache der Brutto-Monatsmiete. 13

b) Fälligkeit

Auch die **Fälligkeit** der Sicherheitsleistung ist grundsätzlich **frei wählbar**. Wenn diese Frage nicht vertraglich geregelt ist, so ist die Sicherheit nach Abschluss des Mietvertrages gem. § 271 BGB unverzüglich fällig, spätestens aber – in Anlehnung an § 551 Abs. 2 S. 2 BGB – zu Beginn des Mietverhältnisses. Ähnliches gilt auch für die erste Rate bei vereinbarter Ratenzahlung für die Sicherheit, was zu akzeptieren allerdings aus Vermietersicht nicht ratsam ist. 14

Es ist zu empfehlen, dass die Fälligkeit der Sicherheitsleistung für den Zeitpunkt direkt nach Abschluss des Vertrages festgelegt wird, da meistens schon dann ein gewisses Sicherungsinteresse auf der Seite des Vermieters besteht. 15

Leistet der Mieter nicht fristgemäß, so kann der Vermieter mit seinen Leistungen nicht in Verzug kommen,[16] da er dann ein Zurückbehaltungsrecht bezüglich des 16

16 OLG Düsseldorf, Urt. v. 7.7.2006 – 22 U 89/04 – GuT 2006, 237.

Mietobjekts hat. Für den Fall, dass der Mieter überhaupt nicht leistet, besteht auch die Möglichkeit der Beendigung des Mietverhältnisses durch den Vermieter. Diese gilt auch dann, wenn die Räume dem Mieter bereits überlassen wurden.[17] Die Frage, ob weitere Voraussetzungen neben der Nichtleistung der Sicherheit für eine Kündigung gegeben sein müssen, wurde in der Rechtsprechung noch nicht eindeutig geklärt. Zumindest bedarf es einer Unzumutbarkeit des Fortbestehens des Mietverhältnisses, wobei die beiderseitigen Interessen der Parteien abgewogen werden müssen.

17 Die Frist für das Entrichten der Sicherheit sollte auch deshalb im Mietvertrag in jedem Fall genau bestimmt werden und mögliche Folgen bei Verzug oder Nichtleistung sollten hinreichend festgelegt sein.

! **Praxistipp 1**
Rein praktisch ist es sehr wichtig, dass die Sicherheit jedenfalls vor Übergabe des Mietobjektes erbracht wird. Der Vermieter sollte im eigenen Interesse die Übergabe notfalls tatsächlich so lange verweigern, bis die Sicherheit vorgelegt worden ist.

Praxistipp 2
Das Vorstehende gilt übrigens sinngemäß auch im Hinblick auf vom Mieter ggf. zu erbringende und zu belegende Versicherungen (Haftpflicht, Versicherung eingebrachter Gegenstände etc.). Auch wenn es sich dabei nicht um Sicherheiten in dem hier erörterten Sinne handelt, so ist es doch sachgerecht, hierfür ähnliche Prinzipien anzuwenden. Aus Vermietersicht ist es wenig ratsam, ein Mietobjekt zu übergeben, ohne dass der Mieter die von ihm zu erbringenden Versicherungen nachgewiesen hat.

---

c) Sicherheit als Bedingung

18 Es ist möglich, die Sicherheit **mit bestimmten Bedingungen** zu **verknüpfen** bzw. vorzusehen, dass die Nichterbringung der Sicherheit Konsequenzen hervorruft. So kann die termingerechte Leistung der vereinbarten Sicherheit zur aufschiebenden oder die Nichtleistung zur auflösenden Bedingung für das Zustandekommen des Mietvertrages gemacht werden.[18] Bei formularmäßiger Vereinbarung entsprechender Bedingungen ist jedoch Vorsicht geboten:[19] Soll eine Kündigung des Mietvertrages die Folge der Nichtleistung der Sicherheit sein, so kann eine **vorangehende Mahnung** erforderlich sein. Ebenfalls ist eine Vereinbarung mit einer auflösenden Bedingung rechtlich problematisch. Bei der Wohnraummiete ergibt sich dies aus § 572 II BGB, bei der gewerblichen Vermietung lässt sich dieses Ergebnis über eine

17 OLG München, Beschl. v. 17.4.2000 – 3 W 1332/00 – NZM 2000, 908.
18 KG Berlin, Urt. v. 26.1.2006 – 8 U 128/05 – NZM 2007, 41; Linder-Figura/Oprée/Stellmann/*Moeser*, Kap. 12 Rn 51.
19 KG Berlin, Urt. v. 26.1.2006 – 8 U 128/05 – NZM 2007, 41.

AGB-rechtliche Abwägung innerhalb des § 307 BGB herleiten. Grundsätzlich ergibt die gesetzgeberische Wertung, dass die Interessen des Vermieters über das Kündigungsrecht aus § 543 BGB hinreichend berücksichtigt wurden.[20]

Praxistipp **!**
Auch wenn die Verknüpfung von Regelungen über die Erbringung einer Sicherheit mit Bedingungen rechtlich möglich ist, so erweist sich diese Kombination in der Praxis in der Regel als eher unpraktisch. Man sollte dies deshalb eher nur in Ausnahmefällen erwägen, bei denen besondere Gründe für eine solche Konstruktion sprechen. Eine genaue rechtliche Vorprüfung und eine entsprechende am Einzelfall orientierte Formulierung sind dann besonders wichtig.

d) Stellung der Sicherheit und Kündigung, Zurückbehaltung

Bei der Möglichkeit einer fristlosen Kündigung durch den Vermieter infolge einer 19
rückständigen Sicherheit wird vereinzelt angenommen, dass dies nicht ohne Weiteres, sondern nur in Verbindung mit rückständigen Mietzahlungen erfolgen können soll.[21] Auch deshalb ist eine genaue vertragliche Regelung zu diesem Thema wichtig.

Dem **Mieter** kommt grundsätzlich **kein Zurückbehaltungsrecht** an der Sicher- 20
heit zu, wenn z.B. das Mietobjekt nicht im vertragsgemäß vereinbarten Zustand angeboten wurde oder bereits Mängel der Mietsache vor Übergabe bestehen. Ein Zurückbehaltungsrecht ist mit dem Sicherungszweck der Sicherheit nicht vereinbar[22] und daher allenfalls in extremen Ausnahmefällen vorstellbar. Als Maßstab kann hier die Frage herangezogen werden, ob der Mieter auch die Übernahme des Mietobjektes wegen grober Mängel verweigern könnte. In einem solchen Fall dürfte ihm auch die Stellung einer Sicherheit (noch) nicht zumutbar sein. Grundsätzlich dient die Sicherheitsleistung insbesondere der Absicherung künftiger Ansprüche des Vermieters bzw. von Ansprüchen auf künftige Leistungen, was einen Zurückbehalt im Normalfall ausschließt.

Umgekehrt steht dem **Vermieter** ein **Zurückbehaltungsrecht** am Mietobjekt 21
selbst[23] oder an vereinbarten Vorleistungen wie einer baulichen Anpassung des Mietobjektes zu, wenn der Mieter die vor Überlassung fällige Sicherheit nicht erbringt.[24]

---

20 Vgl. Graf von Westphalen/Thüsing/*Drettmann*, Geschäftsraummiete Rn 116–124.
21 NJW 2007, 887; *Fritz*, Rn 407a.
22 BGH, Urt. v. 21.3.2007 – XII ZR 255/04 – NJW-RR 2007, 884.
23 Lindner/Figura/Oprée/Stellmann/*Moeser*, Kap. 12 Rn 53.
24 BGH, Urt. v. 8.7.1998 – XII ZR 32/97 – NJW-RR 1998, 1464; *Wolf/Eckert/Ball*, Rn 783.

4. Ziehung/Verwertung von Sicherheiten

22 Die Verwertung der gestellten Sicherheit durch den Vermieter setzt den **Eintritt des Sicherungsfalles** voraus, also einer Konstellation, vor der die Sicherheit schützen soll.

a) Voraussetzungen

23 Mangels gesetzlicher Regelungen ist es teilweise umstritten, wann der Vermieter auf die Sicherheit zurückgreifen kann. Dabei muss zwischen der Zeit des laufenden Mietverhältnisses und der Zeit nach Beendigung des Mietverhältnisses unterschieden werden.

aa) Verwertung während des Mietverhältnisses

24 Laut BGH darf der Vermieter während der Mietzeit bei Wohnraummiete **Befriedigung** nur dann suchen, wenn seine Forderung unbestritten oder rechtskräftig festgestellt ist oder die Verrechnung im Interesse des Mieters liegt.[25] Im Schrifttum wird überwiegend mit daran angelehnten Argumenten angenommen, dass im laufenden Mietverhältnis der Vermieter **zumindest bei nicht ernsthaft strittigen,**[26] **rechtskräftig festgestellten oder offensichtlich begründeten Ansprüchen** auf die Sicherheit zugreifen darf.[27] Ein höchstrichterliches Urteil des BGH zu dieser Frage wurde für den Bereich der Gewerberaummiete bislang, soweit ersichtlich, nicht getroffen.

25 Da die Sicherheit generell nicht allein auf Befriedigung erst am Ende des Mietvertrages abzielt, ist eine Verwertung während des laufenden Mietverhältnisses im Sicherungsfall schon aus praktischer Sicht sinnvoll. Ist dies dem Vermieter möglich, schafft es zudem eine (im wohlverstandenen Sinne letztlich auch zugunsten des Mieters wirkende) Eskalationsmöglichkeit für den Vermieter. Denn dieser braucht nicht sogleich per Kündigung auf die Beendigung des Mietverhältnisses zu zielen, wenn er zuvor die Möglichkeit einer Befriedigung seiner Ansprüche hat. Zudem kann sich der Mieter die Sicherheit ggf. auch klageweise zurückholen.

---

25 BGH, Urt. v. 7.5.2014 – VIII ZR 234/13 – MDR 2014, 704 (für Wohnraummiete); LG Mannheim, Urt. v. 20.3.1996 – 4 S 123/95 – NJWE-MietR 1996, 219.

26 AG Neuss, Urt. v. 7.12.2001 – 34 C 4727/01 – NZM 2002, 1027; LG Mannheim, Urt. v. 20.3.1996 – 4 S 123/95 – NJWE (Forderung entweder rechtskräftig festgestellt oder so offensichtlich begründet, dass ein Bestreiten mutwillig erscheint); AG Berlin-Spandau MM 1989, Nr. 7–8.

27 Staudinger/*Emmerich*, § 551 BGB Rn 26; Schmidt-Futterer/*Blank*, § 551 BGB Rn 66 f.; *Derleder*, NZM 2006, 601; *Kraemer*, NZM 2001, 737; *Kluth/Grün*, NZM 2002, 1015 mit ausführlichem Meinungsstand bis 2002 und Nennung entsprechender Urteile.

bb) Verwertung nach Beendigung des Mietverhältnisses

Ab Beendigung des Mietverhältnisses kann der Vermieter die Sicherheit **in vollem Umfang** für ausstehende Forderungen verwenden und muss dem Mieter nur den verbliebenen Anteil zurückerstatten. Dabei ist jedoch zu berücksichtigen, dass die Rechtsprechung vereinzelt auch verlangt, dass die Forderung rechtskräftig festgestellt, unstreitig oder offensichtlich begründet ist.[28] 26

In dieser Situation ist ein Verzug des Mieters nicht notwendige Voraussetzung, wird aber in aller Regel gleichwohl schon aufgrund der praktischen Sachlage vorliegen. Bei einer Verpfändung gerät der Schuldner mit der Verkaufsandrohung nach § 1234 Abs. 1 BGB regelmäßig in Verzug.[29] 27

cc) Praktische Handhabung

Um dem Vermieter eine rechtssichere Verwertung der Sicherheit zu ermöglichen, empfiehlt es sich, den **Zeitpunkt** für einen möglichen Zugriff auf die Sicherheit vertraglich zu regeln, insbesondere für die Zeit eines noch laufenden Vertragsverhältnisses. Aufgrund der erwähnten Rechtsprechung mag die rechtliche Wirksamkeit einer solchen Regelung gleichwohl von dem einen oder anderen infrage gestellt werden. Dieses Risiko macht aber eine **präzise Regelung** dieses Punktes nicht weniger ratsam. 28

Voraussetzung für eine Ziehung der Sicherheit während des Mietverhältnisses ist es jedenfalls, dass der Mieter in Verzug mit einer gesicherten Forderungen steht. Es empfiehlt sich, dies in der entsprechenden Klausel so festzulegen. 29

Formulierungsmuster
Falls eine entsprechende Klausel im Mietvertrag aufgenommen wird, könnte sie lauten:
„Der Vermieter ist jederzeit zur Verwertung der Sicherheit berechtigt, sobald der Mieter mit einer vertraglichen Verpflichtung in Verzug gerät. Dies gilt für alle vertraglichen Ansprüche des Vermieters, und zwar auch bereits während der Laufzeit des Vertrages. Dies gilt insbesondere bei nicht ernsthaft strittigen, rechtkräftig festgestellten oder offensichtlich begründeten Ansprüchen des Vermieters."

---

b) Keine Pflicht zur Ziehung/Verwertung der Sicherheit

Der Vermieter muss sich umgekehrt nicht bei rückständigen Mietzahlungen durch den Mieter auf die Sicherheit zur Erfüllung der Ansprüche verweisen lassen, sondern kann zunächst die Begleichung der Ansprüche durch den Mieter verlangen.[30] 30

---

28 LG Halle, Urt. v. 25.9.2007 – 2 S 121/07 – NZM 2008, 685 m.w.N.
29 BeckOGK/*Förster*, § 1228 BGB Rn 13.
30 BGH, Urt. v. 12.1.1972 – VIII ZR 26/71 – MDR 1972, 411.

Dies gilt sogar bis hin zu einem gerichtlichen Klageverfahren. Der **Vermieter ist** darin **frei**, den Mieter zunächst einmal wegen offener Forderungen zu verklagen und die **Sicherheit unangetastet zu belassen**, wenn er dies für opportun hält. Auch in der Literatur wird darauf hingewiesen, dass der Vermieter vor einer etwaigen Ziehung der Sicherheit stets auch seinen Primäranspruch geltend machen kann.[31]

c) Pflicht zur Wiederauffüllung

31 Für den Fall, dass der Vermieter schon während des Mietverhältnisses berechtigt seine Ansprüche aus der Sicherheit befriedigt und dafür die Mietsicherheit zum Teil oder in Gänze verwertet, steht ihm auch **ohne ausdrückliche Vereinbarung** ein Anspruch auf Wiederauffüllung der Mietsicherheit zu. Dies wird aus dem Rechtsgedanken des § 240 BGB hergeleitet.[32] Auch nach Ende des Mietverhältnisses besteht der Anspruch auf Wiederauffüllung weiterhin, falls der Mieter seine vertragliche Verpflichtung zur Leistung der Sicherheit ganz oder anteilig nicht erfüllt hat.[33] Ein solcher Anspruch dürfte allerdings dann zu verneinen sein, wenn der Vermieter zu dem betreffenden Zeitpunkt keine Ansprüche mehr gegen den Mieter haben sollte, die das Verlangen nach der Sicherheit rechtfertigen könnten.

32 Die Pflicht zur Wiederauffüllung durch den Mieter kann im Gewerberaummietvertrag **auch formularmäßig** vereinbart werden.[34] Dies bleibt auch zwecks Klarheit empfehlenswert, auch wenn der Anspruch schon unabhängig davon aus § 240 BGB abgeleitet werden kann.

33 In der Praxis kommt es mitunter vor, dass Mieter am Ende des Mietverhältnisses die Idee haben, sich rein praktisch die Sicherheit dadurch wieder zu sichern, dass sie den Mietzins in Höhe der Sicherheit, also für eine dazu passende Anzahl von Monaten, gar nicht mehr zahlen. Damit wird der Sinn der Sicherheitsleistung und der Pflicht zur Wiederauffüllung ausgehebelt, denn der Vermieter wird in der Summe auf einen Nullstand gebracht, da er faktisch gedrängt wird, die Sicherheit für die ausstehenden Mieten zu verwerten, und ihm diese deshalb für andere Ansprüche nicht mehr zur Verfügung steht. Dies ist ein zwar vertragswidriger (und auch mindestens unlauterer, im Einzelfall ggf. sogar strafbarer), gleichwohl aber mitunter bedauerlich effizienter Weg für den Mieter, seine Position taktisch zu stärken, denn in der Regel wird der Vermieter nach Ende bzw. gegen Ende des Mietverhältnisses kein besonderes Interesse daran haben, die Sicherheit wieder einzuklagen, um sich seine Möglichkeit der Befriedigung daraus zu erhalten.

31 *Derleder*, WuM 2002, 239.
32 BGH, Urt. v. 16.2.1972 – VIII ZR 189/70 – NJW 1972, 721; MüKo-BGB/*Häublein*, § 566a Rn 10.
33 OLG Düsseldorf, Urt. v. 19.5.2005 – I-10 U 196/04, 10 U 196/04 – ZMR 2006, 923.
34 OLG Karlsruhe, Urt. v. 2.7.2004 – 1 U 12/04 – NZM 2004, 742.

Praxistipp
Der Vermieter sollte im Fall eines Verhaltens des Mieters in dem beschriebenen Sinne schon rein praktisch dadurch entgegentreten, dass er die termingerechte Zahlung der letzten vertraglich geschuldeten Mieten besonders präzise überwacht, um sofort eingreifen zu können, wenn eine solche Mietzahlung plötzlich offenbleibt. Es empfiehlt sich dann in aller Regel, nicht sofort die Sicherheit zu ziehen (was ja in dieser Konstellation das taktische Ziel des Mieters ist), sondern ggf. eine direkte Durchsetzung des offenen Zahlungsanspruches und, soweit im Einzelfall sachgerecht und erreichbar, die Einleitung sonstiger rechtlicher Schritte (unter Umständen bis hin zu einer Strafanzeige) zu erwägen. Härte ist in dieser Konstellation aus Vermietersicht durchaus angebracht.

5. Rückzahlung/Rückgabe

Es liegt in der Natur der Sicherheit, dass diese nur für den Problemfall zur Verwertung durch den Vermieter vorgesehen ist und ansonsten zu gegebener Zeit an den Mieter zurückzugeben ist. Dies gilt deshalb bei Vereinbarung einer Sicherheit auch unabhängig davon, ob zu der Frage der Rückgabe konkrete Regelungen getroffen wurden. Dies bleibt allerdings gleichwohl mit Blick auf Detailfragen ratsam. 34

a) Rückzahlungsanspruch

Leistet der Mieter die Sicherheit, so erhält er gleichsam im gleichen Augenblick einen **aufschiebend bedingten Anspruch auf Rückzahlung** der Sicherheit.[35] Der Vermieter ist grundsätzlich – nicht zuletzt aufgrund des treuhänderischen Charakters – verpflichtet, nach Ende bzw. Ablauf des Mietvertrages die Sicherheit zurückzuzahlen. 35

Gibt der Vermieter nach Vertragsende ohne jeglichen Vorbehalt die Sicherheit an den Mieter zurück, so kann nach einhelliger Ansicht darin ein Anerkenntnis, dass damit alle Forderungen erledigt seien, gesehen werden.[36] Der Rechtsverzicht des Vermieters auf seine Ansprüche kann selbst dann angenommen werden, wenn nach dem Mietvertrag eine Rückgabe der Sicherheit erst nach der „vollständigen Abwicklung der Geschäftsverbindung“ erfolgen sollte.[37] 36

Praxistipp
Aus Vermietersicht ist es dementsprechend wichtig, dass eine Rückzahlung erst erfolgt, wenn klar ist, dass keine vermieterseitigen Ansprüche mehr bestehen. Wenn dies noch nicht der Fall ist und ein Vermieter gleichwohl schon eine Rückzahlung oder auch eine Teilrückzahlung vornehmen will, sollte er dies jedenfalls nur unter einem entsprechenden Vorbehalt tun, um seine Rechte vorsorg-

---

35 BGH, Urt. v. 8.7.1982 – VIII ARZ 3/82 – BGHZ 84, 345; BGH, Urt. v. 24.3.1999 – XII ZR 124/97 – BGHZ 141, 160.
36 *Sternel*, Rn III 203.
37 OLG Düsseldorf, Urt. v. 26.4.2001 – 24 U 133/00 – NZM 2001, 893.

lich zu wahren. Beide Seiten müssen sich darüber klar sein, dass der Vermieter in Bezug auf die Rückzahlung der Sicherheit zunächst einmal „am längeren Hebel" sitzt.

37 Aus dem Charakter der Sicherheit für den Vermieter ergibt sich, dass der Mieter eine Rückzahlung vor Beendigung des Vertragsverhältnisses nicht verlangen kann.[38] Nach Beendigung des Mietverhältnisses ist der Vermieter verpflichtet, die vom Mieter geleistete Sicherheit zurückzugeben. Das Recht des Mieters auf Rückzahlung nach Ende des Mietvertrages richtet sich ggf. auch gegen einen Zwangsverwalter über das Vermögen des Vermieters, und zwar unabhängig davon, ob dieser die Sicherheit vom Vermieter erhalten hat.[39]

b) Abrechnung durch den Vermieter

38 Nach herrschender Ansicht kann der Vermieter, solange ihm noch offene Forderungen gegen den Mieter zustehen, in **„angemessenem Umfang"** die Sicherheit **zurückbehalten.** Je nach den Umständen kann „angemessen" dabei die gesamte Sicherheit oder auch nur einen Teilbetrag bedeuten.[40] Als klassische Faustregel kann man davon ausgehen, dass zumindest das Dreifache einer möglicherweise noch zu erwartenden Forderung einbehalten werden darf.

39 Erst wenn der Vermieter die Sicherung nicht mehr benötigt, kann der Anspruch des Mieters auf Rückzahlung fällig sein, nicht dagegen schon „automatisch" im Zeitpunkt der Beendigung des Mietverhältnisses. Dem Vermieter ist dabei eine **angemessene Frist** zur **Abrechnung** aller Ansprüche und Kosten einzuräumen. Der Vermieter muss auch die Möglichkeit zu einer sorgfältig abgewogenen Entscheidung haben, ob und in welcher Weise er die Sicherheit zur Abdeckung seiner Ansprüche verwenden will.[41]

c) Abrechnungsfrist

40 Die Abrechnungsfrist hängt nach der Rechtsprechung des BGH vom Einzelfall ab. Erforderlich und dem Mieter zuzumuten können durchaus auch mehr als sechs Monate sein.[42] Angelehnt an die Rechtsprechung des BGH zur Abrechnung der Nebenkostenvorauszahlungen des Mieters bei der Geschäftsraummiete muss davon aus-

---

38 BGH, Urt. v. 12.1.1972 – VIII ZR 26/71 – WM 1972, 335.

39 BGH, Urt. v. 16.7.2003 – VIII ZR 11/03 – NJW 2003, 3342.

40 Graf von Westphalen/Thüsing/*Drettmann*, 35. EL 2014, Rn 120.

41 BGH, RE-Miet v. 1.7.1987 – VIII ARZ 2/87 – BGHZ 101, 244; BGH, Urt. v. 18.1.2006 – VIII ZR 71/05 – NJW 2006, 1422; *Derleder*, WuM 2002, 239.

42 BGH, RE-Miet v. 1.7.1987 – VIII ARZ 2/87 – BGHZ 101, 244; BGH, Urt. v. 18.1.2006 – VIII ZR 71/05 – NJW 2006, 1422.

gegangen werden, dass die Mietsicherheit **parallel** zur Frist der Nebenkostenabrechnung einbehalten werden darf. Diese endet regelmäßig mit Ablauf eines Jahres nach Ende des Abrechnungszeitraums.[43]

Synchron dazu besteht bezüglich der Sicherheit ein Zurückbehaltungsrecht so lange, bis die Nebenkosten tatsächlich berechnet sind. Die Grenze des Zurückbehaltungsrechtes stellt dabei die pflichtwidrige Verzögerung der Abrechnung dar. Es ist nicht notwendig, wohl aber empfehlenswert, auch die Abrechnungsfrist für die Sicherheit vertraglich zu regeln.[44] Eine Koppelung mit der Abrechnung der Nebenkosten ist dabei ratsam, da die Sicherheit nicht ausgekehrt werden sollte, bevor die endgültigen Nebenkosten feststehen. Insoweit empfiehlt sich ein **Gleichlauf der Abrechnungsfristen** für Sicherheit und Nebenkosten.[45] 41

d) Verjährung

Der Mieter kann die Rückgabe der Sicherheit innerhalb der **regelmäßigen dreijährigen Verjährungsfrist** gerechnet ab Ende des Kalenderjahres, in dem die Stellung der Sicherheit fällig wird, fordern (§§ 195, 199 BGB). Der Beginn der Verjährung richtet sich nach der Kenntnis oder grob fahrlässigen Unkenntnis des Vermieters und dem Entstehen des Anspruches (§ 199 Abs. 1 S. 2 BGB).[46] 42

Dabei ist der **Verjährungsbeginn** der Zeitpunkt, in dem der Mieter die Erfüllung des Rückzahlungsanspruches verlangt. Der Rückzahlungsanspruch ist ein sog. „verhaltener Anspruch" i.S.d. § 271 BGB. „Verhaltene" Ansprüche sind dadurch gekennzeichnet, dass sie jederzeit, aber nur auf Verlangen des Berechtigten zu erfüllen und erst entstanden sind, wenn der Gläubiger die Erfüllung des Anspruchs verlangt hat.[47] Danach sind die Vorschriften der §§ 605 S. 2, 696 S. 3 BGB entsprechend anzuwenden.[48] 43

e) Verfallklauseln

Wird in einem formularmäßigen Mietvertrag zusätzlich vereinbart, dass die Kaution unter bestimmten Bedingungen vom Vermieter komplett einbehalten werden kann, 44

43 BGH, Urt. v. 27.1.2010 – XII ZR 22/07 –; BGH, Urt. v. 17.11.2010 – XII ZR 124/09 –.

44 Graf von Westphalen/Thüsing/*Drettmann*, 35. EL 2014, Rn 120.

45 BGH, Urt. v. 18.1.2006 – VIII ZR 71/05 – NZM 2006, 343: Zur Frage der Sicherung noch nicht fälliger Nebenkostenforderungen durch die Mietkaution, Einbehalt der Sicherheit bis zur Abrechnungsfrist der Nebenkosten; BeckRS 2012, 17537.

46 MüKo-BGB/*Grothe*, § 199 Rn 25.

47 Palandt/*Ellenberger*, § 199 Rn 8; NZM 2006, 601: regelmäßige Verjährungsfrist bei Mietkautionsrückzahlungsanspruch.

48 Palandt/*Ellenberger*, § 199 Rn 8.

ohne dass eine Rückzahlung an den Mieter erfolgt, so ist eine solche Klausel in der Regel **unwirksam.**[49]

45 Eine solche Vereinbarung ist AGB-rechtlich nicht zu halten. Wird beispielsweise vereinbart, dass die Kaution bei einer Mietdauer von unter zwei Jahren oder gar unter einem Jahr zugunsten des Vermieters „verfällt", so hat diese den Charakter einer Vertragsstrafe.[50] Das Schrifttum leitet aus der Rechtsprechung zutreffend eine grundsätzliche Unzulässigkeit von formularmäßigen Verfallsklauseln ab.[51]

6. Verwertung der Sicherheit bei Veräußerung des Objekts

46 Bei einer Veräußerung und Übereignung des Mietobjektes durch den Vermieter ist dieser berechtigt, die Sicherheit zur Deckung zumindest einer rechtskräftig festgestellten Forderung zu verwerten, sofern sich die Sicherheit noch in seinem Vermögen befindet.[52] Diese Berechtigung ergibt sich naturgemäß allerdings nur, wenn und soweit keine andere vertragliche Vereinbarung im Rahmen der Veräußerung getroffen wurde. Es erscheint sachgerecht, die **Verwertungsbefugnis** des veräußernden Vermieters auch allgemein für offene Forderungen zu bejahen, zumindest jedoch für unbestrittene Forderungen.

II. Vertragliche Sicherheiten

47 Aus der Sicht der Praxis nahezu **allein entscheidend** sind, wie bereits erwähnt, die **vertraglichen Sicherheiten**, die deshalb einer entsprechenden Abrede im Mietvertrag bedürfen. Vertragliche Sicherheiten können einen entscheidenden Schutz des Vermieters bei Problemfällen jedweder Art darstellen. Diejenigen Sicherheiten, die bereits das Gesetz ohne entsprechende Vertragsabrede zur Verfügung stellt, sind dagegen aus der Sicht der Praxis in aller Regel von allenfalls geringer Durchschlagskraft und sind daher lediglich von untergeordneter Bedeutung.

48 Vertragliche Sicherheiten sind grundsätzlich frei vereinbar. Der Katalog von Sicherheiten nach § 232 BGB ist dabei lediglich ein Vorschlag des Gesetzgebers und nicht abschließend.[53]

---

49 Graf von Westphalen/Thüsing/*Drettmann*, 35. EL 2014, Rn 120.

50 LG Mannheim, Urt. v. 11.12.1975 – 4 S 62/75 – WuM 1977, 99; AG Karlsruhe, Urt. v. 9.2.1988 – 8 C 778/87 – WuM 1989, 73.

51 Schmidt-Futterer/*Blank*, § 551 BGB Rn 85; Lindner-Figura/Oprée/Stellmann/*Moeser*, Kap. 12 Rn 62; Erman/*Lützenkirchen*, § 555 Rn 2; *Fritz*, Kap. III Rn 164a.

52 OLG Frankfurt, Urt. v. 15.4.2011 – 2 U 192/10 –.

53 BeckOK-BGB/*Dennhardt*, § 232 Rn 4.

In der Praxis haben sich insbesondere die nachfolgend behandelnden Sicherheiten als relevant herausgebildet. 49

1. Kaution

Die wohl klassischste und im Wohnraummietvertrag nach wie vor häufig anzutreffende, bei Gewerbemietverträgen zwar nach wie vor relevante, jedoch zunehmend eher seltener verwendete Form der Mietsicherheit ist die Kaution. Hier erfolgt die Absicherung durch einen vom Mieter bereitzustellenden Geldbetrag, der in der Regel in bar übergeben oder in **unterschiedlichen Ausgestaltungen** auf ein Bankkonto eingezahlt wird.[54] Dies kann auch in Form eines Sparbuchs geschehen. Je nach Ausgestaltung erfolgt die Sicherung des Vermieters beim Sparbuch als Pfandrecht oder Sicherungsübereignung (siehe hierzu Rn 64ff.).[55] 50

Die Tatsache, dass die Kaution als Sicherheit tendenziell seltener wird, wird damit zusammenhängen, dass ihre praktische Handhabung mitunter als aufwendiger empfunden wird als diejenige beispielweise einer Bürgschaft. So ist die steuerliche Zuordnung der anfallenden Zinsen (auf den Mieter) ein Thema, dass eine gewisse praktische Lästigkeit hat. Überdies ist es durchaus denkbar, dass eine Bürgschaft gemessen an den Möglichkeiten mit einem Kautionsbetrag anderweitig Gewinne zu erzielen, auch billiger ist. 51

a) Barkaution

Die Zahlung einer Kaution wird vertraglich individuell vereinbart, sie kann im Mietvertrag auch als Formularklausel ausgemacht werden.[56] Ist vorgesehen, dass ein bestimmter Geldbetrag dem Vermieter in bar übergeben wird, handelt es sich um die ursprünglich und wörtlich so gemeinte „Barkaution". In der Regel wird der Betrag jedoch auf ein Konto des Vermieters eingezahlt. 52

In der Literatur wird teilweise vertreten, dass eine formularmäßige Vereinbarung z.B. durch entsprechenden Fettdruck hervorgehoben werden sollte, wobei die Meinungen bezüglich der möglicherweise fehlenden Wirksamkeit aufgrund einer überraschenden Form gem. § 305c Abs. 1 BGB in diesem Punkt auseinandergehen.[57] 53

---

54 Bub/Treier/*von der Osten*, Kap. III.A Rn 2071; Lindner-Figura/Oprée/Stellmann/*Moeser*, Kap. 12 Rn 14.

55 Schmidt-Futterer/*Blank*, § 551 BGB Rn 13f.

56 *Derleder*, WuM 2002, 239; Lindner-Figura/Oprée/Stellmann/*Moeser*, Kap. 12 Rn 76.

57 *Wolf/Eckert/Ball*, Rn 778; Lindner-Figura/Oprée/Stellmann/*Moeser*, Kap. 12 Rn 77 gehen von einer wirksamen vorformulierten Vertragsklausel auch ohne drucktechnische Hervorhebung aus; Schmidt-Futterer/*Blank*, § 551 BGB Rn 10.

Die Anforderung von Fettdruck oder sonstiger Hervorhebung erscheint allerdings zumindest für den Bereich der Gewerberaummiete nicht mehr zeitgemäß.

Praxistipp
Um Rechtssicherheit herzustellen, mag es gleichwohl erwägenswert sein, die formularmäßige Vereinbarung drucktechnisch hervorzuheben. Dies kann durch Fettdruck oder eine besondere Gliederung der Vereinbarung geschehen.

---

54 Wird in der Sicherungsvereinbarung nicht ausdrücklich die Art der Sicherung festgelegt, so wird überwiegend angenommen, dass von einer Barkaution auszugehen[58] sei. Einer anderen Ansicht nach kann dann der Mieter wählen, welche Sicherheit er erbringen will.[59] Letzteres erscheint vorzugswürdig, weil es in der Regel der Vermieter ist, der die Sicherungsabrede vorgibt. Er hat es folglich in der Hand, hierzu Vorgaben oder zumindest Vorschläge zu machen, wenn er dies möchte.

55 In der Regel wird vertraglich auch die Fälligkeit der Kaution festgelegt (vgl. dazu oben Rn 40ff.). Es ist insbesondere darauf hinzuweisen, dass eine starre Frist zur Rückzahlung der Kaution nicht besteht.

b) Anlage und Verzinsung

56 Die Kaution muss, wenn nicht die **Anlagepflicht** per Individualabrede ausgeschlossen wurde,[60] getrennt vom übrigen Vermögen des Vermieters gehalten werden.[61] Dies ergibt sich aus dem treuhänderischen Verhältnis bezüglich der Sicherheitsleistung auch im Bereich der Gewerberaummiete.[62] Zudem wird dadurch das wirtschaftliche Interesse beider Mietvertragsparteien berücksichtigt, da eine unbeschränkte und sofortige Zugriffsmöglichkeit des Vermieters auf die Sicherung direkt aus seinem eigenen Vermögen einen unangemessenen Nachteil für den Mieter bedeuten würde.

57 Ein formularmäßiger Ausschluss der Anlagepflicht ist nicht möglich, da dieser gem. § 305c Abs. 1 BGB als überraschend gilt. Wird die Kaution angelegt, so muss dies auch insolvenzfest geschehen.[63]

---

58 OLG Frankfurt WM 1979, 1318; Schmidt-Futterer/*Blank*, § 551 BGB Rn 52, der davon ausgeht, dass eine bestimmte Kautionsform ausdrücklich vereinbart werden muss.
59 Bub/Treier/*von der Osten*, Kap. III.A Rn 1987.
60 BGH, Urt. v. 21.9.1994 – XII ZR 77/93 – BGHZ 127, 138.
61 OLG Nürnberg, Urt. v. 23.2.2006 – 13 U 2489/05 – MDR 2006, 1100; Bub/Treier/*von der Osten*, A.III Rn 2088.
62 OLG Frankfurt, Urt. v. 29.5.1991 – 17 U 110/90 – NJW-RR 1991, 1416; Lindner-Figura/Oprée/Stellmann/*Moeser*, Kap. 12 Rn 80; *Kluth/Grün*, NZM 2002, 1015.
63 KG Berlin, Urt. v. 9.9.2013 – 8 U 254/12 – MDR 2014, 144.

Regelungen zu Fragen wie möglichen Ratenzahlungen der Kaution, auf welches Konto zu zahlen ist, zur Wiederauffüllungspflicht sowie zu möglichen Anlagen der Kaution durch den Vermieter werden ebenfalls häufig vertraglich vereinbart. 58

Praxistipp !

Zahlt der Vermieter die Barkaution auf ein Bankkonto ein bzw. wird ihm vom Mieter das Geld direkt dorthin überwiesen, so genügt es der treuhänderischen Pflicht, wenn das Konto den Vermerk „Kautionskonto" oder „Mietsicherheit" trägt.[64] Dem Bestimmtheitserfordernis ist weiterhin auch genüge getan, wenn der Vermieter ein Sammelkonto einrichtet, auf welchem am besten nach Grundstücken oder Mieteinheiten gekennzeichnet die Kautionsbeiträge geführt werden.[65]

Überdies sollte das Geld unverzüglich auf das Kautionskonto eingezahlt und der 59
Bank angezeigt werden, dass bezüglich des Kontos ein Treuverhältnis zu dem Mieter besteht, um eine Pfändbarkeit durch die Bank bei Insolvenz des Vermieters auszuschließen.[66] Es besteht des Weiteren eine nebenvertragliche Pflicht für den Vermieter, die ihm auferlegt, den Mieter über die Anlage der Mietsicherheit zu informieren.

Inwieweit die insolvenzfest anzulegende Kaution einer Pflicht zur Verzinsung 60
unterfällt, sofern keine Regelung im Vertrag getroffen wurde, ist umstritten. Überwiegend wird davon ausgegangen, dass im Rahmen ergänzender Vertragsauslegung eine Verzinsungspflicht angenommen werden müsse.[67] Denn das Sicherungsbedürfnis des Vermieters würde auch bei einer Verzinsung erfüllt werden können.[68] Da der BGH in einem Urteil vom 18.11.2009[69] im Zusammenhang mit einem Leasingvertrag entschieden hat, dass eine Pflicht zur Verzinsung einer geleisteten Kaution seitens des Leasinggebers nicht besteht, wird daraus nach einer anderen Ansicht abgeleitet, dass im Bereich der Gewerberaummiete der Vermieter zur Verzinsung der Kaution ebenfalls nicht verpflichtet ist.[70] Weiterhin führt der BGH in dem genannten Urteil aus, dass auch aus einer entsprechenden Anwendung von **§ 551 BGB keine Verzin-**

64 *Derleder*, NZM 2006, 601.
65 *Blank/Börstinghaus*, § 551 BGB Rn 64.
66 Schmidt-Futterer/*Blank*, § 551 BGB Rn 65, Wirkungen der gesetzkonformen Anlage Rn 70.
67 BGH, Urt. v. 21.9.1994 – XII ZR 77/93 – BGHZ 127, 138; OLG Düsseldorf, Urt. v. 18.2.1993 – 10 U 110/92 – ZMR 1993, 219; KG Berlin, Beschl. v. 1.10.1998 – 20 W 6592/98 – NZM 1999, 376.
68 *Wolf/Eckert/Ball*, Rn 791.
69 BGH, Urt. v. 18.11.2009 – VIII ZR 347/08 – NJW-RR 2010, 633.
70 Staudinger/*Emmerich*, § 551 BGB Rn 2; Emmerich/Sonnenschein/*Emmerich*, § 551 BGB Rn 26; OLG Koblenz, Urt. v. 24.3.1993 – 9 U 105/92 – geht davon aus, dass ohne entsprechende ausdrückliche Vereinbarung einer Verzinsung diese in der Gewerberaummiete nur anzunehmen sei, wenn derartige Vereinbarungen üblich seien; ähnlich LG Bonn, Urt. v. 21.10.1996 – 1 O 184/96 – NJW-RR 1997, 1099 sowie LG Stuttgart, Urt. v. 26.3.1997 – 5 S 229/96 – ZMR 1997, 472.

sungspflicht abgeleitet werden könne, da die explizit für die Wohnraummiete getroffene Regelung des § 551 BGB nicht analogiefähig sei.

61 Die Pflicht zur Verzinsung kann individualvertraglich ausgeschlossen werden. Ob der Ausschluss einer Verzinsung formularmäßig vereinbart werden kann, ist ebenfalls umstritten. Konsequenterweise nehmen die Vertreter einer Verzinsungspflicht an, dass diese formularmäßig nicht ausgeschlossen werden kann.[71] Folgt man jedoch – wie hier – dem BGH, so kann ein Ausschluss der Verzinsung auch formularmäßig vereinbart werden.

Praxistipp
Da die Frage der Verzinsung gesetzlich nicht geregelt und eine Verzinsungspflicht wie gesehen unterschiedlich bewertet wird, empfiehlt sich in jedem Fall eine vertragliche Vereinbarung.

62 Ist die Kaution zu verzinsen, so stehen Zinserträge dem Mieter zu.[72] Sie sind daher bei Rückgabe der Kaution zusammen mit dieser auszuhändigen.

63 Nach der Rechtsprechung des BGH (entschieden für den Fall der Wohnraummiete) muss der Vermieter auf Nachfrage des Mieters hin die ordnungsgemäße Anlage der Mietsicherheit nachweisen, ansonsten steht dem Mieter ein Zurückbehaltungsrecht gem. § 273 BGB an den laufenden Mietzahlungen zu.[73] Dem Wesen der Kaution ist die Anlage immanent, daher ist auch im Bereich der Gewerberaummiete davon auszugehen, dass der Vermieter (als Nebenpflicht) auf Verlangen zur Information verpflichtet ist.[74]

c) Kautions(spar)konto

64 Eine Sondervariante der Kaution ist die **Verpfändung eines Kontos**, insbesondere Sparkontos, in der Regel inklusive Übergabe des Sparbuches an den Vermieter. Zwar ist für die Verpfändung eines Kautionssparbuchs eine Übergabe des Sparbuchs nicht notwendig, da die Bestellung des Pfandrechts gem. § 1274 Abs. 1 S. 1 BGB den Regeln der Übertragung entspricht. Allerdings ermöglicht der Besitz am Sparbuch es dem Vermieter, direkt Zugriff auf das Konto zu nehmen und ist daher in der Praxis üblich. Er darf es z.B. auflösen und im Sicherungsfall die Kaution in Anspruch nehmen. Tritt dieser Fall ein, so ist dies dem Mieter anzuzeigen.

71 Schmidt-Futterer/*Blank*, § 551 BGB Rn 118 (m.w.N. bei Fn 353); *Wolf/Eckert/Ball*, Rn 792.

72 Staudinger/*Emmerich*, § 551 Rn 36; Figura/Oprée/Stellmann/*Moeser*, Kap. 12 Rn 90; Emmerich/Sonnenschein/*Emmerich*, § 551 BGB Rn 26.

73 BGH, Urt. v. 23.9.2009 – VIII ZR 336/08 – NJW 2009, 3505; ebenso AG Bremen, Urt. v. 22.12.2011 – 10 C 331/11 – WuM 2012, 16.

74 Lindner-Figura/Oprée/Stellmann/*Moeser*, Kap. 12 Rn 83.

Die Bank des Mieters wird jedoch ohne Nachweis eines fälligen Anspruchs in der Regel nicht an Vermieter als Pfandgläubiger auszahlen, da der Pfandgläubiger gem. § 1228 Abs. 2 BGB die Fälligkeit der gesicherten Forderung nachweisen muss. Es lässt sich auch ein Nachweisverzicht vereinbaren, um eine direkte Inanspruchnahme der Sicherheit zu gewähren, da es sich bei den § 1282 BGB (mit Verweis auf § 1228 Abs. 2 BGB) um disponibles Recht handelt.[75] Bei Sparbüchern könnte die Bank wegen deren üblicherweise bestehenden rechtlichen Qualität als „hinkendes" Inhaberpapier[76] zwar berechtigt auszahlen, muss dies aber nicht ohne Nachweis.[77] Bei einem Sparbuch handelt es sich um ein **qualifiziertes Inhaberpapier**. Die Qualifizierung ergibt sich aus dem Zusatz, dass an den Inhaber der Urkunde mit schuldbefreiender Wirkung geleistet werden kann, der Inhaber des Papieres jedoch ohne Legitimationsnachweis nicht berechtigt ist. Fehlt diese Einschränkung, so liegt ein echtes Inhaberpapier vor.[78] 65

Es empfiehlt sich daher, eine **Nachweisverzichtsklausel** in den Mietvertrag aufzunehmen. Eine derartige Ausgestaltung ist in der Bankwirtschaft für die Fälligkeit von Grundpfandkreditansprüchen entwickelt worden und hat sich durch stetige Anwendung durchgesetzt.[79] 66

Neben der Verpfändung des Sparbuchs kann eine Sicherungsabtretung des Guthabens auf dem Sparbuch dem Vermieter gegenüber erklärt werden.[80] Die Sicherungsabtretung braucht gegenüber der Bank nicht offengelegt zu werden. Dies ist allerdings mit einigen Nachteilen für den Vermieter verbunden. So wird das Sparbuch ohne Anzeige der Sicherungsabtregung in der Regel mit dem Pfandrecht des Kreditinstituts laut dessen AGB bereits belastet; dies kann den Vermieter benachteiligen, da er bei Zahlungsunfähigkeit des Mieters bzw. dessen Vermögensausfall im Falle eines Sicherungsfalles seine Sicherungsansprüche so nicht befriedigen kann.[81] Zudem ist die Bank ohne Anzeige der Sicherungsabtretung berechtigt, an den Mieter als Zedenten schuldbefreiend zu leisten (vgl. § 407 Abs. 1 BGB). 67

Der Rückgewähranspruch des Mieters bei Beendigung des Mietverhältnisses geht dahin, dass die Herausgabe des Sparbuchs verlangt wird sowie eine Freigabeerklärung des Vermieters, dass auf das Pfandrecht an dem Sparbuch verzichtet wird.[82] Der Vermieter kann in diesem Fall die Herausgabe von der Zug-um-Zug-Befriedigung seiner Ansprüche abhängig machen. 68

---

75 Zur Wirksamkeit eines Nachweisverzichts: OLG Karlsruhe, Urt. v. 13.10.2009 – 19 U 88/09 –.

76 BeckOK-BGB/*Gehrlein*, § 808 Rn 4.

77 jurisPK-BGB/*Pour Rafsendjani*/*Eulenburg*, § 808 Rn 16.

78 jurisPK-BGB/*Pour Rafsendjani*/*Eulenburg*, § 808 Rn 17.

79 *Derleder*, NZM 2006, 601, 604.

80 Lindner-Figura/Oprée/Stellmann/*Moeser*, Kap. 12 Rn 16.

81 Lindner-Figura/Oprée/Stellmann/*Moeser*, Kap. 12 Rn 98.

82 LG Berlin, Urt. v. 21.1.1999 – 62 S 150/98 – NZM 1999, 1095.

69 In der Praxis kaum üblich, aber möglich ist auch die Errichtung des Sparbuchs über die zu stellende Kautionssumme durch den Vermieter. Dieser richtet dann das Kautionskonto mit entsprechendem Treuhandhinweis an die Bank in seinem Namen ein, auf das der Mieter dann den Kautionsbetrag einzahlt oder diesen in bar übergibt.

d) Andere Ausgestaltungen der Mietkaution

70 Neben der klassischen Möglichkeit der Stellung der Sicherheit als Barkaution oder mittels eines Mietkautionssparbuchs können auch **sonstige Anlageformen als Kaution** gestellt werden. Neben der Anlage der Kaution auf einem Tagesgeldkonto kann auch eine Tagesanleihe des Bundes sowie ein Bausparvertrag als Kaution hinterlegt werden. Ein Mietkautionsdepot kommt sinnvollerweise lediglich bei weniger volatilen Anlageformen wie z.B. Renten- oder Strukturfonds in Betracht.

2. Bürgschaft

71 Wird eine Bürgschaft als Sicherungsmittel vereinbart, so wird der Mieter meist seine Bank oder oft auch eine Versicherung, seltener seine Muttergesellschaft veranlassen, die vorgesehene Bürgschaft auszustellen, damit diese als Sicherheit zum Einsatz kommt. Dies ist bei Gewerbemietverträgen die wohl häufigste Form der Sicherheitsleistung, und zwar primär als **Bankbürgschaft**, sekundär als **Versicherungsbürgschaft**. Die allgemeinen gesetzlichen Regelungen zur Bürgschaft in den §§ 765–778 BGB finden hier Anwendung.

72 Die Bankbürgschaft beinhaltet in ihrer wirtschaftlichen Bedeutung einen gleichzeitigen **indirekten Bonitätstest** des Mieters aufgrund der bankinternen Prüfung zur Bereitstellung der geforderten Sicherheit. Scheitert die Bürgschaft an der Bereitschaft der Bank, muss dies nicht zwangsläufig dazu führen, dass es keine Sicherheit gibt und es am Ende daher nicht zur Durchführung des Mietvertrages kommt, da in diesem Fall immer noch eine Kaution oder eine sonstige Sicherheit vereinbart werden kann. Sofern der Mieter diese dann aufbringt, braucht das Mietvertragsverhältnis nicht in Ermangelung einer Sicherheit zu scheitern.

! **Praxistipp**
Wenn es sich herausstellt, dass ein Mieter mit der Beibringung einer Bürgschaft Probleme hat, muss dies nicht unbedingt das Ende einer Mietvertragsbeziehung bedeuten. Der Vermieter sollte dies aber jedenfalls als Alarmsignal im Hinblick auf die Bonität des Mieters betrachten.

---

a) Akzessorietät

73 Die Bürgschaft ist nach ihrer Rechtsnatur akzessorisch. Dies bedeutet, sie sichert nur und ausschließlich den Umfang dessen, was dazu im Mietvertrag vereinbart

wurde, und geht niemals darüber inhaltlich hinaus. Daher ist es erforderlich, dass die zu sichernde Schuld im Mietvertrag und im Bürgschaftstext genau und kongruent beschrieben wird. Sind unklare Regelungen über den Umfang der zu sichernden Forderungen im Vertrag enthalten, so gehen diese zulasten des Gläubigers.[83] Grundsätzlich sichert die Bürgschaft, wenn sie oder der Vertrag nicht einschränkender formuliert ist, alle Forderungen aus dem Mietverhältnis,[84] und zwar so, wie dieses im Zeitpunkt des Vertragsschlusses besteht. Nachträgliche Vereinbarungen wie z.B. die Anmietung weiterer Räume durch den Mieter oder eine zunächst nicht vereinbarte Mietzinserhöhung (dies meint nicht eine „normale" Erhöhung per Indexierung, die ja von Anfang an im Vertrag angelegt ist) werden nicht ohne Weiteres von der Bürgschaft abgesichert. Hat hingegen der Bürge mit einer Erweiterung der Ansprüche rechnen müssen, da diese im Vertrag bereits erkennbar angelegt war (Beispiel Indexerhöhung), so bezieht sich die Bürgschaft auch darauf.

Praxistipp !
Werden im Rahmen von **Nachträgen** Vereinbarungen aus dem Ursprungsmietvertrag derart geändert, dass die neuen Regelungen möglicherweise nicht mehr von der **Bürgschaft** umfasst sind, empfiehlt es sich, die Bürgschaft daraufhin genau zu prüfen und eine **Anpassung** zu erwägen. Im laufenden Mietverhältnis sollte dies in der Regel kein Problem sein, im etwaigen späteren Streitfall aber schon. Typische Beispielsfälle sind bauliche Veränderungen oder Erweiterungen des Mietobjektes. Auch Parteiwechsel auf Vermieter- oder Mieterseite (häufig bei Konzernumstrukturierungen) sollten zu einer vorsorglichen Prüfung Anlass geben.

Der Gegenstand des Anspruchs des Mieters auf Freigabe der Bürgschaft ist nicht die 74
Verpflichtung des Vermieters auf Herausgabe der Bürgschaft an ihn, sondern allein die Verpflichtung zur Herausgabe an den Bürgen. Für die Geltendmachung des Anspruchs des Mieters auf Herausgabe der Bürgschaftsurkunde an sich selbst fehlt es daher an der Aktivlegitimation.[85]

Im Gegensatz zur Wohnraummiete gilt bei gewerblichen Mietverhältnissen **keine** 75
Beschränkung einer wirksam abzuschließenden Bürgschaft bis zur **Höhe** der dreifachen Monatsmiete.

b) Bürgschaftsvereinbarung

Eine formelle Bürgschaftsurkunde wird meist ausgestellt und ist auch zur Dokumen- 76
tation sinnvoll, ist aber rein rechtlich nicht unbedingt erforderlich. Als ausreichend

83 BGH, Urt. v. 12.3.1980 – VIII ZR 57/79 – BGHZ 76, 187; OLG Düsseldorf, Urt. v. 9.3.2000 – 10 U 194/98 – ZMR 2000, 287.
84 *Wolf/Eckert/Ball*, Rn 801.
85 BGH, Urt. v. 2.2.1989 – IX ZR 182/87 – MDR 1989, 631.

wird die Unterzeichnung des Bürgschaftstextes durch den Bürgen angesehen.[86] Die Erklärung des Bürgen kann deshalb **auch als integrativer Teil des Mietvertrages** erfolgen, eine gesonderte Urkunde ist nicht erforderlich. In dem Fall muss der Bürge den entsprechenden Textteil der Bürgschaftserklärung unterschreiben.[87] Darin muss sich der Wille des Bürgen, für eine fremde Schuld einzustehen, spiegeln, die Bezeichnung des Gläubigers und des Hauptschuldners enthalten und die verbürgte Forderung bezeichnet sein.[88] Die integrative Variante des Bürgschaftstextes wird insbesondere bei Konzernbürgschaften (Beispiel: Bürgschaft durch Muttergesellschaft des Mieters) häufig genutzt. Bankbürgschaften werden dagegen regelmäßig in einer separaten Bürgschaftsurkunde begeben.

77 Die Begebung der Bürgschaft ist das Resultat einer Dreiecksbeziehung. Die Grundlage der Bürgschaft ist eine Vereinbarung über die zu stellende Bürgschaft im Mietvertrag, also zwischen Vermieter und Mieter. Gestellt wird die Bürgschaft dann gesondert durch den Bürgen gegenüber dem Vermieter als einseitig verpflichtender Vertrag.[89]

78 Handelt es sich bei dem Bürgen um einen Kaufmann und bei der Bürgschaft um ein Handelsgeschäft i.S.v. §§ 350, 343, 344 HGB, so bedarf die Bürgschaft nicht der **Schriftform**, es sollte jedoch aus **Dokumentationsgesichtspunkten** nicht darauf verzichtet werden. Bei Bürgschaften für gewerbliche Mietverhältnisse wird dies regelmäßig der Fall sein. Ist die Bürgschaft jedoch kein Handelsgeschäft eines Kaufmannes, muss die Erklärung des Bürgen entsprechend § 766 S. 1 BGB schriftlich erfolgen, um wirksam zu sein.

79 Finden sich mehrdeutige Formulierungen in der Bürgschaftsvereinbarung, so sind diese grundsätzlich einer Auslegung mithilfe auch außerhalb der Urkunde liegender Umstände zugänglich. Allerdings ist erforderlich, dass sich aus der Urkunde selbst Anhaltspunkte für eine solche Auslegung ergeben.[90]

80 Wichtig ist, dass sichergestellt bleibt, dass durch eine solche Konstellation nicht womöglich ein Schriftformproblem für den Mietvertrag hervorgerufen wird. Die durch das Schriftformerfordernis gezogene Grenze wird erst dann überschritten, wenn in dem Mietvertrag fehlende wesentliche Angaben ausschließlich anhand von Umständen ermittelt werden können, die außerhalb des Vertragsdokumentes liegen.[91] Vereinfacht ausgedrückt sollte die Bürgschaftsurkunde dem sinnvollerweise umfassend formulierten Mietvertrag folgen und nicht umgekehrt.

---

86 BGH, Urt. v. 13.10.1994 – IX ZR 25/94 – NJW 1995, 43.

87 Lindner-Figura/Oprée/Stellmann/*Moeser*, Kap. 12 Rn 112; BGH, Urt. v. 27.4.1988 – VIII ZR 84/87 – BGHZ 104, 232.

88 Schmidt-Futterer/*Blank*, § 551 BGB Rn 20.

89 MüKo-ZPO/*Schulz*, § 108 Rn 33, 36.

90 *Leo/Schmitz*, NZM 2007, 387.

91 NZM 2007, 387.

Da die Bürgschaft, wie bereits ausgeführt, akzessorisch zum Mietvertrag ist, sollte auf die Formulierung der zu sichernden Ansprüche in jedem Fall besondere Sorgfalt gelegt werden. 81

Für eine Bürgschaftsvereinbarung gibt es eine Reihe von Ausgestaltungsmöglichkeiten und Sondervarianten, die die Parteien je nach Interessenlage nutzen können. Verbreitet sind insbesondere die Bürgschaft auf erstes Anfordern, die selbstschuldnerische Bürgschaft oder die Mietausfallbürgschaft. Bürgschaften können zudem befristet oder unbefristet vereinbart werden. Auch können Einzelheiten wie die Höhe der Bürgschaft beschränkt werden. Diese und weitere Sonderthemen werden in den nachfolgenden Absätzen erörtert. 82

c) Bürgschaft auf erstes Anfordern

Die Bürgschaft **auf erstes Anfordern** ist gesetzlich nicht geregelt, sondern in der **Vertragspraxis** entwickelt worden.[92] Hierbei verpflichtet sich der Bürge, auf ein einfaches Verlangen des Gläubigers und unter gleichzeitigem Verzicht auf alle Einwendungen aus dem Hauptschuldverhältnis zu leisten.[93] Dies kommt dem Bedürfnis des Vermieters entgegen, sofort/ohne zeitliche Verzögerung auf liquide Mittel zurückgreifen zu können. Auch ist der Vermieter nicht verpflichtet, schlüssig darzulegen, dass die Hauptforderung besteht und fällig ist.[94] 83

Allerdings darf der Bürge jedoch gegen eine Inanspruchnahme einwenden, dass die geltend gemachte Hauptforderung nach seiner Auffassung durch die Bürgschaft gar nicht umfasst und daher nicht gesichert wird.[95] Ansonsten hat der Bürge auf erstes Anfordern hin zu leisten. Eine Klärung der materiellen Berechtigung der Forderung des Gläubigers ist dann nur in einem sich etwa anschließenden Prozess auf Rückzahlung der Bürgschaftssumme zu erlangen. Eine formularmäßige Vereinbarung der Bürgschaft auf erstes Anfordern ist von der Rechtsprechung als grundsätzlich zulässig erachtet worden.[96] Dabei ist jedoch zu beachten, dass eine Unwirksamkeit nach § 307 Abs. 1 BGB denkbar ist, außer der Bürge ist ein Kreditinstitut, Versicherungsunternehmen oder Großunternehmen, bei denen diese Art der Bürgschaft als üblich angesehen werden kann.[97] Bei einer individualvertraglichen Vereinbarung bestehen bezüglich der Wirksamkeit keine Bedenken. 84

---

92 *Fischer*, NZM 2003, 497.

93 MüKo-BGB/*Habersack*, § 765 BGB.

94 *Fischer*, NZM 2003, 497.

95 OLG Düsseldorf, Urt. v. 19.1.2005 – 15 U 35/04, I-15 U 35/04 – ZMR 2005, 784.

96 OLG Karlsruhe, Urt. v. 2.7.2004 – 1 U 12/04 – NZM 2004, 742.

97 MAH Insolvent und Sanierung/*Bornheimer*, § 29 Kreditgeschäft und Kreditsicherheiten, m.w.N.

85 Die abzugebende Erklärung, durch welche die vorläufige Zahlungspflicht (auf erstes Anfordern) begründet wird, ist relativ streng formalisiert.[98] Es muss klar daraus hervorgehen, dass die Zahlungspflicht tatsächlich auf erstes Anfordern ohne weitere Diskussionsmöglichkeit besteht. Die Vereinbarung der Bürgschaft auf erstes Anfordern hat den Vorteil, dass der Vermieter nicht verpflichtet ist, schlüssig darzulegen, dass die durch die Bürgschaft gesicherte Hauptforderung besteht.[99]

d) Selbstschuldnerische Bürgschaft

86 Bei einer selbstschuldnerischen Bürgschaft nach § 773 Abs. 1 BGB **verzichtet** der Bürge auf die **Einrede der Vorausklage**. Der Verzicht bedarf der Schriftform des § 766 BGB. Die Formvorschrift des § 766 BGB ist aufgrund der Warnfunktion der Bürgschaft nicht abdingbar.[100] Selbstschuldnerische Bürgschaften sind daher ohne schriftliche Dokumentation nicht möglich. Das Konzept der selbstschuldnerischen Bürgschaft ist zumindest bei der Gewerberaummiete der Regelfall.

87 Im Unterschied zur Bürgschaft auf erstes Anfordern verzichtet der selbstschuldnerische Bürge nur auf die Einrede der Vorausklage. Die Einwendungen aus dem Hauptschuldverhältnis beispielsweise Verjährung oder mangelnde Fälligkeit bleiben grundsätzlich bestehen. Es gilt, dass die Inanspruchnahme lediglich sofort erfolgen kann, ohne zunächst den Hauptschuldner in Anspruch nehmen zu müssen.

88 Konkludent beinhaltet die Bürgschaft auf erstes Anfordern auch den Verzicht auf die Vorausklage, da dies ein mehr an Regelung beinhaltet.

e) Kombination selbstschuldnerisch plus auf erstes Anfordern

89 Eine Kombination von selbstschuldnerischer Bürgschaft und Bürgschaft auf erstes Anfordern ist grundsätzlich möglich, aber nach hier vertretenem Verständnis der Bürgschaft auf erstes Anfordern nicht sinnvoll oder zielführend. Die selbstschuldnerische Bürgschaft stellt nämlich ein Minus zur Bürgschaft auf erstes Anfordern dar. Sie lässt nämlich nur die Einrede der Vorausklage nach § 773 BGB entfallen, die bei dem generellen Verzicht der Bürgschaft auf erstes Anfordern auch entfällt.[101]

90 Eine zusätzliche Verbindung der selbstschuldnerischen Bürgschaft und der Bürgschaft auf erstes Anfordern mit dem Verzicht der Hinterlegung (siehe dazu un-

---

98 Lindner-Figura/Oprée/Stellmann/*Moeser*, Kap. 12 Rn 121.

99 BGH, Urt. v. 28.10.1993 – IX ZR 141/93 – NJW 1994, 380.

100 BeckOK-BGB/*Rohe*, § 766 Rn 3–9.

101 BGH ZIP 2002, 1690, 1692; BGH ZIP 2003, 908, 909: In diesen Fällen hat der BGH im Wege der Vertragsauslegung die Bürgschaft auf erstes Anfordern aufgrund deren Unwirksamkeit in eine selbstschuldnerische Bürgschaft umgedeutet.

ten unter Rn 94ff.) birgt AGB-rechtliche Risiken, da dem Bürgen das Insolvenzrisiko des Gläubigers auferlegt wird.

f) Mietausfallbürgschaft

Bei einer Mietausfallbürgschaft geht der Bürge die Verpflichtung ein, (nur) bei ei- 91
nem endgültigen Ausfall der verbürgten (Miet-)Forderung einzustehen.

Diese Art der Bürgschaft ist **für den Vermieter ungünstig**: Der Vermieter muss 92
zunächst alle verfügbaren rechtlichen Schritte einschließlich der Zwangsvollstreckung gegen den Mieter ergreifen und etwaige andere Sicherheiten verwerten, was er darzulegen und erforderlichenfalls zu beweisen hat.[102] Der Ausfallbürge haftet dem Vermieter lediglich auf das, was dieser trotz Anwendung gehöriger Sorgfalt vom Schuldner nicht erlangen kann.[103]

Eine formularmäßige Vereinbarung einer Ausfallfiktion ist nicht zulässig.[104] So 93
hat der BGH festgestellt, dass bei einer Ausfallbürgschaft eine Klausel überraschend und damit unwirksam ist, der zufolge der Ausfall spätestens sechs Monate nach der Anzeige des Gläubigers an den Bürgen über rückständige Leistungen des Hauptschuldners in Höhe der dann noch nicht bezahlten oder beigetriebenen rückständigen Beträge als festgestellt gilt.[105]

g) Ausschluss der Möglichkeit zur Hinterlegung

Da Bürgschaften nach ihrer Natur regelmäßig in Problemsituationen gezogen wer- 94
den, ist es mitunter aus der Sicht des Bürgen wünschenswert, zunächst einmal nicht direkt an den Begünstigten zu zahlen, sondern den Bürgschaftsbetrag zu hinterlegen. Die Möglichkeit zur Hinterlegung besteht im Normalfall nach §§ 372ff. BGB und stellt eine andere Art der Erfüllung dar. Sie schützt den (Bürgschafts-)Schuldner bei eventuellen Streitigkeiten oder Nachforderungen insbesondere vor der Insolvenz des (Bürgschafts-)Gläubigers. In der Regel findet die Hinterlegung beim örtlichen Amtsgericht statt,[106] wobei grundsätzlich auch eine Bank als Hinterlegungsort infrage kommt, welches sich aus der Regelung § 374 Abs. 1 Hs. 2 BGB ergibt, wonach der Hinterlegende bei einer Abweichung vom Hinterlegungsort bezüglich der daraus folgenden Kosten schadensersatzpflichtig ist.

102 BGH, Urt. v. 12.1.1972 – VIII ZR 26/71 – WM 1972.
103 BGH, Urt. v. 2.2.1989 – IX ZR 99/88 – NJW 1989, 1484; Bub/Treier/*von der Osten*, Kap. III.A Rn 2145.
104 Lindner-Figura/Oprée/Stellmann/*Moeser*, Kap. 12 Rn 133.
105 BGH, Urt. v. 19.3.1998 – IX ZR 120/97 – NJW 1998, 2138.
106 MüKo-BGB/*Fetzer*, § 374 Rn 16.

95 **Hinterlegungsfähig** sind grundsätzlich Geld, Wertpapiere, Urkunden und sonstige Kostbarkeiten. Der Hinterlegende kann die Rücknahme der hinterlegten Gegenstände ausschließen, was zur Folge hat, dass die Hinterlegung nach § 378 BGB schuldbefreiend wirkt.[107] Bei nicht ausgeschlossener Rücknahme hingegen kann der Schuldner den Gläubiger nach § 379 BGB nur auf die Hinterlegung verweisen, ihm steht insoweit ein Leistungsverweigerungsrecht zu.[108]

96 Die Tatsache, dass der Bürge von seiner Bürgschaftsschuld somit grundsätzlich auch durch eine Hinterlegung frei werden kann, ist aus der Sicht des (Bürgschafts-) Gläubigers ungünstig, da die Hinterlegung ihm nicht die normalerweise bei Ziehung der Bürgschaft gewünschte Liquidität verschafft. Dies kann vermieden werden, indem man die **Möglichkeit zur Hinterlegung ausdrücklich ausschließt**. Für den Vermieter empfiehlt es sich deshalb, die Hinterlegung auszuschließen bzw. einen Verzicht des Bürgen auf die Möglichkeit zur Hinterlegung zu vereinbaren.

h) Bürgschaft auf Zeit

97 In der Bürgschaftsurkunde kann eine Zeit bestimmt werden, innerhalb derer der Gläubiger den Bürgen in Anspruch nehmen muss. Wird der Bürge nicht in Anspruch genommen, so wird er nach § 777 Abs. 1 BGB frei.

! **Praxistipp**

Eine solche **Befristung** einer Bürgschaft ist relativ üblich, aber **aus Vermietersicht tückisch**, weil dadurch die Bürgschaft einfach durch Zeitablauf (der Frist) unbrauchbar werden kann. Es ist deshalb in solchen Fällen ratsam, die Frist genau zu überwachen und ggf. rechtzeitig vorab entweder eine Verlängerung zu verlangen oder ggf. auch die Bürgschaft zu ziehen, sofern dafür die Voraussetzungen vorliegen.

---

i) Vereinbarung von Höchstsummen in Bürgschaften

98 Die Bürgschaft kann auch summenmäßig beschränkt werden. Bei einer unbeschränkten Vereinbarung ist jedoch, insbesondere vor dem Hintergrund der Knebelung nach § 138 BGB und bei der Verwendung von AGB nach § 307 BGB, die Wirksamkeit im Hinblick auf die Höhe der zu sichernden Forderung zu überprüfen.

---

107 Palandt/*Grüneberg*, § 378 Rn 1.
108 BeckOK-BGB/*Dennhardt*, § 379 Rn 2.

j) Rückgabe der Bürgschaft

Nach dem Ablauf des Mietverhältnisses ist die Bürgschaftsurkunde an den Bürgen auszuhändigen.[109] Will der Vermieter mit verjährten Forderungen aus dem Mietverhältnis mit dem Bürgschaftsrückgabeanspruch aufrechnen, so kann sich der Bürge erfolgreich auf die Einrede der Verjährung nach dem Grundsatz aus § 768 BGB berufen. Bürgschaftsrückgabeanspruch und verjährte Forderungen sind keine gleichartigen Ansprüche, sodass eine Anwendung des § 215 BGB,[110] welcher auf die Verjährung im Zeitpunkt des erstmaligen Bestehens der Aufrechnungslage abstellt, sowohl direkt als auch analog ausgeschlossen ist.[111] 99

k) Gerichtsstand der Bürgschaft, Rechtswahl

Wichtig ist zu beachten, dass der Gerichtsstand einer Mietbürgschaft sich trotz der Akzessorietät der Bürgschaft nicht automatisch dem Gerichtsstand nach dem Mietvertrag anhängt. Da die Bürgschaft systematisch ein eigenes Rechtsgeschäft mit anderen Beteiligten ist, unterliegt sie bezüglich des Gerichtsstandes auch eigenen Regeln. **§ 29a ZPO gilt** deshalb **nicht.**[112] 100

Um insoweit von vornherein Unklarheiten zu vermeiden, bietet es sich deshalb an, in die Bürgschaft eine **eigene Gerichtsstandklausel** aufzunehmen. Ob es sinnvoll ist, den Gerichtsstand der Bürgschaft, soweit rechtlich möglich, mit demjenigen nach § 29a ZPO zu synchronisieren oder nicht, ist eine Frage des Einzelfalls. 101

Von der Frage des Gerichtsstandes unterscheidend ist die Frage der **Rechtswahl** für die Bürgschaft, die sich insbesondere bei Auslandsbeziehungen (z.B. ausländischer Bürger) stellt. Auch insoweit besteht keine inhaltliche Automatik. Die Bürgschaft unterliegt **nicht automatisch dem Recht des Mietvertrages** und auch nicht demjenigen des Gerichtsstandes. Es ist daher in derartigen Fällen auch sinnvoll, eine Regelung zu dem für die Wirtschaft anwendbaren Recht zu treffen. 102

3. Selbstständige Garantie

Mit der Bürgschaft in ihrer praktischen Handhabung artverwandt, rechtlich davon aber abzugrenzen, ist die selbstständige Garantie. Rechtsdogmatisch ist die selbstständige Garantie, wie schon der Begriff „selbstständig" nahelegt, als völlig **eigenes Rechtsgeschäft** anzusehen und statuiert eine **eigene Anspruchsgrundlage.**[113] Bei 103

109 NZM 2003, 763.

110 BeckOK-BGB/*Henrich*, § 215 Rn 2.

111 Lindner/Figura/Oprée/Stellmann/*Pietz*/*Oprée*, Kap. 16 Rn 307.

112 BGH, Urt. v. 16.12.2003 – X ARZ 270/03 –; BeckOK-ZPO/*Toussaint*, § 29a Rn 19; Musielak/*Heinrich*, § 29a Rn 16.

113 BeckOK-VOB/B/*Koenen*, § 13 Rn 124 f.

der selbstständigen Garantie wird wie bei der Bürgschaft durch den Mieter ein Dritter, in der Regel eine Bank oder mitunter auch die Muttergesellschaft des Mieters, veranlasst, gegenüber dem Vermieter eine Sicherungserklärung (Garantie) abzugeben. Der rechtlich entscheidende Unterschied liegt darin, dass eine Garantie anders als die Bürgschaft **nicht akzessorisch** ist und deshalb frei ausgestaltet werden kann. Sie hängt insbesondere nicht vom Inhalt der zur sichernden Forderung, also konkret des Mietvertrages, ab. Rechtlich betrachtet ist eine Garantie deshalb aus der Vermietersicht wegen ihrer größeren Flexibilität vorzugswürdig, aus der Mietersicht naturgemäß wegen der in der größeren Flexibilität liegenden zusätzlichen Risiken gerade nicht. In der Praxis ist eine Mietsicherheit in Form einer selbstständigen Bürgschaft eher selten. Gleichwohl sollte sie aus Vermietersicht durchaus im Einzelfall in Erwägung gezogen werden.

104 **Gerichtsstand und Rechtswahl** sollten auch bei einer selbstständigen Garantie klar festgelegt werden. Insoweit besteht Übereinstimmung mit der Bürgschaft (siehe deshalb oben Rn 99).

105 Nicht zu verwechseln ist die selbstständige Garantie mit der **Mietgarantie**. Dieser Begriff wird üblicherweise für eine Garantie verwendet, die sich auf erzielbare Mieterträge bezieht. Diese Art der Garantie findet sich daher häufig in Grundstückskaufverträgen über Gewerbeimmobilien. Eine solche Mietgarantie beinhaltet eine Garantie für Mieterträge und sichert den Käufer gegen Mietausfälle ab. Dabei übernimmt entweder der Verkäufer der Gewerbeimmobilie oder ein auf dessen Veranlassung bestellter Dritter die Garantie.[114]

4. Patronatserklärung

106 Eine Sicherheitsleistung kann auch durch Erklärung der Muttergesellschaft des Mieters gegenüber dem Vermieter in Form einer Patronatserklärung (oder aber durch Begründung von Verlustübernahmeverträgen) erfolgen. So wird die Bonität des Mieters um die Bonität von dessen Muttergesellschaft erweitert. Die Patronatserklärung entstammt keiner gesetzlichen Regelung, sie wurde als kautelarjuristische „Erfindung" **von der Praxis entwickelt**: Der „Patron" beeinflusst die wirtschaftliche Lage des Mieters, indem er dessen wirtschaftliche Position und Kreditwürdigkeit stärkt bzw. erhält.[115] Die Patronatserklärung kann extern gegenüber dem Gläubiger und Vermieter oder intern an den Schuldner und Mieter abgegeben werden.[116] Eine intern an den Schuldner und Mieter abgegebene Patronatserklärung entspricht eher

---

114 *Burbulla*, NZM 2011, 345.

115 *Maier-Reimer/Etzbach*, NJW 2011, 1110; Lindner-Figura/Oprée/Stellmann/*Moeser*, Kap. 12 Rn 164.

116 MüKo-BGB/*Habersack*, § 765 Rn 49.

einer Verlustdeckungszusage bzw. einer Verlustübernahmeerklärung[117] und wird regelmäßig bei drohenden Insolvenzen oder im Finanzierungsgeschäft gebraucht. Für den Vermieter von Nutzen sind diejenigen Erklärungen, die an ihn als Gläubiger abgegeben werden.

Dogmatisch wird die Patronatserklärung zumeist als unechter Vertrag zugunsten Dritter eingeordnet. Dabei wird ein Vertrag zwischen dem Patron und dem Gläubiger zugunsten der schuldnerischen Gesellschaft geschlossen.[118] 107

Man spricht von Patronatserklärung **nur im Verhältnis von Konzerngesellschaften**, normalerweise von Muttergesellschaft zu Tochtergesellschaft. Ähnliche Konstellationen im Verhältnis zu Dritten würde man eher mit dem Begriff einer (speziell ausgestalteten) Garantie belegen. 108

a) Ausgestaltung, Konsequenzen

Inhaltlich wird weiterhin zwischen sog. „harten" und „weichen" Erklärungen unterschieden. Während **weiche Patronatserklärungen** als **„Goodwill"-Erklärungen** in der Regel zu keiner rechtsgeschäftlich vereinbarten Haftung führen sollen, sind harte Patronatserklärungen geeignet, dem Sicherungsinteresse des Vermieters konkret zu genügen. 109

Merkmal **harter Patronatserklärungen** ist es, dass der Sicherungsgeber gegenüber dem Vermieter eine **rechtsverbindliche Verpflichtung** eingeht, die mietende Partei finanziell so auszustatten, dass diese alle vertraglichen Forderungen erfüllen kann. Der wesentliche Kern liegt folglich in der Übernahme einer Ausstattungsverpflichtung:[119] Anders als bei der Bürgschaft garantiert der Patron die Liquidität des Mieters zunächst, ohne selbst eine unmittelbare Zahlungsverpflichtung zu übernehmen.[120] Dafür soll der Patron das Tochterunternehmen mit den nötigen Mitteln ausstatten.[121] Ähnlich zur Bürgschaft wiederum ist die Patronatserklärung im Hinblick auf die Verpflichtung des Patrons, welche den Bestand einer zu sichernden Hauptforderung voraussetzt. 110

In ihrer Ausgestaltung umschreiben harte Patronatserklärungen in der Regel konkret die zu erbringenden Leistungen bzw. das geschützte Interesse. Eine entsprechende Formulierung kann beispielsweise lauten: 111

117 BGH, Urt. v. 8.5.2006 – II ZR 94/05 – WM 2006, 1202; BGH, Urt. v. 19.5.2011 – IX ZR 9/10 – WM 2011, 1085; MüKo-BGB/*Habersack*, § 765 Rn 49.

118 *Schmidt*, NZG 2006, 883.

119 *Wittig*, WM 2003, 1981.

120 *Fleischer*, WM 1999, 666.

121 Ebenroth/Boujong/Joost/Strohn/*Allstadt-Schmitz*, Bd. 2, Rn IV 665–IV 667.

Formulierungsmuster
„Wir werden unsere Tochtergesellschaft, die Mieterin, stets finanziell so ausstatten und ausgestattet halten, dass diese in der Lage ist, allen Verpflichtungen aus dem Mietvertrag während der gesamten Vertragslaufzeit nachzukommen."

112 Entscheidend bei der Gestaltung der Formulierung ist, dass der Sicherungszweck klar hervorkommt. Im Ergebnis gewährt eine harte Patronatserklärung dem Vermieter potenziell einen Schadensersatzanspruch gegenüber dem Patronatsgeber, also der Muttergesellschaft, bei Ausfall der Leistungsfähigkeit des Mieters.

113 Der Vermieter hat jedoch im Hinblick auf die Hauptverpflichtung des Patrons zur Ausstattung der Tochtergesellschaft mit den nötigen Mitteln keinen direkten Anspruch. Dieser besteht zwischen dem Patron und der Tochtergesellschaft als Mieterin. Hierbei steht der Patron für die Fähigkeit der Mieterin zur Zahlung ein, nicht jedoch für deren Zahlungswilligkeit. Stattet der Patron seine Tochtergesellschaft als Mieterin aus, sodass diese den Mietzins entrichten könnte, jedoch die Mittel nicht weiterleitet, so muss der Patron in dem Fall das Risiko tragen, im Notfall weitere Mittel zur Verfügung zu stellen, um eine Zahlungsunfähigkeit zu verhindern.[122] Für den Vermieter stellt sich das Problem, dass ein gerichtliches Vorgehen gegen den Patron vor der Insolvenz des Mieters bereits an der Konkretisierung eines Klageantrags scheitern könnte.

114 Allerdings kann eine unmittelbare Haftung des Patrons gegenüber dem Vermieter als **sekundärer Schadensersatzanspruch** bestehen: Wird die Tochtergesellschaft zahlungsunfähig, verfügt sie also über keine liquiden Mittel zur Begleichung der mietvertraglichen Verpflichtung, dann hat der Patron seine primäre Verpflichtung zur Ausstattung der Mieterin nicht erfüllt. Dies hat einen Schadensersatzanspruch gegenüber dem Vermieter zur Folge. In Rechtsprechung und Literatur wird dieser Anspruch unterschiedlich hergeleitet, was aber letztlich zum gleichen Ergebnis führt: Nach einer vor allem durch die Instanzenrechtsprechung vertreten Sichtweise wird der Schadensersatz hergeleitet aus §§ 280 Abs. 1, Abs. 3, 281 BGB oder § 283 BGB als Ersatz des Schadens statt der Hauptleistung.[123] In der Literatur – und anderen Teilen der Rechtsprechung – hingegen lässt sich die Auffassung ausmachen, dass der Patron im Fall der Insolvenz des Schuldners, zu dessen Liquiditätsausstattung sich der Patron verpflichtet hat, einem Direktanspruch aus dem Patronatsvertrag unterliegt.[124]

122 *Bomhard/Haase*, BB 2010, 2651.

123 OLG Schleswig-Holstein, Urt. v. 11.4.2005 – 4 U 20/05 – ZInsO 2005, 939; OLG Naumburg, Urt. v. 13.1.2000 – 2 U (Hs) 73/98 – OLGR Naumburg 2000, 407; BGH, Urt. v. 30.1.1992 – IX ZR 112/91 – BGHZ 117, 127.

124 MüKo-BGB/*Habersack*, § 765 Rn 52; *Michalski*, WM 1994, 1229; *Habersack*, ZIP 1996, 258; OLG Nürnberg, Urt. v. 9.12.1998 – 12 U 2626/98 – OLGR Nürnberg 1999, 109.

Der Vermieter kann auch, um die Zahlungsunfähigkeit des Mieters zu belegen, die Eröffnung des Insolvenzverfahrens über dessen Vermögen beantragen. Falls das Verfahren eröffnet wird oder der Antrag gar mangels Masse abgelehnt wird, dann ist der Beweis der Zahlungsunfähigkeit erbracht und der Patron muss aus der übernommenen Ausstattungsverpflichtung haften.[125] 115

Bei der Patronatserklärung kommt eine solche „Verwertung“ dementsprechend allgemein dann infrage, wenn und soweit der Mieter seinen Verpflichtungen nicht mehr nachkommt bzw. nachkommen kann. In praktischer Hinsicht können sich in dem Fall, dass der Vermieter den Patron in Anspruch nehmen will, gleichwohl neben den geschilderten rechtlichen Fragen auch rein praktische Probleme bei der Durchsetzung ergeben, die insbesondere mit der ursprünglichen Rollenverteilung zwischen Mutter- und Tochtergesellschaft zusammenhängen. Mitunter kann es deshalb sinnvoll sein, wenn in einer solchen Konstellation die Muttergesellschaft selbst als neue Mieterin das Mietverhältnis übernimmt. 116

Praxistipp !
Es kann in einzelnen Fällen erwägenswert sein, bei Vereinbarung einer Patronatserklärung zusätzlich zugunsten des Patrons, also der Muttergesellschaft, ein Mieteintrittsrecht zu vereinbaren, sodass im Sicherungsfall eine Verwertung des Mietgegenstands von dieser selbst übernommen werden und dadurch der Schaden für die Muttergesellschaft gemindert werden kann.[126]

b) Form und Bestimmtheit, Inhalt

In Bezug auf die Form der Patronatserklärung herrscht (weitestgehend) Einigkeit darüber, dass trotz der Ähnlichkeit zur Bürgschaft das **Schriftformerfordernis** des § 766 BGB **nicht** – auch nicht entsprechend – zur Anwendung kommt.[127] 117

Patronatserklärungen wird oft fehlende Bestimmtheit vorgeworfen. So ist eine harte Patronatserklärung einer Muttergesellschaft für ihre Tochter für unwirksam angesehen worden, weil der Umfang der Ausstattungspflicht nicht feststellbar war.[128] Weiterhin ist darauf zu achten, dass die Formulierung der Haftung des Patrons nicht verschleiert wird, da insoweit ein Verstoß gegen das Transparenzgebot aus § 307 Abs. 2 BGB oder § 138 BGB vorliegen kann.[129] 118

125 *Bomhard/Haase*, BB 2010, 2651.

126 *Bomhard/Haase*, BB 2010, 2651.

127 *Schmidt*, NZG 2006, 883; *Maier-Reimer/Etzbach*, NJW 2011, 1110; a.A. MüKo-BGB/*Habersack*, vor § 765 Rn 51, der das Schriftformerfordernis nur im Hinblick auf § 350 HGB entfallen lässt.

128 LG München, Urt. v. 2.3.1998 – 11 HKO 20623/97 – WM 1998, 1285.

129 LG München, Urt. v. 2.3.1998 – 11 HKO 20623/97 – WM 1998, 1285; aufgehoben durch OLG München, Urt. v. 21.10.1998 – 7 U 3960/98 – WM IV 1999, 686.

119 Weiche Erklärungen hingegen führen in der Regel nicht zu einer den Vermieter sichernden Haftung des Patrons.[130] Formulierungen wie

- *„Wir stehen jederzeit hinter unserer Tochtergesellschaft."*

oder

- *„Es entspricht unserer Geschäftspolitik, die Bonität unserer Tochtergesellschaft aufrechtzuerhalten."*[131]

sind weiche Patronatserklärungen in diesem Sinne, die man schon am vagen Inhalt ablesen kann. Sie sind juristisch nicht belastbar und daher praktisch kaum relevant.

120 Hinter Patronatserklärungen stehen oft Kostenüberlegungen. Während eine Bankbürgschaft laufend Kosten verursacht (die Avalprovision), ist eine Patronatserklärung normalerweise kostenfrei.

Praxistipp
Eine Patronatserklärung erweist sich häufig als taktisch gut geeigneter **Kompromissvorschlag**, wenn ein Mieter eine Bankbürgschaft aus Kostengründen vermeiden möchte. Bevor ein Vermieter in einem solchen Fall erwägt, auf die Sicherheit ganz zu verzichten, sollte er in jedem Fall zunächst überlegen, ob nicht eine Patronatserklärung, die für den Mieter keine Kosten verursacht, passend sein könnte. Wesentliche Voraussetzungen dafür sind aus Vermietersicht insbesondere:
- hinreichende Bonität der Muttergesellschaft,
- Ausgestaltung als „harte" Patronatserklärung.

121 Patronatserklärungen eignen sich zudem gut zur Kombination mit anderen Sicherheiten. Erwägenswert kann beispielweise die Kombination mit einer Bürgschaft sein. Durch diese Art der Kumulation kann der über die Bürgschaft abzusichernde Betrag gesenkt werden.[132]

122 Bei der Vereinbarung einer (harten) Patronatserklärung sollten folgende Punkte beachtet werden:

Checkliste
- Auf Wortlaut achten, dass eine rechtsverbindliche Verpflichtung eingegangen werden soll.
- Diese soll bestehen bleiben auch bei Veränderungen von Gesellschaftsanteilen der Muttergesellschaft als Sicherungsgeberin an der Tochtergesellschaft.
- Bestimmtheit des Sicherungszwecks (z.B.: „alle Verpflichtungen aus dem zwischen ... und ... geschlossenen Mietvertrag vom ...").
- Abzugeben gegenüber dem und zu adressieren an den Vermieter (ansonsten Gefahr, dass als „echter Vertrag zugunsten Dritter" weitere Voraussetzungen geprüft werden müssten).[133]

130 OLG Brandenburg, Urt. v. 19.9.2007 – 3 U 129/06 – BeckRS 2008, 837.
131 *Maier-Reimer/Etzbach*, NJW 2011, 1110.
132 *Bomhard/Haase*, BB 2010, 2651.
133 Lindner-Figura/Oprée/Stellmann/*Moeser*, Kap. 12 Rn 174.

Wird die Beteiligung an der Tochtergesellschaft aufgegeben, so ist die harte Patronatserklärung nach Sinn und Zweck dahingehend auszulegen, dass eine stillschweigende Garantie mit sinngemäß gleichem Inhalt für die Erfüllbarkeit der Verpflichtungen übernommen wird. Dies gilt auch für den Fall, dass die Tochtergesellschaft verkauft oder die Beteiligung anderweitig aufgegeben wird.[134] In allen derartigen Fällen stellt sich aber die Frage, ob und per wann die Patronatserklärung bzw. nach der Änderung die Garantie möglicherweise kündbar sein kann. Die Antwort auf diese Frage wird ebenso wie die möglichen Konsequenzen für das Mietverhältnis regelmäßig stark einzelfallabhängig sein. 123

Grundsätzlich ist eine **Kündigung** einer harten Patronatserklärung, bei der sich ein Patron entweder gegenüber der Konzerntochtergesellschaft oder extern gegenüber einem Gläubiger dieser Gesellschaft rechtsverbindlich zur finanziellen Absicherung verpflichtet hat, **möglich.**[135] Dies gilt allerdings, wenn überhaupt, mit Wirkung ex nunc. Wenn man eine solche Möglichkeit unter bestimmten Voraussetzungen bejaht, muss man allerdings dem Vermieter zugleich erhebliche Reaktionsmöglichkeiten in Bezug auf das Mietverhältnis zubilligen. Dies gilt insbesondere für die Möglichkeit zur vorzeitigen Kündigung. 124

5. Sonstige vertragliche Sicherheiten

In diesem Abschnitt werden weitere Sicherheiten zusammengefasst behandelt, die auch zum Katalog des § 232 BGB gehören oder von der Praxis entwickelt worden sind und deshalb ebenfalls als Möglichkeit zur Absicherung im Rahmen eines Mietverhältnisses in Betracht kommen, die aber gleichwohl erfahrungsgemäß eher seltener zum Einsatz kommen. 125

a) Verpfändung von Wertpapieren

Sicherheiten können auch in Form der Verpfändung von Wertpapieren erbracht werden. Dabei handelt es sich um eine Verpfändung, die im Mietvertrag schuldrechtlich zu vereinbaren ist; sie ist sodann dinglich zu vollziehen und dem Führer des Wertpapierdepots anzuzeigen. Sie geschieht durch Einigung und Übergabe gem. §§ 1293, 1205 BGB. Insoweit unterscheidet sich die Wertpapierverpfändung nicht von der Verpfändung eines Sparkontos. Die Verwertung kann durch Verkauf der Wertpapiere erfolgen. 126

Grundsätzlich ist diese Art der Verpfändung aber insbesondere bei längerfristigen Mietverhältnissen nicht zu empfehlen, da durch Kursschwankungen der Wert- 127

134 *Wittig*, WM 2003, 1981.

135 BGH, Urt. v. 20.9.2010 – II ZR 296/08 – BGHZ 187, 69: Den Fall betreffend, dass die Patronatserklärung nur für einen bestimmten Zeitraum gilt.

papiere schnell ein Ungleichgewicht entstehen kann. Wenn man zu dem Mittel einer solchen Sicherheit greift, sollte dies mit für derartige Konstellationen konkret passenden individuellen Absprachen unterfüttert werden. Insbesondere sollte dann geregelt werden, was zu geschehen hat (oder ggf. auch gerade nicht), wenn der Kurs der Wertpapiere sinkt und sich dadurch der Wert der Sicherheit verringert.

b) Verlustübernahmevertrag

128 Eine mögliche Sicherheit kann auch ein Ergebnisabführungs- und Verlustübernahmevertrag zwischen Muttergesellschaft und Tochtergesellschaft bilden. Eine solche Vereinbarung ist dann, wenn sich die Muttergesellschaft hierzu gegenüber dem Vermieter verpflichtet, wirtschaftlich mit einer Patronatserklärung vergleichbar.[136]

129 Die Pflicht der Muttergesellschaft zur Übernahme von Verlusten bedeutet zugleich den wichtigen Vorteil für den Vermieter, dass letztlich auch die Muttergesellschaft des Mieters für Schulden aus dem Mietverhältnis haftet, da diese mit dem Verlustübernahmevertrag den **Schutz des Kapitals des Mieters** sichert. Wegen der vergleichbaren Sachlage sei an dieser Stelle ergänzend auf die Ausführungen zur Patronatserklärung Bezug genommen.

130 Anzumerken ist, dass ein Verlustübernahmevertrag aus der Sicht der Muttergesellschaft weniger erstrebenswert[137] ist als eine Patronatserklärung, weil er in der Regel weitergehend ist. Ein Verlustübernahmevertrag bezieht sich meist auf sämtliche Verbindlichkeiten der Tochtergesellschaft, während eine Patronatserklärung zunächst einmal nur das direkte Verhältnis mit dem daraus Begünstigten,[138] also dem konkreten Sicherungsfall regelt, nicht dagegen weitere möglicherweise verlustbringende Verbindlichkeiten der Tochtergesellschaft.

c) Schuldversprechen

131 Als ein weiteres Sicherungsmittel des Vermieters kommt ein **selbstständiges (abstraktes) Schuldversprechen (§ 780 BGB)** des Mieters über die Miete, ggf. auch verbunden mit einer Zwangsvollstreckungsunterwerfung (§ 794 Abs. 1 Nr. 5 ZPO) in Betracht. Der Mieter verpflichtet sich dabei „abstrakt“, d.h. zwar auf der Grundlage der mietvertraglichen Regelungen, gleichwohl aber rechtlich entkoppelt davon, die Mietsumme zu zahlen. Ein solches Vorgehen ist für den Vermieter vorteilhaft, weil es eine für ihn günstige Beweislastumkehr bewirkt. Die Durchsetzung der Ansprüche des Vermieters wird wesentlich erleichtert, da der Mieter Zahlungsforderungen aus dem abstrakten Schuldversprechen zunächst keine Einreden entgegenhalten

---

136 Lindner-Figura/Oprée/Stellmann/*Moeser*, Kap. 12 Rn 199.
137 MüKo-AktG/*Altmeppen*, § 292 Rn 72.
138 BeckOGK/*Heinig*, § 414 Rn 130.

kann. Des Weiteren kann hierdurch eine auf dieser Grundlage abgegebene Bürgschaft wesentlich verstärkt werden, weil diese dann ja auch das abstrakte Versprechen deckt, sofern sie so weit formuliert ist.[139]

In der Praxis kommt eine formulargemäße Abgabe im Bereich der Gewerberaumimmobilien und Immobilienfinanzierung des Schuldversprechens durchaus vor, von üblich zu sprechen, wäre wohl etwas zu viel. 132

d) Schuldübernahme/Schuldbeitritt eines Dritten

Hierbei erweitert sich für den Vermieter der Kreis von Personen, an die er sich bei möglichen Ansprüchen wenden kann, indem der **Sicherungsgeber als weiterer Schuldner** in das Mietverhältnis eintritt. Im Gegensatz zu der Systematik anderer Sicherheiten, bei denen mit dem Dritten meist ein eigenes und anderes Rechtsverhältnis begründet wird (Beispiel Bürgschaft), entsteht hier ein Gesamtschuldverhältnis mit Mieter und Sicherungsgeber als gemeinsame (Gesamt-)Schuldner. Trotz dieses Verhältnisses bleibt der Dritte allerdings „nur“ Sicherungsgeber und wird kein (zweiter) Mieter der Mietsache, es sei denn, dies würde konkret vereinbart. 133

6. Kumulation von Sicherheiten

Es liegt auf der Hand, dass man auch erwägen kann, mehrere Sicherheiten miteinander zu verbinden und damit zu kumulieren. Dabei ergeben sich einige besondere Fragestellungen. 134

a) Möglichkeiten der Kumulation

Grundsätzlich können alle Arten von Sicherheiten miteinander kombiniert werden, wobei bestimmte Kombinationen rein praktisch eher weniger sinnvoll zusammenpassen (Warum sollte man beispielsweise eine selbstständige Garantie noch mit einer Bürgschaft derselben Sicherungsgeberin untermauern?). Interessant kann eine Kombination insbesondere dann sein, wenn zwei Sicherheiten von verschiedenen Sicherungsgebern gestellt werden. So kann beispielsweise eine Bankbürgschaft durchaus sinnvoll mit einer Patronatserklärung der Muttergesellschaft des Mieters verbunden werden. Eine Kumulation von Sicherheiten kann insbesondere auf einer Risikobewertung basieren, die Vor- und Nachteile des Vermieters und dessen Sicherungsinteressen berücksichtigt. 135

Denkbar ist beispielsweise auch die Kombination einer Kaution mir einer zusätzlichen Bürgschaft, was als zulässig erachtet wird.[140] 136

---

139 BGH DNotZ 1976, 364.
140 OLG Brandenburg, Beschl. v. 4.9.2006 – 3 U 78/06 – MDR 2007, 515.

b) Grenzen

137 Im Wohnraummietrecht findet eine Begrenzung der Sicherheit durch die limitierende Regelung des § 551 BGB (insbesondere maximal drei Monatsmieten) statt. Aus der Tatsache, dass es eine vergleichbare Regelung für den Bereich der gewerblichen Vermietung nicht gibt, muss man folgern, dass deutlicher abweichende Vereinbarungen bei der Gewerberaummiete möglich sind. Diese sind auch üblich, zumal die Sicherungsinteressen des Vermieters in der Regel hier auch wirtschaftlich bedeutender zu bewerten sind.

138 Die möglichen Kombinationen von Sicherheiten und ihre **rechtlichen Grenzen** sind **einzelfallabhängig** zu beurteilen. Dabei kann jedoch vergleichend die bankenrechtliche Rechtsprechung zum Thema der Übersicherung herangezogen werden. Gesetzlicher Anknüpfungspunkt sind § 138 BGB und eine AGB-rechtliche Kontrolle über § 307 BGB.[141] In besonderen Fällen ist auch die Annahme einer sittenwidrigen **Übersicherung** durch die Kumulation von Sicherheiten denkbar.[142]

139 Die Rechtsprechung unterscheidet zwischen der anfänglichen und nachträglichen Übersicherung. Entscheidend bei der Kumulation ist die anfängliche Übersicherung durch das Stellen der Sicherheiten. Eine nachträglich eintretende Übersicherung erscheint im Mietrecht nur in Ausnahmenfällen denkbar, beispielsweise bei nennenswerter, nachhaltiger und berechtigter Minderung der Miete.

140 Bei der anfänglichen Übersicherung hat die Rechtsprechung im Bankrecht bei der Übersicherung von Darlehensverträgen eine Sittenwidrigkeit bei einer **Überdeckung von 110%** des zu sichernden Betrages angenommen, insbesondere wenn die Sicherheit sich auf Sicherungseigentum stützt.[143] Dabei wird jedoch ein genauer Richtwert aufgrund divergierender Rechtsprechung nicht vorgegeben. Bei einer nachträglichen Übersicherung wird häufig von einem **Grenzwert von über 150%** ausgegangen. Zu berücksichtigen ist, dass der Kreditnehmer dabei jedoch einen Freigabeanspruch bezüglich des übersicherten Teiles hat.[144]

141 Sicherlich lassen sich diese Werte nicht auf die mietrechtlichen Besonderheiten übertragen, sie können jedoch als grobe Orientierungshilfe dienen. Die gesetzlichen Anknüpfungspunkte bleiben dabei §§ 138, 134 und 242 BGB.

142 Es ist zu beachten, dass Darlehenssummen und die damit verbundenen Grenzen für Sicherheiten nicht ohne Weiteres deckungsgleich sind mit zu sichernden Mietbeträgen. Dies bedeutet, dass man nicht ohne Weiteres davon ausgehen kann, dass die genannten Prozentsätze auf Mietsicherheiten einfach übertragbar sind. Man wird im Einzelfall überlegen müssen, ob man das dahinterstehende Prinzip möglicherweise konkret anwenden kann. Eine Alternativüberlegung kann eine Be-

---

141 BeckOK-BGB/*Rohe*, § 398 Rn 18.
142 Vgl. MüKo-BGB/*Armbrüster*, § 138 Rn 101.
143 MüKo-BGB/*Oechsler*, Anhang zu §§ 929–936 Rn 31.
144 WM 2001, 1; MüKo-BGB/*Armbrüster*, § 138 Rn 101.

ziehung zwischen der Höhe der Sicherheit und der Mietsumme sein. Auch im gewerblichen Bereich ist es schwer vorstellbar, dass eine Kombination verschiedener Sicherheiten insgesamt den Betrag einer Jahresmiete übersteigen sollte. Eine sachgerechte Grenzziehung wird aber letztlich einer Frage des jeweiligen Einzelfalles bleiben.

Eine Kautionsvereinbarung kann im Übrigen nicht wegen Wuchers nach § 138 Abs. 2 BGB nichtig sein, da nur Vertragsvereinbarungen, die auf einen Leistungsaustausch abzielen, wucherisch sein können.[145] Eine Kaution ist in diesem Sinne kein Austausch, sondern als Sicherheit „einseitig" gestellt. Insoweit kann, insbesondere bei Kumulation, lediglich der Tatbestand der Übersicherung eingreifen.[146] Die dogmatische Frage, ob Wucher mit Blick auf die „einseitige" Struktur der Sicherheit nicht eingreifen kann, kann letztlich dahingestellt bleiben, weil die Einordnung unter dem Stichwort Übersicherung zu praktisch vergleichbaren Ergebnissen führt. 143

Praxistipp !

Die Kumulation von verschiedenen Sicherheiten kann aus der Sicht des Vermieters durchaus sinnvoll sein. Man sollte hier aber stets überlegen, in welchem Maß dies wirklich notwendig ist, um der Gefahr einer unzulässigen Übersicherung entgegenzuwirken. Liegt eine Übersicherung vor, wird man im Zweifel die betreffenden Sicherheiten ganz oder zumindest teilweise nicht ziehen können. Der damit verbundene Nachteil kann größer sein als der vorherige Verzicht auf eine besonders große Zahl von Sicherheiten.

7. Insolvenz des Mieters

Lediglich kursorisch eingegangen werden soll an dieser Stelle auf die Fragestellung, wie sich eine Insolvenz des Mieters auf die verschiedenen Formen von Sicherheiten auswirkt. Von Bedeutung ist in diesem Zusammenhang zum einen die genaue Ausgestaltung der Sicherheit und zum anderen die Frage, ob diese durch einen Dritten gestellt wird. Im Einzelnen gilt Folgendes: 144

a) Kaution

Diese bietet guten Insolvenzschutz, da sie sich bereits in der Hand des Vermieters befindet. In der Insolvenz hat der Vermieter ein **Aussonderungsrecht** bezüglich der Mietsache.[147] Der Vermieter kann mit seinen Forderungen aus dem Mietverhältnis 145

145 OLG Brandenburg, Beschl. v. 27.9.2006 – 3 U 78/06 – NJW-RR 2007, 670; BeckOK-BGB/*Wendtland*, § 138 Rn 43.

146 Vgl. MüKo-BGB/*Armbrüster*, § 138 Rn 147.

147 Schmidt-Futterer/*Streyl*, § 546 BGB Rn 69.

mit dem Rückzahlungsanspruch des Mieters bezüglich der Kaution aufrechnen.[148] Als Interessenausgleich hat der Mieter bei einer Insolvenz des Vermieters ein Aussonderungsrecht nach § 47 InsO.[149] Dabei ist jedoch zu beachten, dass das Aussonderungsrecht nur besteht, soweit die Kaution getrennt vom übrigen Vermögen des Vermieters angelegt ist.[150]

b) Bürgschaft

146 Diese bietet guten Insolvenzschutz, da sie durch einen Dritten gestellt wird.

c) Selbstständige Garantie

147 Diese bietet ebenfalls guten Insolvenzschutz, da sie durch einen Dritten gestellt wird.

d) Patronatserklärung

148 Hier hat der Dritte zwar einen Bezug zum Mieter (Muttergesellschaft), bleibt aber juristisch eine andere Person. Sofern eine Insolvenz des Mieters nicht auf die Muttergesellschaft im Einzelfall „durchschlägt", bietet die Patronatserklärung dementsprechend ebenfalls guten Insolvenzschutz.

e) Verpfändung von Wertpapieren

149 Aus der Sicht des Insolvenzschutzes ist dies auch eine gute Lösung, da hier ähnlich wie bei der Kaution und beim Kautionssparbuch eine direkte Zugriffsmöglichkeit des Vermieters besteht. Dabei muss dem Vermieter wirksam nach § 1205 BGB ein Pfandrecht an Inhaberpapieren nach § 1293 BGB bestellt worden sein. Dies setzt eine Einigung über die Entstehung des Pfandrechtes und die Übergabe der Inhaberpapiere voraus.[151]

f) Verlustübernahmevertrag

150 Da ein Verlustübernahmevertrag eine ähnliche Wirkung wie eine Patronatserklärung hat, gelten die Ausführungen oben unter d) sinngemäß.

---

148 NZM 2008, 585.
149 *Wetekamp*, Rn 88; BGH NJW 2008, 1152.
150 Uhlenbruck/*Brinkmann*, Rn 47; BGH, Urt. v. 20.12.2007 – IX ZR 132/06 – NJW 2008, 1152.
151 Schmidt-Futterer/*Blank*, § 551 BGB Rn 47.

g) Schuldversprechen

Ein selbstständiges Schuldversprechen des Mieters hilft als Insolvenzschutz nicht. 151
Ein selbstständiges Schuldversprechen des Mieters beinhaltet weder die Hinzunahme eines weiteren Haftungssubjektes noch die Begebung einer konkreten (weiteren) Sicherheit in die Hand des Vermieters.

h) Schuldübernahme/Schuldbeitritt eines Dritten

Hier gilt wiederrum, dass die Hinzunahme eines Dritten unter dem Aspekt des In- 152
solvenzschutzes vorteilhaft ist.

III. Gesetzliche Sicherheiten/Vermieterpfandrecht

Zu der oben gemachten Feststellung, dass der Mieter nach dem Gesetz nicht zur 153
Erbringung einer Sicherheit verpflichtet ist, steht es nicht im Widerspruch, dass das Gesetz gleichwohl in gewissem Umfang bereits selbst Mechanismen enthält, die der Sicherung des Vermieters dienen. Klassisches Beispiel für einen solchen Mechanismus ist das Vermieterpfandrecht. Solche Sicherungsmittel, die das Gesetz gleichsam „automatisch" zur Verfügung stellt, unterscheiden sich naturgemäß durch genau diese Eigenschaft von anderen Sicherheiten. Ihre Geltung bedarf nicht einer Abrede zwischen den Parteien, kann aber durch eine solche Abrede vertraglich eingeschränkt, ausgeschlossen oder in gewissen Umfang auch erweitert werden.

Bereits zuvor wurde auch erwähnt, dass diese **gesetzlichen Sicherheiten** 154
kaufmännisch nur eine eher **untergeordnete Rolle** spielen. Gleichwohl können auch diese Sicherheiten natürlich im Einzelfall doch von Bedeutung sein.

Speziell das ja konkret dem Mietrecht zuzuordnende Vermieterpfandrecht, gere- 155
gelt in §§ 578 Abs. 2, Abs. 1 BGB i.V.m. § 562 BGB, ist, obwohl es als dingliches Sicherungsmittel mit Wirkung gegenüber jedermann ausgestattet ist (vgl. §§ 985, 1004, 1227 BGB), in der Gewerberaummiete von eher untergeordneter Relevanz, da es aufgrund faktisch eingeschränkter Zugriffsmöglichkeiten an Bedeutung verloren hat.[152] Außerdem führt es wirtschaftlich gesehen aufgrund der nicht einfachen Pfandverwertung selten zur gewünschten Befriedigung der Sicherungsansprüche des Vermieters.[153]

Im Unterschied zu den vertraglich eingeräumten Vermietersicherheiten entsteht 156
das Vermieterpfandrecht von Gesetzes wegen mit Abschluss des Mietvertrages und durch das Einbringen von Sachen, die im Eigentum des Mieters stehen.[154] Als eingebracht gelten die Sachen des Mieters, die mit dessen Willen nicht nur vorüberge-

152 Bub/Treier/*von der Osten*, III.A Rn 1982.
153 *Blank/Börstinghaus*, § 562 BGB Rn 3.
154 *Blank/Börstinghaus*, § 562 BGB Rn 9.

hend während der Mietzeit in die Mieträume hineingeschafft worden bzw. dort hergestellt worden sind.[155] Nicht eingebracht sind nur vorübergehend in das Mietobjekt verschaffte Sachen, insbesondere solche, die mit dem bestimmungsgemäßen Gebrauch der verschafften Sache nichts zu tun haben.

157 Pfandgläubiger ist der jeweilige Vermieter, bei der Untermiete also der Untervermieter, wohingegen der Eigentümer gegenüber dem Untermieter kein Pfandrecht hat.[156]

1. Umfang

158 Das Vermieterpfandrecht umfasst lediglich **körperliche Gegenstände**, nicht aber Forderungen und Rechte des Mieters. Zu den Gegenständen gehören auch Geld und Wertpapiere (nur Inhaberpapiere) sowie Waren aus einem zum Verkauf stehenden Warenlager,[157] nicht aber der täglich wechselnde Geldbestand der Tageskasse.[158] Dabei muss der Vermieter das Eigentum (des Mieters) beweisen und kann sich hierzu auf die Eigentumsvermutung der §§ 1006, 1362 BGB berufen. Ausgenommen sind unpfändbare Sachen gem. §§ 811, 812 ZPO. Für Sachen, die dauerhaft vom Grundstück entfernt werden, erlischt das Pfandrecht, sofern die Entfernung nicht „ohne Wissen" oder „unter Widerspruch des Vermieters" stattgefunden hat.

159 Hat der Mieter ein Anwartschaftsrecht an einem Gegenstand, erfasst das Vermieterpfandrecht zunächst nur dieses Recht und wird aufgewertet, sobald der Mieter durch Zahlung des Kaufpreises das Volleigentum erwirbt.[159]

160 Das Vermieterpfandrecht besteht für die aus dem Wesen des Mietvertrages begründeten Forderungen des Vermieters aus dem Mietverhältnis.[160]

161 Für das Vermieterpfandrecht besteht heutzutage sehr häufig das rein praktische Problem, dass es oft leerläuft, weil Gegenstände im Mietobjekt im Eigentum Dritter und nicht des Mieters stehen und deshalb dem **Pfandrecht nicht unterfallen**. Das wohl häufigste Beispiel für diese Konstellation sind **unter Eigentumsvorbehalt gelieferte Waren**. Auch **geleaste Ausstattungsgegenstände** stellen hier ein Problem dar.

162 Grundsätzlich erstreckt sich das Vermieterpfandrecht auch auf Anwartschaftsrechte des Mieters an den seinerseits gesicherten Gegenständen. Mit der Befriedigung des Sicherungsebers (Vorbehaltsverkäufers) setzt sich das Pfandrecht an der Sache selbst fort. Der Vermieter ist berechtigt, auch gegen den Widerspruch des Ver-

---

155 Staudinger/*Emmerich*, § 562 Rn 10; *Wolf/Eckert/Ball*, Rn 750.
156 *Blank/Börstinghaus*, § 562 BGB Rn 4.
157 BGH, Urt. v. 4.12.2003 – IX ZR 222/02 – NJW-RR 2004, 772.
158 OLG Braunschweig, Beschl. v. 27.11.1979 – 2 U 175/79 – MDR 1980, 403.
159 BGH, Urt. v. 31.5.1965 – VIII ZR 302/63 – NJW 1965, 1475.
160 BGH, Urt. v. 6.12.1972 – VIII ZR 179/71 – NJW 73, 238.

mieters den Sicherungsgeber zu befriedigen.[161] Dies macht insbesondere dann Sinn, wenn der Gegenstand einen hohen Versteigerungserlös zu erwarten hat und die Ablösesumme relativ gering ist.

Dies gilt jedoch nicht, wenn der Mieter schon vor der Einbringung in die Mietsa- 163
che den Gegenstand mit einem Recht eines Dritten belastet hat.[162]

Problematisch sind insbesondere die Fälle, in denen das Vermieterpfandrecht 164
im Verhältnis zum Recht des Dritten gleichzeitig entsteht. Solche Konstellationen umfassen **Raumsicherungsverträge**, dabei werden die in das angemietete Warenlager eingebrachte Waren gleichzeitig für den Vermieter und für die Bank als Sicherheit gestellt. Der BGH lässt zum Schutze vor der Aushöhlung dessen das Vermieterpfandrecht vorgehen. Dabei ist nach dem **Prioritätsgrundsatz** der Sicherung nicht auf die Stellung dieser, sondern auf die Begründung des vertraglichen oder gesetzlichen Anspruches abzustellen. Dieser liegt in dem Mietvertrag, da dieser in der Regel vor dem Sicherungsvertrag mit der Bank geschlossen wird.[163]

Bei einer Veräußerung der verpfändeten Sache oder des Anwartschaftsrechts 165
setzt sich das Pfandrecht an diesem fort, dabei ist ein gutgläubiger Erwerb nach §§ 929, 932, 936 Abs. 1 BGB möglich. Fallen Pfandrecht und Eigentum zusammen, so erlischt das Pfandrecht (Konsolidation). Gleiches gilt, wenn dem Erwerber der Sache der Anspruch vom Vermieter gegen den Mieter abgetreten wird (Kollision).[164]

2. Verwertung

Der Vermieter darf von seinem Pfandrecht Gebrauch machen, um folgende Forde- 166
rungen auszugleichen:
- Miete, aber nur für das laufende oder folgende Geschäftsjahr,[165]
- Nutzungsentschädigung nach beendetem Mietverhältnis,
- Betriebskosten,[166]
- Nachzahlungen aus der Betriebskostenabrechnung,
- Schadensersatzansprüche wegen Verletzung von Vertragspflichten,[167]
- Kosten der Kündigung und der Rechtsverfolgung,
- Vertragsstrafen,

---

161 MüKo-BGB/*Artz*, § 562 Rn 16.
162 BeckOGK/*Reuschle*, § 562 Rn 22; MüKo-BGB/*Artz*, § 562 Rn 17.
163 MüKo-BGB/*Artz*, § 562 Rn 18.
164 MüKo-BGB/*Artz*, § 562 Rn 19.
165 BeckOGK/*Reuschle*, § 562 Rn 16; *Blank*/*Börstinghaus*, § 562 BGB Rn 22 f.; HK-BGB/*Ebert*, § 562 Rn 3; Zweck der Begrenzung ist der Schutz des Mieters vor einer Übersicherung des Vermieters.
166 BeckOGK/*Reuschle*, § 562 Rn 11.
167 BeckOGK/*Reuschle*, § 562 Rn 11.

– Ansprüche nach § 562b BGB auf Herausgabe von dem Pfandrecht unterliegenden Gegenständen.

167 Die Verwertung des Pfandes geschieht grundsätzlich durch öffentliche Versteigerung nach § 1235 BGB. Abweichende Vereinbarungen sind jedoch in den gesetzlichen Grenzen möglich (s.u.).

3. Einstweiliger Rechtsschutz

168 Ist zu befürchten, dass der Gewerberaummieter das gesetzliche Vermieterpfandrecht umgehen oder missachten will, indem er beispielsweise Vorbereitungen für den Abtransport von Waren aus dem vermieteten Lager oder Abtransport von Inventar trifft, so kann der Vermieter schnelle Maßnahmen durch einstweiligen Rechtsschutz ergreifen. Dazu ist es erforderlich, eine einstweilige Verfügung auf Unterlassen der vorbereitenden oder bestehenden Handlungen einzulegen.[168] Bei einem entsprechenden Verfügungsantrag sind die Anforderungen an die Glaubhaftmachung sowie Bestimmtheit nicht zu hoch zu stellen, da der Vermieter in der Regel keine detaillierte Kenntnis von der dem Vermieterpfandrecht unterliegenden Sachen, Gegenstände und Waren des Mieters hat.[169] Darüber hinaus hat der Vermieter ggf. gegen den Mieter einen Auskunftsanspruch bei Unkenntnis über Art und Anzahl der beweglichen Sachen, den er im Wege einer Stufenklage geltend machen kann.[170] Dies hindert gleichzeitig das Erlöschen des Pfandrechts.[171]

4. Verhinderung des Entfernens von Gegenständen

169 Insbesondere im Kontext des Vermieterpfandrechts stellt sich unter mehreren Aspekten die Frage, inwieweit der Vermieter zu bestimmten Mitteln der **Selbsthilfe** greifen darf.

170 Der Wert des Vermieterpfandrechts wird durch das Selbsthilferecht des Vermieters gesichert. Er darf nach § 562b BGB die Entfernung eingebrachter Sachen verhindern. Voraussetzung ist, dass die Entfernung im Gange ist. Eigenmächtige Maßnahmen zur vorsorglichen Verhinderung sind daher **unerlaubt**. Ebenso wenig genügt die Absicht des Mieters, die Sachen zu entfernen oder Verhandlungen des Mieters über den Verkauf eingebrachter Sachen. Der Vermieter hat insoweit nach dem Gesetz tatsächlich in gewissem Umfang die Möglichkeit zur Selbsthilfe. Über-

168 *Gerber/Eckert*, Kap. VIII Rn 328; Lindner-Figura/Oprée/Stellmann/*Moeser*, Kap. 12 Rn 254.
169 OLG Hamm, Beschl. v. 22.3.1999 – 30 W 25/99 – MDR 2000, 386.
170 OLG Brandenburg, Beschl. v. 18.7.2007 – 3 W 20/07 – GuT 2007, 302.
171 OLG Rostock, Urt. v. 13.4.2004 – 3 U 68/04 – NZM 2005, 440.

dies stehen ihm natürlich die bereits erwähnten Möglichkeiten zur Verfügung, die Entfernung von Gegenständen mit einer einstweiligen Verfügung zu verhindern.

Neben den gesetzlich geregelten Rechten des Vermieters aus § 562b BGB wird zusätzlich diskutiert, ob noch weitergehende Möglichkeiten zum Schutz des Vermieters bestehen, beispielsweise aus dem allgemeinen **Beseitigungs- und Unterlassungsanspruch** aus § 1004 BGB. Grundsätzlich handelt es sich schon bei § 562b BGB um eine Regelung mit Ausnahmecharakter, sodass bereits dafür der Verhältnismäßigkeitsgrundsatz zu beachten ist. Daraus folgt nicht, dass der Vermieter nicht im Einzelfall auch Rechte aus § 1004 BGB geltend machen könnte. Keinesfalls darf er jedoch mehr Sachen oder Rechte des Mieters in Anspruch nehmen als nötig und er hat stets das schonendste Mittel auszuwählen.[172] 171

5. Eigenhändiger Verkauf

In der Praxis stellt sich oft die Frage, inwieweit der Vermieter zum „eigenhändigen Verkauf" der dem Vermieterpfandrecht unterfallenden Gegenstände befugt ist. Darunter versteht man die direkte Verwertung des Vermieterpfandrechts, sprich den Verkauf der pfandrechtsbelasteten Gegenstände durch den Vermieter selbst. Nach §§ 1257, 1235 Abs. 1 BGB steht dem Vermieter die Verwertung des Pfandrechts nur insoweit zu, dass der Verkauf im Wege der **öffentlichen Versteigerung** zu bewirken ist. Erfolgt der Verkauf nicht durch öffentliche Versteigerung, so ist die Veräußerung im Normalfall unrechtmäßig, sodass das Pfandrecht an der Sache nach § 1243 Abs. 1 BGB bestehen bleibt.[173] 172

Auch ein gutgläubiger Erwerb scheidet nach § 1244 Hs. 2 BGB aus. Ein **freihändiger Verkauf** ist jedoch nach § 1235 Abs. 2 BGB bei Waren mit einem Börsen- oder Markpreis nach § 1221 BGB möglich. 173

Sind die Voraussetzungen des § 1235 Abs. 2 BGB nicht erfüllt, so erlaubt der Gesetzgeber nach § 1245 BGB und § 1246 BGB eine abweichende Regelung. § 1246 BGB begründet dabei einen persönlichen Anspruch der am Pfandverkauf Beteiligten auf eine von den gesetzlichen Bestimmungen **abweichende Pfandverkaufsart**.[174] Dabei sind jedoch die Interessen der Beteiligten angemessen zu berücksichtigen. 174

Die entsprechenden abweichenden Vereinbarungen sind grundsätzlich zwischen Pfandgläubiger und Eigentümer zu treffen. Sie sind formfrei.[175] Dabei können die Parteien eine Erschwerung des Pfandverkaufes und Erleichterung wie z.B. den Freiverkauf regeln.[176] 175

172 Vgl. Staudinger/*Emmerich*, § 562b Rn 4.
173 BeckOGK/*Förster*, § 1243 Rn 1.
174 Vgl. Staudinger/*Wiegand*, § 1246 Rn 1.
175 Vgl. Palandt/*Bassenge*, § 1245 Rn 1.
176 Vgl. Palandt/*Bassenge*, § 1245 Rn 1.

176 Möglich ist es jedoch nach Fristsetzung, die Gegenstände durch den Vermieter selbst entfernen zu lassen, ohne dass das Pfandrecht an den Dingen erlischt.[177]

177 Es empfiehlt sich daher aufgrund der obigen Ausführungen eine Vereinbarung zum Freihandverkauf in den Mietvertrag aufzunehmen, um dem Vermieter die Realisierung der Sicherheit zu erleichtern.

6. Vermieterpfandrecht in der Insolvenz des Mieters

178 Dem Gläubiger steht bei der Insolvenz des Mieters im Gegensatz zu anderen Sicherheiten bei dem gesetzlichen Vermieterpfandrecht (als besitzloses Pfandrecht oder **sog. Faustpfandrecht**) ein **Aussonderungsrech**t nach § 50 Abs. 2 InsO zu, welches sich am Erlös fortsetzt.[178] Somit ist der Inhaber des Vermieterpfandrechts gegenüber den anderen Gläubigern des insolventen Mieters privilegiert.

179 Es empfiehlt sich, zügig nach Stellung des Insolvenzantrages das Vermieterpfandrecht dem Insolvenzverwalter anzuzeigen und auf eine Auflistung und Katalogisierung der dem Pfandrecht unterliegenden Gegenstände zu drängen, um eventuellen Streitigkeiten vorzubeugen.[179]

IV. Sicherungsmittel im weiteren Sinne

180 Zur Vollständigkeit des Überblicks über vermieterseitige Sicherungsmöglichkeiten gehören noch einige weitere Facetten, die an dieser Stelle kurz angesprochen werden sollen. Die Auflistung greift dabei bewusst nur einige wesentliche Aspekte auf und ist durchaus nicht unbedingt vollständig. Die nachfolgenden Fragen werden hier angesprochen, auch wenn es dabei nicht ausschließlich um Sicherheiten im engeren Sinne für den Vermieter geht.

1. Notarielle Räumungsurkunde

181 Um den Vermieter eine möglichst umfangreiche Verfügungsbefugnis über den Mietgegenstand zu gewährleisten, kann eine **Unterwerfungserklärung** des Mieters unter die **sofortige Zwangsvollstreckung** in notarieller Urkunde erwogen werden.[180] Dabei unterwirft der Mieter sich der zwangsweisen Räumung des vermieteten Gegenstandes unabhängig von einem gerichtlichen Verfahren.

177 OLG Stuttgart, Urt. v. 10.4.2008 – 13 U 138/07 – BeckRS 2008, 10979.
178 Vgl. MüKo-BGB/*Artz*, § 562 Rn 5.
179 *Tetzlaff*, NZI 2006, 87.
180 *Moeser*, NZM 2004, 769; *Groh*, NZM 1999, 698.

Die Unterwerfungserklärung muss aufgrund der gewollten Vollstreckbarkeit **notariell beurkundet** werden, § 794 Abs. 1 Nr. 5 ZPO, §§ 6ff. BeurkG.[181] Bei der Ausgestaltung der Unterwerfungsurkunde bedarf es einer genauen Bezeichnung, unter welchen Voraussetzungen der Vermieter die Zwangsvollstreckung einleiten darf.[182] Der Anspruch des Vermieters ist dabei genau zu bezeichnen.[183] Weiterhin muss die Erklärung ausdrücklich erfolgen.[184] 182

Die Unterwerfungserklärung kann grundsätzlich mit **Vollstreckungsbedingungen** versehen werden. Bei materiell-rechtlicher Abhängigkeit greift § 139 BGB jedoch nicht, vielmehr ist die Erklärung aufgrund ihrer einseitigen Gestalt abstrakt,[185] sprich: die Wirksamkeit von der Unterwerfungsurkunde und die materiell-rechtlichen Ansprüche sind getrennt zu betrachten.[186] Die Divergenz zwischen Unterwerfungserklärung und materieller Rechtslage muss der Mieter im Wege der Vollstreckungsgegenklage nach §§ 795, 767, 797 IV ZPO geltend machen. 183

Es ist dabei zu beachten, dass eine Unterwerfungserklärung **zum Zeitpunkt des Mietvertragsschlusses nicht zulässig** sein dürfte. Der Vermieter erlangt bei erfolgter Unterwerfung unabhängig von den gesetzlichen Kündigungsvorschriften einen sofortigen Anspruch auf Räumung. Dies widerspricht zum einen der detaillierten gesetzlichen Regelung und dürfte sowohl nach § 242 BGB als auch bei einer Vereinbarung in den AGB nach § 307 BGB unwirksam sein. Es erscheint nicht sachgerecht, den Mieter lediglich auf den Rechtsbehelf der Vollstreckungsabwehrklage nach § 795, 767, 797 IV ZPO zu verweisen. 184

Voraussetzung für eine wirksame Vereinbarung ist vielmehr in aller Regel, dass eine vorherige Auseinandersetzung zwischen Mieter und Vermieter zur Unterwerfungserklärung geführt hat. Dem Vermieter wird dabei eingestanden, unabhängig der materiell-rechtlichen Lage den Mietgegenstand zwangsweise bei erneutem Streit räumen zu lassen. 185

2. Kein allgemeiner Zurückbehalt der Leistung

Ähnlich wie mit dem Thema allgemeines Selbsthilferecht, auf das nachfolgend noch unter 3. (Rn 187ff.) eingegangen wird, verhält es sich auch mit der Frage, ob ein Vermieter ggf. zur Sicherung oder Durchsetzung seiner Ansprüche ein Recht auf allgemeinen Zurückbehalt seiner Leistung ausüben kann. Zumindest in dieser pauschalen Form besteht ein solches allgemeines Zurückbehaltungsrecht nicht. Ein 186

181 MüKo-ZPO/*Wolfsteiner*, § 794 Rn 190.
182 MüKo-ZPO/*Wolfsteiner*, § 794 Rn 185.
183 MüKo-ZPO/*Wolfsteiner*, § 794 Rn 189.
184 MüKo-ZPO/*Wolfsteiner*, § 794 Rn 186.
185 MüKo-ZPO/*Wolfsteiner*, § 794 Rn 143.
186 BGH, Urt. v. 1.2.1985 – V ZR 244/83 – NJW 1985, 2423.

Vermieter kann nicht zur Sicherung oder Durchsetzung seiner Rechte einfach ein Ladenlokal seines Mieters schließen. Er kann beispielsweise auch nicht ohne Weiteres die Versorgung eines Mietobjektes mit Wärme stoppen, um seinen Rechten Nachdruck zu verleihen. In diesem und in einer Reihe von vergleichbaren Fällen ist es eine Frage des Einzelfalles, wie weit ein Vermieter konkret berechtigterweise gehen kann und wie weit nicht. Man sollte also auch nicht im Gegenschluss davon ausgehen, dass einem Vermieter nie ein Zurückbehaltungsrecht zur Seite steht. Wenn man ein solches Recht als Sicherungsmittel einsetzen möchte, wird man aber gut daran tun, zunächst einmal zu prüfen, in welchem Umfang man im konkreten Einzelfall von einem Zurückbehaltungsrecht oder Rechten mit ähnlicher Zielrichtung Gebrauch machen darf.

Praxistipp
Bei der Ausübung von Zurückbehaltungsrechten oder ähnlichen Maßnahmen auf Vermieterseite ist Vorsicht geboten. Es sollte vorab für den konkreten Fall geprüft werden, ob das geplante Mittel angemessen ist. Dies gilt insbesondere bei Schritten, die eine Nutzungseinschränkung des Mietgegenstands für den Mieter zur Folge haben (beispielsweise Blockade des Mietgegenstandes durch Austauch von Schlössern etc. oder Einschränkung im Wege des Entzuges der Versorgung mit Wärme, Wasser oder Strom).

3. Kein allgemeines Selbsthilferecht

187 Eine überraschend häufig auftretende Frage wird durch die Aussage beantwortet, dass das deutsche Recht kein allgemeines Selbsthilferecht kennt. Ein Vermieter ist somit keineswegs dazu befugt, berechtigte Ansprüche gegenüber dem Mieter ggf. auch in eigener Initiative privat durchzusetzen oder die Erfüllung zu erzwingen. Andere Rechtsordnungen kennen beispielsweise das Recht, ein Ladenlokal zuzusperren und zu blockieren, bis der Mieter offene Mietforderungen ausgeglichen hat. Diese oder vergleichbare Maßnahmen zur Sicherung und Durchsetzung von Forderungen sind aus der Sicht des deutschen Rechts unzulässig.

188 Auch wenn sie vor dem Hintergrund viel zu langwieriger Prozesse und langer Dauer von Vollstreckungsmaßnahmen durchaus verständlich sein mögen, ist von solchen Schritten in aller Regel dezidiert abzuraten. Es besteht nicht nur das Risiko, dass derartige Schritte vonseiten des Mieters rechtlich unterbunden werden können (ggf. sogar im Wege einer einstweiligen Verfügung), sondern darüber hinaus können bestimmte Selbsthilfemaßnahmen im Extremfall sogar strafbar sein. Wenn man derartige Maßnahmen dennoch einmal wegen besonderer Umstände im Einzelfall erwägen möchte, ist deshalb eine sorgfältige Vorprüfung der etwa bestehenden Möglichkeiten anzuraten.

4. Vertragsgestaltung

Der Vermieter kann zudem den Mietvertrag so gestalten, dass zu verschiedenen Aspekten ganz allgemein die typischerweise eher ungleichmäßige Risikoverteilung zwischen dem Mieter und dem Vermieter abgemildert wird. Dabei gilt es, hauptsächlich die finanziellen Risiken des Vermieters durch eine optimierte Vertragsgestaltung zu minimieren. 189

Denkbar ist in Anknüpfung an die gesetzliche Regelung in § 556b Abs. 1 BGB, welche über § 579 Abs. 2 BGB auch für die Gewerberaumiete gilt,[187] die Miete im Voraus zu verlangen, jedoch dabei die Fälligkeit weiter vorzuverlegen. Es ist jedoch zu berücksichtigen, dass sich ein umsichtiger Mieter wohl nicht auf einen Fälligkeitstermin von über einem Monat vor dem Mietzeitabschnitt einlassen wird. Bei solcher Ausgestaltung lassen sich die Mietrückstände des Mieters frühzeitig feststellen. 190

Ein weiterer Ansatz ist, den Mieter vertraglich zu verpflichten, den Vermieter über seine eventuell verschlechterte Bonität aufzuklären. Sicherlich macht eine solche Regelung in Hinblick auf die Folgen der Mieterinsolvenz und der Absicherung von Forderungen Sinn, jedoch ist zu beachten, dass in Hinblick auf eventuelle Schadensersatzansprüche des Vermieters die Nachweisbarkeit des Schadens und die Durchsetzung aufgrund der drohenden Insolvenz problematisch erscheint. 191

Möglich sind ebenfalls Vereinbarungen, dass bestimmte Investitionen vom Mieter übernommen werden. Dazu können Baukostenzuschüsse und Instandsetzungsarbeiten wie beispielsweise Anfangsrenovierungen gehören. Der Mieter kann dem Vermieter im Zusammenhang mit dem Mietvertrag ein Darlehen z.B. zur Finanzierung von Modernisierungsmaßnahmen etc. gewähren, vgl. § 607 BGB. Meist wird hier vereinbart, dass die Darlehensraten mit dem Mietzins verrechnet werden.[188] 192

V. Übergang von Sicherheiten

Bei **Immobilientransaktionen** in Form des **Asset Deals** (Verkauf der Immobilie als Objekt) taucht mitunter die Fragestellung auf, was in Zusammenhang mit dem Übergang von Sicherheiten auf den Erwerber zu beachten ist. Dabei ist Ausgangspunkt die gesetzliche Regelung in **§ 566a BGB**, welche über § 578 Abs. 1 BGB auch für Gewerberaum Anwendung findet. Danach ist der bisherige Vermieter dem Mieter zur Rückgewähr der geleisteten Mietsicherheit verpflichtet, wenn dieser (der Mieter) bei Beendigung des Mietverhältnisses die Sicherheit von dem neuen Erwerber und Vermieter nicht erlangen kann. § 566a BGB kann jedoch zulässigerweise durch Individualvereinbarung ausgeschlossen werden (§§ 305 Abs. 1 S. 3, 305b BGB).[189] Eine 193

187 Vgl. BeckOGK/*Drager*, § 556b Rn 5.
188 Bub/Treier/*von der Osten*, Kap. III.A Rn 1962.
189 BGH, Urt. v. 23.1.2013 – VIII ZR 143/12 – NJW-RR 2013, 230.

formularvertragliche Abbedingung läuft dem gesetzlichen Leitbild der Forthaftung des Vermieters zuwider und verstößt daher gegen § 307 Abs. 1 BGB.[190]

194 Handelt es sich um vermietete Gewerbeimmobilien, so sind bei der Übertragung von in den Mietverträgen vereinbarten Sicherheiten Besonderheiten wie z.B. Zustimmungserfordernisse der Mietvertragsparteien oder Bedingungen für die Übernahme von Sicherheiten zu beachten.

195 Nach der grundsätzlichen Regelung des § 566 BGB tritt der Erwerber des Veräußerers in den vor Eigentumsübergang entstandenen und fälligen Anspruch auf Leistung der Sicherheit ein. Im Hinblick auf die Kaution ist dies im Einzelnen durch höchstrichterliche Rechtsprechung ausgestaltet.[191]

196 Wird die Gewerberaumimmobilie veräußert, so gilt § 566 BGB.

197 Die akzessorischen Sicherungsmittel gehen kraft Gesetzes über. Der Übergang anderer Sicherheiten ist stets vertraglich zu vereinbaren.

198 Mit einer bloßen Zustimmungserklärung zur Übertragung der Mietsicherheit bestätigt der Mieter lediglich die gesetzliche Regelung aus § 566a S. 1 BGB, keineswegs verzichtet er dabei auf seine Rechte nach Satz 2 der Regelung. Im Kern heißt dies, dass der **ursprüngliche Vermieter** weiterhin für die Ansprüche des Mieters **haftet.**[192] Um die Mietsicherheit rechtssicher zu übertragen, empfiehlt sich eine dreiseitig zu vereinbarende Vertragsübernahme, die den Sicherungsübergang mitumfasst, d.h., es muss sowohl eine Regelung im Mietvertrag zwischen ursprünglichem Vermieter und Mieter geben, als auch eine Vereinbarung der Übernahme von Sicherheiten in dem Kaufvertrag zwischen ursprünglichem Vermieter und Erwerber. Die gesetzliche Regelung verlagert das Risiko der nicht akzessorischen Sicherheiten auf den ursprünglichen Vermieter, daher erscheint eine Überleitung auf den Erwerber ratsam.

199 Die Parteien des Grundstückkaufvertrages können auch formularvertraglich vereinbaren, dass der Veräußerer durch Aushändigung der Kaution an den Erwerber von der Haftung des § 566a BGB frei wird.[193]

200 Bei der Verschmelzung auf Mieterseite tritt der übernehmende Rechtsträger im Wege der Gesamtrechtsnachfolge nach § 2 UmwG in das Mietverhältnis ein, dabei erlischt jedoch die Rechtsperson des Mieters,[194] nicht jedoch die Bürgschaft.[195]

---

190 Schmidt-Futterer/*Streyl*, § 566a BGB Rn 49 m.w.N.

191 BGH, Urt. v. 25.7.2012 – XII ZR 22/11 – NJW 2012, 3032; BGH, Urt. v. 7.12.2011 – VIII ZR 206/10 – NJW-RR 2012, 214.

192 BGH, Urt. v. 7.12.2011 – VIII ZR 206/10 – NJW-RR 2012, 214; Bub/Treier/*Bub*, Kap. II Rn 1270.

193 Bub/Treier/*Bub*, Kap. II Rn 1271.

194 Lindner-Figura/Oprée/Stellmann/*Moeser*, Kap. 12 Rn 230.

195 BGH WM 2003, 487.

Checkliste
Bei der Übertragung von Sicherheiten im Rahmen einer Veräußerung ist an den folgenden Punkt zu denken:
– Zustimmung der Mieter zur künftigen Verwaltung der Mietsicherheiten durch den Käufer einholen.

Im Ergebnis ist es ratsam, dass der Verkäufer sich bemüht, von allen Mietern die Zustimmung zur schuldbefreienden Übertragung der Mietsicherheiten an den Käufer in Form einer entsprechenden Vereinbarung zu erhalten (dreiseitiger Vertrag zu Schuldübernahme/Vertragsübernahme).[196]

B. Sicherheiten für den Mieter

Gerade im Bereich der Gewerberaummiete hat auch der Mieter mitunter ein legiti- 201
mes Interesse daran, dass seine Position durch besondere Sicherungsmittel rechtlich stärker geschützt wird, als dies schon nach dem Gesetz der Fall ist. Der Mieter investiert häufig selbst nennenswerte Summen in das Mietobjekt, plant dementsprechend langfristig und hat daher ein Interesse daran, dass der Mietvertrag mindestens über die vereinbarte Laufzeit bestehen bleibt. Dabei wird häufig übersehen, dass das Vertragsverhältnis auch schon vor Ende der Laufzeit aufgrund von insbesondere gesetzlichen Kündigungsgründen enden kann. Dazu gehören z.B. die Zwangsversteigerung oder der Formmangel. Im Falle der Zwangsversteigerung greift § 57a ZVG, der eine Kündigung des Mieters durch den Erwerber nach den gesetzlichen Vorschriften ermöglicht. Aber auch bei einem regulären Ende des Mietvertrages hat der Mieter ein berechtigtes Interesse an der Rückzahlung der Sicherheit. Hier trägt der Mieter ein Risiko, wenn der Vermieter die Sicherheit nicht insolvenzfest angelegt hat.[197]

I. Mieterdienstbarkeit

Um diese Gefahren zu verringern oder ihnen zu entgehen, können die beiden Par- 202
teien eines gewerblichen Mietverhältnisses vereinbaren, dass die Nutzung durch den **Mieter dinglich abgesichert** wird. Zu diesem Zweck kann im Mietvertrag vereinbart oder in einer besonderen Sicherungsabrede geregelt werden, dass sich der Vermieter verpflichtet, zugunsten des Mieters eine **beschränkt persönliche Dienstbarkeit** eintragen zu lassen. Eine solche Dienstbarkeit wird regelmäßig „Mieterdienstbarkeit“ genannt. Ihrer Struktur nach ist sie eine normale beschränkt persönliche Dienstbarkeit nach §§ 1090ff. BGB.

196 Lindner-Figura/Oprée/Stellmann/*Moeser*, Kap. 12 Rn 217 f.
197 *Timme*, NZM 2008, 429; *Börstinghaus*, NZM 2008, 558; BGH NZM 2008, 429.

203 Diese Mieterdienstbarkeit schützt den Mieter vor dem Verlust der Mietsache, wenn das Eigentum im Wege der Zwangsversteigerung auf einen Dritten übergeht.

204 Der Geschäftswert für die beschränkt persönliche Dienstbarkeit bestimmt sich nach dem objektiven Wert, den die Dienstbarkeit für den Berechtigten hat.[198]

1. Inhalt der Dienstbarkeit

205 Bei Vereinbarung über den Inhalt der persönlich beschränkten Dienstbarkeit ist darauf zu achten, dass wesentliche Vertragsbestandteile des Mietvertrags nicht zum Inhalt einer Dienstbarkeit gemacht werden können oder sollten.[199]

206 Es liegt in der Natur der Sache, dass eine Mieterdienstbarkeit stets in einem gewissen **Interessenkonflikt** zu den Interessen einer das Objekt finanzierenden Bank aus der zu deren Gunsten eingetragenen Grundschuld steht. Eine Mieterdienstbarkeit hat nur dann den angestrebten Zweck, wenn sie im Grundbuch **Vorrang vor den Finanzierungsgrundpfandrechten** hat. Dies kann aber naturgemäß die finanzierende Bank „stören". Es ist deshalb von strategisch entscheidender Bedeutung, dass zu dieser Thematik ein sachgerechter Interessenausgleich zwischen den Interessen des Mieters an seiner Dienstbarkeit einerseits und den Interessen der finanzierenden Bank an ihren Grundpfandrechten andererseits getroffen wird.

207 Im Hinblick auf diese „naturgegebene Konfliktlage" hat sich der **Verband deutscher Pfandbriefbanken (VdP)** verdient gemacht. Er hat über die vergangenen Jahre Regeln entwickelt, wie eine Mieterdienstbarkeit inhaltlich so ausgestaltet werden kann, dass sie den legitimen Interessen aller Seiten gerecht wird. Diese vom VdP aufgestellten Regeln haben zwar keinerlei rechtlich bindende Wirkung, sie sind aber de facto doch von großer Bedeutung, weil sich insbesondere die Banken erfahrungsgemäß sehr stark daran orientieren. Man spricht in diesem Zusammenhang meist davon, dass eine Mieterdienstbarkeit **„VdP-konform"** sein soll. Wenn eine Formulierung einer Mieterdienstbarkeit als VdP-konform eingestuft wird, ist dies in aller Regel von entscheidender Bedeutung für die Zustimmung der Bank. Ist eine Mieterdienstbarkeit dies nicht, kann dies nicht nur wirtschaftliche Nachteile in Form von höheren Zinsen für eine Finanzierung bedeuten, sondern sogar deren Scheitern.

208 Allerdings ist das Stichwort „VdP-konform" nicht gleichbedeutend damit, dass man sich Wort für Wort sklavisch an die Mustervorschläge des VdP halten müsste. Innerhalb gewisser **zumutbarer Bandbreiten**, die im Einzelfall mit der Bank zu besprechen sind, sind finanzierende Banken durchaus bereit, von den Vorschlägen des VdP inhaltlich bei der Formulierung von Mieterdienstbarkeiten abzuweichen. Solche **Abweichungen** dürfen aber nicht so weit gehen, dass sie den Sinn und

---

198 OLG München, Urt. v. 8.11.2008 – 32 Wx 192/07 – MittBayNot 2008, 32.

199 BGH NJW 1974, 702; BGH NJW 1974, 2123.

Zweck der VdP-Musterformulierungen grundlegend verändern. Details sind dabei stets einzelfallabhängig.

209 Grundsätzlich empfiehlt der VdP (Verband deutscher Pfandrechtbanken) eine Ausgestaltung der Mieterdienstbarkeit nach folgenden Kriterien:
- Ein Höchstbetrag für den Wertersatz in der Zwangsversteigerung gem. § 822 BGB sollte festgesetzt werden. Dieser beträgt regelmäßig 25.000 €.
- Es sollte sichergestellt werden, dass der Inhalt nicht ohne Zustimmung der Grundpfandrechtsgläubiger geändert werden kann.
- Die Mieterdienstbarkeit sollte entgeltlich ausgestaltet werden.
- Es sollte eine Regelung getroffen werden, nach der sich die Parteien schuldrechtlich gegenüber dem Grundpfandrechtsgläubiger entsprechend dem Inhalt der Mieterdienstbarkeit verpflichten.

210 Diese Punkte sollten relativ strikt angewendet werden, da sie voraussichtlich auch als Grundlage für die Zustimmung zu einer Dienstbarkeit im Rahmen einer Finanzierung herangezogen werden.

2. Sicherungsabrede

211 Neben dem Text der Mieterdienstbarkeit als solcher gibt es normalerweise zusätzlich noch vertragliche Regelungen, die die Dienstbarkeit in das Vertragsverhältnis einführen und Hintergrunddetails festlegen. Diese Regelungen werden möglicherweise unter dem Begriff **„Sicherungsabrede“** zusammengefasst. Eine Sicherungsabrede kann auch selbst ein gesondertes Vertragsdokument sein, wie dies häufig bei der Dienstbarkeit der Fall ist. Wohl häufiger ist die Sicherungsabrede aber ein eigener Abschnitt (Paragraph) des Mietvertrages.

212 Die Sicherungsabrede ist Rechtsgrund[200] für die Pflicht des Vermieters, die Mieterdienstbarkeit zu gewähren und im Grundbuch eintragen zu lassen. Die Sicherungsabrede selbst unterliegt wohl den Formanforderungen des Mietvertrages. Man sollte also im Normalfall dem **Schriftformerfordernis** nach § 550 BGB Rechnung tragen. Anders als die Mieterdienstbarkeit selbst unterliegt sie nicht den grundbuchlichen Formalien.

213 Neben der Pflicht des Vermieters zur Bestellung der Mieterdienstbarkeit im Grundbuch enthält die Sicherungsabrede zu einer Mieterdienstbarkeit regelmäßig: Detailregelungen zum Rang der Dienstbarkeit im Grundbuch (Einzelheiten dazu unten unter Rn 214 ff.), sowie Regelungen zum Eintritt des Sicherungsfalls und der Ausübung der Dienstbarkeit in diesem Fall.[201]

---

200 Lindner-Figura/Oprée/Stellmann/*Oprée*, Kap. 21 Rn 29 ff.

201 So auch *Kröger*, NZM 2012, 377; NZM 2003, 873.

3. Rangfolge im Grundbuch

214 Eine Mieterdienstbarkeit ist aus der Sicht des dadurch zu schützenden Mieters im Normalfall nur dann wirklich sinnvoll und effizient, wenn die **Dienstbarkeit Vorrang** vor den im Grundbuch eingetragenen Finanzierungsgrundpfandrechten erhält. Genau darin liegt aber naturgemäß auch das „Konfliktpotenzial" mit der das Objekt finanzierenden Bank. Es liegt aber auf der Hand, dass es aus Mietersicht von entscheidender Bedeutung ist, dass die Dienstbarkeit eine etwaige Zwangsversteigerung des Objektes überdauert. Es sind die aus einer Zwangsversteigerung resultierenden besonderen Möglichkeiten des Erwerbers, sich von Mietverträgen vorzeitig zu lösen (§ 57a ZVG, § 111 InsO),[202] die es aus Mietersicht erstrebenswert machen, sich durch eine Dienstbarkeit für solche Konstellationen zu schützen. Da eine nachrangige Dienstbarkeit jedoch im Rahmen der Zwangsversteigerung entfällt, bietet eine Mieterdienstbarkeit tatsächlich nur dann effektiven Schutz, wenn sie Vorrang vor dem in der Regel zur Zwangsversteigerung führenden Grundpfandrechten hat, da sie ansonsten bei Versteigerung im Wege der nachfolgenden Rangfolge nach § 52 Abs. 1 S. 2 ZVG wegfällt.[203] Die Grunddienstbarkeit fällt bei Vollstreckung aus einem höherrangigen Recht nach § 44 Abs. 1 ZVG in das sog. geringste Gebot, mit dem lediglich das höherrangige Recht abgedeckt wird.[204]

a) Mieterdienstbarkeit im Nachrang

215 Findet eine Zwangsversteigerung eines höherrangigen Rechtes statt, so hat der Dienstberechtigte einen Anspruch auf einen entsprechenden Erlösanteil, wenn von dem Versteigerungserlös etwas übrig bleibt. Der Wert der Dienstbarkeit ist danach nach § 92 ZVG zu ersetzen.[205] Dabei orientiert sich der Wert an dem Vorteil der Dienstbarkeit für den Berechtigten im Verhältnis zum Nachteil des Erlöschens des Rechtes, hierbei wird meist die Jahresmiete angesetzt.[206] Der Wertersatz ist jedoch gem. §§ 92 Abs. 2 S. 1, 121 Abs. 1 ZVG auf den 25-fachen Jahreswert beschränkt.[207] Die Parteien können jedoch nach § 882 einen Höchstbetrag des Wertersatzes vereinbaren.[208]

---

202 Lindner-Figura/Oprée/Stellmann/*Oprée*, Kap. 21 Rn 6.
203 Kindl/Meller-Hannich/Wolf/*Stumpe*, § 52 ZVG Rn 2ff.
204 Vgl. NZM 2012, 377.
205 Kindl/Meller-Hannich/Wolf/*Stumpe*, § 92 ZVG Rn 2ff.
206 Vgl. BKR 2012, 52.
207 NZM 2003, 873.
208 Vgl. BKR 2012, 52.

b) Mieterdienstbarkeit im Rang vor Grundpfandrechten

Ist die Mieterdienstbarkeit im Rang vor Grundpfandrechten eingetragen, so bleibt sie im Falle einer Zwangsversteigerung durch nachrangige Gläubiger nach § 52 Abs. 1 S. 1 ZVG bestehen.[209] 216

Da bei der Beantragung des Eintrags einer Mieterdienstbarkeit häufig bereits Finanzierungsgrundpfandrechte bestehen, kann es ein nach den Gesamtumständen akzeptablerer rechtlicher Zwischenschritt sein, zunächst einmal für eine Eintragung der Dienstbarkeit an rangbereiter Stelle zu sorgen. Da darin jedoch kein nachhaltiger Schutz liegt, sollte der nächste Schritt, nämlich die Einräumung des Vorrangs, aber jedenfalls kurzfristig folgen. Eine Ausnahme kann im Falle einer Stillhaltevereinbarung gelten, auf die nachfolgend noch gesondert eingegangen wird. 217

Es kann bei der Abwicklung von Mieterdienstbarkeiten sinnvoll und wichtig sein, dass **bestimmte Belastungen in Abteilung II weiter Vorrang** genießen können. Grund dafür ist die Tatsache, dass bestimmte Rechte, die in Abteilung II eingetragen werden, typischerweise rein praktisch keine Beeinträchtigung einer Mieterdienstbarkeit darstellen. Beispiele dafür sind Kabel- oder Leitungsrechte, meistens auch Wegerechte, wobei insbesondere Letzteres auch vom konkreten Einzelfall abhängen kann. Da Rechte dieser Art in der Regel eine Mieterdienstbarkeit selbst dann, wenn sie Vorrang haben, nicht beeinträchtigen, ist es meistens relativ schwer bis unmöglich, die Begünstigten aus solchen Rechten davon zu überzeugen, einer Mieterdienstbarkeit den Vorrang zu gewähren. Deshalb ist regelmäßig anzuraten, insoweit den umgekehrten Weg zu gehen und die Dienstbarkeit nachrangig zu diesen Rechten einzutragen. Es ist wichtig, diesen Punkt bei der genauen Formulierung der Regelung und über die Dienstbarkeit zu beachten. Es muss in solchen Fällen klar zum Ausdruck kommen, dass die nicht beeinträchtigenden Rechte in Abteilung II, die weiter Vorrang erhalten sollen, der Dienstbarkeit vorgehen dürfen. 218

Praxistipp !

Aus diesem Grund ist besondere Vorsicht geboten mit der Formulierung, dass eine Mieterdienstbarkeit „an erster Rangstelle" einzutragen sei. Diese Formulierung passt nur dann, wenn tatsächlich keinerlei andere Rechte Vorrang behalten sollen. Ansonsten ist die Rangfolge genauer im Detail festzulegen und die Formulierung „an erster Rangstelle" zu vermeiden.

---

4. Stillhaltevereinbarung

Wenn im Einzelfall einmal ein Vorrang der Mieterdienstbarkeit vor den Finanzierungsgrundpfandrechten nicht erreichbar oder nicht gewünscht sein sollte, kann man darüber nachdenken, ob mit einer speziellen Stillhaltevereinbarung der ange- 219

---

209 NZM 2003, 873.

strebte Zweck mit zumindest vergleichbarer praktischer Sicherheit erreicht werden kann. Kernpunkt einer solchen Stillhaltevereinbarung ist die Verpflichtung der durch das Grundpfandrecht gesicherten Bank, unter bestimmten Voraussetzungen den Schutz des Mieters im Sinne der Mieterdienstbarkeit zu gewährleisten, auch wenn diese aufgrund ihres (in dieser Konstellation bestehenden) Nachranges ggf. entfallen könnte. Aufgrund ihres dementsprechenden Schutzzweckes beinhaltet eine solche Stillhaltevereinbarung primär eine Regelung im Verhältnis zwischen der finanzierenden Bank und dem Mieter. Sie kann auch als Vereinbarung zwischen dem Vermieter und der Bank mit Drittschutzwirkung zugunsten des Mieters oder als dreiseitige Vereinbarung ausgestaltet werden. Wichtig ist, dass in einer derartigen Stillhaltevereinbarung diejenigen Voraussetzungen, unter denen die finanzierende Bank die Regelungen einer nachrangig eingetragenen Mieterdienstbarkeit auch in Problemkonstellationen weiter gegen sich gelten lassen muss, genau geregelt sind.

II. Finanzierungssicherheiten

1. Finanzierung des Mieters

220 Der Mieter wird seine Finanzierungen in aller Regel nicht unter Nutzung des Mietobjektes vornehmen können, weil er nicht dessen Eigentümer ist. In den seltensten Fällen wird der Vermieter bereit sein, seinem Mieter eine Belastung der Immobilie, in der sich das Mietobjekt befindet, einzuräumen. Normalerweise dürfte ein solcher Gedanke schon an den eigenen Finanzierungen des Vermieters und damit an dessen Banken scheitern.

221 Der Mieter ist folglich regelmäßig für die Finanzierung von Investitionen, die er in einem Mietobjekt tätigt, auf von ihm zu stellende externe Sicherheiten angewiesen. Umso mehr kann er, insbesondere bei größeren Investitionen, im Einzelfall ein Interesse daran haben, dass für ihn zumindest die langfristige Nutzbarkeit des Mietobjektes gesichert ist.[210] Diese Absicherungsfunktion kann dann die wie bereits oben unter I. (Rn 202ff.) behandelte Mieterdienstbarkeit übernehmen. Mieter, die größere Investitionen in einem Mietobjekt tätigen, haben ein kaufmännisch legitimes Interesse daran, diese Investitionen in der Folgezeit auch nachhaltig „abwohnen" zu können.

2. Vorübergehend eingebrachte Gegenstände

222 Mit dem Mietobjekt zusammenhängende Sicherheiten, die der Mieter für seine Finanzierungen nutzt, bleiben insoweit denkbar, als es um Ausstattungen geht, die

210 Lindner-Figura/Oprée/Stellmann/*Oprée*, Kap. 21 Rn 2f.

der Mieter in dem Mietobjekt installiert. Sofern und soweit diese nicht wesentlicher Bestandteil des Mietobjektes werden, bleiben sie rechtlich selbstständig und damit als Gegenstand für gesonderte Besicherungen geeignet. Ein wichtiges Kriterium zur Abgrenzung kann dabei in der Frage liegen, ob die betreffenden Gegenstände dauerhaft oder nur zu einem vorübergehenden Zweck in das Mietobjekt eingebracht wurden. Im letzteren Fall sind sie gesonderten Rechten zugänglich und können dementsprechend auch gesondert Basis für Finanzierungen sein.

3. Grundschulden für Mieter

Rein theoretisch ist es natürlich auch denkbar, auf einer Immobilie eines Vermieters 223
eine Grundschuld zu registrieren, die als Sicherheit für Finanzierungen des Mieters dient. Insbesondere zur Unterstützung von Mieterausbauten in größerem Umfang ist dies zumindest vorstellbar. In der Praxis ist eine solche Konstellation allerdings nahezu unbekannt. Durch die Einbindung seines Objektes würde ein Vermieter sich auch durch eine solche Konzeption in sehr ungewöhnlicher Weise eng an den Mieter binden. Zwischen Konzerngesellschaften ist eine solche Konstellation noch am ehesten denkbar. Andererseits dürfte gerade dort auch häufig kein Bedarf an einer solchen Konstruktion bestehen.

Praxistipp !

Von einer derartigen Regelung ist in der Praxis **dringend abzuraten**. Die dingliche Sicherheit birgt neben Kosten auch eine generelle Belastung des Wertes der Immobilie, wenn insbesondere Rangstellen im Grundbuch durch die Grundschuld blockiert werden. Außerdem kann die Löschung der Grundschuld bei eventuellen Transaktionen und Mieterwechseln langwierige Prozesse mit sich ziehen.

III. Dauernutzungsrecht nach § 31 WEG

1. Allgemeines

Aufgrund der geringeren praktischen Relevanz soll an dieser Stelle nur summarisch 224
auf das Dauernutzungsrecht eingegangen werden.

Bei dem Dauernutzungsrecht in § 31 Abs. 2 BGB handelt es sich um eine Art 225
grunddienstbarkeitsähnliche[211] Form der **Sicherung.**[212] Die Existenz dieses Konstruktes lässt sich auf die Entwicklung in der Nachkriegszeit zurückführen.[213] Dabei ist zu beachten, dass das Dauernutzungsrecht nach § 31 Abs. 2 BGB nur bei gewerblichen Räumen anwendbar ist.

211 BeckOK-WEG/*Munzig*, § 31 Rn 5.
212 BeckOK-WEG/*Munzig*, § 31 Rn 1.
213 BeckOK-WEG/*Munzig*, § 31 vor Rn 1.

226 Das Nutzungsrecht kann unter den Voraussetzungen des §§ 32 Abs. 1, 3 Abs. 2 WEG in das Grundbuch eingetragen werden, dabei muss insbesondere eine sog. Abgeschlossenheitsbescheinigung vorliegen.[214] Die Formvorschriften des Mietrechts sind dabei nicht anzuwenden.[215]

227 Das Dauernutzungsrecht kann nach § 875 BGB rechtsgeschäftlich und durch Löschung im Grundbuch aufgehoben werden. Weiterhin ist eine Befristung nach § 41 Abs. 1 WEG möglich. Das Nutzungsrecht erlischt wie das Wohnungsrecht nach § 1093 BGB bei Zerstörung der genutzten Gebäude bzw. Räume.

2. Mangelnde Koexistenz

228 Dauernutzungsrecht und Mietvertrag schließen sich systematisch gegenseitig aus. Die Erfüllung des Mietvertrags ist unmöglich, solange ein Nutzungsrecht im Grundbuch eingetragen ist und die Räume dem Berechtigten des Dauernutzungsrechts zur Benutzung überlassen sind. Wechselseitig ist damit auch eine Eintragung des Rechtes nicht möglich, wenn bereits ein Mietvertrag besteht.[216]

229 In der Praxis wird als rechtliche Konsequenz der Mietvertrag auflösend bedingt mit der Eintragung des Dauernutzungsrechtes im Grundbuch. Dabei liegt das Mietverhältnis bis zum Erlöschen des Dauernutzungsrechtes still.[217]

3. Inhalt

230 Neben der Laufzeit und der Vereinbarung einer Nutzungsentschädigung als „Ersatz" für die Miete ist darauf zu achten, dass die Voraussetzungen für den Heimfall, also das Zurückfallen des Nutzungsrechtes an den Eigentümer, nach § 36 WEG ausdrücklich zu regeln sind.[218]

231 Im Kern ist das Dauernutzungsrecht nach § 31 WEG in der Praxis kaum relevant. Der Grundstückseigentümer wird sich in der Regel kaum auf eine so umfangreiche Sicherung des Nutzers einlassen.

IV. Weitere Sicherungsmittel

232 Auch wenn deren Einsatz naturgemäß in dieser Konstellation nicht unbedingt weitverbreitet ist, so ist doch auch der Einsatz sämtlicher sonstiger Sicherungsmittel, die

---

214 Lindner-Figura/Oprée/Stellmann/*Oprée*, Kap. 21 Rn 18.
215 Lindner-Figura/Oprée/Stellmann/*Oprée*, Kap. 21 Rn 28.
216 Lindner-Figura/Oprée/Stellmann/*Oprée*, Kap. 21 Rn 19.
217 Lindner-Figura/Oprée/Stellmann/*Oprée*, Kap. 21 Rn 20.
218 Lindner-Figura/Oprée/Stellmann/*Oprée*, Kap. 21 Rn 21 ff.

das Gesetz und die Vertragsfreiheit zur Verfügung stellen, im Verhältnis Vermieter – Mieter zugunsten des Mieters vorstellbar. Im Einzelfall zumindest erwägenswert können insbesondere die folgenden Sicherungsmittel sein:
- Bürgschaften,
- Garantien,
- Patronatserklärungen.

Gerade diese drei Sicherungsmittel sind geeignet, bestimmte wirtschaftliche Interessen des Mieters zu schützen. Auch in diesem Zusammenhang ist daran zu denken, dass der Mieter nennenswerte Investitionen in das Mietobjekt tätigt. In einer solchen Konstellation hat er unter Umständen nicht nur besonderes Interesse an einem nachhaltigen und dauerhaften Recht zur Nutzung des Objektes, sondern auch daran, dass sein Vermieter über die Laufzeit des Mietvertrages hinweg die notwendige Finanzkraft hat. Die genannten Sicherungsmittel sind geeignet, diesen Aspekt abzusichern. 233

Ein vergleichbarer Aspekt kann sich auch dann ergeben, wenn im Rahmen eines Mietvertrages vorgesehen wird, dass der Vermieter seinerseits nennenswerte Vorlaufinvestitionen in das Mietobjekt zu tätigen hat. Insbesondere dann, wenn dies damit einhergeht, dass der Mieter ebenfalls investiert, wird der Mieter auch ein besonderes Interesse daran haben, dass die geplanten Investitionen seines Vermieters tatsächlich stattfinden. Zur Absicherung dieses Interesses können die genannten Sicherungsmittel dienen. 234

Praxistipp !
Auch in den hier angesprochenen Konstellationen stellt sich regelmäßig die Frage nach den für bestimmte Sicherungsmittel anfallenden Kosten. Dementsprechend bietet es sich auch hiermit unter an, an das Instrument einer Patronatserklärung zu denken, weil diese nach ihrer Natur keine Zusatzkosten verursacht.

Die Funktionsweise der Sicherungsmittel ist dann, wenn diese Mieterinteressen schützen, naturgemäß nicht grundsätzlich anders als dann, wenn Interessen der Vermieterseite geschützt werden sollen. Zu den einzelnen Funktionsaspekten kann deshalb an dieser Stelle auf die entsprechenden Ausführungen in Teil A bezüglich der Sicherung zugunsten des Vermieters Bezug genommen werden. 235

C. Sicherheiten und Drittinteressen

Sicherheiten sowohl des Vermieters als auch des Mieters haben häufig Berührungspunkte mit den Sicherungsinteressen Dritter. In solchen Fällen kann es darum gehen, die jeweiligen Interessenlagen sinnvoll aufeinander abzustimmen. Es kann aber auch um eine sachgerechte Abgrenzung unterschiedlicher Interessen gehen. 236

I. Interessen von Finanzierungsgebern

237 Es ist auf den ersten Blick naheliegend, dass die Interessen von Finanzierungsgebern für Immobilienprojekte parallel gelagert sind mit den Interessen von demjenigen, der die Finanzierung in Anspruch nimmt. Dies muss aber durchaus nicht stets so sein. Insbesondere in Problemfällen, denen die gewährten Sicherheiten gerade dienen sollen, können auch unterschiedliche Interessen darin auftreten.

1. Finanzierungsgeber des Vermieters

238 Das größte Interesse der Finanzierungsgeber eines Vermieters liegt normalerweise darin, dass die Mietverträge reibungslos durchgeführt werden, sodass die Mieteinnahmen wie geplant fließen und damit den Vermieter in die Lage versetzen, seine Verbindlichkeiten gegenüber dem Finanzierungsgeber zu bedienen.[219] Diese Interessenlage kann sich jedoch ändern, wenn sich die geschäftliche Situation von Mietern nachhaltig verschlechtert, sodass die Einnahmen des Vermieters und damit indirekt auch die Zinseinnahmen des Finanzierungsgebers gefährdet werden. In einer solchen Situation kann es nicht nur im Interesse des Vermieters, sondern insbesondere auch des Finanzierungsgebers liegen, einzelne Mieter auszutauschen oder sogar die gesamte Mieterstruktur eines Objektes zu ändern, um die Einnahmenseite zu verbessern. Besonders zuspitzen kann sich eine solche Interessenkonstellation naturgemäß im Fall einer Insolvenz des Vermieters ergeben.

239 Nicht zuletzt im Blick auf solche Konstellationen ist es daher nachvollziehbar, dass die Finanzierungsgeber von Vermietern regelmäßig mit großer Zurückhaltung dem Thema Mieterdienstbarkeit begegnen.[220] In der Praxis läuft dies darauf hinaus, dass Mieterdienstbarkeiten durch die Finanzierungsgeber des Vermieters regelmäßig nur dann toleriert werden, wenn die Bonitätseinschätzung des betreffenden Mieters so gut ist, dass Finanzierungsgeber und Vermieter der Auffassung sind, dass es mit dem betreffenden Mietvertrag auf absehbare Zeit keinerlei Probleme geben wird. Gleichwohl ist bei einer solchen Betrachtung Vorsicht geboten, weil es mehr und mehr Fälle gibt, bei denen sich sogar sehr erfolgreiche Mieterkonzepte als vergleichsweise kurzlebig erweisen, sodass selbst bei solchen Konzepten mitunter nach einiger Zeit ein Wechsel erwägenswert erscheint.

---

219 VW 2014, 18: Deutsche Versicherer setzen verstärkt auf Einzelhandelsimmobilien in zentralen Lagen.

220 NZM 2003, 873: Mieterdienstbarkeit zur Absicherung gewerblicher Mietverträge.

a) Mitspracherechte des Finanzierungsgebers

Inzwischen ist es marktüblich, dass der Finanzierungsgeber des Vermieters sich für nennenswerte Entscheidungen in Bezug auf das finanzierte Objekt Mitspracherechte einräumen lässt. Dies geht durchaus häufig so weit, dass der Finanzierungsgeber bei Abschluss oder Änderungen von wesentlichen Mietverträgen das Recht hat, auch im Hinblick auf Details mitzureden. Vertragliche Basis für solche Mitspracherechte sind naturgemäß die jeweiligen Finanzierungsverträge[221] und nicht die Mietverträge mit den Mietern. Je nachdem, welche konkreten Rechte der betreffende Finanzierungsvertrag zugunsten des Finanzierungsgebers des Vermieters vorsieht, kann es aber notwendig sein, dies auch entsprechend in den Mietverträgen zu berücksichtigen, beispielsweise durch Auskunftsrechte gegenüber den Mietern (über wirtschaftliche Eckdaten etc.). 240

b) Abtretung von Forderungen

Ein klassisches Mittel zur Absicherung der Finanzierungsgeber des Vermieters ist die Abtretung der Forderungen aus dem Mietvertrag an die Bank. Um dies zu ermöglichen, muss sichergestellt sein, dass der zugehörige Mietvertrag kein Abtretungsverbot[222] enthält. 241

Für das Verhältnis der Parteien des Mietvertrages untereinander ist es von Interesse, wann und unter welchen Voraussetzungen der Vermieter ggf. eine Forderungsabtretung an seine Bank gegenüber dem Mieter offenlegen muss.[223] Grundsätzlich erfährt der Mieter nämlich nur bei Durchsetzung des Anspruches von der Abtretung.[224] Der betreffende Finanzierungsvertrag sollte hierzu nach Möglichkeit eine adäquate Regelung enthalten. 242

Wichtig ist es auch, dass diesbezügliche Pflichten des Vermieters aus seinen Finanzierungsverträgen bei etwaigen Geheimhaltungsklauseln in Mietverträgen beachtet werden, sodass der Vermieter darin frei bleibt, die erforderlichen Einzelheiten aus dem Mietvertrag gegenüber seiner Bank offenzulegen. 243

---

221 Staudinger/*Freitag/Mülbert*, § 488 Rn 80.

222 jurisPK-BGB/*Rosch*, § 399 Rn 21.

223 Paradigmatisch ist die Pflicht des Sicherungsnehmers, den Sicherungsgeber vor einer anstehenden Offenlegung und Durchsetzung der Forderung zu benachrichtigen, damit er Einwendungen gegen die Verwertungsbefugnis vorbringen oder sich bemühen kann, die nachteiligen Folgen einer Offenlegung durch Zahlung der fälligen Beträge der gesicherten Forderung abzuwenden (Rechtsgedanken der §§ 1273 Abs. 2, 1234 BGB).

224 Staudinger/*Herresthal*, Kap. K Rn 3.

2. Finanzierungsgeber des Mieters

244 Finanzierungsgeber des Mieters sind von dem Thema der Sicherheiten der Mietparteien grundsätzlich deutlich weiter entfernt als beispielsweise die Finanzierungsgeber des Vermieters, die ja ein direktes und vitales Interesse an der betreffenden Immobilie haben. Ein vergleichbarer rechtlicher Bezug besteht für Finanzierungsgeber des Mieters normalerweise nicht. Ein solcher Bezug kann aber natürlich dann entstehen, wenn ein Finanzierungsgeber des Mieters konkret in das Thema einer Sicherheit eingebunden wird, beispielsweise wenn er die von dem Mieter zu erbringende Bürgschaft stellt. Auch in einem solchen Fall betrifft aber regelmäßig das zugrundeliegende Rechtsverhältnis ausschließlich die Beziehung zwischen dem Mieter und dem Finanzierungsgeber. Aus der Sicht des Vermieters kommt es dagegen allein auf den Bürgschaftstext an. Welche Hintergrundvereinbarungen dazu zwischen dem Mieter und seinem Finanzierungsgeber getroffen worden sind, ist für den Vermieter normalerweise ohne Belang.

II. Interessen von Lieferanten und sonstigen Dritten

245 Auch sonstige Dritte und insbesondere Lieferanten können Berührungspunkte mit dem Thema der Sicherheiten für ein Mietverhältnis haben. Da diese Dritten aber normalerweise nicht in die Vereinbarungen bezüglich der Sicherheiten eingebunden sind, besteht insoweit üblicherweise auch kein direkter rechtlicher Bezug. Die ggf. zu bedenkende Berührung ist daher im Normalfall lediglich praktischer Natur.

246 Ein rechtlicher Berührungspunkt kann jedoch durch Sicherungsverträge über eingelagerte Sachen und dem gesetzlichen Vermieterpfandrecht bestehen. Dabei kann der Vermieter gegenüber dem Dritten einen direkten Bezug erstellen, zur näheren Erläuterung dazu siehe Rn 158 ff.

1. Lieferanten des Vermieters

247 Lieferanten des Vermieters haben zwar zu diesem eine vertragliche Beziehung und damit auch zu der betreffenden Immobilie. Gleichwohl betrifft die Lieferantenbeziehung normalerweise nicht die Sicherheiten, die mit einem Mietverhältnis im Zusammenhang stehen. Es sind aber Konstellationen denkbar, in denen der Lieferant des Vermieters faktisch auch durch eine von einem Mieter gestellte Sicherheit mitgeschützt wird. Wenn beispielsweise ein Handwerker im Auftrag des Vermieters für diesen in den Mietgegenstand ein Gerät einbaut und dieses zunächst noch mit einem Eigentumsvorbehalt belegt bleibt, so ist es denkbar, dass eine vom Mieter gestellte Sicherheit dann, wenn dieser das Gerät beschädigt, faktisch auch den Lieferanten schützt. Bei dieser Betrachtung handelt es sich allerdings nur um eine rein wirtschaftliche Bewertung, da auch in einer solchen Konstellation kein Vertragsverhältnis zwischen den Lieferanten und dem Mieter entsteht. Eine etwaige Schadens-

abwicklung würde in dem jeweiligen Einzelverhältnis ablaufen, sodass der Vermieter für den Schaden an dem Gerät die Sicherheit in Anspruch nehmen könnte, die er dann seinerseits an dem Lieferanten weiterreichen würde.

2. Lieferanten des Mieters

Zwischen Lieferanten des Mieters und dem Thema der Sicherheiten in Zusammen- 248
hang mit einem Mietverhältnis besteht häufig dazu ein Bezug, dass von dem Lieferanten gelieferte Ware oder sonstige Gegenstände wegen eines noch bestehenden **Eigentumsvorbehaltes** nicht dem Vermieterpfandrecht unterfallen. Zu dieser Thematik wird Bezug genommen auf die Ausführungen oben unter Rn 158ff. Aus der Sicht des Mieters und seines Lieferanten ist diese Konstellation eher unproblematisch, weil der Vermieter keine Zugriffsmöglichkeit hat, solange der Eigentumsvorbehalt besteht. Das Problem liegt daher auf der Seite des Vermieters, das Pfandrecht hat gerade durch derartige Konstellationen faktisch eine allenfalls untergeordnete Bedeutung.

Eine besondere Konstellation kann sich auch dann ergeben, wenn sich der 249
Vermieter mit der Tatsache konfrontiert sieht, dass ein Gläubiger des Mieters dessen Anspruch auf Rückzahlung der Mietkaution pfänden lässt. In diesem Fall behält der Vermieter als Drittschuldner alle Einwendungen, die er vor der Pfändung gegenüber dem Mieter hatte. Zudem kann er bei bestehenden Forderungen die Aufrechnung erklären. Überdies steht ihm dann, wenn das Mietverhältnis noch läuft, der Einwand zu, dass noch kein Kautionsrückzahlungsanspruch besteht bzw. dass dieser jedenfalls noch nicht fällig ist.

Kapitel 8
Instandhaltung, Instandsetzung, Kleinreparaturen, Ersatzbeschaffung und Schönheitsreparaturen

A. Einleitung

Der Vermieter ist ohne anderslautende vertragliche Regelung zur **Instandhaltung, Instandsetzung, Ersatzbeschaffung** und zur **Durchführung von Schönheitsreparaturen** verpflichtet. Der Gesetzgeber verlangt von ihm die Erhaltung der Mietsache (§ 535 Abs. 1 S. 2 BGB). 1

Der letztlich aus Rentabilitätsgründen zwingenden und üblichen Übertragung der Erhaltungspflichten in den Allgemeinen Geschäftsbedingungen des Mietvertrages steht im Gewerbemietrecht wenig entgegen. Dennoch sollte vor Verwendung der bekannten Standardregelungen zu der **Erhaltungspflicht** überlegt werden, ob eine Individualisierung der Regelung nicht angezeigt ist. 2

Zu groß ist die Bandbreite der gewerblich genutzten Objekte: Während bei Lagerflächen die Instandhaltung und Instandsetzung gegenüber der Schönheitsreparatur im Vordergrund steht, ist dies bei der Vermietung von Büroflächen mit kurzer Vertragslaufzeit anders zu beurteilen. 3

Verhandlungsspielraum findet sich zudem für die Parteien in der Überlegung, ob die Instandhaltungs- und Instandsetzungsmaßnahmen dem Mieter übertragen oder dem Mieter „lediglich“ die Kosten solcher Maßnahmen auferlegt werden. 4

Einen weiteren wesentlichen wirtschaftlichen Faktor stellt schließlich die Übernahme der Schönheitsreparaturen durch den Mieter dar. **Klauselkombinationen**, die neben der Verpflichtung des Mieters zu regelmäßigen Schönheitsreparaturen auch die Übernahme der Schlussrenovierung vorsehen, führen zur Unwirksamkeit und damit am Ende zu einer kaum einzugrenzenden Kostenbelastung des Vermieters. 5

B. Regelungen im Mietvertrag

I. Gesetzliche Ausgangslage

Der Vermieter ist der gesetzgeberischen Grundentscheidung gem. §§ 535, 538 BGB folgend verpflichtet, die Mietsache in vertragsgemäßem Zustand zu erhalten. Dies umfasst alle Maßnahmen, die erforderlich sind, um dem Mieter während der gesamten Mietzeit den vertragsgemäßen Gebrauch zu ermöglichen. Diese Pflicht kann je- 6 doch durch den Vermieter auf den Mieter übertragen werden, auch nur bezüglich der Kosten.[1] Hierzu bedarf es jedoch einer eindeutigen Regelung.

II. Regelung im Mietvertrag

7 Die Unterscheidung zwischen **Instandhaltungs- und Instandsetzungsmaßnahmen** ist im Gewerbemietrecht von Bedeutung. Deshalb sollten diese definiert und nicht durch Formulierungen, die Mietsache sei „ordnungsgemäß und schonend" zu behandeln bzw. sie zu „pflegen", verklausuliert angedeutet werden. Gleiches gilt sodann für die Frage der Übernahme der Pflichten, der Kosten und der Kostenbeschränkung.

1. Definitionen

8 Im Mietvertrag bieten sich folgende Definitionen an:

9 **Instandhaltung** im Sinne dieses Vertrages umfasst die Maßnahmen, die zur Erhaltung des bestimmungsgemäßen Gebrauchs durchgeführt werden müssen, um die durch Abnutzung, Alterung und Witterungseinwirkung entstehenden baulichen und sonstigen Mängel ordnungsgemäß zu beseitigen oder deren Entstehen vorzubeugen (Wartung).

10 **Instandsetzung** umfasst Reparaturen sowie Wieder- bzw. Ersatzbeschaffung. Die Reparatur bzw. Wiederbeschaffung schließt auch die Ersatzbeschaffung für solche Gegenstände ein, die ein vernünftiger, wirtschaftlich denkender Grundstücksverwalter im Rahmen eines langfristigen Mietverhältnisses unter Berücksichtigung der Nutzungsdauer, der Schwere des Schadens und der Kosten einer Reparatur nicht mehr Instandsetzen würde.

11 **Dach und Fach** umfasst die Dachkonstruktion mit Eindeckung und den dazugehörigen Klempnerarbeiten (Dachrinnen, Fallrohr), einschließlich der Vor-, Neben- und Glasdächer sowie Zu- und Ausgänge des Daches, die tragenden Teile des Gebäudes (alle Fundamente, tragenden Wände, Stützen, Pfeiler sowie Geschossdecken), die Fassade nebst Fassadenbekleidung sowie Schornsteine; jeweils jedoch nur in ihrer tragenden bzw. abdichtenden Funktion sowie Steigleitungen, nicht jedoch die horizontalen Zu- und Ableitungen (Wasserheizungen etc.).

12 **Schönheitsreparaturen** umfassen die Arbeiten innerhalb der Mieträume, das Tapezieren oder Anstreichen der Wände und Decken, das Streichen der Heizkörper einschließlich der Heizrohre, das Streichen oder Lackieren der Innentüren (beidseitig), das Streichen oder Lackieren der Fenster und Außentüren von innen sowie die

---

1 BGH, Urt. v. 18.3.2009 – XII ZR 200/06 –.

Grundreinigung etwaiger vom Vermieter gestellter Parkett-/Laminat- oder Teppichböden.

2. Regelungen im Mietvertrag zu Instandhaltung und Instandsetzung

Nach der gesetzgeberischen Grundentscheidung obliegen Instandhaltung, Instand- 13
setzung und die Durchführung von Schönheitsreparaturen dem Vermieter. Der Vermieter kann mit dem Mieter abweichende Vereinbarungen treffen. Dies ist formular- und individualvertraglich grundsätzlich zulässig.[2] Nachdem die Parteien zunächst den Umfang der Instandhaltung, der Instandsetzung und der Schönheitsreparaturen definiert haben, ist zu regeln, ob der Mieter zur Durchführung der Arbeiten verpflichtet ist oder zur Tragung der damit verbundenen Kosten, d.h. letztlich der Vermieter die Arbeiten durchführt und dem Mieter diese in Rechnung stellt.

Praxistipp !

Soweit dies formularvertraglich geschieht, sind die grundlegenden konstruktiven Bauteile (Dach und Fach) in der Instandhaltung und Instandsetzung beim Vermieter zu belassen.[3] Die Mietsache hat sich bei formularvertraglichen Klauseln zu Beginn in einem mangelfreien Zustand zu befinden.[4]

---

a) Übernahme durch den Mieter

Oftmals findet sich in Mietverträgen die Klausel: „*Der Mieter verpflichtet sich, die* 14
Mietsache mit der erforderlichen Sorgfalt zu behandeln und im guten und gebrauchsfähigen Zustand zu erhalten." Die Formulierung wird dahingehend verstanden, dass der Mieter zur Durchführung von Instandhaltungsarbeiten verpflichtet ist.

Sinnvoller ist es mit Blick auf die einmal gewählten Definitionen, die Verpflich- 15
tung zweifelsfrei zu formulieren.

Formulierungsmuster

„Dem Mieter obliegt die fachgerechte Durchführung sämtlicher Instandhaltungs- und Instandsetzungsmaßnahmen. Zur Instandhaltung und Instandsetzung von Dach und Fach ist der Vermieter auf seine Kosten verpflichtet."

---

b) Kostenübernahme durch den Mieter

Die Entscheidung, den Mieter die Instandhaltung und Instandsetzung nicht selbst 16
durchführen zu lassen, kann der Struktur des Gebäudes, insbesondere der techni-

---

2 BGH, Urt. v. 6.4.2005 – XII ZR 158/01 –.

3 OLG Oldenburg, Urt. v. 17.2.2003 – 13 U 72/02 –.

4 BGH, Urt. v. 25.2.1987 – VIII ZR 88/86 –.

schen Einrichtung (z.B. Multi Tenant und zentrale Klimatechnik, die Technik ist nicht auf dem neusten Stand und die Parteien einigen sich auf eine Begrenzung der Kosten oder der Mieter will kein eigenes Facility Management einsetzen) geschuldet sein. Dann ist es sinnvoll und grundsätzlich möglich, den Mieter lediglich mit den Kosten zu belasten. Die entsprechende Formulierung hierfür lautet:

Formulierungsmuster
„Die Kosten der Instandhaltung und der Instandsetzung hat der Mieter zu tragen."

---

17 Einschränkungen kann die Regelung dadurch finden, dass bei einem Neubauprojekt dem Vermieter Gewährleistungsansprüche gegenüber Dritten zustehen. Auch hier gilt bei formularvertraglicher Vereinbarung, dass die Übertragung der Kosten für Dach und Fach auf den Mieter nicht möglich ist.

c) Kostenübernahme für Gemeinschaftsflächen

18 Die Kosten für die Instandhaltungs- und Instandsetzungsmaßnahmen der gemeinschaftlichen Flächen, Räume und Einrichtungen können – bis auf diejenigen der Instandsetzung von Dach und Fach – anteilig auf die Mieter umgelegt werden. Die Kosten sind dabei jedoch zu begrenzen. Als zulässig wird insoweit ein Betrag von **maximal 10% der Jahresmiete** angesehen.

! **Praxistipp**
Bedeutung gewinnt dann die über das Aufmaß vertraglich bestimmte Mietfläche, in dessen unterschiedlicher Ausprägung (DIN 277/MF/G-2) die Gemeinschaftsflächen Berücksichtigung finden.

---

d) Begrenzung der Kosten

19 Die Parteien können die Kosten der Instandhaltung und Instandsetzung begrenzen. Notwendig ist eine solche Begrenzung bei Übernahme der Kosten für die Gemeinschaftsflächen.[5]

20 Zum besseren Verständnis gilt es zwischen einer Kostenbegrenzung zugunsten des Mieters und einer Kostenbegrenzung zugunsten des Vermieters zu unterscheiden.

21 Bei der **Kostenbegrenzung zugunsten des Mieters** werden die Kosten der Instandhaltung und der Instandsetzung, die der Mieter zu tragen hat, festgelegt. Dies ist sowohl in dem Fall möglich, in dem der Mieter für die Durchführung der Maß-

---

5 BGH, Urt. v. 6.4.2005 – XII ZR 158/01 –.

nahmen selbst verantwortlich ist, als auch in dem Fall, in dem der Mieter sich verpflichtet hat, die Kosten zu übernehmen.

Bei der **Kostenbegrenzung zugunsten des Vermieters** (Kleinreparaturklausel) trägt der Mieter die Kosten der Reparatur für Teile, die seinem häufigen Zugriff ausgesetzt sind (Heizungs- oder Wasserrohre, elektrische Leitungen oder Glasscheiben). 22

Die Vereinbarung der **Kleinreparaturklausel** ist für beide Parteien sinnvoll, um Aufwand und damit letztlich Kosten zu sparen. Übernimmt der Vermieter die Instandhaltung sowie die Instandsetzung auf Kosten des Mieters, verringert sich der Bewirtschaftungsaufwand (Verwaltung und technische Dienstleistungen) wenn der Mieter z.B. defekte Leuchtmittel selbst austauscht und nicht auf die Leistung des Vermieters zurückgreift. Übernimmt der Mieter die Durchführung der Instandhaltung sowie der Instandsetzung und haben die Parteien eine Kostenbegrenzung vereinbart, ist auch in diesem Fall die Vereinbarung einer Kleinreparaturklausel sinnvoll. Der Mieter wird den Aufwand meiden wollen, jede kleine Reparatur buchhalterisch zu erfassen, um die Rechnung am Ende des Jahres mit dem Vermieter bei Übersteigen der Kostenbegrenzung vorzulegen. 23

Einigen sich die Parteien auf eine Kostenbegrenzung der Instandhaltung und Instandsetzung, hat die Kleinreparaturklausel für den Vermieter den Vorteil, dass die Teile der Mietsache, die dem häufigen Zugriff des Mieters ausgesetzt sind und daher vorranging die Kosten prägen, die Begrenzung nicht zusätzlich „aushöhlen“. Durch die Kombination beider Klauseln lässt sich leichter eine niedrigere Kostenbegrenzung der Instandhaltung und Instandsetzung zugunsten des Mieters verhandeln, da Kleinreparaturen hierdurch nicht erfasst werden. Der Mieter, der die Mietsache durch sein Facility Management betreuen lässt, erfährt zusätzlich den Vorteil, dass er selbst den Umfang und damit die Kosten der Kleinreparaturen steuern kann. 24

Die **Kombination beider Regelungen** kann noch dadurch variiert werden, dass der Vermieter die Kleinreparaturen durchführt, also der Mieter nur die Kosten trägt. Bestimmt wird dies von der Tatsache, ob der Mieter über ein eigenes Facility Management verfügt oder die technische Struktur des Gebäudes eine vollständige Betreuung durch das Facility Management des Vermieters kostengünstiger werden lässt. 25

Letztlich ist jedoch Ziel einer jeden Regelung, das Kostenrisiko für den Mieter zu begrenzen und den Aufwand für den Vermieter überschaubar zu halten. Der Vorteil des Vermieters besteht darin, durch Vereinbarung der Kleinreparaturklausel, den eigenen Verwaltungsaufwand gering zu halten und bei größeren Investitionen sicherstellen zu können, dass diese getätigt werden. Im Interesse des Mieters ist es, seine jährlichen Investitionskosten in die Erhaltung des Objektes zu begrenzen. 26

e) Individualvertrag

27 Die formularvertragliche Übertragung setzt den einwandfreien Zustand der Mietsache bei Vertragsbeginn voraus und verlangt, dass der Vermieter die Unterhaltung der Mietsache an „Dach und Fach“ übernimmt.

28 Im Wege der **Individualvereinbarung** kann dem Mieter dies übertragen werden. Da solche Vereinbarungen von der gesetzgeberischen Grundentscheidung abweichen, wonach es dem Vermieter obliegt, die Mietsache in einem zum vertragsgemäßen Gebrauch geeigneten Zustand zu überlassen und zu erhalten, ist besondere Sorgfalt geboten. Die Verhandlungen müssen widerspiegeln, dass die Übertragung der Erhaltungslast auf den Mieter in die Kalkulation der Miete eingeflossen ist oder der Vermieter rechnerisch vergleichbare Investitionen tätigt.[6]

29 Die vollständige Übertragung der Erhaltung der Mietsache auf den Mieter ist auch dann möglich, wenn der Vermieter nur die Anschaffungskosten des Objektes tragen will, wenn der Mieter also Steuern und Abgaben, Versicherungskosten, Betriebskosten sowie Instandhaltungs- und Instandsetzungskosten übernimmt – **sog. Triple-Net-Miete**.

3. Regelungen für die Ersatzbeschaffung

30 Bei Mietobjekten, die schon ältere umfangreiche technische Ausstattung vorweisen und/oder von einem Mieter alleine genutzt werden, ist über die Instandhaltung und Instandsetzung hinaus die **Übernahme der Ersatzbeschaffung** und der **Erneuerung** deutlich zu regeln. Die Rechtsprechung und die Literatur entnehmen einer Verpflichtung des Mieters zur Instandhaltung und Instand-setzung nicht zwingend, dass der Mieter die Mietsache auch dann instand zu setzen hat, wenn die Mietsache nicht mehr reparaturfähig ist, die Mietsache also erneuert werden muss. Es geht somit um die wirtschaftliche Risikozuweisung der Ersatzbeschaffung. Die formularvertragliche unbeschränkte Übertragung der Ersatzbeschaffung auf den Mieter würde die Sachgefahr vollständig auf den Mieter übergehen lassen und ihn mit einem nicht vorauskalkulierbaren Kostenrisiko belasten.

31 Die Verpflichtung des Mieters zur Ersatzbeschaffung bedarf daher einer ausdrücklichen gesonderten Vereinbarung mit einer Deckelung der überwälzten Kostenlast.

Formulierungsmuster

„Der Mieter ist im Rahmen der Instandhaltung auch zur Ersatzbeschaffung von Anlagen, Einrichtungen oder Bestandteilen der Mietsache verpflichtet. Er trägt die Kosten der Ersatzbeschaffung, wenn die Ersatzbeschaffung je Einzelfall keine höheren Kosten als ... € erfordert. Maximal trägt der Mieter aber nur die Kosten der Ersatzbeschaffungen bis zur Höhe einer Nettomonatsmiete im Mietjahr.“

---

6 OLG Saarbrücken, Urt. v. 21.2.2003 – 8 U 463/02 – 109, 8 U 463/02 –.

4. Regelungen für die Durchführung der Schönheitsreparaturen

Die Renovierung ist nach dem gesetzgeberischen Willen Aufgabe des Vermieters, die auf den Mieter abgewälzt werden darf. In der Praxis geschieht dies durch Formularklauseln. An diese sollte der Vermieter die strengen Maßstäbe des AGB-Rechts anlegen, um eine Unwirksamkeit der Klausel zu vermeiden und damit letztlich den „Rückfall" der Renovierungsverpflichtung an ihn selbst und den damit einhergehenden wirtschaftlichen Verlust. 32

Nachdem der BGH bei der formularvertraglichen Verpflichtung des Gewerberaummieters zur Endrenovierung keine Veranlassung gesehen hat, zwischen dem Gewerberaum- und dem Wohnungsraummietrecht[7] zu differenzieren, ist die Formularpraxis ordentlich „durchgewirbelt" worden.[8] 33

Unproblematisch ist die Übertragung der Verpflichtung zur Vornahme der Renovierung auf den Mieter. Die Verwendung eines **Fristenplans und einer Endrenovierungsklausel** erfordern Sorgfalt, um eine „Infizierung" zu vermeiden. 34

a) Übernahme durch den Mieter

Mit Blick auf die einmal gewählten Definitionen ist die Verpflichtung des Mieters zweifelsfrei zu formulieren. 35

Formulierungsmuster
„Dem Mieter obliegt die fachgerechte Durchführung sämtlicher Schönheitsreparaturen."

Der Mieter kann nach der Entscheidung des BGH,[9] dass die Regelung in § 535 Abs. 1 S. 2 BGB gleichermaßen für Wohn- und Geschäftsräume gelte und damit auch der gewerbliche Mieter schutzbedürftig sei, formularvertraglich kaum noch verpflichtet werden, die Schönheitsreparaturen durch einen Fachbetrieb ausführen zu lassen. Die Ausführungen sowohl der bisherigen Rechtsprechung zu den Fachhandwerkerklauseln[10] als auch des Schrifttums sind nach Auffassung des OLG Düsseldorf[11] überholt, da diese zeitlich vor der Entscheidung des XII. Zivilsenates liegen. 36

7 BGH, Urt. v. 6.4.2005 – XII ZR 308/02 –.
8 *Beyer*, NJW 2008, 2065.
9 BGH, Urt. v. 6.4.2005 – XII ZR 308/02 –.
10 BGH, Urt. v. 10.11.1982 – VIII ZR 252/81 – BGHZ 85, 267.
11 OLG Düsseldorf, Urt. v. 9.12.2010 – 10 U 66/10 –.

b) Fristenpläne, Endrenovierungen und Abgeltungsklauseln

37 Schönheitsreparaturklauseln sollten angesichts der Rechtsprechung auf das wirklich Notwendige und Sinnvolle beschränkt werden. Nebensächliche Klauseln können unwirksam sein und wegen ihres Zusammenhangs mit der Grundklausel diese „infizieren" und zur vollständigen Unwirksamkeit der Gesamtregelung führen. Die formularvertragliche Anwendung nachfolgender Kombinationsmöglichkeiten sollte vorsorglich nur dann erfolgen, wenn das Mietobjekt in renoviertem Zustand überlassen wird.[12]

38 Aus verschiedenen Gründen ist es sinnvoll, einen **Fristenplan** zu vereinbaren. Zum einen gibt er beiden Parteien eine Orientierungshilfe, wann die Arbeiten durchzuführen sind. Zum anderen erleichtert er dem Vermieter die Darlegungs- und Beweislast bei der Geltendmachung des Anspruchs auf Durchführung der Schönheitsreparaturen.

39 Die Parteien sind gehalten, abhängig von der Nutzung der gewerblichen Räume (Büro, Handels- oder Lagerfläche) und der Dauer des Mietverhältnisses (Sonderkündigungsrechte bzw. Optionsrechte) den Fristenplan zu gestalten. Jedoch gilt es, selbst bei sachlich begründeter Vereinbarung eines Fristenplans eine Fixierung der Zeiten zu vermeiden, da der BGH[13] in einem starren Fristenplan regelmäßig eine unangemessene Benachteiligung des Mieters sieht. Sprachlich ist die Formulierung daher aufzuweichen durch Worte wie „in der Regel", „im Allgemeinen" oder „normalerweise".

40 Der Mieter kann darüber hinaus verpflichtet werden, während des Mietverhältnisses fällig gewordene Renovierungen spätestens vor Mietende nachzuholen. Es handelt sich dabei um eine **„unechte" Endrenovierungsklausel**,[14] in der keine unbedingte Pflicht zur Endrenovierung gesehen wird und die deshalb als unbedenklich gilt. Die Rechtsprechung des BGH[15] zur Unwirksamkeit von Klauseln, die den Mieter bei Verpflichtung zur laufenden Schönheitsreparatur zur Endrenovierung verpflichten, findet hierauf mangels unbedingter Pflicht zur Endrenovierung keine Anwendung.

41 Für die Praxis bietet es sich weiterhin an, eine **Abgeltungsklausel** mit einem festen Betrag zu vereinbaren. Der Vorteil liegt für beide Parteien auf der Hand: Der Mieter ist vor Ablauf des Mietverhältnisses nicht zusätzlich mit der Durchführung der Renovierung und der damit einhergehenden Frage der Ordnungsgemäßheit belastet; der Vermieter kann die Renovierung erforderlichenfalls den Wünschen des Nachmieters anpassen. Eine haltbare und praktikable Formulierung für die Berechnung der Höhe der Abgeltung lässt sich am Leichtesten individuell vereinbaren.

---

12 BGH, Urt. v. 18.3.2015 – VII ZR 185/14 –.

13 BGH, Urt. v. 23.6.2004 – VIII ZR 361/03 –.

14 *Beyer*, NJW 2008, 2065.

15 BGH, Urt. v. 6.4.2005 – XII ZR 308/02 –.

Formularvertraglich bestehen Bedenken,[16] soweit die Mietsache zu Beginn sowohl unrenoviert oder renovierungsbedürftig als auch renoviert überlassen worden ist; zudem scheitern solche Klauseln an der Praktikabilität der Berechnung.

c) Individualvertrag

Die Rechtsprechung des BGH zu den Schönheitsreparaturen fordert die Parteien letztlich, Fristenpläne, Endrenovierungen und Abgeltungsklauseln individuell auszuhandeln. An dieser Stelle gewinnt die Auffassung des BGH,[17] dass die Verpflichtung des Mieters zur Durchführung von Schönheitsreparaturen Teil der Gegenleistung, mithin des Entgeltes ist, an Bedeutung. Will der Vermieter – über die schlichte Verpflichtung zu Durchführung der Renovierung hinaus – Fristen oder eine Endrenovierung durchsetzen, muss der Mieter als Gegenleistung eine **nachvollziehbare Reduzierung der Miete** erfahren. Diese kann bei lang laufenden Mietverträgen in der günstigen Ausgestaltung der Wertsicherungsklausel, dem Verzicht auf Rückbauten oder eines zu Beginn geleisteten Incentives zu sehen sein. Die vom Mieter über die Renovierung hinaus zu erbringende Leistung muss daher bewertet werden und sich in den Verhandlungen widerspiegeln. 42

C. Durchsetzung der Ansprüche

I. Vertragliche Ausgangslage

Der Vermieter hat dem Mieter die Mietsache zum vertragsgemäßen Gebrauch zu überlassen und sie während der Mietzeit in diesem Zustand zu erhalten. Dafür zahlt der Mieter Miete. Will der Vermieter davon abweichen, muss dies bei der Bemessung der Miete berücksichtigt werden – so die Theorie. 43

In der Praxis erfährt der gesetzgeberische Wille durch AGB eine vollumfängliche Änderung. Vertragsentwürfe sehen regelmäßig die **Übertragung der Instandhaltung, Instandsetzung und Durchführung von Schönheitsreparaturen** vor, ohne dass auf den ersten Blick festgestellt werden kann, dass dies Berücksichtigung bei der Bemessung der Miete gefunden hat. In Bezug auf die Schönheitsreparaturen hat der BGH dieser Praxis zuletzt eine deutliche Absage erteilt. 44

Praxistipp !

Bevor der Vermieter im laufenden Mietverhältnis bislang nicht ausgeführte Instandhaltungs-, Instandsetzungsmaßnahmen oder Schönheitsreparaturen durchsetzen will, ist zu prüfen, ob diese

16 BGH, Beschl. v. 22.1.2014 – VIII ZR 352/12 –.

17 BGH, Urt. v. 6.7.1988 – VIII ARZ 1/88 –.

wirksam vereinbart sind! Denn im Falle der gerichtlich festgestellten Unwirksamkeit ist es dem Mieter ein Leichtes, den Vermieter im Nachgang die Maßnahmen auf seine Kosten durchführen zu lassen.

II. Übertragung durch AGB

1. Grundsätze der AGB-Kontrolle

45 Das rechtliche und damit das wirtschaftliche Risiko der Unwirksamkeit einer Formularklausel trägt allein der Verwender und damit im Regelfall der Vermieter.

46 In der Praxis ist davon auszugehen, dass der Mietvertrag dem Anwendungsbereich der §§ 305ff. BGB unterfällt. AGB sind alle Arten von Vertragsbedingungen, die für eine Vielzahl von Verträgen vorformuliert sind und die von einer Vertragspartei (Verwender) der anderen Vertragspartei bei Vertragsschluss gestellt werden.

Praxistipp
Bei der Prüfung des Vertrages ist konkret anhand der Vertragsdokumentation (Vertragsentwürfe oder Schriftverkehr bei Vertragsanbahnung bzw. Vertragsverhandlung) zu untersuchen, ob die §§ 305ff. BGB auf den ganzen Vertrag Anwendung finden oder einzelne Klauseln ausgeschlossen, da diese von den Parteien verhandelt worden sind – was nicht selten der Fall ist.

47 Nach der Feststellung, dass die AGB durch **wirksame Einbeziehung Vertragsbestandteil** geworden sind, erfolgt eine Inhaltskontrolle nach den §§ 307 bis 309 BGB. Nach der Rechtsprechung des BGH sind AGB nach ihrem objektiven Inhalt und typischen Sinn einheitlich so auszulegen, wie sie von verständigen und redlichen Vertragspartnern des Verwenders zugrunde zu legen sind.[18] Es kommt auf die Sicht eines verständigen, juristisch nicht vorgebildeten Mieters an.[19] Die Auslegung hat sich in erster Linie an dem Wortlaut zu orientieren.[20] Gemäß § 305c Abs. 2 BGB gehen Zweifel bei der Auslegung zulasten des Verwenders. Ist eine Formulierung unklar oder unverständlich, ist gem. § 307 Abs. 1 Satz 1 BGB regelmäßig die gesamte Klausel unwirksam.

48 Zu prüfen ist ferner, ob eine unwirksame Klausel eine wirksame Klausel „infiziert“ hat, d.h. eine wirksame Klausel unwirksam geworden ist. Der BGH hat in Bezug auf eine **Klauselkombination** von Abgeltungsklausel und Schönheitsreparaturverpflichtung ausgeführt, dass die Abgeltungsklausel ihre Grundlage verliere, wenn die vertragliche Regelung über die Abwälzung der Schönheitsreparaturverpflichtung auf den Mieter unwirksam sei.[21] In einer anderen Entscheidung ist der BGH dagegen zu

18 BGH, Urt. v. 17.12.1987 – VII ZR 307/86 – BGHZ 102, 384, 389.
19 BGH, Urt. v. 25.1.2006 – VIII ZR 3/05 –.
20 BGH, Urt. v. 12.9.2007 – VIII ZR 316/06 –.
21 BGH, Urt. v. 5.4.2006 – VIII ZR 178/05 –.

dem Ergebnis gekommen, dass eine unwirksame Endrenovierungsklausel eine wirksame Schönheitsreparaturklausel nicht „infiziert".[22] Er hat dies aufgrund der Eigenständigkeit der Endrenovierungsklausel verneint. Der BGH hat im zuletzt genannten Fall den Unterschied darin gesehen, dass die Endrenovierungsklausel ohne Weiteres hinweggedacht werden konnte, während im zuerst genannten Fall die Abgeltungsklausel von der Schönheitsreparaturverpflichtung abhängig war.

Wie zu Beginn des Kapitels ausgeführt, trägt der Vermieter das **wirtschaftliche** 49
Risiko der Unwirksamkeit einer Geschäftsbedingung, die Instandhaltungs-, Instandsetzungsmaßnahmen oder Schönheitsreparaturen regelt. Der Vermieter hat keine Möglichkeit, infolge der Unwirksamkeit eine Erhöhung der Miete als Kompensation für den Verlust des Anspruchs auf Durchführung der Schönheitsreparaturen zu erhalten. Der BGH hat dies ausdrücklich in mehreren Entscheidungen bekräftigt.[23]

Praxistipp !
Stellt der Vermieter bei der Überprüfung der Klauseln fest, dass das Risiko einer Unwirksamkeit besteht, bleibt letztlich nur die Möglichkeit, das Risiko durch Nachverhandlungen auszuschließen. In der Praxis zeigt sich, dass hierzu oftmals eine Gelegenheit besteht, die zur Klarstellung genutzt werden sollte.

---

2. Offensichtlicher Verstoß

Der BGH hat in einigen Fällen deutlich eine unangemessene Benachteiligung des 50
Mieters gesehen und damit die Unwirksamkeit einer Geschäftsbedingung, die Instandhaltungs-, Instandsetzungsmaßnahmen oder Schönheitsreparaturen regelt, angenommen. Da der BGH diese wiederholt und bekräftigt hat, kann nicht mehr von einer Einzelfallentscheidung ausgegangen werden.

Von einer **Unwirksamkeit kann daher ausgegangen werden**, wenn bei der 51
Übertragung von Instandhaltungs- und Instandsetzungsarbeiten

- die Erhaltung von Dach und Fach vorgesehen ist,[24]
- sich die Mietsache zu Vertragsbeginn nicht in einem mangelfreien Zustand befand,
- Instandhaltungs- und Instandsetzungsarbeiten bei Vertragsbeginn bereits ausstehen,
- die Mietsache zu Vertragsbeginn erhebliche Beeinträchtigungen durch vorangegangenen Gebrauch erfahren hat,
- für gemeinschaftliche Flächen die Kostentragung nicht begrenzt ist.[25]

---

22 BGH, Urt. v. 18.10.2006 – VIII ZR 52/06 –.
23 BGH, Urt. v. 28.6.2006 – VIII ZR 124/05 –; BGH, Urt. v. 18.10.2006 – VIII ZR 52/06 –.
24 Eine Ausnahme bildet lediglich der Triple-Net-Vertrag.
25 BGH, Urt. v. 6.4.2005 – XII ZR 158/01 –.

52 Bei der Übertragung der Verpflichtung zur Durchführung von Schönheitsreparaturen kann von einer Unwirksamkeit ausgegangen werden, wenn

- eine Renovierungspflicht alleine nach Zeitablauf ohne Rücksicht auf den tatsächlichen Renovierungsbedarf vorgesehen ist,
- eine Endrenovierungsverpflichtung besteht, unabhängig von der Dauer des Mietverhältnisses oder dem Zeitpunkt der letzten Schönheitsreparatur,
- starre Fristen Grundlage einer Abgeltungsklausel sind,
- der Formularvertrag eine Quotenabgeltungsklausel beinhaltet.

3. Instandhaltung und Instandsetzung

a) Übertragung

53 In vielen Standardverträgen ist die **Pflicht zur Durchführung** von Instandhaltungs- und Instandsetzungsmaßnahmen nicht eindeutig festgehalten.

54 Die Übernahme von Instandhaltungsarbeiten wird von der Rechtsprechung als wirksam vereinbart angesehen, wenn der Mieter verpflichtet ist, die Mietsache „ordnungsgemäß und schonend" zu behandeln, sie zu „pflegen" oder sie „in gutem und gebrauchsfähigem Zustand zu erhalten".

55 Fehlt es im Vertrag an einer Definition der Instandhaltungs- und Instandsetzungspflichten, ist der Umfang der vom Mieter durchzuführenden Maßnahmen aufgrund der vertraglichen Vereinbarung anhand der Rechtslage weitergehend zu prüfen. Abgrenzungsschwierigkeiten können dann zur Schönheitsreparatur bestehen, aber auch zur Ersatzbeschaffung. Oft sind im Zusammenhang mit Instandhaltungsmaßnahmen Reparaturen oder Erneuerungen erforderlich. Die Instandhaltungs- und Instandsetzungspflicht umfasst jedoch nicht die Pflicht zur Ersatzbeschaffung.

b) Formularvertraglich

56 Bei einer formularvertraglichen Übertragung ist die Klausel sodann auf ihre Wirksamkeit gem. §§ 307ff. BGB zu überprüfen.

57 Die Regelung darf dem Mieter nicht die komplette Erhaltungslast der Mietsache, die Kosten für die Behebung anfänglicher bzw. vorhandener Mängel – deren Höhe nicht überschaubar ist – überbürden oder ihm Kosten für Schäden auferlegen, die von Dritten verursacht worden sind, ohne dass der Mieter für deren Handeln verantwortlich ist.

58 Gerade wenn der Mieter zur Durchführung von Instandsetzungsarbeiten verpflichtet werden soll, scheidet eine pauschale Formulierung, die die Instandhaltung des gesamten Objekts vorsieht, aus. Der Vermieter vermag seinen Anspruch nur durchzusetzen, wenn die Klausel die Risikotragung des Mieters auf den Innenbereich des Mietobjekts beschränkt und ausschließlich Instandsetzungsaufwendungen erfasst werden, die durch den Mietgebrauch selbst hervorgerufen werden.

Besonderheiten gelten auch, soweit dem Mieter die Kosten für die Instandhaltung und Instandsetzung der Gemeinschaftsflächen übertragen werden sollen. In der Rechtsprechung und der Literatur wird hierzu eine Kostenbegrenzung auf einen festen Prozentsatz der Jahresmiete vorgeschlagen. Anderenfalls sieht die Rechtsprechung einen Verstoß gegen § 307 BGB als gegeben an.[26] 59

4. Ersatzbeschaffung

Allein die Verpflichtung des Mieters zur Instandsetzung und Instandhaltung verlangt von diesem nicht die Ersatzbeschaffung (Erneuerung) von Anlagen, Einrichtungen oder Bestandteilen der Mietsache, die infolge ihres Alters unbrauchbar geworden sind.[27] 60

Formularvertraglich hat der BGH es für zulässig erachtet, dass *„sämtliche (...) Erneuerungen in den gemieteten Räumen (...) zu Lasten des Mieters"* gehen.[28] Das KG Berlin macht allerdings deutlich, dass die **Verpflichtung des Mieters zur Ersatzbeschaffung** eindeutig vertraglich zum Ausdruck gebracht werden muss.[29] 61

Bei der Frage der Durchsetzbarkeit eines Anspruchs des Vermieters gegen den Mieter ist je nach betroffenem Bestandteil schwierig zu beurteilen, ob es sich noch um Instandsetzung oder schon um Ersatzbeschaffung handelt. 62

Rechtsprechung und Literatur sehen einen Bestandteil als unbrauchbar und damit als erneuerungsbedürftig an, wenn ein vernünftiger Kaufmann bei wirtschaftlicher Betrachtungsweise den Bestandteil durch einen neuen ersetzen würde, weil er sich nicht mehr in einem reparaturwürdigen Zustand befindet.[30] 63

Damit entscheidet bei fehlender Vereinbarung über die Verpflichtung zur Ersatzbeschaffung letztlich die wirtschaftliche Risikozuweisung, ob eine Reparatur oder eine Ersatzbeschaffung erforderlich ist. 64

Bei wirksamer Übertragung der Instandhaltung und Instandsetzung kann der Vermieter jedenfalls die Erneuerung des Bestandteils bei einem Materialaustausch vom Mieter verlangen. Die zur Wartung erforderlichen Befestigungs- und Kleinmaterialien sind in diesem Fall vom Mieter zu beschaffen. Von der Wartung ausgenommen sind dagegen der Totalausfall von Anlagen sowie Mängel an Anlagen. 65

Der fehlenden Pflicht des Mieters zur Ersatzbeschaffung steht jedoch nicht unbedingt spiegelbildlich die Pflicht des Vermieters zur Ersatzbeschaffung gegenüber. Die Instandsetzungspflicht des Vermieters entfällt dann, wenn dem Vermieter die Mängelbeseitigung bei wirtschaftlicher Betrachtungsweise nicht mehr zugemutet 66

26 BGH, Urt. v. 10.9.2014 – XII ZR 56/11 –.
27 *Schmidt*, NZM 2011, 680.
28 BGH, Urt. v. 25.2.1987 – VIII ZR 88/86 –.
29 KG Berlin, Urt. v. 1.3.1999 – 8 U 1119/98 –.
30 KG Berlin, Urt. v. 1.3.1999 – 8 U 1119/98 –; *Schmidt*, NZM 2011, 680.

werden kann. Übersteigt der Aufwand die „Opfergrenze“, endet die Verpflichtung des Vermieters zur Wiederherstellung. Die Opfergrenze ist überschritten, wenn die Instandsetzung teurer wäre als der Zeitwert der zu ersetzende Sache[31] oder wenn der erforderliche Aufwand nicht innerhalb eines Zeitraums von ca. zehn Jahren durch eine erzielbare Rendite aus dem Mietobjekt ausgeglichen werden kann.[32]

67 Der BGH hat in diesem Zusammenhang entschieden, dass die Verpflichtung des Vermieters dort ende, wo der dazu erforderliche Aufwand die **„Opfergrenze“** überschreite.[33] Wann diese Zumutbarkeitsgrenze überschritten ist, müsse von Fall zu Fall unter Berücksichtigung der beiderseitigen Parteiinteressen wertend ermittelt werden. Doch darf kein krasses Missverhältnis zwischen dem Reparaturaufwand einerseits und dem Nutzen der Reparatur für den Mieter sowie dem Wert des Mietobjekts und den aus ihm zu ziehenden Einnahmen andererseits entstehen.[34]

68 Der BGH fordert eine „Würdigung“ aller Umstände, denn aus der bloßen Gegenüberstellung zwischen Sanierungskosten und Verkehrswert lasse sich eine Überschreitung der „Opfergrenze“ nicht herleiten. Bei der Bestimmung der dem Schuldner zuzumutenden Anstrengungen ist auch ein etwaiges Verschulden des Schuldners zu berücksichtigen (§ 275 Abs. 2 S. 2 BGB).[35]

5. Schönheitsreparaturen

69 Der BGH hat mit seiner Rechtsprechung zu den Schönheitsreparaturen die Vertragspraxis durchgewirbelt. Bei der Prüfung, ob gegenüber dem Mieter der vertragliche Anspruch auf Durchführung der Schönheitsreparatur durchgesetzt werden kann, dürfte bei älteren Verträgen mit großer Wahrscheinlichkeit von einer Unwirksamkeit auszugehen sein, da diese oftmals **unzulässige Klauselkombinationen** aufweisen. Die Rechtsprechung hierzu ist vielfältig und wenige Kombinationen halten den strengen Anforderungen der §§ 307 ff. BGB stand.

a) Übertragung

70 Für die wirksame Übertragung auf den Mieter bedarf es einer vertraglichen Vereinbarung. Diese muss die Verpflichtung eindeutig und verständlich regeln. Zweifel gehen bei der Auslegung zulasten des Verwenders. Ist eine Formulierung unklar oder unverständlich, ist regelmäßig die gesamte Klausel unwirksam. Formulierungen, dass Schönheitsreparaturen „vom Mieter zu tragen“, „Sache des Mieters sind“

31 OLG Karlsruhe, Urt. v. 30.12.1994 – 19 U 113/94 –.
32 OLG Hamburg, Urt. v. 6.9.2000 – 4 U 15/00 –.
33 BGH, Urt. v. 21.4.2010 – VIII ZR 131/09 –.
34 BGH, Urt. v. 20.7.2005 – VIII ZR 342/03 –.
35 BGH, Urt. v. 21.4.2010 – VIII ZR 131/09 –.

oder „zulasten des Mieters gehen“ werden als zulässig angesehen, dagegen Formulierungen, die vom Mieter verlangen, die „Räume ordnungsgemäß und schonend zu behandeln“ oder sie im „ordnungsgemäßen Zustand zurückzugeben“ nicht.

b) Formularvertraglich

Bislang durchgängig erfolgt die Übertragung der Schönheitsreparatur durch Formularklauseln. Der Wirksamkeit und damit verbunden der Durchsetzbarkeit stehen keine Bedenken gegenüber, soweit lediglich die Pflicht, die Schönheitsreparaturen durchzuführen, übertragen worden ist. Dies ist jedoch nicht der Regelfall, vielmehr finden sich im Mietvertrag zusätzlich Fristenpläne, Endrenovierungsklauseln und Abgeltungsklauseln, die die Gefahr der Unwirksamkeit mit sich bringen. 71

Starre Fristenpläne stellen eine unangemessene Benachteiligung des Mieters dar und sind daher unwirksam.[36] Der BGH sieht in der Verbindung des Fristenplans mit der Regelung zur Schönheitsreparatur eine Einheit (Klauselkombination), weshalb die Unwirksamkeit des Fristenplans zwingend zur Unwirksamkeit der Klausel insgesamt führe.[37] Dies gelte auch, wenn die Verpflichtung als solche in zwei Klauseln enthalten sei, zwischen diesen Klauseln aus der Sicht eines verständigen Mieters jedoch ein innerer Zusammenhang bestehe. 72

Anders ist dies bei **flexiblen Fristenplänen**. Der BGH sieht hierin keine Benachteiligung des Mieters.[38] Allerdings ist umstritten, mit welchem Wortlaut der Fristenplan wirksam „aufgeweicht“ werden muss. Eindeutigkeit scheint dem Wort „regelmäßig“ zu fehlen, sodass es eine starre oder eine flexible Frist beinhalten kann. Eine Schönheitsreparaturklausel alleine mit dem Begriff „regelmäßig“, ohne dass ein weiterer Zusatz gegeben ist, lässt zwei Lesarten zu. So kann der Begriff „regelmäßig“ beinhalten, dass die Renovierungsarbeiten „in der Regel“ zu den aufgeführten Fristen, also „zyklisch“ oder „turnusmäßig“ auszuführen sind.[39] Danach wären die Schönheitsreparaturen in gleichbleibenden Zeitabständen durchzuführen und somit einem starren Fristenplan unterworfen. Die Verwendung des Begriffs „regelmäßig“ kann ohne weitere Beschränkungen zu einer starren Frist führen – sie sollte durch einen Zusatz wie „im Allgemeinen“ oder „normalerweise“ einer eindeutigen Interpretation zugefügt werden. 73

Zur Unwirksamkeit der Klausel insgesamt führt auch eine Kombination aus der Verpflichtung zur Endrenovierung und zur Durchführung der laufenden Schönheitsreparaturen. Die Endrenovierungsklausel belastet den Mieter deshalb, weil dieser bei seinem Auszug auch dann zu renovieren hat, wenn das Mietverhältnis nur 74

36 BGH, Urt. v. 23.6.2004 – VIII ZR 361/03 –.
37 BGH, Urt. v. 23.6.2004 – VIII ZR 361/03 –.
38 BGH, Beschl. v. 20.3.2012 – VIII ZR 192/11 –; BGH, Urt. v. 13.5.2005 – VIII ZR 351/04 –.
39 KG Berlin, Urt. v. 22.5.2008 – 8 U 205/07 –.

kurze Zeit gedauert hat und ein Renovierungsbedarf bei Ende des Mietverhältnisses deshalb noch nicht besteht.[40]

75 Deutlich zu unterscheiden ist zwischen den Klauseln, die den Mieter unabhängig von der Dauer des Mietverhältnisses oder dem Zeitpunkt der letzten Schönheitsreparatur dazu verpflichten, eine Endrenovierung durchzuführen und den Klauseln, die den Mieter verpflichten, während des Mietverhältnisses fällig gewordene Schönheitsreparaturen zum Mietende nachzuholen. Der BGH hat hervorgehoben, dass sich im Gewerbemietrecht **kein Summierungseffekt** ergibt, wenn in einem Formularmietvertrag über gewerblich genutzte Räume der Mieter neben der bedarfsabhängigen Vornahme von Schönheitsreparaturen auch dazu verpflichtet, die Räume bei Beendigung des Mietverhältnisses in einem „bezugsfertigen Zustand" zurückzugeben.[41]

76 Sofern der Vertrag dem Mieter auferlegt, auf der Grundlage einer „starren" oder „weichen" Fristenregelung am Mietende anteilig die Kosten von Schönheitsreparaturen abzugelten, wird der Mieter auch hierdurch übermäßig gem. § 307 BGB belastet, was zu einer Unzulässigkeit der Klausel führt.[42] Eine **„starre" Abgeltungsklausel**, so der BGH, führt bei einem überdurchschnittlichen Erhaltungszustand der Mietsache dazu, dass der Mieter mit höheren zeitanteiligen Renovierungskosten belastet wird, als es dem tatsächlichen Abnutzungsgrad der Mietsache entspricht. Die Bemessung der Abgeltungsquote allein nach Zeitablauf führt stets zur Unwirksamkeit der Klausel. Eine **„weiche" Quotenabgeltungsklausel** verlangt vom Vermieter, um die auf ihn bei Vertragsbeendigung zukommende Kostenbelastung zu ermitteln, hypothetische Einschätzungen und führt letztlich damit für den Mieter zu einer unangemessenen Benachteiligung.

c) Ausführungsart

77 Nach der Entscheidung des OLG Düsseldorf ist zweifelhaft, ob der gewerbliche Mieter formularvertraglich verpflichtet werden kann, die Schönheitsreparaturen durch einen Fachbetrieb ausführen zu lassen.[43]

78 Sofern formularvertraglich vorgeschrieben ist, dass die Schönheitsreparaturen in der „bisherigen Ausführungsart" zu erfolgen haben, bestehen hiergegen auch im Gewerberaummietrecht ebenfalls Bedenken. Der BGH hat eine solche Regelung im Bereich des Wohnraummietrechts für unwirksam erklärt.[44] Zur Begründung hat er ausgeführt, dass nicht eindeutig zu erkennen sei, ob jegliche Veränderung zustim-

40 BGH, Urt. v. 25.6.2003 – VIII ZR 335/02 –.
41 BGH, Urt. v. 12.3.2014 – XII ZR 108/13 –.
42 BGH, Urt. v. 18.10.2006 – VIII ZR 52/06 –.
43 OLG Düsseldorf, Urt. v. 9.12.2010 – 10 U 66/10 –.
44 BGH, Urt. v. 11.9.2012 – VIII ZR 237/11 –.

mungspflichtig sein solle oder wo sonst die Grenze zwischen zustimmungspflichtigen und zustimmungsfreien Veränderungen liege. Zumindest für Renovierungen während der Mietzeit ist auch im Gewerbemietrecht ein berechtigtes Interesse an einer Beschränkung des Nutzungsrechts des Mieters nicht erkennbar.

Bei fehlender Regelung zur Ausführungsart schuldet der Mieter die Durchfüh- 79
rung der Schönheitsreparaturen in mittlerer Art und Güte.

III. Individualvereinbarungen

Die Parteien können die Verpflichtung zur Instandhaltung, Instandsetzung und zur 80
Durchführung von Schönheitsreparaturen auch individuell ausgehandelt haben, sodass diese nicht dem AGB-Recht unterliegen, sondern die §§ 138, 242 BGB zum Maßstab werden.

Insoweit ist es den Parteien möglich, die Kosten für die Behebung anfänglicher 81
Mängel, Reparaturen und Erneuerungen auf den Mieter zu übertragen.[45] Gleiches gilt für eine weitergehende Verpflichtung des Mieters zur Übernahme von Schönheitsreparaturen und Fachhandwerkerklauseln.

Die Zulässigkeit der weitreichenden Übertragung von **„Dach und Fach"** auf den 82
Mieter im Wege einer Individualvereinbarung wird in Rechtsprechung[46] und Literatur[47] thematisiert. Die Übernahme von Erhaltungspflichten für Dach und Fach führt bei zusätzlicher Entlastung des Vermieters zu der Gefahr beträchtlicher wirtschaftlicher Belastungen des Mieters, die sich mit der laufenden Miete zu einer unbilligen Gesamtbelastung summieren kann. Die Erhaltung der Grundsubstanz kann Einstandspflichten begründen, die ein Vielfaches der laufenden Miete ausmachen und sich ggf. erst auf lange Frist oder überhaupt nicht amortisieren.[48]

Soweit sich der Vermieter bei der Durchsetzung eines Anspruchs auf eine Indi- 83
vidualvereinbarung berufen will, setzt dies voraus, dass sich aus der Vertragsdokumentation ergibt, dass Vertragsregelungen inhaltlich ernsthaft zur Disposition standen. Auch kann sich der Vermieter darauf berufen, dass er nur die Anschaffungskosten tragen sollte.[49] Regelmäßig wird der individuellen Übertragung der Instandhaltung, Instandsetzung und Schönheitsreparaturen auf den Mieter als Gegenleistung eine inhaltlich nachvollziehbare Reduzierung der Miete oder ein sonstiger wirtschaftlicher Vorteil zugrunde liegen. Die Klausel *„Die Parteien sind sich darüber*

45 BGH, Urt. v. 5.6.2002 – XII ZR 220/99 –.

46 BGH, Urt. v. 5.6.2002 – XII ZR 220/99 –; OLG Rostock, Urt. v. 10.9.2009 – 3 U 287/08 –; OLG Brandenburg, Urt. v. 13.11.2002 – 3 U 166/98 –; OLG Naumburg, Urt. v. 8.2.2000 – 11 U 168/99 –.

47 *Bub*, NZM 1998, 789.

48 *Borzutzki-Pasing*, jurisPR-MietR 23/2009, Anm. 5.

49 OLG Saarbrücken, Urt. v. 21.2.2003 – 8 U 463/02 – 109, 8 U 463/02 –.

einig, dass Nr.... des Mietvertrages ausgehandelt wurde" führt nicht dazu, sich auf eine Individualvereinbarung stützen zu können.

84 Trotz Individualvereinbarung ist eine AGB-rechtliche Prüfung der Vertragsklausel nicht gänzlich zu vermeiden. Grund hierfür ist der **Summierungseffekt**. Dieser liegt vor, wenn zwei (oder mehr) für sich unbedenkliche, inhaltlich aber zusammengehörige Klauseln in ihrer Gesamtwirkung zu einer übermäßigen Belastung und damit zu einer unangemessenen Benachteiligung führen: Die Folge ist die Unwirksamkeit beider Klauseln.[50] Der Summierungseffekt kann nicht nur durch das Zusammentreffen zweier Formularklauseln entstehen, sondern auch durch das Zusammentreffen einer Formularklausel mit einer individuell ausgehandelten Klausel. In diesem Fall ist von dem Summierungseffekt die Formularklausel betroffen, während die Individualklausel – es sei denn, es handelt sich um ein einheitliches Rechtsgeschäft i.S.d. § 139 BGB – ihre Wirksamkeit behält.[51]

IV. Durchsetzung

85 Der Vermieter hat nicht nur bei beendetem Mietverhältnis einen Anspruch gegen den Mieter, dass bis dahin nicht erfolgte Instandsetzungs-, Instandhaltungsmaßnahmen oder Schönheitsreparaturen durchgeführt oder die Kosten hierfür erstattet werden. Auch im laufenden Mietverhältnis kann er seine Ansprüche gegenüber dem Mieter gerichtlich durchsetzen, wenn er fürchtet, dass die Substanz des Mietobjekts unter dem Verhalten des Mieters leidet.

1. Durchsetzung bei beendetem Mietverhältnis

86 Kommt der Mieter am Ende des Vertragsverhältnisses seiner Verpflichtung zur Durchführung von Instandsetzungs-, Instandhaltungsmaßnahmen oder Schönheitsreparaturen nicht nach, kann der Vermieter die Kosten hierfür geltend machen. Voraussetzung hierfür ist eine wirksame vertragliche Vereinbarung, die Fälligkeit des Anspruchs und eine wirksame Fristsetzung. Der Vermieter kann dann sowohl Zahlung eines Vorschusses in Höhe der zu erwartenden Kosten für die Durchführung der Arbeiten verlangen als auch Schadensersatz. Bei einem beendeten Mietverhältnis ist der Vermieter in der **Verwendung der geschuldeten Geldsumme nicht zu beschränken**, sodass er berechtigt ist, den **Schadensersatzanspruch** unter Zugrundelegung der Kostenermittlung eines Sachverständigen abstrakt abzurechnen.[52]

50 BGH, Urt. v. 5.4.2006 – VIII ZR 163/05 –.

51 BGH, Urt. v. 5.4.2006 – VIII ZR 163/05 –.

52 OLG Düsseldorf, Urt. v. 5.9.2002 – 10 U 150/01 –; in Abgrenzung zu BGH, Urt. v. 30.5.1990 – VIII ZR 207/89 –.

2. Durchsetzung bei laufendem Mietverhältnis

Bleibt der Mieter bei einem lange andauernden Mietverhältnis untätig, hat der Vermieter, wenn die Instandhaltung, die Instandsetzung und die Schönheitsrenovierungen vertraglich wirksam auf den Mieter abgewälzt sind, einen Anspruch auf Durchführung dieser Arbeiten. 87

Der Vermieter hat aber **keinen Schadensersatzanspruch** nach § 281 BGB wegen Nichterfüllung.[53] Er kann vielmehr einen zweckgebundenen Vorschuss für die voraussichtlichen Kosten der Renovierung oder dafür aufgewendete Kosten vom Mieter erstattet verlangen, wenn der Mieter sich mit der Durchführung in Verzug befindet.[54] 88

Der Anspruch des Vermieters gegen den Mieter wird bei der Verpflichtung zur Durchführung der Schönheitsreparaturen fällig, sobald aus der **Sicht eines objektiven Betrachters** Renovierungsbedarf besteht. Darauf, ob bereits die Substanz der Mietsache gefährdet ist, kommt es nicht an. Die Mietsache ist damit ständig in einem zur Wiedervermietung geeigneten Zustand zu erhalten.[55] 89

3. Verjährung

Die **kurze Verjährungsfrist** des § 548 Abs. 1 BGB gilt auch für die Ansprüche des Vermieters auf Erfüllung der vom Mieter vertraglich übernommenen Instandsetzungs- und Instandhaltungspflicht sowie der Verpflichtung zur Durchführung von Schönheitsreparaturen. Gleiches gilt für den Anspruch auf Schadensersatz wegen deren Nichterfüllung.[56] Die Verjährungsfrist eines Schadensersatzanspruchs wegen Nichterfüllung beginnt bereits mit Rückgabe der Mietsache zu laufen, ohne dass es darauf ankommt, ob der Anspruch zu diesem Zeitpunkt bereits entstanden ist. 90

---

53 BGH, Urt. v. 6.4.2005 – VIII ZR 192/04 –; BGH, Urt. v. 30.5.1990 – VIII ZR 207/89 –.

54 OLG Düsseldorf, Urt. v. 5.9.2002 – 10 U 150/01 –.

55 BGH, Urt. v. 6.4.2005 – VIII ZR 192/04 –.

56 BGH, Urt. v. 8.1.2014 – XII ZR 12/13 –.

Kapitel 9
Betriebspflicht, Konkurrenzschutz

A. Betriebspflicht

I. Bedeutung für die Praxis

Ob ein Mietobjekt überhaupt oder jedenfalls während der üblichen Geschäftsöffnungszeiten betrieben wird, stellt einen wesentlichen **wertbildenden Faktor** für die Gesamtimmobilie dar. Nicht nur im Rahmen von Spezialimmobilien (Einkaufszentren, Fachmarktzentren, Geschäftshäuser etc.), die auf einen einheitlichen Auftritt gegenüber potenziellen Besuchern angewiesen sind, ist eine einheitliche Öffnung bzw. die durchgehende Betreibung der verschiedenen Mietbereiche entscheidend. So wirkt es sich u.a. erheblich im Falle von Nachvermietungen anderer Mietbereiche in der Gewerbeimmobilie aus, wenn einzelne Mietobjekte nicht betrieben werden. Darüber hinaus schmälert ein nicht betriebenes Mietobjekt auch den Veräußerungserlös der Gesamtimmobilie. 1

Werden einzelne Mietobjekte einer Gewerbeimmobilie gar nicht oder jedenfalls nicht während der vereinbarten Öffnungszeiten betrieben, besteht darüber hinaus die Gefahr, dass andere Mieter dies nachahmen und es zu einer **Abwärtsspirale** („trading down“) kommt. Daneben führt ein massierter Leerstand zu einem Vandalismusrisiko („broken windows“) für die Gewerbeimmobilie. Dieser durch längere Leerstände gesetzte Anreiz zum Vandalismus kann im Rahmen von Gebäudeversicherungen als Erhöhung der Sicherheitsrisiken bewertet werden, was zur Erhöhung der Versicherungsprämie führen kann.[1] 2

Bei Spezialimmobilien (Einkaufszentren, Geschäftshäusern, Fachmarktzentren), aber auch im Rahmen von Immobilien-Standort-Gemeinschaften zusammengefassten Gewerbeimmobilien in abgegrenzten Innenstadtlagen besteht zudem die Gefahr des **Verlustes der Attraktivität und Anziehungskraft.** Wesenszug dieser Immobilien ist es, dass sich der Kunde auf einheitliche Öffnungs- und Betriebszeiten aller Ladenlokale verlassen kann. Dies sind der entscheidende **Standortvorteil** und das Abgrenzungskriterium gegenüber Einzellagen in Innenstädten. Wird dies nicht gewährleistet, gehen Kundenfrequenzen zurück und Standorte in Spezialimmobilien oder in Immobilien-Standort-Gemeinschaften sind für andere Mietpartner nicht mehr lukrativ. Diese Wirkungen verstärken sich noch, wenn ein Ankermieter oder „Zugpferd“ den Betrieb einstellt. 3

1 OLG Hamm, Urt. v. 17.9.1997 – 20 U 31/97 –.

4 In vielen Mietverträgen wird neben einer Mindestmiete zudem eine Umsatzmiete vereinbart. In diesen Fällen führt die zeitliche Reduzierung oder Einstellung des Betriebes oder die Beschränkung der Öffnungszeiten zwangsläufig zum Umsatzrückgang bis zum Umsatzausfall und damit zum Rückgang oder vollständigen Wegfall der Umsatzmiete.

5 Die Ansiedlung eines gut gehenden Gewerbebetriebes, welcher unter Umständen auch einen hohen Mietzins tragen kann und sich dadurch für den Vermieter als besonders lukrativ darstellt, führt zugleich dazu, dass andere Gewerbebetriebe im gleichen Marktsegment davon abgehalten werden, sich in unmittelbarer Nähe anzusiedeln. Wird die Betriebspflicht nicht eingehalten, droht dagegen eine **Wettbewerbsintensivierung** durch die Ansiedlung gleichartiger Betriebe in der Nachbarschaft, sodass wiederum eine Nachvermietung gerade in diesem lukrativen Segment für den Vermieter erschwert ist.

6 Grundsätzlich gilt jedoch, dass der Mietvertrag ohne ausdrückliche vertragliche Regelung gem. § 535 Abs. 1 S. 1 BGB **nur ein Gebrauchsrecht** für das Mietobjekt gewährt. Der Mieter unterliegt jedoch nicht ohne Weiteres auch einer Gebrauchspflicht.

II. Vereinbarungen zur Betriebspflicht

1. Inhalt und Umfang der Betriebspflicht

7 Der Betrieb des Mietobjektes, welcher auf Mieterseite nicht nur die Miet- und Nebenkosten, sondern auch vor allem Personalkosten und Kosten für den Wareneinsatz auslöst, ist für den Mieter kaufmännisch nur sinnvoll, wenn der Ertrag die Kosten übersteigt. Das **kaufmännische Risiko**, ein Mietobjekt rentabel betreiben zu können, liegt **allein beim Mieter**. Eine vereinbarte Betriebspflicht kann mit diesen Rentabilitätskriterien im Konflikt stehen. Gleichwohl entfällt sie nicht schon deshalb, weil sie den Geschäftsbetrieb im Mietobjekt unrentabel macht.[2] Dieses Risiko muss der Mieter einkalkulieren, wenn er eine Betriebspflicht eingeht. Sie ist Teil seiner kaufmännischen Abwägung, ob er den angemieteten Standort für geeignet hält, den prognostizierten Ertrag zu erzielen. Ist die Betriebsmöglichkeit **von einer behördlichen Genehmigung abhängig**, obliegt es dem Mieter darzulegen und zu beweisen, dass diese unzweifelhaft nicht zu erlangen ist.[3]

2 OLG Düsseldorf, Urt. v. 18.12.2003 – I-10 U 69/03 –.

3 Hanseatisches OLG Hamburg, Beschl. v. 21.8.2013 – 8 W 72/13 –.

2. Vertragsimmanente Vereinbarung

Eine **vertragsimmanent geltende Offenhaltungs- und Betriebspflicht**, d.h. eine Bindung des Mieters auch ohne ausdrückliche Vereinbarung im Mietvertrag, ist **nicht allgemein anerkannt**. Selbst aus der Vereinbarung einer alleinigen Umsatzmiete, die nicht durch eine Mindestmiete abgesichert ist, resultiert noch keine Betriebspflicht des Mieters.[4] Zwar fällt in einem solchen Fall mangels Betriebs und Umsatzerzielung des Mieters auch keine Umsatzmiete an. Da § 535 Abs. 1 S. 1 BGB dem Mieter jedoch nur ein Gebrauchs*recht* einräumt und eben keine Gebrauchs*pflicht* auferlegt, bedarf eine solche Gebrauchspflicht (Betriebspflicht) einer ausdrücklichen vertraglichen Regelung. Die in einem solchen Fall auftretende Frage, ob aus der Vereinbarung einer Umsatzmiete auch die Zahlung einer Mindestpflicht abgeleitet werden kann, etwa in der Höhe eines dort üblicherweise zu erzielenden Umsatzes, wird an anderer Stelle untersucht (vgl. unten Rn 29). 8

In Einzelfällen kann aus der besonderen Stellung des Mieters als **„Zugpferd"** 9
oder **Ankermieter** für ein Einkaufszentrum eine Betriebspflicht abgeleitet werden.[5] In der Regel gibt es in größeren Einzelhandelsimmobilien aber mehrere „Zugpferde" oder Ankermieter. Diese spezifische Bedeutung gerade eines einzelnen Mieters für diese Funktion als Frequenzbringer muss also besonders vereinbart und nachweisbar sein und kann nicht generell, allein aus einem besonderen Mietumfang, der reinen Größe der Mietsache oder einem bestimmten Warensortiment abgeleitet werden. Eine allein daraus abgeleitete Betriebspflicht wird also eher der Ausnahmefall sein.

Immerhin kann unter Umständen aus der besonders hervorgehobenen **Verein-** 10
barung eines konkreten Mietzwecks eine Betriebspflicht abgeleitet werden.[6] Bei der vorliegenden Entscheidung hatten die Vertragsparteien den Betrieb einer Konditorei mit angeschlossenem Café vereinbart. Dabei hatte der Vermieter im Rahmen der Vertragsverhandlungen zum Ausdruck gebracht, dass die Einhaltung dieses Betriebszwecks für ihn wesentlich sei, da er die Konditorei mit angeschlossenem Café zuvor selbst betrieben habe und er durch eine entsprechende Vermietung die darin gesetzte Tradition fortgeführt wissen wollte. Bei der vorgenannten Entscheidung handelt es sich um eine Einzelfallentscheidung, die insbesondere wegen der weiten wirtschaftlichen Konsequenzen der Ableitung einer Betriebspflicht aus dem Mietzweck ohne eine ausdrückliche Vereinbarung im Mietvertrag erhebliche Kritik hervorgerufen hat.[7] Insbesondere wird kritisiert, dass es sich bei der in Formularverträgen verwendeten Formulierung „zum Betrieb" um eine übliche Formulierung

4 BGH, Urt. v. 4.4.1979 – VIII ZR 118/78 –; *Jendrek*, NZM 2000, 526.
5 LG Hannover, Urt. v. 9.10.1992 – 8 S 146/92 –; OLG Köln, Urt. v. 28.7.2000 – 19 U 184/99 u. 17/00 –.
6 OLG Köln, Urt. v. 28.7.2000 – 19 U 184/99 u. 17/00 –.
7 *Wiek*, NZM 2002, 327; *Michalski*, ZMR 1996, 527; *Hamann*, ZMR 2001, 581.

handelt, die in der Regel keine konkludente oder gar ausdrückliche Vereinbarung einer Betriebspflicht darstellen soll. Durch das vorgenannte Beispiel einer Formulierung des Betriebszwecks soll nur die **Art des Betriebs** näher konkretisiert werden, jedoch **kein Muss des Betriebs** im Vertrag verankert werden.

11 Auch aus der Anmietung von Mietflächen in einem Einkaufszentrum, für das einheitliche Öffnungszeiten gelten, resultiert ohne ausdrückliche vertragliche Regelung keine Betriebspflicht für den Mieter.[8]

Praxistipp
Die Betriebspflicht des Mieters muss ausdrücklich vertraglich geregelt werden. Einzelfallbezogene immanente Betriebspflichten lassen sich aus anderen vertraglichen Regelungen nur im Ausnahmefall ableiten.

3. Ausdrückliche Vereinbarung

a) Individualvereinbarung

12 Eine Verpflichtung des Mieters zu Offenhaltung und Betreibung des Mietobjektes im Wege von individuellen, d.h. für das konkrete Vertragsverhältnis zwischen den Vertragsparteien speziell ausgehandelten Regelungen ist zulässig. Es ist allerdings immer zu prüfen, ob tatsächlich eine **Individualvereinbarung** vorliegt oder es sich dabei um eine Allgemeine Geschäftsbedingung bzw. einen Formularvertrag handelt, in dessen Rahmen eine Betriebspflicht nur eingeschränkt vereinbart werden kann (vgl. dazu nachstehend Rn 13). Zur Abgrenzung von Individualvereinbarungen und Allgemeinen Geschäftsbedingungen vgl. oben Kap. 4 Rn 6ff.

Praxistipp
Immer wenn ein konkretes Verhandeln zwischen den Parteien über eine Betriebspflichtsklausel nicht möglich oder vermutlich nicht nachweisbar sein sollte, muss die entsprechende Vertragsklausel über eine Betriebspflicht an den strengeren Maßstäben für Allgemeine Geschäftsbedingungen ausgerichtet werden.

b) Regelung in Allgemeinen Geschäftsbedingungen

13 Eine Verpflichtung des Mieters zur Offenhaltungs- und Betriebspflicht im Wege von **Allgemeinen Geschäftsbedingungen** begegnet nach der wohl herrschenden Auffassung in der Rechtsprechung und juristischen Literatur keinen Bedenken (vgl. dazu oben Kap. 4 Rn 116 „AGB-Katalog", Stichworte „Betriebspflicht/Gebrauchspflicht" und „Konkurrenzschutz"). Insbesondere stellt die Vereinbarung einer Be-

8 LG Lübeck, Urt. v. 20.2.1992 – 14 S 11/92 –.

triebspflicht **keine unangemessene Benachteiligung** des Mieters gem. § 307 Abs. 1 S. 1 BGB dar.[9]

Dennoch entspricht die Auferlegung einer Betriebspflicht nicht dem gesetzlichen Leitbild des § 535 Abs. 1 S. 1 BGB und damit nicht der typischen Mieterpflicht; sie stellt daher einen erheblichen Eingriff in die Abwägung des Mieters dar, die Öffnungszeiten seines Mietobjektes nicht nur an seinen Rentabilitätsgesichtspunkten zu orientieren, sondern ggf. abweichend dazu an den Öffnungszeiten eines (umgebenden) Geschäfts- oder Einkaufszentrums bzw. einer Immobilien-Standort-Gemeinschaft. Dies ist im Falle von weiteren Ausgestaltungen der Betriebspflicht zu berücksichtigen, sodass extreme Belastungen des Mieters das zulässige Maß und damit die Vereinbarkeit derartiger Regelungen mit dem grundsätzlichen AGB-Verbot infrage stellen können. 14

Praxistipp !

Um den Einwand einer sog. überraschenden Klausel gem. § 305c Abs. 1 BGB vorzubeugen, sollte die Betriebspflicht nicht unter „Sonstiges" oder in anderen Regelungen „versteckt" werden, sondern offen in einer separaten Ziffer/einem separaten Paragraphen des Vertrages mit entsprechender Überschrift geregelt werden.

aa) Kombination mit Konkurrenzschutzklauseln und/oder Sortimentsbindungsklauseln

Verschiedene Kombinationen vorformulierter vertraglicher Regelungen können in ihrer Wechselwirkung zu einer erheblichen Beeinträchtigung der **wirtschaftlichen Entscheidungsfreiheit** des Mieters führen. Grundsätzlich wird eine gleichzeitige Vereinbarung von Betriebspflicht und Ausschluss von Konkurrenzschutz auch im Rahmen von Formularverträgen für zulässig erachtet, weil sie den Mieter nicht unangemessen benachteiligt.[10] 15

In der Instanzrechtsprechung und der juristischen Literatur wird die Kombination von Betriebspflicht für den Mieter, Ausschluss von Konkurrenzschutz unter gleichzeitiger Bindung des Mieters auf bestimmte Sortimente sehr kontrovers diskutiert. Teilweise wird eine solche Kombination von formularvertraglichen Klauseln als unwirksam angesehen, da dem Mieter, der grundsätzlich das Risiko der angemessenen wirtschaftlichen Verwertung des Mietobjektes zu tragen hat, jegliche Möglichkeit genommen wird, durch Ausweichen in andere Sortimente eine Rentabilitätssteigerung zu erzielen, während eine kostensparendere Geschäftsaufgabe gleichzeitig aus- 16

9 BGH, Urt. v. 29.4.1992 – XII ZR 221/90 –; OLG Düsseldorf, Beschl. v. 24.9.1998 – 10 W 93/98 –; a.A. *Stobbe/Tachezy*, NZM 2002, 557.

10 OLG Rostock, Urt. v. 8.3.2004 – 3 U 118/03 –; Hanseatisches OLG Hamburg, Urt. v. 3.4.2002 – 4 U 236/01 –.

geschlossen ist.[11] Demgegenüber wird überwiegend angenommen, dass sich die konkreten Regelungsbereiche der Klauseln nicht überschneiden, daher eine Klauselkombination zulässig sei.[12]

17 Der BGH hat eine **kumulative Kombination** einer formularmäßig vereinbarten Betriebs- und Offenhaltungspflicht des Mieters, wenn dem Mieter zugleich eine Sortimentsbindung auferlegt wird, ihm aber kein Sortiments- und Konkurrenzschutz gewährt wird, bei lediglich **diffuser** bzw. nicht hinreichend konkretisierbarer Definition des **Sortimentszwecks** für zulässig erachtet.[13] In dem Fall, dass der Mietvertrag nur von „üblichen Sortimenten, Rand- und Nebensortimenten" spricht oder den Betrieb eines „typischen XY-fachgeschäftes" vorsieht, ist der hierin vereinbarte Sortimentszweck so unkonkret, dass es dem Vermieter nicht zugemutet werden kann, dem Mieter hierfür Konkurrenzschutz zu gewähren. Würde man einen solchen Konkurrenzschutz bejahen, würde dies praktisch zum Ausschluss der Vermietung an eine erhebliche Zahl anderer potenzieller Mietpartner führen, bis hin zur gänzlichen Unvermietbarkeit etwaiger Nachbarmietflächen. Demgegenüber ist die formularvertragliche Vereinbarung einer Betriebspflicht in Kombination mit dem Ausschluss eines Konkurrenzschutzes sowie gleichzeitiger Sortimentsbindung und Auferlegen eines **einzuhaltenden Preisniveaus** gegenüber einem Restaurant mit Außer-Haus-Verkauf (Mieter) im Vorkassenbereich eines SB-Warenhauses (Vermieter) unangemessen benachteiligend gegenüber dem Mieter gem. § 307 Abs. 1 S. 1 BGB und damit unwirksam.[14]

! **Praxistipp**
Die Benennung von konkreten Sortimenten sollte vermieden werden bzw. nur beispielhaft und in ausdrücklich nicht abschließender Aufzählung erfolgen. Stattdessen sollte das Sortiment über den Mietzweck „... zum Betriebs eines/einer ..." erfolgen mit dem Öffnungszusatz, dass dies auch die typischen Rand- und Nebensortimente einbezieht.

bb) Generelles Verbot zeitweiliger Schließungen

18 Ein formularvertraglich geregelter genereller Ausschluss auch **zeitweiliger Schließungen**, z.B. zu Inventurzwecken, benachteiligt den Mieter unangemessen gem. § 307 Abs. 1 S. 1 BGB. Eine solche Klausel ist daher unwirksam.[15] Etwas anderes kann im Einzelfall nur dann gelten, wenn der Mieter (hier Lebensmitteldiscounter) nicht

11 *Sternel*, II Rn 135.
12 Hanseatisches OLG Hamburg, Urt. v. 3.4.2002 – 4 U 236/01 –; *Stobbe/Tachezy*, NZM 2002, 557.
13 BGH, Urt. v. 3.3.2010 – XII ZR 131/08 –.
14 OLG Brandenburg, Urt. v. 25.11.2014 – 6 U 117/13 –.
15 KG Berlin, Urt. v. 5.3.2009 – 8 U 177/08 –.

auf zeitweilige Schließungen angewiesen ist.[16] Anerkannt ist jedenfalls ein Ausschluss für vom Mieter gewillkürte, d.h. objektiv nicht unerlässliche Schließungen, z.B. Mittagspausen, Ruhetage und Betriebsferien. Ein genereller Ausschluss von nach dem Betriebsablauf notwendigen Schließungen, z.B. Inventuren und Betriebsversammlungen, wird demgegenüber als unwirksam angesehen.[17]

Praxistipp !
Ein genereller Ausschluss von zeitweiligen Schließungen sollte nicht vorgesehen werden. Stattdessen sollten die Fälle der nach dem Betriebsablauf notwendigen Betriebsunterbrechungen (Inventuren, Betriebsversammlungen etc.) aufgeführt werden, bei denen eine kurzzeitige Schließung möglich ist, unter gleichzeitiger zeitlicher Begrenzung dieser konkreten Schließungsfälle.

cc) Festlegung der Öffnungszeiten

Die **(vorformulierten) Öffnungszeiten** müssen für den Mieter **transparent bestimmbar** sein. Ein bloßer Verweis auf die Öffnungszeiten der Mehrzahl der anderen Mieter z.B. eines Einkaufszentrums reicht nicht aus. Eine solche Vertragsklausel stellt sich als intransparent gem. § 307 Abs. 1 S. 2 BGB dar.[18] Dazu gehört es auch, dass AGB wirtschaftliche Nachteile und Belastungen soweit erkennen lassen müssen, wie dies nach den Umständen gefordert werden kann. Eine Regelung, die nur auf die Öffnung der Mehrzahl der anderen Mieter eines Einkaufszentrums abstellt, entbehrt für den Mieter jeglicher **Kalkulationsmöglichkeit**, zu welchen etwa auch unrentablen Zeiten er das Mietobjekt betreiben muss. Zudem ist diese Klausel auch insofern unklar, als sich aus dem Wortlaut nicht ergibt, wer die **Mehrzahl der (anderen) Mieter** sind. Nach der Formulierung könnte sowohl auf die Mehrzahl der Anzahl der Mieter abzustellen sein. Andererseits könnte die Formulierung auch die Mehrzahl der vermieteten Verkaufsfläche meinen, wozu es ggf. schon ausreichen würde, eine Regelung der Großflächenmieter herbeizuführen. 19

Sollen die konkreten Öffnungszeiten jeweils im Einzelfall (erst noch) durch den Vermieter oder Dritte (z.B. Werbegemeinschaft oder Immobilien-Standort-Gemeinschaft) festgelegt werden, muss der Vertrag konkrete Kriterien festlegen, nach denen diese Bestimmung erfolgen kann.[19] Intransparent ist dagegen eine Regelung, die vorsieht, dass die Öffnungszeiten durch Beschluss der Werbegemeinschaft und/oder mit Zustimmung des Vermieters bzw. des Centermanagements nicht neu festgelegt wer- 20

16 OLG Naumburg, Urt. v. 15.7.2008 – 9 U 18/08 –.
17 BGH, Urt. v. 3.3.2010 – XII ZR 131/08 –.
18 BGH, Urt. v. 7.5.2008 – XII ZR 5/06 –.
19 *Hamann*, ZMR 2001, 581.

den.[20] Die vorstehende Regelung lässt offen, ob die **verknüpften Voraussetzungen alternativ oder gar kumulativ** vorliegen müssen.

Praxistipp
Die Öffnungszeiten eines Einkaufszentrums, auf denen die Betriebspflicht aufsetzt, sollten im Mietvertrag klar geregelt sein. Ebenso muss das Prozedere der Änderung dieser Öffnungszeiten und der minimale oder maximale Rahmen in der vertraglichen Regelung klar bestimmt sein.

dd) Anknüpfung an gesetzliche Bestimmungen

21 Im Rahmen der gesetzlich vorgegebenen Ladenöffnungszeiten des Ladenschlussgesetzes war eine direkte **Anknüpfung der Betriebspflicht an diese gesetzliche Vorgaben** oder eine Bezugnahme auf „übliche Ladenöffnungszeiten“ oder „branchenübliche Mindestöffnungszeiten“ anerkannt.[21] Die **Liberalisierung der Ladenöffnungszeiten**, die zumindest an Werktagen durchweg möglich sind, führte zu dem Problem, dass die vorgenannten, bis dahin üblichen und rechtswirksamen mietvertraglichen Regelungen zum Umfang der Betriebspflicht intransparent i.S.v. § 307 Abs. 1 S. 2 BGB wurden.[22] Teilweise wird aufgrund der Tatsache, dass diese Intransparenz nicht vom Vermieter verschuldet wurde, sondern vielmehr auf einen Wegfall der bei Anmietung noch geltenden gesetzlichen Regelungen beruht, eine im Bereich der AGB sonst eher restriktive ergänzende Vertragsauslegung für zulässig erachtet.[23] Eine Vertragsklausel, die die „Öffnung während der jeweils geltenden Ladenöffnungszeiten“ vorsieht, führt bei einer Erweiterung der gesetzlich zulässigen Ladenöffnungszeiten zu einer Rechtsmissbräuchlichkeit des Berufens auf diese Klausel, wenn der Mieter dadurch überfordert wird.[24] Da aufgrund der Liberalisierung der Ladenöffnungszeiten die aktuellen gesetzlichen Regelungen zum Ladenschlussgesetz bereits heute darüber hinausgehen, was aus Mieter- und Vermietersicht als angemessen angesehen werden kann, ist die Verpflichtung des Mieters zum Betrieb während der (gesamten) gesetzlich zulässigen Ladenöffnungszeiten unangemessen und damit unwirksam.[25]

Praxistipp
Eine Vertragsklausel, welche die Dauer der Betriebspflicht an die gesetzlichen Ladenöffnungszeiten anknüpft, ist unwirksam. Auch aus diesem Grund ist zu empfehlen, die Öffnungszeiten ausdrücklich

20 OLG Dresden, Urt. v. 4.12.2012 – 5 O 135/11 –.
21 OLG Düsseldorf, Urt. v. 9.1.1997 – 24 U 94/96 –; *Jendreck*, NZM 2000, 526.
22 BGH, Beschl. v. 29.11.2006 – XII ZR 121/04 –.
23 Lindner-Figura/Oprée/Stellmann/*Wolf*, Kap. 13 Rn 141.
24 Schmidt-Futterer/*Eisenschmid*, § 535 Rn 224a.
25 Bieber/Ingendoh/*Ingendoh*, § 5 Rn 50.

unter Benennung der Mindestöffnungszeiten ggf. mit einem einseitigen Veränderungsrecht des Vermieters zu regeln. Hierbei sollte für das einseitige Veränderungsrecht jedoch eine klare Spanne für die Erweiterung oder Kürzung der Öffnungszeit formuliert werden. Nur so bleibt die Belastung für den Mieter kalkulierbar.

Regelungsbedürftig bleibt im Hinblick auf die gesetzlichen Bestimmungen zu Ladenöffnungszeiten, inwieweit der Mieter verpflichtet sein soll, **Sonn- und Feiertagsöffnungen** einzuhalten. Gerade im Rahmen von Einkaufszentren oder Immobilien-Standort-Gemeinschaften ist es wesentliches Marketinginstrument, ein Einkaufserlebnis an Sonn- und/oder Feiertagen zu bewerben. Ein solches Eventmarketing zur Stärkung des Einzelhandelsstandortes würde aber konterkariert, wenn die Mieterschaft nicht einheitlich an solchen ausgewählten Terminen die angemieteten Ladenlokale öffnet und betreibt. Es sollte daher eine Regelung im Mietvertrag getroffen werden, ob und wem ein Bestimmungsrecht hinsichtlich der Sonn- und Feiertagsöffnung zukommen soll. 22

4. Ende der Betriebspflicht

Die Betriebspflicht endet erst mit dem Ende des Mietverhältnisses. Sie gilt auch noch nach der Durchführung von Räumungsverkäufen. Auch wenn der Mieter in einem **Räumungsverkauf** alle oder seine wesentlichen Warenbestände veräußert hat, unterliegt er grundsätzlich weiterhin der Betreibungspflicht.[26] 23

Demgegenüber unterliegt der Mieter bei beendetem Mietverhältnis auch dann nicht mehr der Betriebspflicht, wenn er die Mietsache nicht an den Vermieter zurückgibt.[27] 24

Die Betriebspflicht entfällt auch im Falle der Insolvenz des Mieters.[28] Eine Fortgeltung der Betriebspflicht gegenüber dem Insolvenzverwalter würde dem vorrangigen Interesse der Sicherung der Insolvenzmasse zuwiderlaufen. 25

III. Rechtsfolgen bei Nichterfüllung

1. Nichterfüllung der Betriebspflicht

Ist eine Betriebspflicht ausdrücklich vertraglich vereinbart, wird sie schon dann verletzt, wenn durch eine Änderung des Betriebs der **Gesamtcharakter des vertraglich vereinbarten Mietzwecks** nicht mehr gewährleistet ist.[29] Die Betriebspflicht 26

26 LG Wuppertal, Urt. v. 7.12.1995 – 17 O 430/95 –.
27 OLG Düsseldorf, Beschl. v. 17.8.2000 – 24 W 49/00 –.
28 OLG Karlsruhe, Urt. v. 8.11.2006 – 9 U 58/06 –.
29 KG Berlin, Urt. v. 21.3.2002 – 8 U 982/00 –.

umfasst nicht nur die Verpflichtung des Mieters, das Mietobjekt überhaupt zu betreiben. Vielmehr ist über die Vereinbarung eines konkreten Mietzwecks auch die **Betriebspflicht im Sinne des Mietzwecks konkretisiert** worden. Das bedeutet, ein Betrieb des Mietobjektes in anderer als in dem Mietzweck vereinbarten Weise kann für den Vermieter ähnliche Auswirkungen haben wie ein vertragswidriger Nichtgebrauch. Der vertragswidrige Fehlgebrauch ist daher dem vertragswidrigen Nichtgebrauch gleichzustellen.

2. Wiederaufnahme des Betriebes

27 Im Falle der Betriebspflichtverletzung kann der Vermieter die **(Wieder-)Aufnahme des Betriebes** in den Mieträumen verlangen.[30] Teilweise wird angenommen, dass ein solcher Anspruch aus § 541 BGB abgeleitet werden kann. Demnach komme ein vertragswidriger Nichtgebrauch dem vertragswidrigen Gebrauch gleich, sodass dem Vermieter im Falle des vertragswidrigen Nichtgebrauchs ein Anspruch auf Wiederaufnahme des Betriebes zustehe.[31] Andererseits wird vertreten, dass § 541 BGB seinem klaren Wortlaut nach nur einen Unterlassungsanspruch gegen einen vertragswidrigen Gebrauch des Mietobjektes formuliert und dem Mieter eben keine aktive Verpflichtung (Betriebspflicht) auferlegt. Eine solche Verpflichtung für den Mieter ergibt sich nur bei ausdrücklicher vertraglicher Regelung.

28 Auf eine Entscheidung des dogmatischen Streits, ob ein solcher Wiederaufnahmeanspruch unmittelbar aus der vertraglichen Regelung oder aber ergänzend aus § 541 BGB abzuleiten ist, demnach der vertragswidrige Nichtgebrauch dem vertragswidrigen Nichtgebrauch gleichkommt, kommt es dann nicht an, wenn jedenfalls die Betriebspflicht ausdrücklich im Mietvertrag geregelt ist.

3. Weiterzahlung der (Umsatz-)Miete

29 Auch wenn der Mieter seine vertragliche Betriebspflicht nicht oder nicht im vollen Umfang ausübt, bleibt er zur Zahlung der Miete verpflichtet. Im Falle der Vereinbarung einer **reinen Umsatzmiete** schuldet der Mieter mangels anderer vertraglicher Vereinbarungen denjenigen Betrag, den er bei vertragsgemäßer Nutzung hätte zahlen müssen. Ist zusätzlich zur Umsatzmiete die Zahlung einer Mindestmiete vereinbart, ist der Anspruch des Vermieters nicht auf diese Mindestmiete beschränkt, sondern erstreckt sich auf die höhere Umsatzmiete, welche wie vorstehend erläutert zu berechnen ist.[32]

---

30 *Lindner-Figura*, NZM 1999, 492.
31 Bub/Treier/*Kraemer*, III A Rn 938.
32 BGH, Urt. v. 4.4.1979 – VIII ZR 118/78 –.

4. Einstweilige Verfügung

Ob der Anspruch des Vermieters gegenüber dem Mieter auf Einhaltung der Betriebspflicht im **einstweiligen Verfügungsverfahren** verfolgt werden kann, ist zwischen den Instanzgerichten streitig. Entscheidend ist, ob man die Betriebspflicht als vertretbare und damit vollstreckbare Handlung gem. § 887 ZPO oder unvertretbare Handlung gem. § 888 ZPO ansieht, die nur mit Zwangsgeld (Zwangshaft) erzwungen werden kann.[33] Man wird die Einhaltung der Betriebspflicht wohl eher als unvertretbare Handlung i.S.v. § 888 ZPO ansehen müssen, sodass eine Durchsetzung im Wege einer einstweiligen Verfügung ausgeschlossen ist. Vertretbar ist eine Handlung i.S.v. § 887 ZPO dann, wenn sie von jedermann vorgenommen werden kann. Der Vermieter wird sich bei der Vermietung seines Mietobjektes jedoch regelmäßig genau überlegen, wem er das Mietobjekt zur Nutzung überlässt, wem er einen ordentlichen Betrieb zutraut oder welchem Mietpartner er eine solche Kompetenz zuweist, dass er mit einer eventuell vertraglich vereinbarten Umsatzmiete rechnen kann. Aus diesem Grunde kann man im Regelfall nicht annehmen, dass es dem Vermieter gleich ist, wer das Mietobjekt betreibt. Das führt dann allerdings zu der Konsequenz, dass es sich bei dem vertraglich vereinbarten Betrieb des Mietobjektes um eine unvertretbare, weil in der konkreten Person des Mieters konkretisierte und von keinem anderen wahrnehmbare Vertragspflicht handelt. 30

Dem Erlass einer einstweiligen Verfügung steht jedenfalls auch das Wissen des Vermieters um die Vermögenslosigkeit des Mieters entgegen.[34] 31

5. Vertragsstrafe

Für die Verletzung der Betriebspflicht kann eine **Vertragsstrafe im Mietvertrag vereinbart** werden. Hierbei ist eine Vertragsstrafe in Höhe von 125% der auf die Zeit der Betriebspflichtverletzung anfallenden Miete nicht unangemessen benachteiligend.[35] Eine solche Vertragsstrafe kann allerdings unproblematisch nur durch Individualvereinbarung festgelegt werden. Im Falle von Formularmietverträgen (AGB) sind die dortigen Einschränkungen zu beachten (vgl. oben Kap. 4 Rn 45 ff. und 54 ff.). Im Hinblick auf die angemessene Höhe einer Vertragsstrafe gilt es abzuwägen, dass die Vertragsstrafe einerseits ein angemessenes Druckmittel darstellen soll, 32

33 Pro: OLG Hamm, Beschl. v. 10.10.1972 – 14 W 72/72 –; OLG Naumburg, Beschl. v. 21.11.1997 – 2 W 14/97 –; OLG Frankfurt, Urt. v. 10.12.2008 – 2 U 250/08 –; KG Berlin, Urt. v. 12.9.2011 – 8 U 141/11 –; KG Berlin, Beschl. v. 28.1.2013 – 8 W 5/13 –; Contra: OLG Düsseldorf, Beschl. v. 9.1.1997 – 24 U 94/96 –; OLG Celle, Beschl. v. 2.1.1996 – 2 W 80/95 –; OLG Düsseldorf, Beschl. v. 21.10.2003 – I-10 W 64/03 –; Hanseatisches OLG Hamburg, Beschl. v. 6.1.2003 – 4 W 1/03 –; Hanseatisches OLG Hamburg, Beschl. v. 21.8.2013 – 8 W 72/13 –; *Stobbe/Tachezy*, NZM 2002, 557.

34 LG Köln, Urt. v. 28.12.2004 – 87 O 109/04 –.

35 OLG Rostock, Urt. v. 8.3.2004 – 3 U 118/03 –; *Jendrek*, NZM 2000, 526.

aber andererseits dem Gläubiger im Verletzungsfall die Möglichkeit einer erleichterten Schadloshaltung ohne Einzelnachweis ermöglicht. So ist eine Vertragsstrafe in Höhe von 10% der Monatsmiete für jeden Tag der Betriebspflichtverletzung unangemessen hoch und die entsprechende Vertragsklausel unwirksam.[36] Der Vermieter erzielt seine Einnahmen primär durch die Überlassung der Räumlichkeiten gegen Entgelt. Eine dauerhafte Gewährleistung des Betriebes stellt nur eine Nebenpflicht des Mieters da. Es erscheint unangemessen hoch, die Verletzung dieser Nebenpflicht mit einer deutlich höheren Strafe zu belegen (bei angenommen 25 Öffnungstagen im Monat beträgt die Vertragsstrafe 2,5 Monatsmieten) als das eigentliche Leistungsinteresse (Mietzahlung) im gleichen Zeitraum.

33 Im Rahmen der Zwangsvollstreckung ist der Mieter darlegungs- und beweispflichtig, dass trotz zumutbaren Anstrengungen die Betriebsfortführung nicht möglich gewesen ist und er deshalb die Betriebseinschränkung oder Betriebseinstellung nicht zu vertreten hat.[37]

! **Praxistipp**
Wegen des Risikos, dass eine Vertragsstrafenklausel als unangemessen benachteiligend angesehen wird, sollte die Vertragsstrafe für jeden Einzelfall der Betriebspflichtverletzung und auch – im Falle einer fortgesetzten Betriebspflichtverletzung – der Gesamthöhe nach begrenzt werden. Darüber hinaus empfiehlt es sich, in der Vertragsstrafenregelung die Vertragsstrafe zu Kompensationszwecken der Bewerbung des Objektes zuzuweisen. Weiterhin sollte vorgesehen werden, dass der Mieter die Vertragsstrafe nicht zu leisten hat, wenn er die Betriebsunterbrechung nicht zu vertreten hat.

Formulierungsmuster
„Der Mieter verpflichtet sich dem Vermieter gegenüber, für jeden Fall der Verletzung der Nichteinhaltung der vertraglich vereinbarten Öffnungszeiten z.B. des Geschäftshauses nach erfolgloser Abmahnung eine Vertragsstrafe in Höhe von kalendertäglich ...% der monatlichen Miete, maximal aber insgesamt ... monatliche Mieten, an die Werbegemeinschaft bzw. an den Vermieter zur Verwendung für Werbezwecke für das z.B. Geschäftshaus zu zahlen."

6. Schadensersatz

34 Kommt der Mieter seiner vertraglich vereinbarten Betriebspflicht nicht nach, verletzt er dadurch eine wesentliche vertragliche Pflicht, die ihn zum Schadensersatz gegenüber dem Vermieter verpflichtet. Der Schaden kann dabei in der **Wertminderung der Mietsache infolge Nichtbetreibens** des angemieteten Gewerberaumes liegen.[38] Es sind aber auch **Mietverluste aus benachbarten Mietverträgen** denk-

36 OLG Naumburg, Urt. v. 26.7.2012 – 9 U 38/12 –.
37 OLG Düsseldorf, Beschl. v. 21.10.2003 – I – 10 W 64/03 –.
38 BGH, Urt. v. 29.4.1992 – XII ZR 221/90 –.

bar, wenn dort etwa Umsatzmieten vereinbart sind und die Einschränkung oder der Wegfall des Frequenzbringers zu Umsatzverlusten führt.

Im Falle einer vermieterseitigen Kündigung des Mietverhältnisses wegen Betriebspflichtverletzung des Mieters hat der Mieter wegen des Auflösungsverschuldens dem Vermieter den **Schaden wegen Nichterfüllung des Vertrages** zu ersetzen.[39] Dieser beinhaltet insbesondere die Mietzahlung bis zur ersten regulären Beendigungsmöglichkeit des Mietverhältnisses. Im Falle einer erfolgreichen Nachvermietung muss der Vermieter hingegen den im Rahmen der Nachvermietung erzielten Mietzins gegenrechnen und kann nur einen eventuellen Minderertrag (Mietdifferenz) geltend machen. 35

7. Kündigung

a) Kündigungsgrund

Ein Verstoß gegen eine vertragliche Betriebspflicht berechtigt den Vermieter **nach vorheriger Abmahnung** i.S.d. § 543 Abs. 3 BGB zur außerordentlich fristlosen Kündigung des Mietverhältnisses.[40] Die Kündigung kann auch schon dann gerechtfertigt sein, wenn der Mieter die vertraglich vereinbarte Öffnungs- und Betreibungspflicht nur zeitweise verletzt.[41] 36

Praxistipp !

Um eine Diskussion darüber zu vermeiden, ob die Betriebspflichtverletzung einen wichtigen Grund i.S.d. § 543 Abs. 1 BGB darstellt, empfiehlt es sich, die Betriebspflichtverletzung ausdrücklich als Kündigungsgrund zu vereinbaren.

Formulierungsmuster

Ein wichtiger Grund gem. § 543 Abs. 1 BGB liegt für den Vermieter insbesondere dann vor, wenn der Mieter trotz Abmahnung den Betrieb des Mietobjektes einstellt oder in erheblichem Umfang einschränkt.

– Muster einer Abmahnung wegen Betriebspflichtverletzung:

„Mit Mietvertrag vom ... über Mietflächen in dem Objekt ..., welches Sie zur Nutzung als ... angemietet haben, haben Sie sich verpflichtet, das vorgenannte Ladenlokal während der vertraglich vereinbarten Öffnungszeiten von ... bis ... Uhr zu betreiben.

Durch unser örtliches Centermanagement erhielten wir davon Kenntnis, dass Sie gegen die vorgenannte Verpflichtung in der Weise verstoßen haben, dass das angemietete Ladenlokal am ... nicht betrieben wurde/nur in der Zeit von ... bis ... Uhr betrieben wurde. Wir verweisen auf § ... des Mietvertrages. Wir müssen feststellen, dass Sie der vertraglich vereinbarten Betriebspflicht nicht nachgekommen sind.

---

39 BGH, Urt. v. 4.4.1984 – VIII ZR 313/82 –.

40 BGH, Urt. v. 29.4.1992 – XIII ZR 221/90 –.

41 OLG Düsseldorf, Beschl. v. 21.1.1997 – 10 W 153/96 –.

Wir sprechen Ihnen daher eine **Abmahnung** im Sinne des § 543 Abs. 3 BGB aus.
Ein weiterer Verstoß gegen die vertraglich vereinbarte Betriebspflicht nach dieser Abmahnung berechtigt den Vermieter zu einer fristlosen außerordentlichen Kündigung des Mietverhältnisses aus wichtigem Grund gem. § 543 Absatz 1 BGB."

– Muster einer Kündigung nach erfolgter Abmahnung wegen Betriebspflichtverletzung:
„Mit Mietvertrag vom ... haben Sie von uns eine im Einkaufszentrum ... im ... gelegene Fläche von ... m^2 zum Betrieb eines ... angemietet.
Nach § 543 Absatz 1 BGB ist der Vermieter zur außerordentlichen fristlosen Kündigung des Mietverhältnisses aus wichtigem Grund berechtigt, wenn einer der dort genannten Gründe vorliegt. Ein wichtiger Grund liegt nach § 543 Absatz 1 und Absatz 3 BGB insbesondere dann vor, wenn der Mieter trotz Abmahnung wegen Verletzung wesentlicher Vertragspflichten sein vertragswidriges Verhalten fortsetzt.
Der vorgenannte Kündigungsgrund liegt vor. Entgegen der Aufforderung in unserem Schreiben vom ..., Ihnen zugestellt am ..., in dem Ihnen gegenüber eine Abmahnung wegen Betriebspflichtverletzung ausgesprochen wurde, haben Sie Ihr vertragswidriges Verhalten fortgesetzt. Über unser örtliches Centermanagement erhielten wir die Mitteilung, dass Sie auch am ... das von Ihnen angemietete Ladenlokal nicht/nur in dem Zeitraum von ... bis ... Uhr betrieben haben.
Wir **kündigen** daher hiermit das vorbezeichnete Mietverhältnis **außerordentlich fristlos aus wichtigem Grund**. Wir fordern Sie auf, das Ladenlokal sofort, spätestens aber innerhalb einer Nachfrist bis zum ... vertragsgerecht an uns zurückzugeben. Vorsorglich widersprechen wir bereits jetzt einer stillschweigenden Fortsetzung des Mietverhältnisses gem. § 545 BGB.
Den durch die vorzeitige Vertragsbeendigung ausgelösten Schadensersatzanspruch, insbesondere auch die Vertragsstrafe wegen Betriebspflichtverletzung, werden wir gesondert geltend machen. Wir weisen zur Vermeidung eines weitergehenden Schadensersatzanspruches darauf hin, dass Sie bis zum Ablauf des Mietverhältnisses unter Berücksichtigung einer angemessenen Räumungsdauer, welche Sie bitte mit dem örtlichen Centermanagement abstimmen wollen, weiterhin zum Betrieb des Ladenlokals verpflichtet sind."

b) Wirkung der Kündigung auf die Betriebspflicht

37 Im Falle einer Kündigung ist dem Mieter eine angemessene Zeit zur Durchführung der Abwicklungsmaßnahmen (Räumung, Rückbau etc.) zu gewähren.[42] Den Mieter trifft ohne ausdrückliche Vereinbarung im Vertrag **keine Betriebspflicht nach Ausspruch einer Kündigung.**[43]

! **Praxistipp**
Die mietvertragliche Regelung der Betriebspflicht sollte eine entsprechende Passage über die Fortgeltung der Betriebspflicht bei ausgesprochener Kündigung bis zu einem angemessenen Zeitpunkt vor dem Räumungstermin enthalten. Darüber hinaus sollte auch das Kündigungsschreiben eine entsprechende Passage über die Fortgeltung der Betriebspflicht enthalten.

42 OLG Düsseldorf, Beschl. v. 24.9.1998 – 10 W 93/98 –.
43 OLG Düsseldorf, Beschl. v. 17.8.2000 – 24 W 49/00 –.

B. Konkurrenzschutz

I. Bedeutung für die Praxis

Die Regelungen zum Konkurrenzschutz stehen im Spannungsfeld zwischen „Konkurrenz belebt das Geschäft“ und „Konkurrenz erdrückt das Geschäft“. Konkurrenz kann zum einen bewirken, dass ein rentables Geschäft durch benachbarte vergleichbare Betriebe verstärkt wird. Man denke etwa an eine örtliche Konzentration bestimmter Kompetenzen, die eine (gegenseitige) Frequenzerhöhung wahrscheinlich macht. Möglich ist jedoch auch, dass sich durch deckungsgleiche Konkurrenz der Umsatz bzw. der Gewinn eines Geschäftes reduziert, da dieses sich die eine ggf. konstante Nachfrage nunmehr aufteilen muss. 38

Eine ausdrückliche gesetzliche Regelung für einen mietvertraglichen Konkurrenzschutz besteht nicht. Er leitet sich aber aus dem **Gebot von Treu und Glauben** i.S.v. § 242 BGB als vertragliche Nebenpflicht aus dem Mietvertrag ab.[44] Dabei kann sich nicht nur der Mieter gegenüber dem Vermieter auf die Einhaltung des Konkurrenzschutzes berufen, um seinen Geschäftsbetrieb vor der Ansiedlung von Konkurrenzbetrieben in der Nachbarschaft bzw. im gleichen Objekt zu schützen. Vielmehr kann auch dem Vermieter gegenüber dem Mieter ein Konkurrenzschutz bzw. ein Wettbewerbsverbot zustehen, etwa wenn der Vermieter durch besondere vertragliche Vereinbarung oder aufgrund nebenvertraglicher Fürsorgepflichten andere Mieter schützen muss, die durch eine Geschäftsausdehnung (z.B. Sortimentserweiterung) dieses Mieters Nachteile erleiden würden. 39

II. Vertragsimmanenter Konkurrenzschutz

1. Herleitung des vertragsimmanenten Konkurrenzschutzes

Zur Vereinbarung eines Konkurrenzschutzes bedarf es nicht zwingend einer ausdrücklichen vertraglichen Regelung. Ist im Mietvertrag kein ausdrücklicher Ausschluss des Konkurrenzschutzes geregelt, muss der Vermieter zugunsten des Mieters zumindest den sog. **vertragsimmanenten Konkurrenzschutz** beachten.[45] Dem Vermieter ist es untersagt, in Räumen auf demselben Grundstück oder auf einem unmittelbar angrenzenden Nachbargrundstück Räume an einen Wettbewerber des Mieters zu vermieten oder selbst in den Räumen ein Wettbewerbsunternehmen zu betreiben.[46] Der vertragsimmanente Konkurrenzschutz wird aus der **Gebrauchsgewährungspflicht** des Vermieters i.S.d. § 535 Abs. 1 S. 1 BGB und der daraus resultie- 40

44 BGH, Urt. v. 7.12.1977 – VIII ZR 101/76 –.

45 OLG Düsseldorf, Urt. v. 6.7.2001 – 24 U 174/00 –.

46 KG Berlin, Urt. v. 10.5.1999 – 8 U 7114/98 –.

renden **Fürsorgepflicht** unter dem Gesichtspunkt von Treu und Glauben gem. § 242 BGB abgeleitet.[47] Mindestvoraussetzung für die Annahme eines vertragsimmanenten Konkurrenzschutzes ist jedoch, dass der vertragliche Zweck, zu dem das Mietobjekt vermietet ist, im Vertrag definiert wird.[48]

! **Praxistipp**

Da der Vermieter ohne ausdrückliche vertragliche Regelung des Konkurrenzschutzes zumindest dem vertragsimmanenten Konkurrenzschutz unterliegt, sollte der generelle Ausschluss eines Konkurrenz- und Sortimentsschutzes positiv im Vertrag geregelt werden. Sollte ein solch umfassender Konkurrenzschutzausschluss zwischen den Parteien nicht vereinbart werden können, so sollten Zugeständnisse an den Mieter in einer Regelung zusammengefasst werden, die einen generellen Konkurrenzschutzausschluss, unter gleichzeitiger Rückausnahme der Konkurrenten oder Sortimente, für die Konkurrenz- bzw. Sortimentsschutz gewährt wird, vorsieht.

2. Persönlicher Geltungsbereich

41 Ein vertragsimmanenter Konkurrenzschutz kann immer **nur gegenüber dem direkten Vertragspartner** gelten. Nur wenn er es in der Hand hat, die neu hinzugekommene Konkurrenzsituation zu unterlassen bzw. zu beseitigen, kann ein solcher Anspruch bestehen. Ein Konkurrenzschutzanspruch scheidet daher aus, wenn das Grundstück, auf dem sich die Konkurrenzsituation nachträglich etabliert, im Eigentum eines anderen steht, selbst wenn es sich dabei um ein **verbundenes Unternehmen** oder den **Ehegatten** des Vermieters handelt.[49] Etwas anderes kann nur dann gelten, wenn das verbundene Unternehmen oder der Ehegatte als reine/r **„Strohmann/-frau"**, also nur nach außen als allein verantwortlich Handelnder im eigenen Namen und auf eigene Rechnung auftritt, im Innenverhältnis aber nur Belange des anderen wahrnehmen soll und tatsächlich nur auf fremde Rechnung handelt, von diesem anderen also nur vorgeschoben worden ist. Ein Beweis für dieses „Strohmann/-frau-Tätigkeit" wird dem beweisbelasteten Mieter nur selten gelingen, da in der Regel die Absprachen im Innenverhältnis der verbundenen Unternehmen oder der Ehepartner gerade nicht bekannt sind.

42 Selbst wenn sich nachträglich auf einem Grundstück eines konzernverbundenen Unternehmens ein Konkurrent des Mieters ansiedelt, wird man regelmäßig einen Konkurrenzschutz verneinen müssen, da es sich bei den beiden Vermietern um selbstständige juristische Personen handelt. Ausnahmsweise ist ein Konkurrenzschutz im Wege des **Durchgriffs auf das herrschende Konzernunternehmen** jedoch anzunehmen, wenn die rechtliche Selbstständigkeit nicht der wirtschaftlichen oder tatsächlich vorherrschenden Situation entspricht, wenn also eine einheitliche

47 BGH, Urt. v. 24.1.1979 – VIII ZR 56/78 –.
48 OLG Frankfurt, Urt. v. 27.8.1981 – 6 U 75/81 –.
49 OLG Hamm, Urt. v. 9.3.1990 – 7 U 142/89 –.

Führung durch die Konzernmutter bzw. ein Schwesterunternehmen ausgeübt wird.[50] Die Nachweisführung für einen solchen Durchgriff ist allerdings schwierig, da es vertiefter Kenntnisse der Konzernstruktur bedarf, um eine tatsächliche Beherrschung und einheitliche Führung nachzuweisen. Denkbar ist ein solcher Durchgriff bei der Beurteilung der Frage, ob ein Konkurrenzschutz verletzt ist, allerdings dann, wenn es einen **Gewinnabführungsvertrag** zwischen der an den Vermieter vermietenden Tochtergesellschaft und der an den Konkurrenten vermieteten Muttergesellschaft gibt. Gleiches gilt, wenn es zwischen den beiden Konzerngesellschaften eine Rollenverteilung derart vorliegt, dass die eine Gesellschaft Eigentümerin des Objektes ist und die andere Gesellschaft von ihr mit der Vermietung beauftragt wird. Anders kann es dagegen sein, wenn es zwischen verschiedenen Mutter- bzw. Tochtergesellschaften in einem Konzern keine klare **„Arbeitsteilung“** gibt, also beide Gesellschaften nebeneinander im Wettbewerb stehen und unterschiedliche Vermietungsstrategien verfolgen.

Ein Konkurrenzschutz besteht nicht zwischen verschiedenen Mitgliedern einer 43
Teileigentümergemeinschaft (WEG).[51] Der Vermieter hat jedoch gegenüber dem Mieter eine **Aufklärungspflicht**, dass er aufgrund der Eigentümerstruktur der WEG (mehrere Teileigentümer) keinen Konkurrenzschutz gewähren kann. Andernfalls macht er sich schadensersatzpflichtig.[52] Für die Teileigentümer besteht untereinander die Möglichkeit, eine Konkurrenzschutzvereinbarung als konkrete Gebrauchsbeschränkung mit in die Teilungserklärung aufzunehmen oder eine Konkurrenzschutzregelung in der Eigentümerversammlung mehrheitlich zu beschließen.[53]

Im **Untermietverhältnis** steht dem Untermieter grundsätzlich ein Konkurrenz- 44
schutzanspruch **gegenüber dem Hauptmieter** zu. Dieser kann sich auch darauf erstrecken, dass der Hauptmieter einen bestehenden Konkurrenzschutzanspruch gegenüber dem Hauptvermieter geltend macht. Auch der Zwischenvermieter bzw. Hauptmieter muss vor Untervermietung einen eventuellen Konkurrenzschutz des Hauptvermieters beachten. Andernfalls verletzt er eine wesentliche vertragliche Nebenpflicht aus dem Hauptmietvertrag.[54] Hieraus resultiert für den Hauptvermieter das Recht, die Untervermietung abzulehnen.[55]

Macht der Mieter sich während der Mietzeit – etwa durch eine Schwestergesell- 45
schaft oder weitere Filiale – **selbst Konkurrenz**, ist dies zwar **kein Fall des vertragsimmanenten Konkurrenzschutzes** zugunsten des Vermieters, soweit in bei-

---

50 OLG Karlsruhe, Urt. v. 7.4.1989 – 14 U 16/86 –.

51 OLG Stuttgart, Beschl. v. 27.9.1990 – 8 W 344/90 –.

52 LG Karlsruhe, Urt. v. 24.7.1990 – 8 O 436/89 –.

53 OLG Hamm, Beschl. v. 20.6.1986 – 15 W 177/86 –; BayObLG, Beschl. v. 7.5.1997 – 2Z BR 32/97 –; OLG Hamm, Beschl. v. 13.2.1997 – 15 W 445/96 –; BayObLG, Beschl. v. 14.3.1996 – 2Z BR 6/96 –.

54 LG Oldenburg, Urt. v. 11.5.1988 – 12 O 4090/87 –.

55 BGH, Urt. v. 16.9.1981 – VIII ZR 161/80 –.

den Mietverträgen etwaige Verpflichtungen gegenüber dem Vermieter eingehalten werden. Allerdings ist dem Mieter unter Umständen bei Beendigung des Mietverhältnisses eine vertragsgemäße Rückgabe des Mietobjektes nicht möglich, da er dieses mit einer neu geschaffenen Konkurrenzsituation am Ort zurückgibt.[56] Gemäß dem Sachverhalt der vorgenannten Entscheidung hatte der Mieter bei Anmietung einen vom Vermieter hergestellten vollwertigen Kinobetrieb angemietet. Im Laufe des Mietverhältnisses hat der Mieter an anderer Stelle ein Konkurrenzkino etabliert. Für den Vermieter bestand daher zu Recht die Sorge, dass er empfindlich in seinen Nachvermietungsbemühungen gestört ist, wenn in unmittelbarer Nähe ein starker Konkurrenzbetrieb existiert. Aus dieser Konstellation hat das OLG Koblenz zumindest bei Vertragsende einen entsprechenden **Unterlassungsanspruch** des Vermieters gegenüber dem Mieter bezüglich des Betriebs des Konkurrenzkinos für möglich gehalten. Man wird einen solchen Anspruch jedoch regelmäßig nur dann annehmen können, wenn der Vermieter nicht nur eine Mietfläche an den Mieter vermietet, sondern diese betriebsfertig herstellt. Zudem wird man einen entsprechenden Unterlassungsanspruch davon abhängig machen müssen, dass es sich um ein Mietobjekt handelt, dessen Mietzweck jedenfalls in der näheren Umgebung ein Alleinstellungsmerkmal zukommt.

46 Der vertragsimmanente Konkurrenzschutz verpflichtet den Vermieter zwar grundsätzlich, dafür Sorge zu tragen, dass in anderen Räumen des Vermieters (hier: Büro- und Geschäftshaus) kein Konkurrenzunternehmen zugelassen wird. Dies gilt grundsätzlich auch für die Vermietung an Freiberufler. Die räumliche, sachliche, persönliche und zeitliche Reichweite des vertragsimmanenten Konkurrenzschutzes lässt sich aber nur unter Würdigung der gesamten Umstände, insbesondere den Interessen der Vertragsparteien, nach Treu und Glauben mit Rücksicht auf die Verkehrssitte bestimmen. Dieser vertragsimmanente Konkurrenzschutz scheidet dann aus, wenn nunmehr konkurrierende Mieter zuvor gesellschaftsrechtlich etwa in Form einer **Außensozietät** verbunden waren. In diesem Fall ist es Aufgabe der zuvor verbundenen Mieter, für den Schutz vor Konkurrenz nach Beendigung der Gesellschaft selbst Sorge zu tragen.[57]

3. Sächlicher Geltungsbereich

47 Der vertragsimmanente Konkurrenzschutz gilt – anders als der ausdrücklich vertraglich vereinbarte Konkurrenzschutz – **nur für den ausdrücklich oder schlüssig zwischen den Parteien vereinbarten Geschäftszweck**. Zur Beurteilung, ob der vertragsimmanente Konkurrenzschutz verletzt ist, ist die **Überschneidung der**

56 OLG Koblenz, Urt. v. 17.6.1992 – 5 U 907/91 –.
57 OLG Hamm, Urt. v. 28.6.2011 – I-7-U 54/10 –.

Hauptgeschäftstätigkeiten (Hauptsortimente) entscheidend, während eine Überschneidung der Randtätigkeiten (Nebensortimente) außer Betracht bleibt.

Zum Hauptsortiment des Gewerbebetriebes des Mieters zählt das Sortiment, welches dem Ladenlokal sein **Gepräge** gibt.[58] Um das Gepräge eines Ladenlokals zur ermitteln, hilft nachfolgende Überlegung: Wenn ein Kunde ein Geschäftsbetrieb oder einen Laden betritt, gibt es für ihn einen klaren, ersten Eindruck, was er hier hauptsächlich geleistet wird bzw. was er erwerben kann. Dieser erste Eindruck, das Gepräge des Geschäftes, stellt die Hauptaktivität bzw. das Hauptsortiment dar. 48

So wird man bei einem Buchgeschäft, das auch Aktionsflächen mit Schreibwaren o.Ä. führt, trotzdem den Eindruck eines Buchgeschäftes beibehalten, solange diese weiteren Sortimente eben nur **untergeordnete Flächen** in Anspruch nehmen. Bei einem Verkaufsbüro (eines Handwerks- oder Industriebetriebes) wird zwar auch eine Beratung über entsprechende Produkte erfolgen; gleichwohl wird man dort nicht eine allgemeine Unternehmens- oder Industrieberatung vermuten. Es kann dabei durchaus der Eindruck entstehen, dass in dem Mietobjekt mehrere Dienstleistungen oder Warengruppen/Sortimente gleichberechtigt nebeneinander angeboten werden. Entscheidend ist dann jedoch, ob die Dienstleistungen oder Waren eines Segments nach Vielfalt, Auswahlmöglichkeit, Geschlossenheit und Übersichtlichkeit dem Angebot einer bestimmten Fachfirma bzw. eines bestimmten Fachgeschäftes entsprechen.[59] Eine bloße Beachtung der Hauptdienstleistung oder eines Hauptsortiments ist jedoch nicht immer zielführend. So kann z.B. ein Wellness- und Pflegeanbieter, der keine medizinischen Fachbehandlungen anbietet, gleichwohl einen medizinischen Pflegebetrieb verdrängen, der allein von ärztlich verordneten Fachbehandlungen nicht leben kann und deshalb auch allgemeine Pflegeleistungen anbietet. Oder der Sortimentsbereich eines Supermarktes, der nur ca. 5% seines Umsatzes ausmacht, kann für einen kleineren Mitbewerber, der fast ausschließlich dieses Sortiment anbietet, existenzbedrohend sein.[60] Demgegenüber wird man dies im umgekehrten Fall, bei Hinzukommen eines kleinen Mitbewerbers zu einem schon etablierten Anbieter, nicht annehmen können.[61] Letztlich wird man das Vorliegen einer Konkurrenzsituation nur unter Heranziehung aller vorgenannten Kriterien im Einzelfall beurteilen können.[62] 49

Konkurrenzschutz genießen vor allem Handelsunternehmen, aber auch **Freiberufler**, wie z.B. Ärzte, Rechtsanwälte, Architekten, Steuerberater etc. So muss ein Arzt einen konkurrierenden weiteren Arzt gleicher Fachrichtung im Haus nicht dul- 50

---

58 BGH, Urt. v. 3.7.1985 – VIII ZR 128/84 –.

59 OLG Hamm, Urt. v. 16.12.1997 – 7 U 64/97 –; OLG Köln, Urt. v. 16.12.1997 – 24 U 100/97 –.

60 Hanseatisches OLG Hamburg, Urt. v. 23.3.1966 – 4 U 358/65 –; OLG Celle, Urt. v. 13.5.1992 – 2 U 99/91 –.

61 OLG Hamm, Urt. v. 16.12.1997 – 7 U 64/97 –.

62 *Fritz*, Rn 76e m.w.N.

den.[63] Auch für **Zeitarbeitsfirmen** wird ein Konkurrenzschutz angenommen.[64] Demgegenüber können **Industriebetriebe** oder andere Produktionsstätten, die nicht oder nur auf geringen Kundenverkehr angewiesen sind, keinen Konkurrenzschutz für sich in Anspruch nehmen.[65]

4. Räumlicher Geltungsbereich

51 Der vertragsimmanente Konkurrenzschutz wird vorbehaltlich einer abweichenden vertraglichen Regelung **räumlich nicht unbegrenzt** gewährt. Entscheidend ist, dass sich ein Konkurrenzunternehmen auf den eigenen Betrieb des Mieters auswirkt. Dafür kann es z.B. entscheidend sein, wie sich die **Konkurrenzsituation generell vor Ort** darstellt. In einer großstädtischen, belebten Einkaufsstraße wird man eher davon ausgehen müssen, dass der Mieter eine Konkurrenzsituation dulden muss als in einer kleineren Ortschaft oder im ländlichen Bereich. Eine großstädtische Einkaufsstraße ist gerade von Konkurrenzsituationen geprägt und leitet daraus ihre Zugkraft ab. Das kann sogar dazu führen, dass selbst bei der Ansiedlung eines Konkurrenten in lediglich 300 Metern Entfernung in einer belebten Einkaufsstraße ein vertragsimmanenter Konkurrenzschutz verneint wird.[66] Gerade **Fußgängerzonen** in Innenstadtlagen sind von einer starken Konzentration von Läden unterschiedlicher und auch gleicher Art gekennzeichnet. Dies führt dazu, dass solche sog. 1a-Innenstadtlagen auf Gewerbebetriebe aber auch interessierte Kunden eine hohe Anziehungskraft ausüben, mit der Folge, dass sich eine **Massierung von Einkaufsmöglichkeiten** ergeben kann. Dies gilt jedoch nicht, wenn der Vermieter in einer solchen 1a-Innenstadtlage im gleichen Gebäude an einen Konkurrenten vermietet. Hier hat der Vermieter den Konkurrenzschutz zu beachten.[67] Das kann für ein **Einkaufszentrum** gelten, in dem ein Ankermieter (hier: Laden für Unterhaltungselektronik) ein vertragsimmanenter Konkurrenzschutz aberkannt wird, weil es gerade das prägende Merkmal eines Einkaufszentrums ist, dass in den umsatzstarken Segmenten/Warengruppen mehrere Anbieter angesiedelt sind.[68]

52 Die vorgenannten Erwägungen gelten für andere gewerblichen Mieter, insbesondere Dienstleister, entsprechend.

---

63 BGH, Urt. v. 7.7.1976 – I ZR 85/75 –.
64 OLG Düsseldorf, Urt. v. 6.7.2001 – 4 U 174/00 –.
65 OLG Koblenz, Urt. v. 23.12.1994 – 2 U 457/93 –.
66 LG Frankfurt, Urt. v. 5.7.1988 – 2/18 O 234/87 –.
67 OLG Frankfurt, Urt. v. 6.11.1987 – 10 U 102/87 –.
68 OLG Dresden, Urt. v. 23.9.1997 – 2 U 2217/97 –.

5. Zeitlicher Geltungsbereich

Der Konkurrenzschutz gewährleistet, vorbehaltlich abweichender bzw. spezifischer vertraglicher Regelungen, grundsätzlich **keinen Anspruch** für den hinzukommenden Mieter **auf Veränderung der bei Anmietung bestehenden Ist-Situation**. Er schützt den Mieter also nicht vor einer bereits bei Anmietung vorhandenen Konkurrenzsituation. 53

Der Konkurrenzschutz gewährt **erst im Rahmen von Neuvermietungen oder Genehmigungen von betrieblichen Veränderungen** (z.B. Sortimentsausweitungen) einen Abwehranspruch gegen zukünftige negative Veränderungen der Konkurrenzsituation. Dies gilt noch nicht, wenn sich die Konkurrenzsituation erst durch autonome (im Rahmen des betreffenden Mietvertrages zulässige) Sortimentserweiterung eines bereits vorhandenen Mieters verschärft oder begründet.[69] Solange eine solche Sortimentserweiterung nicht der Zustimmung des Vermieters bedarf, sondern bereits im Mietvertrag angelegt war, liegt kein Fall des Konkurrenzschutzes vor.[70] 54

Ohnehin besteht im Regelfall, ohne weitergehende vertragliche Verpflichtung, kein Anspruch auf Abwehr jeglichen fühlbaren oder unliebsamen Wettbewerbs, sondern nur eines übermäßigen bzw. erheblich verdrängenden Wettbewerbs. 55

III. Ausdrückliche vertragliche Vereinbarungen zum Konkurrenzschutz

1. Individualvertragliche Vereinbarungen

a) Konkurrenzschutzverpflichtung des Mieters zugunsten des Vermieters/ Wettbewerbsverbot

Neben dem Bedürfnis des Mieters, sich vor unliebsamer Konkurrenz zu schützen, kann auch für den Vermieter das Bedürfnis bestehen, dass der Mieter nicht in unmittelbarer Nähe zu der im Eigentum des Vermieters stehenden gewerblichen Immobilie einen weiteren Gewerbebetrieb betreibt. Dies kann zum einen daraus resultieren, dass der Vermieter an den Umsätzen des Mieters im Wege einer Umsatzmiete partizipiert. Ein mietereigener Konkurrenzstandort in unmittelbarer Nähe kann erheblich die Mieterumsätze im Mietobjekt beeinflussen und zu einer Reduzierung der Umsatzmiete führen. Daneben kann es auch für Vermieter von Spezialimmobilien, insbesondere Einkaufszentren, darauf ankommen, durch ein abgegrenztes und möglichst ausschließliches Warenangebot für ein **Alleinstellungsmerkmal der Immobilie im Markt** zu sorgen. Dem würde ein weiteres Geschäft des Mieters in der Nähe, das diese Ausschließlichkeit wieder aufhebt, entgegenstehen. 56

69 OLG Köln, Urt. v. 16.12.1997 – 24 U 100/97 –.
70 BGH, Urt. v. 15.2.1960 – VII ZR 10/59 –.

57 Als Grenze für eine solche Konkurrenzschutzverpflichtung des Mieters ist zu berücksichtigen, dass eine **unangemessene Beschränkung seiner Berufsausübungsfreiheit** (Art. 12 GG) in örtlicher, zeitlicher und gegenständlicher Hinsicht zu einer erheblichen Beeinträchtigung der wirtschaftlichen Bewegungsfreiheit des Mieters führen kann.[71]

58 Ein individualvertraglicher Konkurrenzschutz hat grundsätzlich **Geltungsvorrang** vor dem vertragsimmanenten Konkurrenzschutz vor, da er diesen einschränken kann.[72]

b) Konkurrenzschutzverpflichtung des Vermieters zugunsten des Mieters

59 Eine vertragliche Vereinbarung eines **Konkurrenzschutzes** kann sich **auch auf Nebensortimente** des Mieters beziehen. Von einer solchen Erweiterung auf das Nebensortiment des Mieters wird man auch ohne ausdrückliche Vereinbarung dann ausgehen können, wenn ein Konkurrenzschutz auch ohne ausdrückliche Bezugnahme auf das Nebensortiment vereinbart wird.[73]

! **Praxistipp**

Soll ein Konkurrenzschutz ausdrücklich im Vertrag vereinbart werden, so sollte die Regelung unbedingt vorsehen, gegen welche Konkurrenten und/oder für welche Sortimente dieser gewährt wird. Hierbei sollten unter grundsätzlichem Ausschluss von Konkurrenz- und/oder Sortimentsschutz per Rückausnahme in abschließenden Aufzählungen sowohl die Konkurrenten als auch die Sortimente benannt werden, für die nunmehr doch Konkurrenz- bzw. Sortimentsschutz gewährt wird.

---

60 Eine Konkurrenzschutzverletzung liegt auch schon dann vor, wenn sich nur Teilbereiche des Sortiments der verschiedenen Mieter überschneiden.[74] Schon diese sehr strengen Anforderungen an den Konkurrenz- und Sortimentsschutz machen es zwingend erforderlich, die Konkurrenten bzw. die Sortimente **klar und abschließend zu definieren**, gegen die bzw. für die Konkurrenz- und Sortimentsschutz gewährt werden soll. Entscheidend ist für eine Konkurrenzschutzverletzung jedoch eine Beurteilung des Einzelfalls. So führt nicht jegliche Überschneidung der Nebensortimente automatisch zu einer Konkurrenzschutzverletzung. Eine solche liegt jedenfalls dann nicht vor, wenn trotz teilweiser Sortimentsüberschneidung die beiden Konkurrenten einen anderen **Geschäftstyp** (hier: Lebensmitteldiscounter gegen russisches Kaufhaus) betreiben.[75]

---

71 BGH, Urt. v. 13.9.1979 – KZR 23/77 –.
72 KG Berlin, Beschl. v. 18.5.2007 – 12 U 99/07 –.
73 OLG Schleswig, Urt. v. 21.7.2000 – 4 U 52/99 –.
74 OLG Frankfurt, Beschl. v. 27.1.2012 – 2 U 299/11 –.
75 KG Berlin, Beschl. v. 6.5.2010 – 12 U 150/09 –.

Demgegenüber reicht die bloße Vereinbarung eines ausdrücklichen Konkurrenzschutzes vor bestimmten konkurrierenden Fachgeschäften jedoch nicht aus, um den Mieter vor anderen Konkurrenzbetrieben zu schützen, die zwar überschneidende Sortimente aufweisen, jedoch vom ausdrücklichen Konkurrenzschutz nicht erfasst sind. Ein solcher Konkurrenzschutz ist auch nicht im Wege einer ergänzenden Vertragsauslegung zwischen den Parteien vereinbart.[76] Im vorliegenden Fall hatte sich ein Optik- und Hörgerätefachgeschäft ausdrücklich einen Konkurrenzschutz gegen die Ansiedlung eines weiteren Optik- und Hörgerätefachgeschäftes vertraglich zusichern lassen. Der BGH sah auch in der vom Vermieter geduldeten Aufnahme des Vertriebs (verkürzte Versorgung gem. § 126 SGB V) von Hörgeräten durch einen im Objekt angesiedelten HNO-Arzt keine Verletzung des Konkurrenzschutzes. Für eine ergänzende Vertragsauslegung ist hier kein Raum, da es schon an einer planwidrigen Regelungslücke in der Konkurrenzschutzvereinbarung zwischen den Parteien fehle. Maßgeblich für die Prüfung, ob der Mietvertrag eine ausfüllungsbedürftige, planwidrige Regelungslücke enthält, ist, welchen Umfang an Konkurrenzschutz der Mieter bei Abschluss des Mietvertrages erwarten konnte. Da die Vertragsparteien den Konkurrenzschutz konkret beschrieben und auf gleichlautende Fachgeschäfte begrenzt haben, konnte der Mieter nicht von einem Konkurrenzschutz vor **überlappenden Sortimenten** anderer Mieter ausgehen. 61

Demgegenüber kann eine Konkurrenzschutzverletzung durch **vom Vermieter genehmigte Teilbetriebseinstellung** auch zu einem späteren Zeitpunkt noch entstehen.[77] In dem hier entschiedenen Sachverhalt hatte der Vermieter im Verhältnis zu einem Nagelstudio gegenüber einem Friseur mit Nageltisch die Einstellung des Friseurbetriebes mit dem gleichzeitigen Weiterbetrieb des Nageltisches(-studios) genehmigt. Das ursprünglich reine Nagelstudio hatte einen ausdrücklichen Konkurrenzschutz gegen die Ansiedlung eines weiteren Nagelstudios mit dem Vermieter vereinbart. 62

c) Dingliche Absicherung

Neben der vertraglichen Regelung im Miet- oder Pachtvertrag ist auch eine dingliche Absicherung des Konkurrenzschutzes als **beschränkt persönliche Dienstbarkeit** gem. § 1090 BGB möglich. Das belastete Grundstück wird dahingehend beschränkt, dass ein gewisser Gewerbebetrieb darauf nicht eingerichtet oder ausgeübt werden darf.[78] Eine solche dingliche Sicherung ist über das Grundstück, auf dem sich das Mietobjekt des Mieters befindet, hinaus auch auf andere Grundstücke des Vermieters denkbar. Dies stellt für den Mieter einen effektiven Schutz dar, um sich im Falle 63

---

76 BGH, Urt. v. 11.1.2012 – XII ZR 40/10 –.

77 KG Berlin, Beschl. v. 21.1.2008 – 8 W 85/07 –.

78 BGH, Urt. v. 25.3.1980 – KZR 17/79 –.

der Veräußerung der anderen Grundstücke auch gegenüber einem potenziellen Erwerber abzusichern.

2. AGB-Regelungen zum Konkurrenzschutz

64 Eine **formularvertragliche Vereinbarung zum Ausschluss** von Konkurrenz- und Sortimentsschutzrechten begegnet keinen Bedenken.[79] Teilweise wird ein solcher formularvertraglicher Ausschluss des Konkurrenzschutzes jedoch nur dann für zulässig gehalten, wenn sich die Hauptsortimente des Bestandsmieters und des hinzukommenden Konkurrenten nicht vollständig überschneiden.[80] Selbst eine Kombination von Betriebspflicht und Konkurrenzschutzausschluss in AGB ist unter gewissen Umständen wirksam (vgl. Rn 18).

Formulierungsmuster

„Die Vertragsschließenden sind sich darüber einig, dass der Mieter für die Dauer des Mietverhältnisses keinen Konkurrenz- oder Sortimentsschutz irgendwelcher Art für sich in Anspruch nehmen kann."

---

65 In größeren Gewerbeimmobilien, z.B. Einkaufszentren, werden bewusst Bereich geschaffen, in denen dem Kunden sich massiert überschneidende Sortimente angeboten werden. Klassischerweise ist dies z.B. in einem Food-Court eines Einkaufszentrums der Fall. Hier empfiehlt es sich, den Mieter bewusst auf diese massive Konkurrenzsituation hinzuweisen.

Formulierungsmuster

„Dem Mieter ist bekannt, dass sein Ladenlokal in einem Bereich des Einkaufszentrums angesiedelt ist (Food-Court), in dem mehrere Gastronomieanbieter angesiedelt werden sollen."

---

66 Unwirksam gem. § 307 BGB ist in einem Mietvertrag mit zehn Jahren Laufzeit allerdings eine formularvertragliche Kombination von Ausschluss des vertragsimmanenten Konkurrenzschutzes in Verbindung mit nachstehender Verpflichtung des Mieters:

> *„Vom Zeitpunkt der Abgabe des Mietangebotes bis zur Beendigung des Mietverhältnisses ist es dem Mieter untersagt, in einem Umkreis von drei Kilometern um das Einkaufszentrum herum ein gleichartiges oder ähnliches Geschäft neu zu betreiben, wie er es im Einkaufszentrum unterhält, und zwar weder direkt noch indi-*

---

79 BGH, Urt. v. 3.3.2010 – XII ZR 131/08 –; Hanseatisches OLG Hamburg, Urt. v. 17.12.1986 – 4 U 237/85 –; OLG Brandenburg, Urt. v. 10.6.2009 – 3 U 169/08 –.
80 OLG Düsseldorf, Urt. v. 11.6.1992 – 10 U 165/91 –.

rekt. Entsprechendes gilt für die Beteiligung an solchen Unternehmen oder eine irgendwie geartete Mitwirkung an ihrem Betrieb.“[81]

Bei einer solchen weitgehenden Einschränkung der wirtschaftlichen Bewegungsfreiheit des Mieters kommt es ganz entscheidend auf die **Ausgewogenheit** einer solchen Regelung an. Diese ist nicht gegeben, wenn der Vermieter für sich ein solch umfassendes Wettbewerbsverbot in Anspruch nimmt, gleichzeitig aber sogar den vertragsimmanenten Konkurrenzschutz ausschließt. Der Mieter sieht sich so der Situation ausgesetzt, dass er jederzeit mit Konkurrenz rechnen muss, aber keinerlei Möglichkeit hat, durch weitere Standorte/Filialen in der näheren Umgebung eventuell durch diese zusätzliche Konkurrenz ausgelösten Umsatzeinbußen zu kompensieren. Während die vorgenannte Vertragsklausel bei einem Einkaufszentrum „auf der grünen Wiese“ noch hinnehmbar erscheint, führt sie bei einem in einer Innenstadt liegenden Einkaufszentrum faktisch dazu, dass der Mieter in dieser Innenstadtlage keine zweite Filiale mehr betreiben kann. Dem Mieter wird so der Zugang gerade zur kundenfrequenzstarken Innenstadtlage verwehrt. Er muss sich faktisch entscheiden, entweder Mieter in dem Einkaufzentrum zu werden oder einen oder mehrere Standorte in der Innenstadt zu belegen. 67

IV. Rechtsfolgen und Rechtsschutz bei Verstoß gegen Konkurrenzschutz

Eine Verletzung des Konkurrenz- und Sortimentsschutzes kann zum einen aus der aktiven Begründung einer Konkurrenzsituation durch den Vermieter (Eingehen eines Konkurrenzvertragsverhältnisses) oder zum anderen in der Aufnahme eines Konkurrenzbetriebes durch den Vermieter oder den Mieter liegen. Daneben ist insbesondere eine Sortimentsschutzverletzung auch in einem Unterlassen denkbar, wenn der Vermieter z.B. nicht gegen eine vertragswidrige Sortimentserweiterung eines anderen Mieters vorgeht und die ihm möglichen rechtlichen Optionen nicht ausschöpft. 68

1. Mietminderungsrecht, Zurückbehaltung der Miete

Dem Mieter steht gegenüber dem Vermieter bei Verletzung des Konkurrenzschutzes ein Mietminderungsrecht zu.[82] Zu dem **vertraglich vereinbarten Zustand** der Mietsache gehören über deren physische Beschaffenheit hinaus auch die **tatsächlichen Zustände und rechtlichen Verhältnisse**, die mit der Mietsache zusammenhängen und ihre Gebrauchstauglichkeit beeinträchtigen. Dazu gehören auch Störungen, die 69

81 OLG Dresden, Urt. v. 3.1.2006 – 5 U 1451/05 –.
82 BGH, Urt. v. 10.10.2012 – XII ZR 117/10 –; OLG Düsseldorf, Urt. v. 15.5.1997 – 10 U 4/96 –.

außerhalb der Mietsache liegen. Das Mietobjekt ist aufgrund der vorliegenden Konkurrenzsituation vom Vermieter nicht in dem vertraglich vereinbarten Zustand (Abwesenheit der konkreten Konkurrenzsituation) überlassen worden bzw. nicht in diesem Zustand erhalten worden. Sowohl die Verletzung des sog. vertragsimmanenten Konkurrenzschutzes als auch die des ausdrücklich vereinbarten Konkurrenzschutzes stellen Störungen dar, die außerhalb der Mietsache liegen und die Tauglichkeit der Mietsache zum vertragsgemäßen Gebrauch unmittelbar beeinträchtigen. Anders als bei der Geltendmachung eines Schadensersatzes bedarf es für das Mietminderungsbegehren jedoch nicht der Feststellung eines (bestimmten) Umsatzrückgangs aufgrund der vorliegenden vertragswidrigen Konkurrenzsituation.

70 Ist nachträglich eine vertragswidrige Konkurrenzsituation durch den Vermieter verursacht oder zugelassen worden, so wird eine **wesentliche Vertragspflicht** durch den Vermieter (Abwesenheit der konkreten Konkurrenzsituation) nicht erfüllt. Dem Mieter kann daher gegen den vom Vermieter geltend gemachten Mietanspruch die Einrede des nichterfüllten Vertrages gem. § 320 BGB geltend machen und die zu zahlende Miete zurückhalten.

2. Vertragsstrafe

71 Die Vertragsparteien sind frei, auch für den Fall einer Konkurrenz- oder Sortimentsschutzverletzung eine **Vertragsstrafe zu vereinbaren**. Hierbei sollte zwingend auch die Höhe der Vertragsstrafe vereinbart werden. Andernfalls ergeben sich ähnliche Beweisprobleme wie im Rahmen des Nachweises eines konkreten Schadens (vgl. Rn 71). Die Höhe der Vertragsstrafe kann sich insbesondere an zu erwartenden Umsatzeinbußen aber auch an den durch die Konkurrenzsituation verlorenen Investitionen des Mieters, wie sich diese durch die verringerten Umsätze nicht über die Mietdauer amortisieren lassen, orientieren.

3. Schadensersatz

72 Aufgrund der vertragswidrigen Konkurrenzsituation, die der Mieter in seinen Ertragskalkulationen nicht berücksichtigt hat, ist grundsätzlich ein **Schaden des Mieters durch Umsatz- und Gewinneinbußen** denkbar. Diesen Schaden kann der Mieter als Ersatzanspruch gegenüber dem vertragsbrüchigen Vermieter geltend machen. Schwierigkeiten ergeben sich für den beweisbelasteten Mieter jedoch, die ausschließliche Ursächlichkeit zwischen einem Umsatz-/Gewinnrückgang, vor allem in der geltend gemachten Höhe, und der Konkurrenzsituation herzustellen. Insoweit werden die in der Vergangenheit erzielten Umsätze und Gewinne heranzuziehen sein, ggf. unter Hinweis auf zwischenzeitlich eingetretene allgemeine Steigerungen.

4. Außerordentlich fristlose Kündigung

Durch das Vorliegen der vertragswidrigen Konkurrenzsituation wird das Mietobjekt dem Mieter nicht im vertragsgemäßen Zustand (Abwesenheit der konkreten Konkurrenzsituation) überlassen. Da vertragsgemäßer Gebrauch nicht bzw. nur teilweise gewährt wird, besteht für den Mieter das Recht zur **außerordentlichen fristlosen Kündigung** des Mietvertrages gem. § 543 Abs. 2 Nr. 1 BGB. **Duldet der Mieter dagegen für eine längere Zeit** die vorliegende, nicht vertragsgemäße Konkurrenzsituation, kann ein Berufen auf das vorgenannte Kündigungsrecht **treuwidrig** sein und gegen das Gebot von Treu und Glauben gem. § 242 BGB verstoßen. 73

5. Einstweiliger Rechtschutz

Gegen eine drohende Konkurrenzschutzverletzung kann der Mieter im Wege des **einstweiligen Verfügungsverfahrens** vorgehen.[83] Wenn der Mieter auf den ordentlichen Rechtsweg verwiesen wäre, würden durch die zwischenzeitliche Vermietung und Übergabe des Konkurrenzmietobjektes an einen Konkurrenten **vollendete Tatsachen** geschaffen. Ist der Vermieter jedoch zwei widerstreitende Mietverhältnisse derart eingegangen, dass beiden Mietern jeweils ein aus dem Konkurrenzschutz ausfließender Unterlassungsanspruch gegen Vermieter wegen der Überlassung des Mietobjektes an den jeweils anderen Mieter zusteht, steht nur dem Mieter, der diesen Anspruch zuerst geltend macht, die Möglichkeit einer einstweiligen Verfügung offen. Liegt eine solche einsteilige Verfügung zugunsten eines Mieters vor, so ist der andere Mieter auf die Geltendmachung eines Schadensersatzanspruches verwiesen. Er kann selbst nunmehr keine einstweilige Verfügung gegen den Vermieter mehr erwirken, da aufgrund der bereits vorliegenden einstweiligen Verfügung zugunsten des anderen Konkurrenzmieters dem Vermieter die Befolgung einer weiteren, gegenläufigen einstweiligen Verfügung unmöglich geworden ist.[84] 74

6. Unterlassungsanspruch

Die Geltendmachung oder gerichtliche Durchsetzung des Unterlassungsanspruchs gegen den Vermieter setzt die Darlegung eines Rechtsschutzbedürfnisses voraus. Hierzu reicht die Behauptung einer zukünftigen Beeinträchtigung nicht aus.[85] Andererseits besteht nach wirksamer Überlassung des Mietobjektes an einen Dritten/Konkurrenten keine Möglichkeit mehr für den Vermieter, einen Unterlassungsanspruch durchzusetzen, sofern der Konkurrent, etwa aufgrund seines Mietvertrages, ein Recht zum Besitz hat. 75

83 OLG Hamm, Urt. v. 9.3.1990 – 7 U 142/89 –.

84 KG Berlin, Beschl. v. 10.2.2003 – 22 U 300/02 –.

85 BGH, Urt. v. 14.12.1988 – VIII ZR 31/88 –.

76 Ein Unterlassungsanspruch gegenüber dem Konkurrenten unter dem Gesichtspunkt des unlauteren Wettbewerbs nach UWG besteht grundsätzlich nicht. Eine Konkurrenzsituation ist grundsätzlich kein Wettbewerbsverstoß gem. § 1 UWG, wenn nicht die besonderen Voraussetzungen eines unzulässigen Wettbewerbs vorliegen.[86]

77 Der Vermieter ist zwar grundsätzlich im Rahmen des im rechtlich und tatsächlich Möglichen verpflichtet, auf den neu hinzukommenden Konkurrenten einzuwirken, damit dieser den (unzulässigen) Konkurrenzbetrieb unterlässt.[87] Faktisch ist der Vermieter jedoch auch hier mietvertraglich gebunden, sodass er grundsätzlich auch dem Konkurrenten den Betrieb des Konkurrenzunternehmens gewähren muss. Er hat daher alle Möglichkeiten auszuschöpfen, z.B. Ausübung von möglichen Kündigungsrechten oder Abschließen einer Aufhebungsvereinbarung über die Konkurrenzschutzklausel, um diese Konkurrenzsituation aufzuheben.

---

86 BGH, Urt. v. 9.10.1968 – VIII ZR 173/66 –.
87 OLG Frankfurt, Beschl. v. 27.1.2012 – 2 U 299/11 –.

Kapitel 10
Haftung und Gewährleistung, Versicherung

A. Grundsätze

Die Grundregelung zur Verteilung von Haftung und Gewährleistung zwischen Vermieter und Mieter befindet sich bereits in § 535 Abs. 1 BGB. Der Vermieter ist nach § 535 Abs. 1 S. 1 BGB verpflichtet, dem Mieter den Gebrauch der Mietsache während der Mietzeit zu gewähren. Satz 2 ergänzt, dass der Vermieter die Mietsache dem Mieter in einem zum vertragsgemäßen Gebrauch geeigneten Zustand zu überlassen und sie während der Mietzeit in diesem Zustand zu erhalten hat. 1

Dies bedeutet, dass der Vermieter damit nur verpflichtet ist, die Mietsache zum vertragsgemäßen Gebrauch zu gewähren. Überschreitet der Mieter den vertragsgemäßen Gebrauch und entstehen ihm dadurch Schäden oder andere Nachteile, stehen dem Mieter keine vertraglichen Ansprüche gegen den Vermieter zu, vielmehr können dem Vermieter Ansprüche wegen des nicht vertragsgemäßen Gebrauchs durch den Mieter zustehen. 2

Die Erhaltungslast des Mietgegenstandes trifft – das ergibt sich im Grundsatz aus § 535 Abs. 1 S. 2 BGB – grundsätzlich den Vermieter, denn er ist nicht nur bei Mietbeginn verpflichtet, die Mietsache in vertragsgemäßem Gebrauch zu übergeben, sondern auch, diese in einem solchen Zustand zu erhalten. Der Vermieter haftet also grundsätzlich dann, wenn sich die Mietsache nicht in vertragsgemäßem Zustand befindet. 3

Diese Grundregel wird in den weiteren Vorschriften des BGB näher ausgestaltet, so etwa das Minderungsrecht des Mieters in § 536 BGB, Schadens- und Aufwendungsersatzansprüche des Mieters bei einem Mangel in § 536a BGB. § 538 BGB bestimmt sodann, dass der Mieter Veränderungen oder Verschlechterungen der Mietsache, die durch den vertragsgemäßen Gebrauch entstehen, nicht zu vertreten hat. Der Vermieter haftet damit grundsätzlich für Sach- und Rechtsmängel der Mietsache. 4

Diese gesetzlichen Grundregelungen finden in der Vertragspraxis umfangreiche Ausprägungen und Abänderungen. Mietverträge beinhalten häufig Regelungen zur Frage, was zum vertragsgemäßen Gebrauch gehört, welche Umstände als vertragsgerecht angesehen werden und oft ist auch eine Übertragung der Instandhaltung und Instandsetzungsverpflichtungen vom Vermieter auf den Mieter zu finden.[1] Der Vermieter wird darauf bedacht sein, seine umfassende Haftung für den Zustand des Mietobjekts zu beschränken. Individualvertraglich haben die Parteien weite Gestal- 5

1 Siehe dazu Kap. 8.

tungsmöglichkeiten. Handelt es sich indes um Allgemeine Geschäftsbedingungen, unterliegen die Parteien den Beschränkungen der §§ 305 ff. BGB und der dazu ergangenen Rechtsprechung. In aller Regel gelten für Gewerbemietverträge die – tendenziell – mieterfreundlichen Entscheidungen des BGH zum Wohnraummietrecht in sehr ähnlichem Maße, soweit es um die Übertragung von Instandhaltungs- und Instandsetzungspflichten im Rahmen von Allgemeinen Geschäftsbedingungen auf den Mieter geht. Der für das Gewerbemietrecht zuständige XII. Senat des BGH geht z.B. bei der Überwälzung von Schönheitsreparaturen auf den Mieter davon aus, dass Wohnungsmieter und Gewerbemieter grundsätzlich gleichzubehandeln seien. Aus der vereinzelten Besserstellung des Wohnungsmieters im Gesetz (z.B. beim Kündigungsschutz) könne nicht der Schluss gezogen werden, das Gesetz habe den Mieter von Geschäftsräumen generell weniger vor belastenden Allgemeinen Geschäftsbedingungen schützen wollen.[2]

6 Eine Haftung des Mieters gegenüber dem Vermieter kommt vor allem dann in Betracht, wenn der Mieter den vertragsgemäßen Gebrauch überschreitet, Obhuts- und Verkehrssicherungspflichten, die ihm übertragen worden sind, nicht ordnungsgemäß erfüllt oder im Einzelfall auch dann, wenn er Aufklärungspflichten gegenüber dem Vermieter verletzt. Der Mieter haftet selbstverständlich auch dann, wenn er seine vertragliche Hauptpflicht, die Zahlung der Miete (§ 535 Abs. 2 BGB), nicht erfüllt.

7 Die Parteien eines Mietvertrages werden bereits aus eigenem Interesse Versicherungen in angemessenem Umfang abschließen. In der Praxis sind häufig Regelungen anzutreffen, die den Vertragsparteien die Verpflichtung zum Abschluss und die Aufrechterhaltung von Versicherungen auferlegen, häufig verbunden mit entsprechenden Auskunftspflichten gegenüber der jeweils anderen Partei. Für den Vermieter betrifft dies oft die Gebäude- und die Haftpflichtversicherung. Regelmäßig können diese bei entsprechender vertraglicher Vereinbarung auf den Mieter im Rahmen der Betriebskosten umgelegt werden. Der Mieter wird häufig sein Inventar versichern und eine Betriebshaftpflichtversicherung abschließen. Ohne ausdrückliche vertragliche Verpflichtung besteht im Mietverhältnis keine Verpflichtung, Versicherungen abzuschließen, die auch Schäden der jeweils anderen Partei abdecken kann.[3]

B. Haftung und Nebenpflichten des Mieters

8 Der Mieter haftet gegenüber dem Vermieter insbesondere dann, wenn der Mieter die ihm überlassene Mietsache vertragswidrig gebraucht oder diese beschädigt. Dane-

---

2 BGH, Urt. v. 8.10.2008 – XII ZR 84/06 – NJW 2008, 3772.

3 Für die fehlende Verpflichtung des Vermieters: Bub/Treier/*Dallmayr*/*Paul*, X Rn 6.

ben haftet der Mieter naturgemäß auch dann, wenn er die ihm obliegende vertragliche Hauptpflicht, nämlich die Zahlung der Miete gem. § 535 Abs. 2 BGB, nicht erfüllt. Bereits vor Übernahme der Mietsache kann der Mieter dann haften, wenn er vertragliche Aufklärungspflichten verletzt oder die Mietsache nicht rechtzeitig vom Vermieter übernimmt.

I. Haftung des Mieters

1. Verletzung vorvertraglicher Aufklärungspflichten

Der Mieter ist verpflichtet, den Vermieter vor Abschluss eines Gewerberaummietvertrages über außergewöhnliche Umstände aufzuklären, mit denen der Vermieter nicht rechnen kann und die offensichtlich für diesen von erheblicher Bedeutung sind. Aus dem Grundsatz von Treu und Glauben (§ 242 BGB) folgt, dass eine Vertragspartei die andere über Umstände aufklären muss, die für die Willensbildung des anderen Teils von erheblicher Bedeutung sind und über die der andere Teil redlicherweise eine Aufklärung erwarten durfte.[4] 9

Grundsätzlich ist es zwar so, dass es dem Vermieter obliegt, sich selbst über die Gefahren und Risiken zu informieren, die allgemein für ihn mit dem Abschluss eines bestimmten Mietvertrages verbunden sind. Nach Umständen, für die er indes keine Anhaltspunkte hat und die so außergewöhnlich sind, dass er mit ihnen nicht rechnen kann, muss er nicht forschen. Hier darf er redlicherweise auf die Aufklärung durch den Mieter vertrauen.[5] Im Einzelfall ist dann zu prüfen, ob der Vermieter für bestimmte Umstände eine Aufklärung erwarten konnte. Verletzt der Mieter die ihm obliegende **Aufklärungspflicht,** kann der Vermieter das Mietverhältnis fristlos gem. § 543 Abs. 1 BGB kündigen,[6] den Mietvertrag wegen **arglistiger Täuschung** anfechten[7] und ggf. Schadensersatz gem. § 280 Abs. 1 BGB verlangen.[8] Zu dem vom Mieter zu zahlenden Schadensersatz gehört vornehmlich der **Mietausfall.** Hat der Vermieter bei Mietbeginn Um- und Ausbauleistungen in Absprache mit dem Mieter vorgenommen, gehört zu dem vom Mieter zu ersetzenden Schaden auch der Ersatz der Kosten für Um- und Ausbauleistungen, die der Vermieter im Vertrauen auf den Bestand des Mietverhältnisses vorgenommen hat, wenn der Vermieter diese Leistungen für einen Nachmieter nicht weiter verwenden kann. 10

4 BGH, Urt. v. 11.8.2010 – XII ZR 192/08 – NJW 2010, 3362.
5 BGH, Urt. v. 11.8.2010 – XII ZR 192/08 – NJW 2010, 3362.
6 OLG Dresden, Beschl. v. 27.7.2012 – 5 U 68/12 – NZM 2012, 727.
7 BGH, Urt. v. 11.8.2010 – XII ZR 192/08 – NJW 2010, 3362.
8 Vgl. hierzu BGH, Urt. v. 1.2.2013 – V ZR 72/11 – NZM 2013, 424.

Beispiel

Mietet der Mieter ein Ladenlokal zum Verkauf von Textilien an und beabsichtigt er nahezu ausschließlich den Verkauf von Textilien einer Marke, die in der Öffentlichkeit mit Rechtsextremismus in Verbindung gebracht werden, so muss der Mieter hierüber unaufgefordert aufklären. Der Vermieter muss nicht nachforschen, welche Textilien der Mieter verkaufen möchte.

11 Eine Verletzung einer **Aufklärungspflicht** mit derart weitreichenden Konsequenzen kann aber nur für besondere Umstände bestehen. Grundsätzlich ist jede Partei gehalten, sich selbst zu informieren und Fragen zu stellen.[9] Der Mieter ist nicht verpflichtet, ungefragt über seine Einkommens- und Vermögensverhältnisse Auskunft zu geben. Der Vermieter muss fragen. Eine Ausnahme soll nur dann gelten, wenn der Mieter von vorneherein zahlungsunfähig ist und somit weiß, dass er die Miete nicht zahlen kann.[10]

Praxistipp

Der Vermieter sollte sich vor Abschluss des Mietvertrages Auskünfte über den potenziellen Mieter, insbesondere dessen Bonität, sowie dessen Gewerbe einholen, um unliebsame Überraschungen zu vermeiden. Dazu kann er den Mieter auch unmittelbar fragen, der zu einer wahrheitsgemäßen Auskunft verpflichtet ist, soweit die Frage Relevanz für das Mietverhältnis und dessen Durchführung haben kann. Unrichtig erteilte Auskünfte stellen auch dann eine Vertragsverletzung dar, wenn keine Pflicht zur Auskunftserteilung bestand.[11] Die vom Mieter erteilten Auskünfte sollte der Vermieter ausreichend dokumentieren, um Beweisprobleme zu vermeiden.

2. Annahmeverzug des Mieters

12 Übernimmt der Mieter zur vertraglich vereinbarten Zeit die Mietsache nicht, kommt er in **Annahmeverzug** gem. § 293 BGB. Die Nichtannahme bzw. Nichtübernahme der Mietsache befreit den Mieter gem. § 537 BGB nicht von der Mietzahlung. Trotz fehlender Nutzung bzw. Nutzungsmöglichkeit ist der Mieter weiter verpflichtet, die vertraglich vereinbarte Miete zu zahlen. Wird die Mietsache während des Annahmeverzugs des Mieters beschädigt, hat der Vermieter lediglich Vorsatz und grobe Fahrlässigkeit gem. § 300 BGB zu vertreten. Der Vermieter kann den Ersatz von **Mehraufwendungen** (§ 304 BGB) verlangen, die durch die verspätete Übernahme des Mietgegenstandes seitens des Mieters entstanden sind. Dies umfasst etwa Kosten, die durch eine erneute Übergabe entstehen,[12] aber auch solche, die dem Vermieter

9 Bub/Treier/*Drettmann*, II Rn 371 f. m.w.N.

10 Bub/Treier/*Drettmann*, II Rn 378.

11 BGH, Urt. v. 20.9.1996 – V ZR 173/95 – NJW-RR 1997, 144.

12 Bub/Treier/*Kraemer/van der Osten*, III.A Rn 2308.

dadurch entstehen, dass das Objekt bewacht werden muss (wenn dies bei Übernahme durch den Mieter nicht erforderlich gewesen wäre).[13]

Schadensersatzansprüche des Vermieters dürften die Ausnahme sein, es sei 13
denn, dem Vermieter ist gerade durch die verspätete Übernahme des Mietgegenstandes ein Schaden entstanden. Haben die Parteien im Mietvertrag keine ausdrückliche **Abnahmepflicht** des Mieters vereinbart, dann stehen dem Vermieter grundsätzlich keine Schadensersatzansprüche wegen Verzugs (§ 286 BGB) zu, da sich der Mieter nicht im Schuldnerverzug, sondern „nur" im Annahmeverzug befindet. Verletzt der Mieter durch die verspätete oder verweigerte Übernahme keine besonderen Pflichten nach dem Mietvertrag, insbesondere eine vertraglich vereinbarte **Betriebspflicht**, kann der Vermieter das Mietverhältnis auch nicht kündigen. Ohne ausdrückliche vertragliche Vereinbarung hat der Mieter keine Pflicht, den Mietgegenstand zu nutzen.[14]

Praxistipp !
Kommt es dem Vermieter darauf an, dass der Mieter den Mietgegenstand zum Mietbeginn übernimmt und dann auch nutzt, muss der Vermieter eine Regelung in den Mietvertrag aufnehmen, die den Mieter verpflichtet, den Mietgegenstand abzunehmen und anschließend auch zu nutzen.

3. Haftung des Mieters bei Nichtzahlung der Miete

Die **Hauptleistungspflicht** des Mieters im Mietvertrag ist die Zahlung der Miete 14
gem. § 535 Abs. 2 BGB.[15] Kommt er dieser Pflicht nicht nach, droht ihm die außerordentliche fristlose Kündigung des Mietvertrages gem. § 543 Abs. 2 Nr. 3 BGB. Hat der Vermieter von diesem Kündigungsrecht Gebrauch gemacht (die Schadensersatzpflicht des Mieters gilt auch in anderen Fällen der außerordentlichen Kündigung durch den Vermieter), ist der Mieter gem. § 280 BGB zur Leistung von Schadensersatz verpflichtet, es sei denn, er hat die Pflichtverletzung nicht zu vertreten (§ 280 Abs. 1 S. 2 BGB).

Der Mieter kann sich indes nicht darauf berufen, die **Zahlungsunfähigkeit** oder 15
die **Zahlungsverzögerung** aufgrund wirtschaftlicher Schwierigkeiten habe er nicht zu vertreten (z.B. weil er unverschuldet arbeitslos geworden oder erkrankt sei). Den Geldmangel hat der Mieter stets zu vertreten.[16] Der Vermieter ist damit so zu stellen, wie er stünde, wenn die fristlose Kündigung aufgrund der Vertragsverletzung des Mieters nicht ausgesprochen worden wäre.

13 Vgl. insoweit Lindner-Figura/Oprée/Stellmann/*Wolf*, Kap. 13 Rn 238.
14 BGH, Urt. v. 8.12.2010 – VIII ZR 93/10 – NZM 2011, 151; vgl. zur Betriebspflicht Kap. 9.
15 Allgemeine Meinung; vergleiche nur MüKo-BGB/*Häublein*, § 535 Rn 153; Staudinger/*Emmerich*, § 535 Rn 84.
16 Schmidt-Futterer/*Blank*, § 542 BGB Rn 102.

16 Der Mieter haftet dem Vermieter vor allem für den **Mietausfall**. Findet der Vermieter keinen Nachmieter, besteht die Haftung bei unbefristeten Mietverhältnissen damit grundsätzlich bis zu dem Zeitpunkt, zu dem der Mieter den Vertrag hätte ordentlich kündigen können. Bei befristeten Mietverhältnissen besteht die Haftung bis zum Ende der Befristung. Erfolgte die Vermietung umsatzsteuerpflichtig, kann der Vermieter diese nicht verlangen, da es sich um einen Schadensersatzanspruch handelt, der nicht umsatzsteuerpflichtig ist.[17]

17 Der Vermieter ist verpflichtet, den Schaden möglichst zu mindern oder abzuwehren (§ 254 Abs. 2 BGB). Er muss sich also darum bemühen, einen **Nachmieter** für das Mietobjekt zu finden. Der Vermieter ist aber nicht verpflichtet, das Mietobjekt schnellstmöglich „um jeden Preis“ zu vermieten. Der bisherige Mieter schuldet bei einer Vermietung zu einer geringeren Miete die Differenz, die der Vermieter von dem neuen Mieter nicht erhält, aber der Vermieter ist nicht verpflichtet, sich dem Risiko auszusetzen, ob er von dem bisherigen Mieter die Differenz auch erhält.[18] Der Vermieter ist berechtigt, das Mietobjekt zu einer marktgerechten Miete anzubieten (im Fall, dass die bisherige Miete geringer war).[19] Auch muss der Vermieter einen ungeeigneten Nachmieter nicht akzeptieren.[20]

18 Gelingt es dem Vermieter nach einiger Zeit, das Mietobjekt zu einer höheren Miete an einen Dritten zu vermieten, findet eine **Vorteilsausgleichung** nicht statt. Der vertragsbrüchige Mieter kann also keinen Erfolg mit dem Argument haben, dass der Schaden des Vermieters geringer sei, weil durch die Neuvermietung zu einem höheren Preis der Schaden geringer werde.[21]

19 Findet der Vermieter einen Nachmieter und wird dieser dann seinerseits vertragsbrüchig, dann muss der ursprüngliche Mieter auch den Schaden ersetzen, der durch den Vertragsbruch des Nachmieters entsteht. Der neue Vertragsbruch unterbricht nicht den Ursachenzusammenhang zwischen Vertragsbruch des ursprünglichen Mieters und den dem Vermieter entstandenen Schaden.[22]

! **Praxistipp**

Hat der Vermieter das Mietverhältnis – z.B. wegen Zahlungsverzugs – fristlos gekündigt, dann sollte er umgehend mit der Nachmietersuche beginnen (vorausgesetzt, der bisherige Mieter räumt das Mietobjekt)[23] und seine Bemühungen (z.B. Anzeigenschaltung, Beauftragung eines Maklers) sowie

---

17 Bub/Treier/*Grapentin*, IV Rn 307.

18 Bub/Treier/*Grapentin*, IV Rn 307.

19 KG, Urt. v. 4.5.2009 – 8 U 183/08 – ZMR 2010, 112.

20 Bub/Treier/*Grapentin*, IV Rn 308.

21 Vgl. hierzu OLG Düsseldorf, Urt. v. 14.5.1998 – 10 U 123/97 – ZMR 1998, 692.

22 Schmidt-Futterer/*Blank*, § 542 BGB Rn 111.

23 Dem Vermieter ist es nicht zuzumuten, das Mietobjekt bereits neu zu vermieten, wenn der bisherige Mieter das Objekt noch nicht geräumt hat, vgl. hierzu KG, Urt. v. 4.5.2009 – 8 U 183/08 – ZMR 2010, 112.

die Resonanz hierauf dokumentieren (z.B. Namen von Mietinteressenten, Besichtigungstermine). Verteidigt sich der Mieter in einem etwaigen Schadensersatzprozess mit der substanziierten Behauptung, der Vermieter sei seiner Schadensminderungspflicht nicht nachgekommen, dann kann dies durch eine entsprechende Dokumentation widerlegt werden.

4. Haftung des Mieters für Verschlechterung der Mietsache

Der Mieter haftet nicht für alle Verschlechterungen der Mietsache. Beruht die Ver- 20
schlechterung auf dem **vertragsgemäßen Gebrauch** durch den Mieter, so haftet er hierfür gem. § 538 BGB nicht. Denn die **Erhaltung der Mietsache** zum vertragsgemäßen Gebrauch ist Hauptpflicht des Vermieters gem. § 535 Abs. 1 S. 2 BGB. Ob eine Verschlechterung der Mietsache sich noch im Rahmen des vertragsgemäßen Gebrauchs bewegt, wird wohl nur im Einzelfall festzustellen sein. Zentral bei der Beurteilung ist auch der vertraglich vereinbarte **Mietzweck**. Je nach dem vereinbarten Mietzweck wird eine starke Abnutzung des Bodenbelags dann noch vom vertragsgemäßen Gebrauch gedeckt sein, wenn der Mietzweck mit einem hohen Publikumsverkehr einhergeht.[24] Ergibt der Mietzweck allerdings, dass nur sehr geringer Publikumsverkehr in den Räumen zu erwarten ist, kann eine erhöhte Abnutzung des Bodenbelags einen vertragswidrigen Gebrauch darstellen. Selbst dann, wenn durch den Gebrauch schwere Schäden am Mietgegenstand entstehen, kann sich dies noch im Rahmen des vertragsgemäßen Gebrauchs bewegen. Wenn nichts anderes vereinbart ist, haftet z.B. der Mieter oder Pächter eines Tankstellengrundstücks regelmäßig nicht für Bodenverunreinigungen, die der übliche Betrieb der Tankstelle, die die an Ort und Stelle geltenden Umweltstandards einhält, notwendigerweise mit sich bringt.[25]

Praxistipp !

Die Parteien sollten im beiderseitigen Interesse den Mietzweck möglichst eindeutig bezeichnen. Immer wieder stellt man fest, dass sich die Parteien hierzu keine ausreichenden Gedanken gemacht oder dies nicht im Vertrag entsprechend geregelt haben. Ist etwa die Nutzung allein auf eine Nutzung als Büro beschränkt, ist jegliche Büronutzung dort zulässig. Unter Umständen ist das dem Vermieter aber nicht recht, z.B. dann, wenn der Mieter durch eine geänderte (Büro-)Nutzung in Konkurrenz zu anderen Mietern im Objekt tritt. Möglicherweise verletzt der Vermieter dann den immanenten Konkurrenzschutz für andere Mieter. Für den Vermieter bedeutet die genaue Eingrenzung des Mietzwecks allerdings auch, dass er sicherstellen muss, dass genau dieser Mietzweck dort auch möglich ist. Haben die Parteien etwa vereinbart, dass Gewerberäume als Gaststätte nebst Filmtheater vermietet werden, muss der Vermieter auch sicherstellen, dass die Räume die baulichen Voraussetzungen für ein Kino aufweisen.[26]

---

24 Bub/Treier/*Kramer/van der Osten*, III.A Rn 2339.

25 BGH, Urt. v. 10.7.2002 – XII ZR 107/99 – NJW 2002, 3234.

26 OLG Düsseldorf, Urt. v. 16.4.2002 – 24 U 20/01 – BeckRS 2002, 30253337.

21 Sind Gewerberäume etwa für den Mietzweck Einzelhandel vermietet, ist dort prinzipiell jeglicher Einzelhandel zulässig. Dies mag den Interessen des Vermieters widersprechen, insbesondere hängt der Grad der Abnutzung von der Art des jeweiligen Einzelhandels ab. So dürften die Abnutzungen durch einen Textileinzelhandel geringer sein als etwa durch einen Getränkemarkt. Probleme können aber auch die baurechtliche Zulässigkeit mit sich bringen. Ändert der Mieter den ursprünglichen Geschäftszweck, bedeutet dies häufig eine genehmigungspflichtige Nutzungsänderung.

Praxistipp

Der Vermieter sollte sicherstellen, dass er bei der Vereinbarung des Mietzwecks darauf achtet, dass es sich um einen solchen handeln muss, der baurechtlich genehmigt ist. Der Mietvertrag sollte eine Regelung enthalten, dass der Mieter auf eigenes Risiko und eigene Kosten eine Genehmigung für eine Änderung des Nutzungszwecks einholen muss. Kommt es dem Vermieter auf den konkreten bei Mietbeginn vorgesehenen Nutzungszweck an, dann ist dieser im Vertrag zu definieren und zu regeln, dass Änderungen nur mit Zustimmung des Vermieters erfolgen können.

22 Überschreitet der Mieter den vertragsgemäßen Gebrauch, kann der Vermieter nach entsprechender Abmahnung gem. § 541 BGB auf **Unterlassung** klagen. Liegen die weiteren Voraussetzungen eines Schadensersatzanspruchs vor, kann der Vermieter auch gem. § 280 Abs. 1 BGB Schadensersatz verlangen. Handelt es sich um eine besonders schwerwiegende Störung bzw. Überschreitung des vertragsgemäßen Gebrauchs, kommt auch eine außerordentliche fristlose Kündigung gem. § 543 Abs. 2 S. 1 Nr. 2 BGB durch den Vermieter in Betracht.

23 Führt der vertragswidrige Gebrauch zu einem Schaden an der Mietsache selbst, für die **Versicherungsschutz** besteht (insbesondere im Rahmen einer Gebäudeversicherung), so ist zu beachten, dass der Vermieter zunächst die Versicherung in Anspruch nehmen muss. Der Ersatzanspruch des Vermieters geht dann gem. § 86 VVG auf das Versicherungsunternehmen über, soweit dieses Ersatz geleistet hat. Der BGH nimmt jedoch zugunsten des Mieters einen **Regressverzicht** an, wenn der Schaden durch einfache Fahrlässigkeit des Mieters verursacht worden ist, auch dann, wenn der Mieter eine Haftpflichtversicherung abgeschlossen hat.[27] Im Ergebnis haftet der Mieter daher nur für grob fahrlässige und vorsätzliche Beschädigungen der Mietsache. Es kommt nicht darauf an, ob der Mieter über die Betriebskosten an der Versicherungsprämie beteiligt wird.[28]

24 Hat der Vermieter eine Versicherung abgeschlossen, die einen **Selbstbehalt** vorsieht, kann der Vermieter diesen Selbstbehalt als Schadensersatz verlangen.

27 BGH, Urt. v. 13.9.2006 – IV ZR 116/05 – NJW 2006, 3712.
28 Vgl. hierzu Rn 238.

Darüber hinausgehende Ansprüche hat der Vermieter nur dann, wenn der Mieter den Schaden vorsätzlich oder grob fahrlässig verursacht hat.[29]

5. Haftung bei Untervermietung

Hat der Mieter die Mietsache ganz oder teilweise untervermietet, sind grundsätzlich zwei Fälle zu unterscheiden, wenn der Untermieter einen Schaden verursacht. 25

Eine **Untervermietung** ist in Gewerbemietverträgen nur mit **Zustimmung des Vermieters** gestattet, sofern vertraglich nichts anderes vereinbart ist. Einen gesetzlichen Anspruch auf Zustimmung gibt es nicht (anders für das Wohnraummietrecht im Anwendungsbereich des § 553 BGB). 26

Wenn der Vermieter die Untervermietung nicht gestattet hat, stellt der Abschluss eines Untermietvertrages immer eine Vertragsverletzung des Mieters dar, denn gem. § 540 BGB ist der Mieter ohne die Erlaubnis des Vermieters nicht berechtigt, den Mietgegenstand unterzuvermieten. Der Mieter überschreitet das ihm eingeräumte Gebrauchsrecht durch eine unberechtigte Untervermietung. Verursacht der Untermieter dann einen Schaden, handelt es sich insoweit um eine vom Mieter zu vertretende Vertragsverletzung gegenüber dem Vermieter, wenn der Schaden ohne die Untervermietung nicht eingetreten wäre. Der Mieter haftet somit für eigenes Verschulden.[30] Die Haftung des Mieters entfällt nur dann, wenn er nachweisen kann, dass der Schaden auch ohne die nicht berechtigte Untervermietung eingetreten wäre.[31] 27

Der Mieter haftet auch dann, wenn er – aufgrund der vertraglichen Vereinbarungen – einen Anspruch auf die Zustimmung hat, diese aber nicht vorliegt. Die Untervermietung ist auch in dem Fall nicht berechtigt. Allerdings ist dann zu prüfen, ob die Geltendmachung eines Schadensersatzanspruchs durch den Vermieter rechtsmissbräuchlich ist, wenn der Mieter um die Zustimmung zur Untervermietung gebeten hat und der Vermieter hierauf pflichtwidrig nicht reagiert oder die Zustimmung verweigert hat.[32] 28

Hat der Vermieter der Untervermietung zugestimmt, dann haftet der Mieter, wenn der Untermieter schuldhaft einen Schaden verursacht hat (§ 540 Abs. 2 BGB). Der Untermieter wird in diesem Fall somit wie ein **Erfüllungsgehilfe** (§ 278 BGB) des Mieters hinsichtlich dessen **Obhutspflicht** behandelt.[33] Der Mieter hat für schädigende Handlungen seines Untermieters einzustehen, wenn diese im Rahmen des Untermietverhältnisses erfolgt sind. Dies ist sehr weitgehend zu verstehen. So soll 29

---

29 OLG Naumburg, Urt. v. 30.8.2012 – 1 U 26/12 – ZMR 2013, 341.
30 Palandt/*Weidenkaff*, § 540 Rn 14.
31 Staudinger/*Emmerich*, § 540 Rn 38.
32 BGH, Urt. v. 2.2.2011 – VIII ZR 74/10 – ZMR 2011, 453.
33 Staudinger/*Emmerich*, § 540 Rn 37.

der Mieter auch dann haften, wenn der Untermieter vorsätzlich z.B. eine Explosion verursacht hat, durch die die Mietsache beschädigt wird.[34] Der Mieter haftet z.B. auch dann, wenn der Untermieter unerlaubte Handlungen begeht oder den Hausfrieden stört. Der Mieter hat zudem dafür Sorge zu tragen, dass der Untermieter sich an die im Hauptmietvertrag vereinbarten Grenzen der Nutzung hält und diese nicht überschreitet.[35]

30 Neben der Geltendmachung von Schadensersatzansprüchen kann der Vermieter **Unterlassung** der nicht genehmigten oder den vereinbarten Mietzweck überschreitenden Nutzung gem. § 541 BGB geltend machen, eine erteilte **Untervermietungserlaubnis widerrufen** oder das Mietverhältnis in gravierenden Fällen auch außerordentlich kündigen.

31 Der Hauptvermieter hat keine eigenen vertraglichen Ansprüche gegen den Untermieter, sondern nur vertragliche Ansprüche gegen seinen Mieter. Im Falle einer Beschädigung der Mietsache kann der Vermieter nur Ansprüche aus unerlaubter Handlung gem. §§ 823ff. BGB geltend machen, ggf. auch auf Beseitigung und Unterlassung der Störung gem. § 1004 BGB.

6. Haftung für Dritte

32 Der Mieter haftet für Schäden, die durch Dritte verursacht worden sind, die nicht Untermieter sind, dann, wenn es sich bei den Dritten um **Erfüllungsgehilfen** des Mieters handelt (§ 278 BGB). Die gängige Definition, dass Erfüllungsgehilfe derjenige ist, der nach den tatsächlichen Gegebenheiten mit dem Willen des Schuldners bei der Erfüllung einer diesem obliegenden Verbindlichkeit als seine Hilfsperson tätig wird,[36] wird im Mietrecht etwas weiter verstanden. Der Mieter haftet dabei nicht nur für Dritte, die als seine Hilfspersonen im Rahmen der Erfüllung des Mietvertrages tätig werden, sondern auch für weitere Dritte. Für das Miet- und Pachtrecht ist insoweit anerkannt, dass all diejenigen Erfüllungsgehilfe des Mieters sind, und der Mieter bzw. Pächter sich das Verhalten derjenigen zurechnen lassen muss, die auf seine Veranlassung mit der Mietsache in Berührung kommen.[37] Zu den Personen, für die der Mieter gem. § 278 BGB einzustehen hat, gehören damit auch die Familienangehörigen des Mieters, dessen Mitarbeiter, Lieferanten und Handwerker, die von dem Mieter hinzugezogen werden sowie auch vom Mieter beauftragtes Wachpersonal.[38] Der

34 Vgl. hierzu Palandt/*Weidenkaff*, § 540 Rn 15 mit weiteren Beispielen.
35 Bub/Treier/*Kramer/van der Osten*, III.A Rn 2529.
36 Vgl. hierzu Palandt/*Grüneberg*, § 278 Rn 7.
37 Vgl. BGH, Urt. v. 21.5.2010 – V ZR 244/09 – NJW 2010, 2341 m.w.N.
38 Staudinger/*Emmerich*, § 538 Rn 7 m.w.N.

Mieter haftet indes nicht für Schäden, die durch ungebetene Gäste und Besucher verursacht werden.[39]

Der Mieter haftet somit z.B. dann nicht, wenn er eine Veranstaltung durchführt und sich ungebetene Gäste Zutritt zu dieser Veranstaltung verschaffen.[40] Der Mieter haftet aber dann, wenn er einem Dritten z.B. gestattet, den Mietgegenstand in bestimmter Hinsicht zu nutzen und dabei Schäden entstehen (Gestattung, Dünger auf ein Grundstück aufzubringen, durch den das Grundstück mit Schadstoffen kontaminiert wird).[41] 33

Betreibt ein Mieter ein Einzelhandelsgeschäft in den Mietflächen, so wird man davon ausgehen müssen, dass alle Kunden, die das Ladenlokal betreten, als Erfüllungsgehilfen des Mieters in vorgenanntem Sinne zu verstehen sind. Der Mieter haftet damit also auch für deren Fehlverhalten, wenn hierdurch Schäden am Mietobjekt entstehen. Der Mieter hat den Geschäftsbetrieb ja gerade geöffnet, um Kunden anzuziehen. Diese befinden sich somit „auf Veranlassung des Mieters" in den Geschäftsräumen. Eine Ausnahme kann nur dann gelten, wenn einzelnen Kunden der Zugang zum Mietobjekt untersagt wird, etwa durch ein Hausverbot. 34

Jedenfalls in Formularmietverträgen kann die Haftung des Mieters nicht dahingehend erweitert werden, dass er auch für sonstige Dritte haften soll, die nicht auf seine Veranlassung mit dem Mietgegenstand in Kontakt kommen. Der Personenkreis der Erfüllungsgehilfen kann somit nicht erweitert werden. Eine Erweiterung z.B. auf Hausierer oder unerwünschte Vertreter kommt nicht in Betracht.[42] Ebenso wenig ist es möglich, die Haftung des Mieters für eine **verschuldensunabhängige Zufallshaftung** durch Formularklausel zu begründen. Eine solche Regelung, wonach der Mieter auch verschuldensunabhängig haften würde, beeinträchtigt diesen unangemessen i.S.d. § 307 BGB.[43] 35

Praxistipp !
In der Gewerbemiete kann individualvertraglich eine Haftungserweiterung vereinbart werden. Gerade bei Einzelhandelsobjekten mag es sich anbieten, mit dem Mieter im Einzelnen zu vereinbaren, dass Beschädigungen der Fassade durch Graffiti und der Schaufenster durch das sog. Scratching auf eigene Kosten des Mieters zu beseitigen sind. Geschieht dies nicht, handelt es sich um Mängel der Mietsache, die vom Vermieter auf eigene Kosten zu beseitigen sind.[44]

Zulässig sollen jedoch Regelungen in Allgemeinen Geschäftsbedingungen sein, wonach der Mieter für Schäden eintreten soll, die weder von ihm noch von seinem Er- 36

39 Staudinger/*Emmerich*, § 538 Rn 7 m.w.N.
40 OLG Celle, Urt. v. 24.11.1978 – 2 U 68/78 – VersR 1979, 264.
41 Vgl. hierzu BGH, Urt. v. 21.5.2010 – V ZR 244/09 – NJW 2010, 2341.
42 Bub/Treier/*Bub*, II Rn 1649 m.w.N.
43 Bub/Treier/*Bub*, II Rn 1643.
44 Vgl. zum Scratching: KG, Beschl. v. 8.5.2008 – 22 U 24/08 – NZM 2009, 199.

füllungsgehilfen zu vertreten sind, für die es aber üblicherweise eine Versicherung des Mieters gibt.[45]

37 Macht der Vermieter Ansprüche gegen den Mieter geltend, weil ein Erfüllungsgehilfe des Mieters einen Schaden verursacht hat, dann muss der Vermieter im Streitfall beweisen, dass der Schaden im **Obhutsbereich** des Mieters entstanden ist. Kann nicht ausgeschlossen werden, dass der Schaden vom Mieter nicht veranlasst oder durch sein Verhalten beeinflusst worden ist, dann muss der Vermieter auch beweisen, dass der Schaden nicht durch einen Dritten verursacht worden ist, für den der Mieter nicht haftet.[46] Oft wird dem Vermieter dieser Beweis nicht gelingen.

7. Verletzung gegen das Rücksichtnahmegebot

38 Der Mieter hat während der Mietzeit und bei Beendigung des Mietverhältnisses auf die Interessen des Vermieters Rücksicht zu nehmen. Dies folgt aus §§ 241 Abs. 2, 242 BGB. Auch ohne konkrete Beschädigung der Mietsache kann der Mieter danach zum Schadensersatz verpflichtet sein. Überschreitet der Mieter den vertragsgemäßen Gebrauch und verändert er die Mietsache unter Verletzung des **Rücksichtnahmegebotes**, kann der Vermieter Schadensersatz verlangen.[47]

39 So hat der BGH entschieden, dass der Mieter das Rücksichtnahmegebot verletzt, wenn er bei Rückgabe der Mietsache diese zwar renoviert übergibt, allerdings eine Farbgestaltung wählt, die von der Allgemeinheit so nicht akzeptiert wird und der Vermieter aus diesem Grunde die Mietsache nicht ohne Weiteres weitervermieten könnte.[48] Die dem Vermieter entstandenen Kosten zur Beseitigung der ungewöhnlichen Farbgestaltung hat der Mieter dem Vermieter im Wege des Schadensersatzes zu ersetzen.

II. Obhuts- und Verkehrssicherungspflichten des Mieters

1. Obhutspflichten des Mieters

40 Es ist allgemein anerkannt, dass den Mieter **Obhutspflichten** für die Mietsache treffen. Er hat die Mietsache pfleglich zu behandeln und alles zu unterlassen, was zu einer Beschädigung der Mietsache führen kann.[49] Aus dieser Obhutspflicht können

45 Zum Streitstand Bub/Treier/*Bub*, II Rn 1645.
46 BGH, Urt. v. 3.11.2004 – VIII ZR 28/04 – ZMR 2005, 116.
47 BGH, Urt. v. 6.11.2013 – VIII ZR 416/12 – NZM 2014, 72.
48 BGH, Urt. v. 6.11.2013 – VIII ZR 416/12 – NZM 2014, 72.
49 Palandt/*Weidenkaff*, § 535 Rn 85.

auch Handlungspflichten des Mieters resultieren, so etwa für eine ausreichende Lüftung und Beheizung der Mietsache zu sorgen, um Schaden zu vermeiden.[50]

Die Obhutspflicht bezieht sich auch auf die Teile der Mietsache, die nicht explizit Mietgegenstand sind, die aber vom Mieter mitgenutzt werden können.[51] 41

Beispiel
Die Obhutspflicht bezieht sich etwa auf Treppenhäuser und Zugänge zum Mietobjekt, auf einen Aufzug oder einen zum Mietobjekt gehörenden Parkplatz.[52]

Gesetzliche Ausprägung der Obhutspflicht ist die in § 536c Abs. 1 S. 1 BGB enthaltene **Anzeigepflicht** des Mieters für Mängel der Mietsache.[53] Der Mieter muss somit Mängel der Mietsache dem Vermieter unverzüglich mitteilen. Dieser soll in die Lage versetzt werden, den Mangel zu beseitigen und den ordnungsgemäßen Zustand wieder herzustellen.[54] Der Mieter hat indes keine **Überprüfungspflicht**. Er muss also nicht nach Mängeln der Mietsache suchen.[55] Kennt der Vermieter den Mangel, dann kann die Anzeige entfallen. Wenn und soweit der Mieter die Instandhaltung und Instandsetzungspflicht vertraglich wirksam übernommen hat und er den Mangel selbst behebt, kann die Anzeigepflicht entfallen, sofern der Vermieter nicht dennoch ein Interesse an der Anzeige hat.[56] Der Mieter ist auch verpflichtet, dem Vermieter anzuzeigen, wenn der Mietsache eine nicht vorhergesehene Gefahr droht oder wenn sich ein Dritter ein Recht an der Mietsache anmaßt.[57] 42

Die Obhutspflichten treffen den Mieter bis zur **Rückgabe der Mietsache**, also auch dann, wenn das Mietverhältnis zeitlich vorher beendet ist.[58] 43

Gibt der Mieter den Besitz der Mietsache bereits vor Ende des Mietverhältnisses auf, trifft ihn dennoch weiterhin eine Obhutspflicht. Bei fortbestehendem Mietverhältnis trifft den Mieter bis zur Beendigung die Obliegenheit, alles zu tun, um Beschädigungen der Mietsache zu vermeiden.[59] 44

Hat der Mieter die erforderliche Anzeige eines Mangels unterlassen, so ist er nicht nur gem. § 536c Abs. 2 S. 1 BGB gegenüber dem Vermieter zum Schadensersatz verpflichtet, sondern kann gem. § 536a BGB zudem keine Minderung verlangen und 45

---

50 Schmidt-Futterer/*Eisenschmid*, § 535 BGB Rn 275.
51 Staudinger/*Emmerich*, § 535 Rn 93.
52 Weitere Beispiele bei Bub/Treier/*Kraemer/van der Osten*, III.A Rn 2402.
53 Schmidt-Futterer/*Eisenschmid*, § 536c BGB Rn 1; Staudinger/*Emmerich*, § 536c Rn 1.
54 Bub/Treier/*Kraemer/van der Osten*, III.A Rn 2399, 2406.
55 Vgl. Bub/Treier/*Kraemer/van der Osten*, III.A Rn 2399.
56 Bub/Treier/*Kraemer/van der Osten*, III.A Rn 2407.
57 Beispiele bei Staudinger/*Emmerich*, § 536c Rn 10 f.
58 Schmidt-Futterer/*Eisenschmid*, § 535 BGB Rn 275.
59 OLG Düsseldorf, Urt. v. 19.5.1994 – 10 U 138/93 – WuM 1994, 461.

des Weiteren nicht ohne Bestimmung einer angemessenen Frist eine fristlose Kündigung gem. § 543 Abs. 3 BGB aussprechen.[60]

46 Kommt es zum Streit darüber, ob der Mieter einen Mangel angezeigt hat, ist zu differenzieren. Umstritten ist, ob der Mieter zu beweisen hat, dass er den Mangel angezeigt hat oder ob umgekehrt der Vermieter beweisen muss, dass der Mieter den Mangel nicht angezeigt hat.[61] Jedenfalls dann, wenn der Vermieter Schadensersatzansprüche gegen den Mieter wegen nicht erfolgter Anzeige eines Mangels geltend macht, hat der Vermieter zu beweisen, dass der Mieter den Mangel nicht angezeigt hat, da die Nichtanzeige zu den anspruchsbegründenden Umständen des Schadensersatzanspruches gehört.[62] Beruft der Mieter sich auf einen Ausnahmetatbestand, bei dem die Anzeigepflicht entfällt, dann muss er dies auch beweisen.[63]

2. Rückgabepflicht

47 Der Mieter ist gem. § 546 BGB verpflichtet, die Mietsache nach Beendigung des Mietverhältnisses zurückzugeben. Häufig kommt es bei Rückgabe zum Streit darüber, ob die Mietsache in ordnungsgemäßem Zustand zurückgegeben ist.

48 Hat der Vermieter Besitz an der Mietsache erlangt, hat der Mieter grundsätzlich seine **Rückgabepflicht** erfüllt. Der Vermieter kann in dem Fall, in dem er die Mietsache zurückerhalten hat, diese sich aber nicht in ordnungsgemäßem Zustand befindet, der Mieter diese z.B. in einem verwahrlosten Zustand zurückgibt oder geschuldete **Renovierungsarbeiten** nicht ausführt, keine **Nutzungsentschädigung** wegen verspäteter Rückgabe gem. § 546a BGB verlangen.[64] Es ist dann vielmehr im Einzelfall zu prüfen, ob die Voraussetzungen eines Schadensersatzanspruches, etwa wegen entgangener Miete, für eine Anschlussvermietung vorliegen.

49 Ist der Mieter nicht in der Lage, alle zum Mietobjekt gehörenden **Schlüssel** zurückzugeben, dann verletzt er seine Obhuts- und Rückgabepflicht aus §§ 241 Abs. 2, 546 Abs. 1 BGB. Dem Vermieter steht dann grundsätzlich ein Anspruch auf Schadensersatz gem. §§ 280 Abs. 1, 535 Abs. 1, 546 Abs. 1, 241 Abs. 2 BGB zu.[65] Gehörten Schlüssel zu einer **Schließanlage**, stellt sich dann die weitere Frage, in welchem Umfang der Vermieter Schadensersatz verlangen kann. Der fehlende Schlüssel führt nicht zu einer Eigentumsverletzung des Vermieters (die Schließanlage an sich ist unbeschädigt). Der Vermieter kann aber durchaus ein Interesse am Austausch der Anlage haben, wenn die Schließanlage in ihrer Sicherungsfunktion beeinträchtigt

---

60 Schmidt-Futterer/*Eisenschmid*, § 536c BGB Rn 30 ff.
61 Zum Streitstand vgl. BGH, Urt. v. 5.12.2012 – VIII ZR 74/12 – NJW 2013, 1299.
62 BGH, Urt. v. 5.12.2012 – VIII ZR 74/12 – NJW 2013, 1299.
63 Staudinger/*Emmerich*, § 536c BGB Rn 25.
64 Palandt/*Weidenkaff*, § 546a BGB Rn 8.
65 BGH, Urt. v. 5.3.2014 – VIII ZR 205/13 – NJW 2014, 1653.

ist, weil sich Unbefugte mit dem nicht mehr vorhandenen Schlüssel Zutritt verschaffen könnten.[66]

Dies bedingt zugleich, dass der Vermieter nur dann Schadensersatz geltend machen kann, wenn er tatsächlich eine Vermögenseinbuße erlitten hat. Dies ist erst dann der Fall, wenn die Schließanlage tatsächlich ausgetauscht ist, nicht bereits, wenn ein entsprechender Kostenvoranschlag vorliegt.[67] 50

3. Nicht ausgeführte Schönheitsreparaturen

Häufige Streitfrage bei Beendigung des Mietvertrages ist, ob der Mieter bei Beendigung eine ihm übertragene **Renovierungspflicht** erfüllt hat.[68] Auch im Gewerbemietrecht ist es im Rahmen von formularvertraglichen Regelungen[69] nicht zulässig, dem Mieter neben der Übernahme von Schönheitsreparaturen eine **Endrenovierungspflicht** aufzuerlegen.[70] **Quotenabgeltungsklauseln**, nach denen der Mieter bei noch nicht abgelaufenem Renovierungsturnus seit Mietbeginn oder Ausführung der letzten Schönheitsreparaturen anteilige Renovierungskosten an den Vermieter zahlen soll, sind ebenfalls problematisch. Zumindest für das Wohnraummietrecht hat der BGH in einem Grundsatzurteil am 18. März 2015 entschieden, dass Quotenabgeltungsklauseln den Mieter gem. § 307 Abs. 1 Satz 1 BGB unangemessen benachteiligen und daher unwirksam sind.[71] Seine Entscheidung begründet er damit, dass der Mieter bei Vertragsschluss nicht ermitteln könne, welche Kosten bei Beendigung des Mietverhältnisses auf ihn zukommen könnten. Für einen durchschnittlichen und verständigen Mieter sei im Zeitpunkt des Vertragsschlusses nicht erkennbar, welcher tatsächliche Abnutzungsgrad der Wohnung bei Beendigung des Mietverhältnisses unter Berücksichtigung seines eigenen Nutzungsverhaltens erreicht sein werde. Darüber hinaus sei, um eine Kostenquote zu ermitteln, eine empirische Prognose notwendig, zu welchem Zeitpunkt voraussichtlich Renovierungsbedarf eintreten werde. Die Quotenabgeltungsklauseln verlangen daher vom Mieter seine Zahlungspflicht bestehend bei Beendigung des Mietverhältnisses, im Zeitpunkt des Abschlusses des Mietverhältnisses einzuschätzen. Diese Einschätzung basiere auf mehreren Variablen, die auf einem fiktiven und hypothetischen Sachverhalt beru- 51

66 Vgl. BGH, Urt. v. 5.3.2014 – VIII ZR 205/13 – NJW 2014, 1653.

67 BGH, Urt. v. 5.3.2014 – VIII ZR 205/13 – NJW 2014, 1653.

68 Zur Übertragung von Schönheitsreparaturen auf den Mieter siehe Kap. 8.

69 Zulässig ist die Vereinbarung einer Endrenovierungspflicht durch Individualvereinbarung: BGH, Urt. v. 18.3.2009 – XII ZR 200/06 – ZMR 2009, 672.

70 BGH, Urt. v. 12.3.2014 – XII ZR 108/13 – NJW 2014, 1444.

71 BGH, Urt. v. 18.3.2015 – VIII ZR 242/13 – Juris Rn 24.

hen. Dies führe zu einer unangemessenen Benachteiligung und somit zu der Unwirksamkeit der Klausel.[72]

52 Auch in einem weiteren Grundsatzurteil hat der BGH seine bisherige Rechtsprechung bezüglich der Abwälzung von Schönheitsreparaturen auf den Mieter aufgegeben. Die formularmäßige Überwälzung der laufenden Schönheitsreparaturen sei gem. § 307 Abs. 1 Satz 1, Abs. 2 Nr. 1 BGB unwirksam, wenn der Vermieter dem Mieter die Wohnung unrenoviert oder renovierungsbedürftig überlassen habe und der Vermieter dem Mieter keinen angemessenen Ausgleich für die Vornahme von Schönheitsreparaturen habe zukommen lassen.[73] Die Klausel stelle auf den Zeitpunkt der Renovierungsbedürftigkeit ab und nicht auf den Zeitpunkt der Verursachung der Abnutzungsspuren. Dies habe zur Folge, dass der Mieter zur Beseitigung sämtlicher Gebrauchsspuren des Vormieters verpflichtet werde, was wiederum dazu führe, dass der Mieter die Wohnung unter Umständen in einem besseren Zustand zurückgeben müsse, als er sie ursprünglich selbst vom Vermieter erhalten habe.[74] Ob die Wohnung renoviert oder unrenoviert übergeben wurde, hänge vom Einzelfall ab. Maßgeblich sei der Gesamteindruck der überlassenen Mieträume.[75]

53 Da beide Urteile nur das Wohnraummietrecht betreffen, bleibt abzuwarten, ob sich der für das Gewerberaummietrecht zuständige XII. Zivilsenat dieser Rechtsprechung anschließt.

54 Haben die Parteien wirksam die Übernahme der **Schönheitsreparaturen** durch den Mieter vereinbart und führt der Mieter fällige Schönheitsreparaturen bei **Mietende** nicht aus, dann steht dem Vermieter gegen den Mieter ein Anspruch auf Schadensersatz gem. §§ 280 Abs. 1 und 2, 281 Abs. 1 BGB zu.[76] Erforderlich ist danach, dass der Vermieter dem Mieter eine Frist zur Nachholung der Arbeiten setzt, sofern eine Nachfristsetzung nicht ausnahmsweise gem. § 281 Abs. 2 BGB entbehrlich ist. Neben den Kosten, die für die Renovierung aufgewandt worden sind, kann der Vermieter – soweit ein entsprechender Schaden entstanden ist – auch Gutachterkosten für die Ermittlung des Renovierungsaufwands sowie **Mietausfall** wegen verzögerter Herrichtung der Mieträume verlangen.[77]

55 Baut der Vermieter die Mieträume nach Auszug des Mieters um, dann kann er vom Mieter verlangen, dass dieser die Schönheitsreparaturen bei Mietende nicht ausführt, sondern einen entsprechenden **Wertersatz** an den Vermieter zahlt, da die Schönheitsreparaturen des Mieters sinnlos wären, wenn sie durch den **Umbau** des Vermieters gleich wieder zerstört würden. Ein solcher Anspruch auf Wertersatz des

72 BGH, Urt. v. 18.3.2015 – VIII ZR 242/13 – Juris Rn 29, 30.
73 BGH, Urt. v. 18.3.2015 – VIII ZR 185/14 – Juris Rn 15.
74 BGH, Urt. v. 18.3.2015 – VIII ZR 185/14 – Juris Rn 24, 25.
75 BGH, Urt. v. 18.3.2015 – VIII ZR 185/14 – Juris Rn 31.
76 BGH, Urt. v. 12.3.2014 – XII ZR 108/13 – NJW 2014, 1444.
77 Staudinger/*Emmerich*, § 535 Rn 124.

Vermieters besteht aber nur dann, wenn der Vermieter das Mietobjekt auch tatsächlich umbaut. Eine Ankündigung, das Mietobjekt umbauen zu wollen, genügt nicht.[78]

Führt der Mieter **während des Mietverhältnisses** die von ihm geschuldeten Schönheitsreparaturen nicht durch, dann kann der Vermieter **Erfüllung** der Arbeiten verlangen. Kommt der Mieter dem nicht nach, kann der Vermieter die Zahlung eines **Vorschusses** verlangen und die Arbeiten im Wege der **Ersatzvornahme** durchführen.[79] Einen Schadensersatzanspruch kann der Vermieter hingegen in aller Regel nicht geltend machen.[80] Die Ersatzvornahme der Schönheitsreparaturen durch den Vermieter im laufenden Mietverhältnis wird allerdings in aller Regel für den Vermieter mit praktischen Schwierigkeiten verbunden sein (Zugang zum Objekt, Ausführung der Arbeiten während des Betriebs des Mieters). In vielen Fällen wird der Vermieter daher keine praktische Handhabe haben, die Durchführung der Schönheitsreparaturen im laufenden Mietverhältnis zu verlangen. 56

4. Verkehrssicherungspflichten

Verkehrssicherungspflichten für den Zustand des Mietobjektes treffen grundsätzlich den Vermieter, denn verkehrssicherungspflichtig ist derjenige, der eine Gefahrenquelle eröffnet. In aller Regel wird dies der Eigentümer des Grundstückes sein, welches er vermietet.[81] Dies bezieht sich auf Gefahren, die von Grundstück und Gebäude ausgehen. Entstehen bestimmte Gefahren jedoch erst durch den Betrieb des Mieters, dann hat der Mieter dafür auch selbst einzustehen.[82] 57

Häufig enthalten Mietverträge Regelungen, wonach Verkehrssicherungspflichten vom Mieter getragen werden sollen. Im Bereich der Gewerbemiete ist eine Übertragung der Verkehrssicherungspflichten auf den Mieter auch in Formularverträgen möglich.[83] Erforderlich ist jedoch stets eine eindeutige und klare Vereinbarung.[84] Kommt der Mieter der auf ihn übertragenen Verkehrssicherungspflicht nicht nach, dann haftet er gegenüber einem geschädigten Dritten nach den Vorschriften der unerlaubten Handlung (§§ 823 ff. BGB).[85] 58

Vorausgesetzt die Übertragung der Verkehrssicherungspflichten auf den Mieter ist wirksam erfolgt, dann bleibt der ursprünglich Verantwortliche, also der Vermie- 59

---

78 BGH, Urt. v. 12.2.2014 – XII ZR 76/13 – ZMR 2014, 532.

79 Schmidt-Futterer/*Langenberg*, § 538 BGB Rn 236.

80 BGH, Urt. v. 6.4.2005 – VIII ZR 192/04 – NZM 2005, 450; Lindner-Figura/Oprée/Stellmann/*Pietz/Oprée*, Kap. 16 Rn 152.

81 Vgl. Schmidt-Futterer/*Eisenschmid*, § 535 BGB Rn 139.

82 Lindner-Figura/Oprée/Stellmann/*Wolf*, Kap. 13 Rn 123.

83 Schmidt-Futterer/*Eisenschmid*, § 535 BGB Rn 149; Palandt/*Weidenkaff*, § 535 Rn 60.

84 OLG Hamm, Urt. v. 21.12.2012 – 9 U 38/12 – NJW 2013, 1375; BGH, Urt. v. 22.1.2008 – VI ZR 126/07 – NZM 2008, 242.

85 BGH, Urt. v. 22.1.2008 – VI ZR 126/07 – NZM 2008, 242.

ter, jedoch nach wie vor verpflichtet, denjenigen, dem er die Verkehrssicherungspflichten übertragen hat – sei es der Mieter, sei es ein Dritter –, zu **kontrollieren** und zu **überwachen.**[86]

! **Praxistipp**
Will der Vermieter bestimmte Verkehrssicherungspflichten auf den Mieter übertragen, z.B. die Pflicht zur Reinigung der Wege und Hofflächen und den Winterdienst, sollte dies eindeutig im Mietvertrag geregelt werden. Der Vermieter sollte sich zudem das Recht vorbehalten, Verträge, die der Mieter mit entsprechenden Reinigungsdiensten abschließt, einzusehen, um den Umfang der Beauftragung prüfen zu können. Weiter sollte der Vermieter stichprobenartig überprüfen, ob der Mieter seinen Verpflichtungen nachkommt und dies entsprechend dokumentieren.

C. Mängelhaftung des Vermieters

60 Die Mängelhaftung des Vermieters ist im Besonderen Teil des BGB in den §§ 535ff. BGB geregelt. Die mietvertraglichen Vorschriften verpflichten den Vermieter, dem Mieter gegen Zahlung eines Entgelts (Miete) während der gesamten Mietzeit den vertragsgemäßen Gebrauch der Sache zu ermöglichen und die Mietsache in einem vertragsgemäßen Gebrauch zu erhalten. Treten im laufenden Mietverhältnis Mängel an der Mietsache auf, muss der Vermieter den vertragsgemäßen Zustand wiederherstellen. Diesen Anspruch bezeichnet man als **Mängelbeseitigungsanspruch** oder auch **Erfüllungsanspruch.** Neben dem Erfüllungsanspruch hat der Mieter einen **Minderungsanspruch.** Für die Zeit, während der vertragsgemäße Gebrauch herabgesetzt ist, muss er nur eine entsprechend gekürzte Miete zahlen. Der Erfüllungs- und der Minderungsanspruch sind verschuldensunabhängig, d.h. der Vermieter haftet unabhängig von eigenem Verschulden für das Bestehen des Mangels. Hat der Vermieter den Mangel verschuldet, können **Schadensersatz- und Aufwendungsersatzansprüche** gegen den Vermieter hinzukommen. Ist die Fortsetzung des Mietverhältnisses für den Mieter unzumutbar, besteht ein **Recht zur außerordentlichen Kündigung.**

I. Mangelbegriff

61 Voraussetzung aller mietrechtlichen Gewährleistungsansprüche ist zunächst das Vorliegen eines **Mangels.** Der Mangel ist zentraler Oberbegriff der mietrechtlichen Gewährleistung und untergliedert sich in

86 OLG Hamm, Urt. v. 21.12.2012 – 9 U 38/12 – NJW 2013, 1375.

- den **Sachmangel**,
- den **Rechtsmangel** oder
- das **Fehlen einer zugesicherten Eigenschaft**.

Ein Mangel der Mietsache liegt vor, wenn der tatsächliche Zustand der Mietsache von der zwischen Vermieter und Mieter vertraglich vereinbarten Beschaffenheit abweicht.[87] Geschuldet wird nicht nur die vertragliche Beschaffenheit, sondern auch, dass die Mietsache, wenn vereinbart, für den Nutzungszweck geeignet ist (Beispiel: zur Nutzung als Arztpraxis). Maßgeblich kommt es daher darauf an, was die Parteien bei Abschluss des Mietvertrages als vertragsgemäß vereinbart haben (sog. subjektiver Fehlerbegriff).[88] Haben die Parteien einen konkreten Nutzungszweck oder eine konkrete Beschaffenheit im Mietvertrag vereinbart, muss sich die Mietsache auch in einem solchen Zustand befinden. Kurzum führt eine Abweichung der „Ist-Beschaffenheit", d.h. der tatsächlichen Beschaffenheit, von der „Soll-Beschaffenheit", d.h. der vertraglich vereinbarten Beschaffenheit, zu einem Mangel. 62

Eine Mietsache kann z.B. mangelhaft sein, wenn sie frei von baulichen Mängeln ist, der vertraglich vereinbarte Nutzungszweck aber nicht erreicht wird. Andererseits liegt kein Mangel der Mietsache vor, wenn die Parteien im Mietvertrag den schlechten Zustand oder einen bestimmten Mangel ausdrücklich beschrieben und als vertragsgemäß vereinbart haben, denn dann weicht die „Ist-Beschaffenheit" nicht von der „Soll-Beschaffenheit" ab. Die Soll-Beschaffenheit kann sich auch aus den Anlagen des Mietvertrages z.B. einer Baubeschreibung ergeben. 63

Es ist daher immer eine Frage der konkreten Vertragsgestaltung und damit des Einzelfalls, ob die Mietsache mangelhaft ist. 64

Beispiel
Vereinbaren die Parteien im Mietvertrag, dass der Mieter das Mietobjekt wie besichtigt im vorhandenen Zustand übernimmt, und erkennt er ausdrücklich an, dass es für den von ihm vorgesehenen Vertragszweck in der vorliegenden Form geeignet ist, so kann sich der Mieter später nicht darauf berufen, dass sich das Mietobjekt in einem schlechten Bauzustand befindet.[89] Die Gewährleistungsrechte sind bereits tatbestandlich nicht erfüllt, da die tatsächliche Beschaffenheit nicht von der vereinbarten Beschaffenheit abweicht.

Praxistipp
Um spätere Streitigkeiten zu vermeiden, sollte darauf geachtet werden, dass die Beschaffenheit und der Nutzungszweck des Mietgegenstands genau beschrieben sind. Es empfiehlt sich daher im Mietvertrag oder den dazugehörigen Anlagen Folgendes schriftlich festzuhalten:

87 BGH, Urt. v. 16.2.2000 – XII ZR 279/97 – NJW 2000, 1714, 1715; BGH, Urt. v. 21.9.2005 – XII ZR 66/03 – NJW 2006, 899, 900.
88 BGH, Urt. v. 6.10.2004 – VIII ZR 355/03 – NZM 2005, 60.
89 BGH, Urt. v. 18.4.2007 – XII ZR 139/05 –.

- Ausstattungsbeschreibungen,
- Umbaubeschreibungen,
- Nutzungszweck, möglichst nicht in allgemeiner Form, sondern konkret (Beispiel: „zur Nutzung als Arztpraxis"; „zur Nutzung als Bäckerei", „zur Nutzung als Sonnenstudio").

Steht schon vor Abschluss des Mietvertrages fest, dass die Mietsache einen Mangel aufweist, sie aber als vertragsgemäß gelten soll (Beispiel: Baustellenlärm, bekannte Baumängel), ist es ratsam, den Mangel mit dem Mieter im Vorfeld zu besprechen, hierüber zu verhandeln und den Mangel im Mietvertrag festzuhalten.

65 Lässt sich aus dem Mietvertrag zu einem vom Mieter gerügten Mangel nichts entnehmen, d.h. lässt sich nicht klären, ob die „Ist-" von der „Soll-Beschaffenheit" abweicht, kann sich unter Umständen eine stillschweigende Vereinbarung eines (mangelhaften) Zustands als vertragsgemäß ergeben. Dass die Parteien diesen (mangelhaften) Zustand stillschweigend als vertragsgemäß vereinbart haben, muss aber der Vermieter beweisen. Dies verdeutlicht, wie wichtig die detaillierte Beschreibung der Mietsache und der zum Vertrag vorausgesetzte Nutzungszweck im Mietvertrag sind.

66 Wurde keine ausdrückliche Vereinbarung zwischen den Mietvertragsparteien getroffen, ist die übliche Beschaffenheit der Mietsache entscheidend. Hierzu wird die Verkehrsanschauung als Auslegungshilfe herangezogen.[90] Der Mieter kann dann nur den Standard erwarten, der bei vergleichbaren Objekten üblich ist.

Beispiel
Wenn nicht ausdrücklich etwas anderes vereinbart ist, kann der Mieter eines Altbaus nur erwarten, dass die von ihm angemieteten Räume den Standard aufweisen, der der üblichen Ausstattung vergleichbarer Räume gleichen Alters entsprechen.[91]

67 Der Mangel muss der vermieteten Sache nicht selbst anhaften. Auch alle mitvermieteten Sachen und Räume müssen sich in einem vertragsgemäßen (mangelfreien) Zustand befinden. Hierzu gehören insbesondere die mit genutzten und regelmäßig mitvermieteten Einrichtungen (Zugänge, Treppenhäuser, Flure, Empfangsbereiche und Aufzüge). Dem liegt die Erwägung zugrunde, dass der Vermieter für Gefahrenquellen, die zu seinem Herrschafts- und Einflussbereich gehören, einstehen muss. Der Mieter darf darauf vertrauen, dass der Vermieter die Mietsache jedenfalls vor solchen Gefahrenquellen schützt, für die er verantwortlich ist. Wird die Tauglichkeit

90 BGH, Urt. v. 10.5.2006 – XII ZR 23/04 – NJW-RR 2006, 1158, 1159; Schmidt-Futterer/*Eisenschmid*, § 536 BGB Rn 18.
91 LG Karlsruhe, Urt. v. 23.9.2005 – 9 S 157/05 – DWW 2005, 42.

zum vertragsgemäßen Gebrauch durch eine solche Gefahrenquelle aufgehoben oder gemindert, liegt ein Mangel der Mietsache vor.[92]

Nur **unmittelbare Gebrauchsbeeinträchtigungen**, die sich auf die Tauglichkeit der Mietsache zum vertragsgemäßen Gebrauch auswirken, sind als Mangel relevant. Die Rechtsprechung nimmt diese Einschränkung vor, um den Mangelbegriff nicht unbegrenzt ausufern zu lassen. **Mittelbare Gebrauchsbeeinträchtigungen** stellen daher keinen Mangel dar. Zu den mittelbaren Beeinträchtigungen gehören z.B. solche Umstände, die zwar für die Attraktivität der Umgebung der Mietfläche von Bedeutung sind, aber keinen unmittelbaren Einfluss auf die Gebrauchstauglichkeit haben.[93] Der Freistand von Ladenflächen in einem Einkaufszentrum ist daher als nur mittelbare Beeinträchtigung irrelevant.[94] Gleiches gilt bei der Änderung einer Fahrstrecke einer Buslinie durch das örtliche Personennahverkehrsunternehmen und das damit verbundene Entfallen einer Bushaltestelle in nächster Nähe.[95] Auch für die mangelnde Ertragsfähigkeit des Mietobjekts hat der Vermieter nicht einzustehen. Die Gewinnerzielung fällt in den Risikobereich des Mieters.[96] 68

Hat der Vermieter die Instandhaltungs- und Instandsetzungspflichten auf den Mieter abgewälzt, dann trifft den Mieter die Erhaltung des vertragsgemäßen Gebrauchs. Dies hat zur Folge, dass ihm Gewährleistungsrechte gegen den Vermieter nicht zustehen. Der Mieter hat den Mangel auf eigene Kosten zu beseitigen. Allerdings ist bei der Überbürdung von Instandhaltungs- und Instandsetzungspflichten Vorsicht geboten, da die formularmäßige vollständige Abwälzung auf den Mieter formularvertraglich unwirksam sein kann. 69

1. Maßgeblicher Zeitpunkt

Nicht selten ändern sich im laufenden Mietverhältnis Vorschriften und Standards. Haben die Parteien keine vertragliche Vereinbarung zum vertragsgemäßen Zustand, d.h. zum Sollzustand, getroffen, so gilt nach überwiegender Ansicht die Verkehrsanschauung zum Zeitpunkt des Vertragsschlusses.[97] 70

Diese nicht ganz uninteressante Frage stellt sich, wenn die Mietsache bei Vertragsschluss noch dem Baustandard des Jahres entsprach, in welchem es errichtet wurde, sich der Baustandard aber im Laufe der Jahre geändert hat. So war es in den 71

---

92 BGH, Urt. v. 27.3.1972 – VIII ZR 177/70 – WM 1972, 658; Lindner-Figura/Oprée/Stellmann/*Hübner/Griesbach/Fuerst*, Kap. 14 Rn 228.

93 *Blank/Börstinghaus*, § 536 Rn 5.

94 BGH, Urt. v. 17.3.2010 – XII ZR 108/08 –; OLG Frankfurt, Urt. v. 28.1.2011 – 2 U 135/10 –, anhängig: BGH – XII ZR 16/11 –.

95 *Börstinghaus*, S. 8.

96 BGH, Urt. v. 16.2.2000 – XII ZR 297/97 –.

97 OLG Saarbrücken, Urt. v. 8.5.2013 – 2 U 3/13 – ZMR 2014, 280, 281; MüKo-BGB/*Häublein*, § 536 Rn 6; Palandt/*Weidenkaff*, § 536 Rn 16.

sechziger Jahren des letzten Jahrhunderts bei Errichtung von Gebäuden üblich, eine Einfachverglasung zu verwenden, während heutzutage Isolierverglasungen dem Stand der Technik entsprechen. Verschiedentlich wird vertreten, dass es auf den Zeitpunkt der Errichtung des Gebäudes ankommt.[98] Anderer Ansicht nach soll es erst auf den Zeitpunkt der Mängelrüge ankommen.[99] Konsequenz aus vorstehender Ausführung wäre, dass bei Änderungen von Vorschriften und Standards ein Mangel regelmäßig zu bejahen wäre. Den Vermieter würde sozusagen eine Modernisierungsverpflichtung treffen. Nach überwiegender Ansicht ist bei der Beurteilung, ob ein Mangel der Mietsache vorliegt, jedoch auf den **Zeitpunkt des Vertragsschlusses** abzustellen.[100] Der Mieter kann sich daher nicht auf einen Mangel berufen, wenn sich technische Anforderungen im laufenden Mietverhältnis verändern, weil die Mietfläche den (technischen) Anforderungen im Zeitpunkt des Vertragsschlusses entsprach. So ist der Vermieter nicht verpflichtet, den Sicherheitsstandard eines vermieteten Bürogebäudes veränderten Sicherungserkenntnissen anzupassen, wenn der Sicherheitsstandard dem Standard zum Zeitpunkt des Vertragsschlusses entsprach.[101] Nur im Einzelfall können Veränderungen der Anschauungen über den vertragsgemäßen Standard oder neue wissenschaftliche Erkenntnisse zu einer Vertragsanpassung führen.[102] Diese Veränderungen hat der Mieter dann aber schlüssig darzulegen und zu beweisen. Nach der Verkehrsanschauung darf der Mieter aber auch ohne besondere Absprachen einen **Mindeststandard** erwarten, der den heutigen Maßstäben gerecht wird.[103] Beispielsweise kann ein Mieter davon ausgehen, dass die Stromversorgung eines Altbaus zumindest den Betrieb von üblichen Haushaltsgeräten ermöglicht, es sei denn, die Mietvertragsparteien haben hierzu Abreden im Mietvertrag getroffen.[104]

! **Praxistipp**
Die vorstehenden Ausführungen zeigen, dass es ratsam ist, den geschuldeten Zustand möglichst konkret im Mietvertrag zu beschreiben und zur Klarstellung im Mietvertrag festzuhalten, dass die Mietsache den zum Zeitpunkt des Vertragsschlusses oder der Errichtung des Gebäudes technischen Anforderungen entspricht.

---

98 BGH, Urt. v. 6.10.2004 – VIII ZR 355/03 – WuM 2004, 715; LG Kassel, Urt. v. 4.2.1988 – 1 S 229/87 – WuM 1988, 355.

99 LG Hamburg, Urt. v. 5.2.1991 – 16 S 33/88 – NJW 1991, 1898; LG Flensburg – 7 S 70/90 – WuM 1991, 582; LG Waldshut-Tiengen, Urt. v. 28.12.1990 – 1 S 57/90 – NJW-RR 1991, 592; siehe Übersicht in Schmidt-Futter/*Eisenschmid*, § 536 Rn 19.

100 Lindner-Figura/Oprée/Stellmann/*Hübner*/*Griesbach*/*Fuerst*, Kap. 14 Rn 232.

101 BGH, Urt. v. 7.6.2006 – XII ZR-34/04 –; OLG Düsseldorf, Urt. v. 6.6.2002 – 10 U 12/01 –; KG Berlin, Urt. v. 29.9.1997 – 20 U 4599/97 – NJW-RR 1998, 944.

102 BGH, Urt. v. 7.6.2006 – XII ZR-34/04 –.

103 Schmidt-Futterer/*Eisenschmid*, § 536 BGB Rn 21.

104 Schmidt-Futterer/*Eisenschmid*, § 536 BGB Rn 21.

Anders liegt es im Bereich der **Gesundheitsgefährdung.** Hier kommt es nicht auf den Zeitpunkt des Vertragsschlusses an. Verändern sich Normen und Grenzwerte zum Schutz vor Gesundheitsschäden, ist jeweils auf die neuesten wissenschaftlich-technischen Standards abzustellen.[105] Ein Mieter muss darauf vertrauen dürfen, dass die von ihm angemieteten Räume während der gesamten Dauer des Mietverhältnisses zur Nutzung ohne Beeinträchtigung der Gesundheit geeignet sind. Führen daher im Verlaufe des Mietverhältnisses neue Einsichten in die gesundheitsgefährdende Wirkung bestimmter Baustoffe zu verschärften wissenschaftlich-technischen Standards, bringen diese eine Änderung der vertraglichen „Soll-Beschaffenheit" der Mietsache mit sich. Ein Mangel liegt somit vor, wenn der Vermieter nach Bekanntwerden der entsprechenden verschärften Standards gleichwohl nicht die Ursachen der Gefährdung beseitigt.[106] 72

2. Einzelne Sachmängel

Aufgrund der unüberschaubaren Anzahl an Entscheidungen zu einzelnen Sachmängeln und zur Übersichtlichkeit werden Mängel der Mietsache in folgende Mangelgruppen eingeteilt: 73
- Beschaffenheits- und Zustandsmängel,
- Umwelt- und Umfeldmängel,
- Öffentlich-rechtliche Beschränkungen.

Im Einzelfall kann es immer wieder zu Überschneidungen zwischen den verschiedenen Mangelgruppen kommen, d.h. ein Mangel kann durchaus auch gleichzeitig einer anderen Mangelgruppe angehören.

Praxistipp !
Im konkreten Fall sollte immer eine Einzelfallbewertung vorgenommen werden. Eine Gerichtsentscheidung muss nicht ohne Weiteres auch für den eigenen Sachverhalt einschlägig sein. Häufig weichen die Sachverhalte, wenn auch nur in Kleinigkeiten, vom eigenen Sachverhalt ab. Die nachfolgenden Beispiele dienen daher nur als grobe Orientierungshilfe.

Da für den Mangelbegriff maßgeblich ist, was die Parteien vertraglich vereinbart haben, beruhen die nachfolgend dargestellten Mängel in der Regel auf der Annahme, dass die Parteien keine vertragliche Vereinbarung getroffen haben. 74

105 Bay. OLG, Urt. v. 4.8.1999 – RE-Miet 6/98 – NZM 1999, 899, 901.
106 Vgl. dazu Rn 93.

a) Beschaffenheits- und Zustandsmängel

75 Beschaffenheits- und Zustandsmängel sind Mängel, die der Mietsache unmittelbar anhaften oder im räumlichen Zusammenhang mit ihr stehen und sich auf den Mietgebrauch konkret auswirken. Ausreichend ist, dass durch den Mangel der Eintritt eines Schadens unmittelbar bevorsteht. Das bloße Vorliegen eines Mangels ohne konkrete Auswirkung auf den Gebrauch der Sache genügt jedoch nicht. Zu den Beschaffenheits- und Zustandsmängeln zählen:

– **Bauliche Mängel**

76 Bauliche Mängel, z.B. nicht schließende Eingangstüren, undichtes Dach, feuchte Wände, mangelhafter Verputz, Bodenbelag, fehlende Tragfähigkeit von Fundament oder Decken, liegen immer dann vor, wenn die den Erfordernissen des vertragsgemäßen Gebrauchs entsprechende Soll-Beschaffenheit der Mietsache nicht gegeben ist und die Abweichung zu einer Beeinträchtigung des vertragsgemäßen Gebrauches führt. Auf die Einhaltung technischer Normen kommt es dabei zunächst nicht an, es sei denn, die Einhaltung von technischen Normen wurde von den Parteien vertraglich vereinbart. Fehlt es hingegen an einer vertraglichen Abrede, soll nach der Rechtsprechung des BGH die Nichteinhaltung von technischen Normen die Gebrauchsbeeinträchtigung indizieren.[107] Dies bedeutet, dass der Vermieter bei Vorliegen von technischen Normen deren Einhaltung schuldet. Dabei ist nach der Verkehrsanschauung grundsätzlich der bei Errichtung des Gebäudes geltende Maßstab anzulegen.[108] Beispielhaft sind folgende bauliche Mängel zu nennen:

– **Feuchtigkeitsmängel**

77 Feuchtigkeitsmängel (Beispiel: Stockflecken, Salzausblühungen, Schimmelbildung, undichtes Dach) stellen grundsätzlich einen Sachmangel dar. Auf die Ursache der Feuchtigkeit kommt es nicht an. Auch nicht darauf, ob der Vermieter bei Mietbeginn die seinerzeit geltenden Sicherheitsvorschriften eingehalten hat.[109] Stammen die aufgetretenen Feuchtigkeitsmängel aus der Sphäre des Mieters, weil er die Räume nicht ordnungsgemäß belüftet hat, kommt ggf. ein Ausschluss der Gewährleistungsrechte in Betracht. In den meisten Fällen lässt sich nur durch die Einholung eines Sachverständigengutachtens beantworten, aus welcher Sphäre die Feuchtigkeitsmängel stammen und ob die Gesundheit der Mieter gefährdet ist.[110]

---

107 Lindner-Figura/Oprée/Stellmann/*Hübner*/*Griesbach*/*Fuerst*, Kap. 14 Rn 251.

108 BGH, Urt. v. 17.6.2009 – VIII ZR 131/08 –; BGH, Urt. v. 23.9.2009 – VIII ZR 300/08 –.

109 *Blank*/*Börstinghaus*, § 536 Rn 27; Lindner-Figura/Oprée/Stellmann/*Hübner*/*Griesbach*/*Fuerst*, Kap. 14 Rn 241.

110 OLG Düsseldorf, Beschl. v. 6.6.2013 – 10 U 26/13 –.

Praxistipp

Der Mieter muss lediglich beweisen, dass ein Feuchtigkeitsmangel vorliegt. Den Vermieter trifft die Beweislast, dass die Ursache aus der Sphäre des Mieters stammt und nicht auf bauseitige Ursachen zurückzuführen ist.[111] Gelingt dem Vermieter dieser Beweis, hat der Mieter zu beweisen, dass er den Feuchtigkeitsmangel nicht zu vertreten hat. Aufgrund der schnellen Ausbreitung von Feuchtigkeitsmängeln und der Schwierigkeit des Nachweises, wer für den Mangel verantwortlich ist, wird empfohlen, möglichst zeitnah einen Sachverständigen zur Ursächlichkeit des Mangels heranzuziehen.

– **Mietflächenabweichungen**

Mietflächenabweichungen stellen nach der Rechtsprechung des BGH einen Sachmangel dar, wenn eine Flächenabweichung von mindestens 10% vorliegt.[112] Bei Abweichungen von weniger als 10% muss eine erhebliche Gebrauchsbeeinträchtigung hinzutreten.[113] Liegt eine Zusicherung der Mietfläche vor, haftet der Vermieter auch für geringe Flächenabweichungen. Befinden sich überhaupt keine Angaben zur Fläche im Vertrag, so spricht vieles dafür, dass eine bestimmte Fläche nicht zur vertraglichen Soll-Beschaffenheit gemacht werden sollte.[114] Bei einer Flächenabweichung von mehr als 10% ist die Darlegung des Mieters, dass infolge der Flächendifferenz die Tauglichkeit der Wohnung zum vertragsgemäßen Gebrauch gemindert ist, nicht erforderlich.[115] 78

Praxistipp

Da keine der am Markt vorhandenen Berechnungsmethoden (Wohnflächenverordnung, gif-Richtlinie, DIN 277) ein „Muss“ ist und die Vertragspartner frei sind, die Art der Berechnung vertraglich zu vereinbaren, führt eine falsche Begriffswahl in Verknüpfung mit einem Quadratmeterpreis schnell zu unerfreulichen Ergebnissen für eine der Seiten. In der Regel wird die Abweichung der tatsächlichen von der vertraglich vereinbarten Fläche nur dann zum Streitpunkt, wenn der Mieter die Herabsetzung der angeblich überteuerten Miete verlangt. Es empfiehlt sich daher, vertraglich festzulegen, wie die Mietfläche berechnet wird und ab welcher Abweichung der Größe von der im Mietvertrag vereinbarten Größe die Miete angepasst wird. Insbesondere bei noch zu errichtenden Gebäuden sollten Toleranzen vereinbart werden. Individualvertraglich ist es möglich, bei einer Flächenabweichung von mehr als 10% eine Mietanpassung und Gewährleistungsrechte auszuschließen. Bei Verwendung von Allgemeinen Geschäftsbedingungen sollte die Flächendifferenz unterhalb der 10%-Grenze liegen.

111 LG Konstanz, Urt. v. 20. 1.2012 – 61 S 217/12 – ZMR 2013, 803.

112 BGH, Urt. v. 24.3.2004 – VIII ZR 295/03 – NZM 2004, 500, 501.

113 KG Berlin, Urt. v. 15.8.2005 – 8 U 81/05 – NJW-RR 2005, 1681.

114 Lindner-Figura/Oprée/Stellmann/*Hübner*/*Griesbach*/*Fuerst*, Kap. 14 Rn 243; LG Gießen, Urt. v. 8.10.2003 – 1 S 243/03 – WuM 2004, 89, 90; LG Mosbach, Urt. v. 16.12.2003 – 1 S 39/03 – NZM 2004, 260.

115 BGH, Urt. v. 24.3.2004 – VIII ZR 295/03 –; OLG Düsseldorf, Urt. 2.12.2004 – I-10 U 77/04 – NZM 2005, 378; BGH, Urt. v. 4.5.2005 – XII ZR 254/01 –.

– **Schallschutzmängel**

79 Der Mieter darf auch ohne vertragliche Abrede voraussetzen, dass die Mieträume einen ihrer Nutzung entsprechenden Schallschutz aufweisen. Hierbei richtet sich die Rechtsprechung nach der als Technische Baubestimmung eingeführten Norm DIN 4109 „Schallschutz im Hochbau".[116] Sie stellt die baurechtlich eingeführte Anforderungs- und Bewertungsgrundlage für alle an der Bauplanung und -ausführung Beteiligten dar. Bei Beachtung der in DIN 4109 „Schallschutz im Hochbau" aufgeführten Grundsätze und Ausführungsanweisungen ist davon auszugehen, dass der nach dem Bauordnungsrecht geschuldete Mindestschallschutz eingehalten wird.[117] Die Anforderungen der DIN 4109 sollen sicherstellen, dass Menschen, die sich in Wohn- und Arbeitsräumen innerhalb von Gebäuden aufhalten, vor „unzumutbaren Belästigungen" durch Schallübertragung geschützt werden. Im Einzelfall ist jedoch auch immer auf den konkreten Nutzungszweck abzustellen. So werden gerade bei der gewerblichen Vermietung die Schallschutzanforderungen unterschiedlich ausfallen (Beispiel: Produktionsstätte geringere Anforderungen – Büroräume strengere Anforderungen an den Schallschutz).

Praxistipp

Es empfiehlt sich, im Mietvertrag festzuhalten, welche Anforderungen an den Schallschutz gestellt werden unter Vereinbarung konkreter dB-Werte. Besteht die Gefahr, dass durch den Betrieb eines Gewerbes Nachbarn beeinträchtigt werden und Nachbaransprüche drohen, so wird es dem Mieter maßgeblich darauf ankommen, dass der Schallschutz nach außen gewährleistet ist. Dem Mieter von Büroflächen wird es ein Anliegen sein, dass seine Mitarbeiter ungestört arbeiten können.

– **Optische Beeinträchtigungen**

80 Optische Beeinträchtigungen mindern die Gebrauchstauglichkeit zunächst nicht. Ein heruntergekommenes Treppenhaus, Taubendreck im Eingangsbereich oder Setz- und Spannungsrisse in der Decke können sich jedoch als sehr störend erweisen. Es besteht Einigkeit darüber, dass ein Gebäude auch bestimmten ästhetischen Anforderungen genügen muss. Welche das sind, kann nur im jeweiligen Einzelfall entschieden werden. Es hängt vor allem vom Zustand des Hauses im Zeitpunkt des Vertragsschlusses ab, aber auch von der Höhe der Miete, der Umgebungsqualität und vom vereinbarten Nutzungszweck.[118] Erfordert die vertragsgemäße Nutzung einen optisch einwandfreien Zustand, können optische Beeinträchtigungen einen Mangel begründen. Dies ist insbesondere dann der Fall, wenn die Räume laut Mietvertrag dem Publikumsverkehr zugänglich sein sollen und es dem Mieter nach dem

116 AG Wiesbaden, Urt. v. 4.12.2008 – 92 C 6429/06 – 12 – WuM 2010, 416.
117 BGH, Urt. v. 14.6.2007 – VII ZR 45/06 – NJW 2007, 2983, 2984.
118 Schmidt-Futterer/*Eisenschmid*, § 536 BGB Rn 197.

Mietvertrag auf die Repräsentanz der Räume ankommt.[119] Salzausblühungen und Wandrisse in einem Ladenlokal wurden als Mangel bewertet, auch wenn es sich dabei nur um kleinere optische Beeinträchtigungen handelt.[120] Ist die Erheblichkeitsschwelle des § 536 Abs. 1 S. 3 BGB nicht überschritten, d.h. liegt ein nur unerheblicher Mangel vor, ist dem Mieter das Recht auf Minderung abgeschnitten.[121] Es verbleibt dann bei einem Mängelbeseitigungsanspruch. Lösen die Feuchtigkeitsschäden neben den optischen Beeinträchtigungen auch Gesundheitsgefahren aus, stellt alleine die Gesundheitsgefährdung einen Mangel der Mietsache dar. Graffitis an den Wänden des Treppenhauses oder an der Außenfassade sowie Verkratzungen der Glasscheibe (Scratchings) sind grundsätzlich als Mangel anzusehen.[122]

– **Wärmeisolation (Raumtemperaturen)**

Der Vermieter hat dafür Sorge zu tragen, dass die Mietflächen ausreichend, d.h. auf 81
mindestens 20 °C, beheizbar sind.[123] **Außergewöhnlich** hohe Heizkosten stellen dann einen Mangel dar, wenn sie auf eine defekte Heizungsanlage zurückzuführen sind.[124] Liegen die Außentemperaturen in den Sommermonaten außergewöhnlich hoch, stellt sich die Frage, welche Temperaturen Arbeitsräume aufzuweisen haben. Nach überwiegender Meinung in der Rechtsprechung liegt ein Mangel vor, wenn die in der Arbeitsstättenverordnung i.V.m. der Arbeitsstättenrichtlinie vorgeschriebenen **Raumtemperaturen überschritten** sind (§ 3 Abs. 1 S. 1 ArbStättV 2004 i.V.m. Nr. 3.5 des Anhangs i.V.m. Ziff. 2.4 der Arbeitsstätten-Richtlinie). Danach dürfen Raumtemperaturen in Arbeitsräumen 26 °C nicht überschreiten, wenn die Außentemperaturen bei bis zu 32 °C liegen.[125] Bei deutlich höheren Außentemperaturen sind hiervon allerdings Ausnahmen zu machen.[126] Ganz anders sieht das OLG Frankfurt die Rechtslage.[127] Solange das Gebäude den baurechtlichen Bestimmungen entspricht, d.h. die Energieeinsparverordnung (EnEV), Anhang 1 zu § 3 EnEV, Nr. 2.9, eingehalten wurde, liege kein Mangel der Mietsache vor. Eine hohe Innentempera-

119 Grooterhorst u.a./*Erberich*, S. 580 Rn 21.

120 OLG Sachsen-Anhalt, Urt. v. 31.5.2000 – 6 U 97/99 – GuT 2002, 15–18. Weitere Beispiele in *Blank/Börstinghaus*, § 536 Rn 53.

121 LG Berlin, Urt. v. 1.12.2009 – 63 S 162/09 – GE 2010, 547.

122 Schmidt-Futterer/*Eisenschmid*, § 536 BGB Rn 197; KG, Hinweisbeschl. v. 8.5.2008 – 22 U 24/08 – NZM 2009, 199; KG Berlin, Urt. v. 8.5.2008 – 22 U 24/08 – NJW-RR 2009, 445.

123 OLG Düsseldorf, Urt. v. 23.12.2010 – 24 U 65/10 –; KG, Urt. v. 28.4.2008 – 8 U 209/07 – ZMR 2008, 790.

124 LG Düsseldorf, Urt. v. 8.7.2010 – I-24 U 222/09 – GuT 2011, 273; OLG Dresden, Urt. v. 31.7.2007 – 5 U 284/07 – ZMR 2008, 531.

125 OLG Hamm, Urt. v. 28.2.2007 – 30 U 131/06 –; OLG Naumburg, Urt. v. 17.6.2003 – 9 U 82/01 – NJW-RR 2004, 299; OLG Rostock, Urt. v. 29.12.2000 – 3 U 83/98 – NZM 2001, 425.

126 OLG Hamm, Urt. v. 18.10.1994 – 7 U 132/93 – NJW-RR 1995, 143.

127 OLG Frankfurt, Urt. v. 19.1.2007 – 2 U 106/06 – NZM 2007, 330.

tur falle in den Risikobereich des Mieters, der durch geeignete Maßnahmen (Sonnenschutz, Klimaanlage) selbst Abhilfe schaffen könne.[128]

! **Praxistipp**
Die zuvor genannte Rechtsunsicherheit lässt sich nur durch eine mietvertragliche Regelung beseitigen. Hierzu sollten Mieter und Vermieter Grenzwerte festlegen. Eine solche Regelung empfiehlt sich insbesondere, wenn die Mietflächen hoher Sonneneinstrahlung (Beispiel: große Glasflächen) ausgesetzt sind.

– **Sicherheitsmängel**

82 Geschäftsräume müssen so ausgestattet sein, dass sie dem ortsüblichen Standard hinsichtlich der Sicherheit vor Einbrüchen entsprechen. Ortsüblich bedeutet, dass die Räume mit einer festen Außentür versehen sind und über eine Schließvorrichtung verfügen.[129] Einen überdurchschnittlichen Sicherheitsstandard schuldet der Vermieter allerdings nur bei einer vertraglichen Vereinbarung.

– **Verkehrssicherheit**

83 Sind Gemeinschaftsanlagen nicht verkehrssicher, liegt ein Mangel der Mietsache vor. Sind die Treppenhausgeländer unsicher und besteht die Gefahr, dass Menschen hierdurch zu Schaden kommen, liegt regelmäßig ein Mangel der Mietsache vor.

– **Heizungsmängel/Mängel an technischen Einrichtungen**

84 Auch die ordnungsgemäße Funktion von technischen Anlagen (Klimaanlage/Heizung etc.) gehören zu dem vom Vermieter geschuldeten vertragsgemäßen Gebrauch. Treten daher Mängel an diesen Einrichtungen auf, liegt ein Mangel der Mietsache vor. Hierzu gehören auch Mängel an der Heizungsanlage, die zur Folge haben, dass die Mietsache nur unzureichend beheizt ist (siehe auch oben Raumtemperaturen). Während der Heizperiode (1.10.–30.4.) darf auch der Gewerbemieter erwarten, dass die Raumtemperatur mindestens 20° C beträgt.[130] Ein unerheblicher Mangel liegt vor, wenn der Ausfall nur sehr kurz oder die Mindestheizleistung vorübergehend nur geringfügig unterschritten wird.[131] Eine unwirtschaftliche Heizungsanlage stellt dagegen keinen Mangel der Mietsache dar.[132]

---

128 OLG Frankfurt, Urt. v. 19.1.2007 – 2 U 106/06 – NZM 2007, 330.

129 Lindner-Figura/Oprée/Stellmann/*Hübner*/*Griesbach*/*Fuerst*, Kap. 14 Rn 250.

130 KG Berlin, Urt. v. 28.4.2008 – 8 U 209/07 – ZMR 2008, 790–793.

131 KG Berlin, Urt. v. 28.4.2008 – 8 U 209/07 – ZMR 2008, 790–793.

132 OLG Saarbrücken, Urt. v. 8.5.2013 – 2 U 3/13 –; Lindner-Figura/Oprée/Stellmann/*Hübner*/*Griesbach*/*Fuerst*, Kap. 14 Rn 255.

b) Umwelt- und Umfeldmängel

Auch Umwelteinflüsse, die sich unmittelbar negativ auf die Gebrauchstauglichkeit der Mietsache auswirken, stellen einen Mangel der Mietsache dar. Im Unterschied zum Umweltmangel, der auf die Beeinflussung des Mietobjekts aufgrund von Naturereignissen zurückzuführen ist, resultiert der Umfeldmangel aus Ereignissen in der Nachbarschaft (Baulärm, Zugangshindernisse) des Mietobjekts. In der Regel werden jedoch beide Begriffe einheitlich als Umweltmangel bezeichnet. Da es sich bei Umweltmängeln um Störungen handelt, die ihre Ursache nicht in der Beschaffenheit der Mietsache selbst haben – das Mietobjekt ist an sich mangelfrei –, sondern in sonstigen rechtlichen oder tatsächlichen Verhältnissen setzt die Rechtsprechung voraus, dass die Einflüsse von außen unmittelbare Einwirkungen auf die Gebrauchstauglichkeit der Mietsache haben und der Vertragszweck beeinträchtigt ist.[133] Es darf sich daher nicht lediglich um mittelbare oder entfernte Einflüsse handeln.[134] Die Abgrenzung zwischen dem vom Vermieter zu tragenden Risiko bei Umweltmängeln und dem vom Mieter zu tragenden allgemeinen wirtschaftlichem Verwendungsrisiko ist nicht immer einfach. Zu den Umweltmängeln gehören: 85

– **Geruchsbelästigungen**

Geruchsbelästigungen sind hinzunehmen, wenn sie auf eine übliche Nutzung zurückzuführen sind. Starke Geruchsbeeinträchtigungen einer benachbarten Pizzabäckerei, die durch einen Lüftungsschacht in die Mietflächen dringen, stellen einen Mangel dar.[135] Gleiches gilt für einen beißenden und unangenehmen Geruch in Büroräumen aufgrund von Feuchtigkeitsmängeln.[136] Toilettengerüche, die von einer nicht ordentlich funktionsfähigen Toilette einer Gaststätte ausgehen, mindern die Gebrauchstauglichkeit, da dieser Umstand und die Unansehnlichkeit der Toilettenanlage insgesamt geeignet sind, Gäste vom Besuch der Gaststätte abzuhalten.[137] 86

– **Lärmimmissionen**

Lärmimmissionen, d.h. Geräuscheinwirkungen auf die Mietsache, die von Nachbarräumen ausgehen und die auf übliche Nutzung zurückzuführen sind, sind vom Mieter hinzunehmen. Alle darüber hinausgehenden Geräuscheinwirkungen stellen einen Mangel dar. Geräuscheinwirkungen aus der Umgebung sind dann als Mangel zu qualifizieren, wenn sie bei Vertragsschluss nicht absehbar waren. 87

---

133 BGH NJW 1981, 2405; BGH NJW 2000, 1714, 1715.

134 Lindner-Figura/Oprée/Stellmann/*Hübner*/*Griesbach*/*Fuerst*, Kap. 14 Rn 256.

135 AG Köln, Urt. v. 19.9.1989 – 208 C 246/89 – WuM 1990, 338. Gleiches gilt für störenden Heizölduft in Wohn- und Arbeitsräumen: AG Augsburg, Urt. v. 12.10.2001 – 73 C 2442/01 – WuM 2002, 605.

136 OLG Köln, Urt. v. 11.12.2001 – 22 U 301/00 – GuT 2002, 45.

137 OLG Düsseldorf, Urt. v. 10.2.1994 – 10 U 50/93 – ZMR 1994, 403–406.

Beispiel

Der Mieter einer im Jahre 1968 im Einzugsbereich eines Flughafens angemieteten Fläche ist nicht berechtigt, die Miete wegen des zunehmenden Fluglärms zu mindern, weil er aufgrund der Lage nahe des bei Vertragsschluss schon vorhandenen Flughafens nicht darauf vertrauen durfte, dass es bei dem damals herrschenden geringen Flugverkehr bleiben wird.[138]

88 Bei der Prüfung, ob ein Mangel vorliegt, spielt auch der Nutzungszweck eine bedeutende Rolle.

Beispiel

Der Mieter, der Räume zur Büronutzung angemietet hat, darf davon ausgehen, dass seine Mitarbeiter ungestört ihre Arbeit ausführen können. Der Mieter einer Gaststätte wird dagegen deutlich mehr Geräuscheinwirkungen hinnehmen müssen.

89 Wird der Mietgebrauch durch das Verhalten von Kindern gestört, wurde in der Vergangenheit geprüft, ob der **Kinderlärm** sozialüblich und daher hinzunehmen ist. Inzwischen dürfte dies durch die Einführung des **neuen § 22 Abs. 1a BImSchG** geklärt sein. Danach sind Geräuscheinwirkungen, die von

- Kindertageseinrichtungen,
- Kinderspielplätzen und ähnlichen Einrichtungen wie beispielsweise Ballspielplätzen durch Kinder hervorgerufen werden,

im Regelfall **keine schädliche Umwelteinwirkung**.

90 Geht Kinderlärm von solchen Einrichtungen aus, ist er unabhängig von Immissionsgrenz- und -richtwerten hinzunehmen, in allen sonstigen Fällen muss er sich jedoch im üblichen Maß bewegen. Von einer anderen Wohnung ausgehender Kinderlärm, der das übliche Maß nicht überschreitet, stellt auch dann keinen Mangel dar, wenn die Räume an einen Rechtsanwalt vermietet wurden und die Mitarbeiter insofern bei der Arbeit ein erhöhtes Ruhebedürfnis haben.[139] Auch neu, d.h. nach Mietvertragsschluss, auftretende Lärmbelästigungen stellen dann keinen Mangel der Mietsache dar, wenn auch der Vermieter selbst die Belästigungen ohne eigene Abwehr- oder Entschädigungsmöglichkeiten – etwa mit Rücksicht auf das bei Kinderlärm bestehende Toleranzgebot des § 22 Abs. 1a BImSchG – als unwesentlich oder ortsüblich hinnehmen müsste.[140]

138 LG Berlin, Urt. v. 18.2.2013 – 67 S 275/12 – ZMR 2014, 123.
139 OLG Dresden, Urt. v. 20.2.2009 – 5 U 1336/08 – NJW-RR 2009, 1385–1387.
140 BGH, Urt. v. 29.4.2015 – VIII ZR 197/14 –.

– **Baulärm**

Baulärm, der durch Baumaßnahmen im oder am Gebäude verursacht wird, stellt dann einen Mangel der Mietsache dar, wenn der Mieter hierdurch nicht nur unerheblich beeinträchtigt wird. Auch Baumaßnahmen in der Nachbarschaft können sich negativ auf den Gebrauch der Mietsache auswirken und einen Mangel darstellen.[141] Dies gilt unabhängig davon, ob der Vermieter die Beeinträchtigung verhindern kann oder selbst dulden muss.[142] Wenn allerdings schon bei Vertragsschluss bekannt war, dass in der Nachbarschaft Bauarbeiten zu erwarten sind oder wenn der Mieter aufgrund von Umständen, die bei Vertragsschluss erkennbar waren, mit dem Eintritt einer konkreten Störung rechnen musste, scheidet eine Mietminderung aus.[143] Insbesondere in Großstädten muss der Mieter damit rechnen, dass Baulücken geschlossen werden.[144] 91

Praxistipp !

Steht bereits vor Mietbeginn fest, dass es aufgrund von Bauarbeiten in der Nachbarschaft oder Umbauarbeiten im selben Gebäude zu Lärmbeeinträchtigungen kommen wird, empfiehlt es sich trotz der vorstehenden Ausführungen zur Vorhersehbarkeit, auf den möglichen Eintritt von Baulärm im Mietvertrag hinzuweisen und etwaige Ansprüche des Mieters individualvertraglich auszuschließen. Der Vermieter sollte hierzu die einzelnen Bau- und Umbauarbeiten detailliert beschreiben, damit er sich nicht später dem Einwand des Mieters aussetzt, er habe das Ausmaß der Lärmbeeinträchtigungen bei Abschluss des Mietvertrages nicht gekannt.

Muss der Vermieter infolge der Beeinträchtigung durch Baulärm den Minderungsanspruch des Mieters hinnehmen, kommt für den Vermieter ggf. ein Entschädigungsanspruch gegen den Störer in Betracht. Allerdings führt nicht jeder zur Minderung führende Baulärm auch automatisch zu einem Entschädigungsanspruch des Vermieters gegen den Störer. Die Beeinträchtigung infolge des Baulärms muss wesentlich und nicht mehr hinnehmbar sein. Maßstab für die Wesentlichkeit der Beeinträchtigung ist das Empfinden eines verständigen Durchschnittsbenutzers des betroffenen Grundstücks.[145] 92

– **Schadstoffe/Altlasten/Umweltgifte**

Umweltgifte, die ihre Ursache in der baulichen Substanz haben, wie Asbest, PCP, Lindan, Dichlorfluanid und Formaldehyd können einen Mangel darstellen. Die 93

141 LG Göttingen, Urt. v. 15.1.1986 – 5 S 60/85 – NJW 1986, 1112.

142 BayObLG, RE v. 4.2.1987 – RE-Miet2/86 – MDR 1987, 498; LG Hamburg, Urt. v. 3.12.1998 – 327 S 97/98 – NZM 1999, 169.

143 Siehe auch Rn 87 zur Vorhersehbarkeit; LG Mannheim, Urt. v. 8.10.1999 – 4 S 93/99 – WuM 2000, 185 (Großbaustelle); OLG München, Urt. v. 26.3.1993 – 21 U 6002/92 – WuM 1993, 607; AG Charlottenburg, Urt. v. 17.10.2013 – 202 C 180/13 –.

144 LG Berlin, Urt. v. 17.3.2009 – 63 S 397/08 –.

145 OLG Celle, Urt. v. 5.11.1999 – 4 U 130/99 – IBR 2000, 278.

Mietsache gilt als mangelhaft, wenn anerkannte Grenzwerte überschritten werden und eine konkrete Gefahr für die Gesundheit des Mieters oder Dritten, die sich in den Mieträumen aufhalten, droht.[146] Gleiches gilt bei einer Raumluftbelastung mit **Pilzsporen durch Schimmelbefall.** Werden die Grenzwerte aufgrund neuer wissenschaftlicher Erkenntnisse herabgesetzt, so ist der Vermieter zur Anpassung der Mietsache an die neuen gültigen Grenzwerte verpflichtet.[147] Ein Altlasten- bzw. Kontaminierungsverdacht, bei dem die Gefahr naheliegt, dass eine Gesundheitsgefährdung nicht ausgeschlossen werden kann, begründet bereits das Vorliegen eines Mangels.[148]

- **Ungeziefer**

94 Der Befall mit **Ungeziefer** und Maßnahmen zur Behebung (Spurenstaub) mindert die Tauglichkeit zum vertragsgemäßen Gebrauch und stellen einen Mangel dar.[149]

- **Erschütterungen**

95 Erschütterungen stellen regelmäßig dann einen Mangel dar, wenn bestimmte Grenzwerte überschritten werden. Zur Ermittlung dieser Grenzwerte wird auf die DIN 4150 Teil 2 („Erschütterungen im Bauwesen/Erschütterungen auf Menschen in Gebäuden") zurückgegriffen.[150]

- **Zugangsmängel**

96 Ist der Zugang zum Mietobjekt entfallen oder so erheblich behindert, dass ein ungestörter Zutritt den Kunden oder Klienten eines Geschäftsbetriebs nicht mehr zugemutet werden kann, liegt ein Mangel vor.[151] Gleiches gilt, wenn die Belieferung mit Ware nicht mehr über den Hof, sondern nur noch von der Straße aus durch das Ladenlokal erfolgen kann.[152] Ist ein Geschäft über einen längeren Zeitraum aufgrund von Bauarbeiten nur über Bretterstege erreichbar, stellt dies einen Mangel der Mietsache dar.[153] Dabei kommt es nicht darauf an, ob der Vermieter einen Entschädi-

---

146 Palandt/*Weidenkaff*, § 536 Rn 16.

147 Palandt/*Weidenkaff*, § 536 Rn 16; BayOLG, Urt. v. 4.8.1999 – RE-Miet 6/98 – NJW-RR 1999, 1533.

148 *Horst*, MDR 2011, 1022, 1023; LG Mannheim, Urt. v. 20.3.1996 – 4 S 213/95 – NJW-RR 1996, 776.

149 AG Dülmen, Urt. v. 15.11.2012 – ZMR 2014, 127 –.

150 *Blank/Börstinghaus*, § 536 Rn 26.

151 KG Berlin, Urt. v. 12.11.2007 – 8 U 194/06 – NZM 2008, 526; OLG Dresden, Urt. v. 24.10.2000 – 23 U 1660/00 – NJW-RR 2001, 727; differenzierend (Behinderung des Zugangs nur nach längerer Dauer [6 Monate]) *Wolf/Eckert/Ball*, 9. Aufl. 2004, Rn 223 ff.

152 *Horst*, MDR 2011, 1022, 1027; LG Chemnitz, Urt. v. 28.9.2001 – 8 O 453/01 – ZMR 2002, 350.

153 OLG Dresden, Urt. v. 18.12.1998 – 5 U 1774/98 – NJW-RR 1999, 448; OLG Düsseldorf, Urt. v. 18.11.1997 – 24 U 261/96 – NJW-RR 1998, 1236; OLG Köln, Urt. v. 9.5.1972 – 15 U 180/71 – NJW 1972, 1814, 1815; Lindner-Figura/Oprée/Stellmann/*Hübner/Griesbach/Fuerst*, Kap. 14 Rn 263 m.w.N.

gungsanspruch gegen den störenden Dritten hat, denn Vertrags- oder schuldrechtsähnliche Verhältnisse zu Dritten sind im Verhältnis Mieter/Vermieter insoweit unbeachtlich.[154] Kein Mangel wird angenommen, wenn der den Kunden übliche Zugang eines Geschäftsbetriebs behindert ist, der Zugang jedoch über einen anderen Eingang weiter ungehindert möglich ist.[155]

– **Unzureichende Lichtverhältnisse**

Unzureichende Lichtverhältnisse stellen dann einen Mangel der Mietsache dar, 97
wenn der Lichteinfall in einem Bürogebäude so unzureichend ist, dass das Wohlbefinden der Mitarbeiter gefährdet ist.[156]

– **Naturkatastrophen/Hochwasser**

Die durch Naturkatastrophen verursachten Beeinträchtigungen der Mietsache, wie 98
Hochwasser, auch solche Ereignisse, die die Nutzung der Mietsache vorübergehend oder auf Dauer unmöglich machen, stellen einen Mangel dar. Davon zu unterscheiden ist die Frage, ob bereits die Lage der angemieteten Flächen in einer von Naturkatastrophen bedrohten Gefahrenzone einen Mangel begründet. Die Lage in einem hochwassergefährdeten Gebiet stellt dann noch keinen Mangel der Mietsache dar, wenn keine Anhaltspunkte gegeben sind, dass Einwirkungen von Naturkräften zum Zeitpunkt des Mietvertrages zu befürchten waren.[157] Ansonsten wird man darauf abstellen müssen, ob der Vermieter ausreichende Vorkehrungen zur Abwehr von Beeinträchtigungen getroffen hat.[158] Eine Pflicht des Vermieters, Vorkehrungen für ganz seltene Naturkatastrophen zu treffen, wird man aber nicht annehmen dürfen.[159]

Trotz Vorliegen einer unmittelbaren Beeinträchtigung der Mietsache durch eine 99
Umwelteinwirkung soll der Vermieter nicht für jeden Umweltfehler einstehen, der dem allgemeinen Lebensrisiko oder dem unternehmerischen Risiko des Mieters zuzuordnen sind. Dem unternehmerischen Risiko ist z.B. zuzuordnen, wenn der sonst übliche Käuferstrom durch Bauarbeiten abreißt und hierdurch Umsatzeinbußen entstehen.[160] Gleiches gilt, wenn sich der Kundenstrom durch Bauarbeiten ändert, es sei denn, die Richtung des Kundenstroms wurde vertraglich vereinbart.[161] Hierbei

---

154 Schmidt-Futterer/*Eisenschmid*, § 536 BGB Rn 187 m.w.N.

155 *Horst*, MDR 2011, 1022, 1028.

156 OLG Hamm, Urt. v. 22.6.1982 – 7 U 13/81 – MDR 1983, 579 ff.

157 Lindner-Figura/Oprée/Stellmann/*Hübner*/*Griesbach*/*Fuerst*, Kap. 14 Rn 265.

158 OLG Koblenz, Urt. v. 22.2.1996 – 5 U 929/95 – NJW-RR 1997, 331; LG Kassel, Urt. v. 13.6.1996 – 1 S 128/96 – NJW-RR 1996, 1355.

159 MüKo-BGB/*Häublein*, § 536 Rn 18.

160 OLG Dresden, Urt. v. 24.10.2000 – 23 U 1660/00 – NJW-RR 2001, 727.

161 OLG Düsseldorf, Urt. v. 18.11.1997 – 24 U 261/96 – DWW 1998, 20.

handelt es sich um Fälle der sog. mittelbaren Beeinträchtigung (ausführlich oben Rn 66).

100 War die Störung bei Vertragsschluss bereits vorhersehbar, so ist ein Mangel ebenfalls zu verneinen. Dies ist z.B. dann anzunehmen, wenn die Mietflächen an einer befahrenen Straße liegen oder im Laufe der Mietzeit Straßenbauarbeiten durchgeführt werden, da für den Mieter bereits bei Vertragsschluss absehbar war, dass es hierdurch zu Lärmbeeinträchtigungen kommen wird bzw. er hiermit rechnen muss.[162] Gleiches gilt für das mit einer Bebauung eines Nachbargrundstücks einhergehende Risiko des Auftretens von baubedingten Lärmbeeinträchtigungen des Mietobjekts, wenn aufgrund des Zustands des Nachbargrundstücks erkennbar war, dass es auf dem Grundstück in Zukunft zu Bautätigkeit kommen wird oder die Bauarbeiten ortsüblich sind.[163]

c) Öffentlich-rechtliche Beschränkungen

101 Öffentlich-rechtliche Beschränkungen sind dann als Mangel der Mietsache zu qualifizieren, wenn sie ihren Ursprung nicht in den persönlichen Umständen oder betrieblichen Erfordernissen haben, sondern die Beschaffenheit der Mietsache selbst und die Nutzung zum vertragsgemäßen Gebrauch einschränken.[164] Hierzu gehören u.a.:

- Verweigerung einer Gaststättenkonzession,[165]
- Versagung der behördlichen Genehmigung, z.B. Bebauungsverbot,[166]
- zum Betrieb einer Apotheke angemietete Räume entsprechen nicht der Apothekenverordnung,[167]
- Untersagung des Betriebs eines Warenhauses wegen ungenügender Brandschutzbestimmungen,[168]
- behördliche Beschränkung der Öffnungszeiten einer Gaststätte aufgrund von Beschwerden der Anwohner,[169]

---

162 OLG Hamburg, Urt. v. 6.12.2000 – 4 U 121/00 – WuM 2003, 146; OLG Düsseldorf, Urt. v. 18.11.1997 – 24 U 261/96 – NJW-RR 1998, 1236.

163 OLG München, Urt. v. 26.3.1993 – 21 U 6002/92 – NJW RR 1994, 654–655; LG Gießen, Urt. v. 15.12.2010 – 1 S 210/10 – ZMR 2011, 384–386.

164 OLG Düsseldorf, Urt. v. 4.5.2010 – I-24 U 195/09 – ZMR 2011, 118.

165 BGH, Urt. v. 25.2.1987 – VIII ZR 88/86 – NJW 1987, 906; OLG Celle – 2 U 228/98 – MDR 1999, 1434.

166 BGH, Urt. v. 7.2.1992 – V ZR 246/90 – NJW 1992, 1384.

167 BGH, Urt. v. 4.4.1979 – VII ZR 118/78 – NJW 1979, 2351; BGH, Urt. v. 23.9.1992 – XII ZR 44/91 – NJW 1992, 3226, 3227.

168 KG Berlin, Urt. v. 7.10.2002 – 8 U 139/01 – MDR 2003, 622.

169 KG Berlin, Urt. v. 10.9.2001 – 8 U 2489/00 – GE 2001, 1602.

- Vermietung von Räumen zum Betrieb eines Reisebüros, die den Vorschriften der Arbeitsstättenverordnung nicht entsprechen.[170]

Duldet die Behörde eine unzulässige Nutzung, liegt noch kein Mangel vor, da der Mietgebrauch nicht konkret beeinträchtigt ist. Allein die anlässlich einer Anhörung gem. § 28 VwVfG erfolgte Mitteilung der Behörde an den Mieter, dass die beantragte Nutzungsänderung nicht genehmigungsfähig sei, begründet ebenfalls keinen Mangel, da der vertragliche Gebrauch erst dann eingeschränkt ist, wenn die Behörde die Nutzung des Mietobjekts durch ein rechtswirksames und unanfechtbares Verbot bereits untersagt hat.[171] Dem Mieter ist zuzumuten, die behördliche Anordnung auf ihre Rechtmäßigkeit zu überprüfen bzw. den Ausgang des Verwaltungsverfahrens abzuwarten.[172] Allerdings kann im Einzelfall ein Mangel vorliegen, wenn eine langanhaltende Unsicherheit über die Zulässigkeit der behördlichen Nutzungsuntersagung die begründete Besorgnis bewirkt, dass die Mietfläche nicht zum vertragsgemäßen Gebrauch genutzt werden kann.[173] Wurde gegen die behördliche Anordnung oder Auflage ein Rechtsmittel eingelegt, reicht bereits die Ungewissheit, ob der Mieter die Mietsache nutzen kann, zur Bejahung eines Mangels aus.[174] So liegt ein Mangel der Mietsache vor, wenn die Behörde wegen Mängeln des Brandschutzes den Erlass einer Ordnungsverfügung angedroht und dabei eine Nutzungsuntersagung des gesamten Gebäudes in Erwägung gezogen hat.[175] 102

Wird dem Mieter aus Umständen, die in seiner Person liegen, die behördliche Genehmigung zum Betrieb seines Gewerbes nicht erteilt, liegt kein Mangel der Mietsache vor, da der Mangel dann keinen Ursprung in der Mietsache selbst hat. 103

Praxistipp !

Werden ganze Geschossflächen an den Mieter vermietet und soll der Mieter die Einteilung und den Ausbau selbst durchführen und hierfür verantwortlich sein, empfiehlt, ist eine Regelung im Mietvertrag empfehlenswert. Behördliche Nutzungsbeschränkungen, die auf diese Maßnahmen zurückzuführen sind, gehen dann zulasten des Mieters.

- **Störung durch Dritte**

Hierzu zählen Störungen des Mieters durch Nachbarn und/oder Mitmieter und auch deren Kunden, wenn die Störung eine konkrete Beeinträchtigung zur Folge hat, 104

170 OLG Düsseldorf, Urt. v. 7.12.1991 – 10 U 118/90 – DWW 1991, 236.

171 BGH, Urt. v. 20.11.2013 – XII ZR 77/12 –.

172 BGH, Urt. v. 20.11.2013 – XII ZR 77/12 –.

173 BGH, Urt. v. 24.10.2007 – XII ZR 24/06 –; OLG Düsseldorf, Urt. v. 19.3.2002 – 24 U 124/01 – ZMR 2002, 739, 741.

174 BGH, Urt. v. 20.1.1971 – VIII ZR 167/69 – MDR 1971, 294; Palandt/*Weidenkaff*, § 536 Rn 18.

175 BGH, Urt. v. 4.4.1979 – VII ZR 118/78 – NJW 1979, 2351; BGH, Urt. v. 23.9.1992 – XII ZR 44/91 – NJW 1992, 3226, 3227.

denn den Vermieter trifft die Pflicht, zumutbare Schutzvorkehrungen durch Beeinträchtigungen Dritter vorzunehmen. Zu den Mängeln, die durch Störungen Dritter ausgehen, gehören u.a.:

- Belästigungen durch Hausbewohner (hier: Drogenberatungsstelle),[176]
- Verletzung des vertragswidrigen Konkurrenzschutzes, ohne dass es auf eine Umsatzeinbuße ankommt,[177]
- hohe Besuchsfrequenz eines Büromieters, die zu langen Wartezeiten an den Aufzügen und zu einer Verschmutzung des Zugangsbereichs führt.[178]

3. Rechtsmangel

105 Ein Rechtsmangel liegt nach § 536 Abs. 3 BGB vor, wenn dem Mieter der vertragsgemäße Gebrauch der Mietsache durch das (Privat-)Recht eines Dritten ganz oder zum Teil entzogen wird.[179] Privates Recht kann ein schuldrechtliches oder ein dingliches Recht sein. Hierzu zählen u.a. das Eigentum, das Erbbaurecht, der Nießbrauch, die beschränkt persönliche Dienstbarkeit, Besitz oder Räumungs- und Herausgabeansprüche. Öffentlich-rechtliche Beschränkungen dagegen stellen einen Sachmangel dar.[180] Im Ergebnis ist die Unterscheidung aber unerheblich, da die Rechtsfolgen des Rechtsmangels dieselben wie beim Sachmangel sind. Voraussetzung des Rechtsmangels ist, dass durch das Recht eines Dritten der Gebrauch der Mietsache auch tatsächlich beeinträchtigt ist. Macht der Dritte dem Mieter die tatsächliche Nutzung der Mietsache noch nicht streitig, liegt daher noch kein Rechtsmangel vor. Die Androhung der Geltendmachung ist jedoch ausreichend.[181]

Beispiel
Typische Fälle von Rechtsmängeln sind die Doppelvermietung, die Untervermietung und die Miete von einem Nichtberechtigten. Im Falle der Doppelvermietung sind beide Verträge wirksam. Der Vermieter kann jedoch nur einen Vertrag erfüllen. Gewährleistungsansprüche wegen eines Rechtsmangels stehen dem Mieter zu, dem der Besitz durch die Doppelvermietung nicht eingeräumt werden kann. Ist der Vermieter nicht Eigentümer der Mietsache und macht der Eigentümer sein Eigentumsrecht geltend, liegt ebenfalls ein Rechtsmangel vor.

176 OLG Hamburg, Urt. v. 6.2.2002 – 4 U 43/01– WuM 2003, 90.

177 OLG Karlsruhe, Urt. v. 7.4.1989 – 14 U 16/86 – NJW-RR 1990, 1234; OLG Düsseldorf, Urt. v. 15.5.1997 – 10 U 4/96 – BB 1997, 2398; OLG Düsseldorf, Urt. v. 6.7.2001 – 24 U 174/00 – NZM 2001, 1033; KG, Urt. v. 25.1.2007 – 8 U 140/06 – NZM 2007, 566; OLG Koblenz, Urt. v. 15.12.2006 – 10 U 1013/05 – NZM 2008, 405; a.A. OLG Dresden, Urt. v. 20.7.2010 – 5 U 1286/09 – NZM 2010, 818, 820.

178 OLG Stuttgart, Urt. v. 21.12.2006 – 13 U 51/2006 – NZM 2007, 163–164.

179 *Blank/Börstinghaus*, § 536 Rn 103.

180 Palandt/*Weidenkaff*, § 536 Rn 27.

181 BGH, Urt. v. 12.7.2006 – XII ZR 178/03 – NZM 2006, 699.

4. Zusicherung von Eigenschaften

Hat der Vermieter dem Mieter eine Eigenschaft der Mietsache zugesichert, schuldet er das Vorhandensein dieser Eigenschaft. Fehlt die Eigenschaft oder fällt diese Eigenschaft später weg, begründet auch eine unerhebliche Beeinträchtigung der Gebrauchstauglichkeit einen Mangel.[182] Eine Zusicherung liegt vor, wenn sich aus den Umständen des Einzelfalls ergibt, dass der Vermieter die Gewähr für das Vorhandensein einer Eigenschaft übernehmen möchte.[183] Es muss der unbedingte Wille zutage treten, für das Nichtvorhandensein der Eigenschaft einstehen zu wollen. Allgemeine Anpreisungen oder die reine Beschreibung der Mietsache stellen daher keine Zusicherung dar.[184] Auch reine Bestätigungen des Vermieters reichen nicht aus. Eigenschaften sind alle tatsächlichen und rechtlichen Beziehungen der Mietsache zu ihrer Umwelt, die für die Brauchbarkeit oder den Wert der Sache erheblich sind.[185] Erforderlich ist aber, dass sich die Zusicherung auf die Mietsache selbst bezieht. Außerhalb der Sache liegende Umstände, die ihren Grund nicht in der Beschaffenheit der Mietsache selbst haben, scheiden daher als zusicherungsfähige Eigenschaften aus. So kann die Vollbelegung eines Einkaufszentrums nicht Gegenstand einer Zusicherung sein, da die Vollbelegung nur eine Momentaufnahme und keine Eigenschaft der gemieteten Ladenfläche ist.[186] Sie hat auch nicht ihren Ursprung in der Mietsache. Gleiches gilt für die fehlende Kaufbereitschaft von Besuchern eines Einkaufszentrums.[187] 106

Beispiele für zusicherungsfähige Eigenschaften

- örtliche Lage der gemieteten Flächen (Fußgängerzone, Neubaugebiet, etc.)[188]
- Tragfähigkeit von Geschossdecken[189]
- Konzessionsfähigkeit der Mietfläche[190]
- Tragfähigkeit von Böden der Mieträume bei der Vermietung eines Lagerhauses[191]
- Größenangaben von Mieträumen, wenn der Mieter erkennbar großen Wert auf die Größe gelegt hat und der Vermieter hierfür die Gewähr übernehmen will[192]

---

182 Palandt/*Weidenkaff*, § 536 Rn 24.
183 Palandt/*Weidenkaff*, § 536 Rn 25.
184 *Blank/Börstinghaus*, § 536 Rn 101.
185 BGH, Urt. v. 19.12.1980 – V ZR 185/79 – NJW 1981, 864; BGH, Urt. v. 16.2.2000 – XII ZR 279/97 – NJW 2000, 1714, 1715.
186 BGH, Urt. v. 16.2.2000 – XII ZR 279/97 – NJW 2000, 1714, 1716; BGH, Urt. v. 21.9.2005 – XII ZR 66/03 – NJW 2006, 899, 901.
187 OLG Dresden, Urt. v. 24.10.2000 – 23 U 1660/00 – NJW-RR 2001, 727, 728.
188 BGH, Urt. v. 16.2.2000 – XII ZR 279/97 – NJW 2000, 1714, 1715.
189 Palandt/*Weidenkaff*, § 536 Rn 26; BGH MDR 1964, 915.
190 KG Berlin, Urt. v. 7.6.1999 – 8 U 3727/97 – NJW-RR 2000, 819.
191 Lindner-Figura/Oprée/Stellmann/*Hübner/Griesbach/Fuerst*, Kap. 14 Rn 284.
192 Lindner-Figura/Oprée/Stellmann/*Hübner/Griesbach/Fuerst*, Kap. 14 Rn 284.

– Umsatzzahlen nur dann, wenn sich die Zusicherung auf den Umsatz der Vergangenheit bezieht[193]

II. Rechtsfolgen

107 Das Gesetz räumt dem Mieter beim Vorliegen eines Mangels und/oder bei Fehlen oder Wegfall einer zugesicherten Eigenschaft folgende Rechte ein:
- Erfüllungsanspruch,
- Minderung,
- Schadensersatz,
- Aufwendungsersatz,
- Kündigung,
- Zurückbehaltungsrecht und
- sonstige Rechtsbehelfe (Allgemeines Leistungsstörungsrecht).

108 Der Mieter kann diese Rechte bei Vorliegen der jeweiligen Tatbestandsvoraussetzungen nebeneinander geltend machen. So kann er beispielsweise neben der Wiederherstellung des vertragsgemäßen Gebrauchs die Miete mindern und bei Vorliegen der Voraussetzungen eines Schadensersatzanspruchs den ihm entstandenen Schaden vom Vermieter ersetzt verlangen.

1. Erfüllungsanspruch

109 Der Vermieter ist verpflichtet, dem Mieter den vertragsgemäßen Gebrauch der Mietsache zu gewähren. Hierfür zahlt der Mieter den Mietzins. Weist die Mietsache die konkret vereinbarte Beschaffenheit nicht auf, muss der Vermieter den vertragsgemäßen Zustand wiederherstellen (sog. Erfüllungsanspruch). Der Mieter hat daher einen Anspruch auf Beseitigung des Mangels. Für den Erfüllungsanspruch ist unerheblich, warum und wann der Mangel eingetreten ist, ob er vom Vermieter verschuldet wurde oder ob der Mieter seine (sonstigen) Gewährleistungsrechte verloren hat.[194]

110 Der Mieter hat den Mangel konkret zu beschreiben, da der Vermieter erkennen muss, welche konkreten Mängelbeseitigungsmaßnahmen notwendig sind. Bestehen Unklarheiten über den Mangel, weil er den Mangel lediglich pauschal gerügt hat, geht dies zulasten des Mieters. Der Vermieter gerät dann mit der Mängelbeseitigung nicht in Verzug.

193 OLG Hamburg, Urt. v. 22.10.1997 – 4 U 130/96 – NJW-RR 1998, 1091, 1092.
194 LG Berlin, Urt. v. 15.11.2004 – 67 S 165/04 – WuM 2005, 49.

Der Mieter hat die Mängelbeseitigung gem. § 554 Abs. 1 BGB zu dulden. Der Vermieter sollte den Mieter vorab über den Zeitpunkt der Maßnahme informieren. Einer schriftlichen vorherigen Ankündigung bedarf es aber nicht.[195] 111

Auf einen Austausch alter gegen neue Gegenstände hat der Mieter nur dann einen Anspruch, wenn eine Reparatur zur Wiederherstellung des vertragsgemäßen Zustands nicht ausreicht.[196] 112

2. Minderung

Ist die Gebrauchstauglichkeit der Mietfläche aufgehoben, so ist der Mieter von der Verpflichtung zur Zahlung der Miete befreit. Ist die Gebrauchstauglichkeit gemindert, so schuldet der Mieter nur eine **angemessen** herabgesetzte Miete. Die geminderte Miete muss im Verhältnis zur Einschränkung der Gebrauchstauglichkeit stehen. Die Minderung tritt kraft Gesetzes ein und ist unabhängig von ihrer Geltendmachung. Sie setzt daher auch keine besondere Erklärung des Mieters voraus. Die Minderung verjährt nicht, kann allerdings verwirken (zur Verwirkung weiter unten Rn 183 ff.). 113

Die subjektive Beeinträchtigung des Mieters ist für die Minderung nicht maßgeblich. Es kommt somit nicht darauf an, ob der Mieter tatsächlich durch den Mangel eingeschränkt ist.[197] So spielt es beispielsweise keine Rolle, wenn der Mieter seinen Betrieb während dieses Zeitraums geschlossen hält. 114

Nur der **erhebliche** Mangel gewährt dem Mieter ein Minderungsrecht. Ein Mangel, der die Gebrauchstauglichkeit nur unerheblich mindert, führt zum Ausschluss der Minderung, es sei denn, der Mangel beruht auf dem Fehlen oder dem späten Wegfall der zugesicherten Eigenschaft (s.o. Rn 104). Unerheblich ist ein Mangel dann, wenn er leicht erkennbar ist und schnell sowie mit geringen Kosten beseitigt werden kann.[198] Vorübergehender Heizungsausfall, einmaliger Lärm, Verdunkelung durch ein Baugerüst,[199] kleiner Schimmelfleck, defekte Glühbirne und Haarrisse an der Wand[200] seien an dieser Stelle beispielhaft aufgeführt.[201] Anders als bei der Minderung spielt die Erheblichkeit des Mangels bei den Erfüllungs- und Schadensersatzansprüchen keine Rolle, d.h. dass auch unerhebliche Minderungen der Gebrauchstauglichkeit durchaus einen Mangel als Voraussetzung für Erfüllungs- und Schadensersatzansprüche begründen können. 115

---

195 Palandt/*Weidenkaff*, § 554 Rn 5.
196 *Blank/Börstinghaus*, § 535 Rn 323.
197 BGH, Urt. v. 4.5.2005 – XII ZR 254/01 – NZM 2005, 500.
198 BGH, Urt. v. 30.6.2004 – XII ZR 251/02 – WuM 2004, 531.
199 Schmidt-Futterer/*Eisenschmid*, § 536 BGB Rn 56.
200 LG Berlin, Urt. v. 16.5.1988 – 61 S 433/87 – MDR 1988, 779.
201 Weitere Beispiele bei Schmidt-Futterer/*Eisenschmid*, § 535 BGB Rn 56.

a) Berechnung und Höhe

aa) Berechnung

116 Als Berechnungsgrundlage für die Minderung dient die Bruttomiete. Dies dürfte inzwischen, nach langjährigen Diskussionen, durch die Entscheidung des für die Gewerberaummiete zuständigen XII. Senats des BGH allgemein anerkannt sein.[202] Die Bruttomiete ist die monatliche Grundmiete einschließlich der tatsächlich anfallenden Betriebskosten, die erst durch die Jahresabrechnung ermittelt werden kann, d.h. der Mieter kann nur einen vorläufigen Minderungsbetrag nach der Erfahrung des wahrscheinlichen Abrechnungsergebnisses bestimmen, der dann durch die Betriebskostenjahresabrechnung korrigiert wird. Damit der Mieter nicht die geminderte Miete durch eine Betriebskostennachzahlung nachzahlt, muss der Vermieter bei der Jahresabrechnung die Vorauszahlungen in vereinbarter Höhe in die Abrechnung einstellen.

Nettomiete	1.000,00 €
Betriebskostenvorauszahlung	300,00 €
Gesamtmiete (Brutto)	1.300,00 €
Minderungsquote 10% (Beispiel)	130,00 €

Berechnung 1:

Nettomiete	870,00 € (1.000,00 € – 130,00 €)
Betriebskostenvorauszahlung	300,00 €
Geminderte monatliche Gesamtmiete (Brutto)	1.170,00 €
Geschuldete (Jahres-)Miete	14.040,00 € (1.170,00 € × 12)
Nachzahlung Betriebskosten	500,00 €
abzüglich 10% Minderung	50,00 € (500,00 € × 10%)
Geschuldete (Jahres-)Miete inklusive geminderter Nachzahlung	14.490,00 €
Nachzahlung	abhängig davon, wie viel Mieter tatsächlich gezahlt hat

Zu einem richtigen Abrechnungsergebnis in der Betriebskostenjahresabrechnung kommt man auch, wenn die vom Mieter im Abrechnungsjahr insgesamt geleisteten Zahlungen der von ihm geschuldeten Gesamtjahresmiete (Jahresbetrag der Nettomiete zuzüglich der abgerechneten Betriebskosten abzüglich des in dem betreffenden Jahr insgesamt gerechtfertigten Minderungsbetrags) gegenübergestellt werden.[203]

202 Inzwischen geklärt durch BGH, Urt. v. 6.4.2005 – XII ZR 225/03 – NJW 2005, 1713; BGH, Urt. v. 13.4.2011 – VIII ZR 223/10 – ZMR 2011, 625.

203 BGH, Urt. v. 13.4.2011 – VIII ZR 223/10 – ZMR 2011, 625.

Berechnung 2:

Nettomiete	1.000,00 €
Betriebskostenvorauszahlung	300,00 €
Nachzahlung für Betriebskosten	500,00 €
Vereinbarte Nettojahresmiete	12.000,00 € (1.000,00 € × 12)
Betriebskostenvorauszahlungen	3.600,00 € (300,00 € × 12)
Betriebskostennachzahlung	500,00 €
Tatsächliche Monatsbruttomiete	1.341,67 € (16.100,00 €/12 Monate)
abzüglich berechtigter Minderung von Januar bis Dezember in Höhe von 10%	1.610,00 € (1.341,67 € × 10% × 12)
Geschuldete Miete (abzüglich Minderung)	14.490,00 € (16.100,00 € – 1.610,00 €)
Gezahlte Miete	15.600,00 € (1.300,00 € × 12)
Guthaben	1.110,00 €

bb) Höhe

In der Praxis wird die Minderungsquote üblicherweise prozentual durchgeführt. 117
Dies ist kein „Muss". Der Mieter kann die Miete auch mit einem festen Eurobetrag mindern.

Eine vollständige Befreiung von der Miete wird man nur dann annehmen kön- 118
nen, wenn die Gebrauchstauglichkeit komplett eingeschränkt ist. Schwierigkeiten ergeben sich bei der Höhe der Minderung, wenn die Gebrauchstauglichkeit nur teilweise beeinträchtigt ist. Pauschale Größen können hierbei nicht zugrunde gelegt werden. Es ist jeweils im Einzelfall eine Gesamtbetrachtung vorzunehmen.

Als Anhaltspunkte für die Höhe einer Minderung kann man folgende Kriterien 119
heranziehen:[204]

- Schwere des Mangels,
- Häufigkeit und Dauer der Beeinträchtigung,
- Umfang der Beeinträchtigung im Verhältnis zur gesamten Mietfläche,
- Ausmaß der Folgebeeinträchtigung,
- Störung der Betriebsausübung,
- Verhältnis der vereinbarten Miethöhe und hierdurch bedingter gesteigerter Qualitätsanspruch des Mieters.[205]

b) Einzelfälle

Die folgenden Beispiele[206] aus der Praxis dienen lediglich als grobe Orientierungs- 120
hilfe. Letztlich entscheidend sind immer die konkreten Umstände des Einzelfalls, da

---

204 Lindner-Figura/Oprée/Stellmann/*Hübner*/*Griesbach*/*Fuerst*, Kap. 14 Rn 306.
205 LG Berlin, Urt. v. 9.5.1996 – 61 T 17/96 – GE 1996, 549, 551.
206 Ausführliche Beispiele in *Börstinghaus*, 2. Aufl. 2010.

die den Beispielen zugrunde liegenden Gerichtsentscheidungen in der Regel vom betroffenen eigenen Sachverhalt abweichen werden.

bis maximal:	
10%	optische Beeinträchtigungen,[207] kleinere Lärmstörungen[208]
15%	asbesthaltige Bausubstanz,[209] Schimmelbefall,[210] Gehwegarbeiten vor Ladengeschäft[211]
20%	erhebliche Lärmstörungen, mangelnde Beheizbarkeit, Schabenbefall in einer Gaststätte,[212] extreme Temperaturen im Sommer,[213] Flächenabweichung um mehr als 10%,[214] platzender Deckenputz,[215] Wasserschaden mit herabstürzenden Deckenteilen,[216] defekte Klimaanlage[217]
30%	vertragswidrige Konkurrenzsituation,[218] defekte Klimaanlage in Einkaufszentrum,[219] außergewöhnlich starke Lärmbelästigung durch Sanierungsarbeiten,[220] Verstoß gegen Konkurrenzschutz[221]
40%	Überschreiten der Raumtemperatur über 26 °C,[222] Raumtemperatur im Winter unter 20 °C,[223] Heizungsausfall im Winter[224]
50%	aufgrund fehlenden Schallschutzes Betreiben eine Bistros nur bis 22 Uhr[225]
60%	Störung der Heizung während der Winterzeit, unzureichender Schutz der Mieträume gegen Diebstahl, Zugangsbeeinträchtigungen
80%	Feuchtigkeit im Besprechungszimmer[226]

207 OLG Düsseldorf, Urt. v. 16.3.1989 – 10 U 154/88 – MDR 1989, 640; LG Hannover, Urt. v. 24.5.2002 – 1 S 1703/01 – WuM 2003, 317.
208 LG Hannover, Urt. v. 15.4.1994 – 9 S 211/93 – WuM 1994, 463; LG Berlin, Urt. v. 21.7.1995 – 64 S 84/95 – NJW-RR 1996, 264.
209 LG Mannheim, Urt. v. 20.3.1996 – 4 S 213/95 – WuM 1996, 338.
210 LG Berlin, Urt. v. 4.5.2006 – 32 O 281/05 – GE 2006, 913.
211 LG Berlin, Urt. v. 13.2.2003 – 67 S 277/02 – GE 2003, 669.
212 LG Berlin, Urt. v. 17.3.1998 – 64 S 405/97 – GE 1998, 681.
213 OLG Rostock, Urt. v. 29.12.2000 – 3 U 83/98 – NZM 2001, 425.
214 OLG Düsseldorf, Urt. v. 13.1.2005 – I-10 U 86/04 – DWW 2005, 67.
215 LG Düsseldorf, Urt. v. 27.5.1997 – 24 S 585/96 – WuM 1998, 20.
216 OLG München, Urt. v. 20.12.2006 – U 4428/06 –.
217 OLK Köln, Urt. v. 15.10.2002 – 22 U 94/02 –.
218 KG Berlin, Urt. v. 16.4.2007 – 8 U 199/06 – MDR 2007, 1250.
219 LG Augsburg, Urt. v. 20.12.1975 – 2 O 171/74 – ZMR 1975, 269.
220 KG Berlin, Urt. v. 9.1.2001 – 8 U 5875/98 – GE 2001, 620.
221 OLG Koblenz, Urt. v. 15.12.2006 – 10 U 1013/05 – NZM 2008, 405.
222 KG Berlin, Urt. v. 2.9.2002 – 8 U 146/01 – GE 2003, 48.
223 KG Berlin, Urt. v. 11.3.2002 – 8 U 9211/00 – GE 2002, 730.
224 LG Berlin, Urt. v. 4.6.1993 – 64 T 69/93 – GE 1993, 861.
225 KG Berlin, Urt. v. 10.9.2001 – 8 U 2489/00 – GE 2001, 1602.
226 OLG Köln, Urt. v. 11.12.2001 – 22 U 301/00 – GuT 2002, 45.

bis maximal:	
100%	Zugangsversperrung zu einem Ladenlokal,[227] behördliche Nutzungsbeschränkung,[228] Untersagung eines Betriebes,[229] fehlende behördliche Genehmigung zur Errichtung eines Gewerbebetriebs,[230] fehlende Genehmigung für eine Gaststätte[231]

In der Praxis werden zur Berechnung der Minderungsquote häufig Minderungstabellen herangezogen.[232] Auch hier ist Vorsicht geboten, da die Gefahr besteht, dass die dort aufgeführten Entscheidungen nicht hundertprozentig vergleichbar sind und sich die Gründe des Gerichts sowie die Ermittlung der Minderungsquote hieraus nicht entnehmen lassen. 121

3. Schadensersatzansprüche des Mieters

Nach § 536a BGB hat der Vermieter Schadensersatz zu leisten, wenn 122
- ein Mangel bei Vertragsschluss bereits vorhanden war (anfänglicher Mangel) oder
- ein Mangel später entsteht (nachträglicher Mangel), den der Vermieter zu vertreten hat oder
- der Vermieter mit der Mängelbeseitigung in Verzug gerät.

Der Schadensersatzanspruch besteht neben dem Erfüllungs- und Mängelbeseitigungsanspruch.

a) Anfängliche Mängel

Für anfängliche Mängel haftet der Vermieter auf Schadensersatz verschuldensunabhängig. Die Haftung für Mängel, die bereits bei Vertragsschluss vorhanden waren, beruht auf der gesetzlichen Garantie des Vermieters, der sog. **Garantiehaftung**. Der Vermieter schuldet die Überlassung einer mangelfreien Mietsache. Dies gilt entsprechend für bei Vertragsabschluss noch nicht fertiggestellten Mietsachen, bei denen der Mangel erst bei Übergabe oder nach Fertigstellung auftritt.[233] Der Mangel muss noch nicht sichtbar hervorgetreten sein. Ausreichend ist, dass er bei Vertrags- 123

227 KG Berlin, Urt. v. 12.11.2007 – 8 U 194/06 – GE 2008, 52.
228 LG Frankfurt, Urt. v. 5.4.2007 – 15 S 129/06 – GE 2007, 1385.
229 LG Berlin, Urt. v. 11.7.2008 – 63 S 476/07 – GE 2009, 452.
230 OLG Hamm, Urt. v. 23.6.1981 – 7 U 23/81 – ZMR 1982, 207.
231 BGH, Urt. v. 18.1.1995 – XII ZR 30/93 – NJW-RR 1995, 715.
232 Beispielsweise: *Börstinghaus*, 2. Aufl. 2010.
233 BGHZ 56, 136, 140; OLG Naumburg, Urt. v. 30.6.1999 – 6 U 92/98 – ZMR 2000, 381, 382; Lindner-Figura/Oprée/Stellmann/*Hübner*/*Griesbach*/*Fuerst*, Kap. 14 Rn 315.

schluss vorhanden war. Maßgeblicher Zeitpunkt ist der formelle Vertragsabschluss, wenn der Vertrag später schriftlich fixiert wird und somit nicht der Beginn des Mietverhältnisses. Sowohl beim Eintritt eines neuen Mieters in den Vertrag als auch bei einer Veräußerung der Mietsache bleibt maßgeblicher Zeitpunkt der Vertragsschluss.[234] Wird die Mietsache erst nach Vertragsschluss hergestellt, so greift die Garantiehaftung ein, wenn der Mangel bei Fertigstellung und spätestens bei Übergabe der Mietsache vorlag.[235]

Beispiele für anfängliche Mängel, die zu einer Garantiehaftung führen
- Baumängel, die der Mietsache von Anfang an anhaften und aufgrund derer der Mieter einen Schaden an seinen Sachen erleidet[236]
- behördliche Nutzungsverbote oder die Versagung einer Genehmigung, die auf Umständen beruht, die bei Vertragsschluss schon vorlagen[237]
- mangelhaft isolierte Wasserrohre, die zu späterem Wasserrohrbruch führen[238]

b) Nachträgliche Mängel

124 Entsteht ein Mangel erst **nach Vertragsschluss,** ist der Vermieter nur dann zum Schadensersatz verpflichtet, wenn er den Mangel verschuldet hat. Dies gilt sowohl für fahrlässiges als auch für vorsätzliches Verhalten des Vermieters. Fahrlässig handelt der Vermieter immer dann, wenn er die im Verkehr erforderliche Sorgfaltspflicht außer Acht lässt. In der Regel hat der Vermieter einen Mangel (fahrlässig) dann zu vertreten, wenn er die ihm obliegende Erhaltungspflicht der Mietsache verletzt.

125 So handelt der Vermieter beispielsweise fahrlässig, wenn er die vom Bundesgesundheitsamt veröffentlichte Senkung von Grenzwerten für Schadstoffbelastungen nicht beachtet und es unterlässt, die Mietsache an die neuen Grenzwerte anzupassen.[239] Den Vermieter trifft auch eine Prüfpflicht. Dies gilt jedoch nur im Rahmen der verkehrsüblichen Sorgfalt und des Zumutbaren.[240]

---

234 MüKo-BGB/*Häublein*, § 536a Rn 7.

235 OLG Dresden, Urt. v. 28.7.2006 – 5 U 581/06 – NZM 2006, 865.

236 BGH, Urt. v. 21.7.2010 – XII ZR 189/08 –; Lindner-Figura/Oprée/Stellmann/*Hübner/Griesbach/Fuerst*, Kap. 14 Rn 318; BGH, Urt. v. 28.4.1994 – VII ZR 73/93 – NJW 1994, 2231, 2232.

237 BGH, Urt. v. 20.4.1977 – VIII ZR 287/75 – NJW 1977, 1285, 1286.

238 OLG Celle, Urt. v. 12.4.2000 – 2 U 183/99 –.

239 Weitere Beispiele in Lindner-Figura/Oprée/Stellmann/*Hübner/Griesbach/Fuerst*, Kap. 14 Rn 322.

240 BGH, Urt. v. 15.10.2008 – VIII ZR 321/07 –; OLG Saarbrücken, Urt. v. 4.6.1993 – 4 U 109/92 – NJW 1993, 3077.

Nicht zurechenbar sind dem Vermieter: 126

- schuldhaftes Verhalten des Mieters,[241]
- schuldhaftes Verhalten von Mitmietern oder Störungen von außen[242] und
- verspätetes Ausziehen des Vormieters,[243]

da die vorgenannten Personen nicht Erfüllungsgehilfen des Vermieters sind. Der Vermieter kann sich jedoch zu Verrichtungen von Arbeiten an der Mietsache Erfüllungsgehilfen bedienen. Erfüllungsgehilfen sind alle Personen, die der Vermieter zur Verrichtung von Arbeiten an oder in der Mietsache beauftragt.[244] Hierzu gehören z.B. die vom Vermieter beauftragten Handwerker.

Ausnahmsweise haftet der Vermieter auch dann für Störungen Dritter, wenn er 127
gegen die Störungsquelle, die durch Dritte oder Mitmieter ausgeht, nicht einschreitet, obwohl er zum Einschreiten in der Lage war und ihn gleichzeitig die Verpflichtung zum Einschreiten traf.[245]

c) Verzug mit der Mangelbeseitigung

Kommt der Vermieter mit der Mangelbeseitigung in Verzug, haftet er dem Mieter auf 128
Schadensersatz. Der **Verzug** setzt voraus, dass der Mangelbeseitigungsanspruch des Mieters **fällig** war und der Vermieter trotz einer **Mahnung** des Mieters den Mangel nicht beseitigt hat. Die Fälligkeit des Mangelbeseitigungsanspruchs tritt in der Regel mit dem Auftreten des Mangels ein.[246] Eine wirksame Mahnung liegt vor, wenn der Mieter den Vermieter zur Beseitigung eines genau bezeichneten Mangels auffordert. Die Mahnung setzt keine Fristsetzung voraus. Ausreichend ist, wenn sich aus der Mahnung entnehmen lässt, dass das Ausbleiben der Mangelbeseitigung rechtliche Folgen nach sich zieht.[247] Auch wenn die Fristsetzung keine Wirksamkeitsvoraussetzung ist, bleibt es dem Mieter unbenommen, eine Frist zur Mängelbeseitigung zu setzen. Dann hat der Vermieter den Mangel innerhalb dieser Frist zu beseitigen. Ist die Frist zu kurz bemessen, verlängert sie sich automatisch um einen angemessenen Zeitraum. Nicht ausreichend ist die bloße Mängelanzeige.[248]

---

241 Palandt/*Weidenkaff*, § 536a Rn 11.

242 Palandt/*Weidenkaff*, § 536a Rn 11; BGH, Urt. v. 12.5.1969 – VIII ZR 164/67 – VersR 1969, 754.

243 Lindner-Figura/Oprée/Stellmann/*Hübner/Griesbach/Fuerst*, Kap. 14 Rn 321; OLG Frankfurt, Urt. v. 23.4.1999 – 24 U 138/97 – NZM 1999, 966, 967.

244 Palandt/*Weidenkaff*, § 536a Rn 11.

245 Lindner-Figura/Oprée/Stellmann/*Hübner/Griesbach/Fuerst*, Kap. 14 Rn 321; LG Hamburg, Urt. v. 21.10.1986 – 16 S 32/86 – WuM 1987, 218.

246 Schmidt-Futterer/*Eisenschmid*, § 536a BGB Rn 54; Lindner-Figura/Oprée/Stellmann/*Hübner/Griesbach/Fuerst*, Kap. 14 Rn 323.

247 Schmidt-Futterer/*Eisenschmid*, § 536a BGB Rn 57.

248 Palandt/*Weidenkaff*, § 536a Rn 12.

Praxistipp

Bei einer Mängelanzeige des Mieters sollte eingehend geprüft werden, ob sie gleichzeitig die Voraussetzungen einer Mahnung erfüllt, denn wie oben aufgezeigt löst eine Mahnung und eine unterlassene Mangelbeseitigung einen Schadensersatzanspruch aus. Liegt eine Mahnung vor, gilt es, den Mangel innerhalb einer angemessenen Frist zu beseitigen. Hat der Mieter eine Frist gesetzt, ist die Frist einzuhalten.

Nicht selten kommt es vor, dass der Mangel nicht innerhalb einer vom Mieter gesetzten Frist beseitigt werden kann, weil beispielsweise Handwerker nicht zeitnah zu beschaffen sind oder der Zeitraum aufgrund des Umfangs der Mangelbeseitigungsmaßnahmen einfach nicht ausreicht. Ist die Frist zu kurz bemessen, hat die Mängelbeseitigung innerhalb einer angemessen verlängerten Frist zu erfolgen. Macht der Mieter trotz der Beseitigung später Schadensersatzansprüche gegen den Vermieter geltend, sollte zu Beweiszwecken im Vorfeld unbedingt darauf geachtet werden, dass entsprechende Maßnahmen genau dokumentiert werden und der Mieter auch über die eingeleiteten Maßnahmen informiert wird.

129 Eine **Mahnung** ist in folgenden Fällen **entbehrlich**:
- Vermieter und Mieter haben sich auf einen festen, kalendermäßigen Mangelbeseitigungszeitpunkt geeinigt;
- der Vermieter verweigert ernsthaft und endgültig die Mangelbeseitigung;
- wenn nach Abwägung der Interessen des Vermieters und des Mieters der sofortige Eintritt des Verzuges gerechtfertigt ist, so insbesondere bei Gefahr im Verzug oder wenn der Vermieter nicht mehr erreichbar ist.[249]

Praxistipp

Die vorstehenden Ausführungen zeigen, dass bei Vorliegen eines unstreitigen Mangels oder bei einer bereits fest angekündigten Beseitigungsmaßnahme, der Mangel unverzüglich behoben werden sollte, da der Vermieter bei einer Verweigerung der Mangelbeseitigung auch ohne Mahnung des Mieters in Verzug gerät. Auch die Erreichbarkeit des Vermieters ist sicherzustellen, sei es durch die Einschaltung Dritter in Form einer Hausverwaltung oder durch Benennung von Handwerkern, die bei Eintritt eines Mangels einzuschalten sind.

130 Verweigert der Mieter dem Vermieter zur Mangelbeseitigung den Zutritt zu den Mietflächen, kommt der Vermieter nicht in Verzug, da die Mangelbeseitigung aufgrund eines Umstandes scheiterte, die der Vermieter nicht zu vertreten hat.

d) Umfang des Schadensersatzanspruchs

131 Der Vermieter hat dem Mieter den Schaden zu ersetzen, der ihm aufgrund der Mangelhaftigkeit der Mietsache entstanden ist (sog. Nichterfüllungsschaden). Er ist so zu stellen, wie er gestanden hätte, wenn die Mietsache mangelfrei gewesen wäre.

---

249 Schmidt-Futterer/*Eisenschmidt*, § 536a BGB Rn 64.

Zum Schadensersatzanspruch u.a. die Mangelbeseitigungskosten, Vertragskosten, Ersatz einer Mietdifferenz und der entgangene Gewinn.[250] Der Vermieter hat aber auch Mangelfolgeschäden zu ersetzen.[251] Das sind die Schäden, die dem Mieter an anderen Sachen entstehen. Neben dem Schadensersatzanspruch haftet der Vermieter im Falle des Verzugs mit der Mangelbeseitigung auch auf Aufwendungsersatz (hierzu weiter unten Rn 133ff.).

Beispiele für ersatzfähige Kosten[252]

- Schäden an den in den Mietgegenstand eingebrachten Gegenständen, wobei hier ein Abzug „neu für alt" vorzunehmen ist
- die Kosten der Rechtsverfolgung (Rechtsanwaltskosten, Prozesskosten, Kosten eines selbstständigen Beweisverfahrens)
- Gutachterkosten
- Kosten für die Anmietung von Ersatzflächen, falls die gemieteten Räume nicht mehr nutzbar sind
- entgangener Gewinn
- Folgekosten einer Kündigung
- nutzlose Maklerprovision
- Maklerkosten zur Anmietung einer Ersatzfläche

Erleiden Dritte, die in den Schutzbereich des Mietvertrages einbezogen sind (Bei- 132
spiel: Arbeitnehmer des Mieters), Schäden, sind diese ebenfalls anspruchsberechtigt.[253]

Ein **Mitverschulden des Mieters** kann zur Minderung oder zum Ausschluss 133
des Schadensersatzanspruches führen. Den Mieter trifft dann ein Mitverschulden, wenn der Mangel leicht zu beseitigen und die Mangelbeseitigung für ihn zumutbar ist.[254] Ansonsten ist der Mieter aber grundsätzlich nicht dazu verpflichtet, Mängel der Mietsache selbst zu beseitigen.

Die Geltendmachung eines Schadensersatzanspruchs durch den Mieter setzt 134
voraus, dass der Mieter beweist, dass die Voraussetzungen des Schadensersatzanspruches vorliegen. Hierzu gehört auch die Höhe des von ihm geltend gemachten Schadens. Liegt die Schadensursache nicht in seiner Herrschaftsspähre oder ist sie seinem Einfluss entzogen, greift zugunsten des Mieters eine **Beweiserleichterung** mit der Folge, dass der Vermieter beweisen muss, dass er den Mangel nicht zu ver-

250 Palandt/*Weidenkaff*, § 536a Rn 14.

251 Schmidt-Futterer/*Eisenschmidt*, § 536a BGB Rn 80.

252 Siehe zum Umfang des Schadensersatzanspruches ausführlich: Lindner-Figura/Oprée/Stellmann/*Hübner*/*Griesbach*/*Fuerst*, Kap. 14 Rn 324ff.

253 BGH, Urt. v. 25.1.1983 – VI ZR 24/82 – NJW 1983, 2935; BGH, Urt. v. 21.7.2010 – XII ZR 189/08 –.

254 Palandt/*Weidenkaff*, § 536a Rn 17.

treten hat oder dass seine Pflichtverletzung für den Schaden nicht ursächlich war[255] (zur Beweislast im Einzelnen noch weiter unten Rn 178 ff.).

Praxistipp
Der Vermieter kann den Schadensersatzanspruch formularmäßig einschränken. Jedoch ist hierbei Vorsicht geboten, da die Rechtsprechung bereits in zahlreichen Fällen formularmäßige Ausschlussklauseln für unwirksam erklärt hat. Zulässig ist es, die Garantiehaftung des Vermieters für anfängliche Mängel auszuschließen, soweit es sich nicht um zugesicherte Eigenschaften handelt. Auch der Ausschluss der Haftung für leichte Fahrlässigkeit ist möglich, soweit die Kardinalpflichten, d.h. die Hauptpflichten aus dem Mietvertrag, nicht ausgeschlossen werden.[256] Die Haftung für Vorsatz und grobe Fahrlässigkeit sowie für Personenschäden kann hingegen nicht wirksam ausgeschlossen werden.

4. Aufwendungsersatzanspruch

135 Gemäß § 536a Abs. 2 kann der Mieter den Mangel auch selbst beseitigen und Ersatz der erforderlichen Aufwendungen verlangen, wenn
- der Vermieter mit der Beseitigung des Mangels in Verzug ist oder
- die umgehende Beseitigung des Mangels zur Erhaltung oder Wiederherstellung des Bestands der Mietsache notwendig ist.

Eine Abgrenzung zwischen anfänglich unverschuldetem und nachträglich verschuldetem Mangel ist hierbei nicht nötig.

136 Bei Verzug des Mieters kann der Mieter den Mangel selbst beseitigen und die hierdurch entstandenen Kosten vom Vermieter ersetzt verlangen. Hinsichtlich der Verzugsvoraussetzungen gilt das bereits oben unter Rn 128 ff. Gesagte. Befindet sich der Vermieter nicht in Verzug, muss der Mieter seine erbrachten Aufwendungen selber tragen. Verschafft der Mieter ihm keinen Zugang zu seinen Mietflächen, gerät er in Annahmeverzug. Der Verzug des Vermieters endet dann.

137 Ist die umgehende Beseitigung des Mangels zur Erhaltung oder Wiederherstellung des Bestands notwendig, so kann der Mieter seine „notwendigen" Aufwendungen ersetzt verlangen. Dies sind Maßnahmen, die auch der Eigentümer der Sache selbst hätte aufwenden müssen, um die Sache zu erhalten.[257] Hierunter fallen lediglich Notmaßnahmen, d.h. Maßnahmen, die zur Erhaltung oder Wiederherstellung der Mietsache erforderlich sind, die sofort ergriffen werden müssen und die dem Vermieter auch nicht mehr rechtzeitig angezeigt werden können. Auch hier

255 MüKo-BGB/*Häublein*, § 536a Rn 32.
256 Lindner-Figura/Oprée/Stellmann/*Hübner*/*Griesbach*/*Fuerst*, Kap. 14 Rn 370; Schmidt-Futterer/*Eisenschmid*, § 536a BGB Rn 101 m.w.N.
257 Lindner-Figura/Oprée/Stellmann/*Hübner*/*Griesbach*/*Fuerst*, Kap. 14 Rn 326.

kommt es wieder maßgeblich, wie bereits an anderer Stelle erläutert, auf die Erreichbarkeit des Vermieters an.

Der Vermieter schuldet dem Mieter den Wertersatz seiner Aufwendungen. Der Ersatzanspruch umfasst jedoch nur die erforderlichen Aufwendungen. Dies sind solche, die nach fachmännischem Rat geeignet und notwendig sind, die Sache in vertragsgemäßen Zustand zu versetzen oder bei Vorliegen einer Notmaßnahme, die erforderlich sind, ihren Bestand zu erhalten oder wiederherzustellen. 138

Praxistipp !
Es empfiehlt sich auf die bei Vereinbarungen im Mietvertrag zu achten: Schuldet der Mieter die Durchführung von Instandsetzungs- und Instandhaltungsarbeiten oder die Durchführung von Schönheitsreparaturen, ist dies ggf. bei der Berechnung des Aufwendungsersatzes in Abzug zu bringen, wenn diese Arbeiten bei der Beseitigung der Mängel ebenfalls behoben werden.

Den Vermieter trifft eine **Vorschusspflicht**, d.h. der Mieter kann von ihm einen an- 139
gemessenen Vorschuss zur Beseitigung der Mängel verlangen. Ein solcher Anspruch besteht aber nur dann, wenn die als Vorschuss verlangten Beseitigungskosten erforderlich sind. Darunter fallen lediglich solche Kosten, die nach vernünftiger wirtschaftlicher Betrachtungsweise nötig und zweckmäßig sind.[258] Sind die Maßnahmen zur Mangelbeseitigung nicht geeignet, scheidet ein Kostenvorschussanspruch aus. So entschied der BGH, dass kein Kostenvorschussanspruch des Mieters für Sanierungsmaßnahmen besteht, solange die Ursache einer Rissbildung im Mauerwerk noch nicht gefunden wurde.[259]

5. Kündigung

Liegt ein Sach- oder Rechtsmangel vor oder fehlt der Mietsache eine zugesicherte 140
Eigenschaft, steht dem Mieter unabhängig vom Verschulden des Vermieters ein Recht zur außerordentlichen Kündigung nach § 543 Abs. 2 Nr. 1 BGB aus wichtigem Grund zu. Voraussetzung ist, dass ihm der vertragsgemäße Gebrauch der Mietsache ganz oder teilweise nicht gewährt oder wieder entzogen wird und die Gebrauchsbeeinträchtigung erheblich ist. Die Gebrauchsbeeinträchtigung ist erheblich, wenn dem Mieter die Fortsetzung des Mietverhältnisses unzumutbar ist.[260] Zu den Kündigungsgründen des § 543 Abs. 2 Nr. 1 BGB zählen beispielsweise die Fälle der behördlichen Verbote. Kann der Mieter aufgrund eines Betriebsverbotes den Gebrauch

258 BGH, Urt. v. 21.4.2005 – VIII ZR 131/09 –; BGH, Urt. v. 29.9.1988 – VII ZR 182/87 – NJW-RR 1989, 86.
259 BGH, Urt. v. 21.4.2005 – VIII ZR 131/09 –.
260 Palandt/*Weidenkaff*, § 543 Rn 19; OLG Düsseldorf, Beschl. v. 6.6.2013 – 10 U 26/13 – ZMR 2014, 118, 119.

nicht fortsetzen oder ist mit einer ernstzunehmenden Gebrauchsentziehung wegen **Mängeln** der Einrichtung seines Betriebs zu rechnen, so liegt ein Kündigungsgrund vor.[261] Ebenso liegt ein Kündigungsgrund vor, wenn der Vermieter die Mietsache sanieren und modernisieren will und die geplanten Arbeiten zur Folge haben, dass der Mieter die Räume nicht mehr vertragsgemäß nutzen kann.[262] Der Mieter muss auch hier nicht abwarten, bis er die Räume nicht mehr nutzen kann. Die Kündigung darf er bereits vorher aussprechen.[263] Auch das Abweichen der gemieteten Fläche um mehr als 10% von der vereinbarten Fläche stellt einen Kündigungsgrund dar.[264] Gleiches gilt für die Verletzung des Konkurrenzschutzes. Voraussetzung ist, dass die Beeinträchtigung des Mietgebrauchs durch den konkurrierenden Mitmieter nicht innerhalb angemessener Zeit beendet wird.[265] Wie den vorstehenden Ausführungen zu entnehmen ist, wird es sich bei den Kündigungsgründen i.S.d. § 543 Abs. 2 Nr. 1 BGB in der Regel um einen Sach- oder Rechtsmangel bzw. um das Fehlen einer zugesicherten Eigenschaft handeln.

141 Der Mieter muss dem Vermieter eine angemessene **Frist zur Abhilfe** (oder Abmahnung) gesetzt haben. Die Frist muss so bemessen sein, dass der Vermieter die Möglichkeit hat, den Mangel innerhalb der Abhilfefrist zu beseitigen. Ist die Frist zu kurz bemessen, verlängert sie sich automatisch um einen angemessenen Zeitraum. Von einer Fristsetzung wird abgesehen, wenn
- eine Frist oder Abmahnung offensichtlich keinen Erfolg verspricht,
- die sofortige Kündigung aus besonderen Gründen unter Abwägung der beiderseitigen Interessen gerechtfertigt ist,
- der Vermieter die Mängelbeseitigung endgültig ablehnt.

142 Beseitigt der Vermieter den Mangel innerhalb der Abhilfefrist, erlischt das Kündigungsrecht.

143 Der Mieter darf nicht zu lange mit einer Kündigung warten. Hat er **Kenntnis** von den zur Kündigung berechtigenden Umständen erlangt und lässt er einen längeren Zeitraum verstreichen, ist davon auszugehen, dass der Mangel nicht erheblich ist und die Fortsetzung für den Mieter zumutbar.[266] Was als „lange" zu qualifizieren ist, sollte im Einzelfall entschieden werden. Das OLG Saarbrücken vertritt die Auffassung, dass die Kündigung binnen eines Monats nach Ablauf der Abhilfefrist erklärt werden müsse. Nach einer Entscheidung des OLG Karlsruhe erscheint es gerechtfer-

---

261 OLG Rostock, Urt. v. 29.4.2002 – 3 U 12/01 – NZM 2002, 701.
262 *Blank/Börstinghaus*, § 543 Rn 55.
263 *Blank/Börstinghaus*, § 543 Rn 55.
264 BGH, Urt. v. 4.5.2005 – XII ZR 254/01 – NJW 2005, 2152.
265 Lindner-Figura/Oprée/*Hübner/Griesbach/Fuerst*, Kap. 14 Rn 178.
266 OLG Düsseldorf, Urt. v. 16.2.2006 – I-10 U 116/05 – ZMR 2006, 855; LG Berlin, Urt. v. 28.8.2000 – 62 S 108/00 – NZM 2002, 214.

tigt, mit der Kündigung lange zu warten, wenn die Parteien zuvor über die Mängelbeseitigung korrespondiert haben.[267] Als zu lange wurde bewertet: Zuwarten von mehr als 4 Monaten,[268] Kündigung wegen Geruchsbelästigung nach 4½ Monaten,[269] Zuwarten von 2 Monaten.[270]

Beseitigt der Vermieter den Mangel nach Fristablauf, bleibt dem Mieter das Kündigungsrecht erhalten. 144

Die Kündigung ist **unwirksam**, wenn 145
- ohne Fristsetzung gekündigt wird,
- sie vor Ablauf der Abhilfefrist erklärt wird,
- die Abhilfefrist zu kurz bemessen war und die Kündigung innerhalb dieser Frist erfolgt.

Neben der Kündigung nach § 543 Abs. 2 Nr. 1 BGB kommt als Kündigungsgrund 146 auch noch die **erhebliche Gesundheitsgefährdung** nach § 543 Abs. 1 BGB i.V.m. § 569 Abs. 1 BGB in Betracht. Diese für das Wohnraummietrecht entwickelte Vorschrift findet gemäß der Verweisungsvorschrift des § 578 Abs. 2 S. 2 BGB auch für die Gewerberaummiete Anwendung, wenn die Räume zum Aufenthalt von Menschen bestimmt sind. Hierbei ist auf den vertraglich vorausgesetzten Nutzungszweck und nicht auf die tatsächliche Nutzung abzustellen. Werden Räume ausschließlich zur Lagerung von Maschinen vermietet, scheidet eine Kündigung aus.[271] Die Menschen können sich auch nur zu einem vorübergehenden Zweck in den Räumen aufhalten. Eine dauernde Nutzung ist nicht erforderlich.[272] Daher findet diese Vorschrift nicht nur bei der Vermietung von Büroräumen, Gaststätten und Geschäften mit Publikumsverkehr Anwendung, sondern auch auf alle sonstigen Räume, die, wenn auch nur gelegentlich, von Menschen genutzt werden.

Eine Gesundheitsgefährdung ist anhand objektiver Kriterien festzustellen.[273] 147 Eine Gesundheitsbeschädigung muss noch nicht eingetreten, aber zu befürchten sein.[274] Sie muss erheblich sein. An die Erheblichkeit sind keine allzu strengen Anforderungen zu stellen. Es ist ausreichend, wenn das Wohlbefinden des Benutzers der Räume nachhaltig beeinträchtigt wird. Kann die Gesundheitsgefährdung sofort behoben werden, scheidet eine Erheblichkeit jedoch aus. Das Kündigungsrecht entfällt nicht wegen der Kenntnis des Mieters von der gefahrbringenden Beschaffen-

267 Schmidt-Futterer/*Blank*, § 543 Rn 35.
268 Beispiele sämtlich aus Schmidt-Futterer/*Blank*, § 543 Rn 35; MDR 1999, 86.
269 AG Berlin-Mitte, Urt. v. 30.9.1996 – 3 C 320/96 – GE 1996, 1379.
270 LG Berlin, Urt. v. 28.8.2000 – 62 S 108/00 – GE 2000, 1475.
271 OLG Koblenz, Urt. v. 12.5.1992 – 3 U 1765/91 – NJW-RR 1992, 1228.
272 Lindner-Figura/Oprée/Stellmann/*Hübner*/*Griesbach*/*Fuerst*, Kap. 14 Rn 345.
273 *Blank*/*Börstinghaus*, § 569 Rn 10.
274 Palandt/*Weidenkaff*, § 569 Rn 10.

heit.[275] Auch dann nicht, wenn er auf die Geltendmachung des Kündigungsrechts verzichtet hat. Beispiele für eine erhebliche Gesundheitsgefährdung sind die Einsturzgefahr des Gebäudes, unerträglicher Lärm, verkehrsunsichere Fußböden und der Befall mit Ungeziefer.[276]

148 Die Kündigung unterliegt der Schriftform. Die Kündigungsgründe sind im Kündigungsschreiben anzugeben.

6. Zurückbehaltungsrecht

149 Solange die Mietsache mangelhaft ist, hat der Mieter neben dem Minderungsrecht ein Zurückbehaltungsrecht an der Miete.[277] Aufgrund des Zurückbehaltungsrechts kann der Mieter den **Mietzins** bis zur Beseitigung der Mängel ganz oder zum Teil **einbehalten**. Das Zurückbehaltungsrecht ist daher ein Druckmittel des Mieters, da der Vermieter bis zur Beseitigung des Mangels keine Miete erhält. Mit Beseitigung des Mangels endet das Zurückbehaltungsrecht des Mieters. Gleiches gilt für den Fall der Beendigung des Mietverhältnisses. Der Mieter hat dann die einbehaltene Miete zurückzuzahlen, es sei denn, ihm stand ein Minderungsrecht zu. Zur Höhe der zurückbehaltenen Miete können, wie bereits an anderer Stelle erläutert, pauschale Aussagen nicht getroffen werden. Sie ist unter Berücksichtigung des Einzelfalles zu ermitteln,[278] wobei sich in der Rechtsprechung Stimmen finden, die einen Betrag in Höhe des Drei- bis Fünffachen des Minderungs- oder des jeweils erforderlichen Betrages für die Reparaturarbeiten als angemessen erachten.[279]

! **Praxistipp**
Die vorstehenden Ausführungen verdeutlichen, dass bei Vorliegen eines unstreitigen Mangels mit den Mangelbeseitigungsmaßnahmen unverzüglich begonnen werden sollte. Zurückbehaltungs- und Minderungsrecht zusammen können nämlich im Ergebnis einen bedeutenden Teil der Miete ausmachen.

---

7. Sonstige Rechtsbehelfe: Allgemeines Leistungsstörungsrecht

150 Grundsätzlich gehen die mietrechtlichen Spezialvorschriften der §§ 535ff. BGB den allgemeinen Regelungen des Schuldrechts vor. Daher beschränkt sich die nachfolgende Darstellung zum allgemeinen Leistungsstörungsrecht auf die wesentlichen

---

275 Lindner-Figura/Oprée/Stellmann/*Oprée*, Kap. 15 Rn 207.

276 Beispiele aus Lindner-Figura/Oprée/Stellmann/*Oprée*, Kap. 15 Rn 205.

277 BGH, Urt. v. 18.4.2007 – XII ZR 139/05 – NZM 2007, 484, 485; BGH, Urt. v. 18.6.2007 – XII ZR 63/95 – NJW 1997, 2674, 2675.

278 BGH, Urt. v. 26.3.2003 – XII ZR 167/01 – NZM 2003, 437.

279 Lindner-Figura/Oprée/Stellmann/*Hübner*/*Griesbach*/*Fuerst*, Kap. 14 Rn 297 m.w.N.

Aspekte. Das allgemeine Schuldrecht spielt immer dann eine Rolle, wenn die Mietsache noch nicht übergeben wurde. Insoweit ist zwischen „vor Überlassung" und „nach Überlassung" der Mietsache zu differenzieren. Die mietvertraglichen Vorschriften verdrängen die allgemeinen Regelungen in der Regel dann, wenn die Mietsache bereits übergeben wurde. Vor Überlassung der Mietsache sind die allgemeinen Vorschriften über Leistungsstörungen bei gegenseitigen Verträgen (**Unmöglichkeit, Verzug**) anzuwenden.[280] Existiert die Mietsache bereits vor der eigentlichen Übergabe nicht mehr, kommen die Regelungen über die Unmöglichkeit zur Anwendung. Tritt ein Mangel der Mietsache bereits vor Übergabe auf und beseitigt der Vermieter den Mangel nicht innerhalb einer vom Mieter gesetzten Frist, kann der Mieter Ansprüche wegen Verzugs mit der Übergabe geltend machen. Bei Vorliegen eines Rechtsmangels greifen die mietrechtlichen Vorschriften auch schon vor Überlassung der Mietsache.[281]

Auch der Anspruch wegen **culpa in contrahendo** (Verschulden bei den Ver- 151
tragsverhandlungen, Kurzform: c.i.c.) wird von den Gewährleistungsvorschriften verdrängt, wenn die Pflichtverletzung die Beschaffenheit der Mietsache betrifft und die Mietsache dem Mieter bereits überlassen wurde.[282] Nach Übergabe der Mietsache kommt die c.i.c. nur zum Zuge, wenn beispielsweise vorvertragliche Aufklärungspflichten verletzt wurden, die sich nicht auf die Beschaffenheit der Mietsache beziehen.[283] Hat der Vermieter einen Mangel allerdings arglistig verschwiegen, finden die Regeln der c.i.c. uneingeschränkt Anwendung mit der Folge, dass der Anspruchsgegner den Vertrauensschaden ersetzen muss.

§ 313 BGB **„Störung der Geschäftsgrundlage"** mit der Folge einer Vertragsan- 152
passung, wenn einem Teil das Festhalten an dem Vertrag unter Berücksichtigung aller Umstände nicht zugemutet werden kann, findet immer dann Anwendung, wenn eine Störung nicht auf einen Mangel zurückzuführen ist. Der Rückgriff auf § 313 BGB wird daher die Ausnahme sein. Die Geschäftsgrundlage ist die bei Vertragsschluss zutage getretene und von der anderen Vertragspartei in ihrer Bedeutung erkannte und nicht beanstandete Vorstellung einer Partei vom Fortbestand oder Eintritt bestimmter Umstände.[284] Häufig versuchen sich Mieter auf einen Wegfall der Geschäftsgrundlage zu berufen, wenn die erwarteten Gewinne nicht erzielt werden. Das Verwendungsrisiko und einseitige Erwartungen gehen aber grundsätzlich immer zulasten des Mieters. Ein Anspruch wegen Störung der Geschäftsgrund-

280 Palandt/*Weidenkaff*, § 536a Rn 3.
281 BGH, Urt. v. 29.11.1995 – XII ZR 230/94 – NJW 1996, 714; Palandt/*Weidenkaff*, § 536a Rn 3.
282 BGH, Urt. v. 28.11.1979 – VIII ZR 302/78 – NJW 1980, 777.
283 BGH, Urt. v. 8.12.1988 – VII ZR 83/88 – NJW 1989, 1793.
284 Schmidt-Futterer/*Eisenschmid*, § 536 BGB Rn 557.

lage scheidet in diesen Fällen aus.[285] Haben die Parteien allerdings im Mietvertrag vereinbart, dass der Vermieter das Verwendungsrisiko trägt, gehen Gewinnverluste des Mieters zulasten des Vermieters.

153 Neben den Gewährleistungsvorschriften sind auch die Regelungen über die **Anfechtung** wegen arglistiger Täuschung oder Drohung gem. § 123 BGB immer anwendbar.[286] Der Mietvertrag ist in diesem Fall von Anfang an nichtig.[287] Eine Anfechtung wegen eines Eigenschaftsirrtums nach Überlassung der Mietflächen ist allerdings ausgeschlossen, soweit der Irrtum Sach- oder Rechtsmängel betrifft. Hier verdrängen die Spezialvorschriften des Mietrechts die Anfechtungsregelungen der §§ 119 ff. BGB.[288]

III. Ausschluss und Beschränkung der Gewährleistung

154 Der Ausschluss von Gewährleistungsrechten kann sowohl auf gesetzlichen als auch auf vertraglichen Regelungen beruhen.

1. Gesetzlicher Ausschluss von Gewährleistungsrechten

155 § 536b und § 536c schließen die Gewährleistungsrechte des Mieters in folgenden Fällen aus:
- der Mieter kennt den Mangel bei Vertragsschluss oder er bleibt ihm infolge grob fahrlässiger Unkenntnis unbekannt;
- der Mieter nimmt eine mangelhafte Sache an und behält sich seine Rechte bei der Annahme nicht vor;
- er zeigt den Mangel nicht unverzüglich an.

156 Gesetzlich nicht ausdrücklich geregelte Ausschlusstatbestände sind:
- der Mieter hat den Mangel zu vertreten;
- der Mieter überschreitet den vertragsgemäßen Gebrauch;
- die Mängelbeseitigung ist für den Vermieter unzumutbar.

157 Der Erfüllungsanspruch des Mieters geht in den Fällen des § 536b und § 536c BGB nicht verloren. Der Mieter kann daher Mangelbeseitigung auch bei Kenntnis des

285 BGH, Urt. v. 1.7.1981 – VIII ZR 192/80 – NJW 1981, 2405, 2406; BGH, Urt. v. 16.2.2000 – XII ZR 279/97 – NJW 2000, 1714, 1716.

286 BGH, Urt. v. 6.8.2008 – XII ZR 67/06 – NJW 2009, 1266.

287 Lindner-Figura/Oprée/Stellmann/*Hübner*/*Griesbach*/*Fuerst*, Kap. 14 Rn 221.

288 Lindner-Figura/Oprée/Stellmann/*Hübner*/*Griesbach*/*Fuerst*, Kap. 14 Rn 221.

Mangels verlangen.[289] Dies gilt nur dann nicht, wenn die Parteien einen mangelhaften Zustand als vertragsgemäß vereinbart haben. In diesem Fall schuldet der Vermieter nicht mehr, als die Parteien vereinbart haben.

a) Mieter kennt den Mangel bei Vertragsschluss

Kennt der Mieter den Mangel bei Vertragsschluss oder bleibt ihm der Mangel infolge 158
grober Fahrlässigkeit unbekannt, so stehen ihm weder ein Minderungs-, Schadensersatz- noch Kündigungsanspruch zu. Der Ausschluss setzt voraus, dass der Mieter die Abweichung der Ist-Beschaffenheit von der Soll-Beschaffenheit positiv kennt und dies bereits bei Abschluss des Vertrages. Nicht ausreichend ist, dass der Mieter nur eine allgemeine Kenntnis vom schlechten Zustand des Mietobjekts hat oder dass das Mietobjekt mangelanfällig ist. Bei mehreren Mietern reicht die positive Kenntnis eines Mieters aus.[290] Grobe Fahrlässigkeit liegt vor, wenn er die erforderliche Sorgfalt bei Vertragsschluss in einem ungewöhnlich hohen Maß verletzt und er dasjenige unbeachtet lässt, was im gegebenen Fall jedem hätte einleuchten müssen.[291] Dies ist insbesondere dann anzunehmen, wenn der Mieter die Mietflächen anmietet, ohne sie zuvor besichtigt zu haben. Erkundigungs- und Prüfpflichten treffen den Mieter aber nicht.[292] Sofern der Vermieter den Mangel arglistig verschwiegen hat, ist die grob fahrlässige Unkenntnis des Mieters unschädlich.

Auch die Kenntnis von äußeren Einflüssen, die die Gebrauchstauglichkeit des 159
Mietobjekts einschränken, schließt den Mieter mit seinen Gewährleistungsrechten aus. Der Mieter ist beispielsweise mit einer Minderung wegen Baulärms ausgeschlossen, wenn der baufällige Zustand des Nachbargebäudes zur Zeit des Abschlusses des Mietvertrages offensichtlich ist und der Mieter deshalb mit dem Eintritt solcher Störungen rechnen musste.[293]

Praxistipp !

Bereits bei Vertragsschluss bekannte und vom Mieter akzeptierte Mängel sollten trotz der vorstehenden Ausführungen zu Beweiszwecken vertraglich festgehalten werden. Haben die Parteien den mangelhaften Zustand als vertragsgemäß vereinbart, scheiden nicht nur die Gewährleistungsrechte, Minderung, Schadensersatz und Kündigung, sondern auch der Erfüllungsanspruch aus, da bereits kein Mangel vorliegt.

---

289 BGH, Urt. v. 18.4.2007 – VIII ZR 139/05 – NZM 2007, 484, 485.

290 BGH, Urt. v. 1.12.1971 – VIII ZR 88/70 – NJW 1972, 249.

291 BGH, Urt. v. 28.11.1979 – VIII ZR 302/78 – NJW 1990, 777.

292 BGH, Urt. v. 4.4.1977 – VIII ZR 143/75 – NJW 1977, 1236; BGH, Urt. v. 28.11.1979 – VIII ZR 302/78 – NJW 1980, 777; BGH, Urt. v. 18.4.2007 – XII ZR 139/05 – ZMR 2007, 605, 606.

293 OLG München, Urt. v. 26.3.1993 – 21 U 6002/92 – NJW-RR 1994, 654.

160 Das Kündigungsrecht wegen Gesundheitsgefährdung behält der Mieter trotz positiver Kenntnis vom Mangel.[294]

b) Annahme einer mangelhaften Sache

161 Nimmt der Mieter die Mietsache trotz Kenntnis vom Mangel an, so kann er Gewährleistungsrechte nur dann noch geltend machen, wenn er sich diese Rechte bei der Annahme vorbehält. Ein allgemeiner Vorbehalt im Sinne von „ich behalte mir alle Gewährleistungsrechte vor" ist allerdings nicht ausreichend. Der Mieter muss den Mangel schon konkret benennen.

! **Praxistipp**
Bei der Übergabe der Mietflächen sollten festgestellte Mängel möglichst genau in einem Übergabeprotokoll festgehalten werden. Pauschalierungen sollten vermieden werden. Beruft sich der Mieter im laufenden Mietverhältnis auf den im Übergabeprotokoll festgehaltenen Mangel, ist er mit seinen Gewährleistungsrechten ausgeschlossen, es sei denn, er hat sich seine Rechte ausdrücklich vorbehalten. Das Übergabeprotokoll dient somit der Beweiserleichterung.

---

162 Erfuhr der Mieter erst nachträglich von einem Mangel und zahlte er die Miete vorbehaltlos über eine längere Zeit weiter, war der Mieter nach alter Rechtsprechung mit einer Minderung ausgeschlossen.[295] Der für Gewerberaum zuständige Senat des BGH hat sich am 16.2.2005 der zunächst nur für Wohnraum geltenden Entscheidung des BGGH vom 16.7.2003 angeschlossen, wonach Mieter ihr Minderungsrecht nicht verlieren, wenn sie die Miete trotz Vorliegens eines Mangels vorbehaltlos ungekürzt weiterzahlen.[296]

c) Verstoß gegen die Anzeigepflicht

163 Zeigt sich im Laufe der Mietzeit ein Mangel der Mietsache oder wird eine Maßnahme zum Schutz der Mietsache gegen eine nicht vorhergesehene Gefahr erforderlich oder maßt sich ein Dritter ein Recht an der Sache an, so hat der Mieter dies dem Vermieter unverzüglich anzuzeigen. Hintergrund dieser Vorschrift ist die Nähe des Mieters zum Mietobjekt. Verstößt der Mieter gegen diese Anzeigepflicht, sind ihm die Rechte auf Minderung, Schadensersatz und Kündigung ohne Bestimmung einer angemessenen Nachfrist verwehrt. Der Mieter muss den Mangel nicht schriftlich anzeigen. Die Mängelanzeige ist gegenüber dem Vermieter zu erklären bzw. gegenüber den

---

294 Lindner-Figura/Oprée/Stellmann/*Oprée*, Kap. 15 Rn 207.
295 BGH, Urt. v. 31.5.2000 – XII ZR 41/98 – NJW 2000, 2663; BGH, Urt. v. 18.6.1997 – XII ZR 63/95 – NJW 1997, 2674; BGH, Urt. v. 11.12.1991 – XII ZR 63/90 – NJW-RR 1992, 267.
296 BGH, Urt. v. 16.2.2005 – XII ZR 24/02 – NZM 2005, 303.

vom Vermieter eingeschalteten Dritten (Hausverwalter). Haben die Parteien Schriftform vereinbart, kommt es auf den Zugang der Anzeige beim Vermieter an. Die Anzeige hat unverzüglich zu erfolgen. Hierbei kommt es auf die Eilbedürftigkeit der Mangelbeseitigung an. Ein leckendes Wasserrohr ist sofort anzuzeigen, während sich der Mieter bei optischen Beeinträchtigungen etwas mehr Zeit lassen kann.[297]

Eine Anzeige ist entbehrlich, wenn der Vermieter bereits Kenntnis vom Mangel 164
besaß, auf andere Weise Kenntnis erlangt hat oder die Mietsache selber nutzt und daher sich selbst Kenntnis verschaffen kann.[298]

d) Mieter hat den Mangel zu vertreten

Der Vermieter haftet nicht, wenn der Mieter den Mangel selbst verursacht hat. Das 165
Verhalten von Untermietern und Dritten, für die der Mieter einzustehen hat, ist dem Mieter zuzurechnen. Der Mieter hat den Mangel auch dann zu vertreten, wenn er nach dem Mietvertrag zur Durchführung der Instandhaltungs- und Instandsetzungsarbeiten verpflichtet ist und diesen Arbeiten nicht nachkommt. Verhindert der Mieter Reparaturarbeiten durch den Vermieter, ist der Mieter mit Gewährleistungsrechten ausgeschlossen. Gleiches gilt, wenn der Mieter Änderungen an der Mietsache durchführt und hierdurch ein Mangel entsteht.[299]

Praxistipp !
Möchte der Mieter bauliche Veränderungen in der Mietsache durchführen, sollten die hierüber getroffenen Abreden schriftlich festgehalten und sorgfältig dokumentiert werden. Außerdem erscheint es zweckmäßig, zu vereinbaren, wer für die Umbauten verantwortlich ist. Nur so lässt sich später klären und auch ggf. beweisen, wer für den Mangel einzustehen hat.

---

e) Überschreitung des vertragsgemäßen Gebrauchs

Überschreitet der Mieter den vertragsgemäßen Gebrauch der Sache, ist er ebenfalls 166
mit den Gewährleistungsrechten ausgeschlossen. Für Mängel, die durch die Überschreitung des vertragsgemäßen Gebrauchs entstehen, ist alleine der Mieter verantwortlich.

f) Treu und Glauben

Grundsätzlich muss der Vermieter jeden Mangel beseitigen. Auf die Höhe der darauf 167
anfallenden Kosten kommt es dabei nicht an. Bei der Beseitigung von geringfügigen

---

297 Lindner-Figura/Oprée/Stellmann/*Hübner*/*Griesbach*/*Fuerst*, Kap. 14 Rn 361.
298 OLG Düsseldorf, Urt. v. 25.10.1990 – 10 U 15/90 – ZMR 1991, 24.
299 Lindner-Figura/Oprée/Stellmann/*Hübner*/*Griesbach*/*Fuerst*, Kap. 14 Rn 353.

Mängeln muss jedoch eine Abwägung in kostenmäßiger Hinsicht erfolgen, sodass der Vermieter ggf. eine Beseitigung ablehnen kann, weil sie außer Verhältnis steht. Wann ein solches Missverhältnis besteht, lässt sich nicht verallgemeinern. So wurde angenommen, dass kein Beseitigungsanspruch des Mieters besteht, wenn der Sanierungsaufwand das Zwölffache der jährlichen Miete übersteigt.[300]

168 Vereitelt der Mieter die Mängelbeseitigung, indem er dem Vermieter oder den Handwerkern des Vermieters keinen Zutritt zum Mietobjekt gestattet, stehen ihm nach dem Grundsatz von Treu und Glauben ebenfalls keine Gewährleistungsrechte mehr zu.

2. Vertraglicher Ausschluss von Gewährleistungsrechten

169 Um die weitgehende gesetzliche Haftung des Vermieters einzuschränken, sind Haftungsbeschränkungen im Mietrecht weit verbreitet. Treffen die Parteien **Individualvereinbarungen,** ist dies in der Regel gesetzlich unbedenklich. Eine Ausnahme bildet § 536d BGB nach dem eine Vereinbarung, durch die die Rechte des Mieters wegen eines Mangels der Mietsache ausgeschlossen oder beschränkt werden, unwirksam ist, wenn der Vermieter den Mangel arglistig verschwiegen hat.

170 Anders ist die Rechtslage, wenn sich der Vermieter bei Abschluss des Mietvertrages eines Formularvertrags bedient. Die Vereinbarung von Haftungsbeschränkungen unterliegen auch im Gewerberaummietrecht den Schranken des Rechts der **Allgemeinen Geschäftsbedingungen** (§§ 305 ff.). Die Rechtsprechung zu Haftungsbeschränkungen ist seit Jahrzehnten im Wandel. Was heute noch wirksam vereinbart wird, kann morgen schon unwirksam sein. Das hiermit verbundene Haftungsrisiko des Vermieters verdient daher ein besonderes Augenmerk.

a) Abgrenzung Allgemeine Geschäftsbedingungen – Individualvereinbarung

171 Allgemeine Geschäftsbedingungen sind alle für eine Vielzahl von Verträgen vorformulierte Vertragsbedingungen, die eine Vertragspartei (= Verwender, in der Regel der Vermieter) der anderen Vertragspartei (in der Regel der Mieter) bei Abschluss des Mietvertrages stellt. Allgemeine Geschäftsbedingungen liegen nicht vor, wenn die Vertragsbedingungen im Einzelnen ausgehandelt wurden.

172 Handelt es sich um vorformulierte Klauseln, kann naturgemäß keine Individualvereinbarung mehr vorliegen. Allgemeine Geschäftsbedingungen liegen beispielsweise vor, wenn es sich um vorgedruckte Klauseln handelt. Gleiches gilt für einzutragende unselbstständige Ergänzungen in ergänzungsbedürftigen Formularen oder

300 Lindner-Figura/Oprée/Stellmann/*Hübner*/*Griesbach*/*Fuerst*, Kap. 14 Rn 367; OLG Hamburg, Urt. v. 6.9.2000 – 4 U 15/00 – NZM 2002, 343.

mehrere anzukreuzende bzw. durchzustreichende Alternativen.[301] Die Klausel muss für eine Vielzahl von Verträgen verwendet sein, wobei bereits drei bis fünf Verwendungen ausreichend sind.[302] Eine Individualvereinbarung liegt dagegen vor, wenn eine Vertragsklausel im Einzelnen ausgehandelt wurde und ernsthaft zur Disposition des Vertragspartners gemacht wurde.

Praxistipp
Die Abgrenzung zwischen Allgemeinen Geschäftsbedingungen und Individualvereinbarungen ist sehr wichtig, weil Individualvereinbarungen im Gegensatz zu Allgemeinen Geschäftsbedingungen keiner Inhaltskontrolle unterliegen, mit der Gefahr in einem Rechtsstreit für unwirksam erklärt zu werden. Die Unwirksamkeit einer Formularklausel führt dazu, dass die gesetzlichen Vorschriften wieder greifen. Dies kann im Einzelfall zur Folge haben, dass der Vermieter für alle Mängel uneingeschränkt haftet. Wichtig ist es daher, eine genaue Dokumentation über die Vertragsverhandlungen zu führen, aus der hervorgeht, dass Vermieter und Mieter über den Inhalt der Klausel gesprochen haben und die Klausel im Einzelnen ausgehandelt bzw. zur Disposition gestellt haben.
Haftungsbeschränkungen durch AGB müssen klar formuliert sein und erkennen lassen, wann sie eingreifen. Pauschale Ausführungen und unverständliche Klauseln gehen zulasten des Verwenders und können für den Vermieter den gewünschten Erfolg ins Gegenteil verkehren.

b) Einzelne Ausschlüsse

Der völlige Ausschluss der Gewährleistungsrechte ist sowohl individualvertraglich 173
als auch formularmäßig unzulässig. Eine Klausel mit diesem Inhalt kann auch nicht auf den zulässigen Inhalt reduziert werden.[303] Ebenfalls unwirksam ist der Haftungsausschluss für Arglist (§ 536d BGB), Vorsatz (§ 276 Abs. 3 BGB) und formularmäßig auch für grobe Fahrlässigkeit sowie für Personenschäden (§ 309 Nr. 7 BGB). Auch der vollständige formularmäßige Haftungsausschluss für fahrlässiges Verhalten des Vermieters erscheint bedenklich, soweit in der Instandhaltungspflicht des Vermieters eine Kardinalpflicht (= Hauptleistungspflicht) gesehen wird und der Ausschluss sich nicht nur auf vertragsuntypische und unvorhersehbare Schäden erstreckt.[304]

301 Palandt/*Grüneberg*, § 305 Rn 12.
302 BGH, Urt. v. 27.9.2001 – VIIZR 388/00 – NJW 2002, 138.
303 OLG Sachsen-Anhalt, Urt. v. 12.8.1999 – 2 U (Hs) 34/98 – NJW-RR 2000, 823.
304 Lindner-Figura/Oprée/Stellmann/*Hübner*/*Griesbach*/*Fuerst*, Kap. 14 Rn 370.

aa) Ausschluss der Minderung

174 Ein vollständiger Ausschluss der Minderung ist nur individualvertraglich möglich. Ein vollständiger Ausschluss in Formularverträgen ist dagegen unwirksam.[305] Beschränkungen der Minderung können wirksam vereinbart werden, wenn die Minderung auf vom Vermieter nicht zu vertretende externe Ursachen beschränkt wird.[306] Beispiel: Ausschluss von Minderungsansprüchen wegen Baustellenlärms, soweit dem Vermieter kein Verschulden zur Last fällt. Zulässig ist außerdem, dem Mieter die Durchsetzung der Minderung durch Abzug von der Miete zu versagen. Allerdings muss der Mieter seinen Anspruch auf andere Weise durchsetzen können und ihm darf nicht verboten sein, unstreitig und gerichtlich festgestellte Ansprüche von der Miete abzuziehen.[307] Kein Fall einer unwirksamen Formularklausel liegt vor, wenn die Parteien im Vertrag einen mangelhaften Zustand als vertragsgemäß vereinbart haben.[308] Ebenso kann wirksam vereinbart werden, dass eine Minderung nur erfolgen darf, wenn sie vorher angekündigt wird.[309] Möglich ist auch die Vereinbarung, dass eine unerhebliche Minderung der Tauglichkeit nur dann vorliegt, wenn die Gebrauchstauglichkeit um weniger als 10% eingeschränkt ist.[310]

! **Praxistipp**
Ist streitig, ob dem Mieter ein Minderungsanspruch zusteht, kann der Mieter an einer Minderung durch Abzug von der monatlichen Miete gehindert sein, wenn er zur Durchsetzung der Minderung formularvertraglich auf den Klageweg verwiesen wird. Dem Vermieter verbleiben dann zunächst die laufenden Mieteinnahmen in voller Höhe, bis rechtskräftig festgestellt ist, ob ein zur Minderung berechtigter Mangel vorlag.

Formulierungsmuster
„Gegenüber Mietzinsansprüchen des Vermieters kann der Mieter nur mit solchen Ansprüchen aufrechnen, die entweder unbestritten oder rechtskräftig festgestellt sind. Das Mietminderungsrecht des Mieters unterliegt den gleichen Beschränkungen. Das Minderungsrecht kann zwar nicht durch Abzug vom Mietzins verwirklicht werden, es bleibt dem Mieter – soweit das Minderungsrecht dem Grund und der Höhe nach zwischen den Parteien nicht unbestritten ist – jedoch unbenommen, insoweit eine gesonderte Klage aufgrund von § 812 BGB zu erheben."

---

305 BGH, Urt. v. 12.3.2008 – XII ZR 147/05 – NJW 2008, 2254 und BGH, Urt. v. 23.4.2008 – XII ZR 62/06 – NJW 2008, 2497.
306 AG Hamburg, Urt. v. 11.11.2004 – 49 C 172/04 – NZM 2005, 222.
307 OLG Köln, Urt. v. 25.10.2013 – 1 U 19/13 –.
308 Schmidt-Futterer/*Eisenschmid*, § 536 BGB Rn 427b.
309 OLG Hamburg, Urt. v. 9.10.1997 – 4 U 229/96 – NJW-RR 1998, 586, 587; OLG Düsseldorf, Urt. v. 6.7.2001 – 24 U 199/00 – NZM 2002, 953.
310 *Blank/Börstinghaus*, § 536 Rn 117.

bb) Ausschluss des Schadensersatzanspruchs

Der Schadensersatzanspruch kann individualvertraglich ausgeschlossen werden. 175
Formularmäßig ist eine Begrenzung der Haftung eingeschränkt zulässig.[311] Die Parteien können formularmäßig anfängliche Mängel von der Schadensersatzhaftung ausschließen.[312] Ausgenommen ist jedoch der Ausschluss der Haftung für zugesicherte Eigenschaften und für vorsätzlich oder grob fahrlässig vom Vermieter verursachte Mängel.[313] Gleiches gilt für das arglistige Verschweigen eines Mangels. Die Freizeichnung für leichte Fahrlässigkeit kann nur ausgeschlossen werden, wenn die Kardinalpflichten von der Haftungsbeschränkung ausgenommen werden.[314] Auch die Haftung für Personenschäden kann formularvertraglich nicht ausgeschlossen werden.

Formulierungsmuster

„Schadensersatzansprüche wegen anfänglicher Mängel der Mietsache sind ausgeschlossen. Schadensersatzansprüche gegen den Vermieter wegen Mängeln der Mietsache, die nach Vertragsschluss entstehen, stehen dem Mieter nur dann zu, wenn sie auf vorsätzlich oder grob fahrlässiges Verhalten des Vermieters, seines gesetzlichen Vertreters oder seines Erfüllungsgehilfen zurückzuführen sind. Die vorstehenden Ausschlüsse gelten nicht für die Verletzung von vertragswesentlichen Pflichten und bei zugesicherten Eigenschaften sowie für Personenschäden."

Praxistipp !

Oft enthalten Mietverträge Klauseln, die den Mieter zur Erhaltung der Mietsache verpflichten. Soweit der Mieter hier die Verantwortung trägt, kann er den Vermieter bei Schäden aufgrund einer Verletzung der Erhaltungspflicht nicht in Anspruch nehmen. Bei der Verwendung derartiger Klauseln ist allerdings Vorsicht geboten, da auch hier die oben näher dargestellten Einschränkungen zum Ausschluss des Schadensersatzanspruches gelten.

---

cc) Ausschluss des Aufwendungsersatzanspruchs

Individualvertraglich können die Mietvertragsparteien den Aufwendungsersatzan- 176
spruch ausschließen. Ein formularmäßiger Ausschluss des Aufwendungsersatzanspruches ist wegen Verstoßes gegen § 307 Abs. 1 Nr. 1 BGB unwirksam.[315] Zulässig ist nur, die Haftung für den Fall auszuschließen, dass der Mieter die gesetzlich vorgesehene Anzeige sowie die Aufforderung zur Mängelbeseitigung unterlässt.[316]

---

311 Palandt/*Weidenkaff*, § 536 Rn 7; BGH, Urt. v. 27.1.1993 – XII ZR 141/91 – NJW-RR 1993, 519.
312 BGH, Urt. v. 3.7.2002 – XII ZR 327/00 – NZM 2002, 784, 785.
313 BGH, Urt. v. 23.11.1998 – XII ZR 12/97 – NJW-RR 1999, 735.
314 BGH, Beschl. v. 24.10.2001 – VIII ARZ 1/01 – NJW 2002, 673.
315 BGH, Urt. v. 10.2.2010 – VIII ZR 343/08 – NZM 2010, 356; Palandt/*Weidenkaff*, § 536a Rn 7.
316 Schmidt-Futterer/*Eisenschmid*, § 536a BGB Rn 179 m.w.N.

Praxistipp
Die Aufrechnung der Miete mit dem Vorschussanspruch kann formularvertraglich ausgeschlossen werden. Hierzu kann die unten unter Rn 177 aufgeführte Klausel zum Ausschluss der Aufrechnung verwendet werden.

dd) Ausschluss des Zurückbehaltungsrechts

177 Das Zurückbehaltungsrecht des Mieters kann sowohl individualvertraglich als auch formularmäßig ausgeschlossen werden, soweit hiervon unstreitige oder rechtskräftig festgestellte Forderungen unberührt bleiben.[317]

Praxistipp
Beim formularvertraglichen Ausschluss sollte darauf geachtet werden, dass unstreitige, entscheidungsreife oder rechtskräftig festgestellte Forderungen von diesem Ausschluss ausgenommen sind, da ein Ausschluss zuletzt genannter Forderungen formularmäßig unwirksam ist. In der Praxis wird der Ausschluss des Zurückbehaltungsrechts in der Regel mit einem Aufrechnungsverbot verbunden.

Formulierungsmuster
Klauselmuster für eine Formularklausel inklusive Aufrechnungsverbot
„Gegenüber Mietzinsansprüchen des Vermieters (einschl. Ansprüche auf Leistung von Nebenkostenvorauszahlungen und Ansprüche aus Nebenkostenabrechnungen) kann der Mieter nur mit solchen Ansprüchen aufrechnen, die entweder unbestritten oder rechtskräftig festgestellt sind. Die Geltendmachung des Zurückbehaltungsrechtes gem. § 273 BGB gegenüber Mietzinsansprüchen des Vermieters (einschl. Ansprüche auf Leistung von Nebenkostenvorauszahlungen und Ansprüche aus Nebenkostenabrechnungen) unterliegt den gleichen Beschränkungen. Darüber hinaus kann das Minderungsrecht zwar nicht durch Abzug vom Mietzins verwirklicht werden, es bleibt dem Mieter – soweit das Minderungsrecht dem Grund und der Höhe nach zwischen den Parteien nicht unbestritten ist – jedoch unbenommen, insoweit eine gesonderte Klage aufgrund von § 812 BGB zu erheben."

ee) Ausschluss der fristlosen Kündigung

178 Das Recht zur fristlosen Kündigung aus wichtigem Grund nach § 543 Abs. 1 BGB kann individualvertraglich ausgeschlossen oder an bestimmte Bedingungen geknüpft werden. Abänderungen zuungunsten des Mieters können auch formularvertraglich vereinbart werden, allerdings muss der Mieter ein Lösungsrecht vom Vertrag haben, wenn feststeht, dass der Vermieter auf absehbare Zeit den vertragsgemäßen Gebrauch deshalb nicht gewähren kann, weil die Mietsache untergegan-

317 OLG Köln, Urt. v. 25.10.2013 – 1 U 19/13 –; Lindner-Figura/Oprée/Stellmann/*Hübner*/*Griesbach*/*Fuerst*, Kap. 14 Rn 299.

gen oder unbehebbar mangelhaft ist. Ein formularmäßiger vollständiger Ausschluss ist daher unwirksam.[318]

Ein Ausschluss des Kündigungsrechts wegen einer Gesundheitsgefährdung nach § 569 Abs. 1 BGB kann weder durch Allgemeine Geschäftsbedingungen noch durch Individualvereinbarung ausgeschlossen werden.[319] 179

IV. Beweislast

Die Darlegungs- und Beweislast erfolgt nach Verantwortungsbereichen. 180

Der Mieter ist beweispflichtig für das Vorliegen der von ihm behaupteten Mängel und die Einschränkung des nach dem Vertrag vorausgesetzten Gebrauchs.[320] Der Mangel muss nachvollziehbar nach Art, Ort, Lage, Zeitpunkt und Ausmaß beschrieben werden. Erforderlich ist daher eine konkrete Darlegung. Die pauschale Behauptung eines Mangels ist nicht ausreichend. Das Maß der Beeinträchtigung und die Höhe der Minderung muss er dagegen nicht darlegen.[321] Im Rechtsstreit wird dies vom Gericht geklärt. 181

Der Vermieter hat die behaupteten Mängel nachvollziehbar zu bestreiten. Hierbei sollte er darlegen und beweisen, dass die Ursache des Mangels nicht aus seinem Pflichten- und Verantwortungsbereich stammt, sondern aus dem Herrschafts- und Obhutsbereich des Mieters. Bei erfolgreicher Beweisführung durch den Vermieter hat der Mieter wiederum zu beweisen, dass er den Mangel nicht zu vertreten hat.[322] Macht der Mieter beispielsweise Gewährleistungsansprüche wegen Feuchtigkeitsmängeln geltend und ist der Mangel offensichtlich, muss der Vermieter beweisen, dass die Schäden nicht Folge eines Baumangels sind. Danach ist der Mieter wiederum dafür beweispflichtig, dass die Feuchtigkeit nicht aus seiner Sphäre stammt. Ist der Vermieter der Meinung, der Mangel sei unerheblich, ist er hierfür ebenfalls beweispflichtig. Gleiches gilt für das Vorliegen von Haftungsausschlüssen. 182

V. Verjährung und Verwirkung

Die Minderung verjährt nicht, da es sich bei ihr weder um einen Anspruch noch um ein Gestaltungsrecht im Sinne der Verjährungsvorschriften handelt.[323] Der Minde- 183

318 Lindner-Figura/Oprée/Stellmann/*Hübner*/*Griesbach*/*Fuerst*, Kap. 14 Rn 348.
319 Palandt/*Weidenkaff*, § 569 Rn 5.
320 BGH, Urt. v. 27.2.1991 – XII ZR 47/90 – WuM 1991, 544.
321 BVerfG, Beschl. v. 29.5.2007 – BvR 624/03 – NJW 2007, 3118.
322 Lindner-Figura/Oprée/Stellmann/*Hübner*/*Griesbach*/*Fuerst*, Kap. 14 Rn 374.
323 BGH, Urt. v. 17.2.2010 – VIII ZR 104/09 –.

rungsanspruch kann allerdings verwirken. Eine Verwirkung ist dann anzunehmen, wenn der Mieter in Kenntnis des Mangels die volle Miete vorbehaltlos zahlt.[324]

Praxistipp
Macht der Mieter von seinem Minderungsrecht erst zeitlich lange nach Auftreten des Mangels Gebrauch, sollte anhand der Kontoauszüge und Schreiben überprüft werden, ob die Zahlung vorbehaltlich erfolgte. Erfolgte die Zahlung vorbehaltlos, ist zu überprüfen, ob der Anspruch möglicherweise verwirkt ist.

184 Umgekehrt verwirkt der Vermieter seinen Anspruch auf die Miete, wenn er über einen längeren Zeitraum eine Mietminderung des Mieters rügelos hinnimmt.[325] Der Mieter soll sich darauf einstellen dürfen, dass der Vermieter, der der Mietminderung über einen längeren Zeitraum nicht widerspricht, nicht nachträglich doch noch die volle Miete verlangt.[326]

Praxistipp
Einer unberechtigten Mietminderung des Mieters sollte zu Beweiszwecken schriftlich widersprochen werden.

185 Welche zeitlichen Anforderungen an den Verwirkungszeitraum gestellt werden, wird von Gerichten uneinheitlich beantwortet. So werden Zeiträume zwischen 6[327] bis hin zu 30[328] Monaten angenommen. Neben dem sog. **Zeitmoment** setzt die Verwirkung immer auch noch ein sog. **Umstandsmoment** voraus. Das Umstandsmoment ist erfüllt, wenn der Mieter darauf vertrauen durfte, dass der Vermieter keine Forderung mehr geltend machen wird. So liegt es beispielsweise dann vor, wenn der Vermieter bereits die Beseitigung des Mangels in Aussicht gestellt hat und dann trotzdem untätig bleibt.[329] Nicht ausreichend ist, wenn der Vermieter auf die Mietminderung einfach nicht reagiert.

186 Alle übrigen Gewährleistungsansprüche des Mieters unterliegen der regelmäßigen Verjährungsfrist von drei Jahren, § 195 BGB. Die Regelverjährung beginnt mit der Entstehung des Anspruchs und der Kenntnis des Gläubigers von den den An-

324 OLG Düsseldorf, Urt. v. 30.1.2003 – I-10 U 18/02 – NJW-RR 2003, 1016–1017.
325 OLG Düsseldorf, Urt. v. 30.1.2003 – I-10 U 18/02 – NJW-RR 2003, 1016–1017.
326 BGH, Urt. v. 26.2.2003 – XII ZR 66/01 – NJW-RR 2003, 727, 728; OLG Düsseldorf, Urt. v. 30.1.2003 – I-10 U 18/02 – NJW-RR 2003, 1016.
327 AG Gießen, Urt. v. 15.2.2001 – 48 M C 720/00 – ZMR 2001, 801; LG Gießen, Urt. v. 6.6.2001 – 1 S 106/01 – ZMR 2001, 801.
328 6 Monate: LG München I, Urt. v. 21.3.2002 – 31 S 11268/01 – NZM 2002, 779; 2 Jahre: LG Aachen, Urt. v. 7.11.1991 – 2 S 168/91 – WuM 1992, 243; 3 Jahre: OLG Naumburg, Urt. v. 4.11.2003 – 9 U 50/03 – WuM 2004, 91; a.A.: LG Frankfurt, Urt. v. 12.11.2002 – 2/11 S 300/01 – WuM 2003, 30.
329 BGH, Urt. v. 26.2.2003 – XII ZR 66/01 –.

spruch begründenden Umständen und der Person des Schuldners bzw. der grob fahrlässigen Unkenntnis dieser Tatsachen. Unabhängig von der Kenntnis verjähren die Gewährleistungsansprüche spätestens zehn Jahre nach der Entstehung des Anspruchs.

D. Versicherungsfragen

I. Grundsätzliches

Wer Gewerbe vermietet, ist dafür verantwortlich, dass sich das Mietobjekt in einem 187
gefahrenfreien und sicheren Zustand befindet. Wird durch Fehlverhalten von Mietern oder Dritten bzw. durch äußere Einflüsse ein Schaden verursacht, kann dies zu nicht ganz unerheblichen finanziellen Folgen für den Vermieter führen. Durch Abschluss von Versicherungen kann der Vermieter sich vor diesen finanziellen Folgen schützen. Daher spielen auch Versicherungsfragen bei der Vermietung eine nicht nur untergeordnete Rolle.

II. Versicherungen des Vermieters

Für Eigentümer und Vermieter von Grundstücken gibt es eine ganze Reihe wichtiger 188
Versicherungen. Im Folgenden soll ein kurzer Überblick über die für den Vermieter gebräuchlichsten Versicherungen gegeben werden. Der Überblick dient im Hinblick auf die Vielzahl von Produkten nur der groben Orientierung. Was versichert ist und welche Schäden im Einzelfall ersetzt werden, beurteilt sich letzten Endes immer nach dem individuell abgeschlossenen Versicherungsvertrag und den dem Vertrag zugrunde liegenden Versicherungsbedingungen. Versicherungen können einzeln abgeschlossen werden, bei der gewerblichen Vermietung ist es jedoch üblich, versicherte Gefahren zu bündeln und maßgeschneidert auf den jeweiligen Bedarf anzupassen. Man unterscheidet insoweit auch zwischen Einzelgefahrpolicen, Allgefahren-Policen und Mehrgefahren-Policen. Die Allgefahren-Policen versichern alles, was nicht explizit an anderer Stelle oder auf Antrag des Versicherungsnehmers eingeschränkt oder ausgeschlossen wurde.

1. Sachversicherungen

Eine Sachversicherung versichert als Unterfall der Schadenversicherung die im 189
Versicherungsvertrag festgelegten Schäden. Sie dient dem Sacherhaltungsinteresse.

Zu den klassischen Sachversicherungen, die bei der gewerblichen Vermietung 190
eine Rolle spielen, gehören:

- Feuerversicherungen,
- Leitungswasser- und/oder Rohrbruchversicherung,
- Sturm- und Hagelversicherung,
- Mietverlustversicherung,
- Technische Versicherungen (Elektronikversicherung, Maschinenversicherung),
- Terrorismusversicherung.

a) Feuerversicherungen

191 Die Feuerversicherung deckt die Risiken Brand, Blitzschlag, Explosion sowie den Anprall oder Absturz von Flugkörpern.[330] Ein Brand ist ein Feuer, das ohne einen bestimmungsmäßigen Herd entstanden ist oder ihn verlassen hat und sich aus eigener Kraft auszubreiten vermag. Bestimmungsmäßige Herde sind beispielsweise Kamine, Öfen oder Kerzen. Nicht hierzu zählen Schornsteine.[331] Blitzschäden sind Schäden, die durch einen physikalischen Vorgang der Entladung eines vorhandenen elektrischen Feldes entstanden sind. Die Explosion ist eine auf dem Ausdehnungsbestreben von Gasen oder Dämpfen beruhende, plötzlich verlaufende Kraftäußerung. Hierzu gehören Staub- und Sprengstoffexplosionen von Feuerwerkskörpern und der Gebrauch von Schusswaffen. Flugkörper sind Luftfahrzeuge nach dem Luftfahrtgesetz. Hierunter fallen Flugzeuge, Drehflügler, Frei- und Fesselballone, Drachen, Fallschirme, Flugmodelle und sonstige für die Benutzung des Luftraumes bestimmte Geräte (Raumfahrzeuge, Raketen und ähnliche Flugkörper). Versichert sind jedoch nur bemannte Flugkörper.

192 Risikoausschlüsse in der Feuerversicherung sind Ausschlüsse für Betriebsschäden sowie für Seng-, Kurzschluss- und Überspannungsschäden.

! **Praxistipp**
Es besteht die Möglichkeit, Betriebsschäden gegen Mehrprämien in den Versicherungsschutz einzubeziehen.

---

b) Leitungswasser- und Rohrbruchversicherung

193 Die Leitungswasserversicherung leistet **Ersatz** für versicherte Sachen, die durch **bestimmungswidrig austretendes Leitungswasser** zerstört oder beschädigt werden. Ersetzt werden Durchnässungsschäden durch Leitungswasser, nicht dagegen die Ursache und deren Beseitigung selbst. Die Kosten für die Beseitigung werden nur dann ersetzt, wenn sie Ursache eines versicherten Rohbruchs wa-

330 Auf Basis der Allgemeinen Feuerversicherungs-Bedingungen (AFB).
331 Lindner-Figura/Oprée/Stellmann/*Senk*, Kap. 22 Rn 7.

ren.[332] Der Versicherungsfall „Leitungswasser" ist daher abzugrenzen vom Versicherungsfall „Rohrbruch".

194 Der Leitungswasserschaden setzt voraus, dass Wasser aus folgenden Quellen bestimmungswidrig ausgetreten ist:
- fest verlegte Zu- und Ableitungsrohre der Wasserversorgung,
- mit dem Rohrsystem verbundene sonstige Einrichtungen,
- Anlagen der Warmwasser- oder Dampfheizung,
- Sprinkler- oder Berieselungsanlagen.

195 Zu den fest verlegten Zu- und Ableitungsrohren der Wasserversorgung gehören die dauerhaft und nicht nur provisorisch verlegten Rohre. Hierzu zählen u.a. auch Verbindungsschläuche von Wasch- und Spülmaschinen, solange das Rohrmaterial die erforderliche Festigkeit besitzt, dem Wasser standzuhalten.[333] Zu den sonstigen Einrichtungen gehören u.a. Absperrventile, Wasseruhren, Wasserhähne, Hebeanlagen und Waschmaschinen.[334]

196 Es wird nicht vorausgesetzt, dass das austretende Wasser aus der öffentlichen Wasserversorgung stammt.[335] Daher besteht auch für Quellwasser Versicherungsschutz, wenn es aus den zuvor genannten Rohren bestimmungswidrig austritt. Vom Versicherungsschutz nicht umfasst ist allerdings ein Schaden, der durch austretendes Regenwasser aus einem Regenfallrohr entsteht.

197 Soweit auch der Versicherungsfall „Rohrbruch" versichert ist, wird Entschädigung für Bruchschäden aus beliebiger Ursache an folgenden Rohren **innerhalb von Gebäuden** geleistet:
- der Wasserversorgung (Zu- oder Ableitungen) und den damit verbundenen Schläuchen,
- der Warmwasser- oder Dampfheizung,
- Rohren der Sprinkler- und Berieselungsanlagen,
- Rohren der Klima-, Wärmepumpen- oder Solarheizungsanlagen.

198 Für **frostbedingte Bruchschäden** an Badeeinrichtungen, Waschbecken, Spülklosetts, Armaturen sowie deren Anschlussschläuche, Heizkörpern, Heizkesseln, Boilern oder vergleichbare Teile von Warmwasserheizungs-, Dampfheizungs-, Klima-, Wärmepumpen- oder Solarheizungsanlagen sowie Sprinkler- und Berieselungsanlagen besteht ebenfalls Versicherungsschutz.

---

332 OLG Karlsruhe, Urt. v. 1.7.2004 – 12 U 88/04 – VersR 2004, 1310; OLG Hamm, Urt. v. 14.3.1989 – 20 U 298/88 – NJW-RR 1989, 987, 988.

333 Lindner-Figura/Oprée/Stellmann/*Senk*, Kap. 22 Rn 15.

334 Lindner-Figura/Oprée/Stellmann/*Senk*, Kap. 22 Rn 18.

335 OLG Karlsruhe, Urt. v. 1.7.2004 – 12 U 88/04 – VersR 2004, 1310.

199 Ersatz für Bruchschäden **außerhalb von Gebäuden** aus beliebiger Ursache wird geleistet für

- Zuleitungsrohre der Wasserversorgung,
- Rohre der Warmwasserheizungs- und Dampfheizungs-, Klima-, Wärmepumpen- oder Solarheizungsanlagen.

Voraussetzung ist, dass sich die Rohre auf dem versicherten Grundstück befinden und der Versorgung versicherter Gebäude und Anlagen dienen und der Versicherungsnehmer die Gefahr für diese Rohre trägt.

200 **Regenabflussrohre** sind daher nicht versichert, selbst wenn sie innerhalb des Gebäudes verlaufen.[336]

c) Sturm- und Hagelversicherung

201 Die Sturm- und Hagelversicherung leistet **Entschädigung** für versicherte Sachen, die durch **Sturm oder Hagel** zerstört oder beschädigt werden. Ein **Sturm** ist eine wetterbedingte Luftbewegung mindestens der Windstärke 8 nach Beaufort (mindestens 63 km/h). **Hagel** ist ein fester Witterungsniederschlag in Form von Eiskörnern. Ob am Versicherungstag ein Sturm oder Hagel vorgelegen hat, ist vom Versicherungsnehmer zu beweisen, im Zweifelsfall durch Einholung eines Sachverständigengutachtens. Beweiserleichterung wird für den Fall gewährt, dass die Windstärke für den Schadensort nicht feststellbar ist. Der Versicherungsnehmer muss dann nur nachweisen, dass die Luftbewegung in der Umgebung des Versicherungsgrundstücks Schäden an Gebäuden in einwandfreiem Zustand oder an ebenso widerstandsfähigen anderen Sachen angerichtet hat oder dass der Schaden wegen des einwandfreien Zustandes des versicherten Gebäudes oder des Gebäudes, in dem sich die versicherten Sachen befunden haben, oder mit diesem Gebäude baulich verbundenen Gebäuden nur durch Sturm entstanden sein kann. Es ist dann Sache des Versicherers, zu beweisen, dass der Schaden wegen erheblicher Mängel des Gebäudes bereits vor Erreichen von Windstärke 8 entstanden ist.[337]

202 Versichert ist

- die **unmittelbare Einwirkung** auf die versicherten Sachen oder auf Gebäude, in denen sich versicherte Sachen befinden,
- wenn durch Sturm Gebäudeteile, Bäume oder andere Gegenstände auf versicherte Sachen geworfen werden und der Schaden hierdurch entsteht,
- der Sturmfolgeschaden, d.h. der Schaden, der als Folge eines Sturmschadens durch unmittelbare Einwirkung oder durch Werfen von Gegenständen durch Sturm an Gebäuden, in denen sich versicherte Sachen befinden, entsteht.

---

336 OLG Frankfurt, Urt. v. 14.10.1999 – 3 U 215/98 – VersR 2000, 723.

337 Lindner-Figura/Oprée/Stellmann/*Senk*, Kap. 22 Rn 23.

Ausschlüsse bestehen für Schäden durch: 203
- Sturmfluten,
- Eindringen von Regen, Hagel, Schnee oder Schmutz durch nicht ordnungsgemäß geschlossene Fenster, Außentüren oder andere Öffnungen, es sei denn, dass dieses Öffnungen durch Sturm oder Hagel entstanden sind,
- Überschwemmung, Erdbeben, Erdsenkung, Erdrutsch, Schneedruck, Lawinen und Vulkanausbrüche.

Des Weiteren besteht kein Versicherungsschutz für nicht bezugsfertige Gebäude 204
oder wenn sie wegen Umbauarbeiten für ihren Zweck nicht benutzbar sind.

d) Mietverlustversicherung

Die Mietverlustversicherung ersetzt dem Vermieter einer Immobilie **Mietausfälle**, 205
die er aufgrund des dem Mieter zustehenden gesetzlichen Minderungsrechts, beispielsweise nach Feuer, Wasser- und Sturmschäden, erleidet. Je nach vereinbartem Versicherungsschutz werden dem Vermieter innerhalb des mit dem Versicherer **vereinbarten Haftungszeitraums** Mietverluste ersetzt, die er nach Eintritt des Versicherungsfalls erleidet. In der Regel wird dem Vermieter der versicherte Mietausfall einschließlich der **Mietnebenkosten** erstattet. Voraussetzung ist, dass dem Vermieter auch tatsächlich ein Mietausfall entstanden ist. Stand das Gebäude zum Zeitpunkt des Schadenseintritts bereits leer, besteht keine Leistungspflicht des Versicherers.[338] Gleiches gilt, wenn der Mieter nicht zur Minderung berechtigt war, weil er beispielsweise den Mangel selbst verursacht hat.

e) Technische Versicherungen

Zu den technischen Versicherungen gehören u.a.: 206
- die **Maschinenversicherung**,
- die **Elektronikversicherung**.

Die Maschinenversicherung leistet insbesondere Entschädigung für Sachschäden, 207
beispielsweise durch:
- Bedienungsfehler,
- Konstruktions-, Material- oder Ausführungsfehler,
- Wassermangel in Dampferzeugern,
- Versagen von Mess-, Regel- oder Sicherheitseinrichtungen,
- Wasser-, Öl- oder Schmiermittelmangel,

338 OLG Schleswig, Urt. v. 6.7.2006 – 16 U 67/05 – NJW-RR 2007, 321, 322.

- Zerreißen infolge von Fliehkraft,
- Überdruck (nicht Explosion) oder Unterdruck,
- Sturm, Frost, Eisgang.

208 Die Elektronikversicherung leistet Entschädigung für **unvorhergesehen eintretende Sachschäden** an versicherten Sachen. Dies können stationär und beweglich eingesetzte Anlagen und Geräte sein, z.B. Bürotechnik, Informationstechnik, Kommunikationstechnik, Medientechnik, Medizintechnik, Mess- und Prüftechnik, Satz- und Reprotechnik, Sicherungs-, Melde- und Überwachungstechnik und Verkehrstechnik.

209 Ersetzt werden je nach vertraglicher Vereinbarung die Kosten für Schäden durch:
- Abhandenkommen durch Diebstahl, Einbruchdiebstahl, Raub, Plünderung,
- Bedienungsfehler, Ungeschicklichkeit, Fahrlässigkeit,
- Brand, Blitzschlag, Explosion oder Implosion, Sengschäden,
- höhere Gewalt,
- Konstruktions-, Material- oder Ausführungsfehler,
- Überspannung, Induktion,
- Vorsatz Dritter, Sabotage, Vandalismus,
- Wasser, Feuchtigkeit, Überschwemmung.

f) Terrorismusversicherung

210 Nach den Terroranschlägen in den USA im Jahr 2001 haben die Versicherer flächendeckend die Haftung für terroristische Anschläge, die bis dato teilweise von der Feuerversicherung gedeckt war, ausgeschlossen. Ersatz von Sach- und Betriebsunterbrechungsschäden, die durch Terrorakte ausgehen, leistet die sog. Terrorismusversicherung, die durch eine im Jahr 2002 gegründete Spezialversicherung gegründet wurde.

211 Namenhafte deutsche Versicherungsgesellschaften sind Aktionäre dieser Versicherung mit Firmensitz in Köln, die im Falle eines Terroranschlags in der Bundesrepublik Deutschland bis zu 2 Milliarden € Schadenssumme für Sach- und Betriebsunterbrechungsschäden begleichen kann. Schadenssummen darüber hinaus sind bis 10 Milliarden € durch eine temporäre Vereinbarung mit dem Bundesfinanzministerium gedeckt.

212 Zu beachten ist allerdings, dass die Terrorismusversicherung eine Vielzahl von Ausschlüssen bereithält. Hierzu zählen u.a.:[339]

339 Lindner-Figura/Oprée/Stellmann/*Senk*, Kap. 22 Rn 69.

- Krieg,
- Atomrisiken,
- Schäden an Flugzeugen,
- Schäden durch Virenangriff,
- Terrorschäden bei einem Lieferanten.

2. Haftpflichtversicherungen

Die Haftpflichtversicherung deckt das Risiko, dass der Versicherungsnehmer von einem Dritten aufgrund gesetzlicher **Haftpflichtbestimmungen privatrechtlichen Inhalts** auf Schadensersatz in Anspruch genommen wird.[340] Die Haftpflichtversicherung ist daher eine Schadensversicherung. Zu den klassischen Haftpflichtversicherungen gehören: 213

- **Haus- und Grundeigentümer-Haftpflichtversicherung**

Versichert sind insbesondere Schäden aus der Verletzung der den Vermieter treffenden Verkehrssicherungspflichten wie Beleuchtung, Reinigung, Schnee- und Eisbeseitigung auf den Gehwegen sowie die Erhaltung des Gebäudes in einem verkehrssicheren Zustand bzw. die Verletzung der zuvor genannten Pflichten durch von dem Vermieter beauftragten Personen. 214

- **Umwelthaftpflichtversicherung**

Die Umwelthaftpflichtversicherung deckt Gefahren, die durch umweltschädliche Stoffe entstehen, die von Kleingebinde ausgehen. Hierzu zählen Notstromtanks, Dieseltanks und Vorräte von Hydraulikölen. 215

3. Rechtsschutzversicherung

Rechtsstreitigkeiten zwischen Mieter und Vermieter sind leider keine Seltenheit. Unabhängig davon, ob man nun etwas für den Streit kann, Recht hat oder nicht, empfiehlt sich der Abschluss einer Rechtsschutzversicherung, da die Durchsetzung von Ansprüchen den Gerichten überlassen ist und man sich hierdurch vor den nicht absehbaren Kosten eines Gerichtsverfahrens schützen kann. Je nach Versicherungsvertrag werden auch etwaige anfallende Sachverständigenkosten ersetzt. 216

340 Lindner-Figura/Oprée/Stellmann/*Senk*, Kap. 22 Rn 113.

III. Ausschlüsse und Obliegenheiten

217 Bei den oben näher dargestellten Versicherungen existieren eine Fülle von Ausschlüssen und Obliegenheiten. Die einzelnen Ausschlüsse sind jeweils den dem Versicherungsvertrag zugrunde gelegten Bedingungen zu entnehmen. Teilweise wurde darauf bei der Darstellung der einzelnen Versicherungsarten eingegangen. Aufgrund der Vielzahl der Ausschlüsse, und weil es in der Regel auf den individuell abgeschlossenen Versicherungsvertrag ankommt, wird auf die nähere Darstellung aus Platzgründen an dieser Stelle verzichtet.

218 Die Obliegenheiten werden nachfolgend ebenfalls auf die wesentlichen Aspekte begrenzt. Die Ausführungen beschränken sich auf die neue Rechtslage seit dem 1.1.2008 (Versicherungsvertragsgesetz, VVG neu).

219 Zu den Obliegenheiten zählen
- die Obliegenheiten vor Vertragsschluss, sog. vorvertragliche Anzeigepflicht,
- die Obliegenheiten nach Vertragsschluss, die Gefahrerhöhung,
- die Einhaltung von Sicherheitsvorschriften,
- die Obliegenheit nach Eintritt des Versicherungsfalles.

220 **Vor Vertragsschluss** hat der zukünftige Versicherungsnehmer dem Versicherer die gefahrerheblichen Umstände anzuzeigen, nach denen der Versicherer in Textform gefragt hat. Der zukünftige Versicherungsnehmer hat die Antragsfragen wahrheitsgemäß zu beantworten.

221 **Nach Abschluss** des Versicherungsvertrags trifft den Versicherungsnehmer die Pflicht, keine Gefahrerhöhung ohne Einwilligung des Versicherers vorzunehmen. Eine Gefahrerhöhung liegt dann vor, wenn die bei Vertragsschluss objektiv gefahrerhebliche Umstände so verändert werden, dass der Eintritt des Versicherungsfalles oder die Vergrößerung eines Schadens wahrscheinlich sind, wobei der gefahrerhöhende Umstand eine gewisse Dauerhaftigkeit erfordert.[341] Liegen die Voraussetzungen einer Gefahrerhöhung vor, ist der Versicherungsnehmer verpflichtet, den Versicherer unverzüglich hierüber zu informieren.

! **Praxistipp**
Es empfiehlt sich, den Versicherer über alle Aktivitäten, die eine Gefahrerhöhung auslösen können, bereits vor Ausführung zu informieren. Hierzu zählen insbesondere die baulichen Veränderungen, die zu einer Gefahrerhöhung führen können.

---

222 Neben der Meldung einer Gefahrerhöhung obliegt dem Versicherungsnehmer auch die Einhaltung aller gesetzlichen, behördlichen oder im Versicherungsvertrag ver-

341 Lindner-Figura/Oprée/Stellmann/*Senk*, Kap. 22 Rn 97.

einbarten Sicherheitsvorschriften, weshalb es wichtig ist, einen näheren Blick auf die Bedingungen der oft umfangreichen Versicherungsbedingungen zu werfen. Ausnahmen ergeben sich aus **Entlastungsklauseln** der Versicherer. Bei Vertragsabschluss ist darauf zu achten, ob die Entlastungsklauseln auch für den konkreten Versicherungsvertrag gelten.

Nach Eintritt des Versicherungsfalles hat der Versicherungsnehmer den Scha- 223
denfall unverzüglich anzuzeigen.

Die Verletzung von Obliegenheiten kann folgende **Rechtsfolgen** auslösen: Im 224
Falle von **Vorsatz und grober Fahrlässigkeit** kann der Versicherer den Versicherungsvertrag fristlos innerhalb eines Monats ab Kenntniserlangung kündigen. Bei grober Fahrlässigkeit findet eine Quotelung statt, d.h. er darf die Leistung in einem der Schwere des Verschuldens des Versicherungsnehmers entsprechenden Verhältnis kürzen. Der Versicherer ist nur leistungsfrei, wenn die vorsätzliche Obliegenheitsverletzung kausal für den Eintritt oder die Feststellung des Versicherungsfalles oder für die Feststellung oder den Umfang der Leistungspflicht des Versicherers war, es sei denn, der Versicherungsnehmer handelte arglistig. Voraussetzung der vollständigen oder teilweisen Leistungsfreiheit des Versicherers nach Eintritt des Versicherungsfalles bestehenden Auskunfts- oder Aufklärungsobliegenheit ist außerdem, dass er den Versicherungsnehmer gesondert in Textform auf den Ausschluss seiner Leistungsfreiheit hingewiesen hat.

IV. Zurechnung von Mieterverhalten

Der Vermieter als Versicherungsnehmer muss sich nur dann das Verhalten seines 225
Mieters gegenüber dem Versicherer zurechnen lassen, wenn der Mieter als **Repräsentant** des Vermieters auftritt. Repräsentant ist, wer in dem Geschäftsbereich, zu dem das versicherte Risiko gehört, aufgrund eines Vertrags- oder ähnlichen Verhältnisses an die Stelle des Versicherungsnehmers getreten ist.[342] Voraussetzung ist daher, dass der Vermieter die **vollständige Verantwortung** für die Mietsache auf den Mieter übertragen hat. Da dies nur in Ausnahmefällen zu bejahen sein wird, kommt eine Zurechnung von Mieterverhalten nur untergeordnete Bedeutung zu.

V. Umlagefähigkeit von Versicherungen

Die Umlage von Versicherungskosten als Betriebskosten ist in gewerblichen Miet- 226
verträgen grundsätzlich möglich.

342 Lindner-Figura/Oprée/Stellmann/*Senk*, Kap. 22 Rn 110.

227 Die Umlage von Versicherungskosten kann durch **formular- oder individualvertragliche Vereinbarung** erfolgen. Eine wirksame Umlagevereinbarung liegt vor, wenn vereinbart wird, dass der Mieter die Betriebskosten im Sinne der Betriebskostenverordnung (Anlage 3 zu § 27 der II. BV) zu tragen hat.

228 Soweit die Umlage entsprechend der Betriebskostenverordnung (BetrKV) vertraglich vereinbart werden soll, ist es ratsam, die einzelnen Kostenpositionen der BetrKV aufzuführen. Die Umlage von Versicherungskosten ist in Nr. 13 geregelt. Dort heißt es:

> *„Nr. 13: Die Kosten der Sach- und Haftpflichtversicherung*
> *hierzu gehören namentlich die Kosten der Versicherung des Gebäudes gegen Feuer-, Sturm-, Wasser-, sowie sonstige Elementarschäden, der Glasversicherung, der Haftpflichtversicherung für das Gebäude, den Öltank und den Aufzug."*

229 Eine weitere Auflistung aller Versicherungsarten, die der Vermieter im Rahmen des Mietverhältnisses abschließen möchte, ist bei Verweis auf die BetrKV nicht erforderlich, da die Aufzählung der Versicherungsarten in Nr. 13 nicht abschließend ist. Zu den dort exemplarisch aufgeführten Versicherungen gehören z.B. auch:
- Versicherungen gegen Strom- und Wasserschäden,
- Versicherungen gegen Schäden an Alarm-, Brand- und Fernmeldeanlagen sowie
- sonstigen elektrotechnischen und elektronischen Anlagen.[343]

Unter Nr. 13 fallen grundsätzlich also alle Sach- und Haftpflichtversicherungen, die dem Schutz des Gebäudes und seiner Bewohner und Besucher dienen.

230 Nicht unter Nr. 13 fallen die Kosten
- einer Rechtsschutzversicherung,
- einer Reparaturversicherung und
- einer Mietausfallversicherung.

! **Praxistipp**
Möchte der Vermieter auch die Kosten der zuvor genannten Versicherungen auf den Mieter umlegen, sollte hierzu eine ausdrückliche individualvertragliche Vereinbarung im Mietvertrag getroffen werden. Die Kosten einer Mietausfallversicherung dürften auch formularvertraglich zulässig sein, wobei aufgrund gegenteiliger Auffassungen Vorsicht geboten ist.[344]

343 Lindner-Figura/Oprée/Stellmann/*Senk*, Kap. 11 Rn 110.
344 Lindner-Figura/Oprée/Stellmann/*Senk*, Kap. 11 Rn 110; Schmidt-Futterer/*Eisenschmid*, § 556 BGB Rn 172; a.A.: OLG Düsseldorf, Urt. v. 29.6.2000 – 10 U 116/99 – NZM 2001, 588.

Bei Vereinbarung einer **Sammelversicherung** ist darauf zu achten, dass die Gefahren, die hiermit abgedeckt werden, auch vertraglich vereinbart sind. Anderenfalls ist die Prämie in einen umlegbaren und einen nicht umlegbaren Teil aufzuteilen.[345] 231

Die Umlage der Versicherungskosten muss immer dem **Wirtschaftlichkeitsgebot** entsprechen. Das Wirtschaftlichkeitsgebot ist dann erfüllt, wenn der Abschluss der Versicherung zur Bewirtschaftung des Gebäudes erforderlich ist und die Höhe der Prämie angemessen erscheint. Der Vermieter darf daher nicht einfach nach Belieben überteuerte Versicherungstarife wählen, wenn sie am Markt auch preiswerter angeboten werden.[346] Der Vermieter hat das sog. Kosten-Nutzen-Verhältnis zu beachten. Er kann solche Kosten umlegen, die bei gewissenhafter Abwägung aller Umstände und bei ordentlicher Geschäftsführung gerechtfertigt sind.[347] Das bedeutet nicht, dass der Vermieter immer den billigsten Versicherungstarif wählen muss. Vielmehr hat der Vermieter einen eigenen **Ermessenspielraum** und darf andere für eine ordnungsgemäße Bewirtschaftung relevante Kriterien, wie z.B. die Zuverlässigkeit des anderen Vertragspartners, mit in seine Entscheidungsfindung einbeziehen.[348] 232

Bei dem Abschluss einer Terrorversicherung entspricht der Vermieter dem Wirtschaftlichkeitsgebot, wenn eine Versicherung gegen Terrorakte im Einzelfall für das versicherte Gebäude erforderlich ist und wenn die konkret abgeschlossene Versicherung angemessen ist. Bei der Erforderlichkeit müssen konkrete Umstände vorliegen, die die Gefahr eines Gebäudeschadens durch einen terroristischen Angriff begründen.[349] Dies dürfte dann der Fall sein, wenn es sich um Regierungs-, Parlamentsgebäude oder militärische Einrichtungen handelt oder um Gebäude, vor allem in Großstädten oder Ballungszentren, in denen sich regelmäßig eine große Anzahl von Menschen aufhalten, oder Gebäude, die sich in unmittelbarer Nachbarschaft zu diesen gefährdeten Gebäuden befinden. Hierbei spielt auch der Wert des Gebäudes eine Rolle.[350] Ist ein terroristischer Angriff eher unwahrscheinlich und kann ein solcher lediglich nicht mit letzter Sicherheit ausgeschlossen werden, scheidet die Umlage der Terrorversicherung aus.[351] Da es sich bei der Terrorismusversicherung um eine Sachversicherung handelt, unterfällt sie auch der Nr. 13 BetrKV, wenn sie dem zuvor beschriebenen Wirtschaftlichkeitsgebot entspricht. 233

345 Lindner-Figura/Oprée/Stellmann/*Beyerle*, Kap. 11 Rn 110.

346 MüKo-BGB/*Schmid*, § 556 Rn 109; *Neuhaus*, NZM 2011, 65, 66.

347 MüKo-BGB/*Schmid*, § 556 Rn 106.

348 BGH, Urt. v. 13.10.2010 – XII ZR 129/09 –.

349 BGH, Urt. v. 13.10.2010 – XII ZR 129/09 –; Schmidt-Futterer/*Langenberg*, § 556 BGB Rn 173.

350 BGH, Urt. v. 13.10.2010 – XII ZR 129/09 –.

351 BGH, Urt. v. 13.10.2010 – XII ZR 129/09 –.

VI. Verpflichtung des Mieters zum Abschluss von Versicherungen

234 Der Vermieter kann dem Mieter formularvertraglich die Verpflichtung auferlegen, Sachversicherungen abzuschließen.[352] Möglich ist, den Mieter zum Abschluss von folgenden Versicherungen zu verpflichten:
- Gebäudeversicherung,
- Betriebshaftpflichtversicherung,
- Betriebsunterbrechungsversicherung, wenn im Mietvertrag eine Umsatzmiete vereinbart wurde,[353] wobei dies nicht ganz unstrittig ist, weshalb empfohlen wird, dies individualvertraglich zu regeln.

! **Praxistipp**
Es sollte darauf geachtet werden, dass die Sachversicherungen, die der Mieter abschließen soll, hinreichend bestimmt sind. Unklarheiten gehen immer zulasten des Verwenders (in der Regel zulasten des Vermieters).

235 Unterlässt der Mieter vertragswidrig den Abschluss der Versicherung, so haftet er im Schadensfalle unabhängig vom Verschulden für die Schäden, die der Versicherer ersetzt hätte.[354]

236 Können Risiken einfacher und typischerweise vom Mieter versichert werden, besteht auch die Möglichkeit des Vermieters, die Haftung des Mieters auf Risiken (verschuldensunabhängig) aus seiner Sphäre auszuweiten, die für den Vermieter nicht beherrschbar sind.[355] Dies ist allgemein anerkannt.[356]

237 Diese Frage ist insoweit von Bedeutung, weil der Mieter generell nur für Schäden verantwortlich gemacht werden kann, an deren Entstehung ihn ein Verschulden trifft. Formularklauseln, die den Mieter verschuldensunabhängig haften lassen, sind daher unwirksam.[357]

VII. Regress des Gebäudeversicherers beim Mieter

238 Gemäß § 86 VVG geht der Ersatzanspruch, der dem Versicherungsnehmer gegen einen Dritten zusteht, auf den Versicherer über. Dies würde dazu führen, dass der Versicherer bei Beschädigung oder Zerstörung der Mietsache durch den Mieter Re-

352 Lindner-Figura/Oprée/Stellmann/*Wolf*, Kap. 13 Rn 46.
353 Lindner-Figura/Oprée/Stellmann/*Wolf*, Kap. 13 Rn 46.
354 Schmidt-Futterer/*Eisenschmid*, § 535 BGB Rn 81 m.w.N.
355 Schmidt-Futterer/*Langenberg*, § 538 BGB Rn 18.
356 BGH, Urt. v. 1.4.1992 – XII ZR 100/91 – NJW 1992, 1761, 1762.
357 Lindner-Figura/Oprée/Stellmann/*Wolf*, Kap. 13 Rn 44.

gress beim Mieter nehmen könnte, wenn er dem Vermieter den Schaden ersetzt. Da der Mieter in der Regel die anteiligen Kosten der Gebäudeversicherung über die Betriebskosten mitträgt, entnimmt der BGH im Wege der ergänzenden Vertragsauslegung dem vom Vermieter abgeschlossenen Gebäudeversicherungsvertrag einen konkludenten Regressverzicht des Versicherers in Fällen einfacher Fahrlässigkeit.[358] Dieser Regressverzicht gilt unabhängig davon, ob der Vermieter die Kosten der Sachversicherung als Betriebskosten umlegt oder der Mieter eine Haftpflichtversicherung abgeschlossen hat[359] und auch unabhängig davon, ob es sich um ein Wohnraum- oder ein gewerbliches Mietverhältnis handelt.[360] Der Mieter bleibt daher im Ergebnis von einer Inanspruchnahme durch den Versicherer des Mieters in Fällen einfacher Fahrlässigkeit verschont.

358 BGH, Urt. v. 8.11.2000 – IV ZR 298/99 – NJW 2001, 1353; BGH, Urt. v. 13.9.2006 – IV ZR 116/05 –.

359 Lindner-Figura/Oprée/Stellmann/*Senk*, Kap. 22 Rn 90.

360 BGH, Beschl. v. 12.12.2002 – XII ZR 153/99 –.

Kapitel 11
Bauliche Maßnahmen im Rahmen bestehender Mietverhältnisse

Bei vielen gewerblich genutzten Immobilien besteht ein **erheblicher Modernisierungsbedarf.** Ein zunehmend veralteter Gebäudebestand sowie neue Entwicklungen der Gebäudetechnik und energetischen Ausstattung fordern stetige Investitionen in die Mietflächen. Zudem führt das Augenmerk der Mieter auf gute Standorte zu beträchtlichen Leerständen in weniger attraktiven Lagen. Insoweit sind auch im Rahmen laufender Mietverhältnisse größere Investitionen in Gewerbeflächen notwendig, um deren Wettbewerbsfähigkeit zu erhalten. 1

Eine Untersuchung[1] der **Altersstruktur von Shopping-Centern** hat gezeigt, dass 64% aller Center in Deutschland vor dem Jahr 2000 errichtet wurden und damit vergleichsweise alt sind. Nach einer aktuellen Studie[2] müssen allein in Deutschland 303 Einkaufszentren mit einer Gesamtfläche von mehr als 7,2 Mio. m² modernisiert werden. Bei Einzelhandelsflächen und Shopping-Centern zwingt zudem der zunehmende Onlinehandel die Bestandshalter von Einzelhandelsimmobilien dazu, traditionelle Einzelhandelsstandorte zukunftsfähig zu gestalten. 2

Auch der **Bürosektor** weist eine Überalterung der Gebäudesubstanz auf. Eine Betrachtung von Büroimmobilien nach Gebäudealter in den 127 größten deutschen Städten zeigt, dass rund 70% des Gebäudebestandes vor 1990 erbaut wurde und damit vergleichsweise alt ist. Über die Hälfte aller Büroimmobilien stammen aus der Zeit zwischen 1950 und 1990.[3] 3

Bedingt durch **steigende Nachhaltigkeitsanforderungen** und neue Technologien werden auch im Bürosektor die Lebenszyklen von Immobilien immer kürzer. Die veränderten Ansprüche an einen optimalen Zuschnitt der Mietflächen und neue technische Standards (z.B. energetische Sanierung, Klimatisierung und Medienver- 4

---

1 Studie der Deutsche Hypo „Investmentchance: Refurbishment? – Refurbishment im Handels- und Bürosektor in Deutschland“ v. 3.7.2013, abrufbar unter http://www.deutsche-hypo.de/wp-content/uploads/2014/10/Real_Estate_Special__Refurbishments_2013_02.pdf.

2 Nach der Studie „Refurbishment – der zukünftige Weg im klassischen europäischen Einzelhandel“ der Bouwfonds Investment Management B.V. aus November 2013 sind 18 Mio. m² Einzelhandelsflächen in Deutschland, Niederlande und Frankreich optimierungsbedürftig. Damit besteht bei fast 50% aller Einzelhandelsflächen in Shopping-Center der vorgenannten Länder Modernisierungsbedarf. Bouwfonds Investment Management hatte für die Studie 859 Einkaufszentren mit Flächen von mehr als 5.000 m² analysiert, die vor dem Jahr 2005 gebaut oder zum letzten Mal modernisiert wurden. Als Ergebnis der Studie wird eine Verschiebung der Bauaktivitäten im Einzelhandel in Richtung Refurbishment des bestehenden und zunehmend veralteten Bestands erwartet.

3 Studie der Deutsche Hypo „Investmentchance: Refurbishment? – Refurbishment im Handels- und Bürosektor in Deutschland“ v. 3.7.2013.

sorgung) erfordern bauliche Maßnahmen auch im Rahmen von laufenden Mietverhältnissen. Aufgrund des **steigenden Wettbewerbsdrucks** wird die Qualität von Büroimmobilien vor allem anhand ihrer Nutzungsflexibilität beurteilt. Der Refurbishment-Bedarf bei Büroimmobilien wird in den kommenden Jahren auf rund 23 Mrd. € und bei Einzelhandelsimmobilien auf rund 12 Mrd. € geschätzt.[4]

5 Die Notwendigkeit von kleineren und größeren Baumaßnahmen und der Wunsch zu baulichen Veränderungen können sowohl vom Vermieter als auch vom Mieter ausgehen und an den jeweils anderen Vertragspartner herangetragen werden. Die unterschiedlichen **wirtschaftlichen Interessen** sind dann im Rahmen der im Folgenden dargestellten **rechtlichen Voraussetzungen** und gesetzlichen bzw. vertraglichen Regelungen zu berücksichtigen.

A. Bauliche Maßnahmen des Vermieters

6 Bei geplanten baulichen Maßnahmen des Vermieters ist zwischen solchen zur Erhaltung des Status quo und solchen zur Modernisierung (d.h. Verbesserung/Erweiterung) zu unterscheiden, da die Duldungspflicht des Mieters jeweils an unterschiedliche Voraussetzungen geknüpft ist.

7 Maßnahmen des Vermieters, die zur Instandhaltung und Instandsetzung der Mietsache erforderlich sind (sog. **Erhaltungsmaßnahmen**), muss der Mieter grundsätzlich uneingeschränkt dulden (§ 555a Abs. 1 BGB). Bei **Modernisierungsmaßnahmen** besteht eine Duldungspflicht nur dann, wenn die Maßnahme für den Mieter nicht eine Härte bedeuten würde, die auch unter Würdigung der berechtigten Interessen des Vermieters und anderer Mieter in dem Gebäude nicht zu rechtfertigen ist (§ 555d Abs. 2 S. 2 BGB). Die Härteklausel soll den Mieter vor Luxusmodernisierungen und einem „Hinausmodernisieren“ schützen. Da bei gewerblichen Mietverhältnissen wegen § 578 Abs. 2 BGB die Unabdingbarkeitsklauseln der §§ 555a bis 555e BGB nicht gelten, können in engen Grenzen auch formularrechtliche Abweichungen getroffen werden, soweit sie nicht sittenwidrig sind oder gegen Treu und Glauben verstoßen.

8 Die einzelnen Voraussetzungen und Prüfungsschritte zur Ermittlung der Duldungspflicht des Mieters sind im Rahmen der **schematischen Übersicht** dargestellt:

4 IVG Research LAB 3/2011, „Sanierungsstau bei Immobilien von Corporates und öffentlicher Hand“.

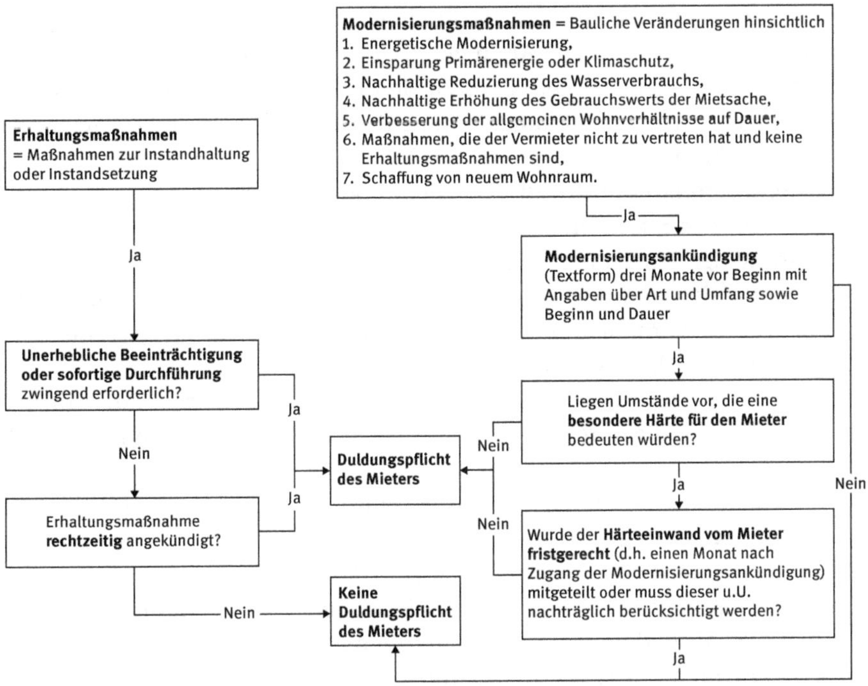

I. Erhaltungsmaßnahmen

Bei Erhaltungsmaßnahmen ist die Absicht darauf gerichtet, den **ursprünglichen** 9
wirtschaftlichen Bestand des Gebäudes seinem Wert nach zu sichern. Als Erhaltungsmaßnahmen werden regelmäßig solche Arbeiten bezeichnet, die der Beseitigung normaler Verschleißerscheinungen an der Mietsache und der Reparatur von Defekten dienen. Es geht um den **Austausch und Ersatz** veralteter und schadhafter Teile des Mietgegenstandes. Insoweit zählen zu den Erhaltungsmaßnahmen nach der durch das Mietrechtsänderungsgesetz[5] in § 555a BGB erstmalig eingefügten gesetzlichen Definition solche Maßnahmen, die zur Instandhaltung oder Instandsetzung der Mietsache erforderlich sind.

Instandhaltungen sind insbesondere vorbeugende Maßnahmen an Bestandtei- 10
len und Anlagen des Gebäudes, um Schäden am Mietgegenstand zu verhindern.[6]

5 Die Regelungen in §§ 555a–555f BGB wurden mit Wirkung zum 1.5.2013 durch das Gesetz über die energetische Modernisierung von vermietetem Wohnraum und über die vereinfachte Durchsetzung von Räumungstiteln (Mietrechtsänderungsgesetz – MietRÄndG) v. 11.3.2013 (BGBl. I S. 434) eingefügt.

6 OLG Köln, Urt. v. 17.12.1993 – 19 U 189/93 – NJW-RR 1994, 524.

Instandsetzungen wiederrum sind Maßnahmen, die zur Behebung von Mängeln erforderlich werden, die durch Abnutzung, Alterung, Witterungseinflüssen oder Einwirkungen Dritter entstanden sind. Zu den erforderlichen Erhaltungsmaßnahmen zählen neben den reinen Baumaßnahmen auch vorbereitende Arbeiten und die Baustelleneinrichtung.

11 Auch **Schönheitsreparaturen** (Tapezieren, Anstreichen oder Kalken der Wände und Decken, das Streichen von Heizkörpern einschließlich Heizrohren, der Innentüren sowie der Fenster und Außentüren von innen, Abziehen bzw. Abschleifen der Parkettfußböden und deren Versiegelung, Reinigung von Teppichböden) können – wenn deren Vornahme nicht vertraglich dem Mieter auferlegt wurde – eine Duldungspflicht des Mieters auslösen.

12 Unter Erhaltungsarbeiten werden auch Maßnahmen verstanden, die zur **Behebung von Mängeln**, die durch die Einwirkung Dritter entstanden sind, erforderlich sind.[7]

13 Keine Erhaltungsmaßnahme ist hingegen eine Neu- oder Umgestaltung des Mietobjektes.[8] Im Gegensatz zu Modernisierungsmaßnahmen geht es bei Erhaltungsmaßnahmen im Ergebnis nicht darum, den Wert des Gebäudes zu steigern.

14 Ob eine Erhaltungsmaßnahme vorliegt, ist **objektiv zu bestimmen**, d.h. unabhängig von den Auswirkungen auf das bestehende Mietverhältnis. Auch das **Ausmaß der Beeinträchtigung** des Mieters durch die fraglichen Baumaßnahmen spielt für die Einordnung, ob eine Erhaltungsmaßnahme oder eine Modernisierungsmaßnahme vorliegt, keine Rolle.

1. Umfang der Duldungspflicht

15 Da der Vermieter zur Erhaltung des Mieters **uneingeschränkt verpflichtet** ist, gilt auch die Duldungspflicht des Mieters grundsätzlich uneingeschränkt, sofern die beabsichtigte Erhaltungsmaßnahme erforderlich ist.

16 Die Bestimmung des **Erforderlichen** ist in weitem Rahmen in das Ermessen des Vermieters gestellt. Für die beabsichtigte Maßnahme muss weder eine besondere Dringlichkeit vorliegen, noch bedarf es einer objektiv zwingenden Feststellung ihrer Notwendigkeit. Soweit sachliche Gründe für die Durchführung der Maßnahme sprechen, ist regelmäßig ihre Erforderlichkeit zu bejahen.

17 **Grenzen zur Duldung** von Erhaltungsmaßnahmen ergeben sich neben der Erforderlichkeit der Maßnahme auch aus dem Schikaneverbot (§ 226 BGB) und nach dem Grundsatz von Treu und Glauben (§ 242 BGB).[9]

---

7 AG München, Urt. v. 24.10.2011 – 424 C 12307/11 – ZMR 2012, 110.
8 BGH, Urt. v. 23.2.1972 – VIII ZR 91/70 – NJW 1972, 723.
9 BGH, Urt. v. 23.2.1972 – VIII ZR 91/70 – NJW 1972, 723.

Der Mieter hat beispielsweise den **Zutritt des Vermieters zu dem Mietobjekt** 18
zu dulden, um ihm die Feststellung der Tatsachen zu ermöglichen, auf deren Grundlage die Entscheidung zu treffen ist, ob und in welchem Umfang eine Erhaltungsmaßnahme durchzuführen ist. Der Mieter muss zudem die mit den baulichen Maßnahmen verbundenen Beeinträchtigungen (Schmutz, Staub, Lärm, Lichtentzug usw.) dulden.

Auch der **Untermieter** wird durch die Vorschrift verpflichtet, da anderenfalls der 19
Hauptmieter dem Vermieter gegenüber die Erhaltungspflicht nicht erfüllen könnte. Der Vermieter kann – mangels eines eigenen Anspruchs gegenüber dem Untermieter – vom Mieter verlangen, dass dieser den Untermieter zur Duldung gem. § 555a Abs. 1 BGB veranlasst.

2. Mitwirkungspflicht

Es besteht – über die reine Duldungspflicht hinaus – **keine Mitwirkungspflicht** 20
des Mieters. Eine solche Mitwirkungspflicht in größerem Umfang kann dem Mieter auch nicht formularvertraglich auferlegt werden, da sie mit dem wesentlichen Grundgedanken des § 555a Abs. 1 BGB nicht zu vereinbaren wäre und somit gegen § 307 Abs. 2 Nr. 1 BGB verstoßen würde.

3. Zumutbarkeit der Maßnahme

Bei Erhaltungsmaßnahmen gem. § 555a Abs. 1 BGB findet anders als im Rahmen von 21
Modernisierungsmaßnahmen zwar **keine Interessenabwägung** statt. Die Arbeiten sind jedoch so auszuführen, dass unnötige Beeinträchtigungen des Mieters und seines Gewerbebetriebs vermieden werden. Im Einzelfall können Zumutbarkeitserwägungen dazu führen, dass keine Duldungspflicht seitens des Mieters besteht. Hier sind das **allgemeine Gebot der Rücksichtnahme** und das **Recht am eingerichteten und ausgeübten Gewerbebetrieb** zu beachten. In diesem Zusammenhang sind die Schwere der Beeinträchtigung sowie die Dringlichkeit der Erhaltungsmaßnahmen zu berücksichtigen.

Die Zumutbarkeitserwägungen kommen aber auch zum Tragen hinsichtlich der 22
Frage, ob die **Art und Weise der Ausführung** der Erhaltungsmaßnahmen vom Mieter hinzunehmen ist. Er hat es hingegen hinzunehmen, dass bei Außenarbeiten die Hausfassade mit einer staubdichten Plane abgehängt wird. Den dadurch verminderten Lichteinfall hat der Mieter zu dulden.[10]

---

10 AG Berlin-Mitte, Beschl. v. 6.5.1999 – 13 C 1003/99 – GE 1999, 989.

4. Aufwendungsersatz und Vorschuss

23 Der Mieter kann **Aufwendungsersatz für Maßnahmen** verlangen, die aus seiner Duldungspflicht folgen. Als ersatzfähig gelten insbesondere Reinigungsarbeiten[11] oder Entgelte für eine Beaufsichtigung der Mieträume während der Arbeiten.[12] Ebenso stellen die Demontage und das spätere Wiederanbringen von Einrichtungen (z.B. Verkaufsregale oder Thekeneinrichtungen) notwendige Aufwendungen des Mieters dar. Erstattungsfähige Aufwendungen liegen auch vor, wenn der Mieter Einrichtungen, mit denen er die Mietsache erlaubterweise versehen hat, entfernen und ersetzen muss.

24 Der Anspruch auf Aufwendungsersatz besteht auch für vorzunehmende **Schönheitsreparaturen**. Es ist unerheblich, ob ein vereinbarter Fristenplan schon teilweise abgelaufen ist.[13] Daher können auch Kosten für notwendige Ausbesserungsarbeiten (Tapete, Farbe, Gips und sonstiges Kleinmaterial) vom Aufwendungsersatzanspruch gem. § 555a Abs. 3 BGB erfasst sein.

25 Der Mieter muss sich **keinen Vorteilsausgleich** anrechnen lassen, da hier der Erfüllungsanspruch „auf Wiederherstellung" gerichtet ist und der Abzug „Neu für Alt" (wie im Schadensrecht) nicht einschlägig ist. Etwas anderes gilt, wenn der Mieter seiner wirksam übertragenen Renovierungspflicht nicht nachgekommen ist und er die Mieträume ohnehin renovieren musste.[14] Auch dann muss der Mieter aber nicht für etwaige Mehrkosten aufkommen, die infolge der Maßnahmen des Vermieters angefallen sind.

26 Die Kosten sind in **angemessenem Umfang** zu ersetzen und müssen in einem vernünftigen Verhältnis zu den baulichen Maßnahmen und zu den dadurch bedingten Beeinträchtigungen des Mieters stehen.[15] Aus der „Angemessenheit" ergibt sich auch, dass der Mieter keinen Aufwendungsersatz verlangen kann, wenn er lediglich übliche und ihm ohne Weiteres zumutbare Arbeiten in Eigenleistungen vornimmt, wie z.B. in kleinerem Umfang das Zusammenräumen und Sichern seiner Sachen oder die Durchführung geringfügiger Reinigungsarbeiten.

27 Der Mieter kann gem. § 555a Abs. 3 S. 2 BGB einen **Vorschuss verlangen**. Dies wird im Regelfall nur bei umfangreichen Baumaßnahmen in Betracht kommen. Solange der Vermieter dem Verlangen des Mieters auf Vorschuss nicht nachgekommen

---

11 LG Essen, Urt. v. 21.2.1979 – 1 S 577/78 – WuM 1981, 67; AG Hamburg, Urt. v. 6.3.2007 – 40 C 230/06 – WuM 2007, 445 (10 €/Std.); AG Schöneberg, Urt. v. 25.4.1977 – 12 C 14/77 – WuM 1978, 210; AG Gelsenkirchen-Buer, Urt. v. 16.11.1978 – 7 C 428/78 –; AG Pinneberg, Urt. v. 5.9.1989 – 41 C 443/88 – WuM 1990, 73.

12 LG Hamburg, Urt. v. 28.7.1987 – 16 S 19/87 – WuM 1987, 386.

13 LG Saarbrücken, Urt. v. 24.4.1978 – 13 S 81/78 – WuM 1979, 140.

14 LG Aachen, Urt. v. 16.1.1991 – 7 S 338/90 – ZMR 1991, 145.

15 LG Saarbrücken, Urt. v. 8.2.2008 – 10 S 33/08 – ZMR 2008, 974.

ist, braucht der Mieter die Verbesserungsmaßnahme nicht zu dulden und hat ein Zurückbehaltungsrecht.

II. Modernisierungsmaßnahmen

Unter Modernisierungsmaßnahmen sind solche Maßnahmen zu verstehen, die den 28
objektiven Gebrauchs- oder Substanzwert der Räume oder Gebäudeteile im Rahmen ihres Zwecks erhöhen und eine bessere Nutzung ermöglichen.[16] Entsprechend der durch das Mietrechtsänderungsgesetz[17] in § 555b BGB eingefügten gesetzlichen Definition stellen die folgenden baulichen Veränderungen „Modernisierungsmaßnahmen" dar:

1. Nachhaltige Einsparung von Endenergie (energetische Modernisierung),
2. Einsparung nicht erneuerbarer Primärenergie und nachhaltiger Klimaschutz,
3. Reduzierung des Wasserverbrauchs,
4. Erhöhung des Gebrauchswerts der Mietsache,
5. Verbesserung der allgemeinen Wohnverhältnisse auf Dauer,
6. Maßnahmen, die aufgrund von nicht vom Vermieter zu vertretenden Umständen ausgeführt werden (z.B. Denkmalschutz) oder
7. Schaffung neuen Wohnraums.

Bei der Durchführung von Modernisierungsmaßnahmen geht es im Ergebnis darum, 29
den **Wert des Gebäudes** zu steigern.

1. Einzelne Modernisierungsmaßnahmen

Ob eine Modernisierungsmaßnahme vorliegt, ist anhand **objektiver Kriterien zu** 30
bestimmen, d.h. unabhängig von den Auswirkungen auf das bestehende Mietverhältnis sowie unabhängig davon, ob die vom Vermieter aufzuwendenden Kosten oder die zu erwartende Erhöhung der finanziellen Belastung für den Mieter in einem angemessenen Verhältnis zur Verbesserung stehen.

Die Mietsache in diesem Sinne umfasst neben den vermieteten Räumen auch 31
die **mitvermieteten Gebäudeteile** sowie das **Gebäude und die Außenanlagen** insgesamt, immer vorausgesetzt, dass die fraglichen Maßnahmen eine Verbesse-

16 BGH, Urt. v. 13.2.2008 – VIII ZR 105/07 – NJW 2008, 1218.

17 Die Regelungen in §§ 555a–555f BGB wurden mit Wirkung zum 1.5.2013 durch das Gesetz über die energetische Modernisierung von vermietetem Wohnraum und über die vereinfachte Durchsetzung von Räumungstiteln (Mietrechtsänderungsgesetz – MietRÄndG) v. 11.3.2013 (BGBl. I S. 434) eingefügt.

rung für den Mieter nach sich ziehen.[18] Das Ausmaß der Beeinträchtigung des Mieters durch die fraglichen Baumaßnahmen spielt für die Einordnung, ob eine Modernisierungsmaßnahme oder nur eine Erhaltungsmaßnahme vorliegt, keine Rolle; sie erlangt erst im Rahmen der Härteklausel des § 555d Abs. 2 S. 1 BGB an Bedeutung.

a) Energetische Modernisierung

32 Bei Maßnahmen zur energetischen Modernisierung handelt es sich gem. § 555b Nr. 1 BGB um solche baulichen Veränderungen, durch die **Endenergie** in Bezug auf das Mietobjekt nachhaltig eingespart wird. Erfasst wird nicht nur die Einsparung von **Heizenergie**, sondern auch von **Strom.**

33 Bei den Maßnahmen zur Einsparung von Energie ist das finanzielle Interesse des Mieters etwa an einer Senkung seiner Heizkosten nicht zu berücksichtigen. Die Belange des Mieters werden bei energiesparenden Maßnahmen aufgrund einer umfassenden **Interessenabwägung im Rahmen der Härteklausel** des § 555d Abs. 2 bis 4 BGB gewahrt.[19]

34 Allein entscheidend ist, dass die durchzuführenden Maßnahmen auch **wirtschaftlich vernünftig** sind, und zwar zu einem tatsächlichen Einsparungseffekt von Energie führen.

35 Schon vor der gesetzlichen Änderung durch das Mietrechtsänderungsgesetz wurde die **Einsparung von Primärenergie** als duldungspflichtige Energieeinsparmaßnahme angesehen.[20] Die Neuregelung in § 555b BGB verstärkt diesen Ansatz und unterscheidet bei der Energieeinsparung zwischen Endenergie und Primärenergie. Endenergie wird dabei als die an der Gebäudehülle gemessene Energiemenge verstanden, die die Nutzenergie des Mieters sichert, während die Primärenergie als Summe von Endenergie und vorgelagertem Aufwand bezeichnet wird.[21]

36 Für die Frage der Duldungspflicht haben die Energiebegriffe im Rahmen des Gewerbemietrechts keine unterschiedliche Bedeutung. Gegenüber dem Gewerberaumvermieter besteht allerdings nur bei Energieeinsparmaßnahmen nach § 555b Nr. 1 BGB der **Minderungsausschluss** gem. § 536 Nr. 1a BGB. Bei Modernisierungsmaßnahmen, die lediglich zu einer Einsparung von Primärenergie führen, bleibt damit eine Minderungsmöglichkeit für den Mieter erhalten.

37 Im Rahmen des Wohnraummietrechts haben die verschiedenen Begriffe hingegen eine größere Bedeutung, da eine **Mieterhöhung** für Wohnraum nach § 559 BGB nur dann möglich ist, wenn auch Endenergie gem. § 555b Nr. 1 BGB eingespart wird.

---

18 BGH, Urt. v. 20.7.2005 – VIII ZR 253/04 – NJW 2005, 2995.
19 BGH, Urt. v. 24.9.2008 – VIII ZR 275/07 – NJW 2008, 3630.
20 BGH, Urt. v. 24.9.2008 – VIII ZR 275/07 – NJW 2008, 3630.
21 *Derleder*, NZM 2013, 441, 448.

aa) Einsparung von Endenergie

Als energetische Modernisierungsmaßnahmen i.S.d. § 555b Nr. 1 BGB sind zunächst solche bauliche Maßnahmen anzusehen, die zu einer Einsparung von **Endenergie** führen. Endenergie ist der nach Energiewandlungs- und Übertragungsverlusten übriggebliebene Teil der Primärenergie, der den Hausanschluss des Verbrauchers passiert hat.[22] Die Endenergie besteht damit aus der Nutzenergie einschließlich der Verluste der Anlagentechnik bei der Übergabe, der Verteilung, der Speicherung und der Erzeugung von Wärme im Gebäude.[23] Während die Nutzenergie nur die Energie meint, die für eine bestimmte Energiedienstleistung am Ort des Verbrauchs notwendig ist, erfasst die Endenergie zusätzliche Aufwendungen, die für den Betrieb der Anlagen erforderlich sind.[24] Die Bestimmung der Endenergie umfasst somit die Gesamtenergie, die in die Heizungsanlage eingegeben werden muss, um die angestrebte Wärme zu erreichen. Je kleiner die Verluste gehalten werden, desto größer ist der Wirkungsgrad einer Heizungsanlage (sog. Jahresnutzungsgrad (JNG)). Mit einem höheren Wirkungsgrad kann mehr Nutzenergie produziert und somit die Endenergie verringert werden. Je weniger Endenergie eingesetzt wird, desto weniger Primärenergie wird verbraucht (Endenergie = Nutzenergie + Anlagenverluste).[25] 38

bb) Maßnahmen zur Steigerung der Energieeffizienz

Auch der Einbau von Einrichtungen zur **effizienteren Nutzung von Energie** kann zur End- bzw. Primärenergieeinsparung führen und damit eine Modernisierungsmaßnahme darstellen. Von der Energieeffizienz werden daher zunächst Maßnahmen erfasst, die den Betrieb der Heizungsanlage optimieren. Darüber hinaus sind weitere Maßnahmen denkbar wie etwa die Dämmung des Warmwasserspeichers, die Einstellung geringerer Vorlauftemperaturen, der Einbau eines Zirkulationsreglers oder die Überprüfung der Thermostatventile. 39

cc) In Bezug auf den Mietgegenstand

Weiterhin ist nach § 555b Nr. 1 BGB erforderlich, dass die Modernisierungsmaßnahme *„in Bezug auf die Mietsache“* selbst erfolgen muss. Diese Regelung dient der Abgrenzung zur Nr. 2. Es soll danach unterschieden werden, ob der Mietgegenstand selbst energetisch ertüchtigt wird und dem Mieter als Vorteil zugutekommt (dann § 555b Nr. 1) oder ob es sich um Energieeinsparmaßnahmen handelt, die nur der 40

22 Vgl. Wikipedia-Eintrag, abrufbar unter http://de.wikipedia.org/wiki/Endenergie.

23 Schmidt-Futterer/*Eisenschmid*, § 555b Rn 16.

24 *Eisenschmid*, jurisPR-MietR 9/2013, 5.

25 Schmidt-Futterer/*Eisenschmid*, § 555b Rn 16.

Allgemeinheit zugutekommen (dann § 555b Nr. 2). Letzteres ist bei der Stromerzeugung durch Windenergieanlagen oder Photovoltaikanlagen der Fall.

dd) Nachhaltigkeit

41 Die Maßnahmen zur Energieeffizienz müssen zudem gem. § 555b Nr. 1 BGB nachhaltig sein. Zum Begriff der Nachhaltigkeit hat der BGH erstmalig im Rahmen eines Rechtsentscheids zum (inzwischen weggefallenen) § 3 Miethöhegesetz Stellung genommen. Diese Vorschrift sah vor, dass eine Modernisierung auch dann vorliegt, wenn durch die bauliche Maßnahme nachhaltig Heizenergie eingespart wird. Nachhaltig in diesem Sinne ist die Einsparung schon dann, wenn überhaupt eine messbare Einsparung an Heizenergie erzielt wird und diese dauerhaft ist.[26] Die Feststellung einer bestimmten Mindestenergieeinsparung ist für den Begriff der Nachhaltigkeit nicht erforderlich, sondern lediglich eine zeitliche Komponente dahingehend, dass die Einsparung von Heizenergie nicht nur vorübergehend bestehen darf.[27]

b) Einsparung nicht erneuerbarer Primärenergie und nachhaltiger Klimaschutz

42 Der § 555b Nr. 2 BGB sieht vor, dass Modernisierungsmaßnahmen sowohl Maßnahmen zur Einsparung nicht erneuerbarer Primärenergie als auch Maßnahmen sind, die das Klima nachhaltig schützen. Anders als die von § 555b Nr. 1 erfassten Maßnahmen führen die in § 555b Nr. 2 genannten Maßnahmen nicht zum Minderungsausschluss nach § 536 Abs. 1a BGB und berechtigen – im Rahmen des Wohnraummietrechts – nicht zur Mieterhöhung nach § 559 BGB. Erforderlich ist zudem, dass die Maßnahmen nachhaltig sein müssen.

aa) Einsparung von Primärenergie

43 Die Primärenergie berücksichtigt im Unterschied zur Endenergie zusätzlich auch diejenige Energiemenge, die durch **vorgelagerte Prozesse** außerhalb des Gebäudes zur Gewinnung, Umwandlung und Verteilung benötigt wird.[28] Vereinfacht gesagt handelt es sich um weitere Energie, die neben der Endenergie aufgebracht werden muss, um diese bereitstellen zu können, wie z.B. der Energieaufwand zur Gewinnung, Förderung und den Transport. Der so definierte zusätzliche Aufwand wird mithilfe eines sog. Primärenergiefaktors ausgedrückt. Im Rahmen der Modernisierungsmaßnahmen interessiert nur der Primärenergiefaktor für „nicht erneuerbare

---

26 BGH, Beschl. v. 10.4.2002 – VIII ARZ 3/01 – NJW 2002, 2036.
27 BGH, Urt. v. 3.3.2004 – VIII ZR 151/03 – WuM 2004, 288.
28 Schmidt-Futterer/*Eisenschmid*, § 555b Rn 56.

Energien". Das sind die Energieträger, die in ihrem Vorkommen begrenzt und nicht reproduzierbar sind, wie Kohle, Öl und Gas.

bb) Nachhaltiger Klimaschutz

Von § 555b Nr. 2 BGB werden heutige und zukünftige Maßnahmen erfasst, die das Klima auf **sonstige Weise nachhaltig schützen**. Dies dürften vor allem Maßnahmen zur Einsparung von CO_2 sein. Auf Maßnahmen, die zwar ökologisch sinnvoll, aber nicht klimarelevant sind, ist die Vorschrift hingegen nicht anzuwenden. So dient beispielsweise die Verlegung von Rasengittersteinen zur Regenwasserversickerung[29] nicht dem Klimaschutz, ebenso wenig Maßnahmen zum Auffangen und zur Weiterverwertung von Regenwasser, die aber unter § 555b Nr. 3 BGB fallen können. 44

Auch der Einbau einer **Photovoltaikanlage** oder die Ausstattung des Mietobjekts mit einer kleineren **Windenergieanlage** können unter § 555b Nr. 2 BGB fallen. Durch die Solarzellen zur photovoltaischen Nutzung können Sonnenstrahlen und mithilfe von Windenergieanlagen kann Windenergie in elektrischen Strom umgewandelt werden. Dabei wird zunächst jedoch eine Endenergie eingespart, wenn unter Nutzung dieser Energie der Verbrauch im Haus nicht beeinflusst wird. Trotzdem dienen die Anlagen dem Umweltschutz, weil im Rahmen der Stromerzeugung weniger fossile Energieträger verbraucht und damit auch Primärenergie eingespart wird. 45

cc) Nachhaltigkeit

Auch die Maßnahmen zur Energieeffizienz müssen gem. § 555b Nr. 2 BGB nachhaltig sein. Zum Begriff der Nachhaltigkeit siehe oben unter Rn 40. 46

dd) Gleichzeitige Einsparung von Primär- und Endenergie

Wenn mit der baulichen Veränderung zur Einsparung nicht erneuerbarer Primärenergie **gleichzeitig auch Endenergie** eingespart wird und damit eine energetische Modernisierung vorliegt, ist § 555b Nr. 1 BGB vorrangig anzuwenden mit der Folge, dass der Mieter die Miete für einen Zeitraum von drei Monaten nicht mindern kann. 47

29 *Pfeifer*, Mietrecht kompakt, Sonderausgabe Oktober 2011, S. 2.

c) Maßnahmen zur Reduzierung des Wasserverbrauchs

48 Die Duldungspflicht erfasst gem. § 555b Nr. 3 BGB auch Maßnahmen, die der Reduzierung des Wasserverbrauchs dienen.

49 Dabei kommt es allein darauf an, dass sich der tatsächliche Gesamtverbrauch (d.h. die Wassermenge) verringert. Eine Erhöhung des Gebrauchswertes, eine Verringerung der Wasserkosten beim einzelnen Mieter oder die Verschaffung eines sonstigen Vorteils für den Mieter sind für die Frage der Duldungspflicht unerheblich.[30]

50 Neben baulichen Maßnahmen, die der unmittelbaren Reduzierung des Wasserverbrauchs (z.B. Durchlaufbegrenzer für Duscheinrichtung, WC-Spülkasten mit einer Dosiermöglichkeit,[31] Regenwassergewinnungsanlage) dienen, fallen hierunter auch Maßnahmen, die den Wasserverbrauch (z.B. Einbau von Zwischenzählern) kontrollieren, da hierdurch ein verbrauchsbewussteres Nutzerverhalten erzeugt wird.

d) Erhöhung des Gebrauchswertes der Mietsache

51 Eine Erhöhung des Gebrauchswertes i.S.d. § 555b Nr. 4 BGB liegt vor, wenn der Mietgebrauch **erleichtert, verbessert oder vermehrt** wird, d.h. wenn der Gebrauch der Mietsache in den betroffenen Räumen angenehmer, bequemer, sicherer, gesünder oder weniger arbeitsintensiv wird.

52 Der Vermieter ist nicht an den gegenwärtigen durchschnittlichen Standard gebunden. Er kann vielmehr die Attraktivität der von ihm zu vermietenden Räume auch durch eine **überdurchschnittliche Ausstattung** bis zur Grenze der unvernünftigen Luxusmodernisierung erhöhen.[32]

53 Nicht zu den Modernisierungsmaßnahmen zählen die sog. **Substanzverbesserungen.** Dies sind Maßnahmen, die zwar objektiv den Wert des Mietgegenstandes und insbesondere dessen Vermietbarkeit erhöhen, jedoch für den einzelnen Mieter keine Verbesserung mit sich bringen. Beispiele dafür sind die Verschönerung der Fassade, Herstellung der Abgeschlossenheit zur Aufteilung des Gebäudes in Wohnungseigentum[33] oder die Verlegung von Leitungen zwecks Ausbaus anderer Mieteinheiten. Hier kann sich eine Duldungspflicht des Mieters nur im Einzelfall aus § 242 BGB ergeben.[34] Bei der Abwägung sind zum einen das wirtschaftliche Interesse des Vermieters und zum anderen die Schwere des Eingriffs in den ungestörten und vertragsgemäßen Mietgebrauch zu berücksichtigen.

---

30 BGH, Urt. v. 3.3.2004 – VIII ZR 149/03 –.

31 BeckOK-BGB/*Schlosser*, § 555b Rn 22.

32 BGH, Urt. v. 20.7.2005 – VIII ZR 253/04 – NJW 2005, 2995.

33 LG Stuttgart, Urt. v. 25.9.1991 – 13 S 204/91 – WuM 1992, 13.

34 BeckOK-BGB/*Schlosser*, § 555b Rn 7.

Eine Erhöhung des Gebrauchswertes i.S.d. § 555b Nr. 4 BGB liegt auch vor, wenn die Maßnahme zur **Erhöhung der Sicherheit** führt, wie z.B. die Einfriedung des Grundstücks, die Neuschaffung einer Feuerwehrzufahrt,[35] der Einbau von Haussprechanlagen, Rollläden, Kellervergitterungen, Videoüberwachung und Gegensprechanlagen. 54

e) Maßnahmen, die aufgrund von nicht vom Vermieter zu vertretenden Umständen ausgeführt werden

Soweit es sich um Maßnahmen handelt, die dem **Vermieter durch Gesetz, Verordnung oder gemeindliche Satzung** auferlegt werden, ist § 555b Nr. 6 BGB anwendbar. Nach altem Recht musste für solche Maßnahmen auf § 242 BGB zurückgegriffen werden,[36] um eine Duldungspflicht des Mieters zu begründen. Mit Aufnahme dieser „erzwungenen" baulichen Veränderungen in die Aufzählung einzelner Modernisierungen des § 555b BGB ist nunmehr auch die Härteregelung gem. § 555d BGB anwendbar. 55

Wenn der Vermieter aufgrund übergeordneter Anordnung z.B. Maßnahmen des Denkmalschutzes oder Verpflichtungen aus der EnEV durchführen lassen muss und der Mieter einen entsprechenden Härteeinwand erhebt, besteht eine erhebliche Rechtsunsicherheit. Im Regelfall dürfte dann der öffentlich-rechtlichen Anordnung ein höheres Gewicht beizumessen sein. Hierfür spricht, dass auch der Mieter selbst keine entsprechende Aussetzung gegenüber der Behörde erheben könnte. 56

f) Schaffung von neuem Wohnraum

Der Mieter ist gem. § 555b Nr. 7 BGB verpflichtet, die Schaffung neuen Wohnraums durch **Anbau, Ausbau oder Umbau der Mietflächen** oder des Gebäudes zu dulden. Die Regelung findet auch auf Gewerbemietverhältnisse Anwendung, wenn diese von einer Schaffung neuen Wohnraums beeinflusst werden. 57

Hierunter fallen beispielsweise der Ausbau von bisher (ungenutzten) Nebenräumen sowie die Aufstockung eines Gebäudes. Der Sinn und Zweck dieser Gesetzesfassung geht dahin, dass nicht nur solche Maßnahmen hinzunehmen sind, die den Gebäudewert erhöhen, also sich für den Mieter vorteilhaft auswirken, sondern auch solche, die dazu dienen, den wirtschaftlichen Wert eines Grundstücks auszuschöpfen. 58

Daher muss der Mieter beispielsweise das **Verlegen von Leitungen und den Zutritt von Handwerkern** dulden, soweit dies für den Ausbau notwendig ist. Die Maßnahmen des Vermieters beziehen sich nur auf schon vorhandene Gebäudeteile. 59

---

35 AG Hamburg-Altona, Urt. v. 14.4.2005 – 318 C 120/03 – WuM 2005, 778.

36 BGH, Versäumnisurt. v. 4.3.2009 – VIII ZR 110/08 – NJW 2009, 1736.

Will der Vermieter Wohnraum durch den **Neubau eines selbstständigen Gebäudes** auf dem Mietgrundstück schaffen oder Baulücken schließen, wird der Vermieter regelmäßig eine Kündigung gem. § 573b Abs. 1 Nr. 1 BGB voranstellen müssen. Die Duldungspflicht ergibt sich in diesen Fällen allenfalls aus § 242 BGB, weil § 555b Nr. 7 BGB nicht den selbstständigen Neubau erfasst.

2. Abgrenzung zur modernisierenden Instandsetzung

60 Eine **modernisierende Instandsetzung** liegt vor, wenn die Maßnahme gleichzeitig der Verbesserung und der Instandhaltung dient.[37] Da in einem solchen Fall der Anwendungsbereich des § 555a Abs. 1 BGB und die Duldungspflicht nicht (systemwidrig) inhaltlich erweitert werden dürfen, sind bei der Ermittlung der Duldungspflicht insgesamt die strengeren Voraussetzungen des § 555d Abs. 2 BGB zu beachten.[38]

3. Verhältnis der Modernisierungsregelungen zu den mietrechtlichen Erfüllungs- und Gewährleistungsvorschriften

61 Die Erfüllungs- und Gewährleistungsvorschriften der §§ 535–536a BGB bleiben von §§ 555a–f BGB weitgehend unberührt. Zur Einräumung des vertragsgemäßen Gebrauchs kann der Mieter somit Erfüllung und Wiederherstellung des – unter Berücksichtigung der Modernisierung – vertragsgemäßen Zustandes verlangen. Die allgemeine Erhaltungspflicht wird durch die Modernisierung nicht berührt. Der Vermieter muss daher nach Abschluss der Arbeiten sämtliche noch verbliebene Beeinträchtigungen des vertragsgemäßen Gebrauchs beseitigen.[39]

4. Abdingbarkeit der Regelungen

62 Im Bereich der Geschäftsraummiete ist es zulässig, in den Grenzen der §§ 242, 138, 307 BGB **frei zu vereinbaren**, ob, wann und wie der Mieter zur Duldung verpflichtet ist. Fehlen vertragliche Regelungen, sind die Modernisierungsmaßnahmen allein nach § 555c und 555d BGB durchzuführen. Der Mieter ist dann nur unter den darin festgelegten Voraussetzungen zur Duldung verpflichtet.

---

37 Schmidt-Futterer/*Eisenschmid*, § 555b Rn 84.

38 LG Berlin, Urt. v. 5.3.1999 – 64 S 367/98 – GE 2000, 346; LG Köln, Urt. v. 30.4.1992 – 1 S 385/91 – WuM 1993, 608; a.A. *Schopp*, ZMR 1983, 111, wonach der Schwerpunkt der Maßnahmen entscheiden soll.

39 LG Bonn, Urt. v. 2.7.1990 – 6 S 86/90 – WuM 1990, 388; LG Hamburg, Urt. v. 24.9.1984 – 47 C 221/84 – WuM 1985, 262.

III. Ankündigung von Modernisierungsmaßnahmen

1. Mitteilungspflicht des Vermieters

Der Vermieter hat dem Mieter gem. § 555c Abs. 1 S. 1 BGB spätestens drei Monate vor 63 Beginn der Maßnahme deren voraussichtlichen Umfang und Beginn, deren voraussichtliche Dauer sowie die zu erwartende Erhöhung der Miete in Textform (§ 126b BGB) mitzuteilen.

Praxistipp
Da gem. § 578 Abs. 2 S. 1 BGB der § 555c Abs. 5 BGB im Bereich der Geschäftsraummiete nicht gilt, besteht die Möglichkeit, die Anforderungen an die Ankündigungspflicht des Vermieters einzuschränken. Der völlige Ausschluss dieser Mieterrechte in Formularverträgen ist jedoch auch im gewerblichen Mietrecht nicht zulässig.

Mit der Mitteilung soll dem Mieter die Möglichkeit der Prüfung gegeben werden, ob 64 er die geplante Modernisierungsmaßnahme dulden muss oder ob er ggf. von seinem außerordentlichen Kündigungsrecht nach § 555e BGB Gebrauch machen will.

Praxistipp
Es besteht die Möglichkeit, mit der Ankündigung eine Erklärungsfrist zu verbinden, mit der der Mieter aufgefordert wird, z.B. innerhalb von zwei Wochen mitzuteilen, ob er die Arbeiten dulden wird. Um dieser Anfrage Nachdruck zu verleihen, ist es ratsam anzukündigen, dass nach Ablauf dieser Frist davon ausgegangen werde, dass der Mieter mit der Durchführung einverstanden sei. Zwar kann eine solche Unterstellung keinen Rechtsverlust für den Mieter herbeiführen, jedoch kann er sich aus Vertrauensschutzgesichtspunkten schadensersatzpflichtig machen, wenn der Vermieter im Vertrauen auf den ausgebliebenen Widerspruch eine Beauftragung von Handwerkern veranlasst und hierdurch Kosten entstehen.

65

Bei der Modernisierungsmitteilung handelt es sich grundsätzlich um eine Fälligkeitsvoraussetzung für den Duldungsanspruch des Vermieters.

2. Die Ankündigungsfrist

Die dreimonatige Ankündigungsfrist ist eine **Mindestfrist**. Durch die Einfügung des 66 Wortes „spätestens" in § 555c Abs. 1 BGB wurde klargestellt, dass auch Mitteilungen mit einer längeren Frist wirksam sein können, soweit die inhaltlichen Anforderungen erfüllt sind. Der Vermieter muss aber jedenfalls drei Monate warten, bevor er mit den Maßnahmen beginnen kann. Vorher wird der Anspruch auf Duldung durch den Mieter nicht fällig.

Der Vermieter kann daher nur eine längere, nicht aber kürzere Ankündigungs- 67 frist wählen. Umgekehrt muss die Ankündigung noch in einem **engen zeitlichen Zusammenhang** zu der Modernisierungsmaßnahme stehen, da die in § 555e Abs. 1 BGB festgelegte Kündigungsfrist ansonsten missbraucht werden könnte. Es ist zulässig, dass der Vermieter die zunächst unvollständigen Angaben in einem weiteren Schreiben vor Beginn der Drei-Monats-Frist vervollständigt.

68 Die **Fristberechnung** erfolgt nach §§ 187, 188 BGB. Die Frist beginnt mit dem Tag, der dem Zugang der Mitteilung beim Mieter folgt.[40] Sie endet an dem Tag, der durch seine Zahl dem Tag des Zugangs entspricht. Fehlt in dem Monat, in dem die Frist endet, der für ihren Ablauf maßgebende Tag, so endet die Frist mit dem Ablauf des letzten Tages des Monats.

69 Für die Frage, ob die Mitteilung dem Mieter rechtzeitig zugegangen ist, muss auf den **„Beginn der Modernisierungsmaßnahme“** abgestellt werden. Bloße Vorbereitungshandlungen ohne Auswirkungen auf den Gebrauch oder Einschränkungen des Mietgebrauchs reichen nicht aus. Daher sind technische oder planerische Vorbereitungen beim Vermieter oder seinem Architekten unbeachtlich. Von einem Beginn der Maßnahme kann man erst dann ausgehen, wenn tatsächlich Baumaßnahmen ausgeführt worden sind.[41]

70 Im Falle von umfangreichen Sanierungsmaßnahmen am Mietgebäude stellen **Maßnahmen außerhalb des Grundstücks** (z.B. die Erstellung einer Zuwegung oder die Errichtung von Parkplätzen auf dem Nachbargrundstück) noch keinen Beginn der baulichen Maßnahmen dar. Auch die Beseitigung von Schutt und Gerümpel, die Bereitstellung von Maschinen oder die Einleitung von Vorfertigungsarbeiten gehören noch nicht zum Beginn der Modernisierungsmaßnahmen. Diese müssen einen unmittelbaren Grundstücksbezug aufweisen.

71 Ein **Beginn der Modernisierungsarbeiten** liegt allerdings dann vor, wenn der Vermieter z.B. das Haus einrüstet, Zugangswege zur Baustelle schafft oder wenn Leitungen für Strom und Wasser zwecks Versorgung des Baustellenbetriebs verlegt werden.

3. Textform der Modernisierungsankündigung

72 Der Vermieter muss die Maßnahme in Textform ankündigen.[42] Kennzeichen der Textform ist die Fixierung einer Mitteilung oder Erklärung in **lesbaren Schriftzeichen**. Der Urheber der Erklärung sowie ihr räumlicher Abschluss müssen dabei erkennbar sein. Der räumliche Abschluss der Erklärung erfolgt in der Regel durch Setzen des Namens. Eine eigenhändige Unterschrift ist nicht erforderlich.

---

40 AG Schöneberg, Urt. v. 13.8.1991 – 3 C 298/91 – NJW-RR 1992, 269.

41 LG Hamburg, Urt. v. 7.10.2004 – 333 S 59/03 – WuM 2005, 60.

42 Die Textform hat die strengere Schriftform abgelöst. Mit dem „Gesetz zur Anpassung der Formvorschriften des Privatrechts und anderer Vorschriften an den modernen Rechtsverkehr“ wurde die neue Vorschrift des § 126b BGB eingeführt. Damit wurde die „verkehrsfähige“ Form von unterschriftslosen Erklärungen installiert.

Daher ist eine **Fixierung des Textes** sowohl auf Papierform (z.B. als Kopie oder Fax) als auch auf dem Bildschirm eines Computers möglich. Im letzteren Fall entscheidet der Empfänger selbst, ob die Schriftzeichen abgespeichert oder lesbar auf Papier ausgedruckt werden sollen. Gesprochene Mitteilungen entsprechen nicht der Form, selbst wenn sie in digitalisierter Form vorliegen und mithilfe spezieller Anwendungen in einen sichtbaren Text umgewandelt werden können. 73

Der **Zugang der Erklärung** in Textform setzt voraus, dass die grafischen Zeichen wie Buchstaben und Ziffern auch bei dem Empfänger erscheinen und nicht etwa nur in Maschinensprache vorliegen. 74

4. Die Angaben zur Modernisierungsmaßnahme

In der Mitteilung sind dem Mieter alle Angaben zu machen, die für die **Beurteilung** der Modernisierung und die **Interessenabwägung** notwendig sind. Dem Mieter soll eine ausreichende Kenntnis darüber vermittelt werden, in welcher Form die Mieträume durch die Modernisierung voraussichtlich verändert werden und welche möglichen Auswirkungen dies auf den Gebrauch des Mietobjektes haben kann. Der Mieter muss aufgrund der Ankündigung ein realistisches Bild von den beabsichtigten baulichen Maßnahmen erhalten. Der mit der Ankündigung verfolgte Zweck ist es nämlich nicht, dass der Mieter ein möglichst passgenaues Bild über die Auswirkungen und finanziellen Folgen der Modernisierung vermittelt bekommt, sondern dass ihm deutlich wird, was der Vermieter ändern will.[43] 75

a) Art und Umfang der geplanten Maßnahme

Der Vermieter hat dem Mieter die Art und den „voraussichtlichen" Umfang der Maßnahme mitzuteilen. Der Mieter soll hierdurch eine Vorstellung davon bekommen, wie er durch die geplanten Maßnahmen beeinträchtigt wird. 76

Die **Art der Maßnahme** betrifft das einzelne Werk. Der Vermieter muss hier klar und präzise darlegen, welche baulichen Maßnahmen beabsichtigt sind. Im Ankündigungsschreiben von Modernisierungsmaßnahmen ist konkret anzugeben, wo welche Arbeiten ausgeführt werden sollen. Eine Beschreibung nur in einzelnen Stichworten reicht nicht.[44] Im Einzelfall kann dies dazu führen, dass er auch Angaben über Details oder sogar Baustoffe geben muss. 77

Der **Umfang der baulichen Maßnahmen** betrifft die Schwere des Eingriffs in die Bausubstanz und in die Nutzung des Mieters. Die Ankündigung der Modernisierung 78

43 BGH, Urt. v. 28.9.2011 – VII ZR 242/10 – GE 2011, 1545 (für das Wohnraummietrecht, dessen Grundannahmen jedoch entsprechend auf das gewerbliche Mietrecht übertragbar sind).
44 AG Berlin-Köpenick, Urt. v. 22.12.2009 – 9 C 49/09 – GE 2010, 415.

ist hinreichend bestimmt, wenn der erstrebte Erfolg sowie der Umfang der zu duldenden Arbeiten in seinen wesentlichen Umrissen und Schritten umschrieben werden.[45] Dabei ist zu berücksichtigen, dass erst im Zuge der Bauausführung auftretende technische Fragestellungen zu neuen Lösungen führen können, die Änderungen an dem ursprünglichen Entwurf erfordern können. Daher ist es sachgerecht, wenn der Vermieter nur den **voraussichtlichen Umfang** der Maßnahme im Ankündigungsschreiben angeben muss. Der Begriff „voraussichtlich" befugt den Vermieter andererseits nicht, während der Baumaßnahme quasi willkürlich Veränderungen gegenüber seiner ursprünglichen Planungsabsicht vorzunehmen. Es ist daher lediglich ein Durchführungsspielraum im Falle technischer unvorhergesehener Hindernisse gegeben.

79 Der voraussichtliche Umfang der geplanten Maßnahmen muss nur **„in wesentlichen Zügen"** aufgezeigt werden. Die Modernisierungsankündigung muss nicht jede Einzelheit der beabsichtigten Modernisierungsmaßnahme beschreiben und nicht jede mögliche Auswirkung enthalten. Sie muss aber so konkret gefasst sein, dass der Mieter das Ziel der beabsichtigten Modernisierung und die zur Erreichung geplanten Maßnahmen erfährt. Der Mieter soll einschätzen können, in welcher Weise die Mieträume durch die geplanten Maßnahmen verändert werden und wie sich diese Maßnahmen künftig auf den Mietgebrauch einschließlich etwaiger Verwendungen des Mieters auswirken.[46]

! **Praxistipp**

Nichtssagende Beschreibungen sollten vermieden werden, da hierdurch dem Informationsanspruch des Mieters nicht ausreichend Rechnung getragen wird. Im Ankündigungsschreiben sollten die Maßnahmen möglichst konkret beschrieben werden, sodass der Mieter deren Auswirkungen auf alle Räume prüfen kann. Allein der Verweis auf „Baumaßnahmen" oder eine ungefähre, stichwortartige Beschreibung der Arbeiten ist in aller Regel nicht ausreichend, dem Informationsbedürfnis des Mieters gerecht zu werden.

80 Die Angaben müssen vollständig in dem Ankündigungsschreiben enthalten sein. Eine **nachträgliche Substanziierung** ist verspätet und führt nicht rückwirkend zu einer Heilung.[47]

b) Voraussichtlicher Beginn der Maßnahme

81 Der Vermieter muss den **„voraussichtlichen" Beginn** der Maßnahme in seiner Erklärung angeben. Bei einem unerwartet späteren Baubeginn ist der Vermieter nicht verpflichtet, das Ankündigungsschreiben an den Mieter mit der Folge eines neuen Fris-

45 BGH, Urt. v. 28.9.2011 – VIII ZR 242/10 – NJW 2012, 63.

46 BGH, Urt. v. 28.9.2011 – VIII ZR 242/10 – NJW 2012, 63.

47 AG Neukölln, Urt. v. 14.7.1993 – 17 C 78/93 – MM 1993, 398.

tenlaufes zu wiederholen. Dennoch ist der Vermieter gehalten, einen möglichst genauen Termin zu benennen – wenngleich ein taggenaues Datum nicht erforderlich ist. Im Einzelfall kann auch die Angabe einer kurzen Zeitspanne von einigen Tagen ausreichend sein.[48] Der Mieter muss seine Planung und Geschäftstätigkeit nach den Angaben des Vermieters einrichten können.[49] Auch der Hinweis des Vermieters, dass mit den Arbeiten „kurzfristig" oder „demnächst" begonnen werden könne, reicht nicht aus.

Unklar ist die **Länge des Zeitraums**, in dem noch von einem „voraussichtli- 82
chen" Beginn ausgegangen werden kann. Welcher Zeitraum dabei erfasst wird, bedarf der Auslegung und wird maßgeblich von den Umständen des Einzelfalls beeinflusst. Verzögerungen von einigen Tagen sind von dem Mieter regelmäßig hinzunehmen. Muss die bauliche Maßnahme aber um einige Wochen oder gar Monate zurückgestellt werden, reicht dies nicht mehr aus, um den gesetzlichen Anforderungen der Mitteilung Rechnung zu tragen. Dann kann sich der Mieter nicht mehr mit seinen persönlichen Planungen auf den neuen Termin einstellen. Eine zeitliche Verzögerung des Baubeginns muss noch mit dem ursprünglichen Termin in einem zeitlichen Zusammenhang stehen.

Ist dies nicht der Fall, ist die **Mitteilung hinfällig**. Der Vermieter muss dann 83
eine vollständig neue Ankündigung unter Einhaltung der dreimonatigen Frist abgeben. Dabei kann bei ansonsten unverändertem Inhalt auf die frühere Mitteilung Bezug genommen werden.

Einer neuen Mitteilung bedarf es nicht, wenn die Verzögerung darauf beruht, 84
dass der Vermieter seinen Duldungsanspruch **gerichtlich durchsetzen** musste. In diesen Fällen erhält der Mieter die notwendigen Informationen im Rahmen des Gerichtsverfahrens.

Im Falle einer **Änderung wesentlicher Planungsbestandteile** im Laufe der 85
Ankündigungsfrist muss der Vermieter dies dem Mieter mitteilen. Dabei kann er aber auf die Inhalte der vorausgegangenen Erklärung Bezug nehmen, wobei für den dreimonatigen Fristlauf dann die letzte ergänzende Erklärung maßgebend ist.

c) Voraussichtliche Dauer der Maßnahme

Der Vermieter muss die **voraussichtliche Dauer der Maßnahme** festlegen und mit- 86
teilen. Die Angabe *„2 bis 3 Monate"* oder *„von August bis Dezember"* ist zu unbestimmt.[50]

Der Vermieter hat die **Zeitspanne** nach Tagen bzw. Wochen **möglichst genau** 87
zu benennen,[51] um Auswirkungen auf den Gewerbebetrieb zu begegnen. Bei gebün-

48 LG Berlin, Urt. v. 20.4.1999 – 64 S 316/98 – ZMR 1999, 554.
49 AG Hamburg, Urt. v. 2.3.2004 – 48 C 381/03 – ZMR 2004, 825.
50 AG Hamburg, Urt. v. 2.3.2004 – 48 C 381/03 – ZMR 2004, 825.
51 LG Köln, Urt. v. 27.8.1996 – 12 S 144/96 – WuM 1997, 212.

delten, aber nicht untrennbar zusammenhängenden Modernisierungsmaßnahmen muss die voraussichtliche Dauer für jede Maßnahme einzeln angegeben werden. Ändert sich die voraussichtliche Dauer im Laufe der Modernisierungsarbeiten, muss der Vermieter hierüber dem Mieter eine Mitteilung geben.

d) Der Hinweis auf den Härteeinwand

88 Der Vermieter soll den Mieter in der Modernisierungsankündigung auf die Form und die Frist des **Härteeinwands** nach § 555d Abs. 3 S. 1 hinweisen. Unterlässt der Vermieter diesen Hinweis, bedarf auch die Mitteilung der Härtefallgründe des Mieters nicht der in § 555d Abs. 3 S. 1 BGB bestimmten Form und Frist.

89 Hierbei handelt es sich um eine **Soll-Vorschrift**. Sie verpflichtet den Vermieter für den Regelfall zur Mitteilung. Sie ist aber nicht zwingend und kann in atypischen Fällen (z.B. vorherige schriftliche Information über Härteeinwand) dazu führen, dass der Vermieter von dem Hinweis absehen darf.

90 Die **Rechtsfolgen** bei einem Verstoß regelt § 555d Abs. 5 BGB **abschließend**. Eine im Übrigen ordnungsgemäße Modernisierungsankündigung bleibt also wirksam.

e) Der Hinweis auf Pauschalwerte bei energetischer Modernisierung

91 Die Angabe von Art und voraussichtlichem Umfang der Maßnahme beinhaltet bei einer energetischen Modernisierung (§ 555b Nr. 1 BGB) regelmäßig auch die Darstellung, dass die geplante Maßnahme zu einer Endenergieeinsparung führt.[52]

92 Bei einer baulichen Maßnahme zur Einsparung von Heizenergie bedarf es nicht der Beifügung einer Wärmebedarfsberechnung. Daher werden an die formalen Anforderungen der Ankündigung solcher Maßnahmen auch keine überzogenen Anforderungen gestellt. Aber allein wegen der Pflicht zur Mitteilung der voraussichtlichen Betriebskosten ist der Vermieter gehalten, die Einsparung an Endenergie darzulegen.

Praxistipp
Der Vermieter sollte die Informationen über die Energieeinsparung zwecks erhöhter Akzeptanz bei den Mietern eher großzügig ausgestalten. Damit kann allerdings dann ein nennenswerter Aufwand zur Ermittlung der technischen Werte verbunden sein, wenn das bauausführende Unternehmen oder der Planungsarchitekt die Zahlen nicht vorliegen hat. Bei umfassenden, vom Standard abweichenden Modernisierungsmaßnahmen sollte der Vermieter ggf. auf einen Energiebedarfsausweis zurückgreifen, der den energetischen Zustand des Hauses vor der Modernisierung wiedergibt.

52 BGH, Urt. v. 25.1.2006 – VIII ZR 47/05 – NJW 2006, 1126.

Es muss sich um **anerkannte Pauschalwerte** handeln. In der Gesetzesbegründung wird beispielhaft auf die **„Bekanntmachung der Regeln zur Datenaufnahme und Datenverwendung im Wohngebäudebestand"** des Bundesministeriums für Verkehr, Bau und Stadtentwicklung vom 30.7.2009 verwiesen.[53] Denkbar sind darüber hinaus privatrechtliche Stellen (z.B. DIN oder VDI), öffentlich-rechtliche Stellen (Veröffentlichungen des Bundesumweltamtes), aber auch gesetzliche Vorgaben (z.B. technische Werte aus der EnEV). 93

5. Entbehrlichkeit der Ankündigung bei Bagatellmaßnahmen

Für Maßnahmen, die mit **keinen oder nur unerheblichen Einwirkungen** auf die Mietsache verbunden sind und zu keiner oder nur zu einer unwesentlichen Mietererhöhung führen, besteht keine förmliche Mitteilungspflicht nach § 555c Abs. 4 BGB. Das zweite Tatbestandsmerkmal läuft im Rahmen gewerblicher Mietverhältnisse leer, da der Vermieter hier keine gesetzlichen Möglichkeiten zu einer Erhöhung der Miete hat. 94

Als Maßnahmen mit unerheblicher Einwirkung werden Maßnahmen angesehen, die nicht **innerhalb der Mieträume** vorgenommen werden müssen (z.B. Anschluss an das Fernwärmenetz oder Austausch einer Heizungsanlage in Kellerräumen). Dies gilt bei unerheblichen Beeinträchtigungen (z.B. Einbau von Thermostatventilen,[54] Installation einer Klingel[55] bzw. Gegensprechanlage,[56] Einbau einer einbruchhemmenden Eingangstür).[57] Generell kann davon ausgegangen werden, dass jedenfalls dann keine unerhebliche Einwirkung vorliegt, wenn die Arbeiten über mehrere Tage in den Räumlichkeiten des Mieters andauern.[58] 95

6. Rechtsfolgen bei Schlechterfüllung der Mitteilungspflicht

Bei einem Verstoß des Vermieters gegen die Ankündigungspflicht aufgrund einer fehlenden oder unzulänglichen Mitteilung muss der Mieter die Maßnahme nicht dulden.[59] Will der Vermieter an seiner baulichen Maßnahme festhalten, muss er dem Mieter eine neue – gesetzmäßige – Mitteilung machen. Das Fehlen einer ordnungsgemäßen Ankündigung kann darüber hinaus Auswirkungen auf die Frist für den Härteeinwand des Mieters haben. 96

53 BT-Drucks. 17/10485, S. 20.
54 LG Berlin, Urt. v. 15.4.1986 – 64 S 387/85 – GE 1986, 751.
55 AG Charlottenburg, Urt. v. 31.10.1988 – 18 C 353/88 – GE 1989, 683.
56 AG Berlin-Tiergarten, Urt. v. 5.11.1990 – 5 C 384/90 – GE 1991, 153.
57 LG Köln, Urt. v. 30.4.1992 – 1 S 385/91 – WuM 1993, 608.
58 Schmidt-Futterer/*Eisenschmid*, § 555c Rn 65; LG Berlin GE 1990, 763.
59 KG, Rechtsentscheid v. 1.9.1988 – 8 RE-Miet 4048/88 –.

97 Zudem kann sich eine Schadensersatzpflicht ergeben, wenn der Vermieter schuldhaft Falschangaben gemacht hat, um den Mieter zum Auszug zu veranlassen. Dieses Verhalten begründet unter Umständen einen Ersatzanspruch z.B. für Umzugskosten oder Rechtsberatungskosten.[60]

IV. Duldung von Modernisierungsmaßnahmen

1. Einschränkung der Duldungspflicht des Mieters

98 Da der Vermieter im Rahmen von Modernisierungsmaßnahmen – anders als bei den Erhaltungsmaßnahmen nach § 555a Abs. 1 BGB – nicht einer gesetzlichen Verpflichtung nachkommt, sondern eine letztlich seine eigenen wirtschaftlichen Interessen verfolgende Investition tätigt, wird den Interessen des Mieters an einer **Einschränkung der Duldungspflicht** größeres Gewicht beigemessen.

99 Der Mieter muss Modernisierungsmaßnahmen nach § 555b BGB nicht dulden, wenn sie im Einzelfall für ihn eine **Härte** bedeuten würden, die auch unter Würdigung der berechtigten Interessen des Vermieters und anderer Mieter in dem Gebäude nicht zu rechtfertigen sind. Dabei wird im Einzelfall eine Gewichtung der Interessen beider Vertragsparteien verlangt.

100 Problematisch ist, dass dem Mieter nach dem reinen Gesetzeswortlaut auch dann der Härteeinwand zustehen soll, wenn der Vermieter zur Ausführung entsprechender Maßnahmen **öffentlich-rechtlich** verpflichtet ist (§ 555b Nr. 6 i.V.m. § 555d BGB). In diesem Fall muss bei der Abwägung der berechtigten Interessen des Vermieters berücksichtigt werden, dass das Zivilrecht – hier die Rechtsposition des Mieters – das öffentliche Recht nicht „übertreffen“ und den Vermieter zur Missachtung einer öffentlich-rechtlichen Verpflichtung zwingen kann. Im Falle von zwingend vom Vermieter zu beachtenden öffentlich-rechtlichen Verfügungen muss das Interesse des Mieters insoweit zurücktreten, sofern die Modernisierungsmaßnahme allein aufgrund einer entsprechenden öffentlich-rechtlichen Verpflichtung ausgeführt werden soll. Die Rechtsprechung nahm auf Grundlage der alten Regelungen eine Duldungspflicht aus § 242 BGB an.[61]

101 Mit dem Mietrechtsänderungsgesetz wurde eine **Zweiteilung der Härtefallabwägung** eingeführt. Solange es nur um die Duldung der Arbeiten geht, bleiben Fragen der Mieterhöhung unberücksichtigt. Der Streit um die wirtschaftlichen Folgen kann die Arbeiten selbst nicht mehr verzögern. Im Falle des Wohnraummietrechts geht der Vermieter „nur“ noch das Risiko ein, die Modernisierungskosten später nicht auf den Mieter umlegen zu können. Im Rahmen des Gewerbemietrechts erlangt das **Sonderkündigungsrecht** gem. § 555e BGB besondere Bedeutung, nach

60 AG Charlottenburg, Urt. v. 18.10.2006 – 212 C 155/06 – GE 2006, 1619.
61 BGH, Urt. v. 4.3.2009 – VIII ZR 110/08 – NZM 2009, 394.

dem der Mieter das unter Umständen noch über mehrere Jahre laufende Mietverhältnis außerordentlich zum Ablauf des übernächsten Monats kündigen kann.

a) Interessen des Vermieters

Der Vermieter hat ein **Modernisierungsinteresse**, denn indem er die Ausstattung seiner Mietobjekte an moderne Gebäudestandards anpasst, sichert er die langfristige Vermietbarkeit seiner Immobilie. 102

Bei der **Abwägung** sind alle „berechtigten" Interessen des Vermieters zu berücksichtigen. Ein wichtiges Abwägungskriterium ist die Wertverbesserung des Hausbesitzes. Auch die im Vornahmezeitpunkt der Maßnahmen noch mögliche Inanspruchnahme öffentlicher Fördermittel oder günstiger Bankkredite zählen zum generellen Modernisierungsinteresse des Vermieters und sind auch in die Abwägung einzubeziehen. Die Berücksichtigung von Fördermitteln folgt im Umkehrschluss daraus, dass die entsprechenden Beträge – zumindest im Wohnraummietrecht – auch im Rahmen des Mieterhöhungsverlangens in Abzug zu bringen sind.[62] 103

Zu berücksichtigende Interessen können auch in der **Person des Vermieters** selbst begründet sein wie z.B. der Einbau einer Zentralheizung aus gesundheitlichen Erfordernissen des Vermieters.[63] 104

Auch die Interessen der **übrigen Mieter** des Gebäudes sind bei der Abwägung zu berücksichtigen, wenn mehrere Mieter mit Modernisierungsmaßnahmen ausdrücklich einverstanden sind und sich die Maßnahmen auf das ganze Gebäude beziehen (z.B. Zentralheizung, Fenstererneuerung). Die Interessen außerhalb des Mietgebrauchs bleiben ohne Belang. Die Berücksichtigung erscheint insbesondere dann geboten, wenn ein einheitliches Erscheinungsbild des Gebäudes gewährleistet werden soll. 105

Nach dem Wortlaut des § 555d Abs. 2 BGB sind jedoch nur die Interessen der Vertragsparteien und der übrigen Mieter und **nicht der Allgemeinheit** (z.B. allgemeine Schaffung von Wohnraum oder Fragen des Naturschutzes)[64] zu berücksichtigen. 106

Checkliste !

Für das Vorliegen eines Modernisierungsinteresses beim Vermieter können im Rahmen der Interessenabwägung insbesondere die folgenden Punkte berücksichtigt werden:
- Aussicht auf eine bessere Vermietbarkeit und/oder deren langfristige Sicherung,
- zu erzielende Wertverbesserung des Mietgegenstandes,

---

62 LG Berlin, Urt. v. 29.9.2011 – 67 S 568/10 –.
63 Schmidt-Futterer/*Eisenschmid*, § 555d Rn 56.
64 Schmidt-Futterer/*Eisenschmid*, § 555d Rn 57.

- Fördermittel und günstige Finanzierungskonditionen,
- Energie- und Wassereinsparungen,
- berechtigte Interessen von Mitmietern, die zwingend zu einer Modernisierung der gesamten Mietsache führen.

b) Interessen des Mieters

107 Bei der Prüfung, ob auf der Mieterseite eine nicht zu rechtfertigende Härte vorliegt, sind insbesondere die **Auswirkungen der durchzuführenden Arbeiten** (z.B. Schmutz, Lärm), deren Folgen für den Mietgebrauch, die vorausgegangenen Verwendungen des Mieters und die zu erwartende Mieterhöhung, sofern nicht nur ein allgemein üblicher Zustand geschaffen wird, zu berücksichtigen.

108 **Geringfügige Veränderungen** sind vom Mieter hinzunehmen, während wesentliche Veränderungen des Mietgegenstandes, die dazu führen, dass der Vertragsgegenstand mit dem ursprünglichen nicht mehr vergleichbar ist (z.B. wesentliche Grundrissänderungen), unzumutbar sein können. Dies kann vor allem der Fall sein, wenn sie nicht zu einer Verbesserung des Schnitts oder zum Wegfall von anderen Räumlichkeiten führen.

109 Zudem sind auch mögliche Auswirkungen auf den Betrieb des Mieters, nachteilige Lichtverhältnisse, ein erhöhter Lüftungsbedarf oder mögliche Gesundheitsgefahren infolge des veränderten Zustandes zu berücksichtigen.

110 Für die Härtegründe ist der Mieter beweispflichtig.[65]

! **Checkliste**
Gegen die Pflicht zur Duldung einer Modernisierungsmaßnahme können sprechen:
- Umfang der mit den Arbeiten einhergehenden Belästigung des Mieters und seiner Kunden,
- die künftigen baulichen Folgen der Modernisierung,
- vorangegangene Investitionen des Mieters, wenn diese durch die Modernisierung wertlos oder in ihrem Wert gemindert werden.

c) Belange der Energieeinsparung und des Klimaschutzes

111 Die vom Mieter dargelegten Gründe für eine Härte sind mit den Belangen der Energieeinsparung und des Klimaschutzes abzuwägen. Der Vermieter wird aufgrund der Berücksichtigung der Belange des Klimaschutzes gestärkt, da der Mieter im Falle einer energetischen Modernisierung sowie bei Maßnahmen zur Einsparung von nicht erneuerbarer Primärenergie mit seinem Härteeinwand ausgeschlossen ist. Nur in seltenen Fällen (Gefahr für Leib und Leben) muss der Gedanke der Energieein-

65 BGH, Urt. v. 13.2.2008 – VIII ZR 105/07 – NJW 2008, 1218.

sparung oder des Klimaschutzes gänzlich zurücktreten.[66] Weder bei der Einsparung von Endenergie noch bei der Einsparung nicht erneuerbarer Primärenergie gibt es Mengenvorgaben, die mit einer Modernisierungsmaßnahme erreicht werden müssen.

2. Mitwirkungspflicht

Der Mieter hat im Rahmen einer vom Vermieter veranlassten Erhaltungs- und Mo- 112
dernisierungsmaßnahme grundsätzlich keine über die reine Duldung hinausgehende Mitwirkungspflicht. Dies ergibt sich aus einem Umkehrschluss aus § 555a Abs. 3 BGB. Der Aufwendungsersatzanspruch würde (zumindest teilweise) leerlaufen, wenn der Mieter die Mietsache in irgendeiner Weise zur Durchführung der Maßnahme vorbereiten müsste. Der Vermieter hat jedoch einen Anspruch auf Besichtigung und Betretungsrecht (z.B. um die Maßnahmen vorzubereiten) und kann verlangen, dass der Mieter seine höchstpersönlichen Sachen zusammenräumt.

3. Ersatz modernisierungsbedingter Aufwendungen und Vorschusspflicht

Hat der Mieter infolge der modernisierungsbedingten Bauarbeiten Aufwendungen 113
gehabt, muss der Vermieter diese nach § 555d Abs. 6 i.V.m. § 555a Abs. 3 BGB in angemessenem Umfang ersetzen.[67] Auf Verlangen hat der Vermieter hierfür Vorschuss zu leisten.

4. Verweigerungsmöglichkeiten des Mieters und Schadensersatz

Bestreitet der Mieter seine Pflicht zur Duldung der Modernisierungsmaßnahme, ist 114
dies zunächst ohne Folgen. Der Mieter kann grundsätzlich seine Rechte wahren, **ohne dadurch schadensersatzpflichtig** zu werden. Will er daher sein Verhalten einer richterlichen Entscheidung unterstellen, macht er damit von einem Mittel Gebrauch, dass im Rechtsstaat gerade für die Entscheidung und Entwirrung von Streitigkeiten unter Privatpersonen gegeben ist. Verweigert der Mieter daher die Duldung der vom Vermieter beabsichtigten Modernisierungsmaßnahmen unter Berufung auf eine Härte, so liegt darin keine Verletzung einer vertraglichen Nebenpflicht, die ihn zum Ersatz des Schadens verpflichtet, der sich aufgrund von Arbeitsverzögerungen ergibt.[68]

Hat der Mieter aber **positive Kenntnis von seiner Duldungspflicht** (z.B. nach 115
gerichtlicher Entscheidung über diese Frage) kann der Vermieter seinen Anspruch

66 Schmidt-Futterer/*Eisenschmid*, § 555d Rn 63.

67 LG Hamburg, Urt. v. 28.7.1987 – 16 S 19/87 – WuM 1987, 386.

68 AG Berlin-Schöneberg, Urt. v. 3.3.1981 – 12 C 726/80 – GE 1982, 233.

auf Schadensersatz wegen der durch den Mieter verzögerten Modernisierungsarbeiten ab dem Zeitpunkt der positiven Kenntnis von seiner Duldungspflicht geltend machen.[69] Im Rahmen gewerblicher Mietverträge unterliegt der Mieter als Gewerbetreibender einer gesteigerten Prüfungspflicht. Daher ist es ihm zumutbar, vor der Ablehnung zunächst Rechtsrat einzuholen. Der Verstoß gegen die Pflicht zur Einholung von Rechtsrat führt als Verstoß gegen vertragliche Nebenpflichten zur Schadensersatzpflicht (§ 280 i.V.m. § 241 Abs. 2 BGB).

116 Ist der Mieter **rechtskräftig** zur Duldung einer Modernisierungsmaßnahme **verurteilt** worden oder hat er sich in einem gerichtlichen Vergleich zu Duldung verpflichtet, und weigert er sich auch nach gerichtlicher Androhung eines Zwangsgeldes, die Maßnahme zu dulden, kann der Vermieter das Mietverhältnis **fristlos kündigen und Schadensersatz verlangen**, weil der Mieter die friedensstiftende Funktion des gerichtlichen Verfahrens nicht anerkennt.[70]

117 Eine Pflicht zum Schadensersatz kann sich für den Mieter auch dann ergeben, wenn er mit seiner **Verweigerungshaltung** gegen § 242 BGB verstößt und nur deshalb die Modernisierung behindert, weil er den Vermieter schikanieren will.[71]

5. Kein Kündigungsrecht des Vermieters zur Durchsetzung der Duldungspflicht

118 Der Vermieter kann den Mietvertrag grundsätzlich nicht kündigen, um eine Modernisierungsmaßnahme durchzuführen. Dies gilt insbesondere nach einer Vernachlässigung der Erhaltungspflichten.[72] Der Konfliktfall wird durch die speziellen Vorschriften der §§ 555a–c BGB abschließend geregelt.

6. Vertragliche Regelungen über die Duldungspflicht

119 Da in § 578 Abs. 2 BGB nicht auf § 555d Abs. 7 BGB verwiesen wird, kann vertraglich in den Grenzen der §§ 242, 138 und 307 BGB frei vereinbart werden, ob, wann und wie der Mieter zur Duldung verpflichtet ist.[73]

! **Praxistipp**

Der Vermieter kann den Duldungsanspruch mittels einer Duldungsklage einklagen. Die Modernisierungsmaßnahmen sind detailliert im Duldungsantrag zu bezeichnen. Der Antrag sollte aber gleichzeitig mit der Verpflichtung zur Zutrittsgewährung verbunden werden, um die Vollstreckung nach § 887 ZPO zu eröffnen. Für die formellen und materiellen Voraussetzungen des § 555c BGB, die den

---

69 *Horst*, NZM 1999, 193, 195.

70 AG Löbau, Urt. v. 1.2.1996 – 7 C 942/95 – DWW 1996, 124.

71 AG Löbau, Urt. v. 1.2.1996 – 7 C 942/95 – DWW 1996, 124.

72 LG Frankfurt, Urt. v. 14.2.1995 – 2/11 S 365/94 – NJW-RR 1996, 266.

73 Schmidt-Futterer/*Eisenschmid*, § 555d Rn 65.

Duldungsanspruch auslösen, ist der Vermieter darlegungs- und beweispflichtig. Dies gilt auch für den Zugang der Modernisierungsankündigung nach § 555c Abs. 1 BGB, falls dieser von dem Mieter bestritten wird. Der Vermieter sollte daher eine nachweisbare Art der Zustellung wählen. Der Mieter hingegen hat die Härtegründe nachzuweisen.

V. Mieterhöhung aufgrund von Modernisierungsmaßnahmen

Der Vermieter von Gewerberäumen hat – im Gegensatz zum Wohnraumvermieter – **keine gesetzlichen Möglichkeiten zur Mieterhöhung** aufgrund von Modernisierungsmaßnahmen. 120

Der Wohnraumvermieter kann die Zustimmung zur Mieterhöhung bis zur ortsüblichen Vergleichsmiete verlangen oder Modernisierungskosten in Form einer Mieterhöhung nach den §§ 559 bis 559b BGB auf den Mieter umlegen. Bei gewerblichen Mietverhältnissen besteht eine solche Mieterhöhungsmöglichkeit aufgrund von Modernisierungsmaßnahmen nicht, da in § 578 BGB **nicht auf den § 559 BGB verwiesen** wird. Auch der gewerbliche Zwischenmieter kann gegenüber dem Endmieter keine Mieterhöhung nach den §§ 559 bis 559b durchsetzen, da er nicht Bauherr der Modernisierungsmaßnahme ist. 121

Der Gesetzgeber überlässt den Vertragsparteien selbst, eine Anpassung der Miete durch entsprechende **vertragliche Regelungen** zu vereinbaren. Hierfür kommen beispielsweise die folgenden Möglichkeiten in Betracht: 122

1. Nachtragsvereinbarung, Änderung des Mietvertrages

Es ist jederzeit möglich, die bislang vereinbarte Miete durch eine Nachtragsvereinbarung zu dem bestehenden Mietvertrag zu erhöhen.[74] Voraussetzung hierfür ist allerdings die **Mitwirkung des Mieters.** In der Praxis ergibt sich die Möglichkeit einer einvernehmlichen Erhöhung der Miete häufig dann, wenn im Rahmen einer Nachtragsvereinbarung auch Anliegen des Mieters berücksichtigt werden, welche bislang nicht Gegenstand der vertraglichen Vereinbarungen waren, z.B. eine Verlängerung der Festlaufzeit des Mietvertrages, Anmietung zusätzlicher Flächen oder eine Änderung/Erweiterung des Nutzungszweckes. 123

2. Änderungskündigung

Im Gesetz ist eine Änderungskündigung **nicht vorgesehen.** Der Vermieter kann den Mietvertrag zum Ablauf der Festlaufzeit ordentlich kündigen und dem Mieter zeit- 124

74 *Leo/Ramm*, NZM 2014, 63.

gleich ein Angebot auf Abschluss eines neuen Mietvertrages unterbreiten, in welchem dann die vom Vermieter begehrte (neue) Miete berücksichtigt ist. Dabei ist allerdings zu beachten, dass das **Mietverhältnis als solches kündbar** sein muss. In wirtschaftlicher Hinsicht ist zu beachten, dass der Mieter nicht verpflichtet ist, das Angebot auf Abschluss eines neuen Mietvertrages anzunehmen. Es muss daher eine Anschlussvermietung auch durch einen Dritten sichergestellt sein, will der Vermieter nicht dem Risiko eines Leerstandes ausgesetzt sein.

3. Spannungsklausel

125 Unter **Spannungsklauseln** versteht man Regelungen über die Anpassung der Miete entsprechend einer zu definierenden Vergleichsgröße. Dabei muss die Vergleichsgröße gleichartig oder zumindest vergleichbar sein.[75] Klassisches Beispiel für die Verwendung einer Spannungsklausel ist die **Koppelung an einen Untermietvertrag**. Eine Spannungsklausel bietet sich hier an, um einen Gleichlauf von Haupt- und Untermietvertrag sowie den Eintritt eines Mitnahmeeffektes bei Mieterhöhungen aus dem Vergleichsvertrag zu erreichen. Die Vereinbarung von Spannungsklauseln ist im Falle von Modernisierungsmaßnahmen in der Praxis selten, da sich das wirtschaftliche Ziel einer Beteiligung des Mieters an den Modernisierungskosten durch eine Modernisierungsvereinbarung einfacher erreichen lässt.

4. Modernisierungsmieterhöhung

126 Insbesondere bei der Vermietung von unsanierten Altbeständen erlangt die Vereinbarung einer **Modernisierungsmieterhöhung** erhebliche Bedeutung. Dabei werden in der Praxis häufig die gesetzlichen Vereinbarungen zu einer Modernisierungsmieterhöhung für Wohnraum (§ 559 BGB) in den Gewerbemietvertrag übernommen. Nach erfolgter Modernisierung kann der Vermieter dann die Modernisierungskosten im Rahmen einer Mieterhöhung auf die Gewerberaummieter umlegen. Die Vereinbarung solcher Modernisierungsklauseln bietet sich an, wenn in absehbarer Zeit Modernisierungen des Mietobjektes anstehen und der Mieter in Form einer Modernisierungsumlage an diesen Kosten beteiligt werden soll. Hierauf wird sich der Mieter in der Regel dann einlassen, wenn die in Rede stehende Modernisierung seinen Gewerbebetrieb fördert.

---

75 BGH, Urt. v. 16.4.1986 – VIII ZR 60/85 – NJW-RR 1986, 877.

5. Leistungsvorbehalt

Im Mietvertrag kann auch vereinbart werden, dass sich der Vermieter die Bestimmung der Miete nach einem gewissen Zeitraum vorbehält. In der Praxis kommen verschiedene Gestaltungsvarianten vor. Seltener sind bei Gewerbemietverträgen **einseitige Leistungsbestimmungsrechte**, bei denen die Festlegung nach billigem Ermessen (§ 315 BGB) erfolgt und der Mieter kein Mitbestimmungsrecht hat. Geläufiger sind dagegen Leistungsvorbehalte, in denen die Parteien vereinbaren, dass nach Ablauf einer bestimmten Mietlaufzeit über die Miete neu verhandelt wird oder die Festsetzung durch einen Schiedsgutachter erfolgt. 127

VI. Rechte und Pflichten des Mieters im Rahmen von Modernisierungsmaßnahmen

1. Mietminderung

Der Mieter hat das Recht wegen modernisierungsbedingter Beeinträchtigungen des Mietobjekts die Miete nach § 536 Abs. 1 BGB zu mindern. 128

Darunter fallen zum einen **Einwirkungen infolge der Modernisierungsarbeiten** wie zum Baulärm, Beeinträchtigung der Belichtung aufgrund von Gerüsten oder Verschmutzungen des Treppenhauses, zum anderen kommt eine Minderung wegen der Folgen der Modernisierung in Betracht wie z.B. dauernde Lichtbeeinträchtigung durch die Verkleinerung von Fensterflächen. 129

Bei der **energetischen Modernisierung** hat der Gesetzgeber gem. § 536 Abs. 1a BGB zugunsten des Vermieters den Ausschluss einer Mietminderung für drei Monate vorgesehen. 130

Bei Gewerbemietverhältnissen ist die Vorschrift § 536 BGB jedoch dispositiv, sodass sie jedenfalls durch Individualvereinbarung ausgeschlossen oder beschränkt werden kann. Begrenzt wird die Vereinbarung durch § 536d BGB (Arglist), § 138 BGB (Sittenwidrigkeit) und § 242 BGB. So ist es zulässig, die Minderung von weiteren Bedingungen abhängig zu machen, wie z.B. einer vorherigen Anzeige. Es bestehen grundsätzlich auch keine Bedenken, die Minderung formularmäßig zu beschränken.[76] Ein vollständiger Ausschluss der Minderung dürfte jedoch unzulässig sein. 131

2. Schadensersatz

Der Mieter wird nicht **schadensersatzpflichtig**, wenn er seine Pflicht zur Duldung der Modernisierungsmaßnahme bestreitet. Er kann grundsätzlich seine Rechte wahren, ohne dass dies Folgen hat. Auch wenn er hierüber eine richterliche Entschei- 132

76 BGH, Urt. v. 27.1.1993 – XII ZR 141/91 – NJW-RR 1993, 519.

dung herbeiführen will, macht er damit nur von seinen ihm hierzu eingeräumten rechtsstaatlichen Mitteln Gebrauch.

133 Verweigert der Mieter die Duldung der Durchführung der Maßnahmen jedoch **ohne sachlichen Grund**, so steht dem Vermieter ein Schadensersatzanspruch aus § 280 Abs.1 und Abs. 2 BGB i.V.m. §§ 241, 286 BGB zu. Ein Verschulden wird man dem Mieter hierbei wohl nur unterstellen können, wenn bereits vor der gerichtlichen Entscheidung eine „klare Rechtslage" vorliegt und ein mutwilliges Verhalten des Mieters gegeben ist.

134 Allerdings ist der Mieter gehalten, sich innerhalb der gesetzlich eingeräumten Überlegungsfrist von drei Monaten zu entscheiden, ob er die Maßnahme duldet oder ob er kündigen will und dies dem Vermieter dann mitzuteilen.

3. Aufwendungsersatz des Mieters

135 Hat der Mieter infolge modernisierungsbedingter Bauarbeiten Aufwendungen gemacht, muss der Vermieter diese nach § 555d Abs. 6 i.V.m. § 555a Abs. 3 BGB in einem angemessen Umfang ersetzen und/oder auf Verlangen des Mieters diesem hierfür einen Vorschuss leisten.[77] Der Aufwendungsersatzanspruch ist jedoch bei Gewerberaummietverhältnissen nicht zwingend. Der Anspruch des Mieters kann somit **vertraglich eingeschränkt** oder ausgeschlossen werden.

136 Unter den **Aufwendungsbegriff** des § 555a Abs. 3 BGB fallen alle Aufwendungen, die bei dem Mieter aus Anlass der Durchführung der Modernisierungsmaßnahmen und in Erfüllung der Duldungspflicht angefallen sind. Ersatzfähig sind beispielsweise Kosten für notwenige Ausbesserungsarbeiten (z.B. für Tapete, Farbe und sonstiges Kleinmaterial).[78]

137 Die Kosten müssen durch die Modernisierungsmaßnahme veranlasst worden sein und in einem vernünftigen Verhältnis zu den Verbesserungsarbeiten stehen. Ein **Aufwendungsersatzanspruch** ist zu verneinen bei lediglich üblichen oder dem Mieter ohne Weiteres zumutbaren Arbeiten, die er in Eigenleistung vornehmen kann, wie z.B. das Zusammenräumen und Sichern seiner Sachen in kleinerem Umfang. Die von der Rechtsprechung anerkannte Möglichkeit einer Umlage von Renovierungskosten als Modernisierungskosten auf den Mieter[79] ist aufgrund der fehlenden Möglichkeit einer Mieterhöhung nach § 559 Abs. 1 BGB im Gewerberaummietrecht von geringerer Bedeutung.

---

77 BGH, Urt. v. 30.3.2011 – VIII ZR 173/10 – NJW 2011, 1499.

78 BGH, Urt. v. 30.3.2011 – VIII ZR 173/10 – NJW 2011, 1499.

79 BGH, Urt. v. 30.3.2011 – VIII ZR 173/10 – NJW 2011, 1499.

4. Wiederherstellungspflicht des Vermieters

Der Vermieter ist verpflichtet, den früheren, **vertragsmäßigen Zustand wiederherzustellen.** Davon umfasst sind Aufräumarbeiten und die Beseitigung von Verschmutzungen nach der Durchführung der Arbeiten. Auf Verlangen des Mieters hat der Vermieter bei der Durchführung der Maßnahmen die Möbel des Mieters zu entfernen und für deren Abtransport und den Wiederaufbau zu sorgen. 138

VII. Sonderkündigungsrecht des Mieters bei Modernisierungsmaßnahmen

Der Mieter hat gem. § 555e Abs. 1 BGB – neben der Möglichkeit der Überprüfung der Duldungspflicht und ggf. einen Härteeinwand geltend zu machen – auch das Recht, auf die Modernisierungsankündigung mit einer **außerordentlichen Kündigung** zu reagieren. Unabhängig davon, ob es sich um ein befristetes oder unbefristetes Mietverhältnis handelt, kann der Mieter den Vertrag nach Zugang der Modernisierungsankündigung bis zum Ablauf des übernächsten Monats kündigen. Über § 578 Abs. 2 BGB kommt die Norm auch im Gewerberaummietrecht zur Anwendung und kann daher für den Vermieter erhebliche Folgen haben. 139

Auch wenn dem Mieter die Maßnahmen unter den gesetzlichen Voraussetzungen zumutbar sind, kann er doch ein **berechtigtes Interesse** daran haben, das modernisierte Mietobjekt und den damit einseitig durch den Vermieter veränderten Mietgegenstand abzulehnen. Das Kündigungsrecht besteht unabhängig von sonstigen vertraglichen Fristen. Die Kündigung ist auch zulässig, wenn der Mieter zur Duldung nicht verpflichtet ist. 140

Das Kündigungsrecht ist nicht gegeben bei **Bagatellmaßnahmen**, die nur mit einer unerheblichen Einwirkung auf die Mietsache verbunden sind (§ 555e Abs. 2 i.V.m. § 555c Abs. 4 BGB). 141

Formal gelten für die Kündigung die **allgemeinen Vorschriften.**[80] Durch die gesetzliche Neuregelung sollte klargestellt werden, dass bei einer rechtzeitig ausgesprochenen Kündigung das Mietverhältnis unabhängig vom konkreten Kündigungszeitpunkt immer mit Ablauf des übernächsten Monats nach Zugang der Modernisierungsankündigung endet.[81] 142

Das Kündigungsrecht des Mieters ist nicht davon abhängig, ob die Modernisierungsankündigung des Vermieters den **Anforderungen** nach § 555c Abs. 1 S. 2 BGB entspricht. Anderenfalls hätte es der Vermieter in der Hand, das Kündigungsrecht aufgrund fehlerhafter Mitteilung zu umgehen. Daher besteht das Kündigungsrecht des Mieters unabhängig davon, ob der Vermieter seiner Verpflichtung zur Ankündi- 143

80 Siehe hierzu Kap. 13.

81 BT-Drucks. 17/10485, S. 22.

gung vollständig oder nur teilweise nachgekommen ist. Die Monatsfrist beginnt dann mit Kenntnis des Mieters von den Arbeiten.[82]

144 Modernisiert der Vermieter die Mieträume gegen den Willen **des nicht zur Duldung verpflichteten Mieters**, ergibt sich das Kündigungsrecht aus § 543 Abs. 2 Nr. 1 BGB.[83]

145 Kündigt der Mieter, kann der Vermieter dennoch **vorbereitende Maßnahmen** (z.B. Besichtigung der betroffenen Räumlichkeiten) treffen. Der Mieter hat es auch hinzunehmen, wenn der Vermieter mit Maßnahmen beginnt, die den vertragsgemäßen Mietgebrauch des Mieters nicht beeinträchtigen.

! **Praxistipp**

Eine bedenkenlos erklärte Ankündigung einer Modernisierung könnte für den Vermieter im Falle eines fortsetzungsmüden Mieters, der nur auf eine Möglichkeit gewartet hat, um das Mietverhältnis zu beenden, fatale Auswirkungen haben. Auch wenn der Vermieter sicher ist, dass der Mieter den Vertrag nicht beenden will, sollte er vor einer formellen Ankündigung von Modernisierungsmaßnahmen unbedingt das Gespräch mit dem Mieter suchen. Dabei sollte geklärt werden, ob der Mieter bereit ist, für diese konkrete Maßnahme auf das Sonderkündigungsrecht aufgrund der Modernisierung zu verzichten und dies durch individuelle Vereinbarung zu regeln. Formularvertraglich ist der Ausschluss sämtlicher Kündigungsrechte problematisch. Auf das Sonderkündigungsrecht kann jedoch wegen der Modernisierung verzichtet werden, solange das allgemeine Recht zur Kündigung aus § 543 BGB erhalten bleibt. Als „Verhandlungsmasse" könnte z.B. angeboten werden, dass der Vermieter sich nicht auf den dreimonatigen Mietminderungsausschluss (§ 536 Abs. 1a BGB) berufen kann oder dass lärmintensive Arbeiten nur zu festgelegten Uhrzeiten (z.B. außerhalb des Geschäftsbetriebes des Mieters) vorgenommen werden. Inhalt und Umfang Modernisierungsmaßnahmen sowie der Verzicht auf das Kündigungsrecht sollten dann in einem Nachtrag zum Mietvertrag unter Beachtung des Schriftformerfordernisses festgehalten werden.

VIII. Abgrenzung zwischen Erhaltungs- und Modernisierungsmaßnahmen

146 Bei den folgenden von A bis Z dargestellten baulichen Maßnahmen wird zwischen Erhaltungs- und Modernisierungsmaßnahmen unterschieden.

Bauliche Maßnahme	Duldungspflicht des Mieters
Abwärme	Einbau von Anlagen zur Abwärmenutzung ist **Modernisierungsmaßnahme** (LG Hamburg, Urt. v. 29.9.2005 – 334 S 48/04 –).
Abwasserleitung	Im Regelfall zählt der Austausch von Abwasserleitungen zu Instandsetzungsmaßnahmen (LG Berlin, Urt. v. 27.3.2007 – 63 S 313/06 –) und stellt damit eine **Erhaltungsmaßnahme** dar. Ausnahme: Zusätzlicher Einbau von Leitungen (VG Berlin, Urt. v. 25.1.1983 – 9 A 57/81 –).

82 LG Berlin, Urt. v. 12.2.1999 – 64 S 172/97 – GE 1999, 573.

83 LG Berlin, Urt. v. 12.2.1999 – 64 S 172/97 – GE 1999, 573.

Bauliche Maßnahme	Duldungspflicht des Mieters
Alarmanlage	Siehe Einbruchssicherung.
Anbau	Errichtung eines Anbaus ist grundsätzlich als **Änderung des Vertragsgegenstandes** und keine Erhaltungs- oder Modernisierungsmaßnahme anzusehen, sofern hierdurch die Fläche der Mieträume selbst vergrößert wird (LG Köln, Urt. v. 26.8.1992 – 10 S 139/92 –; AG Köln, Urt. v. 4.10.2012 – 222 C 153/12 –). Ansonsten kann die Maßnahme unter § 555b Nr. 7 fallen. Errichtung eines Anbaus stellt jedoch dann eine **Modernisierungsmaßnahme** dar, soweit dieser zur Verbesserung der sanitären Anlagen oder zum Einbau eines notwendigen Aufzuges erforderlich ist (§ 555b Nr. 4, LG Berlin, Urt. v. 8.3.2011 – 65 S 19/11 –; LG Berlin, Urt. v. 16.9.1996 – 62 S 181/96 –).
Aufzug	Siehe Fahrstuhl.
Außenfassade	Reine Ausbesserungsarbeiten stellen eine Instandhaltung/Instandsetzung der Fassade und damit eine **Erhaltungsmaßnahme** dar. Ausnahme: Es handelt sich um eine Wärmedämmung der Fassade (LG Berlin, Urt. v. 19.8.1997 – 64 S 268/97 –).
Balkon	Die erstmalige Errichtung eines Balkons ist eine **Modernisierungsmaßnahme** (§ 555b Nr. 4, BGH, Urt. v. 28.9.2011 – VIII ZR 242/10 –).
Beleuchtung	Die Verbesserung der Beleuchtung ist eine Modernisierungsmaßnahme (§ 555b Nr. 4, AG Münster, Urt. v. 1.8.2012 – 48 C 4169/10 –).
Bleirohre	Bei einem Austausch gegen verzinkte Rohre handelt es sich um eine Instandsetzung und damit um eine **Erhaltungsmaßnahme** (LG Gera, Urt. v. 11.8.1999 – 1 S 99/99 –; AG Halle, Urt. v. 15.9.1992 – 22 (4) C 196/92 –).
Boden	Ersatz eines PVC-Bodens durch Laminat ist **Modernisierung** (§ 555b Nr. 4, LG München I, Urt. v. 26.5.2011 – 31 S 22203/10 –; AG München, Urt. v. 25.3.2010 – 474 C 31317/09 –).
Dach	Reguläre Arbeiten am Dach stellen reine Instandsetzungsarbeiten dar und sind daher grundsätzlich duldungspflichtige **Erhaltungsmaßnahmen**, wenn diese zum Erhalt des bestimmungsgemäßen Gebrauchs erforderlich sind. Die Wärmedämmung des Daches ist **Modernisierungsmaßnahme** (§ 555b Nr. 1, LG Berlin, Urt. v. 15.4.1986 – 64 S 387/85 –; KG, Urt. v. 20.4.2006 – 8 U 204/05 –; AG Berlin-Pankow/Weißensee, Urt. v. 23.2.2012 – 6 C 79/11 –). Bei der Beseitigung von Dachschrägen handelt es sich ebenfalls um eine **Modernisierungsmaßnahme**, insbesondere wenn hierdurch der Wohnraum vergrößert wird (LG Hamburg, Urt. v. 27.1.2011 – 307 S 76/10 –).
Einbruchssicherung	Die Verbesserung des Einbruchsschutzes ist eine **Modernisierungsmaßnahme** (§ 555b Nr. 4, LG Berlin, Urt. v. 5.11.2002 – 64 S 170/02 –; LG Köln, Urt. v. 30.4.1992 – 1 S 385/91 –; AG Berlin-Pankow/Weißensee, Urt. v. 19.12.2012 – 7 C 222/12 –; LG Bremen, Urt. v. 11.1.2013 – 4 S 28/11 –). Erfasst sind insbesondere einbruchgeschützte Türen und Fenster, Gegensprechanlagen und Schließanlagen.

Bauliche Maßnahme	Duldungspflicht des Mieters
Eingangstür	Der Austausch einer Eingangstür ist grundsätzlich eine duldungspflichtige **Erhaltungsmaßnahme**, wenn diese schadhaft ist (LG Köln, Urt. v. 30.4.1992 – 1 S 385/91 –). Der Einbau einer neuen Außentür ist **Modernisierungsmaßnahme**, wenn die Tür besser isoliert ist (§ 555b Nr. 1). Auch bei einer besseren Einbruchssicherung der neuen Tür liegt eine **Modernisierungsmaßnahme** vor (§ 555b Nr. 4, LG Köln, Urt. v. 30.4.1992 – 1 S 385/91 –; LG Berlin, Urt. v. 5.11.2002 – 64 S 170/02 –; LG Halle (Saale), Urt. v. 8.8.2002 – 2 S 42/01 –; AG Hohenschönhausen, Urt. v. 13.4.2000 – 7 C 66/00 –; LG Bremen, Urt. v. 11.1.2013 – 4 S 28/11 –; AG Berlin-Köpenick, Urt. v. 19.6.2008 – 14 C 287/07 –). Rein optische Veränderungen stellen keine Modernisierung dar (AG Berlin-Lichtenberg, Urt. v. 15.12.2005 – 12 C 8/05 –).
Elektrik	Die Verstärkung der Steigleitung im Bereich der Elektroleitungen ist eine **Modernisierungsmaßnahme**, sofern hierdurch der Anschluss weiterer elektrischer Geräte möglich ist und sich der Vorteil nicht lediglich auf die Beseitigung von Netzüberlastungen beschränkt (§ 555b Nr. 4, LG Berlin, Urt. v. 27.10.1998 – 65 S 224/98 –; Urt. v. 20.4.1999 – 64 S 316/98 –; Urt. v. 5.11.2002 – 64 S 170/02 –; Urt. v. 4.12.2012 – 63 S 220/12 –; AG Berlin-Lichtenberg, Urt. v. 15.12.2005 – 12 C 8/05 –; AG Berlin-Pankow/Weißensee, Urt. v. 19.12.2012 – 7 C 222/12 –). Anderenfalls liegt nur eine **Erhaltungsmaßnahme** vor.
Erfassungsgeräte	Einbau von Erfassungsgeräten für Heizwärme-, Kaltwasser und Warmwasserverbrauch ist **Modernisierungsmaßnahme** (§ 555b Nr. 1, Nr. 4, BGH, Urt. v. 28.9.2011 – VIII ZR 326/10 –; LG Berlin, Hinweisbeschl. v. 22.10.2010 – 63 S 451/10 –; AG Frankfurt, Urt. v. 11.11.2005 – 33 C 2742/05 –; AG Berlin-Pankow/Weißensee, Urt. v. 23.2.2012 – 6 C 79/11 –; AG Berlin-Lichtenberg, Urt. v. 30.6.2010 – 106 C 73/10 –).
Fahrstuhl	Erstmaliger Einbau eines Fahrstuhls ist eine **Modernisierungsmaßnahme** (§ 555b Nr. 4, BGH, Urt. v. 19.9.2007 – VIII ZR 6/07 –; LG Berlin, Urt. v. 8.3.2011 – 65 S 19/11 –; Urt. v. 25.6.2010 – 63 S 530/09 –; AG München, Urt. v. 7.4.2005 – 453 C 35603/04 –). Auch der umfassende Umbau der Fahrstuhlanlage ist bei Verbesserung der Nutzungsmöglichkeit Modernisierungsmaßnahme (§ 555b Nr. 4).
Fassade	Arbeiten an Fassade, Dach und Mauerbau sind grundsätzlich duldungspflichtige **Erhaltungsmaßnahmen**, wenn diese zum Erhalt des bestimmungsgemäßen Gebrauchs erforderlich sind, insbesondere wenn Schwammbefall oder Ähnliches aufgetreten ist (AG Frankfurt, Urt. v. 6.2.1991 – 33 C 3561/89–28 –). Verbesserung der Wärmedämmung der Fassade ist **Modernisierungsmaßnahme** (§ 555b Nr. 1, BayObLG, Beschl. v. 25.9.2001 – 2Z BR 95/01 –; KG, Urt. v. 20.4.2006 – 8 U 204/05 –; LG Paderborn, Urt. v. 19.11.1992 – 1 S 135/92 –; LG Berlin, Urt. v. 10.12.1998 – 67 S 220/98 –; AG Hamburg, Urt. v. 28.10.2010 – 44 C 113/10 –; AG Berlin-Pankow/Weißensee, Urt. v. 23.2.2012 – 6 C 79/11 –).

Bauliche Maßnahme	Duldungspflicht des Mieters
Fenster	Der Austausch von Fenstern ist eine **Erhaltungsmaßnahme**, wenn diese schadhaft sind (LG Berlin Urt. v. 19.3.2007 – 67 S 345/06 –; LG Saarbrücken, Urt. v. 8.2.2008 – 10 S 33/08 –; AG Neuss, Urt. v. 27.3.1986 – 36 C 745/85 –). Der Einbau von besser isolierten Fenstern ist eine **Modernisierungsmaßnahme** (§ 555b Nr. 1, BT-Drucks. 17/10485, S. 19; BGH, Versäumnisurt. v. 7.1.2004 – VIII ZR 156/03 –; LG Berlin, Urt. v. 23.6.2011 – 67 S 100/11 –; Urt. v. 21.12.2010 – 65 S 318/09 –; Urt. v. 16.7.2001 – 67 S 527/00 –; Urt. v. 30.5.2013 – 67 S 577/12 –; AG Berlin-Pankow/Weißensee, Urt. v. 19.12.2012 – 7 C 222/12 –). Dies gilt aber nicht, wenn der betroffene Raum unbeheizt ist und daher keine Einsparung von Primärenergie gegeben ist (AG Köln, Urt. v. 22.2.2011 – 224 C 327/10 –). Auch der Einbau von besser schallgedämmten Fenstern stellt eine **Modernisierungsmaßnahme** dar, wobei auch das Unterschreiten des Schalldämmmaßes in geringem Umfang unschädlich ist (§ 555b Nr. 4, LG Berlin, Urt. v. 23.10.2006 – 67 S 186/06 –).
Fernwärme	Der Einbau von Anlagen zum Zwecke der Fernwärmeversorgung stellt eine **Modernisierungsmaßnahme** dar (§ 555b Nr. 1, BGH, Urt. v. 24.9.2008 – VIII ZR 275/07 –; LG Berlin, Urt. v. 15.11.2010 – 67 S 641/09 –; Urt. v. 25.7.2005 – 67 S 153/04 –; Urt. v. 9.11.2007 – 63 S 75/07 –; Beschl. v. 28.7.2010 – 67 S 180/10 –; LG Hamburg, Urt. v. 29.9.2005 – 334 S 48/04 –).
Fliesen	Das erstmalige Verfliesen von Sanitär- oder Küchenräumen stellt eine **Modernisierungsmaßnahme** dar (§ 555b Nr. 4, LG Berlin, Urt. v. 5.11.2002 – 64 S 170/02 –; AG Berlin-Mitte, Urt. v. 12.7.2004 – 20 C 11/04 –).
Funkbasiertes Ablesesystem für Heizung und Kaltwasser	Der Einbau eines funkbasierten Ablesesystems nach § 4 Abs. 2 HeizkostenV und der Einbau funkbasierter Kaltwasserzähler stellt eine **Modernisierungsmaßnahme** dar und ist nach § 555d Abs. 1 BGB zu dulden. Die Duldungspflicht besteht nicht nur hinsichtlich des erstmaligen Einbaus von Messgeräten, sondern auch dann, wenn funktionsfähige Messgeräte durch ein anderes (modernes) Ablesesystem ersetzt werden sollen. Die Duldungspflicht ist die Kehrseite des Anspruchs des Mieters auf eine verbrauchsabhängige Abrechnung (BGH, Urt. v. 28.9.2011 – VIII ZR 326/10 – (LG Heidelberg).
Gasheizung	Die Erneuerung eines Gasofens ist eine **Erhaltungsmaßnahme**, wenn dieser defekt ist (AG Münster, Urt. v. 23.6.1987 – 6 C 320/87 –). Einbau einer Gasetagenheizung statt einer Ofenheizung ist **Modernisierungsmaßnahme** (§ 555b Nr. 1, BGH, Versäumnisurt. v. 10.10.2012 – VIII ZR 56/12 –; LG Berlin, Urt. v. 4.12.2007 – 63 S 130/07, 75 –; Urt. v. 14.1.2003 – 64 S 49/02 –; AG Berlin-Pankow/Weißensee, Urt. v. 19.12.2012 – 7 C 222/12 –). In der Regel gilt dies auch für die Umrüstung von einer Gasetagenheizung auf eine Gaszentralheizung (LG Berlin, Urt. v. 22.11.2004 – 67 S 154/03 –; Urt. v. 10.1.2012 – 63 S 203/11 –).

Bauliche Maßnahme	Duldungspflicht des Mieters
Gegensprechanlage	Der Einbau einer Gegensprechanlage ist als **Modernisierungsmaßnahme** ohne größere Einwirkung (Bagatellmaßnahme) zu werten und daher vom Mieter zu dulden (AG Berlin-Schöneberg, Urt. v. 3.1.1986 – 15 C 538/85 –).
Heizung	Die Erneuerung des Heizkessels ist eine **Modernisierungsmaßnahme**, sofern der neue Heizkessel effizienter ist (§ 555b Nr. 1, AG Rheine, Urt. v. 3.2.1987 – 14 C 744/85 –; LG Berlin, Urt. v. 8.11.2010 – 67 S 47/10 –). Dies gilt auch für die bessere Dämmung und sonstige Verbesserungen von Heizrohren (LG Berlin, Urt. v. 8.11.2010 – 67 S 47/10 –; Urt. v. 27.8.2010 – 63 S 171/09 –; Urt. v. 30.5.2013 – 67 S 577/12 –; Urt. v. 8.11.2010 – 67 S 47/10 –). Die Umstellung von der Nutzung von fossilen Energieträgern auf die Nutzung von erneuerbaren Energien, wenn z.B. statt einer Öl- oder Gasheizung nunmehr Holzpellets verfeuert werden, ist eine **Modernisierungsmaßnahme** (§ 555b Nr. 2 BGB). Dies gilt auch für die Umstellung von Heizöl auf Erdgas (§ 555b Nr. 2 BGB). Auch der Einbau von Handtuchheizkörpern im Bad ist eine **Modernisierungsmaßnahme** (§ 555b Nr. 4, LG Berlin, Urt. v. 22.3.2011 – 65 S 321/10 –; Urt. v. 21.12.2010 – 65 S 318/09 –). Dies gilt auch für einen erstmaligen Einbau eines Heizkörpers (§ 555b Nr. 4, AG Münster, Urt. v. 1.8.2012 – 48 C 4169/10 –).
Nachtspeicherheizung	Der Ersatz einer Nachtspeicherheizung durch eine energieeffizientere Gaszentralheizung oder ähnliche Heizung ist eine **Modernisierungsmaßnahme** (§ 555b Nr. 1, LG Berlin Urt. v. 27.8.2010 – 63 S 171/09 –; AG Münster, Urt. v. 27.2.1996 – 5 C 633/95 –; AG Charlottenburg, Urt. v. 31.10.1984 – 12 C 511/84 –).
Photovoltaikanlagen	Der Einbau einer Photovoltaikanlage ist **Modernisierungsmaßnahme**, wenn die erzeugte Energie zur Deckung des Energiebedarfs des Gebäudes selbst eingesetzt wird (§ 555b Nr. 1 BGB), aber auch, wenn die Energie ins allgemeine Stromnetz eingespeist wird (dann § 555b Nr. 2, BT-Drucks. 17/10485, S. 19).
Rauchmelder	Der Einbau von Rauchmeldern ist eine **Modernisierungsmaßnahme** (§ 555b Nr. 4, AG Hagenow, Urt. v. 1.4.2010 – 10 C 359/09 –; AG Hamburg-Blankenese, Urt. v. 16.2.2011 – 531 C 341/10 –; AG Hamburg-Bergedorf, Urt. v. 16.11.2009 – 410D C 181/09 –). Eine **Duldungspflicht** besteht aber **nicht**, wenn der Mieter dem Stand der Technik entsprechende Rauchmelder selbst eingebaut hat und diese ordnungsgemäß wartet (AG Hamburg-Altona, Urt. v. 7.9.2011 – 316 C 241/11 –; AG Hamburg-Barmbek, Urt. v. 29.11.2011 – 814 C 125/11 –; AG Hagenow, Urt. v. 1.4.2010 – 10 C 359/09 –; auch AG Rendsburg, Urt. v. 30.10.2008 – 18 C 545/08 –; a.A. wohl AG Hamburg-Blankenese, Urt. v. 16.2.2011 – 531 C 341/10 –).
Raumfläche	Vergrößerung oder Verkleinerung der Raumfläche ist in der Regel **keine Modernisierungsmaßnahme**, da dadurch der Vertragsgegenstand geändert wird (AG Köln, Urt. v. 4.10.2012 – 222 C 153/12 –; AG Charlottenburg, Urt. v. 7.7.2011 – 235 C 92/06 –).

Bauliche Maßnahme	Duldungspflicht des Mieters
Rollläden	Einbau von Rollläden ist **Modernisierungsmaßnahme** (§ 555b Nr. 1, Nr. 4, AG Steinfurt, Urt. v. 5.7.1984 – 4 C 874/83 –; AG Berlin-Wedding, Urt. v. 25.2.2009 – 19 C 246/08 –).
Sanitäranlagen	Die verbesserte Herstellung der Sanitäranlagen ist eine **Modernisierungsmaßnahme** (§ 555b Nr. 4, LG Berlin, Urt. v. 22.3.2011 – 65 S 321/10 –; Urt. v. 21.12.2010 – 65 S 318/09 –; AG Berlin-Pankow/Weißensee, Urt. v. 19.12.2012 – 7 C 222/12 –; Urt. v. 23.3.2012 – 6 C 79/11 –). Auch der Einbau von Durchlaufbegrenzern, z.B. als WC-Spülkasten mit Dosiermöglichkeit, ist eine **Modernisierungsmaßnahme** (§ 555b Nr. 3, LG Berlin, Urt. v. 21.12.2010 – 65 S 318/09 –). Der Austausch von Sanitäranlagen ist eine grundsätzlich duldungspflichtige **Erhaltungsmaßnahme**, wenn diese schadhaft sind oder ihr Ausfall zu erwarten ist (LG Berlin, Urt. v. 21.12.2010 – 65 S 318/09 –; AG Charlottenburg, Urt. v. 18.12.1992 – 12b C 225/92 –).
Schallschutz	Die Verbesserung des Schallschutzes ist **Modernisierungsmaßnahme** (§ 555b Nr. 4, BGH, Versäumnisurt. v. 7.1.2004 – VIII ZR 156/03 –; LG Berlin, Urt. v. 20.4.1999 – 64 S 316/98 –; Urt. v. 23.10.2006 – 67 S 186/06 –; AG Berlin-Pankow/Weißensee, Urt. v. 19.12.2012 – 7 C 222/12 –). Dies gilt insbesondere für besser schallisolierte Fenster (dann in der Regel auch § 555b Nr. 1).
Steckdosen	Der Einbau zusätzlicher Steckdosen ist eine **Modernisierungsmaßnahme** (§ 555b Nr. 4, AG Berlin-Pankow/Weißensee, Urt. v. 23.2.2012 – 6 C 79/11 –; Urt. v. 19.12.2012 – 7 C 222/12 –).
Stellplätze	Die Anlage oder der Ausbau von Stellplätzen für Mitarbeiter stellt eine **Modernisierungsmaßnahme** dar (§ 555b Nr. 5).
Telekommunikation	Der Anschluss an das Breitbandkabelnetz stellt in der Regel eine **Modernisierungsmaßnahme** dar (BGH, Urt. v. 20.7.2005 – VIII ZR 253/04 –; LG Karlsruhe, Urt. v. 9.7.1987 – 5 S 110/87 –; LG München I, Urt. v. 10.4.1987 – 20 S 18250/86 –; AG Gelsenkirchen, Urt. v. 29.4.1987 – 9 C 240/87 –; AG Karlsruhe-Durlach, Urt. v. 19.2.1987 – 2 C 672/86 –). Auch die Erweiterung bestehender Kommunikationsnetze mit Breitbandkabeln zum Empfang digitaler Informationen ist eine Modernisierungsmaßnahme (§ 555b Nr. 4, AG Frankfurt, Urt. v. 27.6.2012 – 33 C 4614/11 –; AG Duisburg, Urt. v. 29.5.2012 – 49 C 287/12 –; AG Berlin-Schöneberg, Urt. v. 31.10.2007 – 104a C 342/07 –; Urt. v. 11.8.2010 – 6 C 218/10 –; AG Hannover, Urt. v. 23.10.2006 – 461 C 7752/06 –). Auch der Einbau einer digitalen Satellitenanlage statt einer analogen Anlage stellt eine **Modernisierungsmaßnahme** dar (AG Steinfurt, Urt. v. 5.2.2008 – 4 C 499/07 –) und für die Verbesserung des Kabelanschlusses (rückkanalfähiger Kabelanschluss statt herkömmlichem Kabelanschluss, AG Berlin-Tempelhof-Kreuzberg, Urt. v. 20.12.2006 – 4 C 427/06 –). Der Austausch einer schadhaften Gemeinschaftsantenne durch eine andere Empfangsanlage ist bei ansonsten gleicher Leistung nur eine **Erhal-**

Bauliche Maßnahme	Duldungspflicht des Mieters
	tungsmaßnahme (BGH, Urt. v. 15.5.1991 – VIII ZR 38/90 –; KG, Rechtsentscheid v. 27.6.1985 – 8 RE-Miet 874/85 –).
Thermostatventil	Einbau von Thermostatventilen ist **Modernisierungsmaßnahme** (§ 555b Nr. 1, LG Berlin, Urt. v. 15.4.1986 – 64 S 387/85 –).
Treppenhaus	Arbeiten im Treppenhaus sind nur **Erhaltungsmaßnahmen**, wenn diese nur zu einer Erneuerung des Treppenhauses ohne Wertverbesserung führen (LG München I, Urt. v. 21.10.1992 – 15 S 9753/92 –).
Warmwasser	Die bessere Dämmung von Warmwasserrohren ist eine **Modernisierungsmaßnahme** (§ 555b Nr. 1, LG Berlin, Urt. v. 8.11.2010 – 67 S 47/10 –; Urt. v. 30.5.2013 – 67 S 577/12 –).
Wasser- und Abwasserleitungen	Der Ersatz von Wasser- oder Abwasserleitungen stellt eine **Erhaltungsmaßnahme** dar, wenn diese brüchig sind (LG Hamburg, Urt. v. 6.12.1994 – 316 S 307/93 –; LG Berlin, Beschl. v. 26.3.1996 – 65 T 11/96 –; Urt. v. 10.4.2003 – 67 S 279/01 –; Urt. v. 21.12.2010 – 65 S 318/09 –). Der Austausch von Bleirohren gegen Kupferrohre ist ebenfalls eine **Erhaltungsmaßnahme**, sofern dies zur Vermeidung von Gesundheitsschäden für den Mieter erforderlich ist (LG Gera, Urt. v. 11.8.1999 – 1 S 99/99 –; AG Halle-Saalkreis, Urt. v. 21.10.1992 – 24 C 194/92 –). **Unzulässige Luxusmodernisierung** ist der Ersatz von Kupferrohren durch Edelstahlrohre ohne ersichtliches Bedürfnis dafür (AG Schöneberg, Urt. v. 11.4.2007 – 14 C 561/05 –). Die Anbindung an das zentrale Warmwasserversorgungssystem stellt in der Regel eine **Modernisierungsmaßnahme** dar (§ 555b Nr. 1, LG Berlin, Urt. v. 4.12.2012 – 63 S 220/12 –; Urt. v. 30.5.2013 – 67 S 577/12 –). Der Einbau von Einrichtungen zum Gebrauch von Brauch- und Regenwasser ist eine **Modernisierungsmaßnahme** (§ 555b Nr. 3).
Zufahrten	Die Neuanlage einer Feuerwehrzufahrt ist eine **Modernisierungsmaßnahme** (§ 555b Nr. 5, AG Hamburg-Altona, Urt. v. 14.4.2005 – 318 C 120/03 –).

B. Bauliche Veränderungen des Mieters

147 Das Gesetz regelt in den §§ 555b ff. BGB nur die Modernisierung durch den Vermieter. Bauliche Maßnahmen oder eine Modernisierung durch den Mieter sind – mit Ausnahme des § 554a BGB für den behinderten Wohnraummieter – hingegen nicht gesetzlich geregelt. Das Gesetz setzt in § 546 BGB nur die Rückgabepflicht des Mieters nach Vertragsbeendigung voraus.

148 Geht die Initiative vom Mieter aus und will dieser die baulichen Maßnahmen durchführen, richten sich die Voraussetzungen hierfür zunächst nach der vertraglichen Vereinbarung und – falls eine solche nicht vorliegt – nach den allgemeinen Regeln sowie nach Treu und Glauben.

I. Geringfügige bauliche Eingriffe

Maßnahmen, die zum vertragsgemäßen Mietgebrauch gehören, können ohne die Zustimmung des Vermieters vorgenommen werden. 149

Auch **Verbesserungsmaßnahmen**, die weder das Mietobjekt in der Substanz noch die weiteren Mitmieter beeinträchtigen, bedürfen prinzipiell keiner Zustimmung des Vermieters, da dem Mieter im Rahmen des Vertragszwecks ein möglichst freier Gebrauch zu gewähren ist. 150

Der Mieter kann daher übliche und nur in geringfügigem Maße das Eigentum des Vermieters beeinträchtigende Installationen ausführen, ohne dass hierzu eine Zustimmung erforderlich ist und ohne dass der Vermieter dies verweigern darf.[84] Erforderlich ist jedoch, dass die Einrichtungen nach Beendigung des Mietvertrages **leicht wieder zu beseitigen** sind. 151

Der Mieter kann daher im üblichen Rahmen **kleinere Installationen** wie das Bohren von Löchern, das Setzen von Nägeln und Dübeln,[85] das Anbringen von Bildern, Wandregalen und Verkaufstheken, den Einbau einer Küche und das Aufstellen von Küchengeräten,[86] das Anbringen von Verkleidungsplatten an Decken,[87] die Installation einer Klingelleitung,[88] der Einbau von Raumteilern, das Aufstellen von Leichtbauwänden[89] oder das Verlegen von Teppichen durchführen. 152

Plant der Mieter hingegen **umfangreiche bauliche Maßnahmen**, die einen erheblichen Eingriff in die Bausubstanz mit sich bringen, ist die Zustimmung des Vermieters erforderlich.[90] 153

Praxistipp **!**

Im Rahmen des Ausgangsmietvertrages sollte vereinbart werden, dass die Zustimmung zu Veränderungen des Mietobjektes stets schriftlich einzuholen ist. Der Zustimmungsvorbehalt kann dabei auch für bestimmte Beispielfälle präzisiert werden, solange nicht von dem oben dargestellten Regelfall (Zustimmung für wesentliche Änderungen) abgewichen wird.

Eine Zustimmung ist grundsätzlich einzuholen, wenn die Maßnahmen des Mieters über den oben beschriebenen Umfang hinausgehen. Im Falle einer Weigerung müs- 154

---

84 LG München I, Urt. v. 10.5.1989 – 31 S 19840/88 – BeckRS 1989, 07640; LG Essen, Urt. v. 22.4.1987 – 10 S 633/86 – BeckRS 1987, 30960235.

85 LG Frankfurt, Urt. v. 31.7.2007 – 2–11 S 125/06 –.

86 LG Konstanz, Urt. v. 14.10.1988 – 1 S 216/88 – BeckRS 1988, 30944433.

87 AG Tempelhof-Kreuzberg, Urt. v. 5.6.2001 – 19 C 39/01 – NZM 2002, 734.

88 LG Berlin, Urt. v. 13.7.1984 – 65 S 3/84 –; AG Münster, Urt. v. 8.2.1983 – 4 C 7/83 – BeckRS 1983, 04705.

89 LG Essen, Urt. v. 22.4.1987 – 10 S 633/86 – WuM 1987, 257.

90 LG Lüneburg, Urt. v. 14.11.2012 – 6 S 80/12 – ZMR 2013, 804.

sen gewichtige Interessen des Mieters gegeben sein.[91] Einen erheblichen Eingriff in die Bausubstanz stellen insbesondere die folgenden Maßnahmen dar:

- Wanddurchbrüche und die Bearbeitung tragender Bauteile,
- das vollständige Entfernen einer nichttragenden Wand und der Einbau eines Kaminofens,[92]
- das Zumauern von Fenstern,[93]
- die Installation einer Etagenheizung,[94]
- der Einbau von Sanitärgegenständen wie Dusche, Bad, WC,[95]
- das Verlegen von Wasserleitungen und Elektroinstallationen,[96]
- Einbau einer anderen Fensterart,[97]
- Austausch von Holzrahmenfenster durch Kunststofffenster,[98]
- Veränderungen an der Außenfassade,[99]
- Entfernung von festen Trennwänden,[100]
- Ausbau des Dachbodens,[101]
- Umbau des Kellers,[102]
- Einbau einer Wasseruhr, da dies in der Regel mit Eingriffen in das Installationssystem verbunden ist.

Bei derartigen baulichen Maßnahmen ist insoweit vorab die Zustimmung des Vermieters einzuholen.

II. Mängelbeseitigung, notwendige Verwendungen

155 Bei Vorliegen eines Mangels kann dem Mieter auch ein Selbstbeseitigungsrecht zustehen. Falls der Vermieter mit der **Beseitigung des Mangels in Verzug** ist, kann der Mieter gem. § 536 Abs. 2 Nr. 1 BGB den Mangel selbst beseitigen. Sofern die umgehende Beseitigung eines Mangels zur **Erhaltung oder Wiederherstellung des**

91 BVerfG, Beschl. v. 28.3.2000 – 1 BvR 1460/99 – NJW 2000, 2658.
92 LG Lüneburg, Urt. v. 14.11.2012 – 6 S 80/12 – ZMR 2013, 804.
93 OLG Düsseldorf, Urt. v. 21.12.1995 – 10 U 142/94 – WuM 1996, 410.
94 LG Berlin, Urt. v. 13.12.1994 – 64 S 266/94 – ZMR 1995, 594; LG Berlin, Urt. v. 21.12.2010 – 63 S 208/10 – GE 2011, 201.
95 AG Berlin-Tiergarten, Urt. v. 16.11.1999 – 2 C 394/98 – BeckRS 1999, 30940120.
96 AG Hannover, Urt. v. 12.12.1996 – 509 C 12146/96 – WuM 1999, 340.
97 AG Berlin-Schöneberg, Urt. v. 29.3.2000 – 7 C 521/99 – ZMR 2000, 685.
98 LG Berlin, Urt. v. 5.3.1984 – 61 S 387/83 – MDR 1985, 57.
99 BGH, Urt. v. 26.6.1974 – VIII ZR 43/73 – NJW 1974, 1463.
100 BGH, Urt. v. 26.6.1974 – VIII ZR 43/73 – NJW 1974, 1463.
101 LG Hamburg, Urt. v. 26.4.1991 – 311 S 1/91 – WuM 1992, 190.
102 AG Brühl, Urt. v. 7.3.1989 – 2a C 710/88 – WuM 1989, 498.

Bestands der Mietsache notwendig ist, kann der Mieter gem. § 536a Abs. 2 Nr. 2 BGB einen Mangel selbst beseitigen. In beiden Fällen steht dem Mieter ein Anspruch auf Ersatz der erforderlichen Aufwendungen zu.

Gemäß § 536a BGB kann der Mieter **notwendige Verwendungen** auf den Miet- 156 gegenstand vornehmen, ohne dass eine Zustimmung des Vermieters erforderlich ist. Notwendige Verwendungen sind solche Maßnahmen, die erforderlich sind, um die Mietsache vor Beschädigung, Zerstörung, Untergang oder Verlust zu bewahren, z.B. Reinigung eines verstopften Abflussrohres oder Reparatur eines Wasserrohrbruchs. Es handelt sich um Notmaßnahmen, durch welche das Mietobjekt vor der unmittelbar bevorstehenden Gefahr der Verschlechterung bewahrt werden soll und bei denen zusätzlich eine Mängelanzeige nach § 536c BGB aufgrund der Eilbedürftigkeit nicht mehr möglich ist.[103] Bei der Maßnahme darf es sich nicht um eine grundlegende Veränderung des Mietobjektes handeln. Darüber hinaus ist es erforderlich, dass der Mieter für den Vermieter tätig geworden sein muss und ihm somit eine Erhaltungs- oder Reparaturlast abgenommen hat.

III. Umfangreiche bauliche Veränderungen und Modernisierungsmaßnahmen

Der Mieter muss vor baulichen oder sonstigen Änderungen des Mietobjektes, die in 157 die **Substanz, den Grundriss oder das äußere Erscheinungsbild** eingreifen, den Vermieter über die geplante Maßnahme informieren und seine Zustimmung einholen. Der Mieter hat grundsätzlich keinen über die Durchführung der üblichen Instandhaltung und Instandsetzung hinausgehenden Anspruch gegen den Vermieter auf Durchführung von Modernisierungsmaßnahmen. Sofern keine abweichende Vereinbarung eine entsprechende Verpflichtung regelt, muss der Vermieter auch dem Wunsch des Gewerberaummieters, die Geschäftsräume auf eigene Kosten zu modernisieren, grundsätzlich nicht zustimmen.[104]

Die Entscheidung des Vermieters, die vermieteten Räume während der Dauer des 158 Mietverhältnisses im bisherigen vertragsgemäßen Zustand zu belassen und etwaige Investitionen erst nach Beendigung des Mietverhältnisses (etwa erst im Zusammenhang mit einer Neuvermietung) vorzunehmen, ist nicht zu beanstanden. Aufgrund der ihm als **Eigentümer zustehenden Befugnis** kann der Vermieter mit dem Mietgegenstand nach Belieben verfahren, sofern dieser vertragsgemäß ist und die vertraglich eingeräumten Nutzungsrechte des Mieters nicht eingeschränkt werden. Auch aus dem Grundsatz der Wirtschaftlichkeit heraus folgt keine entsprechende Pflicht.[105]

103 BGH, Urt. v. 16.1.2008 – VIII ZR 222/06 – NJW 2008, 1216.

104 BGH, Urt. v. 14.9.2011 – VIII ZR 10/11 – NJW-RR 2012, 262.

105 BGH, Urt. v. 31.10.2007 – VIII ZR 261/06 – NJW 2008, 142; KG Berlin, Urt. v. 28.4.2008 – 12 U 6/07 – ZMR 2008, 892.

159 Jede eigenmächtige Veränderung der Mietflächen oder wesentliche Eingriffe in die Bausubstanz stellen daher einen **vertragswidrigen Gebrauch der Mietsache** dar. Die Erteilung der erforderlichen Erlaubnis steht nach der Rechtsprechung des BGH im Ermessen des Vermieters, der seine Zustimmung aber nicht rechtsmissbräuchlich verweigern darf.[106]

160 Die Zustimmung des Vermieters zu Modernisierungsmaßnahmen ist auch dann erforderlich, wenn **kein besonderer Zustimmungsvorbehalt** in den Mietvertrag aufgenommen wurde.[107] Hat der Vermieter seine Zustimmung zu einer geplanten Maßnahme des Mieters abgegeben, so ist er jedoch an diese gebunden, sofern keine Widerrufsmöglichkeit vereinbart wurde.

161 Eine Ausnahme vom Zustimmungserfordernis besteht, wenn die bauliche Maßnahme zur Gewährleistung des vertragsgemäßen Gebrauchs erforderlich ist oder wenn die Interessen des Mieters an der Durchführung der Modernisierung die Interessen des Vermieters an der Beibehaltung des gegenwärtigen vertragsgemäßen Zustandes überwiegen.

! **Praxistipp**

Dem Vermieter ist anzuraten, im Rahmen der Verhandlung über die Zustimmung zu baulichen Maßnahmen auch die Art und Weise der Ausführung zu regeln. Beispielsweise kann dem Mieter eine Anzeigepflicht bezüglich der Art und des Umfangs der beabsichtigten Maßnahme, der Nachweis einer (Bauherren-)Haftpflichtversicherung, die ordnungsgemäße Ausführung durch Fachkräfte oder die Stellung einer Sicherheitsleistung auferlegt werden.

---

1. Gewährleistung des vertragsgemäßen Gebrauchs

162 Ein Anspruch des Mieters gegen den Vermieter auf Durchführung von Modernisierungsmaßnahmen kann sich aus den § 535 Abs. 1 BGB ergeben, sofern die modernisierende Ein- oder Umbaumaßnahme zur **Herstellung des vertragsgemäßen Gebrauchs** der Mietsache erforderlich ist.

163 Im Bereich Modernisierung ist dies der Fall, wenn die Maßnahmen erforderlich sind, um eine Anpassung der Mietsache an zeitgemäße Verhältnisse zu ermöglichen[108] oder eine **gefahrlose Benutzung der Mietsache** zu gewährleisten.

164 Eine **Anpassung an zeitgemäße Verhältnisse** ist erforderlich, wenn der vorhandene Standard nicht unerheblich hinter dem neuesten Standard zurückbleibt, weil sich die Umstände seit Beginn des Vertrages erheblich geändert haben

---

106 BGH, Urt. v. 14.9.2011 – VIII ZR 10/11 – NJW-RR 2012, 262; BGH, Urt. v. 8.5.1963 – VIII ZR 252/61 – NJW 1963, 1539; das Modernisierungsrecht gänzlich ablehnend *Schmid*, IMR 2012, 313.

107 BGH, Urt. v. 26.6.1974 – VIII ZR 43/73 – NJW 1974, 1463.

108 BGH, Urt. v. 10.2.2010 – VIII ZR 343/08 – NJW-RR 2010, 737.

und für breite Schichten der Bevölkerung eine Selbstverständlichkeit geworden ist.[109]

Mangels einer ausdrücklichen vertraglichen Vereinbarung wird der zum vertragsgemäßen Gebrauch **geeignete Zustand** i.S.d. § 535 Abs. 1 S. 2 BGB durch den vereinbarten Nutzungszweck bestimmt.[110] Der Mieter einer Gewerbefläche kann nach der allgemeinen Verkehrsanschauung erwarten, dass die von ihm angemieteten Räume einen Standard aufweisen, der der üblichen Ausstattung vergleichbarer Geschäftsräume entspricht. Hierbei sind insbesondere das Alter, die Ausstattung und die Art des Gebäudes, aber auch die Höhe der Miete und eine eventuelle Ortssitte zu berücksichtigen.[111] 165

Die Frage des Vorliegens eines den Vermieter zur Erneuerung verpflichtenden **Mangels** hängt vom Zustand des Mietgegenstandes bei Vertragsschluss und der vertraglichen Abrede ab.[112] Insofern ist der Vermieter bei Neuvermietungen grundsätzlich nicht zur Modernisierung der Geschäftsräume auf den modernsten Standard verpflichtet.[113] 166

Daneben kann eine Modernisierung auch erforderlich sein, wenn diese zur **Ermöglichung einer gefahrlosen Benutzung** erforderlich ist.[114] Der Vermieter ist daher u.a. dann zu einer Modernisierung der Mietsache verpflichtet, wenn diese zur Einhaltung der aktuellen Grenzwerte für Schadstoffe oder Immissionen erforderlich ist. 167

2. Vorrangige Interessen des Mieters

In Ausnahmefällen kann ein Vermieter auch dazu verpflichtet sein, einen Eingriff in die Bausubstanz zu dulden, wenn der Mieter diesen auf seine Kosten veranlasst und nach Abwägung der beiderseitigen Belange das unabweisbare Bedürfnis des Mieters an der begehrten baulichen Änderung das entgegenstehende Interesse des Vermieters deutlich überragt.[115] 168

Ob ein Anspruch des Mieters auf Zustimmung besteht, ist im Rahmen einer **Abwägung der schutzwürdigen Interessen** zu ermitteln. Auszugehen ist dabei von dem Vertragszweck. Das Eigentumsrecht des Vermieters ist mit dem Recht des Mie- 169

109 BGH, Urt. v. 26.7.2004 – VIII ZR 281/03 – NJW 2004, 3174.
110 BGH, Urt. v. 26.7.2004 – VIII ZR 281/03 – NJW 2004, 3174.
111 KG Berlin, Beschl. v. 19.12.1983 – 8 W RE-Miet 4298/83 – BeckRS 1983, 05982.
112 KG Berlin, Beschl. v. 19.12.1983 – 8 W RE-Miet 4298/83 – BeckRS 1983, 05982.
113 BGH, Urt. v. 26.7.2004 – VIII ZR 281/03 – NJW 2004, 3174.
114 BayObLG, Rechtsentscheid v. 4.8.1999 – RE-Miet 6/98 – GE 1999, 1124.
115 BVerfG, Kammerbeschl. v. 28.3.2000 – 1 BvR 1460/99 – NJW 2000, 2658; LG Duisburg, Urt. v. 10.12.1996 – 23 S 452/96 – ZMR 2000, 463.

ters am eingerichteten und ausgeübten Gewerbebetrieb abzuwägen.[116] Dabei ist nach der Rechtsprechung des BVerfG zugunsten des Vermieters auch Art. 14 GG in die Abwägung einzubeziehen.[117]

170 Ein Anspruch besteht, soweit die Maßnahme vom **Geschäftszweck des Mieters** gedeckt ist und der Mieter ein **berechtigtes Interesse** an den Modernisierungsmaßnahmen hat, welches das Interesse des Vermieters an der Substanzerhaltung überwiegt.

171 Liegt ein solcher Fall vor, kann der Vermieter selbst bei einem vertraglichen Genehmigungsvorbehalt **zur Zustimmung der Maßnahme verpflichtet** sein, denn der Vermieter soll dem Mieter nicht grundlos eine bessere Nutzung verweigern dürfen. Bei Verweigerung der Zustimmung handelt der Vermieter jedoch dann nicht rechtsmissbräuchlich, wenn die vom Mieter geplanten Arbeiten nicht nur geringfügige Beeinträchtigungen des Mietgegenstandes (z.B. Eingriffe in die Bausubstanz oder Mauerdurchbrüche) darstellen.

172 Der Mieter kann vom Vermieter beispielsweise die Zustimmung zu baulichen Veränderungen gem. §§ 535 S. 1, 536, 242 BGB verlangen, wenn diese zu einer **erheblichen Verbesserung der Nutzungsqualität führen und nur minimale Eingriffe** in die Substanz verursachen, welche mit geringen Mitteln wieder beseitigt werden können.[118]

a) Im Rahmen der Interessenabwägung zu berücksichtigende Belange aufseiten des Vermieters

173 Der Vermieter braucht die Modernisierung nicht zu dulden, wenn nachteilige **Folgewirkungen auf sein Eigentum** aufgrund der baulichen Maßnahme möglich sind. Der Vermieter muss beispielsweise nicht die Anbringung einer Styropordecke dulden, da diese bei einem Brand giftige Gase abgeben kann.[119]

174 Im Rahmen der Interessenabwägung ist zugunsten des Vermieters zu berücksichtigen, inwieweit die bauliche Maßnahme des Mieters einen störenden Eindruck mit sich bringt und damit das **Gesamtbild des Gebäudes beeinträchtigt**.[120] In diesem Fall kann eine Duldungspflicht selbst dann ausgeschlossen sein, wenn nur unerheblich in die Bausubstanz eingegriffen wird. Der Vermieter muss daher das Aufbringen von Rauputz nicht dulden, sofern eine Umgestaltung der Fassade damit

---

116 LG Berlin, Urt. v. 8.2.2002 – 64 S 355/01 – BeckRS 2002, 16618; AG Neukölln, Urt. v. 30.7.2001 – 5 C 130/01 – BeckRS 2001, 31004595.

117 BVerfG, Beschl. v. 26.5.1993 – 1 BvR 208/93 – NJW 1993, 2035; LG Tübingen, Urt. v. 21.12.2007 – 7 O 404/07 – GE 2008, 1055.

118 LG Berlin, Urt. v. 8.2.2002 – 64 S 355/01 – BeckRS 2002, 16618.

119 LG Braunschweig, Urt. v. 24.4.1985 – 12 S 231/84 – NJW 1986, 322.

120 Schmidt-Futterer/*Eisenschmid*, § 535 Rn 437; MAH Mietrecht/*Lutz*, § 20 Rn 172; *Fritz*, Rn 303.

verbunden ist.[121] Der Mieter ist dagegen zum Anbringen einer Solaranlage berechtigt, wenn der Gesamteindruck des Gebäudes erhalten bleibt und die Mitmieter nicht beeinträchtigt werden.[122] Insofern streitet bei der Beurteilung von baulichen Veränderungen an der Außenwand des Gebäudes viel für ein Überwiegen der Interessen des Vermieters.

Besonderheiten ergeben sich insbesondere bei baulichen Veränderungen von 175
Mieträumen in **Teileigentumsflächen.** Falls hier die Zustimmung der weiteren Teileigentümer erforderlich ist, muss ein Zustimmungsvorbehalt auch im Rahmen der Interessenabwägung berücksichtigt werden. Bei größeren Eingriffen in die Substanz muss ein Anspruch auf Erteilung der Zustimmung der Miteigentümer unter Umständen gerichtlich durchgesetzt werden. Der Vermieter wird zur Erteilung der Zustimmung und zu einer Durchsetzung des Anspruchs gegen die Miteigentümer nur bei einem deutlichen Überwiegen der Interessen des Mieters verpflichtet sein.

b) Im Rahmen der Interessenabwägung zu berücksichtigende Belange aufseiten des Mieters

Im Rahmen der Interessenabwägung ist zu berücksichtigen, ob mit der Maßnahme 176
lediglich der Zustand hergestellt werden soll, wie er allgemein üblich ist, weil das Mietobjekt nur dann diesem Standard entspricht.

Stellt der Mieter eine **Sicherheit für seine Rückbauverpflichtung**, ist dies im 177
Rahmen der Abwägung zu seinen Gunsten zu berücksichtigen, da dadurch das Interesse des Vermieters an der Beibehaltung des gegenwärtigen Zustandes der Mietsache geschützt wird.

Die Vorschrift zur Barrierefreiheit nach § 554a BGB gilt nur für den Wohn- 178
raum und ist allenfalls bei Mischmietverhältnissen anwendbar. Allerdings können die Grundsätze auch im Rahmen gewerblicher Mietverhältnisse Anwendung finden.[123]

IV. Vertragliche Regelungen zu Modernisierungsmaßnahmen

Die Mietvertragsparteien können das Erfordernis einer Zustimmung zu Moder- 179
nisierungsmaßnahmen und die Anforderungen daran im Mietvertrag auch schriftlich festlegen.

---

121 AG Kerpen, Urt. v. 28.6.1989 – 3 C 199/89 – WuM 1990, 198.
122 AG München, Urt. v. 4.10.1990 – 214 C 24821/90 – BeckRS 1990, 05848.
123 BVerfG, Beschl. v. 28.3.2000 – 1 BvR 1460/99 – NJW 2000, 2658.

Formulierungsmuster

„Veränderungen an und in der Mietsache, insbesondere Um- und Einbauten, Installationen und dergleichen, dürfen nur mit schriftlicher Einwilligung des Vermieters vorgenommen werden."

180 Soweit formularvertraglich für die Erlaubnis des Vermieters vertraglich die Schriftform vorgesehen ist, schließt dies die Wirksamkeit eines mündlich erteilten Einverständnisses wegen des Vorrangs der Individualabreden nach § 305b BGB nicht aus.[124]

181 Der Vermieter kann auch bestimmte Maßnahmen des Mieters (z.B. Veränderungen des äußeren Erscheinungsbildes des Mietobjektes) auch formularmäßig **wirksam ausschließen**. Eine AGB-Klausel, wonach Mietermodernisierungen jedoch vollständig ausgeschlossen werden, ist nach § 307 BGB unangemessen benachteiligend und damit unwirksam. Unzulässig ist auch eine Klausel, die übliche Gebrauchsrechte des gewerblichen Mieters ausschließt.[125]

182 Auch zulässige Klauseln unterliegen immer im Einzelfall einer **Ausübungskontrolle**. Danach ist zu prüfen, ob das Interesse des Mieters an der Durchführung der Modernisierung wegen schwerwiegender Gründe im konkreten Fall zurücktreten muss. Dabei ist auch das Verbot unzulässiger Rechtsausübung zu beachten, sodass die Geltendmachung des Verbots treuwidrig ist, wenn der Vermieter durch das Verbot keinen Vorteil, der Mieter aber nur Nachteile erlangt.

Praxistipp

Im Mietvertrag kann auch das Recht zur baulichen Änderung oder ein Anspruch auf Zustimmung verbunden mit einem Verzicht des Vermieters auf Wiederherstellung des ursprünglichen Zustandes geregelt werden. Dabei ist aber zu berücksichtigen, dass die Mietsache entschädigungslos umgestaltet werden kann und dem Vermieter hierdurch die Disposition über die Gestaltung des Mietgegenstandes entzogen wird. Wenn der Mieter als Verwender von solchen AGB auftritt, kann eine solche Regelung den Vermieter gem. § 307 Abs. 2 BGB unangemessen benachteiligen. Umfassende Klauseln müssen sich daher auf unbedeutende und leicht rückgängig zu machende Veränderungen beschränken.

183 Auch die Vereinbarung eines **Widerrufsvorbehalts** ist zweckmäßig. Es ist denkbar, dass ein Mieter die Durchführung der Modernisierungsmaßnahme entgegen seiner ursprünglichen Absicht nicht in Angriff nimmt. In einem solchen Fall kann der Vermieter daran interessiert sein, die Zustimmung zu widerrufen, um so den ursprünglichen Rechtszustand wiederherzustellen und eine Ungewissheit über die Ausführung zu beenden. Im Falle eines Widerrufsvorbehalts sollte auch der Zeitpunkt festgelegt werden, bis zu dem dieser ausgeübt werden kann.

124 Schmidt-Futterer/*Eisenschmid*, § 535 Rn 423.
125 Schmidt-Futterer/*Eisenschmid*, § 535 Rn 422.

V. Rechte und Pflichten im Rahmen der Umsetzung von Modernisierungsmaßnahmen

Ist im Mietvertrag vereinbart, dass der Mieter bauliche Maßnahmen auf seine Kosten durchführt, so ist zwischen der **Gestattung der baulichen Veränderungen** durch den Mieter und der **Verpflichtung des Mieters**, diese auch tatsächlich durchzuführen, zu unterscheiden. Ein einklagbarer Anspruch gegen den Mieter auf Durchführung der Maßnahme setzt im Mietvertrag eine deutlich zum Ausdruck kommende Regelung voraus. 184

Ist der Mieter nach dem Mietvertrag berechtigt und verpflichtet, Umbaumaßnahmen an der Mietsache im **eigenen Interesse der vertragsgemäßen Nutzung** der Mietsache vorzunehmen, ohne dass er eine besondere Gegenleistung des Vermieters beanspruchen kann, so bleibt er berechtigt, ohne Ausführung der vereinbarten Umbaumaßnahmen in sonstiger Weise die vertragsgemäße Nutzung auszuüben.[126] 185

Die im folgenden dargestellten Rechte und Pflichten gelten, wenn der Vermieter einer Mietmodernisierung zugestimmt hat oder die vorgenannten Voraussetzungen für ein Modernisierungsverlangen des Mieters vorliegen und der Vermieter eine Umsetzung der baulichen Maßnahmen nicht verweigern darf. Eine daraufhin ordnungsgemäß durchgeführte Modernisierung hat der Vermieter zu dulden. 186

1. Eigentum

Das **Eigentum** an der modernisierten Einrichtung richtet sich nach den §§ 93ff. BGB. Grundsätzlich bleibt das Eigentum an den eingebrachten Gegenständen nach § 95 BGB beim Mieter.[127] Der Mieter kann also grundsätzlich, soweit nichts anderes vereinbart wurde, mit der modernisierten Einrichtung nach freiem Belieben verfahren, diese also auch wieder beseitigen oder ersetzen. 187

Etwas anderes gilt nur, wenn der Mieter bei der Installation der modernisierten Einrichtung den Willen hatte, das Bauwerk bei Beendigung des Vertragsverhältnisses in das Eigentum des Vermieters übergehen zu lassen.[128] Entsprechende vertragliche Vereinbarungen des Eigentumsübergangs sind durchaus üblich, sofern der Mieter kein Interesse an einer Wegnahme der eingebauten Gegenstände hat. 188

126 OLG Saarbrücken, Urt. v. 12.11.1991 – 2 U 48/90 – BeckRS 1991, 08145.

127 BGH, Urt. v. 22.12.1995 – V ZR 334/94 – NJW 1996, 916; Urt. v. 21.12.1956 – V ZR 245/55 – NJW 1957, 457; Urt. v. 4.7.1984 – VIII ZR 270/83 – NJW 1984, 2878.

128 BGH, Urt. v. 22.12.1995 – V ZR 334/94 – NJW 1996, 916; Urt. v. 21.12.1956 – V ZR 245/55 – NJW 1957, 457; *Fritz*, Rn 304.

2. Erhaltungspflicht für modernisierte Einrichtung

189 Der Mieter trägt grundsätzlich die **Instandhaltungs- und Instandsetzungspflicht** für die modernisierte Einrichtung.[129] Falls keine besondere Vereinbarung mit dem Vermieter erfolgt ist, ist der Mieter deshalb verpflichtet, die modernisierte Sache in einem ordnungsgemäßen Zustand zu erhalten. Der § 535 Abs. 1 BGB bezieht die Erhaltungspflicht **nur auf den vermieteten Gegenstand**. Es wäre unangemessen, wenn man einem Vermieter, der sich gegen die Veränderung der Mietsache entscheidet und die Modernisierung nur duldet, auch noch deren Instandhaltungs- und Instandsetzungslast auferlegen würde.

190 Auch aus einer **Zustimmung des Vermieters** zu der Modernisierungsmaßnahme kann nicht von sich aus geschlossen werden, dass dieser die Erhaltungspflicht für die Maßnahme übernehmen will.[130] Dies gilt auch dann, wenn das Eigentum an dem modernisierten Gegenstand auf den Vermieter übergegangen ist.

191 Eine Ausnahme ergibt sich, wenn die Parteien die Mietermodernisierung nach ihrer **vertraglichen Abrede** in den Geltungsbereich des Mietvertrages einbeziehen und somit die Erhaltungspflicht aus § 535 Abs. 1 BGB auch auf die modernisierte Einrichtung erweitern wollten. Dies ist durch Auslegung der Modernisierungsvereinbarung bzw. der Zustimmungserklärung des Vermieters unter besonderer Berücksichtigung des zeitlichen Zurückliegens der Mietermodernisierung zu ermitteln.[131]

192 Dabei ist im Zweifel anzunehmen, dass die Parteien dem Mieter die Instandhaltungs- und Instandsetzungslast nur über den Zeitraum der Restnutzungsdauer zumuten wollten. Das **Ersetzen dieser Einrichtung** soll weiterhin Sache des Vermieters bleiben, da die Mietermodernisierungsvereinbarung in der Regel nur eine Zustimmung des Vermieters mit der Maßnahme und keine Übertragung der allgemeinen Erhaltungspflicht aus § 535 Abs. 1 BGB enthält.

193 Beruht hingegen die Mietermodernisierung auf dem besonderen Wunsch des Mieters und hat ansonsten keinerlei Auswirkung auf die Gewährleistung des vertragsgemäßen Gebrauchs der Mietsache, trägt der Mieter die Instandhaltungs- und Instandsetzungslast.[132]

194 **Zweifel bei der Auslegung** gehen zulasten des Mieters, da § 535 Abs. 1 BGB die Erhaltungspflicht nur auf den vermieteten Gegenstand bezieht.[133]

---

129 Schmidt-Futterer/*Eisenschmid*, § 535 Rn 444; a.A. AG Friedberg (Hessen), Urt. v. 3.12.1986 – C 927/85 – BeckRS 2014, 23499; AG Potsdam, Urt. v. 20.7.1995 – 26 C 433/94 – BeckRS 1995, 10941; AG Tempelhof-Kreuzberg, Urt. v. 26.10.2010 – 3 C 23/10 – GE 2010, 1691.

130 BayObLG, Rechtsentscheid v. 24.6.1981 – Allg. Reg. 41/81 –, wonach auch werterhöhende Mieteraufwendungen bei der Ermittlung der Vergleichsmiete nicht berücksichtigt werden.

131 Ebenfalls auf die Auslegung der Vereinbarung abstellend AG Tempelhof-Kreuzberg, Urt. v. 26.10.2010 – 3 C 23/10 – GE 2010, 1691.

132 *Flatow*, jurisPR-MietR 3/2011 Anm. 2.

133 A.A. AG Tempelhof-Kreuzberg, Urt. v. 26.10.2010 – 3 C 23/10 – GE 2010, 1691.

3. Art und Weise der Ausführung

Der Mieter hat im Rahmen seiner Modernisierungsmaßnahmen dafür zu sorgen, dass die baulichen Maßnahmen nach den **anerkannten Regeln der Technik ausgeführt** und die **öffentlich-rechtlichen Anforderungen** eingehalten werden. Eigenleistungen des Mieters muss der Vermieter nur dann gestatten, wenn der Mieter durch eine entsprechende Ausbildung den Nachweis der Fachkunde erbracht hat. Der Mieter darf im Übrigen auch keine Hilfspersonen hinzuziehen, die den Schutz aus der Haftpflichtversicherung gefährden. Die Duldungspflicht des Vermieters setzt zudem voraus, dass aus der baulichen Maßnahme des Mieters keine nachteiligen Folgewirkungen zu befürchten sind.[134] 195

4. Rückbauverpflichtung

Der Mieter muss gem. § 546 Abs. 1 BGB den Mietgegenstand am Ende der Vertragslaufzeit in dem Zustand zurückgeben, in dem er sich bei Vertragsbeginn befand. Eingebrachte Sachen sind vom Mieter zu entfernen, soweit der Vermieter diesbezüglich sein Vermieterpfandrecht nicht geltend macht. Der Mieter muss im Rahmen der Rückgabe, die ihn zur **Wiederherstellung des ursprünglichen Zustandes** verpflichtet, auch Umbauten und sonstige bauliche Änderungen ohne Rücksicht auf die damit verbundenen Kosten beseitigen, soweit keine abweichende Vereinbarung geschlossen wurde.[135] 196

a) Ausnahmen von der Rückbauverpflichtung

Eine Ausnahme gilt nur bei Räumlichkeiten, in denen in **sehr geringem Umfang Einrichtungsgegenstände zurückgelassen** wurden, die ohne großen Aufwand beseitigt oder entfernt werden können. Will der Vermieter mit der Annahme der Rückgabe nicht in Gläubigerverzug gelangen, sollte er hier die Rückgabe des Mietgegenstandes unter Erklärung eines ausdrücklichen Vorbehalts annehmen. 197

Allein die **Zustimmung des Vermieters** zur Durchführung der Mietermodernisierung führt nicht zum Ausschluss der Rückbauverpflichtung.[136] Dies gilt unabhängig davon, ob der Gegenstand infolge einer Vereinbarung in das Eigentum des 198

---

134 Schmidt-Futterer/*Eisenschmid*, § 535 Rn 435–436.

135 BGH, Urt. v. 23.10.1985 – VIII ZR 231/84 – NJW 1986, 309; Urt. v. 5.4.2006 – VIII ZR 152/05 – NJW 2006, 2115; OLG Frankfurt, Urt. v. 19.12.1991 – 6 U 108/90 – WuM 1992, 56; OLG Düsseldorf, Beschl. v. 5.10.2009 – I-24 U 17/09 – ZMR 2010, 959; Schmidt-Futterer/*Streyl*, § 546 Rn 44; Schmidt-Futterer/*Eisenschmid*, § 535 Rn 449; *Fritz*, Rn 231; *Harsch*, MDR 2001, 67.

136 BGH, Urt. v. 26.4.1994 – XI ZR 97/93 – NJW-RR 1994, 847; OLG Düsseldorf, Urt. v. 8.2.1990 – 10 U 127/89 – ZMR 1990, 218; Beschl. v. 3.5.2011 – I-24 U 197/10 – ZMR 2012, 438; OLG Köln, Urt. v. 15.6.1998 – 19 U 259/97 – NZM 1998, 767; OLG Frankfurt, Urt. v. 19.12.1991 – 6 U 108/90 – WuM 1992, 56; a.A. Schmidt-Futterer/*Eisenschmid*, § 535 Rn 420, anders aber in § 535 Rn 449.

Vermieters übergegangen ist oder der Mieter die Einrichtung vom Vormieter übernommen hat.

199 Die Rückbauverpflichtung des Mieters bei Vertragsende entfällt auch dann, wenn die baulichen Maßnahmen nach dem Willen der Vertragspartner den **vertragsgemäßen Zustand** erst herstellen sollten.[137] Die Herstellung des vertragsgemäßen Zustands des Mietgegenstands obliegt gem. § 535 Abs. 1 S. 2 BGB grundsätzlich dem Vermieter. Ein Wegfall der Rückbauverpflichtung wird daher vermutet, wenn die Parteien vor Beginn des Mietverhältnisses umfangreiche Baumaßnahmen durchführen, um die Nutzung des Mietobjekts zum Vertragszweck zu ermöglichen und die streitgegenständliche Veränderung im Zuge dieser Umbauarbeiten geschaffen wird.

200 Falls die Durchführung einer **Mietermodernisierung vertraglich vereinbart** ist, liegt es regelmäßig im Interesse der Parteien, auch die Frage der Rückbauverpflichtung vertraglich zu regeln. Ist dies unterblieben, muss nach allgemeinen Auslegungsregeln ermittelt werden, wie die Vereinbarung über die bauliche Maßnahme zwischen den Parteien zu verstehen war.[138] Dabei kann aus einem Übergabeprotokoll grundsätzlich keine rechtliche Verpflichtung abgeleitet werden, da ein solches Protokoll nur den Ist-Zustand der Räume bei Übergabe feststellt.[139]

201 Der **Verzicht des Vermieters** führt zum Ausschluss der Rückbauverpflichtung. Dies kann ausdrücklich oder stillschweigend durch schlüssiges Verhalten des Vermieters geschehen. Ein Verzicht ist aber nur bei konkreten Anhaltspunkten anzunehmen.[140] Die Beweislast hierfür liegt nach allgemeinen Regeln beim Mieter.[141]

202 Eine Rückbauverpflichtung des Mieters kann nach **Treu und Glauben** ausgeschlossen sein, wenn der Vermieter die vorbehaltlose Zustimmung zu einer Maßnahme erteilt hat, die Maßnahme auf Dauer angelegt ist und nur mit erheblichem Kostenaufwand wieder beseitigt werden kann oder das Mietobjekt durch die Beseitigung in einen erheblich schlechteren Zustand zurückversetzt werden würde.[142] Die Rückbauverpflichtung ist des Weiteren auch ausgeschlossen, wenn dem Vermieter durch die Maßnahme keinerlei Nachteile entstanden sind und daher die Durchsetzung der Rückbauverpflichtung reine Schikane wäre.[143]

203 Weiterhin ist die Rückbauverpflichtung ausgeschlossen, wenn der Vermieter nach Vertragsende einen völligen **Umbau des Gebäudes** beabsichtigt und damit

137 OLG Düsseldorf, Beschl. v. 3.5.2011 – I-24 U 197/10 – ZMR 2012, 438.
138 Schmidt-Futterer/*Eisenschmid*, § 535 Rn 448.
139 LG Potsdam, Urt. v. 26.2.2009 – 11 S 127/08 – ZMR 2009, 761.
140 *Harsch*, MDR 2001, 67.
141 LG Münster, Urt. v. 25.3.1999 – 8 S 260/98 – WuM 1999, 515.
142 OLG Frankfurt, Urt. v. 19.12.1991 – 6 U 108/90 – WuM 1992, 56; LG Münster, Urt. v. 25.3.1999 – 8 S 260/98 – WuM 1999, 515; LG Potsdam, Urt. v. 7.8.1997 – 31 S 492/96 – WuM 1997, 621.
143 MAH Mietrecht/*Lutz*, § 20 Rn 175.

die Erfüllung der Rückbauverpflichtung sinnlos wäre.[144] In einem solchen Fall kann der Vermieter auch keinen Schadensersatz wegen Nichterfüllung der Verpflichtung zum Rückbau verlangen.

Der Mieter wird auch von der Rückbauverpflichtung frei, wenn der **Nachmieter die Maßnahme übernimmt** und sich gegenüber dem Vermieter zur Beseitigung nach Vertragsende verpflichtet.[145] 204

b) Verletzung der Rückbauverpflichtung

Kommt der Mieter seiner Rückbauverpflichtung nicht fristgemäß nach, kann ein **Schadensersatzanspruch** gegenüber dem Vermieter aus §§ 280, 281 BGB entstehen. Der Vermieter muss dem Mieter grundsätzlich eine Frist zur Erfüllung der Rückbauverpflichtung setzen, bevor er Schadensersatzansprüche geltend machen kann. 205

5. Wegnahmerecht des Mieters

Der Mieter ist gem. § 539 Abs. 2 BGB berechtigt, eine **Einrichtung wegzunehmen**, mit der er die Mietsache versehen hat. Der Vermieter muss daher dulden, dass der Mieter die von ihm eingebrachten Einrichtungen wie Verkaufsregale, Thekeneinrichtung oder Wandschränke abtrennt. 206

Der Anspruch aus § 539 Abs. 2 BGB besteht auch dann, wenn der Vermieter nach den §§ 93 ff. BGB **Eigentum an den Einrichtungsgegenständen** erworben hat. In diesem Fall ist der Anspruch auf Besitzergreifung und Aneignung gerichtet.[146] 207

Im Gewerberaummietrecht können Vermieter und Mieter **vertraglich vereinbaren**, dass bestimmte Einrichtungsgegenstände nicht unter das Wegnahmerecht des Mieters fallen.[147] Eine solche Vereinbarung ist grundsätzlich auch dann zulässig, wenn entgegen § 552 Abs. 2 BGB kein angemessener Ausgleich vorgesehen ist, da § 578 Abs. 2 BGB nicht auf § 552 Abs. 2 BGB verweist. 208

Wenn sich der Mieter vertraglich zu bestimmten Ausbaumaßnahmen verpflichtet hat und nach Beendigung des Mietverhältnisses für die Einrichtungen weder ein Wegnahmerecht noch einen Anspruch auf Ersatz von Verwendungen hat, dann sind die Leistungen des Mieters im Zweifel Teil des Überlassungsentgelts.[148] Insofern ist 209

---

144 BGH, Urt. v. 23.10.1985 – VIII ZR 231/84 – NJW 1986, 309.

145 OLG Frankfurt, Urt. v. 19.12.1991 – 6 U 108/90 – WuM 1992, 56.

146 BGH, Urt. v. 8.7.1981 – VIII ZR 326/80 – NJW 1981, 2564; OLG Düsseldorf, Beschl. v. 5.10.2009 – I-24 U 17/09 – ZMR 2010, 959; Schmidt-Futterer/*Eisenschmid*, § 535 Rn 445.

147 Schmidt-Futterer/*Eisenschmid*, § 535 Rn 447.

148 BGH, Urt. v. 14.10.1958 – VIII ZR 155/57 – NJW 1958, 2109; Urt. v. 8.11.1995 – XII ZR 202/94 – ZMR 1996, 122; Schmidt-Futterer/*Eisenschmid*, § 535 Rn 446.

eine entsprechende Regelung auch als Ausschlussklausel in AGB zulässig, da eine solche Regelung keine nachteilige Abweichung von den gesetzlichen Vorschriften darstellt.[149]

210 **Vertragliche Ausnahme vom Wegnahmerecht** bei Verpflichtung des Mieters zur Durchführung von Baumaßnahmen können mithin durch folgende Klausel geregelt werden:[150]

Formulierungsmuster

„(1) Der Vermieter stellt das Mietobjekt aufgrund der beigefügten Baubeschreibung zur Verfügung. Die Beschaffung etwaiger zusätzlicher Einrichtungen und Ausstattungsgegenstände ist Sache des Mieters.

(2) Von dem Mieter fest eingebaute Gegenstände oder durchgeführte Umbauten werden ohne Entschädigung zu Bestandteilen des Mietgegenstandes. Der Vermieter kann jedoch bei Beendigung des Mietvertrages verlangen, dass der alte Zustand auf Kosten des Mieters wiederhergestellt wird."

---

211 Der Mieter hat aber einen **Bereicherungsanspruch**, wenn der Vermieter durch die Investitionen des Mieters Vorteile erlangt, die er bei einer planmäßigen Abwicklung der Vertragsbeziehungen nicht hätte erlangen können.[151] Dieser Anspruch bemisst sich weder nach den vom Mieter aufgewendeten Kosten noch nach einer etwaigen Wertsteigerung des Mietobjekts, sondern gem. § 818 Abs. 2 BGB danach, inwieweit der Vermieter durch die Investitionen in die Lage versetzt wurde, bei einer anderweiten Vermietung eine höhere Miete zu erzielen oder die fraglichen Leistungen sonst gewinnbringend zu nutzen.[152]

212 Dieser Bereicherungsanspruch wird durch **vertragliche Vereinbarungen**, wonach die eingebauten Gegenstände ohne Entschädigung zu Bestandteilen des Gebäudes werden, grundsätzlich nicht erfasst.[153] Denn eine solche Klausel will nicht den Fall der vorzeitigen Beendigung eines Mietverhältnisses erfassen.

6. Auswirkungen im Rahmen des § 555d Abs. 2 BGB

213 Vorherige Aufwendungen des Mieters, welche die Mieträume im Einvernehmen mit dem Vermieter verbessert haben, sind in der **Interessenabwägung** nach § 555d

---

149 BGH, Urt. v. 8.11.1995 – XII ZR 202/94 – NJWE-MietR 1996, 33.

150 BGH, Urt. v. 8.11.1995 – XII ZR 202/94 – NJWE-MietR 1996, 33.

151 BGH, Urt. v. 4.4.1990 – VIII ZR 71/89 – NJW 1990, 1789; Urt. v. 20.1.1993 – VIII ZR 22/92 – NJW-RR 1993, 522; Urt. v. 8.11.1995 – XII ZR 202/94 – ZMR 1996, 122; OLG Rostock, Beschl. v. 24.2.2005 – 3 U 187/04 – NZM 2005, 666.

152 BGH, Urt. v. 22.5.1967 – VIII ZR 25/65 – NJW 1967, 2255; Urt. v. 22.5.1967 – VIII ZR 25/65 – NJW 1967, 2255; Urt. v. 8.11.1995 – XII ZR 202/94 – ZMR 1996, 122.

153 BGH, Urt. v. 8.11.1995 – XII ZR 202/94 – ZMR 1996, 122.

Abs. 2 BGB zugunsten des Mieters zu berücksichtigen, wenn die Aufwendungen durch die Modernisierungsmaßnahmen nutzlos werden, ohne dass eine entsprechende Nutzungsverbesserung eintritt.[154] Mithin muss sich die gewerbliche Nutzbarkeit der Mieträume im Vergleich mit dem gegenwärtigen Zustand der Mietsache einschließlich der vom Mieter rechtmäßig vorgenommenen Verbesserung erhöht haben.[155]

Im Rahmen der Interessenabwägung ist eine **besondere Härte** für den Mieter 214 anzunehmen, wenn der Mieter höhere finanzielle Beträge in die Mieträume investiert hat und diese Aufwendungen erst kurze Zeit zurückliegen.[156] Dabei ist zu berücksichtigen, wenn der Vermieter durch Verzicht auf eine Mieterhöhung oder auf einen Teil der Miete die Mietermodernisierung mitfinanziert hat.[157]

Der Vermieter muss sich auch an **gegebene Zusagen** halten. Haben demnach 215 die Mietvertragsparteien eine Vereinbarung über die Mietermodernisierung geschlossen, scheidet die Durchführung einer vergleichbaren Modernisierung durch den Vermieter aus, wenn dies ein „Abwohnen" der Investition des Mieters verhindern würde.[158] Dies gilt nach § 566 Abs. 1 BGB auch für den Rechtsnachfolger des Vermieters, wenn der vorherige Vermieter eine entsprechende Zusage gemacht hat.[159]

Bei einem **befristeten Mietvertrag** ist die Vereinbarung über die Mietermoder- 216 nisierung in der Regel so auszulegen, dass der Vermieter nicht berechtigt sein soll, innerhalb der Laufzeit des Vertrages die Maßnahme des Mieters zu ersetzen.[160]

7. Kündigungsrecht des Vermieters

Der Vermieter wird auch durch eine mit seiner Zustimmung ausgeführte Moderni- 217 sierungsmaßnahme **nicht an einer ordentlichen oder außerordentlichen Kündigung gehindert**. Er handelt dann insbesondere nicht treuwidrig, da der Mieter selbst dafür verantwortlich ist, vor den Umbauten eine vertragliche Absicherung zu schaffen, um dadurch langfristig in den Genuss seiner Investition zu kommen. Der Mieter ist des Weiteren durch Bereicherungsansprüche ausreichend geschützt.

---

154 LG Berlin, Urt. v. 8.11.2010 – 67 S 47/10 – BeckRS 2011, 01425; BeckOK-BGB/*Schlosser*, § 555d Rn 14; *Röder*, NJW 1983, 2665.
155 BGH, Urt. v. 20.6.2012 – VIII ZR 110/11 – NZM 2012, 679; Urt. v. 10.10.2012 – VIII ZR 25/12 – NZM 2013, 141.
156 LG Hamburg, Urt. v. 2.9.1983 – 11 S 157/83 – MDR 1983, 1026; LG Berlin, Urt. v. 20.4.1999 – 64 S 316/98 –.
157 Schmidt-Futterer/*Eisenschmid*, § 555d Rn 40.
158 LG Berlin, Beschl. v. 18.12.2008 – 67 S 324/08 – MM 2009, 146.
159 KG Berlin, Beschl. v. 28.8.2008 – 8 U 99/08 – WuM 2008, 597.
160 Schmidt-Futterer/*Eisenschmid*, § 555d Rn 38.

218 Die Kündigung kann nur ausnahmsweise treuwidrig sein, wenn der Vermieter dem Mieter eine aufwendige Modernisierung gestattet, um dann nach verhältnismäßig kurzer Zeit danach die Kündigung auszusprechen.[161]

8. Mieterhöhung durch den Vermieter

219 Modernisierungsmaßnahmen des Mieters berechtigten den Vermieter nicht zu einer Mieterhöhung nach § 559 BGB.[162] Dies gilt auch, wenn hinsichtlich Modernisierungsmieterhöhung auf § 559 BGB verwiesen wird.

VI. Modernisierungsvereinbarung

220 Die Parteien können individual- und formularvertragliche Vereinbarungen über die Ausführung von Modernisierungsmaßnahmen durch den Mieter abschließen. **Formularvertragliche Klauseln** in gewerblichen Mietverträgen unterliegen der AGB-Kontrolle nach § 307 BGB. Individualvertragliche Vereinbarungen sind in den Grenzen der §§ 134, 138, 242 BGB zulässig.

! **Checkliste**
Regelungspunkte einer Modernisierungsvereinbarung:
- Umfang und konkreter Inhalt der Modernisierungsmaßnahmen einschließlich deren Vorbereitung,
- Durchführungszeitraum,
- Kostentragung für die Modernisierungsmaßnahmen, Vereinbarung eines Modernisierungs- oder Baukostenzuschusses,
- Anpassung der Miete aufgrund der Modernisierungsmaßnahmen,
- Eigentum an den eingebrachten Einrichtungen, Rückbauverpflichtung und Wegnahmerecht des Mieters bzw. Verbleib der Einrichtungen in den Mieträumen,
- Instandhaltung und Instandsetzung der neu eingebrachten Einrichtungen sowie Kostentragung für zusätzliche Wartungs-, Reparatur und Betriebskosten,
- Abwohndauer und Ausschluss der ordentlichen Kündigung für die Dauer der Abwohnzeit,
- Restwertentschädigung bei vorzeitiger Vertragsauflösung,
- Sicherung des Rückbaus durch zusätzliche Mietsicherheiten.

161 AG Köln, Urt. v. 8.3.1971 – 152 C 1082/70 – MDR 1971, 762; *Fritz*, Rn 306.
162 BayObLG, Rechtsentscheid v. 24.6.1981 – Allg. Reg. 41/81 – NJW 1981, 2259; *Börstinghaus*, Kap. 9 Rn 27.

1. Leistungen des Mieters und Durchführungsverpflichtung

In einer Mietermodernisierungsvereinbarung sollten Inhalt, Art und Weise der Ausführung sowie der Zeitraum der Modernisierungsmaßnahmen einschließlich deren Vorbereitung geregelt werden. 221

Dabei sollten die durch den Mieter durchzuführenden baulichen Leistungen detailliert (z.B. in einer Bau- bzw. Leistungsbeschreibung als Anlage) dargestellt werden. **Inhalt und Umfang** der baulichen Maßnahmen sollten klar geregelt und für beide Parteien verbindlich vorgegeben werden. Dies ist insbesondere in den Fällen notwendig, in denen die Ausführung durch die eine Vertragspartei erfolgt und die andere Vertragspartei an den Kosten der Modernisierung beteiligt werden soll. 222

Auch die **Verantwortung für die Ausführung** der Modernisierungsmaßnahme sollte durch eine vertragliche Regelung festgehalten werden. Falls die Mietermodernisierung auf Kosten des Mieters durch diesen selbst durchgeführt wird, könnte die Regelung wie folgt lauten: 223

Formulierungsmuster

„Die Maßnahmen werden durch den Mieter im eigenen Namen sowie auf dessen eigene Kosten und auf eigene Rechnung durchgeführt, soweit nicht in diesem Vertrag vereinbart ist, dass sich der Vermieter mit Kosten beteiligt."

224

Des Weiteren sollten auch Regelungen zur **Art und Weise der Ausführung** und das Erfordernis einer gemeinsamen **Abnahme** festgelegt werden.

Formulierungsmuster

„(1) Der Mieter ist verpflichtet, die Arbeiten ordnungsgemäß unter Einhaltung der anerkannten Regeln der Technik durchzuführen. Diejenigen Arbeiten, die besondere Fachkenntnisse notwendig machen, dürfen nur durch fachkundige Unternehmen oder in fachkundiger Selbsthilfe durchgeführt werden.

(2) Der Mieter ist verpflichtet, eine Haftpflichtversicherung für die Mietermodernisierung abzuschließen und dem Vermieter deren Abschluss vor Beginn der Arbeiten nachzuweisen.

(3) Nach Abschluss der Maßnahme sind die Arbeiten in einem gemeinsamen Termin, der zwischen Mieter und Vermieter unter Berücksichtigung der beiderseitigen Interessen abgestimmt wird, vom Vermieter abzunehmen. Hierüber wird ein Abnahme- und Kostenfeststellungsprotokoll gefertigt. Die Parteien sind sich darüber einig, dass dieses Vertragsbestandteil wird. Zur Feststellung der endgültigen Kosten hat der Mieter, die während der Modernisierungsmaßnahme erhaltenen Rechnungsbelege vorzulegen."

Zur **Sicherung** einer ordnungsgemäßen und entsprechend den anerkannten Regeln der Technik durchgeführten Ausführung der Modernisierungsmaßnahme sollten die Parteien über die Stellung einer Sicherheit bzw. Vertragserfüllungsbürgschaft in projektangemessener Höhe regeln. 225

Formulierungsmuster
„Die Parteien vereinbaren zur Sicherheit des Vermieters, unabhängig von der vertraglich vereinbarten Kaution, eine zusätzliche Sicherheitsleistung in Höhe von ... €. § 551 Abs. 3 BGB gilt entsprechend."

226 Auch **voraussichtlicher Beginn und Dauer** der Arbeiten sollten vereinbart werden. Damit wird zugleich das Erfordernis an die Ankündigung der Mietermodernisierung erfüllt.

2. Regelungen zur Kostentragung für die Modernisierungsmaßnahme

227 Die Mietvertragsparteien können die Frage, wer die Kostenlast der Modernisierungsmaßnahme trägt, auch in Formularverträgen grundsätzlich frei regeln.

228 Um spätere Streitigkeiten zu vermeiden, sollte die Zusammensetzung der veranschlagten Kosten festgehalten werden. In diesem Zusammenhang sollte auch ein Höchstbetrag der zu berücksichtigenden Kosten festgelegt werden, um damit das Risiko der Kostensteigerung der Maßnahme einer Vertragspartei aufzulegen.

Formulierungsmuster
„Übersteigt der Endbetrag der festgestellten Kosten die voraussichtlich veranschlagten Kosten nach ... um mehr als ...%, wird der überschießende Betrag für die Abwohndauer und den Restwert nicht berücksichtigt."

3. Anpassung der Miete

229 Modernisierungsmaßnahmen des Mieters berechtigten den Vermieter nicht zu einer **Mieterhöhung** nach § 559 BGB.[163] Dies gilt auch, wenn hinsichtlich Modernisierungsmieterhöhungen auf § 559 BGB verwiesen wird. Die Auswirkungen der Mietermodernisierung auf die Miethöhe bedürfen also einer vertraglichen Regelung.

230 Dagegen ist bei Durchführung von baulichen Maßnahmen auf Kosten des Mieters vertraglich ein **Mietnachlass** denkbar. In diesem Fall wird in der Regel eine Klausel vereinbart, wonach der Vermieter zur Gewährung der verminderten Miete nur verpflichtet ist, wenn der Mieter den sachgerechten Abschluss der vereinbarten baulichen Maßnahme nachweist.[164] Eine solche Klausel kann auch in AGB wirksam vereinbart werden, da der Mieter nach allgemeinen Regeln beweisbelastet ist, wenn er eine geringere Höhe als die mietvertraglich vereinbarte geltend machen will.

---

163 BayObLG, Rechtsentscheid v. 24.6.1981 – Allg. Reg. 41/81 – NJW 1981, 2259.
164 KG, Urt. v. 5.11.2001 – 8 U 76/01 – GE 2002, 52.

4. Eigentum, Rückbauverpflichtung und Wegnahmerecht

Grundsätzlich bleibt das **Eigentum** an der eingebauten Sache gem. § 95 BGB im Eigentum des Mieters. Der Mieter hat dann ein Wegnahmerecht. Üblich sind jedoch Regelungen, nach denen das Eigentum auf den Vermieter übergeht und das Wegnahmerecht ausgeschlossen sein soll. 231

Formulierungsmuster

„Veränderungen an und im Mietgegenstand, insbesondere der Um- und Einbauten, Installationen und dergleichen, dürfen nur mit schriftlicher Einwilligung des Vermieters vorgenommen werden. Die Parteien sind sich einig, dass durch den Mieter vorgenommene Um- und Einbauten in das Eigentum des Vermieters übergehen, auch wenn diese nicht wesentliche Bestandteile des Grundstücks werden. Der Mieter verzichtet hiermit auf das Recht, solche Anlagen und Einrichtungen wegzunehmen."

Auch der **Umfang der Rückbauverpflichtung** des Mieters sollte im Rahmen der Modernisierungsvereinbarung geregelt werden. **Ausnahmen** von der Rückbauverpflichtung dürfen formularvertraglich nicht grundsätzlich (d.h. ohne Ausnahmen von der Beseitigungspflicht zuzulassen) ausgeschlossen werden. Als unwirksam wurde mithin eine Klausel angesehen, wonach der Mieter auf Verlangen des Vermieters ausnahmslos verpflichtet war, die Mietermodernisierung zu entfernen. Insofern ist eine Klausel[165] unzulässig, nach der der Mieter verpflichtet ist, die Um- oder Einbauten auf Verlangen des Vermieters ganz oder teilweise im Falle seines Auszuges zu entfernen und den früheren Zustand wiederherzustellen, ohne dass es eines Vorbehalts des Vermieters bei der Erteilung der Zustimmung bedarf. 232

Dagegen kann der Vermieter mit dem Mieter individualvertraglich wirksam vereinbaren, dass der Vermieter **gegen Entschädigungszahlung** auf seinen Anspruch auf Rückbau verzichtet.[166] 233

5. Instandhaltung und Instandsetzung

Die Verteilung der Instandhaltungs- und Instandsetzungslast richtet sich nach der vertraglichen Vereinbarung. In der Modernisierungsvereinbarung sollte auch eine Regelung zur Kostentragung für die aufgrund der Modernisierung entstehenden zusätzlichen Wartungs-, Reparatur- und Betriebskosten geregelt werden. 234

---

165 OLG Frankfurt, Urt. v. 19.12.1991 – 6 U 108/90 – NJW-RR 1992, 396; LG Münster, Urt. v. 25.3.1999 – 8 S 260/98 – WuM 1999, 51.

166 OLG Düsseldorf, Beschl. v. 6.2.2012 – 24 U 227/11 – ZMR 2012, 697.

6. Abwohndauer und Ausschluss der Kündigung

235 In der Regel verzichtet der Vermieter auf sein Recht zur ordentlichen Kündigung während einer vorab festgelegten Abwohndauer der Modernisierungsmaßnahme. Ein solcher Verzicht ist nur hinsichtlich einer ordentlichen Kündigung zulässig. Das Recht des Vermieters zur außerordentlichen Kündigung kann jedoch auch individualvertraglich nicht ausgeschlossen werden.

Formulierungsmuster

„Für die Abwohndauer verzichtet der Vermieter auf sein Recht zur ordentlichen Kündigung. Das Recht zur Kündigung aus wichtigem Grund bleibt unberührt."

---

236 Da insbesondere der Ausschluss der ordentlichen Kündigung und die Bewertung der Mietermodernisierung im Rahmen der Mieterhöhung an die Abwohndauer anknüpfen, sollte auch diese vertraglich geregelt werden.

Formulierungsmuster

„Die Abwohndauer beträgt jeweils ... Jahre für Aufwendungen in Höhe einer Jahresmiete, insgesamt jedoch mindestens ... und höchstens ... Jahre. Sie beginnt mit der Abnahme der Arbeiten. Als Jahresmiete gilt das Zwölffache der monatlichen Miete bei Abschluss dieser Vereinbarung. Die Betriebskosten, über die gesondert abzurechnen ist, bleiben hiervon unberührt."

---

237 Deklaratorisch sollte des Weiteren noch festgelegt werden, dass die Mietermodernisierungsmaßnahmen während der Abwohndauer bei künftigen Mieterhöhungen (z.B. im Falle einer Indexierung) nicht zur Bewertung herangezogen werden dürfen.

Formulierungsmuster

„Bei künftigen Mieterhöhungen dürfen die Modernisierungsmaßnahmen während der Abwohndauer nicht zur Bewertung herangezogen werden. Die Räume sind so zu bewerten, als wären die in § ... genannten Modernisierungsmaßnahmen nicht durchgeführt worden."

---

7. Restwertentschädigung bei vorzeitiger Vertragsauflösung

238 Die Parteien können auch einen Anspruch des Mieters gegen den Vermieter auf **Restwertentschädigung bei vorzeitiger Vertragsauflösung** vertraglich begründen. In der Regel wird die Restwertentschädigung anhand des Zeitwertes vereinbart.

Formulierungsmuster

„Der Mieter hat bei einer Beendigung des Mietverhältnisses einen Anspruch auf Rückzahlung des Restwertes der durchgeführten Maßnahme. Dieser Anspruch besteht auch dann, wenn die bauliche Maßnahme des Mieters durch nachfolgende Maßnahmen des Vermieters zerstört oder wertlos gemacht werden."

Anstelle einer Entschädigung nach Zeitwert kann auch vereinbart werden, dass der Vermieter verpflichtet sein soll, dem Mieter im Fall des Auszugs die tatsächlich aufgewendeten Kosten der Modernisierung zu ersetzen und dass sich der Entschädigungsbetrag für jedes Jahr der Mietdauer um einen bestimmten Prozentsatz (z.B. pro Monat 1–2%) mindern soll. Nach Ablauf einer bestimmten Zeit fällt die eingebaute Sache dann entschädigungslos an den Vermieter. 239

Formulierungsmuster
„Der Vermieter verpflichtet sich, im Falle der Beendigung des Mietverhältnisses dem Mieter eine Entschädigung für die von ihm durchgeführten Maßnahmen zu zahlen. Der Entschädigungsbetrag ermittelt sich aus den vom Mieter aufgewendeten Kosten für die Maßnahmen abzüglich ...% dieses Betrages für jeden vollen Monat nach Durchführung der Maßnahme. Er beträgt jedoch höchstens ...% der vom Mieter aufgewendeten Kosten."

Öffentliche Zuschüsse für die Mietermodernisierung sind bei der Ermittlung der Höhe der Restwertentschädigung nicht von den Gesamtkosten der Mietermodernisierung abzuziehen.[167] Denn der Mieter hat das Risiko der Investition übernommen, während der Vermieter schon dadurch profitiert, dass der Mieter ihm bei Vertragsende Geschäftsräume mit einem höheren Standard übergibt. Dies gilt auch, wenn der Vermieter bei eigener Investition günstiger stünde, da diese ihm zum Zeitpunkt der Modernisierungsvereinbarung mit dem Mieter freigestanden hätte.[168] 240

Dies kann durch folgende Klausel klargestellt werden:[169] 241

Formulierungsmuster
„Zuschüsse, die der Mieter zur Durchführung der Maßnahmen aus öffentlichen Haushalten erhält, werden bei der Ermittlung des Entschädigungsbetrages nicht berücksichtigt."

8. Schriftform der Modernisierungsvereinbarung

Gemäß § 578 i.V.m. § 550 BGB unterliegen Modernisierungsvereinbarungen der Schriftform, sofern der Mietvertrag für längere Zeit als ein Jahr abgeschlossen wird. Auch in Mietverträgen, die für kürzere Zeit als ein Jahr abgeschlossen werden, ist die Schriftform aus praktischen Gründen unerlässlich. 242

167 LG Berlin, Urt. v. 10.11.1997 – 67 S 255/97 – NZM 1999, 220; Urt. v. 22.1.2001 – 62 S 228/00 – GE 2001, 418.

168 LG Berlin, Urt. v. 22.1.2001 – 62 S 228/00 – GE 2001, 418.

169 LG Berlin, Urt. v. 10.11.1997 – 67 S 255/97 – NZM 1999, 220; *Harsch*, MDR 2001, 67.

Kapitel 12
Untermiete

A. Wirtschaftliche Bedeutung

Die Möglichkeit des Mieters, die gemieteten Räumlichkeiten unterzuvermieten, **minimiert** das mit der Übernahme des Mietobjekts verbundene wirtschaftliche Risiko erheblich und ist daher grundsätzlich auch im Interesse des Vermieters. Obwohl eine Untervermietung auch mit Nachteilen für den Vermieter verbunden ist, was beispielsweise die Durchsetzung eines **Räumungsanspruches** betrifft,[1] sollte ein Ausschluss des Rechts zur Gebrauchsüberlassung an Dritte sorgfältig mit dem Interesse des Vermieters an der Vermeidung einer Überforderung des Mieters abgewogen werden. Der Mieter kann durch die Möglichkeit zur Untervermietung flexibel auf eine **Veränderung der wirtschaftlichen Rahmenbedingungen** reagieren, die sich auf den Flächenbedarf des Mieters auswirken. Hierdurch deckt der Mieter ein Teil des Vermietungsrisikos des Vermieters ab. Diese Übertragung von Vermietungsrisiken auf den Mieter kann mit der Verpflichtung des Mieters verbunden werden, eventuelle Überschüsse aus der Untervermietung ganz oder teilweise an den Vermieter auszukehren, sodass das mit der Immobilie verbundene **Ertragspotenzial** weitestgehend beim Vermieter verbleibt. 1

Das Bestehen dieser **Interessenkongruenz** spiegelt sich in der gesetzlichen Regelung des § 540 Abs. 1 BGB wider. Ist die Nutzung der dem Hauptmieter überlassenen Räumlichkeiten für den Mieter nicht mehr von wirtschaftlichem Interesse, so kann er sich von dem **Vertrag lösen**, wenn der Vermieter einer Gebrauchsüberlassung an einen Dritten **nicht zustimmt**, obwohl zu erwarten ist, dass der Dritte die Miete entrichten kann oder er auch aus sonstigen Gründen für den Vermieter akzeptabel ist. 2

B. Inhalt des § 540 BGB

In § 540 Abs. 1 BGB ist die Gebrauchsüberlassung einer Mietsache an Dritte geregelt. Die Vorschrift steht im Allgemeinen Teil des Mietrechts und ist somit grundsätzlich **für sämtliche Arten** von Mietverhältnissen bzw. Mietobjekte **anwendbar**.[2] 3

---

1 Zur Durchsetzung des Räumungsanspruchs ist ein Räumungstitel gegen den Mieter sowie den/die Untermieter erforderlich; vgl. BGH, Beschl. v. 18.7.2003 – IXa ZB 116/03 –; Zöller/*Stöber*, § 885 Rn 12.

2 *Seyfarth*, NZM 2002, 200, 201.

4 Der Regelungsgehalt des § 540 Abs. 1 BGB beschränkt sich auf die Anordnung, dass die Untervermietung bzw. Gebrauchsüberlassung der Mietsache an einen Dritten der **Zustimmung des Vermieters** bedarf und unter welchen Voraussetzungen die Zustimmung verweigert werden darf. Im Gegensatz zum Wohnungsmietrecht[3] besteht **kein Anspruch** auf die **Erteilung der Erlaubnis** zur Gebrauchsüberlassung. Die Verweigerung der Erlaubnis berechtigt den Mieter lediglich zur **Kündigung**, sofern in der Person des Dritten kein wichtiger Grund für die Verweigerung der Erlaubnis gegeben ist.

5 Die naheliegende Frage nach der Rechtsfolge bei einer **Gebrauchsüberlassung** an einen Dritten **ohne Zustimmung** des Vermieters ist in § 540 BGB nicht geregelt. Im Falle einer Vertragsverletzung besteht gem. § 543 Abs. 2 S. 1 Nr. 2 BGB ein Recht zur **außerordentlichen Kündigung** des Mietverhältnisses.[4] Ferner kann sich der Mieter seinem Untermieter gegenüber **schadensersatzpflichtig** machen, wenn er rechtlich gar nicht zur Überlassung des Mietobjektes berechtigt war.

6 In § 540 Abs. 2 BGB wird der Rechtsgedanke des § 278 BGB aufgegriffen, indem angeordnet wird, dass der Mieter für das **Verschulden des Untermieters** wie für eigenes Verschulden **einzustehen** hat.[5]

I. Gebrauchsüberlassung an einen Dritten

7 Zunächst ist zu klären, ob überhaupt eine **Gebrauchsüberlassung** vorliegt **oder** ob nur der **vertraglich vereinbarte Gebrauch** der Mietsache wahrgenommen wird, also gar kein Erlaubnisvorbehalt besteht (hierzu Rn 8ff.). Anschließend ist zu klären, ob die Gebrauchsüberlassung an einen **Dritten** erfolgt (hierzu Rn 11ff.).

1. Gebrauchsüberlassung oder vertraglicher Gebrauch der Mietsache

8 Die **Angestellten** und **Mitarbeiter** des Mieters, im Falle einer juristischen Person die **Organmitglieder**, sind **nicht Dritte** im Sinne dieser Vorschrift, sondern **Besitzdiener**, sodass keine Gebrauchsüberlassung an andere, sondern die Wahrnehmung des eigenen Mietgebrauchs durch den Mieter vorliegt. Dies gilt auch für **Besucher, Kunden** und **Gäste** des Mieters, aber auch für Handwerker (im Falle von Reparaturen und Umbauten).

---

3 Nach § 553 Abs. 1 BGB besteht ein Anspruch auf Erteilung der Zustimmung, wenn ein berechtigtes Interesse an der Gebrauchsüberlassung besteht.

4 BayObLG, Rechtsentscheid v. 26.4.1995 – RE-Miet 7/94 –; LG Berlin, Urt. v. 9.4.2015 – 67 S 28/15 – (für Wohnraummiete).

5 BGH, Urt. v. 17.10.1990 – VIII ZR 213/89 –.

Liegt ein solches Besitzmittlungsverhältnis nicht vor, ist aufgrund des Inhalts 9
der Gebrauchsüberlassung zu beurteilen, ob sie als eine zustimmungsbedürftige Gebrauchsüberlassung anzusehen ist oder ob diese sich noch im Rahmen des mietvertraglichen Gebrauchs bewegt und somit nicht nach § 540 Abs. 1 BGB zustimmungsbedürftig ist. Nicht jede (teilweise) Gebrauchsüberlassung der Mietsache an einen Dritten steht unter dem Erlaubnisvorbehalt des Vermieters. Ist die Mitbenutzung der Mietsache Teil der von dem Vermieter geschuldeten Gebrauchsüberlassung, steht sie nicht unter dem Erlaubnisvorbehalt des Vermieters. Dies gilt insbesondere dann, wenn durch die Untersagung der Erlaubnis zur (Mit-)Benutzung durch einen Dritten die Mietsache nicht mehr zu dem vertraglich festgelegten Zweck genutzt werden könnte.[6] So ist die zeitweise Nutzung des **Warteraums** durch die **Patienten** einer Arztpraxis keine Gebrauchsüberlassung dieses Raumes an die Patienten, sondern Nutzung der Mietsache durch den Mieter. Etwas anderes gilt, wenn die Räumlichkeiten vertragsgemäß als Labor genutzt werden sollen, tatsächlich aber eine Arztpraxis betrieben wird. In solchen Fällen liegt aber eher eine **Gebrauchsüberschreitung** als eine Gebrauchsüberlassung an Dritte vor.

In **welchem Umfang** Mieträume für den Empfang von Besuchern **genutzt** wer- 10
den dürfen, kommt im Wesentlichen auf den vertraglich festgelegten Gebrauch an. Eindeutig nicht zustimmungsbedürftig ist die (teilweise) Gebrauchsüberlassung an Dritte, wenn diese zur Ausübung des vertragsgemäßen Gebrauchs der Mietsache erforderlich ist, wie beispielsweise die **Nutzung** eines Hotel durch (auch) langfristige **Hotelgäste** oder der **Überlassung** eines **Business-Centers.**[7] Allerdings kann es in diesen Fällen zu einer zustimmungsbedürftigen Gebrauchsüberlassung kommen, wenn beispielsweise die Räume zusammen mit dem Betrieb des Hotels an einen Dritten überlassen werden oder bei einem Hotelbetrieb eine dauerhafte Gebrauchsüberlassung an einen bestimmten Dritten mit einer Umwidmung der Mietsache verbunden ist.

2. Dritter i.S.d. § 540 Abs. 1 S. 1 BGB

Dritter ist nur, wer **personenverschieden** vom Mieter ist. Im Falle einer juristischen 11
Person bleibt die Identität des Mieters auch im Falle einer **Rechtsnachfolge** erhalten. Dies gilt insbesondere im Falle eines Rechtsformwechsels, der ganz einhellig nicht als eine Gebrauchsüberlassung angesehen wird.[8] In diesem Zusammenhang, etwa bei Unternehmensumwandlungen, kann sich die Frage stellen, ob eine direkte Rechtsnachfolge besteht oder ob eine neue Person anzunehmen ist, auf welche das

6 MüKo-BGB/*Bieber*, § 540 Rn 4.
7 Lindner-Figura/Oprée/Stellmann/*Stellmann*, Kap. 18 Rn 18.
8 BGH, Urt. v. 29.1.2001 – II ZR/331/00 –.

Mietverhältnis übertragen werden muss. In einem solchen Falle – bei **fehlender Rechtsidentität** – liegt eine Überlassung an Dritte vor, auch wenn sich der Personenkreis (Organmitglieder, Mitarbeiter) des Mieters nicht geändert hat. In diesen Fällen kann ein **Wertungswiderspruch** zwischen der Rechtsnachfolge, die sich ipso iure vollzieht und zu einem Wechsel des Mieters führt, ohne dass es der Zustimmung des Vermieters bedarf, und einem sonstigen Mieterwechsel vorliegen, der dem Erlaubnisvorbehalt des Vermieters nach § 540 Abs. 1 BGB unterliegt.

12 Der BGH neigt in dieser Frage einer mietrechtlichen Lösung zu. Nutzt der Mieter die Mietsache zunächst als Einzelkaufmann und wird diese Nutzung im weiteren Verlauf von einer Personengesellschaft übernommen, an der der Mieter als Gesellschafter beteiligt ist, liegt nach Ansicht des BGH eine unter Erlaubnisvorbehalt stehende Untervermietung vor.[9] Die **Regelungen des Mietrechts gehen** dann einem Vertragsübergang kraft Gesetzes nach §§ 25, 28 HGB **vor**, weil die Regelungen des Mietrechts besondere Regelungen zur Gebrauchsüberlassung an einen Dritten enthalten.[10] Eine Differenzierung lässt der BGH allerdings dadurch erkennen, dass er darauf abstellt, dass ein **Austausch des Mieters** dem Vermieter **nur** zuzumuten sei, wenn er an eine **Gesellschaft** vermietet habe, **nicht aber**, wenn der Vermieter im *„Vertrauen auf die Korrektheit seines Vertragspartners an eine **Einzelperson** vermietet hat"*. Wie bereits in einer Entscheidung aus dem Jahre 1955 zum Ausdruck gebracht, kommt es dem BGH vor allem auf den **Schutz** des durch den Mietvertrag begründeten **persönlichen Verhältnisses** zu den jeweils handelnden Personen an. Nach dieser Entscheidung liegt keine zustimmungspflichtige Gebrauchsüberlassung vor, wenn der Mieter, der als Personengesellschaft verfasst ist, zugleich Gesellschafter oder Vertreter der juristischen Person ist, der er den Gebrauch der Mietsache überlassen hat.[11] Ausschlaggebend sei, dass *„die Herrschaft über den überlassenen Mietraum bei den Personen [ruht], denen der Vermieter die Herrschaft überlassen wollte"*. Vor diesem Hintergrund ist es verständlich, dass der BGH **keine** unter einem Erlaubnisvorbehalt stehende **Gebrauchsüberlassung** als gegeben ansieht, wenn ein Pachtvertrag aufgrund einer **Verschmelzung** im Wege der Gesamtrechtsnachfolge auf einen neuen Rechtsträger übergeht.[12]

! **Praxistipp**
Angesichts der Rechtsprechung des BGH erscheint es ratsam, eine (individualvertragliche) Klausel zur Frage der **gesellschaftsrechtlichen Rechtsnachfolge** in den Vertrag **aufzunehmen**. Diese könnte wie folgt lauten, insbesondere wenn eine natürliche Person Mieter ist:

---

9 BGH, Urt. v. 25.4.2001 – XII ZR 43/99 –.
10 BGH, Urt. v. 25.4.2001 – XII ZR 43/99 –; kritisch MüKo-BGB/*Bieber*, § 540 Rn 11 m.w.N.
11 BGH, Urt. v. 22.1.1955 – VI ZR 70/53 –.
12 BGH, Urt. v. 26.4.2002 – LwZR 20/01 –.

„Die Parteien sind sich darüber einig, dass keine Gebrauchsüberlassung im Sinne des § 540 Abs. 1 BGB vorliegt, wenn die Mietsache auf eine Personengesellschaft übergeht, an der der Mieter beteiligt ist, und zwar auch nach dem Ausscheiden des Mieters aus der Personengesellschaft. Gleiches gilt für einen ***Rechtsformwechsel*** *der Personengesellschaft."*

Die **Gebrauchswahrnehmung** durch einen **Treuhänder** stellt **keine Gebrauchs- überlassung** dar, etwa auch die Nutzung durch einen Gesellschafter der betroffenen Gesellschaft.[13] Im Ergebnis wird es sich immer dann nicht um eine Gebrauchsüberlassung handeln, wenn die Ausübung der Nutzung durch einen anderen als den Mieter typisch mit dem vertragsgemäßen Gebrauch des Gewerberaumes verbunden ist. Auch hier empfiehlt sich eine ausdrückliche vertragliche Regelung, um klarzustellen, dass es sich bei solchen Treuhandverhältnissen gerade nicht um eine Gebrauchsüberlassung handelt oder aber, falls gewünscht, dass das Gegenteil gelten soll. 13

Noch eine Ebene „höher" als der Mieterwechsel – und daher keine Frage des Erlaubnisvorbehaltes nach § 540 Abs. 1 BGB – sind **Veränderungen** in den **Beteiligungs- oder Einflussverhältnissen** beim Mieter, die auch im Rahmen eines Mietverhältnisses Gegenstand sog. **Change-of-Control-Klauseln** sein können. Mit diesen Klauseln wird seitens des Vermieters gewünscht (oder je nach Interesse des Mieters abgewendet), dass eine Veränderung in der Gesellschafterstruktur des Mieters oder seiner Geschäftsführung einer Zustimmung des Vermieters bedarf. Die Verwendung einer **Formularklausel**, nach der ein solcher Wechsel der Zustimmung des Vermieters bedarf, dürfte **nach § 307 BGB unwirksam** sein, wenn der Vermieter kein berechtigtes Interesse an der Verwendung einer solchen Klausel geltend machen kann.[14] Daher empfiehlt sich auch hier eine individualvertragliche Regelung. 14

Ein Zustimmungserfordernis zu dem **Verkauf von Anteilen** an dem Mieter stellt allerdings einen Vertrag zulasten Dritter (des Gesellschafters des Mieters) dar und ist daher unwirksam. Zulässig ist dagegen ein (individualvertragliches) **Kündigungsrecht des Vermieters** in diesen Fällen. 15

II. Die Erlaubnis

1. Allgemeines

Die Erlaubnis ist eine einseitig empfangsbedürftige Willenserklärung, die sich nicht auf das mit dem Untermieter geschlossene Rechtsgeschäft im Sinne einer Genehmi- 16

13 MAH Mietrecht/*Weißker*, § 50 Rn 10.

14 BGH, Urt. v. 26.11.1984 – VIII ZR 214/83 – zu einem Kfz.-Händlervertrag, das wohl auch auf gewerbliche Mietverhältnisse anwendbar ist.

gung bezieht, sondern den **vertragsgemäßen Gebrauch** dahingehend **erweitert**, dass eine Gebrauchsüberlassung an den Dritten nicht vertragswidrig ist.[15]

17 Diese gilt in der Regel **nur für** die jeweilige Anfrage des Mieters, also für den **angefragten Mietbereich**, der untervermietet werden soll, sowie zugunsten des **vorgestellten Untermieters** und insbesondere des dabei mitgeteilten **Mietzweckes**. Wird kein spezifischer (neuer) Mietzweck mitgeteilt, gilt der bisherige Mietzweck auch insoweit als maßgeblich. Dem Untermieter ist (auch bei einer generell) erteilten Erlaubnis des Vermieters eine Nutzung der Mietsache für einen anderen Zweck nicht gestattet.[16]

18 Die Erlaubnis kann auch **konkludent durch Duldung** der konkreten Untervermietung bzw. Gebrauchsüberlassung erklärt werden, wenn der Vermieter die tatsächliche Situation kennt und widerspruchslos über einen gewissen Zeitraum hingenommen hat.[17]

19 Die Erlaubnis ist an **keine Form** gebunden.[18] Nach wohl herrschender Ansicht[19] berührt eine nicht schriftlich abgegebene Erlaubnis das **Schriftformerfordernis nach § 550 BGB** mit der Folge, dass ein befristet geschlossener (Haupt-)Mietvertrag dann **als unbefristet** gilt und daher von dem Mieter unter Einhaltung der gesetzlichen Frist gekündigt werden kann. Dieser Ansicht ist entgegenzuhalten, dass die Erlaubnis ein durch den Mietvertrag vermitteltes Gestaltungsrecht ist, welches den Inhalt des Hauptmietvertrages nicht verändert und daher nicht als Nebenabrede zum Mietvertrag anzusehen ist. Die Erteilung der Erlaubnis muss eben gerade nicht angenommen werden und sie entfaltet ihre Rechtswirkung auch nicht aufgrund einer tatsächlichen oder fingierten Zustimmung des Mieters.

Praxistipp
Vertragsklauseln, nach denen die Zustimmung zur Gebrauchsüberlassung nicht der Schriftform bedürfen, schaffen wegen des zwingenden Charakters des § 550 BGB keine Abhilfe. Der Vermieter sollte daher jeweils darauf achten, dass er seine **Erlaubnis nachweisbar schriftlich** erteilt.

2. Auskunftsrecht des Vermieters

20 Die Befugnis des Vermieters, die Erlaubnis zur Gebrauchsüberlassung aus in der Person des Dritten liegenden Gründen zu verweigern, impliziert ein Recht des Ver-

15 BGH, Urt. v. 8.5.1972 – VIII ZR 36/71 –.

16 BGH, Urt. v. 10.5.2000 – XII ZR 149/98 –; Palandt/*Weidenkaff*, § 540 Rn 7, der sogar eine Sortimentsänderung bereits ausschließt.

17 OLG Düsseldorf, Urt. v. 5.9.2001 – 24 U 207/01 –; Lindner-Figura/Oprée/Stellmann/*Hübner/Griesbach/Fuerst*, Kap. 14 Rn 24.

18 Lindner-Figura/Oprée/Stellmann/*Stellmann*, Kap. 18 Rn 24 ff.

19 Das Schriftformerfordernis bejahend: MüKo-BGB/*Bieber*, § 540 Rn 15; Schmidt-Futterer/*Blank*, 12. Aufl. 2015, § 540 Rn 42; verneinend: BeckOK-BGB/*Ehlert*, Edition 22, § 540 Rn 9.

mieters, **nähere Informationen zu dem Dritten** zu erhalten, insbesondere bezüglich seiner Identität und der in den Mieträumen geplanten Nutzung.[20] Für gewerbliche Mietverhältnisse ist anerkannt, dass sich der Auskunftsanspruch des Vermieters auch auf solche Informationen beziehen darf, die den Vermieter überhaupt in die Lage versetzten, sich ein Bild über den Untermietinteressenten zu machen und ggf. sachbezogene Auskünfte über diesen einzuholen.[21] Entsprechend sind Informationen über die Person des Dritten (Name/Gesellschaft, Anschrift, Geburtsdatum, Beruf) und die Bedingungen der Gebrauchsüberlassung (beabsichtigte Nutzungsart, der Umfang des Untermiet-Objektes, Laufzeit des Vertrages) bekanntzugeben.[22]

Fragt also der Mieter beim Vermieter um die Erlaubnis zur Untervermietung an, 21
so hat er dem Vermieter die zur Entscheidungsfindung relevanten und notwendigen Informationen vorzulegen. Nur dann kann der Vermieter alle Informationen und Risiken abwägen, die sich ggf. aus einer entsprechend genehmigten Untervermietung ergeben könnten. Seine Grenzen findet dieses Auskunftsverlangen dann, wenn die (weiteren) erbetenen Informationen in Bezug auf die Entscheidung des Vermieters, ob ein wichtiger Grund in der Person des Dritten gegeben ist, keine Bedeutung haben. Daher hängt der Umfang des Auskunftsanspruchs des Vermieters ganz wesentlich von den Gründen ab, die eine (zulässige) Verweigerung der Erlaubnis rechtfertigen, also kein außerordentliches Kündigungsrecht des Mieters begründen. Der Vermieter kann durch das Verlangen nach weiteren Auskünften über die Person des Mieters seine Erlaubnis nur dann zurückhalten, wenn diese Auskünfte im vorgenannten Sinne berechtigt sind. Soweit diese Informationen nicht erteilt werden, besteht keine Erlaubnispflicht und damit auch kein außerordentliches Kündigungsrecht des Mieters. Die Verletzung der Informationspflicht lässt das Kündigungsrecht aber nur dann entfallen, wenn sich die Verletzung auf solche Informationen bezieht, deren potenzieller Inhalt eine Verweigerung der Erlaubnis trägt. Das Kündigungsrecht besteht hingegen fort, wenn aufgrund der Umstände des Einzelfalles davon auszugehen ist, dass auch bei erteilter Information keine Erlaubnis erteilt worden wäre.[23]

Eine Pflicht des Mieters, Auskünfte über die Untermiethöhe und vor allem über 22
die Bonität des potenziellen Untermieters dem Vermieter zu erteilen, wurde unter Hinweis auf den Datenschutz und mit dem formellen Argument abgelehnt, der **Vermieter stehe mit dem Untermieter in keinem Vertragsverhältnis**. Für die Miete hafte ausschließlich der Mieter, sodass nur dessen Solvenz für den Vermieter von Interesse sei. Nur ausnahmsweise könne dem Vermieter ein Anspruch auf weiterge-

20 BGH, Urt. v. 15.11.2006 – XII ZR 92/04 –.
21 Vgl. hierzu bereits RGZ 41, 247 ff.; LG Hamburg, Urt. v. 20.12.1990 – 334 S 111/90 –.
22 BGH, Urt. v. 15.11.2006 – XII ZR 94/04 –; KG, Urt. v. 11.10.2007 – 8 U 34/07 –.
23 OLG Nürnberg, Urt. v. 3.11.2006 – 5 U 754/06 –.

hende Auskunftserteilung gegen den Mieter zustehen, wenn er ein erhebliches Interesse an solchen Informationen über den potenziellen Untermieter hat, etwa wenn mit dem Mieter die Abtretung der Untermietzahlungen zur Sicherheit oder eine Mehrerlösabführung wirksam vereinbart wurde. In diesen Fällen ist es erforderlich, dass der Vermieter Kenntnis von den an ihn abgetretenen Ansprüchen und deren Umfang erlangen kann. Das Interesse des Vermieters dürfte umso gewichtiger sein, wenn die Solvenz des Mieters gefährdet ist und etwa aus diesem Grunde eine Untervermietung bzw. Gebrauchsüberlassung erfolgen soll.

23 Für gewerbliche Mietverhältnisse mit Betriebspflicht steht nach einer Entscheidung des BGH fest, dass sich der **Auskunftsanspruch** jedenfalls auch auf die Bonität des Untermieters bezieht, weil es in diesen Fällen darauf ankommt, ob das Mietobjekt unter Berücksichtigung der vereinbarten Untermiete und der wirtschaftlichen Verhältnisse des Untermieters betrieben werden kann. Hierzu hatte der BGH im Hinblick auf eine mietvertragliche Betriebspflicht eines in einem Einkaufszentrum gelegenen Ladenlokals ausgeführt, dass ein Leerstand des Ladenlokals aufgrund einer Insolvenz des Untermieters zu Nachteilen für die ganze Anlage führen könnte. Zumindest in solchen Konstellationen habe der Vermieter ein **„elementares Interesse“** an der wirtschaftlichen Situation des Untermieters und der Mieter eine Pflicht zur Auskunftserteilung über wirtschaftliche Verhältnisse des potenziellen Untermieters sowie die wesentlichen Bedingungen des Untermietvertrages – insbesondere zu dessen Laufzeit und Höhe der Untermiete.[24]

24 Nach Erhalt der zur Entscheidungsfindung notwendigen Informationen steht dem Vermieter eine angemessene Prüfungs- und Überlegungsfrist zu.[25] Der Vermieter hat darauf zu achten, dass sein Schweigen bei einer konkreten Anfrage des Mieters nach Ablauf einer angemessenen Überlegungsfrist von mindestens zwei Wochen als Verweigerung der Erlaubnis zur Untervermietung ausgelegt werden kann, sodass dann das außerordentliche Kündigungsrecht des Mieters ausgelöst wird.[26]

25 Das vorstehend dargestellte Auskunftsrecht des Vermieters besteht allerdings nur **zu Beginn des Untermietverhältnisses**, also bei Entscheidung des Vermieters über die Erlaubnis zur Untervermietung. Im weiteren Verlauf besteht dieses Auskunftsrecht dagegen nicht mehr – und kann sich allenfalls noch aus besonderen Umständen ergeben, etwa weil nach Treu und Glauben ein besonderes Informationsinteresse gegeben ist.[27]

24 BGH, Urt. v. 15.11.2006 – XII ZR 92/04 –; OLG Dresden, Urt. v. 29.4.2004 – 16 U 237/04 –; a.A. MüKo-BGB/*Bieber*, § 540 Rn 20.

25 *Fritz*, NJW 2008, 1045, 1049 m.w.N.

26 Vgl. LG Berlin, Urt. v. 24.11.2000 – 64 S 237/00 –; *Seyfarth*, NZM 2002, 200, 204.

27 OLG Düsseldorf, Urt. v. 20.9.2012 – I 10 U 33/12 –.

3. Wichtiger Grund in der Person des Dritten

Der jeweilige „wichtige Grund“ ist ein auslegungsbedürftiger Rechtsbegriff. Eine Definition bzw. Festlegung hat die Rechtsprechung daher bewusst offengelassen. Ob bzw. was ein **zur Versagung berechtigender Grund** ist, muss unter Beachtung aller relevanten Interessen im jeweiligen Einzelfall an den zugrundeliegenden Tatsachen entschieden werden. Im Ergebnis sind die jeweiligen Interessen der Parteien – Vermieter an der Versagung und Mieter an der Erlaubnis der Untervermietung – gegeneinander abzuwägen. 26

Ein wichtiger Grund in der Person des Dritten gem. § 540 Abs. 1 S. 2 BGB, der das Sonderkündigungsrecht des Mieters im Falle des Versagens der Untervermietungserlaubnis ausschließt, liegt immer dann vor, wenn dem Vermieter nach den Umständen des Einzelfalls mit Rücksicht auf die Person des Dritten die Überlassung des Gebrauchs der Mietsache an den Dritten nicht zumutbar ist. Die Prüfung der Zumutbarkeit wird nach objektiven Kriterien beurteilt, für die jedoch der Vermieter die Beweislast trägt.[28] 27

Anerkannte Gründe (in der Person des Dritten) sind u.a.:[29] 28
- Änderung des im Hauptmietvertrag festgelegten Nutzungszwecks;[30]
- persönliche Feindschaft zwischen Vermieter und Untermieter;
- extensive Abnutzung der Mietsache durch vielfache Untervermietung;
- Entstehung einer Konkurrenzsituation aufgrund der spezifischen Nutzung der Mietsache durch den Dritten, wenn der Vermieter insoweit von anderen Mietern in Anspruch genommen werden kann (Verstoß gegen einen anderweitig gewährten Konkurrenzschutz).[31]

Entstehen derartige wichtige Gründe später, nach Erteilung der Untervermietungserlaubnis oder auch nach Beginn des Untermietverhältnisses, entsteht ein **Recht des Vermieters auf Widerruf der Erlaubnis** (s.u. Rn 34 ff.). In diesen Fällen kann auch die Nichteinhaltung der mietvertraglichen Regelungen durch den Untermieter einen wichtigen Grund darstellen. 29

---

28 Staudinger/*Emmerich*, § 540 Rn 21; Lindner-Figura/Oprée/Stellmann/*Stellmann*, Kap. 18 Rn 49.

29 Vgl. Aufzählung in Lindner-Figura/Oprée/Stellmann/*Stellmann*, Kap. 18 Rn 49 ff.

30 BGH, Entscheidung v. 11.1.1984 – VIII ZR 237/82 – Untervermietung zum Betrieb eines Sex-Shops; Palandt/*Weidenkaff*, § 540 BGB Rn 11.

31 OLG Nürnberg, Urt. v. 3.11.2006 – 5 U 754/06 –; OLG Dresden, Urt. v. 29.4.2004 – 16 U 237/04 –; LG Oldenburg, Urt. v. 11.5.1988 – 12 O 4090/87 –; MüKo-BGB/*Bieber*, § 540 Rn 20; Palandt/*Weidenkaff*, § 540 BGB Rn 12; Schmidt-Futterer/*Blank*, 10. Aufl. 2011, § 540 Rn 77; Lindner-Figura/Oprée/Stellmann/*Stellmann*, Kap. 18 Rn 51.

4. Anspruch auf Erteilung der Erlaubnis

30 Grundsätzlich besteht – wie auch bei der Wohnraummiete[32] – kein Anspruch auf Erteilung der Erlaubnis. Dies ergibt sich bereits aus dem Normgefüge des § 540 Abs. 1 S. 2 BGB, der keine entsprechende Verpflichtung vorsieht, sondern lediglich ein Kündigungsrecht statuiert, wenn die Erlaubnis ohne wichtigen Grund (in der Person des Untermieters) verweigert wird. Eine Verpflichtung zur Erteilung der Erlaubnis nach Treu und Glauben (§ 242 BGB) besteht daher nur in ganz engen Grenzen.[33]

31 Ein Anspruch auf Erteilung der Untervermietungserlaubnis ist gegenstandslos, d.h. braucht nicht mehr geltend gemacht zu werden, wenn dem Mieter die Untervermietung bereits durch den Mietvertrag generell oder für den vorliegenden Fall erteilt worden ist (s.u. Rn 41ff.). In diesem Fall bedarf es nicht mehr der Erlaubniserteilung, sondern – je nach der vertraglichen Regelung – üblicherweise nur der Mitteilung, dass, an wen und für welche Zeitdauer eine Untervermietung vorgenommen worden ist.

32 Erhält der Mieter trotz Anfrage und Vorlage entsprechender Informationen **keine Untervermietungserlaubnis**, trägt er das Risiko, ob eine von ihm daraufhin ausgesprochene Kündigung unwirksam ist, weil der Vermieter berechtigt war, die Erlaubnis zur Gebrauchsüberlassung an den Dritten zu verweigern. Diese Risikoverteilung erscheint allerdings angemessen, da der Mieter auch bei jeder anderen (außerordentlichen) Kündigung das Risiko der Wirksamkeit einer vorzeitigen Beendigung des Mietvertrages trägt.

33 Der Vermieter macht sich mangels einer Zustimmungsverpflichtung auch nicht wegen einer Verletzung seiner vertraglichen Nebenpflichten ersatzpflichtig, wenn er die Erlaubnis zur Gebrauchsüberlassung verweigert.[34]

5. Nachträglicher Widerruf der Erlaubnis

34 Hat der Vermieter seine Erlaubnis zur Untervermietung erteilt, so ist diese nicht nachträglich widerrufbar, sofern nicht (individualvertraglich) ein Widerrufsrecht vereinbart ist. Formularvertraglich kann sich der Vermieter kein solches allgemeines Widerrufsrecht vorbehalten, da anderenfalls die gesetzliche Regelung, die ein solches Widerrufsrecht nicht vorsieht, unterlaufen würde (§ 307 Abs. 2 Nr. 1 BGB).[35]

35 Unbenommen ist es dem Vermieter jedoch, bei nachträglichem Vorliegen eines wichtigen Grundes i.S.d. § 540 Abs. 1 S. 2 BGB seine **Erlaubnis der Untervermie-**

32 § 553 BGB begründet keinen Anspruch auf Erlaubnis zur Untervermietung, sondern nur einen Anspruch auf Erlaubnis zur Teilüberlassung.

33 OLG Hamm, Urt. v. 12.12.1995 – 7 U 71/95 –.

34 OLG Düsseldorf, Urt. v. 29.4.1993 – 10 U 179/92 –; a.A. siehe Fn 38.

35 BGH, Urt. v. 11.2.1987 – VII ZR 56/86 –; Schmidt-Futterer/*Blank*, 12. Aufl. 2015, § 540 Rn 53.

tung dann zu **widerrufen.**[36] In diesen Fällen wird in entsprechender Anwendung dieser Vorschrift ein erneutes Kündigungsrecht des Mieters ausgelöst. Gleiches gilt, wenn das Verbleiben des Untermieters dem Vermieter wegen veränderter Zustände nicht weiter zugemutet werden kann.[37]

III. Kündigungsrecht

Versagt der Vermieter die Erlaubnis zur Untervermietung, ohne hierfür einen wichtigen Grund (in der Person des Untermieters) zu haben, so steht dem Mieter ein **außerordentliches Kündigungsrecht** nach § 540 Abs. 1 S. 2 BGB unter Einhaltung der gesetzlichen Frist zu. Die **Kündigungsfrist** bei Geschäftsräumen bemisst sich dabei nach § 580a Abs. 2 und Abs. 4 BGB, soweit sie nicht wirksam abbedungen bzw. andere Kündigungsfristen vereinbart sind. 36

Daneben können dem Mieter **Schadensersatzansprüche** gegen den Vermieter zustehen,[38] wenn der Mieter ausnahmsweise einen Anspruch auf Erteilung der Untervermietungserlaubnis hat. 37

Versagt der Vermieter die Erlaubnis zur Untervermietung hingegen berechtigterweise aus wichtigem Grund, so entsteht das vorgenannte Kündigungsrecht nicht. 38

C. Vertragliche Ausgestaltung

Anders als im Wohnraummietrecht, in welchem der § 553 BGB zwingend gilt, kann im gewerblichen Mietrecht von der gesetzlichen Regelung des § 540 BGB als dispositivem Recht vertraglich abgewichen werden.[39] Dies gilt uneingeschränkt, wenn solche Vereinbarungen einzelvertraglich zwischen den Parteien ausverhandelt wurden. Im Falle von vorformulierten Regelungen zur Untervermietung (AGB, zu den Abgrenzungsfragen s.o. Kap. 4) ist deren Wirksamkeit an § 307 Abs. 1 und 2 BGB zu messen. An der **Wirksamkeit der Einräumung** einer **generellen Erlaubnis** zur Untervermietung bestehen im Regelfall keinerlei Zweifel (s.u. Rn 41 ff.), während sich gegen die **Wirksamkeit** eines **generellen Verbots der Untervermietung** durchaus Bedenken ergeben (s.u. Rn 44 ff.). 39

---

36 BGH, Entscheidung v. 11.1.1984 – VIII ZR 237/82 –.

37 Vgl. Ausführungen in Lindner-Figura/Oprée/Stellmann/*Stellmann*, Kap. 18 Rn 42.

38 Bub/Treier/*Kraemer*, Kap. III A Rn 2511; Lindner-Figura/Oprée/Stellmann/*Stellmann*, Kap. 18 Rn 20.

39 BGH, Urt. v. 4.7.1990 – VIII ZR 288/89 – noch zu § 549 Abs. 1 BGB a.F.; und auch schon RGZ 64, 296, 297.

40 Ein **Abweichen von der gesetzlichen Ausgestaltung** des § 540 BGB bringt für beide Seiten Vorteile. Der Vermieter kann durch ein ausdrückliches Verbot der Untervermietung vermeiden, dass der Mieter das Ansinnen einer Untervermietung dazu benutzt, um sich im Anschluss an eine erwartete Ablehnung durch Kündigung von dem unliebsam gewordenen Mietvertrag zu lösen. Der Vermieter kann auch bestimmte Modalitäten einer Untervermietung erlauben, mit denen er von vornherein einverstanden ist, um für alle übrigen Fälle das Risiko zu vermeiden, dass seine Erlaubnisverweigerung als nicht von wichtigen Gründen getragen angesehen wird. In diesen Fällen kann der Vermieter sogar versuchen, einen etwaigen Mehrerlös aus der Untervermietung an sich zu ziehen (s.u. Rn 65 ff.). Der Mieter kann seinerseits für bestimmte, absehbare Fälle von vornherein seine Berechtigung zur Untervermietung klarstellen.

! **Praxistipp**
Es sollten ausdrückliche vertragliche Regelungen zur Untermiete getroffen werden, um einerseits bestimmte Modalitäten von vornherein festzuschreiben, aus Sicht des Mieters die Unsicherheit einer späteren Erlaubnis und aus Sicht des Vermieters das Risiko einer auf Erlaubnisverweigerung gegründeten Kündigung durch den Mieter zu vermeiden und nach Möglichkeit sogar am Ertrag aus dem Untermietverhältnis zu partizipieren.

I. Generelle Erlaubnis der Untervermietung

41 Gestattet der Vermieter seinem Mieter generell die Untervermietung bzw. Gebrauchsunterlassung an Dritte, so wird die Regelung des § 540 Abs. 1 S. 1 BGB übergangen, da der Vermieter auf den ihm gesetzlich gewährten Erlaubnisvorbehalt verzichtet. Die „Kündigungsfalle“[40] des § 540 Abs. 1 S. 2 BGB wird dann gegenstandslos. Ein weiterer Vorteil besteht darin, dass etwaige Schriftformprobleme im Falle einer späteren, nur mündlich erteilten Erlaubnis umgangen werden, wenn der Ansicht gefolgt wird, dass die Erlaubnis eine Abänderung der dem Mieter gewährten Gebrauchsüberlassung daher nach § 550 BGB schriftlich zu fassen ist.[41]

42 Die **AGB-rechtliche Frage** nach der Wirksamkeit einer solchen Klausel wegen Benachteiligung des Vermieters stellt sich nur, wenn der Mieter die entsprechende Klausel in seinen Vertragsformularen verwendet. Das ist angesichts der Marktstellung mancher Mieter nicht auszuschließen, in der Praxis aber eher selten. In diesem Fall führt allerdings die Interessenabwägung im Regelfall dazu, dass eine entsprechende Abweichung von der gesetzlichen Regelung unbedenklich erscheint, weil

---

40 MAH Mietrecht/*Weißker*, § 50 Rn 15.

41 Das Schriftformerfordernis bejahend: MüKo-BGB/*Bieber*, § 540 Rn 15; Schmidt-Futterer/*Blank*, 12. Aufl. 2015, § 540 Rn 42; verneinend: BeckOK-BGB/*Ehlert*, Edition 22, § 540 Rn 9.

§ 540 BGB nicht die Interessen des Vermieters an einer Verhinderung jeglicher Untervermietung schützt, sondern die Interessen des Mieters an einer Untervermietung stützen will.

Erteilt der Vermieter die **Erlaubnis zu Untervermietung**, so steht es dem Mieter gleichwohl nicht unbeschränkt frei, Untervermietungen oder Gebrauchsüberlassungen an Dritte vorzunehmen. Soweit zwischen den Parteien keine konkrete Ausgestaltung vereinbart ist, bezieht sich die vom Vermieter erteilte Zustimmung stets nur auf den mit dem Mieter vereinbarten **Vertrags- bzw. Nutzungszweck.**[42] Auch eine allgemein erteilte Erlaubnis gestattet dem Mieter daher nicht, das Mietobjekt für einen anderen Zweck zu nutzen bzw. durch die Untervermietung umzunutzen und z.B. eine Geschäftsbetriebs- oder Sortimentsänderung vorzunehmen.[43] Darüber hinaus ist zu überprüfen, ob dem Vermieter aufgrund besonderer Umstände etwaige mit der Gebrauchsüberlassung verbundene, für ihn nachteilige Veränderungen zuzumuten sind, weil der Mieter an ihnen ein berechtigtes Interesse hat. Dies wird nur der Fall sein, wenn den Veränderungen keine legitimen und schutzwürdigen Interessen des Vermieters gegenüberstehen.[44] Zu solchen schutzwürdigen Interessen des Vermieters können **Konkurrenzschutzvereinbarungen** gehören, die der Vermieter mit anderen Mietern des Objekts vereinbart hat.[45] Hierin zeigt sich ein Nachteil einer generellen Erlaubnis, da der Mieter nicht ohne Weiteres Kenntnis von solchen vertraglichen Beschränkungen des Vermieters haben kann und daher das Risiko läuft, trotz der generellen Erlaubnis im Einzelfall eine Untervermietung nicht durchführen zu dürfen. 43

II. Genereller Ausschluss/Verbot der Untervermietung

Das generelle Verbot des Mieters zur Untervermietung oder Überlassung des Mietgegenstandes an einen Dritten kann im Gewerberaummietrecht als individualvertragliche Regelung wirksam vereinbart werden.[46] Ob ein genereller Ausschluss der Untervermietung bzw. Gebrauchsüberlassung auch formularvertraglich wirksam vereinbart werden kann, ist streitig. Zum einen wird in der Literatur argumentiert, 44

42 BGH, Urt. v. 10.5.2000 – XII ZR 149/98 –; BGH, Urt. v. 11.1.1984 – VIII ZR 237/82 –; OLG Koblenz, Urt. v. 25.2.1986 – 3 U 1073/85 –; Lindner-Figura/Oprée/Stellmann/*Stellmann*, Kap. 18 Rn 29.

43 Palandt/*Weidenkaff*, § 540 Rn 7.

44 OLG Hamm, Urt. v. 10.9.1991 – 7 U 63/91 –; Lindner-Figura/Oprée/Stellmann/*Stellmann*, Kap. 18 Rn 18.

45 LG Oldenburg, Urt. v. 11.5.1988 – 12 O 4090/87 –: Der Entscheidung des LG Oldenburg lag ein Sachverhalt zugrunde, bei dem der Mieter an einen vollkommen branchenfremden Dritten vermieten wollte, weshalb das LG Oldenburg unterstellt hat, dass der Mieter zur Rückfrage beim Vermieter vor der Gebrauchsüberlassung verpflichtet war.

46 Palandt/*Weidenkaff*, § 540 Rn 2; *Heintzmann*, NJW 1994, 1177, 1181.

dass im gewerblichen Mietverhältnis von den gesetzlichen Vorgaben abgewichen und ein solcher Ausschluss wirksam vereinbart werden kann.[47] Teilweise wird bei der Frage der Wirksamkeit auf die sonstigen Vertragsbedingungen abgestellt. So soll der generelle Ausschluss der Untervermietung nur bei unbefristeter Laufzeit des Mietverhältnisses zulässig sein.[48] Auch Teile der Rechtsprechung gehen davon aus, dass im Gewerberaummietrecht dem Mieter ein **erhöhtes Verwendungsrisiko** aufgebürdet wird, also das Recht des Mieters zur Untervermietung vertraglich eingeschränkt bzw. das Recht des Vermieters zur Verweigerung der Untervermietung auf weitere Punkte außerhalb der Person des Untermieters erweitert werden kann.[49]

45 Der BGH hat jedoch den formularvertraglichen generellen Ausschluss der Untervermietung für unzulässig erklärt, da auf diese Art und Weise dem Mieter das außerordentliche Kündigungsrecht nach § 540 Abs. 1 S. 2 BGB genommen werde und im Ergebnis eine unangemessene Benachteiligung i.S.d. § 307 Abs. 2 Nr. 1 BGB vorliege.[50] Diese schon etwas ältere Entscheidung wird von der Rechtsliteratur aber nicht uneingeschränkt akzeptiert. So könnte es durchaus in Ausnahmefällen ein erhebliches Interesse des Vermieters daran geben, dass das Mietobjekt ausschließlich vom Mieter genutzt oder das Geschäft bzw. der Betrieb nur vom Mieter geführt wird. Die **Interessensabwägung** würde dann zu dem Ergebnis kommen, dass ein genereller Ausschluss den Mieter nicht unangemessen benachteiligt. Solch eine Ausnahme wäre z.B. in der Gastronomie denkbar, wenn der Erfolg in besonderem Maße von den Personen des Mieters/Betreibers abhängt und nicht durch einen Untermieter dargestellt werden könnte.[51]

! **Praxistipp**
Es besteht ein erhebliches Risiko, das Recht des Mieters zur Untervermietung im Wege einer allgemeinen Vertragsbedingung ohne Vorliegen wesentlicher, gewichtiger Gründe auszuschließen. Es empfehlen sich für solche Zwecke vielmehr individualvertragliche Regelungen.

---

47 MüKo-BGB/*Bieber*, § 540 Rn 26; Palandt/*Weidenkaff*, § 540 Rn 2; *Seyfarth*, NZM 2002, 200, 202.

48 Vgl. Schmidt-Futterer/*Blank*, 12. Aufl. 2015, § 540 Rn 63; Lindner-Figura/Oprée/Stellmann/*Stellmann*, Kap. 18 Rn 16 – mit der Begründung, dass die gesetzlichen Fristen bei der ordentlichen Kündigung gelten.

49 OLG Düsseldorf, Urt. v. 17.2.2005 – 10 U 144/04 –. Das Gericht stellte bei einer Klausel, die dem Vermieter die Versagung der Erlaubnis zur Untervermietung gestattet, wenn der Untermieter das Mietobjekt zu einem Zweck gebraucht, der Interessen des Vermieters entgegensteht, keinen Verstoß gegen § 307 Abs. 1 BGB fest.

50 BGH, Urt. v. 24.5.1995 – XII ZR 172/94 –; Bub/Treier/*Kramer/von der Osten*, Kap. III A Rn 2544; *Fritz*, Rn 188.

51 Ebenso MAH Mietrecht/*Weißker*, § 50 Rn 30.

III. Selektive Erlaubnis/explizite Aufzählung der zulässigen Untervermietungen

Statt einer generellen Erlaubnis zur Untervermietung (s.o. Rn 41ff.) kann diese auch nur selektive bzw. explizit aufgezählte Untervermietungen bzw. Gebrauchsüberlassungen im Voraus gestatten („**Vorratsgenehmigung(en)**"). Erfolgt dies individualvertraglich, bestehen gegen die Wirksamkeit keine Bedenken. Sollten die Fälle der erlaubten Untervermietung bzw. Gebrauchsüberlassung nicht konkret und abschließend umschrieben sein, kann die Vertragsauslegung nach den allgemeinen Bestimmungen („Empfängerhorizont") dazu führen, dass die Erlaubnis eher weiter und umfassender zu verstehen ist, also sie vom Verfasser (zumeist vom Vermieter) zugestanden werden sollte. Eine einschränkende Auslegung (Ausnahmeregelung gegenüber dem gesetzlichen Erlaubnisvorbehalt) wird im Zweifelsfall nicht anzunehmen sein, wenn mit der selektiven Erlaubnis zugleich das Verbot der Untervermietung in allen übrigen Fällen geregelt werden soll. In Wahrheit liegt dann ja eine Einschränkung der Mieterrechte vor (keine Kündigungsmöglichkeit wegen des Verbots der Untervermietung in allen übrigen Fällen), sodass eher eine weite Auslegung im Interesse des Mieters vorzugswürdig wäre. 46

Als vorformulierte Regelung (die notwendigerweise nur abstrakte Fälle erfassen kann, da anderenfalls bereits eine Individualregelung vorläge) wird eine solche selektive Erlaubnis ebenfalls keinen Bedenken begegnen, da ja eine Erweiterung der (von § 540 geschützten) Mieterrechte vorgenommen wird, sofern nicht – was allerdings der Regelfall sein dürfte – mit dieser besonderen Erlaubnis zugleich die Untervermietung bzw. Gebrauchsüberlassung im Übrigen vollständig, also unabhängig von Genehmigungen untersagt wird. In diesem Fall wird dem Mieter – über die gesetzliche Regelung hinaus – die Möglichkeit genommen, über die genehmigten Fälle hinaus Untervermietungen vorzunehmen. Nach der oben angeführten BGH-Rechtsprechung wäre eine solche Regelung daher nicht mit der gesetzlichen Regelung zu vereinbaren. Da in diesem Fall aber bereits eine Interessenabwägung zwischen beiden Vertragsparteien getroffen worden ist (abstrakte Fälle der Untervermietungserlaubnis gegenüber dem Verbot der Untervermietung im Übrigen), erscheint die Abweichung von der gesetzlichen Norm nicht mehr „wesentlich" i.S.v. § 307 Abs. 2 Nr. 1 BGB, sodass vorbehaltlich einer konkreten Interessenabwägung im Einzelfall etwaige Bedenken gegen die Wirksamkeit zurücktreten müssen. 47

Im Regelfall wird der Wunsch, eine bestimmte Untervermietung bzw. Gebrauchsüberlassung zuzulassen, zumeist vom Mieter ausgehen, wenn nicht die Parteien bei der Ausgestaltung der Klausel nicht ohnehin im Einzelnen darüber verhandeln, sodass das Schutzbedürfnis des Mieters gering ist und die selektive Erlaubnis zur Untervermietung schon nicht als „**unangemessene Benachteiligung**" des Mieters (oder gar des Vermieters) i.S.v. § 307 Abs. 1 S. 1 BGB anzusehen ist, also nicht der Überprüfung der §§ 307ff. BGB unterliegt. 48

Die Möglichkeit einer solchen selektiven Erlaubnis zur Untervermietung bietet sich immer dann an, wenn bereits bei Vertragsschluss bekannt ist oder feststeht, 49 dass der Mieter das Mietobjekt einer bestimmten dritten Partei ganz oder teilweise überlassen möchte. Häufige Anwendungsfälle sind die dem Mieter erlaubte Untervermietung bzw. Gebrauchsüberlassung an abschließend (namentlich) aufgezählte, potenzielle Geschäfts- oder Kooperationspartner des Mieters, an die er Teile des Mietobjektes weitergeben möchte. Es ist durchaus möglich, die Erlaubnis zur Untervermietung bzw. Gebrauchsüberlassung – unabhängig von bestimmten Personen oder Firmen – allgemein zu einem bestimmten Nutzungszweck zuzulassen. So muss z.B. Business-Centern die Gebrauchsüberlassung von Teilen des Mietobjektes – Einzelbüros, Arbeitsplätze und sonstige Räume wie Allgemeinflächen und Besprechungsräume etc. – an deren Kunden/Nutzer im Vorfeld erlaubt sein (sofern sich dies nicht bereits aus dem vereinbarten Nutzungszweck ergibt),[52] um den Geschäftsbetrieb überhaupt aufnehmen und durchführen zu können.

50 Ebenso häufig findet man den Wunsch des Mieters, eine Untervermietung bzw. Gebrauchsüberlassung bereits im Vornhinein an **Konzernunternehmen bzw. verbundene Unternehmen** des Mieters i.S.d. § 15 AktG zuzulassen. Häufig werden Mietverträge von einer dafür zuständigen Konzerngesellschaft verhandelt und abgeschlossen, der spätere Mietgebrauch aber auf bestimmte (unter Umständen auch erst später gegründete) Objekt- oder Zweckgesellschaften übertragen. In der Regel wird eine solche „Vorratsgenehmigung" mit der Pflicht des Mieters verbunden, die Konzernverbundenheit dem Vermieter vor der Untervermietung durch geeignete Unterlagen nachzuweisen und während der gesamten Mietlaufzeit aufrechtzuerhalten.

Formulierungsmuster

„Der Vermieter genehmigt bereits jetzt eine Untervermietung an ein mit dem Konzern des Mieters im Sinne des § 15 AktG verbundenes Unternehmen. Der Mieter hat dem Vermieter die Untervermietung in jedem Fall vorher und rechtzeitig anzuzeigen sowie die Konzernverbundenheit des Untermieters vor der Untervermietung mittels entsprechender Unterlagen nachzuweisen und für die Dauer des Mietverhältnisses aufrechtzuerhalten."

IV. Erweiterung der Versagungsgründe

51 In den Fällen, in denen der Vermieter das Recht zur Untervermietung nicht völlig ausschließen will oder aufgrund vertraglicher Bindung kann, sich aber eine über die gesetzliche Regelung hinausgehende **situations- und personen- bzw. gesellschaftsbezogene Prüfungsmöglichkeit** bei einer Anfrage zu einer Untervermietung erhalten möchte, werden üblicherweise **vertragliche Erlaubnisvorbehalte**

---

52 Vgl. hierzu auch Rn 8ff.

mit erweiterten Versagungsgründen verwendet. In Anlehnung an den gesetzlichen Wortlaut des § 540 Abs. 1 S. 1 BGB stellt eine solche Klausel die Zulässigkeit einer Untervermietung bzw. Gebrauchsüberlassung unter den Vorbehalt einer vorherigen Zustimmung des Vermieters.

Klauseln, die die Versagungsgründe über den gesetzlichen Wortlaut erwei- 52
tern, sind als Individualvereinbarung wirksam. Aber auch als formularvertragliche Klauseln (AGB) sind sie nach herrschender Meinung wirksam[53] und verstoßen nicht gegen § 307 BGB, solange diese dem Vermieter nicht die Möglichkeit gewähren, die Zustimmung willkürlich zu untersagen. Die Rechtsprechung hat jedoch die Möglichkeiten des Vermieters zur formularvertraglichen Nutzung von Erlaubnisvorbehalten erheblich eingeschränkt. Eine vom Vermieter als AGB-Verwender gestellte bloße **Erlaubnisvorbehaltsklausel ohne angemessene Einschränkung der Entscheidungsfreiheit** des Vermieters stellt nach dem BGH als Abweichung von der gesetzlichen Regelung eine erhebliche Benachteiligung des Mieters dar. Dieser dürfe bei seinem Ansinnen, das Mietobjekt oder Teile hiervon unterzuvermieten, nicht völlig dem Wohl und Wehe des Vermieters ausgesetzt sein. Dem berechtigten Interesse des Vermieters, die Situation und Person des Untermieters vor Erlaubnis der Untervermietung auf Nachhaltigkeit, Persönlichkeit und finanzielle Stärke zu prüfen, steht das oftmals erhebliche wirtschaftliche Interesse des Mieters an einer Untervermietung gegenüber. Ohne jegliche Berücksichtigung der Interessen des Mieters bei der Gestaltung einer Erlaubnisvorbehaltsklausel verstößt diese daher als Abweichung von der gesetzlichen Regelung gegen § 307 Abs. 2 BGB.[54]

Unter Beachtung der Rechtsprechung und in Anlehnung an die gesetzliche Vor- 53
gabe des § 540 Abs. 1 BGB kann der Vermieter die gesetzliche Regelung zu seinen Gunsten lediglich dergestalt formularvertraglich abändern, dass er die ohnehin gesetzlich vorgegebenen Gründe zur Versagung der Erlaubnis zur Untervermietung bzw. Gebrauchsüberlassung erweitert, und zwar um auch außerhalb der Person des potenziellen Untermieters liegende **wichtige Gründe**, und diejenigen beispielhaft nennt, die zur **Verweigerung der Zustimmung berechtigen** sollen. Solche Gründe können somit in der Person des Dritten bzw. des potenziellen Untermieters liegen (u.a. eine mit der Untervermietung einhergehende Nutzungsänderung bzw. der geplante Geschäftsbetrieb, etwa Betrieb eines Sex-Shops,[55] mangelnde Bonität, Gründe

53 Vgl. hierzu auch die Ausführungen in Rn 55ff. mit den entsprechenden Nachweisen.

54 Der BGH (Entscheidung v. 24.5.1995 – XII ZR 172/94 –) hat dies im Zusammenhang mit dem generellen Ausschluss des Rechts zur Untervermietung und dem damit einhergehenden Ausschluss des Sonderkündigungsrechts festgestellt; insoweit gelten auch hier die in Rn 44ff. vorgebrachten Argumente und Fundstellen.

55 BGH, Urt. v. 11.1.1984 – VIII ZR 237/82 –.

im Verhalten) als auch davon unabhängige Gründe sein[56] (wie entgegenstehende Interessen oder ein „Nachteil“[57] des Vermieters, die Änderung eines Branchenmixes in einem Einkaufzentrum oder aber auch – gerade bei Gewerbeobjekten – den Vermieter bindende Konkurrenzschutzklauseln, gegen die er im Falle der Untervermietung verstoßen würde).[58] Die Gründe können auch außerhalb der Person des Dritten/potenziellen Untermieters liegen.[59] Der Vermieter kann und sollte zur Verdeutlichung bereits bei Vertragsschluss diejenigen Gründe, die für ihn wichtig sind, aufzählen und definieren. Dies verringert das Risiko, dass später im Streitfall der „wichtige Grund“ zu seinen Ungunsten ausgelegt wird.

Formulierungsmuster
„Die Untervermietung oder Gebrauchsüberlassung des Mietobjektes ist nur mit vorheriger Zustimmung des Vermieters zulässig. Diese Zustimmung kann vom Vermieter aus wichtigem Grund versagt werden. Ein wichtiger Grund liegt für den Vermieter insbesondere vor, wenn [...].“

54 Zu beachten ist hierbei, dass auch die im Vertrag (vor-)formulierten Gründe der gleichen rechtlichen Prüfung unterliegen wie die Erlaubnisvorbehaltsklausel selbst. Entsprechend kann nicht versucht werden, durch einen umfangreichen Aufzählungskatalog, ein berechtigtes Interesse des Mieters an einer Untervermietung zu umgehen. Würdigt einer der explizit aufgezählten wichtigen Gründe nicht die ordnungsgemäße Abwägung der Parteiinteressen, so ist auch diese Regelung im Vertrag – zumeist als Umgehungstatbestand oder als den Mieter unangemessen benachteiligende AGB – als Verstoß gegen die §§ 305 ff. BGB unwirksam.

V. Ausschluss oder Begrenzung des Kündigungsrechts

55 Sofern in der Person des Dritten kein wichtiger Grund vorliegt, begründet die Verweigerung der Erlaubnis zur Gebrauchsüberlassung **ein gesetzliches, außerordentliches Kündigungsrecht** des Mieters. Diese Kündigungsmöglichkeit wird in der Praxis häufig vom Mieter „provoziert“, d.h. durch einen vorgeschobenen Un-

56 OLG Düsseldorf, Urt. v. 17.2.2005 – 10 U 144/04 –. Das OLG hat eine Klausel für wirksam und bindend erachtet, wonach die Mietsache im Rahmen einer Untervermietung nicht zu einem Zweck gebraucht werden darf, die den Interessen des Vermieters entgegensteht und zugleich dem Vermieter einen hierauf basierenden Grund zur Versagung der Untervermietung (Verlust eines eigenen Mieters durch Abwerbung des Mieters) zugestanden.

57 OLG Düsseldorf, Urt. v. 17.2.2005 – 10 U 144/04 –.

58 MüKo-BGB/*Bieber*, § 540 Rn 20; Lindner-Figura/Oprée/Stellmann/*Stellmann*, Kap. 18 Rn 51; OLG Nürnberg, Urt. v. 3.11.2006 – 5 U 754/06 –; *Fritz*, Rn 403.

59 OLG Düsseldorf, Urt. v. 17.2.2005 – 10 U 144/04 –; Lindner-Figura/Oprée/Stellmann/*Stellmann*, Kap. 18 Rn 53; *Schmitz*, NZM 2003, 268, 269.

termietwunsch und die erwartete (bzw. schon vorher bekannte) Ablehnung des Vermieters ausgelöst, um sich von einem langfristigen, wirtschaftlich belastenden Mietverhältnis zu lösen. Es obliegt dem Geschick des Vermieters, solche Fälle zu erkennen und die Zustimmung so zu konditionieren, jedenfalls nicht zu verweigern, um das Kündigungsrecht zu vermeiden.

Grundsätzlich ist die Regelung des § 540 Abs. 1 S. 2 BGB abdingbar.[60] Unprob- 56
lematisch ist dies über eine individualvertragliche Regelung möglich.[61] Ein formularvertraglicher Ausschluss des Kündigungsrechts wird hingegen von der Rechtsprechung und der herrschenden Meinung als unwirksam erachtet.[62] Der BGH sieht im Ausschluss dieses Kündigungsrechts einen Verstoß gegen § 307 Abs. 2 Nr. 2 BGB, weil dadurch die Möglichkeit der Durchsetzung des Untervermietungsrechts ausgeschlossen wird. Die Verweigerung der Zustimmung trotz eines (nicht ausgeschlossenen) Rechts zur Untervermietung bliebe in diesem Fall sanktionslos und die Zustimmung im Belieben des Vermieters, der z.B. die Gewährung der Zustimmung von Vorteilen abhängig machen könnte, auf die er anderenfalls keinen Anspruch hätte.[63]

Als zulässig dürfte hingegen eine formularmäßige Klausel gelten, die das Kün- 57
digungsrecht für die Fälle ausschließt, in denen die Zustimmung zur Untervermietung versagt werden darf. Dabei können diese Fälle – wie oben – erweitert und etwa auch auf *„jeden für den Vermieter wichtigen Grund“* ausweitet werden. Der Vermieter kann auch hier zur Verdeutlichung bereits bei Vertragsschluss diejenigen Gründe, die für ihn wichtig sind, aufzählen und definieren.

Formulierungsmuster

„Die Untervermietung oder Gebrauchsüberlassung des Mietobjektes ist nur mit vorheriger Zustimmung des Vermieters zulässig. Das Kündigungsrecht des Mieters gem. § 540 Abs. 1 S. 2 BGB entsteht nicht, wenn der Vermieter die Zustimmung aus wichtigem Grund versagt. Ein wichtiger Grund liegt für den Vermieter insbesondere vor, wenn [...].“

Entgegen der Klausel, die den Vermieter zur Erteilung der Zustimmung zur Unter- 58
vermietung verpflichtet, soweit kein wichtiger Grund für die Versagung vorliegt, hat

---

60 MAH Mietrecht/*Weißker*, § 50 Rn 29 m.w.N.

61 *Fritz*, Rn 403 m.w.N.

62 Vgl. Schmidt-Futterer/*Blank*, 12. Aufl. 2015, § 540 Rn 67; Emmerich/Sonnenschein/*Emmerich*, § 540 Rn 12; *Fritz*, Rn 188 und 403 m.w.N.; während der BGH die Frage der grundsätzlichen Abdingbarkeit ausdrücklich offengelassen hat und lediglich den Ausschluss des Sonderkündigungsrechts durch Formularvertrag wegen Verstoßes gegen § 307 BGB für unzulässig erklärt, wenn die Untervermietung insgesamt nicht von vornherein ausgeschlossen ist (BGH, Urt. v. 24.5.1995 – XII ZR 172/94 –); a.A. Bub/Treier/*Kraemer/von der Osten*, III A Rn 2544.

63 BGH, Urt. v. 24.5.1995 – XII ZR 172/94 –; *Seyfarth*, NZM 2002, 200, 203; a.A. OLG Düsseldorf, Urt. v. 23.6.1994 – 10 U 152/93 –; MAH Mietrecht/*Weißker*, § 50 Rn 30 und wohl auch MüKo-BGB/*Bieber*, § 540 Rn 26.

eine solche Klausel den Vorteil, dass es dem Vermieter vorbehalten bleibt, die Zustimmung auch ohne wichtigen Grund zu verweigern und somit das Kündigungsrecht bewusst auszulösen. Er hat dementsprechend einen größeren Spielraum im Hinblick auf die Auswahl des Untermieters und die Vermarktung der Flächen.

VI. Sonstige vertragliche Regelungsmöglichkeiten

59 Im Zusammenhang mit der Regelung einer möglichen Untervermietung wird oftmals zugleich eine Vielzahl verschiedener vertraglicher Vereinbarungen aufgenommen, um neben der Untervermietung bzw. Gebrauchsüberlassung auch weitere Umstände und Pflichten zu regeln. Hier sollen exemplarisch eine Anzahl von in der Praxis häufig auftretenden Regelungen zu bestimmten Sachverhalten dargestellt werden:

1. Abtretung des Anspruchs auf Zahlung der Untermiete

60 Der Vermieter wird nicht Partei des Untermietverhältnisses, da dieses allein zwischen Mieter und Untermieter abgeschlossen wird.[64] Dementsprechend hat der Vermieter grundsätzlich weder einen Anspruch gegen den Untermieter auf Zahlung der Untermiete an den Vermieter noch gegen den Mieter auf Weiter- bzw. Durchleitung der Untermietzahlung an den Vermieter. Für einen solchen Anspruch bedarf es vielmehr einer gesonderten Abtretung der Ansprüche auf Untermiete aus dem Untermietverhältnis. Auch erwächst dem Vermieter **kein gesetzliches Vermieterpfandrecht** an den vom Untermieter eingebrachten Gegenständen.

! **Praxistipp**
Da der Vermieter vertragsrechtlich keinen Zugriff auf die Zahlungen des Untermieters hat, kann zur zusätzlichen Besicherung des Vermieters die Abtretung der Forderung auf Zahlung der Untermiete zwischen Vermieter und Mieter vereinbart werden. Dies kann bereits im Hauptmietvertrag oder später im Rahmen einer Erlaubnis zur Untervermietung geschehen. Zusätzlich zur Abtretung der Forderung auf die Untermiete können sämtliche Rechte des Mieters aus dem Untermietverhältnis per Abtretung auf den Vermieter übertragen werden.

61 Hierbei ist zu beachten, dass Teile der Rechtsprechung und Literatur die formularvertragliche Abtretung des Anspruchs des Mieters auf die Untermiete an den Ver-

64 Lindner-Figura/Oprée/Stellmann/*Stellmann*, Kap. 18 Rn 12 – Zwischen Vermieter und Untermieter bestehen keinerlei vertragliche Beziehungen, selbst dann nicht, wenn der Untermieter die Untermiete direkt an den Vermieter zahlt.

mieter als Verstoß gegen § 307 Abs. 1 BGB und damit als unwirksam ansehen.[65] Dies wird damit begründet, dass es dann im Belieben des Vermieters steht, wann er von der Abtretung außenwirksam – sprich gegenüber dem Untermieter – Gebrauch machen möchte. So kann er die bedingungslos erteilte Abtretung auch dazu nutzen, gegenüber seinem Mieter ein Drohpotenzial aufzubauen, selbst wenn kein Sicherungsfall im Mietverhältnis vorliegt.

Zudem hat der Mieter, der ja nach wie vor Vertragspartner des Untermieters 62
bleibt, zumeist ein Interesse daran, dass zum einen die Abtretung nicht unmittelbar offengelegt wird – dem Untermieter nicht bereits bei Eingehung des Untermietverhältnisses eine „dritte Partei" aufgezwungen wird – und er zum anderen die Untermiete zunächst selbst vereinnahmen möchte.

Aus diesen Gründen wird die Abtretung zumeist als **„verdeckte Abtretung"** 63
vereinbart. Dem Vermieter werden die Ansprüche zur Besicherung abgetreten. Er wird auch berechtigt, diese Abtretung dem Untermieter offenzulegen (und diesen damit einhergehend aufzufordern, nur noch schuldbefreiend an den Vermieter zu zahlen), dies jedoch nur unter der Bedingung, dass tatsächlich ein Sicherungsfall für den Vermieter eintritt – also ein Ausfall der Mietzahlung des Mieters vorliegt. Bei einer solchen **Bedingung der Offenlegung der Abtretung** dürften auch die oben genannten Bedenken, die für eine Unwirksamkeit der formularvertraglichen Abtretung nach § 307 Abs. 1 BGB herangezogen werden, ausgeschlossen sein.

Bei der Abtretung der Forderungen aus dem Untermietverhältnis ist das **Be-** 64
stimmtheitsgebot zu beachten. Daher ist eine Klausel unwirksam, nach der die Abtretung entsprechend der Höhe aus dem Mietverhältnis zu erfolgen hat.[66] Darüber hinaus darf der Vermieter durch eine solche – zumeist zusätzliche – Mietsicherheit nicht übersichert sein. Insofern hat der Vermieter bei der formularvertraglichen Verwendung einer Abtretungsklausel auf die Grenzen der Bestimmtheit und der Übersicherung zu achten.[67]

2. Abschöpfung des Erlöses durch die Untervermietung beim Mieter aus der Untervermietung

a) Mehrerlösabführung

In der Regel möchte der Vermieter verhindern, dass sein Mieter das Mietobjekt dazu 65
nutzt, seinerseits allein durch (anteilige) Untervermietung oder Gebrauchsüberlas-

65 OLG Celle WuM 1990, 103, 105; Schmidt-Futterer/*Blank*, 12. Aufl. 2015, § 540 Rn 64; a.A. Bub/Treier/*Kraemer/von der Osten*, III A Rn 2544.

66 OLG Hamburg, Urt. v. 10.12.1997 – 4 U 98-97 –; Lindner-Figura/Oprée/Stellmann/*Stellmann*, Kap. 18 Rn 85; Palandt/*Weidenkaff*, § 540 Rn 2.

67 *Schmitz*, NZM 2003, 268, 270.

sung an Dritte einen zusätzlichen Gewinn zu erzielen, der aus Sicht des Vermieters eher oder allein ihm zusteht.

66 In Gewerberaummietverträgen finden sich daher häufig Klauseln, die den Vermieter zur (teilweisen) Abschöpfung des Mehrerlöses berechtigen oder den Mieter teilweise oder vollständig zur Abführung des die vereinbarte Miete übersteigenden Teils der Untermiete verpflichten. Individualvertraglich bestehen gegen solche Regelungen keine Bedenken. Während in der Literatur zum Teil die Auffassung vertreten wird, solche Klauseln seien auch formularvertraglich wirksam,[68] dürften dieser Auffassung erhebliche Bedenken gegenüberstehen. So erscheint es unbillig, dem Mieter das Ergebnis seiner besonderen Geschäftstüchtigkeit vollständig zu entziehen. Ferner unterfällt auch das Untermietverhältnis der gesetzlichen Regelung zur Miete (§§ 535ff. BGB), deren wesentliches Merkmal die Entgeltlichkeit der Zurverfügungstellung des Mietobjektes ist. Mit **Abschöpfung des Mehrerlöses** entfällt dieses jedoch aus Sicht des Mieters. Unbedenklich dürfte es allerdings sein, einen bestimmten den Miete übersteigenden Sockelbetrag abzuschöpfen, während der über diesen Sockelbetrag hinausgehende Teil beim Mieter verbleiben darf.[69] Eine solche Aufteilung findet sich in der Praxis auch bei **Kaufpreisanpassungsklauseln**, die für den Fall einer günstigeren Vermietung der verkauften Immobilie eine Kaufpreisanpassung vorsehen.

67 Rechtssicherheit über die Wirksamkeit einer solchen Klausel erlangt der Vermieter jedoch nur, wenn er sie individualvertraglich mit dem Mieter vereinbart.

b) Untermietzuschlag

68 Bei einem Wohnraummietverhältnis ist es dem Vermieter aufgrund der gesetzlichen Regelung des § 553 Abs. 2 BGB möglich, seine Zustimmung zur Untervermietung von einer angemessenen Erhöhung der Miete abhängig zu machen. Eine solche Vereinbarung stellt eine Vertragsanpassung wegen erweiterten Mietgebrauchs dar. Im Gegenzug soll die Mieterhöhung aus Anlass der Untervermietung Belastungen des Vermieters ausgleichen, die diesem durch die Aufnahme des Dritten entstehen, wie z.B. höhere Kosten der Abnutzung.

69 Im Gewerberaummietrecht fehlt es an einer entsprechenden gesetzlichen Regelung. Daher finden sich in der Praxis häufig vertragliche Regelungen, die im Falle der Erlaubnis der Untervermietung bzw. Gebrauchsüberlassung an einen Dritten einen Zuschlag bzw. eine Erhöhung der Miete festlegen. Mangels Abweichung von einer gesetzlichen Grundlage sind solche Klauseln auch formularvertraglich wirksam, solange in ihnen die **Höhe des Untermietzuschlags** bestimmt geregelt ist und

68 Lindner-Figura/Oprée/Stellmann/*Stellmann*, Kap. 18 Rn 85.
69 So auch der Vorschlag von *Schmitz*, NZM 2003, 268, 270.

den Mieter nicht unangemessen benachteiligen.[70] Eine solche Benachteiligung könnte sich aus einem unangemessen hohen Zuschlag ergeben. Zu dieser Frage liegt keine höchstrichterliche Rechtsprechung vor.[71] In der Literatur wird ein Zuschlag von bis zu 20% der Nettomiete als noch angemessen angesehen.[72] Im Ergebnis ist die Vereinbarung einer solchen Klausel für den Vermieter daher hinsichtlich der Höhe mit einem Wirksamkeitsrisiko behaftet. Da von der Rechtsprechung in Bezug auf Wohnmietverhältnisse vertreten wird, dass eine formularmäßige pauschale Festlegung der Erhöhungsbeträge unwirksam sei,[73] empfiehlt es sich für den Vermieter, sich eine § 553 Abs. 2 BGB entsprechende Mieterhöhungsmöglichkeit einräumen zu lassen, ohne den Erhöhungsbetrag von vornherein festzulegen.

Überlässt der Mieter trotz fehlender oder verweigerter Zustimmung zur Unter- 70
vermietung einem Dritten die Mietsache, so kann der **Vermieter** nach Abmahnung gem. § 541 BGB auf **Unterlassung klagen** oder das Mietverhältnis unter Berufung auf § 543 Abs. 2 S. 1 Nr. 2 BGB **außerordentlich fristlos kündigen**. Einen Anspruch auf einen Anteil an der vom Mieter aufgrund der unberechtigten Untervermietung vereinnahmten Untermiete bzw. am Mehrerlös hat er jedoch nicht.[74]

3. Erweiterte Auskunftspflicht des Mieters

Der – teilweise sehr beschränkte – Umfang des vermieterseitigen Auskunftsrechts 71
im Fall der Anfrage des Mieters zur Erlaubnis der Untervermietung an einen Dritten wurde bereits unter Rn 20 ff. dargestellt.

Möchte sich der Vermieter die Möglichkeit schaffen, alle aus seiner Sicht not- 72
wendigen Informationen und Unterlagen über den Untermieter und dessen wirtschaftliche Information zu erhalten, ist zu empfehlen, eine entsprechende Klausel über den **Umfang der Auskunftspflichten** des Mieters im Falle der Erlaubnisanfrage einer Untervermietung bzw. Gebrauchsüberlassung in den Mietvertrag aufzunehmen. Dabei ist jedoch zu beachten, dass eine entsprechende Klausel – sofern sie als AGB zu werten ist – eine unangemessene Benachteiligung des Mieters darstellt und daher aufgrund eines Verstoßes gegen die §§ 307 ff. BGB unwirksam ist. Ferner ist darauf zu achten, dass keine solchen Auskunftspflichten vereinbart werden, die

70 Bub/Treier/*Bub*, Kap. II Rn 504 und Kap. III Rn 1037; Lindner-Figura/Oprée/Stellmann/*Stellmann*, Kap. 18 Rn 81 f.; *Schmitz*, NZM 2003, 268, 270 m.w.N.

71 Das AG Hamburg, Urt. v. 13.9.2008 – 49 C 95/07 – hält einen Zuschlag zur Miete in Höhe von 20% der Untermiete unabhängig zur ortsüblichen Vergleichsmiete für angemessen und den allgemeinen Marktgepflogenheiten entsprechend.

72 Lindner-Figura/Oprée/Stellmann/*Stellmann*, Kap. 18 Rn 84.

73 OLG Hamburg, Urt. v. 10.12.1997 – 4 U 98-97 –.

74 BGH, Urt. v. 20.5.1964 – VIII ZR 235/63 – und BGH, Urt. v. 13.12.1995 – XII ZR 194/93 –; vgl. MüKo-BGB/*Schwab*, § 812 Rn 254 mit guter Darstellung der verschiedenen Ansichten.

letztlich gegen gesetzliche Vorschriften – insbesondere den Datenschutz – verstoßen.

73 Erfüllt der Mieter seine Auskunftspflichten nicht oder nicht vollständig und verweigert der Vermieter daraufhin seine Erlaubnis zu Untervermietung bzw. Gebrauchsüberlassung, so kann der Mieter hieraus keine Ansprüche gegen den Vermieter herleiten.

4. Schriftformerfordernis der Erlaubnis

74 Um den Nachweiserfordernissen im Geschäftsverkehr zwischen Unternehmern hinreichend Rechnung zu tragen und Vertragsinhalte rechtssicher feststellen und dokumentieren zu können, wird oftmals für die Erlaubniserteilung ein Schriftformerfordernis im Vertrag vereinbart.

75 Im Hinblick auf individualvertraglich vereinbarte Schriftformerfordernisse bestehen keine Bedenken hinsichtlich deren Wirksamkeit. Demgegenüber hat der BGH ohne nähere Begründung die Auffassung vertreten, dass das Erfordernis einer schriftlichen Erlaubniserteilung zur Untervermietung bzw. Gebrauchsüberlassung an Dritte **nicht formularmäßig wirksam vereinbart** werden kann.[75]

! Praxistipp

Zur späteren Vermeidung von Streitigkeiten und zum besseren Nachweis sollten die Anfrage des Mieters sowie die Erteilung der Erlaubnis ausschließlich schriftlich erfolgen.

Dies gilt umso mehr in den Fällen, in denen neben der bloßen Erlaubniserteilung weitere hiermit verbundene Vereinbarungen zwischen den Parteien getroffen werden. Hier ist dringend zu empfehlen, das im deutschen Mietrecht bestehende Schriftformerfordernis einzuhalten und solche Vereinbarungen z.B. im Wege eines Nachtrags zum Mietvertrag festzuhalten.

---

5. Umfang der Untervermietung

76 Grundsätzlich bedarf es keiner besonderen Regelung oder Beschränkung des Umfangs der Untervermietung. Der Mieter kann seinem Untermieter rechtlich nur **solche Befugnisse** sowie ein **Nutzungsrecht** einräumen, das nicht über die ihm selbst im Rahmen des Hauptmietvertrags eingeräumten Rechte hinausgeht.[76] So ist der Mieter z.B. nicht berechtigt, seinem Untermieter das Mietobjekt zu einer ihm selber **nicht genehmigten Nutzung** zu überlassen – sog. **Zweckentfremdung** des Mietobjektes. Dies ergibt sich bereits aus der Gesetzessystematik des BGB. Es können

---

75 BGH, Urt. v. 24.5.1995 – XII ZR 172/94 –.

76 Vgl. Rn 41ff.; insbesondere BGH, Urt. v. 11.1.1984 – VIII ZR 237/82 –; BGH, Urt. v. 10.5.2000 – XII ZR 149/98 –

nur jene Befugnisse und Rechte an einen Dritten weitergegeben werden, über die man selber verfügt.[77]

Eine Abweichung vom mietvertraglich vereinbarten Befugnissen oder dem Mieter eingeräumten Nutzungsrecht bzw. dem Nutzungsumfang im Rahmen der Untervermietung bedarf einer **gesonderten Zustimmung** bzw. **Erlaubnis des Vermieters.** Ansprüche des Untermieters gegen den Vermieter auf Zustimmung bestehen nicht. 77

Bedarf z.B. der potenzielle Untermieter besonderer **Um- oder Einbauten** am oder im Mietobjekt, die nach den mietvertraglichen Regelungen nicht oder nur mit gesonderter Zustimmung des Vermieters zulässig wären, so sind diese Punkte im Rahmen der Erlaubnis einer Untervermietung oder Gebrauchsüberlassung an Dritte gesondert zu beachten. Zur Wahrung des Schriftformerfordernisses im Mietrecht empfiehlt es sich daher, entsprechende, über die bloße Erlaubnis hinausgehende Vereinbarungen den Formerfordernissen[78] entsprechend schriftlich festzuhalten. Ferner können so für alle Beteiligten die Rechtssicherheit erhöht und spätere potenzielle Streitpunkte vermieden werden. 78

6. Haftung des Mieters für Handlungen des Untermieters

Unabhängig von der erteilten Erlaubnis des Vermieters hat der Mieter über die gesetzliche Regelung des § 540 Abs. 2 BGB ein Verschulden seines Untermieters bzw. eines Dritten, dem er den Gebrauch des Mietobjektes überlässt, zu vertreten. Er haftet aus seinem Mietverhältnis dem Vermieter gegenüber für Schäden, die sein Untermieter aus **schuldhaften Handlungen** verursacht. Dies umfasst gem. §§ 278, 276 Abs. 1 und 2 BGB sämtliche Schäden, die der Untermieter vorsätzlich oder fahrlässig verursacht.[79] Einer gesonderten vertraglichen Regelung bedarf es daher grundsätzlich nicht – sie ist jedoch nicht schädlich. 79

Ein direkter mietvertraglicher Anspruch des Vermieters gegen den Untermieter besteht – anders als z.B. bei einem deliktischen Anspruch – hingegen nicht. Möchte der Vermieter eine solche direkte vertragliche Zugriffsmöglichkeit gegen den Untermieter begründen, so kann er dies nur über eine **Abtretung der Ansprüche des Mieters** gegen den Untermieter an sich oder durch Schaffung der **Gesamtschuldnerschaft** zwischen Mieter und Untermieter erreichen. Die Möglichkeiten, sich Ansprüche des Mieters gegen den Untermieter abtreten zu lassen, wurden bereits unter Rn 60 ff. behandelt. 80

---

77 Vgl. Systematik der Abtretung nach §§ 398 ff. BGB oder auch § 565 Abs. 1 BGB, der ausdrücklich nur im Wohnraummietrecht gilt.

78 Vgl. Ausführungen unter Rn 16 ff.

79 Lindner-Figura/Oprée/Stellmann/*Stellmann*, Kap. 18 Rn 57 f.

81 Eine **Gesamtschuldnerschaft** von Mieter und Untermieter ist über entsprechende Klauseln sowohl im **Haupt- als auch im Untermietvertrag** gesondert zu vereinbaren. So ist im Hauptmietvertrag der Mieter zu verpflichten, den Untermieter im Untermietvertrag die Gesamtschuldnerschaft aufzuerlegen. Hierzu kann er explizit verpflichtet werden oder dem Mieter wird auferlegt, sämtliche Pflichten aus dem Mietvertrag im Untermietvertrag auch auf den Untermieter zu übertragen. Wird hingegen lediglich im Hauptmietvertrag die Gesamtschuldnerschaft von Mieter und Untermieter vereinbart, stellt dies im Verhältnis zum Untermieter eine Regelung zulasten Dritter dar, die unwirksam ist.[80]

82 Im Verhältnis zwischen Vermieter und Mieter ist die Vereinbarung einer Gesamtschuldnerschaft zwischen Mieter und Untermieter für Ansprüche des Vermieters auch **formularvertraglich zulässig**, da sich sein Haftungsumfang im Verhältnis zum Vermieter nicht ändert. Vielmehr wird ihm im Falle einer Inanspruchnahme durch den Vermieter ein Mithaftender zur Seite gestellt.

7. Change-of-Control-Klauseln

83 Change-of-Control-Klauseln betreffen zunächst nicht die Gebrauchsüberlassung an Dritte, sondern die gesellschaftsrechtlichen Verhältnisse beim Mieter. Da **Gesellschafterwechsel** insbesondere bei Personengesellschaften ganz wesentlichen Einfluss auf die wirtschaftlichen Verhältnisse des Mieters haben können,[81] sind Change-of-Control-Klauseln solchen vertraglichen Regelungen verwandt, die die Gebrauchsüberlassung an einen Dritten betreffen.[82] Bestätigt wird dies durch die BGH-Rechtsprechung, die zur Frage, ob eine Gebrauchsüberlassung an Dritte vorliegt, maßgeblich auf die konkreten persönlichen Verhältnisse des Mieters abstellt.[83]

84 In der Praxis knüpfen Change-of-Control-Klauseln an einen Gesellschafterwechsel beim Mieter entweder die Befugnis des Vermieters, den Vertrag zu kündigen, oder sie verpflichten den Mieter, zuvor die Zustimmung des Vermieters einzuholen. In Bezug auf eine Untervermietung bzw. Überlassung an Dritte kann dies bedeuten, dass die Zustimmung zur Untervermietung nur für eine bestimmte Gesellschafterkonstellation (oder nur für eine bestimmte personelle Führung) des Untermieters gelten soll. Im Falle entsprechender Änderungen wäre der Vermieter dann berechtigt, die erteilte Zustimmung wieder zurückzunehmen.

85 Mit einer solchen Regelung können auch Zweifelsfälle aufgefangen werden, ob eine Drittüberlassung nicht in Wahrheit eine Nutzung durch den Mieter selbst dar-

---

80 Vgl. Palandt/*Grüneberg*, Einf. § 328 Rn 10 m.w.N.
81 Eventuell persönliche Haftung der Mitgesellschafter für Verbindlichkeiten der Gesellschaft.
82 *Disput*, NZM 2008, 305, 306.
83 Siehe oben Rn 11 ff.

stellt (z.B. durch eine GbR, an der der Mieter beteiligt ist), ob der Mieter zur Übertragung des Mietverhältnisses auf Konzerngesellschaften berechtigt ist.

Ungeachtet aller mit Change-of-Control-Klauseln aufgeworfener **AGB-Problematiken** ist zunächst darauf hinzuweisen, dass die in solchen Klauseln enthaltenen Pflichten sich nur an den Mieter (bzw. Vermieter) richten dürfen. Eine sich an den Gesellschafter gerichtete Verpflichtung, sich die Zustimmung der anderen Mietvertragspartei einzuholen, ist wegen des Verbots eines Vertrages zulasten Dritter unwirksam. 86

Formularklauseln, nach denen eine Partei berechtigt ist, den Mietvertrag zu kündigen, wenn sich der Gesellschafterbestand des Vertragspartners ändert oder der Vertragspartner die Form nach dem Umwandlungsgesetz geändert hat, sind unwirksam.[84] Zwar lässt sich die Unwirksamkeit einer solchen Klausel vermeiden, indem sie beidseitig ausgestaltet wird. Allerdings kommt eine solche Ausgestaltung insbesondere für Immobiliengesellschaften nicht in Betracht, weil mit einer solchen Klausel ein potenzieller Käufer der Immobilie nicht auf den durch die Mietverträge vermittelten Zahlungsstrom vertrauen kann. 87

Formularklauseln, die als Rechtsfolge des Change-of-Control lediglich eine Informationspflicht vorsehen, um deren Unwirksamkeit zu vermeiden, sind im Ergebnis nutzlos, weil es in der Regel nicht zu einem Schaden aufgrund der Verletzung dieser Vertragspflicht kommen dürfte. 88

84 *Disput*, NZM 2008, 305, 308: Solche Klauseln sind in der Regel als unwirksam anzusehen, wenn nicht ausnahmsweise im Einzelfall erhebliche anerkennungswürdige Interessen an der Verwendung einer solchen Klausel bestehen.

Kapitel 13
Beendigung des Mietverhältnisses

A. Beendigungsmöglichkeiten

I. Zeitablauf

Ein auf bestimmte Zeit abgeschlossener Mietvertrag (**befristeter Mietvertrag**) endet mit Ablauf der vereinbarten Vertragsdauer, sofern er nicht außerordentlich gekündigt oder verlängert wird, § 542 Abs. 2 BGB. Er bedarf grundsätzlich keiner Kündigung, also einer zusätzlichen Willenserklärung einer der Vertragsparteien zur Beendigung des Vertrages. 1

Häufig wird man die Laufzeit des Mietverhältnisses durch Benennung eines festen Anfangs- oder Endtermins festlegen. Ist der Mietbeginn jedoch von einem zukünftigen Ereignis abhängig (z.B. Fertigstellung des Mietobjektes, Übergabe), muss dieses Ereignis definiert und an dieses Ereignis anknüpfend eine feste Laufzeit bestimmt werden. Teilweise wird dabei auch z.B. an den auf die Übergabe folgenden Monatsersten angeknüpft, um von da an das Mietende zu berechnen. Dies ändert aber nichts daran, dass der Mietbeginn in der Regel schon mit der Übergabe zusammenfällt. 2

Ein auf bestimmte Zeit abgeschlossener Vertrag kann auf zwei Arten **verlängert** werden: 3

- Verlängerungsoption,
- Verlängerungsklausel.

Unter einer **Verlängerungsoption** versteht man das vertraglich eingeräumte Recht des Mieters, einen bereits bestehenden und auf bestimmte Zeit abgeschlossenen Vertrag durch einseitige Erklärung für einen weiteren Zeitraum oder auch auf unbestimmte Zeit zu verlängern.[1] Die Identität des Vertrages bleibt dabei erhalten; es handelt sich also um ein Gestaltungsrecht, nicht den Abschluss eines neuen Mietvertrages. Der alte Mietvertrag bleibt mit bis auf die Laufzeit identischen Bedingungen erhalten.[2] Die Verlängerungsoption muss grundsätzlich vor Ablauf des Mietvertrages ausgeübt werden. Bei der Vereinbarung von Ausübungsfristen sollte man darauf achten, dass diese nicht mit Kündigungsfristen gleichlaufen, da ansonsten die Gefahr sich kreuzender Erklärungen steigt. 4

---

1 Staudinger/*Emmerich*, vor § 535 Rn 101 ff. m.w.N.

2 MüKo-BGB/*Bieber*, § 542 Rn 23.

5 Bei einem Mietvertrag mit **Verlängerungsklausel** verlängert sich das Mietverhältnis je nach Art der Klausel entweder auf bestimmte oder auf unbestimmte Zeit, wenn nicht eine Partei bis zu einem bestimmten Zeitpunkt der Verlängerung widerspricht.

6 In der Praxis gibt es oft Schwierigkeiten mit Fällen, in denen im (Formular-)Vertrag einander widersprechende Regelungen oder auch Auslassungen enthalten sind (z.B. feste Laufzeit und Kündigungsfristen, Kennzeichnung weder einer bestimmten noch einer unbestimmten Dauer). Nach herrschender Meinung soll die Regelung des § 305c BGB zu unklaren oder mehrdeutigen Klauseln hier erst dann zur Anwendung kommen, wenn keine Einigkeit darüber besteht, dass die Parteien der (unklaren) Regelung einen bestimmten Sinn beigemessen haben.[3] Lässt sich dieser bestimmte Sinn nicht ermitteln, hat dies allerdings gem. § 305c Abs. 1 BGB zur Folge, dass die Klausel nicht Vertragsbestandteil wird. Hierdurch wird eine vorzeitige ordentliche Kündigung durch den Mieter möglich.[4]

7 Der BGH sieht auch das Mietverhältnis mit **wiederkehrender befristeter Verlängerung** als ein solches auf bestimmte Zeit an.[5]

8 Bei einer Laufzeit von mehr als einem Jahr ist das **Schriftformgebot** gem. § 550 BGB zu beachten. Wird das Schriftformgebot verletzt, so führt dies dazu, dass das befristete Mietverhältnis als auf unbestimmte Dauer geschlossen gilt und damit ordentlich kündbar ist.[6] Die Schriftform eines Mietvertrags wird nicht dadurch infrage gestellt, dass die Vereinbarung über den Vertragsbeginn auslegungsbedürftige Begriffe enthält. Es reicht zur Einhaltung der Schriftform des § 550 BGB aus, wenn die Kriterien, an die die Vertragsparteien den Vertragsbeginn knüpfen, dessen eindeutige Bestimmung ermöglichen.[7]

9 Die **Verteilung der Beweislast**, ob das Mietverhältnis infolge Zeitablaufs beendet ist oder nicht, hängt von dem geltend gemachten Anspruch ab: Fordert der Vermieter vom Mieter Miete für die Zeit nach dem vom Mieter behaupteten Vertragsende, dann trägt der Vermieter die Beweislast für die Fortdauer des Vertrages.[8] Macht der Mieter hingegen Gewährleistungsansprüche geltend und behauptet der Vermieter, dass der Mietvertrag bereits beendet wurde, dann trägt der Mieter die Beweislast für das Fortbestehen des Vertrages. Des Weiteren trägt der Mieter die Beweislast in Bezug auf sein fortbestehendes Recht zum Besitz nach § 986 BGB, wenn er eine Vertragsverlängerung gegenüber dem Rückgabeverlangen des Vermieters einwendet.[9]

---

3 MüKo-BGB/*Bieber*, § 542 Rn 23; Palandt/*Grüneberg*, § 305c Rn 18.

4 MüKo-BGB/*Bieber*, § 542 Rn 23.

5 BGH, Urt. v. 20.6.2007 – VIII ZR 257/06 – NJW 2007, 2760.

6 Vgl. Rn 87 ff.

7 BGH, Urt. v. 24.7.2013 – XII ZR 104/12 –.

8 OLG Oldenburg, Urt. v. 26.6.1987 – 11 U 40/87 – ZMR 1987, 425.

9 BGH, Urt. v. 25.9.1985 – VIII ZR 270/84 – WM 1985, 1421.

II. Auflösende Bedingung

Anders als bei einem Mietverhältnis über Wohnraum, bei dem sich der Vermieter gem. § 572 Abs. 2 BGB nicht auf eine Vereinbarung berufen kann, nach der das Mietverhältnis zum Nachteil des Mieters auflösend bedingt ist, kann ein gewerblicher Mietvertrag eine auflösende Bedingung enthalten. Das Mietverhältnis endet mit dem Eintritt einer auflösenden Bedingung gem. § 158 Abs. 2 BGB, ohne dass dies ausdrücklich vom Vermieter oder vom Mieter erklärt werden müsste. 10

Nach einer Entscheidung des BGH ist ein unter einer auflösenden Bedingung geschlossener Mietvertrag mit den gesetzlichen Fristen kündbar, sofern die Parteien die Möglichkeit einer außerordentlichen Kündigung nicht ausgeschlossen haben. Ein solcher Ausschluss einer ordentlichen Kündigung kann bereits in der Vereinbarung der auflösenden Bedingung selbst liegen.[10] 11

Eine auflösende Bedingung ist in den Fällen von **Vorteil**, in denen die Parteien ein Interesse daran haben, bislang nur wirtschaftlich zusammenhängende Vertragsverhältnisse nun auch rechtlich miteinander zu verknüpfen. Beispielsweise kann die Beendigung des Hauptmietverhältnisses als auflösende Bedingung für das Untermietverhältnis vereinbart werden.[11] 12

Die **Abgrenzung** der auflösenden Bedingung zur **Befristung** ist fließend und kann sich mitunter als sehr schwierig erweisen. Sie erfolgt im Wege der Auslegung und richtet sich nach den übereinstimmenden Vorstellungen der Parteien. Problematisch ist, ob der Endzeitpunkt durch die Angabe eines künftig eintretenden Ereignisses bestimmt oder zumindest bestimmbar ist. Falls dies bejaht werden kann, dann spricht das für eine Befristung. Ist der Endzeitpunkt hingegen vom Willen oder Verhalten einer Partei abhängig, so sprechen die besseren Gründe für die Vereinbarung einer Bedingung.[12] Manchmal kann es vorkommen, dass die Parteien des Mietvertrages davon ausgehen, dass der Eintritt des Ereignisses gewiss, der Zeitpunkt des Eintritts aber ungewiss ist. In diesem Fall liegt ein befristetes Mietverhältnis i.S.v. § 542 Abs. 2 BGB vor. Ist dagegen ungewiss, ob das Ereignis überhaupt eintritt, so ist das Mietverhältnis als unbefristetes Mietverhältnis i.S.v. § 543 Abs. 1 BGB anzusehen. 13

III. Anfechtung

Die zum Vertragsschluss erforderlichen Willenserklärungen können nach den **§§ 119 ff. BGB** angefochten werden. In der Praxis kommen insbesondere ein Irrtum 14

10 BGH, Urt. v. 1.4.2009 – XII ZR 95/07 – NZM 2009, 433.

11 OLG Bremen, Urt. v. 13.9.2006 – 1 U 28/06 – ZMR 2007, 363; LG Osnabrück, Urt. v. 15.12.1993 – 1 S 161/93 – WuM 1994, 24.

12 Lindner-Figura/Oprée/Stellmann/*Oprée*, Kap. 15 Rn 16 mit Beispielen.

über den Vertragsinhalt und eine Verletzung von Aufklärungspflichten durch den Mieter häufig vor. Kein Irrtum und damit kein Recht zur Anfechtung sind gegeben, wenn eine Blankounterzeichnung eines Mietvertrags erfolgt. Gleiches gilt für die Unterzeichnung eines Vertrags, ohne ihn gelesen zu haben.[13] Die Anfechtung eines Mietvertrages gem. § 119 Abs. 2 BGB wegen eines Irrtums über eine verkehrswesentliche Eigenschaft der Mietsache ist jedoch ausgeschlossen. Die §§ 536 ff. BGB enthalten hier eine abschließende Regelung.[14]

15 Ein Anfechtungsgrund nach § 123 Abs. 1 BGB liegt vor, wenn ein Vertragsteil über verkehrswesentliche Eigenschaften des anderen Teils getäuscht worden ist. Dabei kann eine **Täuschung** auf zweierlei Weise erfolgen: Man muss zwischen der Täuschung durch eine falsche Erklärung und der Täuschung durch Verschweigen differenzieren.

16 Eine Täuschung durch eine falsche Erklärung ist insbesondere anzunehmen, wenn eine zulässige Frage falsch beantwortet wird.[15] Zu beachten ist, dass die Beantwortung unzulässiger Fragen, wobei die Einschränkung des Fragerechts aus dem Recht des Mieters auf „informationelle Selbstbestimmung" folgt, folgenlos bleibt.[16] Beispielsweise darf der Vermieter bei der Gewerbemiete nach dem Geschäftszweck, dem Sortiment oder nach der Zahl der Angestellten fragen, ohne dabei die Diskriminierungsverbote des § 1 AGG zu verletzen.

17 Eine Täuschung durch Verschweigen liegt immer vor, wenn eine Partei eine zu offenbarende Tatsache verschweigt. Dabei müssen nicht alle Tatsachen aufgedeckt werden, die für die andere Partei unter Umständen von Bedeutung sein können. Eine Täuschung liegt aber vor, wenn eine Partei eine Tatsache verschweigt, deren Mitteilung der andere Teil nach Treu und Glauben unter Berücksichtigung der Verkehrsanschauung redlicherweise erwarten durfte, die für die Willensbildung des anderen Teils also offensichtlich von ausschlaggebender Bedeutung ist.[17] Folglich liegt ein Anfechtungsgrund vor, wenn der Geschäftszweck von einem Mieter eines Ladenlokals nicht offengelegt wird. Die Rechtsprechung hat in diesem Zusammenhang entschieden, dass der Betreiber eines Textilgeschäftes darlegen muss, dass er in erster Linie Textilien einer von der rechtsradikalen Szene bevorzugten Marke („Thor Steinar") vertreiben will.[18] Mietet hingegen ein Facharzt für Psychiatrie und Psychotherapie Praxisräume an, so muss er bei den Vertragsverhandlungen nicht

---

13 *Fischer*, WuM 2006, 3.

14 H.M., MüKo-BGB/*Armbrüster*, § 119 Rn 35; Palandt/*Ellenberger*, § 119 Rn 28; ausführlich hierzu *Dötsch*, NZM 2011, 457.

15 LG München, Urt. v. 25.3.2009 – 14 S 18532/08 – NZM 2009, 782.

16 LG Itzehoe, Urt. v. 28.3.2008 – 9 S 132/07 – WuM 2008, 281.

17 BGH, Urt. v. 11.8.2010 – XII ZR 192/08 – NJW 2010, 3362; Palandt/*Ellenberger*, § 123 Rn 5b.

18 BGH, Urt. v. 11.8.2010 – XII ZR 192/08 – NJW 2010, 3362; OLG Naumburg, Urt. v. 28.10.2008 – 9 U 39/08 – NZM 2009, 128; KG, Urt. v. 28.5.2009 – 8 U 223/08 – NZM 2009, 784.

darauf hinweisen, dass er auch Substitutionsbehandlungen von Drogenabhängigen durchführt, weil es zu seinem typischen Berufsbild gehört.[19]

Eine Anfechtung kann für die **Zeit vor der Übergabe** uneingeschränkt erfolgen. 18
Der Mietvertrag entfällt nach allgemeiner Ansicht dann mit Wirkung ex tunc, d.h. rückwirkend.

Ob aber eine Anfechtung **nach der Übergabe** erfolgen darf, ist in Rechtspre- 19
chung und Literatur umstritten. Nach einer Auffassung wird die Befugnis zur Anfechtung nach Überlassung der Mietsache an den Mieter vollständig durch die Gewährleistungsregelungen (§§ 536ff. BGB) und auch durch das Recht zur fristlosen Kündigung aus wichtigem Grund gem. § 543 BGB verdrängt.[20] Nach einer anderen Ansicht ist die Anfechtung zwar möglich; das Mietverhältnis wird aber entgegen § 142 Abs. 1 BGB nur mit Wirkung ab Zugang der Anfechtungserklärung (ex nunc) beseitigt.[21] Nach einer weiteren weitverbreiteten Meinung gelten beim Mietverhältnis bis auf den Ausschluss der Anfechtung nach § 119 Abs. 2 BGB hingegen keine Besonderheiten. Die Anfechtung hat demnach zur Folge, dass das Mietverhältnis rückwirkend aufgelöst wird.[22] Insgesamt sprechen die besseren Gründe angesichts des bereits begonnenen und aufgrund Zeitablaufs letztlich nur unzureichend rückabwickelbaren Dauerschuldverhältnisses aber jedenfalls gegen eine rückwirkende Auflösung.

Eine unwirksame Anfechtungserklärung kann in eine außerordentliche Kündi- 20
gung gem. § 140 BGB **umgedeutet** werden, wenn die formellen und materiellen Voraussetzungen der Kündigung vorliegen und anzunehmen ist, dass das Mietverhältnis auf jeden Fall beendet werden soll.[23]

Geht man – entgegen der hier vertretenen Ansicht – von der Möglichkeit der An- 21
fechtung mit der Folge einer rückwirkenden Vernichtung des Mietvertrages aus, hat dies zur Folge, dass die jeweiligen Leistungen der Parteien nach Bereicherungsgrundsätzen (§§ 812ff. BGB) abgewickelt werden müssen. Es gilt die **„Saldotheorie“**.[24] Angesichts des Zeitablaufs führt dies bei einem bereits begonnenen Mietverhältnis aber zu unbefriedigenden Ergebnissen.

---

19 OLG Köln, Urt. v. 12.11.2010 – 1 U 26/10 – NZM 2011, 76.

20 LG Wuppertal, Urt. v. 17.11.1998 – 16 S 149/98 – WuM 1999, 39; *Weitemeyer* in: FS Blank, S. 445.

21 LG Mannheim, Urt. v. 8.11.1989 – 4 S 173/89 – ZMR 1990, 303; AG Hamburg, Urt. v. 18.12.1996 – 40b C 591-96 – NZM 1998, 233; Staudinger/*Rolfs*, § 542 Rn 179.

22 BGH, Urt. v. 6.8.2008 – XII ZR 67/06 – BGHZ 178, 16; KG, Urt. v. 4.10.2001 – 8 U 1086/00 – NZM 2002, 21; Erman/*Jendrek*, vor § 536 Rn 20; *Fischer*, NZM 2005, 567; *Emmerich*, NZM 1998, 692; Palandt/*Weidenkaff*, § 536 Rn 12.

23 BGH, Urt. v. 14.6.2006 – VIII ZR 257/04 – NJW 2006, 2696.

24 Vgl. dazu ausführlich Schmidt-Futterer/*Eisenschmid*, § 535 BGB Rn 10.

IV. Rücktritt

22 Eine weitere Möglichkeit der Beendigung des Mietverhältnisses ist der Rücktritt. Zu unterscheiden ist zwischen dem gesetzlichen und dem vertraglichen Rücktrittsrecht. Insgesamt spielt das Rücktrittsrecht neben der Kündigung aber nur eine geringe Rolle.

23 Erklärt der Mieter unberechtigterweise den Rücktritt, bleibt seine Pflicht zur Mietzinszahlung aufrechterhalten. Der Vermieter macht sich bei einem unberechtigten Rücktritt seinerseits wegen Unmöglichkeit oder wegen positiver Vertragsverletzung schadensersatzpflichtig.

1. Gesetzliche Rücktrittsrechte

24 Leistungsstörungen wie beispielsweise Unmöglichkeit, Verzug oder positive Vertragsverletzung können gesetzliche Rücktrittsrechte nach sich ziehen. Für einen wirksamen Rücktritt ist der Zeitpunkt der Ausübung des Gestaltungsrechts von Relevanz.

25 Es entspricht der allgemeinen Meinung, dass **vor der Überlassung** der Mietsache ein Rücktritt möglich ist. So kann der Mieter etwa nach den §§ 325, 326 BGB zurücktreten, wenn dem Vermieter die Überlassung der Mietsache in vertragsgerechtem Zustand unmöglich ist oder wenn sich der Vermieter damit in Verzug befindet.[25] Bringt der Vermieter die Räume also nicht in einen dem vertragsgemäßen Gebrauch entsprechenden Zustand, kann der Mieter nach einer Nachfristsetzung vom Vertrag zurücktreten.[26]

26 Wird ein **Insolvenzverfahren** über das Vermögen des Mieters eröffnet, dann haben gem. § 109 Abs. 2 InsO sowohl der Vermieter als auch der Insolvenzverwalter ein Recht zum Rücktritt.

27 Zwischen dem gesetzlichen Rücktrittsrecht und dem Recht zur außerordentlichen fristlosen Kündigung kann gem. § 543 Abs. 2 Nr. 1 BGB **Konkurrenz** bestehen. Das ist dann der Fall, wenn dem Mieter der vertragsgemäße Gebrauch nicht oder nicht vollständig gewährt wird. Dann hat der Mieter ein Wahlrecht.[27]

28 **Nach der Überlassung** der Mietsache ist ein Rücktritt aufgrund eines gesetzlichen Rücktrittsrechtes hingegen grundsätzlich nicht mehr möglich. Die mietrechtlichen Sonderregelungen über Gewährleistung verdrängen die allgemeinen Regeln über Leistungsstörungen. Aus diesem Grund ist ein Rücktritt ausgeschlossen, wenn die Möglichkeit zur fristlosen Kündigung aus wichtigem Grund besteht. Nach der Rechtsprechung wäre eine Rückabwicklung des in Vollzug gesetzten Mietverhält-

---

25 Lindner-Figura/Oprée/Stellmann/*Oprée*, Kap. 15 Rn 19.

26 OLG Brandenburg, Urt. v. 20.6.2012 – 3 U 6/10 –.

27 Bub/Treier/*Grapentin*, IV Rn 476.

nisses nach § 346 BGB nicht interessengerecht und auch kaum durchführbar.[28] Der BGH hat festgestellt, dass dem Vermieter ein Rücktrittsrecht nach § 326 BGB nicht zusteht, sofern eine Kündigung aus wichtigem Grund möglich ist.[29] Daraus kann wiederum die Schlussfolgerung gezogen werden, dass ein gesetzliches Rücktrittsrecht nach Gebrauchsüberlassung nur dann in Betracht kommt, wenn ausnahmsweise eine Rückabwicklung im Interesse beider Vertragsseiten liegt.[30]

Stets ist zu berücksichtigen, dass ein unwirksamer Rücktritt in eine außeror- 29
dentliche unbefristete Kündigung **umgedeutet** werden kann.[31]

Probleme entstehen häufig dadurch, dass der Vermieter oder der Mieter gesetz- 30
liche Rücktrittsrechte in Allgemeinen Geschäftsbedingungen ausschließen. Es ist jedoch nicht möglich, das auf Verzug oder Unmöglichkeit gestützte gesetzliche Rücktrittsrecht durch Allgemeine Geschäftsbedingungen auszuschließen (§ 307 BGB). In Individualverträgen kann das Rücktrittsrecht hingegen ausgeschlossen oder an bestimmte Voraussetzungen geknüpft werden.[32]

2. Vertragliche Regelungen

Wie schon erwähnt, können die Mietvertragsparteien auch ein vertragliches Rück- 31
trittsrecht vereinbaren, § 346 BGB.

Die Vereinbarung eines vertraglichen Rücktrittsrechts ist sinnvoll, wenn es den 32
Parteien darauf ankommt, dass eine Partei vor Übergabe der Mietsache ein einseitiges, von ihrem Willen abhängiges Recht zur Lösung vom Vertrag erhalten soll, auch wenn die Anforderungen an eine Kündigung nicht vorliegen. Für den Zeitraum nach Übergabe der Mietsache bietet sich eher die Vereinbarung eines Sonderkündigungsrechts an.

Die Ausübung des Rechts zum Rücktritt bedarf grundsätzlich keiner Fristset- 33
zung bzw. Androhung, es sei denn, etwas Abweichendes ergibt sich aus dem Vertrag oder das Rücktrittsrecht wurde an einen Vertragsverstoß eines der Vertragspartner geknüpft.[33]

Beim vertraglich vereinbarten Rücktrittsrecht gibt es in der Praxis ebenfalls 34
häufig Schwierigkeiten, wenn es seitens des Vermieters oder des Mieters in die **Allgemeinen Geschäftsbedingungen** eingebracht wird. § 307 BGB ist auf Mietverträge anzuwenden, wenn der Rücktritt für die Zeit vor der Überlassung der Mietsache

---

28 BGH, Urt. v. 21.3.1968 – VII ZR 84/67 – BGHZ 50, 25; BGH, Urt. v. 10.7.1968 – VIII ZR 120/66 – NJW 1969, 37.
29 BGH, Urt. v. 25.3.1987 – VIII ZR 43/86 – NJW 1987, 2004.
30 Lindner-Figura/Oprée/Stellmann/*Oprée*, Kap. 15 Rn 20.
31 Bub/Treier/*Grapentin*, IV Rn 476.
32 Bub/Treier/*Grapentin*, IV Rn 479.
33 OLG Celle, Beschl. v. 29.6.2009 – 2 U 43/09 – ZMR 2010, 25.

vorbehalten wird.[34] Wichtig ist, dass ein Rücktrittsvorbehalt nicht auf Gründe erstreckt werden kann, deren Vorliegen der Verwender schon bei Vertragsabschluss kannte oder bei gehöriger Sorgfalt hätte kennen können.[35] Würde eine der Parteien eine entsprechende Klausel verwenden, dann wäre diese unwirksam.

V. Kündigung

1. Allgemeine Grundsätze

35 Eine Kündigung ist die einseitige Erklärung einer Partei, dass das Mietverhältnis beendet werden soll.[36] Die Kündigung ist eine Gestaltungserklärung, und daher **bedingungsfeindlich** und **zugangsbedürftig.**

36 Grundsätzlich ist zwischen der ein auf unbestimmte Dauer abgeschlossenes Mietsverhältnis beendenden **ordentlichen Kündigung** und der **außerordentlichen Kündigung** mit und ohne gesetzlicher Frist zu unterscheiden. Ein unbefristetes Mietverhältnis ist jederzeit unter Beachtung der gesetzlichen Frist des § 580a Abs. 2 BGB ordentlich kündbar, wohingegen ein befristeter Mietvertrag nur außerordentlich kündbar ist.

37 Spricht ein **Nichtberechtigter** eine Kündigung aus, so ist diese grundsätzlich unwirksam. Sie kann auch nicht durch den Berechtigten genehmigt werden. Der insofern geschaffene Schwebezustand stünde im Widerspruch zur Gestaltungswirkung, die die Kündigung eigentlich herbeiführen sollte. Etwas anderes gilt nur, wenn der Nichtberechtigte fälschlich behauptet, er sei vom Kündigungsberechtigten entsprechend bevollmächtigt. Sofern der Kündigungsempfänger in diesem Fall die angebliche Vollmacht nicht beanstandet, finden trotz des Vorliegens einer einseitigen Willenserklärung gem. § 180 S. 2 BGB die Vorschriften über Verträge Anwendung, sodass in diesem Sonderfall doch eine Genehmigung gem. § 177 BGB möglich ist.

38 Die Kündigung kann bereits **vor Beginn des Mietverhältnisses** ausgesprochen werden.

39 Sieht der Mietvertrag vor Ausspruch einer Kündigung das Setzen einer Nachfrist (z.B. für die Leistung der Mietsicherheit) vor, ist eine vor Ablauf der Nachfrist erklärte außerordentliche Kündigung unwirksam.[37]

40 Eine **Abmahnung** ist vor einer außerordentlichen Kündigung nach Maßgabe des § 543 BGB ausnahmsweise entbehrlich, wenn durch das vorangegangene Verhalten des Kündigungsempfängers die Vertrauensgrundlage zerstört ist. Beispiels-

34 *Wolf/Eckert/Ball*, Rn 895.

35 BGH, Urt. v. 10.12.1986 – VIII ZR 349/85 – BGHZ 99, 182.

36 Schmidt-Futterer/*Blank*, § 542 Rn 11.

37 OLG Nürnberg, Urt. v. 10.2.2010 – 12 U 1306/09 – ZMR 2010, 524.

weise kann dies bei rufschädigenden Äußerungen gegenüber Dritten über das vom Mieter im Mietobjekt betriebene Geschäft vorkommen.[38]

Das OLG Düsseldorf[39] weist zwar darauf hin, dass auch bei einer Kündigung wegen Gesundheitsgefährdung (§ 569 BGB) grundsätzlich vorab eine Abmahnung/ Fristsetzung nach Maßgabe des § 543 Abs. 3 BGB erforderlich ist. Die Fristsetzung kann allerdings entbehrlich sein, wenn die Beseitigung des Mangels der Mietsache für den Mieter mit unzumutbaren Belastungen verbunden ist. Das ist dann der Fall, wenn die Beseitigung des Mangels nur durch umfangreiche Bauarbeiten oder mit unverhältnismäßigem Zeitaufwand möglich ist. 41

a) Inhalt der Kündigungserklärung

Die Kündigungserklärung muss eindeutig zum **Ausdruck** bringen, dass das Mietverhältnis über einen bestimmten Zeitpunkt hinaus nicht fortgesetzt werden soll. Zu hohe Anforderungen sollten nicht aufgestellt werden. Schlüssiges Verhalten kann ausreichen. Allerdings muss sich zweifelsfrei ergeben, dass eine der Parteien das Mietverhältnis beenden möchte.[40] Als Beispiel kann hier die Erklärung des Vermieters angeführt werden, er wolle mit dem Mieter nichts mehr zu tun haben. Andere Standards gelten allerdings bei einer Kündigung durch einen Rechtsanwalt. Da erwartet der BGH die Einhaltung der juristischen Fachterminologie. Will der Anwalt kündigen, muss er sich klar ausdrücken. Etwaige Missverständnisse gehen zulasten des Kündigenden.[41] 42

Es ist zwar üblich und sinnvoll, wenn die Kündigungserklärung einen **Kündigungstermin** enthält. Um aber wirksam zu sein, muss die Kündigungserklärung einen solchen Termin nicht enthalten.[42] Sie entfaltet dann Wirkung zum nächst zulässigen Termin.[43] Außerdem ist in diesem Zusammenhang zu beachten, dass wenn eine Kündigung ab einem bestimmten Zeitpunkt erklärt werden kann und dem Kündigenden bereits früher ein Kündigungsrecht zusteht, eine verfrühte Kündigung unschädlich ist.[44] 43

Eine **unter eine Bedingung gestellte Kündigung** ist aufgrund der dadurch verursachten Rechtsunsicherheit unwirksam. 44

---

38 BGH, Urt. v. 15.9.2010 – XII ZR 188/08 – NZM 2010, 901.

39 OLG Düsseldorf, Urt. v. 14.1.2010 – 10 U 74/09 – NJOZ 2010, 2548.

40 *Wolf/Eckert/Ball*, Rn 899.

41 BGH, Urt. v. 4.6.1996 – IX ZR 51/95 – NJW 1996, 2648.

42 Staudinger/*Rolfs*, § 542 Rn 76; *Wolf/Eckert/Ball*, Rn 865.

43 Soergel/*Kummer*, § 542 Rn 17.

44 Emmerich/*Sonnenschein*, § 542 Rn 18; Erman/*Schopp*, § 542 Rn 11.

45 Ferner bedarf eine außerordentliche Kündigung in der Gewerberaummiete zur ihrer Wirksamkeit keiner **Begründung.**[45] Etwas anderes gilt nur, wenn die Parteien dies ausdrücklich vereinbart haben. Weiterhin ist der Kündigungsgrund in der Regel anzugeben, wenn die Parteien vereinbart haben, dass die Kündigung nur aus bestimmten Gründen zulässig sein soll.[46] Sofern die Parteien keine Begründung verlangen, ist es unschädlich, wenn ein unzutreffender Kündigungsgrund genannt wird.[47]

46 Sofern Kündigungsgründe jedoch angegeben werden müssen, hat das so umfassend zu geschehen, dass ein konkreter Lebenssachverhalt dargestellt wird, der den Kündigungsgrund belegt und von anderen Sachverhalten unterscheidet. Der Kündigungsgrund muss zwar nicht umfassend und alle möglichen Einzelheiten enthaltend erklärt werden. Es muss aber möglich sein, im Rahmen einer Schlüssigkeitsprüfung den Grund zu erkennen. Meistens entscheidet der Einzelfall, was genau genannt werden muss. Ist im Mietvertrag das Recht des Mieters enthalten, bei Minderumsätzen von 15% im Vergleich zu einem Referenzjahr das befristete Mietverhältnis vorzeitig zu kündigen, bedarf es zur Wirksamkeit der Kündigung der Angabe der Umsätze.[48]

47 Die bloße Bezugnahme, Wiederholung oder Umschreibung des Gesetzeswortlautes reicht keinesfalls aus, um eine Kündigung zu begründen.

48 Kündigungsgründe können nach der herrschenden Meinung **nachgeschoben** werden, wenn die die Kündigung tragenden Gründe bereits bei dem Ausspruch der Kündigung vorlagen. Das ist für die Wirksamkeit der außerordentlichen Kündigung ausreichend. Hinsichtlich der nachgeschobenen Kündigungsgründe müssen allerdings alle gesetzlichen Voraussetzungen (z.B. eine Abmahnung) vorliegen.[49]

49 Dasselbe gilt für ein **Auswechseln von Kündigungsgründen**. Allerdings ist hier zu beachten, dass ein Kündigungsgrund alsbald geltend gemacht werden muss. War die ursprüngliche Kündigung nicht begründet und sind weitere Kündigungsgründe erst nach ihrem Ausspruch eingetreten, so können diese nicht mehr ausgewechselt werden, um die unbegründete Kündigung wirksam werden zu lassen. Erforderlich ist es dann vielmehr, eine neue Kündigung auszusprechen.[50]

---

45 OLG Brandenburg, Urt. v. 5.1.2011 – 3 U 55/10 –.

46 Lindner-Figura/Oprée/Stellmann/*Oprée*, Kap. 15 Rn 37.

47 BGH, Urt. v. 28.11.1979 – VIII ZR 302/78 – NJW 1980, 777.

48 OLG Düsseldorf, Beschl. v. 30.10.2008 – 24 U 84/08 – ZMR 2009, 844.

49 Lindner-Figura/Oprée/Stellmann/*Oprée*, Kap. 15 Rn 39.

50 Lindner-Figura/Oprée/Stellmann/*Oprée*, Kap. 15 Rn 40.

b) Form der Kündigungserklärung

Abweichend zu den Regelungen im Wohnraummietrecht (§ 568 Abs. 1 BGB) sieht das gewerbliche Mietrecht keine bestimmte Form für die Kündigungserklärung vor. Dies gilt selbst dann, wenn der Abschluss des Mietvertrages formbedürftig war. § 578 BGB verweist nämlich nicht auf § 568 Abs. 1 BGB. Dies gilt sowohl für die Kündigung seitens des Vermieters wie auch des Mieters. Allerdings wird vertraglich regelmäßig die Schriftform, oftmals noch mit bestimmten Zugangsvoraussetzungen, vereinbart. Wurde **Schriftform vereinbart**, genügt gem. § 127 Abs. 2 BGB die Übermittlung der Erklärung durch Telefax, per E-Mail oder per Telegramm.[51] Ob eine Übermittlung per SMS ausreichend ist, erscheint zumindest zweifelhaft. Nur wenn die vereinbarte Schriftform eingehalten wurde, ist die Kündigung wirksam. 50

c) Zugang der Kündigungserklärung

Als einseitig empfangsbedürftige Willenserklärung bedarf die Kündigung des Zugangs beim Erklärungsempfänger. Eine Annahmeerklärung ist aber nicht erforderlich. Der Zugang ist Voraussetzung dafür, dass die Kündigung wirksam wird, § 130 BGB. Zum Zeitpunkt des Zugangs müssen deshalb auch alle Voraussetzungen für Zulässigkeit und Wirksamkeit der Kündigung vorliegen. Das gilt natürlich nicht für die materiellen Voraussetzungen der Kündigung selbst, die schon bei ihrer Abgabe vorliegen müssen. Zu beachten ist, dass die Kündigung nur dann rechtzeitig erfolgt, wenn sie dem zu Kündigenden wirklich bis zum letztmöglichen Termin zugegangen ist. Allein das rechtzeitige Absenden der Erklärung innerhalb der Frist reicht zur Fristwahrung nicht aus. Wird an Gewerbetreibende oder Firmen am Tage des Fristablaufs zugestellt, so ist zu beachten, dass dies noch zu den üblichen Bürozeiten erfolgen muss, damit die Frist gewahrt ist. 51

Sowohl für den Vermieter als auch für den Mieter besteht die Pflicht, im Rahmen des Üblichen dafür Sorge zu tragen, dass ihnen Kündigungserklärungen ebenso wie andere rechtsgeschäftliche Erklärungen rechtzeitig zugehen können.[52] Es können aber Fälle auftreten, wo der **Aufenthaltsort des Kündigungsgegners unbekannt** ist. Trotzdem muss auch dann eine Kündigung erfolgen können. Als Möglichkeiten bieten sich hier entweder die Bestellung eines Pflegers nach Maßgabe von § 1911 BGB oder eine öffentliche Zustellung nach § 185 ZPO an. 52

Wann genau der **Zugang** erfolgt, richtet sich nach den üblichen Regeln für Willenserklärungen: Zugegangen ist die Erklärung, wenn sie derart in den Bereich des Empfängers gelangt ist, dass dieser unter normalen Gegebenheiten in der Lage ist, von ihr Kenntnis zu nehmen. Es ist zwischen einer Erklärung unter Anwesenden und einer Erklärung unter Abwesenden zu differenzieren. Bei einer mündlichen Er- 53

---

51 Lindner-Figura/Oprée/Stellmann/*Oprée*, Kap. 15 Rn 28.

52 Vgl. Lindner-Figura/Oprée/Stellmann/*Oprée*, Kap. 15 Rn 57.

klärung **unter Anwesenden** erfolgt der Zugang beim Kündigungsempfänger, wenn dieser sie akustisch richtig verstanden hat.[53] Die schriftliche Kündigung hingegen geht einem Anwesenden zu, wenn sie ihm übergeben worden und damit in seinen Machtbereich gelangt ist. Eine **unter Abwesenden** erklärte schriftliche Kündigung wird wirksam, wenn sie so in den Machtbereich des Empfängers gelangt ist, dass dieser nach dem gewöhnlichen Lauf der Dinge hiervon Kenntnis nehmen konnte. Wird beispielsweise eine Kündigung durch Telefax übersandt, dann ist sie nur dann sofort mit Ausdruck zugegangen, wenn das Telefax während der üblichen Geschäftszeiten übermittelt wird. Ansonsten erfolgt Zugang erst am nächsten Tag mit Beginn der ordentlichen Geschäftszeit.[54]

54 Wird die Annahme der Kündigung durch den Empfänger ohne Angabe von Gründen verweigert, gilt die Erklärung nach Treu und Glauben im Zeitpunkt der Annahmeverweigerung als zugegangen.[55]

55 Ein **Einschreiben** indiziert nicht den Zugang einer bestimmten Erklärung. Auch durch Niederlegung der Sendung bei der Post und Einwurf des Benachrichtigungszettels in den Briefkasten des Adressaten ist der Zugang der Erklärung noch nicht bewirkt. Allein der Einwurf eines Benachrichtigungsscheins in den Briefkasten, mit dem der Mieter auf das zur Abholung bei der Post bereitliegende Einschreiben hingewiesen wird, das eine Kündigungserklärung enthält, führt nach der Rechtsprechung[56] ebenfalls nicht zum Zugang der Kündigung.

56 Wird die Sendung trotz Benachrichtigung nicht abgeholt, so rechtfertigt das für sich allein nicht die Annahme einer gegen Treu und Glauben verstoßenden Zugangsvereitlung, welche zur Folge hätte, dass die Erklärung als zugegangen behandelt wird. In diesem Fall muss die Kündigung wiederholt werden. Der Vermieter sollte deshalb bei einer Kündigung, welche zum 3. Werktag eines Monats zugestellt sein muss, beachten, dass er die Möglichkeit einer Zustellung mittels Einschreiben mit Rückschein nur wählt, wenn genügend Zeit bleibt, die Zustellung zu wiederholen, falls der Mieter den Brief nicht abholt.

57 In der Praxis enthält der Mietvertrag oft eine Klausel, nach der die Kündigung nur durch eingeschriebenen Brief erfolgen darf. Sollte die Kündigungserklärung auf anderem Wege zugehen, so stellt es kein Wirksamkeitshindernis dar, dass der Zugang nicht mittels Einschreiben erfolgte. Eine derartige Klausel führt in der Regel nur dazu, dass für die Wirksamkeit der Kündigung die gewillkürte Schriftform eingehalten werden muss.

58 Am sichersten lässt sich der Zugang der Kündigung durch die persönliche Übergabe der Kündigung durch oder in Gegenwart eines Zeugen beweisen.

---

53 MüKo-BGB/*Einsele*, § 130 Rn 20.

54 *Wolf/Eckert/Ball*, Rn 911.

55 Lindner-Figura/Oprée/Stellmann/*Oprée*, Kap. 15 Rn 53.

56 KG, Beschl. v. 10.6.2010 – 8 U 11/10 – ZMR 2010, 954.

Die **Beweislast** für den Zugang einer Kündigungserklärung und deren Rechtzeitigkeit trägt der Kündigende. Der Beweis der Absendung ist nicht mit dem Beweis des Zugangs des Schreibens identisch und sollte deshalb nicht verwechselt werden. Der Nachweis der Absendung rechtfertigt auch nicht den Anscheinsbeweis des Zugangs.[57] Wird mittels Telefax gekündigt, so ist der Sendebericht nur ein Zeichen dafür, dass eine Verbindung hergestellt werden konnte, nicht aber dafür, dass die Kündigungserklärung zugegangen ist. Dieses Risiko trägt der Absender. 59

d) Kündigung durch Bevollmächtigte

Die Kündigung ist **kein höchstpersönliches Rechtsgeschäft** und kann damit auch durch einen Bevollmächtigten erfolgen. Muss der Mietvertrag schriftlich gekündigt werden, so gilt dieses Erfordernis der **Schriftform** auch bei der Kündigung durch einen Stellvertreter. Die Erteilung einer dahin gehenden Vollmacht ist allerdings nach § 167 Abs. 2 BGB grundsätzlich nicht formbedürftig.[58] Ob die Vollmacht wirksam erteilt war oder nicht, ist keine Frage der Schriftform, sondern des Zustandekommens des Stellvertretervertrages. Damit die durch den Bevollmächtigten ausgesprochene Kündigung für und gegen den Vertretenen nach § 164 Abs. 1 BGB wirksam wird, muss der Vertreter in fremdem Namen handeln. Dabei ist unerheblich, ob dies ausdrücklich geschieht oder sich nur aus den Umständen ergibt. Bei der Würdigung dieser Umstände können die bei der Begründung des Mietverhältnisses, insbesondere im Rahmen des § 550 BGB, zu stellenden Anforderungen nicht ohne Weiteres übertragen werden. Das kann damit begründet werden, dass es bei der Kündigung eines Mietverhältnisses keinen Zweifel über den Vertragspartner gibt. Außerdem muss aus der Erklärung lediglich hervorgehen, dass der Unterzeichner dessen Vertreter ist. 60

Die Kündigung unterfällt als einseitiges Rechtsgeschäft der Regelung des **§ 174 BGB** und ist bei Erklärung durch einen Stellvertreter ohne Vorlage einer Original-Vollmachtsurkunde unwirksam, wenn sie der Empfänger unverzüglich zurückweist. Eine Zurückweisung nach 8 bis 10 Tagen kann im Einzelfall noch „unverzüglich" i.S.d. §§ 174, 121 BGB sein.[59] Allerdings empfiehlt sich eine deutlich schnellere Zurückweisung. 61

Soll eine von einem Vertreter abgegebene Kündigung wegen Fehlens der Vollmacht zurückgewiesen werden, muss dies dem entsprechenden Schreiben hinreichend deutlich zu entnehmen sein. Ansonsten geht die Zurückweisung ins Lee- 62

57 BGH, Urt. v. 7.12.1994 – VIII ZR 153/93 – NJW 1995, 665.

58 Palandt/*Weidenkaff*, § 167 Rn 7; Schmidt-Futterer/*Blank*, Rn 14; a.M. AG Frankfurt, Urt. v. 13.9. 1966 – 331 C 832/66 – ZMR 1969, 86.

59 KG, Beschl. v. 3.8.2009 – 12 U 96/09 – NJOZ 2010, 921.

re.[60] Erfolgt die Zurückweisung ihrerseits durch einen Vertreter, muss ebenfalls eine Original-Vollmachtsurkunde vorgelegt werden. Ansonsten kann auch die Zurückweisung selbst nach den gleichen Regeln zurückgewiesen werden.

63 Aus der **Stellung als Mitarbeiter** einer vermietenden Grundstücksgesellschaft folgt nach Auffassung der Rechtsprechung[61] nicht automatisch dessen Vollmacht zur Erklärung von Kündigungen, sodass mangels Vollmachtsvorlage die Kündigung zurückgewiesen werden kann.

e) Kündigung durch und gegenüber Personenmehrheiten

64 Bei rechtsgestaltenden Erklärungen im Zusammenhang mit Personenmehrheiten ergeben sich vor allem **Vertretungs- und Auslegungsprobleme.** Unter Umständen kann eine lediglich von einer Person erklärte Kündigung auch für weitere Personen gelten, wenn dies zumindest konkludent der Erklärung entnommen werden kann und der Handelnde Vertretungsmacht hatte.

65 Handelt es sich beim Vermieter und/oder Mieter um eine Personenmehrheit, muss die Kündigung grundsätzlich von allen Parteien gegenüber allen Parteien erklärt werden. Bei einer Personenmehrheit besteht nämlich ein einheitliches, auf eine unteilbare Leistung gerichtetes Mietverhältnis.

66 Kündigt der Vermieter das Mietverhältnis nur gegenüber einem von mehreren Mietern, so wirkt dies nicht gegen die Gesamtheit und die Kündigung geht insgesamt ins Leere. Anders liegen die Dinge nur, wenn einer von mehreren Mietern einen **unbekannten Aufenthaltsort** hat. In diesem Fall lässt die Rechtsprechung[62] es genügen, wenn die Kündigung dem in den Mieträumen verbliebenen Mieter zugeht. Eine weitere Ausnahme liegt dann vor, wenn ein **Insolvenzverwalter** Mitmieter ist. Spricht er die Kündigung aus, so wird das Mietverhältnis insgesamt und damit auch mit Wirkung für die Mietmieter beendet.[63]

67 Eine Kündigung muss ihrem Inhalt nach ausdrücklich an jeden einzelnen Erklärungsgegner gerichtet werden. Wenn der Mietvertrag eine Klausel enthält, wonach sich die Mieter gegenseitig zum Empfang einer Kündigungserklärung bevollmächtigen, befreit eine solche Klausel den Vermieter nicht davon, die Kündigung trotzdem gegenüber jedem einzelnen Mieter auszusprechen, weil die Klausel nur bedeutet, dass der Zugang der Erklärung bei einem Mieter ausreicht.

68 Bei Kündigungserklärungen an mehrere verschiedene Mieter ist zu beachten, dass die Kündigungserklärungen in einem zeitlichen Zusammenhang stehen müs-

60 OLG Düsseldorf, Urt. v. 19.7.2011 – 24 U 186/10 –.
61 KG, Beschl. v. 3.8.2009 – 12 U 96/09 – NJOZ 2010, 921.
62 OLG Frankfurt, Beschl. v. 13.12.1990 – 20 RE-Miet 2/90 – NJW-RR 1991, 459.
63 OLG Hamburg, Urt. v. 29.3.2012 – 8 U 78/11 – NZM 2012, 684.

sen. Liegt zwischen den Kündigungen ein längerer Zeitraum, bleiben sämtliche Erklärungen unwirksam.[64]

Es ist auch in Allgemeinen Geschäftsbedingungen möglich, eine Klausel aufzu- 69
nehmen, wonach sich mehrere Vermieter oder Mieter gegenseitig bevollmächtigten, Erklärungen entgegenzunehmen. Dies schließt den Empfang einer Kündigung mit ein. Eine Klausel, nach der die Kündigung eines Mieters die Kündigung des Mietverhältnisses mit Wirkung gegen alle Mieter bewirkt, verstößt hingegen gegen § 307 BGB. Dies kann damit begründet werden, dass in dieser Formulierung keine Bevollmächtigung gesehen werden kann. Stattdessen ist darin eine dem § 425 Abs. 2 BGB entgegenlaufende Regelung zu sehen.

Wird die Kündigung nur von einem von mehreren Vermietern oder Mietern er- 70
klärt, dann ist die Kündigung unwirksam.

Bei einer **Gesellschaft bürgerlichen Rechts**, die – wenn nichts anderes im Ge- 71
sellschaftsvertrag vereinbart wurde – von allen Gesellschaftern gemeinsam vertreten wird, ist die Kündigungserklärung von und gegenüber allen Gesellschaftern abzugeben. Allerdings genügt entsprechend dem Rechtsgedanken des § 125 Abs. 2 HGB der Zugang an einen der Gesellschafter.[65] Für die **Partnerschaftsgesellschaft** gilt aufgrund der Verweisung in § 7 Abs. 3 PartGG dasselbe.

Bei einer OHG und KG kann die Kündigung gegenüber jedem vertretungsbe- 72
rechtigten Gesellschafter erklärt werden, §§ 105 Abs. 2 S. 3 HGB (bei der KG i.V.m. §§ 161 Abs. 2, 170 HGB). Bei einer GmbH ist die Erklärung gegenüber einem Geschäftsführer (§ 35 Abs. 2 S. 3 GmbHG), bei einer Aktiengesellschaft gegenüber einem Vorstandsmitglied zu erklären (§ 78 Abs. 2 S. 2 AktG). Auch bei einem Verein erfolgt die Kündigung gegenüber einem Vorstandsmitglied, § 28 Abs. 2 BGB.

Die in einer **ungeteilten Erbengemeinschaft** miteinander verbundenen Erben 73
können auf Grundlage eines Mehrheitsbeschlusses ein Mietverhältnis für ein zur Erbschaft zugehöriges Objekt kündigen, wenn sich die Kündigung als Maßnahme ordnungsgemäßer Nachlassverwaltung darstellt.[66]

Wird ein **Teil einer Mietsache veräußert**, entsteht nach Auffassung der Recht- 74
sprechung[67] eine Vermietergemeinschaft, die den Mietvertrag grundsätzlich nur insgesamt kündigen kann.

Abweichendes soll jedoch im Fall des Erwerbs im Rahmen der **Zwangsverstei-** 75
gerung gelten. Hier soll der Ersteher gem. § 57a ZVG die Teilfläche isoliert kündigen können.[68]

64 OLG Düsseldorf, Urt. v. 2.7.1987 – 10 U 23/87 – ZMR 1987, 422.

65 BGH, Urt. v. 23.11.2011 – VIII ZR 74/11 – NZG 2012, 69.

66 BGH, Urt. v. 11.11.2009 – XII ZR 210/05 – BGHZ 183, 131.

67 KG, Beschl. v. 8.11.2010 – 8 U 43/10 – NZM 2012, 304.

68 KG, Beschl. v. 8.11.2010 – 8 U 43/10 – NZM 2012, 304; a.A. OLG Hamm, Urt. v. 1.2.2011 – 7 U 27/10 – NZM 2011, 710.

f) Rücknahme der Kündigung

76 Eine Kündigung wirkt als rechtsgestaltende Willenserklärung auch gegen den Kündigenden: Ein **Widerruf** ist daher nur möglich, wenn er vorher oder gleichzeitig mit der Kündigung zugeht (§ 130 Abs. 1 S. 2 BGB). Ändert der Kündigende seine Meinung, kann er die Kündigung also nur durch („überholende") Rücknahme aufheben, wenn die Rücknahme zumindest nicht später als die Kündigung zugeht.

77 Von diesem Ausnahmefall abgesehen ist der Widerruf oder die einseitige Rücknahme der Kündigung unzulässig. Unter Umständen kann der Widerruf in ein Angebot zum Abschluss eines neuen Vertrages **umgedeutet** werden. In diesem Fall treten die Rechtswirkungen der Kündigung nicht ein, wenn der andere Teil das Angebot annimmt. Eine solche Annahme ist auch stillschweigend möglich.

78 Die Privatautonomie erlaubt es den Parteien, die Wirkungen der Kündigung zu beseitigen. Dazu müssen die Parteien vor Ablauf der Kündigungsfrist die Fortsetzung des Vertrages vereinbaren.[69] Geschieht dies hingegen erst nach Beendigung des Mietverhältnisses, dann wird ein neues Mietverhältnis begründet. Ein Aufleben des alten Mietverhältnisses ist allerdings ausgeschlossen.

g) Umdeutung der Kündigung

79 Eine unwirksame fristlose Kündigung kann ausnahmsweise in eine ordentliche Kündigung umgedeutet (§ 140 BGB) werden. Es muss für den Kündigungsempfänger zweifelsfrei erkennbar sein, dass der Vertrag nach dem Willen des Kündigenden in jedem Fall beendet werden soll.[70] Aus Gründen der Rechtssicherheit sind die Anforderungen hierfür hoch. Deshalb empfiehlt es sich in der Praxis, dass die Kündigungserklärung den Hinweis enthält, dass die außerordentliche Kündigung hilfsweise als ordentliche Kündigung gelten soll.

80 Umgekehrt kann aber eine unwirksame ordentliche Kündigung nicht in eine fristlose Kündigung umgedeutet werden. Das gilt selbst bei Vorliegen eines Kündigungsgrundes. Dies leuchtet unmittelbar ein, da eine ordentliche Kündigung anders als eine fristlose nicht den Willen erkennen lässt, das Mietverhältnis mit sofortiger Wirkung aufzulösen.

81 In einer Kündigung liegt nach Auffassung des OLG Köln[71] nicht zugleich ein **Widerruf** i.S.d. § 178 BGB (bei einem Vertragsschluss eines Vertreters ohne Vertretungsmacht). Zwar sei der Widerruf formfrei. Er müsse jedoch erkennen lassen, dass der Vertrag wegen des Vertretungsmangels nicht gelten soll.

---

69 OLG Köln, Urt. v. 23.11.2004 – 22 U 77/04 – OLGR 2005, 55; BGH, Urt. v. 20.3.1974 – VIII ZR 31/73 – NJW 1974, 1081.

70 Schmidt-Futterer/*Blank*, § 542 Rn 23.

71 OLG Köln, Urt. v. 20.12.2000 – 5 U 116/00 – VersR 2002, 299.

h) Verbot der Teilkündigung

Die Teilkündigung eines Vertrages läuft der Sache nach auf eine grundsätzlich mit **§ 311 Abs. 1 BGB** unvereinbare einseitige Vertragsänderung zum Nachteil des anderen Teils hinaus. Daher kommt eine Teilkündigung von Mietverträgen in der Regel nicht in Betracht. Grund dafür ist auch, dass die Gebrauchsüberlassung eine unteilbare Leistung darstellt. Das gilt auch, wenn das vermietete Objekt aus mehreren separat getrennten Räumlichkeiten besteht. Eine Kündigung ist nach ihrem gesetzlichen Gehalt auf die Auflösung des Rechtsverhältnisses in seiner Gesamtheit gerichtet, sodass Teilkündigungen jedenfalls einzelner Rechte und Pflichten des Vertragswerks grundsätzlich unzulässig sind.[72] 82

Möglich ist es bei der Geschäftsraummiete jedoch, das Recht einer Partei zur Teilkündigung durch **Vereinbarung** zu begründen. 83

Fehlt eine ausdrückliche Vereinbarung, ist durch **Auslegung** zu ermitteln, was die Parteien gewollt haben. So ist beispielsweise zu untersuchen, 84

- ob die Räume äußerlich zusammenhängen und funktional aufeinander bezogen sind,
- ob der eine Raum im Verhältnis zum anderen als Neben- oder Zubehörraum anzusehen ist,
- ob der eine Raum erst später hinzugemietet worden ist,
- ob die Räumlichkeiten als Einheit angeboten wurden,
- ob die Mietparteien identisch sind,
- ob Überlassungszeit, Räume und Kündigungsregelungen übereinstimmen etc.

In Ermangelung einer ausdrücklichen Vereinbarung wird man angesichts der grundsätzlichen Unzulässigkeit in der Praxis aber nur höchst selten zum Ergebnis gelangen, dass eine Teilkündigung vereinbart worden ist. 85

i) Streit über die Beendigung des Mietverhältnisses

In der Praxis kommt es häufig zu einem Streit über die Beendigung des Mietverhältnisses. Der Mieter kündigt und will ausziehen. Der Vermieter meint aber, die Kündigung sei unberechtigt. Der Vermieter kann dann auf Feststellung des Fortbestehens des Mietverhältnisses klagen. Der Mieter kann seinerseits auf Feststellung der Beendigung des Mietverhältnisses zu einem bestimmten Zeitpunkt klagen, was vor allem dann vorkommen wird, wenn er befürchtet, vom Vermieter, der sich auf die Unwirksamkeit der Kündigung beruft, auf Weiterzahlung der Miete in Anspruch genommen zu werden. 86

72 OLG Rostock, Urt. v. 3.11.2011 – 3 U 36/11 – NJOZ 2012, 1820.

2. Ordentliche Kündigung

a) Gesetzliche Regelung/Fristen

87 Ist das Mietverhältnis auf unbestimmte Zeit geschlossen worden, so kann es jederzeit mit Einhaltung der gesetzlichen Kündigungsfrist von beiden Seiten gekündigt werden. Bei Gewerberaummietverträgen richtet sich die Kündigungsfrist grundsätzlich nach § 580a Abs. 2 BGB, wobei diese Regelung zur Disposition der Parteien steht. Die gesetzliche Frist ist hier in erster Linie als Grundlage für mögliche vertragliche Gestaltungen zu sehen. Die in § 580a Abs. 2 BGB geregelte Frist gilt sowohl für den Mieter als auch den Vermieter. Dabei ist die Mietdauer irrelevant.

88 Als **Kündigungsfrist** bezeichnet man den Zeitraum zwischen dem Zugang der Kündigungserklärung und dem Eintritt der Kündigungswirkung, d.h. der Beendigung des Mietvertrages. Mietverhältnisse über Geschäftsräume sind nach § 580a Abs. 2 BGB spätestens am 3. Werktag eines Kalendervierteljahres zum Ablauf des nächsten Kalendervierteljahres zu kündigen. Praktisch gesehen sind dies mindestens sechs Monate abzüglich der Karenztage. Dadurch soll vor allem Gewerbetreibenden ermöglicht werden, sich auf die als Folge der Beendigung des Mietverhältnisses veränderte Sachlage einzustellen.

89 Mithin ergeben sich folgende Kündigungstage und -termine:

- Zugang der Kündigung bis zum 3. Werktag des Monats Januar: dann Mietverhältnis bis zum 30. Juni;
- Zugang der Kündigung bis zum 3. Werktag des Monats April: dann Mietverhältnis bis zum 30. September;
- Zugang der Kündigung bis zum 3. Werktag des Monats Juli: dann Mietverhältnis bis zum 31. Dezember;
- Zugang der Kündigung bis zum 3. Werktag des Monats Oktober: dann Mietverhältnis bis zum 31. März des Folgejahres.

90 Die dreitägige Karenzzeit ist stets genau zu bestimmen. Zu beachten ist, dass auch im Gewerbemietrecht der Samstag als Werktag zählt, sofern nicht das Fristende auf diesen Tag fällt.[73]

Beispiel
Der Mieter kündigt das Mietverhältnis am Freitag. Dann zählen Freitag, Samstag und Montag als Karenztage. Das heißt, die Kündigung muss dem Vermieter spätestens am Montag zugegangen sein. Kündigt der Mieter hingegen an einem Donnerstag, so fällt das Fristende auf einen Samstag. Der Samstag zählt dann nicht mit, sodass die Kündigung dem Vermieter am Montag zugehen kann.

91 Die ordentliche Kündigung ist jederzeit und ohne weitere Voraussetzungen möglich. Wichtig ist nur, dass die Kündigungsfristen des § 580a BGB beachtet wurden. Darin

73 BGH, Urt. v. 27.4.2005 – VIII ZR 206/04 – NJW 2005, 2154 (dort für das Wohnraummietrecht).

unterscheidet sich die ordentliche Kündigung von der außerordentlichen Kündigung, die eine vorzeitige Beendigung eines Mietverhältnisses nur dann zulässt, wenn die besonderen Voraussetzungen des jeweiligen Kündigungstatbestandes vorliegen.

Die ordentliche Kündigung setzt nicht voraus, dass der Mietvertrag schon voll- 92
zogen worden ist. Der Beginn der Kündigungsfrist richtet sich in solchen Fällen entweder nach den Vereinbarungen der Vertragsparteien oder, falls die Parteien keine entsprechende Vereinbarung getroffen haben, nach dem Beginn des Mietverhältnisses.

b) Vertragliche Regelungen

Über die gesetzlichen Normen hinaus können die Parteien vertragliche Kündigungs- 93
rechte frei vereinbaren. So kann beispielsweise das Recht zur ordentlichen Kündigung durch Individualvereinbarung eingeschränkt werden. Ein völliger Ausschluss ist jedoch nicht möglich. Das ergibt sich aus § 544 BGB. Nach dieser Norm ist eine längere Bindung als 30 Jahre nur zulässig, wenn das Mietverhältnis auf Lebenszeit des Vermieters oder Mieters abgeschlossen ist. Des Weiteren kann das Recht zur ordentlichen Kündigung durch die Vereinbarung von Zeitmietverträgen oder von Mindestmietzeiten ganz oder teilweise ausgeschlossen werden. Handelt es sich um ein Mietverhältnis von unbestimmter Dauer und ist die ordentliche Kündigung ausgeschlossen worden, dann führt das dazu, dass das Mietverhältnis gem. § 544 BGB nach 30 Jahren kündbar wird, es sei denn, es liegen besondere Umstände vor, die eine langfristige Bindung von diesem Ausmaß als sittenwidrig oder gegen Treu und Glauben verstoßend erscheinen lassen.

Bereits ein kurzfristiger Ausschluss des Rechts zur ordentlichen Kündigung kann 94
unzulässig sein. Das ist insbesondere dann der Fall, wenn der Ausschluss für sich oder im Zusammenhang mit anderen Vertragsbestimmungen oder -umständen dazu führt, dass die persönliche Selbstständigkeit und Freiheit des einen Vertragspartners unzumutbar eingeschränkt wird. Wird das Kündigungsrecht für beide Vertragsteile für längere Zeit als ein Jahr ausgeschlossen, bedarf diese Abrede der Schriftform nach § 550 BGB. Anders sieht es aus, wenn nur das Kündigungsrecht einer Partei ausgeschlossen wird, während die andere Partei zur Kündigung berechtigt bleibt.

Ein Kündigungsausschluss muss nicht immer ausdrücklich vereinbart werden. 95
Eine schlüssige Vereinbarung reicht auch aus. Ein Kündigungsausschluss wird u.a. dadurch indiziert, dass der Mieter einen Finanzierungsbeitrag oder Aufbauarbeiten geleistet hat. Denn dann ist anzunehmen, dass der Mieter in den Genuss dieser Leistungen kommen wollte und der Vermieter dies zumindest in Kauf nahm.[74]

---

74 OLG Karlsruhe, Urt. 21.1.1985 – 3 RE-Miet 8/84 – WM 1985, 55; LG Kaiserslautern, Urt. v. 21.9. 1982 – 1 S 337/81 – MDR 1983, 56.

96 Abweichend von § 580a BGB können Kündigungsfristen im Mietvertrag verkürzt oder verlängert werden. Das ist vor allem dann möglich, wenn beide Parteien hierdurch in gleicher Weise bevorzugt oder benachteiligt werden. Enthält ein Mietvertrag, der auf unbestimmte Dauer geschlossen wurde, allerdings Allgemeine Geschäftsbedingungen mit einseitig überlangen Kündigungsfristen, dann können diese Klauseln überraschend und damit unwirksam sein.

3. Außerordentliche Kündigung

a) Grundsätze

97 Bei der außerordentlichen Kündigung ist grundsätzlich zwischen derjenigen **mit gesetzlicher Frist** (z.B. §§ 580, 1056 Abs. 2 BGB, 111 InsO, 57a ZVG) und derjenigen **ohne Frist** zu differenzieren. Die fristlose Kündigung hat grundsätzlich zur Folge, dass das Mietverhältnis mit ihrem Zugang beendet wird. Das Recht zur außerordentlichen Kündigung bleibt beiden Vertragsparteien auch bei Vereinbarung einer festen Vertragslaufzeit erhalten. Sinn und Zweck der außerordentlichen Kündigung ist es, die Möglichkeit zu gewähren, sich bei Unzumutbarkeit der Fortsetzung des Mietvertrages von diesem ohne Einhaltung einer Kündigungsfrist lösen zu können. Eine Ausnahme liegt vor, wenn sich der wichtige Grund (Unzumutbarkeit der Vertragsfortsetzung) erst aus dem Fristablauf oder der erfolglosen Abmahnung ergibt. Dann ist nach dem Gesetzeswortlaut eigentlich eine weitere Frist oder Abmahnung notwendig.

98 Gesetzlich geregelte Tatbestände der **fristlosen Kündigung durch den Mieter** sind u.a. die

- Nichtgewährung des vertragsgemäßen Gebrauchs (§ 543 Abs. 2 Nr. 1 BGB),
- gesundheitsgefährdende Beschaffenheit der Mietsache (§ 569 Abs. 1 BGB).

99 Gesetzlich geregelte Tatbestände der **fristlosen Kündigung durch den Vermieter** sind demgegenüber u.a. der

- vertragswidrige Gebrauch der Mietsache durch den Mieter (§ 543 Abs. 2 Nr. 2 BGB),
- Zahlungsverzug (§ 543 Abs. 2 Nr. 3 BGB).

100 Sowohl der Mieter als auch der Vermieter können u.a. dann fristlos kündigen, wenn die andere Vertragsseite ihre Vertragspflichten schuldhaft verletzt hat und deshalb die Fortsetzung des Vertrages unzumutbar wird, §§ 543, 569 BGB.

101 Das Recht zur **Kündigung aus wichtigem Grund** kann grundsätzlich nur innerhalb einer angemessenen Frist ausgeübt werden. Diese **Frist beginnt**, wenn der zur Kündigung Berechtigte eine sichere und umfassende Kenntnis der für die Kündigung maßgebenden Tatsachen hat. Wann genau diese Frist beginnt, ist im Einzelfall zu entscheiden. Von der Rechtsprechung wurden bislang u.a. folgende Fälle entschieden, an denen man sich bei ähnlich gelagerten Sachverhalten orientieren

kann: Ein Zeitraum von vier Monaten zwischen Kenntniserlangung vom Kündigungsgrund und dem Ausspruch der Kündigung muss nicht unangemessen lang sein.[75] Die Zwei-Wochen-Frist des § 626 Abs. 2 BGB ist im Mietrecht nicht entsprechend anzuwenden.[76] Ferner ist die Kündigung nicht unangemessen verspätet – auch nicht, wenn § 314 Abs. 3 BGB herangezogen wird –, wenn der Vermieter bei Zahlungsverzug des Mieters erst einige Monate abwartet und dann die Kündigung ausspricht.[77]

Der zur außerordentlichen fristlosen Kündigung Berechtigte muss keine Kündi- **102**
gungsfrist einhalten, wobei es natürlich jeder Partei freisteht, die fristlose Kündigung erst **zu einem späteren Termin** auszusprechen. So kann der Kündigende in der Kündigungserklärung z.B. bestimmen, dass das Mietverhältnis zu einem späteren Zeitpunkt enden soll („**Auslauffrist**"). Diese Frist sollte allerdings nicht zu lang (d.h. in der Regel nicht länger als bei der ordentlichen Kündigung) bemessen sein, da dies gegen eine Dringlichkeit und Unzumutbarkeit der Fortsetzung des Mietverhältnisses sprechen könnte. Insgesamt gibt es zahlreiche Gründe, die für ein derartiges Vorgehen sprechen: Auf der einen Seite muss dem Mieter die Möglichkeit eingeräumt werden, neue Mieträume zu finden und auf der anderen Seite muss der Vermieter einen geeigneten Nachmieter finden. Als Alternative zur Auslauffrist hat der Vermieter die Möglichkeit, den Herausgabeanspruch zu stunden und dem Mieter hierdurch eine Räumungsfrist zuzubilligen.

Eine außerordentliche fristlose Kündigung setzt des Weiteren in der Regel eine **103**
vergebliche **Abmahnung** voraus. Bei der Abmahnung handelt es sich um eine einseitig empfangsbedürftige Willenserklärung, welche grundsätzlich gegenüber dem Vertragspartner abgegeben wird. Damit gelten die für Willenserklärungen üblichen Regeln. In der Abmahnung ist die beanstandete Pflichtverletzung genau zu bezeichnen. Weiterhin ist der Mieter unmissverständlich zur Unterlassung aufzufordern. Eine ausdrückliche Kündigungsandrohung muss die Abmahnung nicht enthalten. Pauschale Hinweise auf vertragliche Pflichten genügen für eine wirksame Abmahnung allerdings nicht. In der **Bitte um Rückäußerung** liegt nach der Rechtsprechung[78] keine Abmahnung i.S.d. § 543 Abs. 3 BGB. Die Abmahnung ist formfrei möglich, sofern nichts anderes vereinbart wurde.

Ferner sollte zwischen Abmahnung und Kündigung ein ausreichender Zeitraum **104**
liegen, damit der abgemahnte Vertragspartner tatsächlich in die Lage versetzt wird, das vertragswidrige Verhalten abzustellen.

---

75 BGH, Urt. v. 21.3.2007 – XII ZR 255/04 – NZM 2007, 401; OLG Düsseldorf, Beschl. v. 1.12.2011 – I-24 U 147/11 – GuT 2007, 363.

76 OLG Köln, Urt. v. 3.8.1994 – 11 U 68/94 – ZMR 1995, 469; a.A. OLG Frankfurt, Urt. v. 24.6.1991 – 11 U 3/91 – WuM 1991, 475.

77 BGH, Urt. v. 11.3.2009 – VIII ZR 115/08 – NZM 2009, 314.

78 OLG Frankfurt, Beschl. v. 8.9.2010 – 15 U 53/10 – ZMR 2011, 121.

105 Oftmals dient die Abmahnung dem Schutz des Mieters. Deshalb kann von ihr nur unter ganz strengen Voraussetzungen abgesehen werden. Das Gesetz (§ 543 Abs. 3 BGB) hält sie nur dann für **entbehrlich**, wenn

- der Mieter vollendete Tatsachen geschaffen hat, die kurzfristig nicht rückgängig gemacht werden können und die Abmahnung offensichtlich keinen Erfolg verspricht;
- die sofortige Kündigung unter Abwägung der beiderseitigen Interessen gerechtfertigt ist, weil die Fortsetzung des Mietverhältnisses für eine Partei unzumutbar ist;
- der Mieter sich nach Maßgabe von § 543 Abs. 2 Nr. 3 BGB im Zahlungsverzug befindet.

Es ist nicht möglich, das Erfordernis der Abmahnung **formularmäßig** abzubedingen.

106 Von der Abmahnung kann auch nicht deshalb abgesehen werden, weil eine Vertragsverletzung oder -störung bereits schon einmal Gegenstand von Beanstandungen war.[79] Der Mieter kann den Mietvertrag aber ohne vorausgehende Abmahnung kündigen, wenn ihm der Vermieter den Gebrauch der Mietsache zwar nur teilweise, aber dauerhaft entzieht und diesen Mangel hartnäckig leugnet.[80] Dasselbe gilt, wenn der Vermieter gegenüber Dritten ohne berechtigtes Interesse Behauptungen aufstellt, die geeignet sind, den Gewerbebetrieb des Mieters nachhaltig zu beeinträchtigen.[81] In diesem Fall ist die Vertrauensgrundlage derart zerrüttet, dass es dem Mieter unter Abwägung der beiderseitigen Interessen nicht zuzumuten ist, das Mietsverhältnis fortzusetzen oder den Vermieter vor der Kündigung noch abzumahnen. Demgegenüber ist eine Abmahnung erforderlich, wenn der Mieter ständig den Mietzins zu spät entrichtet, ohne dass die Voraussetzungen des § 543 Abs. 2 Nr. 3 BGB vorliegen.[82]

107 **Gegenstand** einer fristlosen Kündigung können nur Verstöße sein, die – vorbehaltlich der genannten Ausnahmen – zuvor auch abgemahnt worden sind. Dieses Erfordernis reicht sogar so weit, dass, wenn eine Kündigung auf einen bestimmten Kündigungsgrund gestützt und dieser Kündigungsgrund abgemahnt wird, er tatsächlich aber nicht besteht, die Kündigung unwirksam ist, auch wenn ein anderer Kündigungsgrund gegeben ist. Dieser andere Kündigungsgrund muss nämlich zuvor noch abgemahnt werden.

108 Die außerordentliche fristlose Kündigung ist erst dann gerechtfertigt, wenn das abgemahnte Verhalten schuldhaft weiterhin fortgesetzt wird. Ob in dem Verhalten

---

79 *Sternel*, IV Rn 305 und 309.
80 OLG Düsseldorf, Urt. v. 30.6.2009 – 24 U 179/08 – NZM 2011, 154.
81 BGH, Urt. v. 15.9.2010 – XII ZR 188/08 – NZM 2010, 901.
82 OLG Düsseldorf, Urt. v. 8.7.2008 – 24 U 177/07 – ZMR 2009, 196.

des Mieters eine fortwährende Vertragsverletzung zu sehen ist, muss im Einzelfall geklärt werden. Der Mieter muss beispielsweise innerhalb der angemessenen Abhilfefrist die Folgen der Vertragswidrigkeit nicht vollständig beseitigt haben. Es reicht aus, wenn aus Sicht eines verständigen Dritten die objektiv gebotenen erfolgversprechenden Schritte eingeleitet wurden und eine Beendigung der Vertragsverletzung absehbar ist. Beseitigt der Mieter den Kündigungsgrund nach der Abmahnung, aber noch vor Zugang der Kündigung, ist diese nicht mehr wirksam.[83]

b) Nichtgewährung des vertragsgemäßen Gebrauchs

Der Mieter ist nach Abschluss des Mietvertrages zur Entrichtung der vereinbarten Miete als Äquivalent zur Überlassung der Mietsache in vertragsgemäßen Zustand verpflichtet. Ist dieses Austauschverhältnis erheblich und unzumutbar gestört, wie für den Fall, dass der Mietgegenstand für den Mieter nicht zum vertragsgemäßen Gebrauch genutzt werden kann, so muss der Mieter in die Lage versetzt werden, das Mietverhältnis fristlos zu kündigen. Das regelt § 543 Abs. 2 Nr. 1 BGB. Danach liegt ein wichtiger Grund insbesondere vor, wenn dem Mieter der vertragsgemäße Gebrauch der Mietsache ganz oder zum Teil nicht rechtzeitig gewährt oder wieder entzogen wird. Ob es sich um eine Nichtgewährung des vertragsgemäßen Gebrauchs oder um eine Gebrauchsentziehung handelt, lässt sich in der Praxis nicht immer eindeutig bestimmen. 109

§ 543 Abs. 2 Nr. 1 BGB stellt eine **Ergänzung** zu der dem Vermieter obliegenden **Gewährleistung für Sach- und Rechtsmängel** dar und erweitert die Rechte des Mieters bei Unmöglichkeit und Verzug. Der Erfüllungsanspruch des Mieters und sein Recht auf Minderung und Schadensersatz bleiben allerdings unberührt. 110

Obwohl der Wortlaut von § 543 Abs. 2 Nr. 1 BGB nur die nicht rechtzeitige Gewährung und Wiederentziehung ausdrücklich erwähnt, gilt die Vorschrift gleichermaßen bei **Mangelhaftigkeit des Mietobjektes** oder auch beim **Fehlen einer zugesicherten Eigenschaft**: Ein Mangel der Mietsache kann also – auch wenn er nicht vom Vermieter verschuldet ist – Grundlage einer Kündigung i.S.v. §§ 543 Abs. 2 Nr. 1, 543 Abs. 3 BGB sein.[84] Die Rechtsprechung[85] sieht in einem Mangel einen Teilentzug der Mietsache, der nach fruchtloser Beseitigungsaufforderung mit angemessener Frist den Mieter zur außerordentlichen Kündigung i.S.d. § 543 Abs. 2 Nr. 1 BGB berechtigt. Die Unzumutbarkeit der Fortführung des Vertrages ist keine 111

83 *Sternel*, IV Rn 398. Ihm zustimmend Lindner-Figura/Oprée/Stellmann/*Oprée*, Kap. 15 Rn 171.

84 OLG Düsseldorf, Beschl. v. 22.3.2011 – 10 W 70/10 – ZMR 2011, 629.

85 KG, Beschl. v. 31.5.2010 – 12 U 147/09 – ZMR 2010, 33; OLG Düsseldorf, Urt. v. 27.3.2012 – 24 U 83/11 – MDR 2012, 1086.

Voraussetzung für das Kündigungsrecht nach § 543 Abs. 2 Nr. 1, Abs. 3 BGB.[86] Eine gewisse Erheblichkeit wird hingegen gefordert. Diese liegt beispielsweise nicht vor, wenn der Mangel leicht erkennbar und schnell mit geringen Mitteln beseitigt werden kann.[87] Nicht nur bei der Miete von Wohnraum, sondern auch bei der Miete von Geschäftsräumen stellt eine Mietfläche, die um mehr als 10% unter der im Mietvertrag vereinbarten Fläche liegt, einen nicht unerheblichen Mangel dar.[88] Selbst wenn der Mangel nur geringe wirtschaftliche Folgen haben sollte, so kann das Vortäuschen eines vom Vermieter zu verantwortenden Mangels die Vertrauensgrundlage eines Mietverhältnisses im Einzelfall zerstören und eine außerordentliche Kündigung rechtfertigen.[89]

112 Das Kündigungsrecht i.S.d. § 543 Abs. 2 Nr. 1 BGB kann nicht mit Erfolg geltend gemacht werden, wenn aus anderen Gründen **keine Nutzungsabsicht** des Mieters mehr besteht.[90] Will der Mieter die Mietsache nicht gebrauchen oder ist er am Gebrauch durch Gründe gehindert, die in seiner Person liegen, steht ihm das Kündigungsrecht also nicht zu. Entsprechendes gilt bei **nicht erheblichen Mängeln**.[91] Gegen das Kündigungsrecht des § 543 Abs. 2 Nr. 1 BGB kann der Vermieter sich nach erfolgter Kündigung nicht mit Erfolg auf ein aufgrund Nichtzahlung der Miete bestehendes Zurückbehaltungsrecht bezüglich der Mangelbeseitigung berufen.[92]

113 Eine nicht rechtzeitige Gewährung des vertragsgemäßen Gebrauchs liegt vor, wenn der Vermieter die Obliegenheit zur Gebrauchsüberlassung dadurch verletzt, dass er die Mieträume tatsächlich nicht oder nicht rechtzeitig oder in einem nicht vertragsgemäßen Zustand (z.B. mit Sach- oder Rechtsmängeln) übergibt. Allein die **Befürchtung**, dass eine Leistung nicht vertragsgemäß erfolgen wird, reicht für eine Kündigung nicht aus. Etwas anderes gilt, wenn der Mieter den Vermieter um eine entsprechende Erklärung gebeten hat und der Vermieter eine solche nicht abgibt und auch nicht abgeben will.[93] Auch bei einer sicher **bevorstehenden Gebrauchsbeeinträchtigung** ist die Lage anders: Diese kann für eine Kündigung ausreichen, wenn die bloße Gefährdung dazu führt, dass der Mieter das Mietobjekt nicht mehr ungestört nutzen kann. Das kann z.B. bei behördlichen Auflagen, die auf der Art, Beschaffenheit oder Lage der Mieträume beruhen, der Fall sein und gilt unabhängig davon, ob ein Rechtsmittel eingelegt wurde oder noch nicht. Besteht allerdings eine

86 OLG Düsseldorf, Urt. v. 27.3.2012 – 24 U 83/11 – MDR 2012, 1086; OLG Karlsruhe, Urt. v. 11.5.2012 – 10 U 13/11 –.

87 OLG Köln, Urt. v. 7.9.2012 – 1 U 50/11 –; vgl. auch BGH, Urt. v. 18.10.2006 – XII ZR 33/04 – NZM 2006, 929.

88 BGH, Urt. v. 4.5.2005 – XII ZR 254/01 – NJW 2005, 2152.

89 OLG Düsseldorf, Beschl. v. 21.3.2011 – 24 U 102/10 – NJOZ 2011, 1883.

90 OLG Hamm, Beschl. v. 13.12.2010 – 7 W 33/10 – NZM 2011, 277.

91 OLG Düsseldorf, Urt. v. 19.7.2011 – 24 U 186/10 –.

92 OLG Düsseldorf, Beschl. v. 23.12.2010 – 24 U 65/10 – NJOZ 2011, 2006.

93 Vgl. Lindner-Figura/Oprée/Stellmann/*Oprée*, Kap 15 Rn 191.

Duldungspflicht seitens des Mieters, darf der Mieter die Kündigung nicht auf diese Beeinträchtigung stützen. Ein häufiges Beispiel aus der Praxis ist der Lichtentzug durch ein Baugerüst.

Eine nachträgliche Gebrauchsentziehung der Mietsache kann dadurch erfolgen, dass der Vermieter dem vertragsgemäßen Gebrauch der gemieteten Gewerberäume ganz oder in bestimmter Hinsicht etwas entgegenzusetzen hat bzw. den Gebrauch dem Mieter auf irgendeine andere Art und Weise streitig macht. Ein Problem, was sich in diesem Zusammenhang häufig stellt, ist die **Untervermietung**. Enthält der Mietvertrag die Klausel, dass der Mieter zur Untervermietung berechtigt ist, dann liegt eine Entziehung des vertragsgemäßen Gebrauchs vor, wenn der Vermieter der Untervermietung dennoch widerspricht. Der Mieter hat dann die Möglichkeit, entweder nach § 540 Abs. 1 BGB (befristete außerordentliche Kündigung) oder nach § 543 Abs. 2 Nr. 1 BGB (fristlose Kündigung) zu kündigen. 114

Des Weiteren wird in der Praxis eine Kündigung oft bei folgenden Sach- und Rechtsmängeln auf § 543 Abs. 2 Nr. 1 BGB gestützt: 115

- Feuchtigkeit,[94]
- Ausfall der Heizung oder ungenügende Beheizung,[95]
- Klopfgeräusche aus der Heizung zur Nachtzeit und in den frühen Morgenstunden,[96]
- beeinträchtigte Wasserqualität als Folge mangelhafter Zuleitungen,[97]
- Feuchtigkeit in Verbindung mit muffigem Raumklima,[98]
- äußere Einwirkungen wie etwa Zugangsbeschränkungen,[99]
- Fluglärm,[100]
- Duldung eines Bordellbetriebes in einer Gastwirtschaft,[101]
- Beeinträchtigungen des Betriebs einer gepachteten Gaststätte, die nach den vertraglichen Vereinbarungen „gutbürgerlich" geführt werden soll, durch ein asoziales und kriminelles Umfeld,[102]
- Entzug von Licht durch Nachbarbebauung,[103]
- verweigerte Schankerlaubnis durch Ordnungsamt, weil Vermieter die bauordnungsrechtlichen Voraussetzungen nicht geschaffen hat,[104]

---

94 LG Mannheim, Urt. v. 17.2.1977 – 4 S 90/76 – ZMR 1977, 154.
95 LG Landshut, Urt. v. 18.12.1985 – 1 S 1222/85 – NJW-RR 1986, 640.
96 LG Darmstadt, Urt. v. 25.10.1978 – 7 S 131/78 – WuM 1980, 52.
97 LG Köln, Urt. v. 25.3.1986 – 12 S 488/85 – WuM 1987, 122.
98 OLG Düsseldorf, Urt. v. 20.9.2007 – I-10 U 46/07 – GuT 2006, 133.
99 OLG Köln, Urt. v. 9.5.1972 – 15 U 180/71 – NJW 1972, 1814.
100 AG Jever, Urt. v. 5.11.1970 – C 296/70 – NJW 1971, 1086.
101 BGH, Urt. v. 15.2.1967 – VIII ZR 222/64 – WM 1967, 515.
102 OLG Düsseldorf, Urt. v. 29.11.1991 – 17 U 97/91 – OLGR 1992, 144.
103 BGH, Urt. v. 18.10.2006 – XII ZR 33/04 – NZM 2006, 929.
104 OLG Düsseldorf, Urt. v. 16.6.1988 – 10 U 177/87 –.

- Umsatzrückgang durch umfangreiche Baumaßnahmen im Straßenbereich[105] und dadurch Zugangsbeschränkungen,[106]
- Schimmelpilz,[107]
- sommerliche Aufheizung der Mieträume,[108]
- Verletzung der Konkurrenzschutzabrede,[109]
- umfangreiche Sanierungs-, Um- und Ausbaumaßnahmen,[110]
- Flächenabweichungen; bei mehr als 10% muss keine Gebrauchsbeeinträchtigung nachgewiesen werden,[111]
- regelmäßige vertragswidrige Blockierung von Park- und Ladezonen durch andere Mieter und den Vermieter,[112]
- Vermieter vermietet, ohne berechtigt zu sein; der wahre Berechtigte lässt den Mieter die Räume nicht zu den vereinbarten Konditionen nutzen.[113]

c) Vertragswidriger Gebrauch

116 Dem Vermieter ist es grundsätzlich nicht zuzumuten, wenn der Mieter seine Sorgfaltspflicht für den Mietgegenstand vernachlässigt und ihn dadurch erheblich gefährdet oder die Mietsache unbefugt einem Dritten überlässt. In diesen beiden Fällen kann der Vermieter gem. § 543 Abs. 2 S. 1 Nr. 2 BGB fristlos kündigen. Für andere Fälle des vertragswidrigen Gebrauchs ist § 543 Abs. 1 S. 2 BGB die maßgebliche Norm. Nach der gesetzlichen Regelung ist es zwar Sache des Vermieters, die Mietsache in einem zum vertragsgemäßen Gebrauch geeigneten Zustand zu erhalten. Trotzdem treffen den Mieter bestimmte Sorgfaltspflichten. Eine Gefährdung im Sinne des Gesetzes liegt dann vor, wenn die Mietsache durch die Sorgfaltspflichtverletzung bereits geschädigt worden ist oder wenn der Eintritt eines Schadens nach der Sachlage signifikant höher ist als bei einem vertragsgerechten Verhalten.[114]

117 Beispielsweise bei folgenden Sachverhalten kann der Mieter seine **Sorgfaltspflichten verletzt**, den Mietgegenstand gefährdet und ihn dadurch vertragswidrig gebraucht haben:

---

105 OLG Dresden, Urt. v. 18.12.1998 – 5 U 1774/98 – NZM 1999, 317.
106 OLG Düsseldorf, Urt. v. 29.11.2007 – I-10 U 86/07, 10 U 86/07 –.
107 OLG Brandenburg, Urt. v. 25.2.2014 – 3 U 154/11 –.
108 OLG Brandenburg, Urt. v. 12.9.2012 – 3 U 100/09 –.
109 BGH, Urt. v. 10.10.2012 – XII ZR 117/10 – NJW 2013, 44.
110 BGH, Urt. v. 31.10.2012 – XII ZR 126/11 – NJW 2013, 223.
111 BGH, Urt. v. 29.4.2009 – VIII ZR 142/08 –.
112 OLG Düsseldorf, Urt. v. 30.6.2008 – 24 U 179/08 – IMR 2010, 140.
113 BGH, Urt. v. 10.7.2008 – IX ZR 128/07 – IMR 2008, 335.
114 Schmidt-Futterer/*Blank*, § 543 Rn 57.

- Bewusste Verheimlichung der Untervermietung,[115]
- Verletzung der Obhut- und Anzeigepflicht gem. § 536c BGB,
- Nichterfüllung der vertraglich übernommenen Instandsetzungs- und Instandhaltungspflicht,
- unerlaubte Eingriffe in die Bausubstanz der Mietsache,[116]
- Tierhaltung,[117]
- Überbelegung,[118]
- Übergang von privater zu gewerblicher Nutzung und umgekehrt,[119]
- Abstellen der Heizkörper bei Frost,[120]
- unsorgsame Aufbewahrung von Schlüsseln zur Mietsache,[121]
- eigenmächtige Änderung des Mietzwecks.[122]

Die zweite Alternative von § 543 Abs. 2 S. 1 Nr. 2 BGB – die der **unerlaubten Gebrauchsüberlassung** – hat zwei Voraussetzungen: eine unbefugte Gebrauchsüberlassung als vertragswidrige Handlung des Mieters und die dadurch bewirkte erhebliche Rechtsverletzung. Der Kündigungsgrund ist gegeben, wenn der Mieter die unbefugte Gebrauchsüberlassung trotz Abmahnung nicht beendet. 118

Ist der Gewerbemieter eine **juristische Person**, dann liegt im Wechsel der Gesellschafter grundsätzlich keine Überlassung an einen Dritten. Einige Besonderheiten gelten nur bei einer GbR als Mieterin: Handelt es sich um eine **Außen-GbR** als Mieterin der Gewerberäume, so ist es sachgerecht, hierauf die Grundsätze über die Personenhandelsgesellschaft anzuwenden. Wurden die Räumlichkeiten dagegen von mehreren zu einer **Innen-GbR** verbundenen Personen angemietet, dann ist es sachdienlicher, die Grundsätze über die Mietermehrheit anzuwenden. In diesem Fall bedarf ein Wechsel der Gesellschafter einer Erlaubnis des Vermieters. 119

Wird in den gemieteten Räumen ein Handelsunternehmen oder ein sonstiges Gewerbe vom Mieter betrieben, so darf er die Räume nur mit Erlaubnis des Vermieters einem Erwerber des Unternehmens überlassen. Unerheblich ist die Tatsache, dass der Erwerber den Betrieb ohne die Mieträume eventuell nicht fortführen kann und aus diesem Grunde die Arbeitnehmer entlassen muss. 120

Eine Gebrauchsüberlassung an einen Dritten liegt dagegen nicht vor, wenn der Vermieter die Sache an einen Rechtsträger im Sinne des Umwandlungsgesetzes ver- 121

115 OLG Hamm, Beschl. v. 11.4.1997 – RE-Miet 1/97 – WuM 1997, 364.
116 BGH, Urt. v. 26.6.1974 – VIII ZR 43/73 – NJW 1974, 1463.
117 Palandt/*Weidenkaff*, § 543 Rn 21.
118 BGH, Beschl. v. 14.7.1993 – VIII ARZ 1/93 – NJW 1993, 2528.
119 Palandt/*Weidenkaff*, § 543 Rn 21.
120 Bub/Treier/*Grapentin*, IV Rn 353.
121 KG, Urt. v. 11.2.2008 – 8 U 151/07 – NZM 2009,294.
122 BGH, Urt. v. 14.7.2009 – VIII ZR 165/08 – WuM 2009, 517.

mietet hat und die Mieterin ihr Vermögen im Wege der Umwandlung durch Verschmelzung auf einen anderen Rechtsträger überträgt.

122 Anders als in Wohnraummietverträgen kann in Mietverträgen über Geschäftsräume § 543 Abs. 2 Nr. 2 BGB abbedungen werden.

d) Zahlungsverzug

123 Spiegelbildlich zur Gebrauchsüberlassung durch den Vermieter ist der Mieter verpflichtet, den vereinbarten Mietzins zu zahlen. Kommt er dem in erheblichem Umfang nicht nach, ist eine Fortsetzung des Vertrages dem Vermieter nicht bis zum Ablauf der ordentlichen Kündigungsfrist zumutbar und ihm steht bei Überschreitung des gesetzlich geregelten Umfanges das Recht zur fristlosen Kündigung nach § 543 Abs. 2 Nr. 3 BGB zu. Dieser Fall der außerordentlichen fristlosen Kündigung kommt in der Praxis am häufigsten vor.

124 Nach **§ 543 Abs. 2 S. 1 Nr. 3a Alt. 1 BGB** liegt ein wichtiger Grund, der zu einer Kündigung berechtigt, dann vor, wenn der Mieter für zwei aufeinanderfolgende Termine mit der Entrichtung der Miete in Verzug ist.

Beispiel
Der Mieter zahlt die Miete für Januar und Februar nicht.

125 Nach **§ 543 Abs. 2 S. 1 Nr. 3a Alt. 2 BGB** liegt Verzug vor, wenn der Mieter einen nicht unerheblichen Teil der Miete nicht entrichtet hat. Der rückständige Teil der Miete ist dann als nicht unerheblich anzusehen, wenn er die Miete für einen Monat übersteigt. Das ergibt sich für die Wohnraummiete aus § 569 Abs. 3 Nr. 1 BGB und gilt für die Gewerbemiete entsprechend.[123] Es besteht also ein Kündigungsrecht, wenn ein Verzug für mindestens zwei Termine vorliegt und der Gesamtrückstand eine Monatsmiete plus 1 Cent beträgt.

Beispiel
Im Januar zahlt der Mieter gar keine Miete. Im Februar zahlt er 50% der vereinbarten Miete.

126 Nach **§ 543 Abs. 2 S. 1 Nr. 3b BGB** liegt hingegen ein wichtiger Grund vor, wenn der Mieter in einem Zeitraum, der sich über mehr als zwei Termine erstreckt, mit der Entrichtung der Miete in Höhe eines Betrages in Verzug ist, der die Miete für zwei Monate erreicht. Hiervon werden die Fälle erfasst, in denen der Mieter über einen längeren ununterbrochenen Zeitraum hinweg erhebliche Mietrückstände auflaufen

123 BGH, Urt. v. 23.7.2008 – XII ZR 134/06 – NJW 2008, 3210.

lässt, wobei der Zeitraum nicht begrenzt ist. Es ist unerheblich, ob der Mieter mit zwei vollen Mieten oder mit mehreren Teilbeträgen in Verzug geraten ist.

Beispiel
Die Miete beträgt 5.000 €. Im November zahlt der Mieter keine Miete. Im Dezember und Januar überweist er die Miete in voller Höhe. Im Februar zahlt er 5.000 € und im März wiederum keine Miete.

Wie schon aus dem Wortlaut der Tatbestände ersichtlich wird, ist **Voraussetzung** 127
für eine Kündigung nach § 543 Abs. 2 S. 1 Nr. 3a, b BGB ein **Verzug mit der Zahlung** der Miete. Aufgrund dessen stellt sich die Frage, was genau mit Miete gemeint ist. Mittlerweile ist allgemein anerkannt, dass zur Miete nur die laufenden Zahlungen einschließlich der Nebenkosten gehören, nicht dagegen auch die Erfüllung anderer Ansprüche des Vermieters, wie etwa des Anspruchs auf Zahlung von Finanzierungsbeträgen oder der Kaution sowie von Schadensersatzansprüchen einschließlich der Verzugszinsen. Eine außerordentliche Kündigung kann aber dann nicht auf die ausbleibende Zahlung von Betriebskostensaldoforderungen gestützt werden, wenn der Mieter zuvor gegen die Betriebskostenabrechnung sachlich begründete Einwendungen erhoben hat.[124] Bezüglich der Rechtzeitigkeit kommt es bei fehlender abweichender Vereinbarung auf die Rechtzeitigkeit der Leistungshandlung, also des Absendens des Geldes an. Der Vermieter muss **Teilzahlungen** der Miete nicht akzeptieren, wenn er es nicht will. Akzeptiert er aber Teilzahlungen, dann braucht er nicht zu befürchten, dass darin eine Teilstundung liegen könnte.

Steht dem Mieter die **Einrede des nichterfüllten Vertrages** (§ 320 BGB) zu und 128
beruft er sich auf diese, dann kommt er nicht in Verzug. Hierbei ist zu beachten, dass durch die Erhebung der oben genannten Einrede ein **Zurückbehaltungsrecht** entsteht. Dieses muss nicht ausdrücklich erwähnt werden. Schon dessen Bestehen allein hindert den Eintritt des Verzuges. Besteht ein Zurückbehaltungsrecht nach § 273 BGB allerdings wegen anderer Ansprüche, dann muss es erhoben werden.

Grundsätzlich kommt der Mieter nur dann in Verzug, wenn die Leistung infolge 129
eines Umstandes unterbleibt, den der Mieter **zu vertreten** hat. Das Verschulden wird vermutet, vgl. § 285 BGB. Insgesamt gelten die allgemeinen Anforderungen an ein Verschulden: So können Irrtümer unter Umständen entschuldigt sein. Kommt es zu einer fehlerhaften anwaltlichen Beratung, so muss sich der Mieter die Irrtümer des Anwalts zurechnen lassen. Der eine fristlose Kündigung begründende Zahlungsverzug entfällt nicht wegen **fehlenden Verschuldens des Mieters**, wenn dieser bei Anwendung der verkehrsüblichen Sorgfalt hätte erkennen können, dass die tatsächlichen Voraussetzungen des von ihm in Anspruch genommenen Minde-

---

124 OLG Brandenburg, Urt. v. 22.8.2012 – 3 U 67/11 –.

rungsrechts nicht bestehen.[125] Eine **vorherige Abmahnung** und Androhung der fristlosen Kündigung wird nicht vorausgesetzt. Nimmt der Vermieter die verspäteten Zahlungen aber **über einen längeren Zeitraum unbeanstandet** hin, so spricht dies dagegen, dass dem Vermieter die Fortsetzung des Mietverhältnisses nicht mehr zugemutet werden kann. Vielmehr zeigt der Vermieter durch sein Verhalten, dass er durchaus zur Fortsetzung des Mietverhältnisses bereit ist.

130 Bei der Zahlungsrückstandskündigung bei **„schleppender" Zahlungsweise** sind folgende Grundsätze zu beachten:[126] Ein Verzug i.S.d. § 543 Abs. 2 S. 1 Nr. 3a Alt. 2 BGB liegt vor, wenn der Rückstand den Betrag von einer Monatsmiete übersteigt. Ein solcher Rückstand reicht aber nur aus, wenn er aus zwei aufeinanderfolgenden Zahlungszeiträumen resultiert. Ergibt sich der Rückstand auch aus anderen Zeiträumen, so ist die außerordentliche fristlose Kündigung wie oben bereits beschrieben nur gerechtfertigt, wenn der Rückstand eine Höhe von zwei Monatsmieten erreicht, § 543 Abs. 2 S. 1 Nr. 3b BGB.

131 Die ständig verspätet erfolgende Mietzahlung kann nach fruchtloser Abmahnung zur außerordentlichen Kündigung berechtigen.[127]

132 Die Kündigung kann unter bestimmten Umständen **ausgeschlossen** sein. Gemäß § 543 Abs. 2 S. 2 BGB ist sie es, wenn der Vermieter vorher befriedigt wird. Aufgrund dieser Regelung ist dem Vermieter anzuraten, seine Kündigung möglichst schnell auszusprechen, da ansonsten die Gefahr besteht, dass der Mieter die Zahlung der Miete wieder aufnimmt und das Kündigungsrecht des Vermieters mithin entfällt.

133 Ferner besteht die Möglichkeit, dass die Kündigung **unwirksam** wird. Nach § 543 Abs. 2 S. 3 BGB wird die Kündigung unwirksam, wenn sich der Mieter von seiner Schuld durch Aufrechnung befreien konnte und unverzüglich nach der Kündigung die Aufrechnung erklärt. Die Aufrechnung muss unverzüglich erklärt werden. Zu beachten ist des Weiteren, dass die Aufrechnungslage vor Wirksamwerden der Kündigung entstanden sein muss. In Bezug auf diese Regelung ist dem Vermieter zu raten, etwaige mögliche Gegenansprüche des Mieters stets genau zu beobachten.

134 Die **Beweislast** bezüglich der Voraussetzungen des Verzuges liegt beim Vermieter. Behauptet der Mieter hingegen, den Eintritt des Verzugs durch Leistung verhindert oder die Wirkungen des Verzuges durch Leistung beseitigt zu haben, so ist er hierfür beweispflichtig. Ferner ist es auch Sache des Mieters, darzulegen und ggf. zu beweisen, dass ihn kein Verschulden daran trifft, dass er die Miete nicht entrichtet hat.[128] Nur so kann er der Kündigung gem. § 543 Abs. 2 S. 1 Nr. 3b BGB entgehen. Bei-

---

125 BGH, Urt. v. 11.7.2012 – VIII ZR 138/11 – NZM 2012, 637.

126 Vgl. dazu auch BGH, Urt. v. 23.7.2008 – XII ZR 134/06 – NZM 2008, 770.

127 OLG Düsseldorf, Urt. v. 8.7.2008 – 24 U 177/07 – ZMR 2009, 196; OLG Frankfurt, Urt. v. 16.6. 2010 – 3 U 220/09 –.

128 BGH, Urt. v. 11.4.2012 – XII ZR 48/10 – WuM 2012, 323.

spielsweise kann ein Verschulden dann ausgeschlossen sein, wenn der Mieter schuldlos über das Bestehen oder den Umfang der Zahlungspflicht irrte, wobei vom Mieter zu erwarten ist, dass er ggf. Rechtsrat einholt. Insgesamt sind die Anforderungen, was von einem Mieter erwartet werden kann, sehr hoch.

§ 543 Abs. 2 Nr. 3 BGB kann in Mietverhältnissen über Geschäftsräume durch 135 Individualvereinbarung **abbedungen** werden. Zu beachten ist aber, dass in Allgemeinen Geschäftsbedingungen das Kündigungsrecht des Vermieters wegen Zahlungsverzuges nicht erweitert werden darf.

e) Erhebliche Vertragsverletzung

Dieser in **§ 543 Abs. 3, Abs. 1 S. 2** BGB geregelte Auffangtatbestand erfasst sämtli- 136 che „wichtigen Gründe" die hinsichtlich ihres Gewichts gegenüber denjenigen aus Abs. 2 wertungsmäßig vergleichbar sind. Auch hinter dieser Regelung steckt der Gedanke, dass, wenn eine Vertragspartei ihre Pflichten so nachhaltig verletzt, dass die Fortsetzung des Mietverhältnisses für die andere Partei nicht mehr zumutbar ist, sich diese vom Vertrag lösen können soll. Hierbei ist eine Gesamtwürdigung aller Umstände vorzunehmen. Sollten die Gründe aber in der eigenen Risikosphäre des Kündigenden liegen, dann ist die Kündigung nicht gerechtfertigt.

Folgende Fälle wurden bereits von der Rechtsprechung als erhebliche Vertrags- 137 pflichtverletzung anerkannt:
- unrichtige oder unvollständige Angaben über Umsätze und Erträge eines Unternehmens (hier: Gaststätte),[129]
- Verletzung der Betriebspflicht trotz vorheriger Abmahnung des Vermieters,[130]
- Vereitelung des Vormietrechts des Mieters,[131]
- Weigerung des Mieters, ihm obliegende Schönheitsreparaturen durchzuführen,[132]
- Nichtzahlung einer vertraglich geschuldeten Kaution,[133]
- Verwendung gefälschter Belege für die Betriebskostenabrechnung,[134]
- Verschweigen der gesellschaftsrechtlichen Verhältnisse durch den Mieter,[135]
- unterlassene Aufklärung des Vermieters über Einzelheiten der Nutzung des Mietobjekts durch Dritte,[136]

---

129 OLG Düsseldorf, Urt. v. 14.12.2006 – 10 U 74/06 – GuT 2007, 13.
130 OLG Celle, Beschl. v. 20.6.2011 – 2 U 49/11 – NZM 2012, 275.
131 BGH, Urt. v. 6.2.1974 – VIII ZR 239/72 – WM 1974, 345.
132 Vgl. *Wolf/Eckert/Ball*, Rn 1025.
133 BGH, Urt. v. 21.3.2007 – XII ZR 36/05 – NZM 2007, 400; BGH, Urt. v. 21.3.2007 – XII ZR 255/04 – NZM 2007, 401.
134 LG Gießen, Urt. v. 12.6.1996 – 1 S 571/95 – WuM 1996, 767.
135 BGH, Urt. v. 7.12.1977 – VIII ZR 214/75 – NJW 1978, 416.
136 OLG Hamburg, Urt. v. 4.11.1991 – 4 U 24/91 – ZMR 1992, 23.

- Verteidigung gegen eine Kündigung mit unredlichen Mitteln (z.B. Zeugenbeeinflussung),[137]
- Änderung der Branche,[138]
- Über-/Unterschreiten der Öffnungszeiten,[139]
- nachhaltige Verweigerung einer Mängelbeseitigung.[140]

f) Vertragliche Regelungen – Wichtiger Grund

138 Die Rechtsprechung gewährt ein Recht zur außerordentlichen Kündigung aus wichtigem Grund, das auf dem Grundsatz von **Treu und Glauben** (§ 242 BGB) beruht. Grund hierfür ist insbesondere, dass § 543 Abs. 1 BGB nur bei schuldhaften Vertragsverletzungen ein Kündigungsrecht einräumt. Beispielsweise ist eine Kündigung aus wichtigem Grund bei einer nachhaltigen Zerrüttung des Vertrauensverhältnisses möglich. Insgesamt ist die Rechtsprechung hierzu aber restriktiv, um ein Ausufern des Tatbestandes zu verhindern. Eine vorherige **Abmahnung** ist nicht notwendig.

139 Will der Kündigende sich bei der Kündigung auf Umstände berufen, die dem Einfluss des Kündigungsempfängers entzogen sind und die aus dem eigenen Interesse des Kündigenden hergeleitet werden, dann kann eine Kündigung aus wichtigem Grund nur ausnahmsweise darauf gestützt werden, nämlich dann, wenn die Geschäftsgrundlage des Mietverhältnisses weggefallen ist oder sich wesentlich verändert hat.

4. Sonderkündigungsrechte

a) Grundsätze

140 Bestimmte gesetzlich geregelte Fälle gewähren ein Recht zur vorzeitigen Kündigung, welches nicht an eine Vertragsstörung, sondern **an ein Ereignis anknüpft**. Diese Sonderkündigungsrechte kommen in langfristigen Mietverhältnissen vor, die auf bestimmte Zeit geschlossen wurden und bei denen eine ordentliche Kündigung während der Vertragslaufzeit ausgeschlossen wurde oder bei Mietverträgen mit vereinbarten langen Kündigungsfristen. Die Kündigungsfrist des § 580a Abs. 2 BGB ist nach § 580a Abs. 4 BGB allerdings auch in diesen Fällen zu berücksichtigen.

141 Besagt der Mietvertrag, dass die Kündigung nur zum **erstmöglichen Termin** zulässig sein soll (z.B. gem. § 564 BGB, § 57a ZVG, § 111 InsO), ist die Angabe eines zu

137 BGH, Urt. v. 4.12.1985 – VIII ZR 33/85 – WuM 1986, 60.
138 OLG Düsseldorf, Urt. v. 5.9.2002 – 24 U 207/01 –.
139 OLG Düsseldorf, Beschl. v. 21.3.1997 – 10 W 153/96 –.
140 LG Heidelberg, Urt. v. 9.6.1976 – 3 S 2/75 – WuM 1977, 200.

frühen Zeitpunktes, zu dem die Kündigung wirken soll, grundsätzlich unschädlich, denn dann endet das Mietverhältnis zu dem nächstmöglichen „ersten" Termin.

b) Mietverhältnisse über mehr als 30 Jahre

Gemäß **§ 544 S. 1 BGB** kann ein Mietverhältnis mit einer Vertragslaufzeit von mehr als 30 Jahren nach Ablauf von 30 Jahren außerordentlich mit gesetzlicher Frist gekündigt werden, es sei denn, es ist für die Lebenszeit einer Partei geschlossen worden. **Sinn und Zweck** des § 544 S. 1 BGB ist es, Generationen überdauernde und folglich wirtschaftlich unübersehbare Bindungen zu verhindern. Das Rechtsinstitut der Miete soll zeitlich begrenzt sein. Außerdem soll eine einem dinglichen Nutzungsrecht nachempfundene Berechtigung, eine Art Erbmiete, erst gar nicht entstehen.[141] 142

Nach **§ 544 S. 2 BGB** ist das Sonderkündigungsrecht bei Mietverträgen auf Lebenszeit des Mieters oder des Vermieters ausgeschlossen. 143

Einer Vereinbarung einer Vertragslaufzeit von mehr als 30 Jahren steht es gleich, wenn dem Mieter eine oder mehrere Verlängerungsoptionen eingeräumt werden, mit deren Ausübung diese Vertragsdauer überschritten wird. Dieser Fall ist aber von demjenigen zu unterscheiden, wo mehrere Mietverträge ineinandergreifen. Ferner steht es der oben genannten Vereinbarung gleich, wenn die Vertragsparteien das Recht einer oder beider Vertragsparteien auf ordentliche Kündigung für mehr als 30 Jahre ausgeschlossen haben. Wird die Ausübung des Kündigungsrechts wirtschaftlich übermäßig erschwert oder unmöglich gemacht, ist dies einem Ausschluss des Kündigungsrechts gleichzusetzen.[142] Eine weitere Alternative ist darin zu sehen, dass die Vertragsdauer von einem Ereignis abhängt, dessen Eintritt erst nach mehr als 30 Jahren möglich ist. 144

§ 544 BGB ist **zwingendes Recht**, kann also auch individualvertraglich nicht abbedungen werden. 145

c) Tod des Mieters

Verstirbt der Mieter während der Dauer des Mietverhältnisses gleich aus welchem Grund oder wird er für tot erklärt, können sowohl der Vermieter als auch der Erbe das Mietverhältnis mit der gesetzlichen Frist kündigen. 146

Der § 580 BGB setzt den **Tod** einer natürlichen Person voraus. Folglich fällt die Beendigung einer Gesellschaft, ihre Umwandlung oder Verschmelzung nicht unter diese Regelung. 147

---

141 *Mugdan*, Motive II, S. 413.

142 OLG Hamm, Urt. v. 11.6.1999 – 30 U 238-98 – NZM 1999, 753; Palandt/*Weidenkaff*, § 544 Rn 4; MüKo-BGB/*Bieber*, § 544 Rn 5.

148 Mieten mehrere Personen eine Räumlichkeit und verstirbt eine von ihnen, dann haben die Erben des **verstorbenen Mitmieters** kein Eintrittsrecht. Dies folgt aus der Unteilbarkeit eines Mietverhältnisses und dem damit im Zusammenhang stehenden Verbot einer Teilkündigung.

149 Es ist umstritten, inwieweit § 580 BGB abbedungen werden kann.

150 Überwiegend wird vertreten, dass die Norm jedenfalls durch Individualvereinbarung insgesamt ausgeschlossen oder inhaltlich geändert werden kann. Unzulässig sind hingegen formularvertragliche Klauseln, die ein Kündigungsrecht des Verwenders bestehen lassen, das des Vertragsgegners aber ausschließen oder Klauseln, die einen Schadensersatzanspruch gegen den Rechtsnachfolger des verstorbenen Vertragspartners zugestehen.[143]

d) Verweigerung der Erlaubnis zur Untervermietung

151 § 540 Abs. 1 S. 1 BGB konstituiert die Verpflichtung zur Einholung einer Erlaubnis, wenn der Mieter zumindest Teile der Mietfläche einem Dritten zur Nutzung überlassen möchte. Verweigert der Vermieter die Erlaubnis ohne einen in der Person des potenziellen Untermieters liegenden wichtigen Grund, ist der Mieter berechtigt, das Mietverhältnis außerordentlich mit der gesetzlichen Frist zu kündigen. Problematisch ist in diesem Zusammenhang meist die Frage, wie der unbestimmte Rechtsbegriff **„wichtiger Grund"** auszulegen ist und welche Gründe das Interesse des Vermieters derart tangieren, dass er unter Berücksichtigung der Belange des Mieters die Untervermietung verweigern darf. Eine Orientierung können hier die Grundsätze bei der Kündigung aus wichtigem Grund bieten.

152 Der Mieter hat bei Fehlen einer entsprechenden vertraglichen Vereinbarung **keinen Anspruch auf Erteilung** einer Erlaubnis zur Untervermietung und ihm stehen auch keine Schadensersatzansprüche zu, sofern der Vermieter die Erlaubnis unberechtigt verweigert. Ferner darf der Mieter dem Dritten den Gebrauch nur so weit einräumen, wie er ihm selbst zusteht und keinesfalls darüber hinaus.

153 Die Erlaubnis wird seitens des Vermieters durch **einseitige, formlose und empfangsbedürftige Willenserklärung** erteilt und bezieht sich nur auf den konkreten Untermieter, d.h. sie muss bei jedem neuen Untermieter in der Regel erneut eingeholt werden. Der Vermieter hat aber auch die Möglichkeit, eine generelle Erlaubnis zur Untervermietung zu erteilen. In diesem Fall kann er sie nur widerrufen, wenn er sich den Widerruf vertraglich gesichert hat oder ein wichtiger Grund vorliegt.

154 Der Mieter hat ein Recht darauf, die Gründe für die verweigerte Erlaubnis zur Untervermietung vom Vermieter zu erfahren, wobei der Vermieter nur dann **Gründe**

143 OLG Düsseldorf, Urt. v. 7.6.1990 – 10 U 195/89 – NJW-RR 1990, 1469.

nachschieben darf, wenn er die neuen Gründe zum Zeitpunkt der Verweigerung entschuldbar nicht kannte.

In der Praxis kommt es häufig vor, dass Mieter durch eine Anfrage zur Untervermietung eine **Kündigung provozieren** wollen oder dem Vermieter einen unliebsamen Untermieter „unterzuschieben" versuchen und nur vage Angaben in Bezug auf die Person des Untermieters machen. Dem Vermieter ist jedenfalls zu empfehlen, stets zügig auf die Anfragen zu reagieren und mehr Informationen zu verlangen, bevor er eine Erlaubnis erteilt oder verweigert. 155

Die **Beweislast** für eine unberechtigte Verweigerung der Untermieterlaubnis trägt der Mieter.[144] 156

e) Kündigungsrecht des Insolvenzverwalters

Da das Mietverhältnis gem. § 108 Abs. 1 S. 1 InsO mit Wirkung für die Insolvenzmasse unverändert fortbesteht, bestehen nach Eröffnung des Insolvenzverfahrens auch alle gesetzlichen und vertraglichen Kündigungsmöglichkeiten. Der Insolvenzverwalter kann nach § 109 Abs. 1 S. 1 InsO zu jedem Zeitpunkt eines laufenden Insolvenzverfahrens über das Vermögen des Mieters das Mietverhältnis ohne Rücksicht auf die vereinbarte Vertragsdauer oder einen vereinbarten Ausschluss des Rechts zur ordentlichen Kündigung unter Einhaltung der gesetzlichen Frist, d.h. bei Geschäftsräumen gem. § 580a Abs. 2 BGB kündigen. Zu beachten ist, dass das vom Insolvenzverwalter ausgeübte Sonderkündigungsrecht nach § 109 InsO das Mietverhältnis auch im Verhältnis zwischen Vermieter[145] und nicht insolventem Mitmieter des Schuldners beendet.[146] Über das Sonderkündigungsrecht aus § 109 Abs. 1 S. 1 InsO hinaus haben beide Parteien ein Recht zum Rücktritt nach § 109 Abs. 2 S. 1 InsO, wenn das Mietobjekt bei Verfahrenseröffnung noch nicht überlassen worden war. 157

f) Kündigungsrecht des Erwerbers in der Zwangsversteigerung

Nach § 57a ZVG besteht ein Sonderkündigungsrecht des Erstehers bei der Zwangsversteigerung. Danach kann der Erwerber das Mietverhältnis unter Einhaltung der gesetzlichen Frist außerordentlich kündigen. Die Kündigung ist ausgeschlossen, wenn sie nicht für den ersten Termin erfolgt, für den sie zulässig ist, § 57a S. 2 ZVG. Dem Ersteher muss allerdings eine angemessene Überlegungs- und Prüfungsfrist zugebilligt werden, sodass die Kündigung auch tatsächlich möglich ist. In diesem Zusammenhang ist ferner zu beachten, dass sich der erste zulässige Termin nicht 158

---

144 OLG Koblenz, Beschl. v. 27.12.2011 – 5 U 839/11 – WuM 2012, 613.

145 Zu den Rechten des Vermieters in der Insolvenz des Mieters vgl. *Tetzlaff*, NZI 2006, 87.

146 OLG Hamburg, Urt. v. 29.3.2012 – 8 U 78/11 – FD-MietR 2012, 334026.

nach dem Eintritt der Rechtskraft, sondern nach der Verkündung des Zuschlags richtet.

159 Im Einzelfall kann die Ausübung des Kündigungsrechts nach § 242 BGB unzulässig sein, nämlich dann, wenn sie einzig dem Zweck dient, die Voraussetzungen für eine vorzeitige Kündigung bestehender Mietverhältnisse zu schaffen und sich auf Kosten der Mieter zu bereichern.

g) Sonstige Sonderkündigungsrechte

160 Dem Eigentümer steht nach § 1056 Abs. 2 S. 1 BGB bei Beendigung des Nießbrauchs ein Sonderkündigungsrecht zu mit der gesetzlichen Frist des § 580a Abs. 4 BGB. Ein Sonderkündigungsrecht mit gesetzlicher Frist steht auch dem Grundstückseigentümer zu, wenn ein bestehendes Erbbaurecht durch Zeitablauf erlischt, § 30 Abs. 1, 2 ErbbRVO. Tritt im Falle der Nacherbfolge der Nacherbe nach Maßgabe des § 2135 i.V.m. § 1056 BGB als Vermieter in ein bis dahin mit dem Vorerben bestehendes Mietverhältnis ein, kann der Nacherbe dieses aufgrund des Sonderkündigungsrechts gem. § 1056 Abs. 2 BGB mit gesetzlicher Frist kündigen. Dem Eigentümer ist die Kündigung nach § 1056 Abs. 2 BGB aber verwehrt, wenn er unabhängig von § 1056 Abs. 1 BGB persönlich an den Mietvertrag gebunden ist.[147] Der Zweck des § 1056 BGB rechtfertigt nach der Rechtsprechung[148] außerdem, dem Grundstückseigentümer das außerordentliche Kündigungsrecht im Falle der Beendigung des Nießbrauchs dann zu verwehren, wenn er nicht nur im Wege des gesetzlichen Vertragsübergangs nach §§ 1056, 566 BGB in den Mietvertrag eingetreten, sondern darüber hinaus an dem Mietverhältnis persönlich beteiligt ist, weil er selbst vor Bestellung des Nießbrauchs das Mietverhältnis eingegangen oder er dem Mietvertrag zu einem späteren Zeitpunkt beigetreten ist.

5. Aufhebungsvereinbarung

161 Bei der vorzeitigen Beendigung befristeter Mietverhältnisse erfährt die Aufhebungsvereinbarung besondere Relevanz, die als Ausdruck der Vertragsfreiheit jederzeit von den Mietvertragsparteien geschlossen werden kann. Sie unterliegt keiner bestimmten **Form**, sodass auch durch schlüssiges Verhalten eine einvernehmliche Beendigung des Mietverhältnisses denkbar ist. Nimmt der Vermieter nur den Schlüssel zurück, kommt nicht ohne Weiteres ein konkludenter Mietaufhebungsvertrag zustande.[149]

---

147 BGH, Urt. v. 12.10.2011 – VIII ZR 50/11 – ZEV 2012, 160.
148 BGH, Urt. v. 20.10.2010 – XII ZR 25/09 – NZM 2011, 73.
149 KG, Urt. v. 13.11.2006 – 8 U 51/06 – NZM 2007, 402.

Ist auf Vermieter- oder Mieterseite **Personenmehrheit** gegeben, müssen alle Vertragsparteien beteiligt sein. 162

Die Parteien sollten im Interesse der Rechtssicherheit die **wesentlichen Punkte** schriftlich fixieren. Zu den wesentlichen Punkten gehören u.a. der Zeitpunkt der Aufhebung, bestehende Zahlungsverpflichtungen, die Rückgabe oder auch die Instandsetzung/Renovierung. 163

6. Beendigung durch Verwaltungsakt

Mietverhältnisse können auch öffentlich-rechtlich durch Verwaltungsakt beendet werden, wobei anstelle von den üblichen zivilrechtlichen Kündigungsvoraussetzungen und Kündigungsfristen vor allem der **Grundsatz der Verhältnismäßigkeit** zu beachten ist. 164

Beispielhaft zu nennen sind die Beendigung des Mietverhältnisses gem. **§ 61 Abs. 1 BauGB**, wenn das Grundstück in einem Umlegungsgebiet liegt. Ferner kann das Nutzungsrecht an einem Grundstück gem. **§ 86 Abs. 1 Nr. 3 BauGB** durch Enteignung aufgehoben werden. Ebenfalls beendet werden können Mietverhältnisse nach **§ 182 Abs. 1 BauGB**, wenn es sich um Grundstücke handelt, die in einem förmlich festgesetzten Sanierungsgebiet liegen. Handelt es sich um ein Mietverhältnis über Geschäftsraum, dann hat die Gemeinde mit den Parteien das Sanierungsvorhaben und die baulichen Maßnahmen zu erörtern (§§ 137, 145 BauGB). Der Gewerbemieter in einem solchen förmlich festgelegten Sanierungsgebiet wird allerdings durch die Zubilligung des Rechts geschützt, die Aufhebung eines Mietverhältnisses selbst zu beantragen, wenn seine Erwerbsgrundlage wesentlich beeinträchtigt und ihm deshalb die Fortsetzung des Mietverhältnisses nicht mehr zuzumuten ist (§ 182 Abs. 3 BauGB). Die Aufhebungsfrist beträgt mindestens sechs Monate. 165

Wie aus den oben genannten Beispielen ersichtlich wird, wirkt die Aufhebung von Mietverhältnissen enteignend. Folglich stehen den Mietern ggf. **Entschädigungsansprüche** nach Maßgabe der §§ 61 Abs. 2, 185, 93f. BauGB zu. Handelt es sich um einen besonderen Härtefall, erfolgt ein Ausgleich aus Billigkeitsgründen gem. § 181 BauGB. 166

B. Abwicklung des Mietverhältnisses

I. Rückgabe

Wesentlicher Bestandteil der Abwicklung eines Mietverhältnisses ist die Rückgabe der Mietsache. Nach § 546 Abs. 1 BGB ist der Mieter verpflichtet, die Mietsache nach Beendigung des Mietverhältnisses zurückzugeben. § 546 Abs. 1 BGB setzt somit ein wirksam beendetes Mietverhältnis voraus. Das alleinige Fehlen eines Mietverhält- 167 nisses reicht im Umkehrschluss nicht aus. Dem Vermieter, der zugleich Eigentümer ist, steht zusätzlich aus § 985 BGB ein Herausgabeanspruch zu, weil mit Beendigung des Mietverhältnisses regelmäßig auch das Besitzrecht des Mieters erlischt.

1. Zeitpunkt

168 Nach der Rechtsprechung des BGH[150] ist die Mietsache entgegen der Formulierung des § 546 Abs. 1 BGB bereits am **letzten Tag des Mietverhältnisses** zurückzugeben. Fällt der Räumungstag auf einen Sonn- oder Feiertag, so ist die Mietsache gem. § 193 BGB erst am darauffolgenden Tag zurückzugeben, wobei allerdings für den Zeitraum über das eigentliche Mietende hinaus der anteilige Mietzins als Nutzungsentschädigung zu zahlen ist. Die Leistungszeit ist kalendermäßig i.S.d. § 286 Abs. 2 Nr. 2 BGB bestimmt, sodass der Mieter, ohne gemahnt zu werden, in Verzug gerät, sofern er die Mietsache nicht rechtzeitig zurückgibt.

169 Uneinigkeit besteht über die Frage, ob der Mieter berechtigt ist, die Mietsache **vorzeitig zurückzugeben.** Hierzu werden verschiedene Meinungen vertreten. Eine Ansicht verweist auf § 271 Abs. 2 BGB und hält eine vorzeitige Rückgabe im Einzelfall für zulässig. Teile dieser Literaturmeinung stimmen dem jedoch nur mit der Maßgabe zu, dass die Rückgabe möglichst zeitnah am eigentlichen Rückgabetermin erfolgt. Die Gegenauffassung lehnt eine vorzeitige Rückgabe gänzlich ab und begründet das damit, dass den Mieter eine Obhutspflicht treffe, die er nicht auf den Vermieter zurückverlagern könne. Die letztere Meinung überzeugt, da der Mieter in der Tat nicht nur ein Recht zum Gebrauch hat, sondern auch damit einhergehende Verpflichtungen.

170 Im Zusammenhang mit dem Rückgabezeitpunkt ist zu beachten, dass durch die Rückgabe die kurze **Verjährungsfrist** für Verschlechterungen der Mietsache (§ 548 BGB) in Lauf gesetzt wird.

2. Umfang der Rückgabepflicht

171 Die Rückgabe der Mietsache gem. § 546 Abs. 1 BGB erfolgt durch **Einräumung des unmittelbaren Besitzes** (§ 854 BGB) des Vermieters. Mehrere Mieter haften als Gesamtschuldner, sodass die Rückgabe durch einen Mieter ausreichend ist.

172 Die Rückgabe umfasst nicht nur die Einräumung des Besitzes, sondern auch die **Räumung** der Mieträume. Entfernt der Mieter also seine in den Räumlichkeiten befindlichen Gegenstände nicht, so gibt er die Mietsache nicht zurück, sondern enthält

150 BGH, Urt. v. 19.10.1988 – VIII ZR 22/88 – NJW 1989, 451.

sie dem Vermieter vor.[151] Verweigert der Vermieter dann die Rückannahme, gerät er nicht in Verzug.

Wenn nur wenige Gegenstände des Mieters in den Mieträumen verbleiben, die Gegenstände geringen Raum einnehmen und deren Beseitigung nur einen unerheblichen Aufwand an Mühe, Transport und Kosten erfordert, dann handelt es sich um eine **Schlechterfüllung** und um keine fehlende Rückgabe.[152] Eine Abgrenzung bereitet hier in der Regel Schwierigkeiten. 173

Die Rückgabepflicht umfasst auch **mitvermietetes Zubehör** wie beispielsweise Möbel oder Haushaltsgegenstände. Hierzu gehört auch Heizöl.[153] War das **Heizöl** allerdings zum Verbrauch bestimmt und wurde es mit den Nebenkosten verrechnet, dann wird die Rückgabepflicht durch einen Kostenerstattungsanspruch ersetzt. 174

Die Rückgabepflicht bezieht sich insbesondere auf die Rückgabe von zu dem Mietobjekt gehörenden **Schlüsseln.** Grundsätzlich sind stets alle Schlüssel zurückzugeben. In Ausnahmefällen kann die Rückgabe nur eines Schlüssels die Rückgabepflicht erfüllen.[154] Von dieser Pflicht sind auch die vom Mieter im Nachhinein selbst hergestellten Schlüssel umfasst. Sind im Laufe der Mietzeit Schlüssel beschädigt worden oder verloren gegangen und hat der Mieter das mindestens fahrlässig bewirkt, dann haftet er gem. § 280 Abs. 1 BGB oder nach § 823 Abs. 1 BGB für den dadurch entstandenen Schaden. 175

Häufig wird der Schlüsselverlust in Allgemeinen Geschäftsbedingungen geregelt. Statuieren diese Klauseln aber eine verschuldensunabhängige Ersatzpflicht für einen Schlüsselverlust oder einen Schlossaustausch unabhängig von der konkreten Notwendigkeit, dann benachteiligen sie den Mieter unangemessen und verstoßen gegen § 307 BGB. 176

Verletzt der Mieter seine Pflicht zur Rückgabe, dann haftet er gem. **§§ 280 ff. BGB** auf Schadensersatz wegen Schlechterfüllung. 177

a) Einräumung des Besitzes

Die Rückgabepflicht des Mieters umfasst nach der Rechtsprechung des BGH eine **Veränderung der Besitzverhältnisse** zugunsten des Vermieters. Der Vermieter hat Besitz erlangt, wenn er die tatsächliche Sachherrschaft über die Mietsache ausübt, 178

---

151 KG, Urt. v. 30.1.2012 – 8 U 192/10 – ZMR 2012, 693; a.A. wohl: OLG Düsseldorf, Urt. v. 27.3. 2012 – 24 U 200/11 – MDR 2012, 1155.

152 OLG Düsseldorf, Urt. v. 19.7.2011 – 24 U 200/10 – GE 2011, 1681; vgl. auch KG, Urt. v. 13.4. 2015 – 8 U 212/14 –.

153 LG Aachen, Urt. v. 11.7.2008 – 6 S 47/08 – NZM 2009, 276.

154 KG, Urt. v. 30.1.2012 – 8 U 192/10 – ZMR 2012, 693; vgl. in diesem Zusammenhang nun aber auch BGH, Urt. v. 5.3.2014 – VIII ZR 205/13 – NZM 2014, 303, wonach bei Rückgabe nur eines Schlüssels ein rein abstraktes Gefährdungspotenzial allein noch keinen erstattungsfähigen Vermögensschaden darstellt.

die durch einen nach außen erkennbaren Sachherrschaftswillen gekennzeichnet ist. Dazu muss der Mieter seinen eigenen Besitz vollständig und endgültig aufgeben. Dies erfolgt insbesondere durch Schlüsselübergabe an den Vermieter. Die Einräumung eines bloßen **Mitbesitzes** durch Übergabe eines Schlüssels und Einbehalten eines weiteren genügt daher in der Regel nicht. Nicht ausreichend ist daher auch die Abtretung eines Herausgabeanspruchs gegen Dritte, z.B. den Untermieter, da dem Vermieter gegen den Untermieter bereits ein Herausgabeanspruch gem. § 546 Abs. 2 BGB bzw. § 985 BGB zusteht. Insgesamt geht es darum, dass der Mieter dem Vermieter den Besitz aktiv verschaffen muss. Es genügt daher nicht, wenn der Mieter die Mieträume verlässt. Dies gilt selbst dann, wenn er den Vermieter davon informiert und die Schlüssel an der Mietsache zurücklässt. Diese Ansicht ist gerechtfertigt, denn durch ein derartiges Vorgehen entsteht für den Vermieter lediglich die Möglichkeit, sich Besitz zu verschaffen.

179 Die **Zwangsvollstreckung** aus einem vorläufig vollstreckbaren Urteil hat direkt noch keine Besitzveränderung zur Folge. Der Räumungsanspruch wird erst mit Rechtskraft des Urteils erfüllt.

b) Rückbauverpflichtungen

180 Der Mieter hat in Ermangelung entgegenstehender vertraglicher Vereinbarungen Einrichtungen, Ein- und Umbauten und sonstige bauliche Maßnahmen, mit denen er die Mietsache versehen hat, zu entfernen, sodass die Mietsache den Zustand bei Vertragsbeginn aufweist.

181 Problematisch ist die Sachlage bei **Kettenmietverträgen**. Unter einem Kettenmietvertrag versteht man eine Vertragsgestaltung, bei der zu Beginn des Mietverhältnisses mehrere befristete, nahtlos ineinander übergehende Mietverträge mit meist kürzerer Laufzeit abgeschlossen werden.[155] Das ist bei der Gewerbemiete möglich, bei der Wohnraummiete hingegen nicht uneingeschränkt. Bei diesen Kettenmietverträgen besteht für den Vermieter das Risiko, dass bei Bestimmung des „vertragsgemäßen Zustands“ auf den Zeitpunkt des letzten Mietvertrages abgestellt wird.[156] Demnach könnte die Wiederherstellung des Zustands, der bei Abschluss des ersten Mietvertrages existierte, nicht verlangt werden. Daher sollte nach Möglichkeit ausdrücklich vereinbart werden, dass auf den Zeitpunkt des Abschlusses des ersten Mietvertrages abzustellen ist.

182 Rückbauverpflichtungen bestehen – in Anlehnung an § 536 BGB – ausnahmsweise nicht, wenn die baulichen Veränderungen erforderlich waren, um die Mietsache in einen gebrauchsfähigen Zustand zu versetzen oder damit eine erhebliche Wertverbesserung einhergeht. Ferner besteht eine Verpflichtung zum Rückbau

155 Schmidt-Futterer/*Blank*, § 542 BGB Rn 192.

156 Lindner-Figura/Oprée/Stellmann/*Oprée*, Kap 16 Rn 26; Staudinger/*Rolfs*, § 546 Rn 31.

nicht, wenn der Vermieter auf einen Rückbau verzichtet hat. Allerdings kann man nicht ohne Weiteres von einem Verzicht ausgehen. Vielmehr ist ein solcher stets gesondert festzustellen. Eine weitere Ausnahme von der Rückbauverpflichtung gilt für bauliche Änderungen an einer Mietsache in den neuen Bundesländern, die vor dem 3.10.1990 erfolgt sind und nach dem ZGB der DDR zulässig waren.

Die herrschende Meinung nimmt ein Entfallen der Rückbauverpflichtung an, soweit der Vermieter im Anschluss an die Rückgabe Umbaumaßnahmen plant, die den durch den Rückbau geschaffenen Zustand wieder beseitigen würden.[157] Vertreten wird auch, dass zwar die Pflicht zum Rückbau bestehen bleibt, jedoch die Pflicht, den ursprünglichen Zustand herzustellen, entfällt. 183

Spiegelbildlich zu der Rückbaupflicht steht die **Berechtigung des Mieters zum Rückbau**, die sich auch auf Einbauten bezieht, die wesentlicher Bestandteil der Mietsache geworden sind. 184

Allgemeine Geschäftsbedingungen, die dem Vermieter einen finanziellen Ausgleich dafür gewähren, dass die Rückbaupflicht entfällt, sind nach § 307 BGB unwirksam, weil die Rückbaupflicht kein Entgelt für die Überlassung der Mietsache darstellt.[158] 185

c) Vertragliche Regelungen

Bis zur **Grenze der Sittenwidrigkeit** können die Parteien eines Gewerberaummietvertrages die Rückbauverpflichtung individuell regeln. Insgesamt ist dabei zu beachten, dass der Charakter des Vertrages nicht geändert werden darf. Hinsichtlich der Wirksamkeit formularvertraglicher Regelungen bestehen erhebliche Risiken. Die Rechtsprechung hält aber beispielsweise eine Mietvertragsklausel für wirksam, wonach ein Rückbau nur geschuldet ist, wenn im Fall des Verbleibens der Einbauten die weitere Vermietung erschwert werde.[159] 186

3. Rückforderungsanspruch gegen einen Dritten

Gemäß § 546 Abs. 2 BGB kann der Vermieter die Sache nach Beendigung des Mietverhältnisses auch von einem Dritten zurückfordern, soweit der Mieter den Gebrauch der Mietsache einem Dritten überlassen hat. Für den Fall, dass der Vermieter nicht zugleich auch Eigentümer ist und daher nicht nach § 985 BGB Herausgabe verlangen kann, gewährt ihm § 546 Abs. 2 BGB einen schuldrechtlichen Anspruch, da 187

---

157 BGH, Urt. v. 23.10.1985 – VIII ZR 231/84 – NJW 1986, 309; Lindner-Figura/Oprée/Stellmann/*Oprée*, Kap 16 Rn 33.

158 BGH, Urt. v. 23.10.1985 – VIII ZR 231/84 – NJW 1986, 309; Lindner-Figura/Oprée/Stellmann/Oprée, Kap 16 Rn 34.

159 OLG Düsseldorf, Urt. v. 21.4.2009 – 24 U 56/08 – GE 2009, 1045.

die Beendigung des Hauptmietverhältnisses nicht zugleich automatisch zur Beendigung des Untermietverhältnisses führt.

4. Durchführung der Rückgabe

188 Die Durchführung einer **Rückgabeverhandlung** oder eines **gemeinsamen Rückgabetermins** unter Mitwirkung des Vermieters ist nicht erforderlich. Gleichwohl wird in der Regel ein gemeinsamer Rückgabetermin durchgeführt. Die Erstellung eines Rückgabeprotokolls ist schon aus Beweisgründen empfehlenswert.

189 Der BGH sieht in einem beidseitig unterzeichneten Rückgabeprotokoll ein negatives Schuldanerkenntnis des Vermieters i.S.d. § 397 Abs. 2 BGB hinsichtlich weiterer, im Protokoll nicht erfasster Schäden.[160] Konsequenz dessen ist, dass der Vermieter später keine Ansprüche wegen nicht genannter Verschlechterungen geltend machen kann. Dies gilt grundsätzlich auch für versteckte Verschlechterungen, wobei zum Teil allerdings Ausnahmen bei unstreitig vom Mieter verschuldeten Mängeln gemacht werden.[161] Handelt es sich um eine Bestätigung von Schäden an der Mietsache, so liegt nach anderen Ansicht nur ein der Beweiserleichterung bzw. ein zur Umkehr der Beweislast führendes Schuldanerkenntnis vor.[162] Dieselbe Literaturmeinung geht von einem konstitutiven Schuldanerkenntnis aus, wenn das Protokoll eine Verpflichtung des Mieters zur Durchführung bestimmter Arbeiten enthält.[163]

190 Wichtig ist, dass ein Rückgabeprotokoll hinreichend spezifiziert ist, was in der Praxis oft allerdings nicht der Fall ist. Häufig fehlen Zustandsbeschreibungen. Im Interesse sowohl des Vermieters als auch des Mieters ist eine vorbereitete Liste empfehlenswert, in der z.B. der Zustand der Decken, Wände, Fußböden, Fenster, Heißkörper und sonstiger Einrichtungen jedes Raumes notiert wird. Enthält die Liste aber nur Rubriken wie „i. O.“, „muss erledigt werden“ oder „Erledigung Mietersache bzw. Erledigung Vermietersache“, lässt sich ihr nicht entnehmen, weshalb der Zustand beanstandet wurde bzw. ob Abhilfe erwartet wird.[164]

191 Es kann vorkommen, dass der Vermieter sich weigert, die ihm vom Mieter zur Rückgabe angebotene Mietsache zurückzunehmen. Tut er dies zu Unrecht, so gerät er in **Annahmeverzug**. Folge dessen ist eine Haftungserleichterung zugunsten des Mieters. Er haftet dann nach § 300 Abs. 1 BGB nur noch für Vorsatz und grobe Fahrlässigkeit.

---

160 BGH, Urt. v. 10.11.1982 – VIII ZR 252/81 – NJW 1983, 446.
161 Bub/Treier/*Scheuer*, V Rn 192.
162 Bub/Treier/*Scheuer*, V Rn 192.
163 Bub/Treier/*Scheuer*, V Rn 192.
164 *Langenberg*, I G Rn 512.

II. Haftung für den Zustand der Mietsache

Nach Vertragsende und Rückgabe haftet der Mieter für den Zustand der Mietsache, für Substanzschäden und vertraglich wirksam übernommene, aber unterlassene oder mangelhaft ausgeführte Schönheitsreparaturen, Instandsetzungs- oder Instandhaltungsverpflichtungen. 192

Nach Ansicht des OLG Düsseldorf[165] stellt die Durchbohrung von Deckenplatten zwecks Anbringung von Lampen in einem Sportgeschäft eine Verschlechterung der Mietsache dar, sodass eine Instandsetzung geschuldet ist. 193

Das OLG Frankfurt[166] hat in einem neueren Urteil entschieden, dass eine Klausel, die bei Vertragsende eine sach- und fachgerechte Komplettrenovierung vorsieht, im konkreten Fall wirksam sei und den Mieter einer Werkstatt verpflichtet, abweichend von § 538 BGB den Werkstattboden zu reinigen. 194

III. Ansprüche des Vermieters wegen verspäteter bzw. nicht ordnungsgemäßer Rückgabe

1. Anspruch auf Nutzungsentschädigung

Gibt der Mieter die Mietsache nach Beendigung des Mietverhältnisses nicht oder nicht fristgerecht zurück, so kann der Vermieter gem. **§ 546a Abs. 1 BGB** für die Dauer der Vorenthaltung als Entschädigung die vereinbarte Miete oder die Miete verlangen, die für vergleichbare Sachen ortsüblich ist. Der Vermieter hat hierbei ein Wahlrecht. Der Mieter soll nicht besser stehen als während des laufenden Mietverhältnisses. 195

Der Anspruch auf Nutzungsentschädigung stellt keinen Schadensersatzanspruch dar, sondern einen vertraglichen **Anspruch sui generis**, der anstelle desjenigen auf Zahlung der Miete tritt. Der Anspruch bezieht sich auf die Zeit zwischen Beendigung des Mietverhältnisses und Rückgabe der Mietsache. 196

Eine Nutzungsentschädigung ist allerdings nicht geschuldet, wenn der Vermieter im Hinblick auf noch durchzuführende Rückbauarbeiten eine verlängerte Räumungsfrist gewährt, denn das stellt keine Vorenthaltung der Mietsache seitens des Mieters dar.[167] Hier bedarf es also einer ausdrücklichen Regelung, die im Zusammenhang mit der Gewährung der verlängerten Räumungsfrist getroffen werden sollte. 197

---

165 OLG Düsseldorf, Beschl. v. 3.5.2011 – 24 U 197/10 – ZMR 2012, 438.

166 OLG Frankfurt, Urt. v. 21.6.2012 – 2 U 46/12 – ZMR 2013, 29.

167 OLG Celle, Beschl. v. 20.6.2011 – 2 U 49/11 – ZMR 2011, 948.

198 Ebenso wenig ist eine Nutzungsentschädigung geschuldet, wenn der Vermieter fälschlicherweise vom Fortbestand des Mietverhältnisses ausgeht.[168]

199 Eine **Minderung der Miete** hat Einfluss auf den Anspruch auf Nutzungsentschädigung: War die Miete nämlich zum Zeitpunkt der Beendigung des Mietvertrags gemindert, dann wirkt sich das auf die Höhe der Nutzungsentschädigung aus.[169] Tritt der Mangel, der den Mieter zur Minderung der Miete berechtigt, aber erst nach Beendigung des Mietverhältnisses ein, so wird die Nutzungsentschädigung dagegen nicht gemindert.[170]

200 § 546a Abs. 1 BGB findet im Verhältnis zwischen Vermieter und Untermieter keine Anwendung. Die Aktivlegitimation des Untervermieters für Ansprüche auf Nutzungsentschädigung und Schadensersatz gegen den Untermieter ist nicht gegeben, wenn sich aus dem Untermietvertrag und weiteren Mietverträgen ergibt, dass der Untervermieter seinerseits nur Mieter und Untervermieter ist und die entsprechenden Ansprüche an den jeweils übergeordneten (Unter-)Vermieter abgetreten sind.[171]

201 Individualvertraglich sind von § 546a Abs. 1 BGB abweichende Vereinbarungen zulässig. Im Falle von Formularklauseln sind jedoch § 308 Nr. 7 BGB bzw. § 309 Nr. 5 BGB zu beachten, die zwar nicht für Kaufleute gelten, deren Rechtsgedanke jedoch im Rahmen des § 307 BGB zu berücksichtigen ist. Eine Abweichung in Allgemeinen Geschäftsbedingungen ist somit nur in engen Grenzen zulässig. So darf die Nutzungsentschädigung nur an die vollständige Vorenthaltung der Mietsache, jedoch nicht an eine Rückgabe in vertragswidrigem Zustand geknüpft werden. Zudem darf die Nutzungsentschädigung nicht höher sein als die vereinbarte oder ortsübliche Miete.[172]

202 Der Anspruch auf Nutzungsentschädigung endet mit der Rückgabe der Mietsache.[173] Er verjährt innerhalb der dreijährigen Regelverjährungsfrist und unterliegt nicht der kurzen Verjährung des § 548 BGB.[174]

203 Mehrere Mieter sind hinsichtlich der Nutzungsentschädigung Gesamtschuldner i.S.d. § 431 BGB.

204 Ein vereinbartes **Aufrechnungsverbot** gegen die Mietforderung soll nach herrschender Meinung auch für den Anspruch gem. § 546a Abs. 1 BGB gelten.

205 Der Anspruch auf Nutzungsentschädigung ist selbstständig **abtretbar.**

---

168 OLG Düsseldorf, Urt. v. 27.3.2012 – 24 U 83/11 – MDR 2012, 1086; KG, Urt. v. 20.2.2012 – 8 U 20/11 – ZMR 2012, 618.

169 OLG Düsseldorf, Urt. v. 27.3.2012 – 24 U 200/11 – MDR 2012, 1155; KG, Urt. v. 30.1.2012 – 8 U 192/10 – ZMR 2012, 693.

170 KG, Urt. v. 1.3.2012 – 8 U 197/10 – ZMR 2013, 26.

171 OLG Düsseldorf, Beschl. v. 6.3.2008 – 24 U 181/07 – NZM 2009, 360.

172 Schmidt-Futterer/*Streyl*, § 546a BGB Rn 108.

173 OLG Dresden, Urt. v. 19.10.2011 – 13 U 1179/10 – NZM 2012, 84.

174 OLG Düsseldorf, Urt. v. 27.3.2012 – 24 U 200/11 – MDR 2012, 1155.

Der Nutzungsentschädigungsanspruch stellt nach Auffassung der Rechtsprechung nach der Kündigung gegenüber dem Insolvenzverwalter eine Masseforderung dar.[175] Ist das Mietverhältnis bereits vor Eröffnung des **Insolvenzverfahrens** beendet worden, so sind der Rückgabeanspruch gem. § 546 BGB sowie alle Abwicklungsansprüche – dazu gehört auch der Anspruch auf Nutzungsentschädigung – bereits vor Eröffnung entstanden.[176] Daher handelt es sich grundsätzlich um Insolvenzforderungen gem. § 38 InsO. 206

Der Vermieter trägt die **Beweislast** für die Beendigung des Mietverhältnisses sowie – hinsichtlich der Höhe der Nutzungsentschädigung – ggf. die Ortsüblichkeit der Miete. Der Mieter hat hingegen die Rückgabe zu beweisen. Falls eine Rückgabe unstreitig nicht stattgefunden hat, hat der Mieter zudem zu beweisen, dass dessen ungeachtet kein Vorenthalten gegeben ist. 207

2. Anspruch auf Schadensersatz wegen Vorenthaltung der Mietsache

Der Vermieter kann neben dem Anspruch auf Nutzungsentschädigung nach § 546a Abs. 1 BGB weitere Ersatzansprüche geltend machen, wenn ihm ein weitergehender Schaden entstanden ist, insbesondere wegen Schlechterfüllung der Rückgabepflicht oder wenn die Mietsache nicht im vertraglich vereinbarten Zustand zurückgegeben wird. Auch ein Verzugsschaden in Form eines Mietausfalls wegen verspäteter Rückgabe und damit einhergehender verspäteter Weitervermietung ist ersatzfähig. Das ergibt sich aus **§ 546a Abs. 2 BGB**, der aber keine eigene Anspruchsgrundlage darstellt und nur besagt, dass die Geltendmachung eines weiteren Schadens nicht ausgeschlossen ist. 208

In Bezug auf den Schadensumfang sind die **§§ 249 ff. BGB** uneingeschränkt anwendbar. In diesem Zusammenhang ist insbesondere auf § 254 BGB hinzuweisen. Beispielsweise kann der Ersatz des Verzugsschadens wegen Mitverschuldens des Vermieters ausgeschlossen sein, wenn dieser die Mietsache nicht weitervermietet, obwohl er die Möglichkeit hierzu hat. Ferner muss der Vermieter beim Schadensersatzanspruch des Mieters gem. § 280 Abs. 1 BGB beachten, dass sich dieser möglicherweise darauf beruft, dass der Vermieter seiner Schadensminderungspflicht nicht nachgekommen ist. 209

Der Vermieter trägt die Beweislast für den eingetretenen Schaden und die Schadenshöhe. Der Mieter hat den Beweis für die Umstände zu erbringen, die sein Vertretenmüssen ausschließen. 210

175 OLG Hamburg, Urt. v. 30.3.2011 – 4 U 100/07 –.

176 OLG Düsseldorf, Urt. v. 14.4.2011 – 10 U 160/10 – ZMR 2012, 13.

3. Anspruch auf Schadensersatz wegen nicht durchgeführter Schönheitsreparaturen

211 Hat der Vermieter vertraglich wirksam seine Pflicht zur Vornahme der erforderlichen Schönheitsreparaturen auf den Mieter abgewälzt[177] und kommt der Mieter diesem allein auf dem Mietvertrag beruhenden Erfüllungsanspruch des Vermieters nicht nach, kann dieser unter den Voraussetzungen des **§ 281 BGB** Schadensersatz verlangen. Der Anspruch ist auf den Ersatz der für die Durchführung der notwendigen Schönheitsreparaturen **erforderlichen Kosten** gerichtet und setzt Fälligkeit der Pflicht zur Vornahme der Schönheitsreparaturen, eine konkrete Leistungsaufforderung mit Fristsetzung, den Ablauf der Frist und ein tatsächliches Schadensersatzverlangen voraus. Der Vermieter kann dabei wählen, ob er Ersatz der konkret entstandenen Kosten oder die anhand eines Kostenvoranschlages einer Fachfirma, eines Privatgutachtens oder eines Gutachtens im selbstständigen Beweisverfahren abstrakt ermittelten Kosten verlangt. Wichtig ist nur, dass die Kosten **hinreichend spezifiziert** sind. Es können auch **Gutachterkosten** geltend gemacht werden, die dem Vermieter dadurch entstehen, dass er den Zustand der Mieträume zunächst überhaupt feststellen lassen muss.

212 Der Schadensersatzanspruch wegen nicht durchgeführter Schönheitsreparaturen unterliegt der kurzen **Verjährung** des § 548 Abs. 1 S. 1 BGB. Er verjährt folglich innerhalb von sechs Monaten, nachdem der Vermieter die Mietsache zurückerhalten hat.

213 Der Vermieter trägt die **Beweislast** für die Voraussetzungen des § 281 Abs. 1 S. 1 BGB, der Mieter dagegen für seine rechtzeitige Leistungserbringung, das Nichtvertretenmüssen i.S.d. § 280 Abs. 1 S. 2 BGB sowie von ihm behauptete Ersparnisse des Vermieters.

4. Sonstige Ansprüche des Vermieters

214 Sonstige Ansprüche des Vermieters können insbesondere in der (individual-)vertraglich übernommenen Abgeltungsverpflichtung hinsichtlich noch nicht oder bereits fälliger Schönheitsreparaturen bestehen, wonach der Mieter z.B. verpflichtet ist, entweder diese durchzuführen oder eine dem erforderlichen Aufwand entsprechende Geldsumme an den Vermieter zu zahlen.

215 Des Weiteren kann der Vermieter Schadensersatzforderungen gegen den Mieter haben, wenn dieser Rückbauten nicht vornimmt. Erfüllt der Mieter seine Rückbauverpflichtung nämlich nicht, verwandelt sich der Anspruch des Vermieters auf ord-

177 Zu den Rechtsfolgen unwirksamer Schönheitsreparaturklauseln in der Gewerbemiete vgl. *Leo/Ghassemi-Tabar*, NZM 2008, 105; vgl. auch neuerdings das allerdings zur Wohnraummiete ergangene Urteil BGH, Urt. v. 18.3.2015 – VIII ZR 185/14 –. Es bleibt abzuwarten, ob und inwieweit diese Rechtsprechung Auswirkungen auch auf das gewerbliche Mietrecht haben wird.

nungsgemäße Rückgabe in einen Schadensersatzanspruch. Dazu muss der Vermieter dem Mieter eine Frist setzen.[178] Auch müssen die eingeforderten Arbeiten im Detail beschrieben werden.[179] Nach erfolglosem Fristverlauf kann der Vermieter dann schließlich die Einrichtungen auf Kosten des Mieters beseitigen lassen.

Dasselbe gilt für die Missachtung einer (wirksamen) Verpflichtung zur Endre- 216
novierung. Der Vermieter kann dem Mieter den für die Durchführung der Arbeiten notwendigen Kostenaufwand nach Aufforderung und Fristsetzung in Rechnung stellen.

Hierbei ist zu berücksichtigen, dass der Mieter nicht für Abnutzungserschei- 217
nungen aufzukommen hat, die auf einem vertragsgemäßen Mietgebrauch beruhen, sondern nur die darüber hinausgehenden Kosten unter Berücksichtigung eines Abzugs „neu für alt“ ersetzen muss.

IV. Ansprüche des Mieters bei Beendigung

1. Aufwendungsersatzansprüche

Nach Beendigung des Mietverhältnisses haben die Mietparteien in der Regel gegen- 218
läufige **Interessen**, die es auszugleichen gilt: Auf der einen Seite möchte der Mieter ggf. Aufwendungsersatz für seine während der Mietzeit getätigten Aufwendungen erhalten. Auf der anderen Seite stehen dem Vermieter nun die Aufwendungen zur Verfügung. Jedoch hat er in manchen Fällen kein Interesse daran.

Neben etwaiger **vertraglich vereinbarter Aufwendungsersatzansprüche**[180] 219
des Mieters für bestimmte getätigte Investitionen bestehen daneben auch **gesetzliche**. So steht dem Mieter gem. § 536a Abs. 2 BGB ein Anspruch auf Ersatz der erforderlichen Aufwendungen für die Beseitigung von Mängeln der Mietsache zu, wenn der Vermieter hiermit in Verzug war oder es sich um notwendige Maßnahmen handelte. Ein Mangel der Mietsache liegt nach ständiger Rechtsprechung des BGH vor, wenn der tatsächliche Zustand der Mietsache vom vertraglich vorausgesetzten Zustand abweicht und die Tauglichkeit zum vereinbarten Gebrauch somit aufgehoben oder gemindert ist, wobei es unerheblich ist, ob es sich um einen anfänglichen oder nachträglichen Mangel handelt, und auch, ob der Mangel unerheblich ist oder ob der Vermieter ihn zu vertreten hat. Nach **§ 536a Abs. 2 Nr. 1 BGB** muss der Mieter den Vermieter durch eine konkrete Aufforderung zur Mängelbeseitigung in Verzug gesetzt haben. Der Verzug des Vermieters kann damit enden, dass er dem Mieter ein Angebot zur Beseitigung der Mängel unterbreitet und der Mieter dieses Angebot unberechtigt ablehnt, sodass der Mieter wiederum in Annahmeverzug gerät. Gemäß

178 BGH, Beschl. v. 2.10.1996 – XII ZR 65/95 – WuM 1997, 217.

179 OLG Hamburg, Urt. v. 20.2.1991 – 4 U 106/90 – WuM 1992, 70.

180 Vgl. den Überblick hierzu bei *Horst*, MDR 2009, 477.

§ 536a Abs. 2 Nr. 2 BGB steht dem Mieter ferner ein Aufwendungsersatzanspruch zu, wenn die umgehende Beseitigung des Mangels für den Erhalt oder die Wiederherstellung des Bestandes der Mietsache notwendig war, d.h., dass ohne die vorgenommene Maßnahme z.B. das Gebäude oder wesentliche Teile davon schwer beschädigt oder dauerhaft unbrauchbar würden.

220 Liegen die Voraussetzungen eines der Ansprüche vor, dann hat der Vermieter an den Mieter Wertersatz zu zahlen, dessen **Inhalt und Umfang** sich nach den §§ 256, 257 BGB bestimmt. Zu den erforderlichen Aufwendungen, die dem Mieter ersetzt werden, gehören u.a.:

- Kosten für Handwerker und Material,
- die eigene Arbeitsleistung und
- die Arbeitsleistung Dritter.

221 Aus Treu und Glauben (§ 242 BGB) ergibt sich des Weiteren ein Anspruch des Mieters auf Erhalt eines **Vorschusses** in Höhe der voraussichtlich zur Mängelbeseitigung erforderlichen Kosten. Diesen Anspruch kann der Mieter im Wege einer einstweiligen Verfügung verfolgen.

222 Der Anspruch aus § 536a BGB kann **ausgeschlossen** sein. Das ist nach § 536b BGB der Fall bei Kenntnis des Mieters vom Mangel und vorbehaltloser Annahme der Mietsache.

223 Für sonstige Aufwendungen, die der Vermieter dem Mieter nicht nach § 536a Abs. 2 BGB zu ersetzen hat, kann der Mieter gem. § 539 Abs. 1 BGB, der nach herrschender Meinung eine Rechtsgrundverweisung enthält, nach den Vorschriften der **Geschäftsführung ohne Auftrag** Ersatz verlangen. Unter sonstigen Aufwendungen i.S.d. § 539 Abs. 1 BGB sind solche Aufwendungen zu verstehen, die der Mieter zum Erhalt, der Wiederherstellung oder der Verbesserung der Mietsache vornimmt und die nicht unter den Tatbestand des § 536a Abs. 2 BGB fallen. Dazu gehören beispielsweise die Kosten für – vertraglich nicht geschuldete – Renovierungen oder Modernisierungen. Der Aufwendungsersatzanspruch gem. § 539 Abs. 1 BGB entsteht bereits mit der Vornahme der Aufwendung und bemisst sich der Höhe nach daran, ob der Mieter den Umständen entsprechend die Aufwendungen für erforderlich halten durfte.

224 Der Anspruch ist gem. § 685 Abs. 1 BGB ausgeschlossen, wenn der Mieter von Anfang an nicht die Absicht hatte, vom Vermieter Ersatz seiner getätigten Aufwendungen zu verlangen. Der Anspruch ist ferner ausgeschlossen, wenn sich der Mieter zur Erledigung der Maßnahme vertraglich verpflichtet hat oder wenn diese Aufwendungen erst durch das Verschulden des Mieters notwendig geworden sind. Der Ersatzanspruch kann vertraglich abbedungen werden.

225 Liegen auch die Voraussetzungen der Geschäftsführung ohne Auftrag nicht vor, kommen noch Ersatzansprüche des Mieters wegen seiner Aufwendungen nach den Grundsätzen einer **ungerechtfertigten Bereicherung** in Betracht, §§ 539 Abs. 1, 684 S. 2, 812, 818 Abs. 2 BGB. Ein solcher Anspruch kommt etwa dann in Betracht, wenn

der Mieter in vom Vermieter gebilligter Erwartung eines späteren Eigentumserwerbs Aufwendungen vornimmt, sich diese Erwartung später jedoch nicht realisiert, oder wenn ein auf lange Zeit angelegtes Mietverhältnis vorzeitig beendet wird und der Vermieter schon vor Ablauf der vorgesehenen Mietzeit in den Genuss der wertsteigernden Investitionen kommt. Dieser Ersatzanspruch kann ebenfalls vertraglich abbedungen werden. Kommt es im Wege der Zwangsversteigerung zu einem Vermieterwechsel, dann ist der Ersteiger, der die Mietsache vorzeitig – also vor Ablauf der vertraglich vorgesehenen Mietzeit – erwirbt, Bereicherungsschuldner.

Ein **formularmäßiger Ausschluss** der Ersatzansprüche bei vom Mieter zu vertretender vorzeitiger Vertragsbeendigung kommt einem Vertragsstrafeversprechen gleich. Daher kommt bei Mietverträgen zwischen Nichtkaufleuten ein Verstoß gegen § 309 Nr. 6 BGB und bei Mietverträgen zwischen Kaufleuten ein Verstoß gegen § 307 BGB in Betracht. 226

Die Aufwendungsersatzansprüche des Mieters **verjähren** bis auf den Bereicherungsanspruch des Mieters bei vorzeitiger Vertragsbeendigung alle gem. § 548 Abs. 2 BGB innerhalb von sechs Monaten nach Beendigung des Mietverhältnisses. 227

Die Aufwendungsersatzansprüche können **verwirkt** sein, wenn der Mieter mit der Geltendmachung dermaßen lange wartet, dass der Vermieter darauf vertrauen konnte, dass der Mieter diese Ansprüche nicht mehr geltend macht. Nach der Rechtsprechung[181] kann z.B. von einer Verwirkung auszugehen sein, wenn zwischen der Vornahme der Aufwendung und der Beendigung des Mietverhältnisses ein Zeitraum von zehn Jahren liegt. 228

Die **Beweislast** für die Voraussetzungen des geltend gemachten Aufwendungsersatzanspruchs liegt beim Mieter. Der Vermieter hingegen hat den Ausschluss des Anspruchs wegen einer entgegenstehenden wirksamen vertraglichen Vereinbarung oder aus anderen Gründen zu beweisen. 229

2. Wegnahmerecht

Nach § 539 Abs. 2 BGB ist der Mieter berechtigt, Einrichtungen wegzunehmen, mit denen er die Mietsache versehen hat. Das Wegnahmerecht[182] bezieht sich dabei auch auf Einrichtungen, die wesentliche Bestandteile i.S.v. §§ 93, 94, 946, 947 BGB geworden sind. Nach einer Entscheidung des OLG Düsseldorf[183] umfasst das Wegnahmerecht des Mieters i.S.d. § 539 Abs. 2 BGB nicht nur Einrichtungen, sondern auch Ein- und Umbauten. 230

181 LG Aachen, Urt. v. 21.12.1988 – 7 S 349/88 – DWW 1989, 136.

182 Vgl. den Überblick hierzu bei *Horst*, MDR 2009, 477.

183 OLG Düsseldorf, Beschl. v. 4.8.2011 – 24 U 48/11 – GE 2012, 129.

231 Unter **Einrichtungen** werden nach allgemeiner Auffassung bewegliche Sachen verstanden, die mit der Mietsache verbunden werden, um ihrem wirtschaftlichen Zweck zu dienen.[184] Als Einrichtungen i.S.d. § 539 Abs. 2 BGB zählen u.a.:

- Anpflanzungen (solange sie umgepflanzt werden können),
- Sanitär- und Badeinrichtungen (z.B. Waschbecken, Badewanne, Toiletten, Durchlauferhitzer),
- Fußbodenbeläge,
- Parkett,
- Türen,
- Ölzentralheizungen,
- Öfen,
- Beleuchtungs- und Lichtanlagen,
- Antennenanlagen,
- Ladentresen,
- Raumteiler,
- vom Mieter verlegter Teppichboden,
- Wandschränke und Rollläden,
- zusätzliche Schlösser und Türspione,
- Raumteiler sowie Klimaanlagen im EDV-Raum nebst EDV-Verkabelung und Telefonanlage.

232 Ob die Einrichtungen vom Mieter selbst eingebaut oder vom Vormieter gegen Zahlung einer Entschädigung übernommen wurden, ist unerheblich.

233 Vom Wegnahmerecht nicht umfasst sind solche Sachen, die dazu führen, dass die Mieträume erst in einen vertragsgerechten Zustand versetzt werden. Hierzu gehören u.a. Balken, Steine, Leitungen, neue Wände sowie die Einziehung von Böden und Zwischendecken.[185] Des Weiteren zählen alle selbstständig bleibenden Sachen, wie beispielsweise das gesamte Inventar des Mieters, nicht als Einrichtungen.

234 Verzichtet der Vermieter bei einem Mieterwechsel auf den Abriss der vom Mieter errichteten Teile und macht der Mieter von seinem Wegnahmerecht keinen Gebrauch, so ist von einer Eigentumsübertragung auf den Vermieter auszugehen, wenn der Nachmieter an den Absprachen nicht beteiligt wird.[186]

235 Das Wegnahmerecht ist inhaltlich in **§ 258 BGB** ausgestaltet. Satz 1 der Norm bezieht sich auf den Fall, dass der Mieter die Einrichtung noch in seinem Besitz hat. Satz 2 berücksichtigt die Lage nach Rückgabe der Mietsache und der Einrichtungen.

236 Auf das Wegnahmerecht kann **verzichtet** werden. Dann kann der Mieter deswegen allerdings keine Nutzungsersatzansprüche gem. §§ 987 ff. BGB gegenüber

---

184 MüKo-BGB/*Bieber*, § 539 Rn 14.
185 Vgl. Lindner-Figura/Oprée/Stellmann/*Pietz*/*Oprée*, Kap. 16 Rn 268.
186 OLG Düsseldorf, Beschl. v. 6.5.2008 – 24 U 189/07 – NZM 2009, 242.

dem Vermieter geltend machen. Ein solcher Verzicht ist gegen den Willen des Vermieters nicht möglich. Der Mieter kann dem Vermieter keine Einrichtungen aufdrängen.

Solange die Einrichtung noch nicht ausgebaut und der frühere Zustand der Mieträume nicht wiederhergestellt ist, kann der Vermieter gegenüber dem Wegnahmerecht des Mieters gem. §§ 578 Abs. 2, 552 Abs. 1 BGB von seiner **Abwendungsbefugnis** Gebrauch machen. Der Vermieter kann dann gegen Zahlung einer angemessenen Entschädigung die Wegnahme der vom Mieter eingebrachten Einrichtung verhindern. Das gilt dann nicht, wenn der Mieter ein berechtigtes Interesse an der Einrichtung hat. 237

Gemäß §§ 413, 398 ff. BGB ist das Wegnahmerecht **abtretbar**. 238

Eine **Verjährung** des Wegnahmerechts erfolgt gem. § 548 Abs. 2 BGB innerhalb von sechs Monaten nach Beendigung des Mietverhältnisses. 239

Die **Beweislast** für das Einbringen der Einrichtung bzw. die Übernahme vom Vormieter sowie das Verlangen des Vermieters, die Einrichtung in den Mieträumen zu belassen, liegt beim Mieter. Der Vermieter hat zu beweisen, dass der Mieter freiwillig auf sein Wegnahmerecht verzichtet hat. 240

3. Rückgabe von Mietsicherheiten

Zu den am häufigsten vorkommenden Sicherheiten bei gewerblichen Mietverhältnissen zählen die Kaution[187] und vor allem die Bankbürgschaft,[188] insbesondere auch in ihrer Ausprägung als Bürgschaft „auf erstes Anfordern".[189] Selten anzutreffen ist die Patronatserklärung.[190] 241

Folgende Gesichtspunkte sollte der Vermieter bei seiner Wahl zwischen Barkaution oder Bürgschaft berücksichtigen: 242

- Durch Leistung der Kaution erlangt der Mieter Zinsen.
- Bei einer Bürgschaft kann der Mieter den Mietvertrag abschließen, auch wenn er über keine weiteren Barmittel verfügt.
- Sobald die Forderung gegen den Mieter rechtskräftig feststeht, kann der Vermieter die Kautionssumme aufbrauchen, ohne in andere Mittel vollstrecken zu müssen.

---

187 Ein Überblick über die Sicherung des Vermieters durch Barkaution, Bürgschaft, Verpfändung, Sicherungsabtretung und Schuldübernahme findet sich bei *Derleder*, NZM 2006, 601. Zur Mietkaution vgl. außerdem *Theesfeld*, NJ 2011, 502.

188 *Leo/Schmitz*, NZM 2007, 387; *Schmid*, WM 2011, 2345.

189 *Leo/Ghassemi-Tabar*, NZM 2012, 97.

190 Zur Gestaltung von Patronatserklärungen als Sicherungsmittel in Gewerberaumverträgen vgl. *Bomhard/Hasse*, BB 2010, 2651.

243 Wurde eine **Mietkaution** wirksam vereinbart und seitens des Mieters auch geleistet, kann der Vermieter diese ganz oder teilweise einbehalten, sofern er einen entsprechenden Anspruch hat, der mit der Kautionssumme verrechnet werden kann. Wichtig ist, dass die Mietkaution grundsätzlich zweckgebunden ist. Das heißt, dass sie nur mit Ansprüchen verrechnet werden darf, die aus dem Mietverhältnis stammen. Beispielsweise sind an dieser Stelle Mietzinsansprüche, Schadensersatzansprüche wegen Beschädigung der Mietsache oder wegen nicht oder mangelhaft erfolgter Schönheitsreparaturen zu nennen. Etwas anderes gilt nur, wenn die Parteien dies entsprechend vereinbart haben. Dabei ist dem Vermieter zu raten, dass er eine solche Vereinbarung aus Beweisgründen schriftlich abschließt.

244 Der Rückzahlungsanspruch bezüglich der Mietkaution wird nicht sofort mit Vertragsende **fällig**. Nach einer im Einzelfall zu bemessenden Überlegungsfrist des Vermieters, die üblicherweise drei bis sechs Monate beträgt, hat sich dieser nach Beendigung des Mietverhältnisses bzw. nach erfolgter Rückgabe der Mietsache zu entscheiden, ob er gegen den Rückforderungsanspruch des Mieters bezüglich der von ihm gestellten Mietkaution mit eigenen Ansprüchen aufrechnen möchte. Erst danach und wenn dem Vermieter keine Ansprüche zustehen, für die die Kaution haftet, wird der Rückzahlungsanspruch des Mieters bezüglich der Barkaution fällig.

245 Der Vermieter ist spätestens dann zur Rückzahlung der Kaution verpflichtet, wenn sicher feststeht, dass er keine Ansprüche aus dem Mietverhältnis gegen den Mieter geltend machen kann. Die Ansprüche des Vermieters sind nicht mehr durchsetzbar, wenn sie verjährt sind. In diesem Zusammenhang ist dem Vermieter zu empfehlen, dass er zunächst prüfen sollte, ob er nicht die Möglichkeit hat, mit seinen verjährten Forderungen gegen den Anspruch des Mieters auf Rückzahlung der Kaution aufzurechnen. Die Verjährung schließt nämlich nach § 215 BGB die Aufrechnung nicht aus, wenn der Anspruch in dem Zeitpunkt noch nicht verjährt war, in dem erstmals aufgerechnet werden konnte. Außerdem sollte der Vermieter bedenken, dass Ansprüche wegen rückständigen Mietzinses nicht unter die kurze Verjährungsfrist des § 548 BGB fallen, sodass sie länger durchsetzbar sind.

246 Besonderheiten sind beim Einbehalt der Kaution wegen zu erwartender Nachzahlungen aus einer noch nicht erstellten Betriebskostenabrechnung zu beachten. Etwaige Nachzahlungsansprüche werden erst mit der ordnungsgemäßen Abrechnung der Nebenkosten fällig. Es stellt sich somit die Frage, innerhalb welchen Zeitraums nach Beendigung des Mietverhältnisses der Vermieter verpflichtet ist, die Betriebskostenabrechnung anzufertigen. Höchstrichterlich wurde diese Frage noch nicht entschieden. § 556 Abs. 3 S. 2 BGB enthält nur für das laufende Mietverhältnis eine Regelung. Einigkeit besteht aber insoweit, dass die Abrechnung innerhalb einer angemessenen Frist zu erfolgen hat, also sobald es dem Vermieter möglich und zumutbar ist. In der Praxis ist dem Vermieter deshalb zu raten, die Betriebskostenabrechnung sobald wie möglich zu erstellen und nicht die Jahresfrist des § 556 Abs. 3 S. 2 BGB auszuschöpfen. Außerdem sollte seitens des Vermieters beachtet werden, dass er die Kaution nur dann zurückbehalten kann, wenn Nachforde-

rungen tatsächlich zu erwarten sind. Ferner kann er dann nicht die gesamte Kaution zurückbehalten, sondern nur einen angemessenen Teil.[191]

Erwirbt jemand ein vermietetes Grundstück, dann geht auf ihn kraft Gesetzes die Verpflichtung zur Rückzahlung der Mietsicherheit über. Schuldner des Rückzahlungsanspruchs ist also der Erwerber (§§ 578, 566a BGB). Das gilt auch dann, wenn der Voreigentümer insolvent geworden ist und die Mietsicherheit nicht getrennt von seinem sonstigen Vermögen angelegt hat.[192] 247

Vor Ablauf der Abrechnungsfrist bezüglich der Kaution ist eine Klage auf zukünftige Rückzahlung unzulässig. Sollte der Vermieter nicht rechtzeitig abrechnen, ist eine **Stufenklage** angebracht: Der Vermieter wird zuerst auf Abrechnung und dann auf Auszahlung des Saldos verklagt. 248

Wie bereits erwähnt, kann der Mieter dem Vermieter auch eine **Mietbürgschaft** anbieten. Das ist oft der Fall, wenn der Mieter seine Liquidität schonen will. Voraussetzung hierfür ist, dass der Vermieter sich auf eine Bürgschaft als Sicherheit einlässt. Der Mieter hat keinen Anspruch auf Akzeptanz. 249

Aufseiten des Vermieters hat die Mietbürgschaft (Mietkautionsbürgschaft) den Vorteil, dass der Aufwand, eine Barkaution auf einem Sparbuch anzulegen, entfällt. Zudem muss der Vermieter sich auch nicht dem eventuellen Vorwurf eines Mieters aussetzen, er habe eine Barkaution nicht ordnungsgemäß angelegt. 250

Wird die Stellung einer Bürgschaft vertraglich vereinbart, sollte unbedingt eine **selbstschuldnerische** Bürgschaft unter Ausschluss der Einrede der Vorausklage und unter Verzicht auf das Hinterlegungsrecht verlangt werden. Durch die zusätzliche Formulierung „auf erstes Anfordern" wird zudem gewährleistet, dass über die Bürgschaft fast wie eine Barkaution verfügt werden kann. Die Bank bzw. der Bürge muss in diesem Fall selbst dann zunächst an den Vermieter zahlen, wenn berechtigte Gegenansprüche geltend gemacht werden. In einem Gewerbemietvertrag kann eine Bürgschaft „auf erstes Anfordern" auch formularmäßig vereinbart werden.[193] 251

Die bei der Kaution aufgezeigte Aufrechnungsmöglichkeit bei bereits verjährten Forderungen besteht bei einer Bürgschaft nicht. § 215 BGB ist nicht analog anwendbar.[194] Deshalb sollte der Vermieter eine von § 548 BGB abweichende längere Verjährungsfrist vereinbaren und darauf achten, dass diese auch gegenüber dem Bürgen gilt. 252

Im Falle der Gestellung einer Bürgschaft ist nach Ablauf der Abrechnungsfrist auf Herausgabe der Bürgschaftsurkunde an den Bürgen zu klagen. Einen Anspruch auf Herausgabe der Bürgschaftsurkunde an sich selbst hat der Vermieter nicht.[195] 253

---

191 BGH, Urt. v. 18.1.2006 – VIII ZR 71/05 –.

192 BGH, Urt. v. 7.3.2012 – XII ZR 13/10 – NZM 2012, 344.

193 Palandt/*Sprau*, § 770 Rn 1a.

194 BGH, Urt. v. 28.1.1998 – XII ZR 63/96 – NZM 1998, 224.

195 MüKo-BGB/*Bieber*, § 551 Rn 29.

4. Abrechnung/Rückzahlung von Betriebskostenvorauszahlungen

254 Der Vermieter von Geschäftsräumen muss über Nebenkosten, auf die der Mieter Vorauszahlungen geleistet hat, innerhalb einer angemessenen **Frist** abrechnen.[196] Die Frist endet zum Ablauf des Jahres nach Ende des Abrechnungszeitraums.[197] Zu beachten ist, dass diese Frist keine Ausschlussfrist darstellt. Der für die Wohnraummiete geltende § 556 Abs. 3 S. 3 BGB ist nicht analog anwendbar.[198]

255 Ist das Mietverhältnis beendet und rechnet der Vermieter nicht fristgerecht über die Betriebskosten eines Abrechnungszeitraums ab, kann der Mieter sogleich die vollständige Rückzahlung der geleisteten Abschlagszahlungen verlangen. Er muss nicht zuvor auf Erteilung der Abrechnung klagen. Der Vermieter kann dennoch nachträglich über die Betriebskosten abrechnen und eine etwaige Restforderung einklagen. Daran hindert den Vermieter auch die Rechtskraft eines der Klage des Mieters stattgebenden Urteils nicht.[199]

256 Wurde die Betriebskostenabrechnung formell ordnungsgemäß i.S.d. § 259 BGB erstellt, sodass sie eine geordnete Zusammenstellung der Einnahmen und Ausgaben enthält, dann hat der Mieter nicht schon allein dadurch ein Recht, die geleisteten Vorschüsse zurückzufordern, wenn er die materielle Richtigkeit der Betriebskostenabrechnung bestreitet.[200]

257 Rechnet der Mieter gegen den Vermieter mit den von ihm geleisteten Vorschüssen auf Betriebskosten auf, über die der Vermieter nicht innerhalb der Frist des § 556 Abs. 3 S. 2 BGB abrechnet, so entfällt die Aufrechnungswirkung ex nunc, wenn der Vermieter nachträglich eine wirksame Betriebskostenabrechnung erteilt und sich herausstellt, dass der Mieter ihm noch Betriebskosten schuldet.[201]

258 Allein die vorbehaltlose Erstattung eines sich aus der Betriebskostenabrechnung ergebenden Guthabens durch den Vermieter rechtfertigt nicht die Annahme eines deklaratorischen Schuldanerkenntnisses, das einer nachträglichen Korrektur der Betriebskostenabrechnung entgegensteht.[202]

---

196 Zu den Verjährungsrisiken beim Gewerberaummieter bezogen auf Betriebskosten siehe *Leo/Ghassemi-Tabar*, NZM 2009, 185.

197 BGH, Urt. v. 17.11.2010 – XII ZR 124/09 – NJW 2011, 445.

198 BGH, Urt. v. 27.1.2010 – XII ZR 22/07 – NZM 2010, 240.

199 BGH, Urt. v. 9.3.2005 – VIII ZR 57/04 – NZM 2005, 373.

200 KG, Urt. v. 5.2.2009 – 12 U 122/07 – NJOZ 2009, 2432.

201 BGH, Urt. v. 22.9.2010 – VIII ZR 285/09 – NJW 2011, 143.

202 BGH, Urt. v. 10.7.2013 – XII ZR 62/12 –.

V. Ansprüche wegen vorzeitiger Beendigung

1. Ansprüche des Vermieters

Bei vorzeitiger Beendigung des Mietverhältnisses aufgrund einer außerordentlichen Kündigung aus wichtigem Grund durch den Vermieter stehen diesem **Schadensersatzansprüche nach §§ 280, 314 Abs. 4 BGB** wegen Mietausfalls[203] zu, wenn die Mietsache nicht oder nur zu einer geringeren Miete weitervermietet werden kann. §§ 280, 314 Abs. 4 BGB setzen ein schuldhaftes Verhalten des Mieters voraus. Dies gilt selbst dann, wenn der Kündigungstatbestand kein Verschuldenserfordernis enthält. Der Vermieter ist so zu stellen, wie er bei ordnungsgemäßen Verhalten des Mieters stünde. Schafft der Vermieter es umgekehrt, die Mietsache zu einer höheren Miete zu vermieten, wird der Mehrerlös nicht mit den Schäden verrechnet. **Ersatzfähig** sind sämtliche Schäden, die sich adäquat kausal aus der außerordentlichen Kündigung ergeben, wie die Kosten für die Suche eines Nachfolgemieters sowie Inserats- und Maklerkosten. Haben die Mietvertragsparteien zuvor eine Vermietung mit Option des Vermieters zur Umsatzsteuer vereinbart, dann ist trotzdem nur die Nettomiete zu ersetzen. Hingegen **nicht ersatzfähig** sind die dem Vermieter durch Besichtigungstermine oder Vertragsausfertigung entstehenden Kosten. 259

Prozessual empfiehlt es sich für den Vermieter, bei einer Klage auf Zahlung fälliger Schadensersatzansprüche auch einen Antrag auf Feststellung der Verpflichtung des Mieters zum Ersatz aller weiteren Schäden zu stellen. 260

Nach Rechtshängigkeit des Rückgabeanspruchs schuldet der Mieter im Rahmen der Herausgabe von **Nutzungen nach §§ 546 Abs. 1, 292 Abs. 2, 987 Abs. 1, 99 Abs. 3 BGB** auch die Auskehr eines durch Untervermietung erzielten **Mehrerlöses**. Dazu gehört nach der Rechtsprechung[204] auch eine Entschädigung, die der Mieter von dem Untermieter als Abfindung für eine vorzeitige Beendigung des Untermietverhältnisses erhalten hat. 261

Aus **§ 254 BGB** ergibt sich die Obliegenheit des Vermieters, den Kündigungsfolgeschaden möglichst gering zu halten. Die Rechtsprechung erachtet es als ein ausreichendes Bemühen seitens des Vermieters, wenn er einen Makler beauftragt und Inserate in Zeitungen und im Internet aufgibt.[205] Ist es dem Vermieter nicht mehr möglich, durch Vermietung die ursprüngliche Miethöhe zu erreichen, ist er unter Umständen verpflichtet, die Mietsache zu einer geringeren Miete fortan zu vermieten. Haben sich die Marktkonditionen geändert und sind die Mieten gestiegen, dann kann der Vermieter auch eine höhere Miete vom Nachfolgemieter verlangen, wobei 262

---

203 Eine ausführliche Darstellung zu dem Thema geben *Kluth/Böckmann/Freigang*, NZM 2004, 446. Zum Umfang des Mietausfallschadens vgl. OLG Rostock, Urt. v. 2.7.2009 – 3 U 146/08 – NJOZ 2009, 4528.

204 BGH, Urt. v. 12.8.2009 – XII ZR 76/08 – NZM 2009, 701.

205 OLG Brandenburg, Urt. v. 27.10.2010 – 3 U 155/09 –.

dies auf die Schadensersatzpflicht des ursprünglichen Mieters grundsätzlich keinen Einfluss hat. Der Vermieter verletzt seine Obliegenheit aus § 254 BGB nicht, wenn er nicht jeden Nachmietinteressenten akzeptiert.[206]

263 Steht beiden Vertragsparteien ein außerordentliches Kündigungsrecht zu, bestehen keine wechselseitigen Schadensersatzansprüche.

264 Die **Beweislast** für das Bestehen eines außerordentlichen Kündigungsgrundes, für den Ausfall der Miete sowie die Vermietungsbemühungen liegt beim Vermieter. Sache des Mieters ist es, sich bezüglich des Verschuldens ggf. zu entlasten und die Verletzung der Schadensminderungspflicht des Vermieters zu beweisen.

2. Ansprüche des Mieters

265 Im Falle einer außerordentlichen Kündigung durch den Mieter kann dieser zwischen dem Ersatz seiner im Hinblick auf den Vertrag entstandenen vergeblichen **Aufwendungen** nach §§ 284, 311a Abs. 2 BGB und **Schadensersatz** (positives Interesse) wählen.

266 Letzterer umfasst insbesondere die Kosten der Beschaffung von Ersatzraum und eine etwaige Mehrmiete für die Restlaufzeit des Vertrages sowie die Kosten des Umzugs und der Möbelzwischenlagerung. Sofern derartige Kosten aufgrund zeitnaher Beendigung der vertraglichen Mietlaufzeit ohnehin entstanden wären, wirkt sich dies anspruchsmindernd aus. Zu berücksichtigen ist ferner, dass der Mieter nur dann einen Anspruch auf Schadensersatz hat, wenn der Vermieter Grund für eine außerordentliche Kündigung gegeben und hierbei zumindest fahrlässig gehandelt hat.

267 Verlangt der Mieter Ersatz seiner vergeblichen Aufwendungen, kann er nur diejenigen vergeblichen Aufwendungen ersetzt verlangen, die er billigerweise tätigen durfte, es sei denn, der Zweck dieser Aufwendungen wäre auch bei unterbliebener Beendigung des Mietvertrages nicht erreicht worden.

VI. Durchsetzung des Anspruchs auf Räumung und Herausgabe

1. Unterbrechung von Versorgungsleistungen

268 Mit Beendigung des Mietvertrags endet auch die **Pflicht des Vermieters** zur Gebrauchsüberlassung gem. § 535 Abs. 1 BGB und damit **zur Gewährung von Versorgungsleistungen**. Bei der Prüfung der Frage, ob der Vermieter gleichwohl nach Treu und Glauben gem. § 242 BGB zur Versorgungsleistung verpflichtet ist, ist das Interesse des Mieters an der Aufrechterhaltung des Mietgebrauchs gegenüber dem

206 OLG Düsseldorf, Urt. v. 25.10.2001 – 10 W 104/01 – MDR 2002, 633.

Interesse des Vermieters an der Einstellung der Versorgungsleistungen abzuwägen. Das Interesse des Vermieters überwiegt, wenn sich der Mieter mit Mietzinsen und Nutzungsentschädigung in Verzug befindet und dem Vermieter ein stetig wachsender Schaden droht.[207] Die Einstellung oder Unterbrechung der Versorgung mit Heizenergie durch den Vermieter stellt in dem Fall keine Besitzstörung gem. §§ 858, 862 BGB dar.[208] Der Vermieter muss allerdings die Einstellung der Lieferung möglichst früh ankündigen, sodass sich der Mieter hierauf einstellen kann. Der BGH ist der Ansicht, dass es von den oben genannten Grundsätzen Ausnahmen geben kann, wenn z.B. Gesundheitsgefahren oder ein besonders hoher Schaden beim Mieter drohen.[209]

Ist eine Gaststätte vermietet und entstehen durch ihren Weiterbetrieb Wasser- **269**
und Heizkosten, ist der Vermieter berechtigt, die Versorgung mit Wasser und Wärme abzustellen, wenn der Mieter trotz streitiger Zahlungsrückstände keine Sicherheitsleistung für die Wasser- und Heizkosten erbringt.[210]

Ist das Mietverhältnis noch nicht beendet oder handelt es sich um ein Misch- **270**
mietverhältnis, so soll verbotene Eigenmacht bei der Einstellung der Versorgung gegeben sein.[211]

2. Verbot der Selbsthilfe und Einstweiliger Rechtsschutz

Endet das Mietverhältnis und gibt der Mieter die Mietsache nicht zurück, ist der **271**
Vermieter nicht berechtigt, sich gegen den Willen des Mieters in den Besitz der Mietsache zu setzen. Würde der Vermieter sich über den Willen des Mieters hinwegsetzen, dann würde er **verbotene Eigenmacht** i.S.d. §§ 858, 861, 862 BGB begehen. Unter Umständen kann sich der Vermieter auch **strafbar** machen, vgl. §§ 123, 240 StGB. Dem Mieter steht dann die Möglichkeit zu, eine **einstweilige Verfügung auf Wiedereinräumung des alleinigen Besitzes** zu erwirken. Dies gilt selbst bei Vorliegen eines Räumungstitels. Begründet kann das damit werden, dass die Durchsetzung des Anspruches dem Zwangsvollstreckungsrecht unterliegt.

Von diesen Grundsätzen abweichende Formularklauseln sind unwirksam. **272**

Betrachtet man die Situation aus Sicht des Vermieters, so wird er im Fall der **273**
Nichtherausgabe der Mietsache in der Regel keine einstweilige Verfügung im Sinne

---

207 BGH, Urt. v. 6.5.2009 – XII ZR 137/07 – NZM 2009, 482.

208 Auf die Wasserversorgung bezogen KG, Urt. v. 8.7.2004 – 12 W 21/04 – NZM 2005, 65. A.A. noch in Bezug auf die Versorgung mit Strom OLG Köln, Beschl. v. 26.4.2004 – 1 U 67/03 – NZM 2005, 67. Zum possessorischen Besitzschutz vgl. *Herrlein*, NZM 2006, 527. Siehe außerdem *Scheidacker*, NZM 2005, 281.

209 BGH, Urt. v. 6.5.2009 – XII ZR 137/07 – NZM 2009, 482.

210 LG Heilbronn, Urt. v. 18.12.2007 – 2 O 448/07 – ZMR 2008, 717.

211 KG, Urt. v. 29.8.2005 – 8 U 70/05 – ZMR 2005, 951.

einer sog. **Leistungsverfügung auf Herausgabe der Mietsache** erlangen können. Ein drohender Mietausfall wird nicht als Verfügungsgrund anerkannt.[212] Der Vermieter kann eine einstweilige Verfügung nur erwirken, wenn ihm weitergehende Rechtsnachteile drohen. Das ist beispielsweise dann der Fall, wenn der ehemalige Mieter die Mietsache in einer nicht vom ehemaligen Mietvertrag gedeckten Weise nutzt.

274 Wird das Hauptmietverhältnis beendet und weigert sich der Untermieter, das Mietobjekt herauszugeben und nutzt es stattdessen ohne Zahlung eines Nutzungsentgelts weiter, dann kommt allein deswegen eine auf Räumung gerichtete einstweilige Verfügung nicht in Betracht.[213]

3. Räumungsklage

275 Die Räumungsklage ist grundsätzlich eine auf Herausgabe des Eigentums an der Mietsache gerichtete Klage gem. §§ 546 Abs. 2, 985 BGB, bei der indes prozessuale Besonderheiten zu berücksichtigen sind. Zunächst muss der Vermieter darauf achten, dass er sämtliche Besitzer (wie den Untermieter) der Mietsache und nicht nur den Vertragspartner mitverklagt, damit der Titel später auch vom Gerichtsvollzieher vollstreckbar ist. Eine Rechtskrafterstreckung ist nur unter den Voraussetzungen von § 325 ZPO möglich. Für die Räumungsklage ist ausschließlich das Gericht zuständig, in dessen Bezirk sich die vermieteten Räume befinden, § 29a ZPO. Der Wohnsitz bzw. der Gesellschaftssitz des Mieters ist hierfür nicht von Belang. Zur Bezifferung des Streitwerts ist auf §§ 41 GKG, 8 ZPO zu achten.

276 Wird die Räumungsklage mit weiteren Ansprüchen verbunden, dann ist an § 260 ZPO zu denken. Wird auf eine zukünftige Räumung geklagt, dann ist § 259 ZPO zu berücksichtigen. Mehrere Vermieter sind notwendige Streitgenossen, allerdings gilt § 432 BGB. Mehrere Mieter schulden die Rückgabe als Gesamtschuldner und zwar solange, bis alle Mitmieter ausgezogen sind.

4. Notarielle Urkunde

277 Nach § 794 Abs. 1 Nr. 5 ZPO kann die Zwangsvollstreckung auch aus (vollstreckbaren) notariellen Urkunden erfolgen. Diese Regelung gibt damit dem Vermieter die Möglichkeit, bereits bei Abschluss des Mietvertrags oder im Verlauf des Mietverhältnisses einen Vollstreckungstitel zu erhalten. Diese Art der Sicherung des Vermieters hat allerdings in der Praxis bisher noch keine größere Bedeutung erlangt, da

---

212 OLG Celle, Beschl. v. 26.7.2000 – 2 W 58/00 – NZM 2001, 194; OLG Düsseldorf, Beschl. v. 22.6.2004 – 24 W 36/04 – NZM 2005, 180; *Wolf/Eckert/Ball*, Rn 1093.

213 OLG Düsseldorf, Beschl. v. 26.2.2009 – 10 W 14/09 – NZM 2009, 818.

die Zwangsvollstreckung aus einer dem Vermieter überlassenen notariellen Urkunde für den Mieter mit erheblichen Risiken verbunden ist.

Gegenstand einer (vollstreckbaren) notariellen Urkunde kann jeder einem Vergleich zugängliche Anspruch sein. Ausnahmen sind solche Ansprüche, die auf Abgabe einer Willenserklärung oder auf den Bestand eines Mietverhältnisses über Wohnraum gerichtet sind. Unerheblich ist, ob der Anspruch bedingt ist. 278

5. Vollstreckung

Hat eine der Mietvertragsparteien vor Gericht eine einstweilige Verfügung erstritten, 279
so ist deren ordnungsgemäße und fristgebundene Zustellung Voraussetzung für die Vollstreckbarkeit, § 936 ZPO i.V.m. §§ 928, 929 ZPO. Gemäß § 929 Abs. 2 ZPO muss die Zustellung binnen eines Monats nach Zustellung oder Verkündung der einstweiligen Verfügung erfolgen.

Für die Vollziehung selbst und die Wahrung der in § 929 ZPO hierfür gesetzten 280
Fristen bedarf es des fristgerechten Antrags auf Erlass der eigentlichen Zwangsvollstreckungsmaßnahme.

Sollte die Partei nach Zustellung und Vollziehung der einstweiligen Verfügung 281
ihrer Verpflichtung trotzdem nicht nachkommen, kann nach Erlass des gem. § 888 ZPO ergangenen Zwangsgeldbeschlusses auf Antrag des Gläubigers die Zwangsvollstreckung aus diesem Beschluss betrieben werden. Hierbei gilt zu beachten, dass der gerichtliche Zwangsgeldbeschluss seinerseits gem. § 724 ZPO der Vollstreckungsklausel bedarf.

VII. Kurze Verjährung gemäß § 548 BGB

1. Ersatzansprüche des Vermieters

Nach § 548 Abs. 1 BGB verjähren die Ersatzansprüche des Vermieters wegen Verän- 282
derungen oder Verschlechterungen der Mietsache in sechs Monaten, wobei die Verjährung[214] mit dem Zeitpunkt **beginnt**, in dem der Vermieter die Mietsache zurückerhält. Das gilt auch dann, wenn der Mietvertrag erst später endet.[215] Erforderlich ist also grundsätzlich eine Veränderung der Besitzverhältnisse zugunsten des Vermieters.[216] Die Verjährungsfrist für Schadensersatzansprüche statt der Leistung beginnt ebenfalls mit Rückgabe der Mietsache und nicht erst, wenn die Nachfrist abgelaufen ist.

---

214 Vgl. zum Beginn und Ende mietrechtlicher Verjährungsfristen *Witt*, NZM 2012, 545.

215 BGH, Urt. v. 15.3.2006 – VIII ZR 123/05 – NJW 2006, 1588.

216 BGH, Urt. v. 10.7.1991 – XII ZR 105/90 – NJW 1991, 2416; OLG München, Urt. v. 31.3.2009 – 5 U 3484/08 – ZMR 2010, 285; KG, Urt. v. 21.5.2001 – 12 U 9284/99 – ZMR 2005, 455.

283 Von der Rechtsprechung bisher nicht entschieden wurde der Fall, ob der **Annahmeverzug** des Vermieters mit der Annahme den Beginn der Verjährung auslöst.[217]

284 Mit der Verjährung des Anspruchs des Vermieters auf Rückgabe der Mietsache verjähren auch seine Ersatzansprüche, wobei nicht danach unterschieden wird, ob die **Ansprüche auf Gesetz oder Vertrag** beruhen. Hiermit sind für den Vermieter häufig Risiken verbunden, da ein Schaden sich zum Teil nicht so schnell abschließend ermitteln lässt. Erforderlich sind verjährungsunterbrechende Maßnahmen.

285 § 548 Abs. 1 BGB unterfallen **beispielsweise Ansprüche** des Vermieters, die ihren Rechtsgrund darin haben, dass der Mieter eingebaute Einrichtungen nicht wieder entfernt, seine vertragliche Erhaltungs- und Reparaturpflicht verletzt, den vertragsgemäßen Gebrauch der Mietsache überschritten oder gegen die Reinigungspflicht verstoßen hat. Die kurze Verjährungsfrist des § 548 BGB für Verschlechterungen der Mietsache soll nach Auffassung der Rechtsprechung[218] auch an den Vermieter abgetretene Ansprüche der WEG-Eigentümergemeinschaft wegen Beschädigungen des Gemeinschaftseigentums umfassen. Sie erfasst ferner auch die Ansprüche wegen Verschlechterungen nicht mitvermieteter Grundstücksbestandteile.[219] § 548 Abs. 1 BGB unterfallen ebenso die Ansprüche des Vermieters auf Durchführung fälliger Schönheitsreparaturen sowie Ersatzansprüche wegen der Nichtdurchführung von Schönheitsreparaturen.

286 Der kurzen Verjährung des § 548 Abs. 1 BGB unterfällt hingegen nicht der Anspruch auf Nutzungsentschädigung, der Tag genau mit der Rückgabe der Mietsache endet.[220] Er verjährt innerhalb der dreijährigen Regelverjährungsfrist.[221] Nach dem Wortlaut unanwendbar ist § 548 Abs. 1 BGB weiterhin auf den mietvertraglichen Erfüllungsanspruch des Vermieters und auf den Anspruch des Vermieters auf Rückgabe der Mietsache einschließlich des Zubehörs aus § 546 BGB. Nicht erfasst sind ferner Schadensersatzansprüche, die bei der Räumung bzw. Rückgabe der Mietsache weder entstanden noch vorhersehbar waren, der Anspruch auf Rückzahlung eines Kostenvorschusses zur Mängelbeseitigung, der Freistellungsanspruch, in dem sich der Untermieter gegenüber dem Mieter verpflichtet, ihn von allen Ansprüchen des Hauptmieters freizustellen, Ansprüche, die aus Personenschäden resultieren und der Ausgleichsanspruch des Gebäudeversicherers gegen den Haftpflichtversicherer aus analoger Anwendung von § 59 Abs. 2 S. 1 VVG a.F.

287 Im Zusammenhang mit der Veräußerung der Mietsache gem. § 566 BGB sind einige Besonderheiten zu beachten: Bezüglich des Übergangs von Ansprüchen gilt in

217 Siehe hierzu auch BGH, Urt. v. 12.10.2011 – VIII ZR 8/11 – NZM 2012, 21.
218 OLG Stuttgart, Urt. v. 5.8.2010 – 7 U 82/10 – ZWE 2010, 425.
219 BGH, Urt. v. 23.6.2010 – XII ZR 52/08 – ZMR 2010, 932.
220 OLG Dresden, Urt. v. 19.10.2011 – 13 U 1179/10 – NZM 2012, 84.
221 OLG Düsseldorf, Urt. v. 27.3.2012 – 24 U 200/11 – MDR 2012, 1155.

der Regel das Fälligkeitsprinzip. Ansprüche, die vor dem Eigentumsübergang der Immobilie auf den Erwerber fällig wurden, stehen dem veräußernden Vermieter zu und sind von ihm zu erfüllen. Diejenigen Ansprüche aber, die später fällig werden, stehen dem Erwerber zu. Ist ein Einzelanspruch des veräußernden Vermieters bereits verjährt, geht dieser Anspruch aber auf den Erwerber über (etwa der Anspruch auf Leistung der Mietkaution), so ändert sich an der Verjährung durch die Veräußerung nichts. Für die Ersatzansprüche des ausgeschiedenen Vermieters gilt auch der § 548 Abs. 1 BGB. Die Norm stellt zwar auf den Rückerhalt des Mietobjekts ab, der bei einer Veräußerung nicht erfolgt. Dennoch gebieten Sinn und Zweck des § 548 Abs. 1 BGB eine Anwendung der Norm auch auf den vorliegenden Fall. Die Verjährung beginnt mit Eintragung des Erwerbers im Grundbuch, wobei Kenntnis des veräußernden Vermieters von der Eintragung nicht erforderlich ist.

2. Aufwendungsersatzansprüche und Wegnahmerecht des Mieters

Ansprüche des Mieters auf Ersatz von Aufwendungen oder auf Gestattung der Wegnahme einer Einrichtung verjähren gem. **§ 548 Abs. 2 BGB** in sechs Monaten nach der Beendigung des Mietverhältnisses. Es ist unerheblich, ob sich die Ansprüche aus den gesetzlichen Regelungen (§§ 536a Abs. 2, 539 Abs. 1 BGB) oder aus einer vertraglichen Vereinbarung ergeben. Die Verjährungsfrist des § 548 Abs. 2 BGB ist auch für den Bereicherungsanspruch des Mieters relevant, wenn dieser trotz einer unwirksamen Schönheitsreparaturklausel an den Vermieter einen Abgeltungsbetrag für nicht durchgeführte Schönheitsreparaturen zahlt.[222] 288

Insgesamt findet § 548 Abs. 2 BGB **nur auf die in der Norm erwähnten Ansprüche** des Mieters Anwendung. Es geht nur um Ansprüche wegen Verwendungen, die sich auf die Mietsache als solches beziehen. Folglich wird die Norm auf Verwendungen auf Einrichtungsgegenstände, die nicht mitvermietet sind, nicht angewandt. Ferner werden auch Ansprüche des Mieters auf Beseitigung eines Mangels während der Mietzeit, auf Gewährleistung, auf Abrechnung und Rückzahlung von Nebenkosten oder Schadensersatz wegen sonstiger Vertragsverletzungen des Vermieters (§ 280 BGB) oder wegen unberechtigter Kündigung von der Norm nicht erfasst. Diese Ansprüche verjähren in drei Jahren (§ 195 BGB – Jahresendverjährung). 289

Das Minderungsrecht des Mieters unterliegt grundsätzlich gar nicht der Verjährung. Es kann jedoch ausgeschlossen (vgl. §§ 536b, 536c Abs. 2 S. 2 BGB) oder verwirkt sein. 290

Handelt es sich um **Ansprüche aus einem anderen Rechtsverhältnis**, das nicht im Zusammenhang mit dem Mietverhältnis steht, ist § 548 Abs. 2 BGB ebenfalls unanwendbar. 291

222 BGH, Urt. v. 20.6.2012 – VIII ZR 12/12 –.

292 Allgemein anerkannt ist, dass mit der Rückgabe der Mietsache der Wegnahmeanspruch in einen **Anspruch auf Gestattung der Wegnahme** übergeht (§ 258 S. 2 BGB). Dieser Anspruch verjährt ebenfalls in sechs Monaten nach § 548 Abs. 2 BGB. Des Weiteren findet die kurze Verjährungsfrist auf vertraglich vereinbarte oder gesetzliche **Entschädigungsansprüche** des Mieters zur Abwendung des Wegnahmerechts Anwendung, da diese Ansprüche dem Wegnahmeanspruch sehr ähnlich sind.

293 Ist der **Wegnahmeanspruch** des Mieters erst einmal **verjährt**, dann hat der Vermieter ein dauerndes Recht zum Besitz in Bezug auf die vom Mieter eingebrachten Einrichtungen. Der Vermieter muss dann weder eine Nutzungsentschädigung noch Schadensersatz an den Mieter zahlen.

294 Grundsätzlich **beginnt die Verjährung** mit der Beendigung des Mietverhältnisses. Es kommt also auf die vertraglich vereinbarte Laufzeit des Mietverhältnisses oder das Wirksamwerden einer Kündigung an. Setzen die Mietvertragsparteien das Mietverhältnis aber trotz wirksamer Kündigung stillschweigend fort oder wird die Fortsetzung des Mietvertrages bis zu einem bestimmten Termin vereinbart, so beginnt die Verjährungsfrist erst mit Ablauf des Verlängerungszeitraums zu laufen.

295 Auch aus Mietersicht sind bei der Veräußerung der Mietsache gem. § 566 BGB bestimmte Aspekte zu berücksichtigen: Wird das Mietverhältnis durch Veräußerung des Mietobjektes ausnahmsweise beendet, dann beginnt die Verjährungsfrist erst mit Kenntnis des Mieters von der Eintragung des Erwerbers im Grundbuch zu laufen. Den Mieter treffen allerdings keine Erkundigungspflichten.[223] Praktisch relevant ist dieses Problem lediglich bei Eigentumsübergang fälligen Aufwendungsansprüchen. Die noch nicht fälligen Aufwendungsansprüche sind nicht betroffen. Ebenfalls nicht betroffen sind Wegnahmeansprüche, da diese erst mit Rückgabe der Mietsache an den Vermieter entstehen.[224]

---

223 BGH, Urt. v. 28.5.2008 – VIII ZR 133/07 – NJW 2008, 2256.

224 MüKo-BGB/*Häublein*, § 566 Rn 40; Schmidt-Futterer/*Streyl*, § 548 BGB Rn 56.

Kapitel 14
Mietvertrag in der Krise

A. Vorbemerkungen

Bei einer Insolvenz sind neben anderen Vertragsverhältnissen insbesondere auch Mietverhältnisse des Insolvenzschuldners betroffen. Für die Fortführung oder Beendigung von Mietverträgen sowie die sich daraus ergebenden gegenseitigen Rechte und Pflichten sind dann **insolvenzspezifische Besonderheiten** und **Spezialvorschriften** zu beachten. Der nachfolgende Beitrag stellt diese Besonderheiten sowie die Rechte und Pflichten der Vertragsparteien sowohl für den Fall der **Insolvenz des Mieters** als auch den Fall der **Insolvenz des Vermieters** dar. Die Ausführungen beziehen sich nicht auf Wohnraummietverträge. Zum besseren Verständnis werden vorab einige grundlegende insolvenzspezifische Begriffe erläutert. 1

B. Erläuterung insolvenzspezifischer Begriffe

I. Ziele des Insolvenzverfahrens

Aus § 1 InsO ersichtlich hat das Insolvenzverfahren verschiedene Ziele. Zunächst dient es dazu, das schuldnerische Vermögen zu verwerten und den Verwertungserlös gleichmäßig, d.h. zu einer bestimmten Quote der bestehenden Forderungen, auf die Gläubiger zu verteilen. Neben der **gleichmäßigen Gläubigerbefriedigung** soll das Insolvenzverfahren unter Umständen auch dem Erhalt des insolventen Unternehmens dienen und hat insoweit eine **Sanierungsfunktion**. Darüber hinaus verfolgt das Insolvenzverfahren die sog. **Ordnungsfunktion**. Diese gewährleistet eine ordnungsgemäße Abwicklung des Schuldnervermögens auch dann, wenn eine Insolvenzquote nicht zu erwarten ist, in dem der Insolvenzverwalter z.B. für die Erstellung von Arbeitspapieren, die Anfertigung von Steuererklärungen, die geordnete Abholung von Eigentumsvorbehaltsware durch Lieferanten sowie die geordnete Rückgabe gemieteter Räumlichkeiten sorgt.[1] Schließlich eröffnet das Insolvenzverfahren dem Schuldner grundsätzlich die Möglichkeit einer Restschuldbefreiung, sodass dem Insolvenzverfahren insoweit auch eine **Schuldnerschutzfunktion** zukommt. 2

1 Schmidt/*A. Schmidt*, § 1 Rn 18; AG Hamburg ZIP 2001, 1885.

II. Ablauf des Insolvenzverfahrens und wesentliche Wirkungen der Verfahrenseröffnung

3 Nach § 13 InsO wird das Insolvenzverfahren nur auf Antrag eröffnet, der sowohl von dem Insolvenzschuldner selbst als auch von einem Gläubiger gestellt werden kann. Die Eröffnung des Insolvenzverfahrens setzt nach § 16 InsO voraus, dass ein Insolvenzgrund vorliegt, also **Zahlungsunfähigkeit**, drohende Zahlungsunfähigkeit oder – bei juristischen Personen – **Überschuldung** (§§ 17 bis 19 InsO), und die Kosten des Insolvenzverfahrens gedeckt sind (§ 26 InsO).

4 Das Gericht bestellt zu der Ermittlung der Frage, ob ein Insolvenzgrund vorliegt, einen Gutachter und setzt – sofern erforderlich – einen vorläufigen Insolvenzverwalter ein, der mit dem Gutachter personenidentisch ist (§§ 21, 22 InsO). Der Zeitraum zwischen Insolvenzantragstellung und Eröffnung des Insolvenzverfahrens wird **Insolvenzeröffnungsverfahren** oder – bei Einsetzung eines vorläufigen Insolvenzverwalters – **vorläufiges Insolvenzverfahren** genannt. Kommt der Gutachter zu dem Ergebnis, dass ein Insolvenzgrund vorliegt und die Kosten des Insolvenzverfahrens gedeckt sind, wird das Insolvenzverfahren eröffnet.

5 Einige **wesentliche Wirkungen** der Verfahrenseröffnung sind:

- Auswirkungen auf das schuldnerische Vermögen: Entzug der Verfügungsbefugnis des Schuldners (§ 80 InsO); Unwirksamkeit von Verfügungen des Schuldners (§ 81 InsO); grundsätzlich keine schuldbefreiende Leistung an den Schuldner (§ 82 InsO);
- verfahrensrechtliche Folgen: Verfahrensunterbrechung nach § 240 ZPO; Übergang der Prozessführungsbefugnis auf den Insolvenzverwalter, der Partei kraft Amtes wird;
- gesellschaftsrechtliche Folgen bei Insolvenz der Gesellschaft: Auflösung von Kapitalgesellschaften (§ 60 Abs. 1 Nr. 4 GmbHG, § 262 Abs. 1 Nr. 3 AktG), Gesellschaften bürgerlichen Rechts (§ 728 Abs. 1 BGB), offenen Handelsgesellschaften und Kommanditgesellschaften (§§ 131 Abs. 1 Nr. 3, 161 Abs. 2 HGB).

III. Vorläufiger Insolvenzverwalter

6 Setzt das Gericht einen vorläufigen Insolvenzverwalter ein (§ 22 InsO), hat es die Wahl zwischen einem sog. „schwachen" oder „starken" vorläufigen Verwalter. Ob ein „schwacher" oder ein „starker" vorläufiger Insolvenzverwalter eingesetzt ist, ergibt sich aus dem **Beschluss des Insolvenzgerichts** über dessen Einsetzung.

7 Bei einem **„schwachen" vorläufigen Insolvenzverwalter** liegen die Verwaltungs- und Verfügungsbefugnis sowie grundsätzlich auch die Prozessführungsbefugnis nach wie vor bei dem Schuldner. Nach § 22 Abs. 2 InsO bestimmt das Insolvenzgericht die Rechte und Pflichten des „schwachen" vorläufigen Insolvenzverwalters. In der Praxis wird ganz überwiegend die „schwache" vorläufige Insolvenzverwal-

tung mit **allgemeinem Zustimmungsvorbehalt** gem. § 21 Abs. 2 Nr. 2 InsO angeordnet.[2] Das heißt, dass der „schwache" vorläufige Insolvenzverwalter grundsätzlich nicht für den Schuldner handeln kann. Umgekehrt sind Verfügungen des Schuldners auf Anordnung des Gerichts nur noch mit Zustimmung des „schwachen" vorläufigen Verwalters wirksam.

Formulierungsmuster
„Zum vorläufigen Insolvenzverwalter wird bestellt: ... Es wird gem. § 21 Abs.1, Abs. 2 Nr. 2 InsO angeordnet, dass Verfügungen des Schuldners nur mit Zustimmung des vorläufigen Insolvenzverwalters wirksam sind. Der vorläufige Insolvenzverwalter ist nicht allgemeiner Vertreter des Schuldners. Er hat die Aufgabe, durch Überwachung des Schuldners dessen Vermögen zu sichern und zu erhalten. Die Pflichten des vorläufigen Insolvenzverwalters werden gem. § 22 Abs. 2 InsO wie folgt bestimmt: ...."

Die Einsetzung eines **„starken" vorläufigen Insolvenzverwalters** bedeutet, dass 8
die Verwaltungs- und Verfügungsbefugnis über das Vermögen des Schuldners nicht erst mit Eröffnung des Insolvenzverfahrens auf den Insolvenzverwalter übergeht, sondern bereits im Insolvenzeröffnungsverfahren auf den vorläufigen Verwalter, § 22 Abs. 1 InsO. Das heißt, der Schuldner ist nicht mehr befugt, über sein Vermögen zu verfügen (**allgemeines Verfügungsverbot**). Verfügungen des Schuldners sind dann gem. §§ 24 Abs. 1, 81 InsO absolut unwirksam.

Formulierungsmuster
„Dem Schuldner wird ein allgemeines Verfügungsverbot auferlegt. Die Verwaltungs- und Verfügungsbefugnis über das Vermögen des Schuldners einschließlich des Rechts zum Einzug von Bankguthaben und anderen Forderungen geht damit auf den vorläufigen Insolvenzverwalter über."

Die Unterscheidung zwischen einem „schwachen" und „starken" vorläufigen Insol- 9
venzverwalter hat wesentliche Bedeutung für die Begründung von Masseverbindlichkeiten.[3]

IV. Insolvenzverwalter

Sofern nicht bereits im Insolvenzeröffnungsverfahren ein „starker" vorläufiger Ver- 10
walter eingesetzt worden ist, geht die **Verwaltungs- und Verfügungsbefugnis** über das schuldnerische Vermögen spätestens mit Eröffnung des Insolvenzverfahrens auf den Insolvenzverwalter über (§ 80 InsO). Er tritt in die Rechte und Pflichten

2 Schmidt/*Schröder*, § 22 Rn 81.
3 Dazu unter Rn 14.

des Schuldners ein. Der Schuldner bleibt Rechtsinhaber, verliert aber die Befugnis, über massezugehörige Vermögensgegenstände zu verfügen und diese zu verwalten.[4]

V. Insolvenzforderungen

11 Einfache Insolvenzforderungen sind die Forderungen derjenigen Gläubiger, denen zur Zeit der Eröffnung des Insolvenzverfahrens ein bereits begründeter (Geld-)Anspruch gegen den Schuldner zustand (§ 38 InsO). Insolvenzforderungen sind zur **Insolvenztabelle** anzumelden (§§ 174ff. InsO) und stehen im Rang hinter den Masseforderungen (§ 53 InsO). Erst nach Befriedigung aller Masseforderungen wird die verbleibende Insolvenzmasse unter den Insolvenzgläubigern auf ihre Insolvenzforderungen anteilig in Höhe der jeweiligen Quote verteilt (**Insolvenzquote**).

VI. Masseforderungen/Masseverbindlichkeiten

12 Masseforderungen sind neben den **Kosten** des Verfahrens und der **Vergütung** des Insolvenzverwalters (§§ 53, 54 InsO) die Forderungen derjenigen Gläubiger, die ihre Ansprüche erst **nach Eröffnung** des Insolvenzverfahrens erworben haben, und zwar entweder durch **Handlungen des Insolvenzverwalters** oder aufgrund der **Fortsetzung von gegenseitigen Verträgen** nach Insolvenzeröffnung (§ 55 Abs. 1 InsO). Dementsprechend stellen diese Forderungen, die mit der Abwicklung des Insolvenzverfahrens zwingend zusammenhängen, Verbindlichkeiten der Insolvenzmasse (sog. Masseverbindlichkeiten) dar. Das Gleiche gilt für Forderungen, die durch den **„starken" vorläufigen Verwalter** im Insolvenzeröffnungsverfahren begründet werden oder aufgrund der Entgegennahme von Leistungen aus bereits bestehenden Dauerschuldverhältnissen durch den „starken" vorläufigen Verwalter, § 55 Abs. 2 InsO.

13 Der **„schwache" vorläufige Verwalter** kann grundsätzlich keine Masseverbindlichkeiten begründen,[5] was erhebliche Bedeutung für Gläubiger hat, die ihre Leistungen im Insolvenzeröffnungsverfahren erbracht haben. Eine Ausnahme gilt, wenn der „schwache" vorläufige Insolvenzverwalter durch **Einzelermächtigung** von dem Insolvenzgericht ermächtigt wird, bestimmte im Voraus genau festgelegte Verbindlichkeiten als Masseverbindlichkeiten einzugehen.[6]

---

4 Schmidt/*Kuleisa*, § 80 Rn 9.

5 BGH, Urt. v. 13.7.2006 – IX ZR 57/05 – ZInsO 2006, 938.

6 BGH, Urt. v. 18.7.2002 – IX ZR 195/01 – NZM 2002, 859.

Masseverbindlichkeiten sind nach § 53 InsO **vorweg aus der Insolvenzmasse** 14 zu befriedigen. Massegläubiger sind nicht gehalten, wie die Insolvenzgläubiger ihre Ansprüche im Insolvenzverfahren durch Anmeldung zur Insolvenztabelle geltend zu machen und müssen sich nicht mit der bloßen Insolvenzquote begnügen. Masseforderungen können von dem betreffenden Gläubiger gegenüber dem Insolvenzverwalter auch klageweise und im Wege der Zwangsvollstreckung durchgesetzt werden.

VII. Masseunzulänglichkeit

Die Masseunzulänglichkeit (§ 208 InsO) wird auch als sog. **Insolvenz in der Insolvenz** 15 bezeichnet. Sie liegt vor, wenn sich nach Eröffnung des Insolvenzverfahrens herausstellt, dass zwar ausreichend Insolvenzmasse vorhanden ist, um die Verfahrenskosten i.S.v. § 54 InsO (Gerichtskosten, Vergütung des Insolvenzverwalters) zu decken, nicht aber um sämtliche Massegläubiger zu befriedigen.

Bei Eintreten der Masseunzulänglichkeit, die der Insolvenzverwalter dem Insol- 16 venzgericht anzeigt, wird das Insolvenzverfahren fortgesetzt. Es tritt jedoch eine Zäsur ein, aufgrund derer zwischen den nach der Anzeige der Masseunzulänglichkeit vom Insolvenzverwalter begründeten **Neu-Masseverbindlichkeiten** und den zu diesem Zeitpunkt bereits bestehenden **Alt-Masseverbindlichkeiten** unterschieden wird. Die Neu-Masseverbindlichkeiten werden gem. § 209 Abs. 1 InsO vorrangig vor den Alt-Masseverbindlichkeiten und in voller Höhe aus der Insolvenzmasse befriedigt. Die Alt-Masseverbindlichkeiten werden ähnlich wie die einfachen Insolvenzforderungen in ein entsprechendes Verzeichnis aufgenommen. Die Vollstreckung wegen einer Altmasseverbindlichkeit ist nach § 210 InsO ausgeschlossen. Ebenso fehlt einer nach Anzeige der Masseunzulänglichkeit erhobenen Leistungsklage eines Gläubigers wegen einer Alt-Masseverbindlichkeit das Rechtsschutzbedürfnis, weil der Insolvenzverwalter nicht mehr zur Leistung verurteilt werden kann.[7] Zur Klärung seiner Ansprüche hat der Gläubiger jedoch die Möglichkeit, gem. § 256 ZPO Feststellungsklage gegen den Insolvenzverwalter zu erheben, auch um eine mögliche Anspruchsverjährung zu verhindern.[8]

7 BGH, Urt. v. 3.4.2003 – IX ZR 101/02 – NJW 2003, 2454; Urt. v. 9.2.2012 – IX ZR 75/11 – ZIP 2012, 533.

8 BGH, Urt. v. 3.4.2003 – IX ZR 101/02 – NJW 2003, 2454.

VIII. Aussonderungsrecht

17 Ein Aussonderungsrecht (§ 47 InsO) gewährt dem zur Aussonderung berechtigten Gläubiger einen **Anspruch auf Herausgabe** eines Gegenstandes aus der Insolvenzmasse. Voraussetzung dafür ist, dass der Gegenstand nicht zu dem Vermögen des Schuldners gehört, sondern dem Gläubiger zusteht. In Betracht kommen dingliche Rechte, wie insbesondere das Eigentum, aber auch bestimmte obligatorische Rechte wie Herausgabeansprüche aus Mietverhältnissen.[9]

IX. Absonderungsrecht

18 Absonderungsrechte sind in den §§ 49 bis 51 InsO geregelt. Im Insolvenzverfahren zu berücksichtigende Absonderungsrechte werden durch **Sicherungsrechte Dritter** begründet. Daher berechtigen beispielsweise Mobiliarpfandrechte wie das Vermieterpfandrecht, Immobiliarpfandrecht, Sicherungseigentum, Sicherungsabtretung sowie der verlängerte Eigentumsvorbehalt zur Absonderung.[10]

19 Die mit Sicherungsrechten belasteten Gegenstände sind vom Insolvenzverwalter oder von dem Absonderungsberechtigten zu **verwerten** und nach Verwertung unter Berücksichtigung der gesicherten Forderungen **abzurechnen.**[11] Gläubiger, denen ein Absonderungsrecht zusteht, haben daher keinen Anspruch auf den Gegenstand als solchen und können nicht dessen Herausgabe verlangen. Ihnen steht aber ein **Anspruch auf bevorzugte Befriedigung** aus dem Erlös nach der Verwertung des Gegenstandes zu und sie müssen sich nicht nur mit einer Insolvenzquote begnügen.

20 Ob der Insolvenzverwalter oder der absonderungsberechtigte Gläubiger den Gegenstand verwerten darf, hängt davon ab, wer Besitz an der Sache hat (§§ 166, 173 InsO). Bei Verwertung durch den Insolvenzverwalter erfolgt die Abrechnung des Verwertungserlöses mit dem Insolvenzverwalter, der für die Vornahme der Verwertungshandlungen eine **Feststellungs- und Verwertungspauschale** (insgesamt 9%) sowie die Umsatzsteuer für die Insolvenzmasse einbehalten darf und den Erlös im Übrigen an den absonderungsberechtigten Gläubiger auskehren muss, §§ 170, 171 InsO.

---

9 Schmidt/*Büchler*, § 47 Rn 2.

10 Schmidt/*Büchler*, Vorb. zu §§ 49 bis 51 Rn 2.

11 Schmidt/*Büchler*, Vorb. zu §§ 49 bis 51 Rn 1.

X. Öffentliche Bekanntmachung in Insolvenzverfahren

Beschlüsse über die Anordnung des vorläufigen Insolvenzverfahrens, die Eröffnung des Insolvenzverfahrens oder die Abweisung der Verfahrenseröffnung mangels Masse werden gem. § 9 InsO veröffentlicht. Nicht veröffentlicht werden Beschlüsse über die Einsetzung eines Insolvenzgutachters ohne die gleichzeitige Einsetzung eines vorläufigen Insolvenzverwalters. 21

Die Veröffentlichung erfolgt im **Internet** unter https://www.insolvenzbekanntmachungen.de. 22

Am dritten Tag nach der Veröffentlichung gilt die Bekanntgabe als bewirkt, was insbesondere für Fälle relevant ist, in denen es auf die Kenntnis oder das Kennenmüssen des Gläubigers von der Insolvenz des Schuldners ankommt. 23

Beispiel
Leistet ein Gläubiger nach Eröffnung des Insolvenzverfahrens zur Erfüllung einer Verbindlichkeit an den Schuldner, obwohl die Verbindlichkeit zur Insolvenzmasse zu erfüllen war, so wird der Leistende nur befreit, wenn er zur Zeit der Leistung die Eröffnung des Verfahrens nicht kannte. Sofern der Gläubiger vor der öffentlichen Bekanntmachung der Eröffnung geleistet hat, wird vermutet, dass er die Eröffnung des Insolvenzverfahrens nicht kannte (§ 82 InsO). Mit der Bekanntmachung der Eröffnung geht mithin eine Umkehr der Darlegungs- und Beweislast zulasten des Gläubigers einher.[12]

C. Grundsatz: Fortbestand des Mietverhältnisses auch in der Insolvenz

Nach § 108 Abs. 1 InsO bestehen Miet- und Pachtverhältnisse des Schuldners über unbewegliche Gegenstände oder Räume mit Wirkung für die Insolvenzmasse zunächst fort. Dies gilt unabhängig davon, ob der Schuldner Mieter oder Vermieter ist. Sinn und Zweck dieser Regelung ist, der Insolvenzmasse den **Fortbestand des Mietvertrages** zu sichern und damit auch die Möglichkeit der Fortführung des schuldnerischen Geschäftsbetriebs. 24

Von diesem Grundsatz erfasst sind alle Miet- und Pachtverhältnisse, die der Schuldner vor Insolvenzantragstellung **abgeschlossen** hat und die zum Zeitpunkt der Eröffnung des Insolvenzverfahrens noch **nicht wirksam beendet** worden sind.[13] Nicht von § 108 Abs. 1 InsO erfasst werden daher Miet- und Pachtverhältnisse, die vor Verfahrenseröffnung, auch noch während des vorläufigen Verfahrens, wirk- 25

12 *Drasdo*, NJW-Spezial 2010, 417.
13 Schmidt/*Ahrendt*, § 108 Rn 2.

sam beendet worden sind. Maßgeblich ist der Termin, zu dem das Mietverhältnis durch Zeitablauf endet oder zu dem eine Kündigung wirksam wird.[14]

26 Der Fortbestand des Mietverhältnisses nach § 108 Abs. 1 InsO bedeutet, dass der Mietvertrag zu den **bestehenden Konditionen** fortbesteht.[15] Der Insolvenzverwalter tritt wegen § 80 Abs. 1 InsO anstelle der insolventen Mietvertragspartei in das Vertragsverhältnis ein.

27 Der § 108 Abs. 1 InsO unterscheidet nach seinem Wortlaut nicht zwischen vollzogenen und **nicht vollzogenen** Mietverhältnissen. In der **Insolvenz des Mieters** steht den Vertragsparteien jedoch gem. § 109 Abs. 2 InsO ein **Rücktrittsrecht** zu, falls dem Schuldner der Mietgegenstand zur Zeit der Eröffnung des Verfahrens noch nicht überlassen war. Im Falle der Insolvenz des Vermieters greift § 108 InsO nur, falls das Mietobjekt dem Mieter bei Eröffnung des Insolvenzverfahrens bereits überlassen worden war.[16] Ist in der **Insolvenz des Vermieters** dem Mieter das Mietobjekt noch nicht überlassen worden, steht dem Insolvenzverwalter das **Erfüllungswahlrecht** aus § 103 InsO zu.[17] Dies bedeutet, dass er entscheiden kann, ob er den Mietvertrag erfüllt oder nicht.

D. Einordnung der gegenseitigen Forderungen aus dem Mietverhältnis

28 Trotz Fortbestand des Mietverhältnisses tritt bei den gegenseitigen Forderungen der Mietvertragsparteien durch die Eröffnung des Insolvenzverfahrens eine **Zäsur** ein.[18] Ansprüche aus einem nach Insolvenzeröffnung fortbestehenden Mietverhältnis sind **Masseverbindlichkeiten** (§ 55 InsO), wenn ihre Erfüllung die Zeit nach der Verfahrenseröffnung betrifft. Ansprüche, die die Zeit vor der Eröffnung des Insolvenzverfahrens betreffen, sind hingegen lediglich **Insolvenzforderungen** (§ 38 InsO).

29 Da § 108 Abs. 1 InsO den Fortbestand von Miet- und Pachtverhältnissen nach Insolvenzeröffnung gesetzlich anordnet und insoweit kein Wahlrecht für den Insolvenzverwalter besteht, handelt es sich bei den aus der Fortsetzung des Mietverhältnisses resultierenden Masseverbindlichkeiten um sog. **aufoktroyierte Masseverbindlichkeiten.** Denn § 55 Abs. 1 Nr. 2 InsO regelt, dass zu den Masseverbindlichkeiten auch Forderungen aus gegenseitigen Verträgen gehören, wenn – wie im Falle von § 108 Abs. 1 InsO – deren Erfüllung zur Insolvenzmasse für die Zeit nach Eröffnung des Insolvenzverfahrens erfolgen muss.

---

14 MüKo-InsO/*Eckert*, Vorb. § 108 Rn 13.
15 BGH, Urt. v. 3.4.2003 – IX ZR 163/02 – ZInsO 2003, 412.
16 BGH, Urt. v. 5.7.2007 – IX ZR 185/06 – ZInsO 2007, 1111.
17 BGH, Urt. v. 5.7.2007 – IX ZR 185/06 – ZInsO 2007, 1111.
18 BGH, Urt. v. 13.12.2012 – IX ZR 9/12 – NZM 2013, 145.

Für den Zeitraum des vorläufigen Insolvenzverfahrens ist zu unterscheiden: 30
Wird vom Insolvenzgericht ein **„starker" vorläufiger Insolvenzverwalter** eingesetzt, gelten die Verbindlichkeiten aus dem Mietverhältnis auch für die Zeit des vorläufigen Insolvenzverfahrens nach der Eröffnung als **Masseverbindlichkeiten**, wenn der vorläufige Insolvenzverwalter die Gegenleistung für die Insolvenzmasse in Anspruch genommen hat (§ 55 Abs. 2 InsO). Das setzt jedoch voraus, dass der „starke" vorläufige Insolvenzverwalter die bereits dem Schuldner überlassene Mietsache selbst in Besitz nimmt und in einer Weise nutzt, die der von ihm verwalteten Insolvenzmasse tatsächlich zugutekommt z.B. im Rahmen der Betriebsfortführung während des vorläufigen Insolvenzverfahrens.[19]

Setzt das Insolvenzgericht lediglich einen **„schwachen" vorläufigen Insolvenzverwalter** ein, was in der Praxis der Regelfall ist, so begründet dieser grundsätzlich auch im Falle der Inbesitznahme und Nutzung des Mietgegenstandes im vorläufigen Insolvenzverfahren keine Masseverbindlichkeiten. § 55 Abs. 2 InsO ist **weder direkt noch analog** anwendbar.[20] Die Begründung von Masseverbindlichkeiten durch den vorläufigen „schwachen" Insolvenzverwalter kommt nur in Betracht, wenn dieser vom Insolvenzgericht hierzu ausdrücklich ermächtigt wird. 31

Praxistipp !
Da es sich bei der Verpflichtung zur Mietzahlung wegen des Fortbestandes des Mietverhältnisses nach Insolvenzeröffnung um eine aufoktroyierte Masseverbindlichkeit handelt, kommt es nicht selten vor, dass der Insolvenzverwalter wegen der finanziellen Belastung der Insolvenzmasse mit den Mietzahlungen nach Insolvenzeröffnung Masseunzulänglichkeit anzeigt.

E. Insolvenz des Mieters

I. Pflichten des Insolvenzverwalters in der Insolvenz des Mieters

Da § 108 Abs. 1 InsO zum Fortbestand des Mietvertrages zu den bestehenden Konditionen führt, sind die Parteien hieran gebunden, was insbesondere auch für den Insolvenzverwalter gilt. Dies bedeutet im Einzelnen: 32

1. Zahlung der vereinbarten Miete

Der Insolvenzverwalter ist nach Eröffnung des Insolvenzverfahrens verpflichtet, für den Zeitraum ab Verfahrenseröffnung die nach dem Mietvertrag vereinbarte **Miete** zu zahlen, § 535 Abs. 2 BGB. Es handelt sich dabei um eine **Masseverbindlichkeit**. 33

19 BGH, Urt. v. 3.4.2003 – IX ZR 101/02 – NJW 2003, 2454.
20 BGH, Urt. v. 18.7.2002 – IX ZR 195/01 – NZM 2002, 859.

2. Zahlung der vereinbarten Betriebs- und Nebenkosten

34 Auch die vereinbarten **Betriebs- und Nebenkosten** sind vom Insolvenzverwalter für den Zeitraum ab Verfahrenseröffnung als **Masseverbindlichkeit** zu bezahlen. Bei der **Abrechnung** der Nebenkosten ist daher zu unterscheiden zwischen Nebenkosten, die vor dem Tag der Eröffnung des Insolvenzverfahrens entstanden sind und solchen, die ab dem Tag der Eröffnung des Insolvenzverfahrens entstanden sind. Die Abrechnung erfolgt in diesen Fällen wie bei einem Mieterwechsel.[21] Nebenkosten, die den Zeitraum vor Eröffnung des Insolvenzverfahrens betreffen, sind immer Insolvenzforderungen, auch wenn deren Abrechnung erst nach Insolvenzeröffnung erfolgt.[22]

3. Schönheitsreparaturen

35 Da zur **Gegenleistung des Mieters** auch die von ihm vertraglich übernommenen Schönheitsreparaturen zählen, ist die Insolvenzmasse zu deren Vornahme verpflichtet, soweit die Maßnahmen **nach Verfahrenseröffnung** wegen fortschreitender Abnutzung **fällig** werden.[23] Zudem haftet die Insolvenzmasse für **Verschlechterungen der Mietsache** nach Verfahrenseröffnung, soweit diese durch dem Insolvenzverwalter zurechenbare Handlungen eintreten.[24]

36 Betreffen die Schönheitsreparaturen den Zeitraum **vor Insolvenzeröffnung** bzw. entstammen die Verschlechterungen der Mietsache diesem Zeitraum, sind sie nicht vom Insolvenzverwalter zu erfüllen. Der diesbezügliche Erfüllungsanspruch wandelt sich nach Insolvenzeröffnung in einen **Schadensersatzanspruch**, der lediglich zur **Insolvenztabelle** angemeldet werden kann.

37 Verlangt der Vermieter von der Insolvenzmasse vollständige Wiederherstellung, obliegt ihm die **Beweislast**, dass die nachteiligen Veränderungen allesamt erst nach Eröffnung des Insolvenzverfahrens eingetreten sind.[25]

! **Praxistipp**

Um Auseinandersetzungen mit dem Insolvenzverwalter über den Zustand der Mietsache bei Verfahrenseröffnung zu vermeiden, sollte jedenfalls bei Fortführung des Mietverhältnisses durch den Insolvenzverwalter der Zustand der Mietsache im Rahmen einer gemeinsamen Begehung schriftlich festgehalten werden. Allerdings ist eine solche Vorgehensweise häufig nur dann praktikabel, wenn die Anzahl der Mietgegenstände und somit der damit verbundene Arbeitsaufwand überschaubar ist.

---

21 MüKo-InsO/*Eckert*, § 108 Rn 91.
22 BGH, Urt. v. 13.4.2011 – VIII ZR 295/10 – ZIP 2011, 924.
23 MüKo-InsO/*Eckert*, § 108 Rn 97.
24 BGH, Urt. v. 5.7.2001 – IX ZR 327/99 – ZInsO 2001, 751.
25 BGH, Urt. v. 5.7.2001 – IX ZR 327/99 – ZInsO 2001, 751.

4. Vertragliche Neben- und Zusatzpflichten

Ob vertragliche **Nebenpflichten** vom Insolvenzverwalter zu erfüllen sind, hängt davon ab, inwieweit diese **mit der Gebrauchsüberlassung im Zusammenhang** stehen. So sind beispielsweise Obhutspflichten und die Pflicht zum vertragsgemäßen Gebrauch als **Masseverbindlichkeiten** vom Insolvenzverwalter zu erfüllen.[26] Der Insolvenzverwalter muss auch die Pflicht zur Rückgabe der Mietsache bei Beendigung des Mietverhältnisses gem. § 546 BGB erfüllen, nicht jedoch die mietvertragliche Räumungspflicht, also die Pflicht, die Mietsache im vertragsgemäßen Zustand herauszugeben, sofern der Insolvenzverwalter den Zustand nicht durch eine ihm selbst zuzurechnende Handlung verursacht hat.[27] Ein Entschädigungsanspruch wegen verspäteter oder ungeräumter Rückgabe gem. § 546a BGB ist nur dann Masseverbindlichkeit, wenn der Insolvenzverwalter die verspätete Rückgabe oder den vertragswidrigen Zustand selbst zu verantworten hat.[28] 38

Nicht von dem Insolvenzverwalter als Masseverbindlichkeiten zu erfüllen sind zudem vertragliche **Zusatzpflichten**, also Pflichten, die die Vertragsparteien lediglich **aus Anlass des Vertragsschlusses** begründet haben und die **nicht unlösbar mit dem Mietgebrauch verbunden** sind.[29] Das sind beispielsweise die Vereinbarung eines Vorkaufrechtes oder Warenbezugsbindungen.[30] Derartige Zusatzpflichten unterliegen dem **Erfüllungswahlrecht** des Insolvenzverwalters nach § 103 InsO, da insoweit die Insolvenzmasse nicht gem. § 108 Abs. 1 InsO in den Mietvertrag eintritt. 39

5. Einzahlung der vereinbarten Kaution

Befand sich der Schuldner vor Eröffnung des Insolvenzverfahrens mit der Einzahlung der vereinbarten Kaution in Rückstand, so entsteht nach Verfahrenseröffnung **keine Masseverbindlichkeit** gem. § 55 Abs. 1 Nr. 2 InsO, denn die Kaution ist **nicht Gegenleistung für die Gebrauchsgewährung** an der Mietsache.[31] Der Insolvenzverwalter ist mithin nicht verpflichtet, die ausstehende Mietkaution des Schuldners aus der Insolvenzmasse zu leisten. 40

26 MüKo-InsO/*Eckert*, § 108 Rn 98.
27 BGH, Urt. v. 5.7.2001 – IX ZR 327/99 – ZInsO 2001, 751.
28 OLG Hamm, Urt. v. 21.11.2013 – 18 U 145/12 – ZInsO 2014, 243.
29 MüKo-InsO/*Eckert*, § 108 Rn 101.
30 Schmidt/*Ahrendt*, § 108 Rn 18.
31 MüKo-InsO/*Eckert*, § 108 Rn 102.

II. Pflichten des Vermieters in der Insolvenz des Mieters

41 Der Vermieter ist weiterhin zur **Gebrauchsüberlassung** gem. § 535 Abs. 1 BGB verpflichtet. Darüber hinaus trifft ihn die Pflicht zur Beseitigung von Sach- und Rechtsmängeln, also der **Erhalt der Mietsache** zum vertragsgemäßen Gebrauch.

42 Grundsätzlich ist der Vermieter verpflichtet, eine vom Schuldner geleistete **Kaution** zurückzuzahlen. Er hat jedoch das Recht, die vor Insolvenzeröffnung eingezahlte Kaution bei Fortführung des Mietverhältnisses nach Verfahrenseröffnung auch weiterhin einzubehalten, selbst wenn er bislang keine Forderungsausfälle erlitten hat. Darüber hinaus ist der Vermieter berechtigt, seine ausstehende Miete und sonstige Forderungen mit der Kaution zu verrechnen.[32]

III. Möglichkeiten der Beendigung des Mietvertrages bei Insolvenz des Mieters

43 Da das Mietverhältnis nach der Regelung des § 108 Abs. 1 InsO zunächst mit Wirkung für die Insolvenzmasse fortbesteht, stellt sich die Frage, welche Beendigungsmöglichkeiten es für die beteiligten Mietvertragsparteien gibt. Insoweit ist zwischen den Kündigungsmöglichkeiten des Insolvenzverwalters und den Kündigungsmöglichkeiten des Vermieters zu unterscheiden.

1. Beendigungsmöglichkeiten des Insolvenzverwalters

44 Nach § 109 Abs. 1 S. 1 InsO steht dem Insolvenzverwalter in der Insolvenz des Mieters ein **Sonderkündigungsrecht** zu. Danach kann der Insolvenzverwalter ein Miet- oder Pachtverhältnis über einen unbeweglichen Gegenstand oder über Räume, das der Schuldner als Mieter oder Pächter eingegangen war, ohne Rücksicht auf die vereinbarte Vertragsdauer oder einen vereinbarten Ausschluss des Rechts zur ordentlichen Kündigung kündigen. Diese Regelung räumt dem Insolvenzverwalter mithin selbst dann ein Kündigungsrecht ein, wenn ein Mietvertrag mit fester Laufzeit ohne die Möglichkeit zur ordentlichen Kündigung geschlossen worden ist.

45 **Sinn und Zweck** der Regelung ist, dem Insolvenzverwalter die vorzeitige Ablösung von ungünstigen, das Insolvenzverfahren infolge der Masseverbindlichkeiten lediglich belastenden Mietverhältnissen zu ermöglichen.[33] Das Sonderkündigungsrecht in § 109 Abs. 1 S. 1 InsO besteht nur bei Mietverhältnissen über Grundstücke oder Gewerberäume, wohingegen § 109 Abs. 1 S. 2 InsO eine **Sonderregelung für Wohnraummietverhältnisse** des Schuldners enthält.

---

32 Schmidt/*Ahrendt*, § 108 Rn 20.

33 *Hinz*, NZM 2014, 137.

Nach § 109 Abs. 1 S. 1 InsO beträgt die Kündigungsfrist **drei Monate zum Monatsende**, unabhängig davon, ob im Mietvertrag eine längere Kündigungsfrist vereinbart war. Ist hingegen im Mietvertrag eine **kürzere Kündigungsfrist** vorgesehen, greift diese nach wie vor. Die Kündigungsfrist beginnt mit dem Ende des Monats, in dem die Kündigung dem Vermieter zugegangen ist, ohne dass die sonst bei mietrechtlichen Kündigungen üblichen drei Karenztage (§§ 573c, 573d Abs. 2 S. 1, 580a Abs. 2 BGB) bestehen.[34] 46

Folge der vorzeitigen Kündigung des Insolvenzverwalters ist nach § 109 Abs. 1 S. 3 InsO ein **Schadensersatzanspruch** des Vermieters, der jedoch eine einfache Insolvenzforderung darstellt. 47

Das Sonderkündigungsrecht greift nur, soweit dem Mieter der Mietgegenstand bereits überlassen worden ist. Vor Überlassung des Mietgegenstandes greift hingegen § 109 Abs. 2 InsO, der ein **beiderseitiges Rücktrittsrecht** für den Insolvenzverwalter und den Vertragspartner vorsieht. Das Rücktrittsrecht ist auf Verlangen jedes Vertragsteils binnen **zwei Wochen** zu erklären. Wird die Erklärung unterlassen, verliert der jeweils andere Teil sein Rücktrittsrecht (§ 109 Abs. 2 S. 3 InsO). Tritt der Insolvenzverwalter von dem Mietvertrag zurück, steht dem Vermieter wegen der vorzeitigen Beendigung ein **Schadensersatzanspruch** zu, der jedoch eine einfache Insolvenzforderung darstellt, § 109 Abs. 2 S. 2 InsO. 48

2. Beendigungsmöglichkeiten des Vermieters

Das Sonderkündigungsrecht gem. § 109 Abs. 1 InsO steht nur dem Insolvenzverwalter, nicht hingegen dem Vermieter zu. 49

Vielmehr unterliegt der Vermieter der **Kündigungssperre** des § 112 InsO. Danach darf der Vermieter ein Miet- oder Pachtverhältnis, dass der Schuldner als Mieter oder Pächter eingegangen war, nach dem Antrag auf Eröffnung des Insolvenzverfahrens nicht wegen **Mietrückständen aus der Zeit vor dem Eröffnungsantrag** sowie wegen der **Verschlechterung der Vermögensverhältnisse** des Schuldners kündigen. 50

Zweck dieser Regelung ist es, die für die Betriebsfortführung benötigten Gegenstände zusammenzuhalten und das Unternehmen des Schuldners als wirtschaftliche Einheit zu erhalten.[35] 51

Praxistipp !

Problematisch ist die Regelung des § 112 InsO für den Vermieter bei Zahlungsverzug im Zeitraum zwischen der Insolvenzantragstellung und der Insolvenzeröffnung (= Zeitraum des Insolvenzeröffnungsverfahrens bzw. des vorläufigen Insolvenzverfahrens). Zwar ist die Kündigungsmöglichkeit

34 *Hinz*, NZM 2014, 137.

35 MüKo-InsO/*Eckert*, § 112 Rn 1.

des Vermieters wegen Zahlungsrückständen aus der Zeit nach Insolvenzantragstellung nicht ausgeschlossen. Allerdings finden die Mietrückstände aus der Zeit vor Antragstellung keine Berücksichtigung. Dies führt in der Praxis dazu, dass viele „schwache" vorläufige Insolvenzverwalter die Regelung nutzen, um im vorläufigen Insolvenzverfahren zunächst für zwei Monate keine Miete zu zahlen.

52 Die Beendigung des Mietverhältnisses kann regelmäßig nicht auf eine im Mietvertrag vereinbarte **Lösungsklausel** für den Fall der Insolvenz des Mieters gestützt werden. Derartige Klauseln, die die automatische Auflösung oder Beendigung des Mietverhältnisses für den Fall der Insolvenzantragsstellung oder Insolvenzeröffnung vorsehen, sind wegen Verstoß gegen § 119 InsO **unwirksam.**[36] Es ist auch kein Grund für ein solches Lösungsrecht, das allein auf den Eintritt der Insolvenz abstellt, ersichtlich, wenn die Pflichten aus dem Mietvertrag nach Verfahrenseröffnung ordnungsgemäß vom Insolvenzverwalter erfüllt werden.

53 Allerdings bleibt dem Vermieter die Kündigungsmöglichkeit erhalten für Zahlungsverzug, der nach dem Eröffnungsantrag und nach Insolvenzeröffnung eintritt.

IV. Ansprüche des Vermieters in der Insolvenz des Mieters

54 Ob die Ansprüche des Vermieters als Insolvenzforderungen (§ 38 InsO) oder Masseverbindlichkeiten (§ 55 InsO) einzuordnen sind, hängt von der Art des Anspruchs, dessen Entstehungszeitpunkt und dem Zeitpunkt der Eröffnung des Insolvenzverfahrens ab. Die Unterscheidung ist wegen der unterschiedlichen Realisierbarkeit der Forderungen von erheblicher Relevanz für den Vermieter. Im Einzelnen ist wie folgt zu unterscheiden:

1. Mietzahlung

55 Mietzinsforderungen aus der Zeit **vor Eröffnung** des Insolvenzverfahrens sind grundsätzlich reine **Insolvenzforderungen**, § 108 Abs. 3 InsO. **Nach Eröffnung** des Insolvenzverfahrens ist wegen der gesetzlich vorgesehenen Fortsetzung des Mietverhältnisses nach § 108 Abs. 1 InsO die Verpflichtung zur Zahlung der Miete als **Masseverbindlichkeit** i.S.v. § 55 Abs. 1 Nr. 2 InsO zu qualifizieren. § 108 Abs. 3 InsO entfaltet mithin eine **Zäsurwirkung** bei Mietforderungen.[37]

56 Forderungen, die nach Insolvenzantragstellung aber vor Eröffnung des Insolvenzverfahrens entstanden sind, also während des **Insolvenzeröffnungsverfahrens**, stellen grundsätzlich ebenfalls reine **Insolvenzforderungen** dar. Eine **Aus-**

36 Dazu unter Kap. 14 Rn 107 ff.

37 BGH, Urt. v. 13.12.2012 – IX ZR 9/12 – NZM 2013, 145.

nahme gilt für den „starken" vorläufigen Insolvenzverwalter, der gem. § 55 Abs. 2 InsO bereits im vorläufigen Insolvenzverfahren Masseverbindlichkeiten durch die Inanspruchnahme von Leistungen aus Dauerschuldverhältnissen begründen kann. Das setzt allerdings voraus, dass der vorläufige Insolvenzverwalter die bereits dem Schuldner überlassene Mietsache selbst in Besitz nimmt und in einer Weise nutzt, die der von ihm verwalteten Insolvenzmasse tatsächlich zugutekommt.[38]

Für den **Nutzungsentschädigungsanspruch** nach § 546a BGB gilt: Hat der Schuldner die Mietsache vor Insolvenzantragstellung nicht rechtzeitig herausgegeben, ist der Nutzungsentschädigungsanspruch auch nach Insolvenzeröffnung eine reine Insolvenzforderung. Etwas anderes gilt, wenn der Verwalter die Mietsache nach Verfahrenseröffnung unter Ausschluss des Vermieters in Besitz nimmt und für die Masse nutzt bzw. die Herausgabe schuldhaft verzögert. Dann stellt der Anspruch auf Nutzungsentschädigung eine Masseverbindlichkeit dar.[39] 57

2. Betriebs- und Nebenkosten

Betriebs- und Nebenkostennachforderungen, die den **Abrechnungszeitraum vor Eröffnung** des Insolvenzverfahrens betreffen, sind einfache **Insolvenzforderungen**, die zur Insolvenztabelle anzumelden sind. Sie sind auch dann bloße Insolvenzforderungen, wenn der Vermieter erst nach Insolvenzeröffnung abrechnet.[40] Betriebs- und Nebenkosten für den **Abrechnungszeitraum nach Eröffnung** des Insolvenzverfahrens sind hingegen **Masseverbindlichkeiten**, die vorab aus der Insolvenzmasse zu befriedigen sind. 58

Betrifft eine Abrechnungsperiode sowohl den Zeitraum vor Eröffnung des Insolvenzverfahrens als auch den Zeitraum nach Eröffnung des Insolvenzverfahrens, muss **stichtagsabhängig** differenziert werden. Bei verbrauchsabhängigen Kosten sollten daher **Zwischenablesungen** vorgenommen werden. 59

3. Schadensersatzansprüche

Dem Vermieter steht im Falle der Kündigung seitens des Insolvenzverwalters wegen der **vorzeitigen Beendigung** des Mietvertrages gem. § 109 Abs. 1 S. 3 InsO ein Schadensersatzanspruch zu. Hierbei handelt es sich jedoch lediglich um eine einfache Insolvenzforderung. 60

Ebenso stehen dem Vermieter Schadensersatzansprüche beispielsweise wegen unterlassener **Schönheitsreparaturen** bzw. der Nichterfüllung von **Renovierungs- und Wiederherstellungsansprüchen** zu. Sofern diese bereits vor Insolvenzeröff- 61

38 BGH, Urt. v. 3.4.2003 – IX ZR 101/02 – NJW 2003, 2454.
39 BGH, Urt. v. 21.12.2006 – IX ZR 66/05 – NJW 2007, 1591.
40 BGH, Urt. v. 13.4.2011 – VIII ZR 295/10 – ZIP 2011, 924.

nung begründet waren, wandelt sich der diesbezügliche Erfüllungsanspruch nach Insolvenzeröffnung in einen Schadensersatzanspruch, der als einfache Insolvenzforderung zur Insolvenztabelle anzumelden ist.

62 Gleiches gilt für vertragliche **Neben- und Zusatzpflichten**. Sind diese nach Insolvenzeröffnung nicht vom Insolvenzverwalter zu erfüllen oder wählt der Insolvenzverwalter deren Nichterfüllung, wandelt sich der Erfüllungsanspruch in einen Schadensersatzanspruch, der als reine Insolvenzforderung zur Insolvenztabelle anzumelden ist, §§ 108 Abs. 3, 103 Abs. 2 InsO.

4. Herausgabe- und Räumungsansprüche

63 Der **obligatorische Herausgabeanspruch** des Vermieters nach Beendigung des Mietverhältnisses (§ 546 BGB) begründet für diesen ein sog. **Aussonderungsrecht**, wenn der Insolvenzverwalter die Mietsache in Besitz genommen hat.[41]

64 Die Ansprüche auf **Räumung, Vornahme von Rückbauten** und **Schönheitsreparaturen** sind lediglich Insolvenzforderungen i.S.v. § 38 InsO, soweit der vertragswidrige Zustand nicht nach Verfahrenseröffnung durch dem Verwalter zuzurechnende Handlungen verursacht worden ist,[42] denn diese Ansprüche sind bereits mit Abschluss des Mietvertrags „begründet“ i.S.v. § 38 InsO.[43]

5. Vermieterpfandrecht

a) Umfang und Inhalt

65 Bei dem Vermieterpfandrecht handelt es sich um ein besitzloses gesetzliches Pfandrecht (§ 562 Abs. 1 BGB). Es entsteht an den **vor Insolvenzeröffnung eingebrachten Sachen** des Mieters (§ 81 InsO) und gewährt dem Vermieter in der Insolvenz des Mieters ein **Absonderungsrecht** i.S.v. § 50 Abs. 1 InsO, wenn das Pfandrecht bereits vor Insolvenzeröffnung entstanden ist.[44]

66 Nach dem Wortlaut des § 50 Abs. 2 InsO umfasst die Haftung des Vermieterpfandrechts lediglich alle **Miet- und Pachtforderungen** aus den letzten **zwölf Monaten** vor Eröffnung des Insolvenzverfahrens, für die das Pfandrecht besteht. Zu den **gesicherten Forderungen** zählen jedoch auch Forderungen, die aus dem Miet- oder Pachtverhältnis **herrühren** oder mit ihm **in Zusammenhang** stehen, wie z.B. Ansprüche wegen Verzugs mit den Mietzahlungen, Ansprüche wegen unselbstständiger Nebenleistungen wie der Lieferung von Gas, Strom, Wasser, Heizwärme usw., Ansprüche wegen vertragswidrigen Gebrauchs der Sache, Ansprüche wegen Nicht-

---

41 Schmidt/*Büchler*, § 47 Rn 2, 29; BGH ZInsO 2006, 327.
42 BGH, Urt. v. 7.7.2010 – XII ZR 158/09 – NZM 2011, 75.
43 Schmidt/*Lüdke*, § 38 Rn 38.
44 MüKo-InsO/*Ganter*, § 50 Rn 85.

erfüllung der Pflicht zur Mängelanzeige nach § 536c BGB oder Nichterfüllung der Rückgabepflicht nach § 546 BGB.[45]

Das Pfandrecht des Vermieters und damit sein Absonderungsrecht besteht auch für die im Zeitraum zwischen Antragstellung und Verfahrenseröffnung (**Insolvenzeröffnungsverfahren**) fällig gewordene Miete.[46] 67

Nicht gesichert ist jedoch der Entschädigungsanspruch des Mieters nach § 109 Abs. 1 S. 3 InsO infolge der Ausübung des Sonderkündigungsrechts durch den Insolvenzverwalter. Für diesen kann keine abgesonderte Befriedigung aufgrund des Vermieterpfandrechts verlangt werden.[47] 68

b) Verwertung

Da das Vermieterpfandrecht ein besitzloses Pfandrecht ist und die **Befugnis zur Verwertung** im Insolvenzverfahren von dem **Besitz an der Sache** abhängt, ist der Insolvenzverwalter regelmäßig zur Verwertung der in den Mieträumen befindlichen Gegenstände befugt. Der Vermieter ist daher nur zur Verwertung befugt, wenn er die eingebrachten Sachen des Mieters in seinem Besitz hat. Das dürfte wohl allenfalls dann der Fall sein, wenn der Schuldner seinen Geschäftsbetrieb vor Antragstellung eingestellt und die Mietsache an den Vermieter bereits herausgegeben hat oder wenn er das Objekt vor Antragstellung schlichtweg verlassen hat. 69

Der Verwalter kann nach der von ihm durchgeführten Verwertung der dem Vermieterpfandrecht unterliegenden Gegenstände die **Feststellungs- und Verwertungspauschale** (insgesamt 9%, §§ 170, 171 InsO) sowie die **Umsatzsteuer** für die Insolvenzmasse einbehalten und muss den Erlös im Übrigen an den Vermieter auskehren. 70

c) Auskunftsanspruch

Dem Vermieter steht gegen den Insolvenzverwalter ein Auskunftsanspruch über den **Verbleib** der seinem Pfandrecht unterliegenden Gegenstände zu.[48] 71

Praxistipp !

Zur bestmöglichen Wahrung seiner Interessen sollte der Vermieter in der Insolvenz des Mieters sein Vermieterpfandrecht wegen rückständiger Forderungen aus dem Mietverhältnis bereits im vorläufigen Insolvenzverfahren gegenüber dem vorläufigen Insolvenzverwalter und dem Schuldner geltend machen.

---

45 MüKo-InsO/*Ganter*, § 50 Rn 92.

46 MüKo-InsO/*Ganter*, § 50 Rn 90; BGH, Urt. v. 9.12.2006 – IX ZR 133/05 – NZI 2007, 98.

47 MüKo-InsO/*Ganter*, § 50 Rn 94.

48 BGH, Urt. v. 4.12.2003 – IX ZR 222/02 – NZM 2004, 224.

F. Insolvenz des Vermieters

I. Pflichten des Insolvenzverwalters in der Insolvenz des Vermieters

1. Gebrauchsüberlassung und Erhaltung der Gebrauchsmöglichkeit

72 In der Insolvenz des Vermieters ist der Insolvenzverwalter verpflichtet, dem Mieter die Mietsache zur Verfügung zu stellen sowie die **vertragsgemäße Gebrauchsmöglichkeit** zu gewähren und zu erhalten.[49] **Zusatzpflichten** muss die Masse nur erfüllen, wenn sie mit der **Gebrauchsüberlassung im Zusammenhang** stehen, so z.B. die Versorgung mit Wasser, Strom, Wärme oder die Erfüllung von Verkehrssicherungspflichten.[50] Nicht mehr mit der Gebrauchsgewährung unlösbar verbunden und daher nicht von der Insolvenzmasse zu erfüllen sind z.B. Kaufoptionen oder anderweitige Erwerbsrechte.

73 Da die Insolvenzmasse uneingeschränkten vertragsgemäßen Mietgebrauch schuldet, sind auch etwaige **Mängelbeseitigungsansprüche** von der Insolvenzmasse zu erfüllen. Dies ist auch dann der Fall, wenn das Mietobjekt schon vor Verfahrenseröffnung mangelhaft war und sich der Mangel nach Verfahrenseröffnung fortsetzt.[51] Gerechtfertigt ist dies, weil nach § 55 Abs. 1 Nr. 2 InsO beide Vertragsparteien Anspruch auf die vollständige Leistung der anderen Partei haben, sodass die Bereitstellung der Mietsache im vertragsgerechten Zustand durch den Insolvenzverwalter die Gegenleistung zu den Mietzahlungen des Mieters darstellt.

74 Hat der Insolvenzverwalter einen **nachträglichen Sachmangel** zu vertreten oder kommt er mit der **Beseitigung eines Mangels in Verzug**, führt dies zu einem gegen die Masse gerichteten **Schadensersatzanspruch** (§ 536a Abs. 1 BGB), der eine Masseverbindlichkeit darstellt. Hingegen kann der Mieter Schadensersatz wegen eines vor Verfahrenseröffnung entstandenen Sachmangels nach § 108 Abs. 3 InsO nur als Insolvenzgläubiger geltend machen, soweit der **Schaden** vor Verfahrenseröffnung eingetreten ist.

2. Betriebs- und Nebenkosten

75 Der Insolvenzverwalter hat jedenfalls dann eine **Abrechnung** über die Betriebs- und Nebenkosten zu erstellen, wenn die **Abrechnungsperiode** nach der Verfahrenseröffnung endet. Vor Verfahrenseröffnung fällig gewordene Abrechnungen braucht der Insolvenzverwalter wegen § 108 Abs. 3 InsO **nicht nachzuholen.**[52] Auch für vor Verfahrenseröffnung beendete Abrechnungsperioden, deren Abrechnung jedoch

49 Schmidt/*Ahrendt*, § 108 Rn 9.
50 MüKo-InsO/*Eckert*, § 108 Rn 61.
51 BGH, Urt. v. 3.4.2003 – IX ZR 163/02 – NZI 2003, 373.
52 MüKo-InsO/*Eckert*, § 108 Rn 69.

erst nach Eröffnung des Insolvenzverfahrens fällig wird, ist wohl davon auszugehen, dass der Insolvenzverwalter die Abrechnung nicht vornehmen muss. Denn der **Abrechnungsanspruch** des Mieters ist bereits vor Verfahrenseröffnung entstanden, auch wenn er erst später **fällig** wird.

Praxistipp !

Der Insolvenzverwalter wird eine ausstehende Abrechnung für Abrechnungsperioden vor Insolvenzeröffnung nur in solchen Fällen vornehmen, in denen mit einer Nachzahlung des Mieters zu rechnen ist. Anderenfalls bleibt dem Mieter nur die Möglichkeit, dass er – soweit möglich – selbst abrechnet oder die Kosten schätzt und seinen sich dann ergebenden Rückerstattungsanspruch zur Insolvenztabelle anmeldet.

Ein **Zurückbehaltungsrecht** des Mieters nach § 273 BGB hinsichtlich laufender, an 76
die Insolvenzmasse zu erbringender, Betriebs- und Nebenkostenvorauszahlungen wegen des Abrechnungsverzugs aufseiten des Schuldners scheidet bei fehlender Abrechnungsverpflichtung des Insolvenzverwalters aus. Insoweit fehlt es an dem Erfordernis der Gegenseitigkeit.

3. Verwahrung der Kaution des Mieters

Die Kaution des Mieters muss der Insolvenzverwalter **getrennt verwahren**, wenn 77
auch der Schuldner bei der **Einzahlung** die Trennung vorgenommen hat. Hatte der Vermieter die empfangene Kaution nicht von seinem sonstigen Vermögen getrennt angelegt, so ist der Verwalter nicht gehalten, der Masse, in die die laufenden Mieteinkünfte fließen, den Kautionsbetrag zu entnehmen, um ihn getrennt von ihr anzulegen.[53] Dem Mieter steht wegen der vom Vermieter nicht insolvenzfest angelegten Kaution auch kein Zurückbehaltungsrecht gegenüber der Insolvenzmasse zu.[54]

Soweit der Mieter während des Insolvenzverfahrens die Kaution **auffüllt** oder 78
einzahlt, ist der Verwalter wie zuvor der Vermieter gehalten, die erhaltene Summe von der übrigen Masse **getrennt** anzulegen, damit der Mieter gegen die Folgen der **Masseunzulänglichkeit** (§§ 208 ff. InsO) abgesichert wird.

II. Pflichten des Mieters in der Insolvenz des Vermieters

1. Zahlung der vereinbarten Miete, Betriebs- und Nebenkosten

Für die Gebrauchsüberlassung sowie die Gewährung und Erhaltung des vertrags- 79
gemäßen Gebrauchs muss der Mieter die vereinbarte Miete an die **Insolvenzmasse** zahlen. Gleiches gilt für die vereinbarten Betriebs- und Nebenkosten.

---

53 MüKo-InsO/*Eckert*, § 108 Rn 81a.

54 BGH, Urt. v. 13.12.2012 – IX ZR 9/12 – NZM 2013, 145.

80 Nach Insolvenzeröffnung steht wegen § 80 InsO das **Einziehungsrecht** dem Insolvenzverwalter und nicht mehr dem Schuldner zu, sodass Zahlungen für Miete, Betriebs- und Nebenkosten nicht mehr an den Schuldner erfolgen dürfen. Kennt der Mieter die Insolvenz des Vermieters nicht und zahlt gleichwohl an diesen, wird er durch § 82 InsO geschützt. Danach wird der Mieter von seiner **Leistungspflicht** frei, wenn er zur Zeit der Leistung die Eröffnung des Verfahrens nicht kannte, wobei seine Unkenntnis vermutet wird, wenn die Leistung vor der öffentlichen Bekanntmachung der Eröffnung erfolgte. Mit der Bekanntmachung der Insolvenzeröffnung gem. § 9 InsO geht somit zulasten des Mieters eine **Umkehr der Darlegungs- und Beweislast** einher.[55]

2. Schönheitsreparaturen

81 Da zur **Gegenleistung des Mieters** für die Gebrauchsüberlassung auch die von ihm vertraglich übernommenen Schönheitsreparaturen zählen, ist der Mieter auch in der Insolvenz des Vermieters zu deren Vornahme verpflichtet. Zudem ist der Mieter zum vertragsgemäßen Gebrauch der Mietsache verpflichtet und haftet für Verschlechterungen der Mietsache.

3. Sicherheiten

82 Die akzessorischen Sicherheiten (Rechte aus einer Bürgschaft, Vermieterpfandrecht) gehen auf die Insolvenzmasse über. Der Mieter, der eine vereinbarte **Mietsicherheit** vor Verfahrenseröffnung nicht erbracht hat, muss sie an den **Insolvenzverwalter** zahlen. Sofern sich der Vermieter vor Insolvenzeröffnung wegen eines Zahlungsrückstandes aus der Kaution befriedigt hat, ist der Mieter auch dem Insolvenzverwalter gegenüber zur **Auffüllung** verpflichtet.[56]

III. Möglichkeiten der Beendigung des Mietvertrages bei Insolvenz des Vermieters

83 Es besteht in der Insolvenz des Vermieters **kein Sonderkündigungsrecht** des Insolvenzverwalters, da § 109 Abs. 1 S. 1 InsO ausschließlich den Fall der Insolvenz des Mieters erfasst. Ebenso wenig besteht ein Sonderkündigungsrecht des Mieters. Vielmehr stehen beiden Mietvertragsparteien lediglich die im **Vertrag** und laut **Gesetz** vorgesehenen Beendigungsmöglichkeiten zu. Dabei ist allerdings zu berücksichtigen, dass dem Mieter die außerordentliche Kündigung nach der Generalklausel des § 543 Abs. 1 BGB wegen **Unzumutbarkeit** allein aufgrund der Insolvenz ver-

55 *Drasdo*, NJW-Spezial 2010, 417.
56 MüKo-InsO/*Eckert*, § 108 Rn 81.

wehrt ist.[57] Feste Laufzeiten und längere Kündigungsfristen binden daher beide Parteien auch nach Insolvenzeröffnung.

Allerdings steht dem **Erwerber** des Mietgegenstandes nach § 111 InsO ein **Sonderkündigungsrecht** zu. Hintergrund ist, dass der Insolvenzverwalter nicht dauerhaft die Vermieterrolle übernehmen wird, da im Rahmen der Abwicklung des Insolvenzverfahrens vor allem die Verwertung der vorhandenen Vermögensgegenstände und damit auch die Veräußerung vorhandener Immobilien vorgesehen ist. Um dem Insolvenzverwalter die Veräußerung des Mietgegenstandes zu erleichtern, kann der Erwerber in **teilweiser Abweichung** von § 566 Abs. 1 BGB erleichtert unter Einhaltung der gesetzlichen Fristen kündigen.[58] Insoweit handelt es sich um eine **Ausnahme** von dem Grundsatz **„Kauf bricht nicht Miete"**. Das Sonderkündigungsrecht des Erwerbers ist jedoch insofern eingeschränkt, als dass eine Kündigung nur zu dem ersten Termin ab Eigentumsübergang erfolgen kann. Für § 111 InsO gilt die gesetzliche Kündigungsfrist. Unabhängig von dem Sonderkündigungsrecht stehen dem Erwerber jedoch auch die im **Mietvertrag** und sonstige im **Gesetz** vorgesehenen Kündigungsrechte zu. 84

Im Fall der Versteigerung ergibt sich die gleiche Folge wie bei § 111 InsO aus § 57a ZVG. 85

IV. Ansprüche des Mieters in der Insolvenz des Vermieters

Die Einordnung der Ansprüche des Mieters als Insolvenzforderungen oder Masseverbindlichkeiten ist abhängig von der Art des Anspruchs, dessen Entstehungszeitpunkt und dem Zeitpunkt der Eröffnung des Insolvenzverfahrens. Die Unterscheidung ist wegen der unterschiedlichen Realisierbarkeit der Forderungen von erheblicher Relevanz für den Mieter. Im Einzelnen ist wie folgt zu unterscheiden: 86

1. Rückzahlung von Betriebs- und Nebenkostenvorauszahlungen

Den Insolvenzverwalter trifft nur dann die Pflicht, eine **Abrechnung** über Betriebs- und Nebenkosten zu erstellen, wenn die **Abrechnungsperiode** nach der Verfahrenseröffnung endet.[59] Nimmt der Insolvenzverwalter keine Abrechnung für Abrechnungsperioden vor der Insolvenzeröffnung vor, muss der Mieter – soweit möglich – **selbst abrechnen oder die Kosten schätzen.** Der sich daraus ergebende **Rückerstattungsanspruch** des Mieters für Abrechnungsperioden vor Verfahrenseröffnung stellt nach § 108 Abs. 3 InsO eine reine **Insolvenzforderung** dar und ist 87

57 MüKo-InsO/*Eckert*, § 108 Rn 57.
58 Schmidt/*Ahrendt*, § 111 Rn 1.
59 Dazu Rn 75.

zur Insolvenztabelle anzumelden. Denn der Rückzahlungsanspruch, der zwar unter Umständen erst nach Verfahrenseröffnung fällig wird, wurde bereits vor Verfahrenseröffnung **aufschiebend bedingt** mit der Vornahme der Vorauszahlungen begründet.

88 Ein **Zurückbehaltungsrecht** nach § 273 BGB hinsichtlich laufender, an die Insolvenzmasse zu erbringender Betriebs- und Nebenkostenvorauszahlungen wegen des **Abrechnungsverzugs** aufseiten des Schuldners scheidet aus, wenn den Insolvenzverwalter für die betreffende Abrechnungsperiode **keine Abrechnungsverpflichtung** trifft. Insoweit fehlt es an dem Erfordernis der Gegenseitigkeit.

2. Anspruch auf Mängelbeseitigung

89 Da die Insolvenzmasse uneingeschränkten vertragsgemäßen Mietgebrauch schuldet, gehört zu den Pflichten des Insolvenzverwalters auch die Erfüllung von **Mängelbeseitigungsansprüchen**, die den Mietgegenstand betreffen. Daher bleibt auch eine wegen eines Mangels **geminderte Miete** nach Verfahrenseröffnung gemindert. Kommt der Insolvenzverwalter der ihm obliegenden Pflicht zur Mangelbeseitigung nicht nach, stehen dem Mieter **Schadensersatz- und Aufwendungsersatzansprüche** zu. Allerdings kann der Mieter Schadensersatz wegen eines vor Verfahrenseröffnung entstandenen Sachmangels nach § 108 Abs. 3 InsO nur als Insolvenzgläubiger geltend machen, soweit der **Schaden** vor Verfahrenseröffnung eingetreten ist.

3. Aufwendungsersatzanspruch

90 Für den **Ersatz notwendiger Aufwendungen** zur Mangelbeseitigung (§ 536a Abs. 2 BGB), die der Mieter vor Verfahrenseröffnung vorgenommen hat, haftet die Masse nach § 108 Abs. 3 InsO nicht. Es handelt sich vielmehr um eine reine Insolvenzforderung, denn der Ersatzanspruch ist vollständig vor Verfahrenseröffnung begründet worden.

91 Bei Aufwendungen nach Verfahrenseröffnung handelt es sich grundsätzlich um Masseverbindlichkeiten. Allerdings ist zu berücksichtigen, dass bei der gebotenen restriktiven Auslegung nur Maßnahmen erfasst werden, die zur **Gefahrenabwehr** und zur **Erhaltung der Mietsache** unerlässlich sind.[60] Denn bei diesen Maßnahmen ist die Insolvenzmasse ohnehin zu deren Vornahme verpflichtet. Wird die Insolvenzmasse durch nicht ersatzfähige Aufwendungen des Mieters nach Verfahrenseröffnung rechtsgrundlos bereichert, steht dem Mieter ein **Bereicherungsanspruch** zu, der nach § 55 Abs. 1 Nr. 3 InsO eine Masseverbindlichkeit darstellt. Bei rechts-

---

60 BGH, Urt. v. 20.1.1993 – VIII ZR 22/92 – NJW-RR 1993, 522.

grundlosen Bereicherungen des Schuldners aus der Zeit vor Verfahrenseröffnung handelt es sich hingegen um reine Insolvenzforderungen.

4. Mietkaution

Bei einem Mietkautionskonto ist der Mieter als Sicherungsgeber in der Insolvenz des Vermieters als Sicherungsnehmer aussonderungsberechtigt.[61] Demnach steht dem Mieter bei Beendigung des Mietverhältnisses aufgrund seines **Aussonderungsrechts** ein Anspruch gegen die Insolvenzmasse auf **vollständige Rückzahlung** der Kaution zu. 92

Hat der Vermieter die Mietkaution allerdings **nicht getrennt** von seinem Vermögen angelegt, handelt es sich bei dem Rückzahlungsanspruch des Mieters lediglich um eine einfache Insolvenzforderung, die zur Insolvenztabelle anzumelden ist.[62] Der Insolvenzverwalter ist bei Fortführung des Mietverhältnisses auch nicht gehalten, der Masse, in die die laufenden Mieteinkünfte fließen, den Kautionsbetrag zu entnehmen, um ihn getrennt von ihr anzulegen.[63] Dem Mieter steht wegen der vom Vermieter nicht insolvenzfest angelegten Kaution auch **kein Zurückbehaltungsrecht** gegenüber der Insolvenzmasse zu.[64] 93

5. „Mieterdienstbarkeit"

Vor allem Mieter von Gewerbeflächen haben wegen der auf die Mietsache aufgewendeten **Investitionen** sowie der Tatsache, dass die Mietsache regelmäßig **Mittelpunkt ihrer gewerblichen Tätigkeit** ist, grundsätzlich ein nicht unerhebliches Interesse daran, ihr Nutzungsrecht an der Mietsache langfristig auch für den Fall der Insolvenz des Vermieters abzusichern. 94

Eine über die Regelungen im Mietvertrag hinausgehende Sicherung des Mieters bietet daher eine **beschränkt persönliche Dienstbarkeit** gem. § 1093 BGB. Verpflichtet sich der Vermieter, zusätzlich zum Abschluss des schuldrechtlichen Mietvertrags eine beschränkt persönliche Dienstbarkeit zu bestellen, um die Nutzung des Mietgegenstands durch den Mieter auch **dinglich abzusichern**, handelt es sich um eine sog. **Mieterdienstbarkeit.**[65] 95

Zwar wird mit dem Wirksamwerden der (Sonder-)Kündigung des Insolvenzverwalters oder des Erwerbers der Mietvertrag beendet, jedoch entsteht gleichzeitig ein 96

61 Schmidt/*Büchler*, § 47 Rn 42.
62 BGH, Urt. v. 20.12.2007 – IX ZR 132/06 – NZM 2008, 203.
63 MüKo-InsO/*Eckert*, § 108 Rn 81a.
64 BGH, Urt. v. 13.12.2012 – IX ZR 9/12 – NZM 2013, 145.
65 Schmidt-Futterer/*Blank*, Vorb. zu § 535 Rn 158.

sog. **Ersatz-Nutzungsrecht** an der Mietsache.[66] In der der Dienstbarkeit zugrunde liegenden schuldrechtlichen Abrede ist dann entsprechend geregelt, dass ab diesem Zeitpunkt (**Sicherungsfall**) vom Mieter die Dienstbarkeit ausgeübt werden darf.[67] Die Mieterdienstbarkeit gewährt dem Mieter gegen die Folgen der Ausübung des gesetzlichen Sonderkündigungsrechts (§ 111 InsO) Schutz, da dem Inhaber der Mieterdienstbarkeit die Nutzung des Grundstücks weiterhin gestattet bleibt.

97 Aus Sicht des Mieters ist der **Rang der Dienstbarkeit** von entscheidender Bedeutung, weshalb sie im ersten Rang vor etwaigen Grundpfandrechten eingetragen werden sollte sowie im Rang vor den Nutzungsrechten in Abteilung II des Grundbuches.

G. Besonderheiten bei Mitmietern, Zwischenmietern und Untermietern

I. Insolvenz eines Mieters bei Mietermehrheit

98 Nach den allgemeinen Regeln des BGB kann ein Mietverhältnis mit mehreren Mietern nur einheitlich gekündigt werden. Damit der **Schutzzweck** des § 109 Abs. 1 InsO auch im Falle einer Mietermehrheit nicht ins Leere geht, muss der Insolvenzverwalter im Falle der Insolvenz eines Mieters gleichwohl die Möglichkeit haben, das Mietverhältnis auch **ohne die Mitwirkung** der übrigen Mieter aufzulösen.

99 Der BGH hat hierzu entschieden, dass wenn bei einem **gewerblichen Mietverhältnis** über das Vermögen eines Mieters das Insolvenzverfahren eröffnet wird, die Kündigung des Insolvenzverwalters nach § 109 Abs. 1 InsO den Mietvertrag auch mit Wirkung für die Mitmieter beendet.[68] Dies wird damit begründet, dass die Kündigung nach § 109 Abs. 1 InsO **Gesamtwirkung** hat, da eben ein Mietverhältnis mit mehreren Personen auf Mieterseite grundsätzlich nur mit Wirkung für sämtliche Mieter gekündigt werden kann.[69] Der Mietgebrauch ist eine rechtlich nicht teilbare Leistung, sodass die Kündigung von oder gegenüber nur einem Mieter eine **unzulässige Teilkündigung** darstellt. Daher löst eine Kündigung des Insolvenzverwalters nach § 109 Abs. 1 InsO das Mietverhältnis insgesamt mit Wirkung **für und gegen alle Beteiligte** auf.

---

66 *Krüger*, NZM 2011, 377.
67 *Krüger*, NZM 2011, 377.
68 BGH, Urt. v. 13.3.2013 – XII ZR 34/12 – NZM 2013, 366.
69 BGH, Urt. v. 13.3.2013 – XII ZR 34/12 – NZM 2013, 366.

II. Insolvenz des Zwischen(ver)mieters

1. Weiterleitung der Miete

Gerät der Zwischen(ver)mieter in Insolvenz, führt dies zum Teil dazu, dass bei Weitervermietung der Mieträume an Dritte der vorläufige Insolvenzverwalter während des Eröffnungsverfahrens Mietzinsen von dem Endmieter einzieht, aber Zahlungen **nicht an den Vermieter weiterleitet**. Auch im eröffneten Verfahren stellt sich dieses Problem, wenn beispielsweise der Insolvenzverwalter die Mietzinsen von dem Endmieter einzieht, unter Hinweis auf eine eingetretene **Masseunzulänglichkeit** (§ 208 InsO) selbst aber keine Mietzinsen zahlt. 100

Der **VIII. Zivilsenat** des BGH hatte 2005 dazu entschieden, dass den (vorläufigen) Insolvenzverwalter des Zwischenmieters eine **Pflicht zur Weiterleitung der Miete** trifft und dem Vermieter im Falle der Nichtweiterleitung ein **Recht zur fristlosen Kündigung** des Mietverhältnisses mit dem Zwischenmieter zusteht.[70] Die nach der fristlosen Kündigung begründeten Mietforderungen sollen dann dem Vermieter zustehen, der diese gegenüber dem Endmieter geltend machen kann. 101

Der für das Insolvenzrecht zuständige **IX. Zivilsenat** des BGH hingegen hat 2008 entschieden, dass den schwachen vorläufigen Insolvenzverwalter **keine insolvenzspezifische Pflicht** zur Weiterleitung der Mieten an den Hauptvermieter trifft, mit der Folge, dass weder eine Masseverbindlichkeit besteht noch ein persönlicher Schadensersatzanspruch gegen den Verwalter.[71] Der Hauptvermieter und der insolvente Zwischenmieter können diese Regelung auch nicht dadurch **umgehen**, dass der Endmieter auf **Anweisung** des zahlungsunfähigen Zwischenmieters direkt an den Vermieter zahlt. Insoweit handelt es sich um eine **inkongruente Deckung**, die nach den Regelungen der Insolvenzordnung **anfechtbar** ist.[72] Allerdings besteht nach der Auffassung des IX. Zivilsenats eine **Berechtigung** des vorläufigen Insolvenzverwalters zur Weiterleitung der Miete, wenn aus der Aufrechterhaltung des Mietverhältnisses mehr Vor- als Nachteile für die Insolvenzmasse zu erwarten sind. Zudem bejaht auch der IX. Zivilsenat ebenso wie der VIII. Zivilsenat die Verletzung einer mietvertraglichen Pflicht, die den Hauptvermieter ohne Vorliegen der Voraussetzungen des § 543 Abs. 2 Nr. 3 BGB zur **fristlosen Kündigung** berechtigt, wenn der Verwalter des insolventen Zwischenmieters erklärt, die Miete nicht zahlen zu wollen.[73] 102

---

70 BGH, Urt. v. 9.3.2005 – VIII ZR 394/03 – NZM 2005, 538.
71 BGH, Urt. v. 24.1.2008 – IX ZR 201/06 – NZM 2008, 365.
72 BGH, Urt. v. 20.1.2011 – IX ZR 58/10 – NZM 2011, 408.
73 BGH, Urt. v. 24.1.2008 – IX ZR 201/06 – NZM 2008, 365.

2. Kündigungsmöglichkeiten

103 Hat der Insolvenzschuldner Räumlichkeiten angemietet und diese an einen Dritten untervermietet, bestehen sowohl der **Hauptmietvertrag** als auch der **Zwischenmietvertrag** nach Eröffnung des Insolvenzverfahrens gem. § 108 Abs. 1 InsO zunächst fort.

104 Dem Insolvenzverwalter des Zwischenmieters steht als **Vermieter** gegenüber dem Untermieter **kein Sonderkündigungsrecht** zu. Allerdings kann er das Hauptmietverhältnis als **Mieter** nach § 109 Abs. 1 InsO **kündigen**. Dem Vermieter des Hauptmietverhältnisses sowie dem Untermieter steht ebenfalls kein Sonderkündigungsrecht zu, sie können nur aufgrund der vertraglichen und gesetzlichen Kündigungsgründe kündigen.

105 Nach **Beendigung des Hauptmietverhältnisses** kann der Insolvenzverwalter des Zwischenmieters den Anspruch des Untermieters auf Überlassung des Mietobjekts **nicht mehr erfüllen**. Sofern nicht § 565 Abs. 1 BGB einschlägig ist, nach dem es zu einem Parteiwechsel auf Vermieterseite des Untermietvertrages kommt, ist **umstritten**, ob der **Schadensersatzanspruch des Untermieters** gegen den insolventen Untervermieter wegen Nichterfüllung als Insolvenzforderung oder Masseverbindlichkeit einzuordnen ist.[74] Unter Geltung der Konkursordnung nahm der BGH an, der Schadensersatzanspruch des Untermieters sei mittelbare Folge der Konkurseröffnung und daher als bloße Konkursforderung einzustufen.[75] Unter Geltung der InsO wird zum Teil angenommen, dass der Ersatzanspruch des Untermieters, der an die Stelle seines nicht mehr erfüllbaren Hauptleistungsanspruchs tritt, sich als **Masseverbindlichkeit** gegen die das Untermietverhältnis fortführende Insolvenzmasse richtet, weil er auf einer Verwaltungsmaßnahme des Insolvenzverwalters (§ 55 Abs. 1 Nr. 1 InsO) beruhe.[76] Eine andere Auffassung nimmt hingegen an, dass sich lediglich ein vorinsolvenzliches Risiko des Untermieters verwirklicht, mit der Folge, dass analog §§ 103 Abs. 2 S. 1, 109 Abs. 1 S. 3 und 109 Abs. 2 S. 2 InsO eine reine **Insolvenzforderung** besteht, denn der Verwalter hat gerade nicht das Untermietverhältnis, das der Schuldner als Vermieter begründet hatte, durch eine eigene Handlung beendet und er kann dieses insolvenzrechtlich auch nicht kündigen.[77]

! **Praxistipp**
In der Praxis wird der Insolvenzverwalter des insolventen Zwischenmieters sich im Zweifel im Interesse der Insolvenzmasse auf den Standpunkt stellen, es handele sich lediglich um eine Insolvenzforderung und keine Masseverbindlichkeit. Hier sollte seitens des Untermieters abgewogen wer-

74 Uhlenbruck/*Wegener*, § 108 Rn 26.
75 BGH, Urt. v. 15.4.1955 – V ZR 22/54 – NJW 1955, 948.
76 MüKo-InsO/*Eckert*, § 108 Rn 78.
77 *Dahl*, NJW Spezial 2008, 309.

den, ob ein dann ggf. zu führender Rechtsstreit gegen den Insolvenzverwalter, der wiederum mit Kosten verbunden ist, wirtschaftlich überhaupt sinnvoll ist.

III. Untermieter

In der Insolvenz des Untermieters gelten hinsichtlich der §§ 108 ff. InsO keine Besonderheiten. 106

H. Unwirksamkeit abweichender Vereinbarungen, § 119 InsO

Das Schicksal von **gegenseitigen Verträgen** nach Insolvenzeröffnung ist in den §§ 103 ff. InsO geregelt. Für Mietverträge treffen, wie vorstehend gezeigt, die §§ 108 ff. InsO **Sonderregelungen** im Fall der Insolvenz einer Partei. 107

Nach § 119 InsO sind Vereinbarungen, durch die im Voraus die Anwendung der §§ 103 bis 118 InsO ausgeschlossen oder beschränkt wird, unwirksam. Zweck des § 119 InsO ist es, die Abwicklung gegenseitiger Verträge wie Mietverträge im Insolvenzverfahren allein nach den insolvenzrechtlichen Vorschriften vorzunehmen. Mithin sind vor Insolvenzeröffnung getroffene **Vereinbarungen**, die die Rechte des Insolvenzverwalters nach der Insolvenzordnung **ausschließen oder beschränken**, unwirksam. 108

Unwirksam sind demnach beispielsweise folgenden Vereinbarungen im Mietvertrag: 109

- die vertragliche Vereinbarung eines Kündigungsrechts aus wichtigem Grund für den Fall der Insolvenzantragstellung oder Insolvenzeröffnung, da hierdurch der Fortbestand des Mietverhältnisses nach § 108 Abs. 1 InsO ausgeschlossen wird;
- Regelungen, die das in § 109 InsO vorgesehene Rücktritts- bzw. Kündigungsrecht des Insolvenzverwalters ausschließen;
- Regelungen, die die in § 109 InsO vorgesehene Kündigungsfrist verlängern. Zulässig ist hingegen eine Verkürzung der Kündigungsfrist, da insoweit die Rechte des Insolvenzverwalters nicht beeinträchtigt werden;
- Regelungen, die Schadensersatzansprüche, Schadenspauschalen oder Vertragsstrafen für den Insolvenzfall festlegen oder als Masseverbindlichkeiten einstufen, wenngleich es sich um reine Insolvenzforderungen handelt;
- Vereinbarungen, welche die Kündigungssperre des § 112 InsO ausschließen oder beschränken;
- Vereinbarungen, die das Sonderkündigungsrecht des Erwerbers nach § 111 InsO ausschließen oder die darin vorgesehene Kündigungsfrist verlängern.

Kapitel 15 Spezialimmobilien

A. Gastronomie

I. Allgemeine Vorbemerkungen

Wer den **Wert einer Gewerbeimmobilie** steigern will, muss ihren **Ertrag** bzw. ihr **Ertragspotenzial steigern**. Ungeeignete Pachtwerte führen zu Zahlungsverzögerungen, Nachverhandlungen bis hin zum Ausfall und Leerstand. Ungeachtet des Imageverlustes sowie vieler Unklarheiten im Zusammenhang mit Instandhaltungs- und Wartungsverpflichtungen kann ein derartiger Verlauf den Immobilienwert stark belasten. Um eine Gewerbeimmobilie erfolgreich zu managen, bedarf es vielmehr eines **Grundverständnisses für die Systematik** der entsprechenden Branche. 1

Klassische Mietverträge beziehen sich auf die reine **Gebrauchsüberlassung** klar definierbarer Räumlichkeiten, wie Büro- oder Wohngebäuden. In der Gastronomie reicht die reine Gebrauchsüberlassung von Räumlichkeiten nicht aus, da es sich um einen Produktionsbetrieb mit technischen Betriebsmitteln, Einrichtungen, raumbildendem Ausbau, Sozialeinrichtungen sowie einem eigenen Erscheinungsbild und Ambiente handelt. Bei unzureichender Berücksichtigung dieser entscheidenden Aspekte werden selbst aussichtsreiche Konzepte für eine erfolgreiche Gastronomieverpachtung gefährdet und infolgedessen die Wirtschaftlichkeit des Investments infrage gestellt. 2

Allen voran stellt sich bei einer Verpachtung die Frage: **Welche Pacht ist angemessen?** Welches Ermittlungsverfahren liefert einen nachhaltig realisierbaren Pachtzins, der gleichzeitig einen maximalen Return on Investment sicherstellt? Welcher ist der geeignete Maßstab: Fläche? Anzahl der Sitzplätze? Referenzwerte? Mietspiegel? Grundsätzlich stellt sich die Frage, welche Pacht das beabsichtigte gastronomische Konzept überhaupt tragen kann und wie seine Ertragskraft zu beurteilen ist. Ein fairer Pachtvertrag sollte einen flexiblen und angemessenen Rahmen schaffen, der die Herstellung und Übergabe eines konzeptkonformen, wettbewerbsfähigen Betriebs sicherstellt. 3

Der gastronomische Betrieb verfügt über ein hohes Maß an **technischer und spezialisierter Infrastruktur**, die einer besonderen Wartung und Pflege bedürfen. Im Pachtverhältnis muss klar geregelt sein, welche Verpflichtungen durch den Pächter zu erbringen sind. Gleichzeitig ist eine **adäquate Risikoverteilung** zu erreichen. Die Aufgabe muss also sein, die Verantwortlichkeiten und die notwendige Flexibilität so voneinander abzugrenzen, dass die wirtschaftliche Tragfähigkeit des Konzepts nicht gefährdet wird. 4

Die wesentlichen **wirtschaftlichen Stellschrauben** für ausgewogene und damit erfolgreiche Pachtverhältnisse mit praxisorientierten Tipps aus dem Beratungsalltag sind die Festlegung 5

- des Pachtzinses,
- des Pachtgegenstandes,
- der Vertragslaufzeit und
- der Instandhaltungsregelungen.

II. Pachtverträge: Pachtgegenstand und Inventar, Konzessionen

6 Im Gegensatz zur Raum- bzw. Grundstücksmiete, bei der es allein um die Zurverfügungstellung der Fläche bzw. Räumlichkeiten geht, zählen zum **Pachtgegenstand** darüber hinaus auch die **Betriebseinrichtung** und **Ausstattung inklusive Kleininventar.** Hieraus ergeben sich während und nach Ablauf des Vertrags verschiedene Reibungspunkte, die im Vorfeld einer Regelung bedürfen. Der Pachtgegenstand sollte daher möglichst detailliert beschrieben werden, insbesondere auch etwaige Einrichtungen und Ausstattungen sowie Nutzungsmöglichkeiten (z.B. Keller, Kfz-Stellplätze, technische Einrichtungen), und muss eindeutig vom sonstigen Betriebsvermögen des Pächters abgegrenzt werden.

7 Im Hinblick auf den übernommenen Anfangsbestand ist festzulegen, ob dieser „verbraucht" bzw. abgenutzt werden kann oder ob er erhalten und – in altersgerechtem Zustand – nach Vertragsende wieder zurückgegeben werden muss. Dies gilt beispielsweise für die Bestuhlung oder das Kleininventar wie Geschirr oder Gläser. In diesem Fall ist klarzustellen, ob der Pächter selbst **Ersatzinvestitionen** tätigen muss, etwa gegen Kostenerstattung durch den Verpächter, oder ob er lediglich den Austausch- oder Ersatzbedarf beim Verpächter anmelden muss. Wenn der Pächter **Anschaffungen auf eigene Kosten** tätigt, ist festzuhalten, ob diese in seinem Eigentum (Bestandteil seines betrieblichen Inventars) bleiben – oder in das Eigentum des Verpächters übergehen und damit Bestandteil des Pachtgegenstandes werden und damit möglicherweise der **Instandhaltungsverpflichtung** des Verpächters unterliegen sollen.

8 Eine **teilweise Beteiligung des Betreibers** an der Betriebsausstattung bedingt nicht nur längere, amortisationsfähige Laufzeiten, sondern eine Vielzahl komplizierter Sonder- und Übertragungsvereinbarungen. Ferner wäre der hierfür vom Betreiber aufzubringende Kapitaldienst bei der Bemessung des Pachtzinses zu berücksichtigen, würde diesen also reduzieren. Demgegenüber genießt der Verpächter meist die besseren Finanzierungskonditionen, könnte die Belastung also möglicherweise reduzieren und durch den dann höheren Pachtzins besser kompensieren. Vor diesem Hintergrund ist eine solche Vorgehensweise nicht empfehlenswert. Üblich ist daher die Einbringung und Finanzierung der Betriebsausstattung durch den Verpächter. Ausnahmen bilden hochgradig standardisierte Betriebsformen mit kettenüblicher Ausstattung, wie sie bei Franchiseverträgen zu finden sind. In diesem Fall übernimmt der Betreiber eine Räumlichkeit oder einen veredelten Rohbau, finanziert den Ausbau, der dann über einen

langfristigen, mindestens zehn Jahre lautenden Pachtvertrag amortisiert werden kann.

Die **Kleininventarisierung** wird häufig dem Pächter übertragen oder er soll vorhandenes Kleininventar gegen eine Ablösezahlung vom Verpächter oder vorherigen Betreiber erwerben. Dann ist genau zu prüfen, inwiefern das vorhandene Kleininventar zum anvisierten Konzept und Image passt. Nicht selten sind Mobiliar, Geschirr und Besteck auf ein bestimmtes Konzept einer Gastronomie abgestimmt und lassen sich daher für ein anderes Konzept nicht verwenden. 9

Die **Investition in das Kleininventar** stellt allerdings für viele potenzielle Betreiber eine besondere finanzielle Belastung dar und schränkt daher deren Auswahl deutlich ein. Meist kommen jüngere und fachlich hoch qualifizierte Bewerber aus dem Angestelltenverhältnis, ohne über eine ausreichende Kapitaldecke zu verfügen. Banken finanzieren Kleininventar nur selten, da es keine dingliche Sicherheit darstellt. Erschwerend kommt hinzu, dass das Kleininventar zumeist betriebsspezifisch ist und nicht beliebig eingesetzt werden kann. Bei Vertragsende kommt es dann immer wieder zu Problemen, wenn der Nachfolger eine Übernahme ablehnt. Solche Schwierigkeiten können vermieden werden, wenn der Verpächter das Kleininventar seinerseits zur Verfügung stellt und der Pächter nur Ersatzvornahmen zu tätigen hat. Es ist daher sinnvoll, auch das Kleininventar in die (vom Verpächter zu liefernde) Gesamtausstattung zu integrieren, zumal die Anschaffungskosten im Verhältnis zur Gesamtinvestition eher gering sind. 10

Praxistipp !

Im Gegensatz zur flächenbezogenen Miete sollte ein Pachtvertrag auch die Bereitstellung der erforderlichen Betriebseinrichtungen, wie z.B. technische Ausstattung, Einrichtungsgegenstände oder Kleininventar, umfassen. Der Pächter stellt üblicherweise die Betriebsstoffe wie z.B. die Dekoration.

Zum Pachtgegenstand sollten ebenfalls die **Festlegung der betrieblichen Namensgebung** und die **Beschreibung des gastronomischen Nutzungskonzepts** zählen. Auf diese Weise werden eine willkürliche Konzeptänderung und die damit einhergehenden, veränderten Anforderungen an die Betriebsausstattung sowie bauliche Veränderungen ausgeschlossen. 11

Die **Vereinbarung einer Betriebspflicht** ist üblicher Bestandteil eines Pachtvertrags und eine formelle Absicherung des Verpächters, nicht nur die vereinbarten Pachtzahlungen zu erhalten, sondern auch ein Dienstleistungsangebot in der Gesamtimmobilie darstellen zu können. Dies gilt im Speziellen für Shopping-Center. 12

Mit jedem Pächter- und Eigentümerwechsel ist die Berechtigung, ein gastronomisches Konzept durchzuführen („**Gaststättenkonzession**"), neu zu erlangen. Hierbei gilt es zu beachten, dass die Neukonzession sowohl Anforderungen an den baulichen und technischen Zustand des Pachtobjektes als auch an die persönliche Qualifikation des Betreibers stellt. Insofern sollten beide Parteien vor Vertragsschluss die zu erlangenden Voraussetzungen prüfen und für den Fall, dass die Kon- 13 zession gar nicht erlangt werden kann, vom Vertragsschluss absehen oder jedenfalls eine Wirksamkeitsbedingung des Vertrages für den Fall vereinbaren, dass eine erwartete Konzession dann doch nicht erteilt wird.

14 Um gegenseitige Schadensersatzansprüche auszuschließen, sollte die Frage der **Konzessionsfähigkeit** vor allen anderen Punkten geklärt werden. Kritisch sind nicht nur mögliche Täuschungen des Verpächters über die Realisierungsfähigkeit des gastronomischen Konzeptes, sondern vor allem der Umstand, dass mit jeder Konzessionserteilung neuere Anforderungen der länderspezifischen Gaststättenbauverordnung und Gemeindeverordnung (Ablöse Stellplätze etc.) zugrunde gelegt werden, deren Erfüllung zum einen noch zu prüfen ist und zum anderen möglicherweise im Ermessen der genehmigenden Behörde steht, also nicht vorhergesagt werden kann.

III. Übliche Pachtzinsarten

1. Festpacht

15 Eine **Festpacht** besteht in der **Festlegung von fixen, unveränderlichen oder aber auch indexierten Pachtzahlungen**. Sie ermöglicht eine sichere Ertragserwartung (beim Verpächter) bzw. Belastungskalkulation (beim Pächter) und vereinfacht dadurch die beiderseitige Budgetplanung. Die Höhe des Pachtzinses wird häufig anhand der Fläche oder anhand der Anzahl von Sitzplätzen (der gastronomischen Einrichtung) orientiert.

16 Da gastronomische Betriebe allerdings häufig saisonal bedingten Umsatzschwankungen oder auch generellen Umsatzveränderungen unterliegen, kann eine (langjährige) Festpacht die Liquidität des Pächters in umsatzschwachen Zeiten zu stark belasten. Bei positiven Umsatz- und Ertragsentwicklungen wird der Verpächter im Falle einer Festpacht häufig davon ausgehen, das Ertragspotenzial der Pachtfläche nicht ausgeschöpft zu haben. Selbst **Wertsicherungsklauseln**, die etwa an den Lebenshaltungskostenindex gekoppelt sind, dienen nur zu einer langfristigen Anpassung der Festpacht an mögliche Wertsteigerungen, können aber nicht auf kurzfristige Umsatz- und Ertragsänderungen reagieren. Wertsicherungsklauseln blenden zudem die Ertragskraft des Betriebes aus und führen daher nicht selten zu Fehlanpassungen.

! **Praxistipp**
Unter Berücksichtigung der branchentypischen Kosten- und Umsatzstruktur hat sich in den vergangenen Jahrzehnten, je nach Betriebstyp, eine Festpacht von etwa 8–12% vom Betriebsumsatz als überwiegend akzeptabel herausgebildet.

---

17 Wie die Festlegung des Pachtzinses anhand von Quadratmeterzahlen selbst gute Gastronomiekonzepte zu Fall bringen kann, zeigt folgendes Beispiel:

Beispiel
Die Pacht eines Szenelokals mit 400 Sitzplätzen in einer 1-A Lage von Berlin-Mitte wurde anhand der ortüblichen Miete je Quadratmeter festgelegt. Sie betrug 25% vom Betriebsumsatz und war unter betriebswirtschaftlichen Gesichtspunkten deutlich zu hoch. Mangels ausreichender Flexibilität des Pachtzinses – und mangels entsprechender Markterfahrungen sowie einer fehlenden Verhandlungsbereitschaft des Verpächters – führte dies bereits fünf Monate nach Eröffnung zur Insolvenz. Eine derartige Entwicklung ist besonders in Anbetracht der vorab durchgeführten, aufwendigen Umbaumaßnahmen und Geschäftseinrichtungen höchst beklagenswert und leider kein Einzelfall.

Festpachtmodelle werden bevorzugt bei **Betriebsaufspaltungen** im Rahmen eines 18
Generationswechsels innerhalb von Familienbetrieben gewählt. Die jüngere Generation gründet dabei eine Betriebsgesellschaft und zahlt an die ältere Generation (Besitzgesellschaft) eine fixe Pacht, die häufig der Höhe des Kapitaldiensts für vorangegangene Investitionen entspricht. Allerdings muss eine Investmententscheidung, und somit der daraus resultierende Kapitaldienst, von der Ertragskraft des Betriebs getragen werden können. Die Höhe der Festpacht muss daher einer praxisnahen Bewertung der entsprechenden Wirtschaftskraft unterzogen werden.

Praxistipp
Ein ausgewogener und damit nachhaltiger Pachtzins muss sich an der Ertragskraft des Betriebs orientieren.

2. Umsatzpacht

Die **Umsatzpacht** berechnet sich als **prozentualer Anteil vom realisierten Be-** 19
triebsumsatz und ist daher eine **variable Größe**. Der Betriebsumsatz wird üblicherweise definiert als betrieblicher Umsatz abzüglich Mehrwertsteuer, Sondersteuern (z.B. Vergnügungs- und Getränkesteuern) sowie Verpflegungsaufwand für das Personal.

Aufgrund branchenbedingter Besonderheiten ist eine Pacht von etwa 7–8% für 20
Speisenumsätze und 8–10% für Getränkeumsätze seit Jahrzehnten üblich und bewährt. Höhere Pachtsätze werden nur in Ausnahmefällen an Standorten mit Monopolcharakter realisiert wie z.B. Raststätten oder Sportarenen.

Eine nach unterschiedlichen Umsatzhöhen gestaffelte Pacht, wie sie teilweise 21
bei Hotelprojekten anzutreffen ist, dient der Pachterleichterung im Falle von **Mindereinnahmen etwa während der Anlaufphase.** Eine solche Anlaufphase fällt dagegen bei Gastronomiebetrieben weniger ins Gewicht, da sie deutlich kürzer ausfällt, sodass entsprechende Pachtermäßigungen eher unüblich sind. Speziell bei einer aktiven Pre-Opening-Vermarktung ist eine Anlaufvergünstigung zumeist vollständig auszuschließen. Damit ist die Ansprache an ein lokales/regionales Publikum gemeint, das eine Gastronomie direkt nach Eröffnung aus Neugierde stark frequentiert. In diesen Fällen geht es daher weniger darum, den Zuspruch zur neuen

gastronomischen Einrichtung allmählich zu steigern, als vielmehr die hohe Anfangsnachfrage zu erhalten und zu steigern, also in den ersten sechs bis zwölf Betriebsmonaten ein hohes Qualitätsniveau zu erreichen, konsequent zu verbessern und zu verstetigen. Neben rationellen Arbeitsprozessen sowie einem attraktiven Preis-Leistungs-Verhältnis sind die öffentliche Wahrnehmung und das Image des Betriebs bzw. der Marke entscheidend.

! **Praxistipp**

Für den Verpächter sind nicht nur die betriebswirtschaftlichen Ergebnisse entscheidend, sondern auch die Erfolgs- und Erfahrungshistorie des Pächters. Häufig haben besonders branchenfremde Betreiber gute Ideen für interessante Gastronomiekonzepte. Doch wird das Risiko infolge mangelnder Erfahrung in der Branche oder mit vergleichbaren Konzepten häufig unterschätzt, sodass Newcomer nur selten nachhaltige Erfolge in der Umsetzung haben.

22 Für den Verpächter müssen die **anvisierten Umsatz- und Kostengrößen** plausibel und nachvollziehbar sein. Die Umsatzpacht bedingt daher **den Einblick in die Bücher** und die **Prüffähigkeit der Umsätze**. Grundsätzlich ist aber anzuerkennen, dass die Umsatzpacht erfahrungsgemäß eine größere Ausgewogenheit sowohl für die finanzielle Belastung des Pächters als auch für die Einnahmesituation des Verpächters liefert.

! **Praxistipp**

Im Falle der Vereinbarung einer Umsatzpacht ist es ratsam, Regelungen zur Betriebspflicht und zu den Öffnungszeiten zu treffen. Nicht selten kommt es vor, dass dem Betreiber das realisierte Umsatzniveau für seine betriebswirtschaftliche Kalkulation ausreicht und er das Umsatzpotenzial des Betriebes daher nicht ausschöpft. Auf diese Weise können dem Verpächter durchaus realisierbare Einnahmen entgehen.

3. Mischpacht

23 Die **Mischpacht** ist eine **Kombination von festen und variablen Elementen**. Hierzu zählt beispielsweise eine Umsatzpacht, bei der eine Unter- (Mindestpacht) bzw. Obergrenze (Maximalpacht) vorgesehen wird. Ebenfalls ist die Kombination eines fixen Sockelbetrags, der in jedem Falle zu zahlen ist, und einer zusätzlichen, variablen Komponente üblich, die am Betriebsumsatz gemessen wird. Denkbar ist ferner die Verknüpfung einer Festpacht für bestimmte Betriebsbereiche mit einer Umsatzpacht für andere Betriebsbereiche.

24 Die Mischpacht ist demnach eine flexible Variante, die **eine Anpassung an die betrieblichen Besonderheiten** und **gleichzeitige Beteiligung am betrieblichen Erfolg** erlaubt. Damit schlägt allerdings auch ein etwaiger betrieblicher Misserfolg auf den Verpächter durch. Vor diesem Hintergrund ist allerdings zu bedenken, dass ein Ungleichgewicht zulasten des Betreibers vermieden werden sollte. Durch eine

Minderung der betrieblichen Leistung wird nicht nur der Pachtertrag geschmälert, sondern letztlich auch ein Image-Schaden der gastronomischen Einrichtung und damit ein Wertverlust der Immobilie insgesamt verursacht.

Praxistipp **!**
Häufig kommt bei der Festpacht eine sog. CAP-Regelung zum Einsatz. Hierbei wird seitens des Pächters ein maximaler Verlust (Grenze, „CAP") für einen längeren Zeitraum festgelegt. Dieser bemisst sich an der Differenz aus einer fiktiven Umsatzpacht und der vereinbarten Festpacht. Die Verlustobergrenze liegt üblicherweise bei bis zu zwei bis drei Jahrespachten. Wird dieser CAP erreicht, erfolgt beispielsweise die fristlose Kündigung oder eine Vertragsanpassung. Diese Vertragsform hat zwar das Erscheinungsbild einer Festpachtvereinbarung, ist faktisch jedoch eine Umsatzpachtregelung.

Aufgrund von saisonal bedingten Umsatzschwankungen können auch sog. **Garantieeinschränkungen** vertraglich fixiert werden. Diese schränken eine überdurchschnittliche Belastung des Betriebs ein, indem eine – im Übrigen garantierte – Pachthöhe bei bestimmten Voraussetzungen nicht erbracht werden muss. 25

Die **Auswahl des geeigneten Pachtmodells** sollte bei jedem Verpachtungsprojekt individuell geprüft werden. Unter anderem sind dabei folgende **Kernaspekte** zu berücksichtigen: 26

Checkliste **!**
Auswahlkriterien
- Liquiditätsplanung des Verpächters;
- Saisonabhängigkeit des gastronomischen Konzepts und der zu erwartenden Umsätze;
- Ertragskraft des Betriebs;
- Lage der Immobilie;
- Bonität des Betreibers;
- weitere Betriebsbereiche, z.B. Pächterwohnung, Veranstaltungsräume, Bowlingbahn;
- Risiken des Betriebs infolge der örtlichen Lage und Wettbewerbssituation;
- Plausibilisierung der anvisierten Umsatzgrößen & Kostenstruktur etc.

Praxistipp **!**
Ähnlich gelagerte Konzepte und Betriebsgrößen können im Findungsprozess als Orientierungshilfe herangezogen werden. Wichtig ist eine echte Vergleichbarkeit. Diese kann gegeben sein, wenn z.B. eine ähnliche Umsatz- und Kostenstruktur bei vergleichbarer Betriebsgröße realisiert wird. Einen verlässlichen Maßstab bildet der „Betriebsvergleich Hotellerie und Gastronomie Deutschland", eine seit 1968 jährlich erscheinende Publikation der BBG-Consulting.

IV. Pachtwertermittlung

In der Praxis entsteht bei der Festlegung des Pachtzinses häufig eine Diskrepanz zwischen dem **standortbezogenen Marktwert** der Immobilie und der **Ertragskraft** 27 eines gastronomischen Betriebs. Dies liegt insbesondere darin begründet, dass die Gastronomie niedrigere Margen als der Einzelhandel erzielt. Somit kann der an einem Standort realisierte, marktbezogene Mietzins die Ertragskraft des dort vorgesehenen gastronomischen Konzepts mitunter deutlich übersteigen. Dieser Umstand sorgte in der Vergangenheit häufig für zum Teil hohe **Diskrepanzen in der Wertermittlung**, die im Rahmen der sog. ertragskraftorientierten Pachtwertfindung („EOP-Methode") auf die Ertragskraft eines gastronomischen Betriebs anstelle der ortüblichen Miete abgestellt war.

28 Der BGH entschied im Jahr 1999 die EOP-Methode als ungeeignet, da diese primär ermittelt, zu welchem Pachtzins ein bestimmtes Objekt wirtschaftlich betrieben werden kann.[1] Vielmehr sei von der ortsüblichen Pacht oder Miete auszugehen. Im Hinblick dessen ist vor Vertragsabschluss ein Businessplan samt prüffähiger Wirtschaftlichkeitsstudie zu erstellen, die ggf. von neutraler Seite einer Plausibilitätsprüfung unterzogen wird. Auf diese Weise wird sichergestellt, ob das anvisierte gastronomische Konzept unter den gegebenen Pachtbedingungen überhaupt wirtschaftlich tragfähig ist.

29 Pachtzugeständnisse können jedoch im Rahmen einer Gesamtbetrachtung aus strategischen Gesichtspunkten indirekte Vorteile enthalten. So kann die Ansiedlung eines zeitgemäßen Gastronomiekonzepts in einem Shopping-Center dieses beleben, dessen Image aufwerten und die Aufenthaltsdauer von Besuchern verlängern. Auf diese Weise profitieren der Einzelhandel sowie Mietverträge mit variablen Komponenten bis hin zum Mietniveau im Allgemeinen.

30 Insgesamt belegen erfolgreiche Einzelhandelskonzepte, dass es zur Bereicherung eines Standorts der Ansiedlung von Gastronomie bedarf. Beispielsweise wurde bei modernen Einkaufszentren in den vergangenen Jahren immer wieder festgestellt, dass hochwertige Gastronomiebetriebe in einem Shopping-Center, sofern klug platziert, nicht nur Besucher anziehen, sondern die Verweildauer und damit den Erfolg des Einkaufszentrums insgesamt steigern konnten.

Beispiel

Am Beispiel des Westfield Shopping Centre in London wird deutlich, wie ein vielfältiges, mitunter hochwertiges Gastronomieangebot als strategische Anziehungspunkte geschickt in einer Mall angesiedelt werden kann, um die durchschnittliche Verweildauer zu erhöhen und das Shopping-Center zu einem Treffpunkt aufzuwerten. Gleiches gilt für die Schadow-Arkaden oder die Kö-Galerie in Düsseldorf.

---

31 Somit kommt der **Gastronomie in Einkaufszentren** eine mitunter höhere Bedeutung zu, als es ihrem bloßen Ertragswert entspräche. Hinsichtlich der Gestaltung

1 BGH, Urt. v. 28.4.1999 – XII ZR 150/97 – NZM 1999, 664.

entsprechender Pachtverträge sind grundsätzlich die gleichen Charakteristika von Bedeutung wie bei anderen Gastronomieobjekten auch. Allerdings haben Aspekte wie die Betriebspflicht eine höhere Bedeutung. Ein mögliches Ausbleiben der Dienstleistungsbereitschaft, speziell während der Kernöffnungszeiten, kann zu erheblichen Image-Einbußen führen. Ebenso bedarf es einer besonderen Regelung hinsichtlich der Nutzung von Gemeinschaftsdiensten, wie beispielsweise der Entsorgung, sowie einer Anbindung an die technische Infrastruktur. In diesem Zusammenhang ist ebenfalls der Flächenzuschnitt auf dessen gastronomische Nutzbarkeit hin zu nennen (z.B. technische und ergonomische Standardmaße, Mitarbeiterproduktivität, Gast- und Wirtschaftsbereiche möglichst auf einer Ebene etc.).

Praxistipp !
Für den Vermieter empfiehlt es sich, die im Vergleich zum Einzelhandel schwächere Ertragskraft von Gastronomiekonzepten mit deren potenzieller Wirkung auf Image und Besucherströme im Vorfeld abzuwägen. Diesem Spannungsfeld sollten sich alle Beteiligten im Klaren sein, bevor ein Objekt als gastronomischer Betrieb verpachtet wird. Dabei ist eine unabhängige, fachkundige Einschätzung der avisierten Flächen auf deren gastronomische Nutzbarkeit hin empfehlenswert (z.B. Verschnittflächen bei Shopping Malls).

Um eine erfolgreiche Verpachtung eines gastronomischen Betriebes sicherzustellen, 32
ist die **fachkundige Ermittlung** eines nachhaltig realisierbaren Pachtzinses unerlässlich, sofern keine belastbaren Erfahrungswerte mit vergleichbaren, örtlich ansässigen Betrieben zur nachhaltigen Ertragskraft vorliegen.

1. Ertragskraftorientierte Pachtwertmethode (EOP-Methode)

Wie zuvor erwähnt, eignet sich die sog. **EOP-Methode** gemäß Rechtsprechung 33
nicht für die Bewertung der gastronomisch genutzten Fläche/Immobilie. Gleichwohl ist die Methode anwendbar zur **Plausibilisierung von Mieten** in Verbindung mit der jeweiligen Ertragskraft eines anvisierten Gastro-Konzepts. Vor diesem Hintergrund kann sich die EOP-Methode dazu eignen, um einen realistischen Pachtzins unter wirtschaftlichen Gesichtspunkten wie folgt zu ermitteln:

a) Festlegung des Basisumsatzes und des Basispachtzinses

Zunächst wird ein **Basisszenario** entwickelt, das die Umsatz- und Kostenstrukturen 34
des anvisierten Betriebs in einem sog. Normaljahr simuliert. Auf Basis allgemeiner Einflussfaktoren, wie Standort, Größe, Betriebszeit und Betriebsart, wird eine Wirtschaftlichkeitsvorausschau mit dem daraus resultierenden Basispachtzins abgebildet.

Beispiel
Zu verschiedenen Jahres-, Wochen- und Tageszeiten werden jeweilige Gästezahlen und ein durchschnittlicher Warenverzehr (der sog. Ø-Bon) geschätzt.

Summe der Warenumsätze je vorgenanntem Zeitabschnitt berechnet aus:

Anvisierte Gästezahlen	
× jeweiliger Ø-Bon	
× Anzahl Öffnungstage	Warenumsatz
+ Party- & Lieferservice, u.Ä.	sonstiger Warenumsatz
=	**Basisumsatz**

Praxistipp
Bei der pauschalen Umsatzermittlung anhand von Sitzplätzen, einem eher ungeeigneten Maßstab, ist zu beachten, dass die Anzahl von Stühlen sehr leicht manipuliert werden kann. Gleiches gilt für Kennzahlen, die sich auf die Sitzplatzanzahl beziehen. Sinnvoll ist dagegen eine Umsatzermittlung, wenn die anvisierten Gästezahlen plausibel geschätzt werden können.

b) Anpassung der Basiswerte anhand spezifischer Einflussfaktoren

35 Eine Vielzahl von Einflussfaktoren kann zu **Abweichungen von den Basiswerten** führen. Die jeweiligen Parameter müssen für das Objekt individuell geprüft und als Auf- bzw. Abschläge vom Betriebsumsatz berücksichtigt werden. Die maßgeblichen Einflussfaktoren lassen sich in folgende Bereiche klassifizieren:
- objektimmanente Faktoren,
- vertragsimmanente Faktoren.

aa) Objektimmanente Einflussfaktoren

36 Diese Parameter sind häufig an das **innere und äußere Erscheinungsbild** des Objekts gekoppelt. Die optische Wahrnehmung eines gastronomischen Betriebs ist für seinen Erfolg entscheidend. Die Verkörperung von Lifestyle, Zeitgeist und auch das klassische „Sehen & Gesehen werden" wird u.a. durch ein durchgängiges Erscheinungsbild der Marke bestimmt. Hierzu zählen insbesondere die Ausstattung und das Lichtkonzept.

Beispiel 1
In der Vergangenheit war es den gastronomischen Betrieben am Münchner Flughafen nicht gestattet, deren optisches Erscheinungsbild/Charakter mit einer individuellen Fassade zu dokumentieren. Diese Vorgehensweise wäre beispielsweise für Einzelhändler einer Shopping Mall undenkbar, da bereits von außen eine Markenerkennung und Kundenanziehung erfolgen muss. Nachdem die meisten gastronomischen Betriebe infolge einer sterilen Einheitsfassade keinen Erfolg hatten, wurde das Regelwerk geändert und eine individuelle äußere Gestaltung in Grenzen erlaubt (z.B. Käfer Gastronomie).

Beispiel 2
Ähnliches gilt für Stadthallen. Gastronomiebetriebe in Stadthallen treten selten als eigenständige Konzepte mit individuellem Erscheinungsbild und Image nach außen auf. Dieser Identitätsverlust belastet die Frequentierung solcher Betriebe trotz überzeugender Leistung häufig stark.

Die **mangelhafte Funktionalität** verpachteter Flächen hat ebenfalls einen starken Einfluss auf die Wirtschaftlichkeit. Beispielsweise kann eine funktional bestimmte Angrenzung von Wirtschaftsbereichen (Lager, Küche, Verkehrsflächen etc.) die Arbeitsprozesse rationalisieren und damit ein hohes Maß an Funktionalität ermöglichen. Optimale Lagerbedingungen von Waren verringern Warenkosten. Eine Entkopplung von Arbeitsprozessen bewirkt eine Senkung der Personalkosten. Eine auf Nutzungsoptimierung ausgerichtete funktionale Planung bedeutet größere Erträge und damit eine höhere Wertsteigerung der Immobilie. 37

Beispiel 1
Ein Restaurant, das nur begrenzte Flächen zur Kühlung von Lebensmitteln aufweist, kann keine Speisen vorproduzieren und zwischenlagern (sog. „Cook & Chill"). Damit kann auch nur begrenzt oder gar nicht auf Sonderangebote von (anderenfalls teuren) Preisen hochwertiger Lebensmittel reagiert werden, weil keine oder nur unzureichende Pufferzonen für die Lagerung vorhanden sind.

Beispiel 2
Ein über mehrere Ebenen erstreckter Gastbereich kann nur durch einen Speisenaufzug mit Waren beschickt werden. Dies schränkt einen reibungslosen Ablauf für das Servieren warmer Speisen ein und führt in der Konsequenz zur Unzufriedenheit der Gäste und damit zu Umsatzeinbußen. Dies wird insbesondere dadurch verstärkt, dass Gäste in der Regel nur die Hauptflächen einer Gastronomie frequentieren. Etwaige Sitzplätze auf Obergeschossen erfüllen bestenfalls die Funktion einer Überlauffläche zum Abfedern von Nachfragespitzen.

Weitere objektimmanente Einflussfaktoren liegen im **Zustand der technischen Infrastruktur** und **in der Bausubstanz**. Diese können einen nicht unerheblichen Einfluss auf die Energiekosten, Instandhaltung und Reparaturen haben. In diesem Zusammenhang ist eine adäquate Risiko- und Kostenverteilung im Pachtvertrag zu fixieren. 38

bb) Vertragsimmanente Einflussfaktoren

Der Vermieter kann auf den gastronomischen Betrieb und damit auf dessen Wirtschaftlichkeit durch die Vertragsgestaltung einen direkten oder indirekten Einfluss ausüben. 39

Eine **direkte Einflussnahme** entsteht beispielsweise durch Konkurrenzklauseln oder die Umlageverteilung von Energie-, Instandhaltungskosten sowie Kosten im Rahmen von Gebühren, Beiträgen und Versicherungen. Ferner wird nicht selten eine direkte Einflussnahme auf die Betriebspolitik vertraglich fixiert. Hierzu 40 zählen Regelungen für das Leistungsspektrum, die Preisgestaltung oder die Werbung.

41 Typisch in der Gastronomie sind beispielsweise **Lieferbindungen bzw. Bezugsverpflichtungen**. So werden Verpächter in der Regel von der Getränkeindustrie mittels Geld- und Sachleistungen zu langfristigen Lieferbindungen animiert, die auf den Betreiber zu übertragen sind. Das kann im Einzelfall interessant sein, ist aber im Regelfall kaum zufriedenstellend und im Hinblick auf Tragweite bzw. finanziellen Nutzen abzuschätzen. Meist liegen die angebotenen Listenpreise – selbst abzüglich Rabatt – oberhalb, zum Teil deutlich über den üblichen Marktpreisen und können kaum auf zeitliche Schwankungen oder dauerhafte Preisveränderungen angepasst werden. Aus Sicht des Pächters sind solche Lieferbindungen einem Gewinn-Abführungsvertrag gleichzusetzen und resultieren häufiger in Betriebsaufgaben. Für den Verpächter bedeutet es, dass er für einen möglichen Kostenbeitrag bei der Geschäftseinrichtung (Investitionshilfe) die Ertragskraft des Pächter-Betriebes deutlich, unter Umständen sogar nachhaltig einschränkt und so den Wert der Immobilie senkt.

42 Massive Einflussnahme kann sich bei **kommunalen oder kirchlichen Trägerschaften** ergeben, die sowohl auf das Speisenangebot als auch auf das Publikum Auswirkungen haben. Hier ist das Bedürfnis der Verpächter, alle nur denkbaren Risiken – nicht nur wirtschaftlicher, sondern auch reputationsbedingter Art – auszuschließen und sich somit von möglicher Kritik freizustellen, besonders ausgeprägt. Im Ergebnis sind diese vielfach einseitigen Verträge kaum dauerhaft lebensfähig.

Beispiel
Ein Klassiker sind Stadthallen-Betriebe, deren Vertrag den Verpächter zu Serviceleistungen und Dienstbarkeiten (Reinigung, Bestuhlung) für den Saalbetrieb verpflichtet, andererseits aber das Vorrecht der Verfügbarkeit beim Verpächter belässt, sodass der Gastronom bei eigener Akquisition keine spontanen Zusagen machen kann.
Typisch für Vereine ist die Festlegung einer maximalen Öffnungszeit, auch wenn diese keine adäquaten Umsätze erlaubt. Insbesondere bei umsatzstarken Feiern und Festen auf dem Vereinsgelände muss sich der Pächter seinen Einfluss sichern, um nicht etwa den Ertrag aus den Getränkeumsätzen an die Trägerschaft zu verlieren.

43 Eine Vielzahl verdeckter Vertragselemente kann einen indirekten Einfluss auf den Betrieb ausüben, z.B.:

Checkliste
Vertragsimmanente Elemente
- Lieferbindungen und Mindestabnahmeverpflichtungen (vgl. Rn 63, 64);
- Ablösesummen für Ausstattung und Kleininventar (vgl. Rn 6–9);
- Pflicht zu oder Verbot von baulichen Veränderungen (vgl. Rn 50 ff.);
- Regelung der Rückgabe des Pachtobjektes (vgl. Rn 50 ff.);
- Vertragslaufzeit (vgl. Rn 56 f.);
- Kaution- und Sicherheitsleistungen etc.

2. Gegenüberstellung: Pachtwertermittlung nach Objektfläche versus Ertragskraft

Für die Gegenüberstellung wird ein Betrieb mit folgenden Eigenschaften und Vertragsinhalten zugrunde gelegt: 44

Rahmendaten/Allgemeine Kriterien:

- Betriebsart: Bistro
- Standort: Kleinstadt-Marktplatz
- Größe: 250 m² Gastbereich + 150 m² Wirtschaftsfläche
- Betriebszeit: 350 Tage/Jahr

a) EOP-Methode

aa) Erster Arbeitsschritt: Ermittlung des Basisumsatzes

Üblicherweise werden **Umsatzvolumina** anhand einer Wirtschaftlichkeitsbetrachtung ermittelt, indem die zu erwartende Frequentierung zu jeweiligen Jahres-/Wochen- und Tageszeiten geschätzt wird. Da der durchschnittliche Umsatz nach Tageszeit und Saison variiert, werden die entsprechenden Pro-Kopf-Umsätze, sog. Ø-Bons, anvisiert. In einem Basisszenario wird der Warenumsatz entsprechend auf das Geschäftsjahr hochgerechnet. 45

Unter Berücksichtigung von Standort, Öffnungs-/Betriebszeiten errechnet sich der **Umsatz** für vorliegendes Beispiel auf vereinfachte Weise wie folgt: 46

(Basis-)Umsatz Speisen & Getränke p.a. in €:

17,50 € Ø-Bon × Ø 75 Gäste × 350 Öffnungstage	~ 460.000 €
Sonstiger Warenumsatz	entfällt, da unbedeutend

bb) Zweiter Arbeitsschritt: Anpassungen aufgrund von beeinflussenden Kriterien

Objektimmanente Kriterien: 47

- Erscheinungsbild: wirkt ungepflegt
- Funktionalität: mangelnde Arbeits- und Lagerfläche in Küche
- Ausstattungsstandard: Küchenausstattung intakt, aber unvollständig
- Energiekosten: überhöht durch alte Heizungsanlage
- Instandhaltung: überhöht, alte Geräte, Reparatur- & Ersatzrisiko
- Investitionsstau: 15.000 € Nachrüstung in der Küche

Vertragsimmanente Kriterien:

- Ablösung: Kleininventar im Wert von 10.000 €

Berechnung der Anpassungen:	
Basisumsatz p.a.:	460.000 €
./. 5% Abschlag[2]	23.000 €
Umsatz p.a.:	437.000 €
Pachtzinssatz per BBG-Betriebsvergleich	10%
./. 1 Prozentpunkt für hohe Energiekosten und funktionaler Mängel	1%
Anzuwendender Pachtzinssatz	9%

Ermittlung der Zu- und Abschläge:	
Abschlag wegen laufender Instandhaltung[3]	– 2.000 €
Abschlag wegen Auflösung Investitionsstau[4]	– 3.000 €
Abschlag wegen Ablöse[5]	– 2.000 €
Summe Zu-/Abschläge	– 7.000 €

Berechnung der korrigierten Pacht:	
korrigierte Pacht: 9% aus 437.000 € p.a.	39.330 €
Anpassung p.a.	– 7.000 €
zu leistender Pachtzins p.a.	32.330 €

b) Berechnung der Miete je Quadratmeter

48	Pachtaufwendungen nach EOP-Methode p.a.	32.330 €
	Objektgröße	400,0 m²
	Miete pro m² (32.330 € ÷ 400 m² ÷ 12)	6,73 €

Im Allgemeinen liegt die **standortbezogene Miete** je Quadratmeter höher als diejenige, die von einem Gastronomiebetrieb wirtschaftlich getragen werden kann. Der eingeschränkte wirtschaftliche Nutzen ist demnach mit dem Imagegewinn, der Anziehungskraft und einer höheren Verweildauer (speziell für Shopping-Center) einer attraktiven Gastronomie abzuwägen.

49 Die vorgenannte Beispielrechnung verdeutlicht, dass die Betrachtung der reinen Fläche zur Ermittlung eines nachhaltig realisierbaren Pachtzinses allein nicht ausreicht. Um vielmehr eine realistische Einschätzung der Ertragskraft im Rahmen der Pachtzinsfindung zu gewährleisten, ist eine professionelle Plausibilisierung des

2 Wegen ungepflegten Erscheinungsbilds.

3 Geschätzte, jährliche Mehraufwendungen wegen erhöhter Instandhaltung.

4 15.000 € Nachrüstbedarf Küche verteilt auf fünf Pachtjahre, ohne Zinsen und Restwert gerechnet.

5 10.000 € Ablösesumme Kleininventar verteilt auf fünf Pachtjahre.

Zahlenmaterials durch eine unabhängige, externe, branchenkundige Betrachtung notwendig.

V. Instandhaltung, Rückgabe bei Vertragsende

Neben der Ermittlung eines fairen Pachtzinses gehört eine Regelung der **Instandhaltung verbunden mit den Regelungen über die Rückgabe des Pachtgegenstandes bei Vertragsende** zu den anspruchsvollsten Themen eines Pachtvertrags in der Gastronomie. Während die Instandsetzung im Wesentlichen Reparaturmaßnahmen und Restaurierungen umfasst, bezieht die Instandhaltung sämtliche Maßnahmen der Wartung, Inspektion, Reparatur und Verbesserung der Pachträumlichkeiten, einschließlich Schönheitsreparaturen, ein. Da es sich bei einer Verpachtung in der Gastronomie regelmäßig auch um die Gebrauchsüberlassung eines Betriebs handelt, umfasst die Instandhaltung üblicherweise neben der Räumlichkeit auch die Betriebsausstattung und das Groß- und ggf. das Kleininventar. Da diese Begriffe weder gesetzlich definiert noch anderweitig normiert sind, bedarf es jeweils einer genauen vertraglichen Regelung, um die Verantwortlichkeiten zwischen Verpächter und Pächter sinnvoll abzugrenzen. 50

Die alte Techniker-Formel „alles, was fest mit dem Gebäude verbunden ist“ gilt nicht für das Gastgewerbe. Als Beispiel zu nennen wären Kaffeemaschinen oder Kassensysteme, die zur Betriebsausstattung gehören. Auch bedingen die meisten Küchengeräte zum Erhalt ihrer Funktionsfähigkeit spezieller Kleinteile sowie standardisierter Handhabungs- und Transportmittel, sodass nicht jedes bewegliche Teil dem Inventar zuzurechnen ist, also dem Eigentum und Zugriffsbereich des Pächters. Selbst der steuerliche Begriff der „geringwertigen Wirtschaftsgüter“ gibt keine Klarheit, da diese Kostengrenze sowohl auf Teile der Betriebsausstattung als auch auf das Inventar anwendbar ist. Es bleibt daher nichts anderes übrig, als die Gegenstände im Einzelnen zu erfassen oder der Einfachheit halber den Begriff des Kleininventars auf Porzellan, Gläser, Besteck sowie Serviergeräte zu beschränken. Es bietet für den Verpächter Vorteile, etwa bei einer Umsatz- oder Mischpachtregelung, die Datenerfassung in Form von Kassensystemen in seinem Verfügungsbereich zu halten. Auch sollte sichergestellt werden, dass für Großinventar technische Normen und Standards, so die sog. „Gastro-Norm“-Behältnisse unterschiedlicher Hersteller, kompatibel oder aufeinander abgestimmt sind und auch bei einem Betreiberwechsel beibehalten werden können. 51

Auch **die Pflege des überlassenen Inventars** sollte ausdrücklich geregelt werden. Während die Verantwortung für Einrichtungen der Wärmegewinnung, Lüftungs- und Aufzugsanlagen eher beim Verpächter anzusiedeln sind, sollten Wartungsverträge für Kälteanlagen eher in der Verantwortung des Betreibers liegen. Sinnvoll ist es, dem Pächter gesonderte Wartungsauflagen bezüglich der Reinigung der Küchenabluft (Filter und Kanal), der Bodenabläufe, des Fettabscheiders und der 52

Wasseraufbereitung aufzuerlegen. Eine laufende Wartungsverpflichtung des Betreibers im Hinblick auf überlassene Gerätschaften und das Mobiliar ist nicht üblich und in der Praxis auch nicht sinnvoll; sie sollte durch eine nach oben begrenzte Reparatur-Übernahme-Pflicht des Betreibers ersetzt werden. Wird der maximale Betrag überschritten oder wiederholt sich eine Reparatur, so sollten die Kosten zulasten des Verpächters gehen, der ggf. über einen Ersatz entscheiden kann. Die Kostenbegrenzung kann pro Reparatur, pro Monat oder pro Jahr erfolgen. Maßgeblich sind in jedem Fall das Alter, die Gebrauchsintensität und Verschleißhäufigkeit der Einrichtungs- und Inventargegenstände.

Beispiel

Der Ausfall einer automatischen Kaffeemaschine erfordert einen unmittelbaren Ersatz. Für solche Fälle sollte im Vertrag Vorsorge getroffen werden, wenn nach der administrativen Struktur des Verpächters eher nicht mit einer unmittelbaren Entscheidung zu rechnen ist, noch dort eine ausreichende fachliche Kompetenz hinsichtlich des zu beschaffenden Gegenstandes besteht. Falls die Ersatzanschaffung vom Pächter zu tragen ist, muss auch vermieden werden, dass etwa dessen Budget oder der Haushalt zum jeweiligen Zeitpunkt keine größere Investition erlaubt.

---

53 **Schönheitsreparaturen** beschränken sich üblicherweise auf das regelmäßige Auffrischen von Oberflächen in den Gastbereichen. Maler- und Lackierarbeiten fallen üblicherweise in den Verantwortungsbereich des Verpächters. Für die Wirtschaftsbereiche besteht zumeist eine gesonderte Regelung, da diese aus hygienischen Gründen ständig intensiv und nachhaltig gepflegt werden müssen, aber zu diesem Zweck ohnehin meist dauerhafte und pflegeleichte Oberflächen haben.

54 Abhängig von der besonderen Situation des Objekts ist neben den üblichen Mieterpflichten ggf. die **Pflege des Außenbereiches** zu klären.

55 Wichtig ist auch die Regelung, ob der Pächter nach Vertragsablauf die **vorhandenen Betriebseinrichtungen**, das etwa übernommene und/oder von ihm nachträglich angeschaffte Inventar **zurückzugeben** oder **auf eigene Kosten zu entfernen hat**. Für betriebsnotwendige Anschaffungen oder Ersatzbeschaffungen von Gerätschaften sollte eine Entschädigungs- oder Übernahmeregelung getroffen werden. Anstelle von Buch- und Restwerten sollte die branchenübliche Restnutzungsdauer des Gegenstandes Maßstab der Bewertung bei Vertragsende sein.

Praxistipp

Es sollte im Vorfeld abgeklärt und schriftlich festgehalten werden, in welchem Zustand die Räumlichkeiten bereitgestellt und wieder an den Verpächter zurückgegeben werden sollen. Dies gilt insbesondere bei Veränderungen am Pachtgegenstand vor oder während der Vertragslaufzeit. Eine konkrete Benennung der einzelnen Betriebseinrichtungen und Inventargegenstande, auch etwaige Ersatzbeschaffungen sowie Regelungen zur Instandhaltung bzw. Instandsetzung, ist ratsam.

VI. Vertragslaufzeit

In der Gastronomie stehen sich bei den Vertragsverhandlungen häufig ungleiche Partner gegenüber: auf der einen Seite der Investor mit hoher Bonität und hohem Risiko hinsichtlich des Immobilienwerts (Ertragswertverfahren), auf der anderen Seite der qualifizierte Betreiber, jedoch häufig mit begrenzter Kapitalausstattung, wenig Bonität und geringer Haftungsmöglichkeit. Vor diesem Hintergrund stellt sich die Frage, ob der Betreiber überhaupt eine **längerfristige Pachtverpflichtung** erfüllen bzw. Gewähr für diese bieten kann. Nicht selten erwartet der Verpächter zudem, dass der Betreiber die Ausstattung des Kleininventars übernimmt und finanziert. Dies entzieht ihm nicht nur wichtige Mittel für die Etablierung seines Betriebes und das entscheidende Marketing zur Erringung einer besonderen Marktstellung. Vielmehr führt dieser Umstand auch dazu, dass der Pächter eine Vertragsdauer von mindestens zehn Jahren vereinbaren muss, um die erforderlichen Investitionen amortisieren zu können. Es ist darüber hinaus von Bedeutung, ob und inwieweit das meist betriebsspezifische Kleininventar, als Eigentum des Pächters, auf einen Nachfolger übertragen werden kann. 56

Zwar erscheinen langfristige Verträge auf den ersten Blick für beide Seiten vorteilhaft, doch zeigt die Praxis, dass das Konfliktpotenzial mit der Vertragsdauer steigt, allein schon wegen der wechselnden Rahmenbedingungen (Wettbewerbssituation, Qualitätsveränderungen, Kunden/Besucherverhalten). Auch **kurzfristige Pachtverträge** von zwei bis fünf Jahren können über lange Zeit hinweg Bestand haben, wenn die Rahmenbedingungen für beide Seiten stimmen, und zwingen zur rechtzeitigen Anpassung, um trotz bestehender Probleme eine Verlängerung zu bewirken. Kurzfristige Verträge mindern daher letztlich das Risiko von Fehlentscheidungen und damit vor allem die Gefahr, aus verminderten Pachteinnahmen resultierende Wertverluste der Immobilie zu erleiden. 57

Praxistipp !

Eine individuelle Gastronomie muss wie jedes andere Unternehmen auf exogene Faktoren reagieren können, um die Wettbewerbsfähigkeit zu erhalten. Hierzu zählen beispielsweise das äußere Erscheinungsbild oder Energiekosten. Hierzu bedarf es einer gelebten Partnerschaft zwischen Betreiber und Eigentümer, die kein Vertrag per se ersetzen könnte.

VII. Konfliktpotenzial und Fallstricke

1. Etablierung und Erhalt der Wettbewerbsfähigkeit

Um einen nachhaltigen Erfolg der Gastronomie sicherzustellen, bedarf es einer **fortlaufenden Anpassung an die Markttrends** zum Erhalt der Wettbewerbsfähigkeit. Häufig vernachlässigt wird dabei das **äußere Erscheinungsbild**. Die Wahrnehmung durch potenzielle Gäste und deren Anziehung ist im Rahmen der 58 äußeren Erscheinung von hoher Bedeutung, um möglichen Hemmschwellen oder dem „Übersehen“, wie z.B. häufig bei Hotel-Restaurants, entgegenzuwirken. Somit muss in Pachtverträgen dem Pächter das Recht eingeräumt werden, das Image und die Markenelemente, wie z.B. Logo, Schriftzug, Beleuchtung etc., an der Gebäudefassade zu installieren. Die Gestaltung sollte allerdings nicht freigestellt werden, sondern muss im Einklang mit der Fassade und dem Stil des Gebäudes stehen. Die Kosten für die Errichtung, Unterhaltung und Demontage trägt üblicherweise der Pächter.

59 Im Rahmen der Wettbewerbsfähigkeit ist ebenfalls die **Neugestaltung des Ambientes** inklusive Bestuhlung/Möblierung und Lichtkonzept entscheidend. Diesbezüglich sollte eine genaue Definition der umzugestaltenden Bereiche erfolgen, ergänzt um das anvisierte Zeitfenster für die Umgestaltung sowie des Übergabetermins. Sämtliche Maßnahmen müssen von einer schriftlichen Genehmigung des Verpächters abhängig gemacht werden.

2. Plausibilisierung von Konzept und Ertragskraft

60 Neben Abgrenzungen im Rahmen des Inventars und deren Instandhaltung ist die Berechnung eines **fairen Pachtzinses** die zentrale Herausforderung von Pachtverträgen in der Gastronomie. Grundsätzlich empfiehlt es sich, die Ertragskraft durch unabhängige Fachleute bewerten zu lassen. Für eine erste Beurteilung kann z.B. folgende überschlägige Überprüfung des betriebswirtschaftlichen Zahlenwerks durchgeführt werden:

Praxistipp
Als ein entscheidender wirtschaftlicher Hebel ist den Personalkosten das maßgebliche Augenmerk zu schenken. Die Produktivitätskennziffer (Umsatz je Vollbeschäftigtem) liegt in der Gastronomie derzeit zwischen 60–85 T€. Weist ein Businessplan beispielsweise 8 Vollzeitkräfte und einen betrieblichen Jahresumsatz von nur 300 T€ aus, ergäbe sich daraus eine Produktivität von 37,5 T€ je Vollbeschäftigten. So eine niedrige Produktivität sollte durch Fachleute plausibilisiert werden, da nach erster Betrachtung keine Rentabilität erreicht werden kann.

61 Darüber hinaus sollte die Umsatzprognose auf **plausiblen Annahmen** beruhen und anhand einer realistischen Schätzung der jeweiligen Nachfrage zu bestimmten Jahres-/Wochen- und Tageszeiten vorgenommen werden. Hochrechnungen auf Basis von pauschalen Schätzwerten je Sitzplatz und Jahr entbehren häufig belastbarer Grundlagen und müssen fachkundig überprüft werden.

62 Oft vernachlässigt, deswegen jedoch nicht minder wichtig, ist eine **hinreichende Versicherung** des Betriebes, die letztlich auch dem Verpächter zugutekommt. Hierzu zählt neben einer Betriebshaftpflicht auch eine Betriebsunterbrechungs- oder Betriebsausfallversicherung.

3. Lieferantenbindungen

Nicht nur Bier, auch alkoholfreie Getränke werden im Allgemeinen durch Brauereien zu entsprechenden Preisen und mit einer **Verpflichtung zu bestimmten Abnahmemengen** vertraglich fixiert. Dies erschwert die Preiskalkulation, drückt die Marge und gefährdet damit die Wirtschaftlichkeit. Nicht selten ist es der Fall, dass sich der Verpächter durch bereitwillig offerierte Investitionszuschüsse der Getränkelieferanten zu Lieferbindungen verleiten lässt und Sachleistungen annimmt, deren effektiven Wert bzw. die damit verbundene Belastung er über die Gesamtlaufzeit kaum beurteilen kann. 63

In Anbetracht der häufigen Tatsache, dass Listenpreise deutlich oberhalb der Marktpreise liegen und der Getränkeumsatz mehr als 50% des Betriebsumsatzes ausmacht, kommen eine Vielzahl von Lieferantenverträgen, trotz sog. Rückvergütungen von meist 15%, immer wieder praktisch einer Gewinnabführung gleich. Da der Pächter in diesem Fall doppelt, in Form der Pachtzahlungen und in Form von hohen Einstandspreisen belastet wird, sollte die Pacht zur Vermeidung eines Wettbewerbsnachteils angemessen gekürzt oder auf Bezugsverpflichtungen als Teil eines Pachtvertrages gänzlich verzichtet werden. 64

4. Vergütung von Goodwill

Gelegentlich kommt es vor, dass bisherige Betreiber vom neuen Pächter eine Vergütung (**Ablösungszahlung**) für einen **vermeintlichen Goodwill** des betreffenden gastronomischen Betriebes verlangen. Ein wirklicher, übertragbarer Goodwill existiert in der Gastronomie jedoch im Allgemeinen nicht, da die Attraktivität und Reputation des betreffenden Betriebes immer wieder neu geschaffen und erhalten werden muss, also nicht als „ererbter“ Wert lediglich fortgeführt zu werden braucht. Ausnahmen bilden hier allenfalls etablierte Marken oder Franchise-Systeme, deren Goodwill aber bereits in der Franchisegebühr eingepreist ist. 65

5. Übernahme von Arbeitsverhältnissen

Wenn bestehende Betriebe neu verpachtet werden sollen, ergibt sich häufig eine **Übernahmeverpflichtung** im Hinblick auf die **bestehenden Arbeitsverhältnisse** (§ 613a BGB). Neben der Bewertung von Anzahl, fachlicher und persönlicher Eignung der bestehenden Mitarbeiterschaft sind für den Pächter die damit verbundenen arbeitsrechtlichen Verpflichtungen entscheidend. Bei langer Betriebszugehörigkeitsdauer und insbesondere einer branchenuntypisch hohen Entlohnung, z.B. bei Kantinen von Banken oder Versicherungen, die nach einem anderen Tarifgefüge wie die Gastronomie entlohnen, können sich hier strukturelle Kostenprobleme ergeben, die kaum durch erhöhte Produktivität ausgeglichen werden können. In solchen Fällen sind die entsprechenden Kostennachteile festzustellen und ggf. durch eine vom Verpächter zu leistende Abstandszahlung auszugleichen. 66

B. Hotels

I. Einführung

67 Die Verträge in der Hotellerie werden im Regelfall als **Betreiberverträge** bezeichnet. Hotelbetriebe werden im Gegensatz zu gewöhnlichen Gewerbeimmobilien nicht angemietet, um in den Räumlichkeiten Umsatz zu generieren, sondern um mit der Immobilie Umsatz zu erwirtschaften. Ein essentieller Unterschied ist, dass der Hotelier mit den vorhandenen „Umsatzträgern", sprich den Hotelzimmern, in jeder Nacht nur einmalig den entsprechenden Tagesumsatz erzielen kann. Ist die Nacht vorbei, ist auch der nicht erzielte Umsatz unwiederbringlich dahin. In einem Gewerbebetrieb ist es dagegen möglich, einen bestimmten Umsatz mit dem Kunden immer wieder aufs Neue zu generieren.

68 Neben diesem besonderen Umstand unterscheiden sich Hotelbetreiberverträge in zahlreichen wesentlichen Punkten von gewöhnlichen Gewerbemietverträgen. Ein Beispiel hierfür ist, dass der gewöhnliche Gewerbemietvertrag überwiegend eine **Festlaufzeit** von ca. fünf bis zehn Jahren hat. Hinzu kommen verschiedene zeitliche Optionen, den Vertrag zu verlängern. Der Betreibervertrag in der Hotellerie wird sehr häufig über eine Festlaufzeit von **20 Jahren** zuzüglich einer Option von oftmals maximal zwei mal fünf Jahren abgeschlossen.

69 Nach wie vor ist der klassische **Pachtvertrag** die gängigste Betreibervertragsart in Deutschland. Darüber hinaus gibt es zwei weitere Vertragsarten, die mehr und mehr an Bedeutung gewinnen. Zum einen handelt es sich um den **Managementvertrag** und zum anderen um den **Hybridvertrag**. Darüber hinaus gibt es noch den **Franchisevertrag**, der getrennt von den Betreiberverträgen zu sehen ist. Dieser wird im Gegensatz zu den anderen beiden Betreiberverträgen zwischen Betreibergesellschaft und einem Hotelmarken-Inhaber abgeschlossen und nicht zwischen Betreiber und Investor.

70 Ein weiterer gravierender Unterschied im Vergleich zu Gewerbemietverträgen ist die Kalkulation der Miete. Die Monatsmiete, respektive **Monatspacht**, wird in der Regel nicht nach Mietfläche, sondern nach **Anzahl der Zimmer** berechnet. Diese wird wiederum individuell nach **Standort**, **Hotelprodukt** und der eigenen **Ertragskraft** ermittelt und verhandelt.

71 Wichtig für den erfolgreichen Betreibervertrag ist das positive **Zusammenspiel** zwischen **Projektentwickler**, respektive **Investor**, und der **Betreibergesellschaft**. Wie bereits aufgezeigt, spielt die **Kombination** aus **Mikrolage**, passendem **Konzept** und perfekter **Betreibergesellschaft** eine wichtige Rolle während der **Vertragslaufzeit**, um hier eine wirtschaftlich erfolgreiche Zusammenarbeit zu gewährleisten. Die Anforderungen der Investoren an die Hotelimmobilie und an die Betreibergesellschaft haben sich in den letzten Jahren nur unwesentlich verändert und können im Wesentlichen folgendermaßen zusammengefasst werden:

Checkliste
Anforderungen an die Immobilie und den Betreiber

!

- eine Nettoanfangsrendite von ca. 5 bis zu 7%, die abhängig von Konzept, Betreiber und Kategorie allerdings auch (zum Teil deutlich) abweichen kann;
- ein langfristiger Betreibervertrag von in der Regel mindestens 20 Jahren;
- eine renommierte Betreibergesellschaft (möglichst international aktiv) mit guter Bonität;
- ein optimales Zusammenspiel von Hotelstandort, sowohl in der Makro- als auch in der Mikrolage, sowie perfekt an den Standort passendes Betreiberkonzept und
- eine stabile Werthaltigkeit der Immobilie.

II. Vertragsarten

1. Pachtvertrag

a) Definition des Pachtvertrages

Der **Pachtvertrag** ist der dem „gewöhnlichen" Mietvertrag ähnlichste Betreibervertrag. Hier wird die Immobilie an den Hotelbetreiber verpachtet. Überwiegend gilt dies nicht nur für die reine **Immobilie**, sondern auch für das sog. **FF&E** (Furniture, Fixture & Equipment). FF&E bezeichnet, einer vereinfachten Definition folgend, alle Gegenstände, die aus dem Gebäude fallen würden, würde es auf den Kopf gestellt. In Einzelfällen wird das FF&E direkt vom Betreiber auf eigene Kosten eingebracht. Dies hat dementsprechend eine unmittelbare Auswirkung auf den Pachtzins. 72

b) Mögliche Varianten des Pachtvertrages

aa) Festpachtvertrag

Bei dem **Festpachtvertrag** wird zwischen Eigentümer und Betreiber ein monatlicher **fester Pachtzins** vereinbart. Von Beginn an kann der **Eigentümer** dementsprechend mit einer **festen monatlichen Rendite** rechnen. Diese Variante bietet für den Eigentümer oberflächlich betrachtet das **geringste Risiko**, da jeden Monat ein bestimmter Betrag gezahlt wird. Der Betreiber jedoch kann in wirtschaftlich schwachen Zeiten (z.B. Nebensaison, Wirtschaftskrise) in Liquiditätsengpässe geraten. Diese können schlimmstenfalls sogar zu einer Insolvenz des Betreibers führen. Demgegenüber bieten sich für den Hotelbetreiber bei guter Geschäftsentwicklung überdurchschnittliche Erträge, an denen der Eigentümer durch die Festpachtvereinbarung nicht partizipiert. 73

bb) Festpachtvertrag mit Staffelung

In Ergänzung zum reinen Festpachtvertrag wird bei dem **Festpachtvertrag mit Staffelung** die Durchschnittsmiete in der **Anfangsphase** (in der Regel in den ersten drei Betriebsjahren) **reduziert**, um dem Hotelier den Start zu erleichtern. Der Betreiber wird im vierten Betriebsjahr die „marktübliche" Pachthöhe erreichen. Der 74

Investor wird bis zu diesem Zeitpunkt, falls er das Objekt veräußern möchte, einen niedrigeren Verkaufspreis erzielen. Um dies zu verhindern, zahlt oftmals **der Investor** dem Betreiber eine **Ausgleichszahlung**, damit die **volle Pacht** vom ersten Betriebsjahr an entrichtet werden kann.

cc) Festpachtvertrag mit einer umsatzabhängigen Komponente

75 Bei dieser Variante zahlt der Betreiber eine **monatlich fixe Basispacht**. Diese Basispacht ist niedriger als die für das Objekt anzusetzende Festpacht bei einem reinen Festpachtvertrag. Zu dieser Basispacht kommt ein **umsatzabhängiger Pachtanteil** hinzu. Hier muss gewährleistet sein, dass der Betreiber gewillt ist, seine Zahlen offenzulegen und eine größtmögliche Transparenz zu bieten. Bei dieser Variante kann es kritisch sein, dass die Pacht nur auf bestimmte Umsätze, in der Regel den Logisumsatz, berechnet wird. Es könnte also in der Folge passieren, dass die Umsätze der anderen Abteilungen überproportional ansteigen, ohne dass der Investor davon profitiert. Diese Variante ist für risikofreudige Eigentümer geeignet. Bei guten Umsätzen wird der Eigentümer profitieren, in schlechten Zeiten bleibt es jedoch bei der relativ niedrigen Basispacht.

dd) Umsatzpachtvertrag

76 Bei Abschluss eines reinen **Umsatzpachtvertrages** wird komplett auf eine fixe Pachtzahlung verzichtet. Die Umsatzpacht beträgt in der Regel **22 bis 30% des Gesamtumsatzes,** abhängig von der Umsatzgewichtung Logis und F&B. Denkbar ist auch die **Variante**, dass **zwei Prozentsätze** festgelegt werden, zum einen für den **Logisumsatz** und zum anderen für den sog. **F&B-Umsatz**, hinter dem sich die Gastronomieerlöse verbergen. Grundsätzlich können Pächter für den reinen Logisumsatz deutlich höhere Umsatzpachten zahlen, da die Kosten in diesem Umsatzsegment geringer sind als im Gastronomiebereich. Das **Risiko** für den **Hotelbetreiber** ist an dieser Stelle eher **gering**, denn der Betreiber zahlt immer nur einen prozentualen Anteil seines Umsatzes. Er muss jedoch bei jeder Umsatzerzielung darauf achten, dass er mindestens den **Deckungsbeitrag** des vereinbarten **Pachtprozentsatzes** generiert. Das Angebot von Dumpingpreisen wird damit stark reduziert. Für den **Eigentümer** sind die **Risiken** und die **Chancen** deutlich **gesteigert.** In ertragreichen Zeiten partizipiert der Eigentümer stark an den Umsätzen, in schwachen Zeiten fallen die Renditen gleichfalls schwach aus. Er muss bei dieser Vertragsvariante eine enge Verbindung zum Betreiber halten und sich z.B. mit dessen Preisgestaltung auseinandersetzen.

ee) Umsatzpachtvertrag mit Mindestgarantien

Bei dieser Variante werden **zwei unterschiedliche Pachtzinse** vereinbart. Eigentümer und Pächter vereinbaren eine **Mindestpacht**, die der Pächter monatlich mindestens zu leisten hat. Gleichzeitig wird eine **Umsatzpacht** vereinbart, die nur zu zahlen ist, wenn sie höher als die monatlich zu zahlende Festpacht ausfällt. Dieses Pachtmodell garantiert dem Verpächter eine feste Rendite und ermöglicht ihm, an den höheren Umsätzen des Hoteliers zu partizipieren. 77

ff) Risk and Profitsharing

Beim Risk and Profitsharing handelt es sich um eine Form des Pachtvertrages, die ein hohes gegenseitiges **Vertrauen beider Partner** voraussetzt. Der Betreiber zahlt eine zu verhandelnde monatliche **Festpacht**. Diese wird vom **Bruttoergebnis** (GOP) des Betriebes **abgezogen**. Der **verbleibende Restbetrag** wird zu festgelegten prozentualen Anteilen zwischen Pächter und Verpächter **aufgeteilt**. Diese Variante setzt vom Verpächter ein großes Verständnis für die Hotelbranche und ein großes Vertrauen in den Hotelbetreiber voraus. Der Hotelbetreiber muss dem Verpächter sein gesamtes Zahlenwerk vorlegen und ein starkes und transparentes Kostenmanagement betreiben. 78

gg) Umsatzpachtvertrag mit Ausgleichsfonds (CAP)

Auf Basis einer Festpacht wird vom Pächter ein **virtueller Reservefonds** (CAP) gebildet. Weiterhin wird vereinbart, dass die tatsächlich zu zahlende **Pacht** einen gewissen prozentualen **Anteil des Umsatzes übersteigen** muss. Wenn dies nicht der Fall ist, wird der **CAP zum Ausgleich des Fehlbetrages** belastet. Wenn der CAP nach einer gewissen Zeit verbraucht wird, gibt es verschiedene Möglichkeiten der Fortführung. Es kann vereinbart werden, dass der CAP von der Hotelgesellschaft wieder aufgefüllt werden muss oder der Vertrag in einen gewöhnlichen Umsatzpachtvertrag oder einen Managementvertrag umgewandelt wird. In diesem Fall hat der Pächter nach dem „aufgebrauchten" CAP nur noch die festgelegte Umsatzpacht zu zahlen oder das gesamte Risiko fällt auf den Investor zurück. 79

c) Vorteile/Nachteile des Pachtvertrages

Die oben aufgezeigten Pachtmodelle bieten ein weites Spektrum an individueller Ausgestaltung. 80

Der Pachtvertrag bietet dem Investor eine größtmögliche Sicherheit bei der Verzinsung seines eingebrachten Kapitals. Er ist die sog. **Versicherungsvariante** des Betreibervertrages und die bevorzugte Variante für risikoscheue Investoren. 81

Der Pachtvertrag ist die bislang am meisten umgesetzte Betreibervertragsvariante auf dem deutschen Hotelmarkt. 82

83 Zur Erlangung einer hohen Absicherung für den Investor sind die vom Pächter zu erbringenden Garantien und die wirtschaftliche Stärke des Garantiegebers von entscheidender Bedeutung.

84 Zugleich lässt der Pachtvertrag dem Investor nur wenig Spielraum, an einer guten Performance seiner Immobilie zu partizipieren. Der Investor erhält über die gesamte Vertragslaufzeit, in der Regel 20 Jahre plus Verlängerungsoptionen, ausschließlich die im Vertrag vereinbarte Pacht, mit einer Indexierung, die frei verhandelbar ist.

85 Beim Abschluss eines langfristigen Pachtvertrages ist eine hotelfachliche und juristische Begleitung dringend anzuraten.

86 Eine gute Markteinschätzung und ggf. eine Plausibilisierung der wirtschaftlichen Planungen seitens des Pächters sind wichtige Kriterien, um eine marktfähige Pacht bewerten zu können. Pächtergesellschaften, die eine zu optimistische Markteinschätzung zur Grundlage ihres Pachtangebotes gemacht haben, beinhalten für den Investor, bei negativer Marktentwicklung, immer das Risiko der Nachverhandlung und somit der möglichen nachträglichen Schlechterstellung.

87 Der „klassische" Pachtvertrag bringt dem Verpächter eine größere Sicherheit bezüglich seiner Renditen, erlaubt aber im Gegenzug keine Beteiligung an positiven Marktentwicklungen.

88 Bei einem Pachtvertrag benötigt der Betreiber eine **sehr gute Bonität**, um mögliche, insbesondere länger anhaltende Verlustphasen überstehen zu können.

2. Managementvertrag

a) Definition des Managementvertrages

89 Der Managementvertrag ist im rechtlichen Sinne ein entgeltlicher **Geschäftsbesorgungsvertrag.** Der Vertrag wird zwischen Hotelbetreiber und Hotelinvestor geschlossen. Das wirtschaftliche und unternehmerische **Risiko** bleibt vollständig aufseiten des **Hotelinvestors** (Managementgeber = MG), der Hotelbetrieb wird im Namen und Auftrag des Hotelinvestors geführt. Der **Hotelbetreiber** (Managementnehmer = MN) bringt seinen **Markennamen**, die **Mitarbeiter** und die **Reservierungssysteme** ein. Um einen solchen Vertrag abschließen zu können, ist **Hotelfachkenntnis** auf **Investorenseite** eine essentielle **Voraussetzung.** Der Hotelinvestor zahlt für die Bemühungen des Hotelbetreibers verschiedene **Fees.** In den USA ist der Managementvertrag der marktübliche Betreibervertrag. Dort werden fast 70% aller Zimmer unter einem Managementvertrag betrieben, dem ein Franchisevertrag hinterlegt ist.

90 Zusammengefasst sind folgende wesentliche Merkmale die Basis eines Managementvertrages:
- Risiko beim Investor,
- Chancen beim Investor,
- Mitarbeiter auf der Payroll des Investors,
- Keine Garantien seitens des Betreibers,

- Betreiber arbeitet auf Kosten des Investors,
- die Einkünfte des Investors sind Einkünfte aus Gewerbebetrieb.

b) Mögliche Varianten des Managementvertrages

aa) Managementvertrag

Im „klassischen“ Managementvertrag erhält der MN für das Betreiben der Hotelimmobilie eine sog. **Basis-Fee**, die regelmäßig vom Umsatz abhängig ist. Bei Erreichen eines bestimmten Betriebsergebnisses erhält der MN zusätzlich eine zusätzliche Vergütung, die sog. **Incentive-Fee**. Basis für die Berechnung dieser Vergütung ist in der Regel der GOP oder das BE 1. 91

UNIFORM SYSTEM OF ACCOUNTS
Bereichsumsatz
./. Warenkosten
= Rohgewinn
+ sonstige Umsätze
= Rohgewinn 2
./. Personalkosten
./. Betriebskosten
= BEREICHSERGEBNIS 1
= GOP oder Betriebsergebnis 1

Darüber hinaus erhält der MN eine sog. **Marketing-Fee**, die für die Marketingaufgaben des Hotels zweckgebunden sein sollte. Sie kann daher im Regelfall nicht als Vergütung angesehen werden. 92

bb) Managementvertrag mit Garantien

Hier finden sich Regelungen wie im „klassischen“ Managementvertrag, allerdings mit einer **Mindestergebnisgarantie** seitens des MN. 93

cc) Managementvertrag mit Überschussbeteiligung

Hier finden sich ebenfalls Regelungen wie im „klassischen“ Managementvertrag, allerdings mit **abgestufter Incentive-Fee** als zusätzlichem Anreiz für den MN. 94

dd) Managementvertrag mit Ausgleichsfonds

95 In diesen Fällen wird eine an den MG zu zahlende **Mindestrendite** vereinbart. Der MG bildet zum Ausgleich eventuell auftretender Differenzen einen im Einzelnen zu vereinbarenden **Reservefonds**. Sollte der operative Betrieb nicht die festgesetzte Mindestrendite erwirtschaften, so erhält der MG aus dem Fonds einen Ausgleich für das entsprechende Defizit. Zumeist wird in diesen Fällen eine Obergrenze der Erstattung festgelegt. Bei Erreichen oder Überschreiten der Grenze kann dann der MN in der Regel die Fortführung des Vertrages ablehnen, also kündigen.

c) Vorteile/Nachteile des Managementvertrages

96 Im Erfolgsfall liegen die Chancen des Hotelbetriebes beim MG, dem die wirtschaftlichen Ergebnisse zugutekommen und der „nur" mit einer festgelegten Management-Fee zugunsten des MN „belastet" ist. Die Realisierung dieser Chancen setzt allerdings unbedingt voraus, dass der MG über **umfangreiche Fachkenntnisse** der Hotelbranche verfügt und/oder sich durch Fachberater intensiv begleiten lässt. Der Managementvertrag muss sorgfältig gestaltet werden, sodass der MG zweckmäßigerweise durch hotelfachkundige Juristen begleitet werden sollte.

97 Der MN muss zu einer größtmöglichen **Transparenz** in seinen Entscheidungen und vor allem zur **Offenlegung** seiner **Betriebszahlen** verpflichtet werden. Wesentliche Ausgaben und Investitionen müssen zwischen den Parteien abgestimmt oder sollten unter **Zustimmungsvorbehalt** seitens des MG gestellt werden. Die Budgetvorgaben müssen frühzeitig vorgelegt und diskutiert werden. Der MG muss den Unternehmenszielen des MN zustimmen. Gleiches gilt in der Vorbereitung des Jahresbudgets, für Sales- und Marketingpläne sowie für Aktivitätenpläne der Salesabteilung.

98 Der MG muss darüber hinaus ein **Vetorecht** in wesentlichen Unternehmens- und Personalfragen des MN haben. Dies gilt insbesondere bei der Besetzung des Direktionspostens und der Planung der wesentlichen Kostenpositionen.

99 Es müssen **klare Regelungen** getroffen werden, unter welchen Voraussetzungen der MG einen „**Exit**" durchsetzt, also den Managementvertrag kündigen kann. Die sog. **Non-Performance-Klauseln**, die ein Kündigungsrecht bei schwachen bzw. nichtausreichenden Leistungen des MN vorsehen, müssen klar definiert werden, sodass bei möglichem Nichterreichen der festgelegten Vorgaben entsprechende Konsequenzen gezogen werden können, ohne dass es zu langatmigen Erklärungen und Nachweisen kommen muss.

3. Hybridvertrag

a) Definition des Hybridvertrages

100 Die sog. hybriden Vertragsmodelle gewinnen eine immer größere Bedeutung auf dem Hotelimmobilienmarkt, da sie eine abgewogene **Chancen- und Risikovertei-**

lung der Vertragspartner ermöglichen. Ihr Schwerpunkt liegt in dem Bereich des **Risk and Profitsharing.**

In der Regel sichert der Hybridvertrag dem Investor eine garantierte Summe im 101 Rahmen einer Garantie- oder Festpacht und beteiligt ihn über verschiedene Varianten am Erfolg des Hotelbetriebs. Neben einer **Grundpacht** orientiert sich die erfolgsabhängige **Zusatzpacht** überwiegend am Betriebsergebnis 1 (GOP) oder an einem sog. korrigierten Betriebsergebnis (adjusted GOP, AGOP), das durch Streichung verschiedener Kostenpositionen bereinigt ist. Diese Positionen sind im Vertrag möglichst anhand einer Kontenvorgabe exakt aufzuzeigen.

Folgende Vertragsvarianten werden üblicherweise als hybride Verträge be- 102 zeichnet:

- Pachtvertrag mit variablen Komponenten – z.B. GOP abhängig,
- Verträge mit „CAP-Regelungen",
- Managementverträge mit Garantien,
- Umsatzpachtverträge mit Garantien.

Auf dem deutschen Markt werden Hybridverträge auf der Basis eines Pachtvertrages 103 bevorzugt. Hybridverträge auf Basis eines Managementvertrages sind in der Regel schwerer zu finanzieren und oftmals bei der Beendigung bzw. Übertragung auf andere (Exit) nur zu schlechteren Bedingungen zu verkaufen.

b) Mögliche Varianten des Hybridvertrages

Der Hybridvertrag lässt den **beteiligten Partnern** ein hohes Maß an **Gestaltungs-** 104 **möglichkeiten.** Die gesamte Bandbreite der möglichen Vertragsgestaltungen ist kaum erschöpfend darstellbar, da die inhaltlichen Regelungen von den vielfältigen Interessen insbesondere des Investors geprägt sind. Hier werden in der Folge somit nur einige Beispiele aufgezeigt, die einen Eindruck der großen Bandbreite der Möglichkeiten vermitteln. Im Wesentlichen sind die unterschiedlichen Hybridvertragsmodelle auf die im Einzelnen bereits dargestellten Formen der Pacht- und Managementverträge zurückzuführen.

aa) Pacht mit variablen Komponenten

In diesem Fall wird eine Festpacht auf „niedrigem Niveau" vereinbart. Der Betreiber 105 zahlt also eine **monatliche Basispacht.**

Hinzu kommt z.B. ein **umsatzabhängiger Pachtanteil.** Hierbei ist, wie oben 106 dargelegt, die vertragliche Vereinbarung wesentlich, dass der Betreiber seine Zahlen offenlegt. Die in die Bewertung einfließenden Umsätze (Logis, F&B, sonstige Umsätze) müssen klar zu erkennen und nachzuprüfen sein.

bb) Verträge mit „CAP"-Regelungen

107 Verträge mit „CAP"-Regelungen können sowohl Managementverträge als auch Pachtverträge zur Basis haben. Wesentlich ist, dass eine **Verlustobergrenze** definiert und eine zu zahlende **Mindestrendite** vereinbart wird.

108 Zum Ausgleich auftretender Differenzen wird ein **Reservefonds** (CAP) gebildet. Erwirtschaftet der Betreiber nicht die Mindestrendite, so erhält der Investor/Verpächter aus dem Fonds die jeweilige Differenz. Bei Ausschöpfung des Reservefonds kann in der Regel die Fortführung des Vertrages infrage gestellt werden. Statt einer Kündigungsmöglichkeit ist oftmals auch z.B. die Wandlung eines Pachtvertrages in einen Managementvertrag vorgesehen.

cc) Managementverträge mit Garantien

109 Im Rahmen des „klassischen" Managementvertrages wird dem Investor eine **Mindestergebnisgarantie** seitens des Hotelbetreibers zugesichert.

dd) Umsatzpachtverträge mit Garantien

110 Hier werden **„zwei Pachten"** vereinbart: eine **Mindestpacht**, die der Pächter monatlich zu leisten hat, und eine **umsatzabhängige Pacht**, die gezahlt wird, wenn die zu zahlende Mindestpacht durch den erzielten Umsatz übertroffen wird. Der Betreiber hat dann entweder die Mindestpacht oder die höhere Umsatzpacht zu entrichten. Dieses Pachtmodell garantiert eine feste Rendite und ermöglicht, an höheren Umsätzen zu partizipieren.

c) Vorteile/Nachteile des Hybridvertrages

111 Der Hybridvertrag ist eine **Mischform** aus verschiedenen erfolgsorientierten Ansätzen im Pachtvertrags- und Managementvertragswesen. Er ist eine Abwandlung aus beiden Vertragsformen und erfordert schon allein vor diesem Hintergrund große Sorgfalt bei der Ausgestaltung.

112 Er verteilt Chancen und Risiken auf den Schultern der beiden Vertragsparteien und stellt an den Investor/Verpächter einen deutlich höheren Anspruch, sich mit der Hotelimmobilie als Managementaufgabe mit dem Betreiber und mit seinem Konzept in der Makro- bzw. Mikrolage hotelfachlich zu beschäftigen. Diese Anforderung zeigt zugleich das Risiko für den Investor auf. Nur bei einem schlüssigen Konzept, an dem richtigen Standort in Kombination mit dem perfekten Betreiber, wird das Risiko einer schlechten wirtschaftlichen Performance minimiert.

113 Bei Beachtung dieser Grundsatzanforderungen besteht dann allerdings die Chance, überdurchschnittlich am Erfolg des operativen Hotelgeschäftes zu partizipieren. Der Hybridvertrag ist keine Vertragsvariante für risikoscheue Investoren, die ausschließlich eine geringe, aber mehrfach abgesicherte Rendite im Fokus haben.

4. Franchisevertrag

a) Definition des Franchisevertrages

114 Der Franchisevertrag selbst ist kein Betreibervertrag, sondern ein **Ergänzungsvertrag** zu einem (unabhängig davon bestehenden) Pacht- oder Managementvertrag. Ihm liegt in der Regel eine **„Dreiecksbeziehung"** zwischen **Investor/Verpächter**, **Hotelbetreiber/Pächter** (Franchisenehmer) und **Hotelmarken-Inhaber** (Franchisegeber) zugrunde.

- Investor/Verpächter schließt einen Betreibervertrag mit der Betreibergesellschaft/Pächterin;
- Betreibergesellschaft schließt einen Franchisevertrag mit dem Franchisegeber, hier also einer Hotelgesellschaft, die Franchiselizenzen vergibt;
- Franchisevertrag wird in der Regel wesentliche Grundlage des Vertrages zwischen Investor/Verpächter und Betreibergesellschaft.

115 Der Franchisegeber vergibt an den Franchisenehmer eine **Franchiselizenz**, die dem Franchisenehmer erlaubt, den Markennamen des Franchisegebers zu nutzen. Vereinfacht dargestellt wird aus der wenig(er) bekannten Betreibergesellschaft „Mustermann" mithilfe der Franchiselizenz ein regional, national oder sogar weltweit bekanntes Hotel mit der vollen Markenstärke und Wettbewerbsposition, die sich hinter dem jeweiligen Hotelnamen („Produkt") verbirgt.

116 Zugleich nutzt der Franchisenehmer die Angebote der Marke, wie z.B. einen gemeinsamen Marktauftritt, gemeinsame Marketingaktionen und, besonders wichtig in der Hotellerie, gemeinsame Vermarktungswege und Kundenbindungsprogramme.

117 Der Betreiber und, je nach Vertragskonstellation, auch der Investor müssen im Gegenzug die Marken- und Betriebsanforderungen sowie die Qualitätsvorgaben des Franchisegebers vollumfänglich erfüllen.

118 Betreibervertrag, also Management- bzw. Pachtvertrag, und Franchisevertrag sind einerseits getrennt voneinander zu betrachten. Andererseits fließen wichtige Anforderungen des Franchisegebers in den Betreibervertrag ein. Insbesondere bei Neuobjekten sind die Raumbücher und Qualitätsanforderungen der Marke ein wesentlicher Bestandteil der Planung für den Investor.

b) Mögliche Varianten des Franchisevertrages

aa) Franchisevertrag im Pachtobjekt

119 Viele **Hotelmarken-Inhaber** versuchen, ihre **Expansionsgeschwindigkeit** auf dem deutschen und europäischen Markt mithilfe von **Franchisepartnern** zu erhöhen. Vorteil dieser Vorgehensweise für den Investor ist, dass er in der Regel einen klassischen Pachtvertrag mit einer festen Laufzeit und einen fest vereinbarten Pachtzins über die Vertragsdauer absichern kann. Im Hinblick auf den **Pachtvertrag** sind alle oben dargestellten Vertragsvarianten auch im Rahmen einer solchen Franchise-Betreiberlösung umsetzbar.

bb) Franchisevertrag im Managementobjekt

120 Im Rahmen eines Managementvertrages mit einer Betreibergesellschaft ohne eigene Hotelmarke sind alle oben aufgezeigten Vertragsmöglichkeiten für Managementverträge möglich.

121 Bei einer Franchiselösung im Managementvertrag verbleibt – im Gegensatz zum Pachtvertrag – das volle wirtschaftliche Risiko aufseiten des Investors. Besonders zu beachten ist, dass der **Franchisevertrag** zwischen dem **Betreiber** und dem **Hotelmarken-Inhaber** abgeschlossen wird, also dem Investor keine unmittelbaren Rechte verschafft. Er kann für den Investor nur über den Umweg des Managementvertrages nutzbar gemacht werden.

c) Vorteile/Nachteile des Franchisevertrages

122 Bei einem nicht markengebundenen Hotel kann im Rahmen des zunehmenden Verdrängungswettbewerbes auf dem deutschen Hotelmarkt eine gute Hotelmarke existenziell wichtig sein. Entscheidender Faktor für den Abschluss eines Franchisevertrages muss die Bewertung der Mitbewerbersituationen am Makrostandort und die Produktwahrnehmung im Hotelmarkt sein. Die passgenaue Analyse der Marktzahlen und der Standortfaktoren ist daher wesentlich für die Auswahl der richtigen Hotelmarke an dem jeweiligen Standort.

123 Eine Franchiselösung kann für verschiedene Unternehmens- und Planungssituationen sinnvoll sein. Für **Bestandshotels** kann durch einen passenden **Franchisepartner** ein neuer **Marktauftritt** mit neuen **Qualitätsstandards** ermöglicht werden, der einen erheblichen **Umsatz-Schub** auslösen kann. Zugleich können die **Vermarktungswege** der Marke für den Betreiber **neue Absatz-Märkte** erschließen. Die Betreiber von Bestandhotels müssen aber berücksichtigen, dass sie mit einem Franchisevertrag ihre **Individualität verlieren** und zukünftig nur noch als **Markenhotel** der jeweiligen Hotelkette wahrgenommen werden.

124 Bei **Neubauprojekten** ist die Zuordnung einer bestimmten **Marke** und der damit verbundenen **Gästeerwartungen** eine wichtige Voraussetzung für die erfolgreiche **Marktpositionierung**. Für den **Investor** ist zwar die **Betreibergesellschaft** und ihre **Wirtschaftskraft** für den Vertragsabschluss entscheidend. Die **Finanzierung** neuer Projekte ist allerdings vorrangig von der besonderen **Marktposition** des Betreibers abhängig. Die Hotelmarke und der zugehörige Franchisevertrag untermauern diese Marktposition, also das Konzept, das Gästevolumen, die Reservierungs- und Qualitätsstärken, die damit in den Markt getragen werden können.

125 Ein **Risiko** stellt eine mögliche **wirtschaftliche Schieflage** der **Betreibergesellschaft** dar. Hier besteht die **Gefahr**, nicht nur den **Betreiber** als Pächter zu verlieren, sondern zeitgleich auch den **Hotelmarken-Auftritt**. Diese Gefahr wird oftmals durch sog. **Owners Agreements** abgemildert, in denen sich der Franchisegeber verpflichtet, auch im Fall eines Betreiberwechsels für die Fortführung des Betriebes unter seinem Markennamen bereitzustehen. Dies geschieht aber in der Regel

nur in Form eines Hotelmanagementvertrages zwischen Investor und Franchisegeber, sodass das volle wirtschaftliche Risiko des operativen Hotelbetriebs auf den Investor übergeht.

Der **Franchisevertrag** setzt immer voraus, dass sich der **Hotelbetreiber** den Anforderungen des **Markeninhabers** „unterwirft". Dies betrifft in der Planung die **allgemeine Baubeschreibung**, die **Raumbücher**, **Hoteltechnik**, **Qualitäten** und alle weiteren Details bis zur jeweiligen **Corporate Identity** und **Designvorgaben** der Marke. Schon aus diesem Grund ist eine enge Kooperation zwischen Investor, Betreiber und Franchisegeber unerlässlich. Eine sorgfältige Dokumentation der vorgenannten Anforderungen und ihrer Erfüllung ist für das gute Gelingen einer solchen Partnerschaft entscheidend, kann aber einen erheblichen Aufwand während der Realisierung bedeuten. 126

Die Vertragsgestaltung und der erfolgreiche Hotelbetrieb im Rahmen eines Franchiseverhältnisses setzen fachkompetente Entwickler, bonitätsstarke Pächter/Betreiber, erfahrene Berater und vor allem einen renommierten Franchisegeber voraus. 127

Für die wirtschaftliche Zukunft des als Franchise betriebenen Hotels ist eine Planung wichtig, die alle – ausgewiesenen und verdeckten – Kosten des Franchisevertrages berücksichtigt. Der Investor sollte unbedingt einen Einblick in diese Wirtschaftlichkeitsberechnung erhalten. Durch den Franchisevertrag entstehen in jedem Fall zusätzliche Kosten für 128

- Eintrittsgebühr pro realisiertem Hotelzimmer;
- Royalty-Fee (Lizenzgebühr) – Prozentanteil vom Logisumsatz;
- Sales- und Marketinggebühren – Prozentanteil vom Logisumsatz;
- Gebühr Reservierungssystem – Prozentanteil vom Logisumsatz.

Die Summe der vorgenannten Gebühren liegt je nach Hotelmarke in der Regel zwischen 7,5% und 10% des Logisumsatzes. 129

III. Informationen und Risiken beim Hotelbetrieb

1. Überblick über notwendige Informationen des Hotelbetreibers für den Investor/Eigentümer

a) Im Rahmen eines Pachtvertrages

Eine umfassende und vertrauensvolle **Zusammenarbeit** zwischen **Investor** und **Betreiber** ist entscheidend für eine für beide Beteiligten gewinnbringende Hotelimmobilie. 130

Bei der **Entwicklung** eines neuen Hotelprojektes ist die **Offenlegung** der **Unternehmenszahlen** des **Pächters** zur Erlangung einer **Finanzierung** des Projektes unerlässlich. Dies betrifft sowohl die Zahlen des Gesamtunternehmens als auch ggf. Auswertungen vergleichbarer Betriebe und ihrer Kennzahlen für z.B. durchschnittliche Zimmerbelegungen und durchschnittliche Zimmerraten. 131

132 Die Notwendigkeit der Unternehmensinformationen des Betreibers gegenüber dem Investor/Eigentümer ist aber nicht nur für Finanzierung und ggf. spätere Vergütungsermittlung eines Betreibervertrages wichtig. Auch die Einhaltung der **Betreiberpflichten**, etwa die **Erreichung von Kennzahlen**, und damit auch mögliche **Gestaltungs- oder Kündigungsrechte** können davon abhängen.

133 In der Vergangenheit wurden bei einem Pachtvertrag oftmals keinerlei Informationen über den wirtschaftlichen Erfolg des Hotels an den Eigentümer weitergegeben. Dies beruhte auf der oberflächlichen Einschätzung, solange die Pachtzahlungen geleistet würden, müssten auch keine wirtschaftlichen Ergebnisse preisgegeben werden. Vor dem Hintergrund des höheren Wettbewerbsdrucks und des sich stark verändernden Investorenmarktes haben sich die Anforderungen an die Hotelgesellschaften grundlegend gewandelt.

134 Eine **Hotelimmobilie wechselt** während der Laufzeit des Betreibervertrages (in der Regel 20 Jahre plus Verlängerungsoptionen) oftmals mehrfach den **Eigentümer**. Der Erwerber einer solchen Managementimmobilie hat ein erhebliches **Interesse** an Auskünften über die **wirtschaftliche Stärke** des **Hotelbetriebes**, auch wenn die vertragliche Basis ein Pachtvertrag ist. Alleine die Umsetzung der regelmäßig vereinbarten Indexierung muss seitens eines Erwerbers auf nachhaltige Realisierbarkeit gegenüber dem Betreiber bewertet werden können. Dies ist aber nur möglich, wenn der Eigentümer/Verpächter einen Einblick in die wirtschaftlichen Eckdaten des Hotelbetriebes erhält. Der Investor muss selbst bei Abschluss oder Übernahme eines Pachtvertrages auf der Verpflichtung des Betreibers zur Offenlegung der Bilanzen, Jahresabschlüsse und ggf. betriebswirtschaftlichen Auswertungen bestehen.

b) Im Rahmen eines Managementvertrages

135 Im Rahmen eines Managementvertrages ist eine **Offenlegung** aller Unternehmenszahlen die kardinale **Pflicht** des **Betreibers**. Die Praxis zeigt leider, dass diese Pflicht nicht immer eingehalten wird. Da der Managementvertrag rechtlich ein entgeltlicher **Geschäftsbesorgungsvertrag** ist, agiert der **Hotelbetreiber** gegenüber dem Hotelinvestor „nur" als **Dienstleister**. Das **wirtschaftliche Risiko** bleibt daher vollständig aufseiten des **Investors**, in dessen Namen, auf dessen Kosten und in dessen Auftrag der Hotelbetrieb geführt wird.

136 Der Investor/Eigentümer zahlt alle laufenden Kosten, übernimmt in der Voreröffnung das Pre-Opening, stellt Working Capital zur Verfügung und zahlt dem Managementnehmer ein möglicherweise leistungsabhängiges, aber nur selten gewinnabhängiges Honorar (mit dem Risiko einer Nullzahlung bei Verlust) für die Erbringung seiner Leistung.

137 Vor diesem Hintergrund ist es eine vertragliche Grundlage und sollte in der Praxis selbstverständlich sein, dass der Investor vom Betriebs-Manager mit allen unternehmensrelevanten Informationen zeitnah versorgt wird. Dem Investor sollte

es vorbehalten sein, über Umfang und Zeitpunkt der Informationen zu bestimmen. Solange sich das Hotel entsprechend der Unternehmensplanung entwickelt und die Vorgaben einhält oder diese sogar im Positiven überschreitet, wird der Investor nur ein eingeschränktes Interesse an zusätzlichen Detailinformationen haben. Er sollte aber immer und zu jeder Zeit das Recht haben, diese einzufordern.

Anders ist es, wenn die Planungswerte unterschritten und etwaige Vorgaben 138
nicht einbehalten werden (können). Die monatlichen Betriebsauswertungen müssen dann detailliert vorgelegt und mit entsprechenden Kommentierungen versehen werden, zugleich ergänzt durch Änderungs- bzw. Verbesserungsvorschläge und eingeleitete Maßnahmen (z.B. Investitionen, Marketingaktivitäten, Personalveränderungen). Diese Konsequenzen können auch gestaffelt werden, sodass bei leichten Abweichungen zur Planung/zum Budget, etwa ausgedrückt in Prozent oder in absoluten Zahlen, noch keine oder nur geringere Maßnahmen erforderlich sind, bei größeren Abweichungen dagegen intensiv und zeitnah reagiert werden muss. Bei existenziellen Abweichungen kann auch ein Vetorecht oder (Mit-)Entscheidungsrecht des Investors vorgesehen werden oder sogar ein sofortiges Kündigungsrecht eingreifen.

2. Risikoauswirkungen der Vertragsart auf den Immobilieneigentümer

Die Risikobewertungen der gewählten Vertragsart sind oben aufgezeigt. Grundsätz- 139
lich lässt sich zusammenfassen, dass im Rahmen eines Pachtvertrages das wesentliche wirtschaftliche Risiko aufseiten des Betreibers, im Rahmen eines Managementvertrages dagegen aufseiten des Investors liegt.

Gleichwohl ist auch der für den Investor vermeintlich sicherere Pachtvertrag 140
nicht ohne Risiken für den Immobilieneigentümer. **Unvorhersehbare Ereignisse** wie etwa der 11. September 2001, die Finanzmarktkrise 2008/2009 oder andere nicht steuerbare Einflüsse können erhebliche **Auswirkungen** auf den Hotelmarkt haben. Dies ist vollkommen **unabhängig** von der Art des **Betreibervertrages**: Auch Hotelpächter können unverschuldet in eine Notlage geraten, in der sie zumindest zeitweise nicht in der Lage sind, ihren Pachtverpflichtungen vollumfänglich nachzukommen. In einer solchen Situation ist, wie bereits beschrieben, eine **partnerschaftliche** und **transparente Vorgehensweise** unerlässlich, um beim Investor etwa die **Bereitschaft** zu einer vorübergehenden **Pachtreduzierung** oder zu anderen **Unterstützungsmaßnahmen** zu erlangen.

Auch in einer Immobilie, die in der Regel zu 100% durch einen Mieter/Pächter 141
genutzt wird, gibt es keine absolute Sicherheit für den Eigentümer/Verpächter. Die **Ausfallquoten** in der deutschen **Hotellerie** sind aber im Branchenvergleich sehr **gering**, sodass nach wie vor bei sorgfältig vorbereiteten und fachkundig umgesetzten Investitionsentscheidungen im Falle von Hotel-Pachtverträgen von sehr **sicheren Investments** gesprochen werden kann.

Bei Managementverträgen besteht dieser Sicherheitspuffer (in der Person des 142
Pächters/Betreibers) dagegen nicht; die Chance auf eine (deutlich höhere) Beteili-

gung am wirtschaftlichen Erfolg muss daher mit der Übernahme des grundlegenden wirtschaftlichen Erfolgsrisikos des Hotels „bezahlt" werden.

IV. Auswirkungen der Vertragsart auf die Investitionsbeendigung (Exit)

1. Im Rahmen eines Pachtvertrages

143 Der Pachtvertrag mit einem **bonitätsstarken Betreiber** ist nach wie vor der am meisten **nachgefragte Betreibervertrag** in Deutschland. Er vermittelt dem Investor eine gewisse **Sicherheit**, da ein **fester Pachtzins** über die gesamte Laufzeit vereinbart wird. Dieser Pachtzins wird in der Regel durch eine **Pachtgarantie abgesichert**, die zwar verhandelt wird, häufig aber zwischen 6 und 18 Monaten beträgt. Investoren verlangen im Regelfall zur Absicherung der Zahlungsverpflichtungen des Pächters eine **harte Patronatserklärung** der Konzernmutter oder eine Bankbürgschaft.

144 Ein solcher „sicherer" Pachtvertrag wird insbesondere durch **institutionelle Endinvestoren** und **Immobilienfonds** nachgefragt.

145 Alle Pachtverträge und **Hybridverträge**, die eine Pacht als Basisvertrag beinhalten, aber darüber hinausgehende Regelungen vorsehen, insbesondere **ergebnis- oder umsatzabhängige Incentivevergütungen**, sind in der Praxis nur **schlecht durchzusetzen** und schwerer am Markt zu platzieren. Je erfolgsabhängiger der Vertrag, desto geringer ist in der Regel der Kaufpreis bzw. desto größer der **Risikoabschlag** eines Investors. Für Investoren mit Hotelerfahrung birgt dieser Vertrag aber die **große Chance**, überproportional am Erfolg der Immobilie teilzuhaben. Solche Hotelimmobilien werden häufig von **Privatpersonen oder privaten Vermögensverwaltungen** erworben, die sich intensiver mit dem Hotelbetrieb als Unternehmen identifizieren.

2. Im Rahmen eines Managementvertrages

146 Hotelimmobilien, die im Rahmen eines Managementvertrages durch eine Hotelgesellschaft geführt werden, sind nach wie vor auf dem deutschen Investorenmarkt nur sehr schwer zu verkaufen. Der **Managementvertrag** wird allerdings in **angelsächsischen Ländern** bevorzugt abgeschlossen, sodass Endinvestoren aus diesen Ländern ein größeres Interesse an diesen Hotelimmobilien haben.

147 Eine nennenswerte **Ausnahme** bilden Hotels, die mit **öffentlichen Fördermitteln** errichtet wurden. Dies betrifft insbesondere die neuen Bundesländer. Diese Immobilien „müssen" in der Regel **fünf Jahre** vom Investor gehalten werden, bevor sie schadlos veräußert werden können.

148 Hotels mit Managementvertrag lassen sich oft erst nach einer Mindestlaufzeit von drei bis fünf Jahren besser veräußern, da sie dann auf eine (stabilisierte) wirtschaftliche Entwicklung verweisen können und der mögliche Investor die **Wirtschaftlichkeit** des Hotels besser beurteilen kann.

Managementhotels können für **private Investoren**, die eine etwas höhere **Risikobereitschaft** mitbringen, eine **attraktive Anlage** darstellen. Diese privaten Investoren müssen aber bereit sein, sich **intensiver** mit dem **operativen Hotelbetrieb** zu beschäftigen oder **externe Fachberater** zu engagieren, die über die Entwicklung des Hotels gegenüber dem Investor berichten. 149

Jedenfalls eröffnet der Managementvertrag aber, wenn bei der Erstellung des Hotels der **Dreiklang** von **guter Lage**, **gutem Konzept** und **passendem Betreiber** beachtet wurde, die Möglichkeit einer überdurchschnittlichen Rendite aus der Immobilie. 150

C. Einzelhandel und Einkaufszentren

I. Einführung

Einzelhandelsimmobilien und Einkaufszentren bedürfen einer näheren Betrachtung, da sie **Besonderheiten gegenüber anderen Gewerbeimmobilien** aufweisen, die **spezielle Anforderungen an ihre Vermietung** stellen. Mehr als bei jeder anderen Gewerbeimmobilie steht und fällt der Wert einer Einzelhandelsfläche oder eines Einkaufszentrums mit der Gunst des Kunden. Für die langfristig erfolgreiche Vermietung muss also nicht nur der „richtige" Mieter als Ladeninhaber gewonnen, sondern auch der Konsument überzeugt werden! 151

Im Rahmen der mietvertraglichen Überlegungen geht es also vor allem darum, die Einzelhandelsfläche für den Konsumenten attraktiv zu gestalten, damit dessen Kaufkraft – auch aus dem benachbarten Umfeld – angezogen und die Fläche erfolgreich bewirtschaftet werden kann. Obwohl diese Ausgestaltungsmöglichkeiten im Einzelnen höchst vielfältig sind – „Retail is Detail" – und auch an dieser Stelle nicht vollständig dargestellt werden können, sind doch einige Kernelemente („Stellschrauben") zu benennen, die dazu beitragen können, ein Geschäft für den Kunden dauerhaft attraktiv zu erhalten. 152

II. Einzelhandelsflächen: Begriff, Typologien, Besonderheiten, Größe und Konzepte

Einzelhandelslagen sind **stetiger Weiterentwicklung** unterworfen („Handel ist Wandel"), laufend entstehen neue Konzepte und Formate. Angesichts des weiterhin stetig wachsenden Einzelhandelsflächenbestands und des nach wie vor zunehmenden Wettbewerbs müssen Händler immer wieder neue Anreize schaffen, um für den Kunden interessant zu bleiben. Vermieter sind gezwungen, diesem Anspruch ihrer Mieter entgegenzukommen, also vor allem die Mietflächen immer wieder zu modernisieren und eine laufende Aktualisierung zu ermöglichen, um nach Möglichkeit 153 sogar der Konkurrenz in dieser Hinsicht zuvorzukommen: also Trends selber zu setzen, anstatt ihnen nur nachzulaufen.

154 Gleichzeitig müssen sich Vermieter ebenso wie Mieter bzw. Händler **auf geänderte Rahmenbedingungen** einstellen: Durch mehr Verkaufsfläche sinkt bei stagnierenden Einzelhandelsausgaben die durchschnittliche Flächenproduktivität. Die Verkaufsumsätze pro Quadratmeter Verkaufsfläche nehmen also ab. Dennoch sind Handelsimmobilien bei Investoren sehr begehrt: 2014 wurden laut CBRE gut 9,2 Mrd. € in dieses Marktsegment investiert.[6] Die Nachfrage fokussiert sich dabei seit 2012 nicht mehr auf Shopping-Center, sondern verstärkt auch auf Fachmärkte und Fachmarktzentren (vgl. Abbildung 1).[7]

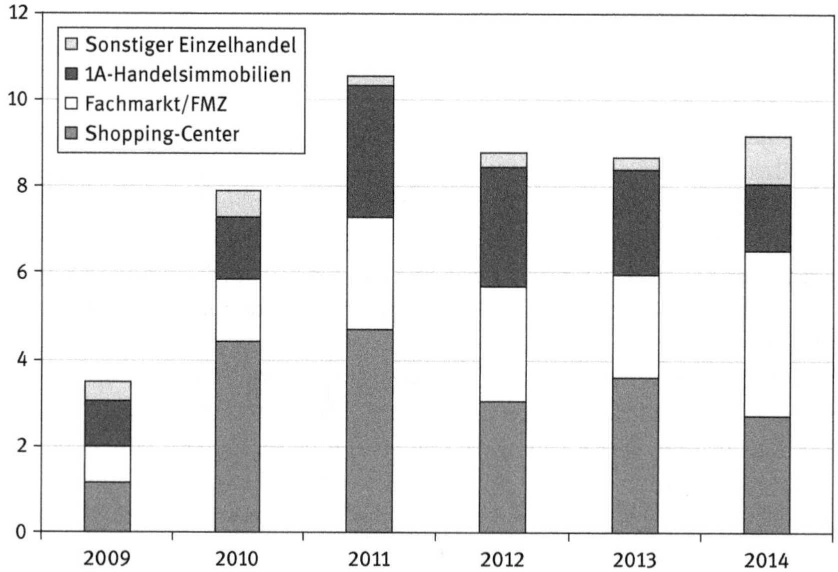

Abbildung 1: Investmentmarktumsätze mit Einzelhandelsimmobilien 2009 bis 2014 (Deutschland): Transaktionsvolumina differenziert nach Nutzungsarten (in Mrd. €)[8]

155 Die Bedeutung der Shopping-Center lässt zugunsten der Fachmarktzentren und Fachmärkte nach, denn hier – abseits des Core-Segments – sind höhere Renditen zu erwarten und die Produktverfügbarkeit ist besser.

6 CBRE MarketView Retail Investmentmarkt Deutschland, Q4 2014.

7 Vgl. *Jahn* sowie Kulke/Rauh/*Dziomba*/*Buchsteiner* und MEC Metro ECE Centermanagement 2013, Fachmarktzentren in Deutschland, abrufbar unter http://www.mec-cm.com/fachmarktzentren-in-deutschland.html#10.

8 Daten: CBRE.

1. „Lage, Lage, Lage"

Der **Lagebegriff** spielt im Einzelhandel nach wie vor eine zentrale Rolle. Grundsätzlich sind unter Einkaufslagen einzelne Straßen(abschnitte) innerhalb von innerstädtischen Einkaufsbereichen oder Stadtteilzentren zu verstehen. Eine Lage im Sinne eines Mikrostandortes umfasst jeweils eine relativ homogene Einheit. Ist eine solche Homogenität nicht mehr gegeben, muss man von gesonderten Standorten sprechen. Bestimmt wird die **Entwicklung einer Lage** vom Zusammenspiel verschiedener Faktoren, u.a. der Passantenfrequenz, der Dichte des Geschäftsbesatzes, dem lokalen **Branchen-Mix**, Konzepten und Marken sowie dem Filialisierungsgrad.[9] Ob ein Standort das Potenzial für die Weiterentwicklung zu einer (höherwertigen) Einkaufslage hat oder ob im Gegenteil für eine etablierte Lage die Gefahr der Abwertung besteht, lässt sich mithilfe der **Standortanalyse**, insbesondere der **Umfeld- und Wettbewerbsanalyse**, untersuchen.[10] 156

Praxistipp !

Gerade im Einzelhandel ist die Lagequalität nicht nur von den „klassischen" Standortfaktoren wie Erreichbarkeit, Parkplatzangebot oder Aufenthaltsqualität abhängig; vor allem auch die Sichtanbindung und Beleuchtung beeinflussen die Wege der Laufkundschaft: „Die Füße gehen nur dorthin, wo die Augen schon waren." „Licht lockt Leute." Dies macht deutlich, wie wichtig im Einzelhandel die optische Gestaltung von Fassaden, Schaufenstern und Eingangsbereichen ist und dass im Umkehrschluss z.B. sichtbehindernde Baustellen oder abschreckende Leerstände den Passantenstrom negativ beeinflussen können.

Als „**1A-Lage**" wird die umsatzstärkste, bestfrequentierte Einkaufslage einer Innenstadt bezeichnet. Sie kann eine oder mehrere Straßen bzw. Straßenabschnitte umfassen, darunter in der Regel – soweit vorhanden – auch die Fußgängerzonen. Die sog. **Top A-Lage** ist begrenzt auf den Abschnitt, der 95–100% der höchsten gemessenen Passantenfrequenz erreicht. 1A-Lagen im Allgemeinen erzielen etwa 75–95% der Passantenfrequenz dieser Top A-Lage. In 1A-Lagen werden etwa 80–100% der Spitzenmiete der Stadt erzielt. 157

Direkt an die 1A-Lagen grenzen die sog. **1B-Lagen** – im Regelfall dort, wo die Haupteinkaufsstraßen in ihre Nebenstraßen übergehen. Hier ist spürbar weniger Laufkundschaft zu verzeichnen, sie macht nur noch 50–75% der Höchstfrequenz aus. Das Mietpreisniveau beläuft sich auf etwa 40–80% der Spitzenmieten der Innenstadt. Noch weiter entfernte, in der Wertigkeit abfallende Geschäftsstraßen werden als **1C-, Neben- oder Streulagen** bezeichnet. 158

Als **2A-Lagen** werden häufig die jeweils stärksten Abschnitte der – von der Innenstadt gesonderten – Stadtteillagen bezeichnet. Im Vergleich zur 1A-Lage werden 159

9 Vgl. gif 2014, S. 155 f.
10 *Dziomba/Muncke/Walther*, S. 17 ff.

nur Miet- und Frequenzwerte auf dem Niveau der stärkeren 1B-Lagen erzielt, für die jeweiligen Stadtteile jedoch stellen diese 2A-Lagen das – häufig über Jahrzehnte gewachsene und stark auf die Nahversorgung der lokalen Bevölkerung ausgerichtete – Zentrum dar.

Beispiel

Viele große Einzelhandelsberatungen und Maklerhäuser erheben in regelmäßigen Abständen die Passantenfrequenz der Top-Einkaufslagen. Für die Vergleichbarkeit der Erhebung wird eine spezielle Systematik angewandt: So lässt man an mehreren Zählstellen jeweils am passantenreichsten Punkt einer Innenstadtlage das Fußgängeraufkommen eine Stunde lang in Fünf-Minuten-Zeiträumen zählen. Dabei werden immer im Wechsel für fünf Minuten nur diejenigen Passanten erfasst, die den Zählstandort in eine Richtung passieren. Diese Methode hat sich auch bei sehr gut besuchten – und dadurch unübersichtlichen – Fußgängerzonen bewährt.[11] Auch innerhalb von Einkaufszentren werden regelmäßige Zählungen durchgeführt. Zudem geben hier die automatisch erfassten Parkhausein- und -ausfahrten Aufschluss über die Entwicklung der Besucherzahlen und die kundenstärksten Verkaufszeiten.

160 Löst man sich von der Lage-Definition auf Basis der Passantenfrequenz, lassen sich **1A-Lagen in Konsum- und Luxuslagen unterscheiden.** Die Luxuslage wird durch Anbieter im Hochpreissegment mit exklusiven Marken und beratungsintensiven, hochwertigen Sortimenten geprägt. Das Fußgängeraufkommen ist deutlich geringer als in der sog. Konsumlage, die auf das breite Publikum zielt und ihre Höchstfrequenzen über Großflächen und Magnetbetriebe wie Kauf- und Warenhäuser oder auch Flagship-Stores generiert.

2. Bedarfe, Branchen und Sortimente

161 Die Einzelhandelsanalytik unterscheidet zwischen **zwei Bedarfsgruppen**:
- dem **periodischen** bzw. **„täglichen" Bedarf** und
- dem **aperiodischen Bedarf.**

162 Zum **periodischen Bedarf** zählen alle Waren mit kurzfristigem Beschaffungsrhythmus, also z.B. Nahrungs- und Genussmittel („Food"), Wasch- und Reinigungsmittel, Parfümerie- und Drogeriewaren, Zeitungen und Zeitschriften sowie Schnittblumen und Heimtierfutter. Alle übrigen Waren zählen als Verbrauchsgüter zum **mittel- bis langfristigen Bedarf**, insbesondere Textilien und Einrichtungsgegenstände.

11 JLL, Immobilienmarkt-Definitionen, S. 24, abrufbar unter http://www.jll.de/germany/de-de/Documents/research/pdf/JLL_Germany_Research_Definitionen.pdf.

Branchen gliedern die **Geschäftszweige des Einzelhandels** nach der schwerpunktmäßig geführten Warenart, z.B. Lebensmittel, Möbel und Bekleidung.[12] Die Branche bestimmt den Sortimentsinhalt, dessen detaillierte Zusammensetzung sich jedoch von Betrieb zu Betrieb oftmals erheblich unterscheidet. 163

Für eine Einkaufslage oder ein Shopping-Center ist ein stimmiger, **niveaugerechter Branchen-Mix** erfolgsentscheidend: in Abhängigkeit von der im Einzugsgebiet vorhandenen Kaufkraft und vom lokalen Wettbewerb muss ein Angebot bereitgehalten werden, das die Positionierung als Einkaufsziel langfristig sichert. Im Gegenzug zeigen sich nachteilige Verschiebungen im Wettbewerb häufig vorab an einer Veränderung der Branchenstruktur einer Lage bereits, bevor hier die ersten Leerstände auftreten.[13] 164

3. Innerstädtische Geschäftshäuser, „Highstreet-Retail"

Das **klassische Bild vom Einzelhandel** stellt das Fachgeschäft in der gut besuchten Fußgängerzone dar: ansprechend gestaltete Schaufenster, fachkundige Beratung und ein ausgewähltes Angebot. Diese Aspekte machen den Einkaufsbummel in der Innenstadt attraktiv. Ladenflächen dieser Art befinden sich in sog. Geschäftshäusern: Ihr Zugang liegt im Erdgeschoss, das zur Fußgängerzone hin geöffnet ist und über breite Schaufenster verfügt. Die Verkaufsfläche erstreckt sich oft über eine innere Erschließung bis in angrenzende Etagen (Ober- und Untergeschosse). Weitere Obergeschosse werden für Büro- oder Wohnnutzung separat vermietet. Oft wird die vermietbare Einzelhandelsfläche in zwei oder mehrere kleinere Einheiten aufgeteilt. 165

In Abhängigkeit der – oftmals historisch geprägten – **Stadtgrundrisse** und der **Flächennachfrage der Händler** handelt es sich um eher kleine Mieteinheiten. Als idealtypische Ladeneinheit, auf die sich auch die Marktberichte bei ihren Angaben zur Spitzenmiete beziehen, wird ein Ladenlokal mit einer Verkaufsfläche von rund 100 m² angenommen, das stufenfrei zu betreten ist und über eine Schaufensterfront von mindestens sechs Meter Breite verfügt. 166

Diese traditionelle Absatzform wird als **Fach- und Spezialgeschäft** bezeichnet. Hier werden Waren einer Branche oder eines Sortimentsausschnitts – häufig Markenware – auf relativ kleiner Verkaufsfläche nach dem Bedienungsprinzip angeboten. Das Angebot wird oft durch entsprechende Dienstleistungen ergänzt. Einen Sonderfall in der innerstädtischen 1A-Lage stellt ein sog. Flagship-Store dar: Hier präsentiert sich ein bestimmtes Konzept oder eine Marke auf einer Großfläche. 167

12 Die Branchen, Bedarfsgruppen und weitere Definitionen der Einzelhandelsanalytik werden im Detail von der gif erläutert, vgl. gif 2014.

13 Als Beispiel vgl. *Dziomba/Muncke/Walther*, S. 22.

168 Fachgeschäfte sind stark von Laufkundschaft abhängig, zum einen, weil sie keine eigene Magnetwirkung aufweisen, zum anderen, weil ihre Sortimente auch von Kauf- und Warenhäusern oder entsprechenden Shops in den Einkaufszentren angeboten werden. Schwierig wird ihr „Überleben“ daher häufig in den B- und Nebenlagen mit geringer Passantenfrequenz.

Praxistipp

Um in schwächeren innerstädtischen Einkaufslagen die Nachvermietung zu erleichtern und einen Leerstand abzuwenden (nachlassende Attraktivität, Abwärtsspirale), kann eine Interessengemeinschaft der betroffenen Mieter, aber auch der Vermieter oder beider Mietvertragsparteien gemeinsam als Werbegemeinschaft oder „Geschäftsstraßen-Management“ gegründet werden. Gemeinsame Öffentlichkeitsarbeit, Aktionen und Feste oder auch bauliche Optimierungsmaßnahmen im öffentlichen Raum können auf diese Weise beschlossen und umgesetzt werden. Zur Einbindung aller Eigentümer bzw. Vermieter kann ein vom öffentlichen Baurecht vorgesehener „Business Improvement District“ (BID)[14] geschaffen werden. Liegt auf Landesebene ein entsprechendes Gesetz vor, wie z.B. in Hamburg das Gesetz zur Stärkung der Einzelhandels-, Dienstleistungs-und Gewerbezentren (GSED), können die Eigentümer eines abgegrenzten Stadtbereichs – z.B. einer Einkaufslage mit zunehmenden Leerständen – ein Maßnahmen- und Finanzierungskonzept erstellen und über einen Aufgabenträger beantragen, einen solchen Innovationsbereich einzurichten. Hierzu müssen 15% der Eigentümer zustimmen, die mindestens 15% der betroffenen Gesamtgrundstücksfläche abdecken. Der Widerspruch nicht handlungswilliger Eigentümer führt erst dann zur Ablehnung des Antrags, wenn sie mehr als ein Drittel der im Innovationsbereich gelegenen Grundstücke bzw. Grundstücksflächen repräsentieren. Wird der Antrag angenommen, müssen sich alle Eigentümer an der Finanzierung der vorgestellten Maßnahmen beteiligen.

---

4. Großflächen

169 **Großflächiger Einzelhandel** (laut BauNVO ab 800 m² Verkaufsfläche) ist entgegen weitverbreiteter Ansicht nicht nur an solitären „grüne-Wiese-Standorten“ oder in Retail-Agglomerationen zu finden, sondern besteht auch in Innenstadt- oder in Stadtteillagen – und siedelt sich zwischenzeitlich dort sogar bevorzugt an. Das entspringt insbesondere der Funktion als **Nahversorger für Wohngebiete**. Oft tritt er in Kombination mit kleineren Geschäften auf, z.B. in Fachmarktzentren, Nahversorgungs-Centern oder auch als Verbrauchermarkt mit Konzessionärsflächen in den Eingangsbereichen. Hier dient er als deren Frequenzbringer, denn die kleineren Läden sind auf die Magnetwirkung der Großfläche(n) angewiesen.

---

14 *Bloem*, Untersuchung von Business Improvement Districts (BIDs) in Bezug auf Möglichkeiten und Grenzen einer Übertragbarkeit auf innerstädtische Geschäftsquartiere in Nordrhein-Westfalen, abrufbar unter http://www.d-plan.de/wa_files/bid-gutachten16.pdf.

Beispiel
Supermärkte oder Lebensmitteldiscounter haben in kleineren Nahversorgungszentren häufig eine Anker- oder Magnetfunktion, indem sie für die Laufkundschaft sorgen. Im Zuge des „großen Versorgungseinkaufs" wird z.B. der Gang zu Bäckerei, Reformhaus, Reinigung oder Florist gleich mit erledigt. Fällt dieser Frequenzbringer aber weg, wird den kleineren Geschäften das Umsatzpotenzial entzogen und sie müssen im Regelfall aufgeben.

Großflächiger Einzelhandel tritt somit nicht nur als „klassisches" Einkaufszentrum 170
oder großer Fachmarkt auf, sondern in **vielfältigen Formen**, z.B. auch als Kaufhaus, SB-Warenhaus, Discounter oder Factory-Outlet-Center. Die Unterschiede der Einzelhandelsformen und ihre Vielfalt zeigt Tabelle 1.[15]

Tabelle 1: Beispiele für großflächigen Einzelhandel und ihre Merkmale

	Verkaufsfläche	Merkmale
Warenhaus	> 3.000 m²; durchschnittlich 10.900 m²	Integrierter Standort, häufig eigenständige Immobilie mit mehreren Verkaufsetagen. Breites und tiefes Warensortiment aus zahlreichen Branchen. Hoher Anteil innenstadtprägender Sortimente, vor allem Textil/Mode.
Kaufhaus, z.B. Textilkaufhaus	> 1.000 m²	Integrierter Standort, Waren einer oder nur weniger Branchen in tiefer Gliederung, Kombination aus Bedienung und Selbstbedienung
SB-Warenhaus	> 5.000 m²	Großflächig auf einer oder zwei Verkaufsebenen mit Konzessionärsflächen; auch als Ankermieter eines Nahversorgungs-Centers. Breites Lebensmittelsortiment, aber mit zunehmender Größe Angebotsverlagerung zu den Sortimenten für den aperiodischen Bedarf. Breite, aber nicht tiefe Staffelung der Sortimente. Deutliche Diskontorientierung, hohe Stellplatzzahl, teilweise Parkdecks/Tiefgaragen.
Fachmarkt, z.B. Baumarkt, Elektrofachmarkt	> 1.000 m²	Spezialisiert auf eine bzw. wenige Branchen des aperiodischen Bedarfs, diskontorientierte Preispolitik, Selbstbedienungsprinzip. In der Regel eingeschossige Verkaufsfläche, dezentrale verkehrsorientierte Standorte, starke Ausrichtung auf Pkw-Kundschaft, großzügiges Stellplatzangebot. Häufig Teil eines Fachmarktzentrums oder einer Einzelhandelsagglomeration.
Shopping-Center bzw. Einkaufszentrum	10.000 bis 50.000 m², teilweise mehr	Geschlossenes Center mit innenliegender Mall, Mix aus wenigen größeren Ankermietern und zahlreichen kleineren Shops, insgesamt ein breites und tiefes Sortiment; zentrales Center-Management und gemeinsamer Außenauftritt. So-

15 Quelle: eigene Darstellung, u.a. auf Basis gif 2014, S. 49 f. und *Falk*, S. 908 f.

	Verkaufsfläche	Merkmale
		wohl integrierte Innenstadt- oder Stadtteilstandorte als auch „grüne Wiese“. Ausreichende Stellplätze (Tiefgarage bzw. Parkdecks).
Galerie, Passage	< 10.000 m²	Kleinere Einkaufspassage, deren Mall häufig eine Verbindungsfunktion zwischen hochfrequentierten Innenstadtlagen erfüllt. Exklusives Ambiente, kleinteiliger Besatz aus Fachgeschäften mit hochwertigem Angebot und Gastronomie; kaum Großflächen.
Supermarkt	800 bis 1.500 m²	Selbstbedienungsgeschäft, ergänzt um Teilbedienung. Überwiegend Nahrungs- und Genussmittel, ergänzt um ausgewählte Verbrauchsgüter und Gebrauchsgüter. Breites Lebensmittelsortiment, hoher Frischwarenanteil. Standort in der Regel mit Wohngebietsbezug.
Lebensmittel-Discounter	700 bis 1.200 m²	Supermarkt mit begrenztem, sich rasch umschlagendem Sortiment; geringer Frischwarenanteil; preisaggressiv durch Verzicht auf Service und Ladeneinrichtung. Eingeschossig, ebenerdige Stellplätze; fast alle Standorttypen.
Factory Outlet Center (FOC)	5.000 bis 20.000 m²	Eingeschossige Center, teilweise im offenen Village-Stil, an dezentralen, verkehrsorientierten Standorten mit einem Einzugsgebiet von bis zu 90 Fahrminuten. Mehrere Markenartikelhersteller in eigenen Shops, schmales und flaches Sortiment (Auslaufmodelle, Letzt-Saison-Waren, Retouren, Waren zweiter Wahl). Klare Diskontorientierung.
Themen-Center	Insgesamt > 15.000 m²	Zusammenschluss mehrerer Fachmärkte und Kaufhäuser einer Branche, sodass insgesamt ein breites und tiefes Sortiment erzielt wird. Kombination aus Selbstbedienung und Beratungs- und Service-intensiven Konzepten.

III. Vermietung von Ladenflächen in Einkaufszentren

171 **Einkaufszentren** stellen eine besondere Form des großflächigen Einzelhandels dar (siehe Tabelle 1, Rn 170). Es gibt eine Vielzahl unterschiedlicher Definitionen, die z.B. Einkaufszentren bzw. Shopping-Center, Galerien und Passage anhand der Größe der Verkaufsfläche unterscheiden oder mit Blick auf die Ausstrahlung und Exklusivität „Flagship“- oder auch „Prime“-Center von „klassischen“ Shopping-Centern und Nahversorgungs-Centern abgrenzen.[16] Die Unterschiede sind an dieser Stelle nachrangig, denn als wesentliches Charakteristikum umfassen Einkaufszentren eine **Vielzahl unterschiedlicher Geschäfte** als geschlossene, funktionierende

16 Vgl. z.B. gif 2014.

Einheit mit zentralem Management und gemeinsamer Außenwirkung unter einem Dach.

Die **Vermarktung von Ladenflächen** in Einkaufszentren unterscheidet sich 172 von anderen Gewerbeflächen, wie z.B. Büroflächen, weil der langfristige Vermietungserfolg nicht nur vom einzelnen Mieter und seinem Geschäft, sondern vom Einkaufszentrum insgesamt, also von der Gemeinschaft aller Mieter abhängt. Dementsprechend gibt es eine Reihe von Voraussetzungen grundsätzlicher Art, die beim Mietvertragsabschluss beachtet werden müssen und die in diesem Kapitel zusammenfassend geschildert werden.

1. Center-Management

Einkaufszentren werden im Regelfall von einem **Center-Management** zentral ver- 173 waltet. Zu dessen Aufgaben gehören u.a. die Erarbeitung des Mieter- und Sortimentskonzepts, die Anwerbung der Mieter sowie der Abschluss der Mietverträge. Ein professionelles Center-Management sichert und steigert den Wert der Liegenschaft, indem es den reibungslosen Betrieb, die Optimierung des Mieterbesatzes und die niveaugerechte Außendarstellung laufend sicherstellt. Gemeinsam mit den Mietern wird die Atmosphäre eines „Erlebnis-Shoppings“ geschaffen, was die Verweildauer innerhalb des Centers erhöht und damit zu höheren Umsätzen und steigenden Durchschnittsmieten beiträgt. Die Kosten für Center-Management und Verwaltung können als Nebenkosten auf die Mieter (in den zulässigen Grenzen, vgl. oben Kap. 6 Rn 62ff.) umgelegt werden, doch häufig verbleibt ein Anteil als nicht umlegbare Nebenkosten beim Eigentümer.

2. Konzept und Gesamtinteresse: Betriebspflicht und Konkurrenzschutz

Die Grundidee eines Einkaufszentrums ist auch gleichzeitig ihr kritischer Punkt: Die 174 gemeinsame Stärke der einbezogenen Geschäfte bzw. Mieter kommt nur dann zustande, wenn tatsächlich alle am **einheitlichen Auftritt** – sowohl sachlich wie zeitlich – mitwirken. Dies geschieht nicht „automatisch“, etwa wegen des gemeinsamen Gebäudes mit Mall und Parkhaus oder wegen der gemeinsamen Kaufinteressenten, sondern erfordert ein gemeinsames, für alle betroffenen Mieter **verbindliches Konzept** z.B. bezüglich der Einhaltung einheitlicher Öffnungszeiten, dem Angebot abgestimmter Sortimente, der Einhaltung vergleichbarer Qualitäts- und Beratungsniveaus und sonstiger niveaugerechter Standards. Dies betrifft beispielsweise

- die Warenpräsentation,
- die Gestaltung und Beleuchtung der Flächen,
- die Gestaltung der Schaufenster,
- den Auftritt des Personals und
- die Sauberkeit.

175 Diese **gemeinsam einzuhaltenden Standards** müssten in den jeweiligen Mietverträgen – einheitlich – geregelt werden (zu den Einzelheiten der Betriebspflicht s.o. Kap. 9). Zur Regelung der vielfältigen Einzelheiten wird im Regelfall die Bildung von Werbegemeinschaften erforderlich (dazu vgl. unten Rn 185ff.).

! **Praxistipp**
Die Betriebspflicht ist im Fall eines Einkaufszentrums eine unabdingbare Voraussetzung für seinen Erfolg und muss dementsprechend im Mietvertrag geregelt werden. Dazu gehört nicht nur die Einhaltung des festgelegten Eröffnungstermins, sondern auch der durchgängige, vollständige Betrieb des Geschäfts zu den Öffnungszeiten des Centers, ergänzt um weitere Standards für Warenpräsentation, Gestaltung der Räume etc. Typischerweise werden Vertragsstrafen vereinbart, um Umsatzausfälle durch verspätete bzw. nur teilweise Eröffnung oder irreguläre Schließzeiten zu kompensieren. Wichtig ist aber auch die Pflicht zum Beitritt zu Werbegemeinschaften, die sich um die Einheitlichkeit des Auftritts, gemeinsame Veranstaltungen, aber auch die Schaffung und Bewahrung des niveaugerechten Gesamteindrucks bemühen.

176 Um die Mieter zu den vorgenannten besonderen Anstrengungen veranlassen zu können, werden diese im Regelfall auf einem **Konkurrenzschutz** vor vergleichbaren Geschäften im gleichen Einkaufszentrum Wert legen. Dies entspricht wiederum dem Vermieterinteresse insoweit, als er – etwa über eine Umsatzmiete – an einer höheren, nicht aufgrund eines sich überschneidenden Angebots geschmälerten Flächenproduktivität der Mieter interessiert ist. Andererseits kann ein größeres und vor allem auch breiteres Warenangebot, das nur über mehrere branchengleiche Geschäfte innerhalb desselben Einkaufszentrums realisiert werden kann, die Attraktivität dieses Centers deutlich erhöhen (zu den Einzelheiten des Konkurrenzschutzes s.o. Kap. 9).

177 Im Mietvertrag sollte zudem die Beteiligung des Mieters an einer **Umstrukturierung des Einkaufszentrums** geregelt werden, um eine notwendige Konzeptkorrektur ggf. auch mit baulichen Maßnahmen durchführen zu können. So sollte ein Mietvertrag eine komplette Umstrukturierung der Immobilie nach beispielsweise 10 oder 15 Jahren vorsehen, z.B. als Pflicht des Mieters etwa mit Kostenbeiträgen des Vermieters oder als Duldungspflicht des Mieters, der im Umbaufalle an eine andere Stelle innerhalb des Centers verlagert werden kann.

3. Sortimentsabstimmung, Branchen-Mix

178 Im Regelfall zahlen die einzelnen Geschäfte in einem Einkaufszentrum unterschiedlich hohe Mietpreise (vgl. unten Tabelle 2 unter Rn 183), denn eine Parfümerie kann beispielsweise mehr Miete aufbringen als ein Lebensmitteldiscounter, weil ihre Flächenproduktivität höher ist. Um allerdings für den Kunden ein attraktives Gesamtangebot bereitzuhalten, muss ein **ausgewogener Branchen-Mix** erzielt werden. Dafür ist auch die Einbeziehung von Geschäften mit geringerer Ertragskraft und folglich geringeren Mieten erforderlich. Dabei gelten bestimmte Geschäfte verschie-

dener Branchen als „Grundbesatz“ für die unterschiedlichen Center-Typen (vgl. Abbildung 2), der entsprechend der Center-Konzeption um weitere Geschäfte ergänzt wird. Dies ist sowohl von der Center-Größe als auch vom angestrebten Niveau abhängig.[17]

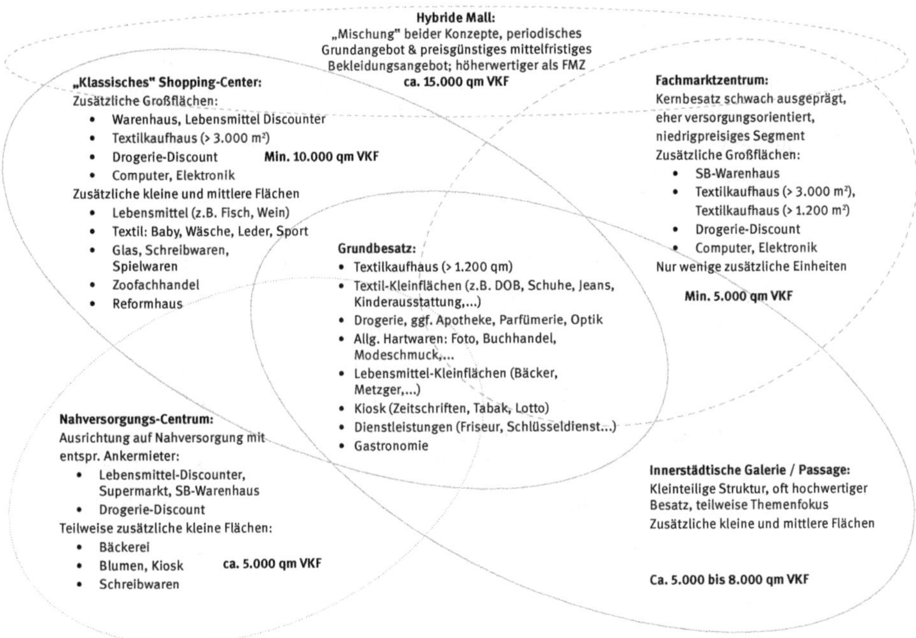

Abbildung 2: Unterschiede im Besatz verschiedener Typen von Einkaufszentren

Die Vermietung von Ladenflächen in Einkaufszentren erfolgt **systematisch**, um einen angestrebten Branchen-Mix zu vervollständigen, geeignete Ankermieter zu positionieren und ggf. Synergien mit dem Umfeld des Centers zu generieren. Da die Branchenbezeichnungen recht allgemein sind und sprachlich sowie regional deutlich variieren können, sollte in den Mietverträgen der Mietzweck nicht nur mit Nennung der Branche, sondern mit genauer Beschreibung des Haupt- und Nebensortiments festgelegt werden. 179

Einige Branchen sind in Einkaufszentren mehrfach vertreten, z.B. im Mode-Bereich. Hier ist das seitens der Händler in der Regel erwünscht, um eine ausreichend große Anziehungskraft gegenüber der gewachsenen 1A-Lage zu generieren 180

17 Die aufgeführten Branchen und Geschäfte stellen einen idealtypischen Besatz dar, dessen Realisierung in der Praxis von der Größe des Einkaufszentrums und den verfügbaren Ladenflächen abhängt. Quelle: eigene Darstellung.

und von der Sogwirkung bestimmter Marken zu profitieren. Andere Händler hingegen sind bestrebt, ihre Alleinstellung innerhalb des Centers durch Konkurrenzschutzklauseln im Mietvertrag abzusichern (s.o.).

! **Praxistipp**
Der Mietvertrag sollte die Haftung des Vermieters für die Einhaltung eines bestimmten Vermietungsstands oder eines festgelegten Branchen-Mix im Center sowie die Präsenz bestimmter Ankermieter oder Geschäfte ausschließen. Auf der anderen Seite sind Mieter häufig bestrebt, sich die Wettbewerber „vom Halse zu halten", also Konkurrenzschutz zu vereinbaren. Im Sinne ausreichender Flexibilität bei der Vermietung sollte also aus Sicht des Vermieters auch der vertragsimmanente Konkurrenzschutz ausgeschlossen werden.

---

181 Angesichts der aktuellen Entwicklung hin zu breiter werdenden Sortimenten und der zunehmenden Ergänzung um Accessoires brauchen die Geschäfte stetig **größere Flächen**. Verbunden damit steigt die durchschnittlich nachgefragte Shop-Größe. Dementsprechend treten auch Sortimentsüberschneidungen häufiger auf, z.B. im Fall von Concept-Stores mit stark wechselnden Sortimenten. Um für die Reaktion der Mieter auf Trends und Marktentwicklungen ausreichend Spielräume zu lassen, aber unerwünschte Sortimente auszuschließen, wird bei der Sortimentsfestlegung in Mietverträgen oft zusätzlich mit einer Negativliste gearbeitet, die z.B. den Verkauf unerwünschter Produkte untersagt.

4. Umsatzmiete

182 Bei Einzelhandelsflächen wird im Mietvertrag häufig eine Umsatzmiete vereinbart. Dabei macht die jährliche Miete einen **festgelegten prozentualen Anteil** des jeweiligen kalenderjährlichen Umsatzes im Mietobjekt aus. Um den Vermieter gegen das Geschäftsrisiko seines Mieters abzusichern, wird außerdem zumeist eine **monatliche Mindestmiete** vereinbart. Übersteigt die am Umsatzanteil bemessene Miete diese Mindestmiete, ist die Differenz als **variabler Mietanteil** zusätzlich zu zahlen. Zur Wertsicherung wird darüber hinaus üblicherweise eine Index-Regelung festgelegt, die sich am Verbraucherpreisindex orientiert (zu den Einzelheiten dieser Mietform s.o. Kap. 5).

! **Praxistipp**
Im Mietvertrag sollte neben den Regelungen über die Umsatzmeldung an den Vermieter und einer Umsatzdefinition auch geregelt werden, dass der Vermieter – oder ein zur Vertraulichkeit verpflichteter Wirtschaftsprüfer bzw. Steuerberater – jederzeit Einsicht in die entsprechenden Unterlagen des Mieters nehmen kann, die für die Ermittlung des Umsatzes von Bedeutung sind. Die monatliche Umsatzmeldung ermöglicht es dem Center-Management, eine problematische Umsatzentwicklung früh zu erkennen und darauf zeitnah zu reagieren.

Die **Höhe der Umsatzmiete** wird ausgehandelt und ggf. nach Ablauf einer zu vereinbarenden Zeitspanne angepasst, sollten die Nachzahlungen regelmäßig sehr hoch ausfallen. Der Prozentsatz ist stark branchenabhängig und variiert zwischen 2 und 15%. Beispiele gibt Tabelle 2, in der die Unterschiede der einzelnen Branchen und Betriebstypen verdeutlicht werden.[18] 183

Tabelle 2: Beispiele für Verkaufsflächengrößen, Mindestmiete und Umsatzmieten in Einkaufszentren

Bedarfsgruppe, Branche	Beispiel	Typische Verkaufsfläche (in m²)	Typische Mindestmiete (€/m² VKF)	Typische Umsatzmiete
Allgemeiner Bedarf	SB-Warenhaus	4.000–7.000	6–18	2,5–4,0%
Lebensmittel	Supermarkt Lebensmittel-Discounter	800–1.500 700–1.200	10–22 8–20	3,0–4,0% 3,5–4,5%
Körper- und Gesundheitspflege	Drogerie Parfümerie	300–500 100–300	20–30 30–70	5,0–6,0% 6,0–7,0%
Bekleidung	Textilkaufhaus Damen-/Herren-boutiquen	2.000–4.000 50–150	10–25 25–60	4,5–7,0% 9,0–12,0%
Möbel/Einrichtung	Elektronikfachmarkt Glas, Keramik, Porzellan	2.500–5.000 100–200	12–27 25–35	2,5–4,0% 7,0–9,0%
Freizeit	Spielwaren Buchhandlung	150–800 300–1.500	10–25 20–40	6,0–8,0% 5,0–6,0%
Dienstleister	Friseur Schlüsseldienst	70–140 20–60	25–35 40–60	6,0–12,0% 6,0–10,0%

Durch die Umsatzmiete partizipiert der Vermieter am Geschäftserfolg seines Mieters. 184
Im Umkehrschluss ist der Mieter während einer Phase schwacher Geschäfte mit einer geringeren Miete belastet (zu den weiteren Auswirkungen vgl. oben Kap. 5 Rn 1ff.).

Praxistipp !

Die Festlegung der dauerhaft realistischen Umsatzmiete erfordert insbesondere im Fall von inhabergeführten Geschäften eine eingehende Beratung des Mieters, der in der Regel weniger Erfahrung mit der Einschätzung von Umsatzzielen, Abschöpfungsquoten und Durchschnitts-Bons hat als ein Filialist.

18 Aktualisierung in Anlehnung an *Dziomba/Muncke/Walther*, S. 30.

5. Werbegemeinschaften

185 Der werbliche Außenauftritt, die Erstellung von Broschüren sowie die Organisation von Events, Aktionen und Festen erfolgen bei Einkaufszentren in der Regel durch **Werbegemeinschaften**, an der alle Mieter des Centers sowie der oder die Eigentümer – etwa vertreten durch das Center-Management – beteiligt sind.

186 Es ist zwischenzeitlich von der Rechtsprechung anerkannt, dass der Mieter im Rahmen eines gewerblichen Mietvertrages zum Eintritt in eine Werbegemeinschaft verpflichtet werden kann.[19] Dies ist sogar durch **Formularverträge** (AGB-Regelungen) möglich, sofern die Höhe der zu leistenden Beiträge bestimmbar bzw. auf einen Höchstbetrag begrenzt ist. Eine formularvertragliche Regelung bleibt allerdings unwirksam; wenn nicht auch die **(generelle) Haftung** der Mitglieder der Werbegemeinschaft, etwa in der Form einer Gesellschaft bürgerlichen Rechts (GbR), begrenzt wird.

! **Praxistipp**

Die mietvertragliche Verpflichtung zum Beitritt einer Werbegemeinschaft muss etwaige Beitragszahlungen genau festlegen und begrenzen. Weiterhin muss eine Haftungsbegrenzung für die Mitglieder vorgesehen werden, etwa durch die Rechtsform einer GmbH, und die Befreiung von Nachschusspflichten sollte ebenso vorgesehen werden wie die Freistellung von der Inanspruchnahme durch Dritte, etwa durch den Center-Manager. Der Beitritt zu einer GbR sollte wegen der persönlichen Haftung aller Mitglieder dagegen nicht in vorformulierter Form (AGB) erfolgen, sondern durch gesonderte, im Einzelnen verhandelte Beitrittserklärungen. Im Falle einer GbR sind auch steuerliche Fragen zu beachten (z.B. Gewerbesteuer).

---

187 Im Gesellschaftsvertrag oder den Statuten der Werbegemeinschaft ist die Verpflichtung des Mitglieds (Mieters) zur **(kostenmäßigen) Beteiligung** an den im Einzelnen **festzulegenden Aufgaben** (werblicher Auftritt, Handlungsplan, Ereignisprogramm etc.) ebenso zu verankern wie etwaige **Verwaltungsrechte** (z.B. Abstimmungsvorbehalte) und **Kündigungsmöglichkeiten.** Der zu entrichtende Beitrag wird im Regelfall nach der Ladengröße bzw. Verkaufsfläche gestaffelt. Organisation, Leitung und personelle Besetzung der Werbegemeinschaft erfolgen üblicherweise durch das Center-Management. Es kann und sollte allerdings vorgesehen werden, dass Repräsentanten der Mieter – bzw. wichtige Mieter (Ankermieter) direkt – in einem Aufsichts- oder Beratungsgremium der Werbegemeinschaft vertreten sind.

188 **Alternativ zu derartigen Werbegemeinschaften**, die nicht immer einfach zu führen sind und durch die Vielzahl der – ggf. auch Einfluss nehmenden – Mitglieder schwerfällig sein können, haben sich vermehrt **Vertragsmodelle** durchgesetzt. Jeder Mieter bzw. Eigentümer des Centers schließt einen **Dienstleistungsvertrag** mit dem Center-Management ab, das die entsprechenden Aufgaben des werblichen

---

19 BGH, Urt. v. 12.7.2006 – XII ZR 39/04 –.

Center-Auftritts übernimmt und entsprechend vergütet wird. Im Rahmen dieses Vertrages, der mit allen Mietern und Eigentümern im Wesentlichen inhaltsgleich abgeschlossen werden muss, kann dann ein Werbeprogramm festgelegt, eine Abstimmung mit den Wünschen der Handelsbetriebe vorgenommen und ggf. auch ein Beratungsgremium gebildet werden, in dem – wie oben – wesentliche Mieter und Repräsentanten vertreten sind und entsprechend Einfluss nehmen können. Der Abschluss dieses Center-Werbevertrages kann – wie oben die Mitgliedschaft in der Werbegemeinschaft und unter gleichen Voraussetzungen – im Rahmen der Mietverträge verbindlich vorgesehen werden.

Praxistipp !
Je nach der Konstellation des Einkaufszentrums bzw. Fachmarktzentrums, der Anzahl der beteiligten Mieter, dem Vertrauensverhältnis zum Center-Management und den konkreten Aufgabenstellungen kann sich alternativ zum Beitritt zu einer Werbegemeinschaft der Abschluss eines solchen Center-Werbevertrages empfehlen, um Schwerfälligkeiten zu vermeiden und Synergievorteile auszuschöpfen.

IV. Fazit

Eigentümer von Einzelhandelsobjekten sind in besonderem Maße abhängig von professioneller Hilfe, wenn es um die Vermarktung und Verwaltung ihrer Flächen geht: Mehr als bei jeder anderen Immobilienart schlägt sich eine Fehlentscheidung oder Nachlässigkeit in der verringerten oder verlorenen G unst des Kunden und damit im geschäftlichen Misserfolg nieder; gleichzeitig entscheiden ein ansprechendes Erscheinungsbild, geschickt aufgegriffene Trends und das Bauchgefühl der Konsumenten mehr als bei jeder anderen Immobilienart über den geschäftlichen Erfolg. 189

Stichwortverzeichnis

Die Zahlen und Buchstaben in Fettdruck beziehen sich auf die Kapitel des Werkes, die Ziffern beziehen sich auf die Randnummern innerhalb der Kapitel.

M

S

V

www.ingramcontent.com/pod-product-compliance
Lightning Source LLC
LaVergne TN
LVHW082054011026
849162LV00020B/1789